石门年鉴

(2018)

中共石门县委
石门县人民政府　主办
石门县人民政府地方志办公室　主编

方志出版社

图书在版编目(CIP)数据

石门年鉴. 2018 / 石门县人民政府地方志办公室编
--北京：方志出版社，2019. 2
ISBN 978-7-5144-3655-6

Ⅰ. ①石… Ⅱ. ①石… Ⅲ. ①石门县—2018—年鉴
Ⅳ. ①Z526. 44

中国版本图书馆 CIP 数据核字(2019)第 035327 号

石门年鉴(2018)

编　　者:石门县人民政府地方志办公室

责任编辑:齐　笑

出 版 人:冀祥德

出 版 者:方志出版社

地址　北京市朝阳区潘家园东里 9 号(国家方志馆 4 层)

邮编　100021

网址　http://www.fzph.org

发　　行:方志出版社图书经销中心

电话(010)67110500

经　　销:各地新华书店

印　　刷:石门县教育印刷厂

开　　本:889×1194　1/16

印　　张:27.5

字　　数:1059 千字

版　　次:2019 年 2 月第 1 版　2019 年 2 月第 1 次印刷

印　　数:0001~1200 册

ISBN 978-7-5144-3655-6　定价:210.00 元

编辑说明

一、《石门年鉴》以马克思列宁主义、毛泽东思想、邓小平理论、“三个代表”重要思想、科学发展观和习近平新时代中国特色社会主义思想为指导，坚持辩证唯物主义和历史唯物主义的立场、观点和方法。属中共石门县委、石门县人民政府主办，石门县人民政府地方志办公室主编的综合性年鉴。《石门年鉴》创刊于1986年，自2008年起每年出版一卷。从《石门年鉴(2018)》起，公开出版发行，而且以编写年份为顺序号，不再以内容年份为顺序号。

二、《石门年鉴(2018)》全面、系统、真实地记载2017年全县政治、经济、军事、科技、文化、卫生、教育等方面发展成就。个别条目因记述需要，时限适当上溯。

三、《石门年鉴(2018)》在类目上作适当调整，如将原“工业·科技”改为“工业”，原“教育”改为“教育·科技”，原“金融·保险”改为“金融”等。分目内容也相应调整。

四、《石门年鉴(2018)》初稿由各单位提供，经单位负责人审阅和加盖公章后，交《石门年鉴》编辑部选编。凡涉及全县经济和社会发展有关数据，以2017年石门县统计公报为准。各单位的数据以各单位上报的为准。行政区划以县民政局提供的资料为准。人口以县公安局提供的资料为准。县级及县直副科级以上单位领导班子成员名录以各单位提供的情况为准。“人物”收录新任县级领导及部分先进人物。图片来源于各单位及网络，不再注明出处、署名。部分参编单位未报资料，故《石门年鉴(2018)》无该单位内容记载。

编　者

2018年12月

《石门年鉴(2018)》编纂委员会

周明阳	周明贵	屈省武	易　刚	易小平	易文龙
易先全	易纤奉	易继春	易继炳	林　华	欧剑飞
罗　昭	侯　愎	侯令喜	侯宏泉	柳赛圭	段少帅
胡侠义	胡雪梅	贺　君	贺忠祥	赵　季	赵佰计
钟清林	唐　波	唐　辉	唐凡妮	唐汇驰	唐志远
唐贵初	夏万生	夏永新	徐菁菁	晏学文	柴　云
涂自柱	涂海兵	秦国杰	莫白云	贾双华	郭　峰
郭双秋	高　启	高　鸿	高敬民	康新云	曹晓竹
盛克军	盛孝望	黄　波	黄　勇	黄申锐	黄安凯
龚　奎	龚道国	龚德军	彭　东	彭　帅	彭进武
曾　玲	曾　袁	曾广红	程申志	董　琳	董仁忠
董立智	覃　波	覃　浩	覃业辉	覃红标	覃事用
覃国庆	覃惠敏	覃辉明	覃道仙	韩　勇	雷　声
廖加富	廖琪宁	熊松平	熊崇军	蔡云庭	裴是冰
潘健鹰	潘道见				

《石门年鉴（2018）》编辑人员

主　　编： 李绍南　　江　毅

执行主编： 张吉全

副 主 编： 刘狂彪

资料征集： 刘狂彪　　谢应林　　贺力群

编　　辑： 谢应林

校　　对： 贺力群

封面设计： 张吉全

目录

特　　载

专　　题

专　　文

大　事　记

石门概貌

中国共产党石门县委员会

石门县人民代表大会常务委员会

石门县人民政府

中国人民政治协商会议石门县委员会

纪检·监察

社会团体

军　　事

检察·法院

公安·司法

交通·邮政·通信

旅　　游

城市建设与管理

工　　业

农业·水利

贸　易

金　融

财政·税务

经济执法与监督

教育·科技

文化·新闻·卫生·体育

社会·生活

乡镇·街道·区·处·农林场

人 物

地 方 文 献

资 政 论 坛

附　　录

特 载

中共石门县委经济工作会议

市人大常委会副主任、县委书记谭本仲代表县委作工作报告

中共石门县委经济工作会议会场

2017年2月8日，中共石门县委经济工作会议在县城召开。市人大常委会副主任、县委书记谭本仲，县委副书记、县长郭碧勋，县领导邓碧波、李金生、陈云谋、周功表、张凯、胡杰、李范新、江毅、薛杰在主席台前排就座。在家的其他县级领导，县直副科级以上单位主要负责人，各乡镇区（街道）和国有农林场党政正职，驻石单位负责人，村（社区）党组织书记，骨干企业代表等700余人参加会议。（王章建　摄）

县委副书记、县长郭碧勋主持会议并作总结讲话

表彰奖励先进单位

县委副书记邓碧波宣读2016年度绩效评估等奖惩结果通报

先进个人上台领奖

石门县第十七届人民代表大会第二次会议

县委副书记、县长郭碧勋代表县人民政府向大会作《政府工作报告》

县人大常委会主任李金生作《石门县人民代表大会常务委员会工作报告》

2017年2月19日至21日，石门县第十七届人民代表大会第二次会议在县城召开。大会主席团常务主席谭本仲、郭碧勋、邓碧波、李金生、李绍南、张凯、李世权、李芳、张国珍、康文化、杨生明和应邀的县政协主席陈云谋在主席台前排就座。大会主席团成员及应邀参会的其他县级领导在主席台就座。会议听取和审查了县委副书记、县长郭碧勋所作的《政府工作报告》和县人大常委会主任李金生所作的《石门县人民代表大会常务委员会工作报告》；听取和审查了县人民法院工作报告和县人民检察院工作报告；审查了《石门县2016年国民经济和社会发展计划执行情况及2017年计划草案的报告》《石门县2016年财政预算执行情况和2017年全县财政预算草案的报告》等。出席政协石门县第九届委员会第二次会议的全体委员、县直有关单位、线管单位、各乡镇街道和人民团体负责人列席会议。

（王章建　摄）

石门县第十七届人民代表大会第二次会议第二次全体会议会场

中国人民政治协商会议
石门县第九届委员会第二次会议

大会执行主席、县政协主席陈云谋向大会作工作报告

县政协副主席彭泽人作提案工作报告

县政协副主席杨书凡主持会议

2017年2月18日，政协石门县第九届委员会第二次会议在县兰园会议中心召开。市人大常委会副主任、县委书记谭本仲，县委副书记、县长郭碧勋，县委副书记邓碧波，县人大常委会主任李金生，大会执行主席、县政协主席陈云谋，县政协副主席杨书凡、覃惠敏、胡中华、马业平、彭泽人在主席台前排就坐。在家的其他县领导和县人民检察院检察长、县人民法院院长在主席台就坐；驻石省、市政协委员，各乡镇党委书记、街道党工委书记及县直副科级以上单位、线管单位主要负责人列席会议。

政协石门县第九届委员会第二次会议会场

（王章建　摄）

石门县脱贫攻坚大会战动员会

市人大常委会副主任、县委书记谭本仲出席会议并讲话

县委副书记、县长郭碧勋作工作报告

2017年2月23日，全县脱贫攻坚大会战动员会在县广播电视台演播大厅召开。市人大常委会副主任、县委书记谭本仲出席会议并讲话，市扶贫办主任徐术福应邀出席会议并讲话，县委副书记、县长郭碧勋作工作报告，县委副书记邓碧波主持会议。全体在家县级领导、各乡镇区（街道、场）党政正职和脱贫攻坚工作站站长，331个村（社区）党（总）支部书记，县直副科级以上单位和部分省、市驻石单位主要负责人，县直驻村帮扶工作队队长，省、市和武陵区驻石门县帮扶工作队队长，相关企业负责人共700多人参加会议。

（王章建　摄）

石门县脱贫攻坚大会战动员会会场

专题

弘扬老区精神暨石门县第三届老年文化艺术节

表彰全县第五届“三星”人物

县领导与获奖者合影

2017年10月25日，弘扬老区精神暨石门县第三届老年文化艺术节在县广电中心举行。县领导郭碧勋、李金生、李绍南、张树国、刘颖、万义元、胡中华及市老促会负责人，全县各涉老组织负责人，县直及驻石各单位代表，离休干部代表，“三星”人物代表等参加活动。活动中对“孝亲敬老之星”“老有所为之星”“健康长寿之星”等30名“三星”人物进行了表彰；各街道社区艺术团、协会艺术团及县老年大学表演了精心编排的文艺节目。

（编辑部　整理）

县老龄产业协会艺术团表演歌伴舞《同圆中国梦》

节目《六大嫂夸媳妇》

节目《十送红军》

第十七届湖南石门柑橘节

第十七届湖南石门柑橘节暨文化旅游周开幕式

市人大常委会副主任、县委书记谭本仲为“石门柑橘销售之星”颁奖

县委副书记、县长郭碧勋致辞

县委副书记邓碧波主持开幕式

出席开幕式的领导、嘉宾观看文艺演出

杂技表演

暨文化旅游周系列活动

领导和演职人员合影

文艺表演

“橘色风暴”千人“橙”跑活动启动仪式

国外游客参观石门橘园

2017年第十七届湖南石门柑橘节暨文化旅游周期间，分别举行10大主题活动：9月27日新闻发布会（长沙橘子洲）；10月10日开幕式及文艺晚会（县体育中心）；“橘色风暴”千人“橙”跑活动；“泰淼”橘仙子选拔大赛；“拳星时代”世界极限格斗赛；“舌尖上的石门”美食活动；橘乡现场趣味赛；“唯美石门”诗书画影展；橘乡携游活动；柑橘产销对接和招商引资活动。

（编辑部　整理）

唱家吴碧霞演唱《橘乡恋歌》

“泰淼”橘仙子选拔大赛决赛

石门县第十五届茶文化活动

石门县第十五届茶文化活动开幕式

长沙现场展销新茶

“98#汽油石门自驾茶之旅”活动在长沙市启动

湖南省"湘字号"传统技艺工匠竞赛暨首届手工制茶技能大赛决赛开幕式

手工制茶技能大赛决赛代表队入场

2017年4月下旬至5月上旬，石门县第十五届茶文化活动分别在长沙市黄兴路步行街广场和县境内白云山林场等地举办。活动主题："请喝一碗石门茶"和"石门银峰走进星城，产业扶贫茶农增收"。活动内容：石门县第十五届茶文化活动长沙开幕式、茶叶产品长沙展销、湖南省"湘字号"传统技艺工匠竞赛暨首届手工制茶技能大赛、"98# 汽油石门自驾茶之旅"、白云山茶文化主题公园挂牌等。

（王章建　摄）

手工制茶技能比赛操作现场

"常德工匠"暨"五湘"竞赛手工制茶比赛

石门县九大项目同日开工

2017 年 7 月 27 日，石门县九大项目同日开工：壶瓶山大道（三江路）提质改造工程建设项目、石门禾田居十九峰森林康养度假村项目、金湘源 5000 吨黑茶精制加工项目、湖南万标鞋业发展有限公司年产 600 万双童鞋项目、石门县新农村天然气利用项目、维新镇观峰山大理石开发项目、石门曹市农贸市场项目、石门县白云山路（壶瓶山大道—S308）道路工程项目、S305 线彭家堰至岗市公路建设项目。

（编辑部　整理）

壶瓶山大道（三江路）提质改造工程建设开工仪式

白云山路（壶瓶山大道—S308）道路开工典礼

禾田居十九峰森林康养度假村项目开工仪式

金湘源 5000 吨黑茶精制加工项目开工仪式

石门县新农村天然气利用项目开工仪式

年产 600 万双童鞋的湖南万标鞋业项目开工仪式

维新镇观峰山大理石开发项目开工仪式

曹市农贸市场项目开工仪式

S305 线彭家堰至岗市公路开工仪式

石门县百岁老人掠影

屈远长，男，105 岁，
居住磨市镇木瓜峪村

蔡仲春，女，103 岁，
居住三圣乡两河口村

刘金秀，女，105 岁，
居住夹山镇邵福寺村

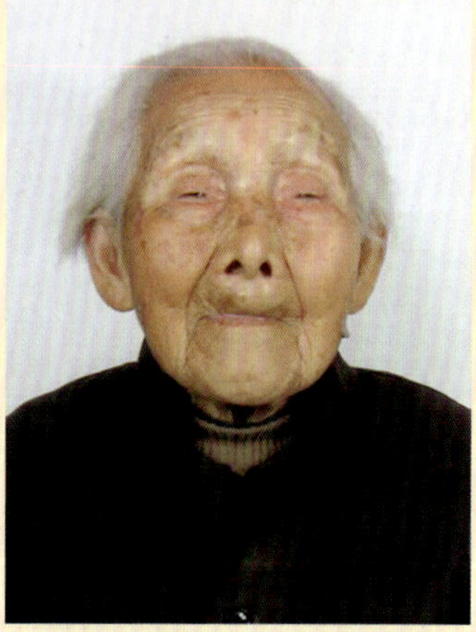

覃扇秀，女，103 岁，
居住所街乡骏马溪村

覃正谷，男，103 岁，
居住雁池乡琵琶洲村

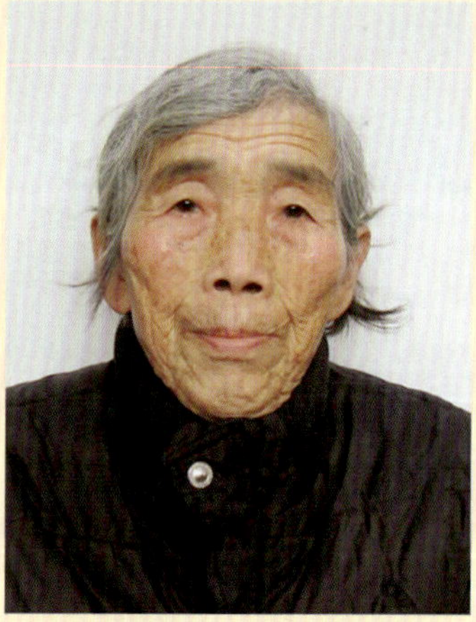

唐桃红，女，103 岁，
居住所街乡黄福裕村

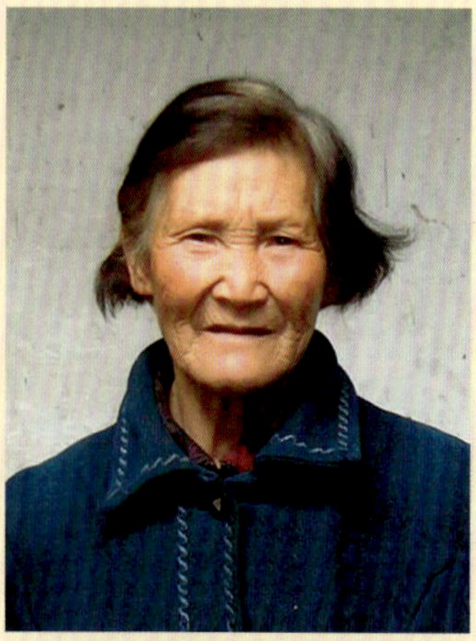

吴二秀，女，104 岁，
居住南北镇雅吉村

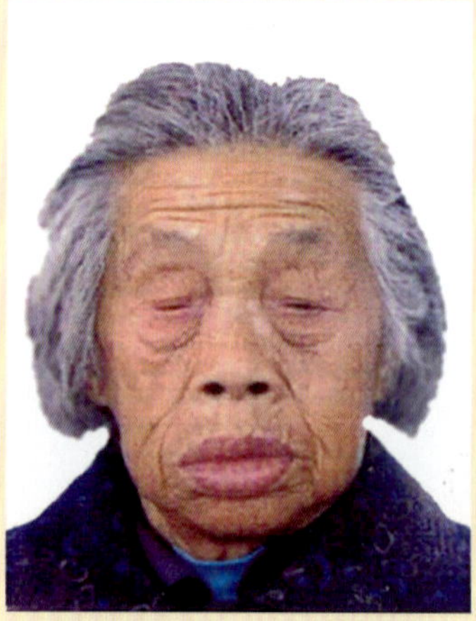

谢兰英，女，108 岁，
居住易家渡镇军垱桥村

郑小姑，女，105 岁，
居住夹山镇三板桥社区

张玉枚，女，103 岁，
居住所街乡添坪所村

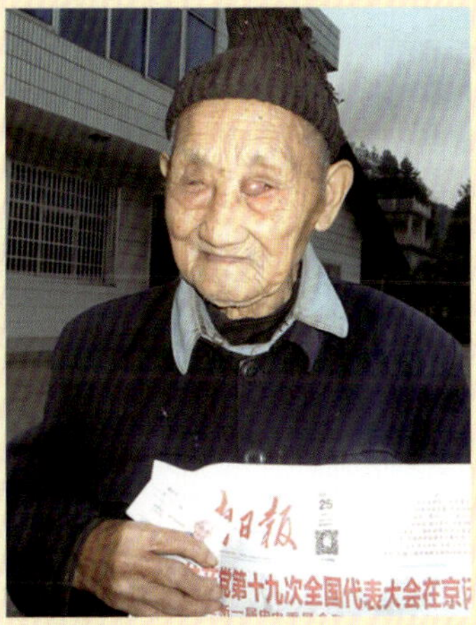

覃官念，男，101 岁，
居住所街乡柳家台村

郑春年，女，101 岁，
居住磨市镇南岳寺村

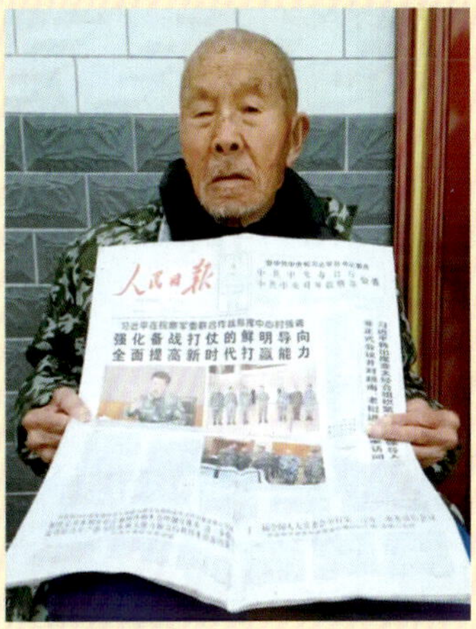

王光朗，男，101 岁，
居住太平镇穿山河社区

韦育珍，女，100 岁，
居住白云镇悬钟峪村

张宗元，男，100 岁，
居住楚江街道双红社区

丁庆英，女，100 岁，
三圣乡彭家堰村人

欧雪珍，女，100 岁，
白云镇鹤山村人

（县民政局　提供）

地方特产——石门香猪

石门香猪亮相湖南省特色优质农产品产销对接活动

石门香猪

石门香猪系本土黑猪与外地优良品种繁育及杂交改良的猪种。石门县是典型山区县，生猪养殖是传统产业，居民历来习惯养猪，年养数头自宰或出售。石门的养猪历史悠久，距今有7000多年。清代、民国时期，石门县各地喂养的猪种主要是本土黑猪（或称武陵黑猪），石门本土黑猪系野猪驯化而来，据《清同治石门县志校注》卷四“物产”中记载驯化中的野猪“形如家豕，牝者肉更美。能掠松脂、曳沙泥涂身以御矢。最害稼，亦啖蛇虺。力能拔树，能与虎斗。”石门县山区农民为提高收入，因地制宜，将野猪逐渐驯化，形成具有地方特色的黑猪品种。新中国成立后，全县农民在饲养本土黑猪的同时，不断引进良种和改良品种，先后引进中约克夏、长白猪（兰特瑞斯）、大约克夏、宁乡猪、桃源黑猪、杜洛克、沙子岭、巴克夏、汉普夏艾等外地优良品种进行繁育及杂交改良，使品种结构不断更新，形成新型品种资源，如具有石门特色的新品种——石门香猪等。20世纪60年代后，全县生猪养殖业有了很大发展，公社、大队万头猪场蓬勃兴起，生猪养殖逐渐成为农村经济的支柱产业。1987年，全县生猪饲养量达62万头，基本实现农业人口人平1头猪。至2002年年末，全县生猪年饲养量达106.7万头，出栏65.2万头。2016年年底，全县生猪出栏90.18万头，存栏48.13万头，香猪产业逐渐成为全县农业支柱产业之一。

石门县三圣乡万头香猪繁养基地

2017 年 8 月 10 日，湖南省委副书记、省长许达哲（右四）在石门县三圣乡山羊冲村考察香猪养殖合作社。

2015 年 7 月中旬，常德市人民政府市长周德睿（前排右三）调研石门香猪产业

石门县系典型的南方山区丘陵地带，水质优良，无任何工业污染，气候非常适合青菜、野菜、玉米、红薯、黄豆等生长，全县所有乡镇均适宜发展香猪产业。石门香猪以当地生产的青菜、野菜、玉米、黄豆、红薯和粮食为饲料，养殖方式采用天然野外放养为主、圈养为辅的形式，造就了石门香猪皮薄肉厚、瘦多肥少、纤维细嫩的品质特色。石门香猪作为湖南省特色瘦肉型猪种，集天然放养和绿色有机等优势于一体，具有矮小短圆、毛色上身黑四肢白、中间耳朵很大、长相可爱、憨态可掬等特征。体型为普通猪的 1/5 或 1/4，生长周期为 365 天左右。山林牧养，为自然生长成熟佳品。石门香猪具有小、嫩、香、纯、净五大特点。“小”即香猪体型矮小灵巧，365 天山林牧养仅能生长到 120 斤左右；“嫩”即皮薄肉细、肌肉鲜红、细嫩多汁、脂肪洁白；“香”即肉嫩味香、入口即化、口齿留芳、回味芳香；“纯”即香猪自然选育、品种纯正、养殖环境纯美、食材纯净、养殖方式淳朴，医用研究价值高；“净”即香猪饲养以放牧野食为主，无污染、无添加剂、无干预。

据权威机构检测，每 100 克石门香猪肉内含蛋白 17.82 克、脂肪 4.3 克、钙 55.37 毫克、磷 196.3 毫克、谷氨酸 3010 毫克。据不完全统计，截至 2018 年年底，全县有香猪养殖、加工、销售等从业人员 2 万多人，全年香猪产业产值 2.2 亿元。石门香猪活猪和猪肉、腊肉、乳猪、猪脚、排骨等产品通过步步高等大型超市门店和电商、微商、传统物流、外贸等多重途径，畅销湖南省长沙、常德、益阳、岳阳和广东、福建、上海、北京、江西、河南等地，外销日本、香港、澳门、台湾等多个国家和地区，获得中国中部（湖南）农业博览会“产品金奖”、常德市第十届农业博览会暨首届年货节优质“农产品金奖”。

石门香猪系列产品

地方特产——石门香猪

湖南卫视宣传石门香猪产业

石门县万头香猪种繁场二期工程开工仪式

2012年，石门县山水湾香猪散养基地投产。2015年，石门香猪的龙头企业—汉唐农业成立。汉唐农业成立后，狠抓品种优化和养殖技术提升，先后聘任湖南省生猪产业技术体系首席专家、湖南省养猪协会秘书长彭英林博士，中国工程院院士印遇龙、湖南省畜牧兽医研究所副研究员左剑波等知名养殖专家为石门香猪的养殖技术顾问。以汉唐农业为代表的龙头企业，坚持统一供苗、统一供料、统一防疫、统一饲养标准、统一回收、分散饲养的"五统一分"原则，确保了香猪的品质。

2016年，石门县提出走生态健康养殖之路，适度规模发展生猪养殖，成立香猪产业办，以带动贫困户脱贫致富。2017年2月，石门县万头香猪种繁场二期工程开工仪式在三圣乡山羊冲村举行，山羊冲村香猪生鲜直营店开始营业，石门香猪销售实现线上线下"两条腿走路"。12月，石门县香猪产业协会成立，为行业自律和振兴提供了组织保障。《中国畜牧兽医报》、凤凰网、新浪网、腾讯网、湖南卫视、《湖南日报》、红网、《常德日报》、常德电视台等市级以上媒体，以及大量的自媒体对石门香猪进行了持续宣传。2017年4月4日，《常德日报》以《山羊冲香猪的山居生活》为题，专题报道了石门香猪生长的环境和汉唐农业山羊冲石门香猪繁育、养殖基地的经营情况；6月13日，《湖南日报》以《只为乡亲不再穷》为题，报道了全省最美扶贫人物、石门香猪龙头企业汉唐农业董事长黎静带领乡亲养殖香猪致富的事迹。石门香猪的品牌知名度和公众影响力日益扩大，香猪养殖逐步成为石门县中部山区脱贫致富的支柱产业之一。

（石门汉唐生态农业有限公司　黎静　吴琼　甘磊　供稿）

常德电视台专题报道石门香猪产业

在县委经济工作会议上的讲话

常德市人大常委会副主任、中共石门县委书记　谭本仲

（2017 年 2 月 8 日）

同志们：

这次会议的主要任务是，贯彻落实中央、省委、市委经济工作会议和省市县党代会精神，回顾总结 2016 年工作，研究部署今年工作。下面，根据县委常委会研究的意见，我讲三个方面的问题。

常德市人大常委会副主任、中共石门县委书记谭本仲在县委经济工作会议上讲话

一、凝聚共识，增强跨越发展的原动力

刚刚过去的一年，是极不平凡的一年，也是全县各项工作齐头并进、喜获丰收的一年。我们顶着经济持续下行的压力，攻坚克难，负重奋进，实现了“十三五”的良好开局。特别是在这一年里，十二届县委接过历史的接力棒，踏上了建设武陵山片区经济强县、打造五个新石门的新征程。新班子要有新作为，新的一年，我们要昂扬向上，奋发有为，为了我们的理想和事业加倍努力、继续前进。

一要充分肯定成绩，坚定发展信心。2016 年，县委县政府在上级党委政府的坚强领导下，团结带领全县人民，认真贯彻落实上级决策部署，深入实施“五大战略”、持续推进“十件大事”，坚持一切工作围绕脱贫攻坚，一切工作服从脱贫攻坚，一切工作服务脱贫攻坚，全县经济运行总体平稳、稳中有增、质量趋优，结局圆满。

一是主要经济指标完成较好。全年完成生产总值 238 亿元，同比增长 9%；实现规模工业增加值 67.1 亿元，增长 9.8%；固定资产投资总额 198.4 亿元，增长 19.5%；社会消费品零售总额 108.4 亿元，增长 11.9%；财政总收入 12.4 亿元，增长 11.3%；城乡居民收入分别达到 21205 元、9592 元，增长 8.2%和 9.3%。主要经济指标增速均高于全国全省全市平均水平，进入全市第一方阵。

二是脱贫步伐明显加快。按照“悠悠万事、脱贫为大”“不摘穷帽就摘官帽，不换面貌就换人”“既要带着感情和责任，又要带着真金白银去扶贫”三句话的要求，全面推进产业扶贫、金融扶贫、危房改造、易地搬迁等工作，全县两年安排整合 15.6 亿元投向贫困村，已投入资金 6.5 亿元，实施项目 421 个；发放金融扶贫小额贷款 1.36 亿元，惠及贫困群众 6057 户；易地搬迁 949 户 2747 人，精准扶贫、兜底认定得到强力推进，全年退出贫困村 57 个，脱贫 14661 人。脱贫攻坚工作顺利通过省市考核验收，被评为全省先进。

三是项目建设势头强劲。靠项目建设推动发展、带动脱贫攻坚已在全县形成共识，抓招商、引项目、搞建设的氛围更浓。海螺技改、IDC 数据中心一期、白沙渡电站、壶大公路 I 标段、安德丰锂电池、龙王洞景区改造等 12 个项目全面竣工投营，沅澧快速干线二大道、澧水三桥、西北环线、60 万吨白水泥、湘佳牧业食品加工、重晶石精深加工、易红堂红木家具、土家民俗风情园等一批重点项目全面开工建设,进展顺利。招商引资力度不断加大,全县共签约招商引资项目 38 个,其中亿元项目 27 个,签约资金 183.3 亿元,到位国内外资金 102 亿元,招商引资工作在市里考核排第一位。争取国家和上级投资项目 370 个,到位资金 37.5 亿元,同比增长 10.5%。全面完成了政府性债务余额清理,五大投融资平台公司融资到位资金 22 亿元。

四是城镇建设见到实效。以县城"一带(澧水风光带)一路(县城区道路)"建设为突破口,推进县城扩容提质。实施了永兴大道、夹山大道、梯云路、澧滨路等城区主干道和小街小巷改造,启动了澧水北岸 4 千米风光带建设,新上了碧桂园、红星美凯龙、尧业城市广场、宝峰欣城、宝峰生活•家等一批重大城建项目。全县城镇化率达 42.2%,比上年提升 2.8 个百分点,提升幅度创历史新高。城市品位不断提升,县城面貌明显改观,全县人民每天都能感受到县城的新变化。同时,大力实施美丽乡村"双百工程"(即打造"百里示范走廊",开展"百村示范"),强力推进矽沙产业综合整治,累计关停涉水污染工业企业 32 家,实现了 28 家畜禽规模养殖场的退养,对皂市水库 9321 平方米养殖网箱进行了全部撤除,石门被确定为全国美丽乡村建设示范县创建单位。

五是产业发展提质增效。工业经济实现转型发展,质量提升,推新工作和园区攻坚分别获得省市先进。规模工业单位增加值能耗下降 5.2%,新增高新技术企业 3 家,新增规模工业企业 12 家,全县实现工业税收近 5 亿元,对财政收入的贡献率达 40%。园区完成规模工业增加值 45.9 亿元,增长 10.7%,增速在全市考核位居第三;完成税收 3.94 亿元,增长 10%。现代农业提质升级加快,柑橘、茶叶、养殖等产业增收增效明显。现代服务业加快发展,电商等新兴产业来势看好,外贸出口逆势上扬。旅游渐成热点,石门被列为大湘西生态文化旅游精品线路,被国家旅游局确定为首批"国家全域旅游示范县"创建单位,获评中国最美绿色生态旅游县,龙王洞创建为国家 AAA 旅游景区,壶瓶山大峡谷被评为"2016 湖南最佳避暑胜地"。

六是民生改善持续加力。县财政直接用于教育、社保、医疗、就业、保障性住房、救助、扶贫等民生支出达 30.9 亿元,占财政总支出的 75%。社会就业持续增加,全县新增城镇就业 6547 人。教育卫生三年攻坚成果丰硕,高考质量全市领先,一本录取率高出全省 17 个百分点,9 名学生被北大、清华录取,1 名学生被空军航空大学录取为空军飞行学员;成功创建全省儿童保健合格县,人民医院通过二甲综合医院复评审,红十字会医院被评为全省群众最信赖医院。安全饮水实现全覆盖,小型农田水利等基础设施进一步完善,被评为全省防汛抗旱工作先进单位。安全生产和食品药品监管得到加强,平安石门创建和法治石门建设卓有成效,综治维稳工作获全省先进。

七是党的建设全面加强。"两学一做"学习教育见到实效,圆满完成了县乡两级换届,基层党建工作水平不断提升。进一步巩固"三超两乱"治理成果,着力推进雁过拔毛式腐败问题治理和"纠四风、治陋习"专项整治,全面从严治党向纵深推进,全县党员干部作风进一步改进。着力加强对人大、政协工作的领导,党管武装工作、统一战线工作和群团工作不断加强,更加广泛地凝聚形成了推动发展的力量。

八是先进典型不断涌现。坚持典型引路的工作方法,用身边事教育身边人,比学赶超的进取氛围日益浓厚。在全县范围内开展了"十个十佳"的评选表彰活动。壶瓶山农电党支部被评为全国先进基层党组织,县工商联获评全国"五好"县级工商联,杨群康家庭被评为首届全国文明家庭,黎静、王新法被评为全省百名最美扶贫人物。据不完全统计,上年获得省以上先进荣誉 47 项,市级先进 50 多项。

这些成绩的取得来之不易,为我们做好今年的工作打下了坚实基础,创造了有利条件。只要我们乘势而上、顺势而为,石门发展的步子就会迈得更好、更快。

二要把握大局大势,积极主动作为。既要埋头拉车,更要抬头看路。中央、省市对新常态新形势新阶段的一系列判断要求和安排部署,是我们做好今年工作的重要遵循,我们必须站在全市、全省乃至全国的大局谋划定位,积极主动作为。

要准确把握供给侧结构性改革的发展大势。中央经济工作会议部署今年经济工作的重点任务就是深化供给侧结构性改革。供给侧结构性改革深化推进的过程,就是区域发展"洗牌"的过程,如果我们放松了、看小了、抓虚了,就会落后落伍。当前,我县经济总量还不大,结构性矛盾仍然比较突出,粗放型增长方式没有根本改变。我们必须在落实"三去一降一补"、农业供给侧结构性改革、振兴实体经济、促进房地产市场平稳健康发展四大重点任务中赢得主动,不断创造新供给,培育新需求,释放新动能。

要准确把握创新引领开放崛起的发展大势。省第十一次党代会作出了实施创新引领开放崛起战略的重大部署。石门作为省直管经济体制改革试点县,又是"老少边穷"县,必须"打开石门、登上壶瓶"。只有放眼天下,才敢迈出大步、实现跨越;只有推进创新引领,才能从根本上解决发展落后的问题。我们要紧跟省委省政府战略部署,以培育创新精神、开放意识为先导,以提高创新能力、开放水平为重点,依靠创新开放汇聚生产要素,推动经济社会发展更具活力、更有效率、更可持续。

要准确把握"一三五"战略布局的发展大势。市第七次党代会明确了打造一个中心、实现三个迈进、建设五个常德的战略布局。石门作为常德市唯一的贫困县,必须紧跟市委市政府的步伐,紧盯市委"四大会战",积极主动谋划、部署推进今年的各项工作,努力实现发展目标。

要准确把握建设武陵山片区经济强县的发展大势。县第十二次党代会明确了全面建成小康社会和武陵山片区经济强县的战略目标,为我们做好今年经济工作指明了前进方向。要坚持一张好的蓝图干到底,不跑题、不走调,少提新口号、只吹进军号,确保完成脱贫摘帽的目标,加快建成武陵山片区经济强县。

新的要求，带来新的压力和动力。我们要有紧跟时代的意识，要有推动发展的智慧，更要有采取行动的勇气，努力适应新常态，敢于善于新作为。

三要抢抓发展机遇，实现跨越赶超。新常态面临新挑战，新形势孕育新机遇。守株待兔等不来机遇，犹豫观望只会错失良机。只有抢占先机，争取主动，机遇才能牢牢抓在手中。

要抢抓宏观政策机遇。中央的大政方针，不仅是我们做好工作的指路明灯，同时也是我们推动发展的真金白银。党的十八大以来，党中央作出了经济发展新常态的重大判断，对经济工作作出了以新发展理念为导向、以供给侧结构性改革为主线的重大决策，对经济工作思想方法作出了稳中求进总基调的重大调整，特别是在推进供给侧结构性改革方面，对重点任务进行了拓展，释放了关键领域求突破的重要信号。同时，继续实施积极的财政政策和稳健的货币政策，社会政策也要托底。我们要正确把握宏观政策取向，认识“稳”的方向和重点，把握“进”的领域和任务，确保经济运行稳中有进、向优向好。

要抢抓区域战略机遇。中央支持中部地区建设“四区一中心”，有利于我们集聚发展要素，厚植发展优势；湖南“一带一部”定位，有利于我们扩大对外开放，承接产业转移；长江经济带和洞庭湖生态经济区深入实施，有利于我们争取重大项目，促进地方发展；武陵山片区脱贫攻坚的深入推进，有利于我们提前脱贫摘帽。我们要认真研究区域发展战略，坚持左顾右盼，创新开放，既要利用好武陵山片区等一系列政策名片，又要紧跟全省“一核三极四带多点”发展布局，着力将石门建设成为澧水流域次中心城市。

要抢抓产业发展机遇。近年来，国家大力扶持战略性新兴产业发展，相继出台了一系列鼓励促进措施。特别是年前一段时间，中央密集出台了一系列“十三五”行业规划。如《“十三五”旅游业规划》就为我县创建全域旅游示范县提供了重要的政策支持，《“十三五”国家战略性新兴产业发展规划》则为我县实体经济转型升级指明了方向，《关于完善支持政策促进农民增收的若干意见》和《关于支持返乡下乡人员创业创新促进农村一二三产业融合发展的意见》更是为我县打赢脱贫攻坚战提供了坚强的政策保障。这些政策的实施，必将助推我县跨越发展。加上我们大力推进城市提质，为吸纳产业搭建了很好的平台。我们要用好用活产业政策和城市平台，加大招商引资力度，大力发展战略性新兴产业，坚持走出一条“双轮”驱动、产城融合的路子，努力培育更多的经济增长点。

历史是勇敢者创造的。只要我们坚定信心、脚踏实地、真抓实干、开拓奋进，石门的明天一定会更加美好。

二、聚焦聚力，决胜跨越发展的主战场

今年是全面贯彻县第十二次党代会精神的第一年，是全面脱贫攻坚的决胜之年，是全面建成小康社会和武陵山片区经济强县的关键之年。做好今年经济工作，要全面贯彻落实党的十八大和十八届三中、四中、五中、六中全会和中央、省委、市委经济工作会议精神，按照“五位一体”总体布局和协调推进“四个全面”战略布局要求，坚持稳中求进、脱帽争先的工作总基调，牢固树立和贯彻落实发展新理念，适应把握经济发展新常态，大力实施“一一五五”工程，即锁定一个目标（建设武陵山片区经济强县），主攻一个重点（脱贫攻坚），组织五大会战（项目建设大会战、园区攻坚大会战、城镇带动大会战、交通建设大会战、旅游开发大会战），强化五大保障（思想保障、组织保障、作风保障、纪律保障、环境保障），推动全县经济平稳健康发展和社会和谐稳定，以优异的成绩迎接党的十九大胜利召开。主要预期目标是：地区生产总值增长9%左右，财政总收入增长10%，固定资产投资增长18%以上，城乡居民收入增长9%以上，新增城镇就业6500人。

为实现上述目标，今年的经济工作应着力抓好以下几项重点任务：

1. 决战决胜脱贫攻坚，推动民生民利大改善。人民群众对美好生活的向往，就是我们的奋斗目标。要坚持“一切工作围绕脱贫攻坚，一切工作服从脱贫攻坚，一切工作服务脱贫攻坚”的主基调不变，以脱贫攻坚为抓手，扎实做好保障和改善民生工作，努力让全县人民生活更舒心，工作更称心，办事更顺心，全社会更有爱心。

坚决摘掉贫困帽子。脱贫摘帽不是等出来的、喊出来的，是干出来的、拼出来的。我们要坚持先难后易，找出最短的短板，啃下最硬的骨头，发扬钉钉子精神，一环紧扣一环抓，一锤接着一锤敲，以超常规的举措攻克脱贫难关，确保全年退出贫困村64个、脱贫26500人，贫困发生率降至2%以下，易地扶贫搬迁任务完成率和贫困村退出率达95%以上，脱贫攻坚走在全省前列，年底摘掉贫困县的帽子。着力做好产业发展、易地搬迁、危房改造、教育助学、基本生活保障、健康扶贫、劳务协作脱贫等重点任务，把扶贫开发工作做到老百姓心坎上。全面压实脱贫攻坚责任，以支村两委换届为契机，加强贫困村基层党组织建设，大力培养致富带头人，充分发挥贫困村党组织战斗堡垒作用，大力激发贫困群众脱贫攻坚的内生动力，努力实现贫困户真脱贫、脱贫户不返贫。以脱贫攻坚为突破，发起决战决胜全面建成小康社会的总攻，确保全面小康整体达标、验收授牌。

加快社会事业发展步子。坚持教育优先发展，推进教育强县建设，重点抓好湘北职专异地迁建和启航幼儿园建设项目，建设义务教育标准化学校20所、农村公办幼儿园2所，创建全国农村职业教育和成人教育示范县，确保教育工作督导评估达优秀等次。深化医药卫生体制改革，持续推进精神卫生综合试点，不断扩大中医的医、护、养一体化建设，加快推进妇幼保健院异地新建和人民医院北扩工程项目建设，加大对乡镇卫生院、村组卫生室的提质改造力度，采取有力措施抓好西北乡镇基层医疗卫生人才队伍建设，不断提高全县人民健康服务水平。继续坚持计划生育“三个不变”，落实全面二孩政策，优化生育全程服务管理。进一步加强就业培训和就业援助，突出抓好大学生、城镇就业困难人员、进城务工人员、退役军人等群体就业帮扶。有效对接养老保险等各项惠民政策，加快推进社会保险全覆盖。完善社会救助体系，提升养老服务品牌，关心关爱困难群众。推动文化事业全面繁荣，着力打造精品文化，发展群众文化。

吹响平安和谐号子。推进科学立法、严格执法、公正司法、全民守法，深化司法体制改革，扎实开展"七五"普法，提升依法治县水平，加快建设法治石门。健全落实矛盾纠纷排查化解机制，建立完善立体化、信息化社会治安防控体系，依法打击违法犯罪。依托完美社区和美丽乡村，以创建"无上访村（社区）"为抓手，全面推进社会治安综合治理创新。毫不懈怠抓好安全生产，着力加强矿山企业、食品药品、交通运输、烟花爆竹、危险化学品、建筑施工、消防、森林防火等重点行业和领域安全监管，切实加强企业主体责任和部门监管责任，坚决杜绝特重大安全事故发生，努力建设平安石门。

2.抓好项目建设大会战，推动有效投资大增长。没有项目支撑，发展就是一句空话。我们要全力推进项目建设，大上项目，上大项目，加大驱动经济发展的"引擎"马力，以项目建设大会战为抓手，推动扩投资、稳增长，增强发展后劲。

精准发力抓招引。突出工业招商，发挥优势，对接"三角洲"产业转移，打造下游工业产业链，推动石门工业的转型升级。突出城建招商，加大东城片区、大型商业综合体、文化产业园等一批重大城建项目的招引力度，促进县城提质升级。突出旅游招商，利用壶瓶山、东山峰、夹山寺、长梯隘、仙阳湖、蒙泉湖等优质旅游资源，引进旅游战略投资者，打造石门旅游精品项目。突出农业招商，利用我县特色农副产品资源优势，引进一批具有辐射带动作用的农业产业龙头企业。突出能源招商，利用我县地理、能源、交通优势，引进风能、太阳能、生物质、水力发电等清洁能源项目。同时，要争国投、争省投，确保一大批项目进入国省计划笼子。力争全年招商引资到位资金达到120亿元，签约亿元项目30个以上；到位上级资金额度突破40亿元。

全力以赴抓推进。继续按照"一个项目一名县级领导牵头挂帅、一个责任单位联系服务、一套班子一抓到底"的工作格局，加快推进项目落地。全体县级领导、科局长、乡镇党委书记、乡镇长都要成为抓项目建设的能手高手，争当项目常委、项目县长、项目局长。要压实责任，强化调度，克服一切困难，排除一切干扰，想尽一切办法，把时间任务排到每一个节点，把责任包干到每一个人、每一个环节，按天抠工程进度、看形象进展，逐个抓投资额度、看工程实物量，确保重大项目建设一天一个样、天天有进展，尤其是涉及脱贫攻坚的民生项目，要打破常规，确保如期开工建成。全县全年实施重点工程项目110个以上，完成投资150亿元；安排53个重大项目开展前期工作，力争其中30个以上项目具备开工条件或提前开工。

立足长远抓储备。敏锐把握政策机遇，主动研判投资导向，准确对接省市规划，确保在普惠性项目落地上先人一拍，在差异化项目争取上快人一步，集中衔接、引进、实施一批投资额大、关联度高、带动性强的大项目、好项目，新开发投资5000万元以上重大项目60个以上，切实解决发展后劲不足的问题。

3.抓好园区攻坚大会战，推动现代产业大发展。要以园区攻坚大会战为抓手，以转型升级为目标，以提高质量和核心竞争力为中心，推动一二三产业协调发展，加快建设现代产业体系。

着力推动工业转型。坚持把工业园区作为工业转型的主战场。进一步创新园区体制机制，加快推进省级产城融合示范区和省级循环经济示范园区建设，切实提高园区招商履约率落地率、园区税收对财政贡献率、园区规模工业增加值占比，真正把园区打造成为产业洼地、企业福地、财源宝地，让工业园区成为县域经济发展的核心增长极。继续做优能源产业，做强建材产业，做精化工产业，做大食品加工产业，加速引进和培育战略性新兴产业。引导企业采用新技术、新工艺、新设备、新材料，改造提升工艺装备水平，深挖传统支柱产业的优势潜能，实现传统产业成为优势产业的转变。积极支持和鼓励企业加大技改投入，推动企业节能降耗、转型升级。力争全年规模工业总产值增加10%，工业固定资产投资增长10%，实施投资2000万元以上工业技术改造项目10个。新发展规模工业企业10家，发展高新技术企业1家。确保葛洲坝60万吨白水泥、湘佳牧业畜禽加工、重晶石精深加工、易红堂红木家具等一批重大工业项目建成投产、达产增效。

着力推动农业升级。坚持把百亩以上标准化建设示范园、千亩以上高产创建示范片作为农业升级主战场。巩固全省产粮大县、产油大县地位，实施好产粮、产油大县项目和粮食产能工程。提升柑橘产业，完成老园改造25000亩，引进名优特新品种5个，柑橘出口稳定在10万吨以上；加大招商力度，引进战略投资者，力争在精深加工上取得突破。做优茶叶产业，做好有机茶转换和新认证工作，茶叶总产量、总产值分别增加5%以上；谋划好系列茶文化活动，进一步提升"石门银峰"品牌的市场知名度和影响力；整合资源品牌，组建茶业联合（集团）公司，策划包装上市。巩固烟叶产业，落实种植面积1.8万亩，收购原烟4.5万担。主攻养殖产业，推动养殖业"现代化、标准化、生态化、健康化"，重点抓好土鸡、香猪养殖，今年分别达到100万羽、5万头的养殖规模，使之成为贫困户增收脱贫的新渠道；全县养殖业总产值达到32亿元，增幅达到5%以上；支持湘佳牧业年内主板上市。建设全县农产品质量安全检测中心，让人民群众吃上安全健康放心食品。

着力推动现代服务业提质。坚持把"两园五站四中心"作为现代服务业提质的主战场。突出抓好商贸流通，巩固"湘品入京""湘品入沪"，抓好"湘品入深"及名优特产品"六进"活动（进机场、高铁、商场、酒店、景区、加油站），组织参加2017年中国（长沙）国际食品博览会，将我县的名优特产品推向全国。突出抓好外贸破零倍增，扩大全县进出口总量。突出抓好电子商务，办好石门电子商务产业园区，集聚一批优质的电子商务企业，发展壮大石门县电子商务协会。加强与阿里巴巴、京东等知名电商企业对接，力争全县完成150个农村电商服务点。积极培育金融服务业，完善金融服务体系，继续引进银行、证券公司、保险公司在石门设立分支机构，开展城乡金融服务一体化改革创新综合试点，全县存、贷款余额分别净增25亿元、10亿元。

4. 抓好城镇带动大会战，推动城乡面貌大改观。要以国家、省大力推进"三个1亿人"城镇化为契机，以城镇带动大会战为抓手，进一步加大以城带乡力度，全力抓好县城区、全国重点镇、边界口子镇、美丽乡村、"同心工程"建设，加快城乡一体化。

加快县城扩容提质。继续加大对城市主次干道、慢行系统、停车设施、社区公园（绿地）、城市广场、城市综合体、地下综合管廊等市政基础设施项目的建设力度，按照"海绵城市"理念要求，做好城区市政工程绿化配套建设。全力推进永通汽贸城、方顶山开发、湘运智能停车库、时代酒店等城区重点工程建设；谋划好原磷肥厂片区、全民健身中心二期、兰园宾馆、大剧院、湘北职专一带的开发建设；加快建设"市民之家"、澧水南北两岸风光带；加速推进澧滨路、澧阳西路至三江路、天门北路、白云路、清泉路北扩、黄金路、夹山大道东延等道路提质改造；加快宝峰欣城、红星美凯龙、大汉新城、新合作物流园等项目的配套工程建设。全面完成城市黑臭水治理和污泥干化等项目建设，全面完成水厂扩建和燃气综合站建设。加强城市管理，提升城市品位，全面实施城区亮化美化工程，进一步探索完善城乡垃圾一体化PPP管理模式。

加快特色集镇建设。着力培育一批工业强镇、商贸重镇、旅游名镇，着力打造城郊经济圈，着力推进省际边界口子集镇的发展。抓好壶瓶山镇、南北镇示范镇建设，抓好蒙泉镇、夹山镇重点镇建设。进一步落实支持政策，择优开展扩权强镇示范试点，支持试点乡镇完善基础设施，提高公共服务水平。大力推进"同心工程"创建，广泛凝聚社会力量，加快城乡同步发展。

加快美丽乡村建设。着力推进美丽乡村示范带建设，按照"村民富、村庄美、村风好"的要求，抓好皂市镇白沙渡村、白云镇望羊桥村、三圣乡山羊冲村、新铺镇中河铺村等13个美丽乡村示范村建设。加强农村环境整治，推行好农村垃圾分类减量，处理好集镇墟场垃圾，保护好农村饮用水水源，治理好规模养殖场，建设一批集镇污水处理设施。加强生态建设，下大力改善县城区空气质量，加强水资源、林草资源保护，努力打造和谐宜居的生态环境，推进实施好雄黄矿区砷污染综合治理、雄黄矿周边土壤修复等项目。

5. 抓好交通建设大会战，推动基础设施大完善。坚定不移地推进交通先行战略，以交通建设大会战为抓手，统筹推进农田水利、信息能源等各方面基础建设，切实破解基础建设滞后的瓶颈。

着力抓好交通建设。按照"县域内一小时通达"目标要求，加快推进主干线公路建设，沅澧快速干线二大道石门段、太柳公路、九杨公路、壶大公路Ⅱ标段、周家冲至庚子山公路5个在建项目必须在年内完工，加快推进杨岭岗大桥、柳家垭至黄莲尖公路（西北环线）2个在建项目建设，确保安慈高速、彭岗公路、火车北站至樟木渡、磨市至壶瓶山、新关至七松（安乐公路）、红土路、闫家溶至三江铁路大桥（壶瓶山大道）、澧水四桥、澧水五桥（易家渡大桥）9个项目全面开工。进一步加大争取力度，力促县城至盘塘高速连接线立项并完成前期。紧盯宜张高速、呼南高铁、张吉怀高铁至石门连接线、通用机场等重大交通项目，力争早日启动项目前期。完成500千米农村公路和省市下达的农村公路拓宽提质改造工程、生命防护工程、公路绿化、危桥改造和渡改桥建设任务。大力发展农村客运，启动公交总站、汽车西站建设，加大公路治超力度。

大力推进水利建设。全面完成11个重点水利建设项目，力争启动1座中型水库灌区续建配套、1座小（一）型水库新建，继续实施抗旱应急水源工程、山洪灾害防治、四水治理工程、中小河流治理、农村饮水安全提质改造、五小水利工程等重点项目建设，大力推进高效节水灌溉项目建设，切实解决好水利建设"最后一千米"的问题。加强水利工程运行管理，全面落实"河长制"管理模式，让水利设施更好地服务发展、造福百姓。

完善信息能源基础建设。加快推进IDC数据中心二期项目建设，构建贯通县域、基于大数据应用架构的智慧城市管理支撑平台，带动完善新一代信息基础设施。优化智慧服务系统，促进数字防控、智能交通、智慧城管、联动指挥中心等应用系统整合升级，提升教育、医疗、文化、公交等领域信息应用水平，让网络信息化更好服务于民。大力发展清洁新能源，推动燃气管网向乡镇延伸，提高县城和中心城镇气化率；计划投资2亿元，大力推进146个村的农村电网改造，构建供给足、结构优、效率高的现代能源体系。

6. 抓好旅游开发大会战，推动景区品质大提升。以旅游开发大会战为抓手，扎实有效推进"旅游活县"，切实提升景区品质，增强旅游人气，提高石门的知名度和美誉度。

明确目标定位。围绕建成"国家全域旅游示范县"的目标，着力打造以生态休闲度假旅游为主，集高山度假、滨水休闲、禅修养心、温泉养生、土家文化体验、乡村旅游等为一体的湘西北高端旅游目的地。主动对接、加快融入大湘西、大三峡黄金旅游圈，建立旅游合作区，实现资源互享、政策互惠、信息互通、交通互联、客源互送、线路互推。力争到2017年年末，实现旅游年接待总数突破600万人次，旅游业总收入占全县地区生产总值的25%以上，旅游从业人数占本地就业总数的20%以上。

推动景区提质。推动全领域旅游开发，依托旅游小镇建设，着力打造蒙泉—夹山—新关—皂市—维新—磨市—壶瓶山—东山峰—南北镇旅游走廊。抓好旅游项目建设，加快推进市委"北战壶瓶山"战役，做好夹山国家AAAAA级旅游景区、龙王洞国家AAAA级旅游景区和壶瓶山大峡谷、罗坪长梯隘国家AAA旅游景区创建，继续推进东山峰国家级旅游度假区、壶瓶山国家级生态旅游示范区、罗坪国家地质公园、仙阳湖国家湿地公园、白云山林场省级旅游度假区创建，加快推进三圣山羊冲土家民俗风情园建设，抓好大湘西生态文化旅游精品线路石门段建设。大力发展乡村旅游，鼓励开展省级五星级乡村旅游区(点)创建。积极推进全县旅游厕所改造和游客接待中心、标示标牌等公共服务体系建设。

加强宣传营销。紧紧围绕“神奇壶瓶、唯美石门”的形象定位，策划开展系列宣传营销活动，加快石门旅游品牌塑造和推广，加快石门地域美誉传播。紧盯常德、“长株潭”、张家界、荆州、宜昌等周边市场，瞄准“北上广”等城市，实施精准营销。深化“科学家走进石门”“歌星唱石门”“画家画石门”“作家写石门”“学生游石门”系列活动，在知名网站、电视台、报刊等具影响力的媒体及省内高速沿线开展宣传，全方位展示石门旅游形象。

三、加强领导，夯实跨越发展的硬保障

事业发展，关键在党，关键在人。要把石门建成武陵山片区经济强县，必须始终如一地贯彻党要管党、从严治党的方针，进一步加强领导班子和党员干部队伍建设，营造山清水秀的政治生态，形成干事创业的浓厚氛围。

一是强化思想保障，在激发活力中推动事业发展。没有思想的大解放，就没有经济的大发展。十一届三中全会，打破了人民公社的迷信，开启了包产到户的道路，几年内就解决了中国的粮食问题。邓小平同志1992年南方讲话，解决了计划经济和市场经济、资本主义和社会主义的传统思想束缚，实现了中国经济的大腾飞。思想解放了，心眼就大，天地就宽。对此，我们迫切需要掀起新一轮解放思想的热潮，以开放崛起的活力抢占发展的制高点。切实增强创新意识。开展解放思想大讨论、大调研、大培训，邀请知名专家开展讲座，引进一批科技领军人才、企业家人才、高技能人才和创新团队，引导党员干部勇于以改革的精神解决发展中的瓶颈制约，善于运用市场手段搞建设、抓发展，以新思维研究新问题，以新举措开创新局面。切实增强开放意识。树立放眼全球的大开放观念，加快发展开放型经济，促进对内对外开放。大力开展“引老乡、回故乡、建家乡”活动，对知名学子、高端成功人士、在外创业人员进行登记造册，明确相关部门包干负责，开展有重点、有针对性地联系对接，鼓励和引导更多石门籍成功人士投身家乡发展。寻求与国内外大企业大集团和发达开放地区的交流合作，进一步加强联系沟通，年内与佛山所属市区签订友好市县合作协议，实现靠大靠强、借力发展、借船出海。切实增强进取意识。进一步完善全县绩效考核体系，加大对创先争优的奖励力度，推动党员干部真正把心思放在谋事业上，把劲头放在抓项目上，把精力放在促发展上，对各项工作都要有位次意识，争创一流、永不懈怠。

二是强化组织保障，在凝聚合力中推动事业发展。基层党组织是党的全部工作和战斗力的基础。我们要充分发挥好基层党组织领导核心作用，凝聚人心，凝聚智慧，形成推动发展的强大合力。选优配强各级领导班子。坚持党管干部原则和“好干部”标准，严格按程序选人用人，始终坚持在“五个一线”“相马、赛马、惜马”，重用提拔扎根基层、开拓创新、实绩突出、群众公认的干部，坚决把不称职、不适宜、不作为、乱作为的干部调整下来，使选出来的干部组织放心、群众满意、干部服气，形成能者上、庸者下、劣者汰的选人用人导向。严格执行干部档案“凡提凡审”，个人重大事项报告“凡提必核”，纪检监察机关意见“凡提必听”，线索具体的信访举报“凡提必查”等规定。加强对人大、政府、政协及法检两院各班子工作的组织领导和统筹协调，全力支持其履行职能，巩固壮大最广泛的爱国统一战线，发挥好工会、共青团、妇联等人民团体的桥梁和纽带作用。从严教育管理干部。以十八届六中全会精神学习培训为重点，分期分批组织各级领导干部的集中轮训。充分发挥党校教育培训干部主渠道作用，继续办好各类主体培训班，不断提高党员干部政治理论素养。加大力度选派优秀年轻干部到“五个一线”锻炼，不断提高干部实践能力。统筹推进各类干部队伍和人才队伍建设，深入推进“四个一”人才工程、高技能“名师名家”建设工程，面向全国公开招考20名以上硕士、博士研究生充实到金融、旅游、建设、环保、农业、工业、教育、卫生等系统，努力形成人人展其才、人人尽其责的良好局面。切实建强基层战斗堡垒。以“5+8”工作任务为重点，严格落实基层党建工作责任制，健全完善书记抓党建责任清单和述职评议制度，推动各级党组织书记带头履行党建第一责任人责任。着力增强基层党组织的整体功能，深入推进“头雁工程”，做好“能人回流”工作，加强培养后备力量，大力整顿软弱涣散基层党组织，完成支村两委换届，推动基层组织建设全面进步、全面过硬。进一步加强党员教育管理，以“戴党徽、亮身份、强党性”为主题，定期开展“党员活动日”活动，以“奉献在岗位，做合格党员”为载体，充分发挥各个层面党员的先锋模范作用。全面落实“三会一课”、民主评议党员等组织生活制度。抓好党员发展工作，消除多年未发展党员和无年轻党员的村居。进一步夯实基层基础保障，加大财政保障力度，村级转移支付由现有村平15万元增加到村平18万元。大力发展村级集体经济，两年之内所有村居的集体经济收入都要达到4万元以上。建立完善基层保障“八大基金”体系，全面落实基层干部政策性待遇，逐步提高村干部基本报酬水平，全面完成农村综合服务平台建设。

三是强化作风保障，在担当作为中推动事业发展。千条万条，不抓落实就是白条。面对改革发展的艰巨繁重任务，我们要始终带着热情工作，充满激情干事，把工作岗位当成体现人生价值的重要平台，敢于担重担、挑大梁、打硬仗。要敢于负责、克难奋进，把推动发展的攻坚能力变成实现全年目标任务的强大动力。组建脱贫攻坚和五大会战指挥部，制定路线图，排出时间表，下达任务书，加强调度推进，形成会战态势。继续开展公开承诺，各单位“一把手”通过电视台、网站等媒体，面向社会作出带班子、管队伍、优服务的承诺，接受群众监督，促进承诺兑现。深化“五联”活动，组织全体县级领导、乡局级领导联项目、联企业、联美丽乡村示范村（居）、联贫困村、联贫困户，下移重心，一线服务。要心系群众、服务于民，把党员干部的“辛苦指数”变成群众的“幸福指数”。广泛开展“党员干部下基层、结穷亲、解民难”活动，实现县直机关联村帮扶全覆盖，帮助化解基层矛盾，切实解决好群众的住房、医疗、教育、就业等热点民生问题。乡镇、街道干部和驻村扶贫干部要全面落实“包村（网格）联户”制度，经常性进村入户，提高入户率和群众熟知率，画好村情图，记好民情账，当好信息员（网格员）、宣传员、报告员、安全员、调解员、帮扶员，真心为群众办实事、解难事。广泛开展“树标杆、学先进”活动，继续组织开展“十个十佳”评选活动，培育一批在全国全省全市叫得响的石门典型。要勇于改革、锐意创新，把创新体制机制形成的“效率优势”变成跨越发展的“作风优势”。按照“四个有利于”的要求，坚定不移推进全面深化改革，更加充分地释放改革红利。深入开展“纠四风、治陋习”专项整治，着力解决好群众办事“门好进、脸好看、但事难办”的问题，组织开展县直机关“转作风、优环境”公开测评，对连续两次排名后三位的单位进行通报批评、限期整改直至组织调整。抓住想干事、敢干事这两个关键点，健全激励机制，建立容错纠错机制，对敢负责的干部负责，为敢担当的干部担当，形成激励干事创业的风向标、好导向。

四是强化纪律保障，在从严治党中推动事业发展。不断强化以“讲规矩、守纪律、知敬畏、有底线”的自律意识，严明党的纪律，保持步调一致，打造从严从实、风清气正的良好环境。严明党的政治纪律和政治规矩。牢固树立“四个意识”，坚决拥护党的核心，自觉维护中央权威，保证对党的绝对忠诚。认真贯彻“一准则两条例”。严格规范党内政治生活，强化党内监督，推进责任落实，抓实落细“五项谈话制度”，建立清清爽爽的同志关系、规规矩矩的上下级关系。切实加强廉政教育。大力推进“荷花品格、梅花精神”廉洁文化建设，组织开展党纪条规学习、“一把手”上廉政党课、集中警示教育、传承“家风家训”等各类廉洁文化活动，增强党员干部廉洁自律意识。始终保持惩治腐败的高压态势。准确运用监督执纪“四种形态”，着力加强权力运行监督和腐败源头治理。深入开展“雁过拔毛”式腐败问题专项整治，确保扶贫资金使用高效、安全。按照“六个不放过”的要求，加强对党员干部“三治九禁十不准”规定执行情况的监督检查，加大明查暗访和追责查处力度，曝光查处一批违反纪律规定的反面典型。

五是强化环境保障，在提升软实力中推动事业发展。环境是第一竞争力。我们必须以过硬的举措，进一步打造更好、更优、更强的发展环境，在激烈竞争中赢得优势和主动。打造健康文明的人文环境。创新和加强宣传思想工作，深入开展精神文明创建活动，培育和弘扬新时期石门人包容谦和、勤劳淳朴、豁达豪爽、诚实守信的人文品质，增强石门的感召力、吸引力和凝聚力。打造和谐稳定的舆论环境。强化思想信念教育，提振团结奋斗的“精气神”；积极传播“正能量”，奏响加快发展的“同心曲”；加强“决胜脱贫攻坚”宣传，传播开放石门的“好声音”；做好网上舆论工作，用好社会舆论的“调节阀”。打造公平有序的市场环境。加强质量技术监督，加强市场监管，大力整顿和规范市场经济秩序，坚决打击欺行霸市、强买强卖和不正当竞争行为，维护市场主体和消费者的合法权益；加强信用体系建设，真正让诚信者获利，失信者失利。打造全民参与的创业环境。无论是谁，只要在石门创业，我们都要鼓励支持。凡是法律法规没有明令禁止的领域，都要面向创业者开放，让“铜板”在石门每一寸土地上跳动；凡是有利于创造社会财富、人民生活水平提高，都要放开手脚去干，把石门打造成处处焕发勃勃生机的创业热土。打造优质高效的政务环境。要建立“亲”“清”的政商关系，促使党员领导干部更加主动为企业和项目建设服务、排忧解难。认真落实简政放权、放管结合、优化服务的各项工作，在项目立项、土地供应、信贷融资等方面进一步优化办事程序，让广大创新创业者轻装上阵。组建公安政法打击与纪检监察查处两套班子，坚决打击破坏发展环境的行为，努力把石门打造成更具吸引力的投资洼地和开放高地。

同志们，天上不会掉馅饼，奋斗拼搏才能梦想成真。让我们紧密团结在以习近平同志为核心的党中央周围，全面贯彻落实党中央和省委省政府、市委市政府的决策部署，振奋精神，真抓实干，加快建设武陵山片区经济强县，以优异成绩迎接党的十九大胜利召开！

政府工作报告

——在石门县第十七届人民代表大会第二次会议上

石门县人民政府县长　郭碧勋

(2017年2月19日)

各位代表:

现在,我代表县人民政府,向大会报告政府工作,请予审查,并请各位政协委员和其他列席人员提出意见。

一、过去四年及2016年工作回顾

县十六届人大一次会议以来的四年,是石门发展历程上充满挑战、充满活力、充满作为的四年。面对错综复杂的宏观经济环境,全县人民在县委的坚强领导下,主动适应新常态,积极引领新常态,顶住压力,开足马力,精准发力,谱写了县域发展新篇章。在综合实力的显著增强中提振了发展信心,在城乡面貌的大幅提升中夯实了发展基础,在群众生活的持续改善中凝聚了发展合力,迈出了全面建成小康社会的坚实步伐。

石门县人民政府县长郭碧勋在石门县十七届人民代表大会第二次会议上作《政府工作报告》

四年来,我们潜心实干育产业、强实体,经济发展三量齐升。地区生产总值由2012年162.9亿元增加到2016年238亿元,年均增长8.9%。公共财政收入由9亿元增加到12.36亿元,年均增长8.3%。工业经济在提质升级中发展壮大。规模工业总产值由175.9亿元增加到245.8亿元,年均增长10.2%;规模工业增加值由51.7亿元增加到67.1亿元,年均增长10.1%。工业结构深刻调整,累计完成工业技改投入50.6亿元,实施技改项目65个,大唐、长安、特水、海螺等一大批老企业焕发出新活力;海螺骨料、天下康等一大批重点项目建成投产。园区经济逐步壮大,累计完成园区基础建设投资22.9亿元,建成标准化厂房28万平方米;完成调区扩规和"一权两制一司"体制改革,入园规模工业企业达到58家,总产值达177.1亿元;石门经济开发区成为省"产城融合"试点示范区,宝峰创业园成为省级中小微企业创业创新基地。现代农业在凸显特色中巩固提高。农林牧渔业总产值由52.7亿元增加到67.3亿元,年均增长3.4%。柑橘、茶叶、家禽等特色产业提质增效,获得"国家出口食品(农产品)质量安全管理示范区"称号,成为"全国十大生态产茶县""全国林下经济示范基地县"。"盛节节高""湘佳"成为"中国驰名商标";"石门土鸡"获评"国家地理标志保护产品",品牌价值近50亿元;"石门银峰"成为"湖南十强县域公共品牌",获米兰世博"国际金奖"。湘佳牧业成为农业产业化国家重点龙头企业,并在新三板成功上市。第三产业在融合互动中活力迸发。社会消费品零售总额由64.9亿元增加到108.4亿元,年均增长13.7%。旅游发展跃上新台阶,成为"国家全域旅游示范县"创建单位和"湖南省旅游强县",获第三届国际旅游"艾里缇斯"奖,被评为"中国最美绿色生态旅游名县";夹山成功创建国家AAAA级景区,文庙、龙王洞成功创建国家AAA级景区,壶瓶山大峡谷获评"湖南最佳避暑胜地"。现代金融快速发展,相继引进沪农商村镇银行、华融湘江银行、长沙银行,农村信用社改制为农村商业银行。电子商务加速兴起,电商创业园建成开园,大宗农产品网上销售比例达20%。网络通讯、交通运输、现代物流、文化娱乐等服务业稳定发展。

四年来,我们众志成城破瓶颈、补短板,发展条件大为改善。固定资产投资由2012年105.3亿元增加到2016年198.4亿元,年均增长19.1%。基础建设实现突破。交通建设力度空前,累计完成交通投资32.8亿元,S308绕城线、S307林夹公路、S306安青公路、S241曹何公路竣工通车;火车北站、汽车总站建成营运,石长铁路复线暨电气化改造全面完工,成功开通石长城际列车。水利建设成效显著,皂市水利枢纽工程顺利通过竣工验收;完成水利投资6.8亿元,除险加固中小型病险水库130座,治理水土流失面积52.5平方千米,解决了45万群众的安全饮水问题。城镇建设提速提质。继续保持"国家卫生县城""全国文明县城"称号。全县城镇化率达到42.2%,比2012年末提高8.7个百分点。"三改四化"成果显著,共改造城区主次干道和小街小巷41条,新建城区供水、供气和雨污管网228千米,澧阳路升级改造、城区自来水取水口上移、县城污水处理厂和垃圾无害化处理场建设等一大批项目相继完工,县城功能不断完善,品质大幅提升。特色小城镇加速发展,蒙泉镇、皂市镇、壶瓶山镇入选全国重点镇。生态环境趋优向好。成为"国家主体功能区建设试点示范县""国家级生态文明先行示范区""省级生态县";国家级生态乡镇达到16个,壶瓶山自然保护区成功加入联合国教科文组织"人与生物圈保护区"中国网络。完成退耕还林3.45万亩、石漠化综合治理13平方千米、公路绿化1203千米。雄黄矿污染治理深入推进,土壤修复进入全国六个试点示范先行区行列。

四年来,我们倾心尽力惠民生、促公平,群众福祉显著提升。城镇和农村居民人均可支配收入分别达到21205元和9592元,年均分别增长8.5%、10%。社会事业全面进步。教育强县战略深入推进,投入资金29.4亿元,改造农村义务教育薄弱学校85所、创建义务教育合格学校53所、新建公办幼儿园12所,思源实验学校、楚江街道三完小建成投入使用,石门二中、石门三中教学楼新建等重大教育项目相继完工;教育教学质量省市领先,四年累计向清华、北大输送学生32人,湘北职专成为国家中等职业教育改革发展示范校。公共卫生服务体系不断健全,完成医疗卫生投资10亿元,新改扩建医药卫生业务用房15万平方米;县人民医院成为全国医改样本,县疾控中心成为县级甲等疾控中心,县红十字会医院被评为全省首届"群众最信赖医院"。计生政策平稳转型,"全面两孩"稳步实施。公共文化服务体系不断完善,综合文化站实现乡镇全覆盖,广播"村村响"覆盖率达95%,电视"户户通"达4万户,农家书屋达712个;皂市遗址、夹山寺成为国家级重点文物保护单位,《石门山歌》、《夹山禅茶习俗》列入省级非遗名录,石门图书馆成为国家一级图书馆;继续保持"全国文化先进县"称号。审计、统计、人防、气象、地震、民族宗教、老龄、国防教育、民兵预备役等各项事业全面进步;工会、共青团、妇联等群团组织的作用得到有效发挥。人民生活持续改善。连续四年为民办实事,新增城镇就业2.5万人、农村劳动力转移就业3.9万人,城镇零就业家庭保持动态清零。五大社会保险基金征缴规模达7.5亿元,实现制度全覆盖。新农合参合率达99%,政策范围内综合补助率达70%,比2012年提高10个百分点。城镇医保住院报销比例达75%,比2012年提高5个百分点。城乡低保实现应保尽保,补助水平分别增长34%、25%。住房保障不断加强,累计完成公租房建设4264套、农村危改8800户、城镇棚改7479户。持续发力脱贫攻坚,四年累计脱贫84个村、69644人。社会大局和谐稳定。严格落实安全生产责任制,大力开展打非治违和隐患排查专项行动,安全形势持续向好。不断完善领导干部大接访机制,一批信访积案得到化解,信访秩序稳步好转。深入推进平安石门建设,不断完善社会治安防控体系,持续打击各类违法犯罪,成为全省社会治安综合治理先进县。

四年来,我们坚毅果敢抓改革、促开放,发展活力更加充盈。改革与发展良性互动,县域开发和开放凸显生机活力。重点改革纵深推进。新一轮政府机构改革、文化体制改革、国有林场改革、园区体制改革和城区撤镇建办全面完成。财税体制改革、城镇管理体制改革、教育人事制度改革、医疗卫生体制改革深入推进。在全市率先完成公车改革,减少车辆205台,安置司勤人员158人。省直管县经济体制改革试点工作全面启动,权限承接达到269项,直接申报项目192个,申报投资总额39亿元。开放合作更加充分。招商引资成效明显,累计到位内资232亿元、外资2.84亿美元。先后引进建设了红太阳生物科技、广电IDC等52个亿元以上项目,葛洲坝集团、英皇集团、红星美凯龙家居集团、碧桂园集团等全国知名企业落户石门,与湖南建工集团、青海博川矿业集团、湖南永通集团等战略投资者对接合作进展顺利。连续四年成功举办了柑橘节和茶文化系列活动。市场要素有效激活。用地保障全面加强,累计批回建设用地7300亩,有效保证了重点项目建设需要。投融资体制机制不断健全,完成城建投、交通投、农业投、宝峰投、文旅公司五大融资平台组建,累计融资到位41.6亿元。推进人才强县战略,人尽其才、才尽其用的人才选用机制逐步完善。

四年来,我们立说立行转作风、优环境,政府形象逐年攀升。扎实推进满意政府建设,不断规范行政行为,政府行政能力和服务水平明显提升。民主法治全面加强。全面贯彻依法治国基本方略,自觉接受人大法律监督和政协民主监督,共办理人大代表建议741件、政协提案474件,办复率100%,满意率100%。努力提高县长信箱和县长热线运行质量,受理群众来电3837件次、网上信访557件,回复率100%,办结率100%。强化审计监督,不断深化财政预算执行审计,实施领导干部任期经济责任审计89人次,完成重点建设工程全程跟踪审计、造价结算审计和竣工决算审计项目184个,累计审减工程造价2.31亿元,审减率18.62%。行政效能显著提升。"两集中三到位"改革深入推进,全县33家单位、207个行政审批和办事项目进入政务中心窗口。项目建设一体化收费改革全面铺开,项目服务效率大幅提升。大力推行网上政务服务,政府网站集约化平台建设全面完成,网上窗口年办理业务3万余件。探索建立了县社会治理联动指挥中心,石门"微治理"微信公众平台上线运行,政民互动、部门联动的社会治理模式获得肯定。工作作风全面改进。扎实开展党的群众路线教育实践活动、"三严三实"专题教育和"两学一做"学习教育,严控"三公"经费支出,力纠行业和部门不正之风,政府形象全面改观。

各位代表,四年奋勇拼搏,我们共同营造了上下同心、团结奋进、勇争一流的浓厚氛围;四年艰苦创业,我们戮力开创了产业更具规模、基础更加坚实、人民更加幸福的生动局面;四年铿锵前行,我们齐心描绘了目标明确、前景广阔、大气磅礴的美好蓝图。荣光属于这方热土,荣耀属于全县人民。此时此刻,我们由衷地为勤劳淳朴、务实担当的石门人民点赞,为尽心尽责、善做善成的广大党员干部点赞。

刚刚过去的2016年是“十三五”开局之年,也是向贫困发起总攻的首战之年。面对宏观经济下行的极大压力和脱贫解困的繁重任务,全县人民紧扣“五大战略”,推进“十件大事”,锐意进取、奋发有为,完成了县十六届人大六次会议确定的各项任务。地区生产总值增长9%,居全市第三;公共财政收入增长11.3%,居全市第三;固定资产投资增长19.5%,居全市第二;规模工业增加值增长9.8%,居全市第三;社会消费品零售总额增长11.9%,居全市第四;城镇和农村居民人均可支配收入分别增长8.2%、9.3%,分别居全市第五和第二。主要经济指标增速高于全国、全省平均水平,位列全市第一方阵。

这一年,我们致力产业升级,掀起了项目建设的新高潮。坚持把项目建设作为稳增长、调结构的主要抓手,全年到位内资97亿元、外资8500万美元,争取到位国家和上级投资37.5亿元。成功引进了湘佳牧业6万吨家禽食品加工及冷链物流、葛洲坝60万吨白水泥、海螺水泥窑协同处理固废等27个亿元以上项目。广电IDC一期、安德丰锂电池、真尔特石膏一期、法德利制衣、白沙渡水电站、海螺水泥粉磨节能技改等一大批工业项目建成投产,成为工业经济扩张的新动能。农业综合开发、小农水重点县、抗旱应急水源工程、山洪灾害防治工程等一大批农田水利项目竣工达效,成为农业巩固提高的新保障。龙王洞景区提质改造、壶瓶山大峡谷生态漂流、山羊冲土家民俗风情园等一大批旅游项目相继实施,宝峰欣城、尧业城市广场、红星美凯龙等一大批商贸项目加速推进,成为服务业提升的新亮点。城建投、交通投、文旅公司等五大融资平台资产注入加速推进,集团公司组建全面铺开,成为推动项目建设的新引擎。

这一年,我们聚焦城乡提质,步入了基础改善的快车道。坚持把改善城乡基础条件作为主攻重点,举全县之力突破瓶颈制约,发展条件实现质的提升。交通建设实现重大突破。完成交通投资12.2亿元,较上年增长45%。呼南高铁、石门至张吉怀高铁区域连接线进入《国家中长期铁路网规划》;安慈高速、宜张高速等重大交通项目的前期工作取得突破性进展;西北环线、壶大公路、九杨公路、彭岗公路、周家冲至象牙坪公路等一批县内干线公路建设推进顺利,交通发展即将迎来质的飞跃。城乡面貌历史性改观。强势推进县城“三改四化”,完成城建投资15亿元。城区5条主次干道和18条小街小巷提质改造相继竣工,澧滨路提质改造等13个城建项目进展顺利;中联重科县域全环境治理项目在全省率先启动,打造了“石门模式”。壶瓶山镇、南北镇成为市级美丽城镇建设试点。生态建设成绩喜人。重拳整治污染源头,关停了一批涉水污染企业,退养了28家畜禽规模养殖场,撤除了皂市水库近万平方米养鱼网箱,小煤矿关停退出及矽砂产业综合整治取得成效。成功举办湖南省第二届生态文明论坛,生态文明建设经验全省推广。

这一年,我们专注脱贫攻坚,吹响了全面小康的进军号。坚持把脱贫攻坚作为最大的政治任务来落实,57个贫困村顺利退出,5492户、14661名贫困对象成功脱贫,实现了“两不愁、三保障”。贫困地区基础条件不断改善。投入资金6.5亿元,共实施扶贫项目421个,硬化公路448.4千米,新修公路258.3千米;疏通沟渠125千米,硬化沟渠58千米;完成34个村农网改造;接通29个村光缆宽带;新改建贫困村村级活动场所53个。全力推进易地扶贫搬迁和农村危房改造,共搬迁949户2747人、改造危旧房4112户。贫困群众致富门路有效拓宽。因地制宜发展茶叶、柑橘、油茶、养殖等特色产业,积极引导扶持农业龙头企业、农民合作社带动贫困户脱贫致富,在贫困村发展农民合作社66个,惠及贫困人口14791名;光伏发电扶贫、石门土鸡精准扶贫等项目取得积极进展。全力拓展农产品销售渠道,在乡镇、贫困村设立电商服务网点185个,创办电商扶贫培训基地5个,15个贫困村依托电商基本脱贫。大力开展金融扶贫,共发放扶贫小额贷款1.36亿元,惠及贫困群众6057户。积极开展劳动力培训和劳务输出,共转移贫困劳动力1706人。弱势群体基本保障稳步提升。实行扶贫和低保“两线合一”,认定社会保障兜底脱贫对象1141户2447人。严格落实医疗保障、大病保险、医疗救助等贫困户特惠政策,有效减轻了贫困人口医疗负担。不断加大贫困地区教育投入,积极开展捐资助学,发放各类教育助学金4590万元,资助贫困学生13.4万人次,确保了贫困学生无一人因贫失学。

各位代表!过去四年,石门发展翻开了崭新一页,开启了全新征程。耕耘伴随艰辛,收获令人振奋。这些成绩的取得,源自于县委的正确领导、科学决策,得益于县人大、县政协的有效监督、鼎力支持,归功于全县人民的顽强拼搏、克难奋进。在此,我谨代表县人民政府,向在各个岗位上辛勤劳动、无私奉献的全县人民,向各位人大代表、政协委员,向驻石部队官兵和公安政法民警,向所有关心支持石门发展的同志们、朋友们,表示衷心的感谢,并致以崇高的敬意!

各位代表,形势越好,越要保持清醒头脑。在肯定成绩的同时,我们也清醒地认识到,全县经济社会发展还存在许多困难和问题。主要表现在:产业结构还不够优,创新能力还不够强,转型升级的步伐仍需加快;生产要素瓶颈进一步凸显,资源环境约束进一步趋紧,破解难题的能力仍需提升;发展环境还不够好,政府效能还不够高,勤政为民的作风仍需加强;民生领域还有欠账,全面小康还有短板,百姓福祉仍需增进,等等。对此,我们将高度重视,采取切实有效的措施认真加以解决。

二、今后五年政府工作的总体要求和目标任务

今后五年,是石门决战决胜全面小康的关键时期,也是经济社会发展方式深刻变革的转型时期。尽管宏观经济形势依然错综复杂,但中央稳中求进的工作基调没有变,国家实施积极财政政策和稳健货币政策的宏观调控取向没有变,我国经济长期向好的基本面没有变。随着供给侧结构性改革效应逐步显现，“一带一路”、长江经济带、洞庭湖生态经济区、促进中部崛起新十年规划、武陵山片区区域发展与扶贫攻坚等国家战略深入推进，石门进入了千载难逢、大有作为的重要战略机遇期。特别是近年来，我们在县委的坚强领导下，开足项目建设这个“马达引擎”，实施“四轮驱动”，给澧澧大地注入了蓬勃生机和巨大活力。产业发展、基础改善、社会事业齐头并进，一大批重点项目相继开工、建成受益。我们的发展思路更加明晰，发展基础更加坚实，发展优势更加凸显，发展空间更加广阔。我们对未来五年发展的前景充满信心，只要我们把握机遇，奋勇争先，扎实创业，就一定能够创造石门发展的新辉煌，夺取全面小康的新胜利。

今后五年政府工作的总体要求是：全面贯彻党的十八大和十八届三中、四中、五中、六中全会精神以及“四个全面”战略部署，牢固树立“创新、协调、绿色、开放、共享”发展新理念，坚持发展第一要务，以提高发展质量和效益为中心，以纵深实施“五大战略”、推进“十件大事”为主线，统筹推进政治、经济、文化、社会、生态文明建设“五位一体”，凝心聚力，攻坚克难，全面建成小康社会和武陵山片区经济强县。

主要奋斗目标是：地区生产总值年均增长9%以上，规模工业增加值年均增长10%以上，固定资产投资年均增长15%以上，公共财政收入年均增长10%以上，城乡居民人均可支配收入年均增长9%以上，主要经济指标进入武陵山片区71个县（市、区）前十位，全面建成小康社会。

未来五年，我们将致力打造“五个新石门”：

——加快交通突围，打造立体通达新石门。坚定不移地推进交通先行战略，全力打造“水陆空、铁公机”立体交通体系。力争通过五年努力，完成交通建设投资100亿元以上，构建县有高速高铁、乡有干线公路、村村路网相连、边界贯通顺畅的综合交通格局，全面进入高速、高铁、动车时代。

——致力转型升级，打造现代产业新石门。以发展新兴产业为重点，以科技创新为支撑，以质量强县为引领，推动规模工业向效益工业转变、生产性农业向经营性农业转变、传统服务业向现代服务业转变，加快构建现代产业体系。力争把园区打造成省级产城融合示范区和新型工业化样板区，努力把石门建成全国最大的柑橘鲜果出口基地、中国有机茶生产加工中心和湘西北地区商贸物流基地。

——突出扩容提质，打造宜居宜业新石门。以生态修复、节能减排和环境治理为重点，加强生态建设；以提升城镇品位和承载功能为重点，加强城镇建设与管理；以改善农村环境为重点，加强美丽乡村建设，倾力打造品质之城、魅力之乡和美丽村居。力争通过五年努力，全县城镇化率达到48%，县城建成区面积达到25平方千米，常住人口达到25万人，努力让环境最优美、空气最清新、城乡最洁净成为石门闪亮的名片。

——发展全域旅游，打造神奇魅力新石门。以创建“中国旅游强县”和“国家全域旅游示范县”为目标，主打生态休闲度假牌，把石门打造成为集禅修度假、高山度假、温泉度假、生态野钓、森林康养等为一体的生态旅游大县。大力挖掘土家文化、茶禅文化、红色文化、橘茶文化等文化资源，释放石门文化潜能，努力打造世界茶禅文化发祥地品牌，建设文化名县。让石门成为八方游客感受神奇之旅、魅力之旅的旅游休闲目的地。

——力促公平正义，打造文明幸福新石门。不断完善社会保障体系，协调发展社会事业，深化文明创建，加强法治石门建设，提升用现代信息技术手段治理社会的水平，真正让人民群众成为幸福石门的共享者。力争通过五年努力，城镇和农村居民人均可支配收入分别达到3万元、1.36万元，创成“湖南省教育强县”“中国长寿之乡”。

各位代表！五年宏伟蓝图，体现了新一届政府对石门发展的战略思考，表达了全县人民向往幸福生活的美好意愿，展示了石门赶超发展的光明前景。我们坚信，有县委的正确领导，有67万人民的共同努力，一个综合实力强劲、交通便捷通达、城乡宜居宜业、人民生活幸福的崭新石门一定会崛起于潇湘北极、澧澧大地！

三、2017年政府工作安排

2017年，是新一届政府的开局之年，是脱贫攻坚的决战之年。做好今年工作，必须以中央、省委、市委、县委经济工作会议精神为指引，坚持稳中求进、脱帽争先的工作总基调，以提高发展质量和效益为中心，大力实施“1155”工程，即锁定建设武陵山片区经济强县这一目标；主攻脱贫攻坚这一重点；组织项目建设、园区攻坚、城镇带动、交通建设、旅游开发五大会战；强化思想、组织、作风、纪律、环境五大保障，奋力开创经济社会发展新局面。全年主要目标是：地区生产总值增长9%左右，公共财政收入增长10%，固定资产投资增长18%以上，城乡居民人均可支配收入增长9%以上，新增城镇就业6500人，完成省市下达的节能减排任务。重点抓好以下七个方面的工作：

1.精准发力脱贫攻坚。坚持把脱贫攻坚作为最大的政治任务来落实。加强资金支持、分类指导和精准施策，整合8亿元资金投入脱贫攻坚，新增非贫困村扶贫资金9700万元，统筹推进贫困村和非贫困村扶贫帮扶，确保年内64个贫困村退出、26500人脱贫，贫困发生率控制在2%以下，易地扶贫搬迁完成率和贫困村退出率达95%，实现贫困县“摘帽”。

狠抓产业带动。因地制宜引导贫困村、贫困户发展特色种植和养殖。力争年内流转贫困户土地1万亩以上，贫困地区新增农民合作社和家庭农场30家以上。大力发展集体经济，推动龙头企业、新型农业经营主体、致富能人与贫困户捆绑发展，力争60%以上贫困户加入合作组织，确保今年预脱贫的64个村集体经济达到4万元。加快推进“石门土鸡精准扶贫”“香猪繁育养殖”“茶叶种植加工”“柑橘提质改良”等重点产业扶贫项目。用好用足金融扶贫政策，力争全年发放小额信贷和“财银保”信贷2亿元以上。着力提升贫困对象劳动技能，深入实施“雨露计划”

和“两后生”培训，实现贫困劳动力转移就业1900人。

狠抓条件改善。着力改善贫困户住房条件。按照群众自愿、积极稳妥的原则，大力推进易地扶贫搬迁和农村危旧房改造，确保年内搬迁建档立卡贫困对象7155人、完成危房改造6000户。加快推进贫困村基础设施建设，全年实施各类扶贫项目581个。力争完成电网改造146个村；提质改造道路200千米，安装安保设施407千米；全面完成贫困户电视“户户通”，接通26个贫困村的宽带网络。

狠抓保障提升。着力加强教育扶贫。进一步加大贫困地区教育投入，年内完成贫困村学校改造45所；大力倡导社会捐资助学，做大做强县教育基金，力争基金存量突破2500万元；严格落实贫困学生学杂费减免政策，实行应助尽助，确保无一人因贫失学。着力加强健康扶贫。推进建档立卡贫困户全面参保，进一步拓展大病保险、医疗救助等贫困户特惠政策，切实减轻贫困群众的医疗负担。着力推进扶贫低保“两线合一”和贫困对象精准识别工作，确保“脱贫路上不漏一户不掉一人”。

2.持续扩大有效投入。坚持扩大投入稳增长，强力推进项目建设大会战，全年实施重点工程项目110个以上，完成投资150亿元。

积极开展招商引资。强化招商引资工作责任，完善奖励政策，营造上下联动、全民参与的招商氛围。充分发挥商会作用，鼓励在外老乡回故乡、建家乡，着力引导一批成功人士衣锦还乡投资创业。重点围绕农产品深加工、建材、新能源、旅游等优势资源和优势产业，进一步完善招商引资项目库，加快建设招商数字地图，实施网上招商，确保全年到位国内外资金120亿元以上，签约亿元项目30个以上，新开工5000万元以上项目20个以上。

全力争取国家投资。准确把握国家政策和投资导向，吃准参透“中国制造2025”“互联网+”行动计划、供给侧结构性改革等宏观政策，用活用足省直管县经济体制改革、产城融合等试点政策，最大限度地争取政策份额，确保全年争取国家和上级投资40亿元以上，增长10%以上。加强项目开发储备，实施重大项目前期53个，力争30个以上项目具备开工条件或提前开工；新开发投资5000万元以上重大项目60个以上。

稳妥推进市场融资。严格政府债务管理，按照不触底线、不碰红线的原则有序推进项目融资，坚决守住政府债务风险底线。加强融资平台建设，加快存量资产注入，组建集团公司，全力提升集团公司信用等级，增强融资能力。密切政银企合作，引导金融机构加大信贷投放，确保年末贷款余额净增10亿元以上，力争存贷比达到45%。盘活存量土地，强化土地经营，确保年内实现土地净收益8000万元以上。

3.加快推进工业升级。坚持新型工业化第一推动力不动摇，大力发展实体经济，推进工业提档升级，力争规模工业总产值增长10%，工业固定资产投资增长10%。

夯实园区平台。全面打响园区攻坚大会战，集中要素资源，大力推进省级产城融合示范区和新型工业化样板区建设。完成基础设施建设投资7亿元以上，新建标准化厂房10万平方米，完成九峰路、曹家棚路、幸福路、新月路等道路建设及工业污水处理厂、曹市农贸市场等配套工程建设，做好500亩集中连片工业地块开发，增强园区承载力和吸引力。确保园区规模工业总产值突破200亿元，增长14%以上。

深化结构调整。积极引导企业采用新技术、新工艺、新设备、新材料，改造提升工艺装备水平，全年实施工业重点技改项目10个，完成技改投资10亿元以上。全力培育新产能，确保葛洲坝60万吨白水泥、楚天钡业重晶石深加工、易红堂红木家具、捷源玻纤、湘佳牧业冷链物流等重点项目上半年建成投产。加大高新技术企业、行业领军企业的培育和引进，支持中小微企业扩大生产、壮大规模，培育高新技术企业1家以上，新增规模工业企业10家以上。

强化为企服务。进一步完善领导干部联系服务企业和企业特派员制度，积极帮助企业解决实际问题。完善《石门县帮扶工业企业发展暂行规定》，严格落实财政资金支持、涉企中介收费、企业用工成本、金融扶持等方面的优惠政策，尽最大努力确保企业轻装上阵、正常经营，释放最大产能，力争新增中小微企业贷款2亿元以上。

4.加快推进农业增效。积极推进农业供给侧结构性改革，提高农业综合生产能力和市场竞争力，确保全年完成农林牧渔业总产值67.5亿元，增长4%左右。

壮大优势产业。着力强基地，加快推进玉米、粮油、马铃薯高产创建示范区建设，确保年内新增36个粮油、柑橘、茶叶、蔬菜、烟叶生产示范基地。着力强品质，改造低产橘园2.5万亩，力争引进名优特新品种5个以上；改换老茶园5000亩，改造低产茶园5000亩，新扩良种茶园5000亩，完成有机茶转换3万亩，新认证有机茶园2000亩；落实烟叶种植面积1.8万亩、产量4.5万担；抓好土鸡、生态猪养殖，确保完成养殖业总产值32亿元，增长5%以上。着力强品牌，加强“石门柑橘”“石门银峰”“石门土鸡”的品牌管理，建设全县农产品质量安全检测中心，大力推进“三品一标”认证，确保新增“三品一标”30个以上。

推行现代经营。全面完成农村土地确权登记颁证，积极引导农村土地合理流转，力争年内流转土地4万亩以上；规范发展和培育新型农业经营主体，确保新发展农民合作社和家庭农场各30家，力争新增市级以上农业龙头企业2家。整合资源品牌，组建茶业联合（集团）公司，策划包装上市；全力支持湘佳牧业主板上市。拓宽农产品销售渠道，深化农商、农超对接，鼓励开展网上营销，建设农村电商服务点150个，力争大宗农产品网上销售比例达到30%。

夯实生产基础。加强高标准农田建设。新建高标准农田2.17万亩，完成农村土地综合整治6.15万亩，土地开发整理500亩，旱改水田320亩，确保新增耕地1100亩。加快水利建设。大力推进抗旱应急水源工程、四水治理工程、中小河流治理、农村饮水安全、五小水利等重点水利项目建设，力争启动1座中型水库灌区续建，大力实施高效节水灌溉项目。加大农业机械推广与应用力度，确保农业综合机械化水平达到57%。

5.加快壮大第三产业。积极推进现代服务业多元化、高端化发展，确保全年完成社会消费品零售总额123亿元，增长12%以上。

大力发展全域旅游。加快夹山国家AAAAA级旅游景区、东山峰国家旅游度假区、壶瓶山国家级生态旅游示范区、罗坪国家地质公园、仙阳湖国家湿地公园和龙王洞国家AAAA级旅游景区创建进程。全面完成夹山廉洁文化教育基地建设、龙王洞提质改造、泰和合遗址修缮等重点旅游项目，确保年内新增一批优质旅游景点。加快发展"旅游+"业态，合理布局休闲型、观光型、体验型农业旅游，力争年内新增10个乡村旅游景点；充分挖掘茶禅文化、红色文化、土家民俗文化等优质文化资源，着力开发一批民俗体验、禅修养生等文化旅游产品。强化旅游宣传营销，组织好柑橘节、茶文化活动等系列旅游节会活动，促进橘旅互动、茶旅融合。加快大湘西文化旅游精品线路石门段建设，着力打造蒙泉—夹山—新关—皂市—维新—磨市—壶瓶山—东山峰—南北镇旅游走廊；力争全年接待游客600万人次，实现旅游综合收入60亿元，确保成功创建"国家全域旅游示范县"。

加快打造多元业态。着力发展现代金融。积极引进股份制商业银行来石设立分支机构，有序推进村镇银行等新型农村金融机构增点扩面，大力开展城乡金融服务一体化改革创新综合试点。规范房地产市场，加强房地产开发建设全过程监管，严厉打击房地产领域地下开发和非法集资，促进房地产业平稳健康发展。

稳步扩大市场需求。大力发展大型流通服务企业和专业市场。加快宝峰生活家、尧业城市广场等商业综合体的建设利用，规范提升乡镇农贸市场。办好"车展""美食节""欢乐购物"及"农家乐评选"等活动，扩大节会消费。巩固"湘品入京""湘品入沪"成果，抓好"湘品入深"及名优特产品"六进"活动；积极参加中国（长沙）国际食品博览会，拓展国内市场。大力实施外贸破零倍增计划，努力扩大出口，力争全年完成外贸进出口总额3200万美元以上，增长16%以上。

6.统筹推进城乡建设。坚持基础先行、生态优先，全力改善城乡发展条件，加快建设宜居宜业、舒适便捷的美丽家园，确保城镇化率达到43.7%。

打好交通大会战。重点实施"6952"工程，加快推进呼南高铁（宜石常段）、石门至张吉怀高铁区域连接线、宜张高速、何盘高速、石门通用机场、澧水航道整治等6个项目的前期工作；确保安慈高速、G241壶瓶山至磨市、G353火车北站至樟木渡、彭岗公路、安乐公路、红土路、壶瓶山大道、澧水四桥、易家渡大桥9个项目全面开工；确保沅澧快速干线2大道石门段、太柳公路、九杨公路、壶大公路2标段、周家冲至象牙坪公路5个项目年内完工；确保杨岭岗大桥、柳家垭至黄莲尖公路（西北环线）等2个项目达到计划进度。加快改善农村交通条件，完成农村公路建设500千米、窄路加宽200千米、边界路和断头路建设50千米、安保工程456千米、危桥改造5座。着力加强标准化客运站场建设，启动建设公交总站、汽车西站。加大公路治超力度。

加速县城提质。深入推进城区"三改四化"，加速实施澧滨路、澧阳西路至三江路、天门北路、黄金路、白云路、清泉路北扩、夹山大道东延等道路提质改造工程；全力推进"市民之家"、澧水风光带、永通汽贸城、智能停车库、时代酒店等重点项目建设；加快宝峰欣城、大汉新城、红星美凯龙、新合作物流园等项目的配套工程建设；抓好2#污水泵站及其配套管网建设和长溪沟、西溶沟、双红沟等5条城市黑臭水体治理，完成水厂扩建和燃气综合站建设。强力实施城市管理"一改四化"，充分发挥县社会治理联动指挥中心作用，着力构建齐抓共管的城市管理格局，重点加强门店经营、农贸市场、公共停车、城市交通、环境卫生等方面的秩序管理，严格规范出租车行业经营行为，确保城市形象持续提升。

完善村镇体系。择优开展扩权强镇示范试点，完成白云、所街、三圣、雁池、维新、新铺、子良等乡镇城管中队建设；做好8个乡镇总规编制，启动皂市镇等5个乡镇总规修编。加快特色小城镇打造，支持边界口子镇做大做强，着力培育一批工业强镇、商贸重镇、旅游名镇，有序推进壶瓶山镇、南北镇美丽城镇试点。实施新一轮美丽乡村建设，重点抓好皂市镇白沙渡村、白云镇望羊桥村等13个美丽乡村示范村建设。以清洁卫生、绿化美化、文明家风为重点全面开展美丽庭院创建活动，力争10%以上农户达到美丽庭院标准。

加强生态建设。大力实施护林增绿工程，完成营造林9.5万亩、石漠化综合治理47.5平方千米、义务植树180万株、公路绿化250千米，确保森林植被覆盖率稳定在71.6%以上。认真落实"生态保护红线、环境质量底线、资源利用上线和环境准入负面清单"等约束机制，从源头防范环境污染和生态破坏。全面完成"气十条""水十条""土十条"各项目标任务。抓好燃煤锅炉改造、油气回收、黄标车淘汰、扬尘整治、油烟治理等大气污染防治，力争县城空气优良天数达到300天；加强仙阳湖、蒙泉湖综合治理，认真落实"河长制"；扎实推进雄黄矿土壤污染综合治理。完成农村环境综合整治整县推进工程，确保生态环境持续向好，全面启动国家级生态文明建设示范县创建。

7、协调发展社会事业。坚持发展成果全民共享，努力让人民群众拥有更多的安全感、获得感、幸福感。

着力完善社会保障体系。稳步扩大就业，全面完成公共就业信息服务平台建设，积极支持大众创业，确保全年新增农村劳动力转移就业5100人以上，帮助下岗失业人员再就业3000人以上。稳步推进社保扩面，加快推广"金保工程一卡通"，确保社保持卡人数达45.5万人。完善留守老人、留守妇女和留守儿童关爱体系,建立健全残疾儿童、单亲少年等特殊未成年人的关爱机制。强化农民负担监管,维护农民合法权益。

着力提升公共服务能力。加快推进教育强县建设。创建义务教育标准化学校20所,新建农村公办幼儿园2所;启动山羊冲完小、土桥完小、安溪完小改扩建及宝峰街道中心学校二期工程、石门一中体育馆建设,完成湘北职专异地新建主体工程和金盆小学改扩建;确保"全国农村职业教育和成人教育示范县"创建成功、教育"两项督导评估"达到省级优秀等次。着力提升医疗卫生服务水平。深化医药卫生体制改革,巩固县级公立医院综合改革成果,加快构建分级诊疗运行机制;抓好新一轮计划生育优质服务县、慢性病综合防治示范区、人民医院三级医院创建工作;加快乡镇卫生院改造和村(社区)卫生室建设,启动县中医医院扩容和中医养生谷建设,确保县人民医院北扩、县妇幼保健院东迁、雁池精神病医院新建等项目完成主体工程。全面提升文体发展水平。继续深化文化体制改革,建立健全现代公共文化服务体系,加快"市民之家"、全民健身中心建设进度,启动大剧院地块整体规划和招商工作;积极备战市第七届全运会,力争奖牌总数进入全市四强。加强公民道德建设和乡风文明建设,探索建立文明创建引领、党员干部率先、乡规民约规范、群众认可遵守的城乡赈酒约束机制。做好万里茶道石门段申遗工作。加快推进澧水南北公益性骨灰堂和石门烈士陵园二期建设,加快乡镇敬老院、县光荣院儿童部、石门县中心敬老院建设。稳步提高乡村(居)运转保障水平,确保村均转移支付达到18万元,乡均公用经费达到60万元。做好第三次全国农业普查。完成新一届村(居)委换届选举。统筹推进统计、物价、民族宗教、气象、地震、档案、对台、残联、外事侨务、国防教育、国防动员、人民防空、民兵预备役等各项工作。重视和支持工会、共青团、妇联等群团工作。

着力提高安全维稳水平。严格落实安全生产"党政同责、一岗双责、齐抓共管、失职追责"和"三个必须"的工作要求,切实强化企业安全生产主体责任,突出抓好重点行业和领域安全生产专项整治。强化极端恶劣天气防范应对和应急值守,坚决防范重特大事故发生。深化信访制度改革,重点抓好信访基层基础和网上信访;依法规范信访秩序,继续深入开展信访积案化解攻坚,大力开展"无上访村(社区)"创建。加强网络监管,依法打击网络谣言、网络诈骗等犯罪行为。创新基层社会治理体系,强化社区服务平台建设,完善"3+N"治理模式。深入推进公安警务机制改革,强力整治影响社会治安、社会稳定的突出问题,严厉打击各类违法犯罪,大力加强社会治安综合治理,切实抓好民调创满工作,提升人民群众的安全感和满意度。深入开展"七五"普法,增强公民法治意识,打造法治石门。

四、加强政府自身建设

完成脱贫攻坚的历史使命,实现"五个新石门"的宏伟蓝图,需要政府更加勇于担当、勤政高效。我们将以更加奋发有为的精神状态、更加行之有效的工作举措,在县委的坚强领导下,撸起袖子加油干,不断提高政府工作执行力,努力向全县人民交出一份满意的答卷。

坚持依法行政,努力建设公正透明的法治政府。坚持用法治思维和法治方式推动工作,完善政府法律顾问制度,带头尊法、学法、守法、用法,做到法无授权决不为、法定职责坚决为。坚持科学决策,严格执行民主集中、"三重一大"、专家咨询、社会公示、风险评估等制度。坚持依法办事,严格落实行政执法责任制和执法过错追究制,规范行政执法行为。坚持接受监督,自觉接受人大的法律监督和政协的民主监督,定期向人大报告工作,向政协通报情况,切实提高人大代表建议和政协提案的走访率、办结率、回复率、满意率。深化政务公开,主动接受新闻监督和社会监督,促进公共权力在阳光下运行。

坚持务实担当,努力建设奋发有为的责任政府。大力发扬"钉钉子"精神,把精力放在狠抓落实上,把心思放在干事创业上,把本领用在促进发展上。在担当中点燃激情、激发干劲,切实做到困难面前不退缩、问题面前不推诿、矛盾面前不回避。巩固"两学一做"学习教育成果,全面增强政治意识、大局意识、核心意识、看齐意识,突出干部队伍作风和能力建设,打造一支敢打硬仗、能打胜仗的高素质公务员队伍。加大督查督办力度,强化政府绩效评估和行政问责,注重正向激励,建立合理的"容错"机制,为担当者担当,让敢为者有为,营造肯干事、能干事、干成事的工作环境和浓厚氛围。

坚持以人为本,努力建设便民亲民的服务政府。创新政府管理,优化工作流程,努力实现行政行为效率高、效果佳、效益好。加快转变政府职能,深化行政管理体制、事业单位分类管理、综合行政执法等各项改革,扎实推进省直管县经济体制改革试点。着力推进简政放权,坚持"放管服"三位一体,有序推进商事制度改革,做好审批事项承接、取消和下放工作,全面落实"三清单一目录"制度。大力提升政务服务水平,充分运用"互联网+"思维,推动网上政务服务窗口、电子监察系统和投资项目在线审批平台的建设与应用,力促实体政务向网上政务延伸。强力优化发展环境,严厉打击损坏经济发展环境的人和事,全天候为经济建设保驾护航。

坚持恪守底线,努力建设风清气正的廉洁政府。认真履行"一岗双责",落实党风廉政建设主体责任,强化对重点岗位、重点领域、关键环节权力运行的监督。坚持厉行节约,反对铺张浪费,降低行政运行成本,确保"三公"经费只减不增。加强审计职业化建设,贯彻党政同责、同责同审要求,实行公共资金、国有资产和领导干部履行经济责任情况审计全覆盖,确保公共资金运行到哪里,审计监督就跟进到哪里,做到应审尽审、凡审必严、严肃问责。严查各类腐败问题,加大对"雁过拔毛"式腐败的查处力度,始终保持惩治腐败的高压态势。

各位代表!新的蓝图已经绘就,新的征程已经开启。让我们在县委的坚强领导下,振奋精神,锐意进取,为全面建成小康社会和武陵山片区经济强县而努力奋斗!

石门县人民代表大会常务委员会工作报告

——在石门县第十七届人民代表大会第二次会议上

石门县人大常委会主任 李金生

（2017年2月20日）

各位代表：

我受县第十七届人民代表大会常务委员会的委托，向大会报告工作，请予审查。

石门县人大常委会主任李金生在石门县第十七届人民代表大会第二次会议上作《石门县人大常委会工作报告》

上届工作回顾

县十六届人大常委会于2012年11月依法选举产生。在中共石门县委的坚强领导下，县十六届人大常委会忠于宪法和法律，忠于党和人民，知责思为，务实开拓，全面完成了既定的目标任务，为我县全面脱贫、建成小康社会做出了积极的贡献。一届内，共召开县人大常委会会议35次，听取审议专项工作报告39个，做出决议决定66项，对91项工作提出了审议意见，并交相关单位办理；召开主任会议35次，讨论研究了97项工作；开展执法检查4项、视察4项，专题调研31项；对21个单位进行了工作评议；任免国家机关工作人员170人次。

（一）依法行使重大事项决定权，不断推动了县委重大决策部署的贯彻落实

县十六届人大常委会从实际出发，在推进重大事项决策民主化、科学化、法制化方面进行了积极探索和实践，重大事项决定权的行使程序进一步规范，内容范围进一步扩大，质量不断提高，为推动我县民主法治建设和经济社会持续快速健康发展，发挥了积极的促进作用。

围绕全县发展战略行权履职。听取和审议了县人民政府关于《石门县国民经济和社会发展第十三个五年规划纲要》（草案）编制的报告，建议县人民政府结合全面建成小康社会奋斗目标，围绕"生态立县、产业强县、城镇兴县、旅游活县、交通先行"五大战略，明晰重点工作和重点任务，完善指标体系，统筹发展形势，量化目标任务，确保了各项重大规划紧密衔接、顺利实施。

围绕县委工作中心行权履职。为推动"五个石门"建设，听取和审议了县人民政府一系列融资议案，及时作出决议，并督促县人民政府加强资金管理，防范融资风险，严控工程质量，成功打造了一批城建、交通、旅游等建设的新亮点。

围绕相关法定事项行权履职。为积极推进新型城镇化战略，听取和审议了县人民政府关于县城总体规划修改工作的报告，建议县人民政府根据石门区位、特色和生态发展战略，更加科学、准确地定位城市性质，进一步优化城市空间结构，满足群众日益增长的物质文化生活需要。

（二）依法行使监督权，有效促进了依法行政公正司法

县十六届人大常委会大力加强民主法治建设，促进依法行政，弘扬公平正义，提高了全县经济、政治、文化、社会、生态等领域的法治化水平。

抓好重大民生问题监督。寓监督于支持之中，积极回应群众关切，听取和审议了脱贫攻坚、学校安全管理、幼儿园建设、公立医院改革、医疗保险、乡镇卫生院和村卫生室建设、农村合作医疗、城乡低保、大气污染防治、生态环境保护、畜禽养殖污染治理、饮用水源保护、茶叶品牌建设、城市管理等专项工作报告，确保了国家行政权得到正确行使，推动了民生改善，促进了社会和谐稳定。

深化预算决算审查监督。每年听取和审议了县人民政府财政预算执行情况和财政部分预算调整草案的报告、财政年终结算方案和财政预算草案，并提出了审议意见。针对县人大代表在大会期间提出的审议意见，采用全面审查与重点解剖相结合的方式，对县财政局编制的县直单位的部门预算进行了进一步

审查,并提出了审查意见。强化审计指出问题的整改监督,促进了全县经济社会健康运行。

强化法律监督。落实了向宪法宣誓制度,激励和教育国家工作人员忠于宪法、遵守宪法、维护宪法,加强了宪法实施。开展了《禁毒法》、《矿产资源法》、《道路交通安全法》和《农产品质量安全法》的执法检查,开展了《消防法》执法调研,开展了与人民群众密切相关的《水法》、《传染病防治法》、《农民专业合作社法》等法律贯彻执行情况的监督,围绕民主法制建设开展了法院执行、法律服务市场整顿等工作的监督,有力地促进了这些法律在我县的贯彻实施。深入开展"司法公正常德行"系列活动,大力营造了公平正义的司法环境与和谐稳定的社会环境。连续多年开展了"人民满意度"公开测评,将收集的意见向政法单位进行交办,督促整改,强力促进了政法单位的工作。开展了"两官"履职评议,对8名法官和8名检察官提出了具体整改要求。被评议"两官"和其所在单位强化认识,积极整改,履职能力得到大幅提升。完善和落实相关制度,对87件规范性文件进行了备案审查,对200余件特定司法案件进行了备案工作,从源头上强化了对依法行政、公正司法的监督。

开展政府部门工作评议。对21个政府工作部门进行了工作评议,对代表集中反映的意见进行归纳整理,分类交办,督促被评议单位大力整改,收到了评议工作实效。

积极办理群众来信来访。县人大常委会信访室共接待登记信访1165件1243人次。县十六届人大常委会把信访工作列入重要工作日程,每月工作例会听取信访动态综合分析和当月信访办理情况,对信访工作做出部署安排。采取跟踪督办、重点联系督办、回访督办的方式,认真办理每一件信访案件,维护了群众利益,促进了社会稳定。

(三)依法行使选举任免权,进一步加强了地方国家机关建设

县十六届人大常委会始终坚持党管干部原则和人大依法任免相统一,充分发扬民主,严格依法办事,认真行使人事任免权。四年来,先后依法任免国家机关工作人员170人次,其中决定任免县人民政府组成人员96人次,决定任免县人大常委会工作机构负责人18人次,任免法院审判委员会委员、庭长、副庭长、审判员40人次,任命检察委员会委员、检察员16人次。

为贯彻组织意图,做到知人善任,制定完善人事任免办法,形成了任前调查、任前考法、任前发言、任前表决,统一颁发任命书、统一宣誓就职、统一公开公示等一套完整的程序,组织由常委会任命、决定任命的国家工作人员向宪法宣誓,着力推动了人事任免工作的制度化、规范化建设,增强了任命人员的法律意识、人大意识和公仆意识。

(四)紧扣人大工作主体,更好地激发了代表履职活力

县十六届人大常委会始终坚持代表的主体地位,建立完善县人大常委会领导联系人大代表制度,组织活动,强化服务,加强保障,激发了代表履职活力。

加强了代表履职能力建设。两次组织全体县人大代表和人大工作者参加集中培训,组织县人大常委会组成人员、乡镇人大主席、副主席、人大专干赴全国人大北京培训基地开展为期一周的培训,提升了履职能力。

探索完善了人大代表小组活动机制。科学划分代表小组,以小组为单位,建好阵地,开展集中学习、撰写调研论文等活动,围绕所在行政区域内的重大项目、重大发展措施和人民群众高度关注的社会热点、难点问题,开展视察调研活动,形成了一批调研成果。狠抓了人大代表联系群众的平台建设,代表小组依托人大代表联系群众工作室,广泛接待选民,全面收集意见,解决现实问题,人大工作在基层的影响力进一步提升。

加大了代表议案建议的督办力度。对县十六届人大历次会议的741件代表议案和建议依法向县人民政府进行交办,对24件代表建议由主任会议重点督办,对代表表示不满意的建议,交县人民政府及相关部门二次办理,提高了问题的解决率。督促县人民政府认真办理《关于进一步加强城市建设与管理的议案》《关于进一步做好柑橘病虫害控防工作的议案》《关于城市建设与管理双提质的议案》《关于加大我县柑橘产业提质升级力度的议案》《关于加大我县交通建设力度的议案》,都收到了很好的效果。

(五)着力加强自身建设,全面提升了人大常委会履职能力

县十六届人大常委会主动适应人大工作的新形势、新任务、新要求,强化学习教育,狠抓队伍建设,提升了工作能力。

深化教育增动力。在第二批党的群众路线教育实践活动中,紧紧围绕"为民、务实、清廉"主题,聚焦"四风",从严从实查摆问题,坦诚谈心交心,以严肃认真的态度开展了批评与自我批评。在"三严三实"专题教育中,深学、细照、笃行,加强党性修养,改进工作作风,为推动改革发展稳定,更好发挥地方国家权力机关的职能作用奠定了基础。在"两学一做"学习教育中,注重解决自身存在的突出问题,学习教育的成效体现到了提振精神、压实责任、促进发展上,学习教育的成果已转化成为新常态下推动改革发展的强大动力。

加强学习强素质。认真组织人员参加上级的各类培训,提升了人大工作者的履职能力。坚持县人大常委会会议、县人大常委会主任会议会前学法制度,共学习了43部法律法规,提高了县人大常委会机关干部的法律素养和政策水平,为依法、精准地做出决议决定奠定了坚实的基础。推进人民代表大会制度理论和实践创新,积极撰写高质量的调研论文,我县有10多篇论文在省、市获奖。

锤炼作风树形象。在广泛征求意见的基础上,制定了《石门县人民代表大会常务委员会工作规程》,进一步规范完善出勤考核、学习、出差管理、财务管理、公务接待管理等制度,用制度管人,按规矩办事,各项工作不断向规范化、制度化迈进。加强机关文化建设,深入开展"市级文明标兵单位"创建活动,广泛激发常委会组成人员和人大干部在其位、谋其政、尽其责,进一

步提升了县人大常委会勇于作为、敢于担当、清正廉明的良好形象。

各位代表，2016年是换届选举之年，是县十六届人大常委会的收官之年，是实施“十三五”规划的开局之年，是冲刺市级文明标兵单位的创建之年。

2016年，我们精心组织，圆满完成了换届选举工作。此次换届选举，县委重视程度之高、代表资格审查之严、媒体关注跟踪之紧、组织程序要求之细，堪称史上之最、绝无仅有。联合审查中，有24人被取消推荐资格，有10人因审查不合格没有被确定为正式代表候选人。全县共选举产生县人大代表273名、乡级人大代表1028名，代表结构与素质明显优化、提升。适时召开县乡新一届人大第一次会议，依法选举产生了县乡国家机关领导人员。工作上，我们坚持做到组织保障到位、业务培训到位、程序规范到位、宣传发动到位、督促指导到位、严明纪律到位，确保了换届工作依法有序、换届纪律风清气正、换届任务圆满完成。

2016年，我们服务大局，有力促进了全县科学发展。听取和审议了县人民政府关于茶叶品牌建设工作情况的报告，督促县人民政府进一步健全茶叶营销体系，拓展产业功能，推动我县茶叶产业不断向广度和深度发展。听取和审议了县人民政府关于脱贫攻坚工作情况的报告，督促县人民政府加快整合资金的拨付，加速启动扶贫项目建设，注重产业扶贫，切实增加贫困群体收入，促进了脱贫攻坚工作整体推进。主任会议两次听取县人民政府关于优化经济环境工作情况，通过督促五起典型案例处理，大力促进行政审批提速，严厉打击强行参工参运、阻工挠工、索拿卡要等行为，着力营造了经济快速发展的良好氛围。

2016年，我们注重民意，有效推动了热点问题解决。听取和审议了县人民政府关于安全生产工作报告，建议县人民政府及其主管部门加大联合执法力度，加大教育与培训力度，加强应急演练，加大安全设施投入，强化安全管理机构和工作人员的责任，全县安全生产形势持续稳中向好。听取和审议了县人民政府关于村级财务管理工作报告，建议县人民政府加大村(居)转移支付力度，完善乡镇村级财务管理办法，狠抓乡村两级财务人员队伍建设，加大对县级项目资金的监管力度，我县村级财务管理工作制度逐步完善，程序渐趋规范，监管更加有力，透明度逐步提高。听取审议了县人民政府关于土地开发整理工作报告，建议县人民政府加强工程监管和开发整理土地的后期保护，提高土地利用率，拓宽了农业结构调整空间，确保了全县耕地占补平衡。主任会议还听取了校车安全运营、城乡安全饮水、农村土地确权等专项工作报告，提出了工作建议。

各位代表，回顾过去，我们的工作成果丰硕，亮点纷呈。四年来，我们坚持不懈，推进了全县民主法治建设的健康发展；我们全力以赴，兑现了向全县人民作出的庄严承诺；我们改革创新，实现了全县人大工作的与时俱进。这些新进展、新成绩、新收获的取得，得益于县委的正确领导，得益于县第十六届全体人大代表的真诚奉献，得益于“一府两院”和乡镇(街道)人大的大力支持，得益于县人大常委会各工作机构的共同努力，更得益于全县人民的拼搏进取与奋发有为。在此，我谨向所有关心、支持、帮助人大工作的各界人士，表示衷心的感谢和崇高的敬意！

在回顾总结上届工作的同时，我们也清醒地看到，对照宪法法律的要求，对照党和人民的期望，对照改革发展的需要，我们的工作还存在不少差距和不足，比如：监督工作需要更好地适应“五个石门”建设的新要求，监督实效有待进一步增强；代表工作需要更好地适应民主法治建设的新要求，围绕中心收集民意还不够全，履职保障有待进一步加强；自身建设需要更好地适应人大依法履职的新要求，能力水平有待进一步提升；等等。县人大常委会将自觉接受人民的批评和监督，虚心接受代表的意见和建议，认真改进，以期不负全县人民的期望和重托。

四年的实践和探索，我们对推进民主法治建设有了更加深入的理解，对坚持人民代表大会制度有了更加坚定的自信，对做好新形势下的人大工作有了更加深刻的体会。

我们深刻体会到，做好人大工作，必须听命于党。四年来，县人大常委会坚定不移贯彻落实县委决策部署，坚持自觉向县委请示报告主要工作、重大事项，及时主动通过法定程序，把县委主张转变为国家意志和人民意愿，确保人大工作始终保持正确的政治方向。实践证明，只有在大局上更加自觉地贯彻县委意图，在工作上更加主动地维护县委权威，在履职上更加积极地争取县委支持，人大工作才有正确方向、人大事业才有作为建树、人大制度才有发展创新。

我们深刻体会到，做好人大工作，必须情系于民。四年来，我们始终坚持以民为本，不负重托，在依法开展监督、促进民生改善过程中，力求统筹兼顾不同行业、不同对象、不同方面的利益诉求，人大履职的民意基础更为厚实，人大监督的实际成效更加顺应民心。事实证明，只有真诚呼应群众的喜怒哀乐，努力契合群众的意愿需求，人大工作才能真正赢得人民群众的信任和拥护、肯定与支持。

我们深刻体会到，做好人大工作，必须忠诚于法。县人大常委会肩负着监督宪法和法律法规贯彻实施、监督“一府两院”依法行政公正司法的重要职责，法律性是人大工作的重要特性。必须加强对法律法规贯彻实施情况的监督检查，着力维护宪法和法律法规的权威和尊严，推动治理体系和治理能力现代化，从而实现以良法促进发展，保证善治。

我们深刻体会到，做好人大工作，必须坚持问题导向。四年来，我们始终坚持以解决问题为导向，始终坚持问题不解决不撒手，问题不解决不罢休。在工作评议、执法检查、审计指出问题监督整改等履职过程中，紧盯问题，着眼化解，积极探索问题清单、整改销号、主任会议牵头督办等方式方法，切实防止了“雨过地皮湿，风过草抬头”。实践证明，只有以历史勇气直面问题，以责任担当研究问题，以实干精神解决问题，人大工作对时代声音的回应才会更加精彩，对发展问题的破解才会更加精准。

本届工作打算

各位代表、同志们，今后五年，是我县全面脱贫摘帽、全面建成小康社会和武陵山片区经济强县的关键时期，也是人大工作乘势而上、奋发有为的机遇期。我们要在县委的坚强领导下，围绕中国共产党石门县第十二次代表大会确立的奋斗目标，把思想和行动统一到县委的决策部署上来，把智慧和力量汇聚到完成确定的目标任务上来，承前启后，奋力拼搏，努力开创人大工作新局面。本届人大及其常委会将不断增强核心意识、法律意识、民本意识和主体意识，在履行职责中把握好以下五个基本要求：

（一）坚持把党的领导贯穿于人大工作的始终，坚定不移地贯彻落实县委决策部署

不断强化政治意识、大局意识、核心意识、看齐意识，始终坚持道路自信、理论自信、制度自信、文化自信，统筹推进政治、经济、文化、社会、生态文明建设，自觉服从、服务县委发展战略，凝心聚力，主动担当，忠诚履职。

（二）坚持把依法履职贯穿于人大工作的始终，坚定不移地实行监督与支持的有机统一

带头学法、守法、用法，弘扬法治精神，强化法治思维，自觉当好依法治国方略的推动者、实施者和守护者。坚持法律至上，严格行使宪法和法律赋予的重大事项决定权、监督权和人事任免权，监督、支持、促进"一府两院"依法行政、公正司法。每年选择一部法律，开展执法检查。每年至少评议5个政府工作部门，本届之内完成对所有政府工作部门的评议。

（三）坚持把民本思想贯穿于人大工作的始终，坚定不移地维护好人民群众的根本利益

更加注重保障和改善民生，积极协助县委、县政府加快教育、卫生、文化、交通、市政等民生事业发展，特别是要把脱贫攻坚作为最大的政治责任、最大的民生工程和最大的发展机遇，牢牢把握精准扶贫、精准脱贫基本要求，举全县之力打赢精准脱贫攻坚战。围绕项目建设、产业升级、城乡统筹、民生改善、改革创新等重点领域，主动组织开展专项监督、专题调研、代表视察等活动，推动民生问题优先解决、民生工程加快实施、惠民政策全面落实。

（四）坚持把代表的主体地位贯穿于人大工作的始终，坚定不移地发挥好人大代表的重要作用

强化代表责任担当意识，紧紧围绕县委既定的工作目标，紧密联系工作实际，深入调查研究，建睿智之言，献务实之策。健全县人大常委会组成人员联系人大代表制度，切实加强闭会期间代表小组活动的组织、指导和服务，规范人大代表联系群众工作室的运行，引导人大代表在促一方发展、富一方百姓、保一方平安上争当先锋模范。健全代表建议交办机制，规范代表建议办理程序。坚持主任会议牵头督办制度，加大经常性的跟踪监督力度。加强对建议办理工作的报道，借助新闻媒体协同监督。探索建立代表建议办理工作考核机制，切实提高代表建议办理质量。

（五）坚持把从严治党贯穿于人大工作的始终，坚定不移地加强人大常委会党组和人大常委会的自身建设

1. 加强政治业务学习。坚持县人大常委会会议、主任会议会前学法制度，坚持每月集中学习制度，营造浓厚的学习氛围，促使常委会组成人员和人大干部自觉学习、主动学习，努力提高机关干部职工的政治素质和业务水平。针对换届选举后，我县人大代表、人大工作者调整面较大和业务知识比较欠缺的实际，每年举办形式多样的人大代表培训班，分期、分类组织县人大工作者到全国人大培训中心开展集中培训，不断提高履职能力。

2. 加强机关党的建设。加强人大常委会党组建设，认真落实党组书记带头抓党建责任制，切实履行第一责任人的职责，其他党员领导干部严格按"一岗双责"的要求，主动抓好党建工作，进一步提高县人大常委会党组的领导水平和工作能力，把县人大常委会党组建设成为坚强的领导集体。加强机关党支部建设，强化学习意识、大局意识、协作意识，充分发挥党支部的战斗堡垒作用和党员的先锋模范作用。同时，加强机关工会工作，开展工会活动，增进团结，凝聚力量，把人大机关工会建设成为模范"职工之家"。

3. 加强党风廉政建设。深入开展党风党纪教育，加强机关廉政文化建设，筑牢拒腐防变的思想防线。严格按《关于新形势下党内政治生活的若干准则》和《中国共产党党内监督条例》规范党内生活和党员干部言行，认真落实党风廉政建设责任制，自觉抓好世界观、人生观、价值观改造，做到自重、自省、自警、自励。大力弘扬求真务实的工作作风，对部署的工作一项一项地检查督导，一环一环地跟踪问效，一点一滴地抓好落实。始终保持奋发有为的精神状态，永葆忠于党、忠于祖国、忠于人民、忠于法律的政治本色，满腔热情地工作，尽心尽力地干事，努力营造团结、干事、发展的良好氛围。

4. 大力弘扬人大精神。大力弘扬"人民至上、法律至尊、规矩至恒、担当至诚"的人大精神，深入开展"文明标兵单位"创建活动，争创"省级文明标兵单位"。营造良好人文环境，强化人大新闻宣传工作，传播人大声音，讲好人大故事，为人大工作提供不竭动力和智力支持。

2017年工作安排

2017年，是全面脱贫攻坚的决胜之年，是全面建成小康社会和武陵山片区经济强县的关键之年。做好今年的人大工作，至关重要。

新的一年，县人大常委会工作的总体要求是：全面贯彻党的十八大和十八届三中、四中、五中、六中全会精神，坚持党的领导、人民当家作主和依法治国的有机统一，为全力推进县委"一一五五"工程的实施，依法履行各项职权，充分发挥代表作

用，不断加强自身建设，努力在推动发展上以强力监督追求实效，在依法履职上以严谨规范增强权威，在惠民利民上以努力作为树立形象，在代表工作上以务实创新激发活力，以优异的成绩迎接党的十九大的胜利召开。

县人大常委会会议将重点听取审议县人民政府十二个专项工作报告，对六个专项工作报告进行投票表决。加强对政府全口径预算决算的审查和监督。配合上级人大搞好立法调研。继续开展规范性文件备案审查、特定司法案件备案和“两官”履职评议工作。在县委决策的基础上讨论决定改革发展重大事项。坚持党管干部原则，依法按程序进行人事任免。落实宪法宣誓制度，切实加强宪法法律实施。认真完成县委交办的各项工作任务。扎实有效地开展“环保世纪行”“农产品质量安全行”“农民健康行”“民族团结进步行”和“司法公正常德行”活动。具体来讲，完成好六个方面的工作任务：

开展一部法律的执法检查。民以食为天，食以安为先。食品安全问题一直是公众最关心的话题之一，是道德工程，是最大的民生工程。为了保证食品安全，保障公众身体健康和生命安全，今年，我们选择《食品安全法》开展执法检查。通过开展执法检查，摸清我县食品安全工作的基本状况和存在的主要问题，督促和支持县人民政府依法行政，强化生产经营者守法意识和广大人民群众的自我保护意识，进一步提高食品安全保障水平和人民群众对食品安全的满意度，促进民生改善。

组织两次人大代表的专题视察活动。今年，县人大常委会将组织两次视察活动。一是视察全县交通建设情况。助推交通先行战略，适时组织视察活动，提出工作建议，促使“立体通达新石门”目标的早日实现。二是视察全县矿山企业综合治理工作情况。对全县矿山企业动态监测体系建设、矿山保护和治理恢复责任落实、矿山地质环境保护、矿山职业病预防与控制、矿区群众正常生产生活保障等情况开展视察，促进矿山企业综合治理新局面的形成。

评查三类司法案件。今年，为进一步加强法律监督，县人大常委会将选择一批行政类、刑事类、民事类司法案件，开展评查，切实找准执法工作中存在的薄弱环节，进一步健全执法内部监督制约机制，努力提高办案质量和执法水平，规范执法行为。

突出四个重大事项的监督。今年的监督工作，将突出以下重点：突出审计指出问题的整改情况的监督。提高审计整改的针对性，坚持在听取审议县审计局审计工作报告的同时，听取被审计部门关于审计指出问题整改落实情况的报告，建立整改销号台账，跟踪整改落实情况，做到问题不解决不放手。突出财政预算决算的监督。改进审查方式，严格预算审批，提高预算编制的科学性和精细度。把好预算调整关，依法维护预算的严肃性和权威性。监督支持政府认真执行预算，切实增强预算的法定约束力。不断拓宽预算监督的深度和广度，提高监督的实效。突出脱贫攻坚资金整合情况的监督。县人大常委会将听取审议县人民政府关于脱贫攻坚资金整合情况的工作报告，督促县人民政府及其部门完善脱贫攻坚资金整合使用具体方案和决策程序，创新资金使用机制，履行好资金管理监督首要责任，全面提高脱贫攻坚的精准度和有效性，为打赢脱贫攻坚战提供有力保障。突出城区商住小区和安置小区办证工作的监督。县人大常委会将听取审议县人民政府关于城区商住小区和安置小区办证工作报告，督促县人民政府出台相关政策，加强工作协调，促使办证提速，破解小区商住房和安置房办证难题。

同时，县人大常委会围绕改革发展重大事项，还将关注国民经济和社会发展计划执行情况、壶瓶山国家级自然保护区生态保护、环境保护行政执法、创建全国农村职业教育与成人教育示范县、“七五”法制宣传教育规划制定、群众来信来访等工作情况。

评议五个政府工作部门。今年，县人大常委会将对县教育局、县司法局、县农业局、县国土资源局、县安全生产监督管理局等五个政府工作部门进行评议。通过评议，进一步促使政府及其部门优化工作环境，提高服务质量，公平公正、高效廉洁地行使权力。

开展六个重点课题的调查研究。调查研究是谋事之基，成事之道，是人大工作的基础，是了解民情，反映民意，凝聚民智的前提。今年，县人大常委会将围绕以下六个课题，制订详细的调研方案，深入调查分析，加强对策研究，提出意见建议，推进相关工作，为县域经济发展、社会和谐稳定、民生问题解决，履行好人大常委会的职责。一是开展柑橘产业发展工作情况的调研。围绕如何正视柑橘产业发展现状，进一步加强对柑橘产业体系建设的领导，如何加大政府投入，强化政策支持，建设人才队伍，加强品牌宣传，优化产业结构等开展调研，走出一条标准化栽培、精深加工、综合利用、扩大出口、提质增效的发展路子。二是开展农民合作社和家庭农场发展工作情况的调研。围绕如何发挥产业和产品优势，规范土地流转，培育示范典型，加强人才培训等开展调研，积极引导农民创建、发展农民专业合作社和家庭农场，提高农民组织化程度，实现农业增效、农民增收，繁荣农村经济。三是开展山区农村小学教育状况的调研。围绕如何完善山区农村小学教育管理体制，改革传统的学校评价机制，合理配置教育资源，改善山区农村小学教育办学条件，加强师资队伍建设等方面等开展调研，促进教育均衡发展。四是开展国家全域旅游示范县建设工作情况的调研。围绕如何建立健全旅游产品体系、基础设施体系、公共服务体系，加强旅游品牌创建，开展全方位、多渠道、立体式的宣传营销，放大品牌形象辐射作用，进一步提高旅游品牌知名度和市场占有度等开展调研，促进从“景点旅游”到“全域旅游”的转变。五是开展优化经济环境工作情况的调研。围绕如何规范权力运行、提升行政效能、改善服务质量等开展调研，促进企业生产经营和重点项目建设中的突出问题的解决。六是开展完善城市管理体制机制工作情况的调研。围绕如何加强城市常态化管理，理顺城管执法体制，加强城市管理综合执法机构建设，狠抓城市管理顽症治理，解决群众反映强烈的突出问题，提高执法和服务水平等开展调研，巩固“全国文明县城”和“国家级卫生县城”的创建成果。

各位代表，时代赋予重任，人民寄予厚望。让我们在县委的坚强领导下，进一步认清坚持和完善人民代表大会制度在社会主义民主政治建设中的地位和作用，不断增强工作的责任感和使命感，进一步把法律法规学深学透，把确定的监督事项做细做实，把法律赋予的监督形式用足用够，为把石门建设成为武陵山片区经济强县做出应有的贡献。

中国人民政治协商会议
石门县第九届委员会常务委员会工作报告

——在政协石门县第九届委员会第二次会议上

石门县政协主席　陈云谋

（2017 年 2 月 18 日）

各位委员，各位同志：

现在，我代表石门县政协第九届委员会常务委员会，向大会报告工作，请予审议。并请列席会议的同志提出意见。

石门县政协主席陈云谋在政协石门县第九届二次会议上作《县政协第八届常委会工作报告》

一、过去四年工作回顾

过去的四年，是我县经济社会发展取得巨大成就的四年，是人民群众的获得感、幸福感不断增强的四年，也是石门县政协第八届委员会扎实履职的四年。四年来，县政协坚定维护中共中央和省、市、县委的领导，积极服务经济社会发展，全面加强县政协的自身建设，各项工作取得了显著成果，为助推石门发展做出了积极贡献。

1. 各种协商富有成果。

四年来，县政协进行了 4 次大会协商、15 次常委会议协商、47 次主席会议协商，协商专题 52 个，其中：全会协商专题 28 个、常委会议协商专题 8 个、主席会议协商专题 16 个。

政协全会协商了我县城建工作、美丽乡村建设、破解石门旅游发展瓶颈、治理仙阳湖污染、我县大交通建设、发展我县循环经济、我县学生心理健康教育、做强我县茶叶产业等专题。其中，“农村食品安全源头监管存在的问题及对策”“推进石门旅游的十二个建议”“我县大交通建设的调查与思考”“我县学生心理健康教育问题及对策”等协商，引起了社会的强烈反响，县委书记和县长签发办理意见的材料 7 个，“为留守儿童撑起一片艳阳天”“破解石门旅游发展瓶颈”“加快我县大交通建设”“加强我县学生心理健康教育”等方面共 33 个建议得到政府采纳及部门应用，取得了协商成果转化的良好实效。

常委会议协商了石门县城规划建设与管理、便民服务与干部作风、县城“三改四化”建设、我县低保工作、扶贫攻坚工作等专题。其中，“强化规划引领、提升城市品位”“石门县三改四化现状及对策建议”“我县农村低保工作存在的问题及对策”“便民服务是干部作风的考量器”等协商，引起与会者共鸣和社会的强烈反响，县城建设管理、便民服务、农村低保工作等 58 条协商建议被政府及部门采纳。

主席会议协商了凝集石门力量、加强武陵山片区项目合作、我县农村公路养护、落实殡葬改革政策、关爱农村三留人员、强化野生动植物保护等专题。其中，“凝集石门力量的报告”“加强武陵山片区项目合作的建议”“野生动植物保护的建议”“落实殡葬改革政策的建议”等协商意见得到县委政府的高度重视，被编入相关文集，或进入有关决定，或被有关部门在具体工作中吸收应用。

2. 民主监督富有成果。

四年来，县政协借助提案办理、专项视察、专题考察、民主评议，积极开展民主监督，促进了部门工作，加快了经济发展，助推了社会和谐。

以提案办理促进了工作落实。四年来，委员提交提案 516 件。由于提案工作部署早、引导早、提交早、审查早，办理规程、办理职责、办结时限、办理重点明确，定向督办机制、媒体介入机制、重点督办机制、办理评议机制落实，办理结果进入单位或部门的绩效考核，提案优秀率达 98%，提案办理率达 100%，提出问题的解决率逐年上升,2016年达到37.3%,远远领先常德市各区县提案办理水平。石门的提案工作成为常德市的一个样板。

以专项视察促进了工作落实。四年来,县政协共开展专项视察27次,主要涉及文化乡镇建设、学校危房改造、招商企业发展环境、学生食品安全、企业职工劳动保障、殡葬改革、地质灾害治理、公安队伍作风建设、的士车辆营运、国土项目发挥效益、澧阳路改造工程、行政效能发挥等方面,召开专题资政会议23场,提出建议226条,协商处理群众利益矛盾19起,解决群众实际问题25个。

以重点监督促进了工作落实。四年来,县政协对公务员招聘、特岗教师招聘、城市建设项目工程招投标、公立医院改革、十大标志性工程、县城棚户区改造、六项严禁专项整治、城区农贸市场建设、廉政建设、政务公开、公路建设、农村安饮工程、柑橘大果实蝇防治、养老院建设等,实施了全程跟踪和重点监督,提交报告7份,提出建议112条,整改问题和问题隐患31个。

以民主评议促进了工作落实。四年来,县政协委派特约监督员32名,委派民主监督小组6个,先后对22个重点单位、18个重大建设项目、6个重点工程、7项重点工作开展民主评议,维护了社会公平正义,促进了部门工作作风的转变,提升了服务群众的水平和质量。

3. 专题调研富有成果。

四年来,县政协围绕经济发展重点、社会发展大局、政协理论研究,确立专题,精准调研,为经济社会发展和政协工作进步提出了重要决策参考。

经济社会的调研成果丰硕。四年来,县政协围绕经济社会的重大问题,确立专题调研课题80个,撰写专题调研综合报告80篇,报送呈阅件34件,提出建议141条。其中,2013年的武陵山片区石门被边缘化的问题、留守儿童的管护与就学问题,2014年的石门大交通建设问题、加快美丽乡村建设问题,2015年的学生心理健康教育问题、农村低保工作问题,2016年的精准扶贫工作、殡葬改革工作,提出的现状和建议引起县委政府的高度重视,有武陵山片区湘鄂西项目合作等3篇调研报告获省政协三等奖以上奖励、石门县“三改四化”现状及对策等5篇调研报告获市政协三等奖以上奖励。

政协理论的研究成果丰硕。四年来,县政协围绕协商民主和工作实践,积极开展基层政协的理论研究,共撰写论文25篇,其中,《谈基层政协人的三度修养》录入《中国政协理论和实践汇编》,《推进协商民主与规则的分建合进》等2篇论文获省政协三等奖以上奖励,《坚持四个不回避、力促协商见实效》等2篇论文获市政协三等奖以上奖励,《推进四个一体化、打造工作升级版》等6篇论文在湘鄂西10县市政协主席会议上交流,《从“华丽转身”到“大步前行”——关于贯彻落实中共湖南省委政治协商规程(试行)的思考》等2篇论文在市政协相关座谈会上发表。

社情民意信息的成果丰硕。四年来,县政协上报社情民意信息481条,被国家、省、市政协采用21条,转为提案的381条,被县委政府及部门采纳217条,解决群众道路、饮水、产业、就业、环境、养老等实际问题302个,其中,《武陵山片区学生上学难问题亟待解决》《把皂市水库建成国家级垂钓基地的建议》《精准扶贫中的形式主义值得警惕》等信息,分别受到国家、省、市政协的高度重视,得到领导签批,充分体现了人民政协为人民的宗旨。

4. 文史工作富有成果。

四年来,县政协紧扣存史、资政、育人的文史工作宗旨,扎实开展文史资料收集、编辑和出版工作,石门政协的文史工作被市政协称为常德文史工作的一面旗帜。

文史期刊与专著出版制度化。四年来,县政协编辑文史期刊《石门文史》每年2期,8期共120万字;撰著和出版《石门县抗战史研究》《皂市水库志》《夹山寺三禅考释》《石门县历史人物沉浮录》等文史书籍4册,共270万字。为挖掘、整理石门文化作出了贡献。

文史工作与文化活动相结合。县政协的文史工作特别强调亲历、亲见、亲闻的田野调查工作,文史工作者积极参与了夹山千年禅茶论坛、石门县城旅游、石门红色文化讲座、石门道德讲堂等文化活动,加强了文史的真实性和存史性,拓展了文史资政和育人空间。

文史资料收藏、交流、传播并重。石门文史资料是珍贵的地方文化遗产,县政协开辟专室收藏了编辑出版的书籍、期刊,石门文史期刊和专著广泛散发于全体政协委员及各局、各机关的领导,规范邮寄给台湾、香港、云南及美国等石门籍人士,特别加强了与外县外省的文史资料、文史工作交流,发挥了文史工作的统战作用和联络联谊作用。

5. 自身建设富有成果。

四年来,县政协在县委领导下,积极开展“五个一”活动、学习和实践活动,大力推进自身建设,政协履职更加规范化、程序化、制度化,被市委市政府授予文明单位。

制度建设成效明显。四年来,县委出台了《关于政治协商、民主监督、参政议政的规定(试行)》《关于进一步加强人民政协提案办理工作的实施意见》,政协履职有规可依。县政协修订完善了《委员管理办法》《机关管理制度》《政协工作组和联络处工作制度》,保证了各项工作有章可循。认真执行了县政协常委会议、主席会议议事规则,全面落实学习培训、委员走访、专题调研、专题视察、专题考察、提案工作、民主评议及反映社情民意信息等工作制度,坚持政协重大事项向县委请示汇报,注重与人大、政府的团结沟通,政协开展工作的环境优越。

队伍建设规范高效。四年来,县政协领导班子认真贯彻执行党的民主集中制,坚持集体领导和分工负责制度,坚持学习、议事、责任、民主、律己“五强化”，做到了责任上分、思想上合，职权上分、力量上合，工作上分、目标上合。政协委员始终按照“专业性强、业务上硬、作风上优”的要求，不断加强政协专业知识的学习培训，深入开展党的群众路线教育实践活动和“三严三实”专题教育，严格执行中央“八项规定”、省委九条规定和县委三治九禁规定，积极开展争当优秀政协委员、岗位能手、创业标兵等活动，涌现了一大批优秀政协委员、岗位能手、创业标兵、劳动模范、道德模范。

履职平台建设良好。加强了县政协县直工作组和乡镇联络处的建设，配齐配强了主要负责人，乡镇阵地建设达到“七有”标准。改善了县政协机关办公条件，强化了提案办理工作和《委员之声》《社情民意信息》编辑工作，加大了县政府“委员接待日”的活动组织，在县电视台、石门新闻网、石门政府网、《石门信息导刊》等新闻媒体开辟了委员风采、人物专访、事迹报道、提案追踪等专题节目或专题栏目，开展了优秀调研文稿、提案、社情民意信息、光彩事业带头人等八项评优和表彰，委员履职更加有为。

中心工作有声有色。积极投入经济社会建设的主战场。四年来，县政协领导人人联系了美丽乡村、精准扶贫点村和非公企业，承担了石长铁路复线、S304线改造升级、方顶山公园、“书香名邸”等重点工程项目建设。县政协机关主动服务美丽乡村建设和精准扶贫工作，每年筹措资金200多万元支持点村基础设施建设、公共设施建设、产业建设及助学助残助困工作。利用政协资源优势和机关干部人脉资源，主动参与招商引资工作，到位项目2个，资金1.3亿元。有52名委员加入县慈善总会义工分会，捐款捐物400多万元；有17家委员企业对口援助贫困村12个，投入帮扶资金500多万元；有62名政协委员长期结对资助贫困学生、孤寡老人113人，解决上学、生活资金53万元；有231名政协委员参与扶贫结对263户，捐资31.7万元，帮助就业31人，脱贫212户379人。

各位委员，各位同志，石门县政协的这些成绩，是中共石门县委正确领导的结果，是县人大、县政府大力支持的结果，是各单位、各部门积极配合的结果，是全县各界别群众关爱助力的结果，在此，我代表县政协常务委员会，向中共石门县委、石门县人大常委会、石门县人民政府、全县各单位各部门及全县人民群众，表示衷心的感谢！

二、过去四年工作启示

1.必须坚持县委领导、政府支持、政协主动。

过去四年，县委不断推进政协工作制度化，保证了政协工作规范化、程序化。县政府积极支持政协依章履职，保证了政协工作经费有保障、环境更优化。县直各部门和乡镇党政组织大力支持政协工作，保证了政协工作的有效开展。县政协始终坚持服务县委中心工作、跟进政府重点工作，积极参政议政，建言献策。实践证明，只有党委重视、政府支持、政协主动、各方配合，政协事业才能向前发展。

2.必须坚持发展第一、民生为本、民主团结。

过去四年，县政协把石门发展作为政协履职的第一要务，紧扣全县经济社会的发展选题协商、民主监督、参政议政，助推了全县改革和发展。把改善民生作为政协履职的根本，选取群众最关心、最直接、最现实的利益问题协商议政，助推了全县民生改善。把社会和谐作为政协履职的主题，在推进协商民主中凝心聚力，凝魂聚气，促进了团结。实践证明，只有致力服务发展、力推民生改善、加强民主团结，政协事业才有生命力。

3.必须坚持调研为基、委员主体、整体联动。

过去四年，县政协紧扣全县的经济问题、社会问题，把精选课题、调查研究作为政协履职的基础工程，把反映社情民意信息作为委员履职的基础工作，政协各专委会、工作组和联络处以委员为调研主体，整体联动，积极参全县之政、论全县之事、建有用之言、荐务实之策。实践证明，只有政协各基层组织和全体政协委员苦练调研基本功，政协工作才能抓铁留痕、干出实绩。

4.必须坚持参政立言、岗位立功、正心立德。

过去四年，县政协把建言有用、事业有成、举措有德作为政协委员的价值标准，激励全体政协委员在参政议政上勤勉调研、务实建言，在岗位作为上恪尽职守、创建佳绩，在举止修为上正心正身、树立德之本，忠信廉洁、固立身之本，无私奉献、彰显人间的真善美。实践证明，全体政协委员只有不断立言、立功、立德，政协工作才能出彩，政协事业才能辉煌。

三、今后五年工作建议

今后的五年，是石门县政协第九届委员会履职的五年。县政协今后五年的工作思路是：围绕推进协商民主广泛、多层、制度化发展这一工作目标，围绕团结和民主两大工作主题，扣住政治协商、民主监督、参政议政三大工作职能，握住维护核心、服务中心、发展民主、建强自身四个工作重点，致力推进县政协各项工作，为石门发展再立新功。在全局工作上，提出如下建议：

1.在维护核心上大集政治之气。

讲政治是政协的根本。对政治问题开展协商才是政协。通过政治协商，维护党委领导的核心地位，是政协的职责所在。

我们要维护中央的政治权威。要做到四不妄议：不妄议中央领导、不妄议中央的决议、不妄议中央的政策、不妄议中央的政治活动。要做到四个维护：维护以习近平为核心的中央领导、维护中央大政方针在地方的实施、维护国家法律法规在地方的执行、维护惠民政策在地方的落实。

我们要维护县委的政治权威。要做到三不妄议：不妄议县委领导、不妄议县委的决定或决策、不妄议县委的政治经济社会活动。要做到三个维护：维护县委的领导、维护县委决定或决策的施行、维护县委政治经济社会活动的开展。

我们要维护群众的政治权利。要做到两个依规：凡涉及影响全县人民政治权力的人和事，要依照《中共湖南省委政治协商规程(试行)》予以协商;凡涉及损害全县人民利益的人和事,要依照《中共湖南省委政治协商规程(试行)》予以协商。要提升三个协商效果:提升县委决策的政治感召力、提升县委决策的执行力、提升县委决策的惠民覆盖率。

2.在服务中心上善谋发展之策。

谋发展是政协的职能。协商、监督、参政、议政的政协履职活动,都是为了更好的发展建良言、谋良策。

我们要为全县的经济发展建良言、谋良策。要围绕六个发展重点履行政协职能:就全县工业发展、农业发展、旅游发展、城镇发展、新农村发展、重点工程建言立论,为党委政府科学民主决策提供有益的参考。

我们要为全县的社会文明建良言、谋良策。要突出十个民生重点履行政协职能:致力于教育健康发展、公共卫生健康发展、社会保障健全、生态环境优化、道路交通建设、司法公正公平、部门作风建设、行业规范运行、社区农村管理、就业住房改革协商建言,为惠民益民多做贡献。

我们要为全县的成果共享建良言、谋良策。要紧扣三个重点履行政协职能:着眼食品安全、价格监控、救灾济困、最低生活保障、新农合等热点问题开展民主监督;着眼贫困人口、困难学生、孤寡老人、灾难病难人口、智障人口等弱势群体开展协商建言;着眼农村道路建设、饮水工程、电网改造、文体活动设施、公共生活设施、农田水利设施、环境资源保护等公益事业开展议政献策。

3.在发展民主上广聚团结之力。

促团结是政协的要义。发展协商民主,是为了更好的加强合作共事、促进社会团结。

我们要建立健全相关制度。健全和执行委员走访、专委会对口联系、政协界别座谈会、委员考察等制度,促进政协委员团结共事、积极履职,加强部门与界别民主团结、合作共事,推进委员与群众关系协调、优质服务。

我们要积极参与政治活动。要参与和评议人事制度改革、法制石门建设、各种民主选举、村民自治等政治活动,推进协商民主的制度化发展,促进各民族、各团体、各阶层的团结,凝集我县全面建成小康的强大合力。

我们要积极参与经济活动。要发挥人民政协联系广泛的优势,积极投身我县招商引资、项目洽谈、技术研讨、企业创新、主导农业产业发展等经济活动;全体政协委员要争做行业带头人、惠民贴心人,做强自己的产业,做优自己的事业,为石门经济的发展贡献自己的力量。

我们要积极开展文化活动。要积极组织和参与文化演出、文艺座谈、文艺竞赛、文化展览、文化交流、文史挖掘等文化活动,推进石门文化力量的凝集和喷发,以丰富的文化活动团结人,以优秀的文化作品陶冶人,致力为石门的发展凝魂聚气。

4.在建强自身上彰显政协之风。

制度化是政协的追求。唯有健全的制度才能推进政协工作的程序化和规范化,才能提升履职能力、站稳履职脚跟、取得履职成果。

我们要加强政协的理论研究。着力对协商民主的广泛性、层次性和制度性进行研究,向县委提出建立健全县政协推进协商民主制度的意见和建议,向上级政协呈报基层政协推进协商民主的实际经验和研究成果。

我们要完善政协的履职制度。重点完善政协委员管理办法,完善专委会、政协处组的学习和工作制度,完善和出台政治协商、民主监督、参政议政的规则,用规范的制度保障政协委员效能履职、各种协商规范高效、民主监督扎实推进、参政议政有序开展。

我们要创新政协的工作机制。重点创新调研、民主监督、提案、社情民意信息、视察、考察等工作机制,完善委员的履职台账管理,开展委员争当优秀委员、行业标兵、创业能人活动,开展优秀论文、优秀调研报告、优秀提案、优秀社情民意信息、优秀视察报告、优秀考察报告评选活动,开展优秀委员上媒体、提案办理上网络、优秀文稿上报刊等活动,用良好的机制促履职,以评优评先推成果。

我们要改进政协的工作作风。重点改进调研的作风、视察的作风、考察的作风、反映社情民意信息的作风、政治协商的作风、民主监督的作风、参政议政的作风、工作考核的作风,使政协的调研、视察、考察精准高效,反映社情民意信息丰富有益,协商、监督、参政、议政不走过场,工作考核奖惩无误。

我们要保障委员的履职权利。要高度尊重政协委员的话语权、选举权、监督权、参政权、议政权,维护政协委员的其他权益,密切关注和解决政协委员的各种困难,支持和保障政协委员依法履职。

四、2017年工作安排

2017年,是石门县政协第九届委员会履职的第一年。根据县政协第九届委员会常务委员会研究,安排的重点工作共有三个方面:

1.专题进行调研协商。

经政协常委会研究,决定安排8个专题由相关专委会和县直工作组完成,并通过政协全体会议、常委会议或主席会议专题协商,用建议案或会议纪要的形式向县委政府呈送专题协商意见。

(1)专题调研协商石门籍人士返乡创业问题。由经科联谊委牵头政协各处组共同完成调研工作,调研成果用于政协常委会议专题协商。

(2)专题调研协商我县农村土地流转的情况。由提案委牵头政协各处组共同完成调研工作,调研成果用于政协主席会议专题协商。

(3)专题调研协商我县敬老院规范化管理的情况。由法制群团委牵头政协相关处组完成调研工作,调研成果用于政协主席会议专题协商。

(4)专题调研协商县政协委员发挥主体作用的问题。由办公室牵头政协各处组共同完成调研工作,调研成果用于政协主席会议专题协商。

(5)专题调研协商我县家风家训建设的情况。由学习文教体卫文史委牵头政协各处组完成调研工作,调研成果用于政协常委会议专题协商。

(6)专题调研协商如何化解城区房地产等领域金融风险,维护社会稳定。由政协政法工作组完成调研工作,调研成果用于政协全会协商发言。

(7)专题调研协商如何深化对残疾人的管理与服务。由政协社会福利组完成调研工作,调研成果用于政协全会协商发言。

(8)专题调研协商如何加强我县青年创业扶持体系建设。由政协工青妇组完成调研工作,调研成果由于政协主席会议专题协商。

2.专项开展视察监督。

专项视察共安排了5个,分别由相关专委会组织政协处组完成,并用视察报告的形式向县委政府呈送监督意见。

(1)专项视察我县东北纵线公路建设。由法制群团委牵头完成,视察报告经政协主席会议审查后呈送县委政府。

(2)专项视察我县扶贫攻坚工作。由政协办公室牵头完成,视察报告经政协主席会议审查后呈送县委政府。

(3)专项视察五馆两中心建设。由经科联谊委牵头完成,视察报告经政协主席会议审查后呈送县委政府。

(4)专项视察城镇建设和管理工作。由提案委牵头完成,视察报告经政协主席会议审查后呈送县委政府。

(5)专项视察我县学生心理健康教育工作。由学习文教体卫文史委牵头完成,视察报告经政协主席会议审查后呈送县委政府。

3.扎实推进七项工作。

(1)提案办理工作。把提案工作纳入政协县直工作组和乡镇联络处的工作考核,作为处组和委员评优评先的重要依据;严格提案立案程序,合并同类提案,精简提案件数;严格办理程序,把提案办理纳入县直单位和部门的年度工作综合考核;强化提案办理跟踪,推行提案办理网上公示,加大提案办理协商;加强提案管理,实行提案档案制度和提案办结销号制度。

(2)专题民主监督。从2017年开始,政协每年将按照"县委政府重点抓什么,人民群众普遍关注什么"确定1~3个民主监督主题,并依照民主监督的主题确定被监督部门和单位,遴选部分优秀政协委员组建多个监督小组,统一监督程序与方法,对相关部门开展"一对一"的集中监督和集中点评测评,结果当场公开,意见清单和问题清单提交县委政府,经专门会议集中交办,使民主监督的意见转化为县委政府的工作要求,每年3月以后,政协主席会议成员对上年度民主监督建议整改落实的情况开展视察,进行结账式总结。2017年确定的专题民主监督的范围是城建城管、教育卫生、旅游发展、脱贫攻坚、产业特别是工业发展。

(3)社情民意信息。把反映社情民意信息工作纳入政协县直工作组和乡镇联络处的工作考核,作为处组和委员评优评先的重要依据;对重大信息严格把关,向上级政协报送社情民意信息实行主席会议审查制度;政协县直工作组和乡镇联络处每月应报送社情民意信息1件以上,并组织委员每月参与1次"县长接待日"活动。

(4)协商成果回访。对呈送的政协建议案、视察监督意见、社情民意信息等履职成果,由政协办公室实行回访制度,对签批办理的、未签批的予以统计备案和分析,分析结果报政协主席会,再次呈送的途径由政协主席会议研究决定。

(5)基层政协工作。进一步搞好政协县直工作组和乡镇联络处的阵地建设,积极开展政协委员争当优秀委员、行业标兵、创业能人、遵纪守法模范、道德模范等活动,每位政协委员年度内应撰写提案1件以上、反映社情民意信息1条以上、为群众办实事、做好事、解难事1件以上、参与专题调研和视察1次以上。

(6)理论研究工作。政协各专门委员会、县直工作组、乡镇联络处要积极组织委员开展政协工作研究,把理论学习和工作实践结合起来,把自定课题研究和专题布置研究结合起来,重点研究协商民主的方式方法问题,年度内每个委办和处组要撰交一篇政协工作论文。

(7)文史研究工作。坚持每年编辑出版《石门文史》2期。2017年启动和编辑出版《添平土司研究》。完成《石门县民俗文化记忆》出版工作。到麻寮土司、容美土司、唐崖土司、彭氏土司等土司所在地慈利、鹤峰、恩施、永顺考察和进行文史工作交流。

各位委员,各位同志,人间正道是沧桑,推进协商见阳光,让我们以更加饱满的政治协商热情,更加良好的民主监督精神,更加务实的参政议政作风,扎实履职,建言献策,为建成武陵山片区经济强县,为推进人民政协事业发展作出我们新的更大贡献!

中国人民政治协商会议
石门县第九届委员会常务委员会提案工作报告

——在政协石门县第九届委员会第二次会议上

石门县政协副主席　彭泽人

(2017年2月18日)

各位委员:

我受县政协九届常务委员会的委托,向大会报告县政协八届一次会议以来的提案工作情况,请予审议。并请列席会议的同志提出意见。

一、四年来提案工作情况

县政协八届一次会议以来,共收到委员提案572件,立案516件,未予立案的转作委员信访件处理。在立案的提案中,涉及城镇、交通等建设与管理方面215件,占立案数的43%;教育文化、医疗卫生、社会保障等民生方面120件,占立案数的24%;工业科技和农业产业化方面58件,占立案数的12%;生态建设和环境保护方面56件,占立案数的10%;社会治安综合治理方面35件,占立案数的6%;其它方面32件,占立案数的5%。从提案办理结果看,已经解决或基本解决187件,占立案提案的38%;纳入规划逐步解决275件,占立案数的56%;因条件限制或其他原因,待以后解决或不能解决29件,占立案数的6%。从反馈意见看,走访委员率、办理回复率、委员满意或基本满意率均为100%。

石门县政协副主席彭泽人在政协石门县第九届二次会议上作《县政协第八届常委会提案工作报告》

(一)聚焦基础设施谋发展,为建设美丽石门献良策

加强交通基础设施建设,加快城镇化建设步伐是我县四年来经济工作的主旋律,是本届委员关注的焦点。《关于加快交通建设,促进石门经济快速发展的建议》《关于加快"三改四化"进程,促进县城扩容提质的建议》《关于征收拆迁城隍庙民居房,解决澧滨路"肠梗阻"的建议》等提案得到了县委、县政府的高度重视,出台了《加快推进交通基础设施建设的决定》,组织实施了"22812工程"交通建设大会战,西北环线、太柳公路、沅澧快速干线石门段等工程正在紧锣密鼓的建设。随着呼南高铁、宜张高速等一批国家重大交通建设项目的实施,将彻底改变我县无高速、无高铁的窘境,迎来大交通、大融合和大发展的局面。为加快推进县城区扩容提质,先后投入数十亿元完成了澧阳大道、永兴大道、夹山大道、石门大道和宝峰路等主干道以及城区小街小巷的全面升级改造,随着澧滨路改造和澧水北岸风光带的建成,城市面貌将焕然一新,城市品位将得到极大提升,同时为我县创建"全域旅游示范县"奠定了坚实基础。

(二)推进产业升级求发展,为建设富裕石门出谋略

"柑橘之乡"和"禅茶源头",享誉海内外。柑橘和茶叶是我县人民群众共同致富的两大产业支柱。委员们对此高度关注,提出了《关于推进石门县茶叶产业转型升级,实现产业富民的建议》《关于整合茶叶资源、做大做强石门茶叶产业的建议》《关于加大柑橘大实蝇防治工作力度的建议》《关于支持柑橘专业合作社建设的建议》等提案,这些提案得到了县委、县政府高度关注,修改完善了《关于加快茶叶产业发展的意见》,出台了《石门县茶叶产业发展规划》,明确打造中国有机茶生产加工中心、国际茶禅文化传播交流中心和武陵山片区茶叶商贸中心,大力做强"石门银峰"品牌,通过举办"千年茶禅论坛",由湖南省农业大学、省茶叶研究所、省禅茶协会和省质量技术监督局等部门制定并发布了禅茶的制作标准,为石门茶叶产业向高端多元发展奠定了基础。同时,为加大柑橘大实蝇的防治力度,大幅度

增加了防控经费，实行了从县级领导到乡镇班子成员、农技人员和村干部四级包干责任制，并制定了扶持柑橘专业合作社的系列措施，推动柑橘产业继续向现代农业迈进。

(三)关注民生改善促发展，为建设小康石门诉心声

脱贫攻坚，不仅是党中央致力民生改善的重大举措，也是委员们普遍关注的热点。针对委员们提出的《关于强力落实脱贫攻坚工作的建议》，全县上下群策群力，整体联动，层层立下军令状，仅县扶贫、财政等部门就整合资金6亿元，用于贫困村基础设施建设和贫困群众的生产生活环境改善，农村面貌日新月异，人民群众踏上了致富奔小康的快车道。《关于加快农村电网改造升级的建议》，县电力局认真采纳，投入资金上亿元用于农村电网改造升级，为广大群众改善生活质量提供了电力支持。《关于解决失地农民就业困难的建议》《关于加大原特水、雄黄矿等企业下岗职工的解困力度的建议》等提案，县劳动保障部门积极办理，通过在职校建立技能培训基地，定期举办劳务人才招聘会和提供创业帮扶无息贷款等6大措施，较好地缓解了失地农民和下岗职工的就业困难。关于农村安饮工程建设方面的提案，县水利部门积极筹措资金用于农村安饮设施建设，并根据我县实际，采取集中供水和分散式供水模式，较好地破解了农村人畜安饮困局。

(四)致力环境安全保发展，为建设生态石门吐箴言

雾霾，令人闻之色变。雾霾是以破坏生态环境为代价，过度工业化和片面追求经济效益所结出的恶果。委员们高度关注我县生态环境保护工作，提出了《关于加强仙阳湖水资源保护的建议》《关于加强矽砂运输车辆管理的建议》《关于关闭石门县城周围山体矽砂矿的建议》《关于严肃查处养殖污染，规范农村规模化养殖的建议》等一系列提案，得到了县委、县政府的高度肯定，督促环保、畜牧水产等部门依法取缔了仙阳湖区养鱼网箱，并对湖区周边的工厂和养殖场进行了集中排查，关停了一批污染企业，仙阳湖水资源得到了有效保护；环保、城管、交警等部门采取勒令违规企业停产，对偷排、超载行为从严处罚等措施，有效遏制了矽砂企业污染状况持续恶化的势头。为妥善解决好农村养殖业发展与周边群众生产生活之间的矛盾，县政府专门印发了《石门县畜禽养殖污染防治工作实施方案》，一方面督促养殖企业完善环保设施，改进养殖方式，一方面对屡禁不止的违规养殖场限期禁养或搬迁，养殖污染防治工作赢得了人民群众的认可与肯定。

二、四年来提案工作体会

(一)党委、政府及部门重视是做好提案工作的前提

县委书记谭本仲在2016年县政协全会上指出，各级党政部门要认真听取政协委员的意见和建议，高度重视政协提案办理工作，确保人民政协依法履行民主监督职能。县长郭碧勋在政协提案交办大会上强调，各承办单位要严格遵守办理工作程序，按照规定的时间、节点认真抓好抓落实，并要求各位副县长牵头负责分管部门的提案办理工作，对提案的书面回复审签把关。县政协主席会议把提案工作纳入了议事日程，每季度都听取提案工作汇报，重点提案的办理分由各位主席牵头组织政协各专委会督促落实。各承办部门成立了提案办理工作领导小组，建立了一把手负总责、分管领导牵头抓、相关部门具体办的“三级责任制”，确保提案办理工作领导、人员、责任、保障措施的“四落实”。

(二)增强服务意识是提高提案质量的保障

一抓知情服务。政协提案委及各专委会会同各乡镇联络处和县直工作组，组织委员深入基层开展调研，了解掌握社情民意，通过提案形式反映我县社会经济建设发展中的热点和难点。二抓协调服务。我们把沟通协调服务贯穿于提案办前、办中、办后的全过程，组织开展了走访提案“办理大户”活动。对一些问题比较复杂、落实难度较大的提案，采取主动走出去，把承办单位和提案委员邀请在一起，面对面沟通协商，为 “提、办”双方赢得了相互理解与支持。三抓评比服务。我们对委员撰写的提案从调研问题的深入度、了解问题的准确度、提出建议的可行度，结合解决问题的满意度等方面进行综合评比，共评选出42件优秀提案，并在政协全会上通报表彰，激发了广大委员撰写提案的积极性，涌现出了张友亮、罗昭、陈佑云等一批提案大户和杨碧忠、覃玉华、郑巧红等一批优秀提案撰稿人。

(三)规范办理程序是确保提案办理成效的基础

一是明确办理规程。县政府专门印发了《关于认真做好政协提案办理工作的通知》，还统一制作了《提案办理情况征询意见表》，使全县提案办理工作有章可循。二是明确办理职责。要求各承办单位由一把手负总责，分管领导牵头抓，办公室统一调度，责任股室具体承办，做到了提案办理分工细致、责任到位。三是明确办结时限。根据省、市关于政协提案办理工作的有关规定，要求各承办单位在每年5月底前完成走访，7月底前办复到位。对委员回复不满意的提案，及时提请县政府分管副县长牵头组织承办单位开展二次办理，确保了提案办理质量。

(四)创新方式方法是推进提案工作发展的动力

一是开展重点提案民主评议。为提高提案办理实效，我们每年初都召开政协常委会议研究部署提案办理工作，选取了一批事关全局、群众普遍关注的提案列为重点提案，分由各位主席牵头组织督办，每年的10月至11月召开县政协主席会议，专题听取提案工作和重点提案承办单位工作情况汇报，并邀请提案者和部分市、县政协委员对办理情况现场点评、打分，评议结果作为各承办单位年终绩效考核的重要依据，有力地促进了办理工作。二是建立新闻媒体跟踪督办。在县电视台开辟了《提案追踪》专题栏目，对各承办单位的办理进度和效果及时予以报道，四年来，共跟踪报道提案承办单位43家，涉及提案68件、提案委员100多人次，通过正面宣传主导，着力提高问题解决率，得到了委员和社会各界的广泛好评。三是推进提案拓展办理。政协提案不仅涉及到解决群众关心的热点难点问题，有

的还直接触及相关职能部门的自身建设发展问题。县住建、教育、水利等单位以承办提案推进本部门工作出发，采取登门拜访委员，或把提案委员请进门等方式，认真听取委员们的意见和建议，并进行专题研究和落实，较好地促进了部门各项工作的改进。

各位委员，四年来，提案工作取得的成绩是县委正确领导、县政府高度重视，大力支持的结果；是各提案承办单位辛勤努力的结果；是广大政协委员和社会各界人士积极参与的结果。在此，我代表县政协九届常委会向一直关心、支持和参与政协提案工作的广大政协委员、提案承办单位和社会各界人士表示衷心的感谢！

在肯定成绩的同时，也必须清醒地看到，我们的工作与时代发展的新要求、与广大人民群众的新期盼，还存在着不小的差距。主要表现在：提案工作质量有待进一步提升；提案服务水平有待进一步改进；提案提出问题的落实率有待进一步提高。这些问题要引起我们的高度重视，在今后的工作中认真加以解决。

三、今后五年提案工作建议

各位委员，今后五年，是我县实现全面建成小康社会宏伟目标的关键阶段，县政协面临更加光荣而艰巨的任务。为了更好地发挥提案在履行政协职能中的重要作用，我们要以党的十八大精神为指导，以习总书记提出的“四个全面”战略布局为统领，全面贯彻落实“围绕中心、服务大局、提高质量、讲求实效”的提案工作方针，着重抓好以下几项工作：

（一）加强源头指导，致力征集高质量提案

提案工作必须坚持以质量求发展，一是要通过组织委员开展调研视察、参观考察等活动，通过走访委员、召开座谈会、各界别小组交流活动等方式，通过印发学习参考资料，邀请党委、政府及工作部门通报情况，加强提案工作宣传等形式，让委员知情知政、扩大视野、提高撰写提案的水平和能力；二是要拓宽提案征集渠道，及时把重要的会议发言、调研报告、社情民意等转化为高质量的提案；三是要积极引导政协委员选择党委、政府重视，人民群众普遍关心的问题，深入调研，充分论证，通过提案为县委、县政府及其工作部门，提供具有重要参考价值的意见和建议；四是要严格执行《提案工作条例》规定，坚持立案标准，严格审查程序，保证提案质量。

（二）强化服务意识，致力提高提案办理质量

一是交办服务要细。县政协提案委在收集提案后，要迅速做好交办前的整理、合并、审查、立案等各项工作，确保提案尽早交到承办单位，使他们有更多的时间办理提案；在交办提案时，要把提案委员的所在地址和通讯号码等联系方式一一登记成册，与提案一并交给承办单位。二是办中服务要勤。提案办理过程中，县政协提案委和政府办要多到承办单位走一走、看一看、问一问，随时了解他们在办理中遇到的困难，及时向相关领导汇报。同时，要在承办单位和提案委员之间发挥双向沟通和桥梁作用，主动参加承办单位邀请提案委员的座谈、走访活动，积极支持提案委员主动到承办单位了解政策和办理情况。提案委、政府办、承办单位和提案委员之间，要建立信息反馈畅通、意见表达畅通、政策落实畅通的三畅通渠道，促进提案办理质量的不断提升。

（三）加强重点督办，致力促进提案成果转化

一是督促办好重点提案。要认真贯彻落实新修订的全国政协《提案工作条例》，继续坚持政协各位主席牵头组织各专委会督办重点提案制度，召开主席协商会专题听取提案工作和重点提案承办单位工作情况汇报，并邀请提案委员现场点评打分，不断提高提案办理的解决率。二是重点督促承办大户。每年承办提案任务较重的单位，也就是委员最为关注的热点、难点工作所在。我们要把这些承办大户作为重点督办对象，多登门、多联系、多协调、多督促，确保委员表达的心声得到落实。三是重点督办热点提案。要进一步完善委员接待日制度，为委员直接向县政府分管领导反馈热点提案办理情况搭建好平台，为承办单位提高办理质量、改善办理效果拓宽渠道，促进热点提案的落实。

（四）加大宣传评比，努力营造提案工作良好氛围

要充分利用新闻舆论媒体宣传与监督并存的双重功效，一是继续在县电视台开设《提案追踪》专题栏目，充分运用报刊、广播、互联网等媒体，加大提案办理宣传力度。二是借助县政府网站和石门手机报积极探索提案线索网络征集、提案内容和承办情况在网络公开的新思路，在报道承办单位工作经验的同时，还要曝光一批口头承诺好、办理落实差的单位，强化舆论监督，提高办理工作的透明度。三是要进一步完善优秀提案和先进承办单位评选办法，使更多的优秀提案委员和承办单位得到表彰，推动提案工作健康发展。

各位委员，新的一届，新的开端。新的形势，给政协提案工作提出了新任务、新要求。让我们在中共石门县委的坚强领导下，全面贯彻落实科学发展观，锐意进取，开拓创新，围绕中心，服务大局，积极参政议政，努力把政协提案工作提高到一个新水平，为把我县建设成为武陵山片区经济强县作出新的更大的贡献。

大事记

2017年

1 月

5日，石门县通过省级儿童保健服务合格县评估验收，被省卫计委授予“湖南省儿童保健服务合格县”荣誉称号。

16日，石门县1月份招商引资项目集中签约仪式在尧业国际大酒店举行，签约的澧水风光带石门三桥北岸商业综合体开发等9个重大项目总投资52.9亿元。

19日，曾任县“四大家”实职副处级以上离退休干部政情通报会在兰园茶苑召开。相关县级领导、曾任县“四大家”实职副处级以上离退休干部参加。

19日，2016年度“常德最美政务人”表彰活动在常德市文化馆举行，石门县政务中心发改局窗口行政许可办主任曾凡周荣获“常德最美政务人”称号。

22日，市委常委、市纪委书记陈恢清一行到石门县走访慰问。

2 月

8日，中共石门县委2017年度经济工作会议在县广播电视台演播大厅召开，会议认真学习贯彻了中央、省委、市委经济工作会议精神，回顾总结2017年工作，部署2018年工作。全体县级领导，乡镇(街道)、农林场党政“一把手”，县直副科级以上单位主要负责人，村(居)党组织书记，重点企业负责人600余人参加会议。

8日，沅江市政府市长谢军毅一行率考察团到石门县考察柑橘产业，县长郭碧勋，县领导康文化、孙云波、覃惠敏陪同。

同日，石门县举办2017年“劳务协作脱贫暨春风行动”新春现场招聘会。全县近4000人进场应聘，省内外近50家单位招聘，当日签约就业意向岗位近2000个，其中建档立卡贫困户签约800个岗位。

9日，桑植县文明创建考察团一行到石门县交流文明创建工作。县委常委、宣传部部长江毅参加交流活动。

13日，省林业厅副厅长李益荣一行到白云镇调研林业工作，实地查看退耕还林工程的苗木生长情况，并走访慰问护林员周泽群。

18日，中国人民政治协商会议石门县第九届委员会第二次会议在兰园会议中心开幕。全体县级领导，全体县政协委员出席会议；驻石省、市政协委员，县直副科级以上单位、线管单位主要负责人、乡镇区(街道)党(工)委书记列席会议。

19日，石门县第十七届人民代表大会第二次会议在县广播电视台演播大厅开幕。县委、县人大常委会、县政府、县政协、县人武部“五大家”的领导；县人民检察院检察长、县人民法院院长，全体县人大代表出席会议；县直副科级以上单位、线管单位主要负责人列席会议。

20日，常德中原房地产开发有限公司到石考察洽谈见面会在兰园茶苑举行。市人大常委会副主任、县委书记谭本仲，郭碧勋、邓碧波、李绍南、龚云林等参加。

21日，市委常委、宣传部部长胡丘陵到石门县调研，市人大常委会副主任、县委书记谭本仲，县领导郭碧勋、邓碧波、李金生、张树国等陪同。

23日，全县脱贫攻坚大会战动员会在县广播电视台演播大厅召开。全体在家的县级领导、各乡镇区(街道、场)党政正职和脱贫攻坚工作站站长，331个村(社区)党(总)支部书记，县直副科级以上单位和部分省、市驻石单位一把手，县直驻村帮扶工作队队长，省、市和武陵区驻石门县帮扶工作队队长，相关企业负责人共计730人参加会议。

26日，王新法遗体告别仪式在县殡仪馆举行。县五大家在职县级领导；乡镇(街道)党政主要负责人；县直副科级以上单位主要负责人；全县扶贫工作队队长；政法系统、卫计系统、市场和质量监督管理局、武装部官兵、民政局、南北镇、薛家村代表共计300多人参加。

27日，全县优化经济发展环境大会在兰园会议中心召开。全体在家的县级领导出席会议，各乡镇区(街道、场)党政正职、县直副科级以上单位主要负责人、重点项目(企业)主要负责人及优化环境监督员参加会议。

3 月

15日,省防指秘书长、省水利厅巡视员白超海一行到石门县督查备汛工作,县领导邓碧波、康文化、孙云波陪同。

16日,省民政厅副厅长邓磊一行到石门县督查调研村居“两委”换届和社会保障“两线合一”工作,市民政局局长龚美爱,县领导邓碧波、李绍南、张树国、万义元陪同调研或参加座谈会。

16日,中央电视台新闻联播节目播出王新法先进事迹。

16日,“最美扶贫人”王新法先进事迹报告会在县广播电视台举行。南北镇薛家村“与民共富”军人团队成员、武警西藏总队医院主任医师徐书真教授,王新法女儿王婷,县委驻薛家村帮扶工作队队长王军,县电视台记者郭海龙,薛家村村主任贺顺勇、村民代表曾德平6位报告会成员,分别讲述了相关事迹。

17日,省委、省政府作出决定,追授王新法同志“扶贫楷模”荣誉称号。

13—17日,北京大学中国教育财政科学研究所课题组博士调研团队一行5人,到石门一中、二中、三中等九所城乡学校实地考察。

20日,石门县党性教育基地挂牌仪式在扶贫楷模王新法生前战斗的南北镇薛家村“与民共富军人团队”指挥部举行。

21日,市人大常委会副主任、县委书记谭本仲在县商务粮食局二楼会议室主持召开2017年一季度重点招商项目调度会,与佳和农牧、哥伦布商业综合体、南京三金集团商业综合体、腾跃电子产业园等重点招商引资项目投资方开展洽谈并调度项目的引进、落地等工作,县领导邓碧波、龚云林,县商务粮食局、县农业局、县住建局、县环保局、县畜牧局等单位负责人参加会议。

24日,市委常委、副市长任晨率市委驻村帮扶工作队一行赴雁池乡竹儿垭村调研脱贫攻坚。县领导李绍南、薛杰参加。

26日,第十届丁玲文学奖颁奖暨“永恒的记忆”纪念丁玲音乐朗诵会在常德文化馆剧场举行。国家二级作家、石门晚报社社长孙开国的中短篇小说集《灯草花儿黄》获奖。

27日,国家财政扶贫资金专项监督检查石门县座谈会在尧业国际大酒店召开。县领导周功表、薛杰出席,相关部门负责人参加。

30日,青海藏格投资有限公司董事长肖永明一行到石门县,考察对接年产500万吨多功能复合性肥料生产线暨土壤修复治理科技产业园项目,市人大常委会副主任、县委书记谭本仲,县领导郭碧勋、李金生、陈云谋、周功表、刘颖、车立平、韩翼飞等参加。

30日,桑植县政协考察团一行到石门县学习考察政务服务环境建设。县政协副主席彭泽人陪同,并与考察团一行进行深入交流。

31日,市委常委、市纪委书记陈恢清率队到石门督导脱贫攻坚、村居“两委”换届选举和防汛抗旱工作。市人大常委会副主任、县委书记谭本仲,县领导郭碧勋、李绍南、张凯、孙云波等参加督导。

4 月

1日,2017年德商恳谈会石门专场投资洽谈会在常德共和酒店召开,签约总额达37.9亿元。

5日,太平镇教育基金募捐活动在该镇桩巴龙文化广场举行,中国人民解放军总政治部原副主任唐天标上将为捐款单位和个人颁发荣誉证书。县长郭碧勋参加募捐活动并讲话。海南武警消防总队参谋长吴施斌,市教育局局长唐汇诰,副县长宋雨泓参加募捐活动。

5日,省扶贫办副主任贺丽君一行到石门县调研指导脱贫攻坚工作。县领导邓碧波、周功表、李绍南、车立平、孙云波、宋雨泓、韩翼飞出席座谈会。县委办、县政府办、县委组织部、县财政局等单位负责人参加座谈会。

7—9日,“品石门银峰,走万里茶道”湖南百名企业老总走进茶乡石门,拉开了2017第十五届石门茶文化活动序幕。

10日,县人武部党委(扩大)会议召开。市人大常委会副主任、县委书记谭本仲、县领导周功表出席会议,各乡(镇、街道、区)党(工)委书记、武装部长,县直相关单位负责人参加会议。

11日,农业部原副部长、国家扶贫开发领导小组原副组长、国务院扶贫办原主任、国务院参事刘坚到石门县调研农业发展及脱贫攻坚工作。副县长孙云波陪同调研。

12日,省移民局副局长童康宁一行专程到楚江街道龙凤社区,就社区移民工作进行考察和指导。市移民局副局长吴宏志,县领导张树国、孙云波参加。

13日,湖南航天磁电石门产业园6000吨微波炉磁生产线项目开工仪式在楚江街道双红社区举行,市人大常委副主任、县委书记谭本仲宣布项目开工。湖南航天管理局局长胡雪梅、副局长罗传勇,县领导李金生、陈云谋、周功表、韩翼飞等出席开工仪式。

同日,市委政法委副书记彭智明一行到楚江街道龙凤社区调研网格建设和创建“无上访社区”工作。县委常委、政法委书记张树国陪同。

14日,石门县脱贫攻坚集中入户走访帮扶行动动员会召开。全体县级领导出席会议,各乡镇(区)、街道党(工)委书记,农林场场长,各牵头扶贫后盾单位一把手,各驻村帮扶工作队队长等参加会议。

17—19日,市委常委、组织部部长梁仲到石门县开展“部长谈心夜”活动,与县委县政府班子成员、县人大常委会主任、县政协主席分别进行个别谈心谈话;县委常委、组织部部长、县直机关工委书记李绍南陪同。

19日,香港言爱基金大陆地区总干事张曼年一行,到石门县洽谈关于思源实验学校打造“互联网+”教育现代化样板校项目建设情况。县委副书记、县长郭碧勋参加。

19—20日，省委副书记乌兰一行到石门县调研脱贫攻坚工作。市委副书记、市长周德睿，市人大常委会副主任、县委书记谭本仲，县领导郭碧勋、邓碧波、孙云波等参加调研。

21日，县委副书记、县长郭碧勋与慈利县委副书记、县长高靖生带队共同调度白龙煤矿矿井涌水污染治理工作。

24日，常德市在佛山举行投资推介会暨重大项目签约仪式，共有7个项目落户石门，总投资额达122.4亿元。

28日，石门县第十五届茶文化活动在长沙黄兴路步行街广场盛大开幕。

同日，石门县巾帼诗社在县老年大学成立，该社是石门县首个女性诗社。

5 月

3日，共青团湖南省委、湖南省青年联合会决定表彰第16届“湖南青年五四奖章”获得者，石门县人民检察院青年检察官侯超名列其中。

4日，2017年常德工匠暨五湘竞赛活动在石门县启动，启动仪式由市人大常委会副主任、市总工会主席谭弘发主持，副市长曾艳阳出席仪式并讲话，县委副书记邓碧波致辞，县领导李金生、康文化、韩翼飞及市县相关部门负责人参加启动仪式。

4日，“扶贫楷模”王新法先进事迹报告会在长沙举行。报告会前，省委书记、省人大常委会主任杜家毫会见了报告团成员，亲切慰问王新法家属。省委副书记乌兰出席报告会并讲话，省委常委、省委宣传部部长蔡振红宣读省委省政府关于追授王新法“扶贫楷模”荣誉称号的决定，省政府副省长、省政协副主席戴道晋主持报告会。

5日，市人大常委会副主任王先蒙率调研组到石门县专题调研体育工作发展情况，县领导邓碧波、李金生、江毅、李芳、宋雨泓参加调研。

10日，市委副书记、市长周德睿率市委调研督察组到石门县调研督察脱贫攻坚工作。

12日，市人大常委会副主任、县委书记谭本仲在石门经开区三楼会议室调度藏格投资集团在石投资项目——石门县川海弘诚项目，协调解决项目推进中的有关问题。县领导郭碧勋、周功表、刘颖、韩翼飞，宝峰街道、县经开区及县直相关单位负责人参加调度会。

17日，吉首市委副书记陈晓龙率团到石门县考察交流脱贫攻坚工作，县领导邓碧波、孙云波、宋雨泓，县直相关单位负责人参加。

18日，湖南省“新人新歌”大赛“大雅琴行杯”常德选拔赛在常德市文化馆剧场举行，石门县选送的由张楠作词、申象泉作曲的《你别走》(郑玉姣演唱)获优秀创作奖，王林作词作曲的《依呀，嘿》(杨若丹演唱)、《摆哈子》(文鸽演唱)获铜奖，县文体广新局获组织奖。

18日，市政协副主席、党组副书记何英平一行到石门县，专题视察产业扶贫工作。市政协副主席陈位明、傅绍平、张力、张彬参加视察，县领导陈云谋、周功表、李绍南、刘颖、孙云波、杨书凡、彭泽人参加视察或座谈。

26日，湖南省“湘字号”传统技艺工匠竞赛暨首届手工制茶技能大赛决赛在白云山国有林场开赛，来自全省各个市州和省直的15支代表队共75名选手展开了技能比拼。省政府副秘书长曹英华，市委常委、常务副市长朱水平，市人大常委会副主任、市总工会主席谭弘发，市人大常委会副主任、石门县委书记谭本仲，县委副书记、县长郭碧勋参加开赛仪式。

6 月

1日上午，全省脱贫攻坚工作大督查第五组到石督导见面会在尧业国际大酒店召开。市人大常委会副主任、县委书记谭本仲作表态发言。县委副书记、县长郭碧勋主持会议。省扶贫办开发指导处副处长刘毅纯等督查组成员，县领导邓碧波、李金生、陈云谋、周功表、万义元、韩翼飞及市县相关单位负责人参加会议。

1日，副市长杨成英带领市商务局一行到石门县专题调研开放型经济发展情况，副县长车立平陪同。

6日，市人大常委会副主任戴君耀带领部分“司法公正常德”行活动组委会成员到石门县对司法公正常德行活动开展督导调研，县领导李金生、张树国、张国珍、万义元、王汝国参加座谈会。

8日，省政协常委、提案委主任王剑平率部分省政协委员到石门县大同山林场胜利村开展“三个一”扶贫活动(每位政协委员资助一名贫困家庭在校学生完成学业、结对一个贫困家庭增加收入、帮助贫困家庭一名成员解决就业)。市人大常委会副主任、县委书记谭本仲出席活动，县领导陈云谋、覃惠敏、彭泽人陪同。

同日，省工商局副局长强国跃一行到石门县食品药品工商质量监督管理局调研工商行政管理。

同日，石门县上半年经济工作调度会召开，县委副书记、县长郭碧勋出席会议，县委常委、常务副县长周功表主持会议并就如何做好经济工作明确具体要求，县领导车立平、龚云林出席会议。

同日，石门县弘扬社会新风志愿者服务活动在宝峰街道启动。县领导江毅、张国珍、杨书凡参加启动仪式。

12日，全县产业扶贫工作现场会在新铺镇召开，市人大常委会副主任、县委书记谭本仲出席会议并讲话，县领导邓碧波、李金生、陈云谋、李绍南、张树国、张凯、江毅、刘颖、薛杰、万义元、车立平、王汝国、龚云林、宋雨泓、韩翼飞出席会议。各乡镇(区)、街道党(工)委书记，农林场场长，夹山管理处主要负责人和县直相关单位主要负责人参加现场会。

13 日，由湖南怀化洪江市委副书记谢景良带领的社区综治中心建设学习考察团，到石门县观山社区学习考察社区综治中心建设暨社区网格化建设工作，县委常委、政法委书记张树国陪同。

14—15 日，省民政厅厅长唐白玉一行到石门县考察调研民政工作，市民政局局长龚美爱，县领导李绍南、万义元等陪同。

16—18 日， 市委常委、市纪委书记陈恢清率市委督导组到石门县督导检查防汛和安全生产、“两个责任”落实情况等重要工作。市人大常委会副主任、县委书记谭本仲，县委常委、纪委书记张凯参加督导。县领导邓碧波、李金生、陈云谋、周功表、李绍南、张树国、刘颖、薛杰参加当日下午召开的谈心谈话会。

20 日，省商务厅市场运行处处长彭欣一行到石门县调研开放型经济工作。

同日，省血防办、省血防所、市血防办领导和专家一行 9 人到石门督导急性血吸虫病控制工作和血吸虫病消除达标工作进度。

21 日，市委宣传部副部长李清彪一行到省级文明村石门县三圣乡山羊冲村、市级文明社区石门县楚江街道龙凤社区实地调研文明创建工作。

22 日，市政协组织离退休老干部到石门县参观考察。市政协秘书长袁云波，县委副书记邓碧波，副县长龚云林，县政协副主席杨书凡、彭泽人等参加。

7 月

4 日，副市长曾艳阳率市委组织部、市委政法委、市安监局、市经信局、市人社局等部门到石门县，对常德青峰煤矿关闭工作进行调度。市人大常委会副主任、县委书记谭本仲，县委副书记、县长郭碧勋，县领导周功表、龚云林、韩翼飞参加调度会议。

同日，市政协副主席洪振海一行到石门县开展乡村医疗卫生工作调研，县领导陈云谋、宋雨泓、胡中华及市县相关单位负责人陪同。

3—4 日，省安监局副巡视员龚伟兵一行到石门县督查汛期安全生产，市安委办主任、市安监局局长郑家火陪同。

5 日，市政协副主席、党组副书记何英平率市政协提案工作组到石门县调研精准脱贫工作。县委副书记邓碧波，县政协主席陈云谋，县政协副主席彭泽人参加。

同日，省国土资源厅党组成员、副厅长王善明一行到石门县督查汛期地质灾害防治工作。

8 日，市七运会青少年组体操比赛圆满结束。石门县 4 人参赛，获得金牌 12 枚，全市排名第二。

9 日，“喜迎党的十九大·欢乐潇湘常德市百团大赛” 群众文艺会演、“我们都来跳”社会主义核心价值观湖南省原创大赛暨“银顶·东城尚都”首届石门之星才艺大赛开赛。

20 日，省委常委、常务副省长陈向群以普通党员身份参加了夹山镇三板桥社区南门党支部“立家规、正家风”主题党日活动。市委书记、市长周德睿，市人大常委会副主任、县委书记谭本仲，县长郭碧勋等省、市、县领导参加活动。

21 日，市人大常委会副主任、县委书记谭本仲现场调度重点交通项目建设。县领导李金生、张树国、胡杰、韩翼飞，县交通运输局负责人参加调度。

24 日，常德军分区政委董亮到石门县调研“学系列讲话，当合格兵”学习教育活动和征兵、国防教育等工作。县人武部政委陈景华陪同调研。

25 日，由市委法治常德建设工作领导小组办公室、市依法治市领导小组办公室、市法学会联合评选的“常德市十大优秀青年法律人才”出炉，县法院青年法官晏耀如入选并接受表彰。

25—26 日，全市区县(市)人大常委会主任座谈会在石门县召开。市人大常委会党组书记、副主任沈习淼，副主任王先蒙、罗少挟、戴君耀、杨新辉、谭本仲、宋云文，秘书长万利出席会议。市人大常委会各工作机构和专门委员会负责人，区县(市)人大常委会主任参加会议。

26 日，由省检察院党组书记、检察长游劝荣率队的省脱贫攻坚常态化联点督查组进驻石门县并召开督查工作见面会。市人大常委会副主任、县委书记谭本仲，副市长龚德汉，市检察院党组书记、检察长余湘文，县委副书记、县长郭碧勋，县领导邓碧波、周功表、李绍南、张树国、胡杰、宋雨泓，县检察院党组书记、检察长李拥军等出席见面会。

31 日，省扶贫办党组成员、副主任贺丽君一行到石门县调研脱贫攻坚工作，并召开座谈会。市人大常委会副主任、县委书记谭本仲，县委副书记、县长郭碧勋，县领导邓碧波、周功表、刘颖、万义元、车立平、龚云林、宋雨泓、韩翼飞参加座谈。

8 月

2 日，省总工会党组成员、副主席周海斌到石门县调研工会财务及资产管理工作。

5 日，在兰园会议中心召开全县脱贫摘帽“百日攻坚”誓师大会。全体在家的县级领导、县直单位主要负责人、驻村帮扶工作队队长和乡镇脱贫攻坚工作站站长参加誓师大会。

7 日，石门县政府十七届一次全体会议在兰园会议中心召开，分析上半年全县经济运行形势和脱贫攻坚、五大会战等重点工作推进情况，部署安排下半年工作，确保圆满完成全年政府工作目标任务。

10 日，省委副书记、省长许达哲到石门县调研脱贫攻坚工作。副省长隋忠诚，省政府秘书长王群，市委书记、市长周德睿，市人大常委会副主任、县委书记谭本仲，县长郭碧勋等省、市、县相关领导参加调研。

同日，市委组织部副部长、市委非公有制经济组织和社会组织工委书记姚敦科，市委党校副校长万传明一行到薛家村调研党性教育基地建设，县委常委、组织部部长李绍南，县委常委、宣传部部长江毅参加。

14日，全县卫生与健康大会在兰园会议中心召开。市人大常委会副主任、县委书记谭本仲出席会议并讲话，县委副书记邓碧波主持会议，副县长宋雨泓作主题报告，县领导李金生、陈云谋、胡杰、张国珍、胡中华出席会议。

12—15日，2017年大学生"文明旅游背包行"公益宣传活动的重要组成部分，"走进湖南石门，感受生态文化"寻访活动在石门县启动。北京大学、清华大学、人民大学等高校的10名同学参加寻访。

16日，市人大常委会副主任、县委书记谭本仲在县委三楼会议室主持召开川海项目调度会。县委副书记、县长郭碧勋，县领导周功表、刘颖、车立平、龚云林和相关单位负责人参加调度会。

24日，石门县入选2017年"全国电子商务进农村综合示范县"。

9 月

7日下午，全县安全生产会议在县兰园会议中心召开。市人大常委会副主任、县委书记谭本仲出席会议并讲话。县委副书记、县长郭碧勋主持会议。全体在家的县级领导出席会议。各乡镇(区)、街道、农林场党政一把手，夹山管理处主任和县直单位主要负责人参加会议。

12日，县长郭碧勋在夹山管理处主持召开全县旅游开发大会战工作调度会。县领导周功表、车立平、覃惠敏出席。

13日，市委书记周德睿到石门县白云镇、白云山林场、所街乡、雁池乡、磨市镇、维新镇，进村入户调研脱贫攻坚工作。

21日，石长动车正式营运，标志着石门正式步入动车时代。省政府副省长张剑飞，省政府副秘书长向曙光，市委副书记、代市长曹立军，副市长曾艳阳，广铁集团副总经理、长沙办事处主任刘保良等领导乘坐D7578次动车抵达石门，并参观考察石门县火车北站乘车环境。县委副书记、县长郭碧勋，县领导邓碧波、李金生、周功表、韩翼飞迎接首列动车进站并陪同省、市领导考察。

22日，省军区司令员黄跃进到石门县调研。实地参观了南北镇薛家村"与民共富"军人团队指挥部，观看了王新法事迹宣传片；随后赴三圣乡山羊冲村，参观了香猪养殖基地和易地扶贫搬迁安置点。

25日，沅澧快速干线二大道石门段公路通车。沅澧快速干线二大道(石门段)项目于2016年4月开工，建设工期为24个月，项目全长9.57千米。

29日，第十七届石门柑橘节之"拳星时代"世界极限格斗赛在县体育中心开赛。

30日，是中国第四个烈士纪念日，市人大常委会副主任、县委书记谭本仲，县长郭碧勋、县委副书记邓碧波及县"五大家"在家其他领导参加活动。

10 月

8日，第十七届石门柑橘节"泰淼"橘仙子选拔大赛决赛在县广电中心举行。石门一中学生涂金慧瑞获得冠军。

10日，2017第十七届湖南石门柑橘节暨文化旅游周开幕式在石门县体育中心举行。

11日，石门县10月份招商引资项目集中签约仪式在尧业国际大酒店举行。市人大常委会副主任、县委书记谭本仲出席签约仪式并讲话。县委副书记、县长郭碧勋代表石门县人民政府与5家企业分别签约。县委常委、常务副县长周功表主持签约仪式。县领导李金生、江毅、刘颖、车立平、龚云林、韩翼飞出席签约仪式。相关乡镇、街道和部门负责人参加签约仪式。

同日，市人大常委会副主任、县委书记谭本仲在尧业国际大酒店会见上海交通建设总承包有限公司总经理周显田一行。双方就石门县澧水南岸水环境综合治理PPP项目合作相关事项达成共识。县委副书记、县长郭碧勋，县领导周功表、龚云林、韩翼飞、杨书凡和相关部门负责人参加洽谈会。

16日，中共石门县十二届四次全体(扩大)会议在兰园会议中心召开。市人大常委会副主任、县委书记谭本仲向全会报告工作。县委副书记、县长郭碧勋主持大会。县领导邓碧波、李金生、陈云谋、周功表、李绍南、张凯、胡杰、刘颖、薛杰、赵书军、陈风华等在主席台就座。

20日，市民政局局长龚美爱一行到县民政局扶贫点村督导脱贫攻坚工作。

24日，省政协主席李微微到石门县调研政协"三个一"助力脱贫攻坚工作。省政协秘书长卿渐伟，市政协主席李爱国，县政协主席陈云谋等领导参加调研。

同日，市委常委、市委组织部部长梁仲到石门县调研"智慧党建"工作，并就如何深入推进"智慧党建"工作进行座谈。

26日，在云南召开的第十三届中国茶业经济年会上，石门县被中国茶叶流通协会评为"2017年中国茶业扶贫示范县"。

30日，全县召开传达学习党的十九大精神报告会。全体在家的县级领导，各乡镇区(街道)、农林场及县直副科级以上单位党组织主要负责人参加报告会。

11 月

7日，省检察院党组书记、检察长游劝荣到石门县开展脱贫攻坚常态化联点督查。省检察院党组成员、检委会专职委员张恒洲，市人大常委会副主任、县委书记谭本仲，市检察院党组书记、检察长余湘文，县领导邓碧波、胡杰、刘颖、陈风华全程陪同督查，县检察院党组书记、检察长李拥军参加督查。

7日，市委常委、市委组织部部长梁仲一行，先后到石门县维新镇、三圣乡、子良镇、太平镇、所街乡、壶瓶山镇开展"走百镇、抓基层"专题调研活动。

9—10日，省政协常委、经济科技委员会主任吴金明到石门县调研政协委员助力脱贫工作。市政协副主席熊国建,县领导邓碧波、陈云谋、周功表、杨书凡、覃惠敏、彭泽人陪同调研并出席座谈会。

14日,国家安监总局监管四司副司长边卫华一行代表国务院安委办到石门县开展液氨制冷行业专项整治行动验收工作,省安监局行业安全监管处副处长周自乐,市安监局党组成员、总工程师郭道胜,县委常委、副县长赵书军陪同。

15日,2017中国茶业科技年会上,湖南石门楚韵茶业出品的"石门银峰"茶获湖南名优茶评比特等奖,湖南石门渫峰名茶出品的"石门银峰"茶、"石门小叶红"茶分别获得湖南名优茶评比金奖、一等奖。

同日,湘投控股集团总经理李郁一行到石门县就扶贫产业基金投资相关事宜展开洽谈。市人大常委会副主任、县委书记谭本仲,县委常委、常务副县长周功表出席洽谈会,县农业局、县发展集团负责人参加洽谈会。

16日,中国银行总行到石门县洽谈扶贫票据发行工作。市人大常委会副主任、县委书记谭本仲出席洽谈会并讲话。县领导周功表、车立平以及中国银行总行和省市分行、中债信用增进投资股份有限公司、东方金诚国际信用评估有限公司的相关负责人参加洽谈。

15—18日,省扶贫领导小组副组长、省政协副主席戴道晋率省督查组到石门县开展为期四天的脱贫攻坚督查。省检察院党组副书记、副检察长常智余,省政协经科委主任吴金明,省检察院党组成员、检察委员会专职委员张恒洲,市委副书记朱水平,石门县委副书记、县长郭碧勋等省、市、县领导陪同督导或出席汇报会。

17日,石门县维新镇、南北镇薛家村、三圣乡山羊冲村被中央文明办评为"第五届全国文明村镇"。

22日,省委常委、省委政法委书记黄关春一行到石门县调研政法综治工作,市委书记周德睿,市委常委、市委政法委书记黄清宇等市领导,县委副书记、县长郭碧勋及邓碧波、周功表、张树国、王汝国等县领导陪同调研。

24日,石门县澧水四桥(梯云大桥)项目开工仪式在澧水北岸项目工地举行。市人大常委会副主任、县委书记谭本仲宣布开工,县委副书记、县长郭碧勋致辞,县委常委、常务副县长周功表主持开工仪式。县领导邓碧波、李金生、张树国、陈景华、韩翼飞、赵松岳出席开工仪式,相关县直单位负责人参加开工仪式。

25—27日,全市项目建设流动现场会在石门县召开。市委书记周德睿,市委副书记、代市长曹立军带领全体在家的市级领导、各区县(市)党政主要负责人、市直"五区"主要负责人、市直经济职能部门主要负责人共70多人,到石门看三个重点项目。市人大常委会副主任、县委书记谭本仲,县领导郭碧勋、邓碧波、周功表、胡杰、龚云林、韩翼飞参加石门现场观摩。

28日,省安监局党组成员、总工程师郑京杰率省安委办考核组对石门县年度安全生产工作进行考核验收。市政府副秘书长吴新涛,市安委办主任、市安监局局长郑家火,县委副书记、县长郭碧勋,县政府副县长、县公安局局长王汝国陪同。

12 月

2—3日,抗日名将郑洞国将军长孙、全国政协常委、民革中央副主席郑建邦回到家乡石门县参加郑洞国教育基金会第十届园丁奖、助学金颁发等活动。

4日,市委副书记、代市长曹立军一行到石门县检查扶贫工作。市人大常委会副主任、县委书记谭本仲,副市长龚德汉,市政府秘书长周代惠,县委副书记、县长郭碧勋,县领导邓碧波、谭本军参加调研。

14日,由省林业厅副厅长彭顺喜带队的省脱贫攻坚实地考核验收组进驻石门县,对全县开展脱贫攻坚工作成效考核、贫困县摘帽验收检查工作。县委副书记、县长郭碧勋就全县脱贫攻坚工作进行汇报,县委副书记邓碧波主持见面会。常德市政府副厅级干部黎建平,市扶贫办主任徐术福,县领导李金生、陈云谋、万义元、车立平、宋雨泓出席。

17日,宁波世纪繁荣旅游公司董事长黄水财率公司团队到石门县对接夹山旅游开发项目。市人大常委会副主任、县委书记谭本仲出席项目对接论证会并讲话,县委常委、组织部部长李绍南主持会议。县领导李金生、陈云谋、江毅及相关部门负责人参加会议。

20日,市委常委、市纪委书记罗翠林一行在石门县召开督导落实"两个责任"例行谈心谈话会。市人大常委会副主任、县委书记谭本仲主持座谈会,县领导邓碧波、李金生、陈云谋、李绍南、张树国、张凯、胡杰、江毅、薛杰、陈风华参加座谈会。

21日,石门县获得"湖南省妇幼健康优质服务示范县"荣誉称号。

同日,中国民用航空中南地区管理局机场处副处长郭农率专家组一行,到石门县审查石门通用机场场址。县委副书记、县长郭碧勋,县委常委、组织部部长李绍南,副县长龚云林参加审查会议。

22—23日,石门县在湖南省委经济工作会议上被省委省政府授予"全省安全生产先进县""全省计划生育优秀县""全省综合治理先进县""湖南省平安县"等荣誉称号。

28日,石门县配合中央对省脱贫攻坚考核工作部署会议召开。县委副书记邓碧波出席会议并讲话,县领导李绍南、张树国、张凯、江毅、赵书军、陈风华、谭本军等全体在家的县领导出席会议,各乡镇区(街道)党政正职,农林场场长,夹山管理处主任,各乡镇脱贫攻坚工作站站长,县直副科级以上单位主要负责人,以及驻村帮扶工作队队长参加会议。

(县委办、县政府办)

石门概貌

自然地理

【地理位置】石门县位于湖南省西北部，湘鄂边陲。地理坐标北纬29°16′06″～30°8′49″，东经110°29′04″～111°32′30″。东接澧县、临澧县，南邻桃源县，西毗慈利县、桑植县，北抵湖北省鹤峰县、五峰县、松滋县。县治楚江街道，省直管县，距长沙290千米，距常德102千米。

【地形地貌】石门县全境地貌形态呈弯把葫芦状，地势自西向东南倾斜，西北部群山叠翠，东南部平岗交错。陆地最低处为易家渡镇蔡家溪与澧水汇合处，海拔42.5米，最高处是壶瓶山主峰，海拔2098.7米，号称"湖南屋脊"；全县平均海拔500米左右。南部有十九峰、观国山、太浮山；中部有燕子山、云落观、八户山；西部有东山峰、亮垭山、鹅公山；北部有太青山、壶瓶山等。纵横全境河流沟溪236条。发源或流经县境的有澧水、渫水、沱水、澹水、道水、黄水、涔水7条河流，沱水、澧水、道水自西向东，分别贯穿县境北部、中部、南部，入松滋、临澧，汇入洞庭湖。渫水从西北往东南纵贯，长约165千米。沱、渫、道、澧水四条河流水域发育成子良、磨市、雁池、二都、易家渡、蒙泉等河谷平原。

（编辑部）

【土地面积】全县实有土地面积3970.12平方千米，折合595.53万亩，占全市总面积21.84%。其中水域面积19.84万亩，占全县总面积3.4%。年内批准建设用地1626.78亩，建设占用耕地504.56亩，出让国有土地使用权943.98亩，补充耕地504.56亩。年末实有耕地面积72.95万亩，其中水田面积51.60万亩，旱地面积21.35万亩。全县基本农田57.02万亩。耕地总量动态平衡。

（县国土局）

【矿产资源】石门县境内矿产资源储藏丰富，种类繁多。据地质探明，全县境内发现矿产资源39种，被誉为湖南"矿都"。主要矿产有雄黄、矽砂、磷矿、煤炭、石膏、石煤、水泥灰岩、白云石、海沧石、大理石、重晶石、赤铁矿、矾矿等，矿产总储量130亿吨。各类矿产的矿床、矿点320多处，其中大型矿床19处，中型矿床48处，小型矿床37处。全县矿石总储量130亿吨，潜在经济价值1600亿元，人均潜在价值23万元，地均4000万元/平方千米。现已开发利用的矿产达15种，分布在全县的各个乡镇、区、场，且矿床埋藏较浅，开采条件较好。雄黄、矽砂矿、磷矿储量及品位在亚洲乃至世界均占有重要位置。

（县科技工信局）

【森林资源】石门县是湖南省重点林区县，全县林业用地面积432万亩，森林覆盖率71.6%，活立木总蓄积1194万立方米，主要有松、杉、楠、梓、樟、椿等。境内山多林茂，动植物品种繁多。2017年，累计完成营造林9.5万亩、义务植树190万株、公路绿化257千米、石漠化综合治理38平方千米、城区增绿20公顷（其中公园绿地7公顷）。综合治理水土流失面积84.2平方千米。国家级自然保护区1个，面积66568公顷。

（县林业局）

交通区位

【概况】石门县区位优势明显，交通通讯发达。铁路：焦（焦作）柳（柳州）线横贯县境，石（石门）长（长沙）线与焦柳线在石门形成县城T形交汇，洛（洛阳）湛（湛江）线途经石门，三条主干线设计年货运量分别为1500万吨、1900万吨、5000万吨，襄（襄樊）石（石门）复线货运量可达3200万吨。境内设有石门县站、石门北站、石门南站、七松站四座火车站，铁路运输十分便利，客运可直达北京、上海、广州等城市。公路：石门距207国道澧县段仅25千米，距常张高速公路桃源入口50千米、慈利入口40千米。全县共有省道600多千米，S303、S304两条省道贯穿县境；有县、乡道2000多千米，80%以上的乡镇实现了乡乡通油路；有村道4000多千米。航空：石门至张家界国际机场130千米，可直达深圳、海南、昆明、重庆、北京等地。石门至常德机场115千米。水运：在石门境内建有闫家坝水运码头，最大吨位为100吨级。丰水期可直接从石门下船，枯水期可从澧县阳湖口码头或津市竹木坪码头下船（距石门60千米），经洞庭湖入长江。

2017年年末，全县公路线路总里程3882.54千米。全县汽车保有量3.85万辆，其中私人汽车保有量3.7万辆，私人轿车保有量1.85万辆。全年交通部门完成货物运输周转量14204.06万吨千米;完成旅客运输周转量10601.72万人千米。

2017年,9月21日石长动车正式开通，长沙火车站至石门县北站每天开行8对动车组列车;9月25日沅澧快速干线二大道石门段公路竣工通车；过境石门的呼南高铁进入《国家中长期高铁发展规划》,宜石常段正在进行站线规划设计;石门县通用机场进入《湖南省通用航空发展规划》，机场选址通过专家论证。“连接常德1小时、县域通达1小时”的路网体系基本形成，制约石门发展的交通瓶颈逐步破解。

(编辑部)

环境质量

【概况】石门县环境质量现状，主要是从水环境质量（由地表水中的pH值、化学需氧量、砷等29项水质指标来反映)、环境空气质量(由二氧化硫、二氧化氮、可吸入颗粒物、臭氧、一氧化碳、细颗粒物和酸雨等指标来反映)、噪声环境质量（由道路交通噪声及区域环境噪声的等效声级值来反映）三个方面来评估衡量。在县城老城区和东城区分别设立环境空气质量自动监测站，两个监测点全年共采样监测365天；对县城区生活饮用水水源（樟木滩饮用水源地断面)、渫水入澧水断面的水质分别进行每月一次的常规监测；对县城区的降水（逢雨必测)监测共57次;在县城区设立103个区域环境噪声和25个交通噪声监测点位,对城区噪声环境质量进行监测。

【环境空气质量】2017年,县环境监测站对县城环境空气进行365天采样监测，分析指标为可吸入颗粒物、二氧化硫、二氧化氮、臭氧、一氧化碳、细颗粒物，对照国家《环境空气质量标准》(3095-2012）的Ⅱ级标准，达标率为82.7%%,较2016年提高14.3个百分点。2017年可吸入颗粒物(PM10)日均值超标率6.39%,二氧化硫日均值超标率为0，二氧化氮日均值超标率为0.60%,一氧化碳(CO)日均值超标率0,臭氧(O_3)日均值超标率为4.89%，细颗粒物(PM2.5)日均值超标率为14.5%。全年环境空气质量有效监测天中有78天大气污染指数在50以下,空气质量为优;有224天大气污染指数在51～100之间，空气质量为良；有46天大气污染指数在101～150之间，空气质量为轻度污染;有9天大气污染指数在151～200之间,空气质量为中度污染；有6天大气污染指数在201～300之间,空气质量为重度污染;有2天大气污染指数在300以上,空气质量为严重污染。

【水环境质量】澧水石门河段及县城区地表水断面所测水质分析项目基本符合《地表环境质量标准》Ⅲ类标准。县城区饮用水水源监测取样点位于新关镇樟木滩取水口,全年共监测12次,监测项目64个，全年获得有效监测数据504个,监测结果表明,取水口水质优于《地表水环境质量标准》Ⅲ类标准。

【声环境质量】2017年,县城区域环境噪声昼间平均等效声级范围在45.5～65.1dB（A）之间，超标率为13.59%,与上年相比减少6.8个百分点。县城道路交通噪声，年平均等效声级范围在64.6～90.5dB(A)之间,超标率为72%,与2016年相比增加4个百分点。

【降水监测】2017年,县城区降水监测样品数57个,年酸雨频率0。

(杜　娟)

气候特征

【概况】2017年年平均气温显著偏高,降水量偏多,日照时数偏多。年内出现强冷空气、雨雪冰冻、短时强对流、洪涝、高温热害、干旱、雾霾等灾害性天气，给全县工农业生产造成不同程度的灾害,对交通和人体健康等造成不利影响。综观全年气候情况,2017年天气气候条件对全县国民经济影响评价为正常年景。

气温。年平均气温17.8℃,较历年平均偏高0.8℃；年极端最高气温40.8℃,出现在7月27日;年极端最低气温-0.1℃,出现在1月16日。

降水。年总降水量1567.3毫米,较历年平均偏多223.5毫米，一日最大实测降水量为86.7毫米，出现在5月22日。日降水量≥0.1毫米日数有139天,≥50毫米日数有6天。

日照。年日照总数为1535.8小时,较历年平均偏多33.7小时,年日照百分率为35%。

蒸发。年蒸发总量为839.7毫米。

【人工影响天气】2017年人工影响天气作业情况:南北镇、太平镇、南溪水库、蒙泉水库炮点分布在县境内的北、中、南部,5月初至7月中旬,全县各炮点累计开展12次防雹作业,作业有效率100%;7月28日至8月24日,全县4个人影作业点累计开展人影增雨作业19次。全年共开展人影作业31次。次次作业有效果,缓解了全县旱情。

【主要气候事件】主要冷空气活动过程出现在2月20—22日,4月8—10日、18—20日,10月2—4日、9—11日,11月10—12日、17—19日。其中2月20—22日,4月8—10日,11月17—19日48小时降温幅度分别达8.8℃、8.5℃、8.6℃，达到强冷空气标准;4月18—20日,10月2—4日、9—11日,11月10—12日48小时降温幅度分别达6.4℃、6.8℃、6.6℃、7.7℃,达到中等强度冷空气标准。

主要降水过程分别出现在2月21—23日,3月17—24日,4月8—11日、21—24日,6月4—5日、9—16日、23—24日,8月11—15日、23—25日、29日,9月18—19日，其过程降水量分别为60.3毫米、60.0毫米、51.8毫米、120.9毫米、53.3毫米、133.9毫米、71.9毫米、95.0毫米、74.0毫米、68.2

毫米、100.7 毫米。

6 月 23 日 8 时至 6 月 24 日 8 时，本站累计降水量 69.6 毫米，降水主要集中在县境中部和南部乡镇，分别达到暴雨、大暴雨量级，单站最大为蒙泉水库累计降水量达到 134.5 毫米。4 个乡镇（夹山镇、蒙泉镇、皂市镇、维新镇）不同程度受灾。经民政局和防汛办初步统计，受灾人口达 4000 余人，紧急转移人口 15 人，造成直接经济损失 200 多万元。具体灾情如下：房屋受损情况：全县有 5 个乡镇（夹山镇、蒙泉镇、皂市镇、维新镇、宝峰街道、）18 户居民的房屋倒损，其中倒塌房屋有 3 户 8 间，严重损坏房有屋 5 户 11 间，一般损坏 5 户 11 间。农作物受灾情况：农作物受灾主要是以水稻、蔬菜、红薯为主，受灾面积达到 165 公顷，成灾面积 68 公顷，绝收面积 15 公顷。水利设施及公路受损情况：夹山镇的青玄村水利设施损毁 20 多米，官渡社区和两合村的村级公路冲毁 15 米多，造成经济损失 100 多万元。

7 月 16—28 日连续 13 天日最高气温超过 35℃，高温给人民生活出行带来影响；同时 18-28 日连续 11 日无降水天气现象发生，导致部分乡镇饮用水、农业生产用水呈现紧张态势。10 月 12—18 日连续 7 天降雨量≥0.1 毫米，且过程日平均日照时数为 0.0 时，达到了轻度阴雨标准，对农作物生长发育有一定影响。

（侯长艳）

水　文

【概况】石门县地处湖南省北部，境内河网密布，水资源充沛。主要河流有澧水干流，澧水一级支流渫水、道水等溪河共 236 条。目前，全县共有水文监测站点 308 处，其中 5 个水文站（江坪、雁池、维新厂、皂市、石门），12 个水位站（南坪、安溪、金盆、白洋湖、里山河、南溪、双红、东泉、首桥、寺垭、蒙泉、竹巷口），1 个辅助站（新街口），3 个水环境监测站（皂市、石门、泥市），1 个蒸发观测站（雁池），4 处常规水质监测断面（皂市、七松饮用水源取水口、石门、泥市），68 处水库水质监测点（34 个为市级水功能区，34 个为农村饮用水水源），53 个委托雨量站（基本 14 个、中小河流 23 个、洪水易发区站 19 个、山洪灾害 26 个），224 个简易雨量站，两个土壤墒情站（所市、夹山）。

【降水与蒸发】2017 年，全县累计平均降水 1432.1 毫米，较历年均值偏多 6.15%。其中汛期 4—9 月累计降雨 1126.6 毫米，较历史同期偏多 3.8%。降雨时空分布不均，在 6—7 月降水偏少 18.66%。蒸发：2017 年雁池蒸发场测得年蒸发量 555.4 毫米，较历年均值偏少 13.1%。

【水位流量】2017 年，县境内澧水、渫水、道水、沱水等干支流全年均未发生发生超警戒水位洪水。渫水雁池站 2017 年 6 月 5 日出现年最高洪峰水位 136.61 米，实测最大流量 1110 立方米 / 秒，水位变幅 4.06 米。渫水皂市站 2017 年因皂市水库全年未泄流，全年最高水位 77.18 米（7 月 24 日），最大流量 321 立方米 / 秒。澧水石门站 2017 年 6 月 23 日出现年最高洪峰水位 55.69 米（警戒水位 58.50 米），实测最大流量 4660 立方米 / 秒，年水位变幅 5.46 米。皂市水库坝前年最高水位出现在 2017 年 12 月 13 日，水位 138.86 米，相应库容为 11.451 亿立方米。泥沙：2017 年澧水干流（石门站）平均输沙率 8.01 千克秒，平均含沙量 0.017 千克 / 立方米，最大断面平均含沙量 0.318 千克 / 立方米，最小断面平均含沙量 0 千克 / 立方米。

【水资源监测】2017 年，澧水干流及一级支流渫水省控水功能区共布设水质监测断面 4 个，监测频次每月一次。采用《地表水环境质量评价标准》（GB3838-2002）分全年期、汛期和非汛期进行分类评价。各站综合全年期、汛期、非汛期水质类别均为Ⅲ类以上。全县农村饮用水源保护中的 7 座中型水库水质Ⅲ类以上达 100%；监测点共 68 个，其中 34 个为市级水功能区，34 个为农村饮水工程（小（二）型水库），水质符合Ⅲ类及以上标准，达到良好的有 31 个，占 91.2%。

（县水文局）

行政区划

【概况】石门县辖 20 个乡镇区（处）、4 个街道、4 个农林场，共 278 个行政村，58 个社区居民委员会。

【村改社区名单】2016 年 7 月，经县人民政府同意：撤销楚江街道闫家溶村，设立闫家溶社区；撤销永兴街道双溪、双桥村，设立双溪、双桥社区；撤销宝峰街道七松、花山、新坪村，设立七松、花山、新坪社区；撤销二都街道南峰、卫星、千烽、土山、牌楼、双龙、高桥村，设立南峰、卫星、千烽、土山、牌楼、双龙、高桥社区；撤销夹山镇双龙村，设立双龙社区。

【乡改镇名单】2016 年 12 月，经省政府同意：撤销新铺乡、子良乡，设立新铺镇、子良镇，以原新铺乡的行政区域为新设新铺镇的行政区域；以原子良乡的行政区域为新设子良镇的行政区域。行政区划调整后，新铺镇辖 22 个建制村、2 个社区，总面积 170.3 平方千米，总人口 3.3 万人，镇人民政府驻新铺（原新铺乡人民政府驻地）；子良镇辖 13 个建制村、2 个社区，总面积 199 平方千米，总人口 2.9 万人，镇人民政府驻子良坪（原子良乡人民政府驻地）。

2017 年白云镇的磺厂社区划到楚江街道，更名为新星社区。

（县民政局）

民族人口

【民族】石门除汉族外，还有土家、白、回、苗、佤、蒙古、维吾尔等 26 个少数民族，共 38.7 万人，占全县人口 56.6%。

石门世为少数民族聚居区，特别是土家族聚居区，土家族占全县人口的56.41%。清乾隆前，与全国各民族地区一样，历行土司制度，“不张官，不设吏，以土官治土人”。雍正十三年(1735)“改土归流”。石门土家族，自称毕兹卡，亦称“溪里卡”，多写作“七里卡”，文献中也称作“七里军民”。属古巴人、廪君蛮、板凳蛮之后裔，是湘、鄂、川、黔土家族的一部分。以覃、唐、郑、陈、曾、丁、文、伍、盛、柳、王、田、向、邓、夏、邢诸姓为主。在历代正史中，对石门土家族称巴、蛮、夷，先后被称作武陵蛮、五溪蛮、澧中蛮、天门蛮、石门蛮、溪峒蛮，明清称“添平土司”。

(县民政局)

【人口】2017年年末全县总户数232419户，户籍总人口666920人，其中城镇人口154309人，农村人口512611人。在总人口中，男性人口343603人，女性人口323317人。年末常住人口60.10万人，其中城镇常住人口27.04万人，常住人口城镇化率44.99%，比上年末提高2.8个百分点。

全年出生人口7531人，人口出生率10.8‰；全年死亡人口3972人，死亡率5.71‰；全年自然增长人口3559人，人口自然增长率5.09‰。

(县统计局)

经济发展

【概况】2017年，全年全县完成地区生产总值271.06亿元，比上年增长9.7%。其中，第一产业增加值42.75亿元，增长4.3%；第二产业增加值108.65亿元，增长8.5%；第三产业增加值119.66亿元，增长13.1%。一、二、三产业对GDP增长的贡献率分别为7.3%、36.0%和56.7%，分别拉动经济增长0.7个百分点、3.5个百分点和5.5个百分点。全县人均GDP为45064元(现价)。

全年全县完成地方财政总收入136635万元，比上年增长10.6%。公共财政预算收入77584万元，增长2.3%，其中税收收入53781万元，增长7.9%。上划中央“两税”及上划所得税共47420万元，增长29.6%。国地两税共完成各项税收收入119667万元，增长15.7%，其中国税完成各项税收71811万元，增长10.9%；地税完成各项税收47856万元，增长23.6%。公共财政预算支出455007万元，增长10.5%。其中，农林水事务支出89817万元；社会保障和就业支出65748万元；教育支出69476万元；科学技术支出615万元；文化体育与传媒支出5326万元；医疗卫生与计划生育支出53562万元；节能环保支出19119万元。

年末全县从业人员38.58万人。年内新增城镇就业人员5528人，城镇登记失业率3.16%。全年农村外出就业劳动力(不含本乡镇)18.2万人，新增农村劳动力转移就业5360人。2017年全县居民消费价格指数101.4%；商品零售价格指数101.2%。

【产业结构】全县三次产业结构由上年17.3∶40.8∶41.9调整为15.8∶40.1∶44.1。全县非公有制经济增加值175.15亿元，增长10.5%，占全县GDP的73.6%。全县高新技术产业增加值28.30亿元，增长14.9%，占全县GDP的10.4%。全县文化产业增加值6.62亿元，增长17.4%，占全县GDP的2.4%。研究与实验发展经费支出4.54亿元，增长60.8%，占全县GDP的1.7%。

【农业经济】2017年，全年完成农林牧渔业总产值68.37亿元，比上年增长4.4%。实现农林牧渔业增加值43.39亿元，增长4.3%，其中农业增加值26.76亿元，增长6.0%；林业增加值1.08亿元，增长0.9%；牧业增加值14.0亿元，减少0.85%；渔业增加值9162万元，减少13.2%；农业服务业增加值6386万元，增长8.4%。

全年农作物总播种面积158.36万亩，比上年增长0.76%。粮食种植面积95.04万亩，增长0.92%，其中水稻面积45.72万亩，增长0.69%，优质稻种植面积15.27万亩，减少25.73%。经济作物种植面积59.22万亩，增加0.63%，其中油料种植面积40.49万亩，增长0.71%；棉花种植面积2.66万亩，增长6.63%；烤烟种植面积2.39万亩，增长0.63%；蔬菜种植面积13.46万亩，减少1.1%。

年末果园面积30.1万亩，增长1.1%，其中柑橘面积29.76万亩，增长0.97%。年末茶园面积11.03万亩，增长22.91%。

全年粮食总产量27.76万吨，增长3.47%，烤烟、蔬菜、水果、茶叶、油料作物、棉花、稻谷、玉米增产，只有小麦减产。

表1：2017年全县主要农产品产量一览表

产品名称	计量单位	绝对数	比上年增长(%)
粮食	吨	277631	3.47
其中：稻谷	吨	149073	1.74
小麦	吨	3156	-3.13
玉米	吨	101621	6.98
豆类	吨	6881	1.76
薯类	吨	15428	0.67
油料作物	吨	48403	0.81
其中：油菜籽	吨	47159	1.14
棉花	吨	3496	8.91
烤烟	吨	3366	9.25
蔬菜	吨	235635	0.04
水果	吨	344862	1.05
其中：柑橘	吨	341611	2.32
茶叶	吨	11702	29.96

全年木材间伐量9733立方米，减少1.69%；竹材采伐量5.5万根，增长23.16%。主要林产品产量中，生漆2.8

吨,油茶籽 3700 吨,油桐籽 245 吨。

养殖业产值占农林牧渔业总产值的比重达 46.03%(现行价)。全年肉类产量 9.71 万吨,增长 0.51%,其中猪肉产量 5.99 万吨,增长 2.29%。

表 2:2017 年全县畜牧业生产情况统计表

名　称	计量单位	绝对数	比上年增长(%)
牲猪出栏	万头	83.23	2.29
牲猪存栏	万头	48.20	8.73
牛出栏	万头	2.81	1.44
牛存栏	万头	9.39	3.91
羊出栏	万只	34.54	-3.25
羊存栏	万只	35.34	3.7
家禽出笼	万羽	2042.76	-2.38
家禽存笼	万羽	1128.73	0.76
禽蛋产量	吨	20447	-6.56

淡水养殖面积 10.49 万亩,增长 0.87%;水产品产量 16726 吨,增长 3.99%。

全年开工各类水利工程 12000 处,投入资金 9800 万元,完成土石方 500 万立方米。年末农业机械总动力 69.19 万千瓦,增长 1.99%。全年农村用电量 1.89 亿千瓦时,增长 1.07%;农用化肥施用量(折纯)3.21 万吨,减少 11.57%。

全县农产品加工企业 935 家,其中国家级及省级以上龙头企业 4 家。年末有农民专业合作社 489 家,成员数 5.03 万人,家庭农场 173 个,经营土地面积 3.08 万亩。

【工业经济】全年实现全部工业增加值 98.97 亿元,增长 9.0%。其中规模以上工业企业完成总产值 295.94 亿元,增长 18.9%,实现增加值 74.6 亿元,增长 10.3%。规模以上工业企业产品销售率达 99.7%。全县规模以上工业主要产品产量中,有原煤、石膏、饲料、化肥、水泥及水泥熟料等有所增长,发电量、罐头有所下降。

表 3:　2017 年全县规模以上工业主要产品产量一览表

产品名称	计量单位	绝对数	比上年增长(%)
原煤	万吨	15.97	0.65
石膏	万吨	555.30	2.0
饲料	万吨	13.50	8.0
罐头	万吨	9.26	-33.0
化肥(折纯量)	万吨	8.14	1.0
水泥熟料	万吨	436.07	4.0
水泥	万吨	510.38	10.0
发电量	亿千瓦时	54.89	-1.9
其中:火电	亿千瓦时	35.89	-1.9
其中:水电	亿千瓦时	19.0	-1.9

规模以上工业企业完成主营业务收入 294.29 亿元,增长 18.4%;主营业务成本 257.15 亿元,增长 18.1%;实现主营业务税金及附加 2.93 亿元,增长 14.7%;应交增值税 3.08 亿元,下降 18.1%;利润总额为 11.04 亿元,增长 9.8%;亏损企业 10 家,亏损面 8.8%,亏损额 1.5 亿元,增长 173.3%。

全县实现建筑业增加值 9.87 亿元,增长 3.8%。全县具有资质等级的总承包和专业承包建筑企业 12 家,完成建筑业总产值 8.8 亿元,增长 14.9%;房屋建筑施工面积 71.88 万平方米,减少 12.33%;房屋建筑竣工面积 37.8 万平方米,减少 5.57%。

【贸易经济】全县贸易经济分国内贸易和对外经济。国内贸易:全年实现社会消费品零售总额 120.9 亿元,同比增长 11.9%。按消费形态分,批发和零售业总额 117.26 亿元;住宿业和餐饮业总额 3.64 亿元。按销售单位所在地分,城镇消费品零售总额 111.22 亿元;乡村消费品零售总额 9.68 亿元。对外经济:全年海关进出口总额 2940 万美元,增长 6.9%。全年实际利用外资金额 9980 万美元;实际引进境内省外资金 51.8 亿元;全年引进亿元以上项目 33 个,到位资金 80.7 亿元。

【固定资产】2017 年,全年固定资产投资施工项目 412 个,其中新开工 383 个。完成固定资产投资 233.02 亿元,增长 17.4%。按经济类型分:国有经济固定资产投资 57.99 亿元,增长 54.8%;非国有经济固定资产投资 175.03 亿元,增长 8.7%。按产业分:一产业投资 14.82 亿元,增长 80.2%;二产业投资 122.46 亿元,减少 9.4%;三产业投资 95.74 亿元,增长 74.1%。

全年完成工业固定资产投资额 120.67 亿元,减少 10.6%,其中工业技术改造完成投资额 73.48 亿元,减少 34.0%。

全年完成房地产开发投资额 10.12 亿元,增长 433.2%,其中住宅投资额 5.74 亿元,增长 267.1%。房地产开发房屋施工面积 85.14 万平方米,其中住宅 65.33 万平方米,分别增长 85.3%和 71.4%;竣工面积 39.98 万平方米,其中住宅 29.98 万平方米,分别增长 1210.8%和 892.7%;商品房销售面积 29.47 万平方米,其中住宅面积 26.14 万平方米,分别增长 105.0%和 88.88%;商品房销售额 11.21 亿元,其中住宅销售额 8.9 亿元,分别增长 121.5%和 88.7%。

【第三产业】2017 年,全年实现交通运输、仓储和邮政业增加值 17.2 亿元,同比增长 7.3%。全年完成批发和零售业增加值 13.73 亿元,比上年增长 7.0%;住宿和餐饮业增加值 3.77 亿元,增长 8.9%。全年共接待国内游客 615 万人次,增长 13.6%;创旅游总收入 63.7 亿元,增长 12.3%。全年完成邮电业务总量 5.89 亿元,增长 11.1%。其中邮政业务总量 0.91 亿元,增长 13.3%;电信业务总量 4.98 亿元,增长 10.7%。年末移动电话用户 44.25 万户,全县移动电话普及率为 73.57 部/百人。年末互联网宽带用户 6.9 万户。

【存款贷款】2017 年年末全县金融机构本外币各项存款余额 230.3 亿元,增长 8.4%。金融机构本外币各项贷款余额 99.1 亿元,增长 23.1%。

表 4:**2017 年全县金融机构本外币存贷款及其增长速度统计表**

单位:万元

指　标	年末数	比上年末增长(%)
各项存款余额	2303118	8.4
其中:单位存款	648630	0.9
个人存款	1638650	12.4
各项贷款余额	990491	23.1
其中:短期贷款	128713	37.9
中长期贷款	822275	22.7

全年商业保险分支机构完成保费收入 5.99 亿元,增长 20.8%;赔款和给付 4.24 亿元。

(编辑部根据《石门县 2017 年国民经济发展和社会发展统计公报》整理)

社会发展

【教育科技】2017 年,全县中等职业学校及成人中专学校共 3 所,共招生 1487 人,在校生 3462 人,毕业生 630 人。中学 37 所,其中高级中学 5 所,初级中学 25 所,九年一贯制学校 7 所。高级中学招生 3081 人,在校生 9577 人,毕业生 3100 人。初级中学招生 4893 人,在校生 14948 人。初中学龄人口入学率为 100%。普通小学共招生 5330 人,在校生 32678 人,毕业生 4705 人。小学适龄儿童入学率和毕业生升学率均达到 100%。幼儿园在园幼儿 14815 人。全县各类民办学校 4 所,在校学生 3797 人。

年末拥有产品检验实验室 1 个,法定计量技术机构 1 个,卫星云图接收站点 1 个,地震台站 2 个。全县各类科普协会 63 个,年内举办各类学术会议 47 次,举办科普宣讲活动 5 次,实用技术培训 204 次。全年专利申请 177 件,其中发明专利 22 件;授权专利 150 件,其中发明专利 1 件。签订技术合同 107 项,成交金额 9063 万元。

【文体卫生】全县文化站 22 个,艺术表演团体 3 个。文化馆、博物馆和公共图书馆各 1 个。全年放映农村公益电影 0.85 万场。新报批省级非物质文化遗产名录 4 个。档案馆 1 个,开放各类档案 3.79 万卷。

2017 年,拥有广播电台 1 座,广播综合人口覆盖率达 100%。电视台 1 座,有线电视入户数 7.86 万户,电视综合人口覆盖率达到 99%。

全县卫生机构 471 个,其中医院、卫生院 38 个,卫生监督机构、疾病预防控制中心、妇幼保健院、专科疾病防治站各 1 个,社区卫生服务中心 2 个,诊所、卫生所、医务室 61 个,村卫生室 366 个。医院、卫生院拥有病床 3567 张,其中乡镇卫生院床位 1113 张。全县卫生技术人员 3481 人,其中乡镇卫生院卫生技术人员 1122 人。在卫生技术人员中,执业医师和执业助理医师 1400 人;注册护士 1437 人

全县体育场地 825 个,体育馆 2 座,运动场 766 个,游泳池 2 个,各种训练房 56 个。参加全面健身运动的人数达 12 万人,开展全面健身项目 20 项,新建农民体育健身工程的行政村 14 个。

【收入消费】2017 年,全县城乡居民年人均可支配收入为 15091 元,增长 9.8%。城镇居民人均可支配收入 22923 元,增长 8.1%,剔除价格因素,实际增长 6.6%,其中工资性收入 9852 元;经营净收入 6064 元;财产性净收入 1356 元;转移性净收入 5651 元。农村居民人均可支配收入 10561 元,增长 10.1%,剔除价格因素,实际增长 8.6%,其中工资性收入 4216 元;家庭经营净收入 2923 元;转移净收入 3469 元;财产净收入负 47 元。

全县城乡居民年人均家庭消费支出为 12839 元,增长 9.3%。城镇居民年人均家庭消费支出 16393 元,增加 9.6%,其中食品支出 4316 元;衣着支出 1031 元;居住支出 3050 元;生活用品及服务支出 895 元;医疗保健支出 1408 元;交通通信支出 1979 元;教育文化娱乐服务支出 3217 元;其他商品和服务支出 495 元。人均住房使用面积 52.7 平方米。农村居民年人均家庭消费支出 10784 元,增长 6.7%,其中食品消费 3061 元;衣着消费 321 元;居住消费 2889 元;生活用品及服务消费 495 元;医疗保健消费 1188 元;交通和通信消费 965 元;文教娱乐用品及服务消费 1661 元;其他商品和服务支出 205 元。人均住房面积 72.3 平方米。

全县全年用电量 8.55 亿千瓦时,比上年增长 7.5%,其中大工业用电量 4.14 亿千瓦时,增长 4.8%,居民生活用电量 2.67 亿千瓦时,增长 9.5%。

【社会保障】全县城乡居民医疗保险参保人数 585709 人;参加城镇职工基本医疗保险人数 44869 人,其中退休人员 19043 人;参加城镇基本养老保险职工人数 57263 人,其中离退休人员 18704 人;参加失业保险职工人数 23015 人;参加生育保险职工人数 22000 人;参加工伤保险职工人数 34055 人;新型农村养老保险参保人数 397260 人。城镇低保对象月人均补助标准 320 元,城镇居民最低生活保障人数 862 人,全年发放保障经费 1252.76 万元。

年末农村贫困人口 0.515 万人,贫困发生率 0.9%,贫困村 1 个。农村低保对象月人均补助标准 160 元,农村居民最低生活保障人数 13314 人,全年发放保障资金 3438.82 万元。农村"五保户"分散供养标准为 5000 元/年。

全年销售社会福利彩票 5116 万元,筹集社会福利资金 450 万元。全年直接接受社会捐赠 1721 万元。

(编辑部根据《石门县 2017 年国民经济发展和社会发展统计公报》整理)

2017年县级及县直副科级以上单位领导班子成员名录

姓名	单位及职务
中共石门县委员会	
谭本仲	书记
郭碧勋	副书记
邓碧波	副书记
周功表	常委
李绍南	常委
张树国	常委
张　凯	常委
胡　杰	常委
李范新	常委(7月止)
江　毅	常委
刘　颖	常委
薛　杰	常委
赵书军	常委(8月任,挂职)
陈风华	常委(8月任,挂职)
中共石门县委办公室	
胡　杰	主任
吴　彧	常务副主任(2月任)
陈卫军	县保密局局长(8月任)
谭辉平	县机要局局长(8月任)
师　键	县纪委派驻县委办纪检组组长(8月任)
伍　庆	副主任(8月任)
文　科	副主任(8月任)
伍　进	县委改革办专职副主任(8月止)
戴　文	副主任(8月任)
许　婧	县委改革办专职副主任(8月任)
覃　云	县机要局专职副局长(8月任)
石门县人大常委会	
李金生	党组书记、主任
李世权	党组副书记、副主任
李　芳	副主任
张国珍	党组成员、副主任
康文化	党组成员、副主任
杨生明	党组成员、副主任
石门人大常委会各办委	
马景平	党组成员、办公室主任
王文斋	办公室副主任
周常平	法制委主任委员
朱勇辉	法制委副主任委员
刘新伍	财经委主任委员
张　平	财经委副主任委员
杜修贵	联工委主任
唐　艳	联工委副主任
覃业翼	教工委主任
冉　茸	教工委副主任
张湘红	内司工委主任
唐　兵	内司工委副主任
佘宏建	农工委主任
朱贵生	农工委副主任
戴海蓉	环资城建工委主任
尹尚武	环资城建工委副主任
石门县人民政府	
郭碧勋	党组书记、县长
周功表	党组副书记、常务副县长(12月止)
李绍南	党组副书记、常务副县长(12月任)
赵书军	党组成员、副县长(挂职)
万义元	党组副书记
车立平	副县长
王汝国	党组成员、副县长
孙云波	党组成员、副县长(9月止)
龚云林	党组成员、副县长
宋雨泓	党组成员、副县长
韩翼飞	党组成员、副县长
谭本军	党组成员、副县长(9月任)
李九辉	党组成员(2月止)
陈支勇	党组成员(3月任)
万改观	党组成员
石门县人民政府办公室	
李九辉	党组书记、主任(2月止)
陈支勇	党组书记、主任(3月任)
何才军	党组副书记、副主任(9月任)
屈省武	党组成员、副主任(2月止)
刘选春	党组成员、副主任(3月任、10月止)
刘　波	党组成员、副主任(兼)(2月止)
张碧空	党组成员、副主任(兼)(3月任)
张志鸿	党组成员、副主任
盛学庆	党组成员、副主任
成伍平	党组成员、纪检派驻组长(9月任)
黄　剑	党组成员、副主任
向军华	党组成员、副主任
龙选周	党组成员、副主任
张　琪	党组成员、优化办主任
尹昌俊	党组成员、副主任(9月任)
政协石门县委员会	
陈云谋	党组书记、主席
杨书凡	党组副书记、副主席
覃惠敏	副主席(兼),县工商联主席
胡中华	副主席(兼),县红十字会会长
马业平	副主席
彭泽人	党组成员、副主席
王承欣	副处级干部
欧朝虎	副处级干部
覃道仙	党组成员,秘书长、办公室主任(2月任)
政协石门县委员会各委办	
彭　勇	办公室副主任
邱正楚	办公室副主任(2月任)
陈建民	办公室副主任(11月任)
冉永清	文史委主任
杨孚林	文史委副主任
刘仁海	法制群团委主任
田福平	法制群团委副主任(11月任)
刘凡中	经科联谊委主任(2月任)
王恩川	经科联谊委副主任
张方军	提案委主任(8月任)
李书银	提案委副主任(11月任)
石门县人民武装部	
李范新	部长
陈景华	政委
徐建新	副部长
石门县人民武装部各科室	
夏　雁	军事科科长
雷　声	政工科科长
孙放华	后勤科科长
中共石门县纪委(县监察局)	
张　凯	书记
万改观	副书记、局长
马攸胜	副书记
帅自东	副书记
覃道进	常委、副局长(9月任)
张子龙	常委、副局长(9月任)

何才军　常委(8月止)
马业平　副局长
秋　堇　常委
吴昌军　常委、副局长(9月任)
刘　勇　常委

中共石门县委组织部

李绍南　部长
文振国　常务副部长
刘　波　副部长(兼)、人社局局长
刘　波　副部长(兼)、老干局局长
易小军　副部长
黄　斌　副部长
文　林　部务委员、县直机关工委专职副书记(2月任)
庞圣波　部务委员(2月任)
陈中华　部务委员(11月任)
贺小锋　派驻纪检组组长

中共石门县委宣传部

江　毅　部长
夏永新　常务副部长
邓新民　副部长
彭建军　副部长(挂职,6月任)
李　飞　副部长
陈建明　县文明办副主任(9月任)

中共石门县委政法委

张树国　书记
陈　林　常务副书记
蔡雍松　副书记、县综治办主任
马　军　副书记
龚玉军　县纪委派驻组组长
高民华　县综治办副主任
田时杰　县综治办副主任

中共石门县委统战部

刘　颖　部长
涂自柱　常务副部长
康新云　副部长
覃平方　副部长
成伍平　纪检员(8月止)

中共石门县委台湾工作办公室

覃业辉　主任
杨志华　副主任(9月止)
梁琼华　副主任

中共石门县委党史办(县政府地方志办)

张吉全　主任
刘狂彪　副主任

石门县档案局

伍法明　局长
熊　武　副局长
李星云　副局长

中共石门县委编委办

易继炳　主任
易　红　副主任
陈　芳　副主任

石门县事业单位登记管理局

李　勇　局长
杨　鹏　副局长

中共石门县委党校(石门县行政学校)

邓碧波　校长
吴锐清　常务副校长
陈先银　副校长
盛　晟　教育长
熊继尧　副校长
伍　进　副校长

中共石门县委老干部局

刘　波　局长
谭庆海　副局长
尹辉明　副局长

石门县总工会

康文化　主席
李申安　党组书记、副主席
肖四清　副主席
陈丹丹　副主席

共青团石门县委

吴雅倩　书记(4月止)
刘　汀　书记(4月任)
许　婧　副书记(8月止)

石门县妇女联合会

徐菁菁　主席
贺　平　副主席
李　薇　副主席

石门县文学艺术联合会

覃业盛　主席(9月止)
韩　勇　主席(9月任)

中共石门县委(县政府)接待处

刘　宇　主任

石门县兰园宾馆

吴黎明　党支部书记、总经理
朱世庆　副总经理

石门县晚报社

孙开国　社长
喻元秀　副社长
张友亮　副社长

《常德日报》《常德晚报》石门记者站

覃小平　站长

石门县发展和改革(物价)局

董仁忠　党组书记、局长
喻自平　党组副书记、副局长
陈志军　党组成员、副局长
刘德云　党组成员、重点办主任
喻志文　党组成员、纪检组组长
雷全振　重点办主任

石门发展集团

杨　健　党委书记、董事长
丁驰骋　党委副书记、董事、总经理
李自林　党委委员、纪委书记、监事会主席
苏宏云　党委委员、董事、文旅投公司董事长
杨贤清　党委委员、董事、交通投公司董事长
林　波　党委委员、董事、城建投公司董事长
杨小虎　党委委员、董事、农业投公司董事长
朱宇光　党委委员、董事、宝峰投公司董事长
朱文武　党委委员、董事、副总经理、财务总监

石门县科技工信局

钟清林　党组书记、局长
张谋泽　党组副书记、副局长(5月止)
马进福　党组副书记、副局长(9月任)
易　勇　党组成员、副局长(9月任主任科员)
杨志华　党组成员、副局长(9月任)
覃开播　党组成员、副局长
李书银　党组成员、副局长(9月止)
吴先定　党组成员、副局长

石门县统计局

李世辉　党组书记、局长(2月止)
万志刚　党组书记、局长(3月任)
贺雨林　党组成员、副局长(8月止)
龚鹏飞　党组成员、副局长
陈如清　总统计师

石门县国土资源局
邓德文　党组书记、局长
赵传庆　党组成员、副局长
蔡盛玉　党组成员、副局长
程建平　党组成员、纪检组组长
叶群华　党组成员、工会主席
陈萍萍　副局长

石门县审计局
汤永红　党组书记、局长
于治国　党组副书记、副局长
罗来盛　党组成员、总审计师
于　华　副局长
王光登　经责办专职副主任

石门县民政局
林　华　党组书记、局长、民间组织管理局局长
贺国际　党组副书记、副局长
王亚球　党组成员、副局长
杨瑞良　党组成员、副局长
程　钢　工会主席

石门县环境保护局
毛春晖　党组书记、局长
叶团结　党组副书记、副局长
李向阳　党组成员、副局长
吴贵金　党组成员、总工程师

石门县教育局
廖琪宁　党组书记、局长
陈国平　党组副书记、副局长
梁　志　派驻纪检组组长、党组成员(8月任)
盛忠华　党组成员、副局长
汪平安　党组成员、副局长(8月任)
朱益龙　党组成员、主任督学
赵夏泉　党组成员
易求武　党组成员

石门县第一中学
侯宏泉　党委书记、校长
廖其法　党委副书记、副校长
杨　军　党委委员、副校长
唐汇元　党委委员、纪委书记
向言振　党委委员、副校长

石门县第二中学
王伯建　党总支书记、校长
李景军　党总支委员、副校长
冯仁炅　党总支委员、副校长

石门县第三中学
周国顺　党支部书记、校长
魏　勇　党支部委员、副校长
刘运荣　党支部委员、副校长
杜建军　党支部委员、副校长
杨　娟　工会主席

石门县第五中学
文　化　校长
唐　力　副校长
侯武忠　纪检员

石门县第六中学
杨爱民　党支部书记、校长
唐生梅　纪检员、副校长
陈集富　副校长

石门县教师进修学校
陈志勇　校长
郑敦年　副校长
易平安　副校长
汪文银　副校长
宋光辉　副校长
谢红平　工会主席

湖南省湘北职业中专学校
刘祖高　党总支书记、校长
易求武　党总支副书记、副校长
王昌波　党总支副书记、副校长
戴惠民　党总支成员、副校长
王　军　党总支成员、纪检员
龚道崇　党总支成员、工会主席

石门县财政局
易继平　局长(2月止)
李九辉　局长(2月任)
李子儒　副局长
贾贤炎　副局长
饶南军　县纪委派驻县财政局纪检组组长
严　杰　副局长
龚德华　总会计师

石门县非税局
李文华　局长
敖仁继　副局长
王再生　副局长
陈海珍　纪检员

石门县国资中心
王先全　局长
马和平　副局长
杨光平　副局长

石门县国库集中支付核算中心
陈洪新　主任

石门县乡财局
张碧文　局长

石门县国家税务局
易　刚　党组书记、局长
杨春平　党组成员、副局长
孙云伦　党组成员、副局长
万厚林　党组成员、副局长
单文化　党组成员、副局长
覃业丞　党组成员、纪检组组长

石门县地方税务局
陈彦华　局长
徐海帆　副局长
雷建明　副局长
丁建平　副局长
陈载敏　副局长
王开榜　副局长、纪检组组长

石门县商务粮食局
陈　材　党组书记、局长
周智慧　党组副书记、副局长
张世杰　党组成员、副局长
向金兵　党组成员、副局长

石门县人力资源和社会保障局
刘　波　党组书记、局长
唐生炎　党组副书记、副局长
罗成喜　党组成员、副局长
汪平安　党组成员、副局长(8月止)
陈媛媛　党组成员、副局长
罗　昭　副局长(8月止)
杨志辉　党组成员、总经济师

县人力资源开发交流服务中心
李俊华　主任

县劳动人事争议仲裁院
熊　伟　院长(8月止)
孙　前　院长(8月任)

石门县劳动就业服务管理处
彭进武　主任(2月止)
杨永红　主任(8月任)

石门县社会劳动保险处
覃业刚　主任(8月止)
刘一兵　主任(8月任)

石门县城镇职工医疗保险管理服务中心
董立智　主任(8月止)
龚德军　主任(8月任)

石门县机关事业单位社会保险处

吴金秀　主任(8月止)

罗　昭　主任(8月任)

石门县工伤保险处

易先艳　主任

石门县城乡居民医疗保险管理服务中心

龚德军　主任(8月止)

董立智　主任(8月任)

石门县卫生和计划生育局

张中合　党组书记、局长

胡中华　县红十字会会长

熊松明　县红十字会常务副会长

黄升平　党组成员、副局长

易文龙　副局长

陈源林　党组成员、副局长

田　鸣　党组成员、纪检派驻组组长

王　晖　计生协会常务副会长

彭春华　县红十字会副会长

朱振华　计生协会秘书长

石门县人民医院

唐志远　院长

杨碧忠　党总支书记

田　平　副院长

徐兆辉　副院长

卓金华　纪检员、工会主席(9月任)

张　波　副院长(9月任)

曾红兵　副院长(9月任)

杜谋元　副院长(9月任)

石门县中医医院

易先全　院长

皮楚波　党总支书记

唐海波　副院长

冯仁优　副院长

杨海荣　副院长

尹乐安　副院长

舒业申　纪检员

石门县疾控中心

龚　奎　党总支书记、主任

李育勇　党总支副书记、副主任

甘备芳　党总支委员、副主任

占代红　党总支委员、副主任

蒋平安　党总支委员、副主任

袁　晶　党总支委员、纪检员

王文红　党总支委员、工会主席

石门县红十字会医院

易纤奉　院长

马　辉　党支部书记

唐生龙　工会主席

田一国　副院长

覃业军　副院长

覃事当　副院长

石门县妇幼保健院

唐贵初　党支部书记、院长

陈　飞　副院长

文　毅　副院长

舒立云　副院长

孔　健　副院长

覃卫华　工会主席

石门县卫生计生综合监督执法局

刘家海　局长(9月任)

覃红强　副局长(9月任)

易　强　副局长(9月任)

钟　辉　副局长(9月任)

石门县卫生监督所(6月更名)

王　晖　所长(8月止)

覃红强　副所长(8月止)

易　强　工会主席(8月止)

唐大鹏　副所长(8月止)

钟　辉　副所长(8月止)

石门县政务中心

杨　明　主任

蔡圣训　副主任

袁映凤　副主任

石门县电子政务办

喻志文　主任(10月止)

贾双华　主任(10月任)

石门县政府法制办

尹昌俊　主任

石门县信访局

张碧空　政府办副主任、信访局负责人

彭智强　党组成员、副局长

宋辉云　党组成员、副局长

石门县归侨侨眷联合会

夏万生　主席

石门县安监局

李　健　党组书记、局长

李明圣　党组成员、副局长

覃业盛　党组成员、副局长

魏仁忠　党组成员、总工程师

石门县市场和质量监督管理局

匡照国　书记

万勇平　局长(2月止)

彭进武　局长(2月任)

黄开权　副局长

汪文军　副局长

汪永华　副局长

周安训　副局长

陈志军　副局长

蔡圣训　副局长

郑建华　总工程师

石门县食品药品工商质量监督管理局

匡照国　党组书记

万勇平　局长(2月止)

彭进武　局长(2月任)

黄开权　党组成员、副局长

汪永华　党组成员、副局长

周安训　党组成员、副局长

陈志军　党组成员、副局长(8月止)

蔡圣训　党组成员、副局长(8月止)

郑建华　党组成员、总工程师(8月止)

汪文军　党组成员、总工程师(9月任总工)

石门县扶贫办

李　平　主任

龚光华　副主任

廖先毅　副主任

蔡书文　副主任

石门县交通运输局

杨贤清　党组书记、局长

杨祖华　副局长

刘传勇　党组成员、副局长

马先超　党组成员、总工程师

彭泽宝　党组成员、副局长

吴庸军　党组成员、派驻纪检组组长(9月任)

石门县公路局

贺　军　书记、局长

唐天满　副书记、副局长(8月任)

向东初　副局长

熊钱华　副局长

吴爱杰　纪检员

石门县全域旅游发展中心

刘选春　党支部书记、主任

潘　伟　副主任

石门县住房和城乡建设局

潘道见　党组书记、局长
龚道平　党组成员、副局长
汤连辉　党组成员、副局长(8月止)
王志军　党组成员、副局长
陈锦富　党组成员、派驻纪检组组长(9月任)
赵　剑　党组成员、副局长
覃文平　党组成员、总工程师
向金兵　党组成员、副局长(2月止)

石门县城市管理执法局

梅建平　党组书记(10月免)
龚云林　党组书记(10月兼)
万勇平　局长(2月任)
覃春平　党组副书记、副局长
徐超建　党组成员、副局长
覃道社　党组成员、副局长

石门县自来水公司

易继春　经理
卓　玲　书记
刘　军　副经理
向朝辉　副经理
覃业刚　副经理
杜登淼　副经理
吴德明　副经理
汤大庆　工会主席

石门县房地产管理局

覃事用　党总支书记、局长
程家兵　党总支副书记、副局长
覃正辉　副局长
杨　俊　副局长
田建武　副局长(9月止)
彭智强　副局长(9月止)
刘国志　副局长(9月任)

国网石门县供电公司

陈　宇　总经理
黄　波　书记
胡　涛　纪委书记兼工会主席
聂军祥　副总经理
刘　毅　副总经理
覃国庆　协理员

石门县农业综合开发办

汤　旭　主任
廖辉云　副主任
肖和平　副主任
覃事泉　纪检员

石门现代农业投资开发有限公司

杨小虎　党支部书记、董事长
邹坤源　总经理

石门县农业局

邱正鑫　党组书记、局长、县委农办主任
廖复初　党组副书记、副局长
肖良造　党组成员、纪检派驻组组长(9月任)
马进福　党组成员、副局长(9月止)
方元久　党组成员、副局长
李　斌　总农艺师(9月任)
龚佳军　党组成员、副局长
任业军　党组成员、总农艺师(9月止)

石门县畜牧水产局

柳赛圭　党支部书记、局长
龚德武　党支部委员、副局长
蒋春模　党支部委员、副局长
易先志　党支部委员、副局长
晏如灯　党支部委员、纪检组组长

石门县林业局

高敬民　局长
文计力　副局长
贺煊荣　总工程师
夏卫华　副局长

石门县森林公安分局

柴　云　党组书记、局长
王先义　党组成员、副局长
杨常青　党组成员、副局长
杨　峰　党组成员、副局长
丁玉从　党组成员、工会主席

石门县水利局

唐凡妮　党组书记、局长
温林波　党组副书记、副局长
康　勇　党组成员、副局长
周晓训　党组成员、副局长
宋水英　党组成员、总工程师
李　云　县蒙泉湖水利风景区管理局局长
杨永红　县水土保持局局长(9月止)
梁永军　县防汛抗旱指挥部办公室主任
李恢峰　县蒙泉湖水利风景区管理局副局长
蔡朝淼　县蒙泉湖水利风景区管理局副局长

湖南石门仙阳湖国家温地公园管理处

王中飞　党组书记、主任
黄祥云　党组成员、副主任
唐大鹏　党组成员、副主任(9月任)

石门县水土保持局

杨永红　局长(8月止)
陈泽林　局长(9月任)
饶天强　副局长
朱永春　副局长

石门县水文局

覃辉明　局长
甘中旭　副局长
陈绍良　副局长

石门县气象局

唐爱军　党组书记、局长
丁卫红　党组副书记、副局长(5月任)
单玉初　副局长、 纪检组组长
郑克猛　副局长

石门县农业机械化局

周训武　党总支书记、局长
雷关清　党总支委员、副局长
任业军　党总支委员、副局长(9月任)
岳文清　副局长
贺小锋　副局长(9月止)
罗新建　纪检员

石门县移民开发局

熊崇军　党组书记、局长
陈永教　党组副书记、副局长
龚道喜　党组成员、副局长
邱表琼　副局长(8月止)
熊志权　党组成员、纪检组组长(2月止)

石门县烟草专卖局

高　鸿　党组副书记、副局长(副经理)
覃小平　党组副书记、副局长(副经理)
唐建华　党组成员、纪检组组长
刘小平　党组成员、副局长
万晓春　党组成员、副经理

石门县盐业公司

郭双秋　经理
易震涛　支部委员

石门县市场服务中心

盛孝望　书记

侯　愎　主任
廖　巍　副主任
陈　安　副主任
王文欣　副主任
贾双华　纪检员

石门县文体广新局

郭　峰　党组书记、局长
董思浩　党组副书记、副局长
吴　勇　党组成员、总工程师
陈美玉　副局长
杨中平　党组成员、副局长

石门县广播电视台

董　琳　党组书记、台长
欧阳志慧　党组副书记、副台长、总编辑
马文学　党组成员、总工程师
向朝辉　党组成员、副台长
杜勇军　副台长
杨　杰　党组成员、编委会专职委员
林进猛　党组成员、编委会专职委员

湖南有线石门网络有限公司

苏一平　总经理
向忠勇　常务副总经理
张　伟　副总经理
汪　锋　财务总监
闫友明　副总经理
陈祖国　副总经理
袁　杰　总经理助理

石门县文物局(县博物馆)

龙西斌　书记、馆长(10 月止)

石门县新华书店

余辅林　经理
庞新春　副经理
杨　恒　副经理
陈继革　经理助理

石门县农村经营服务站

石　震　党支部书记、站长
陈　瑜　支部副书记、副站长
田　鸣　副站长、工会主席(8 月止)
罗厚杰　支部委员、纪检员(8 月止)
杨全维　支部委员、副站长(9 月任)
刘　军　支部委员、纪检员(9 月任)

石门县地震局

潘健鹰　局长

石门县人防办

屈省武　主任
覃业次　副主任

石门县人民检察院

李拥军　党组书记、检察长
罗　军　党组副书记、副检察长
董德宏　党组成员、副检察长
陈文华　党组成员、副检察长
张云华　党组成员、政工室主任
王友生　检委会专委、控申室主任
卢祖君　检委会专委
文绍华　党组成员(6 月止)、副检察长(8 月止)
聂仁香　党组成员(6 月止)
唐汇木　党组成员、反贪局局长

石门县人民法院

苏基云　党组书记、院长
郭祚辉　党组副书记、副院长
郑敏敦　党组副书记、审委会委员
刘尚平　副院长
邱表模　党组成员、副院长
马晓光　党组成员、专职委员
田恢雄　专职委员、政工室主任

石门县公安局

王汝国　局长
刘邓军　政委(2 月任)
杨军洲　副局长
田建平　副局长
蔡复清　副局长
李军武　副局长
唐植春　派驻纪检组组长(9 月任)
向太阳　党委委员
向　前　党委委员

石门县公安交通警察大队

李　震　党组书记、大队长
覃志刚　党组副书记、教导员
王先云　党组成员、副大队长
刘连春　党组成员、副大队长
钱正平　党组成员、副大队长
马　锋　党组成员、副大队长
王章云　党组成员、纪检组组长

石门县司法局

刘爱国　党组书记、局长
叶长青　党组副书记、副局长(2 月任)
涂平红　副局长
刘祖忠　党组成员、政工室主任

石门县公安消防大队

赵佰计　政治教导员
邓扬虎　大队长(12 月止)
邓力频　大队长(12 月任)
刘　超　参谋
黎雨楠　助理工程师
龙　雕　参谋
边文超　政治指导员
刘进勇　中队长
张　昆　副中队长

石门县武警中队

朱文坤　队长
汤　鹏　指导员

石门县工商联合会(石门县总商会)

覃惠敏　主席、会长
康新云　党组书记、副主席、副会长
黄永忠　党组成员、副主席、副会长(9 月止)
李　智　党组成员、常务副主席、副会长(9 月任)
黄卫东　党组成员、副主席、副会长、秘书长

国家统计局石门调查队

熊松平　队长
孙　弦　副队长(挂职,4 月止)
易元平　纪检员

住房公积金石门管理部

莫白云　主任
徐小娟　副主任
邓　霞　副主任

石门县残疾人联合会

向家全　党组书记　理事长
徐超喜　党组成员　副理事长
郑建华　党组成员、副理事长(9 月任)
田福平　党组成员、副理事长(9 月任)

中国邮政集团公司石门县分公司

王卫民　总经理
汤　波　副总经理、工会主席
冉广波　党委成员

中国电信石门分公司

贺忠祥　经理
刘　勇　副经理
李　军　副经理

中国移动石门分公司

盛克军　经理
傅铁梅　副经理
刘　钢　副经理

中国联通石门营业部

裴是冰　经理

石门县石油公司

曾广红　经理
刘永才　副经理
涂　刚　副经理

6904 单位

涂海兵　主任

中国人民银行石门支行

胡雪梅　行长
杨媛桢　副行长
杨耀武　副行长
王　俊　纪检组长
庞兰柱　主任科员
陈晓青　副主任科员

中国农业发展银行石门支行

马河清　行长
焦秀峰　副行长

中国工商银行石门支行

唐　波　行长
陈宏武　副行长
陈　红　副行长
李晓戈　副行长

中国农业银行石门支行

刘　洋　行长
林斯平　副行长
覃　莉　副行长
余叙锦　副行长

中国银行石门支行

赵　季　行长
江世友　副行长
陈学鸿　监察专员
宋祥姣　内控合规专员

中国建设银行石门支行

覃红标　行长
刘志斌　副行长
谭　雷　副行长

中国邮储银行石门支行

周明阳　行长
覃一明　副行长

石门农村商业股份有限公司

邱表军　党委书记、董事长
曹晓竹　副董事长、行长
周晓峰　纪委书记、监事长
廖传雄　副行长
王春华　党委委员、副行长
邓　涛　行长助理

石门沪农商村镇银行

阳大中　董事长兼行长
盛忠敏　副行长
张猛政　首席风险官

华融湘江银行石门支行

曾　玲　行长
王湘融　行长助理
孙嘉一　行长助理

人保财险石门公司

刘桂兵　经理
李冬梅　副经理
吕智勇　副经理
覃高勇　经理助理
邹美容　经理助理

人保寿险石门公司

伍庆红　经理

人寿保险石门公司

邓善军　经理
白　帆　经理助理
欧阳勇　经理助理

平安保险石门公司

周志方　经理

（名录由各单位提供）

中国共产党石门县委员会

【概述】2017年，中共石门县委全面贯彻落实党的十八届六中全会、十九大和中央、省委、市委经济工作会议精神，团结带领全县人民，坚持“稳中求进、脱帽争先”主基调，大力实施“1155”工程，即锁定一个目标（加快建设武陵山片区经济强县），主攻一个重点（脱贫攻坚），实施五大会战（项目建设大会战、园区攻坚大会战、城镇带动大会战、交通建设大会战、旅游开发大会战），强化五大保障（思想保障、组织保障、作风保障、纪律保障、环境保障），实现了经济社会平稳健康发展。全年完成地区生产总值271.06亿元，同比增长9.7%；实现规模工业总产值295.9亿元，增长18.9%，规模工业增加值74.6亿元，增长10.3%；完成固定资产投资总额233.02亿元，增长17.4%；实现社会消费品零售总额120.9亿元，增长11.6%；财政总收入13.66亿元，增长10.6%；城乡居民收入分别达到22923元、10561元，分别增长8.1%、10.1%。

脱贫攻坚。全县始终把脱贫攻坚作为最大的政治任务和民生工程来抓，坚持“一切工作围绕脱贫攻坚、一切工作服从脱贫攻坚、一切工作服务脱贫攻坚”，全面开展“空城行动”，大力推行“一线工作法”“十看帮扶法”，加大投入力度，扎实推进“十大工程”，着力拓宽贫困群众的脱贫路径，完成各项脱贫核心指标任务。大力发展柑橘、茶叶、吊瓜和石门土鸡、香猪、岩蛙等特色产业，贫困户实现稳步增收；大力推进住房保障，易地搬迁、危房改造均完成任务；大力落实教育扶贫政策，确保无一人因贫失学；大力推进健康扶贫，贫困群众因病致贫、因病返贫的问题得到有效解决；大力推进就业扶贫，增强贫困家庭脱贫的“造血”功能；大力推进兜底保障，扶贫和低保实现“两线合一”“应保尽保”；大力推进村级“两个基本完善”，农村贫困落后面貌改善。2017年，脱贫10274户32245人，退出贫困村65个。全县共脱贫121个村、24428户77155人，贫困发生率由14.4%降至0.9%，达到贫困县退出标准，顺利通过省考核验收和第三方评估。

项目建设。2017年，县委以项目建设为主抓手，着力推进一批重大项目、重点工程，葛洲坝60万吨白水泥生产线、湘佳牧业冷链物流、楚天钡业、易红堂红木家具、宝峰生活家、尧业城市广场、沅澧快速干线二大道（石门段）、九杨公路、新龙公路、壶大公路1标、工业污水处理厂等项目完工投运，湘北职专、妇幼保健院、红星美凯龙等项目开工建设，禾田居森林康养、太柳公路、杨岭岗大桥、壶瓶山大道、梯云大桥、周象公路、彭岗公路、壶大公路2标、红土路等项目顺利推进。全年共争取国省投资项目424个，到位资金40亿元；签约招商项目47个，签约资金356亿元，其中亿元项目33个，一批知名企业和重大项目相继落户石门。

城乡建设。2017年，县委坚持以县城“一带（澧水风光带）一路（县城区道路）”建设为突破口，大力实施城市提质工程，县城面貌变化较大。东城路网一期、黄金路全面完工，澧滨路打通“肠梗阻”，顺利通车并实现亮化美化，“市民之家”主体工程、三江路、白云路、奉天路、妇联路、双百路提质改造工程以及澧水南北两岸风光带、夹山路东延等一大批城建项目加速推进，城乡垃圾实现处理一体化、管理智能化。大力推进小城镇建设，打造城郊经济圈，着力培育一批工业强镇、商贸重镇、旅游名镇，城乡人居环境得到改善。

产业发展。坚持以提高质量和竞争力为核心，加快建设现代产业体系。工业经济形势良好，骨干企业运行稳定，全县新增规模工业企业20家，总数达120家。其中园区新增规模工业企业4家，达62家，实现总产值215.08亿元，同比增长21.3%；增加值52.69亿元，同比增长10%。农业发展保持平稳，柑橘、茶叶等特色产业提质增效，养殖业实现总量稳步增长。全县柑橘种植面积44.05万亩，总产34.12万吨，出口量近10万吨；茶叶面积16.8万亩，总产1.17万吨，产值5.02亿元；采取农牧结合、山地放养的生态养殖方式，发展壮大“石门土鸡”“香猪”“石门马头山羊”等特色产业。“石门柑橘”成为“湖南省2017年度十大农业区域公用品牌”，“石门土鸡”在第十五届中国国际农产品交易会上获金奖，获2017中国果业扶贫突出贡献奖，石门县被评为2017年度全国茶叶产业扶贫示范县。全域旅游全面铺开，石门县被确定为首批“国家全域旅游示范县”创建单位，被列为大湘西生态文化旅游精品线路、全国森林康养基地试点县和全省精品旅游线路重点县，壶瓶山国家生态旅游示范区创建授牌。2017年，接待游客

615万人次，实现旅游综合收入63.7亿元。电子商务发展较快，石门县成为"全国电子商务进农村综合示范县"。

民生事业。贯彻以人民为中心的发展思想，千方百计为群众办好事、解难题，民生福祉持续提升。2017年，教育工作成果丰硕，完成教育支出69476万元，新建农村公办幼儿园2所，创建合格学校36所，启航幼儿园建成投入使用；湘北职专完成主体工程，高考上线率99.89%，清华大学、北京大学录取9人。国家义务教育发展评估通过教育部考核，国家三类城市语言文字工作评估、全省教育工作"两项督导评估"均被评为优秀等次，被认定为全省第四批教育强县。公共卫生服务体系不断健全，成功创建全省妇幼健康优质服务示范县，县人民医院创建三级医院完成终评审，县中医院被列为省级重点中医专科建设单位，计生工作被评为全省先进，基本医疗和基本养老保险覆盖率分别达87.8%、74.9%。生态环境质量全面好转，中央环保督察交办的56个问题整改全部完成。新增城镇就业5528人，农村劳动力转移就业5360人。坚持精准救助导向，基本民生保障水平进一步提升，共发放社会救助资金8983万元。

安全稳定。全面推进"落实企业安全生产主体责任年"活动，安全生产工作被评为全省先进。深入推进"平安石门""法治石门"建设，综治民调居全省第35位，位次大幅跃升，综治工作被评为全省先进，成功创建为全省平安县和全省无邪示范县。扎实开展"无上访村（社区）"建设，化解了一批信访突出问题，在几个重要特护期实现进京上访"零登记"，营造了安全稳定的社会环境。

党的建设。深入推进"两学一做"学习教育常态化制度化，全方位、多角度、深层次推动党的十九大精神入脑入心，坚决维护以习近平同志为核心的党中央权威，牢固树立"四个意识"，不断增强"四个自信"，营造了风清气正的政治生态。加强基层党组织建设，完成村（社区）换届，基层党建工作综合考核列全市第一。深入开展雁过拔毛式腐败问题治理和"纠四风、治陋习"专项整治，强化扶贫领域监督执纪问责，完成县委对9个单位的两轮巡察，推进县纪委派驻监督全覆盖改革，全面从严治党向纵深推进。着力加强对县人大、县政协工作的领导，党管武装工作、统一战线工作和群团工作不断加强，更加广泛地凝聚形成推动发展的力量。

先进典型。始终坚持典型引路工作方法，开展"十个十佳"评选表彰活动，用身边事教育身边人，形成了比学赶超的争先氛围。2017年，全县涌现出一批国家级、省级的先进典型。王新法被追授为"全国脱贫攻坚模范"、全省"扶贫楷模"，周先朋被推选为党的十九大代表，罗来彬家庭获2017年全国"最美家庭"，覃道进被中央纪委嘉奖，唐汇驰被评为全国社会治安综合治理先进工作者，于坤永被评为全国卫计系统先进工作者，维新镇、南北镇薛家村和三圣乡山羊冲村被评为第五届全国文明镇（村），湘佳牧业喻自文被评为湖南省2017年"最美扶贫人物"。

（县委办公室）

【县委号召全县共产党员向王新法同志学习】2017年2月23日下午两点多钟，石门县南北镇薛家村名誉村主任王新法因劳累过度，在薛家村与民共富军人团队指挥部突发心肌梗塞，牺牲在脱贫攻坚第一线，享年64岁。中共石门县委2月24日作出决定，号召全县共产党员向王新法同志学习。

王新法是河北省灵寿县人，1969年12月入伍，1973年12月加入中国共产党，1981年6月退伍转业到河北省石家庄市公安局工作。2013年7月，王新法退休后，与一批志同道合的退役军人到石门县南北镇薛家村义务扶贫，2014年被全村老百姓推选为"名誉村长"。在薛家村，王新法帮助乡亲们"拔穷根"，带领大家转变观念、移风易俗、开发产业。在短短的4年时间里，他个人捐资100余万元，并组织与民共富军人团队多方筹措款物，带领村民拓宽村道10多千米，架设桥梁6座，劈山炸石修建山道5千米，把村通组道路修到30多户村民的家门口，修建"山河圆"公墓，集中安葬68具烈士遗骨。尤其是带领乡亲们开发的生态茶园，使全村的人均收入突破了6000元。在生命的最后一刻，王新法依然牵挂的是脱贫攻坚工作，依然牵挂的是薛家村群众。

2015年，王新法被评为"中国助人为乐好人""常德市助人为乐道德模范""常德市十大新闻人物"。2016年，王新法又成为常德市第七次党代会代表，获得"湖南省百名最美扶贫人物""常德市优秀共产党员""感动常德十大人物"等荣誉。

王新法是"两学一做"的忠实践行者，是新时期农村基层党员的优秀代表，是贫困地区干部群众的杰出楷模，是脱贫攻坚的突出典型。为此，中共石门县委决定，在全县党员干部中开展向王新法同志学习活动，广大党员干部要向王新法同志学习，学习他信念坚定、对党忠诚的政治品格，学习他无私奉献、鞠躬尽瘁的崇高精神，学习他心系群众、扶贫济困的为民情怀。要把学习王新法同志先进事迹作为深入开展"两学一做"学习教育的重要内容，融入日常、抓在经常，与深入贯彻落实县委经济经济工作会议精神紧密结合起来，真抓实干、无私奉献，为坚决打赢脱贫攻坚战役、加快建设武陵山片区经济强县做出新的更大贡献。

（编辑部）

【学习贯彻党的十八届六中全会精神第一期轮训班】2017年3月5日，全县科级以上领导干部学习贯彻党的十八届六中全会精神第一期集中轮训班开班，市人大常委会副主任、县委书记谭本仲作辅导报告。县委副书记、县长郭碧勋主持培训班。谭本仲强调全面从严治党的重要意义并提出具体要求，全县上下要在全面从严治党中凝聚起干事创业的强大合力。一要把心思集中在"想干事"上，做"进取型"干部。二要把责任体现在"敢干事"上，做"担当型"干部。三要把能力体现在"会干事"上，做"创新型"干部。

四要把目标落实到“干成事”上，做“实干型”干部。五要把涵养体现到“好共事”上，做“团结型”干部。六要把底线定格在“不出事”上，做“廉洁型”干部。全县264名科级以上领导干部以自学、分组讨论、学员交流发言等方式，参加为期三天的集中培训。

【义务植树活动】2017年3月10日，市人大常委会副主任、县委书记谭本仲率领部分县领导到二都街道双龙村，与县直部分单位干部职工一道参加义务植树活动，以实际行动推动全县植树造林活动的深入开展。县领导郭碧勋、李金生、陈云谋、李绍南、李范新、江毅、张国珍、彭泽人参加植树活动，新栽下2000多株木荷、樱花树。2017年，全县造林任务9.52万亩，封山育林3万亩，森林抚育4.5万亩，义务植树180万株，公路绿化300千米。植树节期间，西北山区10多个乡镇陆续开展集中义务植树和公路绿化活动，栽植各种树苗40多万株。

【县委理论学习中心组第一次集中学习】2017年3月16日，2017年度县委学习中心组第一次集中学习在县广播电视台演播大厅举行，长沙环境保护职业技术学院政策研究室主任杨保华教授以《落实党政责任，改善环境质量》为题，从责从何来、责在何处、如何履责、失责必惩四个方面，结合全国“两会”环境保护相关精神，以及《中华人民共和国环境保护法》相关内容，进行《党政领导干部生态环境损害责任追究办法(试行)》专题学习交流。县委常委、宣传部部长江毅主持学习活动，市人大常委会副主任、县委书记谭本仲，在家的县领导，各乡镇区(街道)、县直单位主要负责人等学习中心组成员，参加学习活动。

第一期集中轮训班

【县委理论学习中心组(扩大)第五次集中学习】2017年7月10日，2017年县委理论学习中心组(扩大)第五次集中学习在兰园会议中心举行。市人大常委会副主任、县委书记谭本仲出席学习活动并作专题辅导报告。集中学习活动上，市委宣传部部务会成员、调研员刘桂平就意识形态工作作专题辅导；副县长龚云林传达了中共中央办公厅、国务院办公厅《关于甘肃祁连山国家级自然保护区生态环境问题督查处理情况及其教训的通报》；县委常委、县委组织部部长李绍南领学《党委(党组)讨论决定干部任免事项守则》。

就如何做一名合格的领导干部，谭本仲作题为《对标“四个合格” 争做合格领导干部》的专题辅导报告。报告指出：一要坚定信念、增强定力，旗帜鲜明讲政治。首先，做“政治的明白人”是政治合格的立身之本，要始终做到在政治上保持清醒，善于从政治上认识和判断形势、思考和处理问题；第二，理想信念坚定是政治合格的前提条件，要以知促行、自觉加强理论学习，要以行促知、做到对党绝对忠诚，要知行合一、不断增强“四个自信”；第三，自觉践行“四个意识”是政治合格的关键标准，即增强政治意识，保持定力不迷失。把握大局意识，登高望远不短视。凝聚核心意识，集中统一不离散。秉持看齐意识，整齐划一不掉队；第四，“以人民为中心”是政治合格的最终评判依据，要以兼济天下的胸襟一心为民，以深厚的为民情怀抓好各项工作，以功成为民的境界争当优秀。二要谋事创业、脚踏实地，主动担当有作为。要争当“狮子型”干部，勇于攻坚克难、开拓进

市人大常委会副主任、县委书记谭本仲(前右)，县长郭碧勋(前左)参加植树活动

取；要发挥“领头雁”作用，用心想事、主动干事、担当处事；要发扬“老黄牛”精神，必须容得下事、吃得起苦、始终保持一颗平常心。三要守住底线、修身立德，清正廉洁不掉色。要弘扬优良传统，坚守核心价值，打牢道德自律基础，即坚守廉洁自觉的从政美德，保持高尚纯洁的道德情操，坚持社会主义核心价值观；要秉公用权，带头廉洁自律，注重突出制度自律，做到不搞特权、带头自律、防范“围猎”；要加强教育管理，树立良好家风，严格落实自律责任，既要内服“定心丸”、关注身边人，又要传承好家风、主动受监督。县委副书记邓碧波主持学习活动。县委理论学习中心组全体成员、全县各乡镇（区）党委书记、街道党工委书记、农林场场长、县直副科级以上单位主要负责人参加学习。

【县委理论学习中心组（扩大）第六次集中学习】2017年8月29日，县委理论学习中心组（扩大）第六次集中学习在兰园会议中心举行，集中培训网络舆情知识及应对处置，省委网络安全和信息化领导小组办公室（省互联网信息办公室）副主任屈贵全应邀授课。县委副书记邓碧波主持学习活动。屈贵全以专题讲座的形式，介绍了当前互联网、物联网、人工智能等技术的发展现状和形势，围绕“互联网舆论及其应对”主题，从“正视互联网的严峻挑战”“网络舆论的特点和影响”“提高应对互联网的能力”三个方面进行讲解剖析，并深入分析当前社会热点事件，用生动的语言、翔实的数据，贴近工作实际，具有很强思想性、理论性、实践性，对全县做好网络舆情应对工作，坚决打赢脱贫攻坚战，具有重大的现实指导意义。县委理论学习中心组全体成员，各乡镇区（街道）党（工）委书记、宣传委员、农林场场长，县直副科级以上单位主要负责人，县委办、县人大办、县政府办、县政协办、县公安局宣传专干，部分线管单位主要负责人参加学习。

【县委理论学习中心组第七次集中学习】2017年11月23日，县委理论学习中心组在县兰园会议中心举行第七次集中学习，听取党的十九大精神主题宣讲报告。学习会邀请了全省党校系统优秀教师、市委特聘党的报告员、市委宣讲团成员、市委党校教务处处长、副教授丁国华作专题辅导报告。丁国华以《高举伟大旗帜，夺取伟大胜利》为题，用生动的语言、精彩的实例、详实的数据，紧紧围绕“关于党的十九大的主题、主要成果”“关于习近平新时代中国特色社会主义思想”“关于过去5年的历史性成就和历史性变革”“关于中国特色社会主义进入新时代”“关于我国社会主要矛盾的变化”“关于两个一百年奋斗目标的战略部署”“关于我国经济社会发展重大战略部署”“关于坚定不移推进全面从严治党”等方面系统阐释了党的十九大精神，内容丰富、深入浅出、令人振奋，既有理论深度、思想深度，又有很强的针对性。

学习报告会要求，要充分利用本次宣讲报告会的契机，按照市委、县委的部署要求，把学习好、宣传好、贯彻好党的十九大精神，作为全县当前和未来一个时期的首要政治任务，进一步把学习宣传贯彻十九大精神引向深入，切实在学懂弄通上下功夫、在宣传宣讲上下功夫、在贯彻落实上下功夫，坚决维护习近平总书记的核心地位，坚持以习近平新时代中国特色社会主义思想武装头脑、指导实践、推动工作，不忘初心、牢记使命、继续前进，把力量和智慧凝聚到贯彻“开放强市、产业立市”战略、推动石门开放跨越发展、如期脱贫摘帽、加快建设武陵山片区经济强县进程中。县委副书记邓碧波主持学习会，县委副书记、县长郭碧勋等县委理论学习中心组全体成员，各乡镇区党委书记、街道党工委书记、农林场场长，县直副科级以上单位主要负责人参加学习。

（县委办公室）

重要会议

【县委第1次常委会议】2017年1月13日上午，县委书记谭本仲在县委三楼会议室主持召开2017年度县委第1次常委会议，研究石门发展集团公司组建等重要工作。会上，县金融办、县发改局、县委组织部等单位分别就石门发展集团公司组建、全县2017年项目建设责任分解、出席党的十九大代表推荐提名等工作的相关情况进行汇报，与会人员分别发言，就如何做好相关工作提出意见建议。

在听取相关情况汇报和与会人员的讨论发言后，就石门发展集团公司组建工作，谭本仲强调，一是组建集团公司势在必行。组建集团公司的目的是提高信用等级，增强融资能力，降低政府负债，通过3年的过渡，把集团公司培育成按现代企业管理制度运行的独立市场主体。二是合理界定集团公司和子公司的关系，确保平稳过渡。集团公司组建后，在过渡期间对下属子公司进行计划管理、融资管理、资产管理，做好注资、做账、融资等工作，依托城投公司、政策性银行、国有银行等发行企业债券进行融资；子公司主要抓项目的实施、推进；县委组织部、编委办、人社局、国资中心要加强对子公司人员的管理。集团公司过渡以后重新调整，明确职能，自主经营，自负盈亏。三是按照集团公司组建方案落实，由相关县领导牵头，相关部门参与抓好组建工作。集团公司班子要配优配强，由县委组织部管理；县国资中心、编委办、人社局要按照程序做好工作人员的招考工作，并对现有人员进行清理。

就全县2017年项目建设责任分解工作，谭本仲指出，各重点项目在招引、落地、推进的过程中已明确牵头县级领导和责任单位，对项目分门别类进行梳理并重新明确，很有必要。近年来，县委县政府在抓项目建设中的成功经验，归纳起来就是“一个项目,一名县级领导牵头挂帅,一个责任单位服务,一套班子,一抓到底”。2017年,石门要重点实施好“1155”工程:锁定“一个目标”,即加快建设武陵山片区经济强县;主攻“一个重点”,即主攻脱贫坚攻;组织“五大会战”,即抓好项目建设大会战、园区攻坚大会战、城镇带动大会战、交通建设大会战、旅游开发大会战;强化“五大保障”,即强化思想保障、组织保障、作风保障、纪律保障、环境保障。实践证明,不抓项目,县域经济发展就没有出路,项目建设是总抓手、“牛鼻子”,要把项目建设提升到“项目建设大会战”的高度,把项目责任进行分解,落实落细落地。会议还研究了组织、纪检等方面的工作。县领导郭碧勋、邓碧波、周功表、李绍南、张树国、张凯、胡杰、李范新、刘颖、薛杰出席会议,相关县领导和县直单位负责人列席会议。

【县委第2次常委会议】2017年1月22日,市人大常委会副主任、县委书记谭本仲在县委三楼会议室主持召开2017年度县委第2次常委会议,研究系列重要工作。会议听取了县第十七届人民代表大会第二次会议筹备、县人大常委会2017年会议议题及主要活动计划、县政协九届二次会议筹备、县政协2017年度工作重点、2017—2019年度石门县美丽乡村示范村布点及联点县级领导和后盾单位安排情况、“十个十佳”评选活动情况、2016年绩效考核等相关工作情况汇报,形成了一致意见,原则通过了相关文件和方案,审议《2017年县委经济工作会议报告(征求意见稿)》《2017年政府工作报告(征求意见稿)》。县领导郭碧勋、邓碧波、李金生、陈云谋、周功表、李绍南、张树国、张凯、胡杰、江毅、刘颖出席会议,相关县领导和县直单位负责人列席会议。

【县委第3次常委会议】2017年2月10日,市人大常委会副主任、县委书记谭本仲主持召开2017年第3次县委常委会议,专题研究部署党风廉政建设和反腐败工作。会议传达学习了中共常德市第七届纪委第二次全会精神,听取了县纪委关于2017年党风廉政建设和反腐败工作的计划安排,明确了石门县2017年党风廉政建设和反腐败工作重点,研究了召开中共石门县第十二届纪委第二次全会和在全县开展“传承优良家风,共建清风石门”系列活动等相关工作。在充分讨论后,谭本仲强调指出,一要挺纪在前,把党风廉政建设和反腐败工作当成一件大事来抓。从当前形势来看,相比过去,中央省市推进全面从严治党的要求更高、任务更重、执纪问责更严、考核督促检查更紧,各级领导干部要高度重视,思想认识要跟上来,坚决做到思想自觉、行动自觉,担负起管党治党的责任,与业务工作同研究、同部署、同督导,一级抓一级,层层抓落实;党内政治生活要严起来,运用好《中国共产党廉洁自律准则》和《中国共产党纪律处分条例》,领导干部要过好双重组织生活,执纪问责要狠起来,县纪委要加大执法问责工作力度,快速查处典型案件,形成震慑效果。二要突出重点,全面落实从严治党各项任务。要对工作进行层层梳理,将任务列成清单,按照全县2017年党风廉政建设和反腐败工作重点,一项一项抓整改,一条一条抓落实。三要强调领导干部带头,为全县党员干部做表率。从县委常委会成员开始,严格遵守八项规定、廉政准则等各项纪律要求,凡是要求别人做到的自己先要做到,要求别人不做的自己坚决不做。

就抓好当前工作,谭本仲要求:一是收放心、抓学习。集中抓好十八届六中全会、中央省市委经济工作会议、省市县党代会和县委经济工作会议精神的传达学习。二是抓调度、开好局。各县级领导要加强调度各自分管的工作,确保工作全面铺开。三是参好会、开好会。各级领导干部要参加好省市召开的会议,筹备召开好县里的会议。四是抓作风、严纪律。县纪委要加大明察暗访的力度,善于用抓典型的方法开展工作,对违反纪律的典型要尽快处理,形成震慑。县领导郭碧勋、邓碧波、李金生、陈云谋、周功表、李绍南、张树国、张凯、胡杰、李范新、江毅、刘颖、薛杰出席会议。

【县委第5次常委会议】2017年3月14日下午和晚上,市人大常委会副主任、县委书记谭本仲在县委三楼会议室主持召开2017年第5次县委常委会议,研究部署政法、宣传、旅游、环保、交通、审计、组织等一系列重要工作。会议听取了县委政法委关于创建“无上访村(社区)”、社会治理创新等工作,县委宣传部关于全国全省宣传部长会议和全市宣传思想工作会议精神及贯彻意见,湖南国盛旅游规划公司关于《石门县全域旅游发展规划(2017—2030)》,县环保局关于《石门县党政领导干部生态环境损害责任追究实施细则(试行)》,县交通运输局关于三江口至闫家溶、红土坡至烈士陵园两个出城口和梯云大桥、易家渡大桥交通重点项目建设,县人大常委会党组关于《完善审计查出问题整改情况向县人大常委会报告机制的意见》,县总工会关于工会工作,县委组织部关于2017年村(居)“两委”换届选举、组织工作的情况汇报,与会人员分别进行了讨论发言。

谭本仲强调,一是要为脱贫攻坚和“五大会战”选贤任能、培养人才,提供强有力的人才保障;二是要坚持从严治党管党,严管班子,严管队伍,从严治吏;三是要全面落实基层党建“5+8”的工作任务,继续抓好党建促脱贫,确保基层党建工作年终考核保位进位。县领导郭碧勋、邓碧波、李金生、陈云谋、周功表、李绍南、张树国、李范新、江毅、薛杰出席会议,相关县领导和县直单位负责人列席会议。

【县委第6次常委会议】2017年3月29日晚,市人大常委会副主任、县委书记谭本仲在三楼会议室主持召开2017年度第6次常委会议,讨论研究脱贫攻坚等重要工作。会议听取了县扶贫办关于赴井冈山市学习脱贫攻坚情况及全县下阶段脱贫攻坚工作建议、县政府办关于进一步促进经济开发区改革和创新发展实施意见、县防汛抗旱指挥部办公室关于明确2017年县级领导和县直部门防汛抗旱责任制及召开防汛抗旱工作会议有关情况、县环保局关于石门县环境保护有关工作、湘北职业中专学校关于湘北职专异地新建有关情况的汇报，与会人员分别讨论发言。

在详细听取各项工作情况汇报后，就如何开展下段脱贫攻坚工作，谭本仲指出，脱贫攻坚的时间紧、任务重、缺口大、问题多，上级考核要求更高更严。一要增强脱贫攻坚工作的紧迫性、艰巨性，进一步坚定脱贫摘帽的信心。面对新情况、新的考核方式，全县上下不能有丝毫麻痹大意，不能过分乐观、心存侥幸，不能搞“数字脱贫”“虚假脱贫”，一定要经得起“看、问、查、算”。二要举全县之力，以超常手段坚决打赢脱贫攻坚这场硬仗。井冈山的脱贫经验十分宝贵，全县上下要通过学习后进一步升温升位，一切工作围绕脱贫攻坚，一切工作服从脱贫攻坚，一切工作服务脱贫攻坚。要及早动手，着力抓好基础工作。要在精准上下力，着力抓好驻村结对帮扶工作，特别是要把联户结对帮扶抓到位，把产业脱贫抓到位，把教育扶贫、健康扶贫抓到位，把社会兜底抓到位，把政策宣传抓到位。要加快进度，强力推进项目实施，重点是要对照考核的要求，加强调度，强力推进，尽早完成易地扶贫搬迁、危房改造、金融扶贫等项目建设的目标任务。三要进一步集中精力，强化责任，压实责任。着力强化指挥部的领导责任、分指挥部的直接责任、县级领导包乡包村的责任、科局长联村的责任、乡镇的主体责任、驻村工作队的帮扶责任和党员干部的联户责任，所有县级领导、科局长都要保证三分之二的时间和精力，一心一意抓脱贫攻坚。

谭本仲强调，一要紧跟形势，增强环保意识，高度重视环境保护工作，坚定不移实施生态立县战略，不断加强生态文明建设。二要建立健全责任体系，严格责任追究，落实环保主体责任。三要突出重点，抓好突出问题治理，特别是要全面改善空气质量。四要强化组织、经费、纪律等各项工作保障。

谭本仲就经开区改革创新发展、全县防汛抗旱、湘北职专异地新建等工作，提出具体要求。县领导郭碧勋、邓碧波、李金生、周功表、李绍南、张树国、张凯、李范新、江毅、刘颖、薛杰出席会议，县领导万义元、车立平、孙云波、龚云林、宋雨泓、韩翼飞、漆渫颖，县直相关单位负责人分时段列席会议。

【县委第7次常委会议】2017年4月13日下午和晚上，市人大常委会副主任、县委书记谭本仲在县委三楼会议室主持召开县委2017年度第7次常委会议。会议学习传达了习近平总书记在中央政治局第39次集中学习时的重要讲话精神，听取了《石门县脱贫攻坚集中入户走访帮扶行动方案》、党风廉政建设有关事项、法治政府建设工作、石门县市民之家及基础设施配套PPP项目合同有关问题等情况汇报。

在学习传达习近平总书记在中央政治局第39次集中学习时的重要讲话精神后，谭本仲指出，习近平总书记讲话思想深刻，指导性、针对性都非常强，是指导全县工作的思想武器，常委会组成人员必须先学一步，领会精神，模范带头。要在全县开展广泛的学习活动，并结合学习“扶贫楷模”王新法的先进事迹，让脱贫攻坚再升温、再加力、再加压，切实掀起脱贫攻坚新高潮；要切实做到“真扶贫、扶真贫”，用“绣花”的功夫在精准上下力，提高识贫的准确度、脱贫的精准度、群众的满意度；所有县级领导、科局长、乡镇干部要切实转作风，真正俯下身子、撸起袖子“沉下去”，开展入户走访帮扶行动。

会议就相关议题达成一致意见，原则通过相关文件和方案。县领导郭碧勋、邓碧波、李金生、陈云谋、周功表、李绍南、张凯、李范新、江毅、刘颖、薛杰出席会议，相关县领导和县直单位负责人列席会议。

【县委第8次常委会议】2017年4月18日，市人大常委会副主任、县委书记谭本仲在县委三楼会议室主持召开县委2017年度第8次常委会议，专题研究部署脱贫攻坚工作。会上，县扶贫办负责人传达了4月16日全省领导干部会议相关精神，宣读了省委省政府对石门县脱贫攻坚工作的考核结果，与会人员分别讨论发言，就如何打赢脱贫攻坚战提出意见建议。

在听取与会人员的讨论发言后，就如何做好脱贫攻坚工作，谭本仲明确了“两个不可、三个必须”的要求：一是目标不可动摇。当前石门县实现脱贫摘帽目标的有利条件和因素很多，有基础、有氛围、有措施、有手段、有成效，全县上下要坚定信心、背水一战、志在必得，按照预定的目标加力推进，确保2017年实现整体脱贫摘帽。二是工作不可放松。脱贫攻坚工作目前存在基础工作严重不扎实、识贫不准的现象比较普遍、部分贫困户的帮扶措施不到位、群众的满意度不高等问题，下一步，全县各级各单位要学楷模、乘东风，集中开展“大走访、大排查、大整改、大检查”行动。要进一步抓培训，让党员干部弄懂考核要求，掌握脱贫攻坚工作方法。贫困户“一户一档”(档案包括户情本、贫困户确认信息资料、帮扶措施和成效、已脱贫贫困户退出的信息资料)要规范，县扶贫办、镇、村台账要“三对口”，挂图作战、村务公开、财务公开要到位，贫困户的扶贫手册、公示牌、资料袋要规范填写、整理到位。干部入户走访帮扶要做到“十看”，即一看房、二看粮、三看读书郎、四看家中有没有人进病房、五看家里劳力壮不壮、六看安全饮水畅不畅、七看群众是否有笑相、八看集体经济收入有没有进账、九看村容村貌靓不靓、十看支部班子强不强。要进一步抓基础，贫困村和贫困户的基础资料、基础档案都要规范整理，达到要求。要进一步抓帮扶，切实在精准施策上下力，帮助贫困户增加经济收入。要进一步抓“三度”，提高识贫的准确度、脱贫的精准度和群众的满意度。三是责任必须压实。要压实县级领导的督导责任、镇村两级的主体责任、科局和驻村工作队的帮扶责任和党员干部的联户帮联责任，确保履责到位。四是精力必须集中。坚持“悠悠万事，脱贫为大”“一切工作要围绕脱贫攻坚,一切工作要服从脱贫攻坚,一切工作要服务脱贫攻坚”的要求不放松,县级领导要带头做到不分心、不走神、不“跑通学”、少开会、少外出、少应酬、少招商,除做好防汛救灾、安全维稳等工作外,其余精力都要放在脱贫攻坚工作上。五是纪律必须严明。要以铁的纪律、过硬的作风打好打赢脱贫攻坚战,县纪委、县委组织部、县扶贫办、县政府督查室要加大督查力度,开展明察暗访,对反面典型及时通报曝光,严厉追责问责。县领导郭碧勋、邓碧波、李金生、周功表、张树国、张凯、李范新出席会议,相关县领导和县直单位负责人列席会议。

【县委第9次常委会议】2017年4月27日上午,市人大常委会副主任、县委书记谭本仲在县委三楼会议室主持召开2017年度县委第9次常委会议。会议听取了全面建成小康社会、县政协开展民主监督、石门县首届劳动模范和先进工作者评选表彰等相关情况汇报,研究了有关人事干部工作。经与会领导和相关单位负责人充分讨论,会议就相关议题达成一致意见,原则通过相关文件和方案。

会议强调,全面建成小康社会是党的十八大确定的“第一个百年”奋斗目标,是一项极为严肃、极为重大的政治任务,全县上下要进一步提高思想认识,加大工作力度,确保全面小康决战决胜。一是争先不动摇。全面建成小康社会和脱贫攻坚关联度很大,脱贫摘帽将为全面建成小康社会奠定坚实的基础,要确定“全县脱贫、小康争先”的主基调,目标不可动摇,标准不能降低。二是调度不松劲。要坚持全面小康工作、经济运行、绩效考核“三位一体”进行调度,调度中要善于抓主要矛盾,突出补“短板”,围绕目标加大调度力度。三是基础不忽视。要加强指标监测、做好数据统计核查、完善各类资料,注重汇报衔接,把基础工作抓扎实。会议还就县政协开展民主监督、石门县首届劳动模范和先进工作者评选表彰等工作提出具体要求。县领导郭碧勋、邓碧波、李金生、陈云谋、周功表、李绍南、张树国、张凯、李范新、刘颖出席会议,相关县领导和县直单位负责人列席会议。

【县委第11次常委会议】2017年5月27日上午,市人大常委会副主任、县委书记谭本仲在县委三楼会议室主持召开2017年度县委第11次常委会议,研究脱贫攻坚等重要工作。会议听取了脱贫攻坚贫困对象精准识别情况及6月份整改方案、征拆工作、学习贯彻“习总书记关于反邪教的重要批示精神”、全县民族宗教工作有关问题等情况汇报,审议了《石门县全面推行河长制实施方案(讨论稿)》,讨论了《6月全县主要工作重要活动预安排(征求意见稿)》。经与会人员充分讨论后,会议就相关议题形成一致意见,原则通过相关文件和方案。就脱贫攻坚工作,会议强调,要下大力进一步做好识贫工作,定下全县贫困户进出的数据,做好“四类对象”和“五类户”的清理甄别,认真掌握、用足用好低保政策,扎实做好资料信息等基础性工作,确保识贫的准确率。要下大力抓好脱贫对象把关不严的整改,对已脱贫的对象全面“回头看”,按“缺什么补什么”的原则补齐短板,开展“回头帮”。要下大力抓好易地扶贫搬迁对象的精准核实,围绕考核验收扎实抓好“四保障”工作。要做好迎接全省脱贫攻坚大督查和省委组织部脱贫攻坚考察调研的相关准备工作,筹备召开全县脱贫攻坚工作调度会。会议还就其他各项议题逐一明确了工作重点和要求。县领导郭碧勋、邓碧波、周功表、张凯、李范新、江毅、刘颖出席会议,相关县领导和县直相关单位负责人列席会议。

【县委第12次常委会议】2017年6月9日下午,市人大常委会副主任、县委书记谭本仲在县委三楼会议室主持召开2017年度县委第12次常委会议,研究环境保护、全面深化改革等重要工作。会议听取了关于石门县配合中央环保督察工作,全面深化改革,追授陈琦同志“全县优秀共产党员”称号,贯彻落实省委、市委推进“两学一做”学习教育常态化制度化工作等情况汇报。经与会人员充分研究讨论后,会议就相关议题形成一致意见,原则通过相关文件和方案。

会议充分肯定了石门县配合中央环保督察工作所取得的成效,认为相关领导调度有力,各单位配合密切、通力协作、反应迅速、履职主动,特别是配合中央环保督察应对方案、整改措施有力,相关单位勇于担责、主动作为、吃苦耐劳、立行立改的优良作风得到了很好的体现,要大力弘扬这种作风,把这种优良作风自觉应用到脱贫攻坚、项目建设和城市管理等工作上来。就如何做好当前环保工作,会议要求,要进一步常抓常管抓落实,强化生态环境保护意识,坚定不移地推进“生态立县”战略,坚持生态环保工作常抓不懈,久久为功、抓出成效;要进一步压紧压实责任,健全县、乡、村三级“网格化”监管责任体系,明确责任分工,严格责任追究;进一步加力加码抓投入,切实加大环保工作力度,增加环保项目资金投入;进一步落细落小抓长效,切实做好环境保护各项工作;要进一步不折不扣抓整改,切实抓好突出环境问题和中央环保督察组交办问题的整改。

会议还就其他各项议题一一明确了工作重点和要求。县领导郭碧勋、邓碧波、李金生、陈云谋、周功表、李绍南、张树国、张凯、江毅、刘颖出席会议,相关县领导和县直相关单位负责人列席会议。

【县委第13次常委会议】2017年6月28日晚,2017年度县委第13次常委会议在县委三楼会议室召开,市人大常委会副主任、县委书记谭本仲主持会议。县委第13次常委会议,主要研究脱贫攻坚等重要工作。会议听取了前段脱贫攻坚工作情况、第十七届湖南石门柑橘节总体方案、石门县深化供销合作社综合改革、全县高考教育质量表彰大会筹备、司法行政相关工作、县领导督导落实“两个责任”开展例行谈心谈话活动方案、节假日值班工作、7月全县主要工作重要活动预安排等情况汇报,并就相关议题研究讨论形成一致意见,原则通过了相关文件和方案。

会议指出,全县脱贫攻坚工作抓得

很紧，一环紧扣一环，一步紧跟一步，氛围越来越浓，力度越来越大，入户越来越勤，工作越来越实，督得越来越紧，来势越来越好，信心越来越足，值得充分肯定，但也要认识到脱贫攻坚任务重、时间紧，存在问题和差距，不容许我们歇气松劲。会议明确，全县上下要按照“三实一严”(各级责任要压实，工作要抓实，作风要务实，纪律要严明)的要求进一步抓好下阶段脱贫攻坚工作：要继续开展入户走访，落实“三走访三签字”和“一清单”工作，完善基础档案资料；要继续做好识贫数据的认定工作，确保准确率；要下大力补齐短板，对照刚性考核指标逐一盘底算账，做到“缺什么补什么”；要下大力抓好项目建设，加力加速推进已确定的扶贫项目；要下大力抓好产业扶贫，用好产业发展扶持奖励基金，鼓励和帮助贫困群众发展产业，增强他们的脱贫能力和可持续发展能力；要下大力抓好宣传教育，提高群众满意度。

会议还就其他各项议题一一明确了工作重点和要求。县领导郭碧勋、邓碧波、李金生、陈云谋、周功表、李绍南、张树国、张凯、胡杰、李范新、江毅、刘颖出席会议，相关县领导和县直相关单位负责人列席会议。

【县委常委（扩大）会议】2017年5月9日晚上，市人大常委会副主任、县委书记谭本仲在县委三楼会议室主持召开县委常委(扩大)会议，研究部署精准识贫等重要工作。会议听取了县扶贫办、县民政局、县残联、县教育局关于贫困人口动态调整情况，县经济开发区关于工业污水处理厂项目推进情况的汇报，参会县级领导纷纷发言，全体与会人员积极参与讨论研究，并提出意见建议。

就进一步搞好精准识贫工作，会议强调，要坚决执行实事求是、应出尽出、应进尽进的政策规定，下大力抓好精准识贫的基础性和前期工作。要以本次排查统计的数据为基础，进一步斟酌修订，力求数据准确。要启动五类对象拉网式排查与核实，把真正的贫困对象纳入建档立卡户。要迅速铺开城乡低保贫困群众的清理整顿工作。要统筹兼顾，有条不紊推进帮扶措施的落实。

就如何推进工业污水处理厂项目，会议明确了领导责任和主体责任，要求迅速启动污水处理厂的建设，抓紧开展项目招投标、规划设计、与投资方签订合作框架协议等工作。

会议还传达了中央、省、市关于“一带一路”峰会安保工作的相关会议精神和要求，分析了全县面临的基本形势，安排部署了相关工作。全体在家的县级领导出席会议，县直相关单位的主要负责人列席会议。

【县委第15次常委会议】2017年8月8日晚，市人大常委会副主任、县委书记谭本仲在县委三楼会议室主持召开2017年度第15次县委常委会议。会议听取了县委宣传部关于学习贯彻习近平总书记“7•26”重要讲话精神、县商务粮食局关于商业招商项目、县教育局关于筹备石门县教育工作会议等工作情况的汇报，审议并通过了县纪委《关于贯彻落实禁止领导干部利用职权或职务上的影响在金融活动中谋取私利的规定》。县领导郭碧勋、邓碧波、李金生、陈云谋、周功表、李绍南、张树国、胡杰、江毅、刘颖、赵书军、陈风华参加会议，副县长车立平、宋雨泓，县直相关单位负责人列席会议。

【县委第16次常委会议】2017年8月25日下午，市人大常委会副主任、县委书记谭本仲主持召开2017年度第16次常委会议。会议听取了“关于石门县城澧水南岸水环境综合治理及基础设施工程PPP项目推进工作”“关于研究涉矿等六大领域专项整治和县纪委派驻监督全覆盖改革工作”情况汇报，审议通过了《2017年石门县绩效评估实施方案》等文件。会议还研究了其他事项。县委副书记、县长郭碧勋，县领导邓碧波、陈云谋、周功表、李绍南、张树国、张凯、胡杰、江毅、刘颖、薛杰、赵书军出席会议。

【县委第18次常委会议】2017年9月5日上午，市人大常委会副主任、县委书记谭本仲在县委三楼会议室主持召开2017年度第18次县委常委会。县委副书记、县长郭碧勋，县领导邓碧波、李金生、周功表、张树国、张凯、胡杰、江毅、刘颖、陈风华出席会议。

会议传达学习了市委七届四次全体(扩大)会议精神，与会人员围绕全会主题，结合石门实际进行了深入讨论和交流。谭本仲强调，一要深入学习、凝聚共识。全县上下要深入开展专题学习和研讨，深刻领会、不折不扣地贯彻落实会议精神。二要结合实际、重点突破。石门要在开放强县中有新突破，开展思想解放大讨论，扫清发展障碍，大力招引各方投资者，提高外向型经济开放程度；要在产业立县中有新突破，在产业项目上有新作为、新成效，争当全市产业发展的排头兵；要在干部培育中有新突破，进一步倡导务实作风，培养优秀干部，大胆启用年轻干部，把各层次干部干事创业的积极性调动起来；要在人才引进中有新突破，大力引进优秀人才，探索人才激励机制，确保人才引得进、留得住、用得好。三要抓好落实，力求实效。贯彻落实市委全会精神，切实推动“开放强市、产业立市”战略在石门落地生根、开花结果。

会议听取关于脱贫攻坚相关工作情况的汇报，就下阶段全县脱贫攻坚工作进行部署。会议还研究了其他事项。

【县委十二届四次全体(扩大)会议】2017年10月16日，中共石门县委十二届四次全体(扩大)会议在兰园会议中心召开，县委副书记、县长郭碧勋主持大会，市人大常委会副主任、县委书记谭本仲受县委常委会委托向全会报告工作并发表重要讲话，县领导邓碧波、李金生、陈云谋、周功表、李绍南、张凯、胡杰、刘颖、薛杰、赵书军、陈风华等在主席台就座。所有县委委员、县委候补委员，不是县委委员、县委候补委员的县级领导，县纪委委员，各乡镇(街道)党政主要负责人、农林场场长，县直和省、市驻石副科级以上行政事业单位党政主要负责人，部分重点企业负责人参加会议。

全会认为，2017年来，县委、县政府认真贯彻落实中央、省、市的决策部署，坚持稳中求进、脱帽争先的工作总基调，深入实施“五大战略”、持续推进“十件大事”，大力实施“1155”工程，保持了经济社会平稳较快发展。集中体现在主要经济指标完成较好、项目建设势头强劲、脱贫攻坚力度较大、城市带动见到实效、产业发展提质增效、民生改善持续加力、社会大局持续稳定、先进典型不断涌现，各项工作取得了扎实成效。

报告指出：市委七届四次全体（扩大）会议提出的“开放强市、产业立市”战略，既接天线，又接地气；既有传承，又有发展；既有路径，又有抓手。全会是市委在领导班子调整后的政治宣言和庄严承诺，是“一三五”总目标的延续和深化，是一脉相承的发展主旋律和战略升级版，为全县做好今后的工作指明了方向。全县上下务必要把思想和行动统一到市委决策部署上来，加强对“开放强市、产业立市”战略的理解，深刻领会、不折不扣贯彻落实好市委全会精神，下更大决心，花更大气力，切实推进我县对外开放工作、特色产业发展上水平、上台阶。①要在解放思想上实现新突破。作为经济欠发达山区县，实现开放发展，必须打开石门、打开山门，打开认识视野，敢于靠大靠强，破除发展障碍，只要是有利于县域经济发展、有利于产业提质增效、有利于民生福祉改善的，就要大胆地闯、大胆地试、大胆地干；②要在开放引进上实现新突破。坚持主动开放、双向开放、全面开放，谋划大融入战略，搭建大开放平台，打造大招商格局，让石门开放强县的步伐先人一步，实效略胜一筹；③要在创新创业上实现新突破。打造科技尖兵，深化机制改革，优化创新环境，加快形成以创新为第一驱动力的发展模式，不断提高经济发展的质量效益；④要在产业发展上实现新突破。要坚持产业发展的主导地位，加快工业转型，加快农业升级，加快服务业提质，加快构建具有县域特色的现代产业体系；⑤要在干部培育上实现新突破。不断改进干部作风、树立正确选人用人导向、优化领导干部队伍结构、深入推进党风廉政建设，建设一支忠诚、干净、担当、有为的干部队伍；⑥要在人才引进上实现新突破。坚持党管人才的原则，加强培育、选好人才，加强招引、吸纳人才，强化保障、留住人才，让人才成为石门开放发展的生力军。

谭本仲强调，各级各部门要按照县委县政府的统一部署，积极迎接宣传贯彻党的十九大，2017年下段全县一切工作都要围绕这条主线来展开；要确保经济稳定增长，聚焦聚力经济运行，加快加大项目投资，支持扶持实体经济，抓紧抓实改革工作；要精准发力主攻脱贫攻坚，按照“三实一严”总要求，扎实推进脱贫攻坚各项工作，确保实现“考核达标、摘帽争先”总目标；要不断夯实基层战斗堡垒，建强支部班子，发挥党员作用，推进“智慧党建”，关爱基层干部，切实把党的基层组织武装起来，把党的基层干部动员起来；要全力维护安全稳定，着力抓好信访维稳、安全生产和环保整改；要深入推进“两学一做”学习教育常态化制度化，注重加强学习、问题导向和知行合一，促进全县党员干部更加坚定党性，增强“四个意识”，彰显先锋模范形象。

就如何落实会议精神，郭碧勋指出：一要提高站位、贯彻为要，广泛凝聚“开放强县、产业立县”新共识。各级各部门对会议精神要迅速传达，宣传造势要广泛深入，工作谋划要紧密跟进，把领会全会精神作为一项重要政治任务来抓，切实将思想和行动统一到县委决策部署上来。二要战略引领、项目为纲，全面构建“开放强县、产业立县”新格局。要紧跟全会精神的指引，以项目催生优势产业、以项目提升发展平台、以项目强化民生保障、以项目倒逼优化环境，确保石门县开放发展取得实效。三要责任上肩、实干为重，迅速进入“开放强县、产业立县”新状态。要勇挑重担、担当善为，既要敏于想，又要善于干；既要高标准，又要高效率；既要有继承，又要有创新；既要抓重点，又要抓全面，抓实抓细各项工作。

全会号召，全县上下要更加紧密地团结在以习近平同志为核心的党中央周围，在省委省政府、市委市政府的坚强领导下，进一步坚定初心、凝聚共识，坚定目标、奋力拼搏，以更加振奋的精神，更加务实的举措，努力谱写“开放强县、产业立县”新篇章，不断开创石门开放发展新局面。

【县委第20次常委会议】2017年9月25日下午，市人大常委会副主任、县委书记谭本仲在县委三楼会议室主持召开2017年度第20次县委常委会议。会议明确了县委十二届四次全体(扩大)会议筹备工作相关要求，审议通过了《石门县城区环境秩序管理街长责任制实施方案》《石门县城区环境秩序管理街长责任制考核工作方案》《石门县2017年度招商引资目标管理考核办法》等文件。会议还研究了其他有关事项。县委副书记、县长郭碧勋，县领导邓碧波、李金生、陈云谋、周功表、李绍南、张树国、胡杰、江毅、刘颖、赵书军、陈风华出席会议。

【县委第21次常委会议】2017年9月29日上午，市人大常委会副主任、县委书记谭本仲在县委三楼会议室主持召开2017年度第21次县委常委会议。会议传达学习了市委常委扩大会议精神，集中研究了全县农村综合服务平台建设、智慧党建和干部管理大数据平台建设、村干部专职化管理三项基层党建工作和薛家村市级党性教育基地建设等工作，审议通过了《加强乡局级领导班子思想政治建设的意见》等文件。会议还研究了其他事项。县委副书记、县长郭碧勋，县领导邓碧波、李金生、陈云谋、周功表、李绍南、张树国、张凯、胡杰、江毅、刘颖、薛杰出席会议，相关部门负责人参加会议。

【县委第22次常委会】2017年10月9日，市人大常委会副主任、县委书记谭本仲在县委三楼会议室主持召开2017年度第22次县委常委会，专题研究脱贫攻坚工作。会上，相关部门负责人分别汇报迎省检国检准备、教育扶贫和健康扶贫等工作情况，审议通过了第四个扶贫日表彰人选及活动方案。就10月份脱贫攻坚工作，会议明确，一是继续抓好全县脱贫攻坚普查工作。要确保做到全覆盖，全面排查，杜绝出现漏评、错退对象；要对照刚性考核指标盘底算账、补齐短板；要逐村、逐乡写出普查报告，对各类问题进行收集梳理，分类提出整改要求。二是抓好各类问题整改工作。实行问题台账管理，对交办问题整改一件，销号一件；对反映问题不实的要做好证据资料备份存档，以便迎省检国检的时候有据可查。三是加快项目的推进验收及资金拨付，搞好扶贫项目受益贫困户的信息采集。四是开展好“扶贫日”相关活动。五是启动2017年预脱贫对象核查验收工作。六是落实好脱贫对象“三走访三签字”工作。七是进一步完善基础信息工作，确保扶贫信息数据精准无误。八是继续抓好入户帮扶工作。贫困村的驻村帮扶工作队除走访贫困户外，还要走访所有的非贫困户，加大宣传力度，让群众熟知扶贫工作和村居基础设施建设情况；继续开展“空城行动”，组织好“一卡、两讲、三会、四活动、四必访”，主攻“三率一度”。九是联系乡镇的县级领导、乡镇党委政府主要负责人、科局长要逐乡、逐村全面会诊，做到问题早发现、早整改、早主动。

就迎国检省检准备工作，会议明确，成立迎检工作领导小组和工作组，把人员配强、职责搞清、要求列明；要对照考核标准和时间节点，细化迎检各项准备工作，形成迎检流程图。会议还部署了10月份的重点工作。在确保打赢脱贫攻坚战、主要精力抓脱贫的同时，做到统筹兼顾，学会“弹钢琴”，腾出部分精力，突出抓好经济运行调度、项目建设、招商引资、争资争项、交通会战、城建城管、维稳保安、水利秋冬修、产业发展、党的建设十个方面的工作。县委副书记、县长郭碧勋，县领导邓碧波、李金生、陈云谋、周功表、李绍南、张树国、张凯、胡杰、江毅、刘颖、薛杰、赵书军出席会议，县领导万义元、车立平、王汝国、宋雨泓、韩翼飞、谭本军及相关部门负责人列席会议。

【县委第23次常委会议】2017年10月24日晚，市人大常委会副主任、县委书记谭本仲在县委三楼会议室主持召开2017年度第23次县委常委会议，研究脱贫攻坚等重要工作。会议先后听取了县扶贫办关于脱贫攻坚相关工作情况、县民政局关于石门县2017年度退役士兵安置工作情况、县财政局关于2017年部门预算调整情况、县商务粮食局关于石门禾田十九峰森林康养度假村项目产业发展基金扶持事宜、县发改局关于石门县“开放强县、产业立县”三年行动计划的汇报。

会议强调，全县脱贫攻坚工作已进入关键时期，各级各部门要按照“对标考核、确保过关”的总要求，全面落实相关工作。要集中精力，按照“三个一切”的原则，集中力量抓好脱贫攻坚；要吃透精神，搞好培训，学懂钻透上级关于脱贫攻坚工作的文件精神；要工作下沉，进村入户，确保工作落脚；要责任上肩，做到认真上心，抓紧抓实各项工作；要严明纪律，真正做到令行禁止，圆满完成目标任务。

会议明确了11月脱贫攻坚工作要重点抓好的10件工作，即继续开展“空城行动”，组织干部入户帮扶；全面启动2017年贫困退出验收工作；继续完善信息资料基础工作；抓细抓小抓实，确保“三率一度”达到考核要求；抓好各类问题整改销号；加快推进各类项目建设；边界偏远山村、城郊结合部要早做迎检准备；继续抓好产业扶贫，确保贫困群众稳步增收；加强对驻村帮扶工作队员的管理；抓好农村环境卫生整治。

会议还研究了其他事项。县委副书记、县长郭碧勋，县领导邓碧波、李金生、陈云谋、周功表、李绍南、张树国、张凯、胡杰、江毅、刘颖、薛杰、赵书军出席会议，相关县领导及部门负责人列席会议。

【县委第24次常委会议】2017年11月18日，市人大常委会副主任、县委书记谭本仲在县委三楼会议室主持召开2017年第24次常委会议，研究脱贫攻坚等重要工作。会议听取了县扶贫办关于脱贫攻坚迎检和后扶工作，县环保局关于中央环保督察交办问题整改工作，县委组织部关于加强基层人才和组织工作，县纪委关于党风廉政建设和反腐败工作、县人大关于省、市加强县乡人大工作的汇报；审议通过了《石门县深化监察体制改革试点工作小组及办公室组成人员》《石门县深化监察体制改革试点工作有关单位责任分工》等文件。

关于脱贫攻坚迎检和后扶工作，谭本仲指出，全县上下要贯彻落实市委市政府关于脱贫攻坚工作会议精神，贯彻落实省政协副主席戴道晋来石指导的讲话精神，进一步抓实抓好迎检考核工作。要坚持标准，严格程序，集中精力抓好贫困村、户的退出工作。要加强组织领导，县领导、科局长要继续深入乡村加强脱贫攻坚督促；要坚决杜绝错退、漏评现象发生；要严格程序，严防弄虚作假。要精心组织，认真准备，全力以赴抓迎检，确保检查考核取得省市争先、国检达标的好结局。要建立一套迎检工作班子，准备好一部汇报片、一个汇报材料和一套完整无误的申报资料，准备好一个经得起看、经得起查、经得起问、经得起算的检查现场，各部门要搞好一对一的对口衔接汇报，并重申了工作纪律。要突出重点，精准发力，全面夯实迎检基础工作。要对照刚性考核指标查漏补缺；下大力主攻“三率一度”；进一步核准信息数据，完善扶贫手册等基础资料；进一步抓好各级部门交办和群众举报的问题整改；进一步加大自查、督查力度，确保扶贫手册复核、信息数据比对、重点区域模拟检查全覆盖，做到早发现、早主动、早整改。要超前谋划，及早动手，毫不松懈抓好后扶后帮工作。进一步加大驻村帮扶工作力度，按照“班子不撤、队伍不散、力度不减、政策不变”的要求，继续抓好驻村帮扶；进一步加大产业发展力度，做到“村有主导产业、户有增收门路”；进一步加大农村危房改造力度，制定土坯房新建和维修改造分类奖补政策；进一步加大基础设施建设投入，做到“两个完善”；进一步加强基层组织建设，留下一支永不走的工作队；进一步加强执纪问责，扎紧扎牢制度笼子，从源头预防扶贫领域不正之风和腐败问题的发生，确保实现“脱贫摘帽、考核争先”的目标。

会议还研究了其他事项。县委副书记、县长郭碧勋，县领导邓碧波、李金生、陈云谋、李绍南、张树国、张凯、胡杰、江毅、刘颖、薛杰、赵书军出席会议，相关县领导和部门负责人列席会议。

【县委第26次常委会议】2017年12月3日，市人大常委会副主任、县委书记谭本仲在县委三楼会议室主持召开2017年第26次县委常委会议，研究脱贫攻坚等重要工作。会议听取了县扶贫办关于脱贫攻坚贫困退出迎检、考核工作，县纪委关于监察体制改革试点工作的汇报。审议通过了监察体制改革试点工作相关文件。县领导邓碧波、李金生、陈云谋、周功表、李绍南、张树国、张凯、胡杰、江毅、陈风华出席会议，相关县领导和部门负责人列席会议。

【县委第28次常委会议】2017年19日，市人大常委会副主任、县委书记谭本仲在县委三楼会议室主持召开2017年度第28次县委常委会议，研究2017年石门县财政预算执行和2018年度财政预算等重要工作。会议先后听取了县财政局关于石门县2017年财政预算执行和2018年度财政预算，县人大关于石门县第十七届人民代表大会第三次会议筹备工作，县政协关于石门县政协九届三次会议筹备工作，县交通局关于交通建设，公共资源交易中心关于撤销县级公共资源交易平台等有关情况汇报。审议通过了《石门县人大常委会2018年工作要点》等文件。县委副书记、县长郭碧勋，县领导李金生、陈云谋、李绍南、张树国、张凯、胡杰、江毅、刘颖出席会议，相关县领导及部门负责人列席会议。

【中共石门县委常委议军会议】2017年12月19日，市人大常委会副主任、县委书记谭本仲在县委三楼会议室主持召开2017年度中共石门县委常委议军会议。在听取县人民武装部负责人关于国防和后备力量建设工作的情况汇报后，谭本仲充分肯定县人民武装部的工作成绩。他指出，要争当党管武装先进县，实现全年工作圆满收官。要居安思危、增强忧患意识，高度重视、切实加强新形势下人武工作和国防建设，加强国防教育，积极推进军民融合工作。要倾注真情、尽心尽力，为人武工作办实事。将武装工作中的基层建设、民兵整组、兵员征集、国防教育等工作纳入县委对乡镇的绩效考核范围，成立军地联合督查组，加强督查，确保工作落到实处；要搞好财力保障，帮助解决实际困难；要不折不扣落实好拥军优属政策，组织开展“双拥”活动；要注重发挥民兵预备役的独特作用，掀起复退军人向王新法学习的热潮，在急难险重任务面前、在脱贫攻坚一线，直面困难、敢于负责，敢于碰硬、主动作为；要加大宣传力度，把好的典型、好的做法、好的经验推介宣传出去。

县委副书记、县长郭碧勋，县领导李金生、陈云谋、李绍南、张树国、张凯、胡杰、江毅、刘颖出席会议，相关县领导及部门负责人列席会议。

（以上内容由编辑部整理）

县委办公室工作

【概况】2017年，县委办公室围绕全县经济社会发展的中心开展工作，坚持高效率办事为准则，主动服务、抓实工作，发挥参谋助手、督促检查、综合协调和后勤保障作用，较好地完成各项工作任务。

参谋服务与督查工作。主要是围绕项目建设、脱贫攻坚等县委中心工作以及市委“开放强市、产业立市”战略等，深入一线开展调查研究，全年共撰写整理领导讲话、汇报材料等各类综合材料110篇，特别是在宣传推介石门工作成效和经验做法上有新突破，在上级党刊发表署名文章28篇。编发《每日快报》22期、《要情通报》31期，上报信息548条，采用97篇。公文办理坚持以增强服务效能为准，做好规范文件的制作、收发、传阅和归档工作，确保上级公文办理无一延误、发文未出现重大差错。共办理中央、省委、市委各类文件、电报864个，其中涉密文件136个，核发县委及县委办文件76个，清退上级2016年度公文954份。督查工作围绕脱贫攻坚、项目建设和防汛抗旱等开展重点督查，围绕县委常委会、县委书记办公会等会议纪要以及县委议定的重大事项开展专项督查，紧扣县委领导批示件进行专项查办。2017年，开展重点工作督查10多次，编发《督查专报》8期、《督查通报》6期。办理县委书记批示专项查办件75件，办结率达100%，做到“个个有着落、事事有答复、件件有回音”。

综合协调与事务服务。认真做好县委常委日常工作安排，及时编制“四大家”班子每月工作安排表，增进“四大家”班子成员之间的沟通协调，确保全县工作的协调、统一、有序。规范做好服务工作，为县直部门和乡镇做好协调、服务，确保县委各项工作部署落实。会务服务坚持细致不马虎，2017年组织或参与服务县委经济工作会议、县“两会”、全县脱贫攻坚工作会议等大小型会议150多场次。接待工作坚持抓好饮食、住宿、行车、安全关键环节，先后承担或者参与接待省长许达哲、省委副书记乌兰、省军区司令员黄跃进、常务副省长陈向群、省政协主席李微微、省政协副主席戴道晋、省检察院检察长游劝荣、市委书记周德睿等上级领导及考察团体70余次。不断健全和完善保密工作各项规章制度，强化责任，注重防范，加强教育管理，确保保密工作万无一失。全面深化改革工作坚持问题导向、重点突破，梳理石门县全面深化改革工作进展情况，全县39大项132小项改革工作任务均按上级要求部署推进落实。对纳入全省绩效评估的16项重点改革工作进行工作调度，确保按期完成工作任务。对学校联盟化发展、城乡环卫一体化PPP项目等工作开展调研，对学校联盟化发展和山区党员教育等工作进行经验总结与推介。

政策落实与中心工作。2017年，围绕县委重大决策，扎实推进招商引资、脱贫攻坚、全面小康等中心工作。招商引资方面，引进城区和皂市澧水流域淹没区光伏项目，总投资达24.5亿元。脱贫攻坚方面，年初成立驻壶瓶山镇桐木山村、壶瓶山村帮扶工作队，陈卫军任队长，并各派驻1名驻村帮扶工作队员，全程脱产驻村开展扶贫工作，取得较好成绩。桐木山村完成危房改造9户，每户补助3.5万元；异地搬迁1户；为38户发放金融贷款分红19万元；硬化村道3.3千米，整修1.5千米；采取以奖代补方式，鼓励发展养殖业，湘佳牧业合作养殖土鸡第一批3000羽出笼。壶瓶山村完成危房改造8户16人、易地搬迁6户23人；为40户建档立卡贫困户办理小额扶贫贴息贷款，每年享受1600元利息分红，连续享受3年；组织县红十字会医院到壶瓶山村开展义诊，并为35人减免医疗费用近19万元。全面小康方面，以跻身全省三类县全面小康先进行列为发展目标，有序推进全面小康工作，重点针对贫困发生率、金融机构各项贷款增长率、每千名老年人口养老床位数等短板指标，认真开展调研，加强数据分析，及时督促指导，确保各项指标达到小康目标值。严格对照省、市考评标准，完善对县直相关部门及乡镇（街道）的全面小康指标考评体系，考评情况纳入全县绩效考核。

后勤管理与自身建设。2017年，不断改善办公条件和优化办公环境，投资40万元对各办公室进行装修升级，投资10万元安装视频会议系统等。切实加强院内管理。为确保县委机关大院的安全，投资10万元升级监控视频系统和门禁系统。在“两会一节”、党的十九大等特护期内，加强对外来车辆和外来人员的管理。认真落实干部职工包保责任，在多次民调工作检查中，县委办在全县22个党委系统单位中保持第一的位置。严格落实财务制度，始终坚持“三公”经费公开，全力推进各项工作按财务制度、按规章进行。围绕加强自身建设，认真落实“三会一课”制度，组织“两学一做”常态化制度化学习和“主题党日”活动，扎实开展在职党员进社区活动，做到活动经常化。完成机关支部换届工作，选出机关支部书记。加强干部职工作风建设，协助县纪委完成县委办领导班子成员党风廉政建设职责分解，扎实做好“两个责任”谈心谈话工作，并经常组织干部职工观看警示教育片，学习各项纪律要求。编印《业务工作流程》（试行本）和《制度汇编》（试行本），要求全体干部职工严格按流程办事、按制度管理，做到业务工作规范化、精细化。深入开展读书月系列活动，成立县委办机关读书会，每月集中开展一次活动，活动内容主要包括推介一本好书、交流读书心得、开展“微讲座”、撰写调研报告和读书心得体会等，举办读书会5期，取得明显效果。开展选优推优。2017年，推荐正科级领导职务（含交流任职）3名，副科级领导职务1名，乡镇副职2名，副主任科员1名；招录2名研究生公务员，2名研究生事业单位工作人员；2名年轻干部选调至市经济开发区、市发改局工作。

【举办读书会活动】2017年11月21日，县委办举办11月读书会活动。县委常委、县委办主任胡杰出席活动并讲话。市政协办公室副主任、中青年干部读书会会长夏孝涛参加活动，与县委办读书会成员交流读书会经验。市政协定期开展读书会活动，要求读书会成员完成精读一本理论书籍等“八个一”任务，并开展形式多样、内容丰富的活动，为机关干部打造一个良好的学习、交流和实践平台。胡杰对市政协读书会成员到石分享经验表示欢迎和感谢，并寄语县委办全体读书会成员，要珍惜机会、勤于学习，做到学有所思、学以致用、学有所成，不断提高自身开口能说、提笔能写、遇事能办的能力，不断促进办公室工作再上台阶、再上水平。

（县委办公室）

组织工作

【概况】2017年，县委组织部贯彻全市组织部长会议和县委经济工作会议精神，围绕中心、服务大局，主动担当、奋发实干，基层党建工作、干部教育培训、年轻干部培养、干部选任调配、干部档案管理、干部管理监督、人才队伍建设等各项工作取得成效。

基层党建工作。①村（社区）“两委”换届。全县村（社区）干部总数1507人，交叉任职626人；村（社区）干部平均年龄46.5岁，35岁及以下的年轻干部214人，占14.1%，较上次换届增加10.3%；大专及以上学历266人，占17.6%，较上次换届增加13.8%，班子结构更加合理，人员配置更加优化。②落实管党治党责任。在乡镇区（街道）、县直单位党组织书记中全面推行专项述职制度，引导各级党组织书记编制党建工作任务书，下发至每个支部，分月、季、半年、年，提醒必须按时完成的党建任务，把党建工作纳入全县绩效考核，实行考评结果与评先评优、干部提拔使用挂钩。③做好软弱涣散党组织整顿。对全县29个软弱涣散村（社区）逐一列出“责任清单”，采取县领导联系、部门帮扶、干部蹲点等措施，明确整改措施和责任分工，实行一月一调度，一月一通报，对抓工作能力不足、不胜任现职的村党支部书记坚决调整撤换，逐个攻坚整顿、逐个转化提高。④推进农村综合服务平台建设。全县第一批133个村级综合服务平台项目建设基本完成，第二批开建。⑤加强党员队伍教育管理。把牢党员发展“入口关、质量关”，进一步优化结构比例，发展340名党员；精心部署党员冬春训工作、有序开展“主题党日”活动，党员日常教育进一步规范。⑥打造“党建品牌”。积极推行农村社区化服务管理，建立“3+X”农村社区治理模式，组建“党员先锋队”开展志愿服务活动。全县成立“党员先锋队”331支，队员3256名，累计开展服务8000余次，进行宣讲1500多次；实行村干部专职化管理，探索构建村干部岗位专职化、选拔多元化、报酬工薪化、培训专业化、成长持续化、管理规范化的职业管理体系。2017年，全县村级运转经费标准达到村平20万元，村党支部书记基本报酬达3万元，村干部“三险两金”全部保障到位；注重选树先进，南北镇薛家村“名誉村主任”王新法被追授为“全省优秀共产党员”、全省“扶贫楷模”，莱士单采血浆站职工周先朋当选为中国共产党第十九次全国代表大会代表，南北镇薛家村成为全市党性教育示范基地。在年底考核中，全县基层党建工作跃居全市第一。

干部教育培训。2017年，组织开展6期十八届六中全会专题集中轮训班、2期科级干部进修班和1期中层骨干轮修班，共培训干部1049人次，做好上级组织的调训工作；出台《关于加强乡局级领导班子思想政治建设的意见》，切实解决换届后领导班子思想政治建设工作存在的突出问题，提高领导班子和领导干部的执行力。

年轻干部培养。建立选派优秀年轻干部到“五个一线”培养锻炼的工作机制，选派58名年轻干部到五个一线岗位培养锻炼，出台《中共石门县委组织部关于印发〈2017年石门县脱贫攻坚和五大会战观察员工作方案〉的通知》，派出六个观察组到一线全程跟踪考察了解干部表现情况，掌握第一手资料，为县委了解和使用干部提供参考依据；开展14次座谈会，专题调研年轻干部培养工作，向市委报送23名县处级副职后备干部和12名优秀年轻干部名单，推荐5名干部到市直机关跟班学习。

干部选任调配。完成政府工作部门正职随届任免，配齐乡镇（街道）、县属国有企业和县委巡察机构领导班子，调整补充部分县直单位正职，统筹推进县管领导班子调整配备工作。全年调整干部11次，涉及干部653人，提拔重用298人，其中新提拔正科级领导干部65人、副科级领导干部169人，35岁以下年轻干部90名，提拔2名30岁以下年轻干部任党政正职，班子年龄结构逐步年轻化。结合干部调整交流，通过严格控制新超职数、转任空缺职位、调整不胜任现职干部、改任非领导职务等消化超配干部52名。

干部档案管理。制定下发《关于进一步规范干部档案材料报送的通知》，坚持做到“五拒查”“四拒借”“三拒转”，全年核收应归档材料1.6万份，转递干部档案67册；对2971名干部追补材料逐份甄别、审查认定，1323名干部“三龄两历一身份”的认定签字到位；对423名拟提拔重用干部的档案进行任前审核，其中因档案资料不实取消任职资格或停止考察6人，暂缓提拔重用21人，2名干部涉嫌档案造假移送县纪委，1名干部因档案学历问题发函到其所在单位党委给予处理。按要求完成正科级以上干部信息录入。

干部管理监督。出台《关于清理违规借调干部的通知》《关于进一步规范机关事业单位一般干部调动的通知》《关于进一步规范干部推荐工作的通知》《关于推荐优秀干部的通知》《干部选拔任用全程纪实操作办法》，完善对干部调动，推荐，选任等各个环节的监督工作；严格落实干部监督工作联系会议制度，构建“大监督”格局。收集干部受党纪政纪查处等信息171条，对10名党员干部进行提醒、诫勉、函询；加大因私出国（境）管理力度，全年收缴出国境证照431本，审批出国境40人；强化审计监督，对9名科级领导干部下达经济责任审计委托书；认真做好离岗创业复岗人员的清理工作。对相关单位的22名离岗创业人员发函进行清理规范，其中7人返岗，7人辞职，2人已调任，1人办理退休手续；认真做好信访调查与回复。接待干部群众来访29件，接待群众上访40余人次，共反映问题29条，完成省市组织部门及领导交办件6件，公示期间信访5件，及时办理完结信访27件，做到件件有着落、事事有回音。

人才队伍建设。2017年，全县招录公务员92名；抓好人才引进工作，全年引进全日制硕士研究生72名；抓好科技特派员工作，全年选派37名农业科技特派员驻点122个贫困村开展农业科技服务，支持省派科技特派员开展工作。2017年，省、县科技特派员采取集中讲座、田间指导等方式对贫困地区群众进行培训，培训茶农400多人次，发放技术资料1000多份，石门县题为《四＋模式培育农村实用人才　助力脱贫攻坚》的案例获评“2017年全国人才工作创新案例最佳案例”。

调研信息宣传。出台《2017年度部机关调研信息工作考核办法》，从制度上强化保障，全年在中央级网站上稿1篇，在省级刊物上稿12篇，在市级刊物、网站上稿270余篇，其中三篇文章分获市委组织部“真言”评比二、三等奖；组建乡镇（街道）年轻干部写作队伍，全年在“石门党员教育”微信“组工言论”版块择优选登乡镇信息员文章35篇；在全县范围内开展“干部成长感恩谁”征文活动，收到稿件130余篇，择优选登12篇，评选出一、二、三等奖共10名。全方位宣传王新法先进事迹。王新法先进事迹专题片《六塔山上党旗飘》获全市教学资源片评比一等奖，《“名誉村长”王新法》资源片被列为“红星云”教学视频，并代表省委组织部参加全国教学资源片评比。《“名誉村长”王新法》解说词于9月在《党员电教远程教育和党的生活》刊载，视频素材先后被中央电视台、湖南卫视、河北卫视等媒体采用；石门党建网、“石门党员教育微信”分别开辟“传承新法精神，争当党员先锋”专栏，营造“向王新法同志学习，坚决打赢脱贫攻坚战”的浓厚氛围。教学资源片摄制工作。完成《一腔赤诚报桑梓》《有机茶科学培管加工技术》大部分素材拍摄、《百姓的“贴心医生”》微视频素材整理工作，拍摄制作专题片《黎静：致富不忘桑梓》，全面推介三圣乡山羊冲村村主任黎静带领村民决战脱贫攻坚、共建美丽乡村的先进事迹。

抓党建促脱贫工作。2017年，全县将脱贫攻坚作为最大的政治任务和民生工程全面推进，实现县级领导包联、驻村工作队帮扶、党员干部结对帮联“三个全覆盖”，在村（居）“两委”换届中选优配强村级班子，选聘34名“名誉村主任”到村任职，选派37名科技特派员到村服务，招录72名研究生到急需岗位工作，充实脱贫攻坚力量。坚持在脱贫攻坚一线培养选拔干部，80人因工作突出得到提拔重用。严肃执纪问责，实行“五个一律”，180人因工作不力受到党纪政纪处分。凝聚社会力量助力脱贫攻坚，推动各级党组织抓项目带动脱贫攻坚，组织龙头企业帮助产业兴村。全县规模企业和有实力、有爱心的民营企业都参与脱贫攻坚，联系帮扶贫困村。石门县抓党建促脱贫攻坚“八项行动”文件被市委组织部全文转发，在全市作典型发言。

【全县“两新”组织党建工作】2017年，为做好全县“两新”组织党建工作，县乡按要求成立领导班子和工作班子，各乡镇区（街道）除明确组织委员为“两新”组织党建工作第一责任人外，分别选配一名组织工作经验丰富、熟悉本乡镇区（街道）情况的年轻干部担任“两新”组织党建工作专干，为“两个覆盖”顺利开展提供必要的人员保障。“两新”组织党组织组建涉及的各个环节，县“两新”工委均下发了指导模板，统一组建流程，“两新”工委借助微信、QQ等方式与“两新”组织党组织和一线党建指导员进行实时沟通，对推进“两个覆盖”工作中所遇到的问题，进行及时、准确指导。实行台账动态管理，通过数据共享，及时掌握非公企业和社会组织党组织组建、撤销、调整情况和新建、并转、注销等基本情况。全县非公经济组织281家，建立党组织179个，党组织覆盖率为75%；社会组织157家，建立党组织77个，党组织覆盖率为70%。选派180名党建工作指导员联系指导全县所有“两新”组织，实现“两个覆盖”。

【“两学一做”学习教育活动】2017年，“两学一做”学习教育坚持从县委常委会做起，所有党员县级领导、各单位领导班子成员做到“八个带头”，用示范表率作用带动广大党员积极参与“两学一做”学习教育。把“两学一做”学习教育与脱贫攻坚、便民服务、项目建设相结合，促进广大党员讲好石门话、干好石门事，以实际行动践行“两学一做”学习教育，做合格党员。明确21名党性教育报告员，每名报告员上3次党课。坚持以考促学，在全县组织广大党员进行“两学一做”及基层党建基本知识测试，进一步巩固学习教育成果。

【农村党员创业致富茶叶实用技术培训班】2017年6月14日，县委组织部、县农业局在太平镇联合举办2017年第一期农村党员创业致富茶叶实用技术培训班，邀请省派科技特派员、省茶叶研究所副所长、研究员王沅江课堂讲授茶树主要病虫害识别与绿色防控技术。全镇部分支村两委成员、小组长、党员创业致富示范户、茶叶种植大户、贫困村“第一书记”、建档立卡贫困户约130人参加培训，县委组织部副部长、县委非公有制经济组织和社会组织工作委员会书记易小军参加开班仪式并讲话。易小军强调，举办农村党员创业致富实用技术培训，是落实抓党建促脱贫攻坚工作的重要措施，是实现各村都要培育一个以上主导产业，培养一名以上党员创业示范户，再由党员示范户带动群众共同致富目标的有力抓手，是形成村村有主导产业、户户有致富门路良好局面的有效途径，参训学员要学有所获、学以致用、用以促学、学用相长。上午，王沅江结合石门山区实际，从茶树病虫害发生情况、茶叶主要病虫害科学防治方法两个方面，通过PPT生动形象、深入浅出地为参训学员讲授茶叶实用技术。下午，王沅江到周家冲茶园现场为茶农解答茶叶病虫害防治、栽培管理、科学采摘等有关知识，通过双向互动，释疑解惑。课堂讲授加田间学校的培训方式既生动直观又通俗易懂，好学好记、实际实用，可为全县茶叶产业注入科技含量，大力提高茶叶品质。

（县委组织部）

【全县村（居）“两委”换届选举工作动员暨业务培训会议】2017年3月7日，在兰园会议中心召开，县委副书记邓碧波出席会议并讲话，会议由县委常委、组织部部长、县直机关工委书记李绍南主持。会上，县委副书记邓碧波代表县委对村（居）“两委”换届工作提出三点要求：一是务必高度重视，切实增强做好村（居）“两委”换届工作的责任感和使命感；二是务必抓住重点，有力有序开展换届选举工作；三是务必精心组织，确保换届工作圆满完成。

会上，县委组织部副部长易小军、县民政局副局长杨瑞良分别就村（居）党组织换届选举工作及村（居）民委员会换届选举工作进行业务培训。各乡镇区（街道）党（工）委书记、夹山管理处党委书记及各农林场党组织书记，围绕辖区村（居）“两委”换届选举形势进行分析研判，对存在的突出问题以及需进一步明确的问题进行发言。李绍南针对各单位提出的问题进行解答，县直责任单位代表也就提出的问题表态发言。李绍南强调，村（居）“两委”换届工作，省委、市委、县委都非常重视，任务非常艰巨，要求也非常高，要进一步深化认识。就如何开展好村（居）“两委”换届选举工作，要求做

石门县“3+X”村民小区自治现场推进会

到:精准研判,防控风险;实事求是,科学把握;严格程序,严谨操作;强化领导,上下同力。党委、党委书记要履行主体责任,严肃纪律,确保换届风清气正。

(易　旭)

【全县"3+X"村民小区自治现场推进会】2017年10月12日,县委组织部在易家渡镇召开全县"3+X"村民小区自治现场推进会,县委常委、组织部部长、县直机关工委书记李绍南参加会议并讲话,全县各乡镇区(街道)组织委员、夹山管理处党建工作分管领导、农林场党组织书记参加会议。与会人员观看易家渡社区居民自治小区广场舞,参观易家渡社区阵地建设,观摩了易家渡社区党员和居民代表会议。在现场会上,易家渡镇就辖区"3+X"村民小区自治工作开展情况做详细汇报。李绍南强调,"3+X"村民小区自治工作,是按照中央精神要求,按照实践需要的一项工作,是群众自治服务管理的一个新探索,是基层党建工作的一种新机制,是未来农村发展的新趋势,是受广大人民群众欢迎的,能够为全县的基层发展带来和谐新局面,全体党员干部一定要充分认识到该项工作的意义。各级党组织要高度重视,指导抓、推动抓,村支两委要落实主体责任,要充分扩大群众的参与度,要让该项工作常态化、制度化。

(陈勇利)

宣传工作

【概况】2017年,全县宣传思想文化战线围绕中心、服务大局,意识形态、理论创学、新闻宣传、文明创建、文化活动等工作扎实推进,取得良好成效。

意识形态工作。意识形态工作责任制落实落细。出台《石门县党委(党组)意识形态工作责任制实施细则》《石门县党委(党组)意识形态工作责任制考核办法》,签订《党委(党组)意识形态工作责任书》,主体责任压紧压实。印发《关于加强全县微博微信建设与管理的实施办法》,召开2次微信公众号、微信群、企业微博等自媒体负责人会议,约谈提醒5人,通报典型案例2起,对一起随意删改传播涉及脱贫攻坚文章事件进行严肃处理。全县全年未发生一起意识形态领域重大问题,未出现重大舆情。

理论创学活动。2017年,组织县委学习中心组集中学习7次,先后邀请党的十九大代表周先鹏、省委网络安全和信息化领导小组办公室副主任屈贵全、市委宣传部部务会成员刘桂平、市委党校教授丁国华等做专题报告,重点学习党的十九大精神、意识形态工作责任制等内容。挂牌成立县社科联、县委讲师团,建立"石门县理论学习双向反馈系统"。在学习宣传贯彻党的十九大精神过程中,求实创新,以党的十九大代表周先鹏领学、党的报告员讲学、驻村扶贫工作队送学等形式开展宣讲120余场次,宣讲做法被省委宣传部在全省推广。抓好《习近平总书记系列重要讲话读本》等理论读物的学习使用工作,开展"讲话精神进基层"活动。县委宣传部副部长李飞撰写的《长征:主义之征》获全省"社会主义有点潮"征文活动一等奖。

新闻宣传工作。成立县新闻中心,配齐配强新闻宣传队伍。在中央、省、市各级主流媒体上稿500多篇条,其中新华社、《人民日报》等大报大刊25篇,中央电视台6条,《湖南日报》近80篇,湖南卫视新闻联播30多条,《常德日报》头版头条22篇。推出全国重大典型全国道德模范提名奖、全国脱贫攻坚模范王新法。成功举办"精准脱贫在石门"网络主题活动,微博话题主页阅读量突破1800万人次,红网《精准脱贫好故事　网眼看石门》专栏点击量超过20万人次;"石门橘子红了"入选2017年新浪十佳政务微博话题榜。成功组织央视"跨年迎新"直播活动,罗坪长梯隘作为全国5个直播点之一,连续三天亮相中央电视台。

文明创建工作。出台美丽乡村示范县建设方案,提出"乡风民风、人居环境、文化生活"三个美起来,实现美丽乡村全域覆盖,努力打造宜居宜业新石门的总体目标。受邀参加全国农村精神文明建设工作经验交流会、全国精神文明建设简报信息工作座谈会并做书面经验介绍。南北镇罗来彬家庭获2017年"全国最美家庭"称号。大力倡导移风易俗,扎实推进城乡文明赈酒工作,通过宣传倡导、部门协力、村民自治,全县文明赈酒风气渐浓,乡风文明蔚然成风,经验做法在全市推介。扎实开展未成年人思想道德建设,开展"美德少年"评选、"百童千诗颂中华"、道德讲堂进校园等活动。维新镇、南北镇薛家村、三圣乡山羊冲村等3个村镇获评全国文明村镇。楚江街道龙凤社区、荷花社区获评全省文明社区,县民政便民服务中心获评省级文明窗口。在市级文明单位评选中,县公安局获评文明标兵单位,县林业局等4个单位获评文明单位,县政务服务中心等5个单位获评文明窗口,维新镇古城提村等2个村镇获评文明村镇,宝峰街道天供社区等4个社区获评文明社区。启动县级文明单位评选,评选出20个县级文明标兵单位、20个县级文明单位、16个县级文明村、18个县级文明社区。全省县城文明程度指数测评排名全市第一。

文化工作。成功举办"欢乐潇湘"群众文化活动、第十七届湖南石门柑橘节暨文化旅游周等活动。歌曲《等在桑树边》《你别走》获全省"五个一工程"奖,《你别走》获湖南省"新人新歌"金奖并作为全省"欢乐潇湘"优秀节目展演。小说集《灯草花儿黄》获得第十届丁玲文学奖,散文集《天不在意》获提名奖。小说《人之将死》获第三届常德原创文艺奖。大鼓《斗智》获常德市第十一届鼓书擂台赛金奖。一批书法、篆刻作品先后入选国展。组织申报、评审完成第三批县级非物质文化遗产名录,土家山歌、九子鞭、摆手舞等非遗项目进校园成为常态化。扎实推进石门宜红古茶道万里茶道申请世界文化遗产工作,石门泰和合茶号、古茶道水南渡段、夹山寺等入选《万里茶道(中国段)申报文本》名录。石门县与湖北五峰、鹤峰合作开展保护与申遗工作,签订《三县宜红古茶道遗址遗存保护、研究、开发、利用协作书》。着力"文化+"做强文化产业，发展桔子影城等文化企业5家，拉动投资3500万元，增加璞谷等一批规上文化企业，全县规上文化企业产值突破20亿元，较2016年增长25%以上。全面完成25个全国贫困地区村级综合文化服务中心示范点建设任务，通过以点带面，全县144个村建成村级综合文化服务中心，覆盖率达50%。

（曾张令、董明坤）

【"精准脱贫在石门"网络主题活动】 2017年12月27日，由湖南省委网信办、省扶贫办牵头的"精准脱贫在石门"网络主题活动在石门县举行，并召开座谈会。省委网信办副主任屈贵全，红网新媒体集团党委副书记、总编辑贺弘联出席座谈会并讲话。

"精准脱贫在石门"网络主题活动期间，红网、华声在线等媒体记者和一批网络大V齐聚石门县，通过网络大V独特视角和传播优势，全方位展示石门县脱贫攻坚重大成效，营造良好的扶贫攻坚舆论氛围。为更加深入了解全县脱贫攻坚成效，在两天时间里，媒体记者和网络大V一行到新铺镇、太平镇、维新镇等地，参观光伏发电，土鸡养殖基地、吊瓜种植基地、异地搬迁集中安置点等扶贫项目。并通过微信、微博、直播平台等网络媒体进行实时播报，吸引大量网民留言互动，转评点赞。

红网、时刻新闻首屏首页同步推出《精准脱贫好故事网眼看石门》专题，总点击量超10万人次；推出《用"精准精诚"实现"石门开门"——石门县精准脱贫攻坚的网络观察》《巧用新媒体扶贫是一门"必修课"》等多角度系列报道，并分别刊发《老程养鸭尝甜头幸福日子有盼头》等报道，讲述一个又一个"精准扶贫好故事"。人民网、新华网刊载《湖南石门产业扶贫扶起村民致富梦》《"悠悠万事，脱贫为大"——湖南石门县产业扶贫见闻》等报道，引发热烈反响。

（编辑部）

统战工作

【概况】2017年，全县统一战线紧扣中心，服务大局，凝聚共识，汇聚力量，积极促进政党关系、民族关系、宗教关系、阶层关系、海内外同胞关系和谐，统战工作组织和党外代表人士队伍建设、同心工程、民族宗教、对外交流、宣传调研等各方面工作取得良好成效。

统战工作机制建设。出台《中共石门县委关于成立县委统一战线工作领导小组、县委外事侨务港澳工作领导小组及调整县委对台工作领导小组、县委民族宗教工作领导小组组成人员的通知》《中共石门县委关于深入开展县委常委、党员副县长与党外代表人士、非公有制经济代表人士交朋友活动的通知》，成立县委统一战线工作领导小组，由县委书记谭本仲担任组长，定期召开领导小组会议。建立健全领导干部同党外代表人士谈心交友制度，为18位县委常委、党员副县长联系了54名党外代表人士开展交友活动。县委常委、统战部部长刘颖在县委党校为中层骨干轮修班学员授课，围绕党的十九大精神讲述统战工作的基本理论和石门县统战工作的基本情况。

党外代表人士队伍建设。成立民革石门小组和九三学社石门小组。认真做好党外代表人士的培养、选拔和安排，按要求配齐17个重点政府工作部门的党外领导干部，解决多年未解决的县检察院党外副检察长的配备问题。选聘34名非公经济代表人士担任首批名誉村主任，为其搭建参与社会管理、奉献爱心的平台。评选出盛克礼等10名优秀名誉村主任。选聘40名党外代表人士担任16个司法部门和政府职能部门的特约监督员，9月6日，举办特约人员培训班，聘请县纪委副书记马攸胜做专题辅导。评选出田和平等10名优秀特约人员。完成县政协委员届中增补工作。积极推荐党外代表人士担任各级人大代表、政协委员，其中6名党外代表人士被评为全县"优秀人大代表"，22人被评为"优秀政协委员"，16名党外政协委员被评为全县"脱贫攻坚先进个人""参与'三个一'扶贫行动功臣"。两次组织6名新社会阶层人士到常德市社会主义学院进行专题教育培训。

同心工程。开展"访民企、办实事、强信心"行动，推动非公有制企业适应新常态，谋求新发展。以"凝心聚力谋发展，合作共赢新作为"为主题，举办非公经济人士迎春茶话会。县工商联获全国"五好"县级工商联称号。扎实推进同心工程建设，制作《同心·共筑》宣传片。新合作建材家具城商会、李坪村分别被评为市级"同心项目""同心乡村"。

民族宗教工作。积极开展"中国少数民族特色村寨""美丽少数民族村镇"创建申报工作。壶瓶山镇泥沙居委会被确立为第二批"中国少数民族特色村寨"，山羊冲村获评全省第三届"美丽少数民族特色村镇"。争取少数民族项目资金499万元。主动教育引导少数民族经营户配合城市创建工作。维护民族宗教领域和谐，深化民族团结进步创建活动，集中开展宗教领域问题大排查、大整治。

对外交流。会同县有关部门组织开展"两岸小学生书画作品交流""给台湾小朋友写封信"征文活动。配合有关部门开展"两岸一家亲·筑梦桃花源"常德籍台胞及后裔返乡行和常台青年大学生交流活动。做好全国政协常委、民革中央副主席郑建邦，台湾食品行业专家、华祺集团董事长林延祺，台湾著名诗人郑愁予等到石接待工作。完成县侨联换届。筹备成立留学生联谊会，为石门籍海外留学生交流沟通、锻炼成长搭建平台。加强与海外华人华侨联系，宣传石门县的发展变化，促进对外交流与合作。

宣传调研。组织开展各种形式的宣传活动，在全县营造关心、了解、支持、重视统战工作的良好氛围。深入开展理论研究，以统战调研推动统战理论创新和工作创新，形成以统战部门、党外代表人士共同参与的统战调研工作格局。召开统一战线代表人士座谈会，形成14篇高质量的调研材料，为县委、县政府科学决策提供重要参考。石门县统战业务工作、信息工作均获全市先进。

脱贫攻坚。引导全县200多名非公经济代表人士投入产业扶贫和公益扶贫，组织成立“同心志愿服务团”，分赴全县12个贫困村开展结对帮扶活动，成为脱贫攻坚的一支生力军。积极争取省市相关部门及长沙常德商会、温州市湖南商会、河南常德商会、湖南开源集团、香港轩辕教育基金会等社会各界爱心人士对石门县脱贫攻坚工作的支持。以“扶贫向善、传承大爱”为主题，在上海大学举行上海石门商会工作联谊会暨王新法爱心基金启动仪式。壶瓶山镇李坪工作队被评为全县“优秀工作队”，县委统战部副部长覃平方被评为“扶贫功臣”，新合作建材家具城商会会长盛克礼被评为“扶贫功臣”。

（刘　青）

【全县名誉村(居)主任暨特约人员聘任大会】2017年6月28日，全县名誉村(居)主任、特约人员聘任大会在县广播电视台演播大厅举行，大会由县委副书记邓碧波主持，市人大常委会副主任、县委书记谭本仲出席会议并为34位名誉村主任颁发聘书，县领导刘颖、胡杰、胡中华出席会议，特约人员聘任单位负责人，各乡镇、街道办分管统战工作的负责人，县直副科级以上单位主要负责人，县工商联常执委及分会代表，慈善义工分会代表，新合作建材家具城商会、石门邵阳商会等方面的代表参加会议。县委常委、统战部部长刘颖在会上发表致辞。

聘任大会以“同心·聚力·共筑”为主题，与会人员集中观看全县脱贫攻坚视频短片。刘颖致辞中强调，全县脱贫攻坚工作到了攻城拔寨的关键时刻，县委提出“三个一切”的要求，全县非公经济人士积极响应，添砖加瓦，鼎力相助，回乡担任名誉村主任是最具情怀的表现方式之一，希望名誉村主任把到村任职当作履行社会责任的重要舞台、企业发展的重要机遇、人生历程的重要阅历，把“名誉”当成“荣誉”，把“荣誉”当作“责任”，帮助所在任职村理清发展思路，拓展发展路径，发展集体经济，促进群众增收；希望受聘的特约人员牢记使命、大胆履责，紧紧围绕脱贫攻坚，在人民群众关心的热点、难点上动脑筋、想办法，积极献言献策，加强民主监督，营造更加公正公平的发展环境，更好地服务和促进县域经济快速健康发展。

全县34位名誉村(居)主任接受谭本仲颁发的聘书后，集体在主席台上进行庄严宣誓，并分别向县委常委、组织部部长李绍南递交承诺书。会上，名誉村主任代表王中炯、盛克礼，雁池乡党委书记晏学文、廖家冲村村主任刘湘芝，特约人员代表县食药工质监管局局长彭进武等分别表态发言。县政协副主席、县工商联主席、县总商会会长覃惠敏宣读《非公经济人士倡议书》。广东省湖南石门商会秘书长胡盛美代表会长彭国徽向南北镇政府捐赠20万元。县委副书记邓碧波在会上发表讲话，希望石门统一战线把理想信念教育实践活动、同心工程创建活动、“两学一助”活动、感恩回报社会活动与脱贫攻坚结合起来，鼓励大家到乡村搞调研、献良策，到乡村建基地、办工厂，到山村建网络、搭平台，到山区献爱心、搞公益，积极开展产业扶贫、定点扶贫、教育扶贫、公益扶贫、智力扶贫。

（编辑部）

全县名誉村(居)主任、特约人员聘任大会

【郑建邦参加郑洞国教育基金会第十届园丁奖和助学金颁发活动】12月2日至3日，全国政协常委、民革中央副主席郑建邦到石门县参加郑洞国教育基金会第十届园丁奖、助学金颁发活动。郑建邦一行先后前往石门一中、磨市镇洞国学校和夹山镇完小，为三所学校获得郑洞国教育基金会第十届园丁奖、助学金的176名优秀师生颁发奖金和助学金，共计58.4万元。

（刘　青）

对台工作

【概况】2017年，中共石门县委台湾工作办公室(简称石门县委台办)全面贯彻习近平总书记关于对台工作新思路、新思想、新方略，秉持“两岸一家亲理念”，对台交往联系紧密、涉台经贸活跃、涉台服务细实，全县涉台工作呈现新局面。

对台交流。石门县台办坚持线上和线下沟通相结合，持续与台胞、台属、陆配老朋友保持良好的沟通联系，全年接待返乡台胞、陆配80多人次。持续6年向台湾同胞、陆配邮寄春节慰问信函200多封，巩固了与在台乡亲的联系，促进了石门台湾两地乡亲心灵契合。开展形式多样、内容丰富的对台交流活动，如两岸小学生书画作品交流活动、“给台湾小朋友写封信”征文活动、“走进台湾社区、了解台湾社会”交流活动，配合省市台办开展了“两岸一家·亲筑梦桃花源”2017年常德籍台胞及后裔返乡行和常台青年大学生交流活动，50多名常德籍台胞及后裔、陆配和100多名青年大学生、两岸媒体记者，分别于7月8日和8月28日，参访石门县夹山寺，共赏夹山美景、感受禅茶文化，在交流体验融合中强化中华传统文化认同和民族认同。

涉台经贸。促成签约的招商项目破土动工。1月16日，台办招商服务企业——石门县肉制品供应链及深加工项目开工，该项目计划总投资1.35亿元，分两期建设，项目建成后，预计可实现年产值5亿元，年缴税收2000万元，新增就业岗位1000个。促成台商到石考察野生葛产业。5月26日，台湾食品行业专家、华祺集团董事长林延祺和常德祺康农副产品开发有限责任公司总经理康立新专程到石考察了野葛产业资源，到维新镇崔家井村野葛移植基地和开发加工野葛产品的石门犟哥公司土特产专营店，对野葛生产、加工、销售进行实地考察，并与石门种葛大户及长期从事野葛开发加工的犟哥公司经理陈石新建立联系，达成初步合作意向。

陆配管理。开展走访慰问。春节期间给在台陆配邮寄春节贺卡100多封，接待返乡陆配50多人，走访慰问陆配家庭30多户，发放慰问金1万多元。真诚提供服务。通过微信、QQ等社交平台，开展线上线下服务，对于陆配及家庭求助事项，及时回复解决。全年为陆配提供政策咨询服务20多次，服务涵盖办证、签注、小孩读书及投资、置业等多个方面。培养推荐2名典型。陆配陈立云，自立自强，在台湾自己种植经营3.5亩红心火龙果、30亩越光米，尊老爱幼，赢得夫家大家庭的尊重，还积极担当两岸交流使者，促进了两岸融合。2017年5月，湖南省台办策划，湖南省广播电视台和湖南省卫视联合在台拍摄大型电视专题片《两岸情　一家亲——湘女在台湾》，陈立云当选“十佳湘女代表”之一；陆配唐美霞，一直致力于环保宣传推广，带领社区居民做环保，志愿者队伍越来越大，环保足迹从乡村推进到城区，影响大。在县台办推介下，她被石门县环保局聘任为特约监察员。

两岸儿童绘画艺文交流合影

涉台救助。认真细致对待每位台胞台属诉求和求助，帮助两岸乡亲开展寻亲服务，积极解决困难。关注民生、开展涉台救助。全年救助涉台特困人员近60人次，其中市级救助5人，县级救助50多人次，救助金额达5万多元。依规依程序处理一起台胞突发去世事件，逝者亲属十分感动。

涉台宣传。全年被省市级涉台信息平台采用信息近50条，其中30多条信息被中国台湾网、湘台连线采用，宣传信息工作考评位居全市第一。

脱贫攻坚。着重围绕“一超过、两不愁、三保障”和“精准扶贫、巩固提升”总目标，主攻“三率一度”，扎实推进扶贫各项工作。推进茶叶产业扶贫。投入146万元，发展壮大茶叶产业，其中，投入资金123万元，新建了村标准化茶厂一座；投资18万元，帮助全村茶园实行有机转换。宣传落实住房、医疗、义务教育保障政策。全村14个易地搬迁户、22个危改户房屋全部竣工验收，搬迁入住。贫困人口100%参加“新农合”、购买“扶贫特惠保”、住院实现“先诊疗，后付费”和“一站式结算”；所有建档立卡户的贫困学生得到“一对一”结对帮扶，享受不同教育阶段对应的教育资助政策。完成道路、安全饮水基础项目建设。通过民主评议、公示公告程序，对应纳应退建档立卡贫困户实行精准识别，通过开展“一卡二讲三会四必访”活动，群众对于扶贫政策知晓度、帮扶措施满意度较高。

【石门县小学生绘画作品在台湾展出】2017年，经过数月筹备，“两岸儿童绘画艺文交流展”在台湾彰化展出，展出时间7月1日至7月28日，来自台湾、上海、湖南、山东等地小学生作品参展。作品主题为“我的家乡”，其中石门县有16幅小学生作品组成一个专栏参展，石门县参展作品以细腻的笔触、精美的画风向人们展示了石门县美丽的自然生态和柑橘、茶叶等丰饶的物产资源及富有土家特色的少数民族文化生活。7月8日上午，“两岸儿童绘画艺文交流展”主办方举办开幕仪式，台湾彰化住民、学校师生及众多书画爱好者前往参加开幕式。在开幕式上，原石门籍居台湾的陆配陈立云的女儿代为朗读石门县小学生写给台湾小朋友的书信，向台湾小朋友介绍石门县美丽的自然风光，热忱邀请台湾小朋友到石门做客。

（县台办）

政法工作

【概况】全县政法系统有县公安局、县检察院、县法院、县司法局、县森林公安局、县公安局交警大队、县综治办等8家。在编在岗政法干警675名，政法机关共设有135个二层政法机构，其中公安局有23个基层派出所，法院有5个基层人民法庭，司法局有20个基层司法所，森林公安局有3个基层森林派出所，交警大队有8个基层中队。公安局部分内设机构和所有派出机构、基层法庭、森林公安派出所均为副科级机构，上述机构正职均为副科级。交警大队下设的中队长、指导员高配为副科级。

县委政法委人员机构情况。县委政法委内设综治办、稳定办及政工室、办公室、执法监督室等6个办(室)，核定编制18人(其中工勤编2人)，有干部职工25人。设书记1名，副书记3名，综治办正副主任3名等。政法委副书记、县综治办主任、稳定办专职副主任均为正科级。按《工会法》规定县委政法委成立政法系统联合工会。

2017年，全县政法机关坚持“创安、创新、创满”工作理念，不断创新工作方法、完善工作机制、压实工作责任，从严从细从实解决好源头性、基础性问题，全面推动平安石门创建，确保全县社会大局安全稳定、经济又快又好发展。

平安创建。石门县确立争创全省平安区县工作目标，多措并举强力推进。创新平安单位创建模式，推行“12345”工作要求，即：“组建一个平安创建办公室，健全矛盾化解、安全防控、重点帮教三大体系，配备平安宣传员、矛盾调解员、平安志愿者、帮教矫正员、治安巡逻员五员”。通过开展治安巡防、调解矛盾、入户走访、平安宣讲等活动，掀起平安创建活动热潮。全县各乡镇街道联村干部结合精准扶贫工作开展走访，入户走访居民29500多人次，收集居民联系电话330105个，收集意见建议3000余条，乡镇街道、单位回复群众意见500多件，开展便民服务、集中整治等行动50多次。8月起，推进严打整治措施，对群众反响强烈的难点热点问题，集中开展大破案、大清查、大盘查、大巡逻、大防范行动，全县完成四类侵财犯罪决定起诉57人，完成率91.64%；追回历年逃犯74人，完成率174.48%；打黑除恶判决32人，完成率178.28%。开展平安乡街、平安单位创建特色彰显。楚江街道以“龙凤好人”为抓手，充分激发社区居民参与平安建设的积极性，得到省市综治委的推介和肯定。夹山镇以“格言治家”为推手，用身边事、身边人引领广大群众参与“平安家庭”“平安村组”创建。《光明日报》《湖南日报》《常德日报》等中央、省、市媒体进行专题报道。县教育局推出的“六个一”平安学校创建办法获市委肯定。县民政局在全县各乡镇街道建立未成年人保护工作站，县妇联、团县委动员全县“爱心妈妈”、爱心企业职工等“平安志愿者”，一对一关爱帮扶贫困留守儿童。

社会治安综合治理。2017年，全县三级综治中心建设全面完成。县综治中心与社会治理联动指挥中心按照“三台合一”的要求，整合公安110报警平台、社会治理网格化平台、“12345”社会求助平台资源，实现数据融合、应用共享。建成27个乡镇街道(农林场)综治中心、331个村居综治中心。全县划分城市社区网格83个，农村网格298个，配备网格化专干67名。全面加强实名制管理、枪支和爆炸物品安全管理、道路交通安全管理、流动人口管理及特殊人群服务和管理，综治信息平台建设和应用日趋完善，完成综治大数据录入，录入实有人口667004人，实有房屋227949幢，微信群1120个219891人，录入率均达100%。部署开展“回应民调关注、打击违法犯罪”、打黑除恶、打击“盗抢骗”“三打一整”和打击“村霸”及宗族恶势力等专项行动。2017年，全县立刑事案件673起，同比下降21.1%；立侵财类案件406起，同比下降28.49%；县城区刑事发案332起，同比下降20.24%。共破获刑事案件400起，同比上升27.8%；破获八类恶性案件16起，同比上升100%；查处酒后驾驶102起；命案逃犯抓获率居全市第一位。

维护政治大局稳定。全县围绕党的十九大安全稳定工作主线和“八个防止”工作目标，落实维稳第一责任，针对建设工程领域、金融领域、企业改制领域涉稳问题频发的顽疾，不断健全工作机制、强化信息预警、突出重点管控、着眼问题化解、坚持风险评估，抓早抓小抓苗头，成功化解一批群体联动集访，处置一批突发事件，转化一批重点涉稳对象，在党的十九大期间，实现“零失控”“零进京”“零非访”的工作目标，确保全县社会大局和谐稳定。强化打击违法上访行为，对极少数策划挑头人员、闹事骨干和有现实危害或实施违法犯罪的重点人员，依法予以打击，全年依法处理违法上访人员5人，其中已经刑事拘留3人，移送起诉1人，强制医疗1人，有效遏制了非法上访的势头。加大思想教育和法制宣传力度，教育转化信访维稳重点人员17人。一批信访老户签订息访协议。全面推进重大事项社会稳定风险评估，凡是涉及群众切身利益的重大事项均实施社会稳定风险评估，对评估分析可能出现的不稳定隐患早介入、早防范、早化解，取得成效。注重发挥专门机关和基层力量作用，成功劝返进京上访人员107批222人次。注重加强突发事件的应对处置，建立健全30余类应急处置预案，开展各类应急演练40余次，处置道路交通事故、医患纠纷、非正常死亡纠纷等突发涉稳事件17起。和邻县建立跨区域协作机制，成功处置2起涉区域外矛盾纠纷。

矛盾纠纷调解。按照日排查、周交办、旬汇总、月讲评的矛盾纠纷排查化解制度，全县各乡镇街道和责任单位分门别类建立突出涉稳涉访问题工作台账，坚持“五个一”的工作模式，从源头上化解一大批突出问题。全年排查涉稳突出信访问题467起，化解425起，化解成功率达92%。

执法监督工作。完善执法监督和涉法涉诉信访工作机制，提高执法水平和办案质量，加大涉法涉诉信访案件的化解力度，实现“依法监督、规范监督、科学监督”。规范执法监督制度。规范案件协调的相关事项，杜绝提请协调案件事先不请示、事后不报告的现象。规范重大敏感案件、重大事项报备制度。各单位对于在本单位有重大影响的案件、干警违法违纪案件、影响公正廉洁执法的突出问题、制定的执法办案规范性文件、推行的重大改革事项、开展的重大执法活动等，均要求向县委政法委报告，增强监督工作力度。规范执法质量考评制度，制定

《2017年度执法监督与涉法涉诉、司法体制改革工作考评办法实施细则》，将执法质量、涉法涉诉信访案件化解、联合接访值班情况、执法监督制度的落实和司法改革工作作为工作考评重点。实行集中考评与日常考评相结合，通过不定期抽查、案件审核、个案监督、专项检查等形式，加大对政法各部门的日常考评力度。开展“千案大评查”“百种类案大评议”“万案大公开”活动。县委政法委牵头评查案件110件，对评查结果进行书面通报和督促整改，实现评查结果向提高办案效果的转化。评议政法机关典型案例45件，进行公开评议并在网上进行公示，接受监督。利用裁判文书上网、庭审网络视频直播、召开新闻发布会、实行公众开放日等形式公开信息，增强透明度、知情权。加大涉法涉诉信访案件的化解力度。落实动态管理、联合接访、涉法涉诉访情通报考核等工作机制，成功化解涉法积案10件。

政法队伍建设。2017年，县政法机关推进政治建警、素质强警、制度管警、文化育警、从优待警，开展“厚德强能”素质教育，“政法队伍教育整训”“十佳人民满意政法基层单位”“十佳政法干警”评选”、石门县政法系统首届“平安杯”篮球赛等活动，政法队伍的整体素质和执法水平得到提升，涌现出一批先进单位和个人。县法院被最高人民法院政治部、人民法院新闻传媒总社评为“2017年度在司法宣传工作中表现突出”单位；县公安局获评“全省文明卫生单位”；维新镇司法所所长江正祥被司法部评为“全国模范人民调解员”；壶瓶山镇司法所所长向左武被湖南省文明委评为“全省雷锋式忠诚卫士”；县检察院干警张明立、黄捷在全省反贪业务、反渎业务竞赛中获“优秀侦查员”荣誉称号；侯超先后被中共湖南省委授和共青团常德市委授予“湖南青年五四奖章”“常德市青年岗位能手”称号。田小阳事迹被收入《我身边的“常德工匠”》优秀人物事迹选集。按照“德才兼备，任人唯贤”的原则，提拔重用100余名干警到重要工作岗位。

民调创满工作。2017年，通过严实责任、走访调研、加强宣传、开展严打等举措，推进民意调查创满意工作。压实乡镇区，农林场、县直各单位的责任，要求作为“一把手工程”“民心工程”落实。各乡镇、街道利用农村墟场，组织平安建设宣传、法治竞赛等活动开展民调宣传，全县115所中小学校、完职中与学生家长签定家校共建公约，采用小手牵大手形式，扩大民调宣传参与面。2017年，石门县省级民调测评上半年得分89.83分，下半年得分88.20分，全年合计得分88.85分，同比增加2.62分，排位上升41位。

（胡　军）

【县委政法工作暨全县信访工作会议】2017年2月27日，县委政法工作暨全县信访工作会议在兰园会议中心召开，市人大常委会副主任、县委书记谭本仲，县委常委、政法委书记张树国，县委常委、县委办主任胡杰，县人大常委会副主任张国珍，县政协副主席马业平，县人民法院院长苏基云，县人民检察院检察长李拥军出席会议。参会人员有：各乡镇区、街道党（工）委书记、政法书记（政法工作负责人）及综治办主任；农林场场长和分管政法工作负责人；县直各单位一把手；县委政法委、县信访局全体班子成员；政法各单位全体班子成员及二层单位负责人；县公安消防大队、武警石门中队和石门铁路派出所负责人；四个街道的所有社区党（总）支部书记。县政府副县长、县公安局长王汝国主持会议，会议共三项议程：县委常委、政法委书记张树国作工作报告；县人大常委会副主任张国珍宣读有关表彰决定及通报；市人大常委会副主任、县委书记谭本仲做重要讲话。

会上，县委常委、县委政法委书记张树国做工作报告。2016年，石门县平安石门建设卓有成效，全县刑事案件发生率同比下降7.9%，八类恶性案件下降率同比下降64.3%，“两抢”案件发生率同比下降86.7%，盗窃案件发生率同比下降16.6%，县城刑事发案率同比下降18.1%；全县社会大局持续稳定，成功实现无群体性事件、无个人极端事件、无有影响的负面舆情事件、无重大安全事故、进京非访登记挂号大幅度下降的目标；全县司法公信力得到提升，执法办案更加规范，公正执法司法效果更加明显，没有出现一起冤假错案，没有新发生一起涉法涉诉信访案件，没有发生一起到市赴省进京缠访闹访现象；全县政法队伍建设得到了加强，涌现出一大批先进典型。

2017年，石门县将强力推进“无上访村（社区）”创建，平安创建抓好“1234”动态创建与“微治理”，打造一批平安社区、平安学校、平安医院，进一步建强国家安全人民防线，进一步加大反邪防邪力度、打击各类违法犯罪、加大重点治理力度，推进矛盾纠纷多元化解、全面提升社会治安防控水平。

市人大常委会副主任、县委书记谭本仲对2016年全县政法工作给予肯定，

县委政法工作暨全县信访工作会议

并指出，在新形势下，政法信访工作越来越重要，全县上下只能更加重视，不能有丝毫忽视。一要认清形势，形成共识。要认识到抓好政法信访工作是党和国家执政安全的需要，是县城经济跨越发展的需要，是提高人民群众幸福指数的需要。二要围绕中心，服务大局。政法工作和全体政法工作者要围绕石门县“一个目标、五大战略、十件大事，建设五个新石门”的战略部署及2017年实施的“一一五五”工程，履好职，尽好责。三要扛起责任，重点下力。要在维护公平正义上下力，加强社会治安等主体防控；要在优化环境上下力，牢固树立文明执法形象；要在维护社会稳定上下力，着力抓好“无上访村居创建”和“平安创建”等；要在争创群众满意上下力，抓好民调满意工作。四要从严治警，提升形象。要加强信念教育，增强责任意识，练就过硬本领，推动作风转变，强化纪律约束，打造一支过硬的队伍，为全县经济社会发展保驾护航。五要加强领导，优化保障。要把政法工作摆上重要位置，强化对政法工作的保障，发挥好县委政法委的职能作用。

（王　芳）

【“争创全省平安县”文艺晚会暨全县政法系统首届“平安杯”篮球赛】2017年8月18日晚，石门县“争创全省平安县”文艺晚会暨全县政法系统首届“平安杯”篮球赛开幕式在楚江街道四完小启幕。活动由县社会治安综合治理委员会、中共石门县委政法委员会主办，石门县广播电视台承办，中国移动石门分公司协办。活动分为“争创全省平安县”文艺晚会、全县政法系统首届“平安杯”篮球赛开幕式及首场篮球表演赛三个环节组成。县委常委、县委政法委书记张树国致开幕词。文艺晚会节目表演前，所有观众观看了《众创平安县共圆石门梦》专题片，领略到县委、县政府为确保全县人民生活稳定安康所做的点点滴滴，感受到全县政法部门默默奉献的大无畏精神。

文艺晚会在县公安局的歌舞表演《金色盾牌》中拉开帷幕，生动形象的演绎了用盾牌守护群众的平安；快板《不变的信念》表达平安和谐是老百姓的共同心声，群众满意是政法人的至高追求；县司法局表演的情景剧《温馨的港湾》，永兴街道办女声独唱《牵着阳光的手》，楚江街道办的小品《让路》，从不同的角度向观众传递平安是每个人的不懈追求；县森林公安局表演的歌舞剧《森林卫士》，县人民检察院表演的音乐话剧《老检察》，县公安局交通警察大队表演的情景剧《马路交响曲》，县人民法院表演的舞蹈《鲜花与祝福》让观众看到每一位政法人对待工作的孜孜不倦，也深刻的诠释了平凡岗位上的不平凡。随后，在全县政法系统首届“平安杯”篮球赛开幕式中，运动员代表、裁判员代表依次宣誓。县人大常委会主任李金生，县政协主席陈云谋，县委常委、常务副县长周功表共同开启石门县政法系统首届“平安杯”篮球赛灯光球。县领导江毅、刘颖、张国珍、宋雨泓、马业平出席活动。

争创全省平安县文艺晚会暨首届“平安杯”篮球赛开幕式

（王章建）

【黄关春到石门县调研政法综治工作】2017年11月22日，省委常委、省委政法委书记黄关春一行到石门县调研政法综治基层基础工作和警务机制改革工作。黄关春一行先后到楚江街道观山社区和县公安局等单位，在观山社区，黄关春观摩了社区综治中心信息化管理运行演示，参观了矛盾纠纷调解室，详细询问了石门县综治工作的经费保障情况、网格化建设情况。在县公安局，黄关春一行视察情报指挥中心、侦查实战中心、治安防控中心和派出所综合警务指挥室四大警务平台的运行情况，了解石门县“4+X”警务机制改革工作情况。

黄关春对石门县政法综治基层基础工作给予充分肯定，要求政法机关要进一步深入学习贯彻党的十九大精神，从严从细扎实做好各项工作，切实履行好维护国家政治安全、确保社会大局稳定、促进社会公平正义、保障人民群众安居乐业的神圣使命。省委政法委常务副书记田福德、省公安厅党委委员徐智慧及省委政法委有关负责人参加调研。中共常德市委书记周德睿，市委常委、市委政法委书记黄清宇，市委常委、市委秘书长罗先东，市政府副市长提名人选、市公安局局长李忠等市领导陪同调研。

（胡　军）

机构编制

【概况】2017年，石门县委编委办推进行政审批制度、行政管理体制、重点领域和事业单位分类改革，加强机构编制规范化管理，严格落实党风廉政建设主体责任，为促进全县社会经济发展提供有力的机构编制和人员保障。

机制体制改革。2017年，扩大乡镇服务管理权限，完善乡镇（街道）机构设置，抓好综合行政执法体制改革，统筹推进其他领域体制机制改革。①扩大乡镇服务管理权限。县编委办组织指导县农业局等30个县直单位开展下放乡镇服务管理权限清理摸底，通过县编委办汇总审核，县政府法制办审查把关，形成《石门县扩大乡镇政府服务管理权限事项建议目录》，15个县直单位建议下放乡镇政府118项服务管理权限，其中行政许可24项，行政处罚48项，报送市编委办审批。②完善乡镇(街道)机构设置。在乡镇(街道)设立卫生计划生育监督管理所，强化乡镇(街道)卫生计生综合监督执法职能；将乡镇(街道)机关内设机构社会管理综合治理办公室调整为综治维稳信访办公室，强化乡镇维稳信访职能。配合落实纪检监察体制、司法体制、公务用车、县供销合作社综合改革等工作。③推进综合行政执法体制改革。指导县科技工信局等11个县政府部门，完成行政执法机构综合设置，实现“一个部门一个机构一支队伍执法”；指导县畜牧兽医水产局等单位将其行政职能划转到相应的主管部门，接受主管部门的委托开展行政管理、行政执法；指导县城管执法局开展属于城市管理范围的行政管理、行政执法职能清理，根据市本级城管体制改革做法，拟定石门县城管体制改革方案。④统筹推进其他领域体制机制改革。配合落实纪检监察体制改革。按照改革要求，设立县委巡察工作领导小组办公室、3个县委巡察组、12个县纪委派驻纪检组，调剂划转72名行政编制(政法专项编制)，为纪检机构改革提供机构编制保障。配合开展司法体制改革。将行政性质的公证机构调整为事业性质的公证机构，设立股级事业单位县公证处；撤销县司法局社区矫正工作股，设立县社区矫正工作局。配合做好参与公务用车改革的单位、人员对象的清理审核。配合做好县供销合作社综合改革，法院、检察院改革工作。

机构编制管理。①机构编制基础工作。按照机构编制管理要求完善机构编制管理台账、人员编制异动台账、人员花名册、机构编制管理证等“两账一册一证”；加强机构编制实名制信息库管理，上传13125名在编人员的电子证件照，补充更新人员信息，提升了机构编制实名制系统的准确性和权威性；启动机构编制年鉴编纂工作。②执行机构编制管理规定。从严控制机构设置，坚持“撤一设一”的原则，做到不超限额设置机构；从严控制人员编制，制定公务员招录计划、事业单位招聘计划，坚持全县财政供养人员与2012年年底基数比只减不增；参与制定出台了《关于进一步规范机关事业单位一般工作人员调动的意见》，凡是机关事业单位进人首先申请用编，从源头上落实人员编制的规范化管理；严格机构编制管理程序，办理机构编制事项一律按照各单位申报，县编委办审核调研，县委编委会议或县委常委会议研究，相关事项上报市编委办审批的程序进行办理。③保障机构编制需求。坚持机构编制工作服务县域社会经济发展的要求，全力保障好机构编制的刚性需求。凡是县委、县政府明确要求设置的机构，保障的编制，县编委办积极想方设法在政策范围内出谋划策，解决难题。2017年重点保障了创建国家全域旅游示范县，建设教育强县，加强城市执法管理，社会治理，供销合作社综合改革等方面的机构需求；重点保障了全县人才队伍建设，事业单位招聘，纪检体制改革，东山峰管理区站所人员差额编制转全额编制等方面的编制需求。

行政审批改革。①行政审批事项取消调整。开展行政审批事项清理规范。积极落实《湖南省人民政府关于取消一批行政许可事项的通知》精神，对应取消县住建局（房管部分）“三级物业服务企业资质认定”行政许可事项。承接实施省直管县试点赋权事项。组织28家县直单位承接省赋予试点县市级经济社会管理权限287项。落实石门经济开发区县级管理权限。组织指导住建规划、国土等单位下放32项行政管理权限，而且一律以“2号章”(园区审批专用章）的形式予以审批。对需县级主管部门盖章的上报审批事项，县级主管部门见章盖章、即时办理，原则上不得设置任何条件。在县国土局、县财政局设立开发区分局的基础上，明确县住建局、县环保局在开发区设立派驻机构，落实相关人员。②行政许可标准化工作。组织指导27个具有行政许可事项的县直单位抓实行政许可标准化工作，共清理出210项行政许可事项，编制《石门县行政许可事项目录库》，按照上级行政许可事项编码规则编制出台《石门县行政许可事项编码规则》，有效地推进行政许可标准化管理工作。③政务便民服务工作。落实省、市关于推进“互联网+政务服务”的精神，完成在“湖南省互联网+政务服务一体化平台”上全县具有行政许可职能单位的行政许可事项的录入工作，有效规范行政审批行为，推进依法行政，方便人民群众办事。启动“减证便民”专项行动。全年清理证明事项80项，其中需要取消的证明事项16项，需要保留的64项。

扶贫工作。2017年，全办10名工作人员结对建档立卡户32户，每月开展集中入户走访2次以上；多方筹措资金50万元帮助点村开展基础设施建设和产业发展。完成安全饮水项目2处、2条3.2千米村组道硬化、800平方米村级文化活动广场1座；李家台大桥和周家冲片1组道路硬化年底竣工；发展茶叶1360亩，农户增收近100万元，建档户户均增收近2000元，村级集体收入6万元。

（县委编委办）

事业单位登记管理

【概况】2017年，全面加强全县事业单位登记管理。一是事业单位法人年度报告工作有序开展。印发石门县事业单位分类改革文件，涉及单位487个；全县开展年度报告的事业单位338家，年度报告率92%；事业单位变更登记123家；全县已开展年度报告的事业单位332家，年度报告率92%；事业单位变更登记116家；新设立登记24家；注销登记17家，确保法人证书登记信息准确。二是机关事业单位法人统一社会信用代码赋码和中文域名注册工作全面完成。435家事业单位、73家机关群团单位完成统一社会信用代码赋码和映射工作，赋码率100%,“多证合一”率100%;80家机关群团单位完成统一社会信用代码赋码工作,赋码率100%;完成中文域名注册395家,注册率100%。

(县委编委办)

党史工作

【概况】2017年,中共石门县委党史资料征集办公室(简称县委党史办)贯彻落实“一突出两跟进”理念,在党史编研、专题资料征集、党史宣传等方面取得成效。业务工作被评为全市先进。

党史征研。组织多轮《中国共产党石门历史》第三卷(1978—2012)稿讨论、修改,形成35万字定稿并送出版社审查。3月,正式出版《石门县革命遗址遗迹》,收录革命遗址遗迹95处,填补了革命史料空白。征编出版全县老干部回忆录《难忘岁月》第九辑,口述史征集步入常态化。完成市委党史办“脱贫攻坚”、县委2016年度工作纪事、大事记等专题资料组稿报送。牵头开展南北镇剪刀峡红军战士跳崖史实调查,6月,联合县民政局、县政协文史委赴3个县(区)、县内4个乡镇实地调查,走访座谈60多人次,资料征集整理和考证取得成果。

党史联络。5月,联合临澧县委党史联络组到白云山林场开展采制茶等联谊活动。6月中旬,迎接省党史联络组常益片督导组的工作督导,石门县工作开展情况和成果得到肯定。结合实际启动县委党史联络组调整。11月下旬,召开县委党史联络组工作座谈会,酝酿讨论县委党史联络组成员人选,向县委呈送专题书面报告。

党史宣教。着力工作宣传,全年在百年湘朝网上信息5则,常德史志网站上信息18则,《武陵古今》刊文章4篇,县级新闻媒体上信息多条。明确专人专责维护石门县史志网,扩大网站容量,全年更新动态信息37条、图片35张,开辟“历史上的今天”等专栏,关注度和点击率提高。开展党史教育进机关、进校园、进点村、进党员学习室活动,免费赠送书刊2000多册。为县政府党组“党日”主题活动、科干班培训等开展党史宣讲4场次,听众达500人次。

【《石门县革命遗址遗迹》公开出版发行】2017年3月,县委党史办编纂的《石门县革命遗址遗迹》一书,由方志出版社出版发行。全书计28万字、图片305幅,全彩印刷,图文并茂,按照革命遗址遗迹所在乡镇区分门别类编排,收录革命遗址遗迹95处,其中革命遗址48处、烈士墓27处、纪念设施12处、革命遗迹5处、故居3处。全书详尽介绍全县革命遗址遗迹位置、历史背景、保护现状等,填补了专题资料空白。

【省党史联络组到石调研党史暨党史联络工作】2017年6月13日,省党史联络组常益片组组长、省卫生厅原厅长曾繁友一行到石门县调研党史暨党史联络工作。座谈会上,县委常委、县委办主任胡杰汇报全县党史及党史联络工作情况。曾繁友对石门县党史暨党史联络工作给予肯定,并提出加强理论学习、推进党史征研、加强党史宣传、发挥老同志优势做好党史联络等要求。调研期间,曾繁友一行实地察看沅澧快速干线二大道、湘佳牧业冷链物流基地及澧滨路升级改造工程等现场。省、市党史联络组老领导王孝忠、张连华、李少甫,市委党史办主任刘李波等参加调研。市人大常委会副主任、县委书记谭本仲,县委副书记邓碧波,县委党史联络组组长王浦堂等陪同。

【《难忘岁月》(第九辑)出版】2017年11月,由县委党史办、县委党史联络组联合征编的老干部回忆录《难忘岁月》(第九辑)出版。全书收录29位作者文章30篇,计11万余字,内容涉及医疗技术攻关、旅游产业发展、重点工程建设等重要史实。全书记录作者们“亲历、亲见、亲闻”的“难忘岁月”,多侧面、多角度反映全县建设、改革、发展的历程和成绩。

(刘狂彪)

老干部工作

【概况】2017年,全县共有离休干部57人。其中:县直单位39人,企业18人;抗战老八路1人。离休干部平均年龄88.9岁,90%的生活不能完全自理,整体进入高龄、高发病、高护理期。全县副处级以上退休干部82人,曾任乡镇(区)党委书记、区长且在乡镇或企业退休的干部20人,离休干部遗孀115人(其中老红军遗孀5人)。全面落实老干部政治待遇和生活待遇,注重发挥老干部在经济、社会、文化建设中的作用,增添正能量,较好完成各项工作任务,县委老干部局在全县绩效考核中被评为良好单位。组织老干部参加省市“喜迎十九大,颂歌献给党”合唱比赛,获市一等奖、省三等奖的好成绩。组织老年大学学员参加全市“不忘初心跟党走,喜迎盛会展风采”节目表演活动,获全市二等奖。

离退休干部生活待遇。春节期间,县委主要领导谭本仲、郭碧勋、邓碧波带队走访慰问部分特困、重病离退休干部,在走访中,县领导与老干部促膝谈心,全面了解老干部的困难,并积极想办法帮助他们解决大病救助等一些特殊困难。春节前和6月,老干部局全体干部分三组走访慰问离退休干部及离休干部遗孀共313人,发放慰问金22.66万元、慰问品178份。6月13—14日,经过周密部署,与县人民医院和县中医院密切配合,组织全县近200名离退休干部进行健康体检,并建立健康档案。10月底前,落实全县离退休干部从2016年7月起增加的津补贴。全年看望住院老干部45人次,生日祝寿16人,吊唁去世老干部16人,接待老干部来访7人次。

离退休干部活动。①政治学习和参观活动。每月15日组织离退休干部进行集中学习,主要学习县委经济工作、省市老干部工作、党的十九大等重要会议精神,学习省市老干部工作文件等,并与老干部座谈，征求老干部各方面意见和建议40多条。对身体欠佳、行动不便的离休老干部，结合走访慰问送学上门。组织离退休干部开展就近参观考察活动。6月29日，组织参观湘佳农牧6万吨家禽加工及冷链物流、红星美凯龙、易红堂红木家具制造等县重点项目建设；12月26日，组织参观新关长岭村高标准农田建设、沅澧快线二大道、壶瓶山茶叶有限公司、大汉新城等项目。②开展重阳节活动。10月26日，组织离休干部庆祝老年节(重阳节)座谈会，居住在白云镇以下的离休干部30多人参加座谈，老干部局全体干部和他们拉家常、话过去、展未来，感受幸福生活。10月27日，组织副处级以上退休干部到常德参观考察，参观常德市规划馆、科技馆、重阳菊展、德国风情街、小河街、柳叶湖等地，让他们充分感受常德的变化。10月25日，老干部编排的揉力球和歌伴舞《梦山寨》分别参加县、市组织的老年节庆祝活动，获得好评。③开展特困帮扶“送温暖”活动。每名老干部工作者与两名特困、空巢、孤寡老干部结成认亲对子，坚持每月保持电话联系，每季度上门看望一次。为32位失能老干部配送轮椅15把、拐杖17根，为特困老干部解决帮扶资金4万多元。

脱贫攻坚。县老干部局作为唯一后盾单位负责蒙泉镇两河口村和太平镇茶园村帮扶工作。选派4名得力干将脱产驻村开展帮扶工作；每月召开一次脱贫攻坚工作调度会，全体干部每月至少走访一次结对帮扶对象；在单位经费非常紧张的情况下挤出16万元帮助两个村脱贫攻坚；从省财政厅争取资金10万元硬化两河口村的道路；从县交通局争取1.3千米的通畅公路计划。加大扶贫宣传，民情日记《他们多困难，我们多帮扶》入选《常德市脱贫攻坚大会战扶贫日记精选(一)》；驻村工作队队长尹辉明被评为全县“百名最美扶贫干部”；两河口村迎接并通过市绩效考核、省第三方评估。

【石门风·湘粤颂诗书画影作品联展在广州举行】2017年12月9日上午，广东省老干部书画诗词摄影家协会、湖南省石门县老年(老干)书诗画影协会联合在广州市二沙岛岭南会展览馆举办书画诗词摄影作品联展和《石门土家民俗记忆》首发式。参加联展和首发式的领导和嘉宾有广州军区原副司令员文国庆中将，广东省人大常委会原副主任王骏，广东省高级人民法院原院长吕伯涛，以及两地老干部书画诗词摄影家协会负责人及在穗企业家共200多人。联展仪式由石门县老年(老干)诗书画影协会会长、石门县政协原主席田玉华主持，广东省人大常委会原副主任王骏宣布展览开始，广东省老干书画诗词摄影家协会会长余定军致辞，石门县政府副县长车立平讲话。举办展示石门山水、人文景观、民俗风情的诗书画影联展，把落脚点放在招商引资上。通过活动，运用展示家乡山水、民俗及发展梦想，感动更多在外创业有成就的企业家回乡兴业，为家乡的发展做出自己的贡献。同时吸引羊城有名的企业家的目光，认识石门，爱上石门，到石门投资创业。

【“学习王新法，争做风范长者”活动】2017年，石门老年大学在老干部和老年学员中开展“学习王新法，争做风范长者”活动，召开动员会，由首届5名风范长者发出向王新法学习的倡议，黄家军校长带领师生代表到薛家村学习考察，祭拜王新法，返校后师生创作文章、诗词和书画作品100余幅，在全体学员中形成励志进取、开拓创新、无私奉献、服务社会的良好氛围，培育现代老人，风范长者。县老年(老干)诗书画影协会围绕“扶贫楷模——王新法”，拍摄3000幅纪实照片，创作500多首诗词，谱写5首专题歌曲，出版《信仰之光》王新法专辑，刻录500多张影碟，组织会员20多次专题采风活动，积极宣传石门脱贫攻坚的先进典型，弘扬了正能量。

(张继新)

【石门县老干(老年)网络宣传协会成立】2017年11月24日，石门县老干部(老年)网络宣传协会成立大会在县老干部活动中心举行。县委常委、组织部部长李绍南出席会议并讲话。县人大常委会副主任李芳、副县长宋雨泓出席会议。县直相关单位、各乡镇、街道、农林场分管老年协会的负责人和网站负责人，以及县涉老组织会长、秘书长、县老干(老年)网宣协会议定理事参加会议。会议宣布县老干部(老年)网络宣传协会会长、理事成员名单，宣读题为《网上弘扬主旋律　为党增添正能量》的倡议书。李绍南对协会成立表示祝贺，并希望协会围绕县委、县政府战略部署，为建设新石门、推进新创业作出新贡献，引领老同志积极发挥正能量，紧跟网络时代步伐，积极参与网络宣传。

(龙力荣)

党校(行政学校)

【概况】2017年，中共石门县委党校(石门县行政学校)深入贯彻落实各级党校工作会议精神和县委县政府决策部署，坚持“党校姓党”办学宗旨，以服务石

石门县老干(老年)网络宣传协会成立大会

门经济社会发展为中心，以大力提高培训质量为主线，统筹推进党校教学科研、人才队伍、综合管理、脱贫攻坚等工作，取得了明显成效。

干部教育。县委党校坚持党的理论教育和党性教育主业主课地位不动摇，形成县级领导主体班授课制度。全年举办各级干部培训班26期，培训各类干部3500余人次。其中，党的十八届六中全会精神轮训班6期，轮训864人；科级干部进修班2期，培训125人；入党积极分子和新党员培训班各1期，培训488人；中层骨干培训班1期，培训60人；与县纪委及县交通运输局等部门联合，承办部门班15期，培训干部2030人次。推进课前把关、课中跟进、课后测评，提升教育管理水平，主体班的教学测评优秀率达98.5%以上，学员满意率100%。认真落实县委讲师团有关宣讲任务，推动宣讲阵地前移。2017年，到县直单位、学校、医院、企业、乡镇、社区、村组，宣讲党的十八届六中全会及十九大精神、市县党代会精神、“两学一做”专题学习教育党课等90多场次，听众达1万多人次。

科研工作。县委党校紧扣全县中心工作，找准科研方向，创新措施方法，切实转换成果，立足县情、围绕教学和科研。校委成员带头调研、理论教员全员参与、县内相关部门密切协作，在科研实力、教师素质、成果转化等方面有较大提高。省级课题《城镇建设的个性文化品位研究——以石门城建为例》(吴锐清)、市级课题《农业现代化进程中的乡村治理创新研究——以石门县为例》(陈先银)顺利结项；《贫困山区农村电商创新发展前景研究——以石门县为例》(胡月兰)、《“四个全面”战略布局下党性锻炼必要性和路径选择——兼论王新法精神时代内涵与时代价值》(吴锐清)、《基层学习和践行习近平总书记关于加强和规范党内政治生活思想研究——以石门县为例》(陈先银)3个省市级课题立项。参加全市“社会主义有点潮”征文活动，《改善基层政治生态，确立社会主义政治自信》(杜伟丽)、《浅谈新形势下保持党的纯洁性的基本要求》(胡月兰)、《从“精准扶贫”看毛泽东调研思想的当代意义——兼论“全面小康”的理论引领》(陈先银、杨全维)、《从“三严三实”的党性修炼要求看社会主义政治伦理价值》(董明村)4篇理论文章获奖；参加省科学社会主义学会理论研讨会，《从“精准扶贫”看毛泽东调研思想的当代意义——兼论“全面小康”的理论引领》(陈先银、杨全维)、《共产党员共产主义信仰的历史分析》(盛晟)2篇论文分获二、三等奖；参加全省党校(行政学校)理论研讨会，《乡村社会治理创新的成功实践》(陈先银)、《以坚攻坚，以功换功，从“根”入手打赢攻坚战》(盛晟)、《城镇建设个性文化品位提升的有效途径》(董明村)、《建设伟大工程　推动全面从严治党向纵深发展》(胡月兰)4篇论文分获二、三等奖。吴锐清撰写的科研论文《发挥理论优势　担当脱贫攻坚生力军——贫困县党校参与脱贫攻坚的实践探讨》入选《全国党校系统师资培训文丛》。

队伍建设。通过人才引进和公务员招考，新录用理论教员4名，其中研究生3名，优化了教员专业结构。全年参加高端学习培训17人次，组织集体备课8次、试讲3轮、教学比武1次，开展科研能力专题培训2次，召开科研工作会议2次，组织教师参加全省党校系统教学比武活动，提升了党校的教学科研水平。梁娟老师主讲的《王新法，擎起了一面追梦报国的时代旗帜》获全省二等奖，被评为省级精品课。

脱贫攻坚。全年组织教工到夹山镇杨坪社区、雁池乡里山河村的贫困户开展全面走访13次，送生产生活物资价值2万余元。开展“喜迎中秋、情系里山河”和“送微心愿”等活动，有效提升了贫困户的满意度和获得感。通过市委党校和县直部门为两个扶贫点村共争取产业扶持资金11万元，鼓励贫困户发展种植、养殖；为所有的建档立卡户个人购买了人寿保险的“特惠保”，落实所有的贫困户返还2017年医保，人均75元；扶贫项目推进有序，资金管理严格，招标程序规范，全年共实施道路建设、安全饮水、国土整治、改厕、产业扶持、危改、异地搬迁七大扶贫项目，扶贫资金投入1000多万元。为里山河村硬化组道4千米，新建组道2千米，铺设自来水管网10千米，修桥3座、蓄水池100立方米2个，帮助完成里山河村红心猕猴桃专业合作社的注册；帮助杨坪社区硬化道路4.5千米，新铺设饮用水主管道4.6千米，解决全集镇饮用水压力不足的问题，与湘佳牧业合作，修建5万多平方米的养鸡场，解决部分贫困户的就业问题，每年可增加集体经济收入3.08万元。

【梁娟获全省党校系统教学比武二等奖】2017年6月22日，石门县委党校教师梁娟执教的课《学习王新法精神，争做优秀共产党员》在怀化市举行的全省党校行政学院系统第十二次教学比赛暨精品课评选中，荣获二等奖，同时该课被评选为精品课。2017年，石门县委党校代表常德市党校参加全省比赛，学校专门成立课题组，确立紧扣时代主题又接地气的课题和访谈式的教学模式，教师们多次深入薛家村采访调研，充分挖掘王新法追梦报国的时代精神以及对于扶贫攻坚的现实意义，和王新法女儿王婷、与民共富军人团队核心成员谢森、薛家村村民曾德平等一起反复研磨课堂。比赛课堂上，新颖的教学模式、深刻的时代内涵、重要的现实意义、教者和访谈嘉宾们近乎完美的表现，使该课在省级教学比赛的课堂上大获成功，感动了现场的评委和听众，对于更好地宣传王新法精神起到积极的推动作用。

（周用年）

石门县人民代表大会常务委员会

【概述】 石门县人民代表大会常务委员会(简称县人大常委会)是石门县人民代表大会的常设机关，有机关行政编制数33个，工作机构6个，是“市级文明标兵单位”和“市级园林式单位”。2017年，县人大常委会工作围绕全县改革发展大局，主动服务；聚焦全县经济发展重点，依法监督；坚持人大选举法定程序，依法任免；创新代表工作，依法履职，成效明显。

服务大局。县人大常委会提高政治站位，围绕全县改革发展大局，凝心聚力，主动作为，忠诚履职，全力促进县委各项重大决策部署的贯彻落实。主动助推脱贫攻坚工作。县十七届人大二次会议将周明贵、龙西斌等代表领衔提出的《关于进一步加大我县脱贫攻坚力度的议案》予以立案办理。4月，县人大常委会听取审议了关于脱贫攻坚专项资金整合工作情况的报告，提出审议意见，督促县政府进一步加大产业扶贫力度和村级平台建设，加强专项资金监管。9月，县人大常委会组成人员集中对议案办理情况进行视察，对全县脱贫攻坚工作所取得的成绩给予肯定，指出存在的问题，提出工作建议，为全县实现户脱贫、村出列、县摘帽的目标发挥了促进作用。同时，服从县委统一安排，县人大常委会重点联系8个乡镇1个林场23个贫困村1128户3073人的脱贫攻坚任务，用心用情用力落实帮扶工作。主动助推生态文明建设。听取审议关于环境保护行政执法工作报告，提出审议意见。县政府对审议意见认真研究处理，加大联合执法力度，强化日常监管，严格行政审批，从源头上预防和减少了损害环境行为的发生。听取审议壶瓶山国家级自然保护区生态保护工作报告，提出了“理顺管理体制，加强队伍建设，落实经费保障，强化立法保护”等审议意见。县政府召开专题会议，对照整改清单，落实整改措施，保护区生态保护水平得到有效提升。听取审议关于养殖业发展工作情况的报告，提出了“加强品牌建设、强化风险意识、抓好污染治理”等审议意见。县政府积极调整产业布局，大力培育龙头企业，强化质量监管，“全国养殖业大县”的地位得到巩固和加强。组织开展交通建设专项视察，实地查看项目建设现场，专题听取工作情况报告，提出“科学规划突出重点、严格标准建设项目、建管结合确保安全、部门联动形成合力”等意见，为推进全县建成现代化综合交通运输体系发挥积极作用。开展全域旅游创建专题调研，听取审议专项工作报告，提出审议意见，促成县政府将全域旅游作为推动旅游产业大发展、县域经济大振兴的战略举措，形成大规划、大投入、大融合、大宣传的全域旅游创建格局。

依法监督。县人大常委会聚焦全县经济发展的重点问题、改革创新的难点问题和群众反映的热点问题，强力开展监督。开展《中华人民共和国食品安全法》(简称《食品安全法》)执法检查，听取审议工作报告，提出审议意见，促进了食品安全工作。开展民生领域工作监督。听取审议创建全国农村职业教育与成人教育示范县工作情况的报告，支持县政府进一步提升创建工作认识，促进普通教育、职业教育、成人教育协调可持续发展。听取审议全县山区农村小学教育发展工作情况的报告，支持县政府合理设置村级教学点，优化师资队伍，改善办学条件，提升校园安全保障水平，推进山区农村小学教育良性发展。为推进法治石门建设，增强全社会法治观念，听取审议县政府关于全县“七五”法治宣传教育规划制定和落实情况的工作报告，并就“七五”法治宣传教育依法作出决议。听取审议完善城市管理体制机制工作的调研报告，支持县政府有关部门进一步完善工作机制，倾力打造整洁美观舒适城市环境，不断满足人民群众对美好居住环境的向往。听取审议农民合作社和家庭农场发展工作报告，支持县政府强化规范管理和扶持服务，提升了农民组织化程度和农业产业化水平。听取审议柑橘产业发展工作报告，支持县政府优化产业区域布局，大力推进标准化果园建设，积极培育多元化生产经营主体，加大柑橘产业化经营力度，确保全县柑橘产业可持续发展，切实增加群众收入。开展全口径、全过程预算决算审查监督。听取和审议县政府财政预算执行情况和财政部分预算调整草案的报告、财政年终结算方案和财政预算草案，并提出审议意见。针对县人大代表在大会期间提出的审议意见，采用全面审查与重点解剖相结合的方式，对县财政局编制的县直单位的部门预算进行审查，并提出审查意见。县政府认真研究处理，审查意见在该年度财政部分预算调整时得到落实，促进财政资金的使用更加反映民愿、合乎民意、贴近民生。制订《预算审查前听取人大代表和社会各界意见建议的实施办法》,建立预算审查联系代表制度和预算审查专家顾问制度,增强了预算审查的针对性、有效性。强力推进审计指出问题的整改。制定出台《关于建立和完善审计查出问题整改情况向县人大常委会报告机制的意见》,坚持在听取审议县审计局审计工作报告的同时,还听取被审计部门关于审计指出问题整改落实情况的报告,建立整改销号台账,跟踪监督,并对整改落实情况进行投票表决,做到问题不解决不放手。开展对县教育局、县司法局、县农业局、县国土资源局和县安全生产监督管理局的工作评议,向县委专题报告测评结果、认真交办、督办代表意见、建议,督促被评议单位整改落实。积极办理群众来信来访,针对"执行难"信访问题,主任会议专题听取县人民法院办理信访交办件工作报告,督促县法院向"执行难"顽疾开刀,全面提高执行到位率。开展"两官"履职评议,对2名法官、2名检察官采取以案评人的方式,对公正办案、廉洁自律情况进行评议,督促司法机关强化积案化解、形成部门合力、阳光公正执法。

选举任免。县人大常委会始终坚持"党管干部与人大依法任免相统一"的原则,坚定贯彻县委人事意图,确保党组织推荐的人选通过法定程序成为国家机关工作人员。精心组织政府工作部门随届任命。年初,依法任命26名政府工作部门主要负责人,并举行任前法律知识考试。坚持正确舆论导向,严肃换届工作纪律,落实代表结构要求,严把代表素质关口,推荐了5名省人大代表候选人和1名全国人大代表候选人。畅通代表进出关口,加强代表资格审查,终止6名县人大代表的代表资格,依法依规补选6名县人大代表和1名市人大代表。规范任免程序,把握公示程序、任前调查、任前发言和宪法宣誓等环节,全年决定任命37人次,接受辞职7人次,决定免去职务19人次。

人大代表履职。县人大常委会始终坚持把代表作为县人大工作的基础和依托,创新方式,积极支持、引导、规范和保障代表依法履职,发挥代表主体作用。创新代表小组活动方式。健全活动阵地,狠抓制度建设,强化学习培训,精心确定活动主题,开展一系列视察、调研、履职交流等活动,收到较好效果。石门县"五个一"(推选一个好组长、制定一个好计划、选择一个好主题、确定一个好形式、提出一个好建议)代表小组工作经验,在全省交流推广。创新代表履职行为规范。县人大常委会向乡镇人大主席团、街道人大工委和全体人大代表发出《关于进一步规范人大代表履职活动的通知》,对新形势下人大代表如何更好规范地履职,提出明确具体要求。搭建创作班子,将代表履职规范精炼、归纳为自由诗30句,从坚持正确政治方向、模范遵守宪法法律、提高依法履职能力、严格请假制度等11个方面进行明确规范,通俗易懂,朗朗上口,成为代表履职的"七字真经"。创新代表意见建议督办方式。对代表在大会期间提出的179件意见建议以及闭会期间的建议,向"一府两院"进行专门交办。对2017年确定6件重点建议,建立主任会议成员牵头督办、相关委办对口督办和常委会会议审议督办的工作机制,推动相关建议的有效解决。

自身建设。2017年,县人大常委会着力加强自身建设和管理,工作能力和水平提升。制定《党组议事规则》《常委会会议议事规则》《主任会议议事规则》,常委会科学决策、民主议事水平不断提高。修订完善机关管理制度,坚持用制度规范事、约束人。大力弘扬"人民至上、法律至尊、规矩至恒、担当至诚"的石门人大精神,深入开展"市级文明标兵单位"创建活动,营造了浓厚的团结、干事、发展的氛围。开展经常性的工会活动,全力争创 "市级模范职工之家",增进凝聚力,弘扬正能量。7月,在全市区县(市)人大常委会主任会议上,县人大常委会作经验交流。10月,在全市加强县乡人大工作和建设推进会上,县人大常委会作典型发言。着力加强县乡人大工作指导和联系,围绕代表工作和组织建设,强化业务指导、经验推介。围绕执法检查、议题调研、集中视察、建议办理、"五行活动"和信访交办件办理,加强上下联动、协调配合。注重发挥专委会和工作机构作用,上下联系紧密,工作合力不断增强。

(县人大办)

重要会议

【石门县第十七届人民代表大会第二次会议】2017年2月19日至2月21日,石门县第十七届人民代表大会第二次会议在县电视台演播大厅和县兰园会议中心召开。会议应到代表273人,因事因病请假6人,实到代表267人,实到代表超过应到代表半数,符合法律规定。会议听取审查了县长郭碧勋受县人民政府委托所作的县人民政府工作报告。审查批准石门县2016年国民经济和社会发展计划执行情况的报告及2017年国民经济和社会发展计划。审查石门县2016年财政预算执行情况的报告和2017年财政预算草案,批准石门县2016年财政预算执行情况的报告和2017年县级财政预算。听取审查石门县人大常委会主任李金生受县人大常委会委托所作的县人大常委会工作报告。听取审查石门县人民法院工作报告和石门县人民检察院工作报告。出席政协石门县第九届委员会第二次会议的全体委员、县直有关单位、线管单位、各乡镇街道和人民团体负责人列席会议。

2月21日,石门县第十七届人民代表大会第二次会议在圆满完成预定的各项议程后,在兰园会议中心胜利闭幕。闭幕会议由大会主席团常务主席、县人大常委会主任李金生主持。大会以举手表决的方式,通过了《关于石门县人民政府工作报告的决议草案》《关于石门县2016年国民经济和社会发展计划执行情况及2017年国民经济和社会发展计划的决议草案》《关于石门县2016年财政预算执行情况和2017年财政预算的决议草案》《关于石门县人民代表大会常务委员会工作报告的决议草案》《关于石门县人民法院工作报告的决议草案》《关于石门县人民检察院工作报告的决议草案》，会议决定将第1号议案《关于进一步加大我县脱贫攻坚力度的议案》予以立案办理。会议通报了2016年全县人大工作先进单位、先进县人大代表小组、先进人大工作者、优秀县人大代表、好议案好建议评选结果、政法单位人民满意度公开测评情况。

会议期间，收到代表议案建议190件，其中会议立案1件，议案转建议30件，建议159件，本次会议所有议案建议转"一府两院"办理。

【石门县第十七届人大常委会第五次会议】2017年6月27日，石门县第十七届人大常委会在三楼会议室召开第五次会议。县人大常委会主任李金生，副主任李世权、李芳、张国珍、康文化、杨生明出席会议，副县长宋雨泓，县法院、县检察院相关负责人应邀出席会议。

会议听取审议了县人民政府关于贯彻执行《中华人民共和国食品安全法》、创建"国家全域旅游示范县"工作情况、优化经济发展环境工作情况、农民合作社和家庭农场发展工作情况、2016年度县级预算执行及其他财政收支的审计、2016年全县财政决算(草案)和2017年1至5月财政预算执行情况的报告。会议批准县人大财政经济委员会关于2016年县财政决算的审查报告，听取县人大财政经济委员会2017年部门预算审查意见，通过县人大法制委员会所作的《石门县人大常委会规范性文件备案审查办法(修订草案)》。会议审议通过县人民政府办公室关于将宝峰片区城市棚改项目政府购买服务资金支出列入财政中长期预算和将民生项目工程建设资金纳入中长期财政规划的两个议案。会议以无记名投票方式表决通过有关人事任免事项。

【石门县第十七届人大常委会第七次会议】2017年10月13日，石门县第十七届人大常委会第七次会议在县人大三楼会议室召开。县领导李世权、李芳、张国珍、杨生明出席会议，县委常委、副县长薛杰，县法院院长苏基云，县检察院检察长李拥军列席会议。会上，投票通过了关于提请决定任免赵书军、谭本军、孙云波、尹尚武职务的议案，决定任命赵书军、谭本军为石门县政府副县长，尹尚武为县人大常委会环境资源保护城乡建设工作委员会副主任，免去孙云波县政府副县长职务，县人大常委会主任李金生为新任命的人员颁发任命书。

会议上，领学并解读了《中华人民共和国职业教育法》，听取审议并表决通过相关单位关于2016年财政预算执行审议意见整改落实情况报告、工作评议单位2014年度至2016年度财政收支审计发现问题整改落实情况报告、县审计局关于2016年财政预算执行审议意见整改落实调查情况和工作评议单位2014年度至2016年度财政收支审议发现问题整改落实调查情况的报告。审议了县人民政府关于石门县中心城区全面禁止燃放烟花爆竹工作情况的报告。表决通过县人大关于在中心城区全面禁止燃放烟花鞭炮的决议(草案)。

【石门县第十七届人大常委会第十次会议】2017年12月22日，县第十七届人大常委会第十次会议在县人大常委会机关三楼会议室召开。县人大常委会主任李金生，副主任李世权、李芳、张国珍、康文化、杨生明出席会议。副县长宋雨泓、谭本军应邀出席会议。

会议听取审议了县人民政府关于办理县十七届人大二次会议代表相关议案建议工作情况的汇报。肯定了代表议案办理工作取得的成效，认为实现了走访率、解决率、回访率和满意度的持续提升，并建议把工作重点聚焦到解决问题上，提高议案的办结率。

会议听取审议了县人民政府关于《食品安全法》执法检查审议意见研究处理情况的报告、2017年财政年终结算方案和2018年财政预算草案的汇报、全县柑橘产业发展工作报告、县城区商住房和安置房不动产登记办证审议意见研究处理情况的报告、2017年度环境保护状况和目标完成情况的报告。针对食品安全领域发现的问题，会议要求，必须积极跟踪，予以曝光，全力整改。关于财政工作，会议认为，应积极培植财源，加强资金整合，强化支出管理，提高预算到位率。对于柑橘产业发展，会议建议高度重视产业发展，整合专项资金，加大投入力度，切实提高柑橘品质，抓好病虫害防治，发展壮大柑橘产业龙头企业。就不动产登记办证工作，会议建议分类施策，制定实施方案，明确时间表。就环保工作，会议认为，要从坚持重点难点、建立长效机制、从严查处典型三方面抓执法，加大曝光力度，形成震慑作用。

会议听取了街道人大联工委年度工作情况的报告，审议通过县人大常委会2018年工作要点，听取审议县十七届人大三次会议六个工作报告起草情况的说明、筹备工作报告和相关通报事项。县人民法院、县人民检察院，县委办、县政府办的有关负责人，县人大常委会机关副科级以上干部，四个街道办人大联工委主任，磨市镇人大主席团主席，白云镇、三圣乡的县人大代表列席会议。

(县人大办)

重要活动

【开展《食品安全法》执法检查】2017年，县人大常委会分七个检查组对全县44个单位、12家企业、12所学校贯彻执行《食品安全法》的情况进行检查，听取审议县人民政府贯彻执行《食品安全法》工作报告和县人大常委会执法检查组的执法检查报告，提出审议意见，以清单的形式列出需要研究处理的14个问题。县人民政府对审议意见认真研究处理，11个问题整改达标，3个问题处于整改阶段。通过执法检查，全县广大人民群众的食品安全保障水平得到大幅提升，"责任明晰,保障有力,无缝衔接,全程监管”的食品安全工作格局逐步形成。

【县人大常委会组成人员集中视察全县交通建设情况】2017年11月9日至10日,县人大常委会组成人员对全县交通建设情况进行集中视察并组织召开座谈会。视察组先后察看了杨岭岗澧水大桥、石门二桥、沅澧快速干线二大道石门段、鹰嘴岩隧道和易家坡隧道改造工程、九杨公路、太柳公路、张家渡大桥、壶大公路、江坪至象鼻子沟公路等项目建设情况,实地了解全县交通项目建设进展情况,听取县交通运输局及各项目负责人的汇报,并就相关问题进行座谈讨论。视察组对全县交通建设取得的成绩给予肯定,就做好下一步道路交通建设工作提出要求,要加大道路建设改造步伐,重点加大对县、乡、农村公路的提升改造力度,完善农村公路的配套设施建设,提升道路安全指数。要加大道路的管护工作,探索建立新型乡村公路的管理与养护体制,形成建设与养护有机结合,提升道路通行质量,真正把公路建成便民工程、富民工程,造福沿线人民群众。

(县人大办)

【县人大常委会组成人员视察议案办理工作】石门县第十七届人大第二次会议决定,将《关于进一步加大我县脱贫攻坚力度的议案》予以确立并办理。为助推全县脱贫攻坚工作,9月26—27日,石门县人大常委会组成人员集中对该议案办理情况进行视察。26日,视察组对新铺镇岳家棚村土鸡养殖项目、开化寺村吊瓜基地项目、三圣乡山羊冲村香猪养殖项目、维新镇大兴场村危房改造项目、磨市镇铜鼓峪村村部及学校建设项目、白云镇鹤山村集体经济等进行了视察。9月27日上午,视察组在兰园宾馆召开座谈会。

座谈会上,视察组对全县脱贫攻坚工作所取得的成绩给予肯定。视察组指出,脱贫攻坚工作是一项新的政治任务,标准模式尚在摸索,加之石门县经济基础薄弱,扶贫工作任务重时间紧等原因,出现内生动力不足、村级产业不强、扶贫资金监管不到位、扶贫档案不规范、数据口径不一致等问题,与人民群众期望值比还存在一定差距。视察组要求,全县脱贫攻坚工作要做好“五个进一步”:一是进一步加大产业扶贫力度;二是进一步加大村级平台建设力度;三是进一步加大精神扶贫力度;四是进一步加大农民教育力度;五是进一步加强专项资金使用监管力度。县政府领导谭本军,县政府办、县扶贫办负责人全程陪同。县委常委、常务副县长周功表参加座谈会。

(高进平)

【编印代表履职规范用语“三十句”】2017年,县人大常委会把提高代表整体素质和履职能力摆上重要议事日程,搭建创作班子,历时四个半月,广泛开展调研,吸纳基层意见,采用自由诗体裁,形成了别具一格的履职规范用语。首次将代表履职规范精炼、归纳,从坚持正确政治方向、模范遵守宪法法律、提高依法履职能力、严格请假制度等11个方面整理履职规范30句。规范用句以代表法、湖南省实施代表法办法为依据,针对性强,通俗易懂,朗朗上口,是代表履职的“七字经”。9月22日,县第十七届人大常委会第七次主任会议讨论通过《石门县人大代表履职规范30句》,并印发给全体人大代表,要求全体代表自觉遵守,积极履职,规范行为。

(杜修贵)

重要人事任免

2017年2月7日石门县第十七届人大常委会第二次会议决定任命薛杰为石门县人民政府副县长。

2017年2月25日石门县第十七届人大常委会第三次会议决定任命陈支勇为县人民政府办公室主任,董仁忠为县发展和改革局局长,廖琪宁为县教育局局长,钟清林为县科技和工业信息化局局长,王汝国为县公安局局长,万改观为县监察局局长,林华为县民政局局长,刘爱国为县司法局局长,李九辉为县财政局局长,刘波为县人力资源和社会保障局局长,邓德文为县国土资源局局长,毛春晖为县环境保护局局长,潘道见为县住房和城乡建设局局长,杨贤清为县交通运输局局长,邱正鑫为县农业局局长,唐凡妮为县水利局局长,高敬民为县林业局局长,陈材为县商务粮食局局长,郭峰为县文化体育广电新闻出版局局长,张中合为县卫生和计划生育局局长,汤永红为县审计局局长,万勇平为县城市管理和行政执法局局长,李健为县安全生产监督管理局局长,彭进武为县市场和质量监督管理局局长,万志刚为县统计局局长。

2017年4月28日石门县第十七届人大常委会第四次会议决定任命屈省武为县人民防空办公室主任。

2017年8月25日石门县第十七届人大常委会第六次会议决定免去赵正兵、楚波的石门县人民政府副县长职务。

2017年10月13日石门县第十七届人大常委会第七次会议决定免去孙云波的石门县人民政府副县长职务。决定任命赵书军、谭本军为石门县人民政府副县长。

(县人大办)

【概述】2017年，石门县坚持“稳中求进、脱帽争先”主基调，大力实施“1155”工程，发起脱贫总攻，各项工作实现全面丰收、结局圆满。全年完成地区生产总值264亿元，同比增长8.5%；规模以上工业增加值同比增长10%；完成社会消费品零售总额121.4亿元，增长12%；固定资产投资230.2亿元，增长16%；财政总收入13.7亿元，增长10.58%；城乡居民收入分别达到23000元、10550元，增长8.5%、10%。大部分指标排名保持在全市第一方阵，稳步实现“居中靠前”的目标。

脱贫攻坚。全县共统筹整合涉农资金6.24亿元、通过融资等渠道筹资近6.5亿元投入脱贫攻坚，实现65个村、10297户、32288人脱贫，贫困发生率降至0.88%，各项指标达到贫困县退出标准。脱贫攻坚成果：①基础设施条件深度改善。全县投入资金5.5亿元，完成易地扶贫搬迁2301户7192人，实施危房改造7591户，让9892户建档立卡贫困户搬进新居。投入资金2.4亿元，新建农村公路709千米，实施窄路拓宽205千米、生命防护工程443千米，打通边界断头路50千米，改造危桥5座，贫困村路网覆盖率成倍提高。投入资金2.4亿元，完成146个村电网改造和186个村安饮提质，全面解决了贫困户用电和饮水问题。投入资金1.15亿元，新建和改造村级综合服务平台133个。②群众致富门路稳定拓宽。把发展产业作为稳定脱贫之本，通过基金扶持和金融支持，走出一条“公司+集体经济+基地+贫困户”的产业扶贫之路。全年新增小额金融贷款1.08亿元；建成产业扶贫示范基地105个，流转贫困户土地2.2万亩；61个贫困村光伏项目并网发电；185个电商服务网点投入运行，15个贫困村依托电商基本脱贫。石门县被评为“2017年度中国茶叶扶贫示范县”，县供销社获“2017中国果业扶贫突出贡献奖”。坚持产业与就业同步发力，新增贫困劳动力转移就业2631人，湘佳牧业获评“全国就业扶贫基地”。③贫困帮扶政策全面覆盖。大力推进教育扶贫，扶贫助学政策全面落实，对10635名贫困学生进行“一对一”帮扶，累计发放助学金4800万元，确保无一人因贫辍学。积极推进健康扶贫，贫困人口“先诊疗后付费”“一站式”结算、住院“绿色通道”全面实施，家庭医生签约服务全面覆盖，贫困群众就医更加便捷；着力构建医疗保障“六道防线”，城乡居民医保住院起付线降低50%、政策范围内住院费用报销比例提高10%、免费购买“扶贫特惠保”等政策全面落实，贫困群众医疗负担大幅减轻；健康扶贫工作经验获央视推介。④社会扶贫热情有效激发。广泛动员民营企业、社会个人参与扶贫，全县有42家企业自愿出钱出力，捐资500多万元，提供就业岗位200多个，34位优秀企业家主动到贫困村担任名誉村主任，涌现出“全国道德模范提名奖”获得者、“全国脱贫攻坚模范”“湖南省扶贫楷模”王新法、湖南省2017年“最美扶贫人物”喻自文等一批享誉全国全省的先进典型。

项目建设。全县全年到位国家和上级投资40亿元，引进利用境内外投资95亿元。项目建设成果：①工业层次提高。实现规模工业增加值75.8亿元，增长10%。关停落后产能企业32家，新增规模工业企业20家，总数达到120家。葛洲坝特水等10个项目稳步推进。园区聚集效应逐步凸显。建成标准化厂房11万平方米；工业污水处理厂建成投入使用，红星美凯龙等产城融合项目相继启动。②农业质效提升。完成农林牧渔业总产值70亿元，增长5%。柑橘产值突破11亿元；茶叶量价齐升，产量超过2万吨，产值突破5亿元，被评为“2017年度全国重点产茶县”、湖南“十强生态产茶县”；生猪、家禽等传统养殖稳步增长，蜜蜂、棘胸蛙等特色养殖发展壮大，实现养殖业综合产值32.2亿元。新型经营主体蓬勃发展，新增家庭农场30家、农民专业合作社181家。农村“三资”管理获全省先进，农村土地确权工作获全市先进。全年新增“三品一标”认证35个，“石门土鸡”获十五届中国国际农产品交易会金奖，白云山林场被评为“全国最美茶园”和湖南“十佳茶旅景区”。③现代服务业。完成社会消费品零售总额121.4亿元，增长12%。全域旅游全面铺开，成功跻身全国森林康养基地试点县、湖南省精品旅游线路重点县；壶瓶山国家生态旅游示范区、壶瓶山大峡谷AAA景区、白云山省级生态旅游示范区成功夺牌。电子商务迅猛发展，成为“全国电子商务进农村综合示范县”。现代金融稳健发展。年末金融机构各项存款余额230亿元、贷款余额99亿元，分别增长8.4%、23.2%；省农信担保公司石门办事处挂牌。

基础建设。坚持以大投入促进大开发，带动大发展，全年完成固定资产投资230.2亿元，增长16%。基础建设成果：①大交通格局初步成型。石长动车成功开行，呼南高铁宜石常段进入站线规划设计阶段，通用机场选址通过专家论证。沅澧快线二大道（石门段）、壶大公路1标段、新龙公路、九杨公路竣工通车。②农田水利建设提挡加速。投入资金1.15亿元，建设高标准农田3.6万亩。投入资金1.85亿元，整治堤防11千米，完成大中型沟渠清淤疏浚27.6千米、中小河流治理6.7千米，整修渠道655千米、泵站22处；实施高效节水设施改造9处，新增高效节水面积4000亩；31个村的五小水利建设全面完工，水利防灾减灾能力明显提升。③信息基础建设突飞猛进。全年共新建4G基站156座，铺设光缆790千米，4G信号总体覆盖率达96.6%，基本覆盖所有公路主干线、建制乡镇和村居。光纤网络实现乡镇全覆盖，到村通达率达98.8%。④县城面貌日新月异。梯云路、黄金路和老城区19条小街小巷提质改造全面竣工；澧滨路改造基本完成；白云路、三江路等路改项目加快推进，主城区基本实现沥青路面全覆盖。城区黑臭水体治理、地下管网、景观绿化等配套工程有序铺开，完成管网铺设50千米，新增公共绿地10.7万平方米，县城污水收集处理率达93.6%。⑤广大乡村展现新颜。新建小型垃圾压缩站15座，完成农村厕所无害化改造8640户，生活垃圾无害化处理率达100%。积极倡导乡风文明，大力整治农村赈酒陋习，文明新风走进千家万户，南北镇薛家村、三圣乡山羊冲村、维新镇获评第五届全国文明村镇。⑥生态环境提质变美。整改关停重点工业污染源63处，改造燃煤锅炉23台、加油站75家，淘汰黄标车507台，退养畜禽养殖27户，清理河湖养殖围网153口。稳步推进生态建设，累计完成营造林9.5万亩、义务植树190万株、公路绿化257千米、石漠化综合治理38平方千米，生态屏障进一步筑牢。

（县政府办）

重要会议

【第一次政府常务会议】2017年1月12日下午，县委副书记、县长郭碧勋主持召开2017年第1次政府常务会议。会议听取了关于实施常德市森林重点火险区综合治理工程二期建设项目（石门县部分）、全县粮食安全工作、鳅鱼嘴公租房工程结算送审、雄黄矿棚户区改造安置房项目、县妇幼保健院建设项目、永兴大道和小街小巷提质改造工程财政评审清单外增加投资、2017年项目建设责任分解、当前城建工程项目、2017年省级重点产业扶贫项目、太柳公路、沅澧快速干线二大道（石门段）工程变更、扶贫贷款工作、2017年文旅公司项目、交通工作有关问题等13项工作汇报，审议了《湖南石门发展集团组建方案（草案）》《2017年政府工作报告（讨论稿）》2项议题。

会议原则同意县森林公安局提出的《关于实施常德市森林重点火险区综合治理工程二期建设项目（石门县部分）的情况汇报》，明确由县森林公安局负责，严格按照上级要求组织实施，争取2017年10月1日前投入使用。明确由副县长车立平牵头，建立和落实粮食安全责任制制度体系和工作机制，成立相关领导小组，按照责任分工，做好县粮食安全省长责任制工作考核迎市检的相关工作；原则同意县商务粮食局提出的《石门县落实粮食安全省长责任制考核办法》《石门县2016年度常德市落实粮食安全责任制考核工作实施方案》，由县商务粮食局对照上级要求落实到位；原则同意县商务粮食局提出的《石门县县级储备粮管理办法》，明确由县商务粮食局负责，根据会议审议意见修改完善，报县政府办、县政府法制办审核把关后，按程序报批发文。原则同意县房管局提出的《关于鳅鱼嘴公租房工程决算送审的情况汇报》，明确由副县长龚云林负责，严格把好项目工程结算关，并牵头做好在建工程项目的清理清查工作；明确要进一步在程序上加强对在建项目工程量增加和设计变更的管控，严格按照相关标准及政策实行五方会审，进行联合审批。原则同意县住保办提出的《关于雄黄矿棚户区改造安置房项目增资增项的情况汇报》，明确由县住保办牵头，依法依规做好雄黄矿棚户区改造安置房项目增资增项手续完善和财政评审工作，并依据财政评审最终结果在相关资金中进行列支。由副县长宋雨泓牵头，协调好县妇幼保健院整体搬迁主体工程项目建设有关问题，依法解除县妇幼保健院与湖南广宇建设股份有限公司的投资协议；由县妇幼保健院负责，于1月18日前与湖南浩宇建设有限公司完善相关手续，明确双方权利、义务。由县财政局投资评审中心、县城建投公司、县审计局负责，做好永兴大道提质改造工程财政评审清单外投资增加额的认定、复核、审计等相关工作，按4∶3∶3的合同约定支付比例，在春节前支付投资增加额复核认定金额的40%，并全力以赴尽快做好永兴大道提质改造工程决算工作；由县财政局投资评审中心负责，做好小街小巷提质改造工程财政评审清单外投资增加额的复核工作，在春节前按合同支付部分资金，春节后迅速完成审计决算工作。

会议原则同意县发改局提出的《2017年项目建设责任分解》，明确由县发改局负责，根据会议审议意见修改完善后，提交县委常委会议研究。由副县长龚云林牵头，县住建局具体负责，在春节前对黑臭水体待治理区域进行现场查勘，按照轻重缓急、分期建设、分步实施的原则拿出实施方案，优先治理群众反应强烈的区域；明确县城建投公司为黑臭水体治理工程、重点项目周边路网配套建设工程和道路提质改造及市政配套建设工程实施业主，按照签约约定，对重点项目周边路网配套建设工程进行认真核算；迅速制定黄金路提质改造工程实施方案，并按计划推进；加快石门大道路灯改造项目进度，严格按照书记办公会议决议要求抓好工作落实；由县委常委、常务副县长周功表和副县长龚云林牵头，就县城区交通智能化工程现状进行专题调研。原则同意县扶贫办提出的3个省级重点产业扶贫项目，由县扶贫办负责做好对上申报工作；成立县重点产业扶贫工作领导小组。

会议原则同意县金融办提出的《湖南石门发展集团组建方案（草案）》，明确由县金融办负责，根据会议审议意见修改完善后，提交县委常委会议研究。原则同意县文旅公司关于2017年工作的总体思路和相关项目。原则同意西北环线的2个乡镇业主预借1100万元（其中磨市镇400万元、雁池乡700万元）用于支付西北环线工程建设的农民工工资；原则同意财政预算追加17个渡口签单发航员工资34万元，由县财政予以保障；由县财政局、县交通运输局、冉闫公路指挥部负责，对冉闫公路征地拆迁遗留问题进行调查并提出处理意见，报县委常委、常务副县长周功表审批；由县财政局负责，就渡岗公路养护经费问题进行调查并提出处理意见，报县委常委、常务副县长周功表审批。

【第二次政府常务会议】2017年3月3日下午，县委副书记、县长郭碧勋主持召开2017年第2次政府常务会议。会议听取了关于全县林业工作、统筹整合使用财政资金支持精准扶贫、当前防汛备汛工作、农村留守儿童关爱保护，公安局警务改革、辅警招录，湖南省第三轮教育工作"两项督导评估"、推进新型工业化等7项工作汇报，审议了《石门县整合建立统一的公共资源交易中心平台工作实施方案》《石门县生态文明建设三年行动计划》《石门县全域旅游发展规划(2017—2030)》3项议题。

会议原则同意县公共资源交易中心提出的《石门县整合建立统一的公共资源交易中心平台工作实施方案》，明确由县公共资源交易中心负责，根据会议审议意见修改完善后，按程序发文；同意成立县公共资源交易管理委员会；由县发改局和县财政局负责，按市里相关要求，确定入库专家人选；由县公共资源交易中心按规定标准统一收取服务费用，统一缴入县财政，实行收支两条线管理；要进一步加强中介服务机构管理，建立健全"准入、抽签、淘汰"机制，创建公开、公平、公正的代理服务环境，维护全县公共资源交易市场的正常秩序。原则同意县林业局提出的《关于大力发展林业产业的实施意见》；同意在农发资金中安排林业产业发展专项资金50万元，由县财政局负责具体落实；由副县长孙云波牵头，将无患子种植任务分解落实到各乡镇（街道、区场），争取2017年完成3万亩种植任务、2020年种植面积达到10万亩；由副县长孙云波牵头，抓好无患子深加工项目招商引资工作，争取2017年签约，2018年项目落户；明确城区公园绿地建设主体为县住建局；同意将国家森林城市创建工作纳入县直和乡镇、街道绩效考核；由副县长孙云波牵头，组织县公路局、县交通运输局、县林业局等单位，做好绿化后期管护工作，要严格实行乡镇、村（居）、农户三级责任制和农户门前"绿化、卫生、植树"三包。对于砍树、盗树等违法行为，县森林公安局要依法处理。

会议原则同意县财政局提出的《关于统筹整合使用财政资金支持精准扶贫工作方案》，同意对2015年脱贫的14个村按每村40万元的标准安排整合资金；明确由县委常委、常务副县长周功表牵头，副县长孙云波参与，做好涉农资金整合工作。要加快贫困村脱贫攻坚项目实施进度，争取9月30日前全部完成。8个脱贫攻坚分指挥部要积极行动，3月1日后迅速下到贫困村、非贫困村去督促扶贫项目落实情况。同意重新修订防汛抗旱、山洪防御县级预案，同意县水利局提出的《2017年县级领导和县直部门防汛抗旱责任制》。同意将防汛抗旱工作纳入对乡镇及县直单位绩效考核内容。各县直单位和乡镇（街道、区场）要迅速开展防汛抗旱培训工作和实地演练，确保2017年防汛工作有序开展。

会议原则同意县民政局提出的《石门县人民政府办公室关于切实加强农村留守儿童关爱保护工作的实施意见》。同意将留守儿童保护工作纳入民政工作绩效考核内容。在6月底前，建立和启用留守儿童信息平台，县教育局、县民政局、县公安局等单位及各乡镇之间实现信息共享。同意将县公安局"四大中心"和楚江派出所、宝峰派出所、蒙泉派出所"综合警务指挥室"建设纳入2017年基础设施建设计划。同意县公安局提出的招录辅警72人。由县公安局牵头，县人社局配合，共同做好辅警招录工作。原则同意县生态立县办提出的《石门县生态文明建设三年行动计划》。会议同意成立石门县迎接湖南省第三轮教育工作"两项督导评估"考核工作领导小组、石门县职教中心管理委员会、石门县迎接"国家三类城市语言文字工作评估"验收工作领导小组、石门县整体推进教育信息化工作领导小组。原则同意县教育局提出的《石门县迎接"国家三类城市语言文字工作评估"实施方案》，由县教育局负责，组织相关单位，按照国家教育督导评估标准，在全县范围内开展一次摸底检查，对于发现的问题，要认真进行整改。原则同意县科技工信局提出的《领导干部联系服务企业实施方案》《〈石门县帮扶工业企业发展暂行规定〉实施细则》《2017年推进新型工业化工作思路》。原则同意《石门县全域旅游发展规划(2017—2030)》，明确由县旅游外侨局牵头，将《规划》在网站等媒体上进行公示，进一步征求社会各界的意见后，按程序批准实施。

【第三次政府常务会议】2017年3月29日上午，县委副书记、县长郭碧勋在县人民政府五楼会议室主持召开2017年度第3次政府常务会议。会议听取了关于人事任免、部分规模工业企业"一站式"收费、湘北职专异地新建、扶持香猪产业发展投资汉唐公司方案、石门县组团参加常德市第七届运动会，石门县2016年度科学技术奖、专利奖、专利资助项目评审，交通项目建设、楚江街道接收白云镇划入磺厂社区、法治政府建设等10项工作汇报，审议了《关于进一步促进湖南石门经济开发区改革和创新发展的实施意见(讨论稿)》《石门土鸡和香猪产业发展实施方案(讨论稿)》《2017年石门县第十五届茶文化活动方案》3项议题。

会议原则同意县人社局提出的《关于刘选春等同志职务任免的通知》《关于向前等同志职务任免的通知》《关于杨健等同志职务任免的通知》《关于刘义华同志任职的通知》。原则同意县监察局提出的《关于给予张泽忠开除公职处分的请示》《关于给予秦轶开除公职处分的请示》,分别给予张泽忠、秦轶开除公职的处分。

会议原则同意《关于进一步促进湖南石门经济开发区改革和创新发展的实施意见(讨论稿)》,明确由县政府法制办负责,根据会议审议意见修改完善后,提交县委常委会议研究。原则同意县政务中心提出的《关于对规模工业企业2017年度部门收费实行由政务服务中心组织集中收取的通知》。关于湘北职专异地新建工作,明确成立由县委常委、常务副县长周功表任组长,副县长龚云林、宋雨泓任副组长,相关单位负责人为成员的领导小组,专门解决湘北职专异地新建过程中出现的问题。由湘北职专负责,根据会议审议意见将汇报材料修改完善后,提交县委常委会议研究决定后执行。原则同意县畜牧兽医水产局提出的《石门土鸡和香猪产业发展实施方案(讨论稿)》。明确由县畜牧兽医水产局负责,对有石门土鸡和香猪散养发展任务的14个乡镇的农户进行摸底,如属扶贫对象的养殖户,养殖奖补所需资金从财政已安排的产业扶贫资金中解决;如属非扶贫对象的养殖户,养殖奖补所需资金由县财政安排。原则同意县农业局提出的《2017年石门县第十五届茶文化活动方案》、县文体广新局提出的《石门县组团参加常德市第七届运动会工作方案》。原则同意县科学技术奖评审委员会、县专利奖评审委员会关于石门县2016年度科学技术奖、专利奖、专利资助项目的综合评审结果。明确由县科技工信局负责,对往年的表彰项目进行回头看,确保获奖项目发挥生产力,能够产生社会效益。关于交通项目资金有关问题,县交通运输局要与县财政局做好衔接,再按程序审定。

关于安慈高速有关问题。会议明确由县高速办牵头,就安慈高速三处变更项目有关问题与上级相关部门做好对接,尽快启动项目前期,并将有关情况形成文字材料提交下次政府常务会议研究。关于太柳公路有关问题。按照县委常委、常务副县长周功表确定的分责负担的原则,由县太柳公路协调指挥部负责,组织沿线相关乡镇,拟定沿线炮损房屋赔偿及跨坡整治的具体方案。关于公路治超有关问题,同意按照省交通运输厅《关于上报不停车超限超载监测系统规划布局的通知》要求,在新建的国省干线公路合适路段设立一套非现场执法系统,由县财政按照上级相关要求落实配套资金。明确石门县干线公路养护标准保持不变,即4500元/千米。由县交通运输局、县公路局、县治超办负责,实行24小时轮流值班制度,适度调配易家渡、田家峪治超点人员,重点保证夹山治超站的治超力量,确保治超工作落到实处。原则同意县交通运输局提出的《石门县交通建设大会战指挥部议事规则》《暂列金使用暂行办法》,明确由县交通运输局负责,根据会议审议意见修改完善后试行。同意磺厂社区从白云镇划入楚江街道。县民政局、县公安局等相关单位,要根据各自职责,办理好相关手续。同意县政府法制办提出的2017年度石门县落实常德市法治政府建设考核指标责任分解表。按照省编委办、省政府法制办《关于加强市县政府法制机构队伍建设的意见》(湘编办发〔2017〕1号)文件要求,由县委组织部、县编委办、县人社局、县政府办等单位负责,从体制内选调2～3名法律专业人员,充实县政府法制办工作力量;落实县政府法律顾问全面参与重大决策、合同审查、行政应诉等法律事务的工作机制。同意将法治政府建设纳入县绩效考核内容,并适当提高权重。

【第四次政府常务会议】2017年4月21日上午,县委副书记、县长郭碧勋在县人民政府五楼会议室主持召开2017年度第4次政府常务会议。会议听取了全县人事任免、劳务协作医疗保险及救助扶贫、全县财税工作、成立石门县土地管理委员会、全县禁毒工作、煤矿安全生产、青峰煤矿关停遗留问题、交通工作、民族宗教工作9项工作汇报,审议了《石门县残疾人精准康复服务行动实施方案(2016—2020年)(讨论稿)》《石门县建筑垃圾处置管理办法》《关于全面推进政务公开工作的实施意见》3项议题。

会议原则同意县人社局提出的《关于林波同志职务任免的通知》《关于匡照国同志免职的通知》。原则同意县人社局提出的《石门县劳务协作、医疗保险及救助扶贫分指挥部成员单位及职责》《石门县劳务协作脱贫方案》《石门县劳务协作脱贫政策性补助补贴标准及实施办法》《县直单位分散型岗位安置建档立卡贫困劳动力就业指导性任务表》《致正走在脱贫致富路上的父老乡亲们的公开信》,由各位副县长牵头,相关单位具体负责,严格按照《县直单位分散型岗位安置建档立卡贫困劳动力就业指导性任务表》为建档立卡贫困户提供公益性岗位。原则同意县残联提出的《石门县残疾人精准康复服务行动实施方案(2016—2020年)》。原则同意县财政局提出的《石门县2017年财税收入绩效考核办法》《石门县招商引资优惠政策兑现审查表》。由副县长车立平牵头,组织县商务粮食局等相关单位,拟定现行招商引资政策框架下的规范性合同模板,为今后招商引资工作提供可复制、操作性强的工作规范。同时,要规范招商引资程序,坚持重大事项集体研究,对招商合同的奖励兑现执行一律由招商领导小组先研究提出初办意见后,然后提交政府集体研究决定。原则同意县国土资源局提出的《石门县土地管理委员会组建方案》。关于禁毒办人员编制等有关问题,提交县编委全会研究。关于加强禁毒教育基地建设,由县教育局牵头,组织石门一中、石门五中相关人员，前往鼎城一中、常德市五中，学习青少年毒品预防教育经验，创建省禁毒示范校。开展吸毒人员网格化管理培训，由县禁毒办牵头，组织楚江街道、观山社区等单位相关人员，赴武陵区参观学习吸毒人员网格化管理经验，创建符合县情的吸毒人员网格化管理机制。

会议明确由副县长、县公安局局长王汝国，副县长龚云林负责，严格按照县委、县政府“三个不”(不延期、不新扩矿界、不新设矿权)的原则，对无精深加工、影响环境和安全生产的矿山企业，依法依规，按期关闭。成立青峰煤矿关停遗留问题处理协调领导小组，领导小组下设综合办公室和内部职工安置遗留问题协助处置工作组、地质灾害治理协助工作组、矿区安全和信访维稳工作组。由副县长韩翼飞负责组织青峰煤矿关停遗留问题处理协调领导小组办公室日常工作，与市青峰煤矿关闭清算安置工作组进行对接，建立定期沟通机制，拟定青峰煤矿关停遗留问题处理责任清单。关于柳家垭至安溪公路。综合考虑各种因素，优先解决老百姓出行难的问题，暂时先按农村公路(宽4.5米)标准进行建设。明确罗坪乡政府为建设业主，县财政局按照每千米30万元标准予以补助。同时，由罗坪乡政府负责，按照二级公路标准，做好线型设计和公路两侧控违拆违工作，待条件成熟后，启动该段公路的升级改造。明确由副县长龚云林牵头，县政府法制办负责，组织县城管执法局、县住建局等单位以及县政府法律顾问对《石门县建筑垃圾处置管理办法》条文进行详细修改，并广泛征求各相关单位意见后，再提交县政府常务会议研究。原则同意县政务公开办提出的《关于全民推进政务公开工作的实施意见》。各乡镇(街道、区场)要明确民族宗教工作分管领导和专干，建立健全基层网络。同意成立创建全省民族团结进步示范县领导小组和民间信仰场所试点工作领导小组。会议明确要建立流动少数民族管理联动机制和宗教领域问题处理联动机制，即时处理和化解民宗工作领域矛盾纠纷。由县人社局负责，将民宗工作纳入全县绩效考核内容，并适当提高分数权重。

【第五次政府常务会议】2017年5月12日下午，县委副书记、县长郭碧勋在县人民政府五楼会议室主持召开2017年度第5次政府常务会议。会议听取了部分县直单位办公场所调整的建议方案、“无上访村(社区)”建设、全省视频信访系统建设和县信访接待中心人员编制问题，吴勇、向齐化、王昌巨等人见义勇为事迹、消除血吸虫病达标、整体推进教育信息化建设、思源实验学校创建“互联网+”教育现代化样板校、财税相关工作、石门发展集团组建、养殖污染治理、全面推行河长制、深化供销合作社综合改革等12项工作汇报，审议了《关于加强我县统计工作的意见(讨论稿)1项议题。

会议原则同意《关于部分县直单位办公场所调整的建议方案》，由县委常委、常务副县长周功表牵头负责，县政府办和县国资中心共同落实。各相关单位搬迁后，在维护安全和坚持节俭的前提下，可对新办公场所进行适当修缮。县法院要与县政府办、县国资中心做好原法院机关院落国有资产移交和清算等工作，避免造成国有资产流失。关于“无上访村(社区)”建设，要按县委常委会研究决定和部署进一步落实。由县编委办负责，拿出县信访接待中心增加3名全额拨款事业编工作人员的方案，提交县编委全会研究，由县财政局负责落实增加人员经费。同意县综治办关于给予吴勇、向齐化、王昌巨三人见义勇为奖(5000元/人)和相应荣誉。宣传部门要大力宣传见义勇为先进事迹的申请和举荐，号召全县向见义勇为的先进典型学习，传递社会正能量，在下年度政法工作会议上予以表彰颁奖。原则同意县统计局提出的《关于加强我县统计工作的意见(讨论稿)》。由副县长宋雨泓牵头，做好消除血吸虫病相关基础工作。各相关单位要给予大力支持，确保石门县2017年11月份前消除血吸虫病工作达标，并验收合格。由县政府电子政务办在技术和具体实施方面负总责，做好全县教育信息化建设工作；由副县长宋雨泓负责，对教育信息化项目进度和整体质量进行把关。同意在常德市政府交易中心进行教育信息化项目采购招投标，县教育局要依法依规按程序做好招投标相关准备工作。

关于财税工作招商引资税收优惠有关问题，同意把税收贡献作为招商引资项目引进的重要标准，依法、科学和适度地修订税收优惠政策，降低兑现政策对财税收入的冲击；对一次退税或减免较大的项目，积极进行协调，要力争延期抵扣和分期减免；对优惠政策到期的项目进行全面清理，恢复征税。关于护税协税有关问题，明确石门县财政性资金、融资平台应税资金需凭本县税务发票支付等护税措施；落实金融保险行业税收在本县缴纳的相关措施；公检法司要积极协助税务部门搞好税收稽查，依法打击偷、逃、抗税行为。关于平台资产注入有关问题。明确各平台公司国有资产注入要按省财政厅要求，迅速进行整改，改变土地划归方式，通过招挂牌程序实现有偿转让。财税相关单位要严格按照年初下达的工作任务，层层分工，落实责任，实现上半年财税工作“双过半”的工作目标；要对纳税行为进行严格监管，防止偷税漏税，发现相关线索，移送公安机关依法严格查处。相关单位要及时兑现奖惩，鼓励社会群众积极参与举报偷税漏税行为。关于石门发展集团管理思路有关问题，由县委常委、常务副县长周功表牵头，县财政局、县国资中心、县政府法制办、石门发展集团共同参与，拟定石门发展集团管理思路方案。同意组建石门发展集团，并与县农业投公司合署办公。由县退养整治办负责，按照省级(洞办)资金338.25万元，皂市水库79.47万元，月亮水库296.17万元的退养目标，确保国庆节前完成省市目标考核对象退养拆除。由县政府法制办牵头，草拟仙阳湖湿地公园综合执法改革试点方案，尽快提交政府常务会议研究。原则同意《关于加强我县渔业秩序管理的通告》。

会议同意成立县河长制工作委员

会。建议县委书记担任第一河长。县长担任总河长，常务副县长和分管副县长担任副总河长，副总河长及县直有关部门主要负责人担任县管河道河长。县河长制工作委员会办公室(简称县河长办)设县水利局，办公室主任由县水利局主要负责人兼任，各乡镇(街道、区场)设置相应的河长制工作委员会和河长制办公室。县河长办的相关人员编制问题，提交县委常委会研究决定。原则同意《石门县全面推行河长制实施方案(讨论稿)》，由县水利局负责，根据会议审议意见进一步修改后报县委常委会研究。由县移民局牵头，县水利局、仙阳湖湿地公园管理处、县文旅公司和皂市水库等单位共同参与编制《皂市水库消落区生态防护与综合利用总体规划》；规划要与《仙阳湖湿地公园总体规划》相衔接，体现政府政策的规范性、延续性和协调性。同意成立石门县深化供销合作社综合改革工作领导小组，稳步推进供销社综合改革。由县委改革办对供销社综合改革进行督导。原则同意《关于深化供销合作社综合改革的实施意见》，由县供销社负责，根据会议审议意见进一步修改后送县政府法制办审核，提交县委常委会研究。同意石门县柑橘调运指挥部更名为石门县农产品流通领导小组；成立石门县农村信息服务中心；由县供销社承担涉农行业协会组织建设指导服务。宏达资产经营管理公司纳入石门发展集团进行管理；县供销社在白云镇、雁池乡、新关镇、蒙泉镇的4处闲置资产，交由县国资中心进行拍卖，盘活国有资产。会议明确2010年前退休人员去世后的丧葬费，县供销社核实经费后，由县人社局和县财政局予以支持；改制时期资产处置中的16宗土地过户转让手续办理，相关部门要予以支持。

【第六次政府常务会议】2017年6月9日，县委副书记、县长郭碧勋在县人民政府五楼会议室主持召开2017年度第6次政府常务会议。会议听取了关于人事任免、公安局重点基础建设、全县扶贫相关工作、城乡低保特困人员和社会保障兜底对象认定清理整顿工作、城镇棚改项目建设、石门县配合中央环保督察工作、学习《关于坚决制止地方以政府购买服务名义违法违规融资的通知》7项工作汇报，审议了《石门县城乡居民基本医疗保险实施办法(讨论稿)》《石门县落实被征地农民社会保障工作实施办法(讨论稿)》《2017年石门县国有企业负责人薪酬管理办法(讨论稿)》《石门县财政性资金存款调剂考核暂行办法(讨论稿)》4项议题。

会议原则同意县人社局提出的《关于张谋泽等同志免职的通知》。原则同意县监察局提出的《关于给予丁进华开除公职处分的请示》，给予丁进华开除公职的处分。原则同意《石门县城乡居民基本医疗保险实施办法(讨论稿)》。由县委常委、常务副县长周功表和副县长宋雨泓共同负责，组织县财政局和县人社局测算办法实施以后每年所需资金。原则同意《石门县落实被征地农民社会保障工作实施办法(讨论稿)》。会议明确，2014年5月6日后被征地符合补贴条件的农民，以本人自愿原则，申请以城镇灵活就业人员身份参加企业职工基本养老保险的，允许以对应的被征地项目缴纳的被征地农民社会保障资金划入职工基本养老保险收入户或被征地农民社会保障资金专户之日的上一年度全省在岗职工年平均工资的60%作为参加职工基本养老保险的缴费基数，进行"补建补缴"。补贴标准按征地时测算标准和测算金额补贴。明确2017年规划建设永兴街道派出所和太平镇派出所业务技术用房；2018年建设二都街道派出所、易家渡镇派出所、南北镇派出所业务技术用房；2019年建设所街乡派出所、白云镇派出所、新关镇派出所、三圣乡派出所、皂市镇派出所、壶瓶山镇派出所、夹山镇派出所业务技术用房。由县国土资源局负责，做好派出所业务技术用房建设土地使用相关工作。迅速启动永兴派出所和太平镇派出所选址、图纸设计等建设相关工作。由县监察局和县审计局负责，共同制定检查贫困村扶贫资金规范使用的工作方案，并组织实施。

关于城乡低保、特困人员和社会保障兜底对象认定清理整顿工作，由县政府党组副书记、正处级干部万义元负责，县民政局牵头，各相关单位参与，6月20日前完成30%的入户抽查任务。由县民政局负责，分类建立突出问题台账。成立由县委常委、常务副县长周功表牵头任组长，县委常委、政法委书记张树国，县政府党组副书记、正处级干部万义元，县政府党组成员、副县长王汝国任副组长，相关单位主要负责人为成员的特殊对象调研领导小组，并于6月30日前，研究制定针对被征地农民、特殊疾病人群、企业改制下岗人员及其他涉稳退保群众的问题解决方案，报县委县政府研究。关于调整石门县国有土地上房屋征收补偿政策调整工作，由副县长龚云林总体负责，县政府办牵头，县政府法制办、县住建局和县房管局共同参与调查研究，结合石门县实际与周边县(市、区)政策，进行比对，提出调整的意见和科学的方案。由县委常委、常务副县长周功表负责，副县长车立平、石门发展集团、县政府金融办共同参与棚改项目融资工作，要做到科学融资、合理用钱。关于重点环保问题，各乡镇(街道、区场)和有关单位要严格按照问题清单整改落实到位。要加速完成白云镇恒峰煤矿和金瑞泰煤矿关闭后污染治理问题。启动空气自动检测站迁址工作。原则通过《2017年石门县国有企业负责人薪酬管理办法》。原则同意《石门县财政性资金存款调剂考核暂行办法(讨论稿)》。全体与会人员共同学习了国家财政部《关于坚决制止地方以政府购买服务名义违法违规融资的通知》(财预〔2017〕87号)。

【第七次政府常务会议】2017年7月11日上午，县委副书记、县长郭碧勋在县政府五楼会议室主持召开2017年度第7次政府常务会议。县政府各位副县长、调研员、副调研员参加会议。会议听取了全县开放型经济和商务粮食、石长动车开行、破获"1996·9·17"双溪桥杀人案有功的县公安局及相关民警请功、石门县农村综合服务平台项目建设、健康扶贫暨贫困村卫生室建设、公车改革、三叉路市场消防整治、2017年农网改造升级工程、城建领域亟需解决的四个问题、石门烈士陵园建设、城乡低保清理整顿、安全生产工作等12项工作情况汇报，审议了《关于贯彻执行〈常德市国有土地上房屋征收与补偿实施办法〉的通知》《石门县建筑垃圾处置管理办法（讨论稿）》《湖南石门仙阳湖湿地公园综合行政执法改革试点方案（讨论稿）》3项议题。

关于招商引资和开放型经济工作，会议原则同意县商务粮食局提出的《石门县2017年度招商引资目标管理考核办法(讨论稿)》，明确由副县长车立平牵头，县商务粮食局负责，根据会议审议意见做好政策调整，并与县目标管理考核管理委员会做好对接，报县委常委会研究后，以两办名义联合发文。县商务粮食局提出的《关于支持开放型经济加快发展的若干奖励政策(讨论稿)》，明确由副县长车立平牵头，县政府法制办负责，县财政局、县审计局、县科技工信局、县商务粮食局等单位共同对奖励补贴政策文件内容再次进行认证和梳理；县商务粮食局和县财政局共同负责，合理设置奖励上限和奖励范围、科目，在模拟测算的基础上再深入研究奖励政策并进一步修改完善后，由县委常委、常务副县长周功表把关，报县委常委会研究。同意按照《关于加快推动石门县商贸流通业发展的实施意见》(石政发〔2016〕38号)文件精神，依法依规依程序兑现奖励政策。关于国家电子商务进农村综合示范项目推进工作，严格落实《石门县电子商务专项资金管理办法》及《关于加快推动石门县商贸流通业发展的实施意见》(石政发〔2016〕38号)文件要求，继续扶持电商企业做大做强。关于粮食安全问题，按上级要求落实县级储备粮轮换工作。县商务粮食局所辖35处国有资产由县国资中心负责，县商务粮食局牵头，全部注入到石门发展集团。盘活国有资产，实现保值增值。由副县长龚云林牵头，县编委办、县住建局、县城管执法局共同研究，迅速组建石门县火车站广场管理处，配置5名左右工作人员，8月中旬到岗到位，负责抓好站前广场秩序和卫生管理。7月底前，由二都街道负责，全力配合修建1.2千米动车便道建设；由县住建局负责，做好站前广场4盏高杆灯新增和若干矮灯亮化工作；由县城管执法局负责，做好垃圾和垃圾站清理、垃圾转运通道修建和2座厕所的保洁工作；由副县长龚云林牵头，相关单位负责做好天门路积水排水工作；由动车轨道所经乡镇(街道)负责，做好线路栅栏封闭工作；由县交通运输局负责，做好动车轨道上跨立交桥移交工作。7月底前，由副县长龚云林牵头，县住建局、县交通运输局等相关单位负责，做好停车场收费系统新建、的士车排队专用通道建设等相关工作。

关于县公安局成功破获“1996•9•17”双溪桥杀人案，会议同意给予县公安局奖励10万元。同意对县公安局有功民警张鹏（县公安局刑事侦查大队大队长）、徐豪(县公安局侦查实战中心民警)分别记个人三等功一次；对有功民警龙志辉（县公安局侦查实战中心民警）、徐进林(县公安局刑事侦查大队民警)分别记嘉奖一次。明确由县平台办(县委组织部)总揽牵头，县发改局配合，县文旅公司增派精干力量，全力做好农村综合服务平台建设工作。关于健康扶贫工作，原则同意县卫计局提出的《全县卫生与健康大会方案(讨论稿)》，根据会议审议意见修改完善后，报县委常委会研究。由副县长宋雨泓牵头，做好居民健康卡使用设备同步配置、同步改造等相关工作；由县卫计局负责，按政策要求做好居民健康卡发放工作。同意成立健康扶贫救助基金，资金来源按健康扶贫调度会议定方案整合安排，由县财政局和县卫计局负责落实。关于贫困村卫生室建设，11月底前完成37个贫困村建设。同意县车改办(县发改局)提出的公车改革参改单位和参改人员，明确车补从2017年1月开始发放，并在7月全部发放到位，由财政统一打卡到人。成立由副县长龚云林任组长，楚江街道党工委书记李世辉任常务副组长的三叉路市场关闭工作领导小组。由副县长龚云林牵头，县征收办负责做好三叉路市场关闭及经营户搬迁工作一次性货币安置补偿资金核算工作，依法运用征收补偿政策鼓励经营户和谐搬迁，早日搬迁。

会议同意成立以副县长韩翼飞为组长的农网升级改造工程建设领导小组，各相关单位要积极配合支持农网升级改造工作。县征收办提出的《石门县人民政府办公室关于贯彻执行〈常德市国有土地上房屋征收与补偿实施办法〉的通知》，明确由县征收办牵头，县财政局、县审计局全程参与，结合石门县实际，进一步修改完善成熟后，按程序发文。原则同意县城管执法局提出的《石门县建筑垃圾处置管理办法(讨论稿)》。关于街道社区保洁员待遇问题，由县财政局负责，对街道社区保洁员工资待遇进行核算，比照中联重科保洁员工资标准落实工资待遇。明确保洁员由所在街道进行管理。关于原小电厂安置房办证问题，由副县长龚云林牵头，县政府法制办、县住建局、县国土资源局、县房管局、县不动产登记中心等相关单位共同协作，对原小电厂安置房“国泰民兴”小区办理合法化相关手续给予支持，解决遗留问题。由县监察局负责，对“国泰民兴”小区项目进行核实，确保违法违规单位和人员全部追责到位，杜绝类似问题再发生。关于“公园壹号”和“公园世家”有关问题，由副县长龚云林负责，与湖南宏宇置业有限公司和湖南升富置业有限公司协商两宗土地红线外电主网建设资金出资问题，相关部门核实建设费用后，县财政出一半，剩余一半由两家公司共同承担。原则同意县政府法制办提出的《湖南石门仙阳湖湿地公园综合行政执法改革试点方案(讨论稿)》。县财政局、县审计局等相关单位，要对烈士陵园一期工程结算给予支持；由县财政局和县民政局负责，做好相关资金整合工作，抓紧启动二期工程建设。由县政府优化办、县公安局、永兴街道及双桥社区共同做好烈士陵园环境优化工作。县民政局要尽量将符合政策规定的矽肺病、砷中毒、肾病等重病和重残人员纳入低保范围;如不能纳入低保,要按政策政策对以上特殊困难群体给予关爱和支持。同时,要按照相关政策规定,救助治疗砷中毒群体,并对申请救助资格的人员按政策程序进行严格身体体检,确保公平公正。由县委常委、常务副县长周功表把关,县政府党组副书记、正处级干部万义元负责,与相关单位共同研究制定方案,确保符合条件的,没有纳入低保的特殊困难群体,享受临时救助等政策。会议明确,7 月 25 日前,相关责任单位要对 2017 年来各级交办的安全隐患进行大整改、大检查、大结账,对问题整改不力的单位负责人进行约谈。

【第八次政府常务会议】2017 年 8 月 9 日,县委副书记、县长郭碧勋在县人民政府五楼会议室主持召开 2017 年度第 8 次政府常务会议。会议听取了关于调整规范公务员津贴补贴、授予石门县澧澜中学董事长田玉欣“办学功臣”荣誉称号、石长动车开行近期工作、县城区燃放烟花爆竹“限改禁”、环境保护工作、通用机场建设项目前期推进工作 6 项工作汇报,审议《石门县教育工作绩考核方案》《湖南夹山国家森林公园总体规划 2017—2026 年(送审稿)》《关于进一步加强新时期爱国卫生工作的实施意见(讨论稿)》3 项议题。

会议原则同意县财政局提出的《石门县调整机关公务员规范性津贴补贴实施方案》。同意授予石门县澧澜中学董事长田玉欣“办学功臣”荣誉称号,并奖励 10 万元。原则同意县教育局提出的《石门县教育工作绩考核方案》。由石门县北站负责,于 8 月 25 日前,督促完成石门县北站站内改造工作,确保全面达到动车开行条件。由副县长龚云林负责,于 8 月 25 日前,将火车广场管理处人员、物资以及广场维修工作全部调度落实到位,并施行严格区域管理。原则同意夹山管理处提交的《湖南夹山国家森林公园总体规划 2017—2026 年》。由夹山管理处负责,根据会议审议意见,将该规划与森林康养、禅茶、爱国主义教育、廉政教育等要素相融合,与高速高铁线路设计、生态红线划定做好对接,进一步修改完善后,按程序上报审批。原则同意县卫计局提出的《关于进一步加强新时期爱国卫生工作的实施意见》。由副县长龚云林牵头,县政府法制办和县城管执法局具体负责,就“东起临夹公路夹山牌楼段直抵澧水河南岸至永兴街道杨二汊居委会;南起十九峰山脉以北;西起十九峰山脉垂直连接海螺水泥厂至楚江街道龙凤社区、阎家溶社区;北起 S308 绕城线接永兴街道双溪社区”这一“禁鞭”区域方案,广泛征求县人大、县政协、老干部和各街道意见,科学确定县城区烟花爆竹禁止燃放范围,再对《石门县城区燃放烟花爆竹“限改禁”工作实施方案》进行修改,并提交县人大常委会审议后形成决议。待方案成熟后,按程序发布该方案和《关于确定禁止贮存销售燃放烟花爆竹区域的通告》。由县委宣传部和县广播电视台负责,做好县城区禁止燃放烟花爆竹舆论宣传工作。《石门县配合中央环境保护督查工作 18 个交办件清单》和《石门县 26 个突出环境问题和环境信访问题整改清单》列出的问题,各相关单位要严格按要求迅速整改到位。由县环保局负责,8 月底前按相应审批程序完成空气质量监测站迁址,确保新址监测站 9 月 1 日正式运行。由副县长龚云林负责,召开专题会议调度樟木滩饮用水水源保护区划定工作,确定界址。16 个乡镇集中水源地保护区由县环保局和县水利局尽快划定,两局按照各自职责做好水源地保护工作。由县委常委、常务副县长周功表牵头,县发改局负责,全力做好通用机场建设项目核准报批工作,积极推进项目建设。同意县机场办提出的通用机场建设项目前期推进工作方案。

【第九次政府常务会议】2017 年 10 月 20 日下午,县委副书记、县长郭碧勋在县人民政府五楼会议室主持召开 2017 年度第 9 次政府常务会议。会议听取了关于进一步规范石门县行政事业单位国有资产购置处置申报审批、石门县锦江国际大酒店及配套商住开发项目产业发展扶持基金返款工作、安全生产迎国检、永兴街道便民服务中心项目建设、兰香路新月路建设项目增资增项、不动产统一登记工作、党的十九大安保维稳工作和业务技术用房建设、新建军休综合服务中心、楚江街道渫阳社区原砖厂地块收储遗留问题、组建白云有机茶业有限公司、雄黄矿区域污染治理项目、人事任免 13 项工作汇报。

会议原则同意县财政局提出的《石门县行政事业单位国有资产管理实施办法》。由县国资中心负责,对全县所有国有资产进行统计造册,确保国有资产管理规范,并实现保值增值。由县政府督查室负责,对全县国有资产管理工作进行一次全面督查。会议明确各级各单位要积极开展安全生产“大排查、大整改”,及时排除安全隐患,确保国检前全部整治到位。明确由县委常委、常务副县长周功表牵头,副县长龚云林协助,各相关单位大力支持,按照“简化手续、优惠办理”的原则,快速推进永兴街道便民服务中心项目建设办证审批等前期工作。原则同意永兴街道提出的项目设计和建设规模,永兴街道要加强质量监管,建成精品工程;要尽快开工,快速推进,确保 2018 年国庆节前投入使用。原则同意县宝峰投公司提出的项目增资增项事项,由县宝峰投公司负责,再次依法依规依程序组织五方会审,县财政根据审计确认的最终结算价格据实付款。由政务中心负责,腾出办公场所将房屋交易、土地交易、土地房屋测绘与不动产登记中心合署办公,提高服务效率,方便群众办事。同意县民政局提出的石门县军休综合服务中心立项申请。由县民政局负责,以“一个立项,多个进驻”的方式,打好“组合拳”,多渠道争取资金,抓紧推进项目建设。县财政对项目配套资金予以支持。原则同意石门发展集团组建白云有机茶业有限公司,同意成立由县委常委、常务副县长周功表任组长,县政府分管金融和农业的副县长任副组长的茶业有限公司筹备组。明确成立由县长郭碧勋任组长，县委常委、常务副县长周功表、副县长龚云林（常务副组长）任副组长，各相关单位主要负责人任成员的湖南石门典型区域土壤污染综合治理项目领导小组。由县环保局负责，聘请中国科学院地理科学与资源研究为主体所为专家组，对雄黄矿土壤治理项目实施提供事前、事中、事后的技术指导，寻求多途径修复受污染土壤方案。由白云镇负责，在雄黄矿污染周边区域租用50亩连片土地，用于建设蜈蚣草繁育大棚。

【第十次政府常务会议】2017年11月9日，县委副书记、县长郭碧勋在县人民政府五楼会议室主持召开2017年度第10次政府常务会议。会议学习了市长碰头会（扩大）精神和《石门县人民政府工作规则》，听取了关于落实市委市政府“开放强市、产业立市”、消防工作、规范性文件制定主体资格和2017年规范性文件清理情况、人民防空工作、县城区黑臭水体治理和乡镇污水设施建设、王尔琢烈士旧居复建、青峰煤矿关闭遗留问题处理、养老中心建设项目立项、2017年部门预算调整、石门禾田十九峰森林康养度假村项目等10项工作汇报，审议了《夹山创建国家AAAAA景区提升规划》《石门县森林防火指挥部工作规则》2项议题。

会议明确县政府领导及政府机关工作人员要通读学习、深刻领会市委副书记、代市长曹立军在9月29日市长碰头会（扩大）上的讲话，并在工作中严格抓好落实。县政府领导及政府机关工作人员要认真学习并严格执行《石门县人民政府工作规则》。明确由县委常委、常务副县长周功表牵头，副县长车立平、副县长韩翼飞、副县长谭本军共同参与，召集县发改局、县商务粮食局、石门经济开发区等单位，对照相关文件，结合石门实际，及常务会议审议意见，修改完善《石门县开放强县产业立县三年行动计划》。原则同意成立开放强县产业立县战略推进指挥部，由县发改局负责，将《石门县开放强县产业立县三年行动计划》提交县委常委会议研究后按程序发文。原则通过湖南华旅国盛规划公司提交的《夹山创建国家AAAAA景区提升规划》，明确由湖南华旅国盛规划公司负责，夹山管理处、县文旅公司、县文物局共同参与，根据会议审议意见、林业环保等多部门已制定的规划、保护文化文物的原则、周边高速和高铁等道路交通建设项目及禅茶小镇的建设规划，来统筹梳理和修订此规划，确保规划多规融合、科学出台。同意由县财政按照10万元台的标准，对壶瓶山、皂市、蒙泉、新关4个乡镇政府专职消防队的4台消防车予以补助，以10万元每队的标准，对13个新建的乡镇专职消防队实施以奖代补，由所在乡镇负担后续管理和维护经费，县消防大队要协助乡镇强化业务培训和日常管理。由县消防大队负责，组建老城区专职消防队，并负责运行和管理工作。将消防宣传教育培训“外包”服务工作纳入政府购买公共服务指导目录。

由县委办、县政府办、县人大办、县政协办办公室主任负责，从办公室经费中安排消防专项资金，用于购买一批独立式火灾报警探测器，按消防要求安装到办公室和老旧机关宿舍，切实做好火灾防范工作。要严格按照县政府常务会议精神，由副县长龚云林牵头负责，立即落实三叉路市场关闭及经营户搬迁工作。原则同意县森林公安局提交的《石门县森林防火指挥部工作规则》。同意县政府办（法制办）提交的规范性文件制定主体资格确定名单和2017年规范性文件清理结果。原则同意按上级文件要求，编制石门县城区人防工程建设总体规划，筹备人防指挥中心项目建设并启动前期工作。石门县人防指挥中心建设，涉及到班子队伍和人员编制等问题，要提交县委常委会研究后，按最终决策执行。县住建局和相关责任单位，要严格按照上级要求，全力以赴完成中央环保督察交办的黑臭水体治理和乡镇污水建设的环境整治任务。由县委常委、常务副县长周功表做好调度，协调环保、水利、住建、生态等相关部门的项目资金，统筹用于黑臭水治理和乡镇污水设施建设。县财政局要做好资金核算。县住建局、县环保局等部门要积极向上对接，落实项目资金。王尔琢烈士旧居复建工作由副县长车立平总负责，由磨市镇担任王尔琢烈士旧居复建的项目业主。根据第8次常德市政府常务会议精神，从10月11日晚开始，石门县全面接管青峰煤矿关闭遗留问题处理及信访维稳工作，成立青峰煤矿关闭遗留问题处理及信访维稳工作领导小组。由县科技工信局负责，根据会议审议意见，进一步修改和完善《青峰煤矿关闭遗留问题清单及处置工作方案》职责分工，采取“副县长＋县直单位＋相关乡镇（街道）”的模式，相关县级领导分头调度，进入角色，积极履职。同意县民政局提出的石门县养老中心建设项目的立项申请和项目建设规模。由县政府党组副书记、正处级干部万义元，副县长龚云林共同负责，县国土资源局、县住建局和县民政局具体负责，实地踏勘，共同做好项目选址工作，确保养老中心年内开工建设。原则同意县财政局提交的2017年部门预算调整方案。原则通过县商务粮食局提出的石门禾田十九峰森林康养度假村项目招商引资政策兑现方案。由县商务粮食局负责，提交县委常委会议研究后，按最终决策执行。

【第十一次政府常务会议】2017年11月10日上午，县委副书记、县长郭碧勋在县人民政府五楼会议室主持召开2017年度第11次政府常务会议。会议听取了国有资产保值增值、“常德品牌中国品质”长沙农产品推介会、农村公路脱贫攻坚项目进展、全县河长制实施情况、全县病死畜禽无害化处理体系建设、全县规范村务公开栏、妇幼保健院整体搬迁建设、原兴石标准化厂房续建增资增项、宝峰欣城配建保障房回购、全县城区禁鞭工作、县老城区沿河区域棚户区改造一期工程和石门县夹山采煤沉陷区综合基础设施建设项目、公共停车泊位收费、中央环保督查整改情况、迎接2017年省政府重点工作综合督查、叶四军酒后驾车肇事15项工作汇报，审议了《石门县征地拆迁资金管理办法》1项议题。

会议同意成立国有资产管理工作领导小组和联席会议制度，由县委常委、常务副县长周功表任组长，定期和不定期研究国有资产管理、使用、经营等工作。明确"常德品牌中国品质"长沙农产品推介会总联络由县农业局局长邱正鑫负责，要充分利用推介会的时机，在推介会中将展位设计、产品陈列及签约仪式办得出彩。本次推介会活动经费由县财政予以保障。由副县长韩翼飞牵头，县交通运输局负责，根据会议审议意见重新编制下达计划，分三批次下达：解决当前急需解决的问题，涉及年终检查验收的公路建设计划先行下达。同意下达《2017年农村公路("边界路""断头路")建设投资计划》；完成年内通过县委常委会、县政府常务会及其他相关决策程序下达的公路建设计划；有计划的乡镇要抓紧推进计划实施，没有完成已下达计划任务的乡镇暂不下达新的公路建设计划。原则通过县河长办(县水利局)提交的《县级河长会议制度》《河长制信息共享制度》《河长制工作督查制度》《河长制工作考核办法》《河湖日常监管巡查制度》《2017年实施河长制工作要点》。"一河一策"的编制经费，由县财政局和县水利局共同协商解决，县水利局要提前进行编制。由县河长办负责，提出总河长巡河方案，确保11月上旬总河长巡河方案具体实施。由县河长办负责，出台河长令，确保渫水流域上各个水库和电站将生态流量保障到位。

关于全县病死畜禽无害化处理体系建设，由副县长谭本军牵头，相关单位和乡镇共同参与科学选址。由县畜牧兽医水产局负责，与责任企业进行签约；与市级做好对接，明确病死畜禽无害化处理固定收集点的数量。村务公开栏工作由县长郭碧勋总体负责，县委常委、常务副县长周功表参与，县政府党组副书记、正处级干部万义元具体负责，相关单位要给予全力支持，确保12月10日前，县民政局将全县规范村务公开栏工作落实到位。11月17日前拟在易家渡镇和新关镇选点，完成示范点建设工作，所在乡镇民政所长做好督促检查。同意按五方会审的结果，对妇幼保健院整体搬迁工程进行增资增项。关于兴石标准化厂房建设，由副县长韩翼飞牵头，县宝峰投公司负责，抓紧推进续建工程进度，确保12月31日前工程全部完工。原则通过县财政局提交的《石门县征地拆迁资金管理办法》。县安监局会同所在街道做好禁鞭区内烟花鞭炮经营点的宣传工作，严格按照禁鞭起始节点依法依规注销所有经营手续；县委宣传部加大禁鞭宣传力度；县城管执法局搞好禁鞭全域宣传车巡回宣传；县公安局加强打击。2018年1月1日零时起开始禁鞭。关于夹山采煤沉陷区综合基础设施建设项目，由县委常委、常务副县长周功表牵头，县发改局、县财政局共同参与，严格按照国家政策依法依规合理使用夹山采煤沉陷区项目资金。对夹山采煤沉陷区综合基础设施建设项目增资增项部分进行五方会审，由县委常委、常务副县长周功表牵头县财政局，严格按政策调配好增资增项部分资金。由副县长龚云林牵头，县城建投公司负责，起草公共停车泊位收费工作实施方案和收费办法，提交县委常委会议研究，并向县人大常委会和县政协作好汇报。由县环委会负责，整理环保督查14个问题清单，由副县长龚云林签字，以县环委会名义一一交办给相关县级领导、县直单位一把手和各乡镇(街道、区场)。由县长郭碧勋任迎接2017年省政府重点工作综合督查小组组长，由县委常委、常务副县长周功表牵头，县政府办负责收集整理好贯彻落实省委、省政府重大决策部署，及全面完成2017年1—10月经济社会量化指标等情况材料。

【第十二次政府常务会议】2017年12月8日上午，县委副书记、县长郭碧勋在县人民政府五楼会议室主持召开2017年度第12次政府常务会议。会议听取了关于县农村商业银行土地资产置换资金资产工作、汽贸城项目产业发展扶持资金、壶瓶山自然保护区环保整改情况暨巧女基金会公益项目投资、安全生产工作、城乡建设用地增减挂钩、二都街道便民服务中心建设、中农批石门湘西北农贸城项目、全省高标准农田建设改革工作会议精神暨全县工作推进、清退贫困户贷款贴息、县城建投公司2018年企业债券募投项目等10项工作汇报。

会议原则同意县金融办提出的县农村商业银行土地资产置换资金资产建议方案。明确由县交通投公司回购位于新关社区新关居委会境内、县政府用于置换县农村信用社不良贷款的土地90亩(石储〔2014〕03-01号)。由县金融办牵头，组织县财政局与县农商行联合对4936万涉政贷款资金所涉及的个人、企业进行甄别、催收。同意按照《石门县汽贸城项目投资协议》及补充协议条款内容兑现政策扶持，由县财政局牵头，县商务粮食局、县国土资源局做好核准和测算后，按程序及时拨付到位。关于壶瓶山自然保护区环保整改问题，调整"绿盾2017"行动领导小组，县长郭碧勋任组长，副县长王汝国、龚云林、谭本军任副组长，在原有成员单位基础上增加县纪委(县监察局)、县检察院、县公安局，"绿盾2017"行动在县生态环保委领导下进行，办公室设在县环保局。由县生态办牵头负责，将整改工作分门别类落实到县级领导及责任单位。关停缓冲区龙江水电站、金银湾水电站、三峰水电站、黄连河水电站的工作，由县水利局牵头，壶瓶山管理局、壶瓶山镇、县环保局等相关单位在12月15日之前启动联合调查，拿出关停和拆除的工作方案；县水利局、县公安局严格执法，严防已关停砂场死灰复燃；由县环保局牵头，壶瓶山镇具体负责，完善长岭茶叶加工厂、李坪茶叶加工厂、黄莲棚烟叶烤房的相关说明材料。关于巧女基金会公益项目投资，原则同意壶瓶山自然保护区管理局与北京巧女公益基金会开展项目合作。县政府法制办负责把关合作过程中所涉及的相关法律问题，成立项目领导小组，副县长谭本军任组长，负责领导、统筹项目合作过程中的具体事宜。关于安全生产工作有关问题，继续做好岁末年初、两节两会期间的安全生产工作，要进一步紧起来，严防死守，不得有半点松懈。原则通过县安委办提出的《2017年安全生产考核细则》。关于石门县城乡建设用地增减挂钩工作有关问题，原则同意县国土资源局提出的五点建议：成立机构、迅速启动、明确责任、严格考核、保障经费。关于建设二都街道便民服务中心有关问题，同意启动二都街道便民服务中心建设。关于中农批石门湘西北农贸城项目有关问题，由副县长车立平负责，协同县商务粮食局抓紧谈判，力争在2018年元旦之前签订投资协议。原则同意县商务粮食局提出的项目选址。由副县长龚云林负责，组织相关单位对土地性质、土地分割、地上附属物及房屋拆迁和综合成本进行实地调查。会议同意组建县水利与农田建设委员会，下设办公室（简称高标办），严格按一个规划布局、一套标准建设、一个账户管理、一个平台验收的模式实施建设和管理。由县政府办、县财政局负责，制定出台资金管理办法，建立高标准农田资金池，所有涉及高标准农田建设资金（除精准扶贫资金外）一律进入统一账户集中管理。关于石门县清退贫困户贷款贴息有关问题，原则同意人民银行石门支行提出的方案，对户贷户用的清退户贷款，按照合同约定贴息；对县农业投带动的清退户贷款，贴息至2017年12月31日；对其他经济组织带动的清退户贷款，按照合同约定贴息。关于石门城投2018年企业债券募投项目有关问题，同意将石门县城乡供水一体化及备用水源工程纳入2018年发行企业债券募投项目，县城建投公司为项目法人。

【第十三次政府常务会议】2017年12月17日上午，县委副书记、县长郭碧勋在县人民政府五楼会议室主持召开2017年度第13次政府常务会议。会议传达学习市整合撤销县级公共资源交易平台会议精神、2018年度财政预算情况、县城区涉房领域遗留问题处理办法、煤矿关闭退出4项工作汇报，审议《政府工作报告》1项议题。

会议集体学习了常德市整合撤销县级公共资源交易平台的会议精神，全省县级平台（分平台）一律撤销，各县（市区）及各类园区的公告资源交易活动一律按规定进入上级公共资源交易平台。

会议原则同意县政府办提出的《政府工作报告》（征求意见稿）。原则同意县财政局提出的《2018年部门预算》（讨论稿），明确由县财政局负责，根据会议审议意见修改后，报县委常委会研究，并向县人大常委会做好汇报。原则同意县涉房领域遗留问题处理办提出的《石门县城区涉房领域遗留问题处理临时办法》（讨论稿）（以下简称《临时办法》），明确由县政府法制办牵头，县处遗办负责，县房管局、县国土资源局、县住建局、县不动产登记中心等相关单位参与，对《临时办法》认真逐字逐行予以审议，确保《临时办法》合法合规、逻辑有序。关于县城区涉房领域遗留问题处理原则，要做到“六个坚持”和“三个从严”。“六个坚持”：坚持民生为本；坚持用改革的思路，解决问题；坚持公开公正；坚持集体决策；坚持一盘一策；坚持部门联动，共同履责。“三个从严”：从严认定对象。《临时办法》要规定适用范围，从解决重大问题入手，集体开会决策，从严认定。2016年1月1日后开工的楼盘，一律不允许进入县城区涉房领域遗留问题处理之列；要从严控制时间。明确文件的有效期，《临时办法》适用时间不超过2019年12月31日；要严肃追究开发企业的违法行为，追究相关单位和个人的责任。会议要求要严格落实省市文件精神，坚守安全生产和环境保护底线，确保全县所有煤矿严格依法依规按程序在2018年全部退出。由县人社局、县安监局负责，对煤矿兑付农民工工资问题进行从严监管，确保春节前全县范围内所有农民工工资发放到位。

【全县优化经济发展环境和机关效能建设公开测评大会】2017年10月16日上午，全县优化经济发展环境和机关效能建设公开测评大会在兰园会议中心召开。县委副书记、县长郭碧勋出席会议并作讲话。县领导赵书军、张国珍、万义元、车立平、王汝国、韩翼飞、谭本军、覃惠敏出席会议。县委常委、常务副县长周功表作工作报告。县委常委、纪委书记张凯通报全县15起优化经济发展环境的典型案件。县委常委、副县长薛杰主持会议。会上，县优化办牵头组织对全县100家被测单位，按照行政执法与涉企收费类、县直综合管理与公共服务类、县直二级单位类、线管综合管理与公共服务类、乡镇区街道类5大序列进行现场分类公开测评并公布测评结果。根据测评结果，5个序列排位分别垫底的县农机化局、县城管执法局、烟草公司、地方海事处、子良镇就优化经济发展环境和机关效能建设进行表态发言。

周功表在报告中指出，全县前段优化环境工作取得了阶段成效，解决了整体氛围不浓、打击问责不力、周边环境不优、工作实效不强等问题。但当前问题仍然十分突出，包括主动服务意识不强、部门协调配合较差、行政审批集中不到位、行政机制运转不畅、项目建设环境仍需改善、中介服务市场秩序不规范等。周功表要求，下步任务更加艰巨繁重，要奋力攻坚、合力破冰，破解“四难”。一要创优政务环境，破群众办事之难；二要创优政策环境，破企业经营之难；三要创优建设环境，破项目推进之难；四是创优监管环境，破市场发展之难。

郭碧勋在总结讲话中指出，优化经济发展环境，一要认清形势，把握内涵，找准优化环境工作新方位。二要务实创新，担当作为，实现优化环境工作新突破。三要压实责任，敢于亮剑，构建优化环境工作新常态。

（县政府办）

【全县“五大会战”动员会议】2017年2月24日，全县项目建设、园区攻坚、城镇带动、交通建设、旅游开发大会战动员会在兰园会议中心召开。会上，下发《石门县2017年项目建设大会战暨“项目建设年”工作方案》《石门县开展项目建设大会战暨2017年重点项目建设责任分解方案》《石门县2017年交通建设大会战工作方案》《石门县2017年园区攻坚大会战工作方案》，通报表彰2016年度全县项目建设和争资争项工作先进个人、旅游产业发展先进单位。县发展和改革局、经济开发区、县住建局、县交通运输局、县旅游外事侨务局分别作表态发言。

市人大常委会副主任、县委书记谭本仲出席会议并强调指出，组织开展五大会战是大势所趋，势在必行。一是上级有部署。省市县党代会、经济工作会议都描绘了美好蓝图，对各项工作进行了全面部署，要求以经济建设为中心，实现加快发展。在当前经济下行压力加大、困难增多、矛盾叠加的新形势下，发展是解决一切问题的第一要务。全县上下要把心思、精神、力量聚焦到五大会战上来；二是县域发展有规律。把石门经济发展看成是“一辆汽车”，项目建设就是“马达，引擎”，新型工业化、新型城镇化、旅游开发和交通先行就是汽车的“四个轮子”，县域经济要发展，就必须开足项目“马达，引擎”，实行“四轮驱动”；三是发展现实有需要。近年来全县发展开始提速，发展势头强劲，形成了一年快于一年，一年好于一年的态势。主要体现在增速加快，大多数经济指标进入全市第一方阵，发展质量趋优，“三大产业”占比进一步优化，财政税收占比高，项目增多，城乡面貌变化较大，干部群众信心增强等方面。要破解当前全县面临的经济总量不大、均量不高、结构不优、后劲不足、创新乏力等问题，打好“五大会战”就是抓住根本和要害。四是人民群众有期待。人民群众都期待过上幸福富裕的好日子，期待有获得感、幸福感、自豪感，广大人民群众给我们的工作“点赞，加油”，我们必须板起身子、撸起袖子加油干，组织开展好五大会战，造福于民。

动员会要求，组织主攻“五大会战”，贵在敢字当头、干字为先。一要敢于解放思想。要打开山门，大力招商引资，实现借力发展。要打开脑门，适应新常态，接受新思维、新理念，扫除阻碍发展的一切障碍，克服“小成即满”的思想。二要实干苦干。蓝图、规划再美好，不干，就不可能实现。干部要先干一步，用“辛苦指数”换取群众的“幸福指数”。要倡导“一线工作法”，坚持“两头在外”，保持“5+2”“白+黑”的工作作风。三要努力担当。面对任务要敢于负责，面对问题要迎难而上，面对矛盾要敢于解决。四要争先创优。要不断加强对干部年度实绩的考核。

动员会强调，组织打好“五大会战”，重在强责严管，优化保障。一要强化责任。要抓好五大会战指挥部的责任，做好总调度，项目建设“五个一”的责任要落实到位，抓落地。二要严格监管。“五大会战”实施的项目多、投入的资金大，要严把质量关、资金关、安全关、廉洁关。三要优化保障。既要优化组织保障，强化领导和工作力量，又要优化要素保障，加大项目资金的融资力度、保障项目建设土地供应、优化经济发展环境、提升人力资源服务供给能力，还要加强舆论宣传，充分发挥舆论导向作用，加强典型推介，发掘出一大批好党员好干部，组织好先进事迹巡回报告会，传递出正能量。

(龙力荣)

全县“五大会战”动员会

重要活动

【全县九大项目集中开工】2017年7月27日，全县有9大项目集中开工。具体：壶瓶山大道建设项目、石门禾田居十九峰康养度假村项目、金湘源5000吨黑茶精制加工项目、湖南万标鞋业项目、石门县新农村天然气利用项目、维新镇观峰山大理石开发项目、曹市农贸市场项目、白云山路建设项目、彭岗公路建设项目。

①上午8:08，壶瓶山大道(三江路)建设项目开工仪式在澧阳社区项目区内举行，市人大常委会副主任、县委书记谭本仲宣布开工，县委副书记、县长郭碧勋致辞，县委副书记邓碧波主持开工仪式，县委常委、常务副县长周功表介绍项目情况。县领导李金生、陈云谋、张凯、胡杰、刘颖、龚云林参加。

该项目西起双红路，东与已经改造完成的澧阳路在县委会前相接，道路全长3312.681米，其中县委会至科技工信局段规划路幅宽34米，车行道22米，人行道两侧各6米；科技工信局至双红路交叉口路段规划路幅宽28米，车行道22米，人行道两侧各3米。新建雨、污管线，改造供水管网，强电管预埋，弱电管线入地，新建路灯200盏，沥青砼面层，双侧行道绿化，不计征拆费用，工程投资约7000万元。项目计划2018年3月1日前完成路面主体工程，2018年6月1日完成所有配套设施。

②上午8:58，石门禾田居十九峰康养度假村项目开工仪式在二都街道项目区内举行，市人大常委会副主任、县委书记谭本仲宣布开工，县委副书记、县长郭碧勋致辞，县委副书记邓碧波主持开工仪式。县领导李金生、陈云谋、周功表、李绍南、张凯、胡杰、刘颖、龚云林参加。

该项目由张家界禾田居旅游开发有限公司和湖南九瑞养老产业发展有限公

司联手投资，项目总投资约4亿元，选址二都街道办南峰村白庙垭林场区域，占地约144亩，建设周期为3年。年可创税约3000万元，为当地提供就业岗位约1000余个。项目建成运营后，将会大力提升石门县旅游接待能力，紧密对接张家界大旅游圈，引领石门县旅游产业和养老事业发展。

③上午9:58，金湘源5000吨黑茶精制加工项目开工仪式在永兴街道刘家坪社区举行，县委副书记、县长郭碧勋宣布开工，县委副书记邓碧波主持开工仪式，县委常委、常务副县长周功表致辞。县领导李金生、陈云谋、张凯、刘颖参加。

该项目由湖南金湘源进出口有限公司投资，是该公司继金湘源柑橘深加工项目投资后瞄准石门丰富茶叶资源开展精深加工的又一投资举措，项目总投资约5000万元，占地16741.7平方米。主要建设年产5000吨黑茶精制加工生产线、生产车间、仓储、电子信息综合办公大楼及相关配套设施等，项目建设周期为24个月。项目建成投产后，计划2018年销售黑茶5000吨，年出口(红、绿)茶2000吨;到2020年完全达产达效后，将年销售黑茶8000吨(其中60%外销)，年出口(红、绿)茶3000吨。

④上午8:58，年产6000万双童鞋的湖南万标鞋业项目开工仪式在蒙泉镇白洋湖社区举行。副县长车立平宣布项目开工，县政协副主席杨书凡主持开工仪式。

该项目由东莞市展麟鞋业研发有限公司投资，总投资1453万美元，规划用地50亩。项目分二期建设，一期投资7000万元，规划用地32亩，新建童鞋生产线10条，新增设备372台套;二期投资3000万元，规划用地18亩，新建童鞋生产线5条，新增设备100台套;项目建成后年产值可达1.35亿元，可年上缴税金1200万元，可为当地提供就业岗位1000个。

⑤上午9:58，石门县新农村天然气利用项目在蒙泉镇白洋湖社区项目区内举行。副县长车立平宣布项目开工，县政协副主席杨书凡主持开工仪式。

该项目由三峡天然气有限公司投资新建，主要建设内容为:以管道输送形式提供天然气供应、配套服务和燃气设施的维护、运行、抢修、抢险业务等，并依法依规收取费用。投资规模约1.2亿元，分5个阶段、在5年内建设完工，其中第一阶段(2017—2018年)目标任务是完成皂市镇主管网建设并打压、验收投入运行，同时做好蒙泉镇、夹山镇的启动工作。项目惠及皂市镇、蒙泉镇、夹山镇、白云镇、壶瓶山镇、磨市镇、雁池乡、维新镇、罗坪乡、太平镇、所街乡、新铺镇12个乡镇。

⑥上午10:58，维新镇观峰山大理石开发项目开工仪式在维新镇观峰山村举行，县人大常委会副主任张国珍宣布开工，县政协副主席彭泽人致辞，市委驻观峰山村帮扶工作队队长、市农开办副调研员龚晓炜主持开工仪式。

该项目由石门石印矿业有限公司投资，项目总投资约1亿元，项目需用地20亩，分两期建设:一期投资约4000万元，新建4条年产1万平方米建筑饰面板材生产线;二期追投6000万元，新建年产4条年产1.5万平方米建筑饰面板材生产线。两期全部投产达效后，年产值可达7500万元，上缴税收约1000万元，解决当地约100余人就业。

⑦上午8:58，曹市农贸市场项目开工仪式在宝峰街道曹家棚社区项目区内举行，县委常委、宣传部部长江毅宣布项目开工，县人大常委会副主任李世权致辞，县政协副主席覃惠敏主持开工仪式，县经开区主任邱令华出席开工仪式。

该项目由湖南君弘置业有限公司投资新建，项目总投资6000万元，占地18亩，项目按国家四星级农贸市场标准设计，总建筑面积18400平方米，设置摊位(门面)132个，配置停车位125个。主要建设内容为:一层为农贸市场，主要经营蔬菜、肉类、蛋制品、水产，活禽类分开隔离设置，同时设置自产自销区;二层为超市;三层为市场预留房。

⑧上午9:58，白云山路建设项目开工仪式在楚江街道荷花社区项目区内举行，县人大常委会副主任杨生明主持开工仪式，县人大常委会副主任李芳宣布开工，副县长龚云林致辞。

该道路工程位于石门县城北区域，是片区内重要的南北向交通性城市支路，南起壶瓶山大道(澧阳大道)，北至S308，道路全长2078米。路幅宽18米，机动车双向两车道，车行道宽3.5米×2，非机动车道2.5米×2，人行道3.0米×2，设计速度30千米/小时，沥青混凝土路面。工程内容包括道路路基、路面、涵洞、排水、照明、景观、交通设施等，项目中标金额为4100万元。

⑨上午10:58，彭家堰至岗市公路建设项目开工仪式在三圣乡三圣庙社区项目区内举行，副县长韩翼飞宣布项目开工，县政协副主席马业平致辞。

该道路起于石门县与澧县的分界处歇凤岩，经彭家堰、官庄峪、三圣、北流溪、杜家岗，止于岗市大桥桥头，全长17.797千米，设计速度40千米/小时，路面结构为沥青混凝土。路基宽8.5米，路面宽7.0米，按二级公路标准建设，建设工期24个月，总投资约1.3亿元。

【石长动车正式营运】石长铁路西起焦柳线石门县北站，东接京广线捞刀河站，途经长沙、益阳、常德3市14县(区)，全长265千米，是连接湘中和湘西北地区的重要铁路通道。2010年5月，由中国铁路总公司和湖南省人民政府共同投资修建的石长铁路第二线工程正式开工，按照国铁Ⅰ级标准、160千米时速进行电气化建设，2016年1月竣工。围绕“交通先行”的战略部署，在石门县委、县政府的全力争取下， 2017年9月21日正式开行动车组列车。石长铁路每天开行8对动车组列车，其中长沙至石门县北站间开行D7562/1次、D7564/3次、D7566/7次、D7570/1次、D7574/3次5对动车，长沙至常德间开行D7568/65次、D7572/69次、D7576/5次3对动车。石长铁路线开行的动车组采用CRH6F型动车组，除头车外每节车厢都有三对双开塞拉门，方便旅客乘降。动车组每排座椅靠走廊侧都预留有电源插座，方便旅客在途中为手机、笔记本、平板电脑等常用设备充电，提升乘坐品质。动车组开通后，石门县北站至长沙的列车运行时间由原来的3小时缩短至2小时45分，常德、益阳到长沙的列车运行时间也分别压缩至2小时和1小时以内。石长铁路在路网中既是焦柳、京广两大铁路干线的联络路，也是洛湛铁路通道的一部分，是北煤南运的重要通道，对强化路网格局、增强路网机动性具有重要作用。

（县政府办）

【第十七届湖南石门柑橘节暨文化旅游周开幕式】2017年10月10日晚，第十七届湖南石门柑橘节暨文化旅游周开幕式在县体育中心举行，县委副书记、县长郭碧勋发表致辞，解放军总政治部原副主任、全国人大教科文卫委员会原副主任委员唐天标、省政协原副主席游碧竹、市委副书记朱水平等领导共同启动开幕。开幕式由石门县委、县政府和湖南省演艺集团共同主办，县委宣传部、县农业局、县文体广新局、县广播电视台、县旅游外侨局承办。开幕式上，县长郭碧勋代表石门县政府与家乐福中国华东区蔬果采购店长孙逸波先生共同签署战略框架合作协议。永旺超市、丹尼斯超市、家润多超市、人人乐超市、家家悦超市、北国商城超市、中百连锁超市、北京首航超市、北京华联超市、上海易果生鲜超市等客商代表上台，参与见证了签约仪式。同时，还为马国亚、袁国楼等10名石门柑橘销售大户颁发"石门销售之星"荣誉。

开幕式文艺晚会由潇湘之巅、橘乡情、橘乡颂、橘乡恋歌4个篇章组成，湖南省演艺集团旗下歌舞剧院、杂技艺术剧院、话剧院进行的专业表演节目，很多融入了石门土家民俗文化元素，吴碧霞、阿宝、魏哲浩、周卫星、宋歌、曹宇等明星倾情奉演，加上震撼的灯光舞美、顶级的音响效果，整个晚会十分精彩。

新浪网对整个开幕式采用全程"天眼"直播，《人民日报》、《经济日报》、《光明日报》、中央人民广播电台、中国新闻社、《湖南日报》、湖南卫视、红网、《常德日报》、常德电视台等各级主流媒体及众多自媒体，共100余家媒体参与报道。

（编辑部）

【石门县第十五届茶文化活动】2017年4月28日，随着《请喝一碗石门茶》歌舞上演，石门县第十五届茶文化活动在长沙黄兴路步行街广场盛大开幕。本次活动由石门县人民政府主办，湖南省茶叶学会、湖南省茶业协会、湖南省大湘西茶产业促进会协办，以"请喝一碗石门茶""石门银峰走进星城，产业扶贫茶农增收"为主题。系列活动包括：石门县第十五届茶文化活动长沙开幕式、茶叶产品长沙展销、湖南省"湘字号"传统技艺工匠竞赛暨首届手工制茶技能大赛、白云山茶文化主题公园挂牌等系列活动。活动持续到5月1日。

石门县委副书记邓碧波在开幕式上发表致辞，多年来，石门县委、县政府坚持"生态立县、茶叶富民"的发展思路，茶叶已经成为石门扶贫、安农、富民的支柱产业，石门已经成为名符其实的全国有机茶大县、湖南省有机茶第一县。湖南省茶叶研究所所长张曙光现场推介石门银峰茶，从石门银峰"头泡清香，二泡味浓，三泡四泡幽香犹存"的独特品质和石门茶产业概况等方面作了积极点评和推介。每年一度的石门茶文化节活动已经成为石门县以茶会友、以茶联谊、经济唱戏的重要平台。并专门安排10家茶叶企业厂家现场销售活动。

（张友亮、李　飞）

【湖南省"湘字号"传统技艺工匠竞赛暨首届手工制茶技能大赛决赛】2017年5月25—27日，湖南省"湘字号"传统技艺工匠竞赛暨首届手工制茶技能大赛决赛，在石门白云山林场开赛。大赛决赛由省发改委、省经信委、省人社厅、省农委、省商务厅、省总工会、市委市政府联合主办，省茶叶学会、省茶业协会、大湘西茶产业发展促进会、石门县委县政府联合承办。省政府副秘书长曹英华，市委常委、常务副市长朱水平，市人大常委会副主任、市总工会主席谭弘发，市人大常委会副主任、县委书记谭本仲，县委副书记、县长郭碧勋参加开赛仪式。全省15支代表队75名制茶高手同场竞技，所有参赛选手经过14个市州和省直代表队预赛公开选拔。大赛分为茶叶理论知识考试、茶叶制作和评审两个环节。总成绩按百分制（100分）计，理论知识考试成绩占10%，茶叶制作和评审占90%。其中茶艺制作比赛环节，评委和专家将按炒制出的茶叶外形、汤色、香气、滋味及叶底等对选手进行综合评定。

5月27日下午，大赛组委会在石门国际大酒店揭晓比赛结果，石门西山垭茶厂选手冷建国获得第一名，由省人社厅、省总工会、省茶叶学会、省茶业协会授予其"湘茶工艺大师"，奖金5万元；第二名吴银熔（岳阳五星鸿农业科技开发公司员工）；第三名胡云光（常宁市农业局经作站长）。获得前10名的选手被省总工会授予"湖南省五一劳动奖章"和"湘茶优秀工匠"，奖金各1万元（第二名至第十名）。前三名获奖选手及茶样在

第十五届茶文化活动开幕式

2017年第九届湖南茶业博览会上进行展示和推介。

“湘字号”传统技艺工匠竞赛暨首届手工制茶技能湘茶大赛决赛，是“湘字号”传统技艺工匠竞赛的重要组成部分。通过举办手工制茶技能大赛，分享、交流手工制茶技艺，提升传统手工制茶水平。

（编辑部）

【“常德工匠”暨“五湘”湘茶竞赛活动】为进一步弘扬“工匠”精神和传统文化，充分挖掘常德市传统产业的历史底蕴和文化积淀，激发广大劳动者学技术、练本领、强技能的热情，加快培养造就知识型、技能型、创新型高素质职工队伍，促进常德经济社会又好又快发展，2017年5月4日，来自汉寿、桃源、临澧、石门、澧县、安乡总工会及常德部分茶企的13支代表队54名制茶高手，会聚石门县白云山林场，参加2017年“常德工匠”暨“五湘”湘茶竞赛活动。

手工制茶比赛

竞赛分为手工制茶和茶样评审两个部分。制作茶类为手工名优绿茶，原料为统一提供的400克一芽一叶茶鲜叶，从领取茶鲜叶到交付茶样，选手要在2小时内完成。选手分三批完成比赛后，将茶叶成品封样，打乱编号顺序并重新编号，“湘茶”竞赛评判组专家严格按照标准，从外形、香味、滋味、汤色、叶底等方面进行评判。先评出15名入围选手，根据竞赛成绩进行评判和汇总，评定出7名获奖选手。桃源县总工会代表队的卢丽琼和石门县总工会代表队的冷建国获得一等奖；桃源县总工会代表队的方岸清、湖南石门渫峰名茶有限公司代表队的徐洋洋获得二等奖；太青茶叶有限公司代表队的李小红、东山峰管理区代表队的唐奎珍、湖南壶瓶山茶叶有限公司代表队的曹永红获得三等奖。前五名选手代表常德市参加湖南省“湘字号”传统技艺工匠竞赛暨首届手工制茶技能大赛决赛。

（曾　颖）

【全县黄标车淘汰工作约谈会】2017年11月7日下午，县政府副县长王汝国、龚云林在县政府会议室组织召开全县黄标车淘汰工作约谈会，部署推进工作。黄标车淘汰剩余任务在10台以上的楚江街道、永兴街道、宝峰街道、蒙泉镇、夹山镇、易家渡镇、新铺镇、皂市镇行政一把手，县纪委、县委组织部、县政府督查室、县政府环保纠察队、县财政局、县公安局、县交警大队、县商务粮食局等职能部门主要负责人参加会议。

县交警大队大队长李震通报全县“黄标车”淘汰工作前阶段进展情况及存在的主要问题的，并针对存在的问题对下阶段的工作提出了工作建议。副县长龚云林约谈了“黄标车”淘汰工作基数依然较大的乡镇和相关部门负责人，被约谈责任单位负责人进行了表态发言。

龚云林针对前段工作中存在的问题，指出：一是形势严峻而紧迫。全县空气环境质量整治任务艰巨，黄标车淘汰是环境整治的重中之重，涉及千家万户，责任重大，各级各部门要高度重视、狠抓落实，确保按期完成淘汰任务。二是整改艰巨而艰难。要综合施策，强势推进，把淘汰工作引向深入，机关企事业单位的黄标车，要带头迅速淘汰，凡涉及单位和公职人员拒不配合淘汰工作的，一律上报县纪委和检察部门约谈问责；要切实解决乡镇（区场）、街道工作中的难题，适当补贴工作经费，财政部门要保障专项工作经费，对12月30日前淘汰到位的黄标车，按标准保证补贴及时足额发放到位；环保、商务、交警等职能部门要安排专人，驻机动车回收公司现场办公，实行一站式服务，简化补贴申领程序，为黄标车车主提供便捷、高效、优质的服务。三是追责严肃而刚硬。全县整治工作进入攻坚期，要强化追责，凡未如期完成淘汰任务的单位，工作不力、成效不佳的直接进入追责程序。

王汝国传达了全市黄标车淘汰工作约谈会议精神，并对下步工作提出具体要求：一是要责任上肩、任务到人，一车一策，不讲客观原因、不讲任何价钱，必须按期、按质、按量完成任务；二是加强机动车回收公司监管，严格监管机动车尾气检测，对弄虚作假的检测机构实行“零容忍”，一旦发现取消企业检测资质，清除出检测队伍。三是成立督查组，加大督导检查力度，对工作不力的单位和个人启动环保问责机制，严格追究责任。

（刘　宏）

县政府办公室工作

【概况】2017年，县政府办公室紧紧围绕全县中心工作，充分发挥参谋助手、中枢协调、政务服务三大职能作用，发扬忠于职守、勇于担当、务实进取、团结奉献的敬业精神，各项工作取得较好成绩。

参谋辅政。县政府办以文辅政、成效突出。全年撰写审核各类工作报告、会议讲话、开幕式致辞、汇报材料等200余篇。《发展全域旅游打造开放石门》《以人为本开放崛起》等多篇文稿在省市各级刊物上发表。《石门县精准扶贫研究报告》《精准识贫中的“四个误区”》《让每个孩子享受相对均衡的教育》等一批高质量的调研报告,进入各级领导决策视野。全年上报政务信息500余篇,《石门县集中签约开工一批重点项目》《石门县资源税改革为相关企业减负61%》《石门县园区攻坚大会战成效明显》等80余篇信息被市政府每日要情采用。

督查协调。严格公文办理审批制度,严控“文山”现象,及时收文处理,确保文件高效流转;整理各类文书档案66盒,1258件。开展专项督查30多次,发出《督查通报》5期;全年办理市、县人大代表建议、政协委员提案418件,办复率100%。加强应急值守,全年处理各类突发应急事件30余起,特别是“4·18”夹山镇腮腺炎疫情、“10·18”澧水二桥交通事故等应急事件反应迅速、应急处置到位;严格执行24小时值班制和领导在岗带班制,共发送通知637件、承转上级单位来电来函193件次,确保政令畅通。

专项工作。依法行政规范高效,全年审查招商合同30件,协调处理招商活动中各种纠纷4件,审核规范性文件25件;受理行政复议案件13件,法定期限结案率达100%。城镇工作全面加强,牵头化解了城建领域部分遗留问题;协调组织了控违百日行动、城市秩序整顿百日行动。旅游工作进展顺利,成功举办“全国大学生文明旅游背包行”活动,成功创建为全国森林康养基地试点建设县。扶贫办点工作扎实有力,全年共投资4000多万元推进雁池乡重福桥村和三圣乡山羊冲村的基础设施、产业扶持、民生工程等。外事侨务工作稳步开展,侨情收集、侨务工作宣传、侨资企业环境优化等工作扎实有效,顺利完成侨联换届。政务服务、民族宗教、民调等工作均取得新成绩。

优化环境。全面开展“优化经济发展环境服务年”活动,扎实推进项目建设环境、政务服务环境、政策支撑环境专项整治,确保全县经济环境持续向好。建立环境优化公开承诺机制、测评机制、“五位一体”项目服务机制,组织22家行政执法与涉企收费(税)类单位“一把手”在县电视台新闻综合频道对就优化环境进行公开承诺;对全县100多家单位进行环境优化工作测评。金融环境持续优化,以信用建设为抓手,创建信用乡镇、社区、企业活动,不断强化征信基础工作;加强风险排查和调研,开展了互联网金融风险专项整治、七类地方金融企业风险专项排查调研、预付卡领域非法集资风险排查及涉嫌非法集资风险专项排查系列专项活动。

信访办理。网上办事在线服务功能加强,对各项来件实时处理,来信必办,答复满意,及时公开。全年县长信箱收信2102件,其中交办88件,回复1873件,选登388件;县长热线受理信访2834件,办结2781件;石门微治理收件662件,办结581件;市长热线受理来件1301件,其中交办16件,办结1285件,群众诉求办结率98%、回复率100%。

自身建设。县政府办坚持党风廉政建设,不断强化内部管理,提升干部队伍素质,转变干部队伍作风,为服务好领导、群众提供了坚强的组织保证。把“两学一做”学习教育融入日常,认真落实“三会一课”制度,严格执行“主题党日”制度,不断提高全员的政治理论水平。完善工作制度,细化标准,坚持用制度管权管事管人。严格履行“一岗双责”,加强对分管组室和所属部门的教育管理。积极开展“荷花品格·梅花精神”廉洁文化活动、“两同时”谈话制度、“党的报告员”、民情日记征集、道德讲堂等活动。组织干部职工开展革命传统教育,参观烈士陵园,到山河圆祭奠扶贫楷模王新法,增强干部凝聚力。结合扶贫攻坚、党员先锋队、志愿者服务活动,组织干部职工进村进社区开展帮扶结对子、义务劳动、文明劝导等行动,强化了机关干部团结协作、齐心协力,共同推进工作的意识。机关院落美化亮化力度加大,政府院落无死角监控系统、政府办公楼和会议室的改造升级全面完成,办公环境得到明显改善。

(县政府办)

发展改革及物价管理

【概况】2017年,石门县发展和改革局(物价局)(简称县发改局)围绕经济建设中心,适应新常态,创造性的开展各项工作,获得“项目推进综合优秀单位”“县争取国家投资先进单位”“县招商引资工作先进单位”等荣誉。

项目建设。全县全年开工总投资500万以上项目430多个,其中总投资4000万以上在库项目98个,个数位居全市前列。累计储备策划开发投资5000万以上的重大项目55个。年度安排53个重大项目开展前期工作,23个提前开工建设。积极围绕“铁、公、机”等利长远的基础设施项目抓对接、推前期,一批全县高度关注的重大战略项目取得突破性进展。石长铁路开通动车;呼和浩特至南宁、石门—张家界—吉首—怀化2条高铁项目已完成预可研及评审,年底前完成可研及评审;列入省重点前期项目的石门通用机场项目,年底前完成行政审批;G241石门壶瓶山至磨市公路项目,完成工可报告,开展其他专项评估工作;宜张高速国太桥至新关连接线项目,已完成线路方案。全年累计集中开工重点项目33个,总投资规模达95.6亿元;全年安排推进重点建设项目92个,其中58个市直接考核项目累计完成投资101亿元,占年计划的111%,超额完成年初计划。葛洲坝特水、易红堂红木家具、湘佳食品产业园、白沙渡水电站、天池堰光伏发电、楚天钡业重晶石深加工等11个工业项目竣工投产;石长动车成功开行,澧快线二大道(石门段)、九杨公路等5个交通项目竣工通车;澧滨路、梯云路、黄金路和老城区19条小街小巷提质改造全面竣工,尧业城市广场、宝峰生活家等商业综合体建成开业。

争资争项。全年完成固定资产投资

233亿元，同比增长17.4%，高于全市平均3个百分点，位居全市第二位。争取国家和上级投资到位资金40.09亿元，其中发改口径到位2.28亿元。积极争取国家优惠政策，成功跻身比照执行西部大开发政策范围，上级投资项目中央预投资补助标准将从原来的50%提高到70%。大力引进战略投资者，与湖南建工集团合作的市民之家片区项目、中交上海航道局合作总投资2亿元的工业污水处理厂项目、与中国航天集团合作总投资1亿元的航天磁材产业园项目开工建设；与大唐华银电力合作的风电开发项目正在开展风能资源监测与分析等前期工作；与臧格集团合作总投资100亿元的年产500万吨多功能复合性肥料生产线项目于“港洽周”期间代表湖南省在香港主会场签约，前期工作稳步推进。

公车改革工作。公车改革稳步推进。全县涉改车辆369辆，取消车辆210辆，保留车辆159辆，完成公务用车标识喷涂工作，率先实现车补发放打卡到人，全年发放车补2973人，全县车补发放总额2265.58万元，公务用车改革工作走在全市前列。

价格工作。市场价格监测。加强春节、国庆节等大型节日的市场价格监测；每月定期对市场粮、油、肉、禽蛋、液化气、成品油、化肥、钢材、等与人民群众生活密切相关的116种重要商品价格、22种农资价格、60种主要商品进行价格监测，写出农资价格监测分析及市场主要商品价格监测分析。价费调查。县物价局牵头，县教育局、县农民负担监督管理办公室参与，组成联合检查小组，抽取三个街道、四个乡镇、四所完全中学，对35所中小学2017年春季收费工作进行专项督查；为减轻企业负担，对湘佳农牧、成功高分子、杨氏果业等企业进行走访，调查了解相关税收及收费情况；开展农产品成本调查，按照市发改委的要求，针对农产品成本收益、农户种植意向、农资购买意向开展柑橘、茶叶、烤烟等农产品成本调查，分析引起成本发生变化的原因，形成完整的调查报告，供上级价格部门参考。行政事业收费。落实上级价费政策，取消行政事业性收费10项，停征19项，降标2项，减负近200万元，取消服务性收费5项，降标1项，放开1项，减负200多万元；对全县的涉企行政事业性收费和政府定价的经营服务性收费进行清理，并在网上公示。民生价费管理。根据省市教育收费文件精神，联合县财政局、县教育局印发全县春秋两季中小学教育收费文件，并及时下发到各中小学校；按照《湖南省公办幼儿园收费管理实施办法》的规定及常发改价费[2016]395号文件精神，根据成本审核情况，调整全县公办幼儿园保育教育收费标准；按市发改委的要求，核批全县乡镇天然气价格及管道安装费标准；加强基本药物价格管理，每月按时完成乡镇医院实施基本药物价格政策工作效果及财政补贴情况的调查，并上报市发改委；完成全县公立医院医药价格改革监测情况上报。价格监督检查。共出动检查力量近120人次，检查收费单位9个，查出价格违法金额300万元，收缴违法所得60.2余万元，清退近230多万元，罚款4500元。价格认证工作。严格按照《湖南省价格认定工作规范》开展价格认定工作，共办理业务220余件，为公安机关办理涉案物价格鉴证业务94件，行政机关123件，案值500多万元，打击了犯罪，为稳定社会治安、改善投资环境作出积极贡献。

【产城融合示范区项目获省资金扶持】2017年1月20日，根据湖南省发改委湘发改投资〔2016〕1076号文件通知，石门县四个项目获得2017年省预算内基建投资“省直管县产城融合示范区重大公共设施建设引导专项”资金扶持。扶持资金总额520万元。获得资金扶持的四个项目分别是：石门县老城区沿河道路及景观设施改造工程、石门县澧水一桥至二桥南岸风光带建设项目、石门县工业污水处理厂建设项目、石门县全民健身活动中心全民健身广场建设项目。该项目资金将为推动石门县产城融合综合示范区建设发挥重要作用。

（县发改局）

【公车改革完成封车工作】自2017年11月24日，石门县公车改革方案获得上级批复后，石门县快速推动公车改革工作。12月4日，召开全县公车改革工作启动会议，会议宣布了《石门县公车改革保留方案》《石门县公车改革封车方案》，强调公车改革后保留车辆使用纪律。12月5日，全面完成封车工作。全县车改前涉改车辆369辆，车改后仅保留159辆，计划减少210辆，实施封车210辆，封存率达100%。石门县是常德市第一个启动封车工作的县。

（夏召松）

招商引资

【概况】2017年，全县共引进招商引资项目47个，协议利用资金355.55亿元，其中亿元项目33个、工业项目25个、外资项目2个；新开工项目34个，其中工业项目15个；共到位国内资金（含续投）约88.75亿元，上报国（境）外资金9800万美元。争取国家和上级投资2059万元，超额完成全年目标任务（任务数为1100万元）。

【全县重大招商引资项目签约与开工】2017年，县政府完善招商引资考核办法，出台招商引资激励政策，全县组织11个重点专题招商活动，实现月月有重大项目签约、月月有重大项目开工。

重大项目签约、开工情况。1月，16大项目集中开工签约活动；2月，县委书记谭本仲、县政府县长郭碧勋分别带队赴青海、江苏开展专业招商周活动；3月，主办德商恳谈会暨石门专场投资洽谈会活动；4月，湖南（香港）投资贸易洽谈周和广东佛山石门招商推介活动；5月，腾越电商产业园等4个招商引资项目集中开工活动；6月，衡阳重点项目对接和服务企业活动；7月，石门禾田居十九峰康养度假村等9大重点项目集中开工活动；8月，浙江温州宁波招商专场暨教育募捐活动；10月，四大项目集中签

招商说明会

约活动；11月，常德品牌中国品质农产品推介活动，11月下旬常德(深圳)承接产业转移对接会活动；12月，广州(石门)专题招商活动。

(谌光华)

【2017年专项招商周活动】2017年2月13日，石门县启动2017年专项招商周活动，组织3支招商专业小组近20余人分别在县委常委、统战部部长刘颖，县委常委、副县长薛杰，副县长车立平等带领下，分赴青海、江苏、湖北等地，针对前期储备洽谈的年产500万吨功能性多元复合肥项目、年产1000吨光纤预制棒、4000万千米光芯及4000万千米光缆项目及东城片区及湘北职专文化产业园综合开发项目进行深度对接考察洽谈，促进项目快速落地，县商务粮食局等相关负责人参加考察。

【石门红星美凯龙·国际家居博览中心正式招商】2017年9月8日，石门红星美凯龙·国际家居博览中心正式招商。县招商投资促进局局长李小琼、红星美凯龙集团总裁助理戴建生、石门红星美凯龙·国际家居博览中心项目总经理熊卫华及商户代表分别致辞、发言。石门红星美凯龙·国际家居博览中心项目位于县城澧水南岸东部新城核心区域石门大道与夹山路交汇处，总建筑面积11.4万平方米，由石门县红星商业地产有限公司斥资10亿元打造，集家居、市场、办公、仓储与街区商业于一体，涵盖居家用品、家具、建材、陶瓷、灯饰、窗帘布艺及装饰材料等综合业态，建成后成为湘西北规模宏大的一站式家居建材市场。

(编辑部)

统　计

【概况】石门县统计局为县政府工作部门，在编在岗16人，其中班子成员4人，女性干部职工5人。2017年，统计服务、统计名录库管理、统计业务培训、统计执法、统计调查等工作取得实效，县统计局被市统计局评为先进单位、被县委县政府评为全县县直单位绩效考评优秀单位，并成功创建为县级文明标兵单位。

统计服务。2017年，县委、县政府召开季度、月度经济形势分析会，小康监测调度会等，县统计局均做首要发言，就经济发展目标、至目前的运行及落实情况、下段工作建议等收集数据、预测指标重点建言献策。由县统计局牵头，通过日常联系、共同协作、联合汇报等形式多次与县科技工信局、县发改局、县商务粮食局、县住建局、县房管局等部门协商，数据调度和部门联动机制更加成熟，及时发现短板，分析指标劣势及增长空间，为石门经济指标的稳步增长凝聚合力。县统计局以主导或参与的形式，在全县争资争项、绩效评估、小康社会监测、城镇化率考核、质量强县、为民办实事、全国粮食生产大县、生猪调出大县等方面提供数据支撑。

统计产品。2017年，县统计局先后发布《2017石门县国民经济和社会发展手册》《石门县2016年国民经济和社会发展统计公报》《2016年度石门县全面建成小康社会统计监测报告》《石门县经济发展主要指标》等，为县委政府决策提供支撑。完成《统计年鉴(2017)》的编辑出版，发布《统计月报》11期，发布《决策参考》15期，市统计局采用9篇。发表信息动态50多条，其中市统计局网采用20多条，省内网采用2条，《常德日报》采用1条。

统计名录库管理。2017年，新申报"四上"单位43家，其中工业20家、服务业7家、商贸8家、房地产8家。全县主要经济指标稳居全市第一方阵。2017年6月7日，湖南省统计局普查中心对石门县3家"四上"企业单位进行质量抽查，对县统计局名录库工作给予充分肯定。

统计业务流程。2017年，县统计局成立数据评估小组，组编完成《统计业务流程》，在流程图基础上建立统计调查、统计数据质量管理和责任追究、统计数据使用和发布工作、统计资料管理、统计执法责任制和普法、信息化建设、数据质量评估、专业统计定期检查等制度，确保全局业务工作的规范开展。

业务培训。2017年，县统计局牵头或参与召开全面小康推进暨基层统计基础工作培训会、小康工作调度会、全县房地产开发经营企业统计工作会议等，在会上进行业务培训指导。印发统计继续教育的函至各单位，完成统计从业人员继续教育工作，以网络在线教育为抓手，每名学员在线学习不少于32学时，全年完成240名学员的统计继续教育。组织2名干部到西安参加国家统计局基础培训班，1名干部到郑州参加培训，3名干部通过省统计局组织的统计执法证考试，1名干部获得市统计局组织的业务知识宣讲二等奖。

统计执法。2017年，结合在职党员进社区活动，开展《中华人民共和国统计法》宣传活动，发放宣传手册，配合市统计局完成对6家单位的执法检查和统计巡查，组织对全县30家单位的统计执法检查。

民调工作。2017年，先后开展上半年针对县直单位的综治民调，涉及对象2000多人次，其中县统计局在社会发展类单位中排名第4；开展每季度的物业民调，涉及全县所有物业小区，并针对调查结果形成排名和分析，在电视台等媒体进行排名公示，促进物业服务质量的不断改进，得到委托单位认可。

【第三次农业普查工作】2017年1月1日，全县开始农户表、农业规模经营户表、农业经营单位表的PDA录入工作。3月15日前完成所有普查对象的数据录入。在PDA录入后，采用乡镇分散改错和县农普办集中改错的形式完成近50万条纠错改错任务。2017年9月，全县农业普查进入收尾阶段，完成对全县各普查区农普物资的登记回收，同时顺利迎接市农普办对石门县的质量抽查。

【开展“一套表”“四上企业”摸底调查】2017年6月，县统计局主导，联合县发改局、县商务粮食局、县科技工信局、县房管局等有关行业主管部门，兵分五组，启动对全县“一套表”联网直报平台上所有在库261家“四上企业”单位，61个5000万元以上在建项目以及准“四上企业”的调查。此次核查，旨在为所有企业建立档案，追踪服务，摸清家底。全县共核查单位271家，其中真实性错误单位5家，类型界定错误单位2家，应更名或更码单位8家，非正常经营单位（停业、关闭、破产）6家。

“一套表”调查是指：统计部门通过对企业调查的统一设计、统一布置、统一采集、统一处理，实现统计数据高度共享的一种统计方法。“四上企业”是指：规模以上工业，限额以上批发零售贸易业，限额以上住宿餐饮业、房地产业、资质建筑业，限额以上服务业等企业。（县统计局）

【建设统计“三位一体”网络格局】2017年，以县人民政府名义印发《关于加强统计工作的实施意见》，从阵地、经费、职责、培训、督查、考核、巡查等各方面加强统计工作指导，明确乡镇、部门统计工作职责。该实施意见是石门统计工作的指导性文件，通过对各层次的统计规范，基本形成政府统计、部门统计、基层统计“三位一体”网络格局。

（县统计局）

民　政

【概况】2017年，石门县民政局坚持“民政为民，民政爱民”工作宗旨，围绕县委、县政府中心工作，开拓进取，争先创优，完成城乡社会救助、防灾救灾、社会组织管理、社会事务服务、福彩慈善、双拥优抚安置、基层政权与社区建设等各项工作任务。石门县获“全市双拥工作优秀单位”称号；县民政局获“全市双带双促活动优秀单位”称号；林华获“全市双拥工作优秀个人”称号。县民政局选送的情景剧《信仰》获常德市庆“八一”文艺晚会节目一等奖。全年争取国投资金2.0093亿元，为全县经济发展和社会稳定做出积极贡献。

城乡社会救助。①社会救助资金发放。所有社会救助资金全部形成方案，由县民政局、财政局联合行文，通过拨付乡镇或财政“惠农一卡通”打卡发放。2017年，城乡低保对象分别为691户919人、9542户13184人，特困供养对象4204人，全年发放社会救助资金10531.97万元。②社会保障兜底工作。按县脱贫攻坚指挥部要求，成立石门县社会保障兜底分指挥部，县政府党组副书记万义元为指挥长，下设办公室，县民政局局长林华兼任办公室主任。6月3日，县民政局、财政局、扶贫办、卫计局、人社局联合下发《关于进一步完善医疗救助制度全面开展重特大疾病医疗救助工作的通知》，将建档立卡贫困户纳入重特大疾病医疗救助范围。11月17日，县民政局、财政局联合下发《关于再次提高城乡低保及特困人员保障标准的通知》，城乡低保月人均补助水平分别提高到320元、260元。城市特困人员基本生活标准为7800元/年/人，农村分散供养特困人员5000元/年/人，集中供养特困人员5700元/年/人。特困人员全护理费5000元/年/人，半护理费2500元/年/人，全自理费1500元/年/人。③“三类保障对象”清理整顿工作。5月至8月，县民政局牵头，全县开展城乡低保、特困供养和社会保障兜底对象清理整顿工作。重点对“拆户保”和“稳定保”进行重点清理整顿。清理整顿呈现“政策刚性史上最强、推进力度史上最大、社会关注史上最高、取消人数史上最多”4个特点。农村低保取消率为60%，城市低保取消率为82%。

防灾救灾工作。①救灾救济工作。2017年，县域范围共发生4次自然灾害，每次灾情发生后，县民政局都在第一时间分组赶赴各受灾乡镇村居，及时解决灾区群众生产生活难题。下拨各类救灾资金900多万元，帮助44户房屋倒损户恢复重建。争取资金500万元，完成救灾物资储备库改扩建，保证灾害应急工作需要。规范应急物资管理制度和台账，使全县救灾款物发放、使用和管理走上制度化、规范化。②防灾减灾工作。按照《石门县自然灾害救助应急预案》，实现与省、市、县三级预案对接，初步建立横向到边、纵向到底救灾应急预案体系。开展灾害信息员业务培训，有效发挥灾害信息员在传递信息、联系群众等方面作用。利用“5•12”防灾减灾日积极宣传防灾减灾知识，提升群众自救能力。③农房保险工作。根据省市民政部门要求，组织全县各乡镇开展农房摸底调查，利用农房保险助力精准扶贫。全年投保16.5万户，资金181.58万元，理赔104户，资金46.3万元。

社会组织管理。2017年，强化和规范行业协会商会与行政机关脱钩工作及社会组织参与扶贫工作。完成2016年度社会组织年检工作。启动社会组织调查走访、申请成立社会组织的调查工作。认真督促孵化基地开展工作。截至12月底，有社会组织314个，其中社会团体163个，民办非企业单位151个。

社会服务事务。2017年，全面启动

全县第一批22个农村“留守儿童之家”示范点选点工作,为农村留守儿童打造关爱保护的温馨港湾;在县二完小和所街乡完全小学举行以“精准扶贫·点燃希望,合力监护·相伴成长”为主题的庆“六一”活动。全年完成养老床位建设任务125张。与县公安局、县卫计局、县食药工质监管局、县老龄办联合成立石门县养老院服务质量建设专项行动领导小组,全面启动全县基本养老服务质量检查工作。完成全国养老机构业务管理系统的录入工作,全县共22家。由中华保险公司对全县22个养老机构717张床位实施投保。全年办理结婚登记3772对,离婚登记1457对,补发结(离)婚登记989对,查档案780人次。石门县澧水南北公墓(骨灰堂)建设项目前期工作完成。制定《石门县乱埋乱葬、修建豪华墓、大墓专项整治行动实施方案》,开展为期3个月专项整治活动,乱埋乱葬、建大墓豪华墓的现象得到有效遏制。强制火化区火化率一直保持100%,为102名困难群众减免基本殡葬费用28.78万余元。

老龄服务工作。全县基本养老服务补贴覆盖率超省定水平,覆盖率达100%。完成20个县级城乡养老服务示范点建设规划。老年协会建设实现农村80%、城镇95%的建会目标。石门县居家养老服务信息平台全面启用。为全县老年人统一办理免费乘坐城市公交车卡1万张,营运正常。完成全县老年人意外伤害保险费用86.63万元,共1678人;政府出资为“五类”特困人群购买意外伤害保险51万元,惠及16932人,政府购买“一元民生”保险58万元,惠及58万人。

福彩慈善工作。全年共募集“献爱心”捐款190万元,定向捐赠和其他物资累计折合现金961万元。与湖南金典智能科技有限公司签约800万元,建立金典智能慈善基金;与香港新恒基国际(集团)有限公司签约1000万元,建立“新恒基国际集团湖南省石门县扶贫基金”。对南北镇金河村、壶瓶山镇鼓锣坪村等11个村居定向捐赠560余万元,支持产业发展和基础设施建设;通过个人申请、村居盖章、实地审核、集中审批等流程,全年发放助困助医援助金718人123万元,发放烟农救助金523户111万元,发放金叶卡52人4万元,发放大米、食用油、旺旺食品、康师傅方便面、饮用水等善物(价值20万元)惠及2200人;在太平镇中心校举办“我的名字叫雷锋”支教助学献爱心活动,在新铺、所街、苏市学校开展“精准扶贫·点燃希望助学金发放仪式”,在县二完小组织开展“精准扶贫·关爱留守儿童”活动,资助学生381人次,资金23.3万元;发放慈善助学资金65.8万元,帮助田小漫、唐明珊、龚付梦等18名贫困学生圆大学梦,资助家庭极度贫困的中小学生185名;76名中小学生得到社会爱心人士“一对一”资助;利用捐赠图书,在21个偏远地区学校建立21个慈善爱心图书室(3700册图书折算210万元),惠及学生近5000人;对全县4个偏远学校的31个教室捐装“点亮偏乡”照明设施,价值40万元;对接华融集团在雁池乡竹儿垭村成立200万元教育慈善基金。加大对福彩工作的宣传和经费的投入,共投入营销促销费用30多万元,扩大彩民队伍;先后投入9万元,将两家位置好、服务佳、销量大的专营店建成福彩销售旗舰店;年初拿出5万元表彰优秀业主。全县销售福彩(电脑彩票、中福在线)6052万元。

双拥优抚安置。2017年全面完成复退军人安置工作,开展“退役军人之家”阵地建设。举办两期优抚对象短期疗养活动。组织退役士兵参加职业技能培训,参训率达70%以上。组织开展为重点优抚对象送医送药,为孤寡老人、病残优抚对象送温暖、献爱心、办实事系列活动,利用“八一”、春节,开展重点优抚对象、优抚事业单位及驻石部队官兵走访慰问。依法依规处理优抚对象来信来访,确保涉军群体基本稳定。全面落实军休人员“两个待遇”政策,妥善解决2017年退休士官张明同志的住房保障难题,受到张明及其部队领导对县委、县政府及县民政局的高度赞扬。

基层政权与社区建设。完成全县325个(东山峰管理区6个片只进行支委换届)村(居)民委员会换届选举工作。制定《2017年度石门县平安边界创建活动实施方案和细则》,完成省级边界线和县级边界线的联检工作。完成石门县行政区划图的校对工作。完成全国第二次地名普查第二阶段工作,并顺利通过省级验收。按省政府办公厅《关于规范村务公开栏工作的通知》要求,全面完成规范村务公开工作。与县委组织部联合,在易家渡镇开展以村民小区为基本单元的村民自治试点。

(龚　理)

【石门县民政残联工作会议】2017年3月21日,石门县2017年民政、残联工作会议在兰园会议中心召开。会议由县委常委、组织部部长李绍南主持。会上,县政府党组副书记万义元作民政、残联工作报告。2016年,民政工作成效显著:紧扣脱贫攻坚主题,兜底保障社会效益大提升;紧扣社会治理难题,基层组织自治能力大提升;紧扣公共服务选题,深度覆盖普惠水平大提升;紧扣自身建设考题,综合基础队伍素质大提升。2017年民政工作主要任务:突出“一个重点”即兜底扶贫;助推“两项融合”即军民融合,社区、社会组织与社会工作三社融合;完善“三大体系”即社会救助、减灾救灾、养老服务体系;完成“六大目标”即把村居同步换届抓实、把村居自治基础筑牢、把社会事务目标盯紧、把慈善福彩效益拓宽、把争资与项目建设做优、把民政整体队伍建强。会上,万义元宣读了表彰文件,对2016年度民政、残联工作先进单位和先进个人进行表彰。壶瓶山镇、楚江街道、子良镇、罗坪乡分别从民政综合、老龄、社会救助、残联工作四个方面进行典型发言。李绍南就全县村居“两委”换届工作做重要讲话,提出三点要求:高度重视,防范村居“两委”换届选举中的问题矛盾;正确把握村居“两委”换届选举的政策要求;切实加强对村居“两委”换届选举全过程领导指导。会议还安排了民政、残联业务培训和村居“两委”

换届选举业务培训。

【邓磊调研村居“两委”换届和社会保障“两线合一”工作】2017年3月16日，省民政厅邓磊副厅长一行，到石门县督查调研村居“两委”换届和社会保障“两线合一”工作。调研组先后来到皂市镇岩湾村、宝峰街道宝塔社区，听取了村居“两委”换届工作汇报，重点了解财务清查审计、工作方案制定、干部思想动向、人员职数配备等方面的情况。调研组对石门县扶贫政策与农村低保政策对接情况进行详细的询问，对存在的问题进行深入分析和讨论。调研组还到观山社区敬老院建设工地和夹山德源福利院进行考察。下午，在尧业国际大酒店召开村居“两委”换届和社会保障“两线合一”工作座谈会。座谈会由市民政局局长龚美爱主持。县委常委、组织部部长李绍南，县委副书记邓碧波，县民政局局长林华相继发言。

邓磊认为石门县村居“两委”换届基础工作做得扎实，对县委县政府高度重视、提前谋划、科学部署给予高度肯定，对下阶段工作提出要求：一要进一步加强领导，压实乡镇一级党委责任；二要依法依规；三要严明纪律；四要进一步把工作做细致。县委常委、政法委书记张树国，县政府党组副书记万义元，市民政局局长龚美爱陪同调研并参加座谈会；县委副书记邓碧波，县委常委、组织部部长李绍南参加座谈会。

（向延波）

石门县地名普查成果省级验收会

【石门县地名普查工作通过省级验收】2017年4月25日，湖南省第二次全国地名普查领导小组办公室对石门县地名普查工作进行验收。验收组分组对全县地名普查组织实施类、外业类、成果类等七大评价目标进行检查，并随机抽取线路，对夹山管理处、楚江街道外业情况进行现场核查。

石门县第二次全国地名普查工作于2014年下半年启动。县普查办制定工作方案，编写《指导手册》，建立QQ工作群，对普查人员进行全方位、多层次培训。同时，对地名名称、历史沿革、实体描述深入走访调查，并聘请专家对普查信息进行全面审核。挖掘整理地名文化，开展“镜书家乡·石门地名印象”摄影及征文比赛活动，《北溪河，一座原始村落的文化守望》获得常德市地名征文一等奖。4月中旬，全县完成地名普查阶段性工作，并通过市级验收。

当日下午，石门县第二次全国地名普查成果省级验收会在国际大酒店召开，县普查办就全县地名普查情况、市普查办就核查及复验情况、外包服务单位就技术工作情况分别进行汇报。省普查验收小组通报验收情况，对石门县地名普查工作给予高度肯定。县政府党组副书记万义元在表态发言中说，要针对验收检查中发现的问题高标准整改到位，搞好地名标志、乡村路牌的清理与设置，使全县地名工作逐步走向规范化、合法化、标准化。省验收组负责人、省民政厅区划地名处处长姚李维提出“注重进度把握、注重质量提升、注重地名标准化的落实、注重普查成果的转化、注重保密工作的到位”的要求。市民政局副局长沈英琼、县民政局局长林华参加会议并发言。市、县民政局相关人员，二都街道、楚江街道分管负责人，外包服务单位主要成员参加验收会。

（王　慧）

【“三类保障对象”清理整顿工作】2017年5月12日，石门县全面启动“三类保障对象”清理整顿工作。在整个清理整顿过程中坚持“五到位”，确保按进度、按要求、按节点稳定推进。一是动员部署到位。县民政局于12日召开全面城乡低保、特困人员和社会保障兜底脱贫对象认定清理整顿工作动员大会，各乡镇党政主职、民政所所长、救助专干参加会议。所有街道、乡镇、农林场和村（居）层层召开动员大会进行动员部署，实现启动率100%。二是方案制定到位。县乡两级结合实际，制定切实可行、操作性强的工作方案，方案制定率达100%，清理整顿工作实现有规可依，有章可循。三是组织保障到位。县乡两级都成立党政主要领导任组长，政府、民政、交通、公安、银行、卫生等部门主要负责人为成员的清理整顿工作领导小组，建立联席会议制度，统筹协商清理整顿工作，每月举行2次联席会议，着力解决难点和热点问题，帮助排忧解难，为清理整顿工作提供了坚实的组织保障。四是政策宣传到位。广泛利用广播、电视、报刊、横幅、标语、宣传车、QQ、微信等平台，多角度、多层次深入宣传“三类”对象清理认定相关政策法规，家喻户晓，人尽皆知。截至5月底，全县100多名低保对象主动要求放弃低保。五是检查监督到位。坚持每天一询问，明确专人每天负责收集一次信息，实时掌握清理整顿工作进度。坚持每阶段一督查，5月15—20日，联合县纪委对全县27个街道、乡镇和农林场清理整顿工作情况进行地毯式督查，督促其按进度、按要求、按节点推进工作。

(唐文东、蔡昌明、李美春)

【开展"敬老月"活动】2017年10月"敬老月",全县组织开展丰富多彩的活动,营造浓厚的爱老、敬老、助老社会氛围。主要活动:①学习党的十九大精神。全县各单位纷纷结合党建日活动、全国第五个法定老年节举办座谈会、形势报告会,对十九大报告中"中国特色社会主义进入了新时代""积极应对人口老龄化,构建养老、孝老、敬老政策体系和社会环境,推进医养结合,加快老龄事业和产业发展"等内容进行深刻解读。②走访慰问。全县各单位走进老年人家庭、老年人社区、养老机构、老年大学等,倾听老年人心声,关心老年人生活,重点走访慰问了贫困、高龄、失能等困难老年人及计划生育特殊家庭老年人。③表彰宣传先进。在全县"第三届老年文化艺术节"上,县老龄委对第五届"老有所为之星""孝亲敬老之星"和"健康长寿之星"及第二届全国"敬老文明号"进行表彰,县电视台、《石门信息》《石门广电传媒》等媒体进行广泛的宣传推介。各单位纷纷邀请"三星人物"、敬老模范人物在"道德讲坛"现身说法。④为老人送保险。在"敬老月"期间,县直各单位为扶贫点村80周岁以上老年人和本单位离退休老年人购买意外伤害保险,人寿保险公司为所有百岁老人送意外伤害保险,县老龄办进一步落实"五类特困老人"的意外伤害保险。⑤志愿服务进家门。共产党员、共青团员、学生和各类志愿者走进城乡社区、养老服务机构和老年人家庭,为老年人开展家政、照料、护理、信息咨询、心理疏导等志愿服务。开通亲情连线,帮助留守老人联系在外打工子女进行视频聊天,打通亲情交流"最后一千米",让他们感受到亲情温暖。⑥文体活动。县文化馆、图书馆、体育馆、展览馆等群众文化单位,积极为老年人提供特色文化服务;各涉老团体自编自导自演,文体活动丰富多彩;各单位以"我们的节日·重阳"为平台,拓展活动内容,掀起敬老热潮;10月26日,全县"弘扬老区精神暨第三届老年文化艺术节"成功举办,展现了老年人风采,丰富了老年人精神文化生活。

(涂志彦、向海霞)

老区工作

【概况】2017年,石门县老促会积极参与编印《常德老区简介·石门篇》,先后召开协调、督促、编写会议6次,该书出版发行。争取中央转移支付革命老区资金1121万元,省级老区专项资金35万元。

(县老促会)

【《常德老区简介·石门篇》启动编纂】2017年5月3日下午,《常德老区简介·石门篇》编纂工作座谈会在县委三楼小会议室举行,县人大常委会原主任、县委党史联络组组长王浦堂,县委正处级干部、县老区建设促进会会长詹腊珍出席会议。

座谈会上,县民政局、党史办、县老促会负责人分别就全县的历史文化背景及相关历史人物和事件进行沟通交流,就如何撰写好《常德老区简介·石门篇》建言献策。

按照计划,《常德老区简介》一书,以1922年至1935年间发生在常德红色热土上中国共产党领导的革命历程为题材,分党的建设、武装斗争、群众运动、英雄人物、红色故事五大部分,2017年6月底完成编纂。

(张友亮、涂志彦)

【"关爱老年人欢庆十九大"弘扬老区精神暨石门县第三届老年文化艺术节活动】2017年10月25日,全县"关爱老年人,欢庆十九大"弘扬老区精神暨石门县第三届老年文化艺术节活动在县广电中心演播大厅举行。县领导郭碧勋、李金生、李绍南、张树国、刘颖、万义元、胡中华及常德市老促会相关负责人,全县各涉老组织负责人;县直及驻石各单位代表;离休干部代表;"三星"人物代表;各乡镇、街道老龄工作负责人;永兴街道干部职工及学生、志愿者、群众代表共600多人参加活动。

活动中,永兴街道党工委书记万军致欢迎辞,县委副书记、县人民政府县长郭碧勋讲话,他代表县"五大家"向广大老年朋友们致以节日的问候和诚挚的慰问,同时倡导发扬中华民族敬老爱老的传统美德,在全社会形成尊重、关心、帮助老年人的新风尚,以实际行动为老年人搭建平台,丰富老年人的物质和精神文化生活,让老年朋友们拥有一个幸福美好的晚年。县委常委、组织部部长李绍南宣读表彰文件,现场进行隆重的表彰活动。第二届全国"敬老文明号"石门县新关镇综合性老年福利服务中心,"孝亲敬老之星"郑群爱、杨金香、马业泉、崔碧云、申元平、刘祖元、蔡柏祥、张金翠、杨家启、朱秋平,"老有所为之星"张福幸、覃事法、杜凡章、唐生智、张德富、覃道武、王贤松、金道德、唐植清、王其枚,"健康长寿之星"秦次元、宋运祥、马腊秀、谭上保、陈安贤、罗绍伍、卢兴见、肖玉秀、王先娥、向多瑜分别接受表彰。

文艺演出丰富多彩,各街道小区艺术团、协会艺术团及老年大学精心打造的节目一一上演,《十送红军》《六大嫂夸媳妇》《柔力球》《同圆中国梦》等节目由老年朋友自编自导自演,真实地反映老年人的生活与期盼,接地气,看点多,赢得阵阵掌声。

(涂志彦、向海霞)

【湘鄂西革命老区第三次联席会议筹备会】2017年12月6日,"湘鄂西"革命老区第三次联席会议筹备会在县民政局五楼会议室召开。会议首先学习了习总书记关于老区建设的系列讲话,总结"湘鄂西"革命老区第二次联席会议以来工作情况,就第三次联席会议召开的主旨、目的、具体时间、议程进行了充分讨论,并明确第三次联席会议在石门县召开。

常德市政协原主席、市老促会会长刘春林强调,石门县是党组织早期发展最好的地区,是常德优秀儿女参加贺龙部队人数最多的县,在洪湖、遵义牺牲的革命烈士达万余名。石门县要通过第三次联席会议,争取国家对革命老区的政策支持，助力脱贫攻坚，让老区人民过上幸福美满生活。县委副书记邓碧波表示，热烈欢迎在石门举办“湘鄂西”革命老区第三次联席会议，相关部门要制定详细工作方案，尽最大的努力协助开好第三次联席会议。市县老促会、市县民政局相关领导及工作人员共20多人参加会议，会议由市民政局党组成员、工会主席彭志莉主持，县领导邓碧波、张树国、李绍南、万义元出席。

（涂志彦）

【石门县老促会理事单位会议】2017年3月15日，石门县老促会理事单位会议在县政府五楼会议室召开。县委常委、县委政法委书记张树国出席会议并讲话，县委组织部、团县委、县老区办、县民政局、县财政局、县人社局、县发改局等理事单位负责人约30人参会。会议由县政府党组副书记万义元主持。会上集中学习了《中共湖南省委办公厅湖南省人民政府办公厅印发〈关于加大脱贫攻坚力度支持革命老区开展建设的实施意见〉的通知》文件，下发《2017年石门县老区工作要点》。会上，各理事单位负责人围绕上级文件及工作要点，就老区基础设施建设、特色产业发展、精准扶贫政策等方面，提出了一系列解决老区突出问题建议与对策。

县老促会会长詹腊珍就重点工作进行总结：一是大力弘扬长征精神。开展了“重走红军路”、抗战胜利80周年文艺汇演等重要活动，创作了《湘鄂忠魂》《等在桑树边》等本土原创作品，拍摄了再现红军在石门那段艰苦卓绝的革命斗争历史专题片《长征》。二是发挥优势助力脱贫攻坚。利用“老区牌”“生态牌”争取项目资金1200多万元；先后在白云镇、雁池乡、壶瓶山镇等地开展结对帮扶活动。三是深度挖掘红色资源。投资400万元，启动横断山红军公路项目建设；投入30万元，完成3处革命遗址建设修缮工作；对在湘鄂西、湘鄂川黔革命苏区牺牲的石门籍英烈及后代进行走访调查，为申报“苏区”县提供了重要资料；参与编印《石门县红军将士英名谱》《石门县革命遗址遗迹》。

张树国肯定了县老促会取得的突出成绩，同时强调：一要吃透精神，把握实质。务必认真提炼政策“干货”，借此作为老区争资争项的“敲门砖”。二要同心协力，砥砺前行。增强全局意识，用足、用活、用好各项政策，在老区林业特色经济、生态养殖、红色精品旅游、医疗卫生体系、贫困儿童帮扶等方面要有所作为。三要细化措施，加强考核。县老区办要根据各理事单位提出的工作建议，完善全年工作规划并进行责任分解，将老区工作落到实处。

（程　钢、涂志彦、周　欣）

人力资源和社会保障

【概况】2017年，县人力资源和社会保障局（简称人社局）立足“围绕人字做文章、面向社会强服务”的工作理念，坚持“民生为本、人才优先”的工作主线，致力多策促进就业稳定人，落实社保政策温暖人，严把考录关口选拔人，强化绩效考核评价人，改进工作作风服务人，人社事业发展取得新成效，获“市人社绩效评估优胜单位”“县绩效评估优秀单位”“脱贫攻坚先进单位”“综治工作先进单位”“争资争项先进单位”等多项荣誉称号，被人社部评为“全国宣传工作百强县”，保持“省级文明单位”荣誉，机关事保窗口被市人社局评为全市人社系统“优质服务窗口”。

就业创业。2017年，县人社局坚持把就业放在首要位置，全力以赴落实更加积极的就业政策。全县新增城镇就业5528人，失业人员再就业3014人，就业困难对象再就业1280人，新增农村劳动力转移5360人，新增创业主体3532户，带动城乡就业6827人，城镇登记失业率控制在2.56%以内，保持了就业局势的总体稳定。一是加强基层平台建设。投入39万元，实施第三批基层平台标准化建设工作，指导和支持南峰社区、闫家溶社区等13个新纳入社区平台高标准完成平台建设任务。楚江街道荷花社区、老西门社区被省人社厅评为省级充分就业星级社区。二是扶持重点群体就业。将高校毕业生作为重中之重，扎实做好就业创业帮扶和离校未就业高校毕业生实名制登记。针对下岗职工、就业困难群体，实行专场招聘、面对面招聘。2017年，共举办专场、定期招聘活动11次，112家企业提供岗位6000余个，全年达成用工意向2800多人。三是全面落实优惠政策。开展“春风行动”“就业扶贫”等专项援助行动，落实下岗职工、公益性岗位人员、参加职业技能培训和创业培训人员社保补贴、岗位补贴、培训补贴等就业专项资金2609万元，各项就业优惠政策得到落实。四是扶持创业带动就业。重点培植以石门土特产为主的网络销售企业，打造了电子商务创业孵化品牌。开展创业培训，2017年，共培训创业对象370人，成功孵化电商企业16家，全县电商企业销售达5000万元，带动就业1257人。为217名创业者发放创业担保贷款2648万元，带动城乡就业877人。精心组织2017年度“赢在石门创新创业大赛”，在全县营造了良好的创业氛围。组织企业单位、创业人员参加常德职业技能大赛，获优秀组织奖；参加武陵山片区特色餐饮、茶文化竞赛，渫峰茶叶有限公司获“武陵山片区十大名茶”荣誉。

社会保障。坚持扩面征缴与待遇提升同步、优化服务与规范管理并重，推进社保覆盖范围和待遇水平稳步提高。一是参保人数持续增加。全面推进全民参保登记工作，全年完成10.07万人参保登记。2017年，全县机关事业单位养老保险、企业职工养老保险、城乡居民养老保险、城镇职工医疗保险、城乡居民医疗保险、工伤保险、失业保险、生育保险参保人数分别达1.34万人、3.99万人、2.74万人、4.49万人、58.77万人、5.03万人，2.3万人，2.5万人，相比上年度均有不同程度增加。二是保障水平不断提高。2017年，五大保险基金收支规模达26.9亿元，相比上年度增加18%，其中：

基金总收入13.6亿元，为33.6万人次支付社会保险待遇13.3亿元，确保了各项社保待遇按时足额发放。2017年，企业职工退休人员人均月养老金提高到1922元，城乡居民养老保险基础养老金月最低标准由80元提高到85元，失业保险金提高到每月1088元，工亡职工一次性工亡补助金提高至67万元，城镇职工医疗保险统筹基金最高支付限额由20万元提升到30万元，生育保险实行政策内分娩项目零自付。启动机关事业单位职业年金归集工作，归集金额近1亿元。着力服务实体经济发展，严格落实社保降费政策，养老保险单位缴费从20%下降至19%，失业保险费率从1.5%下降至1%，工伤保险费率平均降低10%，生育保障费率由0.7%下降至0.5%，为减轻企业用工负担、服务县域经济发展发挥了积极作用。三是争取资金成效显著。积极汇报衔接，全年争取社保、就业等补助资金5.08亿元，较上年增长80%。其中争取就业资金3338万元。四是基金监管更加严格。层层签订基金监督责任状，压实监管职责。全面开展现场和非现场监督，组织社保重点指标、职业年金归结账户、社保待遇支付等专项检查，提升了监督效果。70余家医疗机构、119家药店全面协定医疗服务管理协议，对一家协议医疗医疗机构挂床住院等违规行为作出暂停协议医疗机构资格处理，保证了社会保险基金的安全平稳运行。

人事人才工作。抓好人才引进、培养、使用，推进以“有品位、有位置、有作为”为主题的“有位有为”专技人才岗位奉献工程开展，激发了人才活力。2017年，通过公开招考，新录公务员101名，其它事业单位招聘高校毕业生108人，招募“三支一扶”高校生5名，教育卫生系统引进人才396人。采取“免笔试”“双向选择”等方式引进研究生70人。规范人事管理，完成241个岗位设置单位备案、45家县直事业单位岗位重新设置、18个乡镇站所岗位设置工作；配合县法院、县检察院完成156人的工资改革，平均提高工资待遇近2000元；完成首批公务员职务与职级并行工作，24人晋升职级并兑现工资；为634名专技人员晋升职称；为教育卫生系统2800多名专技人才按政策落实武陵片人才津贴600多万元。

劳动维权。建立劳动监察、争议仲裁、信访调处三位一体的“大维权”机制，保持了劳动关系总体和谐稳定。一是加强劳动合同管理。开展了《中华人民共和国劳动法》《中华人民共和国劳动合同法》《中华人民共和国社会保险法》等法律法规的宣传，全面落实劳动合同制度，全县规模企业动态劳动合同签订率稳定在90%以上。积极推动《湖南省企业工资集体协商条例》落实，开展工资集体协商企业588家，涉及职工1.2万人。二是加强劳动监察执法。积极开展书面审查、日常巡查、专项检查，全年对89家企事业单位进行书面年审，对140家企业开展日常巡查，为1003名劳动者追回拖欠工资346万元。坚持治欠与防范并举，组织春节期间农民工工资支付专项行动。强化落实建筑领域农民工工资保障金制度，全年21家建设单位缴存农民工工资保障金 750万元，惠及农民工2500余人。三是加强劳动仲裁调处。坚持“先调解后仲裁，调裁结合促和谐”的工作思路，着力推动基层劳动人事争议调解组织完善，完成永兴街道、湘佳牧业等数家乡镇街道、企业单位的挂牌工作。2017年，劳动人事争议仲裁院调处劳动争议案件87件，其中裁决结案42件，当期结案率100%，为劳动者挽回经济损失480万元。四是加强信访维稳工作。2017年，共接待来信来访400余件，其中处理省市县信访热线交办件280件，回复率100%。完成20件人大代表建议、政协委员提案的办理，满意率100%。抓好280多名企业军转干部解困慰问维稳工作，确保一方稳定。成功处理涉100余人的某大酒店关闭员工工资、社会保险问题，无一人上访。

脱贫攻坚。一是推进就业扶贫。针对全县建档立卡贫困人员，开展信息大归集、政策大公开、流程大规范、培训大联动、就业大转移等“五大”行动，政策补贴到位320多万元，联办培训班120多期计1.2万人，新增建档立卡贫困劳动力转移就业3849人。2月27日，举办2018年春风行动暨就业扶贫第一次大型招聘会，组织92家用人单位集中推出5000余个工作岗位，取得良好社会效果。二是开展医保健康扶贫。出台贫困人员住院报销比例提高10%；住院起付线降低50%；特困人员、低保对象、建档立卡贫困人员住院大病保险起付线降低70%，政策范围内报销比例提高到90%等一系列优惠政策，实现建档立卡贫困户人员参保、保费补贴、优惠政策、健康救助、“一站式”结算“五个全覆盖”。2017年，7.3万名贫困人员100%参保，落实保费补贴资金849万元，医疗费用补偿8992万元。为全县档立卡贫困人员购买“扶贫特惠保”，个人保费由医保基金补贴396万元，保证了贫困人员都“病有所医”，缓解了他们“因病致贫、困病返贫”。三是开展点村扶贫。为完成好全局牵头帮扶5个村、参与帮扶4个村的结对帮扶任务，成立5个工作队、抽选12名精兵强将驻村帮扶，全局150余名干部与450户贫困户结成帮扶对子。9个联点村在产业发展、基础设施建设、村容村貌、群众满意度明显提升。

(县人社局)

【石门县第一期劳务协作月嫂培训】 2017年6月6日，由石门县红十字会医院、石门县人力资源和社会保障局劳动就业处联合举办的“石门县第一期劳务协作月嫂培训班“举行结业考试，全县各乡镇贫困家庭的57名受训月嫂，通过7天的培训，全部通过考核考试，顺利结业。培训班由县人社局拨出财政专项资金，以脱贫愿望强烈，渴望拥有一技之长用以改变家庭经济状况的建档立卡贫困户大嫂为主要对象，在石门县红十字会医院培训基地实施“三免一推荐”，即免培训费、免住宿费、免餐饮费、推荐高薪就业。培训课程特邀高级育婴师给学员专业授课，培训课程采取理论知识和实践技能相结合。培训期满，从

第一期劳务协作月嫂培训班学员合影

理论知识和实践操作两方面进行结业考试，对通过结业考试、培训合格的学员颁发国家认定且通用的初级月嫂证，并通过常德市康月家政服务有限公司安排实习，采取劳务派遣制用工形式逐一安排上岗，让月嫂们免除就业后顾之忧，达到“培训一人，输出一人，脱贫一户”的培训目的。

（程　凯）

【首届“赢在石门”创新创业大赛】2017年7月12日，首届“赢在石门”创新创业大赛决赛在县人社局电商创业孵化园举行。为发现人才、锻炼人才、推介企业、激发创新创业活力，营造全县“大众创业、万众创新”氛围，5月中旬，由县人社局牵头组织启动首届“赢在石门”创新创业大赛，全县共49名青年实业创业者报名参加大赛。6月9日进行初赛，通过现场“创业项目PPT演示、抽题答问、回答评委提问”三个环节的展示，从49名参赛者中选拔出“10强”；7月1日至10日开展网选投票；7月12日上午，在电商创业孵化园举行决赛。决赛现场，市人社局、县直相关部门负责人、乡镇街道分管社保领导、社保站长等100余人现场观摩。县委组织部副部长、县人社局局长刘波发表致辞，宣布决赛开始。10位选手依次完成“创业项目PPT演示、抽题答问、回答评委提问”三个环节内容，评委当场亮分，根据现场评委评分与网选投票得分综合计算总成绩，石门静默茶朴茶工作室董昭、石门枫香黄牛养殖场蔡奇志、湖南芙佑食品公司周芳分获一、二、三名。大赛组委会对前10名选手授予“石门创新创业之星”称号，并对覃辉等“网络人气十强”选手及白云镇社保站等6个组织奖得主进行表彰颁奖。

（王　勇、邱志军）

【全县养老护理从业人员技能培训】2017年9月2日，全县养老护理从业人员技能培训班在楚江街道双红社区举行，该次培训由石门县楚江街道办事处与石门县人社局就业处联合举办，为期5天，来自辖区10个社区的108名养老护理志愿者参加培训。培训内容丰富，聘请专业医生讲授日常生活照料、基础护理、康复护理等15门功课，并进行实践操作培训与练习。学员通过该县劳动局就业处技能鉴定中心鉴定，合格者将获得全国通用的职业资格证书，可以持证创业或就业。随着老龄人口的不断增加，老年人的生活照料、康复护理、医疗保健等需求日益凸显，为更好地满足广大老年人的养老需求，促进社区养老服务上档次、规范管理上水平，搭建社区养老护理从业人员技能学习平台，双红社区特意举办培训班。

（侯雨林）

【开展劳务协作脱贫行动】2017年2月8日，石门县举办2017年“劳务协作脱贫暨春风行动”新春现场招聘会。招聘会由县人力资源和社会保障局主办，县劳动就业服务管理处承办，县工商联、县经济开发区、县科技工信局、县扶贫办协办。石门县工商联组织湖南湘佳牧业股份有限公司、湖南楚韵茶叶有限公司、石门九澧明珠商贸有限公司等30多家非公有制企业参加招聘会，来自全县近4000人，对照招聘岗位，结合自身条件，进行自由选择，当日签约就业意向近2000岗位，其中脱贫建档立卡村民签约800个岗位。

（县工商联）

计划生育工作

【概况】2017年，全县计划生育工作锁定“省市优秀”目标，积极应对考核新形势，坚持抓基层强基础、优服务惠民生、树品牌上水平，人口计生工作有序推进。顺利迎接省市检查，获省市优秀等次。2017年度，全县共出生7531人，其中符合政策生育7406人，符合政策生育率98.3%，人口出生率10.8‰，出生人口性别比为107.9%。

财政投入。2017年，全县计生事业费预算总额达6414.38万元；年度拨付计划生育家庭奖励扶助、特别扶助及独生子女保健费配套资金3120.88万元、拨付“生育关怀”基金40.96万元。

政策宣传。2017年，利用“5•29”协会纪念日、“7•11”世界人口日，在全县27个乡镇（街道、农林场）和相关计生综治部门深入开展主题宣传活动，引导群众按政策生育。利用公众微信平台、网站、QQ群等新型媒体，发放宣传手册等，广泛宣传全面两孩政策、计生相关法律法规、妇幼健康计生技术免费服务项目等，为计划生育工作营造良好氛围。2017年，《中国农村卫生》《大众卫生报》3次推介石门县计划生育工作的做法。

奖励扶助。2017年，新增农村奖扶4333人、新增特扶214人，清理退出奖扶对象447人、特扶对象26人，城镇独生子女奖励扶助10806人；对154户特殊家庭开展计生特困家庭走访活动，确保精准帮扶。所有计生奖扶对象都按政策规定标准实行打卡发放，全程跟踪管理，对弄虚作假骗取奖扶资金的行为一律立案查处。截至年底，城镇奖扶企业保险代发共63950人次，共543.84万元；城镇奖扶城乡居保代发699人，金额38万余元。

流动人口管理。期内通过流动人口信息交换平台接收信息21400条，及时反馈21400条，反馈率达100%。推行流动人口卫生计生均等化服务，制定下发《石门县流动人口基本公共卫生服务实施方案》，对流动人口均等化服务工作从各个层面进行规范，并加以督促落实；全县共计流出153686人、流入4389人，其中跨省流入1024人、省内流入3365人，及时反馈PAIDS交换信息4856条、处理业务消息58295条。开展全省数据清理百日行专项活动，针对省内流动人口进行一次数据清理，通过3个月的工作，省内流出人口匹配率达91.52%，较清理前的59.6%上升31.92个百分点；流出人口联系电话空填率为23.85%，较清理前的79.8%下降55.95个百分点；流入人口联系电话空填率为0.11%，较清理前的57.83%下降57.72个百分点。

综合执法。全年完成社会抚养费征收224.76万元，征收到位率为45%。卫计、药品食品监督、工商部门联合对“两非”工作进行治理，全年查处两非案件3起。全县出生人口性别比连续六年稳定在正常值范围之内。计生执法工作加强。召开专题会议，制定“两非”专项行动方案和进行“两非”机制建设责任分解，部署打击“两非”工作进度安排及相关责任科室的任务内容。按照进度安排，建立健全医疗保健机构B超购置和使用管理、孕情监控、终止妊娠手术管理、终止妊娠药品管理、住院分娩实名登记、采血管等具体制度。在全县范围内开展打击“两非”专项整治行动，查处“两非”案件3起。完成139个新增案件的审查和297件老案件的清理，征收社会抚养费250万元。

基础工作。与各乡镇区、街道办及综合治理成员单位签订目标管理责任书，明确目标任务。先后对全县计生工作开展督导考核4次，下发督导通报2次。2017年，县计生领导小组共对3344名涉及党政领导班子建设、中共党代表、人大代表、政协委员推荐及相关推优评先人员进行计生审查，共审查出20名违法生育对象，取消了相应的人事安排和评先资格。

群众自治工作。制订计划生育群众自治公约，引导群众自我教育、自我服务、自我监督、自我管理，投入3万元用于村民自治；开展计生特困家庭创业资助活动，全年对4户计生特困家庭实施创业资助达13.6万元；开展计生家庭生育关怀，全年为100多名计生家庭发放生育关怀资金15万元，为1038名计生三类人员购买计生综合险15.7万元。

(县卫计局)

【石门县计生技术服务培训】为分级分类做好高危孕产妇管理，有效降低全县母婴死亡率和出生缺陷发生率，全面普及计生药具知识，提升新时期计生技术服务水平。2017年12月1日，在县卫计局举办“石门县计生技术服务培训班”，主要培训内容：孕产妇妊娠风险评估预警与分类管理、计生药具知识、计生技术服务常识及相关法规。

培训班上，县妇幼保健院李玲根据国家卫生计生委颁发的《孕产妇妊娠风险评估与管理工作规范》的要求，从妊娠风险筛查、妊娠风险评估分级、妊娠风险管理和产后风险评估等方面进行了系统培训。县卫计局计生药具站站长杜方云从计划生育药具管理和发放服务规范、各种避孕药具的用法及相关注意事项、药具质量管理相关表格的规范填写、账务处理、药具报表，账、卡、册的规范填写及档案的规范管理等方面对计生药具知识进行了重点培训。县妇幼保健院陈协英通过常用计划生育技术服务常规、计划生育技术服务有关的救治、检验学知识及相关法律法规知识，向与会人员阐明了开展计生技术服务是为保护育龄妇女身体健康的一项重要举措。县人民医院、县中医医院、县计划生育和妇幼保健院的医务科科长、妇产科医生、乡镇卫生院公卫办副主任、妇保专干、妇产科医生、药具员和各街道、农林场卫计办药具员共计150余人参加培训。

(唐为兵)

计生技术培训

政务服务

【概况】石门县政务中心于2001年9月挂牌成立。中心有编制13人，实有工作人员12人。政务中心下设办公室、信息技术股、督查室、业务协调办四个股室。政务服务大厅三层总面积2100平方米，分中心即房屋登记大厅1300平方米。中心设有34个办事窗口，其中具有行政审批职能的窗口24个；进驻大厅工作人员106人。

行政许可标准化工作。2017年，积极贯彻落实国家、省、市关于推进行政许可标准化政策和工作部署，积极稳步推进行政许可标准化工作。配合县审改办下发《关于推进行政许可标准化的实施方案》，清理出379项行政许可事项(含省直管县的赋权)，编制成《石门县行政许可事项目录库》，结合上级行政许可事项编码规则编制出台《石门县行政许可事项编码规则》，编印《石门县行政许可服务指南》，对行政许可事项流程进行梳理和优化，规范了行政许可标准化工作。

行政许可事项拓展。2017 年，县政务中心在原有进驻窗口和进驻办事项目的基础上，通过与相关部门衔接，又将食品、药品生产流通环节办证审批事项全部纳入县政务中心办理，并新增城市排水许可证核发、城市新增燃气审批、建筑工程施工（监理）合同备案等 10 项行政许可事项。同时，石门供电公司正式进驻政务中心办事大厅，提供电费缴费服务，为居民生活提供了便捷。

办证收费服务管理。为简化建设项目办事程序，规范审批收费，石门县政务中心启动了建设项目一体化收费系统，针对一体化收费系统运行存在的不足，再次加大部门协调力度，制定完善"一体化"收费系统操作细则和流程清单，并对软件系统进行二期升级，取消新型墙体材料收费、白蚁防治两项收费，减少建设工程规划许可证（副本）环节，报建审批程序实行资料共享，同一部门不同环节只提供一次资料，减少了前置事项 4 项，使审批程序简化，行政效能提高。全年办理项目 208 个，系统收费 1100 万元。为缩短建设项目业主业务办理时间，县政务中心统一组织相关窗口和单位负责人员到项目预定场址进行现场踏勘，并根据现场踏勘情况给业主当场提出该项目选址情况的初步意见。同时对建设项目县级权限范围内可决定的行政许可、办事服务及收费由县政务服务中心组织集中办理。2017 年组织开展建设项目现场选址踏勘 65 次，加快了项目建设速度。

【"互联网+政务服务"工作】2017 年，积极落实省、市关于推进"互联网+政务服务"工作的精神，努力抓好网上政务服务、电子监察系统和投资项目在线审批平台的建设与应用，按照"部门全覆盖、事项全覆盖、流程全覆盖"的要求，逐步推进行政审批由实体大厅服务向网上办事服务和实体大厅服务并行转型升级，有效规范了行政审批行为，促进了依法行政。2017 年，通过投资项目在线审批监管平台网上直接办理发改立项备案项目 122 个、核准项目 3 个、审批项目 69 个；全县网上政务服务办件量为 28796 件（不包括不动产中心办件），无一件办理超时，未出现红、黄牌办理件。

【乡镇政务服务体系建设】2017 年，县政务中心下发了《石门县乡镇区（街道）政务服务工作考评细则》，对村级代办事务、乡镇（街道）便民服务的体系建设、内部管理、业务运行等都进行了细化量化，对窗口设置、服务事项公示等明确了具体要求，并列入乡镇和县直单位绩效考核内容。推动乡镇街道便民服务中心建设，由县委组织部牵头下发《关于统筹推进全县农村综合服务平台建设的通知》，对乡镇便民服务中心建设的时间节点、功能布局、报建手续、资金监管等进行了明确规定。《通知》还拟定了全县乡镇（街道）便民服务中心建设计划，即：全县 22 个乡镇区、街道，除去已经达标的 4 个乡镇，2017 年计划建设 12 个，其中新建 6 个，改扩建 6 个。

（县政务中心）

电子政务

【概况】2017 年，石门县电子政务工作按照"规范、提质、高效、安全"总体要求，政府网站建设、政务应用系统开发利用、电子政务项目建设管理等各项工作稳步推进，成效明显。

电子政务基础工作。一是加强政府网站信息公开。为进一步落实政府网站"互联网+政务"的建设要求，严格按照"公开为常态、不公开为例外""涉密不上网、上网不涉密"的原则，全面推进决策公开、执行公开、管理公开、执法公开、监管公开，并对各级各类信息的公开提出明确要求，确保信息公开规范有效。对公众提交的依申请公开做到及时回复，答复满意和实时公开。二是加强政府网站日常监测。县电子政务办按照"日检查、周反馈、月通报"的方式，对全县政府网站站群系统进行严格监管，每周发布一次网站监测检查报告，每月发布一次网站监测通报并纳入年终考核，强化督促各单位网站管理员按照电子政务办工作人员反馈的情况，及时整改单位网站存在的问题。三是加强网站建设业务培训。2017 年 5 月，电子政务办对全县各乡镇和部门进行了一次全面检查和督导，对各单位网站管理员进行业务指导和培训，并针对一系列问题提出相关建议和解决方案。8 月 12 日召开"全县互联网+监督工作培训会议"，并对重点单位派技术员上门实施一对一培训，确保全县"互联网+监督"工作顺利开展。8 月 18 日由县政务公开办、电子政务办、县委宣传部、保密局联合组织召开了"全县政务公开和政府网站建设工作会议"，对政务公开和网站建设进行了专题培训。信息公开规范性、信息发布审核制度、保密制度、网站栏目建设与更新等提出了明确要求。

政务网站运行。2017 年，县电子政务办进一步完善政府网站功能，及时更新各类信息资源，努力促进网上政府建设。一是政府网站架构更加完善。进一步梳理政务公开、在线办事、政民互动、公共服务等相关资源，聘请专业设计师对网站界面进行设计，实现包括网站群管理、政府信息公开管理、政民互动管理、信息采集管理、场景服务、WAP 网站系统等在内的业务管理功能。二是政府信息公开质量稳步提升。严格按照国务院《政务信息公开条例》的要求，对全县政务信息资源进行了梳理和整合，进一步明确了政务信息公开范围、公开方式、公开程序及监督保障措施，建立起政务信息公开指南、公开规定、公开目录和依申请公开等规范的政务信息 5200 余条，基本做到了信息公开准确、及时、规范、完整。三是在线服务功能进一步加强。在线服务功能进一步加强。政府网站把在线办事频道与省网上政务虚拟大厅数据进行整合，资源实现共享，进一步梳理了网上办事项目，强化了办事指南、咨询投诉和办理公示功能。县政府网站建设网上办事服务事项共 274 项，其中面向个人办事事项共有107项，面向企业办事事项共有167项，在“湖南省网上政务服务大厅”上累计收件118303件，累计办结118267件，全年收件7791件，办结7765件。四是政民互动进一步畅通。县政府投资170多万元的“石门县社会治理联动指挥中心”正式建成上线，共接入公安、交警、城管、交通、综治等视频信号633路，由县城管执法局、交通局、住建局、政法委、优化办、热线办、电子政务办等多个部门联合办公，集县长热线、县长信箱、石门微治理于一体，全力打造全县综合治理、联动指挥和公众互动交流核心平台。对各项来件做到实时处理，来信必办，答复满意，及时公开。截至年底，共收到县长信箱来信2102件，其中交办88件，回复1873件，选登388件；收到县长热线来电2831件，其中交办51件，办结2780件；收到石门微治理来件662件，办结581件。五是网站集约化建设稳步推进。按照上级有关文件精神，全县于6月中旬全面完成了政府网站集约化建设，对乡镇、街道和部门的52家单位网站均按照“基本栏目+特色栏目”的模式全部完成集约化建设，实现了网站基本栏目框架、页面风格和技术平台三统一，确保各单位网站基本栏目框架全部符合网上政务公开规范，完全达到网上政务公开和政府网站建设绩效考核的要求。

电子政务应用。一是搭建智慧城市建设承载平台。确定智慧城市建设承载平台为湖南省网络数据有限公司，负责石门县智慧城顶层设计、云中心建设等。IDC云数据中心一期工程竣工并投入运营，年底对接省内智慧城市平台，将智慧城市数据存储在数据中心。二是全面启动智慧石门建设。智慧石门总体规划和专项规划通过专家评审。公安平安城市系统、智能交通系统、“智慧党建”系统、地理信息系统(GIS)基础平台的建设工作取得积极成果。智慧交通工程已初见成效。总投资5000万元视频监控系统启动建设，12月底完成系统集成，基本实现了监控一体化、管理智能化的要求。作为教育信息化试点县，石门县使用省教育厅基础教育资源平台，并按要求建设了县级资源分平台，基本达到省厅三通两平台建设要求。县人民医院、县中医院等数字医院建设稳步推进，县中医院基本符合数字化医院标准。投资400万元的城市地理信息系统(GIS)共享平台年底全部完成。三是电子政务外网平台运转正常。在电子政务外网上应用的系统有“湖南省网上政务服务和电子监察系统”、全国“12358物价举报平台”、国家发改委“投资项目在线审批平台”、国家审计局“审计内部业务应用系统”“常德市企业事中事后监管平台”“常德市网格化信息管理平台”“湖南省网上信访系统”“常德市低收入家庭认证信息平台”“互联网+监督”等业务应用系统，以及县安监局、县住建局、县发改局、县信访局、县政协、县政府等单位视频会议系统。根据石门县智慧党建及智慧石门项目建设要求，将对全县331个村(社区)全部完成电子政务外网接入，实现全县电子政务外网全覆盖。

(县电子政务办)

依法行政

【概况】2017年，全县法制工作在法制机构建设、行政决策合法性审查、规范性文件监督管理、行政执法人员资格管理、推行政府法律顾问制度、加强行政执法监督和考核、发挥法制参谋作用等方面，取得良好成效。

法制机构建设和人才培养。县政府法制办按照素质高、业务精的要求加强自身建设。内部经常开展各类业务讨论，召开研究会议，两次组织工作人员外出培训学习。2017年10月，县政府依法行政指导服务中心成立，核定为副科级事业单位，法制力量进一步充实。

重大行政决策合法性审查。坚持政府会议纪要法制部门会签会审制度，把好合法性审查的关口。落实招商引资合同、政府特许经营协议、重大建设项目合同的法制审查制度，所有合同由法制部门统一编制合同登记号并备案。2017年，经县政府法制办审查的招商合同30件，协调处理招商活动中各种纠纷4件。政府法制办全程参与市民之家PPP项目、城南水环境治理及配套建设PPP项目、沅澧快线刘家坪至邵福寺道路PPP项目、葛洲坝白水泥项目等重大项目洽谈签约，既确保项目的正常签约，又维护了县政府的合法权益。

规范性文件监督管理。认真落实规范性文件备案审查和“三统一”制度，建立规范性文件清理长效机制，实施动态管理。严格执行《湖南省规范性文件管理办法》，严格落实规范性文件三统一制度。2017年，县政府制定出台规范性文件25件，年度整体发文数量呈下降趋势。坚持对规范性文件实施动态管理，2017年对全县规范性文件进行统一清理，以2017年6月13日为时间节点，重点清理不符合“放管服”、生态和环保、审计要求及与公平竞争、平等保护等法律、行政法规等上位依据不一致的规范性文件，废止68件规范性文件，46件规范性文件失效，需修订后重新公布的规范性文件58件。落实规范性文件有效期制度，以月为单位，及时将规范性文件在网上公开并报市政府和县人大常委会备案。

发挥法制参谋作用。县政府法制办着力为县政府提供优质高效的决策参考咨询服务。在厘清行政权力与市场行为的边界、重大项目建设推进、突出信访涉稳事件的处置、复杂疑难历史遗留问题的处理等方面，县政府法制办从合法解决问题、科学设计路径的角度，提出建设性意见和建议。2017年，所有由政府领导签批给法制办处理的函件均得到有效处理或落实。围绕全县脱贫攻坚，法制部门重点在本级政策与上级精神的匹配度、产业扶贫项目合同审查等方面把好法律政策关。

推行政府法律顾问制度。贯彻落实《湖南省政府法律顾问工作规定》《石门县人民政府法律顾问管理办法》，建立以政府法制部门工作人员为主体的政府法律顾问和工作制度，进一步规范政府法律顾问管理。政府法律顾问应邀常规列席政府常务会议。同时，政府法律顾问全面参与领导大接访的接访、政府涉诉案件的办理、政府非诉事务的处理、政府重要决策的咨询。继续坚持政府法律顾问相对固定服务政府领导的工作机制，更好的为领导提供针对性服务。

行政执法人员资格管理。所有执法人员持证上岗，杜绝单位性质不符、人员身份不符的人员持证的情况，重点清理、解决临聘人员执法的问题。开展行政执法人员培训，县政府法制办年初制定年度培训计划，对行政执法人员进行轮训，全年参训人员150人。组织第五轮行政执法证换发工作，全县1147名执法人员新证换发到位，确保了执法主体资格。全县执法人员执法资格在网上进行公示，所有执法人员信息采集完毕。对2017年新参加执法考试的执法人员进行培训。

行政执法监督。执法监督采取执法检查、错案追究、复议建议、出庭应诉等措施开展。在执法检查中，以《湖南省行政程序规定》和《湖南省规范行政裁量权办法》作为行政执法监督的重要准则，强调执法程序的规范和裁量权基准的运用，强化“同事同罚”，防止执法权力滥用。执法检查、群众申诉、行政复议中发现的错案，政府法制办决不护短。2017年，县政府法制办作为行政复议机构共承办行政复议案件13件，复议决定撤销有关单位行政行为1件，调解或调解后同意当事人撤回申请结案5件，驳回当事人请求1件，终止1件，维持2件，还有3件未结案。

【依法处理涉诉案件】2017年，县政府法制办主动加强与上级政府、司法机关的衔接，认真处理好涉及县政府的行政复议、行政诉讼案件。按照“谁主管，谁负责”、权责对等的原则，明确部门应诉工作职责，防止出现经办不负责、处理不知情的局面。部门具体经办的县政府行政行为涉及诉讼，政府法制办指定部门应诉，法制办侧重提供指导、支持和联络，加强部门应诉能力建设，要求行政机关负责人出庭应诉，推动两法衔接。2017年，全县行政执法单位向司法机关移交案件5件，县法制办承办行政复议案件13件，处理涉诉案件11起。

（县政府法制办）

【实施行政执法全过程记录制度】为进一步推进依法行政，规范行政执法行为，加强行政执法监督工作，保护公民、法人和其他组织的合法权益，根据法律、法规、规章的有关规定，结合石门县行政执法工作实际，2017年出台《石门县行政执法全过程记录制度》。制度要求行政执法部门、法律法规授权的组织、受委托的组织及其行政执法人员，必须实施行政执法全过程记录，即：通过文字、拍照、录音录像等有效手段，对执法程序启动、调查取证、审查审核、作出决定、送达执行、归档管理、记录使用等行政执法进行全程记录。行政执法全过程记录包括文字记录和动态记录两种形式。文字记录包括向行政相对人出具的行政执法文书、调查取证相关文书、行政相对人陈述申辩及听证材料、鉴定意见、专家论证报告、内部程序审批表、集体讨论记录、送达回证和记录使用情况等书面记录；动态记录包括通过执法记录仪、摄像机、照相机等执法记录设备对日常巡查、调查取证、询问当事人、文书送达、行政听证、行政强制等行政执法活动进行记录，留存录像、录音、照片等声像资料。

实施行政处罚、行政强制、行政征收等依职权的行政执法行为，通过执法文书、执法设备、执法平台等方式，对现场执法检查、案源登记、立案、调查取证、案件审查、听取陈述申辩、听证、案件决定、送达、执行等执法各个环节进行全面记录；实施行政许可、行政确认、行政裁决等依法申请的行政执法行为，按照规定的方式对接收申请、受理、调查、审查、听取陈述申辩、听证、决定等执法各个环节进行全面记录。

（编辑部）

档　案

【概况】2017年，县档案局在档案业务建设、档案数字化建设、综合档案馆建设等方面取得显著成绩。档案信息化工程全面启动。档案数字化加工经费纳入财政预算，2017年投入加工专用资金50万元，完成全文数据扫描120万页，文件级目录数据录入20万条。档案业务培训被列入全县干部教育培训计划，并由县财政解决教育培训经费。2017年5月26日，档案馆作为“市民之家”工程建设项目之一开工建设，建筑面积达7500平方米，总投资约3500万元，年底完成封顶。获2017年度全省档案宣传工作先进集体称号。

档案业务建设。指导全县95%的单位按时完成2016年度的档案资料收集及归档整理工作。全年新增省一级档案室5家，省二级档案室6家。针对工龄认定、土地纠纷等热点问题提供重要依据，开展档案利用服务工作，全年接待2700余人次，调卷查档32000余卷。

档案工作管理。对县扶贫办、易地扶贫搬迁联席办档案工作进行实地指导规范，在维新镇、新铺镇、太平镇等进行易地扶贫搬迁档案工作试点。参与完成县重点办、移民局、曹何公路等单位档案资料的规范整理与接收进馆。完成白沙水电站档案验收工作。

档案资源建设。县档案局门户网站改版升级全新上线。编研工作经费正式纳入预算，与县政协文史委联合编写的《石门红军将领传略》将于2018年年初正式出版发行。对到期档案接收进馆，共接受11家1413盒（卷）档案，接收社会捐赠族谱、专著、年鉴等图书资料7种124本（册）。

档案法制建设。2017年6月8—20日，县档案局发动全县各乡镇、街道、县直单位通过电子显示屏、悬挂宣传标语、开展上街宣传、学习档案法律法规、手机报信息发送、"宣传一条街"等形式纪念"6.9"国际档案日;县档案局将500份法律法规知识试题发放给全县131家单位档案管理员,宣传档案法律法规知识。

档案行政执法。2017年10月至11月,石门县档案局对全县127家立档单位进行档案行政执法检查和年检年审,评选出档案工作先进单位32个,档案工作先进个人17人,合格率达99%。

档案宣传工作。2017年,县档案局有20篇论文、15篇征文报送到国家、省、市参赛。其中获省档案学会第二十五次论文评选二等奖1篇,获市档案学会第二十次论文评选一等奖1篇,二等奖2篇,三等奖5篇。2017年,档案局改版开通了独立域名门户网站"石门县档案信息网",同时积极发动档案人员撰写档案工作稿件,共发布各类信息90条。其中国家级媒体录用10条,省级媒体录用7条,市级媒体录用27条,县级媒体录用39条;国家级刊物《中国档案》录用信息1条,《中国档案报》录用信息2条,省级刊物《档案时空》录用信息3条,刊发脱贫攻坚文章1篇。

【档案员业务培训】2017年7月,石门县档案局在县委党校举办文件材料归档改革与精准扶贫档案业务培训班,全县131名档案管理员参加培训。培训强化了档案工作规范、基础理论、操作技能等方面的学习并进行结业考试,提升了全县档案员的业务水平。

【脱贫攻坚】2017年,在扶贫点村新铺镇开化寺村开展脱贫攻坚工作。经过多方多级争资筹资,投入资金291.56万元硬化村级公路2.6千米,组级道路10千米;投入60万元完成沟渠建设1.4千米;投入42万元完成池塘清淤16个;投入39万元建设公共服务平台(村部扩建)300平方米;完成易地搬迁3户、危房改造17户、改水改厕21户。通过招商引资,成立了"石门县开化寺村吊瓜种植专业合作社",种植吊瓜150亩,2017年年底23户入股分红2500元。投资50万元发展世纪红柑橘种植产业100亩;入股岳家棚养鸡场30万元,年分红2.4万元;招商引资红心猕猴桃种植300亩,管理费1万元。2017年底实现村级集体经济年收入达10万元。工作队与支村两委还成立了"贫困户产业扶贫发展奖扶基金",注入奖扶基金20万元,鼓励建档立卡贫困户自主发展种植、养殖业,2017年发放产业发展奖扶基金6万元。2017年6月12日,全县扶贫档案示范现场与产业扶贫现场大会在点村开化寺村召开。2017年2月6日,县档案局获石门县2016年度脱贫攻坚先进单位称号,李星云获全县"十佳脱贫攻坚工作队员"称号。2017年10月17日,李星云获常德市"百名最佳帮扶干部"称号。

(侯红霞)

【馆藏档案数字化工作】自2016年下半年,石门县档案局馆藏档案数字化工作全面启动后,局馆领导高度重视,从完善细节、建章立制、强化监督等方面下足绣花功夫,高质量推进馆藏档案数字化工作,达到预期效果。

一是完善细节,确保规范有序。县档案局局长伍法明多次带队到浏阳、平江等档案局(馆)调研学习,了解档案数字化工作的流程、可能出现的问题及处理方法、管理制度等。在办公场所、办公经费十分有限的情况下,合理调配办公用房,积极向县委县政府有关领导汇报,争取到档案数字化专项经费,对原有加工场地进行升级改造优化,配置档案数字化加工室所需的各种办公用品,大型服务器、磁盘阵列存储器、专用软件系统、无死角监控设备等,打造专业的档案数字化加工平台,确保档案数字化工作规范有序。

二是建章立制,确保管理安全。县档案局专门出台《档案数字化安全管理制度》《纸质档案数字化基本流程及技术要求》《纸质档案数字化技术规范》等相关制度文件,规范数字化过程中的各项标准及要求,对档案的进出库、扫描录入等环节进行规范化管理。同时要求外包公司人员入场必须提供个人身份证、与公司签订的劳动合同或用工协议、保密协议等;扫描机器设备入场时逐一进行检查,落实相应安全措施,阻断所有数字化加工设备的外部网络,切实解决档案数字化过程中的保密性、安全性和原始性等问题。

三是强化监督,确保加工质量。明确三名工作人员定期进入外包公司的扫描现场,检查档案拆件、页码、扫描、图像处理、存储命名等各步骤操作情况,及时发现、改正扫描中存在的问题。对于加工过程中发现的案卷封面书写错误、目录不完整、页码遗漏等问题时,当即补正。并要求外包公司明确专人统计每个工作日的加工数据,定期汇总给县档案馆进行质检验收,以保证高标准、高质量完成档案数字化工作。

(县档案局)

市人大常委会副主任、县委书记谭本仲(左一)到开化寺村扶贫调研

【县档案局被评为"全省档案宣传

工作先进集体"】2017年12月20日，石门县档案局获得"全省档案宣传工作先进集体"荣誉称号。2017年，县档案局围绕县委、县政府中心工作，坚持把档案宣传工作作为推动各项档案业务工作顺利开展的重要手段，将档案宣传工作与各项档案业务工作同部署、同落实。加大档案宣传工作力度，充分利用报刊、杂志、网络开展档案宣传活动，取得显著成效。据统计，1—12月，县档案局先后在中国档案网、《中国档案报》《档案时空》等各级媒体发表宣传报道50余篇。利用"6•9国际档案日"等重要节日，走上街头，开展档案法律、法规宣传和家庭建档知识宣传，组织全县档案人员参加全国档案知识竞赛活动。广泛向社会各界征集收集反映石门地方特色的档案资料，引起了社会的关注。全年征集到族谱家谱档案、重大建设项目档案、珍贵图书资料1200余卷。通过一系列活动，进一步增强了社会档案意识和人民群众"用档、护档"的良好习惯，提高了石门县档案工作的知名度，扩大了档案工作的社会影响，为推动全县档案事业又好又快发展营造了良好的舆论氛围。

（熊　武、唐小琴）

地方志工作

【概况】2017年，石门县人民政府地方志办公室（简称县方志办）贯彻落实国务院《地方志工作条例》等要求，在年鉴编纂，部门志、镇村志编修指导和法规宣传等方面取得成效。

《石门年鉴》编纂。3月，《石门年鉴（2015）》内部出版发行1200册，全鉴约70万字。4月，启动《石门年鉴（2016）》编纂工作。以县委办、县政府办名义下发编纂通知，明确编纂范围、内容、机构和报送要求。编辑部采用电话催、上门求、网上搜等形式征集稿件资料，注重大事、要事、特事收录，12月底完成65万字定稿，并进厂印刷。

部门志编修指导。县方志办从体例、语言、史实、出版等方面精细指导部门志稿编写。正式出版《皂市水库志》；内部出版行业志1部；组织完成《石门县教育志》《石门县文化志》稿评审。《石门县卫生志》《石门县审计志》稿陆续送出版社审查。

镇村志编修。结合专家评审意见，组织修改《石门县乡镇简志》稿，增加地域名片、地方特产等内容，彰显地方特色。9月完成33万余字定稿，12月正式出版。加强村志编修申报指导。2月，经过实地摸底和征求意见，将秀坪园艺场洲浒溪村等4村列为中国名村志文化工程申报范围，并积极申报。内部出版8万余字的磨市镇《铜鼓峪村志》。

【《地方志工作条例》颁布11周年纪念活动】县方志办组织开展相关活动，纪念国务院《地方志工作条例》颁布实施11周年。5月11日，以石门县地方志办公室名义发通知部署宣传纪念活动。2017年5月18日，县直有关单位，乡镇区、街道、农林场采用悬挂标语、利用新媒体、召开座谈会、赠书等形式开展宣传、纪念，形成学志、读志、修志、用志热潮。其间，全县悬挂和滚播标语80多条（次），召开座谈会20多场次，发放宣传资料3000多份。

【《铜鼓峪村志》出版发行】2017年8月，由石门县磨市镇铜鼓峪村主修的《铜鼓峪村志》出版发行。湖南省政协原副主席游碧竹等领导分别题词。全志计8万余字，上限追溯至1949年，下限为2016年，分为概况、经济发展、基础设施建设、村级组织、文化教育、人口卫生、民情风俗、精准扶贫、人物等12章。该志运用述、记、志、图、表等体裁，真实记载铜鼓峪村近70年自然、人文、历史、社会、经济等方面的发展轨迹和现状，突出村族史事、产业发展、地域特色和时代特征，可为各级党委、政府研究乡村治理、推动发展等提供资鉴。

（刘狂彪）

【《石门县乡镇简志》公开出版】2017年12月，《石门县乡镇简志》由方志出版社正式出版。市人大常委会副主任、县委书记谭本仲作序。全志计326页，33.3万字，上限追溯至建置之始、事物发端，下限至2014年底，简要记述石门县26个乡镇（区、处、农林场）的区域概况、经济发展、基础设施、社会事业、特色地情等方面情况。其出版为外界认识石门、了解石门打开一扇窗，为石门县各级党政领导精准了解石门城乡历史面貌，找到符合当地实际的发展道路提供借鉴和服务。

（张吉全）

信　访

【概况】2017年，县信访局共办理各类信访事项841件，其中群众来信138件，办理群众网上投诉事项330件，县级领导接访交办事项334件，信访复查事项27件，化解信访积案12件。信访接待中心共接待来访群众783批2439人次，其中集体上访77批1224人次，重复上访82批234人次。进京非正常上访登记2批2人次，劝返进京上访或聚集人员127人次，劝返到省上访人员122批231人次，信访总量、集体上访、进京非正常上访、重复上访持续下降，全县信访形势平稳向好，信访工作被评为"常德市信访工作先进县"。

2017年6月6日，石门县网上投诉办理工作经验在全市网信办理工作推进会上进行交流；9月14日，《精准把脉找路子，重心下移到乡村》的工作经验文章，在全省信访问题源头治理暨信访积案清零专项行动推进会上进行交流；7月21日，《雁池乡建立四大机制，创建无上访乡》的经验文章在全市信访事项复查复核工作业务学习培训上进行交流，该经验文章编入县委通报第23期，印发全县各单位学习。典型案例《多方联合调解化积案》编入湖南省信访工作联席会议办公室专辑《干在实处》，并在《湖南日报》刊载。《被群众点赞的感觉真好》在《人民信访》刊载，另有8篇信息被《湖南信访》采用。

【"无上访村(社区)"建设】2017年,全县推进"无上访村(社区)"创建,根据县委县政府《关于建设无上访村(社区)"的实施意见(试行)》,4月,在新关镇、二都街道南峰社区、楚江街道龙凤社区分别进行试点。7月14日,在新关镇政府召开全县建设"无上访村(社区)"交流推进现场会。在2017年度全市建设"无上访村(社区)"总结表彰会议上,雁池乡、楚江街道龙凤社区、二都街道南峰社区分别被评为全市建设"无上访村(社区)"优秀乡镇(街道)、优秀村(社区),受到常德市委、市政府表彰。新关镇、易家渡镇、白云镇、宝峰街道、蒙泉镇、新铺镇、太平镇,白云镇青龙桥村、磨市镇岩板滩村、夹山镇两合村分别被评为全市建设"无上访村(社区)先进乡镇(街道)、先进村(社区),受到常德市建设"无上访村(社区)"领导小组表彰。县委、县政府对2017年度建设"无上访村(社区)"3个优秀乡镇(街道)、5个先进乡镇(街道)、20个优秀村(社区)、129个合格村(社区)给予表彰奖励。

【信访接待中心整体搬迁】2017年10月9日,县信访接待中心从县政府机关院落迁至原县移民开发局大院,开始接待来访群众,县信访局机关也整体随迁。新改建的信访接待中心建筑面积210平方米,候访大厅可容纳60人,设有单独的领导接谈室、接访干部休息室,配备全方位高清监控设施、大屏幕网络电视,开通湖南省信访视频系统,接访干部配备执法记录仪,接访条件得到改善。

(吴　勇)

民族宗教工作

【概况】2017年,县民族宗教事务局在县委县政府和省市民族宗教部门的正确领导下,认真贯彻中央、省、市民宗工作会议精神,创新工作方法,狠抓工作落实,各项工作取得了明显成效。

民族宗教政策宣传。县民宗局严格按照上级文件精神,把握尺度。对能够公开,应该让群众知晓的法律法规,积极宣传;对不能够公开,属于党和国家机密的文件,则严守秘密。利用会议宣传,在全县民族团结进步行创建大会上,开展了民族成分变更、最美少数民族村寨创建等宣传。在全县高考会议上,有针对性地对民族成分变更和高审加分等政策开展宣传。针对全县宗教场所不多的现状,采取上门服务的形式,将宗教政策宣传到每一个宗教场所。利用民族群众和宗教信徒上门咨询机会,开展宣传,当面释疑。

民宗工作机制。积极汇报,提升民宗工作位置。主动向省市民宗部门汇报,6月,向省民宗委就全县民宗工作进行汇报。4月21日,县政府第四次常务会议专题研究民族宗教工作;5月26县委召开第五次常委会议,再次就民族宗教工作进行专题研究,会议明确由县委副书记邓碧波挂帅,成立两个领导小组,即创建民族团结进步示范县领导小组和民间信仰场所试点县领导小组。建立两个机制,即流动少数民族管理联动机制和宗教领域问题处理联动机制。2017年全面完成乡村三级宗教工作基层网络。确保人员力量、工作经费到位,使基层民族宗教工作有人抓、有人管。将民族宗教工作单独纳入全县绩效考核。由县编办牵头组织调研,加强民族宗教工作力量,强化机构、配强人员,增加经费。

民族特色村寨创建。2017年,壶瓶山镇泥沙居委会成功创建为第二批中国少数民族特色村寨,三圣乡山羊冲村获评全省第三届美丽少数民族特色村镇。

依法落实民族政策。依法开展公民个别变更民族成分审批。县民宗局审批21人。开展少数民族考生高考审核,本着优质、规范、高效的原则,全面完成全县3176名"两种考生"的资格审核,确保少数民族考生优惠政策落实。全年共资助义务教育阶段贫困学生800人,发放助学金40万元,救助因大病住院的少数民族群众40多人,发放救助金10万元。配合长沙洗心基金会资助二本以上大学新生贫困学生21人,发放助学金8.4万元。

宗教事务管理。2017年初,按照国家宗教事务局《关于做好统一社会信用代码赋码和宗教活动场所登记证换发工作的通知》,全面完成全县宗教活动场所(包括固定处所)现有的登记证号码替换为统一社会信用代码工作,原有的场所登记证号码停止使用,宗教活动场所的统一社会信用代码由省一级民宗部门予以赋码。6月和10月分别组织两次涉稳隐患排查,并将情况上报市民宗局,继续完成2017年度宗教领域突出问题处理情况工作台账,按照规定一月一上报。确保全县域内宗教活动场所合法、安全。

(县民宗局)

【少数民族流动人口服务管理】为进一步加强少数民族流动人口服务管理工作,2017年9月8日上午,县政府副县长宋雨泓召开专题调度会,县委政法委、县委宣传部、县公安局、县民宗局、县民政局、县教育局、县卫计局、县人社局、县城管执法局、县食药工质局等单位负责人参加会议。会上,宋雨泓从提高认识、认清形势,强化责任、落实举措,管控舆情、确保稳定三个层面作强调部署,要求相关单位履职尽责,强化服务,联动管理,落实落细服务管理工作,提升少数民族流动人口服务管理水平,确保社会大局稳定。

(李秋芬)

安全生产

【概况】2017年,全县开展安全生产大检查暨安全生产百日整治大会战,推动落实企业主体责任,加大隐患排查和专项整治,有效防范和遏制了各类生产安全事故的发生,全县安全生产形势持续稳定。全县全年发生生产经营性事故9起,死亡5人(其中:铁路运输业事故1起、死亡1人,道路运输业事故6起、死亡2人,建筑业事故2起,死亡2人),同比事故起数持平,死亡人数减少1人下降16.7%,未发生较大及以上生产安全事故；道路交通事故死亡人数同比下降20.6%，杜绝了较大以上事故；火灾事故124起，同比下降6.1%，受伤人数与2016年持平，无人员死亡事故，经济损失979.93万元，同比上升113.49%；森林火灾4起，同比下降65%，没有发生重、特大森林火灾，无人员伤亡事件。石门县被省委省政府授予“安全生产工作先进县”荣誉，楚江街道、永兴街道被评为“全市安全生产工作先进乡镇”，夹山镇被评为“省级安全生产示范乡镇”，石门海螺水泥公司、石门特种水泥公司被评为“全市职业卫生管理示范企业”。

培训教育。2017年，培训各类安全生产管理人员600人次、从业人员8000人次、党政领导干部200人次，印发各类安全生产宣传资料25万余份，举办了“送法下乡安全伴你行”“安全生产月咨询日”“最美安全卫士”等演讲宣传活动。“最美安全卫士”演讲决赛石门参赛队获得全市第一名的好成绩。“安全生产月”群众安全文化活动作品被市安委办评为一等奖，县安监局2017年“安全生产月”组织活动被省安委办评为全省先进。全县大部分乡镇（街道）均在集镇或主公路两侧制作不少于两条高规格的安全生产固定宣传墙标。县安委办主办五期《安监快报》，开展警示教育、及时通报全省安全生产事故及问责情况，传递上级领导对安全生产的指示，通报全县安全生产动态信息。组织开展矿山、危险化学品、道路交通、烟花爆竹、消防、森林防火等应急救援演练活动。

责任体系建设。2017年，县委、县政府出台《县级党政领导安全生产责任清单》《安委成员单位安全生产责任清单》《生产经营单位责任清单》，严格落实“党政同责、一岗双责、失职追责”和“三个必须”的工作职责，强化责任捆绑机制，层层压实安全生产责任；严格按照“一岗双责”的工作要求，全面落实安全生产两个责任主体，层层签订了安全生产目标管理责任书，分解落实了控制考核指标；强力推进重大隐患排查治理“一单四制”制度，建立事故隐患清单，实行交办制、台账制、销号制、通报制管理，为全县安全生产形势的总体稳定奠定了坚实的制度基础。

专项整治。2017年，突出矿山、烟花爆竹、交通、建筑施工、消防、危险化学品、燃气管道等重点行业领域，全面开展安全生产大检查暨安全生产百日整治大会战，扎实深入推进隐患排查治理“一单四制”和“落实企业安全生产主体责任年”工作。省、市、县三级交办的239处重大安全隐患均按进度要求完成整改；公安消防坚持抓大不放小、保城不漏乡，实现乡镇专职消防队、社区微型消防站全覆盖，相继开展“九小”场所专项整治、电气火灾综合治理、高层建筑综合治理、十九大消防安保、重点时段火灾防控工作。狠抓挂牌隐患整治，困扰多年省市挂牌督办的三叉路市场重大火灾隐患彻底消除；公安交警排查整改道路交通安全隐患146处，督促清理重点车辆隐患236台次，淘汰黄标车45台，黄标车淘汰全市第一；公安部门紧紧围绕“不流失、不炸响、不出安全事故”的目标，严格管控危爆物品安全，通过实行“协会运行、厂家备案、黑名单制、点对点道路运输许可、安全经营责任制”五大机制，严控烟花爆竹安全。严格落实“责任明确、源头管控、宣传教育、摸排检查、协作配合”五个到位，严控危化物品安全；住建部门积极开展高温及冬季施工专项整治、在建工地消防专项整治、监理专项整治，以及预拌混凝土生产企业专项整治，排查整改安全隐患250余处，完成城区道路标示标线建设15000平方米。强化市政设施安全隐患排查整治，对排水设施不完善、道路破损形成的“暗坑”、道路维修警示标志不到位、井盖移位、路灯不亮等安全隐患及时采取防范措施，消除隐患，确保车辆和行人安全；交通部门排查整改隐患57处，对客运、危货运及12吨以上普货运车辆全部安装定位装置，对一、二类车辆维修企业进行全程监控；森林公安组织开展3次森林防火隐患大排查，清除火灾隐患300多条，对全县10000多座坟山进行有效的隔离；国土部门对全县400余处地质灾害隐患点制作分布图和战略图，组织开展50多次地灾隐患集中排查工作，对18处地灾实行重点监控；教育部门“以平安校园”创建为平台，排查整改隐患126处；安监部门强化煤矿住矿盯守制度，安排8名干部进驻4家煤矿长期盯守，严防死守煤矿安全。全面推动非煤矿山攻坚克难行动，强力整治矽砂、石膏、石煤矿山，露天矿山基本消灭“一面墙”开采，地下矿山超宽超高开采现象已杜绝，依法关闭4家矿山。强化烟花爆竹经营市场专项整治行动，确保“两关闭”工作落到实处，“下店上宅、前店后宅”和连片经营烟花爆竹专项治理行动取得明显成效，杜绝烟花爆竹非法生产事故。

打非治违。2017年，县安委成员单位认真履职履责，扎实推进安全生产监管执法工作，打非治违取得较好成效。安监部门：全年组织157次执法活动，立案查处40起违法经营及事故案件，责令83家企业停产停业整顿；公安部门：立案查处非法运输烟花爆竹案件3件，办

铁路安全隐患排查

理涉易制爆行政案件17件，行政拘留4人；交警部门：全年共查处交通违法行为11万多起，强制报废机动车543台，销毁收缴机动车号牌67副，行政拘留208人，刑事立案125起，刑拘87人，移送起诉125人；消防部门：全年查封58家，关停33家，处罚59家，拘留24人；国土部门：查处了4家超深越界的矿山企业，立案调查矿山违法行为14起，处罚金291万元；交通运输部门：组织执法活动324次，立案查处63起交通运输企业违法案件；农机部门：共检查车辆980台次，纠正各类农机违章行为为260余起；森林公安局：加大对火灾肇事者和林区违规用火的追责力度，刑事处罚一人，治安处罚200多人，行政处罚1人；文体广新局：狠抓文化市场消防安全，共检查经营单位1970家次，责令整改75家次，立案查处35件；环保部门：立案查处19起环境违法案件，处罚金290多万元，移送公安机关行政拘留部分当事人；卫计部门：以卫生安全为抓手，立案查处违法案件27起，没收药品器械6件，关停诊所一处，移送公安机关刑拘1人。

【封闭废弃小煤窑井硐】2017年6月30至7月1日，县政府组织专门力量对夹山、蒙泉两地青峰矿区所辖8个村（居）进行2天的摸底调查，确认废弃小煤窑井硐达106个。历史遗留下来的废弃小煤窑，因长期密闭不通风，产生大量的一氧化碳、瓦斯等有毒有害气体，且井硐内都有突水现象，对周边村（居）民及牲畜构成重大安全隐患。县政府筹资50万元，采用炸封、安砌、填埋等措施，对夹山、蒙泉两地青峰矿区106个小煤窑井硐实施封闭。

（县安监局）

【关停火灾隐患场所三叉路市场】三叉路市场始建于1993年，占地面积3680平方米，是一个经营日化、文具、针棉织品、布匹、鞋帽等小商品为主体的综合性批发市场，共有经营门店65间，57个经营业主。由于历史原因，市场内存在安全疏散通道严重堵塞，电器线路严重老化，消防设施配置不达标，防火间距不足等严重火灾隐患。2015年7月，石门县消防大队依据《重大火灾隐患判定标准》有关规定，判定为重火灾隐患单位，并报县政府进行挂牌督办，随后，相继被省、市两级政府挂牌督办。因市场与居民楼的防火间距等问题无法解决，该市场一直没有整改到位。为确保人民生命财产不受威胁，彻底消除这一安全隐患顽疾，县政府组织成立三叉路市场关停工作协调指挥部，提出“一切为了经营户”的工作总要求，要求所有涉及市场关闭工作的责任单位和干部要“把业主当亲人”的理念促关停，以“我来帮你搬，地方你们定”的思想助搬迁。2017年12月28日，县公安消防、安监等部门依法对县城三叉路市场实施整体关闭。

（李　飞、王章建）

食品安全工作

【概况】2017年，全县食品安全工作紧紧围绕“四个最严”要求，抓基层、强监管、严执法，积极配合县人大常委会开展《食品安全法》执法检查，守住不发生重大食品安全事故和系统性、区域性风险的底线，促进全县食品安全形势持续稳定好转。

完善机制。出台食品安全责任追究制度；新增县检察院、县法院等5个食安委成员单位；修订乡镇和县直单位目标管理考核办法；加大食品安全经费投入；逐一整改落实县人大常委会开展《中华人民共和国食品安全法》（简称《食品安全法》）执法检查过程中发现并交办的11个问题。食安委成员单位结合实际完善监管机制，制定出台食品安全监管办法，明确责任清单，实现监管常态化、规范化。县食药工质局、县公安局等五部门贯彻实施上级要求，多次召开联席会议，健全食品安全领域行政执法与刑事司法有效衔接工作机制。

专项整治。突出农业投入品监管，开展农产品质量安全专项整治。突出特殊人群保护，开展食品安全“护苗”和“护老”行动。突出重点商品质量监管，开展酒类“百日打假行动”、食盐市场专项整治、冷冻食品专项执法检查。突出畜禽水产品源头监管，开展畜禽水产品质量安全专项整治。突出网络餐饮服务监管，开展重点区域“清网行动”。突出食品规范经营监管，先后开展2次食品经营主体无证经营行为的专项整治行动。持续保持对食品安全违法生产经营行为打击的高压态势，全年查扣涉嫌问题冷冻肉制品5000余公斤，查办各类案件157起，罚没入库80余万元，移送案件2起，并对大案要案影响案子以公示，极大震慑了不法分子。

市场监管。强化依法抽检，县食药工质监管局完成食品抽检417批次，开展食品快速检测3000批次；县农业局抽检种子、农药等农资产品45批次；县卫计综合执法局抽检生活饮用水水样66个，消毒餐具4次，合格率100%；县畜牧兽医水产局完成监测任务29203份，均符合国家标准。压实主体责任，县食药工质监管局在流通环节加强源头管控，全面推行食品销售“一票通”；生产环节实施风险分级，开展了风险分级评定并进行了“一户一档”管理；餐饮环节落实了量化分级。县农业局督促认证企业和示范专业合作社悬挂公示质量安全自律管理制度、生产记录等7项制度，为11家“三品一标”认证企业配备内检员，进行安全监管巡查。县畜牧兽医水产局积极推动湘佳牧业等企业建立质量追溯体系，督促养殖投入品生产经营企业、规模养殖户和定点屠宰企业建立健全购销台账和养殖档案。

规范农村赈酒。县食药工质监管局基层管理所对赈酒从业人员备案发证，各乡镇落实赈酒信息备案，实行事前报告，村级协管员上门进行指导。高考升学、春节期间农村赈酒高峰期，各乡镇协调相关部门提前进行部署安排。

社会共治。一是宣传不留死角。组织开展“12315”“12331”、食品安全宣传周等宣传“五进”活动，发放资料30000多份，受理咨询 1216 人次，悬挂横幅标语 117 条，制作宣传牌 419 块。二是培训不走过场。县食安办牵头组织食品安全监管人员培训一期；县食药工质监管局开展食品安全相关法律法规培训 6 次，农村厨师专题培训 25 次；县畜牧兽医水产局分别组织了“无公害农产品内检员”和“检验检测机构内审员”等培训考核；县农业局组织了有机绿色防控茶叶技术安全生产、名优茶叶加工技术培训 47 期，参训人员达 9000 多人次。三是示范创建不走形式。县食药工质局成功创建东方桥农贸市场市级示范点，实现初级食用农产品入市规范化管理。开展省级食品安全示范学校创建，发挥了示范引领作用。县农业局大力推进绿色防控示范点创建，新增 2 个茶园病虫害有机绿色防控示范点，认证有机茶园 6000 多亩。四是举报奖励不搞虚假。出台《石门县食品药品违法行为举报奖励办法》，安排举报奖励专项经费 10 万元，全年接受有效食品安全有奖举报案件 7 起，发放举报奖金 1.16 万元，形成全社会积极有序参与食品安全治理的良好态势。

（杨贤辰）

【《食品安全法》执法检查工作调度会】2017 年 4 月 12 日，石门县《食品安全法》执法检查工作调度会在兰园茶源会议中心举行，县政府办副主任黄剑主持会议，县直单位、乡镇（街道、区、场）和重点食品企业相关负责人参加会议。会上，县食品药品工商质量监督管理局局长彭进武宣读了县人大常委会《关于开展〈中华人民共和国食品安全法〉执法检查方案》。为推动《食品安全法》在全县的贯彻实施，县人大常委会决定在全县范围内组织开展《食品安全法》的执法检查，检查内容和重点是：全县食品安全总体评估情况，食品安全法律法规学习宣传情况，食品安全责任落实情况，食品安全监管体制机制建设情况，食品安全治理体系建设情况，食品安全监管能力建设情况，支持食品产业健康发展情况，食品安全监管保障情况。县政府副县长宋雨泓在会上要求，一是要统一思想，进一步提高认识；二是要积极配合，主动接受执法检查；三是要主动作为，确保食品安全工作取得实效；四是加强宣传力度，形成全县上下食品安全工作“抓早，抓小，抓好”的氛围。

（张友亮）

脱贫攻坚

【概况】2017 年，在县委、县政府的领导下，在省市扶贫部门的精心指导下，围绕实现“一超过、两不愁、三保障”目标，举全县之力，聚全民之智，把脱贫攻坚作为最大的政治任务和民生工程来推进，要求全县上下做到“一切工作围绕脱贫攻坚、一切工作服从脱贫攻坚、一切工作服务脱贫攻坚”，以大会战的态势发起脱贫总攻，取得较好成效，全年共脱贫 65 个村，脱贫 10274 户 32245 人，贫困发生率为 0.9%，顺利通过省级脱贫摘帽考核验收，被评为省扶贫工作先进县。

扶贫资金投入。推动脱贫攻坚既要带着感情责任，更要带着真金白银。从 2015 年起，县财政每年挤出 1 亿元用于脱贫攻坚，截至 2017 年年底，三年整合资金 15 亿元，通过融资等渠道筹资 10 亿元用于扶贫，确保每个贫困村直接投入 500 万元以上，非贫困村 100 万元以上。发动企业、社会团体、个人参与扶贫开发，每年募集 3000 万元以上。2017 年，全县共完成扶贫资金投入 6.37 亿元，实施扶贫项目 1286 个。全县共发放扶贫贷款 1.07 亿元，惠及贫困群众 4579 户。

产业扶贫。2017 年，全县每个村都建立 20 万元的产业发展扶持奖励基金，采取以奖代投的方式鼓励群众发展生产。依托湘佳牧业、稼禾农业、渫峰茗茶、汉唐公司等一批龙头企业，采取“公司＋集体经济＋基地＋贫困户”等模式，大力发展柑橘、无患子、猕猴桃、茶叶、吊瓜和石门土鸡、香猪、岩蛙等特色产业，在全县 122 个贫困村全部建立了专业合作社，2017 年流转贫困农户土地 3329 亩，受益贫困人口 14791 名。

安居工程。根据部分贫困村和贫困户实际情况，实施易地搬迁和危房改造的扶贫政策。易地搬迁方面，采取集中安置、分散安置、托底安置等形式。2017 年，全县共搬迁 2301 户 7190 人，其中分散安置 2076 户 6498 人，集中安置 14 个点 225 户 692 人，已全部搬迁入住。危房改造方面，将建房补助标准提高到 4 万元／户，2017 年全县完成 7223 户危房改造，争取上级补助资金 1.45 亿元，县财政配套资金 9164 万元，开工率、竣工率、入住率、验收合格率均达 100%。

健康扶贫。一是建立“三个一批”管理台账。根据确认的农村贫困人口，按照“大病集中救治一批、慢病签约服务管理一批、重病兜底保障一批”的要求，建立分类救治台账，并实行动态管理。全县贫困人口中需要大病集中救治的有 331 人、慢病签约服务 11739 人、重病兜底保障 3691 人。二是落实贫困人口健康扶贫优惠政策。为所有农村贫困人口免费进行健康体检，建立健康档案，实行家庭医生签约服务，体检率、签约率均达 100%。开通贫困人口就诊“绿色通道”，落实“先诊疗、后结算”政策。为所有建档立卡贫困人口购买“扶贫特惠保”家庭综合保险、城乡居民医保的个人缴费部分财政给予 50%的补贴，投保率、医保参保率均达 100%。三是推行“十看帮扶法”，实施“五道”医疗保障防线。将农村贫困人口住院城乡居民医保起付线降低 50%，政策范围内报销比例提高 10%；大病报销起付线降低 70%，政策内报销比例提高到 90%；为所有贫困群众购买了“扶贫特惠保”，最高赔付 5 万元；民政医疗救助将符合条件的农村贫困人口全部纳入重特大疾病医疗救助范围；对罹患 9 种大病农村贫困人口实际医疗费用，经报销后，个人自付部分定点医院给予 50%的减免；县财政安排 2500 万元建立健康扶贫专项救助基金，实行政府兜底保障。年底，大病县域内首诊比例达 90%以上、医疗保障政策惠及农村贫困人口 1.2 万人。四是夯实医疗服务体系建设。2017年县政府统筹安排200万元资金，乡村自筹400余万元，专项用于村卫生室建设，通过调剂、返聘、选派、招聘等方式，解决46个村无村医的问题，达到“三个一”的目标。

教育扶贫。2017年，全县共发放贫困幼儿入园补助4646人次232.3万元；发放义务教育阶段贫困寄宿生生活补助费18481人次1034万元；免除高中建档立卡等家庭经济困难学生学杂费1543人次134.52万元；免除高中建档立卡等家庭经济困难学生教科书费1543人次49.376万元；发放普通高中国家助学金5727人次572.7万元；中职免学费5533人次662.4万元；发放中职助学金3844人次384.4万元；资助普通高校家庭经济困难新生入学资助项目100人6万元；发放普通高校毕业生贫困地区基层单位就业学费补偿122人59.3万元。落实营养改善资金2242.2元，惠及义务教育学生303364万人次。筹措资金133万元，将贫困幼儿入园补助及高中助学金资助面均提高5%；为义务教育建档立卡学生5317人免费发放教辅资料，金额77.76万元，确保无一人因贫失学。县教育助学基金会2017年共募集资金2500万元，资助贫困学生9391人，资助金额642万元；援建薄弱学校5所，援建金额达1000万元。

就业技能培训。2017年，全县开展就业技能培训2430人，其中贫困劳动力达452人；完成225名“两后生”B2驾驶、汽修、厨艺等专业技能培训任务；对17220名贫困人口免费实施农业实用技术培训。2017年，转移富余劳动力6400人，其中建档立卡贫困人口2631人。

基础建设。2017年，硬化公路533千米，新修公路707千米；电网改造146个村，受益人口72753人；疏通沟渠249千米、硬化沟渠542千米、清淤扩容堰塘137口、新建机埠29座；安饮提质改造186个村，解决了所有建档立卡贫困户安全饮水问题；宽带接入3275户；所有贫困村都建设了标准化的村级公共服务平台。

社会扶贫。积极倡导“我为人人、人人为我”的全民公益理念，引导广大社会成员通过爱心捐赠、志愿服务、结对帮扶等多种形式参与扶贫。全县共有42家企业作为后盾单位参与脱贫攻坚，为扶贫点村捐资500多万元，提供就业岗位200多个，涌现出“全国脱贫攻坚模范”王新法、返乡能人黎静等一批社会扶贫模范人物。

【成立石门县脱贫攻坚大会战指挥部】为更好地组织指挥全县脱贫攻坚工作，成立了以县委书记为政委、县长为指挥长的脱贫攻坚大会战指挥部，下设9个分指挥部和督查巡查组，下沉县乡村主体力量、县直单位帮扶力量、党员干部结对帮扶力量，实现了县级领导包联、驻村工作队帮扶、党员干部结对帮联“三个全覆盖”。坚持“谁主体谁负责”“谁主管谁主抓”“谁联系谁包干”，立下“不摘穷帽就摘官帽，不换面貌就换人”的军令，全面压紧压实县乡村三级主体责任、县级领导和科局长的联系包村责任、驻村工作队的帮扶责任、党员干部的结对帮扶责任。

【脱贫攻坚工作要求和纪律规定】一是开展“空城行动”。一月一集中入户走访帮扶，全县所有县直单位党员干部，除了参会接待、便民服务窗口和日常值班的人员外，都扑下身子、沉到一线，实行“一对一”结对帮扶，排查、梳理问题，及时整改问题。

二是推广“一线工作法”。坚持在脱贫一线发现问题、解决问题，用干部“脱皮”换取群众“脱贫”，用干部的“辛苦指数”换取群众的“幸福指数”。

三是驻村帮扶工作队和结对帮联干部开展“十看”，即一看房、二看粮、三看读书郎、四看家中有没有人进病房、五看家里劳力壮不壮、六看安全饮水道路交通畅不畅、七看群众是否有笑相、八看集体经济收入有没有进账、九看村容村貌靓不靓、十看支部班子强不强，促进党员干部精准施策、精准帮扶。

四是强化纪律要求。要求全县干部做到“几少几不”，即：所有县级领导、科局长要少外出、少开会、少应酬，确保用主要精力抓脱贫；各乡村干部不招商、不外出、不分心、不走神，专心致志、全神贯注抓脱贫；帮扶工作队员不分管业务工作、不跑通学，常年驻村抓脱贫；全县党员干部不休公休假，全力以赴抓脱贫。同时，对全县干部约法三章，即：在县里组织的督查检查中发现工作不落实的，一律通报批评，立即整改；在市以上的督查检查中被当做负面典型通报的，一律严厉问责追责；在迎国检中被扣分、影响全县脱贫摘帽的，一律依纪依规实行顶格处理。

五是强化扶贫领域监督执纪问责。坚持一手抓帮扶、一手抓监管，为打赢脱贫攻坚战提供强有力的纪律保障。从严查处扶贫领域的违纪违法案件，实行“五个一律”，即：在易地扶贫搬迁、危房改造中，对弄虚作假、骗取套取资金的一律立案查处，并追究村党支部书记、驻村帮扶工作队队长、联村乡镇干部和乡镇党政主要负责人的责任；在扶贫项目实施过程中，对截留挪用或贪污侵占项目资金，项目不招标和围标串标的一律立案查处，并追究村党支部书记、驻村帮扶工作队队长、联村乡镇干部和乡镇党政主要负责人的责任；在涉农惠农各类补助资金发放中，对弄虚作假、骗取套取、虚报冒领、贪污侵占补贴资金的一律立案查处，并追究相关责任人的责任；在扶贫项目实施过程中，对环境不优、服务不到位，索拿卡要敲竹杠的一律立案查处，并追究相关责任人的责任；在扶贫项目实施和扶贫资金拨付过程中，对职能主管部门监管不到位、履责不到位，出现了不作为、慢作为、乱作为的一律立案查处，并追究部门主要负责人的责任。通过紧抓、严抓扶贫领域的监督执纪问责工作，促使监督力量强起来、氛围严起来、责任担起来、案子查起来、督查勤起来、信访降下来。

（县扶贫办）

【财政部到石门县开展扶贫资金专项检查】2017年3月27日，国家财政扶贫资金专项监督检查石门县座谈会在尧业国际大酒店召开。县委副书记、县长郭碧勋做主题汇报，县领导周功表、薛杰出席座谈会。县政府办、扶贫办、财政局、发改局、教育局、卫计局、人社局、民政局、国土局、农业局、林业局、水利局、房管局、交通局，三圣乡山羊冲村相关负责人参加座谈会。

座谈会上，郭碧勋向检查组介绍了近两年全县扶贫资金来源、使用、管理情况及脱贫攻坚取得的成效，现场解答检查组提出的相关问题，并就金融扶贫、小额贷款等工作建言献策，提出建设性意见、建议。

2015 年至 2016 年，石门县以财政投入撬动金融资金，带动社会资本，全县累计脱贫 56 个村，12508 户 34601 人。其中，产业扶贫方面，利用金融扶贫政策，累计投放扶贫小额信贷 7557 笔，18149.95 万元，财政累计贴息 182.34 万元；易地扶贫搬迁方面，2016 年共投入资金 13789.5 万元，已支付 6714 万元，共计搬迁建档立卡贫困对象 2690 人；危房改造方面，两年共计实施危房改造 6176 户，发放危改补助资金 13968.464 万元；教育扶贫方面，近两年全县累计投入各类教育扶贫资金近 2 亿元，其中发放各类助学资金 10702.64 万元，资助学生 77144 人次，学生营养餐惠及 57.63 万人次；健康扶贫方面，2016 年整合各类资金 17447.16 万元，用于卫生计生事业发展；兜底保障方面，共发放社会兜底保障资金 280.14 万元；基础设施建设方面，全县累计投入贫困地区近 3 亿元；社会扶贫方面，全县共有 24 家企业作为后盾单位参与脱贫攻坚，为扶贫点村捐资 500 多万元，提供就业岗位 200 多个。

检查组一行对石门县的脱贫攻坚工作给予了高度评价，并用“目标清楚、措施得力、效果突出、信心满满、干劲十足”进行总结。同时强调，扶贫工作与扶贫资金检查具有同等重要性，检查组后续将继续搜索、整理、归纳、总结各科局和部门提出的意见建议，让双方建立起更加密切的联系沟通机制。

（龙力荣）

国家财政扶贫资金专项监督检查石门县座谈会

【全县产业扶贫工作现场会在新铺镇召开】2017 年 6 月 12 日，全县产业扶贫工作现场会在新铺镇召开，市人大常委会副主任、县委书记谭本仲出席会议并讲话，县领导邓碧波、李金生、陈云谋、李绍南、张树国、张凯、江毅、刘颖、薛杰、万义元、车立平、王汝国、龚云林、宋雨泓、韩翼飞出席会议。各乡镇（区）、街道党（工）委书记，农林场场长，夹山管理处主要负责人和县直相关单位主要负责人参加现场会。

全体与会人员实地查看了新铺镇开化寺村、永兴桥村基础资料和产业扶贫现场、岳家棚村产业扶贫现场，并在新铺镇政府召开脱贫攻坚现场会。会上，新铺镇、太平镇负责人分别汇报产业扶贫工作经验，县扶贫办有关负责人就各单位在脱贫攻坚工作中存在的疑惑和难点进行现场解答。县委副书记邓碧波充分肯定新铺镇的产业扶贫工作，分析了全县产业扶贫工作的现状和存在的问题，并就如何做好产业扶贫工作进行部署。

一是集中精力突基础。乡镇村居两级要不折不扣抓好三件基础工作：抓好识贫工作，按照“坚持标准、实事求是、应出尽出、应进尽进”的原则，把好进出关口，防止大进大出，确保在 6 月底前完成。抓好低保的核定工作，用好用足用活用够低保政策，和贫困户重新识贫同步推进。抓好基础信息资料的完善工作，规范整理好各村居的“一户一档”“一图”“一台账”和贫困户的“一袋一册”，在 6 月底前完成。

二是突出重点补短板。围绕刚性考核指标，坚持问题导向，按照“缺什么补什么”的原则把短板补起来。从现在起，各乡镇、村居、工作队和县直单位联户的党员干部要家家到、户户落，逐家逐户盘底算账，达不到要求的要采取措施补起来。突出抓好六个方面的重点工作，即：突出抓住房保障，优先解决贫困户的危房改造和易地搬迁问题；突出抓好义务教育、基本医疗、安全饮水的查漏补缺工作；突出抓好产业发展，大力发展种养业，拓宽增收门路；突出抓务工增收，各级机关事业单位、公益岗位、工业园区企业要优先招收贫困群众；突出抓好教育引导，通过加强典型推介示范、党员干部真联真帮、落实“微心愿”活动等提高群众的满意度；突出抓好新老六件实事，11 月底前完成所有已确定的项目，项目早建成，群众早受益，成果早享受。

三是统筹兼顾抓其他。一是抓好经济运行，确保“双过半”，确保所有经济指标在全市居中靠前。二是抓好安全生产，各级各单位要高度重视，压实责任，县安委要全面排查，切实整治重点安全隐患，职能部门要加强监管，确保各项措施有效有力。三是抓好防汛保安，落实好值班值守制度，制定完善相关预案，做好应急准备，出现险情要迅速反应、果断处置、第一时间报告。四是抓好信访维稳。五是抓好产业项目，加大招引力度，抓紧实施签约的项目。六是抓好环境保护，要高度重视，强化生态环境保护意识，进一步压紧压实责任，进一步不折不扣抓好突出环境问题和中央环保督察组交办问题的整改，坚定不移地实施“生态立县”战略，坚定不移推进转型发展。

四是强化保障促落实。一要责任上肩，压实县级领导、县直单位、乡镇村居两级的责任，建立包干责任制和责任追究制。二要领导带头，县级领导、科局长、乡镇负责人要发挥模范带头作用，坚持“一级带着一级干，一级做给一级看”。三要强化作风，党员干部要切实俯下身子、撸起袖子、改进作风、集中精力、真抓实干，用“干部脱皮”换“群众脱贫”，用干部的“辛苦指数”换取群众的“幸福指数”。四要严明纪律，纪委要加大明察暗访力度，严厉追责问责。

【湖南知名网络媒体采访石门脱贫攻坚工作】2017年12月27日，省委网信办副主任屈贵全率新华网、人民网、红网、华声在线、凤凰湖南多家知名网络媒体的50多位网络“大V”，来石开展“精准脱贫在石门”主题座谈既实地采访活动，活动为期3天。27日下午，“大V”们实地采访了精准扶贫重要帮扶企业、全国就业扶贫基地——湖南湘佳牧业股份有限公司，并在尧业国际大酒店进行交流座谈，座谈会上，参加活动的各级领导和网络“大V”们集体观看石门县脱贫攻坚专题汇报片，县领导李绍南介绍了石门县情和脱贫攻坚工作情况，现场解答媒体记者与网络大V提问。28日至29日，网络“大V”们赴新铺、太平、三圣、维新等乡镇扶贫攻坚第一线，全面了解石门精准脱贫的各种措施、效果和突出典型，随后全方位进行网络推介。

（编辑部）

【石门县启动“中国社会扶贫网”上线工作】2017年9月23日，县委副书记邓碧波主持召开“中国社会扶贫网”推进工作调度会，调度部署石门县全面启动“中国社会扶贫网”上线工作。会上，县扶贫办负责人传达了中央、省、市关于推进中国社会扶贫网工作的会议精神；县商务局负责人就中国社会扶贫网上线的筹备工作情况作了汇报；参会的各相关职能部门就如何更好的推进中国社会扶贫网的建设提出意见和建议。

“中国社会扶贫网”2016年10月上线，以“数据驱动扶贫”为核心理念，以建档立卡数据库为基石，旨在创新完善“人人皆愿为、人人皆可为、人人皆能为”的社会扶贫参与机制，形成政府、市场、社会协同推进的大扶贫格局。根据《湖南省全面启动“中国社会扶贫网”上线工作的实施方案》要求，石门县将此项工作列为县脱贫攻坚大会战指挥部的工作职责之一，充分运用这一网上扶助快捷通道，决胜“摘掉贫困帽”的“最后一公里”。组建了“互联网＋社会扶贫”工作推进小组，由县委书记谭本仲任组长，县委副书记、县长郭碧勋和相关县领导为副组长，县委组织部、宣传部等部门为成员单位的领导机构。县级设立管理中心、乡镇设立服务站、村设立信息点，形成“县组织实施、乡镇检查落实、村采集发布”的三级运行模式。

邓碧波在会议上要求，各相关部门对此项工程的建设认识要高，要认识到社会扶贫网的建设贯穿于我们脱贫攻坚的全过程，建设好社会扶贫网，更有利于我们拉近党群关系、干群关系，形成合力，打赢脱贫攻坚战、提高群众满意度；要明确目标，在9月30日以前要完成县级管理中心和乡村站点的构架，在10月17日之前，要正式接入中国社会扶贫网，做到网站内贫困户注册完成65%，爱心人士注册达到10000人，发布信息要求达到20000条，成功对接5000条，发布爱心捐赠信息8000条，成功对接3000条；要依据县扶贫办印发的《关于石门县启动中国社会扶贫网上线工作的实施方案》的通知完善好相关工作方案；要充分做好信息采集、爱心人士录入、站点体系建设等方面的准备工作；要保证中国社会扶贫网运行的畅通和高效；要进一步落实责任，各职能部门要各司其职、形成合力，共同做好中国社会扶贫网的上线工作。

（胡红霞）

中国人民政治协商会议石门县委员会

【概述】2017年，中国人民政治协商会议石门县委员会（简称县政协）认真履行政治协商、民主监督、参政议政职能。紧扣脱贫攻坚，积极献策出力；围绕社会热点，专题调研协商；抓住工作重点，专题民主监督；突出履职创新，推进专项工作；狠抓自身建设，扎实推进“五化”。自觉服从全县大局、工作重点，竭力服务全县大事、要事，为石门社会经济发展做出了贡献。

政治协商。2017年，县政协紧扣县委的重大决策和重要工作，人民群众关注的热点焦点开展政治协商，大力推进政协民主协商制度化、程序化、规范化建设。全年开展协商19次，提出意见建议97条。全会协商。2017年2月17—20日，召开县政协九届二次全体会议，大会协商让宣传舆论更好地服务“五个新石门”建设、加快推进全县全域旅游、加强城市管理建设宜居城市、加快全县养老服务体系建设、让爱温暖留守儿童和空巢老人、全县殡葬改革存在的问题及对策、进一步加强全县脱贫攻坚工作7个课题，其中3个课题当场得到县委书记的批示。常委会协商。县政协常委会紧扣全县经济社会发展的重大问题、民生的热点难点问题确定4个重点课题、7个专项课题，开展专题调研70多次，形成有价值的调研报告26篇，提出意见建议135条。先后对《政府工作报告》、委员管理办法、党风廉政建设、敬老院建设、人事任免等事项开展协商，提出意见和建设。政协主席会议对市民之家建设方案、政协全会筹备事项等进行专题协商。专委会与界别协商。县政协各专委会围绕从快从高推进全县医养一体化建设、重家教正家风淳民风树新风、石门籍人士返乡创业、农村土地流转、壶瓶山生态保护5个课题开展深入的调查研究、专题协商、提出建议，得到县政府采纳及部门应用，协商成果转化到部门的工作之中。

民主监督。2017年，县政协主席会加大政协民主监督工作力度，通过专题汇报争取县委出台《石门县政协民主监督工作实施办法》，县委办、县政协办联合印发《石门县政协2017年民主监督工作方案》。通过提案办理、专题视察、反映社情民意、委派民主监督小组、民主评议等手段，加压强责，积极开展政协民主监督，促进了部门工作，加快了经济发展，助推了社会和谐。2017年11月20日，县政协召开民主评议提案办理工作会议，对全年提案办理工作进行总结和民主评议，会上共有7家县直单位现场接受政协委员的点评，有力地促进了提案办理工作落地。8月10—12日，县政协对全县脱贫攻坚工作进行专题视察，先后视察了雁池乡、壶瓶山镇、南北镇，形成了专题视察报告，提出的问题和建议被县委、县政府采纳。10月20日，县政协主席会成员，各委办主任，部分县直、乡镇政协委员专题视察“城镇建设与管理工作”。全县各县直政协工作组，乡镇、街道联络处组织政协委员开展专题视察37次，召开专题资政会议35场，提出建议93条，协商处理群众利益矛盾52起，解决群众实际问题21个。开展“委员接待日”活动。全年组织政协委员参加“委员接待日”活动21次，接待政协委员76人次，收集社情民意信息182条，解决道路、饮水、危房改造、环境等问题29件，顺应了群众的期盼，解决了群众的实际问题。以重点监督促进工作落实。县政协对澧滨路、沅澧快速干线、市民之家等重点城建项目进行了视察监督。派驻3个民主监督小组，分别对县城管执法局、石门思源实验学校、县科技和工业信息化局进行一对一的民主监督。同时，组织政协委员参与县人社局和教育、卫生系统人事招考的全程监督，参加县检察院“检察开放日”、县司法局“石门司法行”等活动，并对行政案件进行评查。以民主评议促进行风转变。组织政协委员参与民调工作、优化经济发展环境民主评议、行风评议等民主评议活动，维护了社会公平正义，促进了部门工作作风的转变，提升了服务群众的水平和质量。

参政议政。2017年，在全体政协委员中大兴调查研究之风，提升参政议政的水平。由县政协各专委会牵头，组成专门的课题调研组，对确定的5个重点调研课题开展2～3个月的调研，形成了高质量的调研报告9篇，建议件17篇。2017年县政协共开展协商建言活动39次，提出建议105条。其中《让宣传舆论更好地服务“五个新石门”建设》《加强城市管理建设宜居城市的对策与建议》《加快推进我县全域旅游的建议》等，得到了县委、县政府的高度重视和充分认可，为解决县域经济社会中发展的热点、难点问题，进一步改善民生发挥了人民政协的参谋作用。各乡镇、街道政协联络处、县直政协工作组组织委员开展调研52次，开展视察29次。23条建议分别被市政协和县委、县政府采纳，37条建议被相关部门吸收。县政协在推进党政中心工作中发挥了政协的优势和担当作用。

提案工作。2017年，县政协提案工作围绕县委、县政府的中心工作，继续把解决人民群众最关心、最直接、最现实的利益问题作为提案工作的出发点和落脚点，积极探索提案工作的新思路、新方法，努力提高提案质量、办理质量和服务质量。全年共收到提案149件，同意立案135件，确定重点督办提案5件，提案立案率达90.6%，提案办理率、满意率达100%。提案内容涉及全县经济、社会、生态、文化、民生等各个方面。针对《关于创建一流投资环境的建议》，县政府及相关部门以强化责任为主要抓手，全面开展“优化经济发展环境服务年”活动。针对《关于尽快将我县污水集中收集、处理系统工程市场化运营的建议》，县政府及相关部门一直将其与“三改四化”同步实施，大力开展污泥干化黑臭水体治理工作，县工业污水处理厂、壶瓶山第二污水处理厂、易家渡集镇污水集中处理项目、冉家坪村污水集中处理项目先后建成并投入运行。针对《关于恢复红军将领王尔琢烈士故居的提案》，县政府第10次常务会予以专题研究，并明确县委宣传部、县交通运输局、县文物局、县党史办、县全域旅游发展中心等单位对复建工作给予大力支持。针对《关于进一步完善民政低保政策的建议》，县民政局结合低保大清理、大排查、大整顿活动，将救助的政策、救助程序全程公开，并指派工作力量分组下乡到户，面对面地宣讲与培训，邀请政协委员全程参与，赢得了委员和广大群众的高度认可。针对《关于规范农村赈酒树立农村新风尚》，县委、县政府高度重视，成立了县倡导文明赈酒新风领导小组，下发了《石门县倡导城乡文明赈酒新风工作方案》。针对《关于提高村干部报酬待遇的建议》，县委常委会进行专题研究，出台村（社区）干部绩效工资制度。

文史编辑。2017年，县政协文史委继续进行石门文史挖掘和整理工作，编辑出版《石门文史》2期。编辑出版《石门土家民俗记忆》一书，共15万字。全书共分居住习俗、服饰习俗、饮食习俗、节日习俗、劳作习俗、嫁娶习俗、祭祀习俗、丧葬习俗、歌舞游戏、民间艺术十章，收录了300多张石门民俗摄影照片，成为石门县大型民俗图书。

脱贫攻坚。2017年，县政协主席会高度重视脱贫攻坚工作，把它作为重中之重的工作来抓。县政协6名正副主席联系扶贫点村15个，为点村筹资8000多万元，用于基础设施建设，公共设施建设，贫困户危房改造，支持产业发展。县政协机关为庚子山、太清山两个点村协调落实各种扶贫资金近5000万元，实施基础设施建设项目21个、公共设施建设项目6个，发展茶叶、蜂蜜等产业项目4个，协调解决村级遗留问题157个。通过组织茶农到名优茶基地鄂西走马木耳山参观，免费培训茶农生产技术，免费提供茶苗发展茶叶1100亩。招商引资年加工能力500吨的三圣联众茶叶加工厂，为茶农解决茶叶销售难的问题，走出了一条发展茶叶产业、让贫困户稳定脱贫的路子。砌河堤、新建中心村街道、新建文化广场，改变了贫困村的落后面貌。

政协委员扶贫活动。2017年，全县政协委员共联系贫困户652户，为贫困户捐款捐物180多万元。先后资助贫困户中学生518名，为贫困户家庭提供就业岗位369个，帮助贫困村发展产业39个。其中73名非公经济人士政协委员组成7个扶贫小组，分赴7个贫困村结对帮扶261个贫困户。69家委员企业参与教育扶贫和就业扶贫，向石门教育基金会捐款210万元。17家委员企业对口援助了12个贫困村。筹措“委员帮扶基金”110万元，支持贫困村基础设施建设，支持贫困户发展养猪、养羊、养牛、养蜂、茶叶等产业。覃玉华、周定华等10名非公经济人士委员担任贫困村名誉村主任。涌现出伍义平等10名委员参与“三个一”扶贫行动功臣和罗建平等20名脱贫攻坚先进个人。《湖南日报》报道了石门县政协委员参与扶贫的先进事迹，《湘声报》、省政协网和省扶贫网等媒体，登载了8篇反映石门县政协委员扶贫心路历程的扶贫日记，展示了政协委员的良好形象。

委员管理。2017年，县政协常委会修改完善了《政协石门县委员会委员管理办法》，健全了委员履职考核制度、通报制度、奖惩制度。委员履职情况每半年向政协主席会、常委会、处组例会及委员所在单位通报一次，每年向全体委员和委员所在单位通报一次，同时抄送县委统战部，县管干部抄送县委组织部。对履职突出的委员，给予精神和物质奖励；对履职不到位委员，区分不同情况进行处理。《委员管理办法》的实施，确保了委员按制度办事、按程序办事、按规矩办事，激发了委员的履职热情。

联络联谊招商工作。2017年，县政协接待省政协主席李微微、副主席戴道晋，市政协主席李爱国等省、市领导到石门县调研8批次；接待湖南平江县政协、贵州松桃县政协等9家兄弟单位到石门县学习考察。陈云谋主席带队参加了湘鄂黔渝边区县（市区）政协工作联系会第34次和第35次会议。陈云谋主席带队多次赴上海、南京招商引资，引进捷源玻纤、耀顺工贸、联众茶业3家企业落户石门，投入资金8000多万元。

（县政协办）

重要会议

【政协石门县第九届委员会第二次会议】2017年2月18日，政协石门县第九届委员会第二次会议在县兰园会议中心开幕。市人大常委会副主任、县委书记谭本仲，县委副书记、县长郭碧勋，县委副书记邓碧波，县人大常委会主任李金生，大会执行主席、县政协主席陈云谋，县政协副主席杨书凡、覃惠敏、胡中华、马业平、彭泽人在主席台前排就坐。县委、县人大常委会、县政府、县人武部在家的县领导和县人民检察院检察长、县人民法院院长在主席台就坐；驻石省、市政协委员，各乡镇党委书记、街道党工委书记及县直副科级以上单位、线管单位主要负责人列席会议。会议应到委员260人，实到253人。政协副主席杨书凡主持会议。

大会执行主席、县政协主席陈云谋向大会作工作报告。总结了过去四年的工作并对2017年重点工作进行安排部署：一是专题进行调研协商。专题调研协商石门籍人士返乡创业、农村土地流转、敬老院规范化管理、县政协委员发挥主体作用、家风家训建设、如何化解城区房地产等领域金融风险，维护社会稳定、如何深化对残疾人的管理与服务、如何加强全县青年创业扶持体系建设八项工作。二是专项开展视察监督。专项视察全县东北纵线公路建设、脱贫攻坚、五馆两中心建设、城镇建设和管理、学生心理健康教育五项工作。三是扎实推进七项工作。即提案办理工作、专题民主监督、社情民意信息、协商成果回访、基层政协工作、理论研究工作、文史研究工作。

县政协副主席彭泽人向大会作县政协八届一次会议以来的提案工作报告。

大会听取了文体广新工作组、政协机关工作组、楚江街道联络处、民宗社会福利工作组的协商发言。

（石门新闻网）

政协石门县第九届委员会第二次会议

【政协石门县第九届第五次常委会议】2017年8月4日，石门县政协召开第九届第五次常委会议，县政协主席陈云谋主持会议。会议分两个阶段进行，第一阶段由县委常委、常务副县长周功表通报全县上半年经济社会发展情况；县委常委、县纪委书记张凯通报全县上半年党风廉政建设和反腐败工作情况。第二阶段一是协商县委提名的政协干部任免名单；二是审议通过辞职名单；三是县政协主席陈云谋给与会人员上反腐倡廉警示教育课。政协副主席杨书凡、覃惠敏、胡中华、马业平、彭泽人和秘书长覃道仙出席会议。

周功表在作政情通报时指出，上半年，在县委的坚强领导下和县政协鼎力支持下，县政府积极应对错综复杂的宏观经济形势，坚持稳中求进、脱帽争先的工作基调，一手抓经济发展，一手抓脱贫攻坚，全县经济社会保持了平稳较快发展的良好态势，绝大部分指标排名位于全市第一方阵，实现了“居中靠前”的预期目标。一是实施了一批重大项目，二是应对了一批发展难题；三是提升了一批重点产业；四是突破了一批瓶颈短板；五是办好了一批民生实事。他强调，下半年是全县经济工作抓落实、抢进度的关键时期，更是摘穷帽、换面貌的冲刺时期，全县上下必须憋足一口气，卯足一股劲、拧成一股绳，重点抓好六个方面的工作：一是全力冲刺脱贫攻坚；二是坚决打好项目会战；三是持续推进产业转型；四是加快城乡扩容提质；五是切实强化财政建设；六是着力夯实民生基础。

县委常委、县纪委书记张凯在通报全县上半年党风廉政建设和反腐败工作情况时指出，全县各级纪检监察组织按照全面从严治党向纵深发展的总体要求，紧紧围绕县纪委十二届二次全会提出的“六个较真发力”工作目标，强化监督检查，抓好谈心谈话，推进专项整治，从严监督执纪审查，突出廉政文化教育，强化自身建设，全县党风廉政建设和反腐败工作取得新的成效。他强调，下半年要重点抓好“五个一”：即形成一套推动工作的好机制；查处一批典型案件；化解一批疑难复杂信访；构筑一个监督平台；补齐一块监督短板；打造一支执纪“铁军”。

陈云谋对上半年政府工作、县纪委工作给予充分肯定和高度评价，其工作思路清晰，目标明确，重点突出，措施有力，成绩明显，全县人民认同度和满意度较高。要求全县政协委员和政协常委要牢固树立服务意识、责任意识和担当意识，对全县经济社会发展要多关注、多宣传、多调研、多献策、多支持、多出力，对县纪委的工作多理解，多支持。

最后，陈云谋以《树立正确的利益观，做党和人民的好干部》为题，给与会人员上了一堂内容丰富、形式生动、教育深刻的反腐倡廉警示教育课。县政协机关干部，各乡镇、街道政协联络处主任，县直政协工作组组长列席会议。

【基层政协工作例会暨半年工作调度会】2017年8月4日上午，石门县政协召开基层政协工作例会暨半年工作调度会议，县政协主席陈云谋出席会议并讲话。会议由县政协副主席彭泽人主持，县政协副主席杨书凡、胡中华、马业平和秘书长覃道仙出席会议。会上，各乡镇、街道政协联络处主任、县直政协工作组组长汇报2017年上半年工作情况。21个乡镇、街道和11个工作组，紧扣县政协九届二次会议提出的工作目标和任务，汇报了工作情况、存在的问题以及下半年的工作打算。县政协办公室、文史委、经科联谊委、法制群团委、提案委主要负责同志分别就下半年各委办的工作进行具体安排。县政协党组副书记、副主席杨书凡根据主席会议研究的意见，通报了上半年各处、组的工作情况，并对下半年的工作进行部署和安排。

陈云谋在讲话中强调，要做好下半年的工作，主要把握好“三个”找准：一是找准中心。县委的中心是全力脱贫攻坚。县政协的重点工作是调研视察、民主监督、协商建言，县政协的重点工作要服务好县委的中心工作，方能展示政协作用和价值。二是找准位置。各处、组的主任、组长主责是政协业务工作，责任田不能荒。要多学习、多思考、多实干，坚持政协业务工作和助力脱贫攻坚两手抓，两不误，切实做到把常规性工作抓实，把亮点工作抓好，把谋划性工作抓早，把脱贫攻坚抓出成效。三是找准短板。各处、组一定要对照年初工作计划、对照兄弟单位、对照县政协的要求找准自己的问题和不足，认真整改，迎头赶上。振奋精神，鼓足干劲，开拓创新，攻坚克难，发挥委员作用，完成各项工作任务。

（彭　勇）

重要活动

【省政协到石门开展“三个一”扶贫活动】2017年6月20日，省政协常委、提案委主任王剑平率部分省政协委员到大同山国有林场胜利村，开展“三个一”扶贫活动，实地走访结对帮扶贫困户，深入了解、调研石门县脱贫攻坚工作情况。市人大常委会副主任、县委书记谭本仲，县政协主席陈云谋参加调研。县政协副主席覃惠敏、彭泽人等陪同调研。王剑平一行与所联系的帮扶对象进行亲切交谈，了解帮扶对象的致贫原因，帮助他们制定切实可行的脱贫措施，并与困难群众“结亲”，解决实际困难，资助产业发展资金，以期尽早脱贫致富。省政协委员、提案委副主任、湖南开源·浏阳河集团董事长罗可大代表集团与大同山国有林场胜利村、安乐村签订了产业扶贫发展协议，为每个村发放2万元集体经济发展资金，并承诺：对两村生产的农产品进行全面收购、结对帮扶贫困家庭增加收入、资助贫困家庭在校生完成学业、帮助贫困家庭成员解决就业。随行其他委员们纷纷表示，将继续积极参加“三个一”扶贫行动，尽己所能，关爱贫困群体，为打赢脱贫攻坚战做出自己应有的贡献。

（侯立喜）

【市政协专题视察产业扶贫工作】2017年5月18日，市政协副主席、党组副书记何英平一行到石门，专题视察产业扶贫工作。何英平一行先后前往蒙泉镇白羊湖社区和楚江街道红土坡社区，视察了稼和农业科技发展有限公司和湘佳牧业活鸡屠宰基地。视察中，何英平向企业负责人仔细询问企业的生产经营情况，详细了解企业产业扶贫的模式，鼓励企业负责人继续探索产业扶贫新模式，带动更多的贫困户脱贫致富。

在石门国际大酒店12楼大会议室召开的市政协第七届第5次主席会议视察产业扶贫座谈会上，市扶贫办主任徐术福汇报了全市产业扶贫情况，石门县政府副县长孙云波汇报了石门产业扶贫工作情况，市政协主席会议组成人员及列席人员分别作协商发言，就如何做好产业扶贫工作提出意见建议。

何英平高度肯定石门产业扶贫工作取得的成绩，指出存在的问题。她强调，继续加大产业扶贫力度，因地制宜、科学规划，加大投入、增强保障，创新机制、集约经营，打造品牌、拓宽市场，真正发挥产业扶贫的作用和优势，带动更多贫困户脱贫。市政协副主席陈位明、傅绍平、张力、张彬参加视察，县领导陈云谋、周功表、李绍南、刘颖、孙云波、杨书凡、彭泽人参加视察或座谈。市直和中央、省驻常有关单位负责人，市政协机关相关负责人和县直相关单位负责人列席会议。

（徐联盟）

【何英平走访市政协石门县活动组委员】2017年3月20日，市政协副主席何英平到石门县开展委员走访活动，市政协副秘书长贺用伟、提案委主任莫宏光陪同走访。20日上午，何英平一行实地考察了秀坪柑橘品改基地、湘北职业中专学校异地新建项目、红星美凯龙石门国际家居博览中心、沅澧快速干线二号大道（石门段）以及思源实验学校等，了解石门经济社会发展状况，听取委员们的意见和建议。20日下午，召开座谈会，县政协主席陈云谋向走访组一行介绍了县政协工作情况和市政协石门县活动组委员履职情况。参加座谈会的委员，围绕精准扶贫、交通基础设施建设、石门柑橘产业发展和公立医疗机构改革等问题作了交流发言，并提出意见建议。

市政协副主席何英平在听取发言的过程中，不时与委员们就当前的社会热点难点问题进行互动交流，并对石门县活动组委员敢于为民代言，勤于履职尽责，善于发挥作用表示高度赞赏。她要求，委员们要在新的历史机遇下，把习近平总书记系列重要讲话精神学深、悟透、力践，始终坚持正确的政治方向，牢固树立“四种意识”，把发展协商民主和提高履职能力贯穿政协工作始终，切实发挥政协委员凝心聚力，服务大局的作用，积极参与市政协的重点工作，在项目建设、脱贫攻坚和公益事业发展中献计出力。

（编辑部）

【组织开展扶贫攻坚工作专题视察活动】2017年8月20日，县政协主席陈云谋带领县政协机关委办主任，县直政协工作组部分委员一行，对全县脱贫攻坚工作开展专题视察。县政协副主席杨书凡、石门活动组市政协委员参加了视察活动。委员们一行首先视察了雁池乡重福桥村的产业扶贫基地、基础设施建设工程、贫困户危房改造工程和村部建设，并听取了乡、村两级领导的现场情况介绍。接着，又视察了壶瓶山镇平洞村异地搬迁工程，并入户走访建档立卡贫困农户，了解驻村工作队、镇村两级精准扶贫工作情况。

现场视察结束后，在壶瓶山镇政府会议室召开座谈会。会上，磨市镇、雁池乡、所街乡、壶瓶山镇、南北镇、罗坪乡的乡、镇长汇报了本乡、镇脱贫攻坚工作情况，在肯定成绩的同时，摆出了工作中存在的困难和问题，明确了下一步工作打算。参加视察的委员紧紧围绕全县脱贫攻坚工作畅所欲言，既指出存在的问题，又积极建言献策，提出了许多切合实际，实用管用的意见和建议。县扶贫办负责人认真听取委员们的发言，并就有关问题与委员们互动交流。陈云谋强调，在下一阶段的工作中必须抓好四个方面的工作：一是努力提高"四率两度"，即识贫的精准率，帮扶措施的精准率，脱贫农户收入计算的精准率，表册、资料填写的精准率；贫困农户与帮扶干部的熟知度，农民群众对精准扶贫工作的满意度。二是认真落实的"一卡""两讲""三会""四活动"。"一卡"：给每个农户印发扶贫政策明白卡；"两讲"：宣讲党的扶贫政策，宣讲脱贫攻坚中涌现出来的先进典型和扶贫成果；"三会"：召开村党员组长会、群众会、屋场会，扶贫先扶志，把贫困群众的内生动力更加激发出来。"四活动"：继续开展走访慰问"交友"活动，"微心愿"活动，"小手牵大手"活动，"扶贫知识有奖竞赛"活动。三是更加有力推进扶贫项目建设。要加大资金的整合力度，切实保障项目建设的资金按时到位。要不断改善项目建设的软硬环境，确保项目工程按时启动，提早完工。要加强对资金、工程质量的监督，确保民心工程、民生工程建设成放心工程、满意工程。四是切实转变工作作风和改进工作方法。干部要沉下来，驻下去，在"精准"上用心，在"施策"上下力，办实事、解难事，用真扶贫换来贫困群众的真脱贫。

（彭　勇）

【县政协委员视察重点项目】2017年2月18日，出席政协石门县第九届委员会第二次会议的全体政协委员们实地视察县重点项目建设。县领导陈云谋、周功表、李绍南、胡杰、刘颖、杨书凡、覃惠敏、胡中华、马业平参加视察活动。政协委员们先后到湘北职专异地新建工程、红星美凯龙•石门家居博览中心、沅澧快速干线2号大道、思源实验学校、碧桂园、湘佳冷链物流项目、葛洲坝石门特种水泥有限公司等工程现场，实地查看了项目建设情况。视察中，委员们认真查看了各个项目进展情况，详细了解各项目对全县经济社会发展的影响。

（龙力荣）

【县政协为招商企业解难题】2017年5月16日，县政协主席陈云谋、副主席彭泽人带领政协经科人资环委、石门经开区、县招商局、县宝峰投负责人到招商引资企业石门县捷源玻纤公司实地调研，帮助解决该公司6月份投产所需要解决的水、电、路等基础设施配套问题。陈云谋要求，要立即着手把水电路的配套搞到位，不影响企业6月试运行。捷源玻纤是县政协引进的高科技工业项目，计划总投资7700万元，经过一年筹建，5000平方米厂房已竣工，进入设备安装阶段。投产后将年产无砷无碱、符合欧盟标准的玻璃纤维，主要用于电子、电力及环保材料，技术标准可达国内顶尖水平，年产值可达5000万元，创造就业岗位260个左右，可实现年税收300万元。

2017年，县政协在集中精力抓精准扶贫的同时，腾出一分精力抓招商引资，除捷源玻纤外，还引进了元北食品、宏林住友门窗2家企业，耀顺工贸公司三期厂房动工。5月上旬，陈云谋、彭泽人分别带队到株洲中车集团、江苏龙城旅游控股集团等地实地考察，与投资商对接，积极洽谈一系列项目。

（刘凡中）

纪检·监察

【概述】2017年，全县各级纪检监察组织贯彻落实上级关于全面从严治党的各项决策部署，忠实履行党章赋予的职责，围绕"六个较真发力"，强化监督执纪问责，推动全县党风廉政建设和反腐败工作，服务全县经济社会发展大局，在全市党风廉政建设和纪检监察工作年度综合考核中，分别被评为先进单位。

重点领域监督执纪。围绕中央和省、市、县重大决策部署落实情况开展监督检查，维护政令畅通。对损害经济发展环境问题快速核查、严厉追责，组织处理18人、立案审查12人。配合中央、省、市环保督查问责75人，涉及科级干部37人。认真抓好村居"两委"换届风气监督，对2756名推荐人选进行审核，建议取消候选人资格35人；受理信访举报55件，立案查处7件。严把"党风廉政意见"回复关，回复各类征求党风廉政意见98次，涉及126家单位、5069人(次)。聚焦扶贫领域，坚持严管重处。先后出台《乡镇党政正职脱贫攻坚工作问责规定》《关于进一步严明扶贫领域监督执纪问责纪律要求的通知》，明确了"五个一律"纪律要求。县纪委牵头开展5轮扶贫专项督查，抽查贫困户1357户、结对帮扶责任人612人。建立"三资"清理、清理排查、跟踪审计、精准解剖"四道防线"，维护了扶贫领域资金安全高效运行。全年立案查处扶贫领域违纪问题116件，组织处理817人(次)，党纪政纪处分116人，移送司法机关4人，追缴清退资金612万元，下发16期通报对66起典型案件公开通报曝光。对16个村居开展"手术刀"式精准解剖，严肃查处所街乡焦山村原党支部委员尚立鹏为建档立卡户申请危房改造补助索要好处费案、南北镇雅吉村原党支部书记王章淼套取国家征地资金案、子良镇部分村套取危房改造资金系列案等一批典型案件。

落实谈心谈话制度。把谈心谈话作为落实主体责任和保护干部健康成长的关键一环，制订统一的参考记录模板和谈话详细流程图，采取月统计、季通报、随调阅等方式，切实做到流程规范、内容精准、记录留痕、贴合实际。县级领导以身作则，分别到所联系的单位开展例行谈心谈话。县级领导开展谈心谈话8303人（次），其中"两同时"谈话6405人(次)；全县各单位班子成员开展谈心谈话102262人(次)，其中"两同时"谈话93555人(次)，谈心谈话逐步成为全县各级领导干部的一种政治自觉和工作习惯。

巡察工作。2017年4月13日，石门县委巡察办成立，为县委正科级工作机构，核定行政编制8名，其中主任1名、副主任2名、工作人员5名。5月15日，组建了4个县委巡察组，开始筹备第一轮巡察。9月中旬，按照省市纪委的要求正式成立县委第一至第三巡察组，为县委正科级工作机构，每个巡察组核定行政编制4名，其中组长1名，副组长1名，工作人员2名。发挥巡察"利剑"作用，重点对拥有扶贫项目审批权和资金分配权的9家单位开展两轮常规巡察，发现问题线索182件，其中移交被巡察单位问题整改129个、移交相关职能部门问题线索53件。根据移交的问题线索，纪检监察机关立案7人、党纪政纪处分4人，组织部门谈话提醒42人。积极配合市委扶贫领域专项巡察，整改问题17个，问责追责8人，清退违规资金2966万元。

专项治理。以专项治理为抓手，持之以恒正风肃纪。开展"四风"专项督查16次，发现问题线索108件，立案查处74件，组织处理694人(次)，党纪政纪处分74人，追缴违纪资金38.14万元，下发14期通报对60起典型案件点名道姓公开曝光。对中小学校违规征订教辅材料严惩不贷，组织处理168人(次)，党纪政纪处分4人，追缴清退违纪资金33.88万元。119家单位完成违规公款购买消费高档白酒问题自清自查，县农机推广站因采购和使用白酒不规范，2名责任人被诫勉谈话。全面清理"六类"经营活动，对全县13446名公职人员进行清查核实，督促37人办理退出手续，涉及金额653.3万元，11名国家公职人员因瞒报入股张家渡水电站分别受到处理处分。收集并核查全县副科级以上干部配偶、子女及其配偶在金融机构从业情况。对2016年以后的83个政府重大投资项目开展专项整治，发现交办一批问题。按时间节点快速推进"互联网+监督"工作，民生和扶贫领域、村级财务大数据接入互联网并网运行。

信访工作。全县纪检监察组织受理信访举报585件(次)，扎实开展农村信访举报集中办理专项行动，采取信访实名举报"五步工作法"、领导包保、片区协作、县乡联查等方法，有效遏制重复访、越级访发生。

违纪案件查处。综合运用监督执纪“四种形态”，县纪委函询领导干部30人，全县纪检监察组织组织处理1529人（次），立案查处党员干部违纪案件192件，给予党纪政纪处分192人，其中涉及副科级以上干部30人，移送司法机关4人。严肃查处秦轶、周忠科等党员领导干部和尚立鹏、王章淼、彭运雨、孙运杰等村居干部严重违纪案件。对外逃人员万志军全方位发出追逃悬赏通告。严格执行监督执纪工作规则，坚持依纪依规安全文明办案。纠正15人处分决定执行不到位的问题，维护了纪律权威。

廉洁教育。深入开展“传承优良家风，共建清风石门”主题活动，以良好家风促党风政风民风。积极开展“荷花品格、梅花精神”系列活动，在全市抢答赛中获得三等奖，选送的歌伴舞《你别走》被评为全市十佳廉洁文艺节目，县中医医院泌尿外科主任杨辉被评为全市十佳廉洁模范。以“身边事警醒身边人”为题，组织部分单位一把手旁听县城投公司原董事长丁进华受贿案庭审。举行“孙运杰违纪案”警示教育大会，通过当事人孙运杰“现身说纪”，使广大干部深受教育。以格言治家为主题，在夹山镇创建家风家训教育基地，夹山闯王陵廉政教育基地基本建成。

队伍建设。认真落实《关于持续深化“三转”切实加强乡镇（街道）纪检组织建设的意见》，通过常态化督查促落实。开展“四比四看”主题教育活动，每月开展“业务讲堂”，选派优秀干部到省、市纪委跟班学习，提升了纪检监察干部队伍的能力水平和工作热情，涌现了一批先进典型，县纪委常委覃道进受到中央纪委嘉奖。完成巡察和派驻监督全覆盖改革，通过招考、选调等方式广纳人才，充实干部队伍。市人在常委会副主任、县委书记谭本仲担任“施工队长”，高效有序推进监察体制改革试点工作，完成人员转隶、资产和线索移交等相关工作。

【覃道进获中央纪委嘉奖】2017年9月8日，全国纪检监察系统表彰大会在北京召开。为表彰先进、弘扬正气，激励各级纪检监察机关和广大纪检监察干部振奋精神、开拓进取，见贤思齐、争做先锋，中共中央纪委、人力资源和社会保障部、监察部决定，授予97个单位“全国纪检监察系统先进集体”荣誉，授予50名同志“全国纪检监察系统先进工作者”荣誉。中共中央纪委、监察部还对在纪检监察工作中表现突出的288名同志予以嘉奖。石门县纪委常委覃道进等湖南省纪检监察系统一批集体和干部获得全国表彰中纪委嘉奖。

（县纪委）

【曾光耀被评为《中国纪检监察报》优秀通讯员】2017年1月，县纪委监察局干部曾光耀被中国纪检监察报社评为2015年度优秀通讯员。曾光耀长期笔耕不辍，近4年在中央、省、市、县各级媒体发表纪检监察信息、新闻、廉政网评、调研文章等稿件数百篇，其中在《中国纪检监察报》《湖南日报》《常德日报》上稿110余篇，宣传推介石门县纪检监察工作。同时，坚持以老带新，辅导年轻人发掘工作亮点，润色修改稿件，尽心尽力营造全县党风廉政建设和反腐败斗争浓厚舆论氛围，其辛勤写作、积极撰稿、成绩突出，得到国家级主流媒体认可。

（刘东华、赵　峰）

重要会议

【中共石门县第十二届纪律检查委员会第二次全体会议】2017年2月22日，石门县纪委十二届二次全会召开。县委副书记、县长郭碧勋主持会议。市人大常委会副主任、县委书记谭本仲出席会议并讲话。

县委常委、县纪委书记张凯作工作报告。报告指出，2016年，全县各级纪检监察组织立足全面从严治党新常态，强化监督执纪问责，全县党员干部纪律规矩意识进一步增强、干部作风持续好转、群众满意度不断提升。2017年，石门县将全面贯彻党的十八大和十八届三中、四中、五中、六中全会精神，深入贯彻习近平总书记系列讲话精神，认真落实中央、省、市纪委全会部署，按照上级纪委和县委要求，保持政治定力，主动担当作为，在聚焦监督执纪问责、强化党内监督、净化政治生态、深化标本兼治上持续较真发力，着力推动全面从严治党见常态见长效，为深入推进全县“1155”工程提供坚强的纪律保证。

市人大常委会副主任、县委书记谭本仲指出，全县上下要坚决把关于全面从严治党的相关精神落实落细，以更有力的工作措施推进全面从严治党。全面落实从严管党治党责任必须坚持标本兼治，常抓不懈。要坚决维护权威，拥护核心；要从严管理班子，带好队伍；要全面强化监管，正风反腐；要坚持领导带头，当好表率。谭本仲强调，2017年是党的十九大召开之年，是贯彻落实县第十二次党代会精神的开局之年，是县乡领导班子同步换届后的第一年，抓好党风廉政建设和反腐败工作意义重大。全县各级党组织和纪检监察组织要进一步压实“两个责任”，持之以恒地推进作风建设，继续深化“雁过拔毛”式腐败问题专项整治，切实加强廉洁文化建设，始终保持反腐败的高压态势，抓好纪检监察机关自身建设，以优异的成绩迎接党的十九大胜利召开。会上，各乡镇区党委书记、街道党工委书记向谭本仲递交了《党风廉政建设责任书》。

（县纪委）

【县委第一轮巡察工作动员部署会】2017年6月1日，石门县委2017年第一轮巡察工作动员会在兰园会议中心召开。会议明确，2017年第一轮巡察将组建4个巡察组，于6月上旬至8月分别对县交通投公司、县城管执法局、县农业局、县卫计局进行巡察。县委常委、组织部部长、县直机关工委书记李绍南主持会议，县委常委、县纪委书记张凯作动员报告。

巡察组将对巡察对象执行《中国共产党章程》和其他党内法规，遵守党的纪律，落实党风廉政建设主体责任和监督责任等情况进行监督。巡察内容包括：违反政治纪律和政治规矩，存在违背党的

2017年县委第一轮巡察工作动员会

路线方针政策,有令不行、有禁不止,阳奉阴违、拉帮结派等问题;违反廉洁纪律,以权谋私、贪污贿赂、腐化堕落等问题;违法组织纪律,违规用人、拉票贿选、买官卖官,以及独断专行、软弱涣散、严重不团结等问题;违反群众纪律、工作纪律、生活纪律,搞形式主义、官僚主义、享乐主义和奢靡之风等问题以及县委要求了解的其他问题。

张凯指出,派出4个巡察组同时对4家单位党组织进行巡察,集中巡察的时间为两个月。各巡察组要坚持问题导向,认真履职尽责,确保巡察取得实效。巡察组方法要新,出手要准,开展"点穴式""机动式"专项巡察、联动巡察、交叉巡察,并运用巡察、审计、述廉"三位一体"机制;整改要强,成果要用,狠抓巡察整改,做好线索移交,强化成果运用;力量要合,协同要实,巡察组备课要实,被巡察单位态度要实,群众参与监督要实。

(唐　朝)

重要活动

【"传承优良家风,共建清风石门"系列活动启动】2017年2月22日,全县启动"传承优良家风,共建清风石门"系列活动。启动仪式上,全县各单位负责人收到石门县纪委赠送的家风家训系列丛书。系列活动主要内容是开展"七个一"活动:赠送一套家风家训相关书籍、开办一个家风家训媒体专栏、上好一堂家风家训专题党课、立好一条党员领导干部家规、打造一个家风家训教育基地、开展一次家风家训专题调研、举办一场家风家训汇报演出。同时,评选出石门"最美家风家庭""最美孝德青年""最美清风少年""最美文明村居""最美家风作品"等。

【纪检监察派驻监督全覆盖改革工作完成】2017年8月30日,县委召开纪检监察派驻机构改革工作会议,向12个派驻纪检组进行授牌,派驻监督全覆盖改革工作按照省市纪委的要求得以全面落实。共设置12个石门县纪委派驻纪检组,其中综合派驻10个、单独派驻2个,负责监督单位56家,授权监督单位83家。每个纪检组核定行政编制4名,其中组长、副组长各1名,成员2名。

【"互联网+监督" 工作】2017年,成立由县委书记任组长、常务副县长和纪委书记任副组长的"互联网+监督"工作协调领导小组。对35家民生资金主管单位和试点乡镇新关镇数据采录工作进行4次系统操作培训。针对数据公示后存在的不稳定因素,督促35家民生资金项目主管单位对已录入系统的247项民生资金项目进行风险评估。全县完成信息录入民生资金项目表247条,资金来源表256条、资金去向表228条、项目发放表1338条、个人发放表378940条、项目公示表39条、支出明细表5960条。11月14日,湖南省"互联网+监督"平台上线启动。

【清理国家公职人员违规参与经营活动专项整治工作】2017年,成立由县委常委、县纪委书记任组长,县纪委副书记、县监察局局长任副组长的专项整治工作领导小组,并结合全县实际,制定下发《石门县开展清理国家公职人员违规参与涉矿等经营性活动专项整治工作实施方案》。全县208家公务管理(参公)单位、170家事业单位、8家县属国有企业参与清理。建立全县国家公职人员参与涉矿专治工作基础信息库,涵盖国家公职人员13446人,其中:厅级干部1人、市管县处级干部73人、乡科级干部1798人、一般公职人员11574人,领导干部配偶1752人、子女及子女配偶2151人。收集科级以上干部个人情况报告表1872份,其中处级及以上领导干部74份,科级干部1798份,39名国家公职人员本人或其配偶、子女参与涉矿、涉渔、涉小水电、涉危险化学品等经营性活动情况,其中37名公职人员办理完成退出手续,完成退出金额653.3万元。

2017年,县纪委对5起国家公职人员在涉矿等六类领域专项整治清理中不如实申报个人有关事项、工作不实问题的典型案例进行点名道姓通报曝光,其中有10名公职人员违规参与涉小水电经营活动案被省纪委通报。

(县纪委)

社会团体

石门县总工会

【概况】2017年，石门县总工会坚持面向职工，贴近基层，扎实履行各项职责，全面完成各项工作任务，获评“全市工会工作先进单位”。

劳模评选表彰和关爱。2017年，参与组织开展石门县首届劳动模范和先进工作者评选表彰活动，评选出21名县级劳动模范，其中先进工作者5名、职工劳动模范12名、农民劳动模范4名。4月27日，县委举办石门县首届劳动模范和先进工作者表彰大会。开展“中国梦·劳动美”主题教育，在“工人阶级宣传月”开设劳模风采专栏，组织先进模范人物事迹巡回报告会；加大对劳模的关爱力度，组织开展了省部级以上劳模的基本情况摸底调查、走访活动，向省总工会申请2名全国劳模、12名省级劳模特殊困难帮扶资金，发放劳模春节慰问金、荣誉津贴和困难劳模各类救助金9万多元，落实22名工资不足2390元的市级劳模的工资补差，补差57020元，营造了崇尚劳模、学习劳模、争当劳模、关爱劳模的浓厚社会氛围。

劳动竞赛活动。组织参加2017年常德市“安康杯”竞赛活动。全县122家企事业单位、8700多名职工参加竞赛活动。参与承办湖南省“湘字号”传统技艺工匠竞赛暨首届手工制茶技能大赛决赛。在市级预赛中，石门县3名选手进入前5名。在全省决赛中，石门选手冷建国夺得第一名，获“湘茶工艺大师”称号，被省总工会授予“湖南省五一劳动奖章”；石门县选手徐洋洋夺得第五名，获“湘茶优秀工匠”称号。

就业培训活动。县总工会将“双联”帮扶工作纳入全县脱贫攻坚大局，因势利导，因地制宜，统筹推进“一户一产业工人”培养工程，取得成效。2017年一季度，市总工会在石门县召开专题现场会，省、市总工会领导多次到石门县调研指导，对石门推进“一户一产业工人”培养工程的做法给予很高评价。具体举措：①精准摸底，建立就业培训数据库。突出农民工和城镇下岗困难职工稳定就业需求和特色农业产业基地、城镇企业用工需求，全面摸底，精准分类，建立了“一户一产业工人”培养对象基本信息数据库、技能培训意向数据库、技能人才数据库、就业岗位数据库，精准掌握农民工的基本信息和就业培训需求。②整合资源，构建就业培训新格局。按照“项目名称不变、实施主体不变、经费渠道不变、工作责任不变”的原则，统筹部门、企业的培训项目、培训资金、培训师资，构建起“党政统一领导、工会协调推进、部门和企业紧密配合”的农民工就业培训新格局。全县举办各类实用技能集中培训10多场次，培训建档立卡贫困农民和城镇困难职工6000多人次；送课到柑橘、茶叶、养殖基地20多场次，培训农村贫困劳动力1500多人次；县总工会和县人社局整合“农村劳动力转移技能培训”“再就业培训”“技能就业计划培训”等项目，共计培训下岗职工、农民工2800多人。③有的放矢，打通培训就业对接道。依托全县20个乡镇区、4个农林场建立的70个专业合作社、80个家庭农场和县经济开发区的57家规模企业，组织开展订单式培训，实现技能培训与用工需求的无缝对接。湘佳牧业在全县14个贫困村定期举办土鸡、香猪养殖培训，带动1000多贫困农户养殖增收，每户年均增收5000元以上。

帮扶维权工作。①加大帮扶力度，温暖困难职工。一是深入开展“四送”活动。聚焦农民工和下岗困难职工，开展“春送岗位”“夏送清凉”“金秋助学”“冬送温暖”活动，帮助2641名下岗失业职工落实再就业岗位，为700多名一线困难职工送去党和政府的关怀和温暖。县总工会共投入帮扶资金100余万元，其中投入12.4万元资助了62名困难职工家庭学生。全县各基层工会共筹集助学资金70余万元，资助困难职工家庭学生370余人。二是全面推动职工医疗互助活动。全县有212家单位、14993名职工参与，收取医疗互助金899580元。截至11月底，400余人申领医疗补助33万元，另外为27名大病患者申报大病救助金233000元，为6名患重大疾病死亡的职工申报死亡救助金30000元。三是夯实帮扶工作基础。推动帮扶站点向规模以下企业延伸，按照有场所、有人员、有标识、有档案、有制度、有资金、有项目的“七有”标准建成15家帮扶站点。县总工会对帮扶资金使用情况进行抽样跟踪调查，确保帮扶资金严格按照上级要求进行管理和使用，全部发放到真正需要帮助的困难职工手中。②加强法律援助，化解矛盾纠纷。2017年，县“双联”办会同县人社局仲裁部门、县司法局共同调处劳动争议案30件，其中诉前调解成功17件，受理13件，结案13件；处理劳动权益投诉举报40起，结案40起，为73名农民工讨回薪水30多万元。以劳动合同签订为切入点，查处18家单位，涉及劳动者1587人，补签劳动合同150份，并对7家单位下发限期整改书。同时，推进工会信访维稳工作，全年共接待来信来访11次，对涉及40名职工的劳动权益维护、困难救助等问题都及时进行调查、上报、解决。③参与保护监督，促进安全生产。发挥工会在安全生产领域的维护、监督职能，切实维护职工利益。开展安全生产月咨询日宣传活动，制作横幅一条，宣传盾牌2个，发放宣传单500多份。开展工会劳动保护监督检查。在全县开展百日安全生产大排查整治活动，参与职能部门的专项检查，选聘10名劳模为全县首批节能减排及安全生产义务监督员，确保及时消除安全隐患，实现“安全生产月”零事故。配合县安监局参加6起安全事故调查处理工作，提出工会方面的意见和整改措施。④强化民主管理，和谐劳动关系。一是推进工资集体协商。以“春季要约”行动为抓手，加大《规范》《条例》的学习宣传力度，强化规范协商程序的指导培训和督查通报，促进了工资集体协商的扩面提质。截至年底，全县588家企事业单位开展了工资集体协商工作，国有和事业单位及规模企业的工资集体协商建制率达100%，规模以下企业工资集体协商建制率达80%。二是推进厂务公开。成立县厂务公开领导小组，强化12家相关职能部门的职责，制定实施方案，明确公开的内容和公开的时间要求，开展专项督查，确保落实了职工对本单位重大事务的知情权。全年全县国有和事业单位厂务公开推行率达95%，非公企业厂务公开推行率达80%。县总工会坚持以点带面，4名班子成员每人联系一个非公有制企业创办厂务公开示范点，起到示范带动作用。三是推进职代会建设。推进基层企事业单位职代会制度化、规范化建设，不断规范和扩大职代会的职权，有效维护职工群众的民主权利和切身利益。全县国有和事业单位职代会建制率为90%，非公企业职代会建制率为80%。四是推进创建“劳动关系和谐企业(单位)”活动。坚持整体推进、边创边改，促进劳动合同、劳动报酬及社会保险、安全生产、平等协商、厂务公开等十大方面民主管理制度的不断完善，维护企业和职工双方的合法权益，促进企业的健康发展。通过创建活动，促进了职工“五大保险”的逐步落实，部分企业还补缴了所欠的社会保险金。

工会财务管理。一是超额完成工会经费收缴任务。“营改增”后，县总工会与县地税局协调，加强工会经费税务代收工作，随税附征基本做到应收尽收，全年收缴工会经费525万元，完成全年任务的109%。二是努力增加财政经费划拨。通过积极争取，县财政年度预算工会经费比2016年增加10万元，“双联”工作经费增加5万元，劳模工资经费增加8.2万元。三是不断规范乡镇工会经费“乡财县管”。全县22个乡镇区(街道)和开发区的工会经费实行“乡财县管”，基本实现“三统一”规范化管理。四是发挥经审监督作用。认真履行审查审计监督职责，扎实开展工会经费、资产管理和专项资金审查审计工作。全年完成13家基层单位工会的收支审计，出具审计报告12份，提出审计建议52条，开展了限期整改督查；完成23家规模企业工会的计提拨缴审计。五是完成工会资产置换。5月，县总工会完成新、老院落的资产置换，办理了置换资产不动产证书，房屋资产总值由89万元增加到1700万元，升级改造职工服务中心、教育培训中心、文化体育中心。8月2日，省总工会党组成员、副主席周海斌到石门县调研工会财务及资产管理工作，对石门县优化工会收入结构、规范工会财务管理、确保工会资产安全增值、完善职工群众服务功能等做法给予肯定。

工会组织建设。一是破解组建难题，壮大工会组织。坚持“党建带工建”，努力破解非公企业和小微企业工会组建难题，扩大了工会组织的覆盖面。新组建工会组织13家，其中园区建会4家、区域工会联合会4家、社区工会2家、行政事业单位工会3家，发展会员1532人。全县各类法人单位建会率和职工入会率动态保持在85%以上，企业法人单位建会率和职工入会率动态保持在90%以上，农民工会员数量较2016年增长5%以上。在推进“一户一产业工人”培养工程中，在柑橘、茶叶、养殖等特色农业产业专业合作社探索工会组建，促进广大农民向产业工人转变，有效壮大了工会阶级基础。二是开展多彩活动，凝聚职工力量。突出工会特点和地方特色，组织开展系列职工喜闻乐见、便于参与的文体活动，激发了广大职工群众的劳动力量。4月27日，县总工会举办石门县“中国梦、劳动美、劳模颂”电视文艺晚会，为劳动讴歌，为劳模喝彩，社会反响好。10月10日县总工会参与举办的千人“橙”跑活动，吸引全县各单位、各层面的千余干群为柑橘节和旅游文化周活动助势加油。开展了“示范性乡镇职工文化广场”创建、“寻找好家风·最美职工家庭”以及芙蓉百岗明星、工人先锋号、“五型”模范职工之家创评等活动，凝聚了人心、激发了活力。三是建好三个中心，提升服务能力。结合县总工会机关院落搬迁，实施职工服务中心、教育培训中心、文化体育中心的升级改造，建成全省一流的县级工会机关和服务中心。开展县总工会机关文明窗口单位创建活动，通过市文明办的检查验收。石门县全国示范乡镇(街道)工会和省级“六好”乡镇(街道)工会建设有效开展。四是健全考核机制，激发长效活力。把“双联”工作纳入全县各单位目标绩效考核，严格按照争创“五星级工会”考核办法，结合基层工会工作实际，做到日常掌握、定期督查、年终考核、严格奖惩，确保工会工作有活力、有长效。五是注重调查研究，促进工作创新。围绕“一户一产业工人”培养工程、工会组织建设、深化工会改革、职工健康状况、企业安全生产、促进农民工融入城市等专题，开展一系列调研活动，探索出新途径新方法，创造新经验新成果。县总工会参加全国总工会在四川广元召开的调研座谈会，就石门工会促进农民工融城工作作经验介绍。

（县总工会）

【石门县首届劳动模范和先进工作者表彰大会】2017 年 4 月 27 日，在第 127 个“五一”国际劳动节前夕，石门县首届劳动模范和先进工作者表彰大会暨“中国梦·劳动美·劳模颂”文艺晚会在县广播电视台演播大厅举行，朱晓平等 16 名劳动模范和罗成宇等 5 名先进工作者受到表彰。市人大常委会副主任、县委书记谭本仲出席表彰大会，县委副书记邓碧波主持表彰大会，县委常委、常务副县长周功表宣读表彰，在家的全体县级领导出席大会。国家、省、市级劳动模范和先进工作者，县直单位、各乡镇（区，街道，国有农林场）、中央省市驻石单位、部分大中型企业相关负责人约 700 人参加表彰大会。

为宣传先进典型，唱响主旋律，凝聚正能量，大力弘扬社会主义核心价值观，努力在全县营造劳动光荣、知识崇高、人才宝贵、创造伟大的社会氛围，激励和鼓舞全县人民以先进模范人物为榜样，振奋精神，开拓进取，为加快建设武陵山片区经济强县和建设“五个新石门”作出新贡献。3 月 17 日，县政府下发《关于做好石门县首届劳动模范和先进工作者评选表彰工作的通知》，明确石门县首届劳动模范和先进工作者的评选范围：2012 年以来，在石门县改革开放、经济建设和社会发展中做出突出贡献的工人、农民、专业技术人员、管理人员、机关工作人员、非公有制经济从业人员、下岗再就业和自谋职业人员、进城务工人员及其他人员。经基层推荐，单位申报，社会公示，组织审核，朱晓平等 12 名职工、黄云华等 4 名农民、罗成宇等 5 名国家机关事业单位工作人员，被石门县人民政府授予石门县“劳动模范”和“先进工作者”奖章，每人奖金 5000 元。

（张友亮）

【寻找“好家风·最美职工家庭”活动】2017 年 6 月，县总工会在全县工会系统中开展寻找“好家风·最美职工家庭”活动。活动旨在为贯彻落实习近平总书记关于家风建设的重要讲话精神，积极传承中华民族家庭美德，深入挖掘、选树和宣传身边“最美职工家庭”及感人故事，引领民风家风社风正向发展，推动形成爱国爱家、相亲相爱、向上向善、共建共享的社会主义家庭文明新风尚。活动以全县已建立工会的企事业单位为范围，评选出夫妻和睦、孝老爱亲、科学教子、书香学习、廉洁奉献等五类“最美职工家庭”。评选条件分别为，“夫妻和睦家庭”：相互平等尊重，生活互敬互爱，事业彼此支持，共同履行责任；“孝老爱亲家庭”：弘扬孝道文化，孝敬父母长辈，关爱家庭成员，困境援手相助；“科学教子家庭”：品德教育为先，掌握科学方法，重视言传身教，传承良好家风；“书香学习家庭”：营造书香氛围，坚持亲子共读，注重学以致用，活跃家庭文化；“廉洁奉献家庭”：坚持廉洁自律，崇尚健康生活，邻里守望和睦，热心社会公益。此次活动分为宣传发动阶段、评选推荐阶段、复评公示阶段、总结表彰阶段，并将对评选出的“十大最美职工家庭”，进行家训家规、和谐故事、幸福生活、家庭风采的集中展示、宣传和表彰。

【石门县第一期“一户一产业工人”培训班】2017 年 3 月 22 日，石门县第一期“一户培养一个产业工人”培训班开班，180 多名建档立卡的贫困户和农民工受训。市总工会党组成员、副主席张伟，县人大常委会副主任、县总工会主席康文化参加开班仪式并讲话，要求所有参训人员认真学习，把所学知识转化为就业、创业的技能，尽快实现脱贫致富。

石门县“一户培养一个产业工人”培训工程是湖南省总工会民生活动重点工程，由县总工会负责，2017 年全年计划举办 10 期，周期为半年，共计划培训 5000 余人次，逐步实现“培训一人、就业一人、入会一人，脱困一家、壮大一批、带动一方”的目标，支持困难职工和农民工培训后再就业。培训班上，县农业局茶叶办专家许爱国讲授《无性系良种茶园栽培管理与成龄采摘茶园的春季培管》课程，蜜蜂养殖专业户严师傅讲授《中蜂的圆改方养殖技术》课程。

（编辑部）

首届劳动模范和先进工作者接受表彰

共青团石门县委员会

【概况】2017 年，中国共产主义青年团石门县委员会（简称团县委）在基层组织建设、关爱困难群体、脱贫攻坚、预防青少年违法犯罪、主题活动等方面取得良好成效。

基层组织建设。结合村居两委换届，在全县完成村级团组织换届选举；落实团干部选配管理，乡镇（街道）团委（团工委）书记均由班子成员担任，平均年龄不足30岁；严格落实“三会一课”制度，开展“学习总书记讲话，做合格共青团员”教育实践活动。

关爱困难群体。开展春节走访慰问活动，为25户困难青少年家庭送去慰问金3万余元；开展“茅台学子”“芙蓉学子”助学活动，落实助学金6万余元；开展“爱心细流”公益助学活动，央企中铁城建与樱桃小学及河口中学的28名困难学生进行结对帮扶；开展“精准扶贫·点燃希望，合力监护·相伴成长”关爱留守儿童活动，30位爱心妈妈与留守儿童现场结对，为全县乡镇（街道）“留守儿童保护工作站”授牌；协办“同心励志夏令营”活动，丰富30多位贫困青少年的暑假生活。

助力脱贫攻坚。扎实开展扶贫政策宣传，发动志愿者走访贫困户3000余户，发放资料3000余份；推进“澧域电商扶贫项目”，依托石门县青年创业协会，平台管总销售、山区挂牌建点，通过线上销售土特产品助力脱贫攻坚；开展“脱贫攻坚，青春在行动”惠民帮扶送爱心活动，为全县贫困户和部分留守儿童送去过冬棉被和书包、文具等学习用品；做好联系点村大棚村脱贫攻坚工作，落实空城行动，支持扶贫经费5万元，确保贫困村、联系的贫困户如期脱贫。

预防青少年违法犯罪。通过开展“法制进校园”“4·23读书日”、青少年法律知识竞赛、“12·4”宪法日系列活动，促进青少年健康成长；开展“法律六进”与“道德与法”进校园专题讲座；开展全县青少年群体进行摸底排查，对5000人次青少年信息进行摸底造册；探索建立“未成年人监督联络员机制”，通过平台搭建，保障未成年人权益。

主题活动。以主题活动为抓手，致力打造“三型共青团”。一是结合社会风尚，突出“引领型”。开展“最美孝德青年”评选活动，通过申报，实地查看、网络投票、拍摄宣传片等方式、评选出10名孝德青年；开展“道德讲堂进校园”活动，通过讲述管群英、王怀军等道德模范事迹，将正能量传递到学生心灵深处；开展“青少年读书分享会”活动，通过让优秀青少年推荐自己最喜欢的一本书，营造热爱阅读的良好氛围。二是结合日常工作，突出“服务型”。“3·5”学雷锋日开展“关爱马路天使，共建美丽石门”慰问环卫工人活动；“五四”青年节开展大棚村“扶贫路上，青春相伴”主题活动，通过实地走访、土特产促销、电商助农和结对帮扶，让青年志愿者参与到脱贫攻坚；“八一”建军节举办“双拥情，强军梦”军民联欢晚会；9月发动全县城区志愿者，集中开展了“文明劝导”系列志愿服务活动。三是结合群团组织优势，突出“创新型”。举行“星show才艺大赛”，搭建青少年展现才艺的舞台；开展“暖心青春，欢迎回家”新春送福活动，为返乡农民工送去500多套福字及新春大礼包，开展“赢在石门，为梦想而战”创新创业大赛，发放创业奖金5万元，营造了优质的创业环境；搭建青年交流平台，制定青年长期交流方案，收集近200名各界优秀单身青年信息，开展“媒动青春，橘城之恋”相亲联谊活动。

【基层团组织开展扶贫政策宣传工作】2017年5月10日开始，团县委在全县各乡镇（区）、街道组织开展扶贫政策宣传工作，参与宣传的团员青年、志愿者近1000人。团县委集中在蒙泉镇、夹山镇、皂市镇、白云镇、维新镇、壶瓶山镇走访贫困户3000多户，发放资料3000余份；团县委发挥石门V青年微信公众号新媒体作用，利用“村村响”、板报、宣传单等在基层的宣传优势，大力宣传中央、省委、市委扶贫政策；团省委制作的宣传挂历由各乡镇团组织走村入户发放到人；全县所有基层团干部、团员青年担负起脱贫攻坚宣传员、讲解员职责，发挥青年志愿者、致富带头人的作用，走村入户开展宣讲；调动青年创业协会、农村青年致富带头人协会等社会组织的力量，组成各类宣讲团，将扶贫宣传资料带到基层，面对面向基层群众开展宣讲。

【关爱困难青少年活动】为切实做好困难青少年的关爱工作，2017年2月，团县委分别深入壶瓶山镇、维新镇、子良乡和二都街道等10个乡镇街道，走访慰问25户困难青少年家庭，送去慰问金30000元。4月6日至7日，由省直机关工委牵线，帮助三圣乡樱桃小学结对央企中铁城建，开展“爱心细流”公益助学活动，向樱桃小学捐赠爱心电脑，为贫困学生发放爱心物资，该企业还将三圣乡樱桃小学和河口中学的28名特困家庭学生进行结对帮扶，帮助他们完成学业。

（刘　汀）

【道德讲堂进校园活动】2017年5月24日，共青团石门县委、石门县关工委、石门县文明办、石门县教育局、石门县委老干部局等部门联合主办的道德讲堂进校园活动，在县思源实验学校拉开序幕，常德市关工委常务副主任张元英，石门县委副书记、石门县关工委主任邓碧波出席活动并讲话，石门县关工委常务副主任詹腊珍宣布石门县2017年度道德讲堂进校园活动正式启动，相关部门、永兴街道办负责人、县思源实验学校师生及家长1000多人参加活动。道德讲堂进校园活动分为“做反省、唱歌曲、学模范、诵经典、发善心、送吉祥”六个环节。参加活动的6位道德模范：高位截瘫的人生强者管群英、扎根山区33年的人民教师王怀军、被村民誉为“电骡子”的供电所所长覃道周、石门美德少年高中生张轩谱和初中生李奕飞，用朴实的语言向同学们讲述他们的不凡经历，向学生传递正能量。

（伍登云）

石门县妇女联合会

【概况】2017年，石门县妇女联合会（简称县妇联）认真贯彻落实党的十九大会议精神，以联系妇女、服务妇女、教育妇女、维护妇女儿童合法权益为根本任务，为全县经济社会发展做出新贡献。

活动开展。①“三八”系列活动。“三八”妇女节期间组织全县乡镇、街道妇联主席，县直单位女工委员共68人，开展了一场“走进亲亲常德·激发巾帼活力”活动，感受“三改四化”后常德新变化，参观市妇女儿童活动中心。2月7日，联合县人社局等单位开展“春风行动”，帮助城镇失业妇女、进城务工妇女、农村富余女劳动力实现转移就业。②“六·一”关爱活动。“六·一”期间，县妇联与常德金德镭射科技有限公司爱心团队一行到南北镇中心学校及清官渡小学、壶瓶山镇江坪小学慰问农村留守儿童，赠送慰问金和爱心物资。金德镭射公司向全县60名贫困学生发放8万元助学资金。6月1日，县妇联与县慈善总会、县教育局、县民政局等联合举办以“精准扶贫·点燃希望，合力监护·相伴成长”为主题的关爱留守儿童系列活动，活动现场为各乡镇、街道留守儿童工作站授牌，发出关爱留守儿童活动的倡议，社会爱心人士组成的“爱心妈妈”“代理家长”现场结对30名贫困留守儿童，为他们赠送“节日礼包”。③“八一”慰问驻地部队活动。7月30日，在中国人民解放军某驻石部队举办以“双拥情，强军梦”为主题的军民联欢晚会，部队官兵和民众同庆建军佳节、共叙鱼水深情，弘扬爱国主义精神，提高居民国防意识。④“微善风”助学活动。为“脱贫攻坚·微善风助学常德”活动中结对成功的224名建档立卡贫困户中的在读学生发放助学金33万余元。⑤开展儿童防性侵知识讲座。在壶瓶山中心学校、壶瓶山南坪小学和南北镇中心学校举办3场“女童保护”儿童防性侵知识讲座，400多名学生参加讲座。⑥开展生殖健康知识“进校园、进企业、进社区”公益活动。在楚江街道荷花社区、观山社区、湘北职业中专学校开展3场生殖健康知识“进校园、进企业、进社区”公益活动，邀请县人民医院妇产科医生讲述女性应该如何关爱自身健康，呼吁女性提高生殖疾病预防和保养意识。⑦开展“Of mom妈咪爱成长关爱行”公益活动，向太平镇248户贫困家庭0到3岁的婴幼儿发放价值8万元的奶粉，将爱心企业和社会的关怀温暖送到广大妇女儿童手中。

保障妇女儿童权益。2017年1月11日，由县妇联牵头，县司法局、县民政局、县委政法委等单位参与，成立石门县婚姻家庭纠纷人民调解委员会。聘请2名专职人民调解员和5名法律援助志愿者，组成一支专业的人民调解员队伍。全年接待来访群众1198对，调解成功的夫妻达242对。做好信访接待工作，全年接待来信来访来电119件次，结案率100%。加大维权宣传力度，组织全县各单位女职工参加法律法规知识竞赛活动，组织巾帼志愿者开展法律咨询活动，重点宣传反家暴法、禁毒法，发放妇女维权等各类宣传资料5000余册，提供咨询服务200余人次。

救助关爱。推进农村妇女“两癌”免费检查，将任务分配到各乡镇(街道)、宣传深入到村组、政策惠及到适龄农村妇女。全县完成规定的25430名农村适龄妇女“两癌”免费检查。加大农村妇女“两癌”救助力度，全年发放救助金104万元。3月2日，为全县92名农村“两癌”贫困母亲发放全国妇联“贫困母亲两癌救助”中央专项彩票公益救助金，每人1万元。8月11日，为全县10名低保贫困妇女发放2017年湖南省农村“两癌”贫困妇女救助金，每人1.2万元。

促进妇女儿童发展。颁布实施“两纲”规划，推动《石门县妇女发展规划(2016—2020年)》《石门县儿童发展规划(2016—2020年)》的颁布实施，引导妇女儿童增强公民意识、强化公民责任，提高妇女儿童依法行使知情权、表达权、监督权的能力。拓宽妇女就业渠道。举办两场为期5天的石门县妇联“助脱贫、促就业”月嫂培训班，聘请高级育婴师从月子餐指导、母婴居家生活护理、婴幼儿喂养、感知活动等方面对学员展开培训，共有120名下岗失业妇女、留守妇女及部分建档立卡贫困户参加培训。设立“小候鸟图书角”。2017年，在维新镇中心学校、县四完小、壶瓶山镇江坪小学、三圣乡完全小学4所学校设立“小候鸟图书角”，通过图书角活动增强同学们之间互动，充实留守儿童的课余文化生活。加大“母亲水窖”“ECD”“知心屋”等项目的扶持力度，促使项目落地生根，发挥阵地作用。

典型引领。开展寻找“最美”活动。围绕“家风力量·幸福守望”主题，在全县范围内开展寻找“最美家风家庭”活动，初选出20户“最美家风家庭”故事在“石门妇联”的微信公众号上发布，点击率达8万多次，引发关注。最终评选出10户表现突出、事迹感人、群众认可的“最美家风家庭”，在石门春晚上进行集中表彰。推介各类先进典型。南北镇罗来彬家庭获评全国“最美家庭”、九九太浮粮油专业合作社被评为全国巾帼农业示范基地、朱志群获评湖南省“最美创业”人物、太青山茶叶专业合作社获评全省巾帼农业示范基地、观山社区被授予省级妇女之家示范点、县中医医院心内科完成省级“巾帼文明岗”的申请上报工作、县广播电视台获市级“巾帼文明岗”荣誉称号等。

脱贫攻坚。县妇联派出2名党员干部组成工作队，全脱产驻壶瓶山镇大棚村开展扶贫工作。2017年，完成大棚村村部整修、8.5千米道路拓宽和1千米的道路硬化工程、2座危桥改造、村级卫生室等项目，4.5千米道路硬化建设进展顺利，项目建设投入资金600万元。采购150亩茶苗，10吨肥料以以奖代投的方式发放到茶农手中。支持20万元成立产业帮扶奖励基金和助学帮困基金。对两个茶叶和娃娃鱼合作社给予40万元资金支持，鼓励其带动贫困户发展产业。

(县妇联)

【石门县婚姻家庭纠纷人民调解委员会成立】2017年1月11日，由县妇联牵头，县司法局、县民政局、县政法委等为成员单位的“石门县婚姻家庭纠纷人民调解委员会”举行挂牌仪式。县委常委、县委政法委书记张树国，县妇联主席徐菁菁为“石门县婚姻家庭纠纷人民调解委员会”揭牌；县民政局局长林华宣读“关于成立石门县婚姻家庭纠纷人民调解委员会”文件；县司法局局长刘爱国为2名专职人民调解员颁发聘书。县委政法委、县法院、县公安局、县妇联、县司法局、县民政局、石门楚江法律服务所等相关部门50多人参加揭牌仪式。

石门县婚姻家庭纠纷人民调解委员会成立仪式

鉴于婚姻家庭纠纷呈现多样化、复杂化、个性化等特点，为帮助更多家庭构建和谐的家庭关系，及时妥善化解婚姻家庭矛盾，帮助当事人排解各种婚姻、家庭危机，专门聘请2名人民调解员和5名法律援助志愿者，组成一支专业的婚姻家庭纠纷人民调解队伍，通过发挥妇联组织在婚姻家庭纠纷调解中的优势，推进人民调解与司法调解相互衔接。

石门县婚姻家庭纠纷人民调解委员会成立后，主要调处涉及妇女儿童权益保护的赡养、抚养、扶养、继承、财产争议以及其他当事人双方愿意调解的婚姻家庭纠纷，依法保护妇女、儿童和老年人的合法权益，促进家庭与社会和谐稳定。

（编辑部）

【举办“助脱贫促就业”月嫂培训班】 2017年10月，石门县妇联举办两场为期5天的“助脱贫、促就业”月嫂培训班，共有120名下岗失业妇女、留守妇女及部分建档立卡户参加了培训。培训班聘请高级育婴师裴文碧主讲，主要课程：月子餐食材与烹制、母婴生活护理、婴幼儿科学喂养、婴幼儿感知活动等内容，采取专业知识与实践操作相结合的方式进行授课。特别是在讲授婴幼儿喂养、护理及感知活动等课程时，给每位学员配发一个“模拟宝宝”，进行操作培训。培训结束后，所有学员参加由县人社局组织的结业考试，考试合格人员获得全国通用的“初级育婴师”资格证书。

（李　薇）

石门县科学技术协会

【概况】2017年，石门县科学技术协会（简称县科协）围绕中心、服务大局，认真履职、积极作为，以科技助力精准扶贫为支撑，坚持科学普及和创新驱动两翼齐飞，开展科技服务，取得较好成效。

科技助力扶贫。2017年，成立石门县科技助力精准扶贫领导小组，制定科技助力精准扶贫实施配套方案和计划，支持6个农技协、合作社、科普基地等团队组织参与科技扶贫，组织50名科技专家参与科技扶贫，带动脱贫建档立卡贫困户154户、贫困人口555人。落实5个国家和省级科技助力精准扶贫项目，为磨市镇铜鼓峪村、壶瓶山镇龙池河村、白云镇鹤山村和三圣乡河口社区争取上级科协科技助力精准扶贫项目资金60万元，积极配合科技专家团队深入到村开展科技服务，指导村级积极发展茶叶、药用牡丹、板栗、核桃、柑橘、脐橙、羊肚菌等产业，帮助贫困地区人口增产增收、脱贫致富。3月，县科协牵头，各乡镇配合，在全县开展了科技助力精准扶贫送科技下乡活动，组织农业科技专家和老师11人，出动宣传车128台次，深入167个村面对面为农民传授现代农业技术知识，培训农民1.1万人次，建立重点科技示范户225户。科技助力精准扶贫工作成绩突出，县农业局高级农艺师许爱国被评为全国科技助力精准扶贫先进个人，县科协党组书记向华清被评为全省科技助力精准扶贫工作“两数”管理考核优秀个人。

农村科普活动。2017年，县科协组织带领乡镇、街道科协以及县老科协、农学会、林学会、水利学会、蜂业协会、柑橘协会、茶叶协会、蔬菜协会专家开展大范围送科技下乡活动。2017年，由县科协组织举办的各级各类科技培训245期，其中现场培训和现场指导228次，科普展览52次，免费编发各类科技培训资料4万余份册，全县面向农村农民的普及培训人数达4.2万余人次。指导科普示范创建，石门县柑橘协会会长、石门县闫氏春橙专业合作社社长闫于烟被常德市科协评为2017年度科普带头人，13个涉农的学会、协会、基地组织等加入常德市农村专业技术协会联合会。

校园科普活动。2017年，加强城区中小学校以思想道德建设为主线的科普教育，通过开辟“升旗台”“社会公德教育长廊”“红领巾宣传栏”“精神文明长廊”“社区居民学校青少年学习乐园”“青少年科普教育第二课堂”“创客教育”等阵地，引导学生自觉履行道德义务，遵守法律规范，抵制伪科学。开展“保护环境，我的责任”校园科普宣传，组织青少年参加“小小飞行员”科普夏令营、户外亲子科普竞赛活动，促使广大青少年增长见识，提高科学文化素养，树立正确的科学观。促进青少年科技创新与科学发明创作，选派10名优秀科技教师参加省、市科技辅导员培训学习。组织学生参与省、市青少年科技创新大赛。在第16届常德市青少年科技创新大赛中，石门县获70个奖项。在第38届湖南省青少年科技创新大赛中，石门县获得科技创新、科技创意项目的4个奖项，其中石门一中学生邱思创的《声波调节汽车远近灯转换器》获科技创意项目二等奖。

社区科普活动。以城区街道社区为重点，培育树立一批科普工作先进典型和科普示范社区，形成创建一批、申报一批、储备一批的良好态势。2017年，楚江街道荷花社区创建市级科普示范社区。

年底，楚江街道、宝峰街道创建国家、省、市科普示范社区7个。各科普示范社区和争创社区依托社区社区科普学校、居民活动室、健身园等场所，举办科普讲座200多场次、健康体检2万余人、放映科普宣传片120多场次，发放各种科普资料5万多份，全面普及科学文化知识，倡导健康文明生活方式。各社区新建科普宣传窗3处，普遍添置了电脑、书刊、杂志等科教用品，添置配套的科普宣传设备，全面建立网上科普书屋。社区辖区的相关学校、医院、县直单位组成科学教育基地，选出文化程度高、热心科教事业的社区成员和居民代表组成科普志愿者服务队，形成自上而下的社区科普网络。各种科普活动场所、科普宣传屏媒全面向居民开放，以满足居民经常自我"充电"，丰富科学知识，及时获得社科新信息的需要。

学会组织建设。加强对学会工作的指导，规范学会工作，强化学会党建工作，指导各学会建立党支部。组织各学会开展各种学术交流和科普宣传活动，以不同形式普及科学知识。县医学会全年多次组织心脑血管病专题会议、肾脏病专业学术会、消化内科学术会及慢病防治知识讲座等活动，学术报告人均为湘雅医院、省人民医院、北京协和等医院的学科领军人物，外聘知名专家到石门县讲课，给全县各专科学会的工作增添新的活力。县中医学会组织开展了"我是科普达人"挑战赛，以竞赛形式开展科普宣传，从饮食保健到幸福秘籍，从疾病常识到突发应对，内容精彩，让人受益匪浅。县教育学会组织开展高效课堂"教学开放日"活动、高效课堂学科研讨活动、高效课堂送教下乡活动、义务教育阶段"片段教学比武"活动及优秀教育教学论文评选活动。县档案学会以"档案信息化与档案保护开发利用"为主题，举办档案学术论文评选活动。县林学会成立无患子无性繁殖研究组和青钱柳、金银花深加工课题组以及森林康养石门发展规划探讨等活动。县建筑学会建立继续教育奖励基金制度、设立科技人员阅览平台等措施，更新设计理念、掌握新技术，提升行业从业人员素质。

脱贫攻坚。2017年，县科协牵头县地震局、都得利公司入驻南北镇雅吉村开展扶贫工作。2017年，争取50多万元新建并硬化1.4千米的环村道路。投资56万元，拓宽道路4千米；投资171.7万元，硬化道路5.4千米；投资42万元，新建光伏发电站一座；投入177万元，建设沟渠1700米；投入110万元建设安饮工程，解决了所有户的安全饮水问题。流转土地11亩，用于发展葛仙米基地。危房改造35户，异地搬迁4户17人，医疗救助7人，教育助学学生16名，技能培训对象31人，全村61户建档立卡户168名建档立卡对象全部参加医保、大病保险和扶贫特惠保。12月18日，雅吉村通过全省脱贫摘帽第三方评估检查验收。

【全国科普日宣传系列活动】2017年9月22日，由县科协主办、楚江街道荷花社区承办的"全国科普日"主场宣传活动在东方广场举行，县交警大队、县地震局、县环保局、县林业局、县人民医院、县中医院等部门配合。全国科普日主题为"创新驱动发展，科学破除愚昧"。活动现场邀请专业人士开展科普知识讲座，发放科学生活、法制法规、健康养生、农业种植等科普宣传手册4000多份，上千名群众通过观看展板、互动体验、知识答题等方式感受科技的乐趣和给生活带来的变化。活动期间，壶瓶山自然保护区借助微信公众号及内部网站进行科普知识宣传，让公众了解自然保护工作、野生动植物的科普知识，及自然保护的相关法律法规，并组织300多名师生参观自然保护区宣教中心，增强自然保护意识。县内部分医院在分别走进竹园塔社区及思源学校，以拉横幅标语、派发健康宣传单及现场医学咨询的形式，为社区居民及学校学生宣传健康科普知识，同时为社区居民和师生进行免费体检，提供用药指导及健康咨询，宣传健康扶贫政策和困难群众一站式就医流程。该次活动有150余名党员干部参加，现场发放健康宣教资料3000余份，义诊500余人次。石门县中医医院安排46名医护人员到子良乡水田岗村和新铺乡岳家棚村开展健康扶贫义诊活动，义诊检查900人次，为80名建档立卡户建立健康管理台账，发放健康宣教资料600份，为患者免除检查费用18000余元，为10名住院患者免费手术，为患者减免住院费用3.8万元。

【"保护环境，我的责任"校园科普宣传活动】2017年3月7日，县科协、县环保局、县教育局联合组织开展主题为"保护环境，我的责任"校园科普宣传活动，在思源学校启动，2000多名师生参加。活动分三部分，一是由工作人员对200多名师生进行主题讲座，针对中小学生特殊受众，深入浅出从绿色生活，环保小知识出发，配以精心设计的图片进行生动活泼的环保知识传输；二是向全体参加活动的师生发放绿色生活环保宣传小手册，宣传小手册整体从绿色元素出发，加上精美的插图，配以简单易懂的文字，多维、立体地展示环保工作与绿色理念；三是组织师生参观环保知识展牌，了解包括"土"十条、"气"十条、"水"十条在内的环保政策方针。该活动从师生关注的"身边的环保""我能做什么？"角度出发，激发学生们学习和动手热情，减少超前消费、炫耀性消费、奢侈性消费和铺张浪费现象，实现生活方式和消费模式向勤俭节约、绿色低碳、文明健康的方向转变，在学生们心中种下绿色环保的种子。

（县科协）

石门县文学艺术联合会

【概况】2017年，石门县文学艺术联合会（简称县文联）认真学习习近平总书记在文艺座谈会上的讲话、《中共中央关于加强和改进群团工作的意见》文件精神，坚持"出作品出人才，出影响出形象"目标，服务文艺家团队和文艺家，联络、协调、指导团体会员，服务石门大局，服务县委、县政府中心工作。年度内，策划、举办多项文学艺术活动，石门文艺工作者参加全国大赛屡次获奖，为石门社会发展提供文学艺术动力。

文学。2017年，文学创作方面取得良好成绩，刘少一连续拿下三个大奖，即2016年《民族文学》年度奖、首届土家族文学奖、公安部"金盾文学奖"；孙开国获得2016年常德市原创文艺奖和第十届丁玲文学奖。长篇小说《半世繁华半世劫》(陈文曙著)、文学作品集《天若品茗》(张天夫著)出版发行。刘少一加入中国作家协会；张楠、唐生标、覃正广、彭美和加入中华诗词学会。

音乐。《你别走》《等在桑树边》获得湖南省五个一工程奖；《你别走》获省文化厅主办的新人新歌大赛演唱金奖，优秀作品奖，获省文联、省音协主办的潇湘好歌作品征集铜奖，获省欢乐潇湘群众文艺会演银奖并展演，获市百团大赛精品节目奖；《你在哪里幸福就在哪里》获市百团大赛精品节目奖；音乐情景剧《信仰》获市百团大赛优秀创作奖；市委宣传部、市文联组织的核心价值观主题创作，《公正之歌》《法治之歌》《友善之歌》《文明之歌》《富强之歌》入选并在全省巡演。

摄影。县内摄影工作者的多幅摄影作品入选湖南省"最美三湘儿女"笑脸作品征集展示活动；中宣部宣教局主办的"最美中国人"各族群众笑脸照片征集展示活动，童成文、李子章获优秀作品奖；在常德市七运会体育摄影大赛中，5人获优秀作品奖；殷远明摄影作品在中国摄影家网"影像中国"在线展出；杨昌伟摄影作品《迎接朝阳》获得湖南日报社举办的"首届武陵源航拍摄影大赛"金奖，《尘埃里的车队》入选湖南摄协举办的湖南省"最美交通运输人"摄影展，《海之韵》《羊起风沙》入选第26届奥地利超级摄影展，《丰收的图案》入选2017纽约国际摄影展；田辉举摄影作品《古街精灵》获得"美丽中国·湖南之旅"《中国摄影报》走进龙山影友擂台赛三等奖；林攸忠摄影作品《茶香晨曦》获"美丽中国·湖南之旅"《中国摄影报》走进常德老西门影友擂台赛二等奖。

书法。邵启平书法作品入展全国第二届楷书展，韩勇书法作品《云横心逐联》入展全国第八届楹联书法作品展、《小窗幽记二则》入展全国第四届青年书法篆刻作品展。

舞蹈。2017年2月参加常德市审计系统"荷花品格梅花精神"主题晚会，参演节目《欢迎你到石门来》获一等奖，《等在桑树边》获二等奖；7月参加常德市庆祝中国人民解放军建军90周年文艺晚会，情景剧《信仰》获金奖；8月参加"喜迎党的十九大——欢乐潇湘·经投杯常德市百团大赛"获三等奖；10月参加常德市纪委"荷花品格·梅花精神"廉洁文艺会演，歌伴舞《你别走》获现场最高分。邢斯玮、肖洁辅导的群舞《青蛙公主》获湖南省第十六届"三湘蒲公英"奖评选活动优秀奖；李春霞指导的节目《桔子红了》在第九届"小荷风采"全国少儿舞蹈展演湖南省选拔展演暨第二届湖南省青少年舞蹈大赛荣获指导奖。

演讲。2017年7月28日，由县演讲朗诵协会选拔指导的李悦同学，在全国青少年五好小公民"阳光校园·我们是好伙伴"主题演讲决赛中，获一等奖。9月，常德市2017"最美安全卫士"演讲总决赛，《他心头萦绕两个"一万"》获第一名。12月25日，在欢庆十九大、讴歌新时代——诗意潇湘·湖南省诗词协会成立30周年纪念演出中，罗建平创编的音诗歌舞《一只雄鹰划过青空》，讴歌"全国脱贫攻坚模范"王新法，获唯一精品节目荣誉。

【学习宣传王新法系列文艺创作活动】2017年，围绕宣传推介"省、市、县优秀共产党员王新法"的事迹，开展了一系列卓有成效的创作活动。组织创作歌曲《你别走》，由文联公众号推介后，点击量达到10万次以上，歌曲获得湖南省"五个一"工程奖、湖南省"新人新歌"金奖，"群文杯第六届全国声乐电视展演"通俗组银号奖；组织创作诗歌、散文、曲艺、微电影等多种形式文艺作品，《常德日报》和《湖南日报》"新湖南"均以专版和专期进行推介。

【主办系列文艺展演活动】2017年10月9日，举办"渫澧墨韵"博雅公馆杯石门书协会员书画作品展，展出作品近百幅，并编印作品集；10月10日，举办"大美石门石"第四届石门奇石精品展，此次展览形式之特、品位之高、奇石之精都属首次，把奇石与盆景相结合，奇石与书法摄影相融合，提升展览整体文化品位，给观者以赏心悦目的感觉；10月26日至27日，组织部分书协会员到湖北五峰县参加"湘鄂边六县书法联展"活动，加强六县书法文化交流，促进了传统文化繁荣发展；10月28日，在石门碧桂园举办2017"我们的节日·爱家爱国诗歌散文诵读会"，以独诵、合诵、独唱、独舞、大合唱等多种形式给观众呈现了一台精美绝伦的视听盛宴；11月24日，为年事已高的陈英儒、余明高两位画家成功举办艺术展，集中展示两名画家78幅山水、花鸟作品，两位老人老有所学、老有

石门站写生创作活动启动仪式

所乐、对艺术执着追求的高尚情操，得到社会和艺术界的赞赏。

（县文联）

【写意潇湘——中国写意油画学派石门站写生创作系列活动】2017年4月10日至19日，由全国政协委员、中央美术学院院长、中国美术家协会副主席、北京当代中国写意油画研究院名誉院长范迪安倡导推动并和中国美术家协会分党组书记、驻会常务副主席兼秘书长、北京当代中国写意油画研究院名誉院长徐里共同担任总策划的“2017写意潇湘——中国写意油画学派写生创作研究系列活动”第二阶段分别在张家界站和石门站启动。在石门站举行的写生活动，由省文联和北京当代中国写意油画研究院共同主办，省油画学会、长沙市博物馆、长沙市美术馆、县人民政府共同承办，无锡凤凰画材有限公司、石门县委宣传部、石门县文联共同协办，由维新镇政府、罗坪乡政府等提供支持。启动仪式在维新镇土家民族文化广场举行，中国油画学会理事、北京当代中国写意油画研究院执行副院长王辉致辞，县政府副县长宋雨泓致欢迎词，县委常委、宣传部部长江毅宣布活动启动。全国各地的著名油画家王辉、郑工、王建国、任传文、段江华、邓平祥等28人在维新镇、罗坪乡、夹山镇等地开展为期一周的写生创作活动。油画家们聚焦石门，用手中画笔，表现石门人文景观，弘扬石门土家文化。活动后期，举办了“2017写意潇湘——中国写意油画学派名家采风写生”作品展。

【举办“2017·罗坪端午音乐诗会”】2017年5月20日晚，由市文联主办，市诗歌协会、张家界市诗歌学会、县文联协办，罗坪乡政府、云南文山州七都职业学校承办的“2017·罗坪端午音乐诗会”在石门县罗坪乡长梯隘村举行。市文联主席王军杰，市文联党组成员、纪检组长叶建华，市诗歌协会主席向未，张家界诗歌学会会长高宏标，县文联主席覃业盛，罗坪乡党委书记文炜，云南省文山州七都职业学校校长刘际军等以及来自市文联志愿服务队成员、各区县文艺爱好者，常德市诗歌协会、张家界诗歌学会两地的会员共500余人欢聚一堂，与罗坪乡近千名群众一起共享端午音乐诗会盛宴。

罗坪乡民间艺术团表演了开场节目《罗坪出好茶》，拉开“2017·罗坪端午音乐诗会”的帷幕。市文联志愿服务队为乡亲们送去丰富的文化大餐：市国土局干部徐莞清朗诵常德市诗歌协会主席向未的诗歌作品《端午在银杏客栈》，市文化产业促进会副会长陈文河朗诵《不屈的屈子》，常德市康复医院党总支书记魏云为乡亲们演唱三首歌曲，市文联副秘书长刘琼华演唱《八百里洞庭我的家》，湖南幼儿师范高等专科学校讲师张群为乡亲们演奏二胡名曲《战马奔腾》。还有深受群众喜爱的罗坪乡民俗节目《二姐赶牛》《薅草锣鼓》等特色节目。整场音乐诗会，诗歌与音乐情景交融，音诗画融于一体，精彩纷呈，高潮迭起，获得现场观众好评。

（编辑部）

石门县工商业联合会

【概况】石门县工商业联合会暨石门县总商会实行两块牌子，一套班子的管理体制，机关事业编制5名。2017年，县政协副主席覃惠敏任工商联主席、总商会会长，县委统战部副部长康新云任党组书记、副主席、副会长，驻会副主席（副会长）2人，其中秘书长1人，兼职副主席5人，兼职副会长7人，常执委51人。2017年，县工商联（总商会）积极引导非公有制企业在新常态下加快转型升级，引导非公有制经济人士积极参政议政，鼓励非公有制经济人士投身脱贫攻坚主战场，为推动全县非公有制经济健康快速发展作出努力，取得成效。12月，县工商联被全国工商联授予全国“五好”县级工商联荣誉称号。

理想信念教育活动。2017年，以理想信念教育活动为契机，县工商联组织常执委深入企业宣传党的十八届六中全会及十九大精神，引导非公经济人士尊法学法守法用法，紧跟政策主线，致力转型升级。广泛征求意见，制订2017年“同心工程”创建工作方案。引领广大非公经济人士在政治上旗帜鲜明，思想上同心同向，行动上同心同行。

助力脱贫攻坚。2017年，坚持组织机关干部、帮扶责任人深入点村，开展对口走访，帮助点村确定脱贫攻坚发展项目，积极争取上级支持和外援，先后争取资金80多万元支持贫困村建设。6月上旬，争取省政协常委、提案委主任王剑平率部分省政协委员来深入大同山国有林场开展“三个一”扶贫活动，对口帮扶大同山两个贫困村，30多名省政协委员与胜利村和安乐村贫困户实行对接。省政协委员、提案委副主任、湖南开源·浏阳河集团董事长罗可大还代表集团与大同山国有林场胜利村、安乐村签订产业扶贫发展协议，各投入10万元产业发展资金。10月24日，省政协主席李微微带队到大同山国有林场胜利村，调研政协“三个一”助力脱贫攻坚工作（30多名省政协委员与大同山林场的胜利村和安乐村贫困户实行对接情况）。10月26日，市政协副主席、市工商联主席张业梅带领长沙常德商会深入对口扶贫的大同山国有林场胜利村考察，现场捐赠10万元。

非公有制企业服务。2017年，工商联建立了干部联系企业制度，每个班子成员联系2～3家非公有制企业，不定期开展走访调研，听取他们对县委、县政府工作的意见和建议，收集问题、协调解决。利用非公有制经济服务中心，建立驻会班子成员联系常（执）委、常（执）委联系会员制度，开展机关干部“进民企、解民难”活动。与温州湖南商会开展学习交流活动。

基层组织建设。2017年5月26日，县工商联（总商会）召开第十一届四次执委会，增补9名执行委员，因工作单位异动免职2人。组织常执委参观南北镇薛家村与民共富军人团队办公场所，观看王新法事迹视频，聆听王新法事迹。参会共产党员参加重温入党誓词活动。基层商会建设加强，1月，石门县新合作建材商会成立，会员达103人。全年发展会员200多人。

典型推荐。县工商联推荐各级先进典型10多名。兼职副主席邢卫民推荐为全国农业劳动模范，覃玉华被湖南省慈善总会授予"优秀会员"称号，兼职副会长邹应琼获评常德市第十届优秀企业家，常委马杰等获评石门县首届劳模，执委尹宁桃获评常德市十佳优秀创业人物。推荐覃玉华等7名常执委出任廖家冲等七个村名誉村主任，34名非公有制经济代表人士被聘为名誉村主任。

对外联络。2017年，开展"迎老乡、回故乡、建家乡"活动。6月10日，上海石门商会工作联谊会在上海大学举行。联谊会以"扶贫向善、传承大爱"为主题，上海石门商会60多位会员代表、常德商会秘书长及县委常委、统战部部长刘颖，县民政局主要负责人，王新法的女儿王婷参加活动。活动现场，还举行了王新法爱心基金启动仪式，石门籍企业家们积极响应县慈善总会的爱心倡议，意向项目捐赠达100多万元。

光彩事业。在县工商联的倡导下，80多家会员企业投身到"万企帮万村"光彩事业，广大会员为贫困村、贫困人群捐资捐物累计到110多万元。湘佳牧业股份有限公司把"抓好石门土鸡产业精准扶贫"作为公司每年必抓的"十件大事"之一，走出一条"运作土鸡好项目、精确帮扶到村户"的好路子。7月，作为石门本土的国家农业产业化龙头企业入选人社部、国务院扶贫办等部门联合公布的"全国就业扶贫基地"名单。常执委中杨春泉、覃玉华、伍义平、马杰、罗建平等常年坚持扶贫助学。石门县宝贝佳儿童购物城周定华七年资助两名学生，让他们顺利完成高中、大学学业。5月，执委周定华在杨坪小学现场捐赠童鞋200双、椅子80把、书包70个、智力玩具50套、课桌20张，总价值2.6万元。意尔康石门专卖店总经理覃玉华结对帮扶5名贫困留守儿童。10月，兼职副主席杨春泉带队，与建平大药房总经理罗建平、三花加油站总经理曾召进一道为石门县四完小捐赠3万元，改造了高标准的乒乓球室。11月，兼职副会长蔡文为所街乡柳仕坡贫困户唐植中危房改造捐资4万元。春节前，有40多家民营企业参加冬季捐资助学活动，捐款金额达20万元，100多名贫困学生受助。

【组建"脱贫攻坚"志愿者服务团队】2017年10月17日，石门县工商联脱贫攻坚志愿服务团成立，市人大常委会副主任、县委书记谭本仲，县委副书记、县长郭碧勋为脱贫攻坚志愿服务团颁发牌匾并授旗，县委常委、常务副县长周功表代表县政府接受志愿服务团捐款，县政协副主席、县工商联主席覃惠敏在成立大会上发表讲话。全县非公有制企业的百名志愿者捐款20多万元。每个非公有制企业联系一个贫困村，每名会员联系一个贫困户。志愿服务团成立后，百名志愿者奔赴到联系的各个扶贫点村，开展脱贫攻坚工作。

【同心乡村教学点落成】2017年4月5日，同心乡村子良镇廖家冲村教学点落成。子良镇廖家冲村位于大山深处，交通不便，学生读书困难，为解决大山里孩子就读难问题，县政协副主席、工商联主席覃惠敏带队，赴温州湖南商会寻求支援。争取到温州慈善总会会长蒋模云积极支持，温州湖南商会分两次为子良镇廖家冲教学点建设捐赠现金100万元。廖家冲教学点于2016年6月完成设计，8月通过招标启动建设。教学点建筑面积500平方米，总投资100多万元，2017年4月5日工程竣工落成。

(江　华)

石门县残疾人联合会

【概况】2017年，石门县残疾人联合会(简称县残联)落实县委、县政府关于残疾人事业发展的决策和部署，开展残疾人康复、扶贫、就业、教育、文体宣传等方面工作，取得成效。石门县残疾人办证服务中心创建为市级文明窗口。

扶残助学。对残疾儿童少年和残疾人高中生、大学生提供资助。2017年，对30名残疾人开展脱产扫盲学习；为93名残疾人大学生、高中生以及贫困残疾人家庭子女大学生与高中生发放助学资金19.16万元；输送10名残疾学生到特教学校；采取送教上门、远程教学等方式，帮助42名失学残疾儿童完成义务教育阶段学习。全县中小学校全部建立和完善学龄残疾儿童随班就读制度，学龄残疾儿童的入学率达95%以上。

残疾人康复。县委、县政府召开专题会议审议通过《石门县残疾人精准康复服务行动实施方案》，成立残疾人精准康复服务行动领导小组，明确任务分工，健全保障措施。2017年，组织全县残疾人工作者对4852名残疾人进行上门入户调查，完成精准康复服务管理系统录入有康复需求人数4852人，发放辅助器具2268件，其他服务2584人次。继续开展0～7岁贫困残疾儿童抢救性康复服务，在训脑瘫残疾儿童达33人，自闭症儿童达7人，聋儿语训6名；实施白内障免费手术400多例；免费为52名低视力患者配发眼镜，为10名老人验配助听器，安装假肢41例，助听器10例；全年对442名精神病患者开展免费送药，发放精神病药费补助资金15.8万元，发放精神病患者住院补贴1.5万元。

扶持残疾人培训就业。以培训促就业，残疾人综合素质得到增强。2017年，依托市级培训中心免费培训盲人6人，电子商务培和SYB创业13人，选送5名残疾人到长沙鸿翔通讯维修培训中心进行培训；培训家政服务30人，培训电子商务60人，培训残疾人阳光增收实用技术250人。开展就业援助月活动，鼓励和扶持残疾人自主创业，并通过机关事业单位及残疾人扶贫基地安置、自主创业、证照办理绿色通道、费用减免优惠政策鼓励支持残疾人大胆创业，新建馨香园、鸿雁2个残疾人扶贫基地，辐射带动82名残疾人产业脱贫，新增15名残疾人临时就业。在深圳铜庐祥磁性材料有限责任公司新集中安置15名残疾人就业，分散按比例安排278人（其中新增残疾人就业35人），自主创业16人，新增残疾人公益性岗位就业82人，其他形式就业1523人。依法征收残疾人就业保障金520万元，同比增长0.88%。

残疾人利益保障。辅助县民政局做好贫困残疾人生活补贴和重度残疾人护理补贴的审核工作。前三季度，全县打卡发放重度护理补贴人数26777人次。发放重度护理补贴411.64万元，发放生活补贴人数18138人次，发放生活补贴271.2万元。做好残疾人来信来访工作，加强法律救助工作站规范化建设，处理残疾人来信来访20多人次；参加法院陪审110次；解答残疾人康复、就业、扶贫、就学、生活等热点问题咨询1000多件次。2017年，投入资金56.8万元，对71户贫困残疾人家庭进行无障碍设施改造。其中省级补贴35.5万元，县级残联自筹资金14.2万元；投入资金4万元，对4户特困残疾人家庭进行建房补贴。投入资金28.6万元，为1100名残疾人发放机动轮椅燃油补贴。2017年，募集助残款106万元，同比增长0.93%。

文体宣传。利用全国助残日、法制宣传日、爱眼日等节日，宣传残疾人政策法规和康复知识，发放宣传资料4000份，悬挂宣传标语270条；组织节目参加全市“残疾人文艺周”活动；残疾人书法作品在省“残疾人文化周”活动中参展。筛选7名残疾运动员，到省、市残疾人训练基地进行训练。全年在县以上报刊、网站等新闻媒体登载工作信息33条次，电视新闻采用19条，电台广播采用稿件2篇。

残疾人基层组织网络建设。开展业务培训，提高残疾人工作者的业务能力。对全县27个乡镇区、街道办、农林场残联理事长和332名残疾人专职委员进行业务培训，发放专职委员补贴26.56万元。在全县开展残疾人动态更新的入户调查工作，组织386名信息采集员开展信息采集、PC端数据库、手机端APP操作培训。调查残疾人24432人，人户率97.88%。完成乡镇区、街道、农林场残联的换届。召开石门县残疾人联合会第五次代表大会，完成换届选举。发挥专门协会作用，组织助残志愿者义工50多人次，赠送社会捐赠物资和现金10万多元，100多名贫困残疾人受惠。

脱贫攻坚。改善基础设施。完成9.6千米村道的硬化；建好60千瓦时光伏发电站，年收入4万多元；新建8个安全饮水蓄水池，实现全村安全饮水全覆盖；实施电网的扩容改造，解决南岳寺村朝阳片区电压不足的问题；建好2个达标卫生室，为患者提供便利医疗服务。加强产业扶持。配合茶叶、金银花等合作社，采取“公司＋农户”“土地流转”等形式，以产业扶贫促进贫困人口增收，开垦茶叶300多亩、金银花补种300亩，带动46户贫困户家庭的经济发展。落实帮扶措施。完成危房改造66户、易地搬迁7户；对建档立卡中的14户残疾家庭进行无障碍设施改造；将30名肢体残疾人纳入燃油补贴范围；纳入残疾人居家托养8人；开展便民服务活动，为30人办理残疾人证，其中享受“残疾人两项补贴”的15人，人均每年1200元；开展走访慰问活动，为建档立卡贫困户及残疾人家庭送去物资及慰问金5万多元；县残联建立5万元帮扶基金，为贫困残疾人家庭办好事，办实事。

【残疾人创业扶持工作】2017年，为使残疾人创业扶持工作落到实处，县残联根据残疾人自主创业扶持的相关政策，按照“公开、公正、公平”的原则，认真开展调查摸底工作，按创业规模、就业状况以及创业板块效应三项指标实行打分排名，严把扶持人员审定关，确实让项目资金用在刀刃，落到实处。8月20日发布“2017年石门县残疾人创业扶持人员公示表”，经网站公示后，确定15名扶持对象。8月25日上午，在县残联办证大厅，15名自主创业残疾人在“创业扶持资金发放表”上签字盖章。几年间，县残联大力实施“残疾人就业创业扶贫工程”，通过技能培训、政策引导、资金扶持等举措，帮助86名残疾人自主创业，发放残疾人创业扶持资金100万元。

（县残联）

【石门县残疾人联合会第五次代表大会】2017年月1至2日，县残疾人联合会第五次代表大会会议在兰园会议中心召开。县政府党组副书记万义元主持开幕会议；县人大常委会副主任张国珍致开幕词；市残疾人联合会党组书记、理事长田大春，县委副书记邓碧波出席会议并分别讲话；县政协副主席彭泽人出席会议；县残联党组书记向家全代表县残联第四届理事会向大会做工作报告。

报告指出，过去五年，全县残疾人生存发展状况明显改善，为3000多名残疾人缴纳养老保险费187.9万元，为重度残疾人缴纳医疗保险费500多万元，将6533名贫困重度残疾人纳入城乡最低生活保障范围；发放临时救助资金400多万元，解决1万多名贫困残疾人生活、医疗等方面的实际困难；帮助300多个农村贫困残疾人家庭实施了危房改造；实施贫困残疾人家庭无障碍改造220

县残疾人联合会第五次代表大会

户，发放燃油补贴136.9万元。2014年至2016年，核发残疾人“两项补贴”资金2038.6万元；发放残疾人救助金80多万元，救助残疾学生629人次，残疾少年儿童义务教育入学率达到90%；免费发放残疾人辅助器具1.2万件（套）；1500名白内障患者得到免费康复等。

报告指出，未来五年，将全力提升全县社会保障水平，大力改善全县残疾人基本生活，围绕“提高残疾人生活质量、力促残疾人劳动就业有新突破、开展残疾人问题活动、完善残疾人服务机构”目标，打赢残疾人脱贫攻坚战，保障残疾人基本民生，加强残疾人基本公共服务，依法发展残疾人事业，推进残疾人事业均衡发展，全面加强残联自身建设等，为全面实现小康社会残疾人不掉队的宏伟目标而努力奋斗。

田大春代表市政府残工委、市残联党组、理事会对大会胜利召开表示热烈祝贺，并寄语石门残疾人联合会，要把握机遇、切实担起残疾人同步奔小康的历史责任；要克难奋进、全面优化做好残疾人事业发展的内外环境；要敢于担当、充分发展残疾人干部队伍的精神风貌，为残疾人事业谱写更辉煌的篇章。邓碧波在讲话中强调，全县上下要统一思想，凝聚共识，高起点审视谋划残疾人事业；要突出重点，抓实见效，高水平推进残疾人事业发展；要加强领导，密切配合，高标准推动各项工作落实，为推动全县残疾人事业持续、健康、快速发展做出新的更大的贡献。2日下午，会议选举产生了第五届县残疾人联合会理事会领导班子，向家全当选理事长。

（王章建）

【举办盲人定向行走培训班】为帮助盲人实现生活自理，更好地参与社会生活，2017年7月21日，县残联根据《石门县精准康复服务行动方案》，在石门三中举办盲人定向行走培训班，参加培训的盲人主要来自县城周边乡镇，共有80名盲人。培训班开班仪式上，县残联相关负责人做开班动员，向参训学员阐述举办培训班的意义和目的，并对全体学员提出了具体要求。培训内容：盲人定向行走基本概念、感觉训练、定向训练、行前训练、随行技巧、独行技巧、盲杖使用技巧、户外行走实践等。通过培训，学员不但从理论上学到了有关盲人定向行走训练知识，也学到许多实际操作的动作、要领及相关定向行走常识，为更好地融入社会奠定了基础。

（邓和平）

石门县归侨侨眷联合会

【概况】2017年，全县外事侨务工作稳步开展，侨情收集、侨务工作宣传、侨资企业环境优化等工作扎实有效。11月，顺利完成侨联换届，夏万生当选为县归侨侨眷联合会第二届委员会主席。

（县政府办）

【石门县第二次归侨侨眷代表大会】2017年11月17日，石门县第二次归侨侨眷代表大会在兰园宾馆茶源会议室召开。县委副书记邓碧波出席会议并讲话，县委常委、统战部部长刘颖主持会议，市侨联副主席王贤成，县领导李芳、宋雨泓、覃惠敏出席会议。大会听取审议并表决通过了《关于石门县侨联第一届委员会工作报告的决议（草案）》，选举产生了石门县归侨侨眷联合会第二届委员会，夏万生当选为主席。邓碧波对广大侨界群众、海外侨胞为石门县经济社会发展所发挥的作用给予充分肯定，并对石门县侨联工作提出殷切希望：石门县侨联要在县委和县政府的领导下，始终高举爱国主义、新时代中国特色社会主义伟大旗帜，认真贯彻党的路线、方针、政策，自觉服从全县的工作大局，履行好自己的工作职责，紧紧围绕经济建设这个中心和五大发展新理念，为推进全县改革开放和现代化建设贡献力量。要充分发挥侨联组织的纽带作用，最大限度地把归侨侨眷和海外侨胞团结起来，把归侨侨眷和海外侨胞的积极性调动起来，把归侨侨眷和海外侨胞的优势发挥出来，鼓励支持归侨侨眷和海外侨胞积极参与社会管理，维护社会和谐稳定，为石门的新跨越、新发展谱写新篇章。

（龙力荣）

石门县第二次归侨侨眷代表大会

【市侨联到石门县开展脱贫攻坚工作】2017年11月28日，市侨联副主席王贤成与市政府办、市旅游外侨局、市法制办等单位有关负责人，市一医院、市二医院有关专家学者以及机关部分青年党员干部，到石门县雁池乡重福桥村、三圣乡山羊冲村开展脱贫攻坚帮扶工作。帮扶过程中，市一医院、市二医院的专家教授分别在雁池乡重福桥村、三圣乡山羊冲村开展了义诊送药活动，现场对群众的疾病进行会诊，并对当地群众常见的糖尿病、心血管疾病等免费发放药品，义诊群众400多人次。市侨联结合单位实际，将5名特困学生纳入马来西亚“星洲之星”助学范围进行资助。市政府办公室、市政府法制办对贫困人员中的特困人员开展走访慰问，对贫困户中的留守儿童开展关爱活动，为他们送去书包、水壶以及其他学习用品。市旅游外侨局对三圣乡山羊冲村发展特色旅游，建设少数民族风情街进行了现场调研和指导。

（县侨联）

军　事

人民武装

【概况】2017年，石门县人民武装部（简称县人武部）在各级党委的正确领导下，坚持以习近平主席系列重要讲话精神为指导，认真学习理解省军区、常德军分区党委全会精神，按照“聚焦主业，夯实基础，守牢底线，争先创优”的工作思路，贯彻改革强军基调，确保部队安全稳定，稳步推进民兵预备役和国防后备力量建设。

党委自身建设。党委“一班人”在工作和生活中自觉贯彻廉洁从政要求，坚持想问题、办事情、作决策，始终从人武部全面建设需要和工作实际出发。在经费使用上，以身作则，坚持按章办事，在住房、用车、配备营具等方面不超标准，不搞特殊，正确行使手中权力，确保经费使用经得起审计。在经费管理上，坚持大项开支都经党委会集体研究。认真落实办事公开制度，凡涉及干部切身利益的事情如推荐干部、重大经费开支等一律公示，认真听取群众意见。坚持建设团结和谐党委班子，来带动单位全面建设。在民兵整组备案、战备训练、征兵、基层建设、国防教育、财经管理、安全稳定、扶贫帮困、抢险救灾等工作中，充分发挥党委的核心领导作用，始终做到目标上合一、思想上合拍、团结上合心、工作上合力，推动各项工作任务落地落实。始终以工作为重，把主要心思精力向工作靠拢、向任务聚焦，尽量不因私事分心走神。在军队改革调整中，引导官兵正确对待进退走留。

思想政治工作。2017年，县人武部始终把思想政治建设摆在首位，确保政治上的清醒坚定和工作思路清晰。一是抓好“两学一做”学习教育。着力推进“两学一做”学习教育常态化制度化，按照上级要求，明确标准，规范内容。全年支部组织了8次集中学习、4次专题讨论、4次党课辅导，引导党员干部正确对待利益调整，坚决拥护支持改革，让党章党规和习主席系列重要讲话精神刻印在每个党员的脑海里，体现在每个党员的行动上。二是抓好改革强军主题教育。结合纪念建军90周年系列活动，开展“维护核心、听从指挥”主题教育活动，深化党史军史学习教育，学习党建军治军基本经验和党对军队绝对领导的一系列根本原则和制度，引导官兵铸牢坚持党对军队绝对领导是立军之本、强军之魂的信念，自觉弘扬优良作风。引领干部坚定改革的决心信心，积极适应新体制、履行新职能、担当新使命的思想准备，筑牢听党指挥、拒腐防变的思想根基。三是抓好思想清理。按照上级要求进行形势分析，制订实施方案，学习中央关于郭徐严重违纪违法案及其教训的通报，军委国防动员部和省军区深化肃清工作、推进正风反腐动员部署会议精神，彻底肃清郭徐流毒影响。四是抓好全民国防教育。对照常德市国防教育“七个纳入”规定，构建军地融合的国防教育运行机制，落实国防教育基本制度。结合建军节、烈士纪念日等时机，协调组织党政机关、学生和社会各界积极参与，9月，利用第十七个全民国防教育日开展系列国防教育活动，做好国防教育“六进”工作，投入35万元，在县二中建设1个国防教育基地，解决国防教育教材进课堂经费35万元。五是抓好党的十九精神学习宣传贯彻。深入系统学习宣传贯彻党的十九大精神特别是习主席政治报告和重要讲话，深入领会对国防和军队建设明确的方针原则和任务要求。采取扎实有效举措深入推进民兵宣讲十九大精神，会同县委宣传部联合制定学习宣讲方案，邀请党的十九大代表周先朋、湖南文理学院教授黄向阳到县人武部宣讲，培训民兵宣讲骨干，围绕“五定”“五进”，运用营造氛围学、集中培训学、专家解读学、网络平台学和参观感悟学等方法，开展“学用系列讲话”活动，推动十九大精神向基层延伸，把十九大作出的战略安排转化成工作思路、工作举措和具体行动，引导广大民兵立足岗位，争当合格民兵。

军事训练。坚决贯彻落实习主席“能打仗、打胜仗”指示精神，按照“一拓三改”的组训思路，始终突出民兵应急分队训练，统筹协调抓好各方面训练。一是抓好整组备案。年初，协调县政府办下发民兵整组工作指示，明确和细化任务，组织专武干部开展业务培训，在皂市镇召开了民兵整组现场观摩会，给乡镇、村居印发18类共1108册登记本，对基层规范化建设进行统一。3月下旬，在潜力调查的基础上，以民兵应急队伍整组为重点，完成基干民兵整组备案工作。二是抓好战备训练。紧贴形势任务修订完善各类战备方案,进一步落实战备教育、战备值班、战备检查等日常战备制度。投入10余万元对部分装备器材进行维护保养,购置相关装备器材70件(套)。抓好森林灭火、抗洪抢险、新兵役前骨干、反恐维稳、"四会"教练员5期318人的军事训练,投入经费60万元。三是抓好征兵工作。深入宣传发动,严把体检政审关,加大廉洁征兵力度,组织现役干部、专武干部、征兵工作人员,认真学习上级有关廉洁征兵要求和案件通报。严格落实征兵工作纪律"十个不准""五条禁令"等规定要求,设立举报箱、公布举报电话,人人签订责任状,严格责任追究,确保廉洁征兵落到实处。圆满完成新兵征集任务,没有出现任何廉洁问题和举报,没有出现思想和责任退兵。

参建参治。一是参与扶贫帮困。县委安排人武部作为牵头单位联系1个贫困村(三圣乡两河村)的脱贫工作,作为后盾单位联系3个贫困村的脱贫工作。2017年度,县人武部先后组织50多人次进村入户开展走访调查、认真摸排情况、制定帮扶计划、开展结对帮扶、搞好宣讲政策、组织检查督导等,为村里协调解决经费10余万元。先后对三圣乡18个村100余户进行走访,在脱贫攻坚迎接省检过程中,取得较好成效。二是开展双带双促。配合县委宣传部对王新法事迹进行深入宣传报道,先后在《解放军队》《国防报》《中国青年报》和央视军事频道等军内媒体对王新法事迹进行报道,并制作专题事迹片,引导广大民兵预备役人员学习弘扬王新法精神,争当双带双促典型。组织2017年度退伍的120名老兵开展了"不忘初心、心系国防、建设家乡"活动。投入近9万元,按要求给国防教育成员单位和乡镇、村订购国防报刊,加强群众性国防教育。三是做好应急维稳。2017年,先后组织民兵500余人次执行森林灭火、防汛抢险、应急维稳等任务。10月9日出动150名民兵,担任石门县第十七届柑橘节开幕式维稳任务,发挥了重要作用。全年接待和化解涉军矛盾问题10次。

安全稳定。坚持把依法从严治军作为部队建设全面性、基础性、长期性的战略任务,常抓不懈。一是加强组织领导。坚持主官亲自抓、经常讲,将安全稳定工作责任到人、具体到事。对上级通知通报精神及时组织传达学习,搞好干部职工安全教育。落实安全形势分析制度,开展专项整治,及时查找消除安全隐患。二是扎实开展"百安"活动。按照省军区、常德军分区要求,通过分析形势、动员教育、专项治理、检查督查等形式,采取抓教育整顿与平时管理相结合、抓自查自纠与上级检查通报相结合、抓消除事故隐患与完善规章制度相结合等方法,把"百安"活动落实落细。三是突出重点防范。始终以"人、车、枪、弹、密"以及重要场所作为安全管理重点,从严落实"三个严禁""六个管住",确保安全稳定。加大民兵执勤力度,确保营区管理正规有序。四是抓好训练安全。开展安全风险评估,每次训练前,根据组训科目,对组训实施过程中潜在的风险因素进行分析预测。施训中,严密组织不瞎干,科学组训不蛮干,确保训练安全。

【组织民兵扑灭山火行动】2017年2月28日19时30分,石门县宝峰街道七松村二组发生山林火灾。县人武部立即集结民兵应急连110人,于20时20分由政委陈景华带队赶赴火场,采取建立隔离带、人工扑救、重点地段值守等战术手段投入到扑火救灾中。该次行动,共动用民兵110人、现役干部3人,指挥车1台、运输车3台、5级加压水泵2台、二号灭火工具60把、砍刀30把、铁锹20把。经过近3小时连续奋战,于23时30分将山林大火成功扑灭,无人员伤亡。县人武部启动山火扑救应急响应机制,准备充分、行动迅捷、用兵科学、组织得力,圆满完成任务。

(县人武部)

【召开人武工作基层规范化建设现场会】2017年4月7日,县人武部组织全体专武干部在皂市镇召开人武工作基层规范化建设现场会,规范软硬件标准。针对前期调研中发现的装备器材不配套、基干民兵编组超龄、点验程序不规范等问题,组织参观了皂市镇十坪村民兵营和镇武装部阵地建设,现场观摩皂市镇基干民兵连点验大会,对阵地建设、民兵编组等工作现场进行规范明确。针对基层软件资料不规范、工作缺乏连续性等问题,制作11类登计统计表册下发各乡镇街道和村居,并就如何使用、管理、交接进行业务培训。在现场观摩后,皂市镇从抓党管武装工作、抓武装工作落实方面介绍了经验做法。县人武部部长、政委对基层规范化建设提出具体要求:一是要提高基层武装建设的思想认识,落实"一线战斗堡垒"职能;二是要因地制宜提高基层建设标准,切实抓好"两个转变";三是要加强平时管理使用,按时间节点完成建设任务。

(陈景华)

【"王新法"民兵突击排成立】2017年7月20,根据常德军分区关于在民兵

"王新法"民兵突击排成立仪式

队伍中开展“学系列讲话、当合格民兵”学习教育活动的指示要求，县人武部政委陈景华前往南北镇薛家村民兵营进行教育先行试点，举行“王新法”民兵突击排成立仪式。“王新法”民兵突击排，分三个班、共30人、1名排长、3名班长。全排主要是继承王新法精神，除完成民兵职能外，还要带领群众完成生产任务，使群众脱贫致富。学习教育活动针对“王新法”民兵突击排民兵身份特点，通过集中宣讲、配发学习资料、组织民兵宣誓、张贴习近平主席系列重要讲话、微信平台推送等形式，以点带面引导广大民兵在担负战备勤务、维护社会治安、抗洪抢险救灾、精准扶贫和完成生产任务中发挥主力军作用。

（编辑部）

武装警察

【概况】2017年，中国人民武装警察部队石门县中队（简称武警石门县中队）坚持以特色社会主义理论新时期建军思想为指导，贯彻落实科学发展观和习近平主席一系列重要指示，以《纲要》《基层正规化建设细则》为抓手，以思想建设和执勤处突为中心，以执勤技能培养为重点，以训练任务完成为目标，打牢“舍小家，为大家”的思想基础，圆满完成以执勤处突为中心的各项任务。

战备执勤保障。武警石门县中队坚持贯彻“居安思危，安全第一”的思想，把战备执勤工作作为首要工作来抓，确保目标单位的绝对安全。认真搞好执勤战备教育，提高警惕性，牢固树立居安思危的观念和思想。积极参与石门县各项重大活动安保工作，圆满完成交办任务。深入开展“三共”（共建、共创、共保）活动和联席联防会议，加强中队和看守所的联系，签订执勤目标安全责任书。加强中队硬件建设，更换了应急班装备，为执勤处突打下坚实基础。

安保工作。2017年，武警石门县中队圆满完成石门县看守所看押看守任务，做到全年无事故，保证目标单位的安全稳定；全年完成多起武装押解任务，保证监管羁押对象安全转移；参加全县春节、“五一”、国庆节等多个重大节日武装巡逻任务；参加1月发生的森林灭火行动，参战官兵英勇顽强，不怕困难，冲锋在前，为扑灭山火做出贡献；参加石门柑橘节安保工作，出色完成任务。7月初，武警石门县中队奉命参与岳阳市抗洪抢险，圆满完成任务。

（武警石门县中队）

公安消防

【概况】2017年，石门县公安消防大队（简称县消防大队）以确保消防安全和部队管理“两个稳定”为目标，团结一心、真抓实干、勇争一流。石门县获评2017年度全省消防安全工作先进县。县消防大队获全县综治工作、文明创建先进单位，被县公安局评为2017年度目标管理先进单位。

消防安全管理责任。贯彻落实《消防安全责任制实施办法》，建立政府主导、齐抓共管社会化消防工作责任体系，消防工作考评纳入平安创建、综治考评、绩效考评三大考评体系。积极向县人大、县政协汇报，全县“两会”期间，人大代表建议、政协委员提案交办涉及消防工作共5份。落实“三个必管”，定期召开消安委成员单位联席会议，各成员单位严格落实行业单位消防管理标准，自上而下逐级部署开展消防安全检查，加强行业系统消防安全监管。县公安局将消防工作纳入派出所年度绩效考评内容。狠抓农村消防工作，深入乡镇帮扶指导，撰写农村消防工作专题调研报告，提请县政府及相关部门予以督导和政策资金的倾斜。

火灾防控基础建设。县政府采购17台消防车分配给各乡镇，在全省率先组建17支乡镇政府专职消防队并实现联勤联运。乡镇政府专职消防队在农村火灾扑救中发挥了不可替代的作用。消防二站建设推进迅速，主体已建成，室内装修完工，年内可驻兵执勤。全县35个城市社区全部建成微型消防站，消防安全重点单位和设有管理部门、物业服务的居民住宅小区建成微型消防站87个，重点单位集中区域建立消防安全联防协作组织2个。组织街道、社区、重点单位微型消防站负责人进行培训，全面提升基层灭火救援实战能力，并将专职消防队、微型消防站纳入调度范围。

消防监督执法。建立健全37项执法工作制度，明确职责分工，规范内部审批程序，实行“谁检查，谁签字，谁审核，谁负责”的责任体系，层层把关。坚持高效服务，规范消防执法行为，简化审批程序，倾力打造阳光、透明、利民的消防新模式。持续开展消防窗口“亮窗工程”建设，全面公开行政审批依据、程序、范围、结果，充分利用现代化信息平台实行网上申报、备案、查询、资料下载和公示等办公程序，出台《便民利民二十四项措施》，制作《消防服务指南》、便民服务卡。面向社会开展执法公开民主测评2次，主动接受社会监督。在县优化办组织的“优化环境一把手访谈”节目中，面对市民公开承诺。

消防安全检查。2017年，县消防大队共检查社会单位2847家，发现火灾隐患5058处，督促整改火灾隐患5041处，临时查封61家，责令“三停”37家，拘留24人。派出所检查单位12938家，督促整改火灾隐患32664处，有效消除了火灾隐患，净化消防安全环境。

消防安全宣传。针对山城特点，采取人民群众喜闻乐见的形式，广泛开展宣传教育，提高民众消防安全意识。强力推进消防宣传“七进”工作，拓宽消防公益宣传的广度和深度。结合“平安社区”“幸福乡村”以及“消防宣传大使”等评选活动，做好派出所民警、社区网格员、从业人员、广大农村居民的消防宣传与培训工作。联合相关职能部门，开展全县福利机构、学校、人员密集场所、易燃易爆场所消防安全培训。在重大节假日和“5·

12"防灾减灾日、安全生产月、"119"宣传月等重点时段开展主题消防宣传，联合县人防办在多家社会单位开展了综合演习。深入打造消防宣传综合信息平台，依托互联网、短信平台、石门公众微信号等媒介，全方位进行消防宣传。印制10万余份宣传资料，设立两块大型户外固定阵地。公交站台有海报，形象代言走进小区、单位、楼栋，薛家村背篓宣传全省宣扬，政府外包宣传培训形式丰富、受众面广、反响强烈、效果明显。

灭火救援。严格落实执勤战斗条令，全面落实"六熟悉"新模式，辖区熟悉160余次，开展灭火演练100余次，完善消防安全重点单位预案70份。制定《训练奖惩办法》，每月拿出专项奖励经费。全年接警出动145次，其中处置火灾124起，参加社会抢险救援21次，成功解救被困群众32人，挽回经济财产损失8000多万元。

双拥工作。县消防大队援建全市第一个村级微型消防站——薛家村微型消防站，《光明日报》专版报道县消防大队帮扶建立薛家村微型消防站先进事迹。大力传承"新法精神"，积极开展帮困助学、警民共建、无偿献血等活动，建起军民的鱼水深情。

(县消防大队)

【酒店夜间消防救援演练】县消防大队为加强全员执勤岗位练兵工作，切实提高消防官兵灭火救援实战能力，2017年5月3日晚，在辖区凯丽酒店进行夜间灭火救援演练。演练开始前，中队官兵在单位负责人的带领下依次对该单位的消防通道、室内消防水源、安全出口、疏散通道以及周边道路交通水源进行实地检查和熟悉；在基本掌握酒店消防设施、内部结构情况后，指挥员组织官兵开展灭火救援演练。演练假设该酒店二楼一客房因电气故障发生火灾，引燃客房内易燃物品。指挥员侦察现场情况后，立即命令战斗一组从消防车出一支水枪沿楼梯蜿蜒铺设水带至二楼进行灭火内攻，战斗二组利用该单位室内消火栓出一支水枪控制火势蔓延，供水警戒组负责外围警戒和保持对灭火战斗组的不间断供水，并立即组织该单位员工对酒店客人进行安全疏散，10分钟后，灭火演练圆满完成。灭火救援过程中，指挥员严格按照实战化灭火作战要求，根据火情的发展情况，及时下达各项有效的灭火作战指令，队员们行动迅速、配合严密，成功地完成夜间实战化演练。演练结束后，指挥员对演练情况进行详细点评，指出演练中存在的问题和不足。

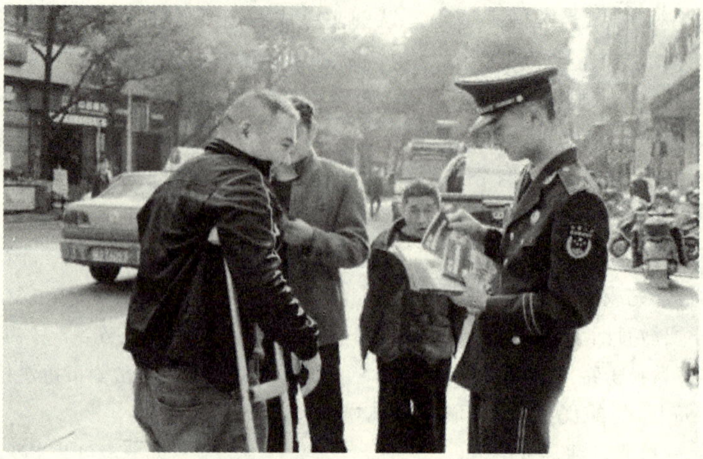

消防士兵在街头散发宣传资料

【"11·9"消防宣传日活动】2017年11月，为全面提升辖区群众消防安全意识，增强社会面抗御火灾的能力，县消防大队按照上级相关工作要求，紧紧围绕"关注消防、平安你我"的主题，充分发动社会各界人士，在全县奏响宣传"三部曲"，掀起"119"消防宣传热潮。活动当天县消防大队在人员集中、人流量大的丰彩财富广场设立宣传咨询台、摆放图文并茂的消防展板，消防官兵、文职人员及消防志愿者向过往市民发放消防安全常识二十条、生活用火消防知识、家庭防火常识、发生火灾如何逃生、常用家电的使用具体建议等宣传资料，耐心讲解消防法律法规和消防安全知识，提醒市民注意冬季日常用火、用电、用气安全。借助步行街和尧业城市广场户外大型电子显示屏循环播放"119对你说"宣传片，引得过往群众驻足观看。同时在石门县电视台公共频道播放消防公益广告，在交通电台滚动播放冬季消防安全提示录音。发动社区优势上街宣传。县城区35个社区，均派出大量工作人员深入大街小巷，向群众发放消防安全宣传资料。针对冬季用火、用电应注意的消防安全事项，发生火灾时如何正确进行报警、逃生、疏散、救人等消防安全知识，工作人员都一一进行详细讲解，确保自己和家人的生命财产安全。消防宣传活动持续半天，近百名消防宣传人员参与其中，发放消防宣传资料2万余份，提高了广大民众的消防安全意识。

(石春梅)

人民防空

【概况】石门县人民防空办公室(简称县人防办)是2016全县机构改革设置的具有法人资格独立运行的正科级行政单位，是县政府26个组成局之一，是县政府人民防空工作的主管部门和县国防动员委员会的常设办事机构项。

2017年，县人防办在县委、县政府和省市人防办的领导下，以加强机关行政效能建设为突破口，认真贯彻《中华人民共和国人民防空法》和中共中央国务院中央军委《关于深入推进人民防空改革发展若干问题的决定》，坚持"长期准备、重点建设、平战结合"的方针，履行好"战时防空，平时服务，应急支援"的使命，积极主动，真抓实干，全县人防各项工作有新进展。

规范人防工程建设。全面提高人防工程与地下空间管理能力和水平，坚持

“人员掩蔽工程大量配、物资库工程尽量压缩配”的原则，做到人防为战备做准备，为经济建设服务。规范人防工程的使用和监督管理，制定维管制度，加强维管检查，明确维管责任，提升维管水平，确保人民防空工程及其设备设施处于良好使用状态。做好人防工程安全生产检查。坚持每季度开展一次人防安全生产检查，切实排除安全隐患，做到防患于未然。

行政审批收费。严格依法审批，落实人防法律法规和“一令一文件”要求，县城人防工程审批集体商议，许可三级签字，即政务中心人防窗口工程负责人，分管领导，单位法人签字。严格落实“结建”前置审批，加大与住建等部门的协调力度，严格执行联审、联批，公开审批流程，搞好优质服务，确保全年无违法违规审批。严格执法案件管理，实行“一案一卷”制度，全年人防工程审批52件，县城审批14件，杜绝少批少报少建人防工程和减免缓降人防易地建设费案件，搞好文书制作、案卷管理及人防执法队伍的自身建设。严格依法征收，应收尽收，加大对建设项目拖欠人防易地建设费的追缴，全年征收人防易地建设费800万元。

人防指挥通信建设。加强人防警报报知系统建设，保持警报音响覆盖率和鸣响率100%动态达标。县城安置警报器16台，城区基本覆盖。对警报器和控制系统进行保养、维护，确保设备系统运转正常，提升更新警报器一台。

宣传教育。人防宣传教育坚持”两强一优”总体目标，把“五进四化”作为主体内容。县人防办先后在石门二完小、澧阳社区、石门火车北站、石门一中，石门二中建立人防宣传橱窗。县人防办向城区学校发放人防知识教材4000多份。与媒体联姻，在电视台综合频道开辟人防专栏，开通“石门人防”微信公众平台。与夹山森林公园管理处共建人防宣教基地，到位资金20万元。利用活动日进行重点宣传。在“11·1”警报试鸣日前组织现场宣传，播放专题片，在“5·12”全国防灾减灾日组织一条街展板宣传。

【启动建设石门县人民防空指挥中心】2017年10月18日，经县政府常务会议研究，同意启动建设石门县人民防空指挥中心。县住建、规划、国土、发改等部门经过多次现场踏勘，通过县第五次城乡规委会审议，同意选址在东城区，具体地块位于永兴街道办区域的天门路与站前路相交东南处，地块总面积10362平方米。

（县人防办）

检　　察

【概况】2017年，石门县人民检察院(简称县检察院)依法全面履行法律监督职责，维护宪法和法律的正确实施，做到司法想到稳定、办案考虑发展、监督促进和谐。被湖南省人民检察院评为2017年度全省检察机关"检察文化活动"先进单位，驻所检察室被最高人民检察院评定为第五届全国检察机关派驻监管场所一级规范化检察室，干警黄捷在全省反渎业务竞赛中获"优秀侦查员"荣誉称号，公诉室副主任侯超获第十六届"湖南青年五四奖章""常德市青年岗位能手"称号，技术室主任、副主任法医师田小阳先进事迹入选《我身边的常德工匠》一书。

批捕与公诉。2017年，县检察院共批准逮捕各类刑事犯罪案件130件173人，提起公诉378件502人。其中批捕"两抢一盗"、敲诈勒索、诈骗等多发性侵财犯罪案件57人、起诉112人；批捕聚众斗殴、寻衅滋事、涉毒品犯罪73人、起诉110人；批捕故意杀人、故意伤害及强奸犯罪21人、起诉51人。依法对主观恶性较小、犯罪情节轻微的刑事犯罪案件不批准逮捕79人、不起诉66人，刑事和解44人，减少了社会对立面，节约了司法资源。2017年，办理未成年人刑事案件22件38人，起诉14件26人，其中附条件不起诉2件2人。加强未成年人司法权益保护，首次运用"心理评估机制"办理未成年人刑事案件，效果良好。思源实验学校（石门县第四中学）被省检察院、省教育厅明确为全省137个"法治教育基地"之一，2017年5月12日"法治进校园"全省巡讲活动在该校举行。青年检察官们先后到思源实验学校（石门县第四中学)、夹山中学开展"法治进课堂"活动，采取互动式巡讲、播放微电影和动画片等形式进行授课，以案释法，引导广大青少年群体养成法治意识，增强用法律保护自己的能力。探索多元化纠纷调处机制，妥善处理各类群众控告、申诉、举报59件，成功化解了一起涉检信访积案。积极参与社会治安防控体系建设，建立信访网上受理平台和远程视频接访平台，开展举报宣传活动2次，办理司法救助1件、刑事申诉1件，实行检察长接待日48次，方便群众表达诉求，促进了社会矛盾纠纷化解。

查办和预防职务犯罪。县检察院积极查办人民群众反映强烈的重点领域职务犯罪，2017年立案查办贪污贿赂、渎职侵权职务犯罪案件6件6人，起诉2件2人，法院生效判决6件6人。查办的典型案件有石门县人民医院原副院长秦铁贪污案，临澧县公安局原常务副局长杨华、危爆大队原大队长刘伟受贿、玩忽职守案，省建工集团海外公司原书记杨晓萍受贿、行贿案等。先后深入机关、学校、国有公司企业开展警示教育和宣讲活动5次，近万余名干部群众受到教育。进行个案预防3件，如秦铁贪污案侦结后，县检察院对近几年来发生在医疗卫生领域的职务犯罪进行统计分析，及时撰写《秦铁贪污案职务犯罪预防分析报告》，到发案单位开展座谈2次，协助发案单位搞好整改与职务犯罪预防警示工作。同时把扶贫专项资金补贴做为预防的对象并及时立项，与县扶贫办共同建立预防机制，选择重点乡镇、村组作为预防调查对象，对扶贫专项资金进行跟踪调查，力求国家专项资金真正用到刀刃上。

诉讼活动法律监督。全面强化对刑事立案、侦查、审判的监督。监督侦查机关立案4件，监督撤案3件；对侦查机关应当提请逮捕而未提请逮捕的犯罪嫌疑人，追捕14人。对应当移送审查起诉而未移送的，追加起诉32人，纠正遗漏罪行17人。纠正违法取证、违法适用强制措施等侦查活动违法19件次。纠正审判违法2件次；对认为确有错误的刑事判决，提出刑事抗诉2件2人。持续推进量刑建议工作的规范化、精细化，量刑建议采纳率95%以上。推动以审判为中心诉讼制度改革，严格非法证据排除，如张丕发贩卖毒品案，经审查发现关键证据取证程序违法后，启动非法证据排除规则对其存疑不起诉。强化对刑事执行、监管等活动的监督。强化对看守所的法律监督，发出纠正违法通知书2份，促进其依法监管；对司法行政部门发出纠正违法3份，检察建议2份；对不符合社区矫正条件的罪犯提出收监建议，收监2人；办理羁押必要性审查案件13人。坚持高起点、高标准创建驻看守所"一级规范化检察室"，按时按质完成派驻检察"两网一线"建设工程，建立完善业务台账、表格千余份。强化对民事行政司法、行政执法等活动的监督。办理民事行政执行监督案件23件、督促行政机关履职案件37件；切实解决人民群众反映突出的司法不公问题，办理审判人员违法行为监督案件1件；关注弱势群体、维护公共利益，办理行政公益诉讼案件7件。推动民事行政检察工作创新发展，2017年3月，县检察院与县妇联、县法律援助中心联合印发文件，对妇女儿童开展支持起诉等司法保护工作。

服务大局和民生。依法快捕快诉诈骗、非法经营、非法集资、金融诈骗、传销等影响经济发展环境的涉众型经济犯罪31人。办理的典型案件有刘某等14人涉嫌组织、领导传销活动案，涉案金额高达8亿多元。将行贿犯罪档案查询列为重大项目招投标的前置程序，提供行贿犯罪档案查询服务116次，保障了政府投资和项目资金的安全。积极部署综治民调工作，先后开展"三联四大""众创平安"志愿服务等系列活动，走访群众千余户，向群众发放宣传资料万余份，接受群众咨询服务800余人次。加强对生态环境的司法保护，办理破坏环境资源犯罪案件23件50人，其中办理非法捕捞水产品犯罪7件16人，有力打击了在壶瓶山保护区、澧水河段毒鱼、电鱼等严重破坏水域生态环境的违法犯罪现象。坚持行政执法与刑事司法相衔接工作，成立驻县食药工商质监管理局检察联络室，依法打击食品领域的刑事犯罪，确保人民群众"舌尖上的安全"。顺利推进四方台村、黄龙岗村脱贫工作。结合两村固有资源、产业发展特点紧抓产业扶贫，由支部牵头组织发展茶叶、烟叶等涉农产业实体5个；完成易地搬迁25户、危房改造162户；积极开展教育助学活动，投资30万元改善四方台小学教学条件，并对贫困学生资助3万元。同时对扶贫点村进行道路硬化整修、池塘水渠整修加固、村级公共服务平台、电网升级改造等项目建设，投资达800万元。

队伍建设与司法改革。落实"一把手"党建工作责任制，深入开展"两学一做"学习教育，检察长、副检察长每半年给全体干警作1次廉政教育专题讲座，党组成员带头讲党课4次，举办道德讲堂4次，开展"检察人说检察事"活动2次，教育干警牢记身份、加强修养、廉洁从检、廉洁用权。鼓励干警进行在职深造，有3名干警攻读法律研究生学历，组织干警参加上级培训60人次。扎实推进检察机关惩治和预防腐败体系建设，检察长分别与班子成员、部门责任人、关键岗位人员签订党风廉政责任书，为廉政建设"上紧发条"。对干警在办案和工作中出现的苗头性、倾向性问题，提早预警，有效防控，开展检务督察10余次，发现并纠正问题5个。开展政法队伍建设集中教育整训活动，重点对干警上班纪律、规范着装、接待群众方面进行督查20余次，对所有发现问题现场予以批评纠正。抓好规范司法行为专项整治"回头看"工作，针对发现的问题进行整改。继续加大案件评查力度，案件管理部门每半年进行1次办案情况综合分析，综合评价执法规范化状况。认真贯彻中央、省市出台的关于深化司法体制改革和检察改革的意见，扎实推进各项改革。确保以高度的政治自觉，坚决拥护、坚定支持、全力配合国家监察体制改革，深入细致开展拟转隶部门人员思想工作，严明组织纪律，做好案件线索清理、结案与移交，顺利完成机构、职能、人员转隶。完成对22名首批员额检察官、19名司法辅助人员、10名司法行政人员的申报与确认工作。完成员额检察官、检察辅助人员职务等级套改，对员额检察官落实单独职务序列工资制度。严格按照省以下地方检察院人财物统管工作的总体部署，完成人员信息、编制情况、资产及债务情况的统计、清理与上报工作。

接受监督。主动接受县人大及其常委会的监督。强化宪法意识，坚持向县人大及其常委会报告重大事项、重要工作、重要案件制度；积极参加县人大及其常委会组织的"两官"评议活动，2名参加评议的检察官就履职情况向县人大常委会进行了报告，均获优秀等次。组织开展"司法公正常德行"活动，邀请人大代表旁听、评议公诉案件庭审3次，举办"检察开放日"活动1次。主动加强与各级人大代表、政协委员的联系。积极打造阳光检务，全面深化检务公开。向人大代表、政协委员编送《石门检察》内部刊物，促进联络工作常态化。并通过"石门检察"微信公众平台、检察开放日、举报宣传周等平台和活动，通过形式多样的活动和检察专刊让社会各界及时了解检察工作动态。邀请特约检察员、人民监督员，参与重大事项咨询论证、案件听证等活动，促进检察办案透明公正。公开案件程序信息1336条、法律文书321份，进一步保障人民群众的知情权和监督权，将"监督者必须受监督"理念落到实处，依法正确行使检察权。

【驻县环保局检察联络室挂牌】为加强检察机关与环境保护部门的协助配合与监督制约，加大对环境资源犯罪的打击力度，有效预防和依法惩治环境资源领域犯罪，根据《中华人民共和国刑事诉讼法》《中华人民共和国环境保护法》《环境保护行政执法与刑事司法衔接工作办法》等规定，经县检察院、县环保局共同商议，县检察院在县环保局设立派驻检察联络室。2017年12月25日，县检察院驻县环保局检察联络室正式挂牌成立。县政府副县长龚云林，县环保局党组书记、局长毛春晖，县检察院党组书记、检察长李拥军出席挂牌仪式。检察联络室由县检察院和县环保局各派一名工作人员专门负责，县环保局所派人员由县检察院聘为检察联络员。检察联络室设在环保局内，单独办公，履行监督移送、立案监督、移送职务犯罪线索、提前介入、监督履职、督促行政处罚执行等职责。通过检察联络室平台，县环保局与县检察院将进一步加强沟通和协调，落实联席会议，联合调查和督办、信息共享等机制，共同促进环境保护执法规范化建设，提高环境保护监管执法水平。

【县检察院全程监督换监转押行动】2017年10月31日，指挥车、押运车、运兵车、巡逻车、防爆车在县公安局大门前集结，民警、武警和辅警近100人，全副

县检察院驻县环保局检察联络室挂牌仪式

武装,统一出发,将寄押在临澧县看守所的53名在押人员转押回石门县看守所羁押。县检察院副检察长董德宏带领院刑事执行检察室干警,全程监督转押行动。为确保换监转押安全顺利,县检察院刑事执行检察官及时做出详细部署,深入现场实地察看,与公安部门沟通协调,对转押过程中可能出现的问题,提出建议,制定预案,有效防范换监转押期间不安全事件的发生。在转押实施过程中,对押运方案、押运车辆、警员配备、械具使用、行车路线、警戒措施、在押人员出所上车和进所下车等情况实施全程、动态监督。经过4个小时的紧张工作,寄押在临澧看守所的53名在押人员安全顺利转押至石门县看守所。

(县检察院)

【驻县看守所检察室获"一级规范化检察室"称号】2017年12月28日,县人民检察院驻看守所检察室被最高人民检察院评定为第五届全国检察机关派驻监管场所一级规范化检察室。近几年,县检察院驻所检察室通过强化对监管场所的依法监管、依法保障在押人员的人权、保障刑事诉讼的顺利进行等工作监督力度,取得可喜的成绩。全国检察机关第五届规范化检察室评定历时一年,经过市、省、高检三级检察机关检查验收,由最高人民检察院政治部审查、高检院党组研究决定。湖南省获该殊荣的共20个驻所(狱)检察室,其中驻看守所检察室11个。

(覃均平)

【侯超获第十六届"湖南青年五四奖章"】2017年5月2日,县检察院公诉室副主任、未成年人刑事检察办公室主任侯超获第十六届"湖南青年五四奖章",该荣誉奖章由共青团湖南省委、湖南省青年联合会授予。侯超从事检察工作七年来,勤学苦练,从一名公诉新兵,逐渐成长为公诉骨干、业务能手,注重预防未成年人违法犯罪工作,为主或牵头办理了大量未成年人犯罪案件,积极与社会、学校、家庭配合,追求办案社会效果与法律效果的统一,维护青少年的合法权益,展现了青年检察官的良好形象。身在办案一线,始终忠于事实和法律,严格执法,不为金钱所动,不为人情所惑,不为权势所屈,爱岗敬业,连续三年被县政府嘉奖。2016年3月,侯超出庭公诉的金融诈骗案被省检察院评为"优秀示范庭";2016年5月被最高人民检察院评选为"未成年人检察工作先进个人";2017年2月被县政府记三等功。

(张云华)

【市人民检察院司法体制改革调研座谈会】为推进全市司法体制改革进程,2017年2月20日,市人民检察院党组成员、政治部主任王忠银率调研组一行五人到县检察院对司法体制改革工作进行调研。调研分三组依次对未入额人员、已入额检察官及党组成员进行面对面座谈。座谈会上,参会干警充分发表对人员分类改革的意见和建议。王忠银对全市司改情况做了简要总结,介绍了常德市检察院、临澧县检察院改革工作亮点,并就部分干警存在政治待遇、经济待遇、身份转换等方面的顾虑一一做了解答。座谈会还就内设机构整合、员额配置等工作展开交流与讨论。王忠银对县检察院司法体制改革工作给予高度评价,强调要始终坚持党的领导,加强部门之间统筹协调,坚定不移地推动司法体制改革。

(丁子凌、谢 勇)

法 院

【概况】2017年,石门县人民法院(简称县法院)共受理各类案件4202件(含旧存396件),同比上升19.95%,其中受理刑事、民商事、行政诉讼、非诉行政审查案件2884件,受理执行案件1318件,审、执结3998件,结案率95.15%,同比上升6.34%,结案数同比上升28.68%。2017年,县法院获评"全省法院先进集体";司法宣传工作获最高人民法院、人民法院新闻传媒总社联合通报表彰。

刑事审判。2017年,县法院受理刑事案件411件(含旧存48件),同比增长34.75%,审结382件,审结率92.94%,判处罪犯499人,其中判处十年以上有期徒刑7人,五至十年有期徒刑19人,五年以下有期徒刑、拘役等352人。审结故意伤害、非法拘禁等侵害公民人身权利的案件53件70人,抢劫、盗窃、敲诈勒索等侵财类案件69件88人,寻衅滋事等破坏社会管理秩序案件48件69人,贩卖毒品等涉毒犯罪案件23件24人。审结破坏社会主义市场经济秩序犯罪17件35人,其中组织领导传销活动案4件18人,合同诈骗案4件4人,信用卡诈骗案4件4人,非法吸收公众存款案1件1人。依法审慎适用非监禁刑,对55

名在侦查、审查起诉阶段被取保候审的被告人，判处监禁刑并依法收监。对初犯、偶犯、未成年犯等罪行较轻且确有悔罪表现的被告人依法审慎适用非监禁刑，共判处缓刑249人，单处罚金44人，拘役35人。共审理未成年人犯罪案件13件19人，均依法判处三年以下有期徒刑、拘役、缓刑。

民商事审判。2017年，县法院受理民商事案件2350件（含旧存230件），收案数较上年同期增加6.38%，审结2265件，结案数同期上涨14.45%，审结率96.38%，同比上升6.79%。所审结的2265起民商事案件中，调解803件，撤诉378件，调撤率达52.14%。审理信用社、邮政、农业、工商银行金融借款合同纠纷案件261件，清收不良贷款4000余万元。审结了婚姻家庭、劳动争议、人身损害赔偿等与民生关系密切的案件1092件，平均结案周期仅42.24天。审理了涉房地产、民间借贷等事关稳定和发展的群体性案件331件。稳步推进石门好望角大酒店有限公司、石门县广发房地产开发有限责任公司、石门县碧岩泉房地产开发有限公司的破产清算工作，召开债权人协调会释法答疑10余次。

行政审判。2017年，县法院受理行政诉讼案件27件（含旧存7件），审结27件，审结率100%。受理非诉执行审查案件61件，审查结案61件，审查结案率100%。受理非诉执行案件57件（含旧存0件），执结49件，执结率85.96%。强制拆除仙阳湖非法养鱼网箱153口9321平方米后，2017年3月中旬再次组织执行，拆除了黄某重新搭建的网箱700余平方米。为曹某等14名农民工执行到位工资款6万元。执行县国土局申请的陈某、覃某拆迁案，促使陈某、覃某签订拆迁协议，促进了市民之家征拆工作的开展。应县国土资源局的申请，对秀坪园艺场1处违法建筑依法强制拆除。

执行工作。2017年，县法院共受理民商事执行案件1261件（含旧存110件），执结1181件，执结率93.65%，结案标的2.74亿元，执行到位标的7562.24万元。共查控被执行人银行存款1365人次3650万元，共变卖房产、车辆等财产21起，处理价款高达8100万元。在执行澧县澧东建筑工程有限公司等与常德兴石建设投资有限公司建设工程施工合同纠纷等60件系列案中，依法对标准化厂房进行公开竞拍，拍得价款6142万元。在执行涉“华天居”152起系列案中，共变卖“华天居”商品房19套，拍卖门面10间，所得执行款1020万元，全部分配给债权人。采取公开拍卖方式，以超出起拍价230万元的价款强制转让石门神瑞矿贸公司朱家湾矿区磷矿采矿权。6月初，县人民法院在淘宝网司法拍卖平台发布12宗抵押房产拍卖公告，涉案房产价值达1210.62万元。将83名“老赖”纳入最高院失信被执行人信息库，20余名“老赖”慑于信用惩戒主动履行了义务。

审判改革。2017年是深入推进司法体制改革的攻坚之年，县法院认真落实中央、最高法院和省委关于司法体制改革的一系列决策部署，充分发挥党组集体智慧，科学规划、统筹推进具有石门特色的审判改革。从全院56名法官中遴选产生了38名员额法官，以审判权为核心组建了23个审判、执行团队，形成了“主审法官+独任法官+法官助理+书记员（法警）”的团队模式。改革运行以来，有20名法官年结案超100件，其中3名法官结案超200件，全院结案数同比上升28.68%，结案率上升6.34%，长期未结案件减少80%，结案周期缩短16天，简易程序适用率提升至67.8%，当庭宣判率为66%，同比提升5个百分点，全院发回重审和改判率仅1.2%。2017年前4个半月，全院共结案890件，推行审判改革之后的7个半月，全院结案3108件，审判效率明显提高。

队伍管理。2017年，经认真研究，县法院对班子成员分工进行全面调整，以切实增强领导班子的决策力、领导力和执行力。员额制法官推行以后，立即出台院庭长办案考核方案，规定院领导每年独立办理案件不少于25件，并要求带头办理疑难复杂案件。启动“雁过拔毛”式腐败问题和“纠四风，治陋习”专项整治活动，深入开展纪律作风教育整顿和队伍建设集中教育整训活动。出台《领导班子党风廉政建设责任分解方案》，层层签订党风廉洁建设责任状，全体领导班子成员全年开展“五种谈话”200余次。完善支部设置，坚持“以党建带队建，以队建促审判”的党建思路，将支部建在庭上。3月底组织召开青工委、女工委委员选举暨团支部换届选举工作会议，首次成立青工委。

审判管理。2017年，县法院大力清理长期未结案件，先后5次对全院一年以上长期未结案件进行通报，督促承办单位、承办人提高效率。6月，对立案八个月以上十个月以下的20起案件进行预警通报，责令承办部门限期办结。定期对全院案件结案率、发回重审改判率、净执结率等司法绩效关键性数据指标进行分析通报，共发出3期司法绩效通报，全面分析全院审判、执行态势和司法绩效状况，让各部门及时发现不足之处，采取有效措施加以改进。

司法公开与接受监督。全面深化审判流程、裁判文书、执行信息公开“三大平台”建设，推进审务、立案庭审、裁判文书、执行等信息公开。出台《裁判文书上互联网管理考核办法》，对裁判文书上网公开实行量化考核，严格规范裁判文书上网工作。自觉接受社会监督，邀请消防官兵等观摩庭审，邀请新闻记者到场拍摄重大执行、庭审活动，虚心吸纳媒体和网民意见，不断增强司法公信度。发挥人民陪审员参与司法、监督司法的功能，案件陪审率达90%以上。接受人大政协监督，开展司法公正常德行活动。邀请人大代表、政协委员旁听庭审，参观审判法庭，召开座谈听取代表、委员意见。依托微信平台，分别建立了代表、委员微信交流群。将法院工作动态以图片、文字、视频形式编辑成公众微信，然后转发至代表、委员微信交流群，让代表、委员第一时间了解、监督法院工作，增进对法院工作的理解和认同。

（皮曼婷）

【"流动法庭"巡回山区审结案件】2017年10月16日，县法院壶瓶山法庭将审判庭搬到东山峰管理区南山三片居民区，一条横幅、几张桌椅、几块标牌，组成一个简易的"流动法庭"，就地开庭审理一起因打架引发的健康权纠纷案。为满足山区农村司法需求，减轻群众诉讼负担，壶瓶山法庭积极探索司法为民实践，爬峻岭，过山涧，"挑起"法庭走进大山，到田间地头就地开庭调处纠纷。2017年巡回审结案件20件，赢得良好社会反响。

（晏耀如）

【人民陪审员总结暨培训大会】2017年9月29日上午，县法院在八楼大会议室召开了2017年人民陪审员总结暨培训大会，全县全体人民陪审员参加，会议由院党组成员、政工室主任田恢雄主持，田恢雄同志对2016—2017年度人民陪审员工作进行了总结。2016年共50名人民陪审员参加了812件案件的审理，参审率达到了94.64%。会上，为覃遵国、丁皓月、唐植远、徐联华、陈双教五名陪审员颁发"优秀人民陪审员"荣誉证书，介绍优秀陪审员的先进事例，指出了陪审工作中出现的困难和问题，对2017年的陪审工作提出了要求。培训会议中，党组副书记、副院长郭祚辉受人大常委会委托，向肖仪龙等10名新任陪审员颁发任命书，10名新任陪审员随后进行宣誓仪式。培训会上，由覃事建讲授人民陪审员工作相关知识，传达省高院关于人民陪审工作的规定和指导意见，讲述了案件审理中的常用方法。最后，由县法律援助中心主任唐植建对全体陪审员进行培训，对《民法总则》中关于民法的定义、民事活动遵循原则以及民事行为划分范围等内容，结合实际案例进行了生动的阐述，通俗易懂。参训陪审员听课后，增长了陪审业务知识，提高了陪审能力。

（刘儒洪）

为10名新任陪审员颁发任命书

【石门县人民法院获最高人民法院通报表彰】2017年9月10日，最高人民法院、人民法院新闻传媒总社联合发布表彰通报，对2017年度在司法宣传工作中表现突出的479家法院予以通报表彰，石门县人民法院成为湖南省获该殊荣的9家基层法院之一。2017年，县法院坚持弘扬主旋律、传播正能量的宣传导向，保持高度的宣传敏感性，充分发挥宣传工作引领思想、凝聚人心、提升形象的作用，围绕法院工作大局，精心创作了一大批新闻宣传作品，1—8月，在《人民法院报》、《法制周报》、人民网、中国法院网等市级以上媒体发表各类文章240多篇，较好地传播了公正司法正能量。主动适应新媒体环境下法院宣传工作的新要求和人民群众的新期盼、新需求，搭建平台，丰富载体，利用报刊、电视等传统媒体做好宣传的同时，精心运营门户网站、官方微博和公众微信号，坚持传统媒体与新兴媒体融合发展的思路，根据不同的宣传素材和传播对象，运用不同的宣传载体，全面提高了新闻宣传的覆盖面和影响力。丰富宣传工作形式，组织开展了法治宣传进校园、进企业、进集市、进社区等服务活动，通过开展巡回审判，召开新闻发布会，举行公众开放日活动，邀请代表委员、新闻媒体旁听重大案件庭审等，实现了宣传手段的多样化、立体化，扩大了宣传效果和实际影响。宣传工作的发展和成绩，充分展示了县法院公正司法、执法为民的良好形象。

（晏耀如）

【晏耀如被评为"常德市十大优秀青年法律人才"】2017年7月25日，常德市法学会第六次会员代表大会召开，对"常德市十大优秀青年法律人才"进行表彰，县法院青年法官晏耀如入选并接受表彰。"常德市十大优秀青年法律人才"评选活动由市委法治常德建设工作领导小组办公室、市依法治市领导小组办公室、市法学会联合举行，参选者年龄须在45周岁以下，且在法理法律研究、法律实务、法制宣传三个方面有突出贡献。获评的"常德市十大优秀青年法律人才"，分别来自全市法院、检察院、司法行政机关等系统，他们在法治实践、法学研究、法制宣传等方面成绩突出。晏耀如是石门县法院研究室主任，首批员额制主审法官，他学习精神佳，专业功底扎实，办案公平公正，办理的数百起案件均为优秀案件，所撰裁判文书均为优秀文书。他勤于写作，先后在《人民法院报》《湖南日报》《法制周报》和中国法院网等市级以上媒体发表各类文章400多篇，在《湖南审判研究》等刊物发表学术论文10余篇，另有多篇论文获国家、省、市级奖项，其中《以司法公正为视角——谈我国民事管辖制度之缺陷与重构》一文于2012年获湖南省一等奖。

（皮曼婷）

公安·司法

公　安

【概况】2017 年，全县公安机关认真贯彻落实上级部署，推进"123456"系统工程，实行公安警务机制改革，实施打击整治行动，全面落实党的十九大安保维稳措施，圆满完成全县公安保卫工作任务。县公安局被评为"全省追逃专项行动成绩突出单位""2017 年度全市公安机关绩效评估先进单位""全市重点工程重点项目治安环境专项整治行动先进单位""全县绩效评估优秀单位""全县综治工作管理先进单位""全县政法工作先进单位""全市文明单位"等。

安保维稳。健全情报搜集、研判、预警机制，强化情报摸排、矛盾化解、维稳处突和预防控访。全年超前掌握上报情报信息 416 条，超前化解不安定因素和群体性事件苗头 38 起，快速、稳妥地处置县内一系列涉稳问题，圆满完成全县范围内的重大节庆活动、重点项目工程开工和各次特别防护期的安全保卫任务。坚持提高政治站位，以"六个严防"和"四个不发生"为最高目标，全力落实党的十九大安保维稳工作。在党的十九大安保维稳特别防护期，全县没有发生暴恐案事件，没有发生有重大影响的大规模群体性事件，没有发生重大公共安全案事件，没有发生重大涉警负面舆情事件，没有发生有影响的民警违法违纪案事件，实现"无进京非访登记、无集体进京上访、无个人极端事件"的工作目标。

打击整治。始终坚持把打击违法犯罪作为县公安机关的主责主业，根据不同时期的治安情况，先后组织开展打击"盗骗抢"犯罪专项行动、追逃专项行动、打黑除恶和打击"村霸"及宗族恶势力专项行动、集中查禁打击地下"六合彩"专项行动和禁种铲毒行动，始终保持对严重暴力犯罪、涉恶犯罪、涉毒犯罪、侵财犯罪的严打高压态势。全年，破刑案 562 起，同比上升 28.02%；刑拘 552 人，同比上升 7.39%；逮捕、直诉 708 人，同比上升 28.03%；查处治安行政案件 1804 起，同比上升 67.97%；行政处罚 1772 人，同比上升 51.32%；行政拘留 1235 人，同比上升 32.47%；强制隔离戒毒 87 人，同比下降 14.71%；抓获历年网上逃犯 82 人，成功抓获潜逃 21 年的"1996·9·17"故意杀人案犯罪嫌疑人周某炎、曾某娥；破获聚众斗殴案、寻衅滋事案、故意伤害等涉恶案件 31 起，打掉涉恶团伙 19 个，抓获涉案成员 90 人。专项整治行动战果均在全市排位靠前，命案逃犯抓获率居全市第一位。

治安防控。坚持预防为主，创新治安防控，推动压发案、防事故、保安全。深入开展矛盾纠纷排查化解和治安重点人稳控工作，全面落实分级管控责任，无重点人员漏管失控、滋事肇祸现象。切实加强社会面巡逻防控和重点部位安全防范，坚持立体防控、科技防控、单位自防、群防群治相结合，建立健全社会治安防控体系。全面加强实名制管理，全县旅馆业上传旅客身份信息约 700000 条；在全县网吧推广安装指纹上网系统，坚持每月开展网吧巡查，巡查率达 97.5%。加强枪支和爆炸物品安全管理，立涉枪刑事案件 21 件，涉爆刑事案件 1 件，破案 15 件；取保候审 15 人，起诉 12 人；办理行政案件 15 件，其中办理易制爆案件 8 件，涉爆案件 7 件，查处违法单位 8 家，查处违法人员 8 人。收缴枪支 62 支，其中涉案枪支 21 支，主动上缴枪支 41 支，管制器具 17 把。发现整改隐患 45 处，收缴炸药 284.6 公斤，雷管 5767 发。加强道路交通安全管理，开展酒后驾驶、涉牌涉证整治统一行动 152 次，查处酒后驾驶 503 起，"百日会战"战果居全市第一位。全县立刑事案件 875 起，同比下降 21.45%；立侵财类案件 497 起，同比下降 40.76%；县城区刑事发案 417 起，同比下降 21.02%；全县没有发生严重恶性暴力犯罪案件，没有发生群死群伤的火灾、交通事故和治安灾害事故，没有发生倾向性、区域性的治安热点问题，社会治安状况持续向好。

服务发展。深入推进重点工程、重点项目治安环境"霹雳"行动，对全县 19 个纳入全市"百大"项目、50 个纳入全市"五百大"项目，每个项目明确由"一名局领导、一名派出所骨干、一名民警"联点负责，定期联系、定期走访，帮助解决建设当中遇到的治安问题，做到责任到位、调度有力，全程负责到底。所有项目、工程场所、项目部，县公安局均统一设置治安执勤室，统一悬挂包含责任领导、责任骨干和责任民警职责信息、通讯信息等内容的公示牌，通过面对面、点对点服务,实时保证重点工程、重点项目建设顺利进行。通过“霹雳”行动,刑事拘留破坏影响经济发展环境的犯罪嫌疑人42人,治安拘留破坏干扰重点工程、重点项目的违法人员77人,调解纠纷17起,“霹雳”行动战果排名居全市第一位。11月,县公安局在全县优化经济发展环境和效能建设公开测评中取得好成绩。

警务改革。深入贯彻落实全省公安警务机制改革的总体部署和要求,以创新管理、提升实效为目标,组建了“情报指挥、侦查实战、治安防控、新闻舆情”四大中心,真正构建内外联动、上下贯通的新型警务运行模式,推动了警务转型升级。“四大中心”实体化运行以来,民警群众工作能力、信息化应用能力、突发事件处置能力、执法办案能力以及媒体应对能力显著提升。4月7日挂牌以后,情报指挥中心分析编发《情报研判简报》214期,周研判信息45期,归集各类情报信息20多万条;发布预警信息核查重点人员516名,重点人员管控率达92%以上、在控率达51%以上;提供有利情报线索56条,破获案件23起,抓获逃犯7名;组织指挥重大警务活动18起。侦查实战中心协助一线实战单位破获刑事案件138起,协助抓获犯罪嫌疑人93名,其中通过视频侦查破获刑事案件92起,抓获犯罪嫌疑人71人。新闻舆情中心及时处置涉警舆情12起,未造成重大社会影响。县公安局警务机制改革的做法和成效受到全市公安机关半年工作讲评暨警务机制改革现场会重点总结和推介。

基础建设。精心谋划、统筹推进公安自身建设,确定8项重点基础建设项目。县政府常务会议2次研究公安重点基础项目建设,将公安业务技术用房建设、看守所智能化建设、派出所建设纳入了“十三五”建设规划,并先后解决看守所智能化建设经费270万元、治安监控建设经费200万元、禁毒专项经费85万元、反恐专项经费5万元,派出所建设经费由县财政承担三分之一。公安业务技术用房成为国家发改委重点扶持项目,开始实质性施工;看守所、拘留所智能化升级改造项目投入使用;公安检查站和电子卡口建设完毕并发挥效益;基层派出所改造和兴建项目启动;城区社会治安视频监控摄像头新增100个,总计达635个。

规范执法。持续推进执法规范化建设,严格落实执法办案区域管理等执法制度。安排专人每天及时清理执法场所情况,将执法办案场所使用、管理情况纳入执法质量考评范畴,严防执法事故的发生。切实加强执法管理,法制室成立办案指导中队,分片指导各执法办案单位办理刑事案件,严格案件法律审核把关,确保执法办案质量,发挥执法“源头质检”的作用。积极推行执法办案积分制,出台《石门县公安局执法档案建设积分制管理办法》,对民警的执法行为、审核规范和单位的综合绩效,实行量化、动态评定考核。配齐执法执勤单警装备,采购单警装备117套,换发催泪喷射器185人(个),配备车载携行装备64车(套),全局一线实战民警单警装备配备率达110%。从严整治执法突出问题,大力清理整治接处警、受立案涉案财物管理、不作为、乱作为等执法突出问题,整改落实执法问题122个。

队伍建设。围绕队伍建设十项重点任务,努力打造过硬警队。按照“消职数、强素质”的要求,调整充实公安、交警领导班子,调优调活二层骨干,探索建立公安领导骨干“能上能下”机制,着力构建“能者上、庸者下、劣者汰”的良好政治生态。提拔重用正科职干部1名、副科职干部46名、主任科员7名、副主任科员16名,轮岗交流科级领导干部55名,提拔所队副职46名,并对全体民警和职工进行轮岗换岗调整。认真落实培训机制,选派11名民警参加全市现场勘查培训,选派1名民警参加全国教官培训;组织112名民警参加并通过2017年上半年基本级(中级)执法资格考试,组织52名民警参加2017年下半年高级执法资格考试;组织24名新警参加全市新警培训并通过结业考核。规范辅警管理,设立辅警管理办公室,出台《辅警、临聘人员管理暂行办法》,完成2017年42名辅警的扩招工作。辅警管理走上正规化、专业化、法制化轨道。组织开展形式多样的警营文化活动,清明节祭奠英烈、“五一”、中秋节登山活动等。严格队伍监管。严格贯彻执行中央八项规定,认真落实“一岗双责”,严格民警职工和警辅人员管理,切实抓好枪、车、酒、赌等问题的防范和监管,确保队伍不出问题。国保大队被评为“全省优秀公安基层单位”;蒙泉派出所被市公安局记集体三等功;经侦大队、永兴派出所分获“全市十佳基层单位提名奖”;禁毒大队、治安大队、蒙泉派出所、交警楚江中队、子良中队被评为全县“十佳满意政法单位”。涌现出一大批先进个人,民警侯绍炬被评为“湖南好人”;文香彩被评为“全省社区警务工作先进个人”;刘建勋被评为“全省内部审计工作先进个人”;盛忠尧被评为“全市十佳人民警察”;覃事合被授予“常德匠人”荣誉称号。杨云辉、丁进强等13名民警被记公安三等功;6名民警受到公安嘉奖;张洪被记政府二等功;田建平、蔡复清等16名民警被记政府三等功;40名民警受到政府嘉奖;张洪、覃湘君、黄登元、喻明锋4名民警被评为全县“十佳政法干警”。

【黄关春调研警务机制改革工作】 2017年11月22日,省委常委、省委政法委书记黄关春到石门县公安局调研警务机制改革工作。市领导周德睿、黄清宇、罗先东、李忠,县领导郭碧勋、邓碧波、周功表、张树国、王汝国陪同调研。石门县公安局“4+X”警务机制改革始于年初,4月7日,情报指挥中心、侦查实战中心、治安防控中心、新闻舆情中心正式建成并揭牌运行,运行过程中,“四中心”在侦查打击、治安防范和公安队伍形象建设上取得显著成效。黄关春现场察看了县公安局“四中心”运行情况和上下对接情况,专门观看视频监控共享操作演示,并对县公安局务实推进警务机制改革,建立健全发案预警机制、情报研判分析机制、情侦刑侦图侦网侦“四合一”机制、涉警舆情实时监测和同步预警机制,大幅度提高破案率、降低发案率所取得的成绩给予肯定。黄关春指出,石门县公安局要在业务技术用房建设上科学设计，认真谋划，在警务机制改革现有成果的基础上，抓好网技站等项目建设，通过推进警务机制改革，进一步夯实基础，丰富工作手段，提升公安工作打防效能，防止发生重大群体性事件，防止发生规模集访，营造安全稳定的社会环境。

【反恐处突应急实战演练】为及时有效、快速果断处置各类恐怖袭击和公共突发事件，强化火车站、汽车站等重点部位和人员密集场所重大刑事、治安案件的应急处置工作，进一步检验公安机关反恐应急实战能力，确保全县社会政治、治安持续稳定。2017 年 5 月 8 日上午，县公安局在县火车北站广场举行反恐处突应急实战演练。演练于上午 10 点 30 分开始：在石门县火车北站广场，2 名男子在火车站候车大厅门前挥刀乱砍旅客，火车站执勤民警立即将情况报告给铁路派出所所领导，同时阻止暴恐分子伤害旅客，由于现场混乱，导致广场某处起火。接警后，县公安局指挥中心立即启动暴力恐怖袭击处置预案，指挥中心迅速向反恐总指挥长王汝国汇报情况，王汝国同志下达出击指令。副指挥长李军武迅速指挥永兴派出所、巡警、治安、禁毒、刑侦、消防大队立即赶往现场处置。演练中，各警种快速反应、联合作战，两名暴恐分子被赶来的警察合围并当场抓获。与此同时，火车站广场的火势被成功扑灭。通过演练，提高了公安机关反恐处突能力，展示了实战技能和精神风貌。

（县公安局）

【全县禁毒工作会议】2017 年 6 月 23 日，全县禁毒工作会议在县老干活动中心召开。县委常委、政法委书记、禁毒委第一副主任张树国出席会议并讲话，县人大常委会副主任张国珍主持会议，副县长、禁毒委副主任王汝国作工作报告，县领导马业平出席会议。

会议要求，全县各级各部门要充分认识禁毒工作的严峻性、复杂性、长期性和反复性，始终保持对毒品违法犯罪问题的“零容忍”，坚持打击与治理相结合、治毒与治贫相结合、控毒与治心相结合，强力推进禁毒工作社会化，加强禁毒机制保障；强力推进严打整治常态化，提升缉毒执法质效；强力推进宣传教育多样化，深化禁毒预防教育；强力推进基础管控信息化，增强重点管控能力；强力推进禁毒管理规范化，提高禁毒管理水平。

张树国强调，各级各部门要提高认识，始终牢记禁毒工作的历史使命。要认清毒品蔓延的形势、认识到禁毒工作的差距、解决好责任落实问题。各级各部门要打好禁毒主动战，做到多检查、多发现、多打击；要打好禁毒攻坚战，形成合力、联合执法；要打好预防阵地战，开展“进社区、进学校、进机关”等活动，实现预防全覆盖；要打好禁毒工作持久战，实现禁毒常态化。各级各部门要积极作为，认真履行法律到位，做到领导责任、协调组织、协作配合、督导考核、基础保障到位。

（王章建）

反恐处突
应急实战演练

公安交通管理

【概况】2017 年，县交警大队坚持以压降事故为重点，狠抓道路交通秩序整治，注重交通安全隐患排查，推行道路交通安全社会化管理，全县道路交通安全形势稳定，事故死亡人数同比下降 20.6%，杜绝一次死亡 3 人（含）以上较大事故。县交警大队被评为“全省交警系统党的十九大交通安保维稳工作成绩突出集体”“全省黄标车整治先进单位”“全市集中打击重点交通违法行为‘百日会战’行动工作先进大队”。

社会化管理。2017 年，推行道路交通安全社会化管理，构建道路交通安全齐抓共管的大格局，获全市社会化管理年度考核第一名。健全工作机制，修订社会化管理考评办法，出台工作运行规范和“三无”乡镇创建标准。乡镇、街道、农林场坚持发挥主导作用，“两站两员”建设日益规范，蒙泉镇的工作经验得到省交警总队国庆安保督查组的肯定，并在全省交流。规范隐患治理，排查发现道路交通安全隐患 146 处，均按照“一单四制”要求，交办到公路、交通等部门和乡镇政府，整改销号。联合安监、交通等部门集中约谈客运企业 3 次；通过信息抄告、隐患交办、密集督导、排名通报等方式，督促清理重点车辆隐患 236 台次。

智能化管理。全县交通安全管理创新工作有序推进，完成“六大中心”组织架构建设，制定工作规范。情报指挥中心依托智能交通系统进行路面视频巡查，启动联动指挥。大队指挥中心由班子成员带班和综合部门二层骨干夜间值班、星期六与星期天办公室全天候值班形成常态性机制。查缉实战中心每日专人负责缉查布控平台监控，查获嫌疑车辆 1089 辆，现场处罚 466 次。基础数据中心加快智能交通系统二期工程建设进度。新闻舆情中心加强交警正能量宣传引导,全力监控网络媒体负面舆情,做到早发现、早调查、早应对,全年跟帖留言130余条,网上正面回复5条,全年在国家级、省级、市级和县级媒体上稿931篇,位列全市县级交警大队第一名。行政拘留1名通过微信造谣违法者,管控负面舆情。

专项整治。2017年,县交警大队开展了“百日会战”“党的十九大安保”“超限超载治理”“黄标车淘汰”和“四大攻坚战”等专项行动,全年查处交通违法行为12万余起,其中酒驾毒驾523起、涉牌涉证3265起,行政拘留223人;刑事立案125起,刑拘87人,移送起诉125人,吊销机动车驾驶证125本;强制报废车辆543台。治超和黄标车淘汰治理等工作经验全市推介。

执法监管。2017年,县交警大队把执法规范化建设作为推进工作的基础性工程,作为加强队伍建设、创新交通管理的核心工作来抓。健全执法制度,修订完善执法流程监管、行政处罚、行政许可、处理涉法涉诉信访、涉案财物管理、非现场违法行处罚等各项规章制度,并汇编成册,供各二层单位、民警在执法过程中对照执行。配强执法装备,新增酒精测试仪12台、执法记录仪50台、新购对讲机80台,更换了一批执法办案区审讯录像设备。坚持经常性监管与定期监管相结合,全年审核一般程序行政处罚案件875件,一般程序处理的交通事故案卷326件,实现事前、事中、事后全过程监管,执法质量得到省交警总队检查组的肯定。利用交警网校平台,举办了四期执法培训,参训率、合格率均达100%。

普法宣传。严格落实“谁执法、谁普法”责任制度,推行县直机关上门宣教,以学校、企业、服务窗口、村居为主阵地,不断开拓宣传渠道、宣教方式,营造浓厚的普法宣教氛围。全年开展集中宣教活动700余次,面对面受教育近7万人次。通过石门交警微信、微博推送的严重违法和事故案例信息约300条,每条点击阅读量超3000人次,最高单篇点击阅读量达1.3万人次。

事故处理。实行交通事故快处快赔,提高办结效率,加大肇事逃逸案侦破力度,及时向受害方反馈案件情况。全年破获肇事逃逸案45起,命案侦破率达100%,特别是“3·16”和“11·9”肇事逃逸致人死亡事故,线索细微,办案民警历经艰辛,揪出真凶,得到社会好评,受害人家属赠送锦旗。加大社会救助力度,全年救助交通事故伤者61人共89万余元。完善“三调联动”机制,成功调处交通事故5440起,涉及金额6700余万元,确保了社会稳定。

信访受理。及时回应群众呼声,严格落实信访工作制度,接待来访人员428人次,回复率、满意率均达100%;结合“三联四大”和民调创满工作,53名民警包保159名群众,人均走访3次以上,和群众面对面交流,心贴心沟通,查清问题结症,寻找对策,强化回访工作,将不满意样本减到最低限度,杜绝了有影响的涉法涉诉案事件和负面舆情发生。通过大队微信平台,专人代为查询交通违法记录、解答咨询、受理违法举报,每天超100人次,得到群众高度评价。

脱贫攻坚。2017年,主动作为,为扶贫点村壶瓶山镇南坪河村和夹山镇三板桥社区的群众排忧解难,共谋发展。在南坪河村开建了7千米水泥主干路和4千米悬崖山路,拓宽了3.5千米村道,落实集镇路灯亮化,启动高标准村部建设,全村226户688人全部吃上放心水。投入30万元完善三板桥社区的路改、水改等基本建设。

队伍建设。2017年,县交警大队围绕大队集体争创全市先进单位和文明标兵单位、车管窗口创国优的总目标,强化队伍建设。政治建警。坚持以党建带队建,深化“两学一做”学习教育,结合政法队伍集中教育整训活动,对显现出来的不良现象和倾向性苗头列出问题“清单”,除有针对性地处理外,对照“清单”部署交办,逐条下达整改责任状。制度管警。年初大队班子成员调整后,及时推动建章立制,制定《党风廉政建设主体责任和监督责任制度》《落实“两个责任”谈话月报制度》,坚持落实“两同时”谈话,使廉政意识真正入心;在全面对接总队、支队的考核标准的基础上,实行考核工作改革,95%以上的日常工作每月通过指标量化考核,考评结果一律用数据公示,杜绝照顾平衡。从优待警。年初对工作成绩突出、表现优秀、群众认可度高的17名民警,积极向县委推荐,予以提拔重用。袁杰被县政府评为“先进工作者”,3名干警为“十佳政法干警”,田志军被市公安局记个人三等功。文化育警。依托工会平台和全市文明窗口单位创建活动,经常性地组织开展组织羽毛球、登山比赛、庆“五四”趣味运动会和“保护母亲河”“义务植树”“义务献血”“在职党员进社区志愿服务”等系列活动,培育了民警的高尚情操,增强了民警的社会责任。县交警大队成功创建为全市文明窗口单位。

(冉计云)

【快速侦破“3·17”交通肇事逃逸案】 2017年3月17日6点25分,县交警大队接到报警:在澧阳西路县委会前路段,发生了一起交通事故:一名横过道路的行人被撞倒在地,肇事车辆已经逃逸。接到报警后,石门交警大队事故中队指导员丁继泉向大队领导汇报后立即带队出警,迅速赶至现场,兵分三路展开工作:一组民警负责联系医院抢救伤者;一组民警勘验事故现场,走访周边居民,掌握了第一手现场资料;另一组民警到监控指挥中心和事发周边商户调取案发时间段路面监控录像,搜索肇事车辆的蛛丝马迹。9时许,从医院传来消息,伤者覃某健经医院抢救无效死亡。办案民警经过海量筛查监控视频资料后,很快掌握了逃逸车辆信息,根据监控录像显示,肇事车辆为一辆牌照为湘J69××S正三轮摩托车。结合周边商户监控视频资料,也佐证了车辆肇事事实。在确定肇事车辆逃逸方向、获取的逃逸车辆和驾驶人的影像资料,民警立即调取车辆档案,取得了该车登记车主的基本信息,初步确定肇事逃逸驾驶员为石门县龙凤园艺场村民刘某安。上午10点30分,大队领导带领民警冒雨赶往龙凤园艺场,对嫌疑人实施抓捕。11时许，办案民警赶赴到嫌疑人刘某安的住处，发现了被撞损的正三轮摩托车。经比对，其牌照号码与监控显示一致，车辆损坏部位与现场事故情况高度吻合，确定此车就是肇事逃逸车辆。随即，民警在肇事嫌疑人刘某安家中将其抓获，并将肇事嫌疑车辆扣押。经过5小时连续奋战，快速破获“3·17”交通肇事致人死亡逃逸案。

（刘 宏、覃青云、丁继泉）

【黄标车淘汰治理工作】黄标车是指新车定型时排放水平低于国Ⅰ排放标准的汽油车和国Ⅲ排放标准的柴油车的统称，其尾气排放污染量大、浓度高、排放稳定性差，其贴的是黄色环保标志。2017年4月19日，县交警大队在二楼会议室召开黄标车淘汰治理工作推进会，副大队长马锋传达省交警总队关于黄标车及老旧车淘汰治理工作要求和县政府专题会议精神，对黄标车治理工作进行部署：一是明确职责分工，细化工作任务。对各辖区已淘汰未报废的车辆进行具体数据统计，按车辆登记所属地实施中队治理淘汰责任制，并纳入考核项目。二是与责任部门协调联动，落实黄标车治理相关政策。与县环保局共同做好服务工作，落实黄标车报废补贴政策。三是充分运用科技力量，借助缉查布控系统平台，实现精准淘汰。将辖区的黄标车逐一摸排，分类梳理，并录入缉查布控系统，充分运用科学预警作用，准确锁定黄标车。四是强化宣传，营造浓厚氛围。充分运用本地自媒体、电视电台和大队微信公众号、信息网站等媒体平台，广泛宣传黄标车的危害性和治理淘汰政策措施，鼓励车主选择自行前往车管部门报废黄标车。五是规范业务办理。要以合法、合规的业务办理工作为落脚点，依法推进全县黄标车淘汰工作。截至11月28日，完成淘汰任务的85.71%，待淘汰黄标车45台，含5辆被盗黄标车。石门县黄标车淘汰任务完成比例在全市排名第一，县政府副县长、公安局局长王汝国代表县政府在全市黄标车调度会上作典型发言。

（李 蜜）

司法行政

【概况】2017年，县司法局在司法服务、普法宣传、队伍建设、公证工作、人民调解、社区矫正、法律援助等方面工作，取得实效。积极参与拆违控违和重大工程项目征拆矛盾纠纷化解工作，为石门县“五大战略”“十件大事”贡献力量。

司法服务。服务全县经济发展。县司法局制定《石门县司法局2017年度优化经济发展环境工作方案》，并全力落实。完善法律顾问制度，结合县域实际，在全县各级、各部门、各村（居）全面建立法律顾问制度。为每位县级领导分别安排一名律师，实行“一对一”法律顾问服务，为各单位分别安排1名法律服务人员或司法所工作人员实施一对一联系，为各级党委重大决策、重大行政行为提供法律意见，为处置涉法涉诉案件、信访案件和重大突发事件等提供法律服务，参与合作项目的洽谈，协助起草、修改重要的法律文书或者以党政机关为一方当事人的重大合同，参与处理行政复议、诉讼、仲裁等法律事务。

普法宣传。2017年3月至4月，县司法局组织专门人员、专门车辆在城区街道、周边乡镇开展了为期两周的面对面“有声”普法宣传，向来往行人及摩托车、电动车驾驶员分发《争当守法公民，共建平安石门倡议书》《司法行政便民服务手册》，现场解答群众法律咨询，引导社区居民从细节做起，讲文明、讲道德、讲法治。发放宣传资料30000余份，现场解答咨询500余人次。组织指导全县各乡镇（街道）、农林场、学校和医院开展200余场次专题普法宣传教育活动。1月20日，组织县直30余家单位在火车站广场开展了针对返乡农民工“送法下乡”普法宣传活动和优化经济发展环境的专题宣传；3月28日，在三圣乡中心学校举行石门县2017年“法律进校园”主题活动启动仪式，针对校园暴力现象开展校园周边环境整治专项行动；5月8日，在皂市柑橘市场组织开展“2017年农村法治宣传教育月”暨“脱贫攻坚司法伴你行”“司法公正常德行”活动启动仪式，现场开展法治“五个一”活动，即“法治一条街”“一场法治文艺演出”“一堂法治课”“一场法律知识抢答赛”“赠送一本法律书籍”，受到群众欢迎；6月至8月，由依法治县办牵头，组织县普法讲师团律师深入21个乡镇（街道），面对面开展“法律明白人”培训，将受益群体扩大到乡镇全体干部职工、村（社区）两委成员。

队伍建设。完善各项工作制度，加强督导考核。政工室牵头开展10次作风纪律督查，对部分不遵守上下班纪律、着装不规范、卷宗整理不规范的问题在全局范围内进行通报，要求被点名司法所进行整改，并将整改情况纳入局长挂号督办事项，责令限期销号。认真落实党风廉政建设“两个责任”例行性谈话、约谈谈话、提醒性谈话、“两同时”谈话、任前廉政谈话，将廉洁办事、廉洁从政意识植入干部职工心中。对法律服务机构队伍的教育工作纳入干部职工队伍建设一同进行，重点抓好律师事务所、法律服务所负责人的政治教育和警示教育，树立典型示范作用，督促律师和法律工作者依法执业。

公证工作。围绕“公证为民，服务为本”的工作理念，开辟贫困户和军人及家属办理公证的“绿色通道”，为山区群众提供上门公证13次，并多次为全县范围内的大型活动和竞赛提供现场公证，赢得社会好评。2017年，县公证处办理各类公证786件，其中国内民事公证592件，国内经济公证11件，涉外及港澳台公证183件。

人民调解。年初挂牌成立石门县婚姻纠纷调解委员会，通过政府购买服务的方式安排一名专业律师在接待窗口值班，完善专业化人民调解组织建设。规范化司法所建设实现“三个统一”，即外观标识统一、内务标准统一、管理制度统一。2017年投入10万元为全县司法所统一更换标识标牌，并按人均3000元的标准统一配发制式服装，统一规范卷宗整理，并通过案卷质量评查工作对通过评议的卷宗按照每份50元至200元的标准实行以奖代补；对各项工作制度统一上墙。先后在蒙泉、楚江、新关等司法所召开规范化司法所建设现场会，统一思想、学习典型、交流经验。2017年，全县调处各类社会矛盾纠纷2921件，调处率100%；调处成功2876件，调处成功率98.4%；防止民转刑8起，涉及人数18人；防止群体械斗2起，涉及人数32人。

社区矫正。与县检察院联合探索建立社区矫正服刑人员分片集中点训工作制度。坚持每季度在乡镇司法所开展不打招呼集中点训，并将集中点训情况纳入对乡镇（街道）司法所的工作年度考核，促进了社区矫正工作的规范化和制度化。认真落实社区服刑人员行为规范教育。7月，经过15天筹备，由社区矫正股牵头组织为期一周的服刑人员行为规范教育，通过队列训练、唱红歌、手语操、接受点训等，规范社区矫正人员的日常言行，提高矫正质量。在"司法公正常德行"开放日活动中，社区矫正人员行为规范教育工作得到肯定。2017年，接收社区矫正人员178人，解除矫正151人，收监2人，警告21人，有在册人员271人。

法律援助。县司法局整合资源，发动社会力量，以公共法律服务站点为依托，规范"乡镇接待→中心受理→登记审批→指派分流→律师承办→妥善结案→呈报卷宗→卷宗评查→发放补贴"的工作流程。9月14日，县司法局与县财政局联合印发《2017—2018年石门县政府购买法律援助服务实施方案》，明确了法律援助办案补贴标准和发放规定。全年受理法律援助案件368件，其中民事318件，刑事50件，办结247件。

信息宣传。2017年5月，开通"石门司法行政"微信公众号，将法律援助、公证工作等业务工作的便民办事指南在平台上进行公布，及时更新司法行政工作动态。注重信息报道，2017年，全局在《法制日报》、《司法所工作》、"三湘综治网"、"湖南司法行政网"等各类媒体、网站、微信公众号累计上稿243篇，有力宣传推荐了石门县司法行政工作。

【公证机构改革】2017年1月，县司法局贯彻落实省市公证改革会议精神，积极向县委、县政府汇报，争取领导重视，以县委常委会纪要的形式明确将县公证处改制为全额拨款的事业单位，核定事业性编制4个，行使独立法人资格，原公证处4个政法专项编制划转回县司法局机关。设置5年过渡期，过渡期内，现有公务员身份的公证员继续留任公证处，待完成事业体制公证员招录培训后，逐步安排到县司法局机关工作。9月15日，县事业单位登记管理局为县公证处颁发"事业单位法人证书"，石门县公证处由原行政单位置换为事业单位。

【"律师进园区"活动】2017年，县司法局组织开展"免费法律体检"活动，安排12名律师分3组对园区38家企业实施法律体检，开展法治培训。对县城道路改造、工业园及市民之家建设等重点工程建设项目安排专门律师跟踪服务，引导律师主动作为、积极作为。如市民之家建设，涉及拆迁户300多户，楚江、前进2个律师所的律师主动介入，依法做好涉及法律事务的前期工作，仅2个月就完成征拆任务。

（县司法局）

【侯迁广到石门调研社区矫正工作】2017年6月12日，湖南省社区矫正工作管理局局长侯迁广一行到石门县调研社区矫正工作，市司法局调研员彭合明陪同调研。调研期间，在县司法局会议室召开社区矫正工作座谈会，侯迁广针对工作中存在的人手缺乏、装备落后、保障不力等情况与县司法局局班子进行探讨，对石门县社区矫正工作提出建议：一是要整合资源，善于沟通衔接。在严格执行财政部门制订的社区矫正经费保障标准的同时，主动向县委县政府汇报，争取建立社区矫正经费动态增长机制，完善社区矫正软硬件设施。要抓住政府购买社会服务契机，充实社区矫正队伍力量。二是加强社区矫正监管力度。对社区服刑人员定位监控管理系统进行乡镇全覆盖，对监管对象行踪做到"心中有数"。发动基层村（居）委会、志愿者力量，让社区服刑人员处于"广大群众"监督之中。三是提升社区矫正工作者的业务水平。进一步开拓思路，规范执法，认真落实社区矫正各项管理制度，做到执法程序规范、监管教育到位。

（李蓉蓉）

【公共法律服务志愿者业务教育培训班】2017年5月24日，石门县公共法律服务志愿者业务教育培训班在县司法局五楼多功能会议室举行。培训班上，县法律援助中心主任就如何做好法律援助工作上了一堂辅导课；县"法润三湘"公共法律服务志愿服务大队负责人对2016年的工作进行回顾总结，对2017

县人大代表、政协委员视察石门县公共法律服务中心

的工作进行部署安排;对2017年的优秀法律服务志愿工作者进行表彰奖励;各律师事务所、法律服务所主任签订了《优质法律服务承诺书》并向大会作公开承诺和表态发言。县司法局党组书记、局长刘爱国作总结讲话，对县公共法律服务志愿工作现状、存在的主要问题做了全面深刻分析，对如何搞好今后的工作提出目标、要求。全县50多名法律服务志愿工作者参加业务教育培训班学习。

【“司法公正常德行”开放日活动】 2017年9月6日上午，县司法局举行“司法公正常德行”开放日活动。县司法局邀请部分县人大代表、政协委员和附近部分居民，参观视察石门县公共法律服务中心，了解申请法律援助，办理公证业务的接待、咨询、立案及办理流程;观看对社区服刑人员的行为规范教育;听取县司法局党组书记、局长刘爱国对公共法律服务、社区矫正、法制宣传、人民调解等各项工作的汇报;与司法行政工作人员进行座谈。县人大常委会副主任张国珍，就如何搞好全县司法行政工作，提出意见和建议。

通过“司法公正常德行”开放日活动，增强了司法行政工作“阳光司法，司法为民”的透明度，增进了人大代表、政协委员对司法行政工作的了解与支持，让人民群众亲身感受到司法行政的阳光司法和惠民举措，深受人大代表、政协委员和基层居民群众的好评。

(陈锦平)

交通·邮政·通信

交通建设

【概况】2017年是全县交通建设大会战之年，以“通断头、扩路网、提等级”为主题，以“建设高速路、完善干线路、打通出城路、提升农村路”为中心，以迈进“高铁时代”、打通“空中通道”和实现“通江达海”为主线，着力打好交通建设大会战，加快构建“水陆空、铁公机”综合立体交通运输体系，加快推进综合智慧绿色平安交通建设，为全面建成小康社会和武陵山片区经济强县提供更有力的支撑与保障，建设人民满意交通。2017年，交通建设投资继续保持高位增长态势，全县共完成交通基础设施总投资16.5亿元，占年计划的110%，较2016年增长37.5%。

交通项目建设。2017年，全县完工或即将完工的交通重点项目有4个，即沅澧快速干线2号大道石门段、壶大公路A1标段、新龙公路、太柳公路。续建项目有4个，即安慈高速、杨岭岗澧水大桥、西北环线、周象公路，开工项目5个，即壶大公路A2标段、彭岗公路、红土路、石清公路、澧水四桥。全力推进的项目：呼南高铁已进入《国家中长期高铁发展规划》，项目前期工作扎实推进；石门县通用机场已进入《湖南省通用航空发展规划》，项目前期工作启动；G241壶瓶山至磨市公路、G353火车北站至樟木渡公路、新城大道、西北环线洛阳垭隧道和路面工程（S302、S303柳家垭至官庄公路）、石门至盘塘公路、澧水航道石门段整治和易家渡千吨级码头等7个项目，2018年可具备开工条件或开工。炉慈高速（宜张高速）、G241清水湾至壶瓶山、G241磨市至龙王洞、S234何岗至烽火岗、S237皂市至牌楼、插旗垭至刘家坪、国太桥至新关、子良至太平等8个项目项目前期已展开。2017年，全县共完成农村公路新建工程709.371千米，提质拓宽工程205.7千米，边界路和断头路50.12千米，生命防护工程443千米，重要县乡道31.8千米，危桥改造5座。

石门县交通运输局农村公路建设业务培训

交通行业管理。2017年，石门县创新开展农村客运管理社会化，省交通运输厅在石门县召开现场会，号召全省学习石门农村客运社会化管理经验。交通行政执法位列全省先进行业。维新交管站被评为全省优秀执法站所，全县交通安全隐患清零工作半年位列全省第二、全市第一。县交通运输局创建市级文明单位顺利通过市文明委验收。

【农村公路建设业务培训】2017年2月17日，县交通运输局举办全县农村公路建设业务培训班，局二层单位、基层交管站负责人及业务骨干参加。培训内容为农村公路建设、质量监管以及农村公路养护管理等业务知识。为适应全县交通运输行业发展需要，县交通运输局着力推行基层交管站实行“转型”，即由道路运输市场监管单一职能向公路建设管理、公路养护管理、道路运输市场监管等多元职能转变，使基层交管站成为真正的“小交通运输局”。通过培训，增强了基层站所责任意识，提升了农村公路建设管理水平。

（朱泽华）

【交通建设大会战专题调度会】2017年3月13日，市人大常委会副主任、县委书记谭本仲先后实地踏看澧水三桥（杨岭岗大桥）、沅澧快速干线2大道项目建设工地施工情况后，在县交通局会议室主持召开交通建设大会战专

石门县交通建设大会战专题调度会

题调度会。

谭本仲听取交通建设汇报、征求意见和充分讨论后指出，全县交通建设大会战各项工作值得肯定，抓得很紧、富有成效、变化很大、来势很好。强调：全县上下要形成共识、下定决心，进一步奋发勇为、负重奋进，全力补齐"短板"。要拉开架势，持续升温升位，营造浓厚氛围，形成大会战态势。要狠抓项目推进，着力抓前期、抓开工、抓协调、抓调度、抓竣工，让人民群众早日共享大会战的成果。谭本仲还对具体交通建设项目一一提出了确要求，对农村公路建设、干线公路建设、公路治超、运政管理等工作提出指导性意见。县领导张树国、韩翼飞，县交通局、县交通投等相关单位负责人参加。

（龙力荣）

【郭碧勋调度石长动车开行石门】2017年7月2日，县委副书记、县长郭碧勋率县政府办、县委宣传部、发改局、财政局、交通局、住建局、国土局、公安局、夹山管理处、永兴街道、二都街道、夹山镇等单位负责人在火车北站就石长动车9月1日开行石门相关问题进行调度，并进行现场交办。县领导龚云林、韩翼飞参加。石长动车9月1日开行后，有五对动车抵达石门，其中有1趟列车在石门过夜，行车时间内2小时一趟，时速160千米以上，车型为最先进的动力车型。按省重点办要求，为配合石长动车开行石门，石门县要对候车室进行改造，安装大功率中央空调，开辟动车乘客专用走廊，进行动车吸污站改造。

（王章建）

【彭家堰至岗市公路工程开工】2017年7月27日，彭家堰至岗市公路建设项目开工仪式在三圣乡三圣庙社区项目区内举行，副县长韩翼飞宣布项目开工，县政协副主席马业平致辞。作为石门县交通大会战重要项目之一的彭家堰至岗市公路，是"十三五"规划的省道S305线其中一段，也是湖南省干线公路路网的重要组成部分，连接澧县、武陵源区、桑植县、龙山县。该路线全长17.797千米，设计速度40千米/时，路面结构为沥青混凝土。路基宽度8.5米，路面宽度为7.0米，按二级公路标准建设，桥梁结构形式为预应力空心板，建设工期24个月，总投资约1.85亿元。

【沅澧快速干线二大道石门段竣工通车】2017年9月25日，石门县举办沅澧快线二大道石门段通车典礼仪式。沅澧快线第二大道石门段全长9.57千米，其中一级公路长4.03千米，路基宽度32米；城市主干道长5.54千米，路幅宽度42米；全线有1座大桥，2座中桥，39道涵洞。全线为沥青混凝土路面，项目总投资3.8亿元，计划工期2年。沅澧快线第二大道石门段建成后，对进一步扩大石门城市规模、完善城市功能、提升城市品位、实现石门经济跨越式发展、致富沿线百姓、促进区域经济和社会发展具有重要意义。

【石门梯云大桥开工建设】2017年11月24日，石门县梯云大桥正式开工建设，该项目起点位于石门县澧水北岸，在石门县新厂社区与永兴大道相接，南跨澧水河，终点位于澧水南岸梯云路与双宝路交叉口，线路采用一级公路标准，全长996.322米，其中桥梁长度699.76米，路基连接线长296.562米，主桥为双塔双索面斜拉桥，桥面宽度28米；引桥为预应力混凝土现浇箱梁，桥面宽度25米。路面结构层为沥青混凝土路面。项目总投资约2.88亿元，建设工期36个月。

（县交通局）

公路管理

【概况】石门县公路管理局负责管养全县干线公路共421.469千米，养护桥梁101座，隧道4条。2017年，在公路建设、公路养护、路政管理、超限管理和

沅澧快速干线二大道石门段通车仪式

安全管理等方面齐头并进,石门公路事业稳步发展。

公路养护。坚持以路面养护为重点,加强公路日常养护,填补路面坑槽3290平方米,处治断角断板4970平方米,新建涵洞2座,新增警示警告标志牌145块,反光镜15块。2017年5—6月,全县遭遇特大暴雨,致使所辖公路多处路段出现不同程度的损毁,多处交通中断。县公路局出动应急分队人员359人次,大型机械575台次,处治路基缺口12处,清除路面垮方12处共19800余立方米,及时恢复了通行,保障道路安全畅通。

双超治理。易家渡、夹山、田家峪3个超限检测站以准军事化管理,增强执法队伍战斗力。坚持交接班制度,每月进行1次全员军训,提高执法队伍综合素质,为规范执法工作提供了有力的制度保证。2017年8月底,在S308线双溪桥路段正式启用石门县第一套治超非现场执法系统。易家渡治超站非现场执法共调查71宗,处理案件14起,其中当事人主动上门接受调查处理11起,顶格处理3起恶意逃避、遮挡号牌的违法行为,超限运输货物的现象明显减少。石门县治超工作全年一、二季度均居全市第一。2017年9月19日,在全省治超工作督导考核结果中,石门县排名全省区县第二。

工程建设。2017年6月底九渡河至杨柳砼路面工程全部完工,该项目全长13.5千米,路面宽5米,总投资1567万元。10月25日,S308线易家坡、鹰嘴岩两危隧改造工程完工。易家坡隧道全长490米,完成工程投资467万元;鹰嘴岩隧道全长465米,完成投资451万元。

安全生产。积极开展联合宣传咨询活动,共向群众发放安全法律法规和安全知识宣传材料2000余份,悬挂各类宣传标语12幅,在各检测站开展安全生产法律法规、政策咨询,接受群众咨询500多人次,使安全意识深入人心。开展"隐患清零"行动,共清除安全隐患20多处,分管领导及各超限站负责人认真履行源头治超工作职责,通过下企业、进矿山进行宣传走访,并与企业签订治超责任状20份,联合交警、运管、乡镇进行联合执法专项整治累计180次,出动执法人员2164人次,检查生产经营单位78家,下达执法文书161次,立案调查公路违法案件151起,下达行政处罚决定书139份。

路域环境。积极开展路政宣传月活动,共发放宣传资料1000份,制作宣传标牌20块,投入40人次。实行路政巡查和养护巡查"一体化"管理模式,路政大队共上路巡查次数265次,清除障碍215次,下达《责令消除违法行为通知书》88次,清除非标183次,查处行政许可卷宗1件、路损卷宗8件,全年零投诉,无复议,无诉讼,路域环境得到改观。

【S308线非现场执法系统正式启动】2017年8月底,在S308线双溪桥路段正式启用石门县第一套治超非现场执法系统。该系统经湖南省计量检测研究院检定合格,启用不停车称重和电子抓拍系统的路段为S308线K5+700米双溪检测点(易家渡镇双溪村)。该系统启动3个月内,易家渡治超站非现场执法共调查71宗,处理案件14起,其中当事人主动上门接受调查处理11起,顶格处理3起恶意逃避、遮挡号牌的违法行为,超限运输货物的车辆数量明显下降。

(肖梓松)

【全市"知路爱路护路"宣传教育月活动在石门启动】2017年4月13日,常德市"知路爱路护路"宣传教育月活动启动仪式在石门县思源实验学校举行,启动仪式上,县委常委、政法委书记、县铁路护路联防工作领导小组组长张树国致欢迎词。

市教育局督学熊柏隆发表讲话,就学校开展爱路护路活动提出要求。

县教育局局长廖琪宁宣读《致学生家长的一封公开信》,共青团石门县委副书记许婧宣读《"知路爱路护路"倡议书》,共青团常德市委党组成员、纪检组长黄蕾向石门县思源实验学校爱路护路队授旗。

市委政法委副书记、市综治办主任、市铁路护路办主任彭智明要求铁路沿线人民群众和中小学生主动参与搞好铁路护路联防工作,要叫响"平安创建我参与,爱路护路我有责"的口号。并宣布常德市"知路·爱路·护路"宣传教育月活动启动。

启动仪式由市综治委、市教育局、共青团常德市委主办,县综治委、县教育局、共青团石门县委承办,市综治办副主任、市铁路护路办常务副主任樊景华主持仪式,石门县铁路沿线乡镇(街道)分管领导,县直相关单位,石门火车站、工务段、车站派出所负责人,思源实验学校2000多名师生参加。

(张友亮)

邮　　政

【概况】2017年,中国邮政集团公司湖南省石门县分公司(简称邮政石门分公司)实现业务收入5985.76万元,完成年度计划的101.87%,较上年增长14.22%。邮储余额净增3.94亿元,期末

常德市"知路爱路护路"宣传教育月活动启动仪式

余额达到28.18亿元。杜登文获石门县首届"劳动模范"称号,公司女工委被评为常德市女职工工作先进集体,程萍获常德市邮政分公司"芙蓉百岗明星"称号。

金融业务。邮政石门分公司创新金融营销模式,强化厅堂服务,形成多位一体的营销服务体系。邮政储蓄期末余额28.18亿元,其中活期储蓄9.2亿元,定期与活期比为32.64%。加强新型业务和电子金融的发展力度,发放绿卡2.1万张,加办手机银行2.57万户,短信2.2万户,安装POS机及助农取款机30台、ETC50台。公司在全县布放助农取款机具150台、ETC172台、CRS27台。石门分公司激活机制,提高服务质量。利用各种节日在网点开展活动,如"春节7天乐"红包墙、"2•14"情人节、"三八"妇女节送玫瑰花等。将金融业务发展与社会公益相结合,"六一"儿童节各网点与所在地学校开展关爱留守儿童活动;重阳节关爱老人免费量血压活动等。在2016—2017年金融跨赛期间,通过市场转型,全力拓展市场资源,1个网点获全省"百强网点"称号,3个网点获"百佳网点"称号,1个网点获得"百优网点"称号。发展优势,做大业务,拓展赢利新空间。利用手机银行开展"一元特惠购""享嗨购"活动,加大网点奖励和宣传力度,提高手机银行激活率。全年销售基金3440万元,销售各类理财产品1.5亿元,保险新单完成1.2亿元,其中期交完成1042万元(含中邮869万元)。

寄递业务。强化经营管理,壮大发展快包业务。紧抓农产品销售旺季契机,发展土特产及柑橘包裹寄递业务。完成包裹、标快业务出口总量45.26万件,完成年计划的158.8%。完成业务收入395.72万元,完成年计划的141.32%。顺应电商潮流,改革发展寄递模式。联系沟通电商、微商客户,走访城区电商35家,签订电商客户协议24家。紧抓农特经济,创新开拓揽收方式。与农资批销商联手,产生同城配包裹4.8万件;与当地粮农批销商联手,产生大米类同城包裹1.8万件;与社会快递联手,产生同城配二手转运包裹2.7万余件。与社会知名人士联手,实现包裹发展公益化,投递爱心包2.8万件,军人退伍包裹2753件。

其他业务。集邮与文化传媒专业发展。4月22日,成功举办"大闹天宫"儿童剧商演活动,创收29.15万元;为加快信函业务转型,签订"腾邮峰会"朋友圈广告意向30万元;与政府部门联动,成功推送国税局、百家居建材广告,设计林业局、国税局宣传册,完成蒙泉镇中心学校、夹山镇中心学校毕业生纪念册的设计与印刷;借助网点沙龙、产说会等形式开办11场集邮"一票一活动"知识讲座和"青少年集邮"知识培训;完成2017年秋季教育期刊征订173万元,2018年新邮预订完成28.76万元;完成报刊流转额690万元,其中微信订阅93万元。农村电商业务发展。引入8家邮乐商家,商品上线数达205种,批销累计交易额1020.82万元(其中自营下单187.94万元),代购完成9248笔。在邮乐"919"购物狂欢节活动期间,石门分公司发展邮乐小店店主2550户,完成计划进度的88%,代购4000多笔,批销金额达290万元,完成计划进度的100.02%,邮助手签到率均达100%。9月10日,与创维公司开展的"抢购"活动中,实现销售额84.25万元。

安全生产。强化基础工作管理,加大对基础工作的检查力度,每日重点对生产场地安全生产、邮件的交接、小包时限与投递质量等进行检查。修订并下发服务质量检查考核细则、"双十一"期间安全生产工作、邮政金融安全评估方法等文件,做到有章可循。加强过程管理。对旺季"双十一"网运工作进行部署,制定应急方案。在党的十九大特护期,对出口邮件落实"开箱验视率""实名交寄率""安检使用率"3个100%。加强日常管理。发放客户满意调查函150份,平均93分以上。处理11185、95580投诉99笔,11183投诉工单1154笔。金融从业人员排查率和和轮岗率达100%。开展隐患排查治理,加强资金安全防范,确保金融安全。开展各类安全检查209次,下发整改通知书7份,复查7次,整改回复率100%。确保资金安全和储蓄网点案件"零发案率"。

内部管理。狠抓内部管理,提高企业管理水平。7月,对石门分公司经营架构进行调整,调整后的部门设五部一室,精减中层骨干3人;石门分公司修改并下发《石门邮政亮牌考核办法(试行)》等工作管理办法。为激励员工积极性,在全县范围内组建三支作风过硬、能打胜仗的政企营销团队,将各项专业融合,联动发展,守望相助,形成良好的营销工作氛围。制定并启动中层干部亮牌机制,通过亮牌,让每位中层干部职责更加清晰、责任更加明显,从而带动和感染每位员工。建立工作督办机制,机关每层楼、每个支局都明确督办人员,形成一级管一级、层层抓落实的管理格局。12月1日,石门分公司机关正式启动"钉钉"考勤系统。加强人力资源管理,组织各类专项培训,全年组织职工培训12期,培训人数450人次,内容涉及金融、理财、保险、消防、H5软件培训等,提高了队伍整体能力素质。加强基层工会建设,推动企业和谐发展。先后组织"三八"登山比赛,"五一"营业员、投递员技术比武和拔河比赛,"党旗引领中国梦、担当有为邮政人"朗读大赛等活动,激发队伍活力。开展慰问生病职工57人次,职工直系亲属病故慰问5人次。开展"心系邮政欢乐重阳"退休职工联谊活动,90名退休员工参加,共享企业发展成果。

(邮政石门分公司)

【"邮政919扶贫助农电商节"启动仪式】2017年8月31日,全县电子商务进农村"邮政919扶贫助农电商节"启动仪式在县邮政公司举行。活动由县商务粮食局、县扶贫办主办,中国邮政集团公司湖南省石门县邮政分公司承办,市县邮政公司、县商务粮食局、县扶贫办、县电子商务协会负责人,全县电商精准扶贫店主,电商企业、农特产经销商代表参加启动仪式。“邮政919扶贫助农电商节”活动兼顾农村和城市两个市场,在农村以批销和代购为主,为广大农村消费者提供物美价廉的商品和及时方便的配送服务,充分挖掘农村市场电商节的购物潜力;在城市以零售为主,为城市消费者提供“原汁原味原产地”的优质农产品,传递“家乡的味道”,进一步提高湖南农产品的知名度和影响力。广大网友可通过中“邮乐网”、“邮乐网”PC端、“邮乐”APP、“邮乐小店”APP以及“邮储银行”APP等参与“邮政919扶贫助农电商节”的嗨购活动。利用邮政电商平台开展线上促销,可带动农民增收致富,能实现电商创业扶贫助农,对打造电子商务产业扶贫升级版,打赢精准脱贫攻坚战具有重要意义。

(龙力荣)

电　信

【概况】中国电信股份有限公司石门分公司(简称电信石门分公司)隶属中国电信股份有限公司常德分公司,是石门县最大的基础网络运营商和综合信息服务提供商,是县内唯一拥有完整的固定网、移动网、基础网、数字网和数据网的通信运营企业。分公司下辖3个城市营业部,6个中心支局,19个支局,服务网点83个,遍布全县城乡各地。

电信石门分公司综合通信能力和规模位居全省县(市)20强之列。先后获得全省电信“县级分公司20优”、市级电信“先进企业”。连年保持省级“重合同守信用单位”、市级“文明标兵单位”“五好领导班子”等荣誉。2017年,被评为“常德市维护消费者合法权益先进单位”和“守合同重信用单位”。

电信石门分公司以“做领先的综合智能信息服务运营商”愿景为指引,紧紧把握移动互联网发展趋势,秉承开放创新、合作共赢的“互联网+”思维,全面深化企业改革,深入推进战略转型,持续打造竞争优势,积极推动各行业信息化应用,为社会各行业和广大客户提供更加方便快捷的信息通信服务,为全面建成小康社会、建设富饶美丽幸福新石门做出更大贡献。

(电信石门分公司)

移动通信

【概况】2017年,中国移动通信集团湖南有限公司常德市石门县分公司(简称移动石门分公司)加速转型突破,深化创新改革,宽带小区基本实现城区全覆盖,农村行政村覆盖率达50%以上。移动信号基本实现城乡、农林场、行政村、公路沿线及旅游景点全覆盖,网络规模居全市前列,行业内继续保持网络领先优势。2017年,石门分公司党支部获“常德移动2017年度先进基层党支部”称号,傅铁梅获“常德移动优秀党务工作者”、石门县首届“劳动模范”荣誉称号,李欣、白辉平获常德分公司优秀共产党员荣誉称号等。

生产经营。一是通服收入持续增长。2017年,完成通信服务收入19368万元,完成挑战目标的100.68%,同比增长达8.08%,排全市第1名。二是业务发展成效突出。2017年,净增4G客户39715户,期末4G客户渗透率达63.51%,期末通话客户市场份额为66.11%,宽带用户净增10622户,期末有线宽带客户数达25930户。三是集客经营快速发展。2017年,累计完成火种计划234条,新增专线781条,发展云MAS29家,完成集团彩铃统付4074户,物联网卡用户净增6758户。四是风险防控落实到位。严格落实“实名制”政策,杜绝不知情定制,严格把关批量开通业务。关注重点业务、重点人群、群体事件,及时、稳妥化解客户申诉,努力提升客户满意度。

网络建设。一是工程建设如期完成。2017年,公司新建农村宽带行政村150个,新楼盘建设宽带小区21个,对县城区原宽带有小区扩容75个。新建4G基站74个,LTE5.1期室内分布系统开通9套,LTE5.1期微站开通17个,石长铁路动车网络覆盖建设基站21个,全年开通PTN传输设备75套,完成LTE4期和LTE5期传输光缆建设520皮长千米,完成蜂窝物联网一期工程94个站点,石门县逻辑基站总数达1051个。二是网络维护日益加强,网络质量明显改善。2017年,启动了4G网络优化和对偏远山区及扶贫村的4G扫盲测试工作,对50个LTE4.3期农村站进行优化,石门县城LTE下载速率由38.79M提升至43.84M,MR覆盖持续稳居全市第一;完成传输光功率整治131处,ONU弱光整治700多条;对火车北站18个宽带小区以及中心局8个宽带小区进行割接和优化;对14个宽带小区和室内分布系统进行转供电改造。三是客户服务能力持续提升。开展网络、宽带、专线等新产品专题调研和整改提升,提升家宽、集客的服务质量和业务品质,装维能力、业务保障能力、魔百和业务品质全面增强,整体客户满意度89.7%,排全市第1名;网络满意度89.9%,排全市第2名。

队伍建设。一是加强党的建设。深入开展党支部创建工作,制定了《石门分公司创建“四好”领导班子活动方案》《关于开展石门分公司“六好”党支部创建活动方案》,成立党建工作领导小组,加强党建与市场经营工作的融合。全年共召开支部委员会16次、党员大会6次、民主生活会1次、集中学习7次、开展谈心谈话34人次。组织支部党员、中层骨干学习党章、党规、党纪和习近平同志重要系列讲话精神及党的十九大报告,开展反腐倡廉教育月、“两学一做”学习教育等活动,强化党员干部廉洁自律意识。二是坚持政务公开。严格执行民主集中制和“三重一大”制度,下发《石门分公司“三重一大”决策事项目录》。凡是公司大的事项决策及财务开支，必须经过班子讨论通过执行，凡是涉及员工切身利益的事项，做到程序透明，公开、公正与公平。三是严格履行一岗双责。石门党支部与支部委员、部门、中心负责人全部签订《党风廉政建设目标责任书》，与员工签订《廉洁从业承诺书》，党风廉政建设责任到人。四是落实嵌入式风险防控工作。建立嵌入式廉洁风险防控体系，提升风险防控意识，加强执行力度和监督力度，2017 年，石门共清理出廉洁风险点 137 个，其中 A 级风险点 17 个，B 级风险点 46 个，C 级风险点 74 个，并逐一进行整改。

企业文化。公司重视基层班组建设，关注一线员工成长，引导员工立足实践进行创新，培养员工的独立思考、解决问题的能力，对实施情况进行跟踪调查，并对实践效果较好的成果及时进行总结归纳，将优秀成果转化到生产经营中，提升工作效率。2017 年，石门移动获全省优秀微创新成果奖 2 个、全省优秀合理化建议 2 个。关爱员工身心健康。坚持常态化慰问，2017 年走访、慰问生病住院员工、家属吊唁等 24 人次，发放慰问金 2 万余元。积极开展幸福“1+1”舞蹈、健步、气排球等兴趣小组，培养员工兴趣爱好，形成健康文明的生活方式。深入开展精神文明创建活动，推动“奋斗”文化落地，开展“我们的节日”“道德讲堂”系列活动，学习先进人物事迹，引导员工树立正确的价值观，依靠企业文化带动生产力，保障企业健康有序发展。勇担社会责任，积极响应县委、县政府扶贫号召，进行精准扶贫，为 26 户贫困户发放大米、食用油等生活物资，累计发放困难补助 7800 元。组织爱心募捐活动，募得善款 2410 元，组织扶贫助捐活动，为贫因学子捐助 25600 元。

（刘麟彬）

联通通信

【概况】 中国联通石门营业部成立于 1999 年 4 月，于 2008 年与中国网络公司合并后正式更名为中国联合网络通信有限公司石门县分公司。石门分公司有员工 25 名，退休职工 2 名，合作经销商 78 家。主营业务：固定电话、数据通信、互联网接入服务、宽带等。

业务发展。2017 年收入完成 4000 万元，同比增长 0.8%，2017 年末网上用户数 7 万户。石门联通获得 2016—2017 年岁末年初竞赛先进单位，石门营业部党支部被授予“2017 年度先进党支部”称号，石门工会小组被评为“2017 年度先进工会小组”。

工程建设。2017 年，石门联通争国投投资项目资金任务 4200 万元，到位资金 4204 万元，主要应用于 4G 微基站建设，农村光纤到村工程，城市光纤小区改造工程，打造数字石门，网络覆盖全县所有乡镇，城区宽带覆盖率达到 95%以上。

脱贫攻坚。2017 年，石门联通公司积极响应县委、县政府号召，到磨市镇白岩壁开展脱贫攻坚工作，石门联通扶贫对象白岩壁的 8 户，石门联通公司给这 8 户扶贫户每户送猪仔，送米，油，可乐等。帮扶人员还多次赠送礼品，并与贫困户详谈，了解用户经济来源，商讨可行的扶贫方案。2017 年年底 8 户实现脱贫。

（杨　玲）

旅游

【概述】2017年，全县旅游工作以争创“国家全域旅游示范县”为目标，全面掀起“旅游开发大会战”，形成大规划、大投入、大配套、大融合、大宣传的全域旅游创建工作格局，逐步形成“一业带动、多业融合、联动发展”旅游产业发展模式，各项工作取得进展。2017年，全县有各类宾馆、酒店达515家，床位11000张，旅游购物示范店5家，特色餐饮名店30家，旅游从业人员2.3万人。新建或改建旅游厕所28座，新增景区停车场11000平方米。全年接待游客615万人次，实现旅游综合收入63.7亿元，分别同比增长13.67%、12.3%。

规划编制。县委常委会、县政府常务会议常态化研究推进旅游工作，县委、县政府主要领导多次专题调研、调度旅游工作，县委书记、县长不定期听取旅游工作汇报。年初，成立“石门县创建国家全域旅游示范县领导小组”和“石门县旅游开发大会战工作指挥部”，每月调度工作。制定下发《石门县2017年旅游开发大会战工作方案》，明确创建国家全域旅游示范县的目标和23个重点旅游项目，将工作任务分解到相关责任单位。12月20日，率先在全市成立县旅游发展委员会，单设正科级事业单位“石门县全域旅游发展中心”，统筹管理、指导全县旅游产业工作。按照“多规合一”的要求，编制完成《石门县全域旅游发展规划》，确立“一心引领、一轴引擎、一环串联、三团突破、多点跟进”的全域旅游发展蓝图。财政预算安排旅游专项资金500万元，另安排旅游扶贫专项资金517.3万元；县文旅公司总资产达53.41亿元，到位各类项目贷款5.6亿元，实现收入1887.99万元，完成项目建设投资1.36亿元。

项目推进。全年完成涉旅投入11.2亿元，其中23个重点旅游项目完成投资6.23亿元。编制完成《夹山旅游区创建国家AAAAA景区提升规划》，全面启动夹山景区提质，闯王陵廉政教育基地建设进入尾期。壶瓶山泰和合修缮(红茶坊)完工营业，白云山茶文化公园初步建成，龙王洞景区提质、南北镇薛家红色旅游开发、大湘西文化旅游精品线路石门段、土家民俗风情园、时代国际大酒店、和田居十九峰森林康养度假村等项目开工。县级游客中心、维新热水溪温泉谷项目开展前期筹备工作，壶大旅游公路、西北旅游环线公路等工程建设加快。乡村旅游蓬勃发展，德道宝乡村旅游区、福田农耕文化园、秀坪采橘游、白云山采茶游等项目和乡村旅游产品不断完善。全年乡村旅游接待游客280万人次，占全县旅游接待人次的45.5%；乡村旅游综合收入24.7亿元，占全县旅游综合收入的38.7%。《中国青年报》对石门旅游扶贫成效进行专题报道，罗坪乡长梯隘村、南北镇薛家村入选全省旅游扶贫经典案例。旅游厕所建设持续发力，按照“数量充足、干净无味、实用免费、管理有效”的目标导向，以景区、乡村旅游区(点)和主要旅游公路交通节点为重点，建成完工16座旅游厕所。倾力打造蒙泉—夹山—县城—维新—磨市—壶瓶山—东山峰—南北镇的旅游景观走廊，提升休闲旅游县城品味；壶瓶山镇、东山峰、南北镇、罗坪乡等旅游小镇建设初见成效；蒙泉镇、夹山镇旅游小镇建设启动；壶瓶山红茶坊、壶瓶山大峡谷景区提质、龙王洞景区改造一期、石门文庙AAA景区建设等工程完工；白云山茶文化公园、三圣土家民俗风情园、夹山景区提质等一批重点旅游项目有序推进。

品牌创建。积极向上争资争项，撬动民间资本投入旅游开发，2017年争取到位省、市旅游专项资金支持2199万元，成功入列湖南省精品旅游线路重点县，获精品旅游线路重点县省级专项资金支持1400万元；大湘西精品文化旅游精品线路建设项目575万元；湖南省乡村旅游扶贫发展资金121万元；常德市旅游战略资金94万元、其他资金9万元；龙王洞基础设施建设项目成功申报国家基金支持。品牌创建取得突破，创建成为全国森林康养基地试点建设县；石门县被评为全市旅游工作先进单位；全市文化旅游三大战略品牌之壶瓶山国家生态旅游示范区创建取得突破，于5月底通过省旅发委、省环保厅现场考核验收，待国家旅游局复核后授牌；壶瓶山大峡谷国家AAA景区、千柳庄省级五星级乡村旅游区、宏欣商贸中心省级旅游购物示范点成功拿牌；旅游小镇维新镇被评为全国文明村镇；璞谷浑彩画《梦回桃花源》获2017中国湖南旅游商品大赛湖南特色旅游商品奖金奖。石门旅游品牌影响力扩大。

宣传促销。紧扣“神奇壶瓶山、唯美石门县”的形象定位，不断加强对外宣传

石门县旅游开发大会战工作调度会

营销。电视、电台、网络宣传滚动发力。湖南经视“有什么好玩的”专栏、湖南公共频道“邦女郎”和湖南娱乐频道“娱乐急先锋”陆续推出四期石门游玩专题，在湖南卫视气象预报刊播石门旅游宣传广告。长张高速、杭瑞高速、省道308沿线和县城一桥电子屏等户外旅游形象广告不断更新。县电视台、石门旅游、唱响石门等微信平台常态化宣传石门旅游。通过举办夹山新年祈福撞钟、夹山桃花会、蒙泉梨花节、画家画石门、城市微旅行龙王洞“520”专场、夹山素食夏令营、全国大学生文明旅游背包行、茶禅文化活动、柑橘节文化旅游周等一系列活动，不断凝聚和提升石门旅游人气。旅游宣传方面，持续举办柑橘节和茶文化节、夹山新年祈福撞钟、桃花节、土家美食文化节等，开办县级电视台旅游频道，牵头成立常德旅游整合营销联盟，与长沙市岳麓区签订旅游战略联盟协议，积极主动对接和融入大湘西、大三峡黄金旅游圈，实现资源互享、信息互通、交通互联、客源互送。

安全监管。县创建领导小组每季度专题调度一次以上旅游安全工作，县域旅游发展中心不定期对全县等级旅游景区、星级饭店、旅行社、五星级乡村旅游点进行旅游安全和行业规范经营督查。全县旅游行业服务质量提升，通过省、市旅游部门的明察暗访和交叉检查，全县旅游经营安全有序，全年未发生旅游安全事故。

【石门县旅游开发大会战调度会】 2017年9月12日，县委副书记、县长郭碧勋在夹山管理处主持召开“石门县旅游开发大会战工作调度会”。县领导周功表、车立平、覃惠敏出席会议。各乡镇(街道)、农林场，县直相关单位，以及各旅游企业的主要负责人参加调度会。调度会前，郭碧勋等县领导实地督导了夹山景区提质改造项目的工程进度。调度会上，听取了县旅游外事侨务局关于全县旅游开发大会战暨“国家全域旅游示范县”创建工作情况、县文化旅游发展有限公司关于2017年上半年旅游开发大会战工作情况等汇报。县旅游开发大会战工作指挥部对2017年工作进展情况进行通报：全县旅游开发大会战重点推进的旅游项目共23个，县文旅公司投资建设项目8个，市经投投资建设项目3个，社会资本投资建设项目5个，其余县级整合资金投入或招商投入项目7个。项目建设年度计划投资10.86亿元，截至7月底，共完成投入4.25亿元，县文旅公司对接融资15亿元，实际到位4.62亿元。项目整体进展顺利，其中壶瓶山“泰和合”修缮、白云银毫茶文化公园基本完成年度工作目标，夹山景区、龙王洞景区提质改造等项目开工，县级游客中心等项目开展前期工作。

郭碧勋强调，一要按照“1+5”的工作目标推进工作：“1”就是确保成功创建成“国家全域旅游示范县”。“5”就是确保壶瓶山国家生态旅游示范区、全国森林康养示范县、壶瓶山大峡谷AAA景区、罗坪省级地质公园的成功创建和万里茶道(石门段)申遗成功；二要强力推进10大旅游项目建设。包括夹山景区提质、秀坪园艺场提质、仙阳湖水污染治理、龙王洞提质改造、长梯隘地质公园、壶瓶山大峡谷、维新热水溪温泉、南北镇薛家度假村、时代国际锦江酒店、东山峰瑞士小镇等项目建设；三要全力破解10大难题。即解决好旅游发展的机构编制人员问题、全域旅游示范县创建准入问题、政策文件修改问题、夹山碧岩湖景点高标准规划设计问题、仙阳湖治理项目的资金使用问题、红色旅游全县规划修订问题、大湘西精品旅游线路建设问题、大型旅游酒店建设问题、增资增项和招商引资问题、支持县文旅投公司和市经投公司

石门县旅游发展委员会与石门县全域旅游发展中心挂牌

的发展问题。

【石门县旅游发展委员会挂牌】2017年12月20日，石门县旅游发展委员会与石门县全域旅游发展中心挂牌成立。石门县旅游发展委员会是常德市首家挂牌机构。县委副书记、县长郭碧勋，县委常委、宣传部部长江毅出席挂牌仪式。石门县旅游发展委员会与石门县全域旅游发展中心的成立，标志着石门旅游业发展进入全新阶段，从单一行业管理向全域综合治理的重大转变，对推动石门全域旅游发展的理念创新、管理创新、服务创新，促进旅游资源整合、区域联合、产业融合具有重要作用和深远意义。挂牌之际，县委、县政府要求县旅发委和县域旅游发展中心干部职工，转变角色，适应新形势、新挑战；加强业务学习，提高工作能力，积极建功立业，为石门县全域旅游建设做出贡献。

(县域旅游发展中心)

主要旅游活动

【石门被列入“世外桃源”旅游精品线路】根据省发改委、省财政厅、省旅游局《关于下达大湘西地区文化生态旅游精品线路公共服务设施建设项目投资计划的通知》文件，全省列出10余条精品线路，石门县和桃源县、澧县城头山被列入——“世外桃源”线路。项目建设内容包括特色乡村旅游交通标志、乡村游客服务中心、旅游氛围标志性景观、信息化建设。石门县委、县政府大力实施“旅游活县”战略，将文化旅游产业作为县域经济的战略性支柱产业来打造。在设计上，该项目与全域旅游创建工作相结合，从全县旅游发展的大布局出发，在线路规划中串联了禅茶文化圣地夹山、高山平湖风光仙阳湖、温泉小镇维新、湖南屋脊壶瓶山、度假胜地东山峰、特色民俗和地质公园罗坪乡等地，基本上覆盖全县重要旅游景区和特色旅游资源。

夹山寺第七届“新年撞钟祈福”活动

【夹山寺第七届“新年撞钟祈福”活动】2017年1月21日，石门县夹山寺举办第七届“新年撞钟祈福”活动，周围县市和石门县的企业界代表及社会知名人士200多人参加活动，在新年钟声中共同祈福平安吉祥。夹山寺又名灵泉禅院，公元870年，善会大和尚获赐领众僧开山建寺，享有“三朝御修”的盛誉，规模宏大时有“骑马关山门”之称。明末清初，农民起义领袖李自成兵败后禅隐夹山寺重启禅关，誉为“楚南名刹”。从2011年开始，夹山寺每年举办“新年撞钟祈福”活动。主要目的是让夹山禅宗文化得到传承和发扬。2017年“新年撞钟祈福”活动，内容丰富多彩，包括苏东坡斋饭礼仪、明禅法师联谊会、禅乐会文艺节目表演、燃放焰火、拈香祈福、新年撞钟等。

(编辑部)

【大学生“文明旅游背包行”走进石门】2017年8月12日，大学生“文明旅游背包行”公益宣传活动组成部分“走进湖南石门•感受生态文化”寻访活动在石门县启动。该活动由国家旅游局指导，中国青年报社、县人民政府主办，县旅游外事侨务局承办。为顺利开展大学生“文明旅游背包行”公益宣传活动，2017年8月1日，中青报旅游周刊微信公众号发布了《走，跟我们到石门去！——湖南石门火线招募》的公告，短短几天时间，招募微信阅读量达15000+，收到全国各高校学生投出的报名表近百份。经过严格筛选，主办方遴选出北京大学、清华大学、中国人民大学、北京航空航天大学、中国地质科学院、中国农业大学、北京林业大学、辽宁大学、湖南农业大学、北华大学的10名学生参加寻访活动，专门定制印有“背包行”logo文化衫、环保袋，要求每个参与人员随身携带垃圾袋，通过实际行动宣传文明旅游。还要求在寻访中，针对当地的山山水水、风土人情、特色文化进行随手拍、随时写、随时传播。

在为期4天的寻访中，大学生“文明旅游背包行”团队走进经三朝御修的禅茶祖庭夹山寺和夹山国家森林公园；探访有6亿年历史、钟乳石仍在生长的溶洞龙王洞；穿越被国内外专家学者誉为“植物王国”“地质环境演变教科书”的壶瓶山大峡谷；参观薛家村六塔山红色教育基地，了解“扶贫楷模”王新法的先进事迹；参观白云山国家级有机茶生产基地、体验制茶工艺；到罗坪乡长梯隘景区体验土家民俗风情，同时把文明旅游的理念带进沿途各个景点。8月15日下午，全国大学生“文明旅游背包行”公益宣传之“走进湖南石门，感受生态文化”寻访活动在尧业国际大酒店4楼会议室举行闭幕式，县委副书记、县长郭碧勋，县委常委、宣传部部长江毅，副县长车立平参加闭幕式。

(编辑部)

【“城市微旅行”龙王洞专场活动】

2017年5月20日，由常德日报传媒集团旗下尚一文化创意有限责任公司组织的“城市微旅行·石门龙王洞专场‘520’车队”载着20对情侣向石门龙王洞景区进发，开启一场穿越六亿年的浪漫之旅。该次“520”专场活动主题为“穿越六亿年，和你在一起”，分龙王洞内场和龙王洞外场进行，洞内观赏奇妙钟乳石及寻找象征爱情的绣球，洞外森林里参体验课等。“城市微旅行”是常德日报传媒集团旗下尚一文化创意有限责任公司打造的大型旅游类系列活动。通过整合媒体资源串联相关企业共同组织活动，旨在发掘并推广各大优秀景点、城市人文景观，并通过定制特色路线及旅程达到有效的传播效果。该次龙王洞“520”活动由县旅游外事侨务局、县旅游文化发展有限公司(改革前)主办，尚一网、尚一文化创意公司承办。

大学生“文明背包行”团队体验茶园文化

【第三届全国大学生禅茶素食夏令营】2017第三届全国大学生禅茶素食夏令营走进石门县白云山森林康养基地，开展森林康养，弘扬禅茶文化，传递和倡导向上向善、身心并修等理念。白云山顶峰海拔930米，孤峰矗立，形如旗帜，常有白云缭绕笼罩，故名白云山。境内山岭高峻，重峦叠嶂，溪谷深切，山色苍翠，茶园碧绿，景色宜人，森林覆盖率达81%。既有针阔混交、清幽宜人的森林风光，又有登高察水、溶洞猎奇、云中品茗的山水野趣，还有云龙观、祖师殿、观音阁等佛、道文化遗迹和雄鸡寨、太平山、金环洞等神秘传说。海拔500以米下的柑橘园，绿树成荫，600～900米处绵延起伏的有机茶园郁郁葱葱。北京大学哲学博士、北京航空航天大学教授张耀南主持森林康养讲座；夹山寺住持明禅法师为营员讲解宋代著名禅僧圆悟克勤大师所著《碧岩录》中的部分章节，明禅法师在引介《碧岩录》过程中，开释各位营员在良好的生态环境和中国文化元素中“点一盏明灯、然希望之火”，在“明理中学会动手、实践中体验感悟”，开启人生旅途“心生命、新生活”。

【“亲亲常德号”旅游动车首发】2017年9月21日上午8:00，石长铁路动车首发式在长沙举行，省长许达哲宣布石长线动车全线开通，D7578次“亲亲常德号”旅游动车组从长沙火车站向石门县北站驶出，常德、益阳两市进入动车时代。省政府秘书长王群主持首发式，副省长张剑飞出席。省长许达哲、副省长张剑飞、省政府秘书长王群、省政府副秘书长向曙光、长沙市市长陈文浩、常德市代市长曹立军、常德市副市长曾艳阳、广铁集团副总经理刘保良等领导及劳动模范代表试乘。21日上午9:50，首趟“亲亲常德号”旅游动车驶入常德站，10:47正点到达石门县火车北站。它是湖南省第一趟以旅游形象口号命名的动车，是中南出版传媒集团旗下湖南天闻地铁传媒与常德市旅游外事侨务局联合打造的湖南省首趟旅游专列。旅游专列车载影视以3D模式播放常德境内景区景点，展示常德人文地理、历史文化、民俗风情。“亲亲常德号”旅游动车的开通，成为常德的一张城市旅游名片，必将为石门县旅游发展带来更多机遇和人气。

（编辑部）

2017第三届全国大学生禅茶素食夏令营

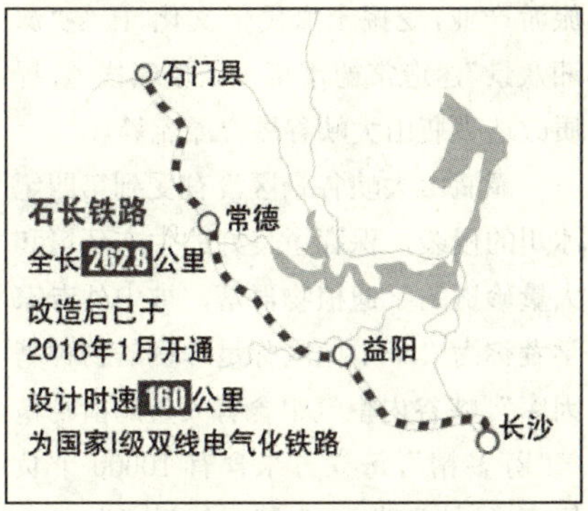

石长铁路动车线路示意图

旅游景区

【夹山旅游景区】夹山旅游区(国家AAAA级景区)距石门县城10千米,是国家AAAA级旅游景区、国家示范森林公园、全国重点文物保护单位、国际生态休闲景区。森林覆盖率达93.6%,植物种类204种,有珙桐、香果树、鹅掌楸等名贵树种。夹山历史文化底蕴深厚,是"禅门第一书"《碧岩录》的诞孕地,世界茶禅文化发源地,闯王李自成禅隐圆寂地,湖湘文化的源头之一,集佛教禅宗、闯王禅隐、碧岩禅泉、森林禅修于一体,享有"世界茶禅之源、中国禅茶之都"的美誉。园内有夹山寺、闯王陵、碧岩泉、禅茶古街、塔林、玉玺井、洗墨池、佛光阁、紫和寺、野人湾、青嶂岭、桃花山等主要景点。自开园,江泽民、曾庆红、尉建行、李铁映、钱正英、廖汉生、毛致用、张震等党和国家领导人曾先后莅临视察。

【壶瓶山大峡谷景区】常德壶瓶山大峡谷(国家AAA级景区)位于湖南壶瓶山国家级自然保护区内,景区内物种资源丰富,是一座绿色的自然宝库,素有"原始植物王国"之称。常德经投集团壶瓶山旅游开发投资有限公司为响应市委市政府"北战壶瓶山"旅游战略的号召,于2014年进入壶瓶山,全面开发提质改造旅游产业,挖掘土家民俗文化,围绕"潇湘八景"建造常德市第一条玻璃栈道,提质改造壶瓶山大峡谷屋脊漂流等。

壶瓶山大峡谷景区没有受到第四纪冰川的侵袭,保存了良好的生态环境和大量珍贵的孑遗植物群落,被中外专家学者称为"华中地区弥足珍贵的物种基因库"。峡谷内空气中含有大量的植物精气"芬多精",每立方米含有10000个负氧离子,被誉为"大自然天然氧吧"。谷内数条溪河从源头下跌峡谷沟壑落差近千米,水流湍急,一路形成动态水景美轮美奂、美不胜收,仅大小瀑布有近百处,让人目不暇接。

【龙王洞景区】石门龙王洞(国家AAA级景区)位于白云镇望羊桥村,与仙阳湖水域相连,是武陵山北麓一座景观奇特的大溶洞。据中国地质科研所评估,龙王洞有6亿年的历史,且仍在生长。龙王洞水洞相连,全长2.5千米,有大小景点60余处,其中部分钟乳石和石笋神似龙王的十个儿子,故被称为龙王洞。大革命时期,贺龙元帅曾带兵驻扎在洞中,徐向前元帅因而亲笔题写"龙王洞"洞名。龙王洞还是电视剧《乌龙山剿匪记》的外景拍摄地。龙王洞洞中有水,洞中有洞,洞上叠洞,洞环水绕,景点密布,景观奇特,可谓步步有景,处处藏珍,十里曲洞,十里迷宫,十里玉琢,十里彩屏。而洞前有湖,洞口有河,则是其独特之处。游人泛舟徐进,由湖山一色渐入洞水一色之佳境。穹顶洞壁的钟乳石投影水面,与水中晶莹玲珑的奇石浑然一体,在彩色灯光的照耀下,愈显绚丽多姿,使人恍若步入龙宫仙境。泛舟进洞四百米许,舍舟登岸,但见钟乳石千奇百怪,倒悬洞顶,石笋石柱错落:"朝龙殿""瑶池""灵芝宝菌""龙王宝座"等50多处景观,令人目不暇接。更兼头顶滴水如琴,脚下清泉如瑟,冬暖夏凉,使人游兴愈浓,流连忘返。

【石门文庙】石门文庙(国家AAA级景区)始建于北宋皇佑四年(公元1052年),已近千年历史,庙址几经变迁,现存文庙为明弘治十七年(公元1504年)石门县令周邦领建,为湖南省文物保护单位。石门文庙占地4896平方米,融官式建筑与民间建筑于一体,其木雕、石刻含浓郁的地方民族民俗文化特色。由崇圣祠、大成殿、礼(乐)器库、东西厢房、钟鼓楼、大成门、文武官厅、东西碑廊、棂星门、泮池、状元桥、道贯古今楼、德配天地楼、头门及东西耳房等建筑组成宫殿式内外四合院,是全县数十处古建筑中保存最完整的一座,也是湘西北仅存的两座文庙之一,有很高的观赏和艺术价值。1984年,在文庙内建立县博物馆,设有石门历史文物、土家族民俗文物、石门红色史迹、石门抗战史、陈振亚生平事迹、抗日名将郑洞国生平事迹、新关清代古尸等7个陈列展厅,馆藏文物4000余件,其中一级文物9件,二级文物95件,三级文物192件,图文并茂,史料详实,文物众多,有很高的历史、考古研究价值。

(县全域旅游发展中心)

【东山峰景区】东山峰山原雄浑深厚,宽广磅礴,海拔大多在千米以上。东山峰在壶瓶山国家级自然保护区怀抱之中。东山峰被誉为湖南最佳避暑胜地:年均气温9.2摄氏度,夏季平均气温不到20摄氏度,有多处高山湖泊、湿地、山泉、溪流、瀑布,盛夏的东山峰依然春意盎然,凉爽怡人。东山峰是赏雪胜地:冬季的东山峰长期冰雪皑皑,银装素裹。建有高山滑雪场,其滑雪运动令人神往。东山峰有云海胜景,四季的东山峰都是云蒸霞蔚,蓬莱仙境。东山峰有日出美景:东山峰顶是360度全景欣赏壶瓶山方圆百里壮丽景色的兴奋点,是观壶瓶日出的最佳地点。东山峰万亩茶园,层峦叠障,接云连天,清香沁人,"东山秀峰"茶富含长寿元素硒,曾获国际金奖,是湖南十大名茶之一。东山峰梅花鹿全国闻名,是全国唯一成功的"北鹿南养"基地。东山峰是高山蔬菜产区,"东山峰萝卜"畅销粤港澳。

【国家级湿地公园景区——仙阳湖】仙阳湖(皂市水库)是国家水利风景区。"金仙阳,银渡水,有钱难买商溪水",是石门人赞美仙阳湖区生态优美、物产丰腴的传世民谣。仙阳湖旅游景观及资源有:热水溪温泉、白云山有机茶园、八佛山茶园、峡峪河野生腊梅群落;全国重点文物保护单位皂市新石器时代至商周遗址;红二、六军团长征集结出发地及其司令部遗址,红四军名将王尔琢烈士故居,湘西红四军参谋长黄鳌牺牲地,毛泽东的亲家陈振亚烈士故居,抗日名将郑洞国故居等。淹没在水下的人文遗址有燕尔洞古人类遗址、古城堤战国古城遗址等。仙阳湖是中国钓鱼圈内知名的垂钓场之一。

【国家级生态旅游景区——秀坪园艺场】秀坪园艺场是国家级生态场、全国最大的早熟蜜橘生产与出口基地、湖南省农业旅游示范点。秀坪柑橘获全球良好农业操作规范认证(GAP)、欧盟有机认证(NOP)、中国有机产品认证。秀坪蜜橘被农业部柑橘质量监督检验测试中心评定为“果形端庄、整齐、色泽鲜艳、果皮较薄、肉质细嫩、化渣、汁多,风味浓郁,酸甜可口,品质极优”。石门柑橘屡获国家优质水果、中华名果、国家地理标志证明商标、中国柑橘出口示范区、全国柑橘标准化示范区等多项殊荣,秀坪柑橘更是其中佼佼者。

【全国特色景观旅游名村——罗坪乡长梯隘村】长梯隘村位于罗坪乡境内,面积约20平方千米,东距县城119千米,北距湖南屋脊壶瓶山32千米,南距张家界国家森林公园中心区110千米,平均海拔700米,森林覆盖率达86%,境内山青水秀,风景如画。该村依托当地丰富的民俗文化和生态资源,大力发展旅游业,开发旅游产品。已开发天目洞、青石林、岩子口峡谷、槲树屋场、牙齿洞、樱桃园、千年银杏、云海观景亭、东、西湖等主要景点,建成银杏客栈、刘海客栈两栋独具土家特色的板壁房,另有百户寨土家特色民居群落开建。自旅游开发后,获得广大消费者和社会各界的赞赏和青睐,取得良好的社会效益和经济效益,年可创收入400多万元。2010年,长梯隘村被评为“石门县社会主义新农村建设示范村”“湖南省少数民族特色村寨”,长梯隘生态园被授予“常德市四星级农业庄园”,2011年,长梯隘村被评为“湖南省特色旅游名村”。2017年被评为“全国特色景观旅游名村”。

【省特色旅游名村景区——维新镇仙阳湖居委会】维新镇仙阳湖村(居委会)位于维新集镇,距县城38千米,面积9.5平方千米,人口2300余人。仙阳湖村(居委会)旅游资源得天独厚,境内有誉为有中南地区新建的最大“粉壁、黛瓦、马头墙”徽派建筑群;蓄水形成的仙阳高峡平湖,碧波万顷,鱼跃帆往;湖南最迷人的温泉热水溪;全国面积最大的野生腊梅群;春秋战国遗址古城堤;湘西北“丝绸之路”的泰和合古骡马茶道,真容依旧;历经千年魅力依旧的重阳树等等。该地历史悠久,文化遗存深厚,溇阳古城始于春秋战国,是石门土家族的发祥地,民族民俗民间文化浓厚,传统习俗土家迎亲、皮影戏、蚌壳舞、采莲船、土家山歌、篝火晚会等深受游客亲睐。该村旅游资源品位高,开发潜力大,已形成“览仙阳湖、喝山泉水、尝土家菜、住徽派房、沐温泉浴、品云中君、游峡峪河、赏腊梅花”的旅游特色。2012年被评为“湖南省特色旅游名村”。

(编辑部)

【省五星级乡村文化旅游生态园——璞谷】璞谷文化生态园是一处集餐饮住宿、赏石品茶、垂钓健身、艺术创研、旅游观光于一体的高品味原生态文化休闲农庄,由著名作家贾平凹题写园名。璞谷文化生态园位于石门县城东南郊八千米处,占地面积265亩,内有湘西北最大的奇石乐园璞谷大石堂,收藏各类奇石100多个品种共计万余件,其中以石门国画石,澧水彩蜡石,类太湖石,古生物化石尤为出众,曾多次参加全国大型石展并获奖。往返其间,可以细观慢品,尽情把玩;读石内春秋,数古今风流,看石上江山,抒天下豪情。有乡村美食之家璞谷小食堂,内设风格独特,质朴高雅的包房数间。独创的“璞谷石头宴”以湘西土家家常菜为主,佐以乡间腌菜、腊菜、干菜等,或用含各种微量元素的美石配伍,或用石锅、石板、石碗盛装,蒸煮烧烤,熘炒焖炸,花样百出。有独具湘西风情,环境幽静的家庭式旅馆紫云居,宾朋雅聚,棋牌娱乐,盘桓数日,令人乐不思蜀。有千姿百态的盆景观赏园,徜徉其中,移步换景,使人心旷神怡。有可观可采的观光桔园,金果飘香之时,可采“桔”东篱下,悠然见南山。有可自行研发系列文化创意产品的璞谷文化创意中心,已开发特色专利产品雕彩岩画和中国当代艺术领域新画种墨彩石画。璞谷文化生态园先后获“常德市魅力农庄”“湖南省五星级休闲农庄”“湖南省五星级乡村文化旅游景点”等称号。

(璞谷生态园)

旅游酒店

【湖南尧业国际大酒店】湖南尧业国际大酒店(4星级酒店)是湖南石门县尧业房地产有限公司投资,按国家四星级酒店标准建造,集客房、餐饮、商务、休闲、会议、娱乐等为一体的多功能豪华酒店。酒店位于常德市石门县宝峰经济开发区梯云路,距离石门火车站、石门长途汽车站仅8分钟车程,交通便利,环境优雅。

酒店建筑面积2万多平方米,共23层,高87.8米,拥有标准客房、豪华客房、商务套房、大使套房等各类客房216间(套);拥有可容纳300多人的多功能会议中心;拥有可容纳600人用餐的宴会厅及中餐厅,并有110个餐位的西餐厅和160个餐位的风味食街,装修典雅、风格迥异的豪华包厢、咖啡厅,尽显尊贵;康乐休闲、KTV包房等服务设施一应俱全。完美的服务和完善的设施是各界人士用于商务接待、会务洽谈、度假休闲、款待宾朋的理想场所。酒店于2013年6月评定为四星级旅游饭店。

酒店设有营销部、房务部、餐饮部、厨务部、财务部、工程部、保安部、行政办、人资部共9个部室,拥有员工200余人。酒店先后接待国家部委、省、厅级领导干部10多次,接待商贾名流、外国友人百余人次,多次承办省、市、县三级大型团队会议。成功承办石门县第三届厨艺大赛,组织主办县首届婚庆博览会。

【东汉大酒店】东汉大酒店(2星级酒店)属于常德东汉旅游开发有限公司旗下的一家星级酒店,位处石门县壶瓶山集镇。常德东汉旅游开发有限公司于2000年依法成立。公司注册资本为5000万元,由自然人徐学林个人出资。公司注册地址为石门县壶瓶山镇泥沙居委会五组,经营范围为:餐饮、住宿、KTV娱乐、保健服务、美容美发、音乐茶座、商务中心服务;日用品销售(分公司经营)。

公司成立后为促进石门县旅游业的发展、满足壶瓶山旅游区的游客接待能力,于2000年首期在石门县壶瓶山投资约5000多万元,新建一座三星级酒店——东汉大酒店。酒店总用地51亩,首期开发建筑面积12300平方米。

东汉大酒店有员工60余名,有不同档次的客房162套(其中豪华套房3间、豪华标准间82间、豪华单间15间、标准双人间34间、三人间28间),床位331个。酒店餐厅设有一楼大厅和以壶瓶山各景点命名的特色包厢6间。酒店日接待量为400人左右。

【喜来乐酒店】喜来乐酒店(3星级旅游饭店)座落于石门县楚江镇澧阳中路041号,主楼高12层,总建筑面积11000平方米。距石门汽车站10分钟车程,距石门火车站10分钟车程。

喜来乐酒店拥有风格各异,温馨高雅的客房77间(套),房间内配有最新的设备设施,提供24小时周到贴心的管家式服务。中餐厅汇集湘、粤、川及石门地方特色的美味佳肴,诠释各地美食文化。设有KTV、足浴中心等,为客人提供完善、优质、周到、满意、安全的商务、度假、休闲娱乐服务,是宾客理想、安全的商务会议、休闲娱乐的最佳场所。酒店可为宾客提供打印、票务、资料查询、图文传真、私人电脑、多功能会议厅等各种配套服务。

酒店实行总经理领导下的部门经理负责制,严格履行统一领导,层级管理的原则,总经理室下设:行政部、人事部、保安部、财务部、客房部、前厅部、餐饮部、康乐部、营销部、工程部。2013年3月被评为三星级酒店。

【石门国际大酒店】石门国际大酒店(3星级酒店)地处石门县楚江镇宝塔居委会梯云东路58号,酒店于2004年10月18日挂牌营业,有员工196人,建筑面积15000平方米。有标准客房、商务套房等90余间,床位149个;中餐厅可同时容纳180人用餐,还有大众口味,平民消费的美食街餐厅,可容纳80人用餐;有中餐包厢9个,主推湘菜、粤菜等菜式;康乐中心有足浴按摩、美容美发、KTV等经营项目;有可同时容纳300余人的大、中、小三个会议室。2008年5月,通过常德市旅游局星级评定,挂牌为三星级酒店,连续五年评为“最佳星级饭店”。

(县全域旅游中心)

【兰园宾馆】兰园宾馆(2星级酒店),是石门县国家二星级涉外旅游宾馆,同时又是县委、县政府的定点接待单位。宾馆占地面积16000平方米,建筑面积18000平方米,有干部职工161人,属园林式特色宾馆。宾馆拥有四栋客房和一个分店,338个床位,设有豪华套间、单间和各类标准房间。备有冷暖空调、程控电话、传真、闭路电视等设施。温馨典雅,现代舒适,是各方嘉宾理想的下榻之处。

宾馆拥有造型典雅、风格迥异的中、西式餐厅和宴会厅,大小8个会议室分布在不同楼层。兰园会议中心宽敞明亮,装饰豪华,可容纳500人开会。馆内还设有豪华歌舞剧场、音乐茶座、KTV娱乐、棋牌室、健身房、美容美发休闲、商场、停车场、高压洗车等配套服务设施。是住宿、用餐、办公、商务、娱乐的理想场所。

宾馆先后接待了廖汉生、李铁映、毛致用、张震等党和国家领导人及国际明史研讨会等重要活动。

(胡文波)

旅 行 社

【石门县青年国际旅行社】石门县青年国际旅行社有限责任公司成立于2004年3月,2011年升格为国际旅行社,是经国家旅游局批准的专业旅行社。产品项目:入境旅游、国内旅游、本地旅游地接、自驾车游、摄影采风游、红色旅游、会议接待及策划、预订全国机票及酒店、旅游产品销售。

公司成立后,与全国200多家旅游服务商建立业务往来。先后成功组团和接待石门县委、县政府2005年“挑担茶叶上北京”500人火车专列团队赴北京开展茶文化活动;湖南省军工企业100多人到壶瓶山召开的军工企业负责人会议地接;长沙、湘潭等地自驾车游壶瓶山旅游地接。2007年开始,每年开展一次“欢乐中国年,千名老人游北京”团队游活动。旅游接待能力和服务质量不断提升。

【石门壶瓶山旅行社】湖南石门壶瓶山旅行社有限公司于2000年3月经省旅游局批准成立,是石门县成立最早的一家正规旅行社。壶瓶山旅行社拥有一批训练有素、持证上岗的专业、专职导游队伍和经验丰富的管理人员。

【石门夹山旅行社】石门夹山旅行社成立于2004年,位于石门县马家巷2号石门县农业局七号门面,有员工5人,主要从事公务接待、团体旅游、石门当地旅游接待、周边自驾线路的开发,代订飞机火车票等。

【春秋旅行社】春秋旅行社是经湖南省旅游局批准成立的国内旅行社。旅行社拥有健全的现代化业务网络,科学的管理制度,丰富成熟的组团经验,素质精良的管理,导游、翻译人员队伍,高档舒适的旅游专车及定点宾馆,为游客提供一流朖务的可靠质量保证。以“领湘西北人游天下,引天下人来石门”为目标,接待全国各地来湘旅游的团队和散客,倾力推出张家界、壶瓶山、夹山、蒙泉湖、龙王洞、热水溪、石门孔庙、桃花源等旅游区(点)。

(编辑部)

城市建设与管理

住房和城市建设

【概况】2017 年，石门县住房和城市建设局（简称县住建局）围绕“掀起城镇带动大会战，推动城乡面貌大改观”工作要求和“全力推进‘四大工程’抓好县城区建设，全力加大‘三个力度’抓好集镇建设”的工作思路，强化行业管理，各项工作进展有序。

城建提质改造工程。竣工的工程建设项目。完成梯云路道路提质改造工程、老城区小街小巷提质改造工程；东城路网项目一期工程、东城污水泵站 2# 及配套管网建设工程、黄金路提质改造工程、城市亮化工程、石门大道南配套工程建设基本完成。在建的工程建设项目：市民之家片区项目建设全面启动；“五馆两中心”主体工程完成 70%，配套道路完成路基换填工作；澧水南岸风光带完成工程量的 30%；澧滨路提质改造建设完成工程总量的 95%；白云路提质改造工程 6 月底开工建设，已进行路基换填、雨污管网铺设；三江路提质改造工程，已埋设北侧雨污管网，12 月底完成路基换填；奉天路提质改造工程，路面除转盘位置外全部破除，雨水管网完成 400 米铺设，占总量的 80%，污水管网完成 200 米铺设，占总量的 25%；妇联路提质改造工程，路面破除全部完成，雨水管网完成 300 米铺设，占总量的 50%，污水管网完成 450 米铺设，占总量的 75%；双百路提质改造工程，鱼塘清淤完成，回填完成 50%；园区幸福路、跃进路、新月路、幸福渠等项目完成工程总量的 80%。

水环境治理工程。①黑臭水体治理工程（工程建设内容主要包括西溶沟、双红沟、体育渠、邢家老桥排水渠黑臭水体整治工程：4 条黑臭水体整治、区域雨污分流、沟渠清淤、海绵体建设、景观及道路建设，投资约 7000 万元；长溪沟黑臭水治理：人民医院涵洞至九堰北街。项目估算投资约 1850 万元）7 条黑臭水体完成整体可研报告，进入前期工作。长溪沟出台初步设计方案，白云沟、双红沟、红土沟三条黑臭水体的道路部分随道路改造同步建设。②污泥干化工程（工程位于石门宝峰二都大兴闸，项目工程建设内容：厂区污水处理构筑物和设备，城市污水收集系统工程以及其它辅助工程等。项目估算投资约 900 万元），12 月底主体完工。③工业污水处理厂工程（石门县工业污水处理厂总设计规模 20000 立方米／天，分两期建设，近期为 5000 立方米／天，远期规模 20000 立方米／天，项目估算投资约 2 亿元），该工程已完成工程总量的 80%。④县水厂扩建工程，完成办公楼、取水井、加压泵房、配电房、清水池、缓冲池等主体工程建设，12 月底完成配套建设。⑤樟木滩取水口水源水质保护完成基础设施部分建设（防护围栏、界牌界碑、交通警示牌、宣传牌），水质污染突发事件应急预案编制完成，通过专家评审。城镇生活污水排放总量达 902.64 万吨，处理量达 844.6 万吨，处理率达 93.57%。

城乡管道燃气建设。2017 年，管道燃气新增燃气用户 4000 余户，全县燃气用户达 3 万多户，全年用气量 750 万立方米；新建燃气中压管网 15 千米，燃气低压管网 16 千米；总投资 1300 万元的乡镇管道燃气建设全面推进，蒙泉镇完成燃气主管网埋设 2.7 千米，年底进行输配站场建设；夹山镇、白云镇、太平镇完成集镇 6 千米的管道埋设。

市政绿化工程。市政项目建设。完成县城区 15 条道路标示标线划定、石门大道与夹山路 11 个交通标志牌更换、石清线和武陵北街惠民廉租房路灯安装，以及梯云东路至 3# 泵站污水主干管检测工作；完成所有新建、改建、扩建项目的公用设施的配套建设；全面配合县城投公司对澧滨路、白云路、三江路、黄金路、双红路以及小街小巷的提质改造。园林绿化建设。完成计划内交通岛、公共绿地、花箱的第一次季花更换工作；完成 4000 平方米的公共绿地苗木补植、种植土换填、苗木移植、草坪修剪、杂草清除工作；对城区部分路段行道树进行修剪；完成小商品市场消防通道树木移植、宝峰欣城主入口的苗木移植、铁通公司通信塔的行政审批、书香名邸、滨江豪庭住宅小区附属绿地验收和争创常德市园林式小区工作。

乡镇集镇建设。①夹山镇集镇建设。完成路面硬化施工，配套工程加快建设。②蒙泉镇集镇建设。完成集镇 3 千米道路路面硬化施工，配套工程建设进展顺处。③太平镇集镇建设。完成集镇 1.6 千米道路提质改造工程。④新关镇集镇建设。对原农贸路进行改造升级，建成石门乡镇第一条步行街，启动集镇河堤整治工程。⑤南北镇集镇建设、完成边贸市场及配套建设，加速建设民俗文化活动广场建设，铜鼓路、湘鄂街、湘鄂二街完成设计工作。⑥壶瓶山镇建设、完成易地扶贫搬迁安置点安置房、第二期污水处理厂、河道治理、自来水提质改造等工程，红茶坊项目投入营运；泰和合修缮工程完成。⑦皂市镇集镇建设、全力推进皂阳路、中心街及上南溪街等道路提质改造，加快推进十坪老桥至皂市大桥澧水段和南溪河段河道治理，以及沿河大道及其配套设施建设；加速推进老河古街建设及系列配套建设，逐步建成特色旅游小镇。

【全县城建领域安全生产工作调度会】为确保全县城建领域安全生产稳定、社会秩序安定，2017年11月20日，石门县召开城建领域安全生产工作调度会，对安全工作进行再部署再落实。县委副书记邓碧波、县人大常委会副主任杨生明、县政府副县长龚云林出席会议。县安委办、县住建局、县环保局、县消防大队、县国土资源局、县城管执法局、县房管局、县城投公司、楚江街道办、宝峰街道办、永兴街道办、二都街道办等单位主要负责人参加会议。会上，学习相关安全生产的文件，参会各单位对各自安全生产工作进行小结，对下阶段工作进行汇报。邓碧波强调：一是安排要全到位，各单位迅速召开工作会议，制定工作方案，广泛宣传，对所负责范围内的安全生产进行大排查大管控大整治，做到底数清、情况明。二是检查要全覆盖，对建筑施工、项目建设、燃气供应、自来水供应、老旧危房、拆违控违、征地拆迁、矿山开采、垃圾治理、危化物品处理等重要领域和重要行业的检查要全方位、无死角，切实排除安全隐患。三是整改要全方位，对排查发现的问题，明确整改责任人，限定整改时间，规定整改效果，严格监管与执法。记录要全跟进，对安全生产的大排查大管控大整治建立相应的台账管理，做到"实名制"检查考评。四是责任要全落实，要贯彻落实"党政同责、一岗双责、属地负责、齐抓共管、失职追责"的工作要求，切实担负起领导责任，分级负责，确保城建系统安全生产形势稳定。

【建筑工地扬尘治理工作】2017年9月1日，县住建局主持召开全县建筑工地扬尘治理工作调度会。会议就前段全县扬尘治理情况进行通报，客观分析全县当前空气质量形势及扬尘治理中存在的突出问题，全面部署安排下阶段扬尘治理工作。会议要求：各相关责任部门要在思想上引起高度重视，要把扬尘治理工作作为头等大事来抓。扬尘治理须出实招、出重拳，严控管理。要明确目标，严格按照"六必须、六不准"的相关要求抓好建筑工地扬尘治理工作；要加大对建筑企业的宣传和调度，对所有在建工地要进行全面的排查，摸清底子、建好台账，搞好问题整改，及时通报情况；要从严从重治理，对于检查不合要求的建筑企业要下达限期整改通知书，凡限期整改不到位或上级抽查不合格、不配合检查的企业，坚决依法处罚并列入不良行为记录。

2017年11月2日，县住建局主持召开在建工地扬尘治理约谈会，相关企业和监理单位参加约谈。白云路、湘北职专、时代华府、公安局、工业污水处理厂5家施工单位存在未配备自动洗车设施、施工道路未完全硬化、裸土覆盖不到位、未使用雾炮机作业、建筑垃圾清理不及时等问题。要求建筑工地各施工、监理单位从思想上高度重视，切实把建筑工地扬尘治理工作抓好抓到位；质安站加强建筑工地扬尘治理巡查力度，确保巡查无缝覆盖，对扬尘治理不力的单位下达整改通知，责令限期整改；执法队加强和环保等部门合作，对拒不整改或整改不力的单位，从严从重惩处。

【现场调度"黑臭水体"整治工作】2017年10月20日上午，县住建局党组书记、局长潘道见带队深入县城区西溶沟、双红沟、白云沟、红土沟等现场检查督导"黑臭水体"整治工作。城市"黑臭水体"是人民群众反映强烈的重点民生问题。县城区城市"黑臭水体"治理分别为长溪沟、白云沟、双红沟、西溶沟、邢家桥沟、红土沟及体育渠等7条排洪排污干渠及其支流，总里程约为13千米的水域纳入整治范畴，通过实施"控源截污、内源治理、生态修复"，确保基本消除城区"黑臭水体"，实现"水清、岸绿、景美"目标。

【全县美丽乡村建设工作调度会】2017年10月14日，全县美丽乡村建设工作调度会在白云镇召开。与会人员首先参观了皂市镇皂市社区居委会综合服务平台建设项目和美丽乡村建设项目、白云镇美圣桥村村级文化广场、白云桥社区街道提质改造工程、北峪湾村河道治理项目。调度会由县人大常委会副主任康文化主持。县领导谭本军就下阶段的美丽乡村建设工作进行安排部署，并就存在的突出问题进行集中调度。会议指出，2017年全县继续重点围绕"五化"建设，即：厕所无害化、建房规范化、庭院绿色化、集镇整洁化、垃圾处理市场化。改善农村人居环境、倡导健康绿色生活、提高群众生活质量。并明确从皂市镇白沙渡村至白云镇望羊桥村共30千米美丽乡村建设示范带，沿线共涉及13个村(居)进行示范创建，52家县直部门进行帮扶。县委副书记邓碧波要求各相关部门增强紧迫感和责任感，充分发挥好主体责任、主管责任和帮扶责任，把该项工作与脱贫攻坚、基层党建、产业发展相结合，对照美丽乡村建设工作的刚性指标，补齐"五化"、村容村貌、环境卫生、村风民风四个短板，抓紧推进美丽乡村建设工作，确保该项工作出成果、见成效。

(县住建局)

城市管理与执法

【概况】2017年，石门县城市管理和行政执法局(简称县城管执法局)在实施城市管理和行政执法和主管城市市容和环境卫生，协调城市管理、规范城市秩序等方面认真履责，取得较好成效。

市容管理。2017年,加强对城区重点区域、重点路段、重点场所的管控力度,通过定点蹲守、高频率巡查、24小时值守、节假日值班等手段,强化对占道经营、出店经营等一系列违法违规行为的管控,确保城区井然有序。先后开展油烟污染,各类占道、流动经营,农贸市场,学校周边,“百日行动”,禁鞭等专项整治工作。全年劝离流动摊贩2000余例,下达责令整改通知书700余份,办理案件80余起,其中占道经营案件20余起;取缔包括站西路、清泉北路在内的临时马路市场3处;暂扣违规经营工具800余件;规范违规停靠车辆1000多台次,开展大型整治行动30余次,小型整治行动60多余次。

户外广告管理。2017年许可事项总计171项(其中占道许可111项,广告许可60项);清除破旧条幅、广告等共计900余处;整改、规范破损店招37块。

渣土管理。全年组织夜查突击行动35次,临时处理突发事件11次;发放《告各建设单位、渣土和散装物料运输车辆司机书》300余份、《渣土管理七个必须》280余份;签订《运输贮放散装货物及施工工地渣土运输处置防漏撒污染环境责任书》27份;下达整改责任书60份,共查处违法案件106起,其中启动简易程序56起,一般程序40起。向县治超办移交超载渣土车9台次。

火车北站管理。2017年,侧重管理火车北站周边乱搭乱建、流动经营、违规设置广告牌、车辆进广场及乱停乱靠、基础设施维护等问题。安排专人对影响公共秩序的现象进行文明劝导;维护好火车北站广场周边及汽车总站周边的秩序;维修火车北站广场被损害的公共基础设施。

控违拆违。加大执法力度,重点突破,严肃查处非法乱搭乱建行为,确保了“新违建零容忍、存量违建快速消化”的工作目标任务。查处违法建筑169起,下达停工文书145份,在控违法建筑23处,强制拆除84起,其中大型强拆32起,自拆17处,拆除总面积约9150平方米。

环卫保洁。严格按照县委、县政府工作安排,每天坚持洒水保湿18个小时。大街小巷的清扫严格按“先普扫再巡回保洁”的方式清扫;坚持每月清扫城区人行道4次以上,每天清洗垃圾容器和垃圾房;做到垃圾日产日清。新建小型垃圾压缩站15座全部投入到位;2017年9月10日,乡镇板块、刘家湾大型水平式压缩站、信息化平台等三个板块开始试运营。2017年9月11日,全县乡镇垃圾清运全面启动,生活垃圾无害化处理率100%。投资15万元,维修勾臂箱52个、果皮箱387个;投入经费130万元,对53台作业车和31个老压缩站及时进行维修和维护保养,维修更换手推车101台。填埋旧垃圾坑17个,硬化地面21处。

【城市环境卫生整治“百日行动”】 2017年7月,县城管执法局开展城区市容环境卫生整治“百日行动”,行动分为宣传强化、整治巩固、管控深入等三个阶段。在整治过程中,县城管执法局从明确整治重点,严格整治标准入手,剖析乱象、顽疾症结,上下齐心,大力发扬“三不怕、三敢于”精神,努力确保整治工作出成绩见实效。整治行动开展后,调整市容整治方向,以重点解决市容环境“小街小巷看不得”为整治目标,集中主要力量啃硬骨头,实行“三个一律”:即小街小巷沿线出店经营的一律强制进店、占道经营的一律取缔、乱搭乱挂及乱摆乱放的一律清理,充分保证小街小巷整治出成效。整治行动中,执法人员共对各类违法违规行为下达整改通知书400余份;规范出店经营、占道经营1000余次;依法暂扣经营用具300余件;清理清运城市废弃物、破旧广告招贴、砖石垃圾等约170立方;立案查处各类违法违规经营行为50起。

(县城管执法局)

【城区秩序整治整顿大会】 为全面提升全县城市管理水平,继续巩固全国文明卫生县城创建成果,助力新型城镇化建设,2017年7月19日,在兰园会议中心召开城区秩序整治整顿大会,县直有关单位、街道、社区相关负责人共130余人参会。县委副书记邓碧波、副县长龚云林出席会议并分别讲话。

会议围绕如何搞好城市管理,打造宜居石门这一主题,深刻剖析城区秩序管理中的重、难点,摆问题、明责任、亮举措,通过筹建城市管理委员会、设置“一个县级领导+街道和社区负责人+城管+交警”的管理新模式、设立街长及巷长制等措施,重点解决城区存在的“大街大路看得、小街小巷看不得;白天看得,晚上看不得;工作日看得、节假日看不得”的现象,全面发动整治“十个乱象、五个顽疾、三个重点”的城市秩序攻坚战。会议要求,各单位要高度重视,切实弄清城市顽疾症结,以补短板、正秩序为目的,通过紧盯问题、联动执法、压责追责等方式,强化城管、交通、交警部门执法监管职责,压实街道、社区属地管理责任,多部门联动,有效解决各类城市乱象,严厉打击扰乱城区秩序的各类违法违规行为。

会上,城管、交通、交警部门及部分街道、社区负责人就下一步整治工作作表态发言。邓碧波强调,明确整治工作主

城区市容环境卫生整治

体是街道、主责是部门；实行街长制、巷长制，并设立路段责任明示牌，明确责任到人；实行城区停车收费，加大交通疏导力度。他强调，城区秩序整治工作要本着“大理解、大宣传、大整治、大联动、大奖评、大落实”的总要求，实行“一周一讲评、一月一评比、一季度一奖惩”，保证7月底以前城区车辆秩序明显好转、经营秩序明显好转、控违拆违拆除到位，并逐步实现整治工作常态化，形成长效机制。

（龚　平）

【城区环境秩序管理实行街长责任制】2017年9月7日，县城市委员会第一次全体会议在县政府5楼会议室召开。县委副书记、县长郭碧勋出席会议并讲话，县委副书记邓碧波主持会议，县领导江毅、龚云林、杨书凡、周俊等出席会议。会议发布《关于成立城市建设管理委员会的通知》，通报城市委员会组成人员名单、工作职责等方面内容。会议通过《县城区环境秩序管理街长责任制实施方案》《县城区环境秩序管理考核方案》《城管执法重心力量下移改革实施方案》三个方案。郭碧勋强调：深化城市管理体制改革，强力推进城市委员会工作，一要确立工作目标，集中力量解决城市建设管理中存在的问题，力争把县城区建成“整洁、有序、规范、文明、宜居”的现代化山水城市；二要强力推行三项改革制度，即街长制、属地管理制、考核制；三要严格五条要求，即：高度重视、大力支持；条块结合、无缝覆盖；严厉考核，重奖重罚；整体联动，履职履责；提升水平，保牌创牌。

（编辑部）

自来水供应

【概况】2017年，石门县自来水公司以“安全供水、优质服务”为中心，以用户满意为标准，克服了市场竞争激烈、企业资金紧张、运行成本增长、管网漏损严重等诸多不利因素，经营成果超过预期，实现年初制定的收支平衡目标，供水服务、企业管理、脱贫攻坚、基层党建、企业文化建设等各项工作统筹协调、整体推进，发展势头良好。

公司经营状况。2017年，公司经营总收入4923万元，比2016年增加396万元。城区供水完成销售水量951万立方米，同比增长7%；实现水费销售收入2262万元，同比增长18%；乡镇供水站水费总收入161万元；完成安装工程建安收入1255万元；饮业公司销售收入288万元；完成单位和私人水表轮换检验任务2250只，校表收入7.1万元；监察收入19万元，物业收入31万元，违约金收入28万元，其他收入200万元，偿还债务510万元，固定资产增加2061万元。

工程项目建设。作为全县重点民生工程，杨岭岗水厂改扩建工程进展顺利，完成投资4400万元，加压泵房、高低压配电间、水质检测中心、沉淀池、气水反冲洗滤池等主体工程基本完工，中央控制室设备调试和厂区配套建设有序推进。2017年，公司相继进行黄金路、澧滨路和壶瓶山大道的主管改造任务，铺设DN100以上主管24616米，DN300以上主管4373米，DN600主管1238米。红土坡高位水池投入使用，工程总投资300多万元。壶瓶山水厂改扩建工程和管网改造完成。工程项目的实施，较好地解决了城乡扩容和用户增加产生的供需矛盾，为公司的后续发展打下坚实基础。

企业内部管理。2017年，公司对所属各部门工作制定详细计划，明确任务职责，严格按目标责任状进行绩效考核，将主业收入和生产成本作为加强供水工作基础地位的一项硬指标加以落实，促进公司各项工作的顺利开展。公司全年共新增城区用户5264户，新关供水站增加用户2250户。实行阶梯式水价以后，供水综合价从2016年每吨2.14元上升到每吨2.35元。全年争取项目资金301万元，缓解了管网改造带来的资金压力。公司对于生产成本严格控制，厉行节约。通过定期市场询价和重新定价，物资采购价格在往年基础上有所下降。沃特公司和维修中心在小工费用、机械台班上精打细算，合理安排，生产成本大幅度降低。严格控制“三公”经费支出，办公费、宣传费、公务接待和车辆使用费等比2016年减少8.3万元。通过狠抓内部管理，企业效益不断提高，职工福利待遇逐步改善。2017年，公司职工工资、奖金福利总支出为1500万元（不含污水厂人员），比2016年增加137万元。在岗职工人均年收入6.69万元，比2016年增长0.46万元。公司全年“五险一金”总支出392万元，人均支出2.05万元。退休职工全年工资补差40万多元。员工的养老保险、住房公积金的缴费基数均有所提高。

安全优质供水。公司始终把安全优质供水作为重中之重，全面加强安全生产。公司始终坚持“安全第一，预防为主”的方针，严格执行安全生产制度。水厂定期开展安全检查和隐患排查，发现问题及时整改，保证县城区供水安全。为确保供水水质达到生活饮用水卫生标准，水厂对平流池、清水池实行定期清淤，水质化验室对出厂水和管网末梢水实行监测，保证供水水质。坚持将每周水质检测情况向上级有关部门报告和向全社会进行公示。

供水服务工作。公司本着“群众利益无小事”的工作原则，始于用户追求，终于用户满意，不断拓展服务内涵，提高服务水平，优化企业形象。一是深入推进效能建设，贯彻执行“首问负责制”和一站式服务，不断提升窗口部门服务质量。二是及时发布供水信息。在突发性应急抢修、冰冻灾害天气、计划施工停水等，利用短信平台及时发布通知，把各种信息以最快速度最短的时间内传播给用户，让用户及时知晓提前准备。三是方便用户缴费。开通微信、支付宝、网上银行等多种网上缴费平台，让用户足不出户就可轻松查询和缴纳水费，而且从2017年10月后，所有网上缴费的手续费全部由公司承担。四是增设收费网点。公司将西溶路的老公司收费厅整修一新，重新向用户开放，方便了周边用户缴费。五是规范供水热线“5158110”运行。全年接听电话 5818 次，对用户提出的问题及时解答，及时处理，及时回访，提高办事效率。

【雨雪冰冻天气供水管网抢修】2017 年 1 月底 2 月初，全县遭遇较为严重的雨雪冰冻天气，县城区和四个乡镇供水站的供水管网受到不同程度损坏，人民群众的生产生活用水受到一定影响。在自然灾害面前，公司全体干部职工保持团结一心，提前准备，迅速反应，免费为用户更换水表，完成抗冰救灾的各项工作，取得良好的社会效应。1 月 29 日至 2 月 6 日，公司组织应急抢修人员一百多人次，更换水表 7800 只，维修供水管网及阀门、消火栓共 2115 处，确保县城区及四个乡镇及时恢复供水，将灾害损失和影响程度降到最低。

【夏季供水高峰期巡查检修行动】夏季高峰供水是一年中任务最艰巨、工作最繁忙的季节。2017 年，公司对高峰供水工作进行周密部署，及早准备，严格做好高峰供水前的水厂供水设备的检查保养和供水管道、阀门的巡查检修工作，确保供水设施完好率保持在 100%的水平。公司积极履行社会责任，关注用户需求，努力解决群众反映强烈的水压不足问题。在红土坡投资 300 万修建高位水池一座，安装管道增压设备。维修中心全年完成城区主干管道探漏 68 次，测压 135 次，进行大小管道维修抢修共计 3023 次，维修保养主管阀门和消防栓 81 台次，修砌阀门井 25 台次，有效遏制了管网跑、冒、滴、漏现象，安全度过夏季供水高峰期。

（县自来水公司）

房地产管理

【概况】2017 年，石门县房地产管理局围绕实施县委“1155 工程”战略部署，正面应对不动产统一登记改革、涉房领域遗留问题处理等压力，积极推动脱贫攻坚、农村危房改造、城市棚户区改造、房地产市场监管、党风廉政建设等工作，较好地完成各项目标任务。

2017 年，房地产市场健康平衡。截至 11 月 20 日，县城区新开工建筑面积 53.03 万平方米，同比下降 1.7%。竣工建筑面积 38.97 万平方米，同比增长 29.69%；新供应商品房总建筑面积 22.92 万平方米，同比下降 29.97%。其中住宅 17.36 万平方米，同比下降 19.78%；完成房地产开发投资 9.32 亿元，同比增长 1.3%；商品房销售面积 49.15 万平方米，同比上升 76.16%；销售金额 20.05 亿元，同比上升 52.66%。其中销售住宅 39.51 万平方米（3351 套），同比增长 54.94%；住宅销售均价 3554 元／平方米，同比下降 5.48%。非住宅销售均价 6235 元平方米，同比下降 9.07%；商品房库存 31.4 万平方米，同比下降 7.6%。其中住宅库存 14.74 万平方米 1349 套，同比下降 19.78%。全县全年归集房屋维修资金 3089 万元，已累计归集 9624 万元。房地产销售和房地产投资同比上升，提前完成全年目标任务，住宅去库存成效明显，市场保持良好发展势头。

房地产开发管理。为确保项目税收、投资统计在石门落地，县房地产管理局批准时代置业、禾田十九峰、腾越电子、常德嘉园置业等 8 家房地产开发企业暂定资质；共办理宝峰生活家、红星美凯龙家居广场等 6 宗预售许可，批准预售面积为 32.73 万平方米。针对全县房地产市场存在的问题，下发《关于进一步规范商品房预售资金管理的通知》，从房地产资金管理、房地产开发企业资质管理等 7 个方面着手，将在建工程抵押贷款纳入预售资金监管等措施的出台，较好地防止新的问题楼盘的发生。对在建在售楼盘开展不定期执法巡查，对未参加资质年检的 2 家房地产开发公司下达拟注销资质的通知，对城建房地产开发公司给予降级的处罚；启动 3 轮物业服务质量民意调查，及时将调查结果在各新闻媒体公示，并将结果运用在物业企业资质年检、招投标过程中。

不动产登记改革。2017 年，配合协调不动产登记工作，完成历年房屋登记档案的移交，实现房屋交易信息管理系统端口共享。为方便群众办理不动产登记，将交易、测绘窗口工作人员整体转移到政务中心与不动产登记窗口合署办公，优化内部审批审理程序，彻底解决群众办理不动产登记重复提交资料、审批流程复杂、行政效能低下的系列问题。

民生工程。结转完成公租房建设 192 套；完成 2017 年城市棚改计划任务 1595 套；发放租赁补贴 672 户，金额 118.19 万元；3 次组织公租房实物配租，分配入住 135 户。各项计划任务顺利通过省市验收。根据“脱贫路上不掉一人”的目标，向省、市住建部门争取到全县 7591 户农村危房改造任务，实现全面验收，完成全部补助资金的拨付和入住。

房屋征收和棚改。全面推进县城范围内兰园片区、田园片区、三叉路片区棚改项目及壶瓶山大道、白云路、澧水南北沿河风光带等 13 个重点项目的房屋征收工作，共需征收房屋 8.7 万平方米，涉及被征收人 733 户，签订征收补偿协议 70 户，支付征收补偿资金 3673.32 万元；为推动房屋征收工作，经县政府常务会研究，出台《国有土地上房屋征收补偿实施办法》，对相对滞后的标准进行调整，促进了棚改征收工作。

脱贫攻坚。2017 年，县房地产管理局联系扶贫点村三圣乡天门垭村和太平镇五里坪村，全年组织全局干部职工开展了 11 次走访帮扶，筹措整合帮扶资金 100 余万元，积极扶持点村产业发展，完成村级道路硬化 29 千米，实现组组通公路，新建安全饮水池 20 个，解决 100 户 360 人的饮水不安全问题，完成易地扶贫搬迁 27 户，农村危改 57 户。

涉房领域遗留问题处理。成立石门县涉房领域遗留问题处理领导小组，办公室设在局办公楼四楼，工作人员由开发办、法规股等股室负责人组成，对全县范围内的问题楼盘进行清理，并形成一盘一策的处理意见。广发公司“怡馨苑”进入回迁户安置程序；“国泰民兴”办证程序启动；经济适用房不动产证办理工作全部完成;九澧怡园、立新楼、新月花园底层门面回收工作已完成司法诉讼。

【农村危房改造获省住建厅肯定】全县实施农村危改7223户，居全市之首。全县农村危房改造共投入补助资金2.5亿元，其中争取上级补助资金1.45亿元。截至12月31日,竣工率、入住率、补助资金拨付率均达100%。10月,省住建厅组织全省12个脱贫摘帽县交叉督查,石门县综合排名第一;11月，省住建厅专门为石门县编发一期通报，要求全省借鉴石门农危改造经验;12月，全省脱贫攻坚农危专项绩效考核，石门县获得满分；省住建厅将石门县作为全省唯一的农危改造先进典型向省扶贫领导小组推荐。

【棚户区改造项目通过验收】2017年,全县1595套棚户区改造任务圆满完成并通过上级验收。石门县争取2018年棚户区改造项目共4981套,其中提前下达和确认石门县第一批计划2633套,棚户区改造项目计划指标石门县居全市第二位。

【商品房去库存工作】2017年,先后出台一系列关于加强房地产市场调控和监管的措施,严格规范预售预可、预售资金监管、房地产开发资质动态管理,全县房地产市场秩序得到了切实整顿和规范，有效防范了问题楼盘和烂尾楼盘的再次发生。根据国家“去库存”的要求,大力推行新购商品房货币补贴政策和征拆货币化补偿安置政策，全县商品房库存量大幅下降，从2016年的40万平方米降低到2017年的31万平方米，库存同比下降21%。

(县房管局)

工　业

【概况】2017年，全县工业经济增速较快，项目建设稳定推进，招商引资成果显著，新开工项目比较多，服务企业力度增强，信息化工作有新起色，行政执法工作有力度，规模工业保持稳中向好的发展趋势。全县完成规模工业总产值296亿元，同比增长18.9%，高于市推新考核目标3.9个百分点，总量居全市第2位。规模工业增加值74.6亿元，增长10.3%，增速在9个区县市居第3位。全县规模工业综合能源消费量127.7万吨标准煤，同比增长1.5%，规模工业万元增加值能耗同比下降8.0%。全县完成固定资产投资120.6亿元，其中技术改造投资73.5亿元。

项目建设。招商引资项目：2017年1月16日，湖南航天磁电三江磁材有限责任公司年产7500吨微波炉磁生产项目、湖南万标鞋业发展有限公司年产600万双童鞋生产线建设项目与县政府签约；石门县鑫砾建材开发有限公司产20万平方米饰面石材生产线项目与县政府签约。洽谈的项目：北京康普锡威科技有限公司年产5000吨特种金属粉末项目和湖南航天磁电三江磁材有限责任公司三期项目。开工项目：湖南航天磁电三江磁材有限责任公司年产7500吨微波炉磁生产项目于4月16日土建工程开工；湖南万标鞋业发展有限公司年产600万双童鞋生产线建设项目于7月27日开工。1至12月，新开工亿元项目8个，如浙江金桑农业科技有限公司的构树循环经济产业项目、五凌石门电力有限公司汪家冲装机200兆瓦光伏发电项目等。

项目建设进展情况。2017年，北京易红堂家具有限公司投资2亿元红木家具制造项目、湖南湘佳牧业股份有限公司投资2.38亿元年产6万吨家禽食品加工及冷链物流配送项目、葛洲坝石门特种水泥有限公司投资6.62亿元年产60万吨白色硅酸盐水泥生产线技术改造项目、石门楚天钡业公司投资1.2亿元年产10万吨重晶石（萤石）共生矿综合回收及深加工示范工程项目等16个项目竣工投产。湖南石门经济开发区科技孵化楼及标准化厂房建设项目等3个项目完成设备安装。石门海创环境工程有限公司利用水泥窑日处理200吨固体废物工程项目、湖南川海环保工程投资50亿元年产500万吨功能性复合肥生产线项目等4个项目，全部完成项目前期征地、环评等工作。

技术改造。2017年全县重点技术改造项目有14个，如葛洲坝石门特种水泥有限公司60万吨白水泥生产技术改造项目、石门县九九太浮饮业公司瓶装水扩改工程项目、湖南湘佳牧业股份有限公司6万吨家禽食品加工与冷链配送项目等。

服务企业措施。出台《〈石门县帮扶工业企业发展暂行规定〉实施细则》，明确财政资金支持、落实减负政策、涉企中介收费、企业用工成本、金融扶持力度、企业兼并重组、鼓励技改创新、政府采购倾斜等具体措施。出台《2017年石门县领导干部联系服务企业活动实施方案》，对全县80家规模工业企业实行一名县级领导、一个县直部门主要负责人及企业所在乡镇区、街道党组织主要负责人、乡镇、街道派出所长、社区（村党支部书记）结对服务“五位一体”的联系服务体系，实施精准帮扶解困。建立企业特派员制度，选派13名副科级以上干部到13家重点工业企业（项目）担任特派员，助推企业做大做强。强化跟踪服务，为企业排忧解难。精心组织实施全局干部联系服务企业的工作制度，对下企天数、服务内容等方面进行明确，并与评先评优挂钩。对重点在建工业项目实行“一周一调度、一月一通报”。

信息化工作。加大通信基础设施建设力度。通过走访、通信信号普查等方式，对全县通信信号的覆盖情况进行摸底调查，组织电信、移动、联通等通信运营商通力协作，稳步推进宽带进村、光纤入户等信息惠民工程建设；协调处理手机信号覆盖和基站建设等矛盾与纠纷，积极推动信息化高速公路建设，助力脱贫攻坚和全县电子商务发展。协助市无线电管理委员会完成国家高考环境保障工作、对全县无线电安全环境监测及对民航影响的无线电进行调查。

散墙工作。2017年，督促全县11家烧结砖厂规范原材料使用，新增环保脱硫除尘设施；通过召开新墙材产品推介会、开展散装水泥宣传周活动、进建筑施工工地宣传等方式对使用新型墙材和散装水泥的政策和规定进行宣传；落实执行中央取消新型墙材基金政策，1—3月基金入库38145.43万元，为14个建设项目免征新型墙材基金370万元。

行政执法。加大电力案件执法力度。全年接到群众举报案件4起，其中现场责令停止违法行为1起，立案3起，并按程序规定对违法行为人进行处罚。参与处理雁池供电所所街乡黄福峪村“2•9”坠落死亡事故；制定《石门县三线搭挂整治工作方案》，对全县“三线搭挂”问题进行专项整治；起草《石门县关于开展2017年电力设施保护区树障安全隐患排查治理专项行动的工作方案》《石门县2017年农网改造升级工程建设工作方案》《石门县处置电网大面积停电事件应急预案》《关于印发石门县2017年有序用电预案》等文件，确保全县用电安全；牵头组织实施全县农网改造升级工作，开展春季用电安全检查改造和高考用电保电工作，参与酒湖特高压建设后期施工环境协调。加大专利执法力度。多次组织执法人员进行执法检查，全年查处假冒专利案件74件、纠纷调处专利案件3件，石门县2件假冒专利案件参加省知识产权局组织的专利案件评审，得到好评。

【“三线搭挂”专项治理工作】2017年3月22日，召开石门县“三线搭挂”专项整治行动动员会议，县科技工信局、安监局、国网石门分公司、电信、移动、联通、有线电视等相关单位、企业参加会议。会上宣读了《石门县“三线”搭挂专项治理行动实施方案》，根据实施方案，会议对专项治理工作进行了部署，电信、移动、联通、有线电视负责人分别做表态发言，一致表示积极配合电力部门，做好“三线搭挂”专项治理工作。动员会后，参会人员实地进行考察，现场感受县城区“三线搭挂”乱象。“三线搭挂”是指电力线、通信线、广播电视线相互搭接、交叉、跨越的现象，存在较大安全隐患。随着经济快速发展，农村电气化、信息化程度的不断提高，“三线搭挂”现象日益突出，亟待进行整治。副县长韩翼飞要求：相关责任单位、企业的认识要进一步提高，任务要进一步落实，工作推进要进一步提速，工作目标要进一步明确，全力做好专项整治工作。

（县科技工信局）

电　　力

【概况】2017年，国网湖南省电力公司石门县供电分公司（简称国网石门供电分公司）落实上级决策部署，严作风、精管理、强落实，各项工作扎实推进，保持了良好稳健的发展态势。完成售电量5.978亿千瓦时，同比增长10.07%；售电均价705.37元／千千瓦时，低于预算0.83元／千千瓦时，剔除市场化交易因素后，高于预算3.12元／千千瓦时；销售收入4.22亿元，同比增长7.4%；电费回收率100%；综合线损率5.74%，同比上升0.62个百分点；内部利润590.99万元，较预算增盈630.03万元。截至2017年12月31日，公司实现人身安全纪录8359天，设备安全纪录3847天。同业对标评价全省排名B段40名，同比提升5名，其中用户供电可靠率、营销服务规范率等18个指标排名A段。

安全生产。认真开展各项安全活动，全面推进本质安全建设，落实主体安全责任，对照安全生产问题清单严抓整改闭环，实现安全形势良好发展。构建了生产秩序管控、运维管理、基础管理、安全稽查、运检质量监督的良性工作机制。通过微信稽查、据点稽查、回头稽查和重点查等方式，创新了稽查模式，使安全稽查获得实效。坚持开好“四会”，统筹安排各项安全生产工作，强化安全风险管控，同时严格落实绩效考核制度。强化基建施工安全风险管控，狠抓外协施工队伍，规范外包合同签订，明确责任义务，对施工现场“全停全送”，要求项目经理与其“同进同出”。强化干部履责，实行非工作日领导值班制度，做好领导班子基层蹲点工作，深入现场开展运维监督和质量、服务检查，确保生产秩序可控、在控、能控。加强专业管理，联合政府执法部门进行线路通道专项整治，注重外破隐患治理和山区防雷击等工作，切实落实设备主人制，有效减少线路跳闸次数。精心修编应急预案，特邀县安监局、县科技工信局、县政府应急办等单位参加评审发布工作，提升公司应对突发事件的能力。

电网建设。2017年，国网石门供电分公司围绕贫困村电网升级改造和光伏扶贫两大任务，认真贯彻落实脱贫攻坚工作。完成2016年三个批次的农网改造升级工程，总投资3099万元。完成2017年第一批、第二批61个村的电网改造任务，总投资6300万元，第三批电网改造涉及95个村，完成85%的单项工程，总投资9515万元。顺利完成59个贫困村电网改造任务和62个村光伏扶贫项目的并网发电。按照省公司要求，对全县2018-2019年配电网、村网规划精心编制、多次修改，科学谋划“十三五”电网建设，满足当地经济社会发展和人民生活

石门县“三线搭挂”专项治理行动动员会

需求。

营销服务。依托“互联网+”、营销现代化建设，实现业扩新装线上受理，电费缴纳方式新突破。通过面对面服务、手把手教导，让更多客户学会用掌上电力、电e宝、微信、支付宝等方式线上查询电量、缴纳电费。主动接洽，提前介入，服务大客户用电报装。上半年公司完成了葛洲坝石门特种水泥有限公司白水泥项目与湖南湘佳牧业股份有限公司冷链物流项目的送电工作。通过积极争取，将湖南湘佳牧业股份有限公司10千伏供电线路建设列入市公司“绿色通道”并在年底投运。完成2017年集抄改造项目，全面实现远程抄表和费控催收，营销管理水平明显提升。依托“全能型”供电所建设，深化台区经理制，实行网格化管理，利用微信服务群快速响应客户需求，及时宣传电力法律法规，公布停送电信息。

经营管理。坚持依法从严治企，全面落实“三重一大”决策制度。积极开展企业自查自纠，加强审计分析、问题整改和追责力度，不断规范企业经营行为。认真梳理问题清单，对照明细逐一整改到位。严格财经纪律，精细制定年度预算，规范报账流程，控制成本支出。强化工程管理，堵塞管理漏洞，严禁挤占、挪用和套取工程资金。加强非招标采购规范化管理，随机抽取职工代表和普通员工参与公司议标议价。规范合同管理，强化合同会审程序，所有合同必须经过法律审核过关。加强重大案件管理，严格执行“六凡六必”，并组织开展“一月一案一分析”活动和普法学法案例剖析。

自身建设。加强党的组织建设，完成了党总支改设党委工作，下属各支部按期进行换届，农电总支下设9个支部，完成“一所一支部”配置。强化思想建设，有序开展“两学一做”学习教育。以支部为单元，以组织生活为基本形式，采取支部集中学习、个人自学、专题讨论等多种形式，开展党员学习教育。通过早列队、日早会、周例会等宣贯学习“三个十条”“十项规定”“六条禁令”、社会主义核心价值观等。继续开展“三亮三比三无”主题活动，领导干部、党员分别签订责任承诺书，并进行公开公示，接受职工监督。认真开展中心组学习，落实“三会一课”制度，每月对员工思想动态进行分析，并作出书面报告。2017年共开展中心组扩大学习6次，上党课8次，专家授课1次。扎实开展“电骡子”共产党员服务队活动。结合“学雷锋”“3•15”“平安社区”创建活动，为客户免费检查室内线路、维修小家电，并宣讲安全用电知识。组织党员干部、团员青年探望贫困户，做好贫困村定点扶贫工作。2017年，国网石门供电分公司2名党员被市公司评为“优秀共产党员”。6月底，组织员工参加市公司党建成果展演，“电骡子”先进事迹广为传播。以壶瓶山“电骡子”为原型的微视频《画爱》，被推送至国网故事汇，并在人民网等主流媒体广泛传播。以《电骡子》为题材的常德丝弦节目在国网公司、省公司两会期间展演，品牌影响力进一步扩大。

（国网石门供电分公司）

【农村电网升级改造】2017年9月2日，县优化办、县科技工信局和国网石门供电分公司相关人员组成农村电网升级改造督查小组，对各乡镇、街道办及相关单位贯彻落实县政府7月17日农村电网升级改造会议精神及农村电网升级改造情况进行督查。在农村电网升级改造过程中，各乡镇、街道办均成立网改工作领导小组，积极配合做好相关工作。各相关单位主动作为、积极配合乡镇、街道办优化施工环境，保障施工顺利进行。各施工点工程进度稳步推进，均按计划完成农村电网升级改造任务。

（唐植钢）

【全县光伏电站并网结算运维工作培训会】2017年11月30日，县科技工信局组织召开全县光伏电站并网结算运维工作培训会，科技工信局党组书记、局长钟清林在会上作了讲话，县农网公司、县国税局、红太阳公司、县发改局分别就建设并网情况、办税程序、如何运维、注意事项等工作进行详细讲解和部署。全县13个乡镇2个农林场共有61个脱贫攻坚重点村光伏发电项目，按照总体规划，每个村级光伏电站装机60千瓦，总装机3660千瓦。截至12月底，维新镇观峰山村和重阳树村、皂市镇十坪村、三圣乡河口社区4个村级光伏电站建成并网发电。

【壶瓶山供电所获国家电网公司“五星级乡镇供电所”称号】2017年2月5日，国家电网公司下发《关于命名2016年度五星级乡镇供电所的通知》，国网公司系统共有100个供电所获得五星级乡镇供电所称号，国网石门供电分公司壶瓶山供电所获该称号。星级供电所创建工作是国网石门供电分公司在农电管理方面开展的一项重要工作，在星级供电所创建工作中，主要思路为分级评定、逐级递升、动态考核、创建示范、逐级带动。一是建立组织机构，明确创建目标。分公司成立领导机构和考评小组，制定了《星级供电所建设工作实施方案》；二是以点带面，通过重点督导四星、五星级供电所的创建工作，推进创建工作的深入开展。着重从基础管理、日常规范化管理、安全生产和营销服务专业化管理等方面入手，细化提升措施，认真剖析存在的问题，制定整改方案，明确具体目标和完成时限，将责任落实到位；三是建立激励机制。对获得五星级、四星级的供电所进行奖励。

（编辑部）

主要矿产

【概况】石门县境内地层发育较全，从元古界冷家溪群至新生界第四系均有出露，矿产资源储藏丰富，种类繁多。据地质探明，全县境内矿产种类达35种，被誉为湖南“矿都”。主要矿产有雄黄、矽砂、煤炭、石膏、石煤、磷矿、水泥灰岩、化工灰岩、白云石、海泡石、大理石、重晶石、赤铁矿、矾矿、铁矿、铜矿、硫铁矿、方解石、滑石、耐火粘土等，各类矿床矿点320多处，其中大中型矿床19处，中型矿床48处，小型矿床37处。全县矿石总储量130亿吨，潜在经济价值1600亿元，人均潜在价值23万元，地均4000万元/平方千米。已开发利用的矿产达15种，分布在全县的各个乡镇、区、场，且矿床埋藏较浅，开采条件较好。雄黄、矽砂矿、磷矿储量及品位在亚洲乃至世界均占有重要位置。

【雄黄矿】石门雄黄矿储量48.77万吨。雄黄是一种重要的中药材，被称之为鸡冠石。矿石结构形态：块状矿石、角砾状矿石、浸染状矿石。块状矿石含硫化砷达80%，正品含硫化砷高达98%，一般块状含30%，角砾状矿石和浸染装矿石含硫化砷5-8%。后来发现雄黄具有杀虫作用，便开发出杀虫剂和木材防腐剂。在冶金方面可用以制造铅砷合金，成为子弹头填充物。砷化镓则是半导体材料，砷的化合物可用于作焰火材料。在玻璃工业上，利用砷生产白色玻璃，还能清除玻璃中的绿色色素。雄黄矿还是传统的国画颜料，名叫“鸡冠黄”，因此雄黄矿不但国内需要，而且大量出口。从民国元年(1912)开始，一直到民国14年(1925)，每年出口从600多吨到1185吨不等，总计出口最达到12080吨，出口世界13个国家和地区。石门雄黄矿已有1500多年的开采历史。由于长时间无序开采，致使矿山周边地质环境破坏严重，尤其是砷污染，对其周边人居环境污染极其严重，致使农作物砷含量严重超标。石门县环保局为了加强对重金属的污染防治，邀请环保专家多次实地踏勘，上报石门雄黄矿地区砷污染防治规划，报项目资金1.8亿元，2012年正式“闭坑”，对矿区周边地区进行地表土壤恢复、对矿渣实施填埋、对沿河污染源进行治理。

【矽砂矿】石门矽砂主产于十九峰山水浸垭，是细粒石英砂岩经风化而成的天然石英砂矿，储量为20亿吨，为亚洲之最。矿床厚93米，为露天开采，年产量约10万吨。

【磷矿】石门磷矿资源丰富，已探明磷矿石储量24亿吨，其中工业储量10.94亿吨，储量占全省磷矿储量的71.42%，是中国十大磷矿基地之一。磷矿主要分布在南北镇、东山峰管理区、壶瓶山镇，形成一条呈东西向的长达63千米的矿藏走廊，共有8个矿区。P205平均品位16.3%～21.92%。年平均开采量为5万吨，主要用于生产钙美磷肥和过磷酸钙磷肥，也可用于制取纯磷和磷酸。

【石膏矿】石膏矿是一种以钙的硫酸盐矿物为主要组分的非金属矿产。主要矿物为石膏和硬石膏，共生矿物常有石盐，钾石盐、光卤石等。一般工业品位，纤维状石膏矿（含二水硫酸钙）95%，层状石膏矿（含二水硫酸钙加硫酸钙）55%。以地下开采为主。石膏矿除主要用作建筑材料和水泥原料外，还可用来制造硫酸，广泛用于橡胶、塑料、肥料、农药、油漆、纺织、食品、医药、日用化工、工艺美术、文教等部门。石门石膏矿具有矿层厚、埋藏浅、品质优、开采成本低、交通运输方便等特点。年平均产量60万吨，原矿或半成品销往外地和出口，部分生产为县内建筑材料或水泥原料。

【煤炭】石门煤炭资源丰富，既有烟煤，也有无烟煤。全县探明储量6337万吨。主要分布在夹山镇官渡桥、青峰、新铺乡、洛浦、艾家山等地，年规划生产80万吨，均衡生产可达45年。无烟煤主要产于壶瓶山、罗坪、太平、子良等地。石门有丰富的石煤资源，储量达72937亿吨，主要分布在官渡桥、南北镇、太平、三圣、维新等地。年平均开采45万吨，主要用于烧灰发电。

（县科技工信局）

部分规模企业简介

【石门海螺水泥有限责任公司】石门海螺水泥有限责任公司是一家从事水泥、熟料生产与销售的企业，位于湖南省常德市石门县宝峰街道办七松社区。公司创办于2006年10月，注册资金4.21亿元，资产总额111262.8万元，总负债14478.1万元，资产负债率13.0%。公司拥有一条日产5000吨熟料生产线和一条日产4500吨熟料生产线，熟料年产能360万吨，配套建设年产320万吨的水泥粉磨系统，总投资13亿元。公司2017年生产熟料363.8万吨，水泥372.7万吨，现有员工550余人。2017年实现销售收入10.17亿元，2017上缴税金1.75亿元，为带动常德市经济发展，促进湖南省水泥行业产业结构调整做出了突出贡献。

石门海螺水泥有限责任公司自2007年以来连续四年被列为湖南省重点建设项目，并列入湖南省推进新型工业化“双百”工程项目。公司先后获得常德市十佳优秀企业、全市重点建设目标管理先进单位、常德市外来投资十强工业企业、纳税大户等十几项荣誉。

【葛洲坝石门特种水泥有限公司】葛洲坝石门特种水泥有限公司是一家专业从事特种水泥、普通水泥、过磷酸钙、硫酸生产及销售的企业。公司创办于2001年6月，位于新关镇境内，毗邻澧水支流渫水河，并紧靠省道S303线，占地面积654.75亩。公司注册资金1.0588亿元，总资产103474.6万元，总负债73833.6万元，资产负债率71.4%，现有员工412名。2017年生产水泥101.1万吨，生产熟料72.3万吨，创销售收入3.18亿元，上缴税金1858.1万元。公司现拥有一条2500吨/天新型干法熟料生产线、并配套建设一套3兆瓦纯低温余热发电装机容量、一条年产60万吨白水泥生产线、一条年产20万吨过磷酸钙生产线、一条利用脱硫石膏生产10万吨硫酸副产15万吨特种水泥熟料生产线。

公司前后获得省市两级“守合同重信用单位”“湖南省高新技术企业”“湖南省新材料企业”“湖南省企业技术中心”“全国第十六届水泥品质指标检验大对比全优奖”等荣誉称号。

【大唐石门发电有限责任公司】大唐石门发电有限责任公司是中国大唐集团公司和陕煤化集团参股的火力发电企业，位于石门县宝峰街道办宝塔社区，主要产品是火电。公司创办于2004年11

月，注册资金 10.28 亿元，总资产 9.85 亿元，总负债 9.71 亿元，资产负债率 98.6%。2017 年火力发电量 19.7 亿千瓦时，创销售收入 70662 万元，上缴税金 5584 万元，现有员工 770 余人。公司拥有两台 33 万千瓦火力发电机组，总装机容量 66 万千瓦。

【长安石门发电有限公司】长安石门发电有限公司是由中国华电集团公司与陕煤化集团参股的火力发电企业，位于石门县宝峰街道办宝塔社区，主要产品是火电。公司创办于 2003 年 8 月，注册资金 1.93 亿元，总资产 14.95 亿元，总负债 22.0 亿元，资产负债率 147.1%。2017 年火力发电量 14.8 亿千瓦时，创销售收入 56241 万元，上缴税收 2041.9 万元，现有员工 100 人。公司拥有两台 30 万千瓦火力发电机组，总装机容量 60 万千瓦。

【石门县金麟鞋业有限公司】石门县金麟鞋业有限公司是一家从事出口童鞋生产、销售专业性企业。位于蒙泉镇白洋湖，创办于 2010 年 9 月，注册资金 100 万元，资产总额 2.5 亿元，总负债 1.96 亿元。2017 年，企业生产加工童鞋 1500 万双，创销售收入 25855 万元，上缴税金 480.1 万元，现有员工 590 人。公司产品主要销往香港市场；原材料来源于广州、东莞等地。

【湖南易红堂家具制造有限公司】湖南易红堂家具制造有限公司是一家木质家具制造的企业。位于宝峰街道办黄泥岗社区，创办于 2016 年 3 月，注册资金 5000 万元，资产总额 3786 万元。2017 年创销售收入 2135 万元，现有员工 82 人。

【葛洲坝易普力湖南二化民爆有限公司】葛洲坝易普力湖南二化民爆有限公司是工信部定点的民用爆破器材的专业生产厂家，是葛洲坝易普力股份有限公司全资企业，位于楚江镇境内。主要业务为民用爆炸物品的生产、销售及工程爆破服务，其产品主要销往湖北和本省。公司创办于 1969 年 2 月，2007 年由葛洲坝集团整体收购，注册资金 544.2 万元，总资产 11664 万元，固定资产 5648 万元，总负债 6759 万元，资产负债率 57.95%。年设计生产能力 2.2 万吨，2012 年实际生产炸药 2.2 万吨，主营业收入 14300 万元（不含轻化公司的销售收入），上缴税金 3267 万元，现有员工 290 人。2017 年，公司生产经营正常，1—7 月实际生产炸药 13029 吨，与上年同期持平，下半年预计能均衡生产，达到设计生产能力，销售市场稳定。公司着力优化公司组织机构和布局，走科学发展道路，推动企业改造升级，实现工业炸药生产的连续化、自动化、智能化。积极开展爆破、混装炸药车作业业务，拓展民爆产品延伸服务，拉长产业链条。2017 年实现工业总产值 5 亿元，实现利税 1 亿元以上，企业发展前景乐观。

（县科技工信局）

2017年规模工业企业名录

序号	单位详细名称	所属乡镇区、街道	法定代表人(单位负责人)
1	湖南杨氏鲜果有限公司	宝峰街道	杨灿伟
2	石门县九州建材有限公司	宝峰街道	杨祖旺
3	石门宏炎超硬材料有限公司	宝峰街道	胡林
4	石门县迈众鞋业有限公司	宝峰街道	邵爱党
5	石门新星塑料有限公司	楚江街道	彭成湘
6	石门添怡茶业有限公司	楚江街道	闫友福
7	石门县泓鑫食品有限责任公司	楚江街道	熊连吾
8	湖南犟哥生态农业有限公司	楚江街道	陈石新
9	湖南云中君茶业有限公司	楚江街道	伍清
10	湖南海化生物肥业有限公司	楚江街道	邓德庆
11	石门县永兴新型建材有限公司	永兴街道	刘磊
12	石门汉唐生态农业有限公司	永兴街道	黎静
13	石门县金诚达建材有限公司	永兴街道	王健
14	石门县金长城建材有限责任公司	永兴街道	王铁建
15	石门县金子山新材料科技有限公司	宝峰街道	潘朝辉
16	石门县捷源玻纤有限公司	宝峰街道	黄建本
17	湖南谦益食品有限公司	宝峰街道	赵永红
18	湖南诺兴新材料有限公司	宝峰街道	刘加平
19	湖南易红堂家具制造有限公司	宝峰街道	易继红
20	石门联创电子科技有限公司	宝峰街道	李锋
21	湖南鑫锋电子科技有限公司	宝峰街道	陈忠锋
22	石门县湘洋汽车用品有限公司	宝峰街道	段传娥
23	石门县裕丰纺织有限责任公司	宝峰街道	许咨起
24	石门县恒顺纺织有限责任公司	宝峰街道	蔡尔居
25	石门县住友门窗有限公司	宝峰街道	毕仁法
26	常德柳叶湖酒业有限公司	楚江街道	李子军
27	石门宝川锻造有限公司	楚江街道	张国周
28	湖南石门宝川连杆制造有限责任公司	楚江街道	姚多典
29	石门田园磷肥有限责任公司	楚江街道	闫新国
30	石门县金满叶化工有限责任公司	楚江街道	田启欣
31	石门鑫泰玻纤有限责任公司	楚江街道	谢晓海
32	石门裕华铸业科技有限公司	楚江街道	向文华
33	湖南航天磁电三江磁材有限责任公司	楚江街道	郑自儒

序号	单位详细名称	所属乡镇区、街道	法定代表人(单位负责人)
34	湖南兆恒水电有限公司	楚江街道	朱宏
35	石门县金宇鸿矿业有限公司	楚江街道	王中业
36	葛洲坝易普力湖南二化民爆有限公司	楚江街道	夏汉
37	湖南石门渫峰名茶有限公司	楚江街道	覃小洪
38	湖南省丰台钢结构有限责任公司	永兴街道	李东波
39	石门壶瓶山酒业有限公司	永兴街道	杜方君
40	石门金湘源食品有限公司	永兴街道	辛继武
41	湖南赛奥硅业股份有限公司	宝峰街道	龚德高
42	石门火霸耐火材料有限公司	宝峰街道	杜登锦
43	湖南冠一颜料有限公司	宝峰街道	张大建
44	石门县自来水公司	宝峰街道	刘仁海
45	石门宝丰机械制造有限公司	宝峰街道	柳小红
46	大唐石门发电有限责任公司	宝峰街道	李宁
47	长安石门发电有限公司	宝峰街道	杜君文
48	石门县东煌建材有限公司	宝峰街道	付永红
49	石门县金麟鞋业有限公司	蒙泉镇	刘燕
50	石门福慧达农产品物流有限公司	蒙泉镇	郑晓玲
51	湖南潇乐寿生物科技有限公司	蒙泉镇	唐潇天
52	湖南健人保健食品有限公司	蒙泉镇	董新旗
53	石门县八方石膏矿业有限公司	蒙泉镇	梁锋
54	湖南石门明泉矿业发展有限公司	蒙泉镇	陈建武
55	石门县薮城石膏实业有限公司	蒙泉镇	陈天斗
56	石门县永盛石膏有限公司	蒙泉镇	丰光文
57	石门县九九太浮饮业有限公司	蒙泉镇	蒋金华
58	石门县夹山塑料包装制品公司	夹山镇	曾召军
59	石门和峰环保建材有限公司	夹山镇	刘春波
60	湖南宏业石膏矿业有限公司	夹山镇	麦永坚
61	石门县三板石膏矿	夹山镇	张启泉
62	湖南省石门县三板石膏制品厂	夹山镇	黄国华
63	湖南石门华天矿业有限公司	夹山镇	唐春文
64	石门县寅发石膏矿	夹山镇	王大任
65	石门天美石膏有限公司	夹山镇	邓云清
66	石门县金鑫石膏制品厂	夹山镇	文进龙
67	湖南壶瓶山茶业有限公司	易家渡镇	邹应琼
68	石门县红岩板材有限公司	易家渡镇	苏宏爱

序号	单位详细名称	所属乡镇区、街道	法定代表人(单位负责人)
69	石门县祥顺环保建材科技有限公司	易家渡镇	王强
70	石门楚韵茶叶有限公司	永兴街道	马杰
71	石门县东城区芦垭煤矿	易家渡镇	徐中华
72	湖南省石门玉叶化肥股份有限公司	新关镇	毛祖海
73	葛洲坝石门特种水泥有限公司	新关镇	郭成洲
74	石门强力建材有限公司	新关镇	邓文全
75	石门磷和化工有限公司	新关镇	覃业爱
76	湖南石门新关水泥建材有限公司	新关镇	向新华
77	石门裕丰化工有限公司	新关镇	邢修平
78	石门海螺水泥有限责任公司	宝峰街道	何广元
79	石门县勇越电子有限公司	皂市镇	李天勇
80	湖南博源水电开发有限责任公司	皂市镇	陈国栋
81	湖南天下康生物科技有限公司	宝峰街道	高居广
82	石门县中亚钢结构制造有限公司	宝峰街道	林琼
83	石门天顺茶业有限公司	宝峰街道	尹南权
84	湖南常德九品福绿色食品有限公司	宝峰街道	周自胜
85	石门敦成农产品有限公司	宝峰街道	郑慧珠
86	石门鸿源彩色包装有限公司	宝峰街道	朱琼茨
87	石门宜仁堂中药饮片有限责任公司	宝峰街道	程立东
88	石门县达韵电子有限公司	宝峰街道	李久全
89	石门红太阳生物科技有限公司	宝峰街道	吴勇
90	石门县合众包装材料有限公司	宝峰街道	覃业明
91	湖南嘉晨服装有限公司	宝峰街道	宋定军
92	石门成功高分子材料制造有限公司	宝峰街道	唐秋明
93	石门县鸿科建材有限公司	宝峰街道	王海军
94	湖南湘佳牧业股份有限公司	宝峰街道	喻自文
95	石门县中天矿业有限责任公司	宝峰街道	廖宗台
96	石门莱士单采血浆站有限公司	宝峰街道	唐建
97	湖南安德丰新能源科技有限公司	宝峰街道	郑科
98	石门县泉顺纺织有限责任公司	宝峰街道	李洪宣
99	石门县都得利食品有限公司	二都街道	侯延齐
100	湖南盛节节高食品股份有限公司	二都街道	李建明
101	石门山寨旺苦荞麦食品有限责任公司	二都街道	王久金
102	湖南原谷酒业有限公司	二都街道	杨红荣
103	石门大臣食品开发有限公司	二都街道	李子林

序号	单位详细名称	所属乡镇区、街道	法定代表人(单位负责人)
104	石门县顺超科技发展有限公司	宝峰街道	韩勤
105	湖南奥斯石墨有限公司	宝峰街道	刘加平
106	湖南三江电力有限责任公司	宝峰街道	朱宏
107	石门恒忠新材料有限公司	宝峰街道	许志明
108	兆恒威勒(石门)钨业有限公司	宝峰街道	顾进跃
109	石门楚晶新材料有限责任公司	宝峰街道	胡顺虎
110	石门兴喜建材有限责任公司	宝峰街道	覃小桓
111	石门县耀能矿业有限责任公司	宝峰街道	杨世珍
112	石门金航硅砂有限公司	宝峰街道	贺碧波
113	石门县中美矽砂矿	宝峰街道	吕郑
114	石门县三利硅砂有限公司	宝峰街道	易乔木
115	石门野源马头山羊开发有限公司	二都街道	陈明媚
116	石门县红开建材有限公司	二都街道	魏红开
117	石门新河矿业有限公司	新铺乡	孙邦顺
118	石门永兴矿业有限责任公司	新铺乡	陈德华
119	石门吉鑫矿业有限公司	三圣乡	马传清
120	石门县奇峰矿业有限公司	楚江街道	卢顺成
121	石门张家渡水电有限公司	所街乡	鲁礼孝
122	石门安溪茶业有限责任公司	罗坪乡	熊哲怀
123	石门县东山峰云雾茶厂	东山峰农场	胡加武

（县科技工信局）

农业·水利

农业农村工作

【概况】2017 年，全县完成农林牧渔业总产值 68.37 亿元，同比增长 4.4%；农村居民人均可支配收入 10561 元，增长 10.1%。柑橘产值 11 亿元，茶叶产值 5 亿元，养殖业综合产值 31.5 亿元。农村水、电、路等建设，完成 146 个村电网改造和 186 个村安饮提质；完成大中型沟渠清淤疏浚 27.6 千米，整修渠道 655 千米；31 个村的五小水利建设全面完工；新建农村公路 709 千米；建设高标准农田 3.6 万亩。新建省级美丽乡村示范村 2 个、市级美丽乡村示范村 10 个。深化农村“三权分置”改革，加快农村土地流转，全县流转经营土地面积 26.76 万亩，占耕地总面积的 40.1%。全面推进农村集体产权制度改革试点。围绕实现“一超过、两不愁、三保障”目标，全力推进精准扶贫、精准脱贫，实现 121 个村、24428 户、77155 人脱贫，贫困发生率降低至 0.9%，错退率、漏评率为零，群众认可度达到 98%，各项指标达到贫困县退出标准。新增“三品一标”认证 35 个，“石门柑橘”成为“湖南省十大农业区域公用品牌”，“石门柑橘”“石门银峰”成为“常德市首届十大农产品品牌”，“石门土鸡”获十五届中国国际农产品交易会金奖。2017 年，全县农业农村领域有脱贫攻坚、永久基本农田划定、林业宣传和生态文化建设工作、第三次岩溶地区石漠化监测工作、“林业站一站式全程代理服务”工作、养殖业工作、农村集体“三资”管理等工作评为全省先进；防汛抗旱、林业工作、农村土地确权颁证、畜牧兽医水产、畜禽水产品质量安全、动物防疫、渔政船检工作等 10 多项工作评为全市先进。并获得“全省粮食生产优秀县”“全国重点产茶县”“中国茶叶扶贫示范县”“湖南茶叶十强生态产茶县”“中国果业扶贫突出贡献奖”等系列荣誉。没有发生重大动植物疫情、森林火灾、农产品质量安全事故和群体性上访。

农产品加工和休闲农业。2017 年，全县农产品加工和休闲农业实现营业收入 141.57 亿元，同比增长 11%，实现利润 14.34 亿元。休闲农庄共接待游客 51.4 万人次，营业收入 12544 万元，同比增长 20%。搭建电子商务县级平台，益农电子商务公司入驻电商产业园，建立农产品展示中心，展示农产品 20 余种，上线销售的农产品 10 多种。

农产品质量安全监管。2017 年，县财政安排农业执法、农产品质量安全监管和蔬菜质量监管资金等 22 万元。县人大常委会专门发文要求县人民政府在 2017 年部分预算调整时要求每年安排 20 万元资金用于农产品质量检测。县财政局对村（居）食品安全协管员的工作经费按照 2000 元 / 人的标准在每年的村级转移支付包干经费中专项明确。乡镇监管站新招考 9 名工作人员，全县乡镇农产品质量安全监督员达 76 名。实行柑橘大实蝇统防统治，全县柑橘大实蝇统防统治面积达 6 万多亩，主产区柑橘大实蝇防治处置率 95%以上，绿色防控技术应用面积达 90%以上。蔬菜农残检测合格率 100%，未发生蔬菜农药中毒事件。

农民教育培训活动。2017 年，完成 2016 年县新型职业农民培训政府补贴公示及第二批培训资金的拨付。召开两次新型职业农民培育工作会议，安排新型职业农民培育扶持政策落实情况调研，进行 2017 年新型职业农民培育信息管理系统实训。在全县农业农村工作会议上对认定的 39 名高、中级新型职业农民给予表彰。

美丽乡村建设工程。2017 年，按照市政府要求开展“百村示范”建设，全县确定了 2017—2019 年市级美丽乡村示范村 13 个，2017 年省级美丽乡村示范创建村 2 个（其中三圣乡山羊冲村为省、市级双重任务村）。县委、县政府下发《2017—2019 年美丽乡村示范村及示范村联点县级领导和后盾单位安排方案》，为每个示范村安排一名县委常委和县人大常委会、县政协主要负责人、县政府分管农业副县长作为联点帮扶领导，每个村安排 4 个县直部门作为后盾单位进行帮扶，各示范村由牵头单位明确一名分管领导和一名驻村工作队员。所有示范村的工作规划都分年度进行制定。2017 年，全县 10 个市级美丽乡村示范村建设任务全面完成。

农村环境卫生整治。全县所有集镇街道都配有保洁员。实行一日一扫，垃圾池垃圾 1～2 天一清运，散落垃圾减少，杜绝了陈年垃圾。建筑工地大多有围挡，减少了施工对集镇的污染。分区域采取两种垃圾处理模式；实施石门县海螺水泥协同处理生活垃圾项目，集中处理白云以下乡镇生活垃圾，各集镇逐步配齐相应的垃圾压缩站；白云以上乡镇推介“分类减量、规范处理”垃圾不出户的环境卫生村民自治管理模式，减少垃圾处理费用。全县大小水库全部解除养殖承包合同，上游禁养区养殖场逐步搬迁退场，河道水库水质逐步提升。

农作物秸秆禁烧工作。全县将秸秆禁烧工作纳入农村环境卫生整治检查内容，2017年，全县派出7个督察组，对27个乡镇街道秸秆禁烧工作进行全面督查，2名副县长深入乡镇对禁烧工作进行督查。全县秸秆焚烧得到有效遏制。

（县农业局）

【农村垃圾点整改通过市级验收】 2017年11月11日，石门县15个农村垃圾点整改通过市级验收，成为全市第一个通过市级检查验收的县。全县农村垃圾整改工作共投入资金150万元，清运8个点的存量垃圾，建成7个容量为35立方米的渗滤液废水处理池，整改完成率100%。县委、县政府对中央环保督察反馈的乡镇垃圾简易填埋问题高度重视，反馈意见下达后，县长郭碧勋9月30日约谈了2家县直单位及12个乡镇（街道、区场）主要负责人，交办整改清单，明确要求消化存量垃圾，严控新增垃圾，15个农村垃圾简易填埋点11月30日前必须整改到位，否则一律追责问责。10月1日至2日，分管副县长谭本军带队，县环保、农业、城管等部门负责人参加，对15个乡镇简易垃圾填埋点逐一现场踏勘，当场交办整改方案，要求迅速整改，各相关单位负责人节假日不休息全力推进整治工程实施。覆盖所有乡镇的垃圾中转站建成并将垃圾清运至海螺水泥协同焚烧处理，做到日清日运、乡镇垃圾零增量。

（杜　娟）

【许爱国被评为“全国科技助力精准扶贫工作先进个人”】 由中国科协、农业部、国务院扶贫办联合组织开展的2017年度全国科技助力精准扶贫工作考核评估工作中，县农业局高级农艺师许爱国被评选为“全国科技助力精准扶贫工作先进个人”。许爱国发挥所学专长，行走在茶园茶厂、田间地头，积极开展调查研究，走访慰问贫困户。根据贫困乡镇、村的实际情况，制定茶叶产业精准扶贫方案，实施科技培训与技术推广。2017年，他采取集中培训、现场指导和广播等形式，深入全县13个乡镇的89个茶叶产业扶贫村，开展技术培训　71期，参训人员1万多人次，发放各种培训技术资料2万余份。在他精准扶贫联系的南北镇薛家村、清官渡村、潘坪村，积极推广无性系茶树良种茶园1100亩，人均达到1亩茶园，增强了扶贫茶叶产业的发展后劲；积极推广茶园病虫害绿色防控和茶园测土配方施肥技术，大力推广茶园“双减”行动，保护茶园生态环境，提升产品的质量安全，推广太阳能杀虫灯135盏，悬挂诱蛾色板3万张，推广使用有机肥500多吨，降低了茶叶产品的农药残留，保证了产品的质量安全，扩大了产品销售市场，提高了产业整体效益；积极开展茶厂提质升级改造，改造升级清洁化茶叶加工厂3家，大大提高了茶叶清洁化加工能力和技术水平，提升了产品质量；积极开展成果转化，推广有机茶生产技术，开展有机茶转换2000多亩；积极参与科普推广和决策咨询活动，提高茶农的科普意识和科技兴茶素质，与茶农、茶叶合作社成员、档立卡贫困户等，建立微信群、QQ群，利用网络平台，开展科技咨询和经验交流。据统计，2017年，许爱国精准扶贫指导的南北镇薛家村、清官渡村、潘坪村新增茶叶农业产值500万元，人均增收3300元，602户建档立卡贫困人口全部脱贫，实现了以茶叶产业脱贫的目标。

（夏望胜）

【张斌欣获“全国最美农技员”称号】 2017年5月，农业部组织全国范围内开展寻找“全国最美农技员”活动，活动开展，是为了宣传基层农技人员不畏艰苦、扎根农村、为农服务的高尚品德，展示他们务实重干、开拓创新的精神风貌，为农技推广事业发展营造良好的社会氛围。经基层单位遴选推荐、省部两级专家审定推选、县省部三级公示等程序，从全国50多万名基层农技人员中寻找出100名品德高尚、业绩突出、农民满意的“最美农技员”。2017年11月，据农业部关于“寻找最美农技员活动”结果通报，石门县农技推广人员张斌欣荣获“全国最美农技员”称号，是常德市唯一获此殊荣的农技推广工作者。

张斌欣1982年从事农技推广事业以来，一干就是35年。从一个普通农技员成长为农艺师、站长，先后获县政府6次嘉奖，被县委、县政府授予“优秀共产党员”“服务社会主义新农村建设优秀专家”“十佳为民服务先进个人”“科技兴农先进个人”等称号，并连续9年被授予“粮油生产先进个人”，还先后获得湖南省农业丰收一等奖1项、二等奖1项，常德市农业丰收二等奖1项、三等奖2项。张斌欣任站长后，蒙泉镇农技站于2014年4月获“湖南省五星级农技站”，2015年被评为“全国五星农技推广服务机构”。

（李东波）

【石门入选“全国电子商务进农村综合示范县”】 2017年8月24日，2017年“全国电子商务进农村综合示范县”名单揭晓，石门县榜上有名，湖南省共有18个县（市）入选，石门县是常德市唯一入选的县（市）。为贯彻落实2017年中央1号文件、《中共中央国务院关于打赢脱贫攻坚战的决定》（中发〔2015〕34号）和《国务院办公厅关于促进农村电子商务加快发展的指导意见》（国办发〔2015〕78号）等文件精神，进一步推动农村电子商务加快发展，财政部、商务部、农业部、国务院扶贫办等部门开展了“2017年电子商务进农村综合示范”工作。经过竞争性选择，确定了260个示范县，其中国家级贫困县237个，占总数的91.2%，重点贫困和欠发达革命老区县23个，占总数的8.8%。

为建设发展全县电子商务，成立石

门县农村电商建设发展工作领导小组,县财政每年安排专项资金1000万元用于扶持县农村电子商务发展,与"一亩田、阿里巴巴、京东、苏宁易购、淘宝、中国惠农网、湖南村村通、尚一网"等电商平台开展战略合作,主动延伸服务,结合市场行情指导建立电商创业项目库,构建统一供货平台,形成"抱团发展"格局,帮助众多初始创业者选择适合自己的创业项目,建立起"盟友帮带"关系,通过结对子、老店带新店的方式,让初创者迅速转换角色、少走弯路。举办农村电子商务方面相关知识培训活动,培训村级信息操作员和村干部3000人次。截至年底,全县农村电商服务站点700家,实现了全覆盖,农产品电商达到400家,电子商务从业人员5000人,带动就业4万人。据统计,2016年全县发展网商网店1125家,农村电子商务交易额超过4亿元,其中,被认定为"湖南省电子商务示范企业"的湖南湘佳牧业股份有限公司,年实现网上销售收入2亿元;被认定为"湖南省电子商务企业"的湖南天下康生物科技有限公司,在政府引导下,成立湖南天下康电子商务公司,第一次以"政府主导、企业主体"的模式,依托"聚划算周末淘"组织"石门柑橘"主题促销活动,集中对石门柑橘、石门茶叶、大蒜油、茶油等石门本地特色品牌产品进行推广与宣传,全年网上销售额3000万元;集中展示石门县农产品的线上平台——淘宝网"特色中国·石门馆",专门推销石门农产品的天猫、京东等6大电商平台顾客盈门。农业信息化发展和农村电商的普及,打通了"工业品下乡、农产品进城"的电商时代双向流通商贸体系,为石门农民增益增收、创业就业、农产品电商换市、农业产业转型升级提供了积极有效的服务。

(贺　勇)

【中国农批公司到石门考察投资项目】2017年10月19日上午,中国供销农产品批发市场控股有限公司来石门县考察洽谈农产品批发市场建设项目,并在县政府5楼会议室召开项目投资考察洽谈座谈会。县委副书记、县长郭碧勋会见了中国农批公司考察团一行,县领导周功表、刘颖、薛杰、车立平、谭本军参加。在考察洽谈会上,双方观看了宣传片,就相关情况作整体介绍与说明,对项目开发模式、建设规模、发展前景进行充分对接洽谈,对规划用地、意向选址和优惠政策作了深入探讨和交流。

中国农批公司副总经理蔡琳琳表示,石门城乡规划起点高、发展环境好、农产品资源丰富,对项目拟落户石门信心很足,对项目的辐射和带动作用非常看好,希望双方深入对接、深化合作,加快推进项目落地生根。郭碧勋表示,石门县农产品品类多、产量大、质量好,区位优势、交通优势独特,该项目落户石门的发展前景广阔,并看好央企与供销总社的品牌实力、管理优势,希望双方增强互信,无缝对接,建立战略合作关系,争取项目尽早签约落地、开工建设,石门县将全方位提供环境、投资、政策保障。会后,与会双方前往意向选址地点实地进行现场考察。

(龙力荣)

现代农业投资开发

【概况】2017年,石门县现代农业投资开发有限公司(简称县农投公司)坚持"引领产业发展、建设现代农业"目标,围绕产业扶贫,积极开展金融、光伏、小水电扶贫,扶持香猪、茶叶、岩蛙产业发展,全年融资2.12亿,投资1.46亿。

金融扶贫。根据"四跟四走"的原则,公司作为金融扶贫指挥部成员单位,积极履职参与金融扶贫,全年受贫困农户委托经营资金6138万元,完成分贷统还帮扶7326户,共分红658万元,为全县脱贫攻坚打下扎实基础。保障重点扶贫项目资金,参与制订村级光伏电站管理办法,兜底协助融资,保障全县61个乡村光伏电站的顺利建设,夯实乡村集体经济基础;积极申报小水电产业扶贫项目,白沙渡水电站扶贫资金到位2000万元。扎实开展帮扶点村工作,组织干部11人,进村入户走访6次,结对帮扶41人,开展微心愿、慰问老党员、留守老人、教育帮扶、中秋慰问等活动,深入贫困户家中,进行政策宣讲、心理引导、结对帮扶。

产业扶贫。①引外力。引入湘投集团增资公司1亿元,扶持全县茶叶、香猪、岩蛙产业发展;11月初,成立省农担石门办事处,与县农投合署办公,为全县"三农"解决融资难、融资贵问题,为产业发展新引擎,为11个种植大户、合作社提供1000万元担保贷款。②突重点,扶持特色产业。投资250万元,与白云山林场、县文旅投公司共同组建石门白云茶业公司,着力提升全县有机茶叶基地面积、茶叶深加工能力、茶产业效益和茶农收入;与石门白云茶业公司、县文旅投公司共同组建罗坪茶业公司,着力推动罗坪乡茶产业发展;投资1000万元入股石门汉唐公司,正在进行二期繁育基地建设,项目完工后,可年产仔猪10万头以上;投资1000万元,建设薛家岩蛙养殖基地。③做谋划,对接产业政策。围绕"产业是百姓脱贫的根本之计"思路,结合全县资源优势,对接科研院校,编制茶叶、柑橘、岩蛙、茶香猪、中草药等7个产业发展规划、7个实施方案;经市经信委推荐,对接北京云谷科技,围绕全县茶叶、柑橘产业打造现代农业特色产业园、产业集群及特色小镇达成合作意向,拟定战略合作框架协议、实施方案。

改革创新。2017年,县农投公司围绕农业供给侧改革,积极探索政府融资平台转型升级,通过提升法人治理、投融资能力,强化项目储备,提升可持续发展能力。按照县委县政府的统一部署,协助完成集团公司的登记注册,以及五家子公司的工商变更登记;健全集团法人治理结构;完成与集团公司合署办公;完成双红水库、蒙泉水库等资产清理、确权、办证、评估、入账,公司账面资产增加49亿元,提升了融资能力;增加项目储备,积极研判国家、省市扶持政策,对接职能部门,申报山羊冲田园综合体项目;编制石门县道水河蒙泉段及青峰煤矿源头污水治理项目实施方案，取得发改立项及行政批复;编制农村环境整治实施方案、特色产业园项目建议书;启动(秀坪、蒙泉、夹山)国家农业公园项目策划编制。

(县农投公司)

现代农业示范区建设

【概况】2017年,围绕现代农业核心区建设,全县整合国土整治资金3000万元,整合产粮大县、产油大县、标准粮田建设、移民后扶、一事一议等各类项目资金5000万元，基本完成区域内港沟治理,良田改造,机耕道建设,沟渠整治与新建,排灌设施等各项基础设施建设。

示范区新型经营主体。核心示范区内共发展农民专业合作社7家，家庭农场6家,休闲山庄3家。新经营主体流转土地7000余亩，参与流转农户3000余户,基本涵盖示范区内柑橘、粮油、蔬菜等主导产业,为农业的规模化、机械化、设施化、现代化、标准化发展创造了条件和基础。2017年,区域内95%的传统农业实现机械化,发展设施农业2500亩。

特色高效农业产业。按照整体规划,突出重点,调整结构,分步实施的原则,发展特色高效农业产业。开展柑橘低产园改造工程,建设标准果园15000亩,出境柑橘基地3000亩,引进伦晚、春柑延季新品种2000亩。开发丘陵荒山,发展纸壳核桃1500亩。调整产业结构,减少种棉面积约3000亩，发展高效特色农业。现代农业核心示范区发展草莓300亩、红提1000亩、大棚蔬菜1500亩、连栋设施大棚40000平方米，特色水果200亩,主要为红心猕猴桃、早熟李、梨、合欢果等。

示范区美丽乡村建设。二都乡核心区内连片的南峰、卫星、土山、牌楼均开展美丽乡村示范建设。投入美丽乡村建设资金4000余万元，实现道路硬化、亮化、绿化,环境卫生整治与创建,观光休闲农业与乡村旅游开发,依托城郊优势、夹山寺AAAA级景区创建,与现代农业示范区与美丽乡村建设有机结合，综合有序发展。

现代农业示范区建设效益。乡村基础建设得到快速发展，卫生环境得到改善。大量的土地流转，解放了农村劳动力,并向二、三产业转移,机械化、规模化经营减少农业成本投入,标准化、品牌化发展增加产业效益，特色设施农业的发展，探索出亩收入过万元的农业发展新路子。2017年,二都乡柑橘产业累计增收2000万元以上,粮油生产每亩减少成本100元以上,产量大幅增加。红提、草莓等设施农业每亩实现纯收入1.5万元以上，现代农业核心区域内农户人均增收达2000元以上。

(县农业局)

农业综合开发

【概况】2017年,全县农业综合开发贯彻落实党的十八大和县委经济工作会议精神，围绕建设社会主义新农村的目标和要求,以粮食安全、农业增效、农民增收、农村发展为目标,完善项目管理机制,不断创新工作思路,全面完成年度各项工作任务。

高标准农田建设项目。2016年度高标准农田建设项目完成情况。石门县2016年度农业综合开发高标准农田建设项目总投资4726万元,该项目工程主要位于新关镇、磨市镇境内,共建设高标准农田3.64万亩，新建拦河坝1座,衬砌渠道24.62千米，埋设管道2.44千米,新建小型蓄排水工程3座,扩建加固小型蓄排水工程58座，修建田间道路43.1千米,新建人行桥115座,机耕桥38座,排水及过路涵管4.6千米,新建农田防护林0.01万亩。该工程于2016年8月动工,2017年6月全面完成建设任务。2017年高标准农田建设项目情况。石门县所街乡磨市镇高标农田建设项目总投资2821万元,其中中央财政资金2015万元，省级财政资金806万元。项目范围在所街乡磨香坪村、迎驾垭村、寨坪村。项目区以农田水利建设和配套设施建设为主,修建拦河坝1座,衬砌渠道13.72千米，新建和扩建加固小型蓄排水工程11座。修建机耕路11.91千米,建农田林网0.01万亩。项目工程于9月启动,建设进展顺利。

产业化发展财政补助项目。2017年，产业化发展财政补助项目服务服从于全县脱贫攻坚大局，共扶持产业化项目18个,财政资金总额350万元,全部安排在有脱贫攻坚任务的点村，补齐了贫困村项目加工短板,完善了产业链条,使点村有自我发展的后劲。

项目建设施工现场管理。通过在项目区组建工程建设指挥部，狠抓工程建设施工现场管理,形成县农开办、监理公司、项目乡镇和村组干部 “四位一体”的质量监督网络，不断打造出农开项目建设新品牌。严格执行施工现场日调度、周讲评、旬小结、月研究制度,即对施工现场每天劳力上岗情况、原材料到场情况进行每天一调度；对工程质量的好与坏、进度的快与慢进行每周开一次全体施工技术人员、项目经理会议,现场交流与讲评;半个月对工程进行一次小结;一个月对工程进行一次研究，对整个施工环节进行有效控制。从组织管理、程序管理、质量管理、进度管理、计量管理、安全管理、施工企业考核管理等方面着手进行规范,每一环节都有明确的规定,可操作性强,覆盖施工管理的每一个细节。

项目与资金管理。认真执行《湖南省农业综合开发财政资金报账规程》,严格“三专管理”、严管重控资,资金管理规范高效。开展“一站式”报账服务,在规定的时间内办理工程资金结算，农发项目资金报账程序更加规范。严格项目招投标制度。为择优挑选施工队伍,体现“公开、公正、公平”的原则,达到降低工程造价的目的，在年度投资计划和资金文件下达后，对所有的工程均先进行财政投资评审，然后根据评审结果进行严格的招投标。通过认真制定招投标方案,严格履行招投标程序,降低人为控制因素,确保每一个环节都按规范程序运作。严格执行工程监理制。在施工过程中,聘请有资质的中介监理公司进行现场监理,树立监理权威,严格规范监理工作程序,加大对项目建设进度和工程质量、投资的控制力度,从而对整个施工环节进行有效监控,保证了工程质量和进度。严格执行造价审计制。在项目工程款最终支付前,将所有竣工工程结算交由县审计部门进行严格审计,确保工程量计算准确、单价确定合理、取费符合规定。

精准扶贫。全年安排危改户12户(其中易地搬迁3户),全面完成建设和入住,贫困户迁入新居。修建村级主干公路5.6千米,完善杨家山片安饮工程,对村部广场进行改造。积极配合全县精准扶贫工作,参与扶贫整合项目资金1271万元。

(县农开办)

农牧渔业产业化公司简介

【湖南石门湘佳牧业股份有限公司】湖南石门湘佳牧业股份有限公司(简称湘佳牧业)是国家级农业产业化龙头企业,是石门县实施精准扶贫的重要帮扶企业之一,全国就业扶贫基地。湘佳牧业位于石门县经济开发区,现有注册资金7625万元,总资产7.72亿元,员工4000余人,合作农户2000多户,采用“公司+农户+农贸市场”“公司+基地+(超市)直营”“公司+基地+生鲜电商”多重经营模式,向消费者提供各类优质家禽5000万羽,拥有“湘佳”牌中国驰名商标、国家地理标志保护产品“石门土鸡”等品牌,依托中国工程院农业生物技术国家重点实验室建立了企业院士工作站。2014年9月,湘佳牧业正式挂牌新三板,成为常德市首家新三板挂牌企业。截至2017年,湘佳生鲜鸡鸭产品已进驻湖南、北京、上海、广东、杭州、福州等18省市城市的 2000多家超市门店。2017年实现销售收入11.54亿元,净利润6007万元。

【石门盛旺达猪场】石门盛旺达种猪场位于石门县蒙泉镇白洋湖居委会,是全国生猪标准化示范场和生猪联合育种场及湖南省生猪原种场和生猪肉品主要出口基地。该场采用先进的科学养殖理念和大康牧业饲养模式,常年存栏原种和良种种猪3080头,年出栏种猪和商品小猪6万头,产值1.2亿元。

【石门汉唐生态农业有限公司】石门汉唐生态农业有限公司成立于2015年,是一家专业从事农业产业化发展,集种植业、养殖业、加工、销售、乡村观光旅游为一体的高新技术综合性民营企业,公司采用“种养循环”的现代生态有机农业生产模式,大力发展“公司+基地+合作社+农户”的运营模式,通过“五统一分散”带动香猪养殖。2017年,石门县三圣乡山水湾一期种繁场种猪规模600头,年出栏仔猪10000余头,产值达到1000多万元,带动农户100多户。

【石门皂市渔业有限公司】石门皂市渔业有限公司位于石门县皂市水库,是大湖水殖股份有限公司的子公司,租赁皂市水库,逐年投放青、草、鲢、鳙、鳊、鲴、青翘、红翘、青鲫、鳜鱼等10多种大规格鱼种,采取人放天养,不投饵、不施肥、不施药的自然生态方式发展水产健康养殖。2017年皂市水库出水鲜鱼4300吨,实现渔业产值4180万元。

【石门县水产良种场】石门县水产良种场位于维新镇水碾溪村,总面积652亩,其中养殖水面500亩,有标准化鱼苗鱼种池8个,鱼池面积150亩,孵化设施齐全。该场以水碾溪水库为种苗生产水源,水库面积350亩,常年蓄水在100万立米以上,库周无污染源,水质清新优良。2017年良种升级改造,改造完成后可产鱼苗1亿尾以上。

(县畜牧兽医水产局)

种植业

【概况】粮油。2017年,全县落实粮食播种面积95.06万亩,完成油菜种植面积39.6万亩,开展水稻、油菜、玉米、马铃薯高产示范工作,示范带动作用明显,石门县获“2017年全省粮食生产优秀县”称号。现有粮油家庭农场128家,水稻专业合作社18家。

柑橘。2017年,全县柑橘种植面积44万亩,柑橘总产达35万吨,鲜果产值达到9.13亿元,综合产值11.33亿元。新扩橘园超过1.3万亩,其中新扩纽荷尔脐橙面积8000余亩;伦晚、春见、大汾四号、沃柑等新品种新扩5000亩以上,石门县被农业部确定为柑橘有机肥替代化肥示范县。柑橘产业现有农民合作社129家,家庭农场11家。

茶叶。2017年,全县共产干茶2.05万吨,产值5.08亿元,分别增长3.63%、增值16%。其中名优茶产量1986吨,增长11.4%;产值2.62亿元,增长11.6%。新增0.7万亩茶园,良种化率达100%,改造老茶园(树)2500亩。有茶叶产业农民合作社92家,家庭农场7家。石门县被授予“2017年度全国重点产茶县”、湖南茶叶“十强生态产茶县”荣誉称号。

蔬菜。2017年,全县播种蔬菜面积13.46万亩,同比增长4.3%;鲜菜总产量达3.03亿公斤,同比增长4.9%;年产值4.11亿元,增加4.4%。蔬菜农药残留合格率达99.9%,新增设施面积100亩,新建吊瓜基地1000亩、新增高山辣椒面积600亩;完成无公害产地认定500亩,产品认证1个。有家庭农场3家。

烟叶。2017年,全县落实烟叶种植面积1.6万亩,收购烟叶3.4万担,产值5070万元。对全县烟叶烤房、烤制设备、烘烤仪器仪表等进行提质改造。有烟叶产业农民合作社13家,家庭农场2家。

(县农业局)

【石门茶业组团参加潇湘春茶联动

大促销】2017年3月26日，县农业局、县茶叶办组织壶瓶山茶业、渫峰名茶、楚韵茶业、安溪茶业公司等9家茶叶企业，与湖南省茶叶协会副会长、大湘西茶叶促进会副会长简佰华带领的湖南省潇湘茶网电子商务公司签订了“石门银峰”大湘西潇湘春茶联动大促销的合同，实行“无限量、优质优价”原则，敞开收购，促进全县春茶生产和销售。湖南省潇湘茶网电子商务公司是由湖南省发改委和大湘西茶叶促进会重点支持的茶叶电子商务龙头企业，营销网络遍及60多个国家和地区，公司不仅建立300多家自营店，还与同内外1000多家实体店形成紧密合作。该次合同的签订，意味着“石门银峰”将通过省级电商营销平台潇湘茶网，源源不断地走向国际国内市场，既为石门茶企和茶农带去福音，也将推进石门茶业营销转型升级，促进石门茶产业持续发展。

（谢　艳、葛世珍、龚仕斌）

【全县柑橘病虫防控工作会议】2017年5月17日，全县柑橘病虫防控工作会议在兰园茶源厅召开。会议要求，柑橘病虫防控要做到全面无死角，精准无漏点，科学无误差，衔接无间断，确实减少虫害，确保石门县柑橘安全可持续发展。县领导覃惠敏、漆渫颖参加。柑橘病虫防控要求：全县柑橘主产区柑橘病虫防治处置率要达到90%以上，绿色防控技术应用面积达到90%以上，危害损失率控制在3%以内，确保柑橘病虫害范围不扩散蔓延。各单位各部门要严格按照病虫方法和步骤实施防控。分阶段：5月至6月，进行病虫监测，开展虫情会商，为虫害防控提供依据；6月至8月，采用球形诱捕器、喷药进行成虫诱杀控防；9月至12月，要采用捡拾虫果、处理虫果等方式实施虫落果处理；柑橘销售完毕后，所有柑橘园要进行清园处理，全面清除橘园内残次腐烂果和病虫果，所有柑橘加工企业要进行定时清理，集中处理。

（王章建）

【石门县被评为“中国茶业扶贫示范县”】2017年10月26日，在云南召开的第十三届中国茶业经济年会上，石门县被中国茶叶流通协会评为“2017年中国茶业扶贫示范县”称号。茶叶是石门山区集生态、经济功能于一体的优势产业，县委、县政府坚持“生态立县、茶叶富民”的发展思路，大力发展有机茶，出台茶叶产业投资优惠政策，鼓励农民退耕还林、荒山种茶，通过产业培育、企业带动、茶旅融合，让茶产业在脱贫攻坚中挑大梁、唱大戏，一片小小的茶叶，承载起山区群众脱贫致富的“大梦想”。县有关部门为了导贫困户发展茶产业，按照茶农需求，组织技术力量，通过“田间课堂”、开展集中培训、外出考察学习，为茶农免费提供优质茶苗和优质服务。同时，积极探索“茶产业＋旅游”融合发展之路，引导建设高标准茶园和休闲娱乐设施，依托一年一度的茶文化节着力推进夹山禅茶生态园、白云山国家级生态茶场、雁池乡西山垭有机茶园、罗坪乡长梯隘红石林茶园“四条精品茶旅线路”建设，打造融采茶、制茶、品茶、购茶、餐饮、休闲为一体的茶园生态旅游精品景区，为山区群众脱贫致富开辟了新天地。

（贺　勇）

【“石门柑橘”获评“2017年湖南省十大农业区域公用品牌”】2017年，经广大消费者和水果经销商推荐，县、市有关部门组织申报，湖南省农业委员会等单位组织资料审核、专家评审、网络微信投票、公示等程序，湖南省十大农业区域公用品牌结果发布，“石门柑橘”获评“2017年湖南省十大农业区域公用品牌”。

全县种植柑橘面积44万亩，年产量35万吨，综合产值11.33亿元，柑橘产品远销加拿大、俄罗斯、欧盟、中东、东南亚、港澳等19个国家和地区，出口占湖南省的80%以上。“石门柑橘”久负盛名，为中华名果，先后荣获“中国柑橘之乡”“中国早熟蜜橘第一县”“全国农业标准化（柑橘种植）优秀示范区”“全国柑橘标准化示范区”“全国园艺产品（柑橘）出口示范区”“全国柑橘优势农产品区域重点县”等称号。

（编辑部）

【推广高寒山区烟菜轮作】2017年，县农业部门在南北镇试点烟田种植白菜苔等蔬菜面积1000余亩，亩产2000千克左右，覆盖南镇、黑土岩、雅吉、大城、清官渡等村居，涉及农户100多户，每户年增收约1万元，实现了农业增效、农民增收。为促进农民持续稳定增收，县农业部门和乡镇党委政府立足于产业扶贫的目标定位，大力调整农业产业结构，发展高效农业，经过统一部署、层层发动，引入烟菜轮作制，在海拔600米以上的高寒山区南北镇等地的烟田空闲期试点种植白菜苔等蔬菜，既合理利用资源，不误农时，又增加收益，成效明显，增强了农户发展特色种植的信心和决心。

（贺　勇）

【举办水稻品种跟踪评价现场观摩会】2017年8月22日，县农业局组织了水稻品种跟踪评价现场观摩会。全县农业专家、技术员、专业合作社负责人、营销商、种粮大户、村组干部、农户代表共50多人参加。观摩会现场，与会人员考察了石门县水稻原种场、夹山镇三板桥、阳坪居委会，二都街道办事处城市居委会、南台村水稻种植现场的30多个水稻品种，通过现场观摩、走访调查、专家介绍，对品种特征特性特别是抗高温性能有了充分的了解，为他们选购优良品种、规避特殊（高温）天气灾害、加快主导品种推广，减少营销中间环节，方便专业合作社、种粮大户、农民选种并降低购种成本，为良种使用者得实惠搭建了一个很好的平台，取得良好的社会和经济效益。

县农业局重视农作物品种展示与跟踪评价跟踪工作，在“中央粮食适度规模经营补助资金”中列支安排30万元资金用于该项工作，通过品种展示、示范定点调查、走访调查、专家调查，在作物生长发育关键时期或异常气候发生时段，对系统调查点及农作物重点区域实地考察品种表现，广泛听取农业专业合作社、种植大户、农户等各方面的意见建议，推荐优良品种，发现大田生产上存在重大缺陷的品种，充分发挥良种对推进农业供给侧结构性改革和发展精细农业的关键作用，推进了新一轮农作物品种更新换代，为石门县主要农作物的用种安全和农业安全提供了有力支撑和保障。

(县农业局)

【石门县茶叶产业建设盘点】2017年,全县茶叶产业发展取得丰硕成果。主要成效:①产业大发展。茶园面积发展到16.8万亩,新增9000亩良种茶园,改造老茶园2500亩，新增市级龙头企业1家，高新技术企业（天下康生物科技)1家;②市场大拓展。“五一”在长沙黄兴广场举办了“请喝一碗石门茶”第十五届茶文化活动,组织20家企业进行一周茶叶销售。同时,高桥茶叶市场抱团建设“石门银峰一条街”,打造“潇湘·石门银峰”公共品牌。其他17家授权“石门银峰”企业分别在省内株洲、湘潭和省外建立50多家直销店(窗);③效益大提升。统计全年干茶产量20800吨，茶农鲜叶收入5.2亿元，茶旅综合产值10.5亿元,茶叶出口首次突破5000吨;④助力扶贫攻坚。2017年全县10个乡镇3个茶(林)场,通过茶产业脱贫茶农1622户3130人。

获奖情况:石门县2017年被中国茶叶流通协会评为全国茶业扶贫示范县;湖南省农委、省发改委授予石门县十大生态产茶县荣誉；全省首届手工制茶大赛在石门县白云山林场举办，石门选手冷建国获得第一名、徐洋洋获得第五名;白云山林场获评全国三十座最美茶园、湖南茶叶“十佳茶旅景区”,“白云银毫”获2017年中茶杯一等奖;石门渫峰名茶“石门银峰”分别获中茶杯特等奖、“潇湘杯”金奖、红茶一等奖、“渫峰”商标获湖南茶叶十佳放心品牌;湖南楚韵茶业“石门银峰”分别获中茶杯一等奖、“潇湘杯”特等奖;湖南禅茶一味公司“东山秀峰”获第九届湖南茶博会金奖。

(龚仕斌)

养　殖　业

【概况】2017年，全县养殖业突出现代化养殖,加强重大动物疫病防控、检疫和产品安全监管工作,养殖业稳中有升。全县全年出栏生猪83.23万头，同比增长2.3%；出栏牛2.81万头，同比增长1.4%；出栏羊34.54万只，同比减少3.2%；出笼禽2042.76万羽，同比减少2.3%;水产品1.67万吨,同比增长4%。实现养殖业总产值31.47亿元，同比增长3.8%。2017年度,全县在发展养殖业方面,获市级以上先进荣誉共8项。2017年,石门县被评为年度“全省养殖业工作目标管理先进县”;县畜牧兽医水产局被评为年度“全市畜牧水产工作红旗单位”;综合管理、畜禽水产品质量安全工作、动物防疫工作、渔政船检工作分别被评为全市单项工作先进单位；市精神文明建设指导委员会授予局综合技术服务中心“2017年度常德市文明窗口”称号;2018年1月31日,石门县被湖南省动物卫生监督监督所评为执法办案先进县。

国投与招商。2017年,县畜牧兽医水产局争取国家和上级投资项目27个,争取国家和上级投资资金2660.347万元,其中:洞庭湖生态经济区养殖污染治理资金252万元；生猪调出大县奖励资金360万元;能繁母猪、育肥猪保险及激励资金388.5万元；中央家禽保险资金817.5万；无害化处理资金112.067万元;大型水库养殖污染治理资金202.01万元;其他项目433.32万元。积极争取并纳入国家粪污综合利用项目，国家投入该项目总计4500万元,2018年实施,加速养殖业设施化、生态健康化水平。招商引资到位6000多万元。

生猪生产。生猪价格在低位运行,在每千克10～14元左右波动;猪饲料价格全年运行平稳,在每千克3.1～3.7元之间波动。推行生猪品种良种化、栏舍现代化、管理规范化、防疫制度化、粪污无害化的“五化”养殖技术。全县年末能繁母猪存栏4.65万头。

家禽养殖。受H7N9流感疫情影响，家禽销售价格下降，每千克6元上下徘徊,极限时低至每千克3.2元,养禽业受到冲击;鸡饲料价格运行平稳,在每千克3.4—3.9元之间。家禽养殖区域由县城以南逐渐向西北山区辐射发展,太平、子良、壶瓶山等乡镇利用天然草场放养“石门土鸡”养殖户不断增加。全县出笼“石门土鸡”110万只。全县有出栏3万羽以上养禽规模大户200多个。

牛羊产业。2017年,县域内全年牛、羊肉价格稳定，牛肉价格稳定在每千克70元左右，羊肉价每千克46～60元之间。牛羊养殖多分布在西北山区,大户以饲养肉牛肉羊为主,品种以湘西黄牛、马头山羊居多，饲养多为半放牧半圈养方式。全县存栏10头以上基础母牛大户180多户,全县有能繁母牛4.5多万头、能繁母羊21万只。

中蜂产业。全县四个规模化标准化蜜蜂养殖基地，共培育规模养蜂大户120个,拥有蜜蜂1.2万群。积极组织蜂农科学养蜂，请专家教授开展养蜂技术培训20期2000多人次;建立壶瓶山、太浮山2个中华蜜蜂种蜂场，现养有基本种蜂200余群。

水产生产。全县渔业放养水面10.7万亩，累计核发新水面养殖证54本,核准水域总面积8.8万亩，生产水产品1.7万吨。鱼产品以草鱼、鳙鱼、鲤鱼、鳊鱼、鲫鱼、鲢鱼等品种为主,鱼产品价格稳定,全年草鱼价格稳定在每千克15元左右,鳙鱼价格保持在每千克15元上下,鲤鱼价格在每千克14～17元之间波动。

污染治理。县、乡、大户层层签订养殖污染防治责任状,养殖污染防治被纳入全县农村环境卫生整治考核内容，制定了2017年规模养殖户治污与退养实施方案。完成禁养区退养任务,发放奖补资金800多万元。办结涉及蒙泉大康牧业、湘佳生物肥厂等6件环保督查交办件。

渔政管理。2017年,全县实施春冬两季禁渔,印发禁渔公告200份,发放宣传资料500余份,与68个专业渔民签订春冬季禁捕责任状。组织人工增殖放流鳙鱼、草鱼、鲤鱼、鳊鱼、青鱼等900万尾。组织人员多次在县内澧水、渫水重点河段开展渔业秩序整治行动，与公安部门开展联合执法12次，查处11起违法电鱼案,追究刑事责任9人,行政处罚8

人，有效遏制了非法捕捞现象。

特种养殖。全县大鲵养殖户增加到7个；巴马香猪、梅花鹿、长毛兔、肉兔、山鸡、肉鸽、竹鼠、蛇、蜈蚣、蜜蜂、棘胸蛙、黄鳝、鲟鱼等特种养殖户发展到50多个。

动物防疫检疫。全面落实重大动物疫病防控监管责任和措施，动物防疫工作纳入县乡村三级目标管理考核内容，县、乡、村、大户层层签订责任状，与规模养殖场（户）畜禽营销人员签定病死畜禽无害化处理承诺书和责任状500份。成功阻击禽流感，春秋两季集中防疫到位，免疫效果达标，加强疫病监测和流调，建立完善应急机制，全县没有出现重大动物疫情。开展防疫法律法规宣传，印发资料2万份、张贴标语450条、出动宣传车6天次。全面实行动物检疫电子出证，促进动物检疫工作规范化、制度化、信息化。2017年全县动物检疫电子出证6万多份。

安全生产。严格检疫监管，开展动物产地检疫推进年活动，严格落实各项检疫制度，全面开展动物防疫条件清理审核，继续推进全省检疫出证系统使用，实现检疫信息化管理。开展“瘦肉精”专项整治，抽样数量28000份，合格率100%；开展“兽用抗菌药专项整治行动”和“农资打假专项整治行动”，共检查兽药、饲料经营业主和规模场264家次，扣押不合格兽药货值6000余元，印发《兽药饲料安全使用知识汇编》600本，发放宣传资料3000份；开展水产养殖投入品专项整治，开展病死动物及其产品专项整治，杜绝出售病死畜禽的违法行为。加强定点屠宰管理，出动宣传车进行巡回流动宣传，提供案件线索2起，保证了肉品质量安全。

科技推广。结合实际，组织技术人员进村入户，请省畜牧研究所教授、党校专家讲课、指导，举办品改、防疫、养殖、疾病防治等技术培训班54期，参训1万多人次，印发资料2万多份。常年开展疫苗、动物标识、兽药、饲料、种苗、冻精、液氮等养殖物资供应服务，在全县培育养殖科技示范户110个。

品种改良。推广生猪、山羊、肉牛品种改良技术，全年投入品种改良资金30万元，免费提供液氮、冻精等技资服务，全县生产杂交牛1.5万余头；推广二元良种母猪1.7万余头，良种覆盖率达到68%；开展马头山羊保种1.5万余只。

（县畜牧兽医水产局）

湘佳食品产业园投产仪式

【湘佳食品产业园在石门县建成投产】2017年10月10日，湖南最大的生鲜家禽屠宰加工与冷链配送项目——湘佳食品产业园在石门县建成投产。市人大常委会副主任、县委书记谭本仲为石门县重点产业扶贫基地湘佳食品产业园现场授牌，省政协原副主席游碧竹宣布湘佳食品产业园正式投产。县委副书记邓碧波主持投产仪式，湘佳牧业董事长喻自文发表致辞。市畜牧兽医水产局局长谢朝君、工行常德市分行行长焦成军，县领导李金生、陈云谋、周功表、陈景华、车立平、韩翼飞、谭本军出席投产仪式。

石门县是湖南最大的家禽养殖基地县，年养殖规模5000多万羽。该项目由农业产业化国家重点龙头企业湖南湘佳牧业股份有限公司新建，建设面积160多亩，总投资3.5亿元，拥有两条国内最先进的现代化流水生产线，每天加工生鲜家禽10万只，是湖南省内规模最大、标准最高的生鲜家禽屠宰加工与冷链配送基地。一只活鸡从悬挂屠宰到冷链配送，只需两个多小时，打造了“从农场到餐桌”的全产业链，冷链配送专车随即将检测合格的生鲜家禽运达全国18个省市的100多座城市，消费者第二天上午就能在全国各大城市的2000多家超市买到新鲜的湘佳生鲜家禽。湘佳食品产业园的建成投产，在国内率先实现“规模养殖、集中屠宰、冷链配送、生鲜上市”的家禽经营新模式，为城市消费者提供更环保、更安全、更方便的生鲜家禽，降低活禽交易的环境污染和食品安全成本。

（王章建）

【“石门土鸡”获第十五届中国国际农产品交易会金奖】2017年9月24日，第十五届中国国际农产品交易会在北京全国农业展览馆举行，代表湖南省石门县参展的湘佳牧业“国家地理标志保护产品”——“石门土鸡”获交易会金奖。农产品交易会由国家农业部主办，以“特色鲜明、生态优先、品牌创建、绿色发展”为主题，参展企业1600多家，其中有来自美国、俄罗斯、意大利等26个国家和地区的50余家国外公司参展。

石门土鸡散养在国家级自然保护区壶瓶山麓。石门土鸡鸡冠小，鸡脚细，体型美，公鸡雄壮，母鸡体内有高粱粒大小鸡蛋花，原味香，口感好，肉质细嫩，肉味鲜美，汤汁醇厚，鸡味香浓。石门土鸡有着高蛋白、低脂肪、低热量、低胆固醇的“一高三低”营养特点，炖汤、清蒸、红烧皆可，特别适合产妇食用。

（贺　勇）

【湖南湘佳牧业入选“全国就业扶贫基地”】2017年6月6日，人社部、国务院扶贫办等部门联合公布了“全国就业扶贫基地”名单，石门县的国家农业产业化龙头企业湖南湘佳牧业股份有限公司榜上有名。湘佳牧业主动把“抓好石门土鸡产业精准扶贫”作为公司“十件大事”之一，走出一条“运作土鸡好项目、精确帮扶到村户”的路子。湘佳牧业的生鲜家禽销售板块快速发展，和中外60多家超市集团建立了战略合作关系，并在全国17个省份100多座城市的2000多家中外超市拥有了“湘佳生鲜家禽自营专柜”。湘佳牧业通过多种渠道，先后在全国各地农村聘用1500多名员工，通过专业培训，当上湘佳生鲜家禽促销员，并为他们办理了“五金一险”，年人均工资达3万多元。为了增强贫困村的自我“造血”功能，湘佳牧业创新推出“公司+贫困村养殖基地”精准扶贫新模式。贫困村养殖基地采取“公司+村集体+贫困户”的模式实施代养，确保年养殖效益38万元以上，村集体安排贫困户5人左右通过养鸡就业。湘佳牧业结合多年的养殖经营实践，探索出了“公司+贫困户散养石门土鸡”模式。贫困户利用房前屋后空地、自有林权山地和自产的玉米、红薯、蔬菜以及天然野草、昆虫、山泉，散养“国家地理标志保护产品”石门土鸡，每批养殖6个月，一年养殖两批，每批500～1000羽。湘佳牧业派专人对散养户进行技术指导，确保每只鸡的养殖利润达到15元以上，贫困户年养殖收入可达1万～3万元。贫困户散养的石门土鸡，由湘佳牧业统一收购，集中屠宰，冷链配送，生鲜上市，投放到全国17个省份的2000多家超市湘佳专柜，深受广大城市消费者的喜爱。

(贺　勇)

石门特产

【石门岩蛙】为发展石门岩蛙产业，打造石门岩蛙品牌，2017年，石门县现代农业投资开发有限公司牵头，在南北镇薛家村建成全县首家以国企帮扶、村企共建、村民入股、共同富裕为模式的石门县薛家岩蛙养殖有限公司作为石门岩蛙驯养标准化示范基地。基地占地总面积15000平方米，是全国单体最大的仿生态岩蛙驯养基地，完成投资800万元，年产岩蛙5万千克，三文鱼2万千克，饵料养殖20万千克，青饲料80万千克，年产值2000万元，可带动当地100户300人从业。在示范基地带动下，截至年底，全县岩蛙驯养基地达到30家，年产岩蛙10万千克，综合产值3000万元。

岩蛙学名棘胸蛙，俗称石鸡、石蛤蟆、石怪、坑蛙、石蛙、虾蟆等，属大型野生蛙类，是中国以北纬30度为中心南方山区特有的名贵产品。蛙肉中含有高蛋白、葡萄糖、多种氨基酸、铁、钙、磷和多种维生素，营养丰富，是天然高级滋补食品，被美食家誉为“百蛙之王”。同时，岩蛙具有重要的保健和药用价值，据金陵本《本草纲目》记载“山蛤主治小儿劳瘦及疳疾，最良”。因此，石门岩蛙传统被用作年老体弱病人、孕妇及胎儿、“干肌症”患儿的首选进补膳食，成为人们馈赠好友、探望孕妇、儿童、老人的必选珍品。

石门县地处北纬29°16′～0°08′之间，属全球黄金生态人文居住地，有丰富的优质山泉水资源，气候、生态等自然环境极度吻合岩蛙生长条件。据《清同治直属澧州志》《清同治石门县志》等史料记载，石门山区盛产虾蟆“背有黑点能跳接百虫，举动甚急曰虾蟆”，“背有黄文者曰金丝蛙”，“鸣甚壮黑色者为蛤子”。虾蟆即石门岩蛙，石门当地俗称“梆梆”。石门岩蛙现存粗皮蛙、细皮蛙、金丝蛙三个亚种，温度在0°～8°时进入冬眠。主要分布在南北镇、壶瓶山镇、太平镇、子良镇、磨市镇、罗坪乡、雁池乡、所街乡、三圣乡等西北山区。

石门岩蛙

(县农投公司)

【石门土家腊肉】石门土家腊肉，是土家人祖祖辈辈传下来的一种为延长猪肉保质期，而独创的具有特殊风味的地方名产。至今已有近千年的历史。

石门土家腊肉具有脂香浓郁、皮色黄亮、肉色似火、红艳喜人、滋味鲜美、营养丰富等主要特点。因此，近千年来，石门土家腊肉便是土家人招待贵客摆上席面的上品和主菜。

石门土家人绝大多数居住在偏僻山区。曾为避免战乱和其他族群的侵扰，大都居住大山以农耕自给自足，与外界的联系很少。在几乎与世隔绝的漫长岁月中，勤劳的石门土家人摸索出制作“腊肉”的独特方法，满足了日常生活中不可缺失的肉食脂肪来源，丰富了土家人的饮食生活。

石门土家人有每年腊月杀年猪的习俗。同时，由于他们远离集镇，平时没有肉吃。于是便在每年杀年猪后，用制作腊肉的方式将肉储存起来共全年食用。由于其制作方式特殊而且科学环保，因此腊肉一般可以保存数年不会变味和变质，并保持芬香。

石门土家腊肉的制作方法大致分为四步：第一步是将杀好的猪肉顺着肋骨的方向分成1.5～2.5千克重或更重的直块；第二步是把盐炒黄，再加花椒炒出香味后出锅。然后，将适量的炒黄了的盐和香料均匀地抹在肉上，再把肉放入盆中，按照肉皮朝下，肉面朝上的方式，将肉块置于盆中腌制，并每3天左右翻动一次，直至肉的颜色由红变成浅白为止；第三步是肉在盆中腌制10天后，将每块肉块靠猪肚的一端穿上用棕树叶制成的“卯子”，然后挂在室外晾晒。待肉的水分沥干后，再挂到专门的炕房上部烘烤；第四步是用松柏枝加核桃壳、花生壳、桔子皮等材料，对悬挂在炕房上部的肉块进行微烟熏烘月余，待肉的颜色由红色变为棕色后即可，石门土家腊肉随即制成。

石门土家腊肉，因一般制作于腊月

间，故谓“腊肉”，同时，由于石门制作该腊肉的民族以土家族为主，故亦称“土家腊肉”。石门土家腊肉也以猪肉的位置不同称呼不一。譬如“腊猪头”“腊猪蹄”“腊坐膀”“腊肠子”等。

石门土家腊肉的烹调方法需讲究。按照土家人的方法制作的石门土家腊肉，色、香、味、形样样俱佳，且营养丰富。一般常用的制作方法为：首先将腊肉的皮在火上烧至焦黄，放入温水中将皮泡软，刮洗干净；然后切成片置旺火上炸炒，待油脂炸出后，再辅以大蒜、辣椒炸炒少倾，加入少许清水作汁，稍焖后出锅即可食用；还可切成片状后加少许豆豉后直接放入蒸笼蒸制，出笼即可直接食用。如此制作的石门土家腊肉，入口奇香无比，食后回味无穷。

有研究表明，石门土家腊肉的制作制作方式纯属天然，肉中富含使肉的质、味不变的独特元素。石门土家腊肉已成餐桌佳肴和馈赠佳品，并远销国内外。

【石门蒿子粑粑】石门蒿子粑粑，是由蒿子和大米等食品配制而成的饼。制成后的石门蒿子粑粑颜色呈深绿色，是石门一带流传已久的特色美食。

石门所产蒿子中，含有丰富的青蒿素，青蒿甲、乙、丙、丁、戊素，青蒿酸、蒿酸甲酯、青蒿醇，并含挥发油，油中主要成分为蒿酮、异青蒿酮、枯敬醛、1，8-桉油精、丁香烯等。医学实验证明，蒿子具有抗疟、抗菌、抗寄生虫、解热、提高免疫力等作用；同时还具有减慢心率，抑制心肌收缩力，降低冠脉流量等功效。静脉注射有降血压、以及防护辐射等作用。

石门蒿子粑粑制作和食用，源于2000多年前石门土家的一种叫“三月三蒿子粑粑踢蛇眼”的习俗。即农历三月初三日，家家户户做蒿子粑粑吃，以此象征用蒿子粑粑把蛇眼堵塞，便能将毒蛇堵在洞内不能出洞，人们进山劳作，出门办事，就不会遭遇蛇咬伤，而且一路平安，凡事吉祥。

石门蒿子粑粑的做法比较简单。首先是上山将嫩蒿采撷回家，去尖、洗净、焯水、捣碎，同时，将浸泡后的适当比例的籼米和粳米拌和后，与经过处理妥当后的蒿子粉拌和，再放入碓中捣制均匀，然后用手工或专门的模具做成形状各异的粑粑。石门蒿子粑粑的吃法一般有煎制和蒸煮两种。

石门蒿子粑粑便于携带，冷、热均可食用。无论冷热，吃来均感香甜可口，是独具地方特色的食品。近年来畅销全国各地。

【石门猕猴桃】石门猕猴桃，又称杨桃。石门猕猴桃全为野生。石门县西北部大部被原始森林覆盖，为野生猕猴桃提供了极佳的生长环境。属于中华猕猴桃自然分布的中心地带，是全国野生猕猴桃资源最丰富的县份之一。境内壶瓶山、罗坪、所街、太平等乡镇均有大量野生石门猕猴桃。

1979年至1981年期间，石门县农业局协同东山峰农场、湖南省农科院等单位，深入全县西北乡调查，优选出其中11个单株品种进行繁殖。1982年，县农业局在南岳（商溪河）四方台茶场、县果茶站等地进行人工繁殖，并建母本园10余亩，然后在东山峰农场林区人工栽培2000余亩，同时对野生资源进行人工配管。1989年，石门县参加农业部在北京举办的“猕猴桃资源开发和质量展评会”，农业部肯定了石门县的地理和资源优势，将石门确定为全国猕猴桃资源开发基地县，并建立示范基地。

石门猕猴桃全部产自海拔1200多米的高山森林里。它是一种野生藤本植物，其果香甜鲜美，风味独特，口感甜中带有微酸，尤其夏季使用，极为可口。石门猕猴桃营养极为丰富，且有保健美容功效。其中含有蛋白分解酶等10多种氨基酸、以及钙、镁、钾、钠、碘、铬、锰、硒等多种元素和多种维生素，维生素C含量高。具有滋补强身、清热利尿、健胃、润燥等功效，可防治坏血病、高血压、心血管病、癌症等疾病。石门猕猴桃成为知名品牌而畅销各地。

【石门山胡椒】石门山胡椒，产自该县西北乡山区灌木丛中，绿色小形丸状，别名山花椒、木浆子、山龙苍、野胡椒、香叶子、楂子红、臭樟子等。石门盛产山胡椒的季节为夏初，大量采摘的季节为两个月左右。

石门山胡椒有温中散寒的功效，性味辛温，温中散寒，可治中风不语，脘腹冷痛、胸满痞闷、哮喘等。还有防止乳腺癌、防止衣物褪色、亮白清洁肌肤、治鼻塞防感冒等功效。

石门产销山胡椒油的历史悠久。其传统做法：去掉山胡椒杂质，洗净沥干水后，如同煮酒一般放在蒸锅里用约50℃左右的恒温蒸作，便可将山胡椒中的油脂蒸出。家庭小型制作，则是去掉山胡椒杂质，洗净沥干水后，用锅将事先备好的食用油煎热至150℃左右关火，然后将沥干水后的山胡椒并加上辣椒粉、盐等佐料后，一起放入热油中，再开火使油温达120℃左右，关火，使油自然冷却即成。制作过程简单环保，可存放1年以上。

石门山胡椒油具有健脾、理气、消积功能，能迅速消除腥，臊等异味，对身体有中药保健作用，杀菌力强，能适当增加食品保质期。是一种新型保健调味佳品。它也是一种新型、健康、纯天然的增香调味佳品，具有增味、赋香、祛寒、消暑、散气等功效，适用于牛、羊、鱼、龙虾、海鲜等荤腥菜及粉、面汤、火锅、卤菜调味，出锅时加少许拌匀即可。石门山胡椒油已成上乘佐料而畅销国内外市场。

【石门菌油】石门菌油，采用石门县西北山区中野生枞菌为原料，通过精制茶油或植物油以及多种天然香料熬制、全程物理方法炼制而成。不含防腐剂，天然纯正，浓郁香醇。

菌生长在石门县西北乡，春秋两季成熟，以重阳节前后最盛，故又名重阳菌。枞菌大者如枫叶，小者如纽扣，色如秋叶，味胜鱼肉。将枞菌伴以腊肉或鲜肉炖于钵中，则满堂溢香。

石门菌油保留了枞菌所有的营养成分，便于保存和使用。烹调时加入菌油，可增加独特营养和芳香。石门菌油的制作已有上千年的历史。其传统做法为：将采摘的枞菌去掉渣土，浸泡清水中约半小时，洗净后沥干。然后将适量食用油置旺火上，油温约200℃时，将枞菌倒入油中熬制约半小时后关火，待油自然冷却即成。

石门菌油现已列为湖南特产，并在2011年湖南（红星）年货购物节展销，成为抢手货。石门壶瓶山野菌油成为馈赠佳品，畅销国内市场。

【石门大蒜油】石门大蒜油，是由石门大蒜果用食用油炸制而成。石门大蒜油制作所用的石门大蒜，其大蒜素含量丰富。具有活化细胞、灭菌消炎、消炎解毒、抗癌防辐射、预防心血管疾病、预防感冒、治疗鼻炎、中耳炎、脚气、妇科炎症、增加抗菌及抗病毒能力、加快新陈代谢、缓解疲劳等多种药理功能。石门大蒜油的制作过程完全保留了大蒜素的有效成分，并辅之油香，药食两用俱佳。

石门大蒜油制作精细，选材苛刻。精选优质紫皮大蒜，水分不超过85%的当季完整新鲜干燥原料制作。其品种有蒜蓉辣酱，大蒜素油，大蒜精油等。石门“九品福大蒜精油”为其代表产品。

石门九品福采用专利技术和先进设备生产的“石门大蒜油”，以其独特风味、纯正品质，在湘西北、鄂东南等地区享有盛誉。2001年9月，被中国食品工业协会评为“中国名优食品”。

【石门葛粉】石门葛粉，由石门大山中盛产的野生葛根捣制沉淀晾干而成。

石门葛粉味甘、辛、凉，归脾、胃经，具有解肌退热，生津，透疹，升阳止泻的功效，有很高的食疗养生保健功效，可以预防肝炎、高血压及解酒、清腻解热、祛痰止咳、降血糖、降血压血脂、保护心脑血管、调节内分泌、修护肌肤等效果。

石门葛粉是菜肴佐料，用葛粉替代芡粉或生粉勾芡，使菜汁浓稠味美，且营养丰富，健康美容。石门生产葛粉历史远久，过去多为民间生产。从2000年开始，石门县开始进行石门葛粉规模生产，产品多销往长沙、上海、广州和港澳等地区。

【石门望羊麻花】石门望羊麻花，也称石门望羊大麻花。最初，产于石门县白云镇望羊桥一带，是石门历史悠久的土家特色食品，其生产技术，属望羊桥杨氏家族传男不传女祖传八代的绝技，距今已有200多年历史。

石门望羊麻花，是由纯手工制作技艺制成的。其选料精细，没有添加剂，绿色环保，久放不绵，食之清脆，香甜可口。素以香、甜、酥、脆闻名，数百年来一直是馈赠佳品和人们平时使用的抢手的零食。近年来，随着旅游的发展，石门望羊麻花成为游客们青睐的特色产品。

石门望羊麻花以五五优质面粉为基本原料，通过发酵精揉后，用精品菜油等佐料炸制而成。成品色泽金黄，个头粗壮、口感香脆、回味无穷。石门县扶贫办、白云镇党委、政府采取一系列保护性发展措施，将望羊大麻花列入石门美食传统技艺的普查重点，进入了县级传承保护发展计划，同时已将项目申报为非物质文化遗产。截至2017年年底，全县有望羊大麻花生产企业30多家，产品远销常德、长沙、武汉、重庆、广州、深圳等25个大中城市的近百个市场。

【石门林下中蜂蜜】石门县林下中蜂养殖历史悠久，早在1000年前就开始人工林下养殖。中蜂书名叫中华蜜蜂、俗称中华蜂、土蜂，是东方蜜蜂的一个亚种，是石门县特有的蜜蜂养殖当家品种，它是以杂木树为主的森林群落及传统农作物的主要授粉昆虫，能充分利用零星植物蜜源，具有采集力强、利用率高、采蜜期长，以及适应性、抗螨抗病能力强，消耗饲料少等优点，非常适合山区林下定点养殖。中蜂存量主要集中在石门县西北部山区的壶瓶山镇、东山峰农场、南北镇、罗坪乡、所街乡、磨市镇、雁池乡等乡镇。

中华蜜蜂在壶瓶山等地区绝佳林下生态环境中生息繁衍，酿造出林下中蜂蜜珍品。石门林下中蜂蜜因药食同源、香气特有、品质地道而深受消费者的青睐。

20世纪50年代，石门林下中蜂蜜被列入国家购销计划，出口创汇。2009年，石门县蜂业协会被中国科学技术协会评为“全国先进农村专业技术协会”。2015年，石门县被确定为“中华蜜蜂保护基地”。至2017年，全县养蜂规模达4

石门林下中蜂蜜生产基地

林下中蜂蜜

万余群之多，年产石门林下中蜂蜜800余吨，综合产值近1亿元。

（编辑部）

林　　业

【概况】2017年，全县林业以生态修复、资源管护、产业发展、脱贫攻坚为主线，统筹推进城乡绿化美化，大力发展林业产业，各项工作取得丰硕成果。获得“全国森林康养基地试点建设县”“全省林业宣传和生态文化建设先进单位”“第三次岩溶地区石漠化监测工作先进单位”、全省林业站“‘一站式’全程代理服务工作优秀单位”“常德市文明单位”“常德市林业工作优秀单位”等荣誉称号。成功申报为“长梯隘国家石漠公园”，成为继壶瓶山、夹山、仙阳湖之后的第四张国家级绿色名片。继续推进项目兴林战略，全年争取国家和上级投资1.1亿元。

城乡绿化。贯彻实施县委生态立县战略，坚持“保、治、退、管”齐头并进，“封、护、育、造”多措并举，形成造林、保护、封育整体推进的生态建设新格局。全年完成营造林任务9.5万亩、义务植树190万株，公路绿化272.82千米、石漠化综合治理38平方千米。全县森林覆盖率稳定在71.59%，活立木蓄积量达1243.7万立方米。

资源管护。开展林业防灾减灾工作，较好完成森林火灾防控和林业有害生物防治任务。建立健全组织体系，完善落实森林防火“五包”责任制，深入开展防火宣传教育。投入资金20余万元，防治全县林业有害生物发生，得到有效控制。落实资源林政管理。完成126家木材加工许可证年度登记与审查工作。下达民用材采伐计划1.7万立方米；县、乡逐级签订保护发展森林资源目标管理责任状；聘请656名专兼职护林员。加强野生动植物保护，采取多种形式宣传野生动物保护法律，开展爱鸟周宣传、保护候鸟活动。在壶瓶山国家级自然保护区发现湖南省新记录鸟类4种(白眶鹟莺、棕腹蓝姬鹟、鸦嘴卷尾、褐冠鹃隼)。

林政执法。推进林业法治建设，严控乱砍滥伐乱收滥运。全年查处林业行政案件120件，没收非法营运木材410立方米，没收销毁野生动物死体100千克。加强林权纠纷调处，建立信访联动机制，保证有访必查，有纠必调，处理来信来电来访310余人次，受理信访53件，其中调处林权纠纷21起。

林业产业。以县人民政府名义出台《关于大力发展林业产业的实施意见》，起草《石门岩蛙产业建设扶持奖励办法》，重点推进油茶、苗木花卉、珍贵中药材、森林旅游等特色优势产业，全面实施林业产业提升工程，积极推进产业结构调整、提质增效和转型升级，全年林业总产值达59亿多元(含柑橘、茶叶)。重点推进无患子产业发展，建成200亩无患子良种繁育基地，无患子种植面积达3万亩。成功申报省现代林业特色产业园1个(石门县棘胸蛙繁育项目)；省级林下经济示范基地1个（石门县鸽子花家庭农场壶瓶山林下经济与森林产品研发基地)；省级农民林业专业合作社示范社1个（石门县土家利马头羊专业合作社)；市级林业产业龙头企业4家(湖南易红堂家具制造有限公司、湖南稼和农业科技发展公司、湖南汉唐生态农业有限公司、湖南省亿万科龙果业专业合作社)。1月，组织无患子、犟哥等7家林业龙头企业参加全市首届林产品博览会并圆满举办石门主题日活动。

脱贫攻坚。深入贯彻中央、省、市、县关于扶贫工作的决策部署，切实加大林业生态治贫、绿色脱贫、精准扶贫力度。一是开展产业扶贫。实施脱贫攻坚林业项目132个，财扶资金总投入3255.54万元。其中林业产业扶贫项目75个，投入财扶资金1338.39万元，发展油茶、无患子、青钱柳、核桃、猕猴桃、中药材等林业产业基地18179亩。二是开展生态扶贫。将无患子产业作为全县精准扶贫重点产业来抓，在维新、新铺、皂市、白云、所街、雁池、三圣等中部山区推进无患子产业发展，辐射带动农户2320户(其中建档立卡贫困户527户)近2000贫困人口依托无患子产业走上脱贫致富之路。实施生态护林员精准脱贫工作，落实建档立卡贫困人口生态护林员287名，按每人每年10000元的标准兑现护林报酬，促使近1000人生态脱贫。支持易地扶贫搬迁工作，免收易地扶贫搬迁项目森林植被恢复费用。三是开展科技扶贫。引进省林科院三区人才，到石门县为林业龙头企业、林业专业合作社及基层林业站的技术人员“传经送宝”。2017年9月，邀请省林科院4名专家到石门县开展无患子、青钱柳、油茶、板栗等经济林栽培技术培训，参加学习的基层林业技术人员与产业大户代表达100多人。四是开展点村扶贫。夯实扶贫力量，增派2名专职扶贫队员，坚持驻村入户制度，制订详尽的帮扶工作规划，组织干部职工10次深入点村开展结对帮扶慰问走访活动；整合资金550多万元，帮助点村完善村级平台、农田水利等基础设施建设。

文明创建。紧扣“传播绿色文明，建设美丽家园”主题，从组织领导、整章建制、宣传引导、学习教育、主题活动、志愿服务、典型选树、环境治理、扶贫帮扶等方面入手，全方位多角度推进精神文明创建工作，举办了“缅怀英烈、营造名誉村长纪念林”等系列主题活动，积极传播绿色发展理念，促进生态文明建设。县林业局成功创建市级文明单位。

基层党建。认真贯彻落实全面从严治党新要求，严格落实“两个责任”，建立健全“两学一做”学习教育长效机制。持之以恒抓好作风建设，强化监督执纪问责，狠刹 “四风”问题和“庸懒散”等不良风气。自清自查涉嫌“雁过拔毛”式腐败问题8起，向县纪委移送涉嫌违纪问题6起。健全党建工作责任制，严格履行“一岗双责”，落实“三会一课”制度，班子成员开展“两同时”谈心谈话198人次。

【长梯隘获准建设国家石漠公园】 2017年12月，国家林业局批复同意石门县长梯隘等33个国家沙漠（石漠)公园开展建设工作。长梯隘获准建设国家石漠公园，规划面积1594.78公顷，区划为保护保育区、宣教展示区、体验区和管理服务区四个功能区。公园内有种子植物159科、619属、1027种，其中有国家一级保护植物红豆杉、银杏，国家二级濒危珍稀植物中华蚊母等。公园已知有陆生脊椎动物152种，隶属4纲、23目、63科。有国家Ⅰ级重点保护野生动物2种，Ⅱ级重点保护野生动物22种，区域生物多样性极其丰富，具有很大的科学研究与保护价值。公园地质遗迹景观集“古”“幽”“奇”“绝”“秀”“雄”于一体，红石林、天目洞、莲花洞、百丈峡天坑等具有极高的美学观赏价值。

【石门两株古树被评为“湖南最美古树”】 2017年，省林学会、红网公布“湖南树王”评选活动结果，109株“湖南最美古树”中，石门县太平镇白果树村“1511年古银杏树”和南北镇金家河村“400年古杉树”榜上有名。全县共有古树26494株，其中300年以上古树名木3022株。为了加强对古树名木的保护，石门县林业局对县域内所有古树进行建档立卡，安装统一制做的“古树名木保护牌”，并明确保护责任人，定期开展巡视巡查工作，有针对性地开展填堵树洞、防治病虫害、灌水施肥等复壮管护措施，严厉打击破坏古树行为，确保古树名木健康生长。

【易红堂家具获省第四届家具博览会暨首届林业博览会金奖】2017 年 11 月 8 日，由湖南省林业厅、长沙市人民政府主办，长沙市林业局、浏阳市人民政府、湖南省家具行业协会承办的以“品质让生活更美好，好家具·居家好”为主题的湖南省第四届家具博览会暨首届林业博览会在湖南浏阳国际家具城开幕。为期 5 天的盛会全面展示了湖南家具和林业产业发展的新面貌和新成就，为参展企业和消费者搭建了沟通和交流的平台。石门县湖南易红堂家具制造有限公司和湖南月岭君山农林发展有限公司 2 家企业参展。湖南易红堂家具制造有限公司获家具类产品金奖。

【十九峰森林康养度假村项目开工】2017 年 7 月 27 日，石门县十九峰森林康养度假村项目在二都街道项目区开工建设。项目选址二都街道南峰社区十九峰林场，由张家界禾田居旅游开发有限公司和湖南九瑞养老产业发展有限公司联合投资。项目占地面积 144 亩，总投资约 4 亿元，建设周期为 3 年。该项目按照现代森林旅游的发展方向和绿色发展理念，依托优质丰富的森林资源、赏心悦目的森林景观、清新怡人的森林空气，建设集森林康养、休闲、土家民俗文化、医养结合养老为一体的森林康养基地。项目建成后，可为当地提供就业岗位约 1000 余个、年创税约 3000 万元，对树立石门县森林康养形象，提升石门县旅游接待能力，对接张家界大旅游圈，引领石门县森林旅游产业和养老事业发展将产生积极而深远的影响。

【石门县成为“全国森林康养基地试点建设县”】2017 年 6 月 17 日至 18 日在益阳市举办的“首届生态文明·绿色发展论坛”上，石门县获得“全国森林康养基地试点建设县”授牌。县政府常务副县长周功表在论坛上作表态发言。他表示，石门县以试点为契机，利用绿色发展优势，全力打造森林康养品牌，争当森林康养产业发展先行者。一是高位推动，构建“高规格”“广覆盖”的工作体系。成立由县长任组长，分管旅游、林业副县长任副组长的森林康养产业发展领导小组，将旅游、林业、发改、卫计、财政、交通、国土、环保、农业、教育、民政、扶贫等多个部门纳入成员单位，形成齐抓共管、整体联动的工作格局。二是充分保障，完善“多渠道”“多元化”的投入机制。不断完善以政府投入为引导、社会资金为主体的多元化投入保障机制。县财政每年将预算安排 1000 万元专项资金支持引导森林康养产业发展，五年内确保森林康养产业投入达 1 亿元以上。三是规划引领，形成“特色化”“大融合”的产业布局。构建以壶瓶山国家级自然保护区为龙头，以东山峰管理区、仙阳湖湿地公园、夹山寺国家森林公园为支点，以骡马古道为轴线的“四点一轴”森林康养基地示范区。

（县林业局）

【公益林完善落界工作】2017 年 12 月，县林业局安排专人，积极落实公益林完善落界工作，认真核实公益林林分因子变化情况，建立数据库，为公益林的管理、管护、资金拨付等提供精准依据。公益林完善落界工作是公益林保护建设的现实要求，是落实森林生态效益补偿制度的必然选择，也是落实生态文明建设、适应林业发展新形势的需要。全县共有公益林面积 232.4902 万亩，采取五项措施落实公益林完善落界工作：成立公益林完善落界工作领导小组，确保公益林完善落界工作高标准高质量完成；要求参加公益林完善落界和质量检查的人员严格按照上级主管部门的有关规定开展工作，承担相应责任，确保公益林完善落界成果整体质量；举办专业技术培训班，让每一位技术人员能熟练掌握公益林完善落界的技术标准、方法、要求和任务；采用分级筹措的方式解决，落实了经费保障；县林业调查规划设计队明确 1 名联络员，每月按时收集工作进度，及时汇总上报，对组织协调不力、工作进度缓慢的单位和个人，进行全县通报并采取相应制约措施，极大地促进全县公益林完善落界工作的开展。

（熊　杰）

【全县抗旱保林工作】2017 年 7 月，全县遭遇持续晴热高温干旱天气，给林业生产带来严峻考验，县林业局紧急部署，积极应对，全力以赴抓好植树造林后期管护和夏季高温抗旱保苗工作。举措：一是认真组织部署。密切关注气象部门的预报，持续跟进旱灾发展情况，及时下发《关于加强高温干旱期间新造林培管的通知》。对林业生产抗旱保苗的几个主要环节做出科学安排部署，并通过广播、微信、QQ 等传播平台对各乡镇场站以及林业专业合作社就实施对象、具体措施等几个方面提出明确要求。二是提供技术指导。根据旱情发展，县林业局积极帮助各造林主体单位组织抗旱物资，并指派技术人员深入到抗旱一线，对全县新造林地和管护单位及时做好抗旱救灾进行技术指导，要求新造林地采取割草覆盖、搭棚降温、灌水提墒等措施以减少水分蒸发，确保苗木生长。三是加强督促巡查。县林业局工作人员深入林区和林业加工企业，开展对林业生产安全隐患的大排查，消除各类林业隐患。对排查出的隐患明确专人整改落实到位，及时消除安全生产隐患，有效预防高温干旱极端天气造成的危害，确保林业生产安全。

（刘广怀、姚　辉）

森林公安

【概况】2017年，县森林公安局围绕“生态立县”战略大局，以加强队伍建设为基础，以提升执法质量为重点，以推进“三基”工程建设为载体，进一步提高森林火灾防控能力，严厉打击涉林违法犯罪，为保护全县森林生态安全、保障林区和谐稳定做出新贡献。县森林公安局被湖南省森林公安局评为全省森林公安系统十九大安保维稳先进单位；县森林公安局在全省执法质量考核中获先进；县森林公安局壶瓶山派出所、刑侦治安队教导员杜登树分别被评为政法系统2017年度“十佳人民满意政法基层单位”“十佳政法干警”。

打击涉林违法犯罪。全年办理涉林案件205件，其中：立刑事案件12件32人，移送起诉6件28人（包括原办案件）；办理林业行政案件56件57人，治安案件137件137人。结合国家、省森林公安局关于开展代号为“利剑行动”的要求，抽调精干力量，对中美、中天和耀能三个矽砂矿区非法占用农用地情况进行专项整治，对达到刑事立案标准的中美矽砂矿的法人及主管生产的负责人采取刑事强制措施；对未达到刑事立案标准的中天和耀能矽砂矿给予林业行政处罚。在对矽砂矿进行专项整治的同时，对热水溪温泉山庄涉嫌非法占用农用地案、新铺镇河曲煤矿附近涉嫌无证采挖香樟案和壶瓶山自然保护区内涉嫌非法猎捕案进行查处。全力承办和参与省森林公安局专案2起。

森林防火工作。一是加大宣传。除按照常规下发森林防火宣传日历、森林防火禁火令和利用手机平台发布相关信息等措施外，还依托新兴媒介微杂志扩大宣传战场，在《石门发布》微信公众平台发布和互联网站发帖、在坟墓集中区域组织巡查等多种方式广为宣传。二是落实措施。针对两个高火险期的实际，认真履行森林防火监管职责，把督促、推进森林防火各项措施的落实作为工作发力点，着力营造森林防火工作良好氛围，真正做到人员到位、责任到位、宣传到位、监管到位，牢牢把握森林防火工作主动权。三是加强队伍建设，加大森林消防应急队伍培训力度，采取安排专业队员进行现场授课讲解、集中轮训的方法，对全县各乡镇的森林消防队伍进行整训，提高队伍处突应急、扑救森林火灾的能力。四是加大火案查处力度。坚持“见烟就查，见火就罚”的方针，力争把森林火灾消灭在萌芽状态。1—5月，对违规野外用火的137名当事人实施治安（行政）处罚。查处非法野外用火的行为，达到全县2017年秋冬季森林火险零发生的目标。

执法监管工作。牢固树立“执法质量是公安工作的生命线”的理念，不遗余力地抓好执法监管工作。一是加强法制培训。针对2016年案件办理中存在的不足，对全年的执法质量进行了专题讲评，并结合国家出台的法律法规及相关的司法解释，组织民警进行学习，不断提升全体民警的法律意识和专业化水平。二是加强制度建设。将执法考评融入日常执法工作中，坚持办案环节的报告、监督、讲评和回访制度，对所发现的问题及时进行研判、分析、通报，确保案件质量。三是加强信访调查。坚持“群众利益无小事”的理念，认真办理群众来信来访，做到件件有回复，事事有着落。四是抓好积案清理。从3月开始先后5次召开积案清理的专题会议部署督促，消化积案13件。

队伍建设。一是加强班子建设。按照议事规则由党组集体讨论决定，明确班子成员各自所承担的行政分工和党风廉政建设职责，做到事事有人管，人人有责任。制订“双争”活动方案，每个季度按照推进“两学一做”常态化制度化的要求安排1～2次主题活动，并明确工作要求。选准配强4个党支部班子，战斗堡垒作用发挥明显。二是坚持政治建警。从3月开始，组织开展“人民警察核心价值观主题教育实践活动”，结合开展向扶贫楷模王新法学习活动，切实打牢民警“忠诚、为民、公正、廉洁”的思想基础，不断培育和弘扬“忠诚可靠、秉公执法、英勇善战、纪律严明、无私奉献”的新时期人民警察精神。三是狠抓作风建设。3月开始，在全局开展“整风肃纪”专项整治活动。5月，按照上级森林公安机关统一部署，在全局民警中开展“强素质、树形象”专题教育活动。8月底，按照县委政法委要求，在全局开展队伍建设集中教育整训活动。全局人员的工作作风有明显改观，警民关系更加和谐。四是开展民情走访。按照“三联四大”及“脱贫攻坚大会战”工作安排，全局4个党支部的32名党员共联系点村群众240余户，先后6次下到点村与结对户同吃同住同劳动，促进了警民和谐。按照县委政法委“三联四大”工作要求，先后走访网格内结对群众300余户，促进了民调满意率的提升。五是建设和谐警营。深入开展创先争优和法治石门建设活动，组织开展了“古树认养”为主题的“三八”妇女节活动、“五一”羽毛球比赛和第一届“平安杯”篮球赛等活动，在全局范围内形成积极向上、奋发有为的精神风貌；六是加强内外宣传。为充分调动民警参与宣传的工作积极性，局党组研究制定下发《宣传工作和文化育警考核奖励办法》。全年编写上报信息80余篇，其中《森林公安》国家级杂志刊载1篇，省森林公安局编发简报2篇、各级新闻媒体网站采用70余篇。

【侦破非法收购出售濒危野生动物案件】2017年8月28日，湖南省森林公安局将株州籍人士侯某平等人涉嫌非法收购、出售珍贵、濒危野生动物犯罪的案件并由石门县森林公安局侦办，县森林公安局接到指令后，立即抽调精干警力成立“8·28”专案组，并迅速展开侦查，经过2个多月的缜密侦查，最终查清涉案人员的犯罪事实，打掉了活跃在长沙、株州一带的以犯罪嫌疑人侯某平夫妇、犯罪嫌疑人石某旺等人为首的长期从事非法收购、出售珍贵、濒危野生动物穿山甲的团伙。该案侦办迅速、打击精准，受到省森林公安局的肯定和表扬。

（县森林公安局）

联防协作会议

【第四届湘鄂西边界森林公安联防协作会议】2017年11月8日，第四届湘鄂西边界森林公安联防协作会议在湖北省五峰土家族自治县召开。湘鄂两省共16个县(市、区)的森林公安负责人参加。会上，湖南省桑植县森林公安局作为第三届湘鄂西边界森林公安联防协作的轮值单位，对轮值期间联防协作机制成员单位间的警务协作情况进行总结，湖南省永顺县森林公安局、龙山县森林公安局和湖北省鹤峰县森林公安局、五峰土家族自治县森林公安局分别作为湘鄂两省的代表进行典型发言，石门县森林公安局作为该联防协作机制的创始人参加会议。会议上，与会单位首次签订《湘鄂西边界森林公安刑侦协作协议》。湘鄂西边界森林公安联防协作机制由湖南省石门县森林公安局于2012年发起成立。截至2017年年底，该机制成员单位由最初的8家发展到19家，联防协作成员单位发展成为湘鄂西边界森林生态资源保护的一支不可替代的中坚力量。

【彭顺喜到石门县考察森林公安工作】2017年12月19日，湖南省林业厅副厅长彭顺喜到石门县森林公安局考察工作，市人大常委会副主任、县委书记谭本仲，县委副书记、县长郭碧勋等陪同。彭顺喜一行参观了县森林公安局办公院落的宣传橱窗和办公楼大厅的展板，考察机关股室的办公情况，并在该局会议室与民警进行交谈，要求大力推进生态文明建设，森林公安作为保护森林生态资源的生力军，要加大对涉林违法犯罪行为的打击力度，保护好绿水青山。

(文　浩)

【查处非法猎捕五步蛇案件】2017年9月24日深夜，新浪微博新发的一篇博文引起县森林公安局民警的注意，该篇博文以两张照片为内容，照片中清晰可见非法猎捕的疑似五步蛇及运输猎获物的摩托车车牌号。得知情况后，县森林公安局高度重视，连夜安排警力对博文中的情况进行核实和调查。经调查：2017年9月23日，维新镇水田坪村村民杨某喜在山林中捕获五步蛇1条，同日以910元价格卖给维新镇大兴场村村民覃某德，覃某德准备将购买的五步蛇用于泡酒前，被石门县森林公安局磨市派出所民警查获，经民警现场称重，蛇重1.9千克。县森林公安将依照相关法律规定对两人实施行政处罚。所收缴猎获物在一处环境好的山林予以放生。

(文　浩、侯　峰)

水　利

【概况】2017年，县水利局践行可持续发展的治水思路，大力发展民生水利，为服务全县脱贫攻坚摘帽和经济社会发展提供坚强的水利保障。

防汛工作。全年全县域累计降水1419.6毫米，与历史同期1483.6毫米相比，偏少4.31%，呈现降水时空分布不均，降雨过程较多，降雨范围广，时段降雨强度大等特点。全年成功应对汛期6次较强降雨过程。围绕“组织领导、宣传预警、指挥调度、抗灾值守、责任落实”5个到位，严格落实“一库三责”，扎实开展防汛专项检查督查，狠抓预案编制演练，物资储备、灾后救援等工作，全面落实水库防汛物资储备，确保全县没有出现人员伤亡和重大财产损失。2017年9月25日，石门县水利局被评为“全市防汛抗旱先进集体”。

抗旱工作。7月，由于持续晴热高温少雨，全县旱情迅速发展蔓延，全县有43.3万亩农作物受旱，因旱造成高山地区3.3万人饮水困难。面对严峻的旱情，县委、县政府迅速启动抗旱Ⅲ级和救灾Ⅳ级响应，，强化水源调度和管理，同步部署特殊人群的送水服务，高温作业人员管理，森林火灾防范、疾病预防、用水纠纷化解等工作，最大限度地降低干旱造成的损失。

水利规划。重点围绕农村安全饮水提质改造、中小河流治理、高效节水、沟渠山塘疏浚、农村小水电扶贫工程和增效扩容、四水治理、水土保持、五小水利、维修养护、小型水库新建、中型灌区配套、蒙泉PPP水厂项目、皂市水库库区崩岸治理等项目扎实开展前期工作，并与省、市做好对接，为后期争取国投打下良好基础。全年争取上级资金1.86亿元。

水利建设。汛前，重点突出抗旱水源引调提水项目、小型农田水利重点县建设项目、山洪灾害防治非工程措施建设、小型农田水利维修养护、五小水利项目、水毁工程修复、四水治理、泵站更新改造、中小河流治理、新出险水库除险加固等项目建设煞尾，确保工程汛前全面完工。汛后，重点围绕国、省投资工程，脱贫攻坚水利整合和融资工程，群众自筹工程，全力推进水利项目建设。

脱贫攻坚。2017年，高度重视安全饮水作为贫困退出的刚性考核指标的达标，通过认真摸底，反复校核，加大投入，逐户逐村想办法，完成全县100%建档立卡户安全饮水工作。强力推进全县410个水利项目建设，突出在方案指导，进度督促，质量把关，完工验收上履责，有效地改善了贫困乡村的水利基础设施条件。落实栗子坪村、杨柳园村结对帮扶工作，选派4名优秀干部长期驻村工作，帮助村制定脱贫计划，争取项目资金，指导村级发展，推动村里工作，2名驻村工作队队长分别被评为常德市、石门县2017年度脱贫攻坚“百名帮扶成效突出干部”。坚持全局帮扶责任人每月“空城行动”，全年投入联系村扶贫资金150万元。

【中央和省水利建设投资项目】2017年，全县在争取中央和省水利建设项目方面，成绩显著。一是四水治理工程。投资5684万元，其中中央投资2842万元，对澧水、渫水重点河段实施治理，重点对易市垸2千米堤防、二都垸2.1千米堤防，皂市段3.72千米河段、所街段1.44千米、雁池段1.76千米进行系统整治，全面提升河道防洪抗灾能力。二是洞庭湖沟渠疏浚项目。投资480万元，其中中央投资240万元，对易家渡、二都街道办、宝峰街道办、永兴街道办、楚江街道办境内的13条27.6千米大中型沟渠进行清淤疏浚，整治渠系建筑物25处。三是高效节水奖补项目。投资740万元，其中省级奖补480万元，在夹山孙家岗、永兴刘家坪、楚江龙凤、易家渡叶家坪、白云白羊山猫儿湾、新关老鹰山、永兴瑞蚨祥、蒙泉丰瑞乐、稼禾等9处实施高效节水奖补项目工程，新增高效节水面积4000亩。四是农村水电扶贫项目。争取国家投资2000万元，投入白沙渡水电站项目，将白云、皂市2个乡镇18个村的1628个贫困户纳入帮扶范畴，确保纳入的贫困人口能如期脱贫。五是省市五小水利项目。投入369万元，在全县实施31个村的五小水利项目建设。

【水利综合整治工程】整合资金1.24亿元，先后实施410个水利项目，解决了257个村的突出水利问题，确保全县农村人口安全饮水覆盖达100%，全面改善贫困区域的水利基础现状。两水四岸综合整治项目。融资7.4亿元，完成澧水石门段宝峰街道、新关镇境内沿江风光带绿化、亮化、美化19.5千米；18.3千米堤防护岸规范化治理；规范澧水、渫水、道水采砂及码头建设，实施长度8.8千米；规范城区内水环境，建设污水收集管道，城区水环境整治等。针对防汛抗旱暴露出的问题，筹措资金2395万元，对全县119处重点水毁工程进行修复，重点整治一批出险的中小型水库、骨干塘、渠系建筑物等，维修一批泵站和抗旱设施。动员群众投工投劳，完成655千米灌溉渠道的清淤扫障任务，完成7390口山塘的清淤整修，完成30千米污染农村河道清淤，全面提高灌溉渠道水的利用系数，提高水利工程蓄水能力，充分发挥工程应有效益。

【水源保护与水事行政执法行动】2017年，强化依法治水管水的力度，对县自来水公司、海螺水泥有限责任公司等多家取用水大户安装计量设施；对全县7座中型水库全部制作安装水源地标示标牌、水源地道路警示牌、饮用水取水口围栏等；认真开展河道保洁，全年清理河湖两岸垃圾300多吨，拆除沿河垃圾池50多处，添置一艘全自动河道保洁船，负责对三江口电站大坝以上河段进行清理；加强巡查与执法，全年开展执法巡查135次，查处水事违法行为40余起，强制关闭壶瓶山国家自然保护区内的9家砂场，皂市水库“打非治违”持续有效推进，并迎接水利部、长江委的复查验收。

【全面推行河长制工作】2017年，按照党政同责的要求，成立由县委书记担任第一河长、县长担任总河长，县政府常务副县长和分管副县长担任副总河长，各相关部门为成员的石门县河长制工作委员会，组建县河长办，建立了“县、乡、村”河长制工作三级责任体系。全县设立县级河长13名，乡级河长200名，村级河长224名，配备河湖管护、保洁人员536名，设置公示牌175块，实现全县98条河流责任全覆盖。同时出台《石门县全面推行河长制实施方案》，对全县实施河长制2017—2020年行动方案、县河长制工作委员会成员单位职责、河长制工作职责、主要任务以及工作目标等进行明确。建立健全相关制度，为河长制全面推行构建了有效的制度保障。通过河长制综合平台，坚持河长巡河问题交办，制定重点任务清单，坚持问题为导向，扎实开展河道非法采砂、违法乱建、网箱养殖、“僵尸船”清理整治、沟渠疏浚、污水集中处理、垃圾规范处理、禽畜规模养殖和皂市水库退养、水源保护、河道保洁、退耕还林测土配方和统防统治、打击电捕鱼、炸鱼等一系列专项行动。各级河长纷纷履责，全县累计巡河达3656人次。

（县水利局）

【依法关停河道砂石场】2017年10月25日至26日，县水利局依法对壶瓶山国家级自然保护区内的9家河道砂石场进行依法关停。按照省水利厅《关于全面禁止在自然保护区范围内进行河道采砂活动的通知》要求，为认真贯彻落实7月25日中央环保督查组反馈意见及省委、省政府有关指示精神，县水利局迅速行动，制定工作方案，明确责任，抓好落实，在壶瓶山国家级自然保护区内全面开展禁止河道采砂的行为。壶瓶山国家级自然保护区内共有9家砂石场，县水利局联合壶瓶山镇政府、壶瓶山国家级自然保护区管理局对自然保护区的9家砂石场进行强制关闭，对自然保护区实验区4家河道砂场的制砂设备进行撤除，对5家流动采砂场实行封路，在下河公路设置路障。

（王　飞、阎光武）

湖南石门仙阳湖国家湿地公园

【概况】湖南石门仙阳湖国家湿地公园位于石门县中部，自西北向东南跨雁池乡、磨市镇、维新镇、白云镇、皂市镇、三圣乡和白云山林场，主要包括仙阳湖、渫水及周边部分林地，东至毛桃湾回水区及其周边第一层小山脊，南至仙阳湖大坝，西北至芙岭峪村回水区。地理坐标为：北纬29°38′45″～29°48′22″，东经

110°54′21″～111°16′26″，公园面积7946.6公顷。湿地公园坚持“保护优先、科学恢复、合理利用、持续发展”的总方针，分为五个功能区，即：保育区、恢复重建区、宣教展示区、合理利用区、管理服务区。仙阳湖国家湿地公园管理处属正科级事业单位，内设办公室、资源保护股、资源开发股、科研监测股、科普宣教股五个职能股室。

湿地保护恢复。①安全管理。管理处聘请4名专职安全监督员，负责对湖区大坝码头、袁公渡码头营运船只签单发航，规范运营秩序。聘请专职护林员5人，森林防火信息员10名，组建了一支50人森林防火应急队伍，按照属地管理的原则，全面落实森林防火分片包干责任制，采取GPS定位监测管理，实现森林防火责任网格化，实现森林防火“零”灾情。②湖区垂钓管理。开展湖区巡查，对湖区钓船钓台进行规范整治，为使湖区垂钓向环保、安全、规范、可持续方向发展，管理处对湖区钓船钓台进行为期一个月的规范整治，登记编号的钓台户主105户，钓台388个。③湖区渔政秩序管理。严厉打击毒鱼、电鱼、炸鱼等违法行为，确保渔政秩序不乱，养殖企业合法权益得到有效保障。④环境卫生保洁。常年聘请4名垃圾打捞员专职开展湖面保洁，加大湖区日常垃圾打捞、捡拾工作，并组织湖区部分群众集中开展环境卫生保洁工作。⑤国有林地管理。加强湖区乱搭乱建等各类违法建设的管理，发现问题及时劝阻、报告、处理，并配合林业、国土、公路等相关执法部门制止4起乱搭乱建行为。

湿地监测宣教。坚持监测制度化、经常化，2017年，管理处观测到国家一级保护动物中华秋沙鸭栖息地8处，鸟群累计近60只，二级保护动物小天鹅、鸳鸯、大雁等候鸟。同时，高度关注湖区水质水环境的保护，重点监测水体富营养化的动态变化，坚持特护期日监测、日报告，最大限度减少水体富营养化的生长范围。通过培训、张挂横幅标语等形式，进行湿地保护政策、湿地森林防火知识宣传，提升公民湿地保护意识。4月6日，管理处与县林业局在皂市水库大坝广场共同举办以“依法保护候鸟、守护绿色家园”为主题的第36届爱鸟周宣传活动。

(仙阳湖管理处)

水土保持

【概况】2017年，全县水土保持工作以“预防为主、重点治理”方针为指导，以预防水土流失、改善生态环境为主线，以开发建设项目监督管理为重点，以改革和创新机制为动力，以完善制度、强化管理为主要措施，精心谋划，真抓实干，圆满完成全年工作任务。

宣传教育。一是全方位多角度开展宣传。创新宣传方式，跨市县联合宣传。3月20日石门、慈利两县水土保持局出动2台国策宣传彩车共6人，在两县相邻的蒙泉、易家渡、新关、白云、皂市5个乡镇深入基层广泛宣传水土保持法律法规。二是标语挂画宣传。发挥大型电子显示屏的作用，宣传“热烈庆祝《水土保持法》修订实施六周年、搞好水土保持　护佑青山绿水”为主题的内容，在全县22个乡镇(区)、街道办张贴宣传画400张，发放《水土保持法》《水土保持法图释》等小读本150册，发放宣传单1000份。制作大型固定钢制宣传牌3块，制作户外流动性钢制宣传牌3块。三是以“世界水日”“中国水周”为契机，大力宣传水土保持基本国策。3月22日“世界水日”会同县水利局在县政府广场，悬挂横幅、布置展板、发放资料，进行集中宣传。其经验和做法在《中国水土保持》杂志上刊载推介。

项目工程建设。白云美圣桥生态清洁小流域治理项目于11月份通过上级主管部门及市水务局竣工验收检查；2016年度石漠化治理小型水利水保工程项目已完成总工程量的40%。完成2015年石漠化治理项目。省林勘院配合完成2015—2018年度石漠化综合治理追加小型水利水保工程的设计。

行政审批与监督检查。行政审批严格规范，方案审批率达100%。现场踏勘54处，审批水土保持方案共21个，其中水土保持方案报告书11个，方案报告表10个，审批率达100%。严厉打击各种水土保持违法行为，对矽砂开采加工(中美、中天、金航、三利、利安达)项目、东山峰石门丰石矿业发展有限公司等水土流失案件进行调查核实、严肃处理、督促落实。利用水土保持规费收缴的时机，在全县范围内在册的53家企业单位开展执法检查，深入到各生产建设单位调查核实基本情况，督促其防治因生产建设活动造成的水土流失，在执法检查中发现问题及时提出指导或整改意见。

(戴红喜)

农业气象

【概况】2017年，石门县气象局围绕气象服务工作重点，抓好汛期、“三农”、人工影响天气等重点工作，为县域经济发展提供及时准确的气象预测、预报、预警、“三农”和决策服务，无安全生产事故。局领导班子带头扎实改变工作作风，认真落实中央、省、市各项作风建设规定，强化两个主体监督责任，认真开展谈心谈话，深入点村开展帮扶脱贫，送去指导性气象服务信息，帮扶的46户贫困户于2017年全面脱贫。继续保持省级文明单位称号。

【气象观测基础业务工作】2017年，石门县新型自动气象站业务运行正常。本站、土壤水分站和全县区域自动气象站资料可用性和上传及时率均达到上级要求，质量全年无错情。2月底完成本站串口服务器、配电箱、降水天气现象仪的安装试用。3月底完成本站实时资料传输由每小时一次向每五分钟一次的切换。8月底之前完成台站地面综合观测业务软件的安装升级，整合业务处理、数据采集、数据传输等功能，业务运行稳定。10月，配合市气象局完成商溪、白云两个骨干站的重新选址。全年未发生破坏探测环境的行为。

【“三农”气象专项建设与服务】2017年5月，在南北镇高端芙蓉王烟叶示范基地建成烟叶田间小气候站，采集的实时气象资料能实时上传至湖南省农业气象监测系统，小气候站的电子显示屏实现了监测数据的同步共享；7月，完成气象挂历、各类气象知识宣传资料的印刷；8月，制定完成强降水监测预警服务业务流程和业务制度，发布标准也已根据省局要求逐级上报备案；9月，完成各类气象灾害风险预警业务相关的资料图集制作并已上墙；10月，完成蒙泉、新铺、易家渡三个气象灾害防御乡镇的信息服务站硬件建设与资料收集；11月，对1个标准化气象灾害防御乡镇进行申报。加强与国土、水利、民政等部门的联系，完善信息共享与联动机制。全年，县气象局发布24期《农业气象信息服务专报》，指导广大农民合理利用天气条件开展农业生产。为全县种养大户开通直通式气象预报、预警服务，点对点的服务提升了服务水平。为大唐电厂的设备运维、全县柑橘培管及采摘提供专业气象依据。免费为人保财险、平安保险、中华联合保险、消防、公安及受灾群众出具多份气象公证报告。

【汛期气象信息服务】2017年3月底，升级短信发布平台为移动云MAS，使各类气象信息能够更及时地送达。并通过短信发布平台、电子邮箱、机要邮箱每周一定时为900多个入库服务对象发送一周的天气预报信息，旬月底发送旬月天气趋势，在重大天气过程或节假日专门发送了气象专题预报。由领导亲自把关，认真做好每次降水过程前、中、后的预报预警和实时降水等服务，每次重要天气过程来临前及时电话联系防办和国土局等重要部门，强化转折性、重要性、灾害性天气的电话主叫预警服务，过程中做好实时降水及未来趋势的滚动服务，过程后均及时收集灾情并上报。汛期累计启动Ⅲ级应急响应5次，Ⅳ级应急响应1次，发送各类专题天气预报58期，实况监测警报短信40600人次。县气象局被常德市人民政府授予“2017年全市防汛抗旱先进集体”荣誉称号。

【人工影响天气作业】2017年，县气象局根据新标准完善人影安全作业管理制度、应急预案、人员管理办法、作业射界图等，整理了炮点和作业人员信息，每次作业前进行人影作业公告，严格按照作业流程开展作业。强化人影安全生产，狠抓各项安全措施，把人影“四十五严禁”认真落实到位。5月初至7月中旬，全县各炮点开展12次防雹增雨作业，作业有效率100%，较好地为全县烟叶生产保驾护航。7月以来，全县降水严重偏少，高温日数偏多，本站实测气温40.8℃，抗旱形势严峻，县气象局积极作为，调整原有的3个人影作业站点布局，并增设1个人影作业站点，南北镇、太平镇、南溪水库、蒙泉水库炮点分布在县境内的北、中、南部，不放过一次作业条件。7月28日至8月24日，全县4个人影作业点开展人影增雨作业19次。全年共开展人影作业31次。较好地缓解了全县严重旱情。

（刘钰洁）

农业机械化

【概况】2017年，全县农业机械总动力69万千瓦，农业机械拥有量11.4万台套，县域水稻综合机械化水平达到81.3%。全县共投入农机具10000余台套，完成机耕、机灌、机收、机械植保等综合作业面积40万亩；落实中央项目农机购置补贴资金910万元；新推广各类农机具1万多台套，培训农机技术操作人员1000余人；新注册登记拖拉机127台，新增驾考合格拖拉机驾驶员152人，年检拖拉机687台。全县未发生较大以上农机安全责任事故。2017年，县农业机械化管理局被授予“湖南省文明卫生单位”“常德市文明单位”“石门县信访维稳工作先进单位”等称号，二级机构石门县农机技术服务推广站被授予“湖南省先进农机推广站”称号，尹治国被授予“常德市抗旱工作先进个人”称号。

农机安全管理。规范监管台账，强化主管部门责任，接受社会监督。新建并严格验收9家“平安农机”示范合作社。规范了农机监理业务工作，全年办理拖拉机入户127台套，联合收割机入户50台套；新办拖拉机驾驶证152个，联合收割机驾驶证14个；全年共检测拖拉机687台套，检审率达75%。县、乡、村三级层层签订《农机安全生产责任状》，积极抓好打非治违工作，全县农机系统共出动执法人员300余人次，检查拖拉机等车辆800台次，纠正违章50台次，开展宣传活动30场次，发放宣传资料5000余份，张贴宣传标语120条(幅)，全县全年未发生较大以上农机安全事故。巩固了“国家平安农机示范县”的创建成果。

农机推广应用。规范实施农机购置补贴惠农政策。2017年落实中央项目农机购置补贴资金910万元，引进推广新型农机具20多个品种，补贴机具2500多台套，受益农户达2000户。全年举办农机推广示范演示会20余场次，培训农机操作手1000余人，发放农机技术资料2000多份，有力推动了农业机械的普及应用，提高了农机手的技术水平。

文明创建。投入200多万元改造机关院落，美化院落环境，常年开展道德讲堂、志愿服务和文化体育活动，不断强化农机推广、农机安全和农机服务，助力推动农机扶贫，将文明创建向基层站校、员工家庭、城镇社区、扶贫点村、互联网络延伸，全年撰写博客近40篇，转发微博近千条，在常德文明网发布信息13条，在湖南省农机化信息网发布信息40条。2017年，县农机局被常德市文明办授予“市级文明单位”称号。

农机深松整地。2017年，全县共完成深松整地2.1万亩，争取省财政补贴资金111.3万元，改善了全县耕地耕作层浅的问题，提高了耕地质量，增强了土壤蓄水、保肥能力。

【开展农机社会化服务活动】2017年，推进农机社会化服务，开展“干部下基层、农机促春耕”系列活动，全年为群众检修农机具2000余套。在农机打假护农行动中，出动车辆及人员20多人次检查农机经销店22家，开展打假宣传活动5场次，检查农机产品300台件。在8月份的严重旱期，农机部门在县防指的统一指挥下，在全县组织近千台抗旱机具参与抗旱，抗旱面积近5万亩，为水稻、柑橘等保产保收作出贡献。全年指导并扶持9家农机大户成功申报现代农机专业合作社，每家合作社获得省财政奖励资金15万元。另外，经工商注册登记并正常运行一年以上的现代农机合作社中确定3家申报现代农机合作社示范社，在省市验收中全部通过，每家合作社获得省财政奖励资金10万元。

【农机救灾队参加夹山昂头水库管涌抢险】2017年12月27日下午1时许，夹山镇小(一)型水库昂头水库出现管涌险情。灾情就是命令，接到县防指通知后，县农机局农机救灾队由局主要领导带队，第一时间赶赴现场全力抢险。农机救灾队出动专业救灾技术人员6人及大功率抽水机4台套，采取轮流值班的方式日夜奋战在救灾第一线，经过24小时连续奋战，抽水近2万立方米。水库水位降低约2米，险情得到有效控制，下游10余户农户生命财产安全得到保障，千余亩良田免除被淹风险。

（文书众）

移民工作

【概况】2017年，全县移民工作以水库移民早日步入小康为目标，以规范后扶项目管理、规范移民资金使用、扶持移民产业发展、加大移民培训力度为重点，着力提高移民后扶成效，倾力化解移民诉求，为库区和移民安置区经济社会发展提供了有力保障，实现移民大局和谐稳定。县移民局被省移民局评为“2017年度全省移民工作先进单位”。

工作成效。一是移民后扶取得新成效。2017年投入移民后扶资金2358.6万元，组织实施后扶项目241个，年度项目计划已全部实施；后扶直补资金1468.59万元全面发放到位；被纳入全省为民办事绩效考核范围的移民避险解困工作任务全部到位；重点移民村整村推进工作经验在全省移民系统得到推广。二是移民培训实现新突破。在开展实用技术培训和技能培训的基础上，积极探索移民培训新思路，培育新型移民，促进移民劳动力转移，提升移民致富内生动力，组织完成柑橘种植、大棚蔬菜、电商等移民实用培训18期3669人次，其中移民1125人，委托职业技能培训学校开展移民培训2期96人，输送省移民局进行养老护理员、厨师等转移就业培训6人次。三是移民安置获得新进展。白沙水电站工程是县招商引资项目，属于省移民局重点考核项目。白沙水电站自启动征地补偿安置工作以来，通过县国土征拆处、县水利局、皂市镇政府等部门的通力协作，各类补偿资金全部拨付到位，6月通过省、市移民局组织的移民安置验收。四是移民信访呈现新态势。转变观念，坚持依法化解移民诉求，引导移民理性表达诉求，推行信访接待日排班制度，实现全年无移民集访、群访事件发生，重要时间节点移民群体均保持稳定。五是精准扶贫取得新业绩。扎实开展脱贫攻坚工作，帮助2个扶贫点村理清发展思路，发展村集体经济，改善村容村貌。

后期扶持。①全面实施年度后扶项目计划。对2016年度未完成后扶项目计划实施进行提速，完成项目7个，拨付项目资金262万元。加快实施本年度后扶项目资金计划。督促下达的2358.6万元项目资金计划全面实施，完成道路建设85.5千米，投资1657万元；完成沟渠建设9.6千米，投资203.4万元；完成堰塘整修13口，投资77.6万元。项目受益移民11212人次。库区和移民安置区的基础设施进一步得到完善。②全面清理移民后扶直补人口。2017年核定移民后扶直补人口26576人，较2016年核减290人，发放后扶直补资金1468.59万元。移民后扶直补人口全部纳入了湖南移民信息系统进行统一管理，结合“互联网+监督”系统平台，实现了移民户可随时自行网上查询直补资金发放情况。③稳步推进移民避险解困搬迁。向省移民局争取294万元专项资金，实施中严格按照规定程序确定54户147人为搬迁建房对象，并对移民建房地点、规模进行多次实地督导，年底拨付已完成搬迁建房对象补助资金。该项工作顺利通过省、市、县实事办的考核。④着力开展重点移民村整村推进。确定龙凤社区、秀山村、白洋湖居委会为全县2017年度重点移民村，其中龙凤社区被纳入全省50个重点移民村整村推进示范点村范围。按照省移民局“一户一策，一村一品，整村推进”的工作思路，在移民项目扶持上，将移民后扶项目资金适当集中、重点帮扶，安排每个重点移民村年扶持资金100万元，联合财政、农业、水利等部门资金整合倾斜，加大重点移民村资金投入，加快移民美丽家园建设步伐。9月，省移民局召开重点移民村整村推进美丽家园建设现场会，龙凤社区和秀山村作为大会考察现场点接受全省50个区(县、市)移民局的指导，石门县开展重点移民村整村推进工作的经验在大会上作典型发言。

资金管理。一是健全完善县级报账制。结合财经法规和移民资金管理规定，修订完善县级报账制，做到制度与实际有机结合、无缝对接，对移民资金做到分类分账核算，制定统一的资金台账，并在“互联网+监督”平台上及时进行公示，为移民资金安全运行提供有力保障。二是全力确保移民资金不出差错。结合内审、稽查工作要求，定期组织专门人员到各移民乡镇开展资金专项检查。7月，对全县9个乡镇2015年至2016年度600元以内项目资金、培训费、应急处置补助资金的内审抽查，并及时召开被检乡镇分管领导和移民站长会，针对发现问题下达检查通报，要求被检乡镇对存在问题进行限期整改。三是严查“雁过拔毛”式腐败问题。通过内审、稽查和征求移民群众意见等形式收集项目和资金方面的问题线索，上报“雁过拔毛”式腐败问题线索5个。

矛盾化解。转变维稳观念，变事后化解为提前预防，坚持依法依规化解矛盾，引导移民理性表达诉求，探索移民信访上访变下访机制，定期到各安置区走访了解情况，着力推进信访积案化解。全年接待移民群众来人来访105批次174人次，现场处理矛盾问题30期，办理各级交办件34件，其中省级2件、市级5件、县级27件，均做到认真严肃对待，及时组织现场调查，积极稳妥处理，化解信访人的不稳定情绪和苗头，满意率达95%以上。全年实现无移民集访、群访事件发生，重要时间节点移民群体均保持稳定。

技能培训。①实用技术培训。聘请专业讲师分别在蒙泉镇、易家渡镇等移民后扶人口相对较多的乡镇，以田间地头、屋场广场为课堂，本着“实际、实用、实效”的原则，围绕柑橘、脐橙栽培及农业实用基础知识、柑橘精品园建设、有机茶叶生产、大棚蔬菜种植等技术，提升移民农业生产技术。全年共开展实用技术培训18期，组织实用技术培训3669人，其中移民1125人。②就业技能培训。通过开展委托专业机构培训的方式，举行移民就业技能培训2期96人次，输送养老护理员、厨师等转移就业技能培训对象6人到省移民局进行培训。③淘宝电商培训。结合县情，积极与县供销部门沟通，以农村淘宝为依托，充分发挥产业优势，聘请电商培训专业团队，举办以电脑操作、市场营销等为主要内容的电商培训1期，参训人数344人。

产业建设。2017年，县移民局直接投入资金50万元，重点支持楚江街道龙凤社区、秀坪园艺场的柑橘产业建设，品种改良面积1500亩，3处200亩精品果园建设进展顺利。龙凤社区移民仅柑橘产业一项收入人均达8000元，秀坪柑橘价格达4元／千克，移民人均收入5000元；直接投入20万元支持易家渡镇叶家坪村建设蔬菜大棚28个，惠及移民60余人，大棚建成后年收入可达2万元／个。县移民局累计支持该村建设蔬菜大棚达85个，受益移民180余人，壮大了该村的产业规模，形成产业优势，稳定了移民收入门路。

脱贫攻坚。2017年，县移民局负责维新镇大兴场、三圣乡杜家岗社区2个村的脱贫攻坚工作，帮扶工作队员全年驻村时间均在200天以上。局干部职工帮扶对象增加到4～5户／人，共联系43户。局里挤出资金支持扶贫点村近50万元，安排项目资金70万元支持脱贫攻坚工作。驻村干部、帮扶责任人保证了精力和时间，严格按照工作要求全面落实，与贫困户建立友情，制定具体帮扶措施，送政策、送资金、送微心愿，热心帮助贫困户解难，贫困户得到实惠，助推了脱贫步伐。

【白沙水电站移民安置通过验收】白沙水电站移民工作自2016年9月启动以来，征地补偿安置工作通过不断的沟通、协调，2017年4月底止，各类补偿资金1897万元全部拨付到位。县移民局联合县国土、水利、疾控等部门，按照安置验收的规定筹备自验，并向市移民局提出初验申请。

2017年5月15日，白沙水电站下闸蓄水阶段移民安置验收自验、初验会议在县尧业国际大酒店22楼会议室召开。会议听取了项目业主石门兆恒公司、县移民局、规划设计单位、综合监理、皂市镇政府、县国土局、县水利局、县交通局海事处、县审计局、县档案局和三名特邀专家的报告和意见，通过讨论，一致认为，白沙水电站下闸蓄水阶段移民安置验收自验、初验顺利通过。市移民局副局长吴宏志、县长郭碧勋、副县长孙云波、兆恒集团公司总裁朱宏、各相关部门主要负责人及工作人员参加会议。

2017年6月21日，省移民局在县尧业国际大酒店组织召开白沙水电站下闸蓄水阶段移民安置验收终验会议。会议听取了项目业主石门兆恒公司、县移民局、县疾控中心、规划设计单位、综合监理、皂市镇政府、县国土局、县水利局、县交通局海事处、县审计局、县档案局和四名特邀专家的报告和意见。通过讨论，一致同意白沙水电站下闸蓄水阶段移民安置验收终验顺利通过。省移民局副处长龚佑军、调研员李新军、市移民局副局长吴宏志、县领导康文化和各相关部门主要负责人及工作人员参加会议。2017年7月21日，白沙水电站工程正式下闸蓄水发电。

【童康宁到石门县调研移民工作】2017年4月12日，省移民局党组成员、副局长童康宁一行在市移民局副局长吴宏志等人的陪同下，到石门县开展移民后扶整村推进及避险解困搬迁实施工作调研。县委常委、政法委书记张树国，副县长孙云波，县移民局局长熊崇军，楚江街道党工委书记李世辉等参与陪同调研。省、市移民局领导一行现场踏看了位于楚江街道龙凤社区的移民产业发展基地，召开大中型水库移民后扶工作座谈会，听取了石门县移民后扶工作和龙凤社区建设移民美丽家园的情况汇报，并征求参会的3名移民代表对移民后扶政策的意见和建议。

【全省移民美丽家园建设整村推进会在石门县召开】2017年9月25日至26日，省移民局组织召开召开“全省移民美丽家园建设整村推进会议”，省移民局、省财政厅和全省各区县市（州）移民部门的主要负责人在石门县尧业国际大酒店报到，参观了石门县秀坪园艺场秀山村、楚江街道龙凤社区设置2个现场点。26日在常德天际喜来登酒店举行会议，听取了石门县移民局开展移民整村推进工作的情况汇报。

（县移民局）

贸　易

商务工作

【**概况**】2017年，大力实施开放崛起发展战略，全力推进“百商入石”“山品出境”“石企出海”“优供促销”四大专项行动，全县商务工作稳中有进，内贸工作被评为全省先进。

商贸流通。2017年，全县完成社会消费品零售总额121亿元，同比增长11.6%，完成第三产业增加值119.66亿元，增速13.1%。制定出台了2017年度三产业、社会消费考核工作办法。加强指标运行态势监测，以绩效指标考核为核心，按月对82家商贸限上企业，40家规上服务业企业统计联网直报调度，及时分析，加强指导。建立服务业工作机制，协调相关部门形成服务业工作合力，培育发展、掌握情况。督促指导符合条件的重点企业开展年度入规申报，落实消费促进措施，抓好消费促销活动，成功举办欢乐购物节和年货节活动，共组织10余家商场、超市开展促销活动，销售额近2200万元。扶持市场体系建设，争取市场建设省级扶持资金150万元，新关、所街、蒙泉等乡镇及集镇规划建设农贸市场。

对外贸易。2017年全县完成外贸进出口2940万美元，占年度目标任务2800万美元的105%，7家企业体现外贸业绩。实现加工贸易555万美元，3家企业体现加工贸易业绩。外贸破零企业两家，外贸倍增实现两家。采取措施补短板，分解全年目标任务到15家外贸企业，修订完善外贸企业“破零倍增”管理办法和实施细则，发放奖金48.78万元。湖南易红堂红木家俱制造有限公司、湖南楚韵茶业、石门恒园果业三家企业外贸业绩“破零”，湖南禅茶一味有限公司、绿盟农业科技公司、石门敦成农产品有限公司三家企业实施外贸业绩“倍增”。组织企业参加第十九届中国食品博览会、中非地方农产业博览会、香港亚洲水果展等展会，重点宣传石门县茶叶和柑橘等特色农产品，现场对接10多个国家的客商代表，拓宽了出口渠道。

电子商务。2017年，石门县被评为“全国电子商务进农村综合示范县”，国家下拨1500万元予以扶持。在石门经济开发区设立了电子商务公共服务中心，10月17日开园运营，有35家电商企业、8家快递公司入园运营。依托各种公共平台，在全县18个乡镇、4个街道办事处、3个农林场相继成立电商服务站，实现乡镇服务站全覆盖，完成58个贫困村的村级站点建设，发展网商网店1125家。制定实施《石门县电子商务万人培训实施方案》《石门县电子商务扶贫专项实施方案》《石门县电子商务产业发展规划(2016—2020)》等一系列文件，整合全县培训资源，组织全县电商人才培训，全年培训村级信息操作员500名，培训村干部650人次，培训电商人员3000人次。全县有12家规模企业电子商务交易额超过500万元，其中农产品电商份额占70%以上，其中湘佳牧业股份有限公司网上销售收入突破3亿元，湖南天下康生物科技有限公司网上销售额达3000万元。有9家电子商务企业被认定为省级电子商务企业。

(谌光华　邓颢晛)

【**郭碧勋调度国家电子商务进农村综合示范县项目**】2017年5月18日，石门县入围国家电子商务进农村综合示范县。按示范建设要求，通过三年努力，全县电子商务交易额同比增长52%以上，达到22亿元以上；建成县级电子商务公共服务中心1个、乡镇级电子商务公共服务中心22个、村级电子商务公共服务点331个；培育年交易额5000万元以上电子商务企业10家以上，过亿元的电子商务企业3家以上、省级电子商务示范企业3家以上；培育各类电子商务领军人物，培训电子商务人才1万人以上，为农村农民创造5万个就业岗位，带动5000户建档立卡贫困户走上致富路。

9月12日，县委副书记、县长郭碧勋在县政府五楼会议室专题调度石门县国家电子商务进农村综合示范县项目。县委常委、常务副县长周功表出席，副县长车立平主持会议，相关部门负责人参加会议。郭碧勋强调，国家电子商务进农村项目落户石门，是石门一件大好事，是石门县情的需要，各部门要提高认识，统一思想，积极支持该项目建设。调度会后，出台《加快推进电子商务产业发展的实施方案》《加快推进电子商务产业发展的实施意见》两个文件。

(编辑部)

【**第七届汽车展销会**】2017年5月26日，“中华联合保险杯”石门第七届汽

汽车展销会开幕式

车展销会在东城天门北路开幕，县政府副县长车立平主持开幕式，县商务粮食局等相关单位负责人出席开幕式。车展由石门县商务粮食局主办、石门县汽车流通行业协会承办、湖南杨氏鲜果有限公司协办、中华联合财产保险股份公司冠名。参加第七届汽车展销会的有昌盛汽贸、华逸汽贸、日丰、蓝天、高飞、恒丰等数十家汽贸公司。车展现场品牌众多，名车荟集，展期 3 天，共销售汽车 382 台，销售额 4800 万元。

（谌光华）

【石门县电子商务公共服务中心开园】2017 年 10 月 17 日，石门县电子商务公共服务中心举办开园仪式，标志着石门县国家电子商务进农村综合示范项目全面启动。县委副书记邓碧波主持开园仪式，市人大常委会副主任、县委书记谭本仲，县委副书记、县长郭碧勋为石门县扶贫济困志愿者服务团授旗、授牌。县委常委、常务副县长周功表接受志愿者服务团现场捐赠的扶贫产业资金 20 万元；县委常委、副县长赵书军介绍中国社会扶贫网石门管理中心上线情况；副县长车立平介绍国家电子商务进农村综合示范县项目启动和电子商务公共服务中心开园情况；县政协副主席覃惠敏介绍组建石门县扶贫济困志愿者服务团情况。副县长谭本军，常德日报传媒集团党委副书记、总编辑唐直秋，常德日报传媒集团党委委员、尚一网副董事长唐卫平出席仪式。

2016 年，石门县启动电子商务公共服务中心项目建设，项目总面积 7500 平方米，其中办公区域 3000 平方米，物流仓储区域 4500 平方米。服务中心办公区域主要划分为“石门印象”展示区、农产品展示区、电商办公区、电商培训区、电商孵化区 5 大功能区。服务中心将完善政务服务、宣传推广、物流集散、产品展销、人才培训、创业孵化和运营支撑 7 大功能，成为连接“工业品下乡、农产品进城”的重要枢纽。

【中泰湘西北农副产品冷链物流中心项目启动】2017 年 1 月 16 日，中泰湘西北农副产品冷链物流中心项目启动仪式在蒙泉镇白洋湖居委会举行。县领导薛杰、张国珍、彭泽人出席开工仪式。该项目由广西中泰欢乐谷旅游投资有限公司与旗下泰国分公司联合投资，2016 年 10 月签约，总投资 5000 万美元，约合人民币 3.7 亿元，其中固定资产投资 3.4 亿元。项目一次性规划分期建设。农副产品冷链物流交易中心选址石门县蒙泉镇白洋湖社区，征用土地 120 亩，总建筑面积 10 万平方米，项目建设内容主要有：集贸交易大棚、农产品检测中心、展示中心、物流配送中心、商品化处理加工厂房、农技研发推广中心、冷冻冷藏气调库、电商交易中心、泰国农产品展示厅、生活服务配套区等。项目建成后，预计农副产品年交易量达 40 万吨，交易总额达到 12 亿元。

（王章建）

【石门县肉制品供应链及深加工项目开工】2017 年 1 月 16 日，石门县肉制品供应链及深加工项目在二都街道千烽社区开工，县政府党组副书记万义元主持开工仪式，县委常委、宣传部部长江毅宣布开工，副县长宋雨泓致辞。该项目由深圳市万众兴业供应链管理有限公司投资新建，项目拟投资 1.35 亿元，新建一条年屠宰 10 万头生猪标准化生产线。项目分两期建设，项目一期（屠宰生产基地）用地 20 亩；项目二期（特色肉制品深加工基地）用地 40 亩。主要建设屠宰车间、冷藏、肉制品深加工车间、综合信息大楼、展厅、员工宿舍及配套设施建设。项目建成后，经过 5 年培育，预计年创税收 1000 万元，新增就业岗位 1000 多个，并带动三产业的繁荣。石门县肉制品供应链及深加工项目建成后，可保证县城鲜肉供应和鲜肉质量，让县城居民吃得放心；启动建设冷鲜肉品配送营销中心体系，可稳定县城鲜肉价格；研发特色肉食产品深加工，可提升石门传统腊肉品牌内涵并辐射全国消费市场。项目建成后，可有效解决现有楚江宰场布局不合理、生产技术落后等问题。

（王定玫）

【石门国际汽车城项目开工】2017 年 1 月 16 日，石门国际汽车城项目正式开工。项目由湖南永通集团有限公司投

中泰湘西北农副产品冷链物流中心启动仪式

石门国际汽车城开工仪式

资，总投资10亿元，选址石门县宝峰街道竹木市场地段，占地226亩，主要建设内容为：4S专卖店、会展中心、汽车主题酒店、汽车影院、汽车配件市场、汽车美容市场、商用车市场、农用车市场、二手车市场、车管所、汽车检测中心、汽车新能源线上线下体验馆、汽车互联网+培训与运用、充电站等。项目一次性规划建设，建设期为取得施工许可证后24个月。项目建成营运后，能有效规范石门县汽车贸易市场，促进县域经济繁荣。

(张友亮)

【组织电商企业参加中部“农博会”】 2017年11月18日，县商务粮食局组织石门县九品福、益添壹碗等部分电商企业带着农特产品参加在长沙国际会展中心举办的2017中国中部(湖南)农业博览会暨中国农博峰会。该届农博会由农业部、湖南省人民政府主办，湖南省农业委员会、长沙市人民政府等承办。农博会以“绿色与品牌·交流与合作”为主题，会期7天，期间吸引了全球30多个国家和国内10多个省份的3000多家企业参展。展会共安排八大特色展馆、十大主体活动，旨在全力构建智慧型农博生态系统，打造政策解读、信息传递、产销助推、产业融合、品牌孵化、对外合作等六大平台，拓展产业范围，延伸服务内涵，提升品牌层次。石门县农村电子商务发展迅速，交易量持续保持高速增长，成为农村转变经济发展方式、优化产业结构、促进商贸流通、带动创新就业、增加农民收入的重要动力，2017年国家电子商务进农村项目成功落户石门县，极大地推动了全县电商进一步发展。在农博会上，石门县参展企业亮相的农特产品柑橘、粗粮面条、茶叶、石门土鸡、板栗、望羊麻花、腊肉等石门特色农产品受到来自全国各地的客商青睐。

(谌光华)

粮食流通

【概况】 2017年，县商务粮食局严格落实粮食安全省长负责制，健全储备粮管理体系，严格按照国家政策抓粮食收购，指导二都粮库仓储规范化运行，严格储备粮管理；保障军粮供应，促进军民融合；促进粮食流通改革发展，坚守“种粮卖得出，吃粮买得到”的工作底线，保证地方粮食安全。

粮食购销。完成粮食收购，为保护农民利益，防止“谷贱伤农”，按时启动早、中晚稻托市收购政策，严格执行2017年国家规定的2017年生产的早籼稻(三等，下同)、中晚籼稻最低收购价格分别为每50千克130元、136元的收购政策，坚持“五要五不准”的收购守则，方便农民售粮，累计收购稻谷5463吨；完成粮食销售工作，按照程序完成政策性粮食的销售出库，公开、公平、公正实行竞价销售，保证了省级、县级储备粮食轮换按时完成；组织指导全县粮食经营企业开展社会粮食购销，搞活粮食市场，为经营者提供购销政策和价格信息，保护种粮农民利益，促进全县粮食生产，2017年全县粮食社会收购6.56万吨，销售7.52万吨；完成粮食市场监测和信息服务，完善了粮油价格监测网络，转化企业省外购进玉米、小麦、大豆(豆粕)等13.1182万吨，转化生产饲料13.79万吨。完成全县社会粮食统计调查和年度社会粮食供需平衡统计调查及油菜籽产、购、留的数量、价格市场调查分析，为各级领导决策提供准确的数据。

军粮供应。投入军供粮店改造资金98万元，在二都粮库建成石门县军粮供应店，修订了军粮供应店的各项规章制度，驻石部队军粮供应得到保障，全年供应大米16515千克，面粉4024千克，食用油3840千克。

粮食储备。湖南石门国家粮食储备库(二都粮库)是粮食流通体制改革后保留的唯一一家国有粮食企业，2017年12月库存粮食55000吨，其中省级储备粮8500吨，县级储备粮4000吨。

(谌光华)

【储备粮轮换工作迎省验收】 2017年11月29日，省粮食局生产经营指导办主任黄培根带领联合检查组一行，到石门国家粮食储备库(二都粮库)进行2017年度省级储备粮轮换验收确认。检查组一行严格省级储备粮轮换验收确认的工作程序、内容、方法和要求，逐仓进行实地测量核实，对粮库的规范化管理、创建星级粮库、安全储粮和安全生产等各项工作进行全面检查。黄培根对石门县的储备粮管理工作给予肯定，指出存在的差距，要求继续狠抓储备粮安全工作，提高管理水平，确保粮食安全。

(陈文刚、谌光华)

烟草专卖

【概况】 石门县烟草专卖局(分公司)隶属于常德市烟草专卖局(公司)，组建于1985年。专卖局(分公司)实行两块牌子、一套班子的经营管理体制，全称为“湖南省石门县烟草专卖局”“湖南省烟草公司常德市公司石门县分公司”，受常德市烟草专卖局(公司)和石门县人民政府的双重领导，担负着石门县辖区内的烟草专卖行政管理、卷烟营销、烟叶生产工作职能。内设9个部门，即办公室、综合室、监察室、财务室、专卖监督管理股、市场服务分部、烟叶生产经营分部、基建办(临时部门)、内管派驻组，下辖壶瓶山、雁池烟草站，共有在编人员93人，离退休人员81人。2017年，销售卷烟2.43万箱，实现销售收入6.83亿元；收购烟叶3.41万担；立案查处涉烟案件203起，查获涉案卷烟312.5万支，其中，查获超5万元卷烟大要案8起。

卷烟经营。一是严守规范红线，营造健康有序市场环境。加强规范经营宣传，引导零售客户自主订货、自主缴款、自己取货、自主经营，规范卷烟经营行为。二是建设自律互助小组，提升客户盈利。引导自律互助小组发挥组织管理、市场监督、终端维护、品牌培育、相互协作的功能，增强辖区卷烟零售户守法经营意识，有效稳定卷烟市场价格，规范市场秩序，提升零售客户盈利水平。2017年全县共建立34个卷烟零售户自律互助小组，共有706名客户加入小组，涵盖有效客户的40%。三加强服务指导，提振经营信心。以提高“个性化、增值化、专业化”服务为重点，增强客户经营能力，帮助客户提振信心，全年共向零售户发放金叶慈善医疗卡8张，举办客户培训会72场，到会1214人次，覆盖率62.13%。四是注重品牌培育，引导卷烟消费。通过品牌宣讲会、店内促销、空盒兑奖等多种形式开展品牌培育活动，强化品牌形象宣传和消费拉动，引导零售户和消费者积极参与活动。分别与湖南中烟、广西中烟、贵州中烟、江西中烟、广东中烟、浙江中烟等工业公司开展工商协同活动16场次。通过活动，新品牌和重点培育品牌的铺货率明显增长，其中细支烟销售量达127.56箱，同比增长509.18%。

烟叶生产。认真贯彻落实行业“烟叶双控”要求，抓好优化产业布局和优化种植主体，稳定壶瓶山、南北镇等高海拔优质产区种植规模，突破中低海拔区域发展瓶颈，重点发展扩大太平、三圣等有潜力产烟区域种植面积，稳定全县植烟规模；重点发展20～50亩规模种烟农户，控制百亩大户，全县20～50亩基本烟农户占比31.8%，同比增加13.8个百分点。推进现代烟草农业，2017年烟基设施建设投入资金1584万元，全面完成土地整理、机耕路、农机、烤房、育苗大棚、烤房设备购进等项目，其中土地整理面积2000亩，机耕路14条22.47千米，烤房80栋，育苗大棚2处，农机购进188套。建设壶瓶山精益生产示范园，覆盖面积5000亩，在示范园内推广科技项目12个，投入科技资金73.23万元，其中推广太阳能杀虫灯0.32万亩，推广食诱剂0.05万亩、性诱剂0.05万亩，推广XQ生防菌0.53万亩。落实惠农政策支持产业发展，通过和人保财险沟通协调，为受灾烟农理赔89.08万元；落实生产投入补贴861万元，职业烟农补贴29万元；对特殊困难和受灾严重烟农户捐赠救助资金100万元，发放金叶医疗慈善卡34张1.7万元；对烟农子女考入二本以上大学，实施“芙蓉学子”行动，资助5人2.5万元。

专卖管理。2017年联合公安、工商等职能部门相继开展联合行动4次，出动执法人员1900人次，辖区市场净化率达98%。对“两烟”市场进行专项整治，开展了“春雷8号”“红盾春雷1号”“3·15”“6·29”行动，打击假冒伪劣卷烟、无证经营、卷烟非法流通等非法经营行为。加强证件管理，全年办(受)理行政许可事项993项，其中新办240项、变更3项，审批注销237项，延续502项，歇业72项，停业9项，恢复营业4项，收回许可证1项。

【宋云文到石门县调研烟叶生产】 2017年7月27日，常德市人大常委会副主任宋云文到石门县调研烟叶工作。宋云文一行先后到壶瓶山镇、南北镇等烟叶主产区，参观了壶瓶山烟草站党建活动室，实地走访了解烟叶大田后期管理、成熟采烤、合作社运行、防雹炮点运行等工作，并与烟农深入交流，详细了解烟叶种植、合作社服务、种烟经济收益等情况。宋云文充分肯定石门县烟草局在基层党建、烟叶大田管理、合作社专业化服务、烟农增收等方面的工作，认为石门县草局局党建工作有特色、烟叶生产有亮点、专业服务有提升、促农增收有实效。他强调：一是抓党建，创新亮点夯实党建基础。以基层服务型党组织建设为抓手，着力打造“支部建设标准化、党员管理精细化、组织生活痕迹化、阵地建设功能化、主题活动特色化、服务型党组织创建品牌化”的标准化烟站党支部，充分发挥一个党员就是一面旗帜，基层支部的战斗堡垒作用。二是讲规范，把握质量凸显收购公平。立足当前烟叶生产工作重点，以工业需求为导向，抓好成熟采烤、烟叶分级和收购工作，做好技术指导以及收购前的宣传引导、政策解释各项准备工作，坚持质量标准一把尺子量到底，使收购过程透明化、公平化、公正化，切实维护好烟叶收购秩序和烟农利益。三是促增收，凝心聚力抓好精准扶贫。根据“聚焦主业促增收、拓宽副业助增收、多方合力谋增收”的工作思路，创新生产模式，优化技术体系，健全保障制度，全面实现降本增效促增收，特别是要发挥烟草部门优势，落实扶贫帮困措施，确保贫困烟农如期脱贫。市烟办主任戴国华、市烟草局(公司)领导陪同调研。

(县烟草专卖局)

【查处物流环节涉烟案件】 2017年，互联网及物流寄递环节的涉烟案件呈多发高发态势，石门县烟草专卖局坚持问题导向，着力破解物流寄递涉烟违法执法难点，提升市场监管水平。举措：一是强化宣传引导。通过张贴公告、发放资料等积极开展烟草专卖法律法规知识宣传；专卖执法人员每月定期开展市场检查和法律法规宣传，帮助物流寄递行业工作人员树立法律风险意识和责任意识。二是强化线索收集。完善、落实情报奖励制度，激发群众举报违法行为的积极性；全面清查摸底辖区内全部物流快递企业，建立辖区快递物流企业档案，及时掌握新情况、新动向，做到“家底”摸清，心中有数。三是强化精准打击。注重数据分析，汇总案件发生信息，以寄件信息、收件地址、卷烟品牌等为基础，加强卷烟流向分析，筛选出重点监管品牌、重点监管区域、重点监管零售户，开展覆盖辖区全范围的整治行动，从源头解决问题，提高打击精准度。四是强化联动机制。在多渠道收集物流寄递涉烟违法犯罪情报信息的基础上，强化与邮政管理、公安、交通等部门的配合与协作，实现信息共享，完善联动机制，定期联合开展专项整治行动，强化对物流寄递涉烟违法活动的重点管控，促使联合打击取得实效。截至8月11日，石门县烟草局联合相关执法部门开展专项整治行动3次，立案查处物流寄递涉烟违法案件54起，查获违法卷烟包裹101个，涉案卷烟11.48万支，涉烟金额16.2万元。

(卢　行)

食盐专营

【概况】2017年，石门县盐业分公司贯彻落实集团公司《改革发展纲要》，较好地完成全县食盐市场供应、盐政市场管理、盐业体制改革等工作任务。

食盐市场供应。全年销售各类盐3011吨，其中500克绿色加碘小包盐1920吨，400克绿色加碘小包盐153吨，320克系列新品盐69吨，其他各类原包盐869吨。

盐政市场管理。2017年，县盐务管理局联合县食安办、县科技和工业信息化局、县食品药品工商质量监管局对学校、企事业机关食堂、餐馆等特通渠道进行一次全面的清理整顿，继续抓好盐业法规政策的宣传与普及。规范食盐供应主渠道建设。重视和规范食盐进货渠道的管理，建立食盐采购信息告知制度和进货查验记录制度，保证全县人民吃上合格盐、放心盐，确保食盐供应安全；加强跨省盐入石盐企经营监管，维护全县食盐安全，保障合格加碘食盐供应，保证食盐市场经营秩序，组织执法人员加强跨省湘盐企8项入湘资质审核，对不能提供完整资质或手续不全的企业，采取责令整改，待其提供合法、完整手续后方可开展经营；对质量不合格产品或碘标不符合省内要求的，采取责令下架、等待厂家召回，或异地封存、等待厂家召回等措施。加强盐改政策宣传以及消费者食盐安全知识普及，有效遏制了假冒伪劣和不合格食盐在市场蔓延，同时有力打击了犯罪分子趁盐改期间制假贩假的犯罪势头，有效保证了全县人民的食盐安全。

【盐业体制改革】根据《湖南省人民政府关于印发湖南省盐业体制改革实施方案的通知》《湖南省人民政府办公厅关于印发湖南省盐业监管体制改革实施方案的通知》精神，2017年12月31日前，剥离省轻工盐业集团(省盐务管理局)及其分支机构承担的食盐质量安全管理与监督职能，并移交同级食品药品监管部门，实现政企分开，加强执法体系建设，由食品药品监管部门统筹全省食盐质量安全管理与监督、盐政执法和监督工作。2017年，石门盐业体制改革进入实施阶段，县盐业分公司负责人多次向县人民政府分管副县长汇报，和县工信局、县委编委办、县食药工质监管局衔接盐业体制改革事宜。截至2017年年底，石门县盐务管理局的食盐质量安全管理与监督职能终止并移交县食药工商质量监督管理局。

(县盐业分公司)

农村合作经济

【概况】2017年，石门县供销合作社紧紧围绕改革、发展、服务主题，牢记服务“三农”职责，各项工作取得实效。

服务“三农”。2017年，县供销社为农服务成效好。一是整合合作经济组织。通过整章建制，对合作经济组织进行规范，对没有发展动力和合作前景的专业合作经济组织，中止合作。对实实在在为农服务的合作经济组织，集中力量给予扶持，2017年对富农土地托管公司、株木岗两个发展前景好，为农服务的专业合社在项目上给予重点倾斜。二是促进农产品流通。为解决全县茶叶企业市场营销难以形成整体合力的问题。加大品牌整合力度，将全县各企业品牌整合为“石门银峰”一个品牌。县供销社牵头组织全县多家茶叶企业参加长沙、常德的茶文化节等系列活动，为拓宽茶叶销售市场打好基础。利用柑橘节契机，组织5家柑橘专业合作社走出石门前往广州等地市场推介石门柑橘，对接一批有知名度的农产品批发市场，为石门柑橘拓宽了销售渠道。三是调解柑橘调运纠纷。联合县公安、工商、交通等单位对配载市场进行整顿，调处各类纠纷20余起，为橘农、橘商挽回经济损失60多万元，创造了良好的销售环境。

综合改革。一是强化组织和政策保障。成立以县委副书记为组长、分管副县长为副组长，相关部门负责人为成员的供销综合改革领导小组。县委、县政府出台《关于深化供销合作社综合改革的实施意见》，供销社制定了《石门县深化供销社综合改革实施方案》，为综合改革提供了强有力的组织保障和政策支撑。二是以石门惠农服务公司为龙头，注册成立了14家乡镇中心社，激活了8家基层社，总数达22家。为将服务延伸至村，建立村级综合服务社140家。基本形成县有公司、乡有综合服务中心、村有综合服务社的为农服务体系。三是成立石门县农产品公共服务中心。以石门县电商产业园建设和引进阿里“村淘”项目运行为契机，惠农公司先期投资300万元全力建设石门县农产品公共服务中心，以益农电子商务公司技术团队为支撑，实施全县特色农产品标准制定、包装设计、溯源检测、保鲜冷链、品控售后以及电商人才培训等服务项目。

社会事务。维稳工作坚持包保责任

供销综合改革征求意见座谈会

制，确保包保监控不断线，不离手。2017年，在政策范围内用25万元对军转干部、志愿兵、城镇退伍、伤残军人、聘用人员的大部分实际问题进行了妥善解决，没有出现违法进京赴省和集访行为，综治、信访、维稳工作形势良好。②精准扶贫工作。扶贫工作按预定制规划稳步实施。贫困村永兴桥投资360万元新建水泥路9千米；投资24万元治理堰塘四处；投资15万元，整修沟渠800米；投资25万元，修建蓄水池三座，安装管道4000米；投资120万元，建设纽荷尔脐橙专业合作社基地300亩；投资50万元，建设光伏发电站一座；投资57万元，建设村部400平方米；电网改造、光纤覆盖、蜜蜂养殖、危房改造、易地搬迁等工作得到了群众的高度肯定。《湖南日报》《湖南红网》常德站、石门手机新闻多次报道永兴桥村扶贫工作，得到了社会各界的好评。③工会工作。坚持为职工说话，维护其合法权益，为老弱病残排忧解难，兑现了老干健康疗养费、老干遗孀生活费，先后多次组织和参加了无偿献血、扶贫献爱心、金秋助学、困难救助、健康讲座、登山比赛、提合理化建议等活动。

【供销综合改革征求意见座谈会】2017年5月9日上午，召开石门县供销综合改革征求意见座谈会，县委副书记邓碧波主持会议，县政府副县长孙云波及19家县直单位分管负责人参加会议。会上，县供销合作社理事长潘湘衡传达学习了省市有关深化综合改革的文件与会议精神，仔细解读《中共石门县委石门县人民政府关于深化供销合作社综合改革的实施意见》（代拟稿）。随后，县直单位负责人表态给予积极配合和支持，并围绕如何有序推进供销社综合改革，结合实际提出许多中肯的建议和意见。邓碧波就推动供销综合改革工作做部署。

【京东石门馆入驻招商会】2017年6月14日，县供销社召开京东石门馆入驻招商会，全县20余家龙头企业意向入驻。京东石门馆经县委、县政府同意，授权石门县供销社全资子公司常德益农电子商务有限公司筹建运营，倾力打造地域特色的优质商品导购平台，主打地方老字号、土特产、地标特产、农产品和手工艺品。入驻京东石门馆的企业或卖家将分享到由京东与石门县政府共同投入的免费的巨大流量与活动资源，同时有专业团队帮助入馆企业装修、运营指导，提供个性化的服务，解决企业电商技术人才短缺、平台入驻难等问题。京东石门馆将充分利用本地特色农产品，整合石门特色产业链，打造农产品流通公共服务体系，解决石门农产品供应链与信息链不对称的问题，建立健全石门馆品质加服务的保障机制，将石门本地的特色优势产品和旅游资源推向全国。

京东石门馆入驻招商会

【县供销社扶持贫困户养蜂脱贫】石门县山清水秀，生态环境良好，养殖蜜蜂有着得天独厚的条件。在脱贫攻坚中，县供销部门针对部分建档立卡贫困户人口少、劳力缺、门路少的情况，充分发挥其旗下产业协会——石门县蜂业协会的作用，为贫困户提供蜂箱、技术培训、产品回收“一条龙”服务。为促进农村养蜂业发展，县委将其列为全县产业扶贫项目之一，在永兴桥村召开蜜蜂养殖现场推介会，在全县122个贫困村推广。通过积极扶持，全县养蜂户发展到1.4万多户，从业人员4万多人，养殖中华蜂5.6万多箱。按市场行情，养蜜蜂年收入可达1.3亿元。

【县供销社获“2017中国果业扶贫突出贡献奖”】2017年11月3日，由中国供销合作总社、湖南省人民政府指导，中国果品流通协会、中国扶贫志愿服务促进会、长沙市人民政府联合主办的2017第三届中国果业品牌大会·全国果业扶贫大会暨中国（长沙）优质果品博览会在长沙融程花园酒店开幕。中国果品流通协会会长鲁芳校主持开幕式会议，中国供销合作总社监事会副主任王韩民、中共长沙市委副书记徐宏源、中国扶贫志愿服务促进会副会长王家华出席开幕式并分别讲话。

全国果业扶贫大会上，石门县果业扶贫成效显著，县供销社被授予“2017中国果业扶贫突出贡献奖”。石门县为深入贯彻习近平总书记扶贫开发重要战略思想,扎实推进精准扶贫工作,把产业扶贫、品牌扶贫与精准扶贫结合起来,发挥果品产业在扶贫攻坚中的作用,积极动员和凝集全行业力量广泛参与果业扶贫工作,坚持奋斗在果业扶贫的第一线。

(县供销社)

市场服务与管理

【概况】2017年,石门县市场服务中心创新服务模式,提升服务质量,改进工作作风,提高工作实效,推进县城区农贸市场健康有序发展,为服务广大居民和提升县城文明程度做出贡献。

完善管理制度。2017年,修订完善了《集贸市场管理办法》,使市场运行做到有章可循,有制可依。年初,根据全县市场建设和发展过程中的新情况,结合市场实际,对2012年经县人民政府常务会议、县长办公会议研究通过的《石门县集贸市场管理暂行办法》进行修改,并获得通过。修订后的《办法》职责职能更加明确,更细化具体,更具有针对性和可操作性,覆盖面更为广泛,便于加强部门联动,促进全县农贸市场的健康有序的发展。

市场秩序整治。采取日常管理和专项治理、教育引导相结合的方式,狠抓市场管理和市场服务工作。对各市场各区域采取定目标、定岗位、定人员、定责任,加强日常巡查,规范各类摊点摆放,对市场内进行划行归市、划线管理,维护市场的正常交易秩序;对市场及周边店面出摊占道经营、进出口通道堵塞、车辆乱停乱放的屡禁不止的现象,强化各市管所专人对管理区域的巡查值班,坚决取缔占道经营、场外交易等各类违章现象,规范各摊点摆放秩序,保障市场道路通畅,确保经营有序。

市场日常监管。一是完善市场基础设施。投入大量资金和精力,逐项排查市场基础设施,及时维修维护改造,更换了各市场灭火器、消防水带等消防器材,制作健康教育宣传专栏等,并进行3次消防演练。二是各市场管理所推行岗位化管理。实行以定人、定岗、定位;包卫生、包秩序、包服务为内容的“三定三包”,制订考核标准,加强日常督查,及时解决业主反映的问题和困难。三是各市场管理员不间断地对责任区卫生进行巡查、督导。督促各经营业主进行搬家式大扫除,定时巡查记录,作为评选“最佳经营业主”和“最差经营业主”的依据;中心班子成员带领机关工作人员全员参与,定期对市场进行清洗。四是制定“文明卫生经营户公示牌”一月一评比,年终奖励“文明卫生经营户”。将创建工作纳入年终绩效考核,每周一次督查考核打分,对于达不到工作标准的单位和人员,按考核制度予以扣分。

市场安全管理。以创建“平安市场”为目标,狠抓社会维稳和安全生产工作。层层签订《安全生产责任书》《社会管理综合治理目标管理责任书》,确保责任到人,措施到位;针对春季雨雪天气,及时组织力量,对各农贸市场亭棚的稳定性,支架的牢固安全性,市场的排水、电线、防火等设施进行全面、系统检查,及早发现,及时控制,消除安全隐患;在节假日和特护期组织专干全面深入开展市场安全大检查,逐一登记建档,分别采取治理措施。结合市场从业人员结构复杂、弱势群体较多、难点问题集中的特点,健全信访维稳排查预警机制,及时掌握不稳定的因素和苗头,做到信息早报、预案早做,对排查出来的不稳定问题做好解释、宣传和疏导工作,确保市场安全运行。

(县市场服务中心)

市场简介

【楚江大市场】楚江大市场始建于20世纪90年代,由县工商局开发建设,2003年进行整体开发,提质改造,由长沙德邦公司承建,2004年11月开市。市场占地总面积27600平方米,现有经营门面157个,摊位355个,是一个批零兼营的大型综合性市场,也是全县的蔬菜、水产、肉品、食杂调味品批发中心,除承担城区近2万人的生活服务外,还辐射全县各个乡镇及农林场。市场农贸区总面积8500平方米,其中属国有产权范围的经营面积约5000平方米,包括农贸大厅4000平方米,门面42间。2012—2013年,县政府出资350万元分两期对农贸部分进行升级改造,扩充了蔬菜自产自销功能区,取缔了清泉北路临时市场。

【综合批发城】综合批发城位于楚江镇澧阳东路53号,县公安局对面。批发城主要经营卫生洁具、厨具、灯具、五金交电、消防器材、水暖器材、建筑建材、装饰材料等,批零兼营。

【站西路市场】站西路市场起始于原外贸路段的马路市场,2004年由县广发公司开发建设迁入现址,2005年竣工开市,由原开发商自建自营。市场农贸区经营面积2800平方米,其中农贸大厅1380平方米,门面33间(国有产权11间),它是老城区重要的零售市场。2008年,县政府明确由县市场服务中心协议代管,2009年,县政府同意予以收购。2011年,县政府投资157万元对其农贸大厅进行标准化改造。

【东城农贸市场】东城农贸市场主体工程于2010年由县城投公司先期建设,2012年,县政府投资180余万元对市场内部进行装饰装修,2013年10月开市营业。市场占地面积8000平方米,经营面积约6000平方米,其中农贸大厅4000平方米,私有门面44间,国有产权门面15间。该市场是东城区主要骨干市场,辐射范围约2万人。

(易红霞)

金　融

中国人民银行石门支行

【概况】2017年，中国人民银行石门支行(简称人民银行石门支行)围绕年初制定的创先争优总目标和“八项重点工作”，“两个保证”的工作总思路，各项工作扎实推进，成效明显。2017年，人民银行石门支行取得多项荣誉：石门县金融产业扶贫被常德市评为“全市优秀改革项目一等奖”；获“2015—2016年先进基层党支部”称号；1人被中国人民银行常德支行授予“共产党员示范岗”称号；金融IC卡公交项目交易量居全省县级项目第一名；在常德支行举行的工会知识竞赛中获团体三等奖；在常德支行举行的党规党纪知识竞赛中，石门支行党组获第二名；1人在常德支行举办的法律知识竞赛中获第一名。

银企合作。2017年3月，人民银行石门支行组织金融机构负责人赴三圣乡山羊冲村，与该村香猪养殖企业汉唐生态农业公司对接。多次组织金融机构、企业及政府相关部门召开座谈会，促进银企“共赢”。完成合格审慎评估工作，石门农村商业银行、沪农商村镇银行均被遴选为市场利率定价自律机制观察成员，两机构可根据人民银行及自律机制安排可参与发行包括同业存单在内的金融创新产品。

贷款管理。人民银行石门支行为县域两家法人金融机构发放扶贫再贷款26000万元，同比增加5000万元，执行优惠利率1.75%。配合中国人民银行常德支行对石门县法人机构扶贫再贷款管理、使用情况开展现场核查，明确扶贫再贷款使用要求，对法人机构贷款台账建立、资金投向、利率执行标准等进行规范。开展扶贫再贷款示范点创建，湘佳牧业、丰瑞乐家庭农场两家示范点被评定为省级示范点。传导利率、存款准备金政策。石门农村商业银行和石门沪农商村镇银行分别执行12%、9%的准备金率。密切关注辖内法人金融机构存款挂牌利率情况，及时将监测情况上报。

金融监管。2017年，人民银行石门支行各部门对全县所辖金融机构展展7次专项执法检查，涉及账户管理、人民币收付、征信管理等方面，规范了金融机构业务，树立了人民银行威信。

金融扶贫。①推动扶贫小额信贷投放。坚持政府主导、发挥央行牵头作用，在人民银行石门支行挂牌设立石门县脱贫攻坚指挥部金融扶贫分指挥部。2017年10月末，全县金融机构投放扶贫小额信贷4487户10489万元，超额完成省下达的年度考核任务，贫困农户获贷比率15.13%、完成贷款任务比例131%，均居全市第一，贫困农户获贷比率居全省第八名，助推了贫困农户增收及全县脱贫攻坚工作。②金融扶贫服务站建站。石门县建成金融扶贫服务站122家，覆盖全县所有贫困村。其中58家实现“三站”融合。金融部门以服务站为载体，开展金融知识培训、宣传及技术服务，不断提升金融服务水平，提高了贫困农户的金融知识素养，改善了农村信用环境。截至2017年10月底，石门县扶贫小额贷款不良额为36万元，不良率仅为0.15%。石门县金融产业扶贫被常德市评选为“全市优秀改革项目一等奖”。中央、省、市媒体对石门县金融扶贫工作进行多次报道推介。

金融宣传。选取扶贫点村入户进行消费者金融素养问卷调查和知识讲解，人民银行石门支行联合金融办等有关部门以及全辖金融机构开展4次集中宣传活动。2017年3月15日，组织金融机构在县政府广场进行“3·15”金融消费者权益日宣传，参与活动群众达1000余人次；6月14日，组织金融机构在新关镇利用墟场时期对当地农户进行“6·14”信用记录关爱宣传活动；8月7日，在新铺镇集镇广场，组织县扶贫办、金融办及10家金融机构开展金融精准扶贫集中宣传活动，设置文艺节目表演、有奖知识问答等环节，设立拱门5个、悬挂横幅标语20条、设置气球15个、摆放宣传展板48块、现场解答提问300多人次、发放宣传资料1000余份。9月25日，在夹山镇利用农产品交易大市场开业之际，开展反假货币宣传。自主展开调研，有《在脱贫攻坚中体现央行担当》等6篇信息被《金融时报》采用，货币金银部门《石门支行多措并举严把发行库入库钱捆质量关》被《湖南货币发行工作动态》采用，5例金融扶贫案例入选。

国库管理。①维护国库资金安全。完成各项收入入库150583笔，金额145010万元，各项支出17806笔，金额

383153万元，审核合规退库543笔，金额4536万元，保证了财政资金的安全和业务操作的合规。②科学管理发行基金，确保辖内现金合理供应。2017年1月至11月，办理存取款业务548笔，投放现金19.68亿元，回笼12.32亿元。元旦至春节期间货币净投放7.77亿元，与2016年同比增长12.95%；办理调拨业务6笔，调入完整券8.36亿元，同比增长31.94%，调出残损券1.39亿元，同比增加6.9%。③做好科技运维工作。在全行30台业务网计算机上安装一体化终端安全管理系统，推广新版邮件系统，配合上级行实施"桌面云"二期工程，在人民银行石门支行安装1台ACS和1台TCBS云终端，为ACS、TCBS、安全保卫管理等业务系统运行、网络学院远程培训系统、电视会议系统提供技术支持，扎实做好业务系统运行维护，保障系统高效安全运行。

【金融授信签约活动】2017年11月3日，石门县农担授牌暨棚户区改造授信签约活动在尧业国际大酒店举行。县委副书记、县长郭碧勋出席并讲话。县领导邓碧波、陈云谋、周功表、车立平、谭本军出席签约活动。省农信担保公司、农发行常德分行、农业银行常德市分行、华融湘江银行常德市分行、长沙银行常德市分行5家金融机构先后听取了石门县农业产业化扶贫及新型农业合作经济组织金融信贷需求情况、棚户区改造项目情况介绍，表示积极助力石门开放强县、产业立县，支持石门脱贫攻坚，保障石门资金需求，服务石门经济发展，促进石门全面小康。省农信担保公司向省农信担保公司石门办事处授牌，并与县政府签订战略合作协议；各金融机构与县政府签订棚户区改造战略合作协议，并与县内有关企业签订授信协议。

（人民银行石门支行）

【反假货币及人民币管理宣传月活动】2017年9月25日，人民银行石门支行在新关镇农产品交易大市场组织"反假货币及人民币管理宣传月"活动。活动现场，支行工作人员面对面向群众讲解2015年新版100元人民币防伪特征、假币犯罪的危害性、人民币流通管理等知识，并将知识点制作成答题卡，向答对的群众发放小礼品。通过现场普及假币知识和传授认识假币的主要方式方法，让社会公众更加了解人民币、爱护人民币，自觉维护人民币形象，提高防范假币的能力。

（闫　锋）

【建设金融扶贫服务站】截至2017年年底，全县范围内建成金融扶贫服务站122家，覆盖全县所有贫困村。其中58家实现"三站"融合，即金融扶贫服务站、助农取款服务点、村级电商服务站融合共建。全县金融部门以服务站为载体，开展金融知识培训、宣传及技术服务，不断提升金融服务水平，提高了贫困农户的金融知识素养，改善了农村信用环境。

通过"三站"融合的方式，在全县建设金融扶贫服务站，打造"一站多能、一网多用"的综合服务平台，实现了服务设施共享，节约了人、财、物资源。融合后的新站点统一选址在交通方便、人员较为集中的地方，为村民办理业务提供了方便。"三站"融合共建为贫困村脱贫、农民增收提供了有力保障。

（杨年贵）

中国工商银行石门支行

【概况】2017年，中国工商银行石门支行（简称工行石门支行）主动适应经济新常态，齐心协力拓市场，全面推动各项业务稳健发展和经营管理水平的稳步提升。2017年度经营绩效等级A++，获湖南分行2017年度县域一类支行经营进步奖。

主要经营指标。①两项存款。截至2017年12月31日，工行石门支行各项存款总额达200108万元，比年初增长4473万元，同业第三。其中储蓄存款余额147313万元，比年初增长8409万元，同业第三；对公存款余额52795万元，比年初减少3936万元，同业第三。②两项贷款。截至12月31日，工行石门支行各项贷款余额108225万元，比年初增长21731万元。其中公司贷款余额73456万元，比年初增长15816万元，同业第一，全年累计发放公司贷款62笔，金额33585万元；个人贷款余额34769万元，全年累放14891万元，净增长5915万元，净增额同业第三。③信用卡业务。2017年新发卡284张；完成分期付款279.5万元；新增二维码商户163户，任务完成率102%，全市排名第一。④网络金融业务。2017年，工行石门支行网络金融业务综合考核得分914.7分，全市排名第一。其中，融e行新增客户5392户；融E行移动端月均动户6419户，任务完成率114%，全市排第三；融E购成交客户4674户，任务完成率222%，全市第一；工银E支付动户7214户，全市第一；新增融E联客户10832户；融E联月均动户4485户，全市第三；一键支付新增客户5448户，任务完成率149.3%，全市第三；电子银行收入69万元；企网证书客户83户，任务完成率207.5%；网银交易额220万元。⑤转型业务。2017年，营销基金836万元、理财产品销售51520万元、代理国债255万元，新开结算账户149户，灵通卡新发卡14312户。⑥资产质量。工行石门支行始终坚持"管理出效益、促发展"的经营理念，加强不良贷款余额和比率"双控"管理，公司贷款不良率始终保持为零；个贷资产质量大幅提高，关注率0.12%，不良贷款余额73万元，个贷不良率0.2%，全部贷款不良率0.07%。⑦经营利润。2017年，工行石门支行完成中间业务收入1638.54万元，实现贷款利息收入4545万元，实现税后利润3566万元。

信贷市场。工行石门支行根据县域经济发展的特点和趋势，紧盯目标、主动出击、抢抓优质信贷资源，2017年支行公司贷款余额净增长15816万元，同业第一。第二季度快速营销石门县城市建设投资有限公司"城区道路提质改造工程"项目贷款2亿元。加大对小微企业营销力度，向石门大志商贸、达韵电子等公司累计发放“网贷通”1056万元。尽力拓展个人经营贷款业务，全年累计拓展客户12户，累计发放贷款1263万元。积极营销湖南湘佳牧业股份有限公司“6万吨家禽食品加工与冷链配送项目一期”中长期贷款4500万元。密切关注县域城市规划变化和住房开发动向，主动深入政府部门和房地产开发公司，及时捕捉客户信息，加大市场营销力度，拼抢一切“资源”，巩固和扩大市场份额，2017年，工行石门支行累计发放个人贷款14891万元。

个金业务。一是充分挖掘市场潜力，努力开展大个金业务产品营销。满足客户多样化需求，大力推进个人理财、网上银行、信用卡业务和基金保险代理业务营销，提升个人金融产品创收增效的贡献度。二是营造内外联动的工作氛围。锁定目标，建立客户档案，找准主攻方向；建立考核机制，激发员工营销潜能；实施个人客户精细化管理，全面提升个人金融核心竞争力，提升客户认知度和满意度。三是加强渠道化建设，打造精品网点工程和智能银行品牌，提升网点整体服务效能。四是深化客户分层管理，积极挖掘和培育中高端客户，加强对优质客户的发展和维护，积极拓展私人银行客户。2017年，工行石门支行储蓄存款净增长8409万元；拓展私人银行达标客户4户；营销二维码商户163户，全市第一；完成信用卡分期付款280万元；新发灵通卡14312张；代理基金销售836万元；个人理财产品销售51520万元。

营销活动。明确营销目标，制订营销计划，组建营销攻坚团队，奋力争揽机关团体、事业单位预算内、预算外以及非税收入资金的归集，全力竞争政府机构金融业务，提升机构负债业务市场份额。确定增存方案，着力抓好“财政、重点建设及招商引资项目、注册资金5万元以上公司客户”三大板块存款的揽进工作。积极拓展代发工资客户。2017年成功营销富兰城堡西餐厅、宇洲商贸有限公司等11个单位代发工资户共489人，月代发额99万元。截至年底，工行石门支行累计营销113个单位代发工资户，代发工资10536人，实现月代发工资总额3807万元，为各项业务的发展打下坚实根基。

中间业务。工行石门支行坚持稳健经营发展思路，实施“多渠引水”经营发展方略，提升增收创利能力，2017年，实现中间业务收入1638.54万元，任务完成率110.71%。一是依托本行业务渠道优势，涉及包括离柜业务、代发工资、现金管理服务协议、结算套餐、三方存管、理财产品、贵金属产品、信用卡等产品营销嵌入综合流程进行整合，从对公对私整个运营链条积极推进综合产品渗透互动营销，提高优质客户综合业务贡献度。二是依托县域有利的发展条件，积极调整信贷结构、提高议价能力，推动附加值高的信贷业务快速发展。三是以“互联网+金融”发展潮流为契机，以融e购、融e行、融e联“三位一体”创新产品为依托，强力推动网络金融业务快速发展。实现电子银行收入69万元，工行石门支行夺取全市网络金融业务第一名。四是加强与规范资产管理业务各项收费的入账管理，坚持颗粒归仓，统一在规定的收入科目内核算。五是充分发挥公司业务对中间业务的带动和支撑作用，优化资源配置，实现资产规模与经营效益同步增长。

合规经营。工行石门支行一贯坚持业务发展、内控先行，落实精细化管理，完善制度建设，抓实专业检查与问题整改，加强员工思想行为动态管理，优化人力资源配置；加强领导班子建设，深入学习贯彻党的十九大精神，抓好员工队伍建设，发挥党员先锋模范带头作用，打造一支政治立场坚定、业务技能精湛和战斗力强的员工队伍；持续深入开展内控合规“执行强化年”活动，认真开展合规文化核心理念、“十大禁令”和典型案例以及“合规标兵”典型事迹等内容的宣讲活动，进一步提升员工的合规意识、风险意识和责任担当意识；通过强化培训、完善机制、精细管理等一系列措施，有效落实网点运营风险管理责任，强化网点运营风险分级管理工作，业务运营风险事件得到有效控制，可控风险暴露水平大幅下降，分级管理水平提升，工行石门支行四个网点运营管理风险评级均为A类网点，获2017年度常德分行运行管理先进单位一等奖、运行专业考核第一名。

信贷管理。工行石门支行始终坚持“管理出效益、促发展”的经营理念，加强不良贷款余额和比率“双控”管理，公司贷款不良率始终保持为零。个贷资产质量大幅提高，关注率0.12%，不良贷款余额73万元，个贷不良率0.2%，全部贷款不良率仅0.07%。

优质服务。工行石门支行秉承“客户为尊，服务如意；员工为本，诚信如一”的服务文化核心理念，多维度强化服务管理，努力提升服务水平，打造客户满意银行，提升工行品牌形象。党总支带领全体员工立足岗位奉献，组织员工开展“假如我是客户”大讨论，让员工充分认识服务的重要性和必要性，促使员工自觉学习服务工作相关规定与服务礼仪，增强服务客户的亲和力，提升服务形象；坚持服务工作与业务工作同部署、同重视、同考核；促使员工按照“三声服务”和“服务七步曲”的要求严格规范自己的服务言行；开展服务明星评选，激发员工以明星为榜样，立足岗位，自觉提供优质服务吸引八方来客，从而加速了服务面貌的迅速改观和服务口碑的明显改善。工行石门支行党总支获2017年度湖南分行“优质服务榜样店”称号，辖属网点澧阳支行获2017年度湖南分行“优质服务先锋队”称号。

（工行石门支行）

中国银行石门支行

【概况】2017年，中国银行股份有限公司石门支行（简称中行石门支行）以打造“最好银行”“客户最满意银行”为目标，坚持以科学发展为主题，以提高发展质量和效益为中心，全面深化网点转型，加速各项业务发展，切实防范经营与管理风险。通过全行员工积极努力,取得经营效益持续提升、核心存款稳步增长、中间业务收入稳健、客户基础夯实、资产质量较好的成绩。

主要业务经营指标完成情况。①核心存款。至12月末,中行石门支行本外币各项存款日均余额78020万元,较年初增长8813万元。其中本外币储蓄存款余额为45777万元,较年初新增3004万元。对公存款日平余额32243万元,较计划任务增加5809万元,完成计划任务的145.23%。②资产业务。人民币贷款期末余额为13289万元,较年初新增325万元。其中大公司贷款余额较年初增加1450万元,完成计划任务的111.54%。中小新模式贷款较年初增加150万元,完成计划任务的50%。零售贷款余额7839万元,较年初减少1125万元。③人民币不良贷款率。资产质量继续保持较好水平,个贷不良额148万元,较年初减少13万元,不良率为1.88%。信用卡不良余额10万元,较年初减少65万元,不良率为0.3%。公司贷款不良额为0,不良率为0。收回陈辉琼执行案表外资产77万元。④各类客户数量有所増长。至12月末,中行石门支行有效客户、单位人民币绍算账户、个人中高端客户和个人基础客户分别比年初有较大增加。其中个人有效客户总数达到15071户,本年新增592户。中高端客户1551户,新增420户。至11月末,新增公司优质客户数4.76户,完成全年任务的119%。⑤经营效益增长达到预期。年末,中行石门支行实现各项业务净收入1924万元,完成全年预算的108%,同比新增215万元,增幅12.57%。其中净利息收入1545万元,同比增长137万元,增幅9.74%;非利息收入完成378万元,同比增长78万元,增幅25.78%。实现拨备前利润1220.58万元,净利润976.6万元。

业务拓展和营销。2017年,中行石门支行集团客户资金归集总额达到13065万元,其中移动归集365万元;中石化归集12700万元。行政事业单位存款营销有新突破,财政资金存款市场份额继续有所上升。相关产品业务增长加速,贷款余额5450万元,较年初增加1450万元。零售贷款余额7839万元,较年初减少1125万元。全年实现中间业务净收入367.82万元,比2016年增加77.57万元,同比增长25.78%。举措:一是紧盯客户,夯实客户基础。建立灵活机动的业务工作调度制度,快速应对市场变化和同业竞争,抢占市场先机,以先制胜。成立业务调度领导小组,及时掌握情况,及时调整营销策略。在营销产品的过程中,变单一品种对单一客户"点对点"的营销为多品种、全方位、多层次的捆绑营销,深度开发客户,把一般存款户变成我们的贷记卡户、长城卡户、零售授信客户、基合客户、保险客户,客户基础得到了较大提升。二是主动地化解不良。行长和业务副行长承担不良贷款管控清收的主体责任,从领导、机制、部署、请度和考评等方面着手,推动不良贷款排查、压降和清收,取得良好效果。

内部管理与合规经营。一是坚持依法合规经营。在开展各项业务活动中,始终坚持依法守规经营。中行石门支行组织员工经常学习,结合业务发展阶段对照检查,根据相关要求抓好落实。对自查发现的问题,逐项进行整改。二是确保安全年目标实现。全面落实省行、市行安全保卫工作要求,以开展"平安中行"创建活动为总揽,以安全生产排查为抓手,狠抓安全保卫各项制度落实。各级机构负责人及兼职保卫干部高度负责,全行上下联动,采取一系列有效措施。2017年中行石门支行未发生抢劫、盗窃、诈骗、涉桥等各类案件和各类重大安全问题。三是"强内控、防案件"工作成效显著。中行石门支行认真组织员工学习内控知识文件,把防范风险,确保安全放在重要地位。各网点、各岗位坚持"谁主管,谁负责"原则,树立安全就是效益的观念。及时进行风险控制和风险提示,下发、转发风险提示18份;及时通报防案形势,明确防范重点,下发、转发案情通报12份;开展业务经营和操作风险自查自纠,有效防止各类风险隐患;开展安全检查、巡查12次,发现、整改各类安全隐患6起。

(中行石门支行)

中国农业发展银行石门支行

【概况】2017年,中国农业发展银行石门支行(简称农发行石门支行)加强队伍建设,坚持稳中求进工作总基调,积极应对内外政策调整,聚焦服务实体经济和农业供给侧结构性改革,持续发力谋发展,不断推进中长期贷款营销、稳存增存和信贷风险防控,业务发展稳中有升,各项工作取得实效。截至2017年12月末,农发行石门支行各项贷款余额14.67亿元,各项存款余额10亿元,不良贷款持续保持零余额。

财务基本情况。①财务收支情况。2017年,农发行石门支行各项收入总额3396.68万元。其中贷款利息收入3393.7万元。各项支出总额1782.55万元。其中存款及债券利息支出186.67万元;金融机构往来支出932.80万元;业务管理费支出527.25万元;其他营业支出94.33万元(其中固定资产折旧支出54.98万元),营业税金及附加18.76万元。实现盈利1614.14万元,较2016年净增283万元。②存款情况及构成。截至2017年12月31日,农发行石门支行存款总额102397.96万元。其中企事业单位存款99983.06万元;财政专项存款2414.90万元。③贷款利息收取情况。2017年表内应计利息3198.26万元,表外应计利息297.25万元,实际收回利息3495.51万元。收息来源为企业自筹资金2811.62万元,地方财政补贴683.89万元;年度利息收回率100%。④固定资产增减情况。截至2017年12月31日,农发行石门支行固定资产账面余额690.07万元,累计折旧407.24万元,固定资产净值282.83万元。2017年,购置固定资产9项,增加固定资产金额10.7万元。报废固定资产1项,减少固定资产账面金额59.78万元，形成营业外支出15.06万元。⑤贷款发放和收回情况。2017年，农发行石门支行累计发放贷款73753万元，累计收回贷款10665万元，12月末贷款总额146759.88万元。

信贷业务。以助力脱贫攻坚为业务发展主基调，以服务农业供给侧结构性改革为主线，发展信贷资产业务。农发行石门支行迅速调整信贷工作思路，配合县政府出台的涉农整合资金安排文件，将壶大、彭岗路网扶贫中长期贷款项目调整为扶贫过桥贷款，12月完成彭岗贷款项目审批。农发行石门支行以棚改项目为切入点，结合县政府制定的“澧水河北以县城建投公司为建设主体，澧水河南以县宝峰投为建设主体”的政策，重点向县城建投公司与县宝峰投公司加大棚改贷款营销。2017年11月，市分行与县政府签订了棚改贷款投放合作协议，为农发行石门支行在县域棚改贷款营销奠定了坚实基础。9月，受理石门县宝峰中小创公司的2017年度棚改贷款申请；11月，受理县城建投公司2018年度棚改贷款申请；11月，受理县宝峰投公司2018年度棚改贷款申请。支持粮食企业经营，办理二都粮库县级储备粮和省级储备粮贷款788万元，配合上级行完成对二都粮库远程监控建设，加强对企业磅房、仓点、财务部门的重点检查，做到“库贷挂钩、贷款封闭运行”。2017年上半年，农发行石门支行调整退出小水电贷款3300万元。截至2017年12月末，贷款余额14.67亿元，其中政策指令性贷款5.27亿元，占全部贷款余额的36%；政策指导性贷款9.40亿元，占全部贷款余额的64%。中国农发重点建设基金余额2.41亿元，截至12月31日，农发行石门支行基金项目累计支付1.34亿元，支付进度56%。

贷后管理。认真落实上级行CM2006系统管理相关要求，狠抓系统运行和数据管理质量，做到零差错。加强贷款资金支付审核，确保贷后资金使用全流程管控，确保贷款资金不被挤占挪用，2017年度农发行石门支行累计上报市分行资金支付流程24999万元，支付资料真实、完整，支付流程合规。实现贷后管理工作制度化、常态化、精细化管理，对各自岗位职责进行落实，明确贷后管理联系人，并根据各自职责开展贷后管理工作。所有正常贷款均能按期、足额收回贷款利息。

基金管理。严格落实农发重点建设基金投后管理要求，每季逐项目开展常规现场检查并撰写报告，及时上报重大事项，建立基金项目经理制，于2017年6月30日前完成所有项目的工商变更。组织开展基金项目全面排查，逐项目从前期调查、资金支付、权益管理进行分析，详细掌握每个项目的实际情况（包括总投资，配套资金情况，后续支付情况），同时对前期基金相关文件进行一次系统学习，对照文件要求进行自查整改。为解决基金投放后资金支付率低、资金长期“趴在账上”的问题，2017年农发行石门支行多次向县政府、县发改局和项目承接公司请求协调解决基金资金滞留问题。

客户维护。2017年，农发行石门支行按照上级行要求，开展客户风险排查及分类排队活动，掌握客户真实经营状况，理性判断客户风险，制定和完善客户维护与风险防控策略，完善新增不良贷款管理机制，强化不良贷款清收，严控新增不良贷款。对重点维护类客户天德公司的电费收入做到全额回笼，企业在保证贷款本息前提下，支付刚性费用开支，积极配合农发行石门支行收贷收息工作。

财务内控管理。①强化成本意识，规范财务管理。严格按照财务制度相关规定，认真编制年度财务收支计划，及时准确地进行各项财务资料的报送，并于每季末进行详细的财务分析；在资产购置上做到先审批后购置；在费用管理上，严格执行“一支笔”审批制度，严格区分业务经营支出资金和费用支出资金；在人员费用上，准确地计算并计提上缴职工福利费、工会经费、职工教育经费、各项社会保险基金、住房公积金；在公用费用上，严格按照市分行核定的费用计划，据实规范列支。压缩不必要的开支，厉行节约，用最少的成本资金获得最大利润。②强化内控制度，加强综合业务系统营运管理。针对综合业务系统运行的特点制定风险管理与控制的相关制度、业务流程和操作手册，使日常控制有章可循。重新制定岗位职责、操作员权限及工作程序，定期对操作员履职情况进行考核管理。严格按照IC卡使用管理规定加以控制和管理，定期更换密码确保IC卡密码安全，做好监督检查。③严格业务流程。把好凭证入口关，无论是外来凭证还是内部凭证，均要求凭证要素齐全，内容准确，经纪业务真实。把好数据录入关，每个柜员必须按照正确、真实的会计凭证输入有关数据，无误后再进行确认，提交复核员复核。把好复核关，复核员必须按照原始凭证录入有关内容及数据，而不是依照系统提示录入有关内容及数据。加强授权控制，授权员认真审核每一笔业务，按日勾兑流水，确保各项经济业务万无一失。④加强现金管理。操作员坚持一日两碰库，坐班主任坚持早中晚都卡把验收。在加强对账监督管理时，搞好系统内、人行、同业往来以及银企账务核对工作，对账单回收率达到100%。严格重控管理，坚持坐班主任按旬查库和分管行长按月查库制度，对未纳入钱箱管理的重要空白凭证、IC卡、压数机等进行重点检查，确保账实相符，无一遗漏。

脱贫攻坚。2017年12月末，农发行石门支行扶贫贷款余额6.56亿元。年度累计发放扶贫贷款7753万元，累计收回扶贫贷款10665万元。省统贷易地扶贫搬迁下拨基金2590.75万元、债券5113万元、贷款16712.5万元，支行累计支付基金2590.75万元、债券5113万元、贷款15378万元，为石门县6004个建档立卡人口易地搬迁做好资金安排。农发行石门支行扶贫贷款新增总额15000万元，其中：2017年12月27日新发放石门县交通建设投资开发有限公司贷款6000万元，为路网中长期贷款，用于石门县太柳公路项目建设；彭岗项目贷款9000万元。做好服务区域扶贫规划，组织党员骨干5次到贫困点村，检查对口扶贫对象脱贫情况，积极捐资捐物，折合人民币6.4万元。2017年,农发行石门支行中长期贷款业务发展迅速,实现棚改贷款投放6.6亿元。

(农发行石门支行)

石门农村商业银行

【概况】2017年,石门农村商业银行(简称石门农商银行)围绕转型发展和合规管理两条主线,全面贯彻"做小、做散、做优"的经营理念,稳步推进各项工作,取得较好成绩。

业务指标情况。①存款稳步增长。各项存款余额81.28亿元,较年初增长10.62亿元,日平净增50613万元。新增手机银行12432户,扫码支付739户,电子银行替代率为73.49%,动户率为35.75%。②贷款平稳投放。各项贷款余额25.84亿元,较年初增加1.48亿元。其中,小微贷款占比33.71%,涉农贷款占比78.65%;贷款法人客户净增36户,贷款个人客户净增8170户;便民卡卡量净增11625户,卡均用信3.11万元。③财务收支良好。实现总收入4.26亿元,同比增加6241万元,其中贷款利息收入2.04亿元、资金营运收入2.05亿元、中间业务收入404万元。全年实现经营利润1.4亿元,同比增加2239万元。

存款组织。一是抓营销,向科学管理要存款。明确一名班子成员主抓,成立业务拓展部负责,配齐配优人员跟进,制定专项方案考核。开展资金组织竞赛活动,对员工完成目标任务或超额完成部分按比例给予奖励,活动期间共揽储4.9亿元。积极挖掘财政性、系统性、平台性客户,代理发放惠农补贴、扶贫补贴、社保等178万笔,合计4.91亿元。开立石门县基层医疗卫生机构会计核算中心账户,将乡镇卫生院每日营业收入全额转入。二是抓服务,向形象提升要存款。聘请学呗教育为柜员进行优质文明服务培训,规范员工着装、服务礼仪、服务流程和晨会管理等,每季度对服务质量和网点环境等进行排名,评选优质文明服务标兵。推进网点转型升级,完成白云、官渡两家网点翻修,构建满足客户和业务发展需求的网点新格局,增强客户体验感和满意度。三是抓宣传,向新老客户要存款。春节期间,对各网点营业大厅开展迎新布置,赠送对联、"福"字贴等,开展"石门农村商业银行闹新春抢红包"和"有奖大转盘"活动,该活动送出礼品500余份,红包2万余个,为微信公众号吸纳10万余粉丝;借助"庆祝全省农村信用社存款突破8000亿""纪念孔子诞辰""庆祝国庆、中秋节"等主题活动,开展金融知识进万家、送金融知识下乡等活动;通过宣传折页、LED显示屏、T形广告牌、路演、微信公众平台等多种方式,宣传存款产品和利率上浮政策,吸引年轻客户群体,挖掘传统客户潜力,提高资金归行率。

资金营运。严格落实监管部门要求,在做实传统业务的基础上,稳步推进资金业务转型。一是合理匡算头寸。制定了头寸资金管理暂行办法,及时与各支行沟通资金动向,在保证信贷资金、现金投放的前提下,合规实现利润最大化。二是加强业务培训。组织员工参加普兰金融公司举办的"债券实务操作与交易策略研讨会"、正元金服举办的"债券交易员综合能力提升高阶研修班"学习,中国银行、长沙银行举办的同业交流会,了解债券投资的基本框架、投资策略、债券风险管理等知识,提高业务人员素质。三是积极探索投资新策略。与东北证券股份有限公司深入开展债券市场和货币市场的投顾合作,制定资金年度、季度、月度、每周计划,定期总结操作技巧,提高资产配置和杠杆运用能力;尝试债券波段操作,锁定资金市场有利的时间点,将风险控制到零的情况下实行主动负债经营,通过错配期限,达到借钱生钱的目的。截至年底,石门农商银行资金营运收入同比增长46%,占全行总收入的49.42%。

贷款营销。一是便民卡营销。深入开展"访、问、优"活动,进社区、进园区、进楼宇,重点针对公职人员、商户等,上门营销便民卡。开展"红三月便民卡"营销活动,充分利用员工人脉资源,通过股东、存量客户转介,扩大口碑营销。定制便民卡易拉宝、便民卡海报等,印制便民卡宣传单,推送便民卡微信图文。加大督导力度,编辑便民卡龙虎榜并每五日一公布,各支行到人一周一调度。二是支农支小。新建30个金融扶贫工作站,选择白云镇檀木坡村、所街乡黄福峪村、壶瓶山镇江坪河村、磨市镇铜鼓峪村、三圣乡彭家堰村启动"三站合一"试点,打通农村金融的"最后一千米",创建市级扶贫再贷款示范点4个,省级扶贫再贷款示范点2个。深入开展"访、问、优"工作,对接新型农业经营主体,对接新型农业经营主体,累计为农业种养大户发放贷款2163万元,为农民专业合作社发放贷款4879万元,为龙头企业发放贷款1.31亿元。对接商户、专业市场、中小型企业,拓展小微市场信贷需求,上门宣传流动资金贷款,小微企业累放贷款5.07亿元。小微贷款增速达6.85%,小微企业申贷率为100%。三是服务县域经济。锁定基础设施、民生工程,加强对教育、医疗、棚户区改造等民生工程的营销,为湘北职专、县中医医院、县计划生育和妇幼保健院等单位发放贷款近7000万元。

转型业务。一是丰富电子银行产品。聚焦"无现金"时代的到来,加快推出银联扫码支付,共营销扫码支付712户。代理全县7万多贫困农户居民健康卡的发行。二是营销推广。9月末,在尧业城市广场展开为期12天的电子银行产品宣传活动,通过开展扫码有礼活动、发放宣传折页及纪念品、口头宣讲等方式火热营销,推介便民卡、手机银行等产品,提升了石门农商银行品牌知名度。三是拓宽服务渠道。持续增加自助机具布放,延伸服务半径,新增西溶苑离行式自助银行,分别为官渡、白云、太平三家支行配备CRS机,为44家商户安装农信通,线上、线下双驱动,电子银行替代率节节攀高。四是化解历史包袱。在市办事处和银监局的大力支持下,石门农商银行先后4次向县委、县政府汇报置换土地变现情况,与县金融办、财政局、人民银行赴外地学习考察土地变现先进经验。12月8日，县政府第12次常务会议讨论通过石门农商银行置换土地变现的议题，由交通投筹资9000万元完成。

风险管控。2017年，扎实开展“合规管理年”活动，完善风险管控长效机制。一是加强安全管理。对白云、官渡支行进行翻修，为所有网点改造“110”报警器，更换高清摄像设备和灭火器、配置玻璃破碎报警器、ups等安全设备，加装远程门禁、指纹锁系统，增加27名大堂保安，安全设施全面达标。开展防火防爆演练3次，组织突击夜查2次，在春节、五一、国庆等重大节日开展全面检查，按月、按季进行常规检查，通过回放监控，对网点柜面操作、值班值守、保安履职等情况进行全面“体检”，对检查发现的问题及相关责任人进行通报并处罚，责令限期整改到位。二是开展自查自纠。全年共梳理制度建设64个，按质按量完成银监部门的“三套利”“三违反”“四不当”“十整治”的自查报告，开展“九类情形”人员等风险排查两次，并制定《石门农村商业银行员工行为管理“十严禁”》，促进规范管理。三是加强检查监督。开展各类稽核检查16次，完成112人次经济责任审计工作，全年共通报批评11人、经济处罚148人次，处罚金额96400元。截至年底，246个问题整改到位。

队伍建设。一是推行“两个等级”管理。制定《支行经营等级管理办法》《信贷客户经理等级管理暂行办法》《柜员等级管理办法》《委派会计等级管理办法》，进一步完善收入分配体系，开辟职级晋升通道，全面调动基层员工工作主动性。二是选拔人才。加强后备干部的培养及选拔任用。推荐4名中层骨干进入省联社年轻后备干部库，选拔4名优秀员工到总行相关部室跟班学习，提拔27名表现优秀的青年员工到管理岗位，中层骨干结构不断优化，增强了活力。三是推进党建工作。完成5家党支部党员活动之家建设，发展两名新党员，基层党支部和党员队伍不断壮大，开展学习会、上党课、组织老党员座谈会、讲党史、重温入党誓词、党员交心谈心、征文等活动。

企业文化。着力打造农商银行特色企业文化，提升企业核心竞争力。一是践行金融精准扶贫。班子成员带头认领贫困户帮扶对象，组织员工先后20次前往扶贫点村走访调研、捐款捐物送温暖，帮助贫困户脱贫。明确两名扶贫专干，与县扶贫办、县人行等部门做好工作对接，狠抓贫困农户小额信用贷款落实。截至年底，为“四有两好一项目”建档立卡农户评级授信2.8亿元，累放扶贫贴息贷款1.9亿元，为23429名贫困户发放扶贫明白卡折，为165729名农户发放惠农补贴明白卡折。二是组织教育培训。安排财务、资金营运、营业部等部门管理人员到专业培训机构进行短期培训，提高专业知识。举办中层骨干、信贷客户经理、委派会计、柜员等7期培训班。组织全行员工参与新一代业务系统上线培训，参训人员共计378人次，培训面达100%。三是推进“五小建设”。完成壶瓶山等5家支行“小浴室、小厨房、小食堂、小阅览室、小健身房”创建，让员工吃得放心、住得安心、学得开心、生活舒心、工作用心，提高员工归属感和幸福指数，实现待遇留人、事业留人、情感留人。四是丰富文体活动。组织员工参加集体活动，如“三八”妇女节组织员工参加“我运动、我健康、我快乐”趣味登山活动，“五四”青年节组织青年员工开展“与农商共奋进、用青春铸光华”主题演讲比赛，积极参加全市农商银行篮球赛、石门柑橘节橙色风暴“橙”跑活动和金融系统气排球赛，分别获篮球赛最佳组织奖、“橙跑”活动乡镇组第一名、气排球赛第一名。

（石门农商银行）

【“银企合作，互惠互利”金融服务洽谈会】2017年4月12日，石门农商银行以总行信贷客户经理营销战斗力外拓培训为契机，在石门县新合作物流园，与新合作建材家具城商会举行一场主题为“银企合作，互惠互利”的金融服务洽谈会，邀请商会秘书长罗俊、拓展部营销经理林孝银等20名商户代表参加，共同探讨小微企业贷款、投资理财之道。会上，对农商行“便民利民”的便民卡产品进行营销和推广；介绍便民卡一次授信、循环使用，资金周转灵活的特点，为商户们全方位地提供咨询服务；邀请培训讲师胥超荣就金融业如何为中小企业提供服务、股市证券、投资理财、新三版等热点问题进行小型专题讲座，并与参会的商户代表进行互动，现场答疑解惑。其间收集到有效信息30条，挖掘潜在客户20个，便民卡意向客户20个，额度需求达190万元。

【信贷客户经理营销战斗力培训】2017年4月12日，石门农商银行举办信贷客户经理营销战斗力培训，各支行正副行长、信贷客户经理、信贷内勤等参加。培训时间共5天。现场理论授课中，突出“思想觉悟高、应变能力强、服务意

银企洽谈会

识佳”的选优标准，选出队长，担负5天培训期内带领队员“谋进取、创业绩、争先进”的重任，每天通过微信、QQ等平台分享外拓战斗的实际成果，并开展自我点评，掀起“比态度、比表现、比战绩”的热潮。培训期间，各队连续三天与客户一对一的回访，以宝峰工业园、新合作物流园为中心点，向四周辐射推广宣传，前期制定计划，中期咬定目标，后期问卷调查，通过在城区扫楼、扫街，进村组、进社区、进门店、进园区、进楼宇，共采集客户信息1084条，挖掘潜在客户742户，便民卡意向客户825户，额度需求达6689万元，pos机意向客户55个、ETC意向客户110台，行外吸金达1015万元。

（曾　洋）

中国邮政储蓄银行石门县支行

【概况】2017年，中国邮政储蓄银行石门县支行（简称邮政储蓄银行石门支行）按照“开拓创新、突出特色、强化内控、科学发展”的工作思路，践行“发展普惠金融”理念，坚持以客户金融需求为中心，提高产品创新能力，各项业务全面、协调、较快发展，经营管理水平和创收能力提高。

经营指标。邮储银行石门支行坚持以客户金融需求为中心，提高产品创新能力，狠抓市场营销，存款稳步增长，信贷投放稳健，资产质量逐步优化，经营管理水平和创收能力提高。2017年末，，邮储银行石门支行个人储蓄存款达32.13亿元，其中自营网点存款余额达3.95亿元，年净增1522万元；各项贷款余额达5.27亿元，年净增1.31亿元。完成收入2064万元，实现利润960万元，上交税收263.29万元。获全市“2017年度优胜一级支行”称号；信贷客户经理唐兵财在全省金融扶贫专项竞赛中获评“扶贫先进个人”。

信贷业务。各项贷款结余52733万元，全年净增13134.39万元。其中：零售贷款净增9235.39万元，小企业贷款净增3899万元。县支行将信贷团队优化调整为三农团队、综消团队、小企业团队三个信贷营销团队进行专业化营销，做到激励有政策、考核有指标、营销有策略，创新营销模式。深入挖掘符合本行小贷产品新的市场，主动深入县域内各专业市场，如综合批发城、楚江市场等专业市场，进行调研开发，进行小额贷款创新。抓好一手房项目营销，继续加强与碧桂园二期、书香门邸、宝峰欣城和大汉新城等楼盘的友好合作，利用好安邦车险、人保财险等渠道平台，转移车贷风险，重振车贷特色支行雄风，做好优家贷、优享贷、邮享贷等消费贷款的发展。落实前期走访的项目，重点对公立学校、小水电及税贷通持续做好客户储备工作，稳住支行存量优质贷款客户，按时按质完成贷后检查工作，及时发现风险，适时退出相关风险客户。

团队建设。邮储银行石门支行贯彻“以人为本”的理念，优化职工队伍结构，充分激发和调动广大职工的工作积极性和创造力，全年累计培训18次，内部培训10次，外部培训8次。完成信贷三个团队的建设工作，形成分工明确、专业协作、富有战斗力的8名信贷团队成员，在全年诸多信贷项目落地方面发挥积极作用。

内控管理。2017年，邮储银行石门支行狠抓党风廉政建设和内控管理工作，较好地完成全年各项审计稽查工作任务，未发生较大风险事件，确保零发案，有效控制了资金风险，全行员工合规意识不断增强。2017年迎接银监局、人民银行等多次专项检查，确认整改问题148个，整改落实148个，经济处罚18余人次，处罚金额4800余元。

金融服务。①网点建设。2017年对三个营业网点营业场所进行规范化改造工作，提高网点的硬实力，高标准配置网点硬件设施，每个网点均增设存折存取款一体机，增设理财服务区，为更多的客户办理金融业务提供便利。②客户服务。广泛征求客户意见和建议，解决服务工作中存在的问题，确保规范化服务标准落实到每一个工作环节，特别是农村网点，树立起银行优质、高效、快捷、安全服务的良好形象，争取达到客户投诉率最低，客户满意度提升全市一类行。③服务民生。继续加大个人生产经营贷款、个人住房按揭贷款、汽车消费贷款、个人消费贷款的营销力度，大力支持广大居民、个体工商户置家业、创事业、办企业，为县域人民安居乐业和社会和谐提供强有力的金融支持。④服务企业，全面助推实体经济。把“支持中小微企业，服务中小微企业”作为全行发展的战略选择，以服务中小微企业发展为目标，以深化融资服务为主线，以优化经营结构为导向，以发展中小企业信贷业务作为全行新的效益增长点，创新产品，增添活力。丰富县支行的信贷服务范围，做强做大中小企业贷款，做到工作推进有力度，支持发展有深度，服务客户有广度，促进中小企业又好又快发展。

金融扶贫。邮储银行石门支行紧跟形势，不断强化信贷团队建设，实现信贷管理的专业、专营、专心，加快涉农小贷和财银保业务的突破和发展，年净增1493万元和460万元，为200多户创业创新的大学生、农民工、退伍军人、自由职业者等发放创业贴息贷款2100多万；为秋兰农场、稼和农业等5家专业合作社发放涉农扶贫贷款500多万元，直接帮扶贫困户92户，帮扶资金25万元；县支行15位党员捐献2万元帮扶壶瓶山特困户胡维银改建危房；县支行扶贫队下乡镇、走村落50余人次，为维新镇重阳树村、白云镇双峪村、鹤山村，皂市覆罗山村四个建好金融扶贫点，受理群众扶贫贷款、宣传金融知识。

（闫　锋）

石门沪农商村镇银行

【概况】石门沪农商村镇银行股份有限公司(简称石门沪农商村镇银行)成立于2012年7月16日，是经中国银行业监督管理委员会常德监管分局批准、由上海农商银行主发起设立的村镇银行，具有独立法人资格。

2017年经营指标完成情况。实现拨备前利润2918.04万元，实现利润总额2692.06万元；资产利润率为1.84%，资本利润率为22.16%，资本回报率为40.27%。负债总额79541.66万元。各项存款余额为70197.99万元。资产总额89473.1万元。各项贷款余额为40889.83万元，其中：农户贷款余额37001.79万元，占全部贷款比重90.49%，小微企业贷款余额28188.14万元，占全部贷款比重68.94%；户均贷款17.85万元。主要监控指标。资本回报率为40.27%；成本收入比为32.7%；存贷比为58.25%；不良贷款率为0.49%(五级)；贷款损失准备充足率为106.21　%；资本充足率和核心资本充足率分别为24.5%、23.45%。

存款业务。结合全行发展规划早部署，于年初制定并签订《经营目标责任书》，明确年度经营目标。优化考核方案，驱动全员营销，对全行干部员工下达业务指标，按季考核，及时兑现绩效，奖罚分明。制定各项劳动竞赛，有任务，有措施，有考核。通过班子成员积极加强与县政府及相关部门的沟通跟进，取得部分交通建设项目、棚户区改造征拆项目、公共资源交易中心招拍挂保证金账户、非税账户等，根据项目进度及性质制定工作方案，上下联动，开展营销。通过勤沟通、多协调、托熟人、找关系等措施做好项目资金下游客户对接营销，确保项目资金内循环。

贷款业务。石门沪农商村镇银行结合资产业务结构，坚持创新方式，调整结构，审慎经营，注重资产业务发展质量。一是调整结构，配优资产配置。坚持支农、支小的市场定位，积极配合政府及人民银行金融扶贫工作要求，全体员工加班加点发放农户小额扶贫贷款1014户。为调整资产业务结构，资产业务拓展倾向于资质较好的楼盘按揭，发放674户住房、商铺按揭，贷款1.76亿元，置换约1.6亿元政府平台类贷款。全年户均贷款17.85万元，比年初下降41.68万元，资产结构得到优化。二是创新方式，拓宽服务领域。为更好地满足客户需求，提供个性化金融服务产品，大力营销“家庭贷”“随薪贷”“惠众贷”等业务产品，有效简化部分优质客户办贷要求，解决部分优质客户有资金需求但抵押不足的问题。三是强化管理，全力清收归仓。准确定位，把好经营策略关。坚持“支农、支小”的市场定位不动摇，把握风险偏好，资产业务发展经营由“规模导向”逐渐向“质量导向”转型。优选客户，把好贷款管理关。把握风险偏好，严格行业准入；加强信贷管理，严格执行“三查”制度，强化贷前调查，构建“人品、产品、押品”的授信准入机制，坚持严把“入口”关。主动出击，把好风险处置关。对形成的不良资产主动出击，落实专人积极化解，一户一策制定清收措施，并及时吸取经验总结教训，同时加强考核，落实奖惩，确保清收工作落到实处。清收客户不良资产本金385.54万元.按程序上报核销石门永仁贸易有限公司、石门永发花卉种植专业合作社不良资产本金计164.94万元。

内控管理。围绕“两升一降”重点工作，施行全面风险管理，从严支行，确保稳健经营。一是完善公司治理，确保合规经营。定期召开年度工作会议、董事会、监事会、股东大会、案防工作例会、风险管理工作例会等各类会议，落实管理责任，规范公司治理；强化内部管理，坚持从严治行。严明纪律，强化制度约束；严格执行，强化过程管理；严格考核，强化整改提高；严肃处理，强化行纪行风。二是加强财务管理，实施全面预算。对全年费用实行预算编制，合理控制财务开支，规范财务行为。加强资金运营管理，合理做好资金头寸调度，提高资金综合收益。三是强化案件防控，落实案防责任。定期召开内控、案防季度分析例会，提高员工的业务素质、道德素养和遵纪守法防范案件发生的自觉性。四是加强安全防范，确保安全运营。从董事长到员工层层签订《2017年安全保卫责任书》，同时将安全保卫工作分派到每个岗位并纳入年度绩效考核；开展消防、防抢应急演练活动，以增强员工的安保意识以及应对突发事件的处置能力；坚持营业场所安全保卫工作每日三查，坚持每日清场制度，坚持周末值班制度，杜绝隐患；定期进行电力保障演练，对自助机具等所有与运营相关的科技设备进行每日巡查，及时维修监控系统故障，按期监测消防灭火设备，保障设施设备的正常运行，每月开展安保法律法规学习，持续提升员工安保意识。

(石门沪农商村镇银行)

中国人寿保险股份有限公司石门支公司

【概况】中国人寿保险(集团)公司是中组部直管的副部级国有金融保险企业，集团及其子公司构成国内最大的商业保险集团。中国人寿是国内首家“三地上市”的金融保险企业，2017年，公司市场份额约为38.5%，继续占据寿险市场主导地位，连续16年入选《财富》全球500强企业。

保险理赔服务。中国人寿保险石门支公司以服务地方经济建设和保障民生为宗旨，积极融入石门县社会经济发展全局，充分发挥保险业促进改革、保障经济、稳定社会、造福人民的职能作用，为地方经济发展、社会稳定和人民安居乐业做出了积极贡献。石门支公司始终坚持“以客户为中心”的服务理念，紧紧围绕客户的需求、感受和体验，不断优化服务流程，开展送赔款上门等上门服务；推动理赔实时审核,推出“快赔无忧”“简单理赔,服务到家”、微信理赔、微信调查等服务新品牌,客户满意度不断提升。2017年度,石门支公司累计纳税350余万元,为全县35余万名客户提供了各种人身保险服务,风险保额达3.5亿多元,给付各类保险金1258.6万元,有效增强了全社会抵御风险的能力。

社会保障服务。中国人寿保险石门支公司积极承担社会责任,大力发展与老百姓生活息息相关的各类保险业务,尤其是针对优抚对象、农村老年人群和低收入人群等特定弱势群体提供保险保障,为建设和谐社会做出积极贡献。为低收入群体提供小额保险保障服务,已覆盖30%。在全县11.5万多名60岁以上老年人中推广意外伤害综合保险,已承保6.4万人,参保覆盖率达55.05%,2017年度已理赔665件,理赔金给付134万元。为3万多名学生承保,全年理赔1857件,给付理赔金额126万元。为全县的计划生育家庭意外伤害保险客户理赔268件,给付理赔金167万元,为全县的女性安康团体疾病保险客户理赔35件,理赔金额40万元。承保了全县的“一元民生”保险,2017年度发生理赔45起,赔付24.2万元。

政策保险服务。积参与政府经办业务,有效降低公共服务成本,充分发挥自身在风险防范、资金管理、网络服务、专业技术等方面的优势,积极参与新农合、城乡居民大病保险等政策业务的经办工作,并建立一整套专业化组织体系、工作机制和管理服务队伍,在全县城乡居民大病保险项目中,覆盖各类参保人群约62.82万人。

(人寿保险石门支公司)

石门发展集团

【概况】2017年3月,石门发展集团正式组建,集团成立后,坚持围绕中心、服务大局,找准定位,在保障全县重大项目建设上,取得较好成效。在平台转型上,积极探索,实施试点工程,并取得成效。

集团组建。按照县委县政府的决策部署,及时完成集团公司的登记注册和五家子公司的工商变更登记,正式组建石门发展集团,与县农投公司合署办公。在县农投公司人员的基础上,招聘人员充实公司力量,并加强对各平台公司的统筹管理,保障集团正常高效运转。

融资注资。在国家政策规范平台融资、银行项目贷款紧缩的情况下,加强与工商银行、农业发展银行、国开行等银行的合作,积极开展融资,集团全年签订融资合同41亿元,到位资金28亿元。同时,加快资产注入,累计注入资产161亿元,有效提高集团公司的信用等级,增强了融资能力。

项目建设。抓住发展机遇,积极组织开展五大会战,加快推进项目建设,一批重大城建、交通、旅游开发和农业投资项目投产营运或得到强力推进。集团公司2017年,共投资132个项目,完成投资额267749万元,营业收入可达9700万元,利润1700万元。

转型升级。随着国发〔2014〕43号文件的颁布实施,国家对政府举债设定了天花板,财政部、银监局发布一系列政策,规范政府的融资行为,严禁地方政府违规举债,同时要求平台公司剥离政府融资职能,逐步转型为独立运行的市场主体。一是主动作为,开展独立自主的经营活动,县城投、县文旅公司、县交通投、县宝峰投根据企业自身的特点和所担负的职责,先后组建金长城建材公司、夹山公司、龙王洞公司、泰安公司、中小企业服务公司等10多家经营性公司,在建材、旅游、运输、服务业等不同领域内开展实体经营活动,逐步走上正常轨道,初见成效;二是坚持“开放强县、产业立县”,推进产业发展与脱贫攻坚、平台转型有机结合。县农投公司按照县委县政府的产业扶贫方针,扶持光伏、香猪产业建设,为61个村集体兜底协助融资,助其获得稳固收益;投资1000万元现金入股汉唐公司,建设二期繁育基地,完成后可年出栏10万头,直接带动5000户增收。坚持“国企帮扶、村企共建、农户参与、利益共享”的理念,成立石门岩蛙薛家养殖公司、石门白云茶业公司、罗坪茶业公司等,采取“公司+基地+农户”模式,带动广大农户增收脱贫,为探索平台向实体转型迈出重要一步。

内部管理。为规范集团统筹管理,建立高效有序地运行效率,制定财务管理、合同管理、人资管理等27项制度。采取功能统筹、分级管理,提高资源使用效率,加快项目实施进度;完善项目建设、融资工程款支付,重大合同签署制度。要求所有工程建设项目必须按程序招投标,重点、关键指标以重大事项方式报告;所有直接融资报县财经领导小组研究;重大合同签署,集体研究后报县政府审批;工程款支付,实行月计划审批制度,每笔支付要有依据。

基层党建。集团通过召开二次党委扩大会议将集团人力资源管理制度、财务管理制度、合同管理制度纳入议事日程,通过反复修改讨论,使党委成为集团公司治理结构的有机组成部分,提高了企业党建工作的政治站位。严肃党内政治生活。党委中心组通过集中学习党的十九大报告、县委十二届四次全会精神,组织集团全体党员参加《准则》《条例》及习近平总书记重要系列讲话、党的十九大报告内容学习考试。严格落实执行“三会一课”制度,推动开展“两学一做”学习教育常态化制度化,建立问题清单,逐一整改落实。强化日常教育管理。做好每月组织党员干部按要求开展“主题党日”学习活动、党费清理缴纳、支部书记年终双述双评、党员发展、党员量化积分管理等工作,把党的建设融入经营管理、企业文化建设和员工的日常生活之中,充分发挥党支部政治堡垒作用、党员干部的先锋模范作用。

(石门发展集团)

【县委常委会研究石门发展集团公司组建】2017年1月13日,市人大常委会副主任、县委书记谭本仲主持召开2017年度第1次县委常委会议,研究石门发展集团公司组建等重要工作。会上，县金融办、县发改局、县委组织部等单位分别就石门发展集团公司组建、石门县2017年项目建设责任分解、出席党的十九大代表推荐提名等工作的相关情况进行汇报，与会人员分别发言，就如何做好相关工作提出意见建议。县领导郭碧勋、邓碧波、周功表、李绍南、张树国、张凯、胡杰、李范新、刘颖、薛杰出席会议，相关县领导和县直单位负责人列席会议。

在听取相关情况汇报和与会人员的讨论发言后，就石门发展集团公司组建工作，谭本仲强调：一是组建集团公司势在必行。组建集团公司的目的是提高信用等级，增强融资能力，降低政府负债，通过3年的过渡，把集团公司培育成按现代企业管理制度运行的独立市场主体。二是合理界定集团公司和子公司的关系，确保平稳过渡。集团公司组建后，在过渡期间对下属子公司进行计划管理、融资管理、资产管理，做好注资、做账、融资等工作，依托城投公司、政策性银行、国有银行等发行企业债券进行融资；子公司主要抓项目的实施、推进；县委组织部、编委办、人社局、国资中心要加强对子公司人员的管理。集团公司过渡以后重新调整，明确职能，自主经营，自负盈亏。三是按照集团公司组建方案落实，由相关县领导牵头，相关部门参与抓好组建工作。集团公司班子要配优配强，由县委组织部管理；县国资中心、编委办、人社局要按照程序做好工作人员的招考工作，并对现有人员进行清理。

（编辑部）

【石门县城投公司完成政府债券置换工作】2017年9月26日，石门县城投公司完成国开行银行贷款的地方政府债券置换工作，置换贷款金额为18640万元，主要用于置换石门县自来水扩改工程、石门县三江路扩改工程、石门县经济开发区基础设施建设工程、石门县火车北站广场改建及配套设施建设工程、石门县2014年棚户区改造工程。全部为2017年以后到期的政府性项目中长期贷款。城投公司精心部署，有关部门及银行密切配合，积极协调地方政府和财政部门，认真梳理项目清单，核对置换贷款金额，签署债务解除协议，完成收贷收息的账务处理。本次债券置换有效缓解县政府财政资金运行压力，降低债务融资成本。

（覃刘刘）

石门发展集团子公司简介

【石门县文化旅游发展有限公司】石门县文化旅游发展有限公司于2014年3月注册，注册资金3亿余元，资产达53亿元，为国有控股企业。公司是县政府直管单位，属石门发展集团有限公司，下设行政综合部、工程项目部、融资招商部、资产财务部、营销策划部。

公司主要经营旅游项目的投资、旅游景区的开发与经营、旅游项目的设计、策划、广告、咨询服务；旅游商品的研发、生产与销售；旅游景区基础设施工程及房地产开发；城镇基础社会工程建设等业务。主要任务是通过市场运作将石门县丰富的旅游资源转化成为具有市场竞争力的旅游产品，是全县旅游产业提升、全域旅游创建的主力军。

现拥有石门夹山旅游开发有限公司、石门县龙王洞旅游开发有限公司、湖南禅茶一味茶业有限公司、石门县仙阳湖水上客运有限公司、石门县罗坪长梯隘文化旅游开发有限公司、湖南壶瓶山二零九八生态旅游发展有限公司等多家子公司。

自成立后，公司在县委县政府的领导下，围绕“全域旅游示范县”创建及“旅游开发大会战”工作任务部署，着力推进了石门县游客服务中心、夹山景区提质、大湘西地区文化生态旅游融合发展精品线路、龙王洞景区提质、农村综合服务平台、仙阳湖水污染治理、长梯隘景区、壶瓶山虎文化主题公园等项目的建设。

【石门县宝峰建设投资开发有限公司】石门县宝峰建设投资开发有限公司（以下简称宝峰投）是由石门发展集团有限公司出资、具有独立法人资格的企业，于2016年4月正式改制成立，注册资金为1亿元人民币。宝峰投公司在县人民政府授权范围内行使国有资产所有者权能，以筹集建设资金和运作建设项目为根本任务，以国有存量资产和国有土地使用权为主要运作对象，通过发挥投融资功能，加大投融资力度，推动石门县城市建设不断向前发展。

公司经营范围。开发区内的建设项目投资、城市基础设施及公共配套设施建设；园区所有国有资产和城市公共资源的开发、经营；区内土地、房地产开发。

主要职能。履行政府对开发区基础设施建设、产业发展的投融资功能。根据园区发展规划，制定年度融资计划，并组织实施；承担开发区内基础设施、产业孵化园、标准化厂房建设任务；落实国家产业扶持政策，对重点产业园区、产业项目进行股权投资及资金扶持，培育开发区经济支撑点；从事政府授权范围的国有资产运营、承担保值增值责任，代表政府行使国有资产出资人收益权。

公司组织机构。自2016年7月1日起，公司全面完成组建工作，正常运转。公司设有6个部办、一个子公司（石门县宝峰中小企业创业服务有限公司），现有人员31人，其中：董事长1人、总经理1人、副总经理2人、综合办4人、财务部4人、融资部2人、工程部7人、总工办3人、内审部2人、子公司3人、临聘专干2人。公司人员均系公开录用，学历较高，专业能力较强，较好地充实了公司的专业技术力量。

【石门县城市建设投资开发有限责任公司】石门县城市建设投资开发有限责任公司（简称城建投）是根据《中华人民共和国公司法》经石门县人民政府批准设立的直属县政府的国有独资公司。公司成立时间于2001年12月8日，公司注册资本人民币5.9078亿元，拥有石门县自来水公司、开元发展（石门）投资有限责任公司、石门县城市污水处理有限公司、石门县平和置业有限公司、石门县祥和资产经营管理有限责任公司、石门县金长城建材有限责任公司、石门县城通基础设施建设投资有限公司、石门县扶贫开发投资有限公司8家子公司，公司下设办公室、财务部、项目管理部、投融资部、内审部等部门。经营范围涉及城市基础设施建设，城区国有有形无形资产经营，城区规划区土地经营，房地产开发，商品混凝土供应，(依法须经批准的项目，经相关部门批准后方可开展经营活动)。石门城投公司抢抓“新型城镇化建设”和“三改四化建设”的历史机遇，实现了跨越式转型发展。2015年7月，为深化城建投融资体制改革，拓宽融资渠道，加快城市建设，县委、县政府决定重组城建资产，通过合并和资产注入，对公司进行资产整合。2017年，石门城投公司总资产达65亿元左右。

公司按照“融资平台、投资主体、经营实体、集团管理”的目标发展定位，积极引进大型投资项目落地石门，努力拓展经营业务，加速项目开发建设，促进县域经济快速发展。公司自2001年组建后，先后融资40余亿元，完成和在建城市基础设施建设项目80多个，总投资近42亿元。先后投资建设了澧阳路提质改造工程、永兴路提质改造工程、夹山路提质改造工程、老城区小街小巷提质改造工程、火车北站广场工程、东城区路网工程、全民健身活动中心工程、标准化厂房工程、县城区棚户区改造及安置房建设工程等重点项目。

【石门县交通建设投资有限公司】石门县交通建设投资有限公司（简称交通投）成立于2014年9月，是经石门县人民政府批准设立的国有独资公司，注册资本人民币1亿元。主要从事全县交通基础建设、经营、投资、管理；政府授权范围内国有资产的经营管理和划拨的国有土地开发、经营；石门县境内干线公路和高速公路连接两边服务类的经营管理；房地产开发、经营。（涉及行政许可的凭许可证经营)。公司内设综合部、融资部、财务部、工程部(下设在建项目工程管理部，直接参与工程建设现场管理工作)四个职能部室。共有工作人员26人。具有初级职称的5名，中级职称的4名，高级职称的1名。公司下辖8个全资子公司，分别是石门县泰安交通实业有限公司暨县公务用车平台、石门县壶大公路工程建设开发有限公司、石门县周象公路工程建设开发有限公司、石门夹山寺旅游专项公路建设有限公司、石门县新街口澧水大桥建设有限公司、石门太平至柳家垭公路建设有限公司、石门县彭岗公路工程建设开发有限公司、石门县通用机场建设有限公司。

【石门县现代农业投资开发有限公司】石门县现代农业投资开发有限公司(简称县农投公司)于2015年12月由石门县人民政府组建，注册资本为2亿元人民币。后追加至6.6亿元人民币（其中，中国农发重点建设基金有限公司2000万元)，为国有合资有限责任公司。

公司经营范围主要包括符合国家法律法规、政策允许的现代农业投资开发、农业特色产业园区建设、现代农业咨询与服务、农田水利基础设施建设项目投资与管理。湖南省农业信用担保有限公司石门办事处与县农投公司实行“两块牌子、一套班子”合署办公，承担县域农业政策性担保业务。

县农投公司按照“融资平台、产业引领、经营实体、集团管理”定位，围绕县委县政府农业发展战略部署，以“强农业、美农村、利农民”为己任，实现“建设现代农业、引领产业发展”的目标。发挥融资平台功能，归集整合资源资本，提速政府项目建设，夯实农业发展基础，推进农业发展方式转变，加快构建现代农业产业、生产和经营体系。实行“1+X”集团管理模式，将公司打造成涉农多元化发展企业集团。

公司内设综合部、财务部、项目部、融资部、企管部五个部门。现有员工11人，本科及以上学历8人；有会计师4人，其中注册会计师1人。

（石门发展集团子公司简介由编辑部整理）

财政·税务

财 政

【概况】2017年，全县完成公共财政预算收入13.66亿元，同比增长10.58%。其中：地方财政收入7.75亿元，增长2.31%；上划中央税收4.74亿元，增长29.49%，上划省级税收1.16亿元，增长3.53%。税收占公共财政预算收入的比重为82.58%。完成公共财政预算支出45.48亿元，比2016年增加4.2亿元，增长10.3%。其中农林水、教育、社保、卫生、交通等民生民本支出28.79亿元，占总支出的80.27%，较2016年同期增加5.47亿元，增长19.04%。

组织收入。受宏观经济下行、政策性减收等因素影响，财政收入组织非常艰难。在收入形势严峻面前，全县财税部门紧扣目标任务不放松，坚定信心、落实责任。坚持平时月份定期调度和关键时点密集调度，发现收入短板，明确抓收方向，督促收入进度。构建“政府主导、财税主责、部门配合、信息共享”的协税护税新机制，实现重点行业、重点税源、重点税种的征收管理环节有机衔接，促进应收尽收。大力拓展金税工程、“互联网+税务”等办税服务渠道，深入推进国、地税部门深度合作，全面运用“一窗一人一机双系统”办税模式，着力提高税收征管质量，同时，加强税源基础事项管理，突出重点税源、抓住静态税源、盯住动态税源、扣住潜在税源，积极挖潜增收，确保了收入及时实现，在每个时间节点，收入进度、增幅和质量都达到考核要求。

服务发展。围绕稳增长、促发展，坚持积极作为，多渠道筹措资金，较好地保障了重大项目、重点产业顺利推进。积极顺应争资环境和政策变化，搞好项目对接，抓好落地项目的实施，找准体制性转移支付的关键变量，努力争取上级部门的支持，确保争资效果提升，2017年累计到位上级补助资金37.55亿元，同比增加2.94亿元，增长9.63%，其中，到位财力性补助资金10.11亿元。加快融资平台公司发展，清理归集存量国有资产106亿元，注入平台公司，支持平台公司采取租赁、信托、发行企业债券等融资工具，扩大市场直接融资，全年签约融资23亿元。加大财政投入，县本级安排专项资金3000万元，支持以园区建设、标准化厂房建设、招商引资、企业技改等为重点的新型工业化发展。安排专项资金1.1亿元，支持交通、城建、水利等重大项目及农业、旅游等重点产业发展。调度资金2.4亿元，保障了土地拆迁、项目前期经费的需要。

民生保障。始终把改善民生、发展社会事业作为支出保障重点，全年用于与民生密切相关的支出31.71亿元，同比增加3.56亿元，占财政总支出的比重达到78%。一是落实干部待遇。筹集资金1.8亿元，补发离退休人员2014年9月后的调资工资，按新标准兑现在职人员工资津贴，发放公务用车改革补助。村均转移支付在2016年基数上再增加3万元，达到18万元，高于全省平均水平。二是提高财政支农水平。通过一卡通发放财政惠民补贴资金37项、3.98亿元，户平均增收2900元。落实财政奖补资金2029万元，实施一事一议项目124个，争取100个村纳入全省农村公共服务运行维护项目试点范围，获得奖补资金900万元。农业保险品种扩大到12个，柑橘、茶叶、烤烟等特色产业纳入保险范围，筹集政策性农业保险保费3700万元。争取资金扶持一批农民专业合作社等新型农业经营主体发展。三是兑现民生政策。拨付资金4.54亿元，确保社保对象待遇及时落实，提高了城乡低保、五保户补助标准。安排县级配套资金451万元，启动贫困残疾人生活补贴。支持城乡居民基本医疗并轨改革，落实配套资金2249万元，将城乡居民医保补助标准提高到450元/人，设立健康扶贫财政专项救助基金1000万元。拨付农村危改资金1.29亿元，改善了1.03万名农村贫困人口的住房条件。拨付教育经费8.5亿元，全面落实义务教育公用经费、扶困助学政策，支持41个教育基础项目建设，免除高中建档立卡户贫困学生学杂费256万元。四是保障脱贫攻坚。统筹整合各类财政专项资金8亿元，支持精准扶贫产业发展、生活条件改善、基础设施建设、公共服务及社会保障能力建设等方面，确保2017年脱贫目标顺利实现。

财政管理和改革。健全全口径预算管理体系，完善一般公共预算、政府性基金预算编制，力求科学、全面和细化。清理盘活财政存量资金4.53亿元，统筹预算重新安排资金5400万元。深入推进预决算公开工作，部门预算和“三公”经费公开除涉密部门之外实现全覆盖。预算绩效目标管理扩大到所有专项，委托第三方完成6个专项和3个部门整体支出的绩效评价。规范投资评审工作，评审工程预结算项目632个，评审金额33.47亿元，审减金额3.05亿元。积极探索政府采购监管从程序导向型向结果导向型转变，着力提升政府采购效率和透明度，完成政府采购规模6.9亿元，节约资金5980万元。加强政府债务管理，组织地方政府性债务清理甄别工作，及时控制和化解地方政府性债务风险，争取到位上级政府债券资金2.61亿元。全面开展银行账户清理整顿，撤销不合规账户43个，进一步完善银行账户审批备案制度，实现实有资金账户动态化、日常化监管。实施推进“雁过拔毛”“两个专项整治”及财政日常监督、会计检查工作，促进理财行为规范。坚持分事行权、分岗设权、分级授权，深入推进财政内控制度和防控办法建设，初步形成“1+8+N”内控制度体系，防范了财政本身风险。强化乡镇财政管理，完善乡镇基本支出定员定额体系，促进乡镇预算管理的标准化、规范化。加强乡镇资金监管，督促完成专项资金和补助资金公示40多批次。乡镇财政联审互查、办点示范、业务督促指导常抓不懈，4个星级乡镇财政所创建成功。

（刘　亚）

【举办预算绩效管理业务培训班】为不断提升预算绩效管理工作水平，更好地服务全县财政、经济和社会发展，根据省财政厅2017年预算绩效管理工作要点，结合全县预算绩效管理工作实际，2017年第一季度，县财政局举办了一期预算绩效管理业务培训班，全县一级预算单位100多名相关工作人员参加培训。培训班从市级预算绩效管理专家库聘请专家讲课，培训内容实用性、针对性强，通过培训，参训人员强化了预算绩效管理意识，提高了预算绩效管理业务素质，为协力推进预算绩效管理工作奠定了基础。

（县财政局）

【乡镇财政管理实施“四强化四突出”举措】2017年，全县乡镇财政管理工作施行“四强化，四突出”举措。①强化基础建设，突出管理规范。加强村级集体“三资”管理。指导村级完善财务管理制度，建立“三资”管理台账，确保集体资产安全。加强国有资产管理。对各乡镇国有资产实行动态管理，定期清理盘点，确保账面数据与国有资产动态管理系统数据相符，实行条形码管理，使资产管理规范化、标准化。加强预算编制管理。实行乡镇预算编制精细化，严格按照单位人员、资产等情况建立健全预算基础数据库，并据实编制预算。同时，预算编制做到四个“统一”，即统一预算编制口径，统一预算编制程序，统一支出定额标准，统一预算编制格式。②强化监管措施，突出安全运行。建立上下联动的监管机制。县财政局不定期到乡镇进行明察暗访，会同财政所重点对农村危房改造等补助性资金进行抽查核查。充分利用农村公共资源交易平台，对脱贫攻坚项目实施有效监管。尝试引入第三方中介机构开展项目监管工作，利用社会力量开展绩效评价，确保资金专款专用。③强化工作督导，突出落实到位。为使乡镇财政各项工作落到实处，县财政局大胆创新，实行财政所长异地交叉督导的形式，采取按批次、按月份、不定期等方式开展工作督导，确保各项乡镇财政工作落到实处。④强化岗位培训，突出素质提升。6月28日至30日，举办全县乡镇财政业务培训班，重点对财政管理、业务技能操作、公文写作等知识进行培训。培训后进行全县乡镇财政业务比武大赛活动，并推荐6个优胜财政所参加常德市财政业务比武。

（孙际浩、王新初）

【非税局开通移动缴费平台实现网络交学费】为加快推进非税收入收缴电子化管理工作，顺应“互联网+政务服务”的新形势、新要求，方便群众缴费，2017年县非税局通过积极筹划，完成石门一中、石门二中、石门五中、石门六中、澧斓中学、瑜远中学、湘北职专等七所中学的移动缴费系统安装。2017年秋季开学时，七所中学移动缴费工作正式启动，学生或家长只需在个人手机上关注“湖南非税移动缴费微信公众号”进入该平台，即可自主选择银行卡、微信、支付宝等多种方式，在任意时间、任意地点缴纳学费、住宿费、各种报名考试费等。同时，学校通过“学生收费管理平台”可即时查询各班学生的缴费情况。缴款人如需非税收入票据，可于缴费成功后次日起，到学校通过提供非税缴费编码进行补打非税收入（电子）票据。湖南非税移动缴费平台是由省非税局打造的全省统一的非税收入移动缴费平台，具有统一、安全、便捷、免费四大特点。

（县非税局）

住房公积金管理

【概况】2017年，石门县住房公积金管理部树立“服务缴存职工，造福千家万户”的工作理念，推行标准化服务、规范化管理，各项业务指标全面完成。截至2017年11月30日，归集资金2.88亿元，增加1989.75万元，同比增长7.43%，归集余额达10.56亿元，归集余额在全市区县市率先突破10亿元大关。缴存职工提取公积金1.8亿元，同比增长23.14%，提取比例为62.85%。全年发放个人住房公积金贷款667笔，金额2.01亿元，完成年度任务的100.57%，连续三年贷款发放额超过2亿元；累计收回贷款6637.08万元，贷款逾期率为0.04‰；累计发放贷款11.92亿元，贷存比为75.36%。全县新增缴存单位21家，新增人数1577人，完成年度任务的197.13%。

资金归集扩面。2017年1至11月，财政代扣代缴公积金计6528.46万元，配套资金稳步增长。规范乡镇站、所缴存，2017年起全县乡镇站所人员住房公积金全部按照县财政全额拨款人员缴存标准配套到位。石门管理部加强与相关职能部门的联系，加强园区外非公企业的政策宣传，全年增加缴存职工1577人，全程汽贸等多家非公企业开户缴存公积金。发挥政协委员作用，《关于民办教育机构缴存住房公积金的建议》提案得到县教育部门的支持，将住房公积金建制纳入对全县民办教育机构的达标验收考核内容。以村居换届为契机，通过政策宣传、联合财政部门调研座谈等形式，持续开展村居的扩面工作，全县79个村居开户缴存住房公积金，缴存人数376人。

资金使用管理。石门管理部建立违规提取警示教育制度，在服务大厅门口设立违规提取风险提示牌，从源头防范资金提取风险。管理部前台业务人员“看、问、查、审”等方式对办理提取业务的客户严把资料审核关，对有疑问的提取资料，与相关部门联系查证，发现伪造、变造提取资料的，及时告知单位并记入诚信黑名单台账。2017年，石门管理部累计办理提取26915笔，提取住房公积金1.8亿元，为缴存职工实现住有所居提供资金支持，保证了资金安全。简化贷款流程，缩短贷款发放时间，主动到楼盘宣传政策，培训楼盘工作人员配合做好贷款资料收集整理工作，要求楼盘不得无故拒绝客户使用住房公积金贷款。协调不动产登记管理部门，对住房公积金贷款抵押提速。按照每周审核一批、抵押办理一批、贷款发放一批的流程，加速贷款审批发放。支持异地公积金缴存职工在石门购房申报贷款，全年为异地缴存职工发放贷款583万元。

标准化管理。石门管理部推进窗口服务工作，明确窗口业务办理流程，印制业务办理须知，组织窗口服务礼仪培训，完善服务大厅服务设施，规范日常工作着装，提升窗口服务质量。5月，以“缴公积金，圆住房梦”为主题、以“进社区、进企业、进楼盘”为活动载体开展形式多样的公积金政策宣传活动，其间发放各类宣传资料2000多份，开展政策宣讲10多场次，集中受理贷款申报1000多万元。10月，以新业务系统上线为契机，集中开展业务合规办理、个人和单位网厅使用等的宣传，利用互联网方便、快捷办理住房公积金业务受到缴存职工称赞。实行上门办公和预约办公制度。通过电话预约的方式，合理安排服务对象办理贷款业务时间，尽量做到一对一服务。对碧桂园、宝峰欣城等贷款申报业务比较多的楼盘，主动上门集中受理贷款业务5次，受理贷款金额1000多万元。

【开通新版住房公积金个人网厅】为推进“互联网+公积金”服务，2017年10月，全市开通新版住房公积金个人网上服务大厅。网上服务大厅开通后，全县广大住房公积金缴存职工均可上网登陆查询个人账户明细。方法：首次登陆并注册后，即可进行个人住房公积金缴存余额查询、提取及贷款明细查询、办理公积金月对冲及全部用公积金还清贷款的提前结清业务等操作。

（住房公积金石门管理部）

国　税

【概况】2017年，石门县国税局紧扣“干好税务、带好队伍”两个中心任务，注重集成推进，深化改革创新，努力实现“一稳二提三突破”的工作目标，通过全国文明单位复查验收，获评全市国税系统“绩效管理先进单位”。

质量管税。2017年，是营改增改革全面到位的第二年，在石门县传统税源支柱行业——两家火电企业入库税收大幅下滑，市场低迷、税源严重不足的形势下，发挥主观能动性，加大征收力度，有力支持县域经济的发展。按季召开收入分析例会，对税源按行业规模进行分类，加大重点税源调查分析力度，充分发挥税务稽查打击违法和堵漏增收的作用。把税收预测和税收分析有机结合起来，完成电力行业的《国地税联合分析报告》。

创新强税。面对繁重的税收改革发展任务，攻坚克难，确保各项改革任务和税收政策落实落地，积极开展国税、地税联合稽查、联合定税，全方位深化征管体制改革。着力打好营改增“改进好”“总结好”两场战役，被市国税局评为“全面推开营改增试点工作先进单位”，5名工作人员获评“全面推开营改增工作先进个人”。加强风险防控，与国网石门供电公司就用电信息交换建立起实体运行机制，认真做好增值税发票管理新系统的数据应用工作，完成133户风险指令，风险识别准确率100%。落实“互联网+政务服务”，推进商事制度改革工作，电子税务局注册率达100%，使用新发票开票系统的纳税人从2016年底的900余户增加到2500多户，全面提升了办税质量和效率。

纳税服务。面对国税、地税深入融合新需求，持续开展“便民办税春风行动”和“纳税服务提质年”活动，打造多元纳税服务平台。联合县地税局、县财政局对辖区内所属企业和个体工商户进行“问需求优服务促改革”走访活动，零距离为纳税人办实事、解难题。与县地税局联合印制了石门县办税服务厅“一窗一人办税”制度汇编，细化了国地税窗口整合后各类事项的具体工作要求和完成时限，明确各类工作岗位的具体工作责任，确保国地税合作后，整合的窗口各类办税职能都有条不紊地规范进行。全年组织6次纳税人学堂，培训各类纳税人960户次1510余人。其中国地联合纳税人学堂有3期。推进“放管服”，督促落实行政处罚、行政许可“双公示”制度，切实让权力在阳光下运行。

依法治税。面对法治税务建设的新要求，县国税局以争创“全国法治税务基地”为契机，树立干部职工的法治思维，提升干职依法治税能力。利用微信平台对税收法律法规进行强推，2次推送10万人次，扩大了税收法治宣传的影响。在第四个国家宪法日之际，设计法治宣传海报，印发10000份，通过中国邮政专送分发到千家万户，营造了浓厚的依法治税氛围。县国税局被评为“2017-2019年度湖南省国税系统法治基地”，《法在心中，法在行中，让法治信仰根植于推进税收现代化进程中》论文获评全市一类项目。

（县国税局）

全县协税护税工作会议

【全县协税护税工作会议】2017年6月21日，全县协税护税工作会议在县老干局一楼会议室召开。县委常委、常务副县长周功表出席会议并讲话。县领导薛杰、龚云林、杨书凡参加会议。全县财税、国土、教育、卫生等行政事业单位，重点行业、重点领域的房地产、工矿等企业有关负责人参会。会上，县国税局、地税局、财政局先后就加强税收征管工作发言，县住建局介绍外地施工企业在本地缴税情况，县财政局监督检查股，县国税局、地税局稽查科，以及广东腾越建筑工程有限公司就落实协税护税工作发言表态。会议要求，一要强化认识，把协税护税工作当成一项重要工作抓落实；二要明确职责，严格履行好协税护税工作责任；三要通力合作，强化税收征管，确保完成年度目标任务；四要建立考核奖惩机制，切实做到"优则奖、偷则罚"，并完善协税护税工作体制机制。

(编辑部)

地　税

【概况】2017年，石门县地税局抓住收入中心不放松，在征管转型、纳税服务、争先进位上取得大突破，在依法治税、队伍建设、基层党建上实现大提升，各项工作取得成效。

税费收入。截至12月20日，共组织入库税、费收入49462万元，完成年计划49781万元的99.36%，同比增加11182万元，增长29.21%。其中：中央级入库12112万元，完成年计划12166万元的99.57%，同比增收4063万元，增长50.48%；省级入库3246万元，完成年计划3261万元的99.54%，同比增收932万元，增长40.28%；县级入库29123万元，完成年计划29319万元的99.33%，同比增收5178万元，增长21.62%。

纳税服务。一是加强国地税合作。贯彻落实《湖南省办税服务厅管理办法》，全面整合办税资源，全县设置2个办税服务厅、2个办税服务室，共16个综合服务窗口，全部实行"一窗一人一机双系统"办税服务模式。联合召开汇算清缴工作会、建安房地产税收自查工作会，联合下发《协同开展定期定额户的定额核定工作实施方案》，实行个体户管理同步登记、同步巡查、同步定税。联合开展2016年度纳税信用评价以及税收分析。二是拓展税收宣传。以"税法宣传月"为契机联合国税开展的"纳税服务日"活动，组成18人的专家团现场解惑答疑30余人次，收回调查问卷116份。开展"问需求优服务促改革"活动。县国税局、县地税局、县财政局领导班子成员带队，走基层、到企业、进税户，走访企业1289户，占企业总户数的81%，其中走访一般纳税人企业631户，走访面100%，个体点上户走访144户，占个体点上户的33%，发放调查问卷1500余份、各类宣传资料7500余份。全年开展5次纳税人学堂，培训内容为"一窗一人办税"服务、企业所得税汇算清缴、落实6项减税政策、实名办税、环保税等，发放培训学习资料2400余份，培训纳税人1500余人次，对提高纳税意识、提升税务部门公信力起到促进作用。

依法治税。推动优惠政策落地。全年共有14个行业51户企业享受税收优惠，享受企业所得税减免1908.76万元；13个行业35户弥补以前年度亏损5009.95万元。28户企业享受小型微利企业所得税优惠，减免33.27万元。残保金征收部门联动，形成残联年审核定、地税核实征收、财政协助扣缴的"三位一体"征收管理模式。截至12月20日，共入库行政事业单位残疾人就业保障金532.83万元，占年度指导性计划526万元的103.3%。

税收征管。①开展数据信息清查，夯实征管基础。开展国地税基础信息数据对比校正工作，同步国地税金税三期税务登记信息3749条，处理完成3749条，完成面达100%。开展企业所得税税种认定整改工作，通过自查及与国税信息比对，对347户未进行企业所得税税种登记纳税人的企业所得税征管范围进行甄别。成立国地税数据质量联合管理机构，联合完成总局推送的单管户清理任务1076户。②加强部门协作，强化综合治税。严格执行"以证控税"制度，与"一窗一人"办税服务模式有机结合，联控联管，有效堵塞了税收征管漏洞，解决了"营改增"后对税收征管带来的冲击。加强外部涉税信息的采集、应用，到县政府四大投资平台采集42条建安工程信息，到县不动产登记中心和房管局采集15934条不动产登记备案信息、到工商采集36户企业股权转让登记信息下发给税源管理部门进行核实应用。③发挥稽查职能，助力征管转型。严厉查处税收违法大要案。集中查处大要案2户，合计查补税款1613.81万元、加收滞纳金383.37万元。强化举报、转办案件查处力度，维护税法刚性，上半年县地税局受理1起举报案件，进行立案查处，入库税款4万元。开展国地税联合稽查，共同打击涉税违法犯罪行为。完善国地联合稽查工作制度，派选人员组成联合专案组，对企业实施联合入户执法检查，做到一次进户、各负其责、各税统查。

内部管理。扎实推进党建工作，将党建知识纳入干部教育培训计划，在增设党建知识专题培训的同时，坚持把党建知识与业务考试同步，将党建工作与税收业务同考核。认真组织学习党的十九大精神，组织党员干部参与《红星云》学习，举办了3场党的大十九大报告宣讲会。另外，通过定期编发党建知识学习教育的“微课堂”，各支部按时组织专题学习讨论，让党员干部随时投入学习。开展“两学一做”专题教育，以党支部为基本单位，以组织生活会为基本形式，以落实党员日常教育管理为基本依托，引导广大党员做合格党员。在全局开展优秀党支部、优秀党务工作者、优秀共产党员的“三优”评选活动，选出2个优秀党支部、3名优秀党务工作者、7名优秀共产党员。开展以职业道德、党风廉政和道德文化建设为重点的道德讲堂活动，倡导社会主义核心价值观。推进党风廉政建设，坚持问题导向，推行“三单三查三追”，提升了监督执纪问责的实效。亮出“责任清单”，切实理顺“日常监管”和“专门监督”的关系；亮出“问题清单”，让问题一目了然、一针见血。县地税局在全国执法大督察的自查督查中发现56个问题，对财务、工会、食堂的收支审计中发现6个方面的问题，针对存在的问题均形成“问题清单”；亮出“整改清单”，对责任单位进行整改销号管理，整改一件销号一件，确保件件有着落。

扶贫攻坚。推进产业扶贫，帮助制定产业发展计划，扶持点村产业发展。筹集资金40万元建起60千瓦光伏发电站，可为村集体经济年增收5万元以上；向市地税局申请到20万元扶贫资金，用于鼓励村民扩大再生产。结合地区环境，把油茶产业作为首期主导产业，搭建贫困户与农产品加工企业沟通桥梁，发展鲜果种植。建立精准扶贫数据库，建立责任追究制度，落实扶贫对象识别、项目资金、措施到户、脱贫成效要求，提高精准脱贫实效。帮助部分饮水困难的贫困户购买水管水泵等物资；硬化村组道路5.6千米；完成投资126万元的国土整治项目（新修机耕道600米，整治堰塘11口，修建沟渠300米），争取资金4万元改造村级卫生室，使村民的医疗条件得到改善；为部分贫困户无偿提供水泥、瓦等物资，完成18个贫困户的危房改造，对2个户实施易地搬迁；为贫困户落实小额信贷40多万元；为养殖户解决了生产加工用电困难；为部分贫困户销售生猪、蜂蜜、土鸡、花生等农副产品，共增收5万多元。

（县地税局）

【地税督察内审实行台账式管理】 2017年，石门县地税局找准督察内审职能定位，对执法及内控管理风险点实行台账式管理，动态监控，覆盖全程，创新了督察内审“整改销号”新模式。其举措：一是风险预测，选准突破点。精准分析，重点突破，对税收优惠落实、核准类减免税、二手房交易环节税收政策执行、税务稽查、内部财务收支管理等9大类重点领域和重点环节进行风险防控；二是过程监控，抓好关键点。对督察内审发现的问题，列出问题清单，通过整改通知书告知，在取得被督察审计单位整改结果书面回复并实地督察无误后，在督审台账中对被督察审计单位该问题进行整改销号，整改一件销号一件，确保“件件有回声”；三是成果运用，找准落脚点。将督察内审结果纳入年度绩效考核内容，并作为追责的重要依据。加强结果的综合分析，找准根源，积极探索风险应对措施加以推广，形成部门联动、协调配合、成果共享、合力监督的良好局面。

（郭雨晴）

经济执法与监督

国土资源管理

【概况】2017年，石门县国土资源局(简称县国土局)围绕“尽职尽责保护国土资源、节约集约利用国土资源、尽心尽力维护群众利益”主题，倾力打造“法治国土、满意国土、文明国土”新形象，努力为全县经济社会发展提供资源保障和优质服务，取得成效，获“全省国土资源系统信访维稳工作先进单位”“常德市国土资源管理工作先进单位”“常德市文明标兵单位”、石门县“绩效评估优秀单位”等多项荣誉称号。

耕地保护与开发。坚守耕地红线不动摇。2017年，将城镇周边、交通沿线现有的易被占用的优质耕地优先划为永久基本农田，确保永久基本农田布局基本稳定、质量有所提高、数量不减少。新一轮规划修编省级下达的耕地保有量67.74万亩，基本农田57.225万亩，全部落实到图斑。全年完成高标准农田建设试点县项目、市级农村土地整治项目7个，总建设规模4734.1公顷，总投资10572.63万元；完成耕地占补平衡土地开发、复垦项目及旱改水项目13个，总规模115.05公顷，可新增耕地80.33公顷，总投资1946.09万元；城乡建设用地增减挂钩项目1个，总规模27.44公顷，总投资543.77万元；精准扶贫项目1个，建设总规模168.5公顷，总投资380万元。组织实施2017年综合改革试点县项目、市级农村土地整治项目2个，总规模5790.7公顷，总投资6485万元；组织实施县级耕地占补衡项目7个，建设总规模95.57公顷，总投资2395.66万元。

土地报批与供应。2017年，上报土地征用转审批45宗，面积110.2284公顷；通过审批并拿到省政府批文的30宗，面积65.9694公顷，保障了重点项目和基础设施建设用地需求。完成行政划拨土地审查共13宗，面积57.2805公顷；完成项目用地的建设用地批准审查，发放建设用地批准书25宗，面积100.8075公顷；完成设施农用地备案43宗，面积25.0178公顷。

土地征收与补偿。严格执行《常德市集体土地征收与房屋拆迁补偿安置办法》《关于石门县集体土地征地拆迁有关补偿标准的通知》，坚持“两公告一登记”制度和“三榜公示”制度，坚决维护被拆迁群众根本利益。全年受理征地拆迁项目37个，拟征地约1475.4515亩，需拆迁房屋305户。全年完成征地拆迁项目37个，共腾地2236.1815亩，拆迁房屋455户，未发生一例损害群众权益的情况。

土地收储与交易。2017年，完成土地收储28宗，面积4064.3亩，积极盘活国有存量土地10宗，面积约3590.1亩。成功出让国有建设用地使用权29宗，面积1091亩，成交总价款约7.18亿元，收缴往年土地价款3010.7万元，支撑了县域经济社会发展。

矿产资源管理。严格执行国家相关产业政策和县委县、政府战略部署，继续推进全县矿山企业走整合升级、精深加工、绿色环保的良性发展轨道。全县关闭落后矿山企业3家，新设2家，注销3家矿山企业采矿权。强化矿政管理。公示矿权82家，公示率达100%。收缴采矿权价款132.328万元、矿山地质环境恢复治理备用金15.78万元。

地质灾害防治。完成全县范围内410个在册地灾隐患点的隐患排查工作，新建警示标志牌240块，落实排险处置措施11处，发布预报预警信息52次。全年发生地质灾害28起，其中山体滑坡21起、崩塌7起，未发生人员伤亡事故。3月，启动全县13个乡镇256户搬迁避让项目，完成26个村等211户的搬迁避让工作。维新镇响水洞崩塌治理工程、所街乡自生桥滑坡治理工程按期竣工。

国土资源执法监察。严厉打击各类违法行为。2017年，共立案查处国土资源违法案件99件，结案85件，结案率85.9%，收缴罚款235万元。其中矿山案件22件，土地案件77件，申请县人民法院强制执行25件，拆除复耕图斑4个，拆除复耕面积82.46亩。严格卫片执法，搞好土地例行督察工作。经过近10个月的努力，全县19个卫片执法检查疑似违法问题全部整改到位，并通过国家土地督察武汉局的例行督察，连续多年实现“零问责、零约谈”。

不动产登记与测绘工作。2017年，受理各类登记业务15981件，办结15711件，其中核发不动产权证书3577本、不动产登记证10946张，全年完成10个工程项目测量图，总面积达2000

多亩；积极配合不动产登记中心土地落宗、测绘制图工作；保障了G353公路、中国铁塔公司50个新建基站、通用机场、600万双儿童鞋、各乡镇村级服务平台、全县易地搬迁等一批重点、民生项目的测绘需求。

行政审批与信访。精简行政审批流程，缩短办理期限至5天，受理、办结各类行政许可事项和服务事项共约1100件，办结率达100%。在“4•22”地球日、“6•25”土地日、“8•29”测绘日、“送法下乡”等重要活动节点，开展宣传宣讲，共编发《中华人民共和国土地管理法》《中华人民共和国测绘法》《石门县国土资源局便民服务手册》等近两万份，提高了广大群众的守法意识和依法维权的能力。秉持“服务为本、便民为先、效率为上、满以为要”的服务宗旨，服务来访群众。全年接待来信来访共195人次，受理123件，省国土资源厅、市国土资源局交办3件，县领导大接访组交办10件，石门县微治理平台交办(包括县长热线、县长信箱、市长热线)57件，办结122件，办结率为99.2%。全年无进京上访，无群体上访，有效化解社会矛盾，维护了社会稳定。

（县国土局）

【强制拆除非法占地建筑】2017年4月25日，县法院依法对秀坪园艺场秀山村非法占地建设的预制构件厂进行强制拆除。2015年4月，秀山村村民吴某未经批准，非法占用集体土地1233平方米修建预制构件厂。接到群众举报后，县国土局执法监察大队立即向吴某送达《责令停止国土资源违法行为通知书》，责令其立即停工，但吴某置之不理，继续施工，严重扰乱了土地管理秩序，造成了恶劣影响。2015年9月16日，石门县国土资源局依法对吴某非法占地行为进行立案查处，并于24日对吴某非法占地行为作出退还非法占用的土地，没收在非法占用土地上新建的建筑物和其他设施的行政处罚决定；2016年3月11日，县国土局向吴某送达《行政处罚履行催告书》，但吴某拒不履行；2016年5月25日，依法向石门县人民法院申请强制执行。鉴于吴某非法占地建厂且拒不自行拆除，法院决定采取强制措施。

（杨　波）

首届“国土杯”综合知识竞赛

【首届“国土杯”综合知识竞赛】2017年6月22日，县国土局为庆祝第27个全国“土地日”，在县广电中心演播大厅举办“首届‘国土杯’综合知识竞赛”。竞赛分为必答题、抢答题、风险题三个环节，其间穿插多轮现场互动。内容包括控烟、健康、消防、综治民调、党风廉政建设等公共知识和国土资源管理工作中的相关业务知识。共有6支代表队参赛，参赛选手由局机关股室、土地储备中心、执法监察大队、国土资源交易中心、乡镇国土资源所等所属单位和部门挑选组成。通过加赛，第五代表队夺得第一名，第一代表队和第六代表队分获二、三名。

（王　芳）

【青峰煤矿矿区地质灾害治理】2017年6月26日，市人大常委会副主任、县委书记谭本仲赴夹山镇专题调度青峰煤矿矿区地质灾害治理工作，县领导周功表、龚云林、韩翼飞及市县相关单位负责人参加调度。谭本仲一行实地踏看了青峰煤矿原采矿区、夹山镇两合村地质灾害点等现场，详细了解矿区相关情况，并在夹山镇政府召开调度会。会上，县科技工信局等相关单位分别汇报青峰煤矿关闭改制及遗留问题、职工安置、地质灾害及前期治理等相关情况，与会人员分别发言，就如何做好青峰煤矿矿区地质灾害治理工作提出意见建议。谭本仲指出，青峰煤矿矿区地质灾害治理工作不容乐观，尽管前段做了大量工作，但关闭改制的任务依然繁重，工作滞后，遗留问题很多，安全隐患严重，生态修复的任务很重。强调：一是对青峰煤矿关闭改制和遗留问题的处理要高度重视，要加强组织领导，加强工作推进，确保领导到位、履责到位；二是要明确青峰煤矿关闭改制和遗留问题的处理原则，必须坚持“整体谋划、综合治理，有先有后、分步实施，划分责任、分级负责，确保稳定、确保安全”

青峰煤矿矿区地质灾害治理工作调度会

的原则开展相关工作;三是要着眼长远,狠抓当前,把紧要的几件工作抓好抓落实。要配合抓好职工的住房安置,有序抓好地质灾害防范和处置,全力抓好矿区井洞的封堵,迅速拿出矿区水污染整治方案,抓紧做好矿区周边水利设施毁损修复,妥善抓好信访维稳等工作。

(徐联盟)

【《石门县地理国情地图集》编制工作启动】2017年7月18日,《石门县地理国情地图集》编制工作正式启动,县政府办、县国土局等21家县直相关单位负责人参加启动会。《石门县地理国情地图集》编制工作以石门县第一次地理国情普查的现势性强、分辨率高的地理信息资源为基础,结合第二次土地调查数据成果、乡镇区划调整等重大项目成果,汇集乡镇、街道各相关部门和市县统计资料与成果,用生动形象的地图语言,编制形成能高度概括石门县第一次地理国情普查成果的地图集,集思想性、实用性、艺术性与地方特色为一体,为石门县经济社会发展提供公益性服务。为编制好《石门县地理国情地图集》,县政府成立以副县长龚云林为组长的编制工作领导小组,组建编审部,要求县直有关单位强化思想认识,明确工作任务;编审人员认真做好资料收集整理,完成地图编辑与制作,审校和印装等工作。10月中旬之前县政府组织评审,主要领导审定,交付印制与装订。

【举办《测绘法》宣传日活动】2017年8月29日,县国土局在县城指定地点,宣传新颁布的《中华人民共和国测绘法》。各乡镇也在各自的宣传点发放测绘宣传资料,开展咨询。新测绘法宣传主题是:贯彻实施新《测绘法》,加强测绘地理信息法治建设。宣传的内容以"保信息安全、严市场监管、强数据服务、促产业发展"为主线,重点把握好五个方面内容:加强卫星导航定位基准站监管和服务,维护国家地理信息安全;促进测绘成果社会化应用,激发地理信息产业活力;强化国家版图意识宣传教育,完善地图、互联网地图服务监管;建立地理国情监测和应急测绘保障制度,提升保障服务水平;"放管服"协同推进,严格依法行政、加快转变政府职能。

(杨群芳、曾宪丽、蔡德成)

宣传日活动

审计监督

【概况】2017年,石门县审计局充分发挥审计预防、揭示和抵御功能,确保审计监督在维护国家经济安全,规范财经秩序,加快深化改革,完善宏观调控,推动科学发展,促进社会和谐及党风廉政建设方面取得良好成效。全年完成审计项目21个,工程结算审计项目36个,查出违法违规金额12312万元,管理不规范金额49172万元,促进整改落实18761万元,核减工程款11231万元。被市以上媒体采用调研信息125篇,其中国家级9篇。移送问题线索20件,向县委、政府报送的审计报告和重要信息被批示批转22件(次),提出审计建议58条,被审计单位全部采纳。2017年,县审计局继续保持市级文明标兵单位称号,被评为"全市审计系统目标管理先进单位""全县绩效考核评估优秀单位""全省审计通联工作先进单位""全县社会治安综合治理工作先进单位""全县统战工作先进单位""全县正风反腐专项整治先进单位"等。

预算执行审计。重点对县交通运输局、县信访局、县城管执法局开展部门预算执行审计,对2家企业开展税收执行情况审计调查。发现石门县丰彩好润佳商贸有限公司少缴税款28.1万元、石门县沪农商村镇银行股份有限公司少缴企业所得税8.56万元。运用数据分析平台进行分析核对审计方法,发现违规改变项目计划和资金用途14589.96万元、虚增财政收入2552.71万元、土地出让价款未及时到位4917.12万元和资金滞留闲置3415.3万元等问题,对楚江街道劳保站公款私存503万元、夹山镇双龙社区套取危房改造资金54万元、子良镇节日坪村、新道湾村套取扶贫资金7.5万元,县农业局、县房管局等单位以工会发放节日物资的名义违规发放购物卡等问题均移送县纪委。通过健全审计整改责任落实机制,强化完善审计整改督查工作机制,以审计公开促进审计整改。加强对审计发现问题整改情况的回访和对前次审计发现问题整改情况的评价。3月,出台《关于完善审计查出问题整改情况向县人大常委会报告机制的意见》,从落实审计整改责任、规范报告内容、增强审计整改实效、推进审计公开四个方面作出明确规定,以加强人大预算决算审查监督,完善监督方式、增强监督实效,将审计整改落到实处。

经济责任审计。全年完成经济责任审计项目5个,涉及6人,查出问题金额4571.92万元,处理收缴财政25万元。实行审计计划、审计程序、审计内容、审计文书、审计评价和处理处罚"六统一"。 做到科学安排审计项目,凡是党政主职全部调离的乡镇必审,凡是重点部门必审,因时间和力量原因无法实施审计的,及时办理离任交接。年底提交审计报告和审计结果报告10份,提出审计建议10多条,向纪检监察机关移送问题线索3起。严格等次评定,其中5人被评为较好等次,1人被评为较差等次。

政府投资审计。全年完成2个工程竣工决算审计(县城投公司三江口取水泵站及配套设施工程、壶瓶山镇政府泥沙老街及公租房工程)及36个工程造价结算审计。发现的主要问题有超计划投资 501.1 万元、工程超合同造价未经审批 574.24 万元、违规使用专项资金 83.01 万元、未进行政府采购 58.7 万元、多付工程款 12.88 万元、财务核算欠规范 8.59 万元、白条支付工程预付款 576.48 万元及基本建设管理程序不合规等。34 个已出具审计报告和 1 个初步定案的工程结算审计中，送审工程造价 4.4 亿元，审定工程造价 3.28 亿元，审减工程造价 1.12 亿元，综合审减率 31.41%。

民生资金审计。对征地拆迁补偿、保障性安居工程、危房改造、交通专项等民生资金进行审计，注重从体制、机制、制度层面和政策执行方面揭示和反映问题，并提出合理化建议，促进提高财政资金使用效益。揭示征拆项目补偿资金未实行财务统管 9046.61 万元、未严格按规定用途使用资金 54 万元以及不符合条件对象领取住房保障待遇等问题。完成保障性安居工程交叉审计，配合省审计厅开展扶贫专项审计，完成临时交办的政府重大投资项目的抽查工作、中联重科环境卫生 PPP 项目运行绩效、易地搬迁工程结算审计等工作，抽调人员参与市县巡察等工作。

审计管理。补充审计力量。通过争取领导重视、采取公开招考、组织选派和公开考调增加 7 人，其中调入 3 人，待办调入手续 4 人。开展信息化建设工作，通过建成移动审计办公系统，解决随时随地登录大数据分析平台、外地审签公文、审计地图、审计工作进度显示以及签到地名显示等问题；通过实行公文网上单轨运行，建立和完善信息上网制度，建立基础数据库和重要信息资源库。

【全市审计统计通联工作会议在石门召开】2017 年 11 月 15 日，市审计局在石门县兰园宾馆召开专门会议，部署推进全市审计统计、通联工作，各区县(市)审计局分管领导、办公室主任和统计专干参加会议。 会上，市审计局局办公室负责人就审计通联工作作出具体安排，表彰 2017 年被评为全省审计宣传通联工作的先进单位。市审计局综合科负责人就审计统计工作进行操作培训，列举统计工作中存在的普遍性问题，就审计统计工作容易出现的常规性错误、哪些地方容易出错、怎么纠错进行详细讲解。随后，各区县(市)之间进行项目互查，交流心得，氛围浓厚。市审计局党组成员、常务副局长李新辉针对进一步改进和加强审计统计工作提出要求。

（县审计局）

环境保护

【概况】2017 年，县环保局围绕环保重点工作，以争创“五好领导班子”“目标管理先进单位”“督察改革双合格单位”为目标，坚持以改善生态环境质量为核心，以服务绿色发展为主线，强化环境保护制度建设，开展环境污染防治，全县生态环境质量持续改善。

环境执法。一是构建环保工作大格局。按照“党政同责、一岗双责、终身追责、尽职免责”的环保工作要求，成立县生态环境保护委员会，建立“网格化”监管模式，各乡镇区(街道)、农林场均成立专门的环保机构，配备环保工作力量，实现县乡村组四级环境监管全覆盖。发挥县环保纠察队作用，在县城及重点区域开展“全天候、无死角”的巡查交办，督促各级各部门环境保护“党政同责、一岗双责”落实。制定《石门县环境保护督察实施方案(试行)》《石门县党政领导干部生态环境损害责任追究实施细则》《石门县环境保护工作责任规定》《石门县环境监管网格化实施方案》《石门县“小散乱污”环境问题监督管理工作职责》等系列文件，完善工作制度，压实工作责任，健立长效机制，全县环保工作“四梁八柱”构架基本形成。二是着力强化环境监管执法。以全县重点污染源为中心，县环保局建立了涵盖 150 家企业的污染源日常监管动态信息库，按照“双随机”方式实施环境监管，制作现场监察记录 100 多份，对 20 多家存在环境污染隐患企业提出整改意见并督促完成整改。组织开展小石灰窑关停、环境安全隐患排查治理、长江经济带化工摸底调查、纳污坑塘专项整治、工业污染源全面达标行动、洞庭湖“环湖利剑”行动、“绿盾 2017”专项行动、砖瓦行业执法检查等 10 多项专项行动，出动执法人员 300 多人次，出动执法车辆 120 余台次，制作现场监察文书 130 余份，下达监察意见书 128 份，责令改正违法行为决定书 50 余份，全年立案查处各类环境违法案件 23 起，罚款金额 301.2936 万元，移送公安行政拘留 3 人，一季度罚款金额位居全省所有县市区首位，受到省环保厅通报表扬。处理各类环境投诉 160 件，受理率 100%，处理率 100%。

环境监测。一是做好常规监测及生态环境质量日常考核。①完成全年澧水石门段、渫水、县城区饮用水水源、城区地表水水环境质量监测，县城区（老城区、宝峰区、东城区）环境空气质量监测，县城区降尘监测，降雨监测以及皂市水库监测点位取送样工作。两个空气自动监测站全年采样监测 365 天；县城区生活饮用水水源（樟木滩饮用水源地断面）、渫水入澧水断面的水质分别进行每月一次常规监测；降尘监测每月一次，降水(逢雨必测)监测 57 次；在县城区设立 103 个区域环境噪声和 25 个交通噪声监测点位，对城区噪声环境质量进行监测。②完成水质常规、大气常规及国控重点污染源监测报告的报送工作。完成“监测质控月报表”“国控重点污染源监督性监测季报”“地表水水质状况统计表”“大气及酸雨数据表”“环境质量月报、年报”“饮用水水源环境评估报告”的上报和每周城区环境空气报告的发布。二是做好重点污染源监测、监督性监测和应急性监测。县环保局将纳入环统的企业以及存在环境安全隐患企业确定为污染源重点监督性监测对象，为执法监测提供强有力的监测取证分析保障，及时做好后督查的监测取证分析。开展县城区所有锅炉、10 多家养殖企业的监测工作，对国控污染源开展监督性监测，完成特种水泥、化二、垃圾填埋厂等生态功能区考核所需企业的四个季度的监测任务,对县境内矽砂企业、雄黄矿污水处理站等重点企业和重点部位经常开展监督性监测。县环保局重点强化项目环评、验收监测提速工作,积极协助上级环保部门对辖区内的建设项目开展环评和竣工验收监测,完成5个建设项目的环评监测和10多个建设项目的竣工验收监测,出具监测报告23份,为项目许可、环保行政执法和环境监察提供了基础支撑。全年县城区空气质量达标率82.7%,水环境质量达标率100%。

污染减排。完成全县环境统计数据填报、审核工作,对全县挥发性有机物重点排放企业进行摸底调查,完成30家挥发性有机物重点监管企业情况上报。督促石门长安发电有限公司完成#3机组、石门大唐发电有限公司#1、#2机组烟气污染物超低排放改造。全县32家淘汰落后产能企业全部关停,31家违规整改企业整改到位,15家企业完成污染治理设施升级改造,湖南冠一颜料有限公司、石门县都得利食品有限公司基本完成污染设施的升级改造。完成全县32家医院辐射安全与防护状况的评估及人民医院闲置放射源钴60的安全处置工作。积极开展排污费征收工作,全年对102家企业开征排污费472万元,超额完成排污收费征收任务,与县地税局对接,精心组织费税改革资料,制作历年排污收费台账,为正式实施环境税征收工作打下基础。

项目审批。严格执行环境影响评价制度,围绕"改革、管理、服务"三条主线,持续优化环评审批流程,简化环评审批手续。按照"两集中、三到位"行政审批改革精神,实现"一站式"审批,报告书(表)审批公开承诺时限再次压缩,采取"模拟受理审批"方式,较好的解决进入审批环节的受理、拟审查、决定"耗时长、多头跑"等问题。2017年,县环保局审批报告书17个,报告表64个,登记表备案171个。全面落实"三线一单",守住项目质量底线,否决制革、毛皮鞣制、轮胎制造、废轮胎炼油、电镀等拟招商引资项目,对工业污水处理厂项目、屠宰肉制品项目、川海复合肥项目通过环评专家咨询方式提出另行选址建议。

生态创建。①农村环境综合整治整县推进工作。构建组织体系,成立由县长任组长的农村环境综合整治整县推进领导小组,由县生态指挥部牵头组织实施,形成政府领导、上下联动工作格局。坚持督查考核,对全县22处集中污水处理工程做到定期督查与临时巡查相结合,确保工程质量和施工进度。根据《石门县农村环境综合整治整县推进项目实施方案》中涉及的农村生活垃圾、生活污水、饮用水源保护、农村面源污染整治和历史遗留工矿企业的六大污染治理任务,通过整合项目资金及PPP模式的引进,使农环整治项目全面实施,项目具备申请省、市验收的条件。②生态保护红线划定基本完成。县环保局多次到省、市与生态保护红线划定技术组专家进行对接、沟通,反复调整修改方案。12月,省政府将湖南省生态保护红线划定方案报送国家环保部及国务院审定,根据专家组反馈信息,省政府最后确定石门县的生态红线面积为1499.32平方千米,约占全县国土面积的37.73%。

环保宣传。县环保局制定《2017年石门县环境保护局"谁执法谁普法"工作方案》,建立健全宪法和环保法律法规的普法机制,深入开展"法律六进"活动。3月,到思源学校开展"环保法和环保生活进校园"活动;4月,环保法律进机关,局长毛春晖在县人大常委会相关会议讲授《新环保法及四个配套办法》;5月,在皂市镇集市开展农村环保知识法律宣传活动;6月,以"6•5"世界环境日为契机,开展环境宣传进企业、进单位、进社区活动,通过摆放宣传牌、为群众发放法律宣传册、设立环保咨询台等措施广泛开展环保宣传。与常德日报社、县新闻频道、交通频道、图文频道等签订宣传协议,开辟环保宣传专栏,通过电视、电台、报刊、网络等多种形式宣传新环保法、大气污染防治法,宣传典型案例及环保迎督工作动态,曝光反面典型,弘扬正能量,插播环保宣传标语,发布县城空气质量状况,引导公众关注环保。

污染治理。①碧水保卫战。制定《石门县水污染防治行动计划》,实施"碧水保卫战"。投资500万元,在饮用水水源保护区设立界标牌、警示牌和宣传牌,在一级保护区内取水点周边建设封闭式防护栏或防护网。全面清理完善全县"十三五"环保项目库储备项目,县级项目库共储备61个项目,其中土壤项目12个,气项目4个,水项目24个,生态项目10个,能力建设项目5个,其他类项目6个。3月,启动工业园区污水处理厂的建设,开展白云镇恒峰、金瑞泰煤矿污水治理工程,已建成投入运行。皂市水库良好水质生态环境保护项目,11月争取到第一批治理资金2800万元。皂市水库流域生态环境保护项目,2016年4月参加武汉(中南)片区水污染防治项目评审会,83个子项目全部评为A类,成功入选中央环保项目库优先实施项目。开展饮用水源环境状况评估、基础信息调查和洞庭湖工业源污染排查整治工作。将全县81家重点涉水工业企业纳入整治,淘汰落后产能企业32家,整改到位违规排污企业31家,完成污染治理设施升级改造企业18家。②蓝天保卫战。制定《石门县大气污染防治行动计划》《石门县蓝天保卫战专项行动实施方案》《石门县重污染天气应急预案》,明确年度空气质量改善目标和具体要求。实施严格的大气主要污染物排放标准,持续推进火电、水泥、砖厂等重点行业污染治理,加强对建筑扬尘、道路扬尘、垃圾秸杆禁烧、餐饮油烟、燃放烟花爆竹、销售高污染燃料、机动车尾气的监管和治理。完成大唐石门发电有限责任公司1号、2号机组、长安石门发电有限公司3号机组的超低排放改造;完成挥发性有机物污染治理工作;完成75家加油站油气回收;督促7家升级转产的砖瓦企业安装废气处理设施;完成508台黄标车淘汰任务;投资近500万元进行两个空气自动监测站移址和设备更换;出台禁鞭决定,发布禁鞭通告和禁鞭倡议书,开展春节期间"禁燃"

专项整治行动。③净土保卫战。制定《石门县土壤污染防治工作方案》，启动实施石门县原雄黄矿区王家台尾砂堆重金属污染治理项目（五期）和石门典型区域土壤污染综合治理（一期）治理，五期工程10月底主体工程完成，安全填埋尾砂和污染土壤3.8万立方米，填埋场已做简单封场处理。争取国家投资9700万元，对雄黄矿周边污染土壤进行修复治理。

环保督察。2017年4月，中央环保第六督察组进驻湖南后，县环保局对中央、省、市政府交办的突出环境问题快速响应、强力推进、立行立改。对所有信访件均在第一时间办理回复，未出现弄虚作假、通风报信、打击报复等现象。按上级要求及时报送各类资料、台账及档案，交办件全部在规定时间办理完结并同步公开。强化整改落实，以督察促整改，县委督查室、县政府督查室、县环委会组成联合督查组，先后对各单位开展突出环境问题整改情况进行五轮督查，并在三次县环委会全会上通报督查情况，交办整改清单；建立"中央环保督察石门工作群"，实行信息共享，挂图作战，经过共同努力，中央环保督察信访交办件18个和其他突出环境问题38个全部办结。

【成立石门县环保纠察队】2017年3月24日，石门县环保纠察队组建成立，其队员分别由县环保局、县公安局、县住建局、县城管局、县农业局、县商务粮食局各抽调2名具有执法资格的工作人员组成，成为全市首支多职能部门联合成立的环保纠察队。纠察队员们每天轮流值班16小时以上，每天早上8时到晚上12时，环保纠察队的执法人员分成3个小队对县城区重点区域、重点地段、重点企业开展"全天候、不间断、无死角"巡查，重点督查空气质量，并排查工业企业、建筑工地、餐饮酒店等行业存在的各类环境违法行为。全年，环保纠察队巡查各类现场56处，发现并处理了石门县书香名邸小区建筑及装修垃圾乱堆乱放、宝峰生活家广场项目部施工现场高空抛散建筑垃圾、湘佳牧业公司办公区垃圾焚烧、渣土车运输散落垃圾等环境违法行为38起。其中现场及时处理到位29起，未及时处理的9起案件也已经迅速交办相关部门，并向企业下达了6份环保问题整改清单。

（杜　娟）

【集中约谈环保问题单位】2017年3月25日，受县委书记谭本仲、县长郭碧勋的委托，副县长龚云林主持召开履行环保责任约谈会，县内9家企业和3家事业单位被具体问责。根据县环保局执法大队、县政府环保纠察大队"明察暗访"掌握的情况，被约谈的12家单位分别存在着污染物排放超标或不能稳定达标排放、扬尘管理"六不准六必须"执行不到位、对督办整改不力、被群众不断投诉等环保突出问题，县环保局分别进行了问题现场交办，12家单位负责人分别进行了表态发言。约谈会强调，对于环境保护工作，政府部门履行环保职责没有"例外"，要严格执行"一岗双责，党政同责，齐抓共管，失职追责"的要求与规定，县环保委对问题移送一个，相关部门就要依法依规从快从重查处一个；企业事业单位履行环保责任没有"商量"，环保措施和设备运行必须坚决执行相关标准，被约谈单位的问题整改要在4月5日前严格落实到位；依法追究环保责任没有"余地"，县环保局执法大队、县政府环保纠察大队要24小时"全天候、不间断、无死角"地长期进行现场纠察查办督办，及时发现问题，及时解决问题，确保全县环境保护工作取得新成效。县纪委、县环保局、县住建局、县农业局、县畜牧水产局、县商务局等县环保委员会成员单位负责人参加约谈会。

（张友亮）

【中央环保督察组督察石门环保工作】2017年4月底，中央第六环保督察组进驻湖南省，开始对各地进行实地督察。为迎接督察，4月14日，县委、县政府在兰园会议中心召开迎接中央环保督察工作动员会；5月17日，县委常委、县政府常务副县长周功表、分管环保副县长龚云林、县财政局副局长李子儒一行到县环保局调研环保工作，并召开调研座谈会，县环保局全体党组成员参加座谈。2017年5月中旬，中央环保督察组到石门县境内现场督察环保工作，先后实地查看夹山镇东泉水库水源地、石门海螺水泥利用水泥窑协同处理生活垃圾项目、三江口水源地保护区、雄黄矿砷污染治理项目、皂市水库、湘佳牧业军档村养殖分厂等地，详细了解全县大气、水、土壤污染治理等环保工作开展情况，并就县域内环保工作提出相关要求。中央环保督察组对全县环保工作给予了肯定。

县委、县政府以生态立县为目标，坚持改善环境质量为核心，坚持服务绿色发展为主线，以"气、水、土"三大治理为重点，全面推进全县生态环境保护事业，对近三年环保问题开展全面自查，列出26项整改问题清单，逐项整改落实，并为此安排80万元专项经费。县环保局开展燃煤锅炉整改、大气污染企业排放、餐饮企业油烟、加油站油气、建筑道路扬尘治理等大气污染防治专项行动，同时全力推进土壤污染治理、饮用水水源地保护等项目。

通过中央环保督察，全县各负有环境保护职责的职能部门迅速行动，履行本部门环保监管职责，落实整改措施，坚决做到"谁主管、谁负责，谁直管、谁负责，谁失职、谁负责"。为全力配合中央环保督察工作，2017年7月7日，县环保局召开"中央环保督察后续整改工作交办会"，通过交办会的具体落实，18个交办件做到交办有回应、涉事有整改、违法有处罚、失责有追究。年底，省委、省政府对全省196件中央环保督察办理不满意交办件进行了专项督办，其中常德市12件，石门县0件，做到办结率100%，满意率100%。

（编辑部）

【煤矿矿井涌水污染治理联席会】2017年4月21日，石门县委副书记、县长郭碧勋与慈利县委副书记、县长高靖生带队共同调度白龙煤矿矿井涌水污染治理工作。现场调研后，在慈利县苗市镇政府召开"石门县与慈利县白龙煤矿矿井涌水污染治理联席会"，专题对接和研

石门县与慈利县白龙煤矿矿井涌水污染治理联席会

究矿井涌水污染治理问题。会上，石门县副县长龚云林、慈利县副县长李新龙分别就污染治理相关工作进行通报，并相互交换意见。郭碧勋对慈利县委、县政府在白龙煤矿矿涌废水污染问题发生后的高度重视和积极措施表示感谢，并希望在今后的水污染治理工作中，慈利县与石门县积极配合，互通互助两不推，实现治理达标两不误。立足本职，守望相助，切实加强信息互通、情报共享；立足政策，构建项目共同申报渠道，实现项目信息共享，合力争取治污资金落地。高靖生要求，相关部门要进一步加快水污染治理工作，并希望慈利县与石门县在经济社会发展、环境保护、生态治理、抗险救灾等方面建立合作机制，加强沟通交流，坦诚相对，积极互动，实现共赢发展。

（杨　帆、王振华）

工商行政管理

【概况】2017年2月，石门县市场和质量监督管理局正式更名为石门县食品药品工商质量监督管理局（简称县食药工质监管局）。2017年，县食药工商质量监管局团结一心，干在实处，各项工作取得优异成绩。在全市工商系统“双争双五”工程中获红旗单位，食品药品稽查办案数位居全省前十，食品药品稽查工作获全市先进，消委宣传工作获全省先进，质量强县工作经验全市推介，年报公示、非公党建等工作获全市先进。

商务监管。建立健全信用监管，加强国家企业信用信息公示系统（湖南）运用，协同监管平台的29个部门在企业登记基本信息、行政处罚信息、经营异常目录信息做到即时推送，信息共享。做好年报信息公示工作，企业年报公示率99.61%，个体工商户年报公示率99.97%，农民专业合作社年报公示率100%，在全市综合排名第二位。开展“双随机一公示”，开展烟草市场、年报信息等“双随机”抽查工作，抽查烟草零售户480多家、企业年报68家、个体及农专社年报251家，对经营异常的4家企业列入名录。

消费维权。以“幸福石门，消费无忧”为载体，培育24家县级放心消费示范单位。优化消费投诉举报热线，受理投诉举报咨询276起，为消费者挽回经济损失26.89万元。突出消委桥梁纽带作用，积极开展维权宣传，销毁假冒伪劣商品20余吨，发放资料26000余册。

商标申报。围绕“扶贫楷模”王新法成功申报“山河圆”“六塔山”“薛家村”等一系列商标，全年指导企业新申报注册商标38件，续展商标6件；积极开展地理标志商标和马德里国际商标注册申报前期准备工作，完成“湘佳”马德里国际商标申报。

服务企业。牵线搭桥促进银企合作，破解企业融资难题，为2家企业5位股东办理股权出质登记手续，被担保金额6050万元，股权出质金额740万元。加强企业信用合同建设，大唐石门发电有限责任公司、湖南湘佳牧业股份有限公司等10家企业获评2016年度湖南省“守合同重信用”单位、中国移动通信集团湖南有限公司常德市石门县分公司等15家企业获评2016年度常德市“守合同重信用”单位。

扶贫攻坚。帮助南岔村和中渡水村硬化道路8.36千米，扎实推进两个村的产业扶贫、危房改造、易地搬迁工作，南岔村兴建光伏发电站1座，中渡水村修建蓄水池3座，铺设管道1500米，成功解决69户210人安全饮水问题。

【商务制度改革】2017年，持续深化工商管理登记便利化改革，积极推进“多证合一”、企业登记全程电子化、电子营业执照等系列改革工作；全面优化和完善市场主体退出机制，个体工商户简易注销试点工作经验在全省推广；完成“个转企”635家，截至2017年年底，全县市场主体总数达21319家，其中企业3382家，个体工商户17937家。

【重点市场监管专项整治】2017年，县食药工质监管局在全县范围开展了网络市场监管、虚假违法广告、红盾护农、打击传销、打击商标侵权、合同市场、无照经营、汽车及成品油市场、公用企业限制竞争和垄断行为等十大专项整治行动，办结各类市场监管案件366起。在打击传销行动中，上海店湾网络传销案和河南惠乐益网络传销案冻结传销资金达1589万元。覃某网络交易商品不正当竞争案被评为全省工商系统典型案件。

（杨贤辰）

【颁发石门第一张电子营业执照】2017年11月14日，在石门县政务中心，石门县食品药品工商质量监督管理局给湖南省湘润泽土木工程有限责任公司颁发石门县第一张电子营业执照，这标志着全县企业登记全程电子化工作全面启动。电子营业执照与纸质营业执照具有同等法律效力，可进行电子化管理、身份认证、数字签名、网上亮照等多项功能。企业全程电子化工商登记实现“网上提交材料、网上审查核准、网上亮照公示、网上自动存档”，做到申请人与工商登记窗口工作人员“零见面”，足不出户办理工商登记注册业务。

（彭泽政、杨贤辰）

颁发电子营业执照

食品药品监督管理

【概况】2017年，石门县食品药品工商质量监督管理局理顺食品药品监督管理机制，以实施《中华人民共和国食品安全法》《中华人民共和国药品管理法》为主线，严格落实“四个最严”要求，关注民生，服务群众，履行食品药品安全管理职能，健全食品药品安全监管组织，加强食品药品安全监管制度建设，注重食品药品安全监管，开展食品、药品、化妆品、保健食品、医疗器械等专项稽查行动，全县食品药品安全监督管理工作取得实效，未发生一起群体性食品药品安全责任事故。

【食品安全监管】2017年，县食药工质监管局全面启动小餐饮经营许可证的审批发放，从严许可，共审批发放“小餐饮经营许可证”127份、餐饮环节发放食品经营许可472份；流通环节核发食品经营许可证1509份；生产环节，省级申报换发生产许可证15份，县级10份。从严监管，推行食品生产经营户基础台账“一户一档”，生产环节完成辖区内68家企业风险评级工作；流通环节加强源头管控，大力推行“一票通”；餐饮环节对1261家单位进行量化分级，其中优秀11家，良好951家，一般299家，大型餐饮单位、学校食堂基本完成扫“C”任务。从严整治，把“护苗行动”作为一号工程来抓，检查学校食堂1210个次，周边餐饮店1752个次，排查隐患50多处，下达责令整改695份，没收问题食品367千克，立案查处49起，约谈相关责任人26名，联合县教育局制定《石门县学校食品采购管理规定》，试行学校食品供货商“黑名单”退市制度，完善供货商的主体责任追究及信用体系建设机制；开展冷冻食品专项执法检查、食盐市场专项整治、酒类“百日打假行动”“清网行动”、湿米粉专项整治、“护老”行动等专项行动13次，查扣涉嫌问题冷冻肉制品5000余千克，“臭脚盐”218袋，假茅台74瓶、五粮液50瓶、国窖16瓶、贵宾郎133瓶，查办“饿了么”和“马管家”网络平台商典型案件2起，全年办结食品安全案件157起。

【委托法定检测机构抽样检测食品】2017年，根据《食品安全法》，保障全县食品安全，委托广电计量检测（湖南）有限公司、中国检验认证集团湖南有限公司等法定检测机构抽样检测食品417批次，其中食用农产品240批次，流通环节其他食品110批次，餐饮环节消费食品67批次）。县疾控中心检测餐饮具50批次，检测出不合格食品10批次，收缴、下架不合格食品112千克。

【药品和医疗器械市场监管】2017年，严格程序，认真审核，共办理药品零售企业经营许可13件，变更药品经营许可证、GSP认证证书30件；办理、变更24家二类医疗器械经营备案、核发13份“医疗器械经营许可证”。实施GSP跟踪检查和飞行检查，共检查医疗机构450余家，药品零售企业150余家，开展飞行检查药品零售企业22家，“双随机”检查乡镇医疗机构、村卫生室39家。医疗器械环节对医院、诊所、卫生室、体检机构等监督覆盖率达100%。保健食品及化妆品方面，开展保健食品经营企业监督检查115次，监管覆盖率超额完成。加强药品不良反应报告和监测，上报药品不良反应589例、医疗器械不良事件195例，抽验药品、医疗器械共计16批次。

【开展“五大集群”稽查战役】2017年，围绕民生重点、舆论热点、行业难点，深入开展“食品集群稽查战役、药品集群稽查战役、保健食品集群稽查战役、化妆品集群稽查战役、医疗器械集群稽查战役”五大战役行动，通过五大集群稽查战役行动，持续保持稽查办案高压态势，全年查处各类案件117起，移交公安局案件线索2起，案件1起。

（杨贤辰）

【食品安全“护老行动”】2017年，加强对全县食品和保健食品生产经营单位履行主体责任的监管，严厉打击以中老年人为对象，违规营销宣传食品和保健食品功效、误导和欺骗消费者等违法行为，推动落实属地管理责任，强化企业守法诚信意识，营造健康有序的市场经营环境，切实保障消费者合法权益和消费安全。11月10日，全县食品安全“护老行动”在县食品药品工商质量监督管理局全面启动，并专门召开了“石门县食品安全‘护老行动’工作会议”，在全县范围内重点打击非法制售食品和保健食品、查处和取缔食品和保健食品无证经营、严厉打击食品和保健食品虚假宣传、整顿规范食品和保健食品经营场所、打击食品和保健食品营销欺诈专业犯罪等行为。“护老行动”鼓励广大市民对食品、保健食品欺诈和虚假宣传违法行为投诉举报，县食药工质监管局对各类举报及时受理、快速核实、快速处理。

（杨贤辰、徐朝晖）

【“12331”食品药品主题宣传活动】2017年3月31日，县食药工质监管局在县政府广场举行以“12331守护食品药品安全”为主题的宣传活动,旨在进一步扩大“12331”食品药品投诉举报热线在保障食品药品安全方面的影响力和知晓度。通过开设咨询台、专题展板、发放宣传资料、悬挂宣传标语和现场解答问题等多种形式,向过往市民宣传如何使用“12331”热线进行相关问题的投诉举报,并介绍涉及食品、药品、医疗器械、保健食品、化妆品等类型的投诉举报知识及典型案例,陈列了部分假冒伪劣药品、保健食品等。并对《石门县食品药品违法行为举报奖励办法》和食品药品相关法律法规进行了解读,现场针对广大群众食品药品安全方面的消费维权进行了释疑解惑。活动现场,县食药工质监管局提示:保健食品及普通食品无治疗功效,应警惕虚假宣传,购买保健食品要选择正规渠道,认准“小蓝帽”标识,发现无证生产、非法添加、违规经营等涉及食品药品质量安全违法行为,及时拨打“12331”投诉举报热线电话。

(县食药工质监管局)

【集中销毁假冒伪劣商品】2017年3月15日,石门县开展“3•15”国际消费者权益日特别行动,在永兴街道双桥村垃圾无公害处理厂集中销毁了20吨价值50余万元的假冒伪劣商品。此次集中销毁假冒伪劣商品活动系石门县庆祝2017年“3•15”国际消费者权益日暨农资打假、红盾护农系列活动内容之一。集中销毁的假冒伪劣商品包括假冒伪劣食品药品、假烟、假酒及假润滑油等,价值约50余万元。集中销毁现场,4车假冒伪劣商品集中堆放,统一淋上燃料进行销毁,公安、交警、食药工质监管等部门执法人员现场指挥,群众拍手称快。

(杨贤辰、覃　明)

【食药工质监管局获全市非公有制党建工作优秀单位】常德市工商局下发《关于2017年度全市非公有制党建工作督查考核情况的通报》,石门县食品药品工商质量监督管理局被评为优秀单位。2017年,县食品药品工商质量监督管理局和中共石门县非公有制经济组织综合委员会积极贯彻落实全省、全市非公有制党建工作会议精神,紧扣县委“两新”工委工作重点,周密部署非公有制党建各项工作。非公有制党建工作有投入、有计划、有安排、有重点,一是投入专项资金建设了设施齐全、功能完善、内容丰富的非公有制综合党委党群活动室和非公有制综合党委办公室;二是扎实推进非公有制党建“123工程”和“百日攻坚行动”,载体丰富、内容充实;三是不断健全非公有制党建台账,非公有制经济组织已建党组织台账、未建党组织台账和派建党建指导员情况及时进行动态更新,截至年底,全县非公有制企业中建立党组织182个、选派党建工作联络员132个,基本实现了党组织在非公有制企业中的全覆盖;四是营造浓厚的宣传氛围,利用石门政府网、石门新闻网、石门党员教育、石门食药特安等媒体及时发布非公有制党建工作情况,不断扩大影响。

(杨贤辰)

集中销毁假冒伪劣商品

质量技术监督

【概况】2017年,县质量技术监督部门依法管理和指导辖区内标准化工作、计量工作、质量工作,较好地完成辖区内特种设备的安全检测、监察工作。严格履行质量宏观管理和产品(商品)质量监督检查职责,开展了日常监察、重点检查、现场核查、专项整治等一系列行动,取得实效。

【质量品牌建设】2017年,白云山国有林场“冠云”牌白云银毫有机茶通过IMO有机标准认证复审成功,继续获得“湖南名牌”荣誉称号;白云山国有林场茶园病虫害绿色防控技术研究QC小组获得“2017年湖南省优秀质量管理小组”称号;“石门银峰”茶参与国家质检总局组织的品牌价值评价工作;加强质量管理指导,帮助县域内3家食品企业通过省质监局生产许可证现场核查。

【标准化管理工作】2017年,组织企业开展产品标准公示工作,指导85家企业进行产品信息录入;2017年新增省级立项白云山林场有机茶生产标准化示范区并完成项目建设网上录入及户外宣传工作;湖南湘佳牧业股份有限公司获得“AAA级标准化良好行为企业”称号。

【计量器具检定】2017年,完成全县34家私人加油站102台加油机,中石化和中石油两大公司的18个加油站的46台加油机68条加油枪进行了周期检定,合格率达98%。联合电力、县中医院、兴业管道燃气等单位开展第18个“5•20”世界计量日宣传,发放各种宣传资料1200余份,服务群众330人次。全年检定计量器具2100台件,服务免费医疗机构22家，企业103家。

【特种设备安全监察】2017年，严格落实企业主体责任，与使用单位签订《石门县特种设备使用安全责任承诺书》111份；日常监察、重点检查和专项整治相结合，每月发布预警，全年检查284家企业、998台设备，下达安全监察指令书76份，整改隐患179起，对田园磷肥有限公司使用的起重机械未进行定期检验、森源木业加使用的锅炉未进行定期检验2处安全隐患进行了现场封存。推进特种设备检验工作，共检特种设备738台，定检率锅炉89.36%，电梯92.08%，起重机械93.79%，压力容器86.22%，场（厂）内专用机动车辆100%，游乐设施100%。开展安全专项行动，全年查处特种设备违法案件16起。

【“质监利剑”专项执法行动】2017年，为加强全县质量技术监督管理，在全县范围内组织开展“两节两会”、农资产品、消费品、建材、汽车及配件和汽柴油、地条钢、电线电缆等方面行业的“质监利剑”专项执法行动。特别是对涉及民生领域的重点案件加大办案力度。通过开展“质监利剑”专项执法行动，全年共办理案件43起，处罚超5万元以上案件7起。

（杨贤辰）

农村经营管理

【概况】2017年，全县农村经营服务管理工作发挥职能作用，抓重点，求突破，扎扎实实维护农民群众合法权益，为促进农村经济发展、农村社会稳定、脱贫攻坚做了大量工作。注重全县农村经营服务和农村土地承包经营纠纷调处，2017年，县乡两级农经部门采取仲调结合的办法，化解农村土地承包纠纷225起，其中县仲裁委员会指导乡镇调处78起。同时，接待来电来访95起。按要求审核新征地农户社会养老保险资料272户，涉及583人，征地面积297亩。扶贫攻坚工作，联系壶瓶山镇云麓村和磨市镇磨市社区，脱贫攻坚卓有成效，在省、市多次检查中评价较好。11月，省政协副主席戴道晋带队对云麓村的脱贫工作进行检查后，支持该村公路建设资金300万元，工程项目已动工。全县122个贫困村有109个村建立农民合作社，入社贫困户达10433户，贫困户覆盖率达79.4%，49个脱贫村的村集体经济收入达4万元以上。

【农民负担监督管理】落实监管责任，全县层层签订农民权益维护和农民负担监管责任书；制定下发考评办法和考核细则，年终开展绩效考评。强化制度执行。完成市里交办的雁池乡、维新镇2起信访，发放18万份农民负担监督卡到户；坚持干部提拔任用涉负违纪违规问题审核把关机制，全年参与审查提拔任用的县乡干部对象100多人，支、村两委换届候选人2300名。开展监督检查，开展“雁过拔毛”式腐败问题的专项整治；对“一事一议”财政奖补项目落实情况及学校收费等重点价费政策领域开展专项检查，查处违规行为；对惠农补贴补助资金落实情况实施监督，确保37项2亿多元通过“一卡通”发放到户。狠抓违规整改。针对省、市检查后交办的问题或问题线索专门下发限期整改通知，督促涉及单位进行核查整改，对省、市予以详实回复，清退违规资金10多万元，多人被问责追责。

【新型农业经营主体建设】2017年，全县新注册登记的农民合作社181家，合作社入社社员达11.6万户，带到农户13.5万户，分别占全县农户总数的64%和75%。全县注册登记的农民合作社共489家。农民合作社按行业分：种植业343家（柑橘129家、茶叶92家，水稻18家，烟叶13家），占70.1%，养殖业82家，占16.8%，其他产业64家，占13.1%，农民合作社已覆盖全县所有乡镇（区、街道）、农林场和柑橘、茶叶、蔬菜、养殖、烤烟等多个优势产业或特色产业。全县有38家合作社获得“三品”认证，其中无公害农产品生产基地认证25个，绿色食品生产基地认证12个，有机转换食品生产基地认证3个，有国家级农民合作社示范社2家，有省级农民合作社示范社11家，其中新申报3家，认定2家。全县发展家庭农场173家，新增30家，其中粮油128家，柑橘11家，茶叶7家，养殖14家，苗木6家，蔬菜3家，烤烟2家，中药材2家。加强培训，组织全县11家国家、省级农民合作社示范社财务人员参加常德第十期农民合作社财务知识培训班。推荐恒园果业合作社理事长杨昌松参加省里组织的赴德国、法国、荷兰为期12天的现代农业考察；推荐湖南亚辉柑橘合作社理事长马国亚赴北京参加国家级示范社提升研修班6天，推荐湖南九九太浮粮油合作社理事长杨年忠和三道河家庭农场主朱祖旺赴台湾为期10天的现代农业考察。强化指导，开展银社对接服务活动，全县92家农民合作社和家庭农场与县农商银行对接沟通，贷款需求量达8518万元。抓好典型培育，为湖南亚辉柑橘合作社、丰瑞乐家庭农场创建省级优秀合作社、家庭农场，为石门恒园果业合作社、年忠家庭农场创建市级优秀合作社、家庭农场以及石门茶叶协会创建省级社会化服务典型服务指导，发挥其示范辐射作用。2017年11月，湖南久久太浮粮油合作社、石门松林薄壳核桃合作社被评为湖南省农民合作社示范社，石门县三道河家庭农场被评为湖南省示范家庭农场。湖南亚辉柑橘合作社理事长马国亚、石门楚韵茶业合作社理事长马杰、石门久丰柑橘合作社理事长周可兰、石门丰瑞乐家庭农场主黄云华被评为全县劳动模范，在全县“五一”劳动节受到县委、县政府的表彰。县农经站开展“常德市百名农口领导干部服务百家新型农业经营主体”的活动，站主要领导多次到联系的三道河家庭农场进行现场指导，开展对接服务，帮助制订三年发展规划和服务重点，有条不紊地实施发展方案；明确农民合作社家庭农场指导股负责人为联络员，专门开展服务联系，建立服务台账，每月及时上报服务内容；多途径解决发展缺资金问题。

【**农村土地承包经营权确权登记颁证工作**】2017年，全县农村土地承包经营权确权登记颁证工作稳妥推进，被评为全市先进单位。石门县是全省整县推进农村土地承包经营权确权登记颁证工作48个县之一，于2014年9月先期在三个乡镇的三个村开展了农村土地承包经营权确权登记颁证试点，2015年8月全面启动。全县按不同地理环境共分八个标段，严格按照法定程序进行了公开招标，由湖南天源国土资源勘查有限公司牵头，八家技术公司分段开展农村土地承包经营权确权登记颁证工作。2017年，在坚持执行原已建立的良性工作机制的基础上，不断巩固成果，针对因军控区缺图纸影响确权进度的问题，衔接各级国土资源部门，及时解决技术公司无图纸可用问题，加强组织领导，强化对各乡镇和技术公司的工作督查和考核，对力量比较薄弱，工作迟缓的两个标段的技术公司实行定时调度，抢抓进度，确保土地确权工作有新的进展。截至年底，全县农村土地确权登记颁证工作外业调查测绘及公示纠错基本结束，实测承包地块92.33万块，实测承包面积83.49万亩，完成27个乡镇(街道)293个行政村(社区)审核公示，占全县应确权面积的91%。确权登记工作完成后，即进入到数据汇交，确权颁证阶段。

【**农村土地承包经营权流转**】2017年底止，全县流转经营土地面积26.76万亩，占耕地总面积的40.1%，与2016年比，新增土地流转面积4.96万亩。其中转包面积11.53万亩，出租面积12.86万亩，互换面积0.87万亩，转让面积0.19万亩，入股面积0.04万亩，其他流转方式面积1.27万亩。全县共签订土地流转合同4.77万份。按流转对象分，流转给农户的面积21.24万亩(其中：流转给家庭农场的面积7.93万亩)，流转给合作社的面积2.88万亩，流转给企业的面积1.57万亩，流转给其他主体1.07万亩。

【**石门农村集体“三资”管理获全省先进**】农村集体“三资”是指：农村集体资金、资产、资源管理工作。2017年，县委、县政府把农村集体资金、资产、资源的清理和管理工作作为规范农村经济秩序、维护农村社会稳定、促进农村经济发展的大事、要事来抓，通过建立健全监管制度；着力改进监管方式；不断创新监管内容；大力加强监督检查，全县农村“三资”管理步入法制化、规范化管理轨道，被评为2017年度全省先进单位。主要措施：①加强制度建设。加大《石门县脱贫攻坚资金会计核算办法》《石门县村(居)集体经济组织财务管理办法》两个文件的落实力度，督促各乡镇区、街道、农林场制订出台了实施细则。②强化日常监管。年内开展多次扶贫专项资金、村集体资金的安全检查；组织专门力量，对全县换届后上千名村(居)干部班子进行了财经纪律系统培训。③开展专项审计。联合县财政局、县审计局等部门完成村(居)组织成员任期经济责任审计工作的督导和验收，确保村级换届工作顺利进行；参与违规违纪问题查处，配合县纪委完成二都街道卫星村、千峰村和所街乡麻纳峪村的专项财务清理。④配合县纪委推进“互联网+监督”。7月启动后，在新关镇开展试点，积累经验，完成上半年村级财务收支数据上传；9月份起全面推开，指导、督促乡镇及时完成审核和数据上传。⑤启动农村集体产权制度改革试点。选择皂市镇朱坪社区开展农村集体产权制度改革试点。

(游建立)

教育

【概述】2017年，全县有公（民）办中小学校及幼儿园304所，其中幼儿园104所，小学160所（含教学点77个），初级中学24所，九年一贯制学校7所，普通高中5所，中等职业学校3所、职业培训机构（教师进修学校）1所。在校学生75480人，其中普高生9577人，中职生3462人，初中生14948人，小学生32678人，在园幼儿14815人。中小学及幼儿园在职教职工6178人，其中小学1943人、初中1767人（含九年一贯制）、普高812人、中职262人、幼儿园1363人、职业培训机构31人。在职教职工中有专任教师5241人，其中小学1904人，初中1647人（含九年一贯制），普高730人，中职（含职业培训机构）268人，幼儿园692人。全县学校占地面积2574331平方米，其中小学1135473平方米，初中学校923443平方米，普高学校457215平方米，职业教育学校58200平方米。全县学校校舍建筑面积896579平方米，其中普高186152平方米，中职52700平方米，初中221186平方米，小学327498平方米，幼儿园109043平方米。全县学校有图书1775290册，其中普高221080册，中职48144册，初中532443册，小学862172册.幼儿园111451册。全县学校教学用计算机8244台，其中普高1022台，中职1376台，初中2593台，小学3253台。全县学校固定资产总值114299万元，其中普高29247万元，中职6086万元，初中46046万元，小学32920万元。

教育投入。2017年，全县教育经费一般预算5.38亿元（不含退休费）。全县财政性教育经费支出8.43亿元，其中县财政教育经费支出6.25亿元。上级财政下达义务教育公用经费3955万元（含寄宿生公用经费），县级财政配套282万元，保障了义务教育学校的正常发展。争取国家投资到位资金1.8亿元。坚持按季度拨付义务教育学校公用经费，确保专项资金及时足额发放到位。

学校建设。整合全县改薄专项资金（改善薄弱学校）、校舍维修改造资金、城市义务教育扩容资金、合格学校建设奖补资金、改善普职高办学条件专项资金、学前教育专项资金、县本级财政专项投入等，投入学校建设资金22813万元，建设项目56个，新建或维修改造校舍面积147954平方米。主要项目包括建设合格学校（标准化学校）36所，新建公办幼儿园2所，改造或配套建设农村薄弱学校19所。民办启航幼儿园竣工并投入使用，湘北职专异地新建工程主体竣工，宝峰街道中心学校改扩建二期工程启动。

教师队伍建设。突破政策瓶颈，出台“全日制普通高校师范类二本及以上应届毕业生直签”的教师招聘政策，化解了高中教师补充难题；继续坚持“县外石门籍在职在编教师直接调入、免费师范生直接入职”等优惠政策，按“退一进一”原则全年招聘教师297人；新聘教师实施三年服务期制度，优质学校与薄弱学校之间实行对口支教、学科教师走教等制度，缓解教师年龄结构和学科结构矛盾。深化人事制度改革，实施局管干部年度绩效考核制度，推行乡镇（街道）中心学校校长末位淘汰制和城区教师退出机制，强化校长和教师的责任意识。推进义务教育阶段学校校长教师交流工作，全年轮岗交流校长教师398人。推进师德师风月主题教育活动，组织校长900多人次到联点110所学校开展师德讲座1100多次，培训教职员工4万多人次，涌现出县级最美园丁、优秀校长、优秀班主任、师德标兵等80人，15名教师获评市级优秀教育工作者、优秀教师。

学校德育工作。突出德育实效性，强化学校、家庭、社会三结合的德育网络建设，县教育局、县关工委等先后举办六期“道德讲堂进校园”大型活动，邀请身边的道德模范、美德少年等举行专题报告，上万名师生及家长接受道德洗礼。开展“4·23”世界读书日活动、美德少年评选活动、中小学生读书、征文、演讲等系列活动，活跃校园文化，丰富德育内涵。206名学生被评为省、市级三好学生和优秀学生干部，48名学生被授予“美德少年”荣誉称号。第20届全国青少年五好小公民主题教育读书活动中，石门县获全国优秀组织奖，石门四中（思源实验学校）学生李悦代表湖南省获演讲竞赛全国一等奖，太平镇中心学校被评为国家级示范学校，孙云鹏等5名学生征文获国家特等奖，局党组副书记、副局长陈国平被评为活动开展20周年全国先进个人。

学前教育。全县有学前教育机构175个,其中公办幼儿园19所,民办园85所,学校附属幼儿班71个,学前三年毛入园率83%,学前一年毛入园率100%,公办幼儿园和普惠性民办幼儿园在园幼儿数占全县在园幼儿总数的60%。县级示范性幼儿园54所,市级示范性幼儿园8所;省、市级骨干民办园3所。加大普惠性幼儿园建设力度,全年投资1510万元新建公办幼儿园2所,发放普惠性民办幼儿园奖补资金8万元。加强幼教队伍建设,新聘5名幼师补充到乡镇公办中心幼儿园,培训师资892人次。全县21个乡镇(街道)幼儿园参加结对互助活动,促进了学前教育均衡发展。3月28日,石门县以《建一所,成一所,以“三规”促发展》为题在湖南省第六届学前教育管理研究论坛上作经验发言。5月18-19日,石门县作为全省三个单位之一,在武陵山片区学前教育改革与发展研讨活动中作典型发言。

职业教育。湘北职专异地新建工程快速推进,主体工程竣工,累计完成投资3.2亿元。改革中职招生办法,压实生源学校工作责任,全年招收中职新生1365人,比2016年多441人。加强职校“双师型”队伍建设,强化学生操作技能培训,搭建师生专业化发展平台,湘北职专教师欧阳盼获省“五一劳动奖章”和“百优工匠”荣誉称号;唐生红等4名教师共同研发的数控设备获国家实用新型专利;湘北职专学生创业团队的“智能减速带”项目获“中华职业教育创新创业大赛”国家级二等奖,刘谢杰获计算机影视后期制作国家级奖励,熊子珺、刘海、梅德胜、唐岗城、梁盛凯等8人获焊接技术、模具制造、会计技能等专业技能省级奖励;湘北职专创新工作室被评为“常德市职工示范创新工作室”。

民办教育。制定下发《关于切实加强民办教育机构管理工作的通知》,对民办教育机构审批、安全管理、教学常规、招生宣传、办学行为等方面严格规范。着力提升民办学校办学水平,组织召开全县民办教育管理工作会议,开展民办幼儿园结对交流活动,促进均衡协调发展;成功创建市级骨干民办幼儿园1所,县级骨干民办幼儿园2所、骨干民办培训机构1所。加大对非法办学的清理整治力度,严厉查处非法办学行为,取缔9所非法办学机构。妥善处理商业幼儿园收归国有工作,将其改办为公办幼儿园。

教学教研。加强教研机构建设,按照高考及中考文化考试科目设立全县高中、初中学科中心教研组18个,完善“县教研室—中心教研组—区域教研联组—学校教科室—学校教研组(备课组)”的教研网络。聚焦课堂教学,深化课程改革,在澧澜中学开展全县初三复习备考教学开放日活动,在石门县四完小举办全县小学语文主题学习教研开放日活动,到磨市镇中心学校开展订单式送教下乡活动。开展高中教师“片段教学比武”活动,促进高效课堂的全面推广。加强专题教学视导,分层研究、分类指导,对全县26所中小学校开展教学视导。创新教研方式,提高教研效益,开展教研员上“下水课”活动;先后在壶瓶山镇、石门四中、子良镇、蒙泉镇开展教研联组区域性教研活动。

教育教学质量。2017年,全县深入开展校本教研、网络教研、区域性教研活动,强化高效课堂建设,突出教学常规管理,完善系列管理制度,促进了教育质量的整体提升,树立了石门教育质量品牌。初中毕业会考综合排名处于全市第一方阵;普通高中学业水平考试全县平均分、合格率和优秀率均居全市第一;高考成绩持续保持省市领先水平,全县参考3561人,上线3557人,上线率达99.89%;全县录取3429人,其中本一录取893人,录取率25.08%,本二及以上录取2059人,录取率57.82%,本科录取2205人,录取率61.92%,超全省本科平均录取率(42.53%)19.53个百分点,专科录取1224人;清华大学录取4人、北京大学录取5人,空军航空大学录取飞行员1人。石门一中、石门二中、石门五中均获全市普通高中学业水平考试和办学水平综合评估优秀单位。湘北职专本科上线率和录取率居全省同类学校前列。全县学生参加教育系统各类竞赛获国家级奖励65人次、省级奖154人次、市级奖231人次。

体育竞赛活动。着力开展体育活动,增强学生综合素质。组织开展全县中小学生乒乓球、中学生篮球、中小学生田径运动会等多项竞赛活动。2017年12月20日至22日,举行全县中学生篮球运动会,全县各乡镇(街道)中心学校、县直学校、民办学校的28支篮球队、448名运动员参与竞争,15支代表队分获各组别前三名。2017年4月27日,举办石门县2017年“新华杯”中小学生田径运动会,全县各中小学校的31支代表队积极参加。

学校安全管理。狠抓安全法治教育,开展交通、消防、防溺水、防灾减灾、法制等主题教育和演练活动8次,下发《致家长的一封信》《平安家校公约》80000余份。加强校园周边治理,会同县公安局、县交警大队、县交通运输局、县文体广新局等部门深入辖区学校开展校园周边环境整治行动4次,净化了校园周边环境。落实校车安全监管,县校车办规范校车运营,强化校车线路审批和校车从业人员准入管理。全县有取得校车标牌的国标专用校车141台,开通校车线路376条,校车从业人员358人,校车服务覆盖除太平镇、罗坪乡、壶瓶山镇和南北镇以外的17个乡镇(街道),为9000多名中小学生和幼儿提供服务。石门县三完小创建为“湖南省防震减灾科普教育示范学校”,石门县四完小创建为“常德市防震减灾科普教育示范学校”;石门县四完小获评市级“安全文明校园”,夹山镇官渡桥中学等11所学校获评县级“安全文明校园”。

教育信息化建设。2017年,县域整体推进教育信息化建设。全年投资5000万元,新建多媒体教室775间、电脑室19间、录播互动教学系统28间,配备学生电脑756台,全县177所学校通过教育城域网接入互联网,乡镇完小以上学校教学、办公区域实现有线无线全覆盖;

同时整合升级现有的站群系统、电子政务办公系统、教育资源平台(增加学生空间功能)、视频云平台,新增基础服务平台、信息技术考试和练习系统、智慧校园、教学质量监测分析系统、校园安全监控平台等14个系统平台,实现"宽带网络校校通""多媒体教学资源班班通""网络学习空间人人通",全县教育信息化水平跃居全省领先水平。

扶贫助学。全县扶贫助学工作由县教育局学生资助管理中心和教育基金会共同完成。2017年,学生资助管理中心发放各类助学金4077.55万元,资助学生13.68万人次。其中:义务教育免教科书费94587人次583.86万元,贫困寄宿生生活费补助18481人次1034万元;贫困幼儿入园补助4646人次232.3万元;发放普高学生国家助学金5727人次572.7万元,高中贫困生免学杂费、免教科书3086人次183.9万元;发放中职学生国家助学金3844人次384.4万元,中职贫困生免学杂费5533人次662.4万元;普通高校贫困新生入学资助100人共6万元;"泛海助学"资助考入本科高校的贫困大学新生177人88.5万元;普通高校毕业生贫困地区基层单位就业学费补偿124人59.3万元;办理大学新生生源地贷款221人177.19万元;发放彩票公益金93万元资助贫困师生273人次。县教育基金会募集基金3141.3万元,投入公益项目2206.3万元,惠及师生11104人次。其中,"育才行动"资助贫困学生9380人510万元;"圆梦行动"资助贫困大学新生513人226.6万元;"爱烛行动"奖励、资助教师1211人443.3万元;"助校行动"资助学校建设28所1026.8万元。

宣传工作。建立宣传工作奖励机制,定期组织宣传培训,将教育宣传与单位年终绩效考核挂钩。以石门教育云、石门政府网教育频道、石门新闻网为主阵地,以省市主流媒体为依托,积极组织通讯员宣传推介教育工作成果和先进典型,全年在中国文明网、《湖南日报》、湖南教育网、《常德日报》等市级以上媒体上稿1731篇。8月7日,《常德日报》头版头条以《让每一名孩子都享受到优质的教育资源——石门县义务教育均衡发展纪实》为题,集中报道了石门县义务教育均衡发展成效。12月22日,《中国教育报》头版以《一名病休学生,九名送教老师》为题,报道了皂市镇中心学校义务送教小分队为患病学生杨帆送教上门的先进事迹。

脱贫攻坚。2017年,石门县教育局驻村帮扶对象为三圣乡白临桥村、子良镇董家山村。以基础设施和产业建设为重点实施脱贫攻坚,筹措资金88万元,为董家山村解决3.1千米村级主干道硬化缺口资金近58万元,为白临桥村解决安全饮水、整修扩宽组级公路、村级公共服务平台建设缺口资金近30万元;督促和协助点村抓好易地扶贫搬迁、危房改造等扶贫政策落实到位;动员干部和学校力量帮助点村群众销售生猪、山羊、土鸡等400多头(羽);为群众提供就业岗位32个;帮助群众解决就医、子女转学等问题28人次;协助点村化解矛盾纠纷6起。两村全年脱贫171户588人,三圣乡白临桥村退出贫困村序列,子良镇董家山村通过省对县脱贫摘帽评估验收的第三方入户调查。

【全县教育工作会议】2017年8月14日,全县教育工作会议在县电视台演播大厅召开,县委副书记、县长郭碧勋主持会议,市人大常委会副主任、县委书记谭本仲发表讲话,肯定了全县教育工作所取得的成绩,并对今后教育工作提出要求和寄语。副县长宋雨泓作主题报告,明确今后工作目标。会议宣读了《关于颁发2017年度高考质量奖的通报》《关于表彰2017年"捐资助学功臣""捐资助学先进单位"和"尊师重教优秀领导干部"的通报》等文件。会议举行现场捐资助学活动,65家单位和爱心人士、团体共向石门县教育基金现场捐赠教育基金2000余万元。并为捐资额10万元及以上的爱心代表颁发了"捐资助学功臣"奖杯,1名扶贫助学特别贡献奖、10个捐资助学先进单位、15名尊师重教优秀领导干部受到表彰。在助学阶段,现场发放各类奖助学金740多万元,60名获常德市"乡村红烛奖"的教师、10名考上北京大学、清华大学和空军航空大学飞行员的新生受到奖励,部分家庭贫困学生接受现场资助。石门一中获"高考突出贡献奖"。

【学校联盟(集团)化改革】2017年,在原有5个学校联盟(石门一中联盟、思源实验学校联盟、石门县一完小联盟、石门县二完小联盟、石门县五完小联盟)的基础上,成立3个学校联盟〔宝峰街道中心学校联盟(宝峰街道中心学校本部、二都街道洲头完小)、石门三中联盟(石门三中、三圣乡中心学校本部、磨市镇中心学校本部)、澧斓中学联盟(澧斓中学、蒙泉镇花薮中学)〕;同时将楚江街道龙凤完小整体纳入石门县二完小,在石门县二完小联盟的基础上组建石门县二完小教育集团,实行一个法人、一套班子管理。8月21日,石门县二完小教育集团龙凤校区挂牌,一年级招生由上年的不到10人增至40多人。8月23日,县委改革办在县教育局组织召开学校联盟(集团)化改革工作座谈会,就实施学校联盟(集团)化改革以来的措施与成效、办学运行中的困难与问题、今后工作的对策与建议进行调研。学校联盟(集团)化改革的有序推进,为促进基础教育均衡发展,发挥优质学校的辐射、示范和引领作用,逐步缩小基础教育城乡、区域和校际之间的差距,不断满足人民群众对优质教育的需求走出了一条新路子。

【第三轮教育工作"两项督导评估"通过验收】2017年,为通过湖南省县级人民政府第三轮教育工作"两项督导评估"和全国义务教育发展基本均衡县创建迎检工作,县委、县政府把教育工作摆在优先发展的突出位置,组建教育督导委员会,不断加大教育投入,着力补充优化教师队伍,将各乡镇区、街道、农林场和县直各单位教育工作实绩纳入年度绩效考核范畴。各乡镇区、街道、农林场和县直各单位积极履行教育工作职责,为学校发展出谋划策。全县各级各类学校充分发挥主观能动性,对照标准找差距,

两项督导评估迎省检

对照细则补短板，不断改善办学条件，规范办学行为，强化内部管理。各督学责任区专（兼）职督学积极履行督政督学职能，推动各项工作的有效落实。9月24日至26日，石门县通过湖南省县级人民政府第三轮教育工作“两项督导评估”验收，被评为优秀等次；12月26日，石门县通过全国义务教育发展基本均衡县考核验收，考核得分名列全省43个受检县市区第二位。

【石门通过国家三类城市语言文字工作评估验收】2017年，石门县认真贯彻落实《中华人民共和国国家通用语言文字法》和语言文字工作方针政策，积极推进语言文字工作的“制度化”“标准化”“社会化”建设。成立由县委副书记为主任，县人大、县政府、县政协有关负责人为副主任，县教育局、县财政局等48个单位主要负责人为成员的县语言文字工作委员会，制定下发《石门县社会用字管理暂行规定》《石门县语言文字规范化管理规定》《石门县党政机关语言文字工作制度》等文件。全县各级党政机关广大公务员带头讲普通话、使用规范字，并明确普通话水平不达标者年度考核不得定为优秀。全县各学校将语言文字工作渗透到德智体美和社会实践等各种教育活动，并作为教师“教学能手”“课堂教学评优”“优质课”等评选的重要内容。县电视台等新闻媒体严格实施语言文字的责任管理和奖惩，做到“语音差错不出口，文字差错不出手”，为全社会树立了规范使用语言文字的样板。县人民医院等公共服务行业窗口单位把语言文字工作作为提升行业服务水平的一项大事，在合适位置设置宣传标语并以身示范，直接提升了城市的整体形象。11月21—22日，石门县通过国家三类城市语言文字工作评估验收，并评定为优秀等次。

（唐志军）

【全县中学生法律知识抢答赛】2017年11月30日，由石门县关心下一代工作委员会联合8家单位共同主办的全县中学生法律知识抢答赛在县广电中心举行。县领导张树国、张国珍、宋雨泓、马业平，县关工委常务副主任詹腊珍、顾问王浦堂现场观摩比赛。

比赛现场，来自全县21个乡镇（街道）的初中学生代表队，石门一中、石门二中、石门五中、石门六中、湘北职专、瑜远中学6支高、职中代表队，分初中组和高中组进行比赛。比赛设置了必答题、抢答题、风险题，内容主要包括《中华人民共和国未成年人保护法》《中华人民共和国预防未成年人犯罪法》等与青少年密切相关的法律法规知识。经过预赛和决赛，皂市镇中心学校代表队获初中组一等奖，石门三中、石门四中初中代表队获初中组二等奖，宝峰街道中心学校、维新镇中心学校、蒙泉镇中心学校代表队获初中组三等奖；石门二中代表队、湘北职专代表队、石门一中代表队分别获高中组一、二、三等奖。

（龙力荣）

【郑洞国教育基金奖励石门优秀师生】2017年12月2日至3日，郑洞国将军长孙、全国政协常委、民革中央副主席郑建邦回到家乡石门，参加郑洞国教育基金会第十届园丁奖、助学金颁发等活动。12月2日，在石门一中，县委常委、统战部部长刘颖主持园丁奖、助学金颁发仪式，省政协原副主席刘晓宣布获奖师生名单，与会领导和爱心人士为获奖师生颁发园丁奖和助学金。其中，10名优秀教师获园丁奖，每人奖励1万元，101名优秀学生每人获4000元助学金。随后，郑建邦一行前往磨市镇洞国学校和夹山镇完小，为两个学校获得郑洞国教育基金会第十届园丁奖、助学金的65名优秀师生颁发奖学金。郑洞国教育基金会自2008年成立后，连续十年资助石门县优秀学生727名，奖励优秀教师82名，发放基金408.4万元。

（杨　帆）

【全县校车驾驶员教育培训会议】为贯彻落实《校车安全管理条例》的相关规定，进一步强化校车从业人员管理，抓牢

知识抢答赛

抓实交通安全管理，营造良好的交通安全环境。8月26日，石门县道安办、县校车办在县老干局联合组织召开全县校车从业人员教育培训会议。

全县所有校车驾驶员、照管员，各客运、危货企业安全管理人员以及驾驶员代表，县交警、交通和安监、教育等部门股室负责人共计300余人参加会议，县教育局副局长盛中华、县公安局交警大队副大队长马锋出席会议，会议由县教育局法制股股长陈英杰主持。

培训会议中，县教育局副局长盛中华领学了《石门县重点驾驶员交通安全专项宣传教育活动工作方案》；县安监局办公室主任童自云从增强安全生产意识、夯实安全责任、强化校车和驾驶人管理等方面入手，对校车管理制度进行细致讲解，并对校车安全管理工作做出部署；县公安局交警大队副大队长马锋就如何加强校车安全驾驶与管理进行强调。

通达联运公司相关负责人为参会校车驾驶员、照管员进行交通安全知识教育培训，并结合"8•10"陕西特大交通事故惨痛教训，讲解交通事故预防注意事项及客运车辆安全管理知识。培训结束后，全县160余名校车驾驶员在车管所进行理论考试，考试内容以道路交通安全法律法规、校车管理相关规定及车辆安全行驶知识为重点。

（编辑部）

石门县第一中学

【概况】石门县第一中学是湖南省示范性普通高级中学（简称石门一中），校园总面积479亩，建筑面积10.8万平方米。2017年，学校有教学班级75个，在籍学生4068人，教职工346人，专任教师318人，正高级教师4人，特级教师4人，高级教师126人，全国模范教师1人，省优秀教师2人，市名师工作室首席名师2人，市级学科带头人2人，硕士学位17人。2017年度，石门一中被评为"全国中小学国防教育示范学校""湖南省生态文明示范校""省级文明卫生单位""清华大学2017年优质生源先进单位""武汉大学优质生源基地""中国科学院大学科教结合协同育人突出贡献单位""湖南省心理健康教育先进单位""常德市综合办学水平先进单位""常德市教育科研先进单位"。

教学质量。2017年，石门一中共1425人参加高考，600分以上人数165人，实考660分以上达10人，2人分别位列省理科第7名、第21名。一本录取763人，上线率53.55%（全省约为12%）；二本及以上录取1308人，上线率91.79%（全省约为35%）。清华大学录取4人，北京大学录取5人，中国科学院大学录取3人，"985"大学录取137人，"211"大学录取365人。学考成绩全科优秀率达22.6%，平均分844.5分，各项数据均领先于常德市其他学校，获得"常德市学业水平考试综合评估第一名"。石门一中奥林匹克竞赛获国家级二等奖5人，国家级三等奖5人。第十五届常德市青少年科技创新大赛中，获一等奖3个，二等奖7个，三等奖9个。第38届湖南省青少年科技创新大赛中，获省级二等奖1人，省级三等奖3人。常德市"三独"比赛，1人获器乐一等奖，1人获舞蹈二等奖，1人获声乐三等奖。在常德市中小学生艺术展演活动中，石门一中有13项作品获奖。其中《春到湘江》获省级一等奖，《秋的节奏》获市级一等奖。石门县读书活动演讲比赛1人获一等奖，石门一中被评为"优秀组织单位"。在湖南省2017年传统项目学校田径运动会上，学生吴庆隆获得高中组400米第二名，获二级运动员证书；在石门县中小学生运动会上，石门一中获高中组团体总分第一名，14个单项冠军，4个团体单项冠军；在常德市中学生乒乓球运动会上，石门一中代表队获男女团体亚军；在石门县中小学生乒乓球运动会中，石门一中获女子双打冠军并获"体育道德风尚奖"。

德育工作。创新学校德育机制，实施"操行学分制"，坚持全面评价学生。开设学生成长指导中心，实施"成长导师制"，成长导师对父母离异、留守流动类型的学生实施亲情化、个性化、一对一教育，在学业、道德、心理等方面进行深入、全面的教育和引导。实施"双呵护"工程，成立温情工作室，聘请温情工作室首席教师，以"师生情""同窗情"双重呵护为抓手，促进学生身心健康成长。开展"同窗六比活动"，每学期评出九种"星级学生"，坚持德育制度化、系列化，做到月月有主题，周周有活动，让每一名学生成为"出彩一中人"。着力整合社会、学校、家庭的教育资源，不断拓宽德育渠道，家校联手，形成合力。李奕飞同学被评为"常德市美德少年"、唐津怡同学被评为"石门县美德少年"。建立各类活动小组、兴趣小组，开展课外组织训练，认真组织篮球赛，拔河比赛、袋鼠跳等趣味体育活动、秋季田径运动会、心理健康活动月活动、科技文化艺术月活动，为学生健康快乐成长搭建了丰富多样的展示平台。

教研成果。市教育局授予石门一中两个名师工作室、两个名师工作坊，数量列全市第一。党委副书记廖其法与总务科科长宋善军获常德市首届名师工作坊坊主的称号。贺静在湖南省第二届微课大赛中获基础教育组一等奖。覃勇在湖南省高中生物青年教师课堂教学比武中获省级二等奖。胡红梅的晒课被评为省级优课。唐植捷在常德市中学地理教学技能大赛中获市级全能奖第一名。司博获常德市音乐教学比武一等奖。杨多恒在常德市生物说课比赛中获市级一等奖。邓建华在高中物理教师实验技能大赛中获市级一等奖。肖霄的晒课被评为市级优课。尹书灵获县级教学比武特等奖，尹书灵等12位教师的晒课或课件获县级一等奖。积极实施"科研强校"战略，形成国家、省、市、区四级规划课题序列，打造一批实践型、研究型、理论型的名师。石门一中是国家级课题《基于高考新政的普通高中选课走班制实践模式研究》的主要研究学校，侯宏泉校长是该课题的主研人。省市级在研课题5项，均开题研究。大力开展校级微型课题研究和校本教研,成立学科教研攻关小组,制定《石门一中成立学科教研攻关小组方案》,深入推进课程改革,加强高效课堂建设,助力教学质量持续稳定提升。教师教研教学齐头并进。2017年,全校有15篇论文发表,有95篇论文获省级奖励。学校被评为“常德市教育科研工作先进学校”。

扶贫助学。重视扶贫工作,做到“扶真贫”“真扶贫”。落实149名建档立卡贫困户孩子的相关信息并上传至教育扶贫分指挥部。组织学校党员教师对35名贫困户孩子进行“一对一结对帮扶”,并组织全校教职工在中国扶贫日捐款,数额近3万元。全年受资助学生为3470人次,合计金额430余万元。2017年,获国家助学金2469人,资助金额246.6万元;中央彩票公益金“滋蕙计划”共计115人受惠,合计23万元。332人次获校筹资助89.4万元。

(石门一中)

【第四届“天鹰奖助学金”发放仪式】2017年3月3日,石门一中第四届“天鹰奖助学金”发放仪式在C1阶梯教室举行。“天鹰奖助学金”由湖南天鹰建设有限公司提供并冠名,发放仪式由学生科科长向言振主持,侯耀东、伍勇支、王盛决、覃小爱、陈锦鑫、沈绍进、雷菊华、覃勇、陈妮红、周耕华10名教师每人获得2000元奖金,100名学生每人获得2000元奖助学金,共发放奖金22万元。发放仪式上,党委委员、纪委书记、副校长廖其法致欢迎词,代表全校师生对天鹰公司的捐赠义举表示衷心感谢,向获奖师生表示祝贺。县民政局局长林华在助学金发放仪式上发表讲话,感谢天鹰集团对贫困学子的关爱,鼓励受助同学战胜困难,把关爱化作学习动力,自强不息,刻苦学习。石门“天鹰·阳光班”是由常德市慈善总会、石门县慈善总会、湖南天鹰建设有限公司与石门县第一中学共同签订的慈善助学合作项目。自2013年启动,湖南天鹰建设公司捐资100万元,在石门一中开展冠名“天鹰·阳光班”助学活动。同时,该项目还特设“天鹰园丁奖”,每年用2万元奖励“天鹰·阳光班”的优秀教师。

(邓春其、肖忠英)

【“轮椅女孩”唐津怡被中山大学录取】2017年7月22日,坐在轮椅上的石门第一中学高中毕业生唐津怡被中山大学录取。19岁的唐津怡家住石门县城,2012年以优异成绩考入石门一中。2013年8月21日,唐津怡突然感觉脖子疼痛难忍,随即双腿麻木,经医院诊断为椎管血管瘤,虽然经过紧急治疗,但因椎管内的血管瘤破裂挤压神经,脊髓损伤,导致腰部以下完全失去知觉。坚强的唐津怡没有向命运低头,通过一年的住院治疗和康复训练后,她坐着轮椅重返校园。从不能长时间坐立到坚持上完4节课,从双手抓握无力到成绩名列前茅,每日繁重的课业后,唐津怡还要完成3个小时的康复训练。了解到唐津怡的特殊情况,高考前,县中医医院组织体检团队和县招考办及学校为唐津怡进行“私人订制”高考体检。省教育考试院批准为其单设一间考室,考试时间也按规定延长30%,班主任陈仲亚全程陪同。在高考中,唐津怡取得640分的好成绩,被中山大学录取。

(江一舟、覃梦娟)

第四届“天鹰奖助学金”发放仪式

石门县第二中学

【概况】石门县第二中学(简称石门二中)地处二都乡曹家棚居委会,占地面积88560平方米,建筑面积70398平方米。教职工165人,教学班级25个,学生1400余人。其中中学高级教师33人,市级骨干教师3人,县级骨干教师7人,省市县级优秀教师、班主任、学科带头人30多人,拥有研究生学历教师8人。2017年,获常德市第七届运动会女子足球比赛二等奖;石门县篮球运动会高中男子组第一名;石门县篮球运动会高中女子组第二名;石门县田径运动会高中组团体第二名;常德市办学水平综合评估优胜单位;常德市学业水平考试优秀单位;湖南省学校心理健康教育先进单位;市级示范性家长学校;市国防教育示范校;石门县中学生法律知识抢答赛高中组团体一等奖。

党建工作。2017年,学校党总支开展“喜迎党的十九大”系列活动,大力宣传党的十八大以来党和国家所取得的辉煌成就,激发全校师生的荣誉感和使命感。组织全体教职工参加十九大精神报告讨论会及系列主题日活动,全面学习贯彻十九大精神以及习近平总书记系列重要讲话精神,全校掀起学习、宣传、贯彻十九大的热潮。深入开展“两学一做”学习教育,认真研究制定“两学一做”学习教育制度化常态化实施方案,制定党支部和党员任务清单,认真开展各类主题教育活动,增强党员政治意识、大局意识、核心意识和看齐意识，坚定中国特色社会主义共同理想。

德育工作。学校以“学会做人”为目标，落实德育首位，全面提高学生素质，着重培养学生的文明素养和实践能力。学校开展了最美孝心少年、阳光女生评选活动，以及毕业季、成人礼、“走进大自然，亲近十九峰”十千米远足、艺术节等一系列丰富多彩的活动，做到月月有主题，月月有活动。学校“最美孝心少年”陈明珠同学的感人事迹经过中央电视台的宣传与报道，社会反响热烈。2017 年，学校被评为湖南省学校心理健康教育先进单位，成功创建“市级示范性家长学校”，并获优秀等次。

教学教研。2017 年，学校高考学考成绩优异。高考参考人数 467 人，参考率 99.15%，二本以上录取 229 人，录取率居全市同类学校第 5 名。学考参考人数 478 人，参考率 100%，学考平均分获全市同类学校第 3 名，合格率第 5 名。学校被评为“常德市办学水平综合评估优胜单位”“常德市学业水平考试优秀单位”。课题《农村高中学生自主学习能力培养策略研究》成功立项为省级规划课题，获市级三等奖。参加教师教学比武，获得市级荣誉 4 人次、县级荣誉 3 人次。发表国家级论文 23 篇，省级论文 35 篇，市级论文 15 篇。教师辅导学生参加省市县组织的物理、化学、生物、数学学科竞赛，50 多人次获奖。参加市县级“三独”比赛，12 人次获奖。参加国家级语文、英语作文竞赛，20 多人获奖。

（龙　成）

【“炫彩青春·圆梦二中”元旦文艺会演】2017 年 12 月 27 日，石门二中在学校操场举行“炫彩青春，圆梦二中”元旦文艺会演，1500 余名师生参加，校长王伯建致辞。文艺会演分为歌曲、小品、情景剧、舞蹈、创意表演、器乐合奏等节目，所有演出节目均为师生自编自导自演。汇演节目中，歌伴舞《爱在天地间》、歌舞秀《请老师们放心》表现出师生情谊；小品《洗脚》、情景剧《上学那些事儿》诙谐幽默；舞蹈《寄明月》《且吟春雨》跳出古典中国美。元月文艺会演，丰富了校园文化生活，展示了二中学子良好精神风貌。

（赵　琴）

石门县第三中学

【概况】石门县第三中学是首批省级义务教育合格学校，常德市示范性初级中学，学校设办公室、教务处、总务处、学生处、工会、信息中心、督导室、团委会等机构。2017 年，在职教职工 323 人，其中专任教师 308 人。专任教师中有硕士研究生 1 人，本科毕业 287 人，专科毕业 20 人。现有中学高级教师 49 人，中学一级教师 166 人，中学二级教师 93 人。市级学科带头人 5 人，县级学科带头人 6 人，市级骨干教师 6 人，县级骨干教师 8 人。有 77 个教学班，在校学生 4015 人，毕业 1394 人，招生 1317 人。学校占地面积 53873 平方米，校舍建筑面积 18012 平方米，现有图书 84779 册，教学用计算机 433 台，网络多媒体教室 104 间，固定资产总值 1553.71 万元。2017 年，完成校道沥青硬化、室内篮球馆新建等基建工程，更换 75 个教室的“班班通”设备，更新校园网络设施设备。

德育工作。坚持把德育首位作为学校工作重点，立德树人，教书育人。以思想道德教育和养成教育为突破口，利用升旗仪式、国旗下讲话、重大节日庆典、重大纪念日活动等，广泛开展爱国主义教育和革命传统教育，引导学生弘扬民族精神，增强爱国情感。积极推进“一月一主题”德育活动，先后开展“让勤俭节约成为一种习惯”“学雷锋，修美德，争做阳光好伙伴”“心系国防，引航梦想青春”等 9 个系列主题教育活动，实施思想道德、防震减灾、交通安全、饮食卫生、禁毒知识、环保知识等教育。在“学宪法，讲宪法”系列活动中，学生王艺霏、王思璇等分获市级一、二等奖。组织开展“我的中国梦”系列活动、“我的中国梦”朗诵比赛、“情系祖国，我的中国梦”演讲比赛、“雷锋精神伴我成长”演讲、歌咏比赛等，促进师生全面认识“中国梦”的本质含义。加强宣传阵地建设，以学生处、团委会为主体，利用黑板、校园广播站、宣传橱窗等宣传工具，举办交通安全、生命科学、反对迷信等专题展览。弘扬志愿精神，先后进行美化澧阳大道、学雷锋、拥军爱民、啄木鸟、我们的节日等系列志愿者活动，受到社会各界好评。突出法制教育，“石门县青少年法治基地”建设工作取得成效，师生犯罪率为零。

教学常规。2017 年，学校严格按照国家课程标准开课设节，依照教学计划实施教学活动，以学生能力培养和素质发展为重点，加强教学计划的实施与教学效果的检测，通过多种形式的教学检查，保障教学效果，提高教学质量。突出毕业班教学管理，采取多项措施加大毕业班管理力度，定期召开毕业班教师会、班主任例会、质量分析会等。2017 年全市中考会考中，九年级 1387 人参考，638 人被省级重点高中石门一中录取，录取率达 46%，80 人中考总分达 700 分以上（全县 129 人）。全县九年级五门学科竞赛决赛中，全县 50 名特等奖获得者直取石门一中，石门三中 40 人入选，包揽前十名。八年级地理、生物结业会考中，两科均在 B 等以上者 1008 人，占参考总数的 75%，全校中考成绩综合评估居全县前列。

教学研究。以落实教学常规为基础，务实开展教研教改工作。推进“1＋N 网络联校”和“三中联盟”建设，各联盟学校在石门三中上录播课 38 堂，三中教师上教研课 48 堂。教学常规检测中有 47 个班级、185 名教师获甲等。协助县教育局完成语文、地理、美术等学科教师的国培活动。利用现代信息技术开展教学研究活动，组织学科教师开展“班班通”培训与学科教研活动，全面提高教学技能与教研水平。鼓励和引导教师参加教改实验，撰写教学教研论文，180 多篇教师论文获县级以上奖励，教师杨娟、向才梁论文获国家级二等奖并被特邀现场交流。杨娟被评为市“物理工作坊坊主”。教学比武活动硕果累累，王辉、周娜、付绍军、李爱民、晏铧、黎雄、盛银星、伍虹等教师均获市级以上奖励。英语组覃洁杰、袁敏惠等5位教师组成“爱·雅”团队，参加省级备课比武获团体一等奖。

校务公开。学校工会依托网络、微信、宣传橱窗等开展校务公开，让教育收费、贫困生救助、工程招标、招生计划、财务收支等社会热点公开透明，通过教工代表大会议决大事，广泛征求教工对教师职称评聘、培训学习、生活福利、质量评估、评先评优等事项意见，落实民主决策制度。召开一届五次教工代表大会，讨论通过《石门三中绩效工资方案》《石门三中教职工竞聘工作方案》《石门三中支教工作方案》等七项方案，并通报提案办理情况。

办学成果。2017年，获得多项荣誉：常德市文明校园、全国义务教育发展基本均衡县评估先进单位、县教育教学质量综合评价优胜单位、县初中学业水平考试优胜学校、县教育信息化工作先进单位、县综治安全工作先进单位、县计财工作先进单位、县体卫艺工作先进单位、县档案工作先进单位、县基层党建工作先进单位、县中学生篮球运动会初中男子组（南区）第一名、县中小学生乒乓球运动会初中男子组（南区）第一名、县中学生篮球运动会体育道德风尚奖、县中小学生乒乓球运动会初中女子组（南区）第二名、县中学生法律知识抢答赛初中组团体二等奖，学校党支部被县教育局党组评为先进党支部。

党建工作。以党员干部作风建设为抓手，全面落实党建工作任务。党支部按计划召开党员大会，定期开展党内民主生活会，广泛收集教职工意见。组织全体党员教师开展立家规、传家训、树新风活动，党支部书记周国顺给全体党员上党课《怀“三心”讲“三手”，传承优良家风家训》，课件被县教育局评为一等奖。年内推荐3名入党积极分子，确定专人培养。开展十八届六中全会及十九大精神进教材、进课堂、进学生头脑的学习宣传活动，组织党员开展开展“两学一做”学习教育，通过主题党日活动、专题学习教育活动、主题宣传专栏等形式，实现“两学一做”学习教育常态化、制度化。组织全体党员“七一”赴韶山进行红色教育实践活动。教师阳绒主讲的十八届六中全会精神宣讲微课《把入党誓词牢记心底》，被市委宣传部评为二等奖。贯彻落实党风廉政建设的有关规定，分解落实党风廉政建设责任制，开展党员“承诺践诺评诺”活动。

（邓长清）

【“新华杯”中小学生田径运动会】2017年4月27日，石门县2017年“新华杯”中小学生田径运动会在石门三中开幕。全县各中小学校31支代表队参加运动会。经过角逐，石门一中、石门二中、石门五中获高中组团体总分前三名；澧斓中学、石门三中、白云镇中心学校获南区初中组前三名；子良镇中心学校、太平镇中心学校、雁池乡中心学校获北区初中组前三名；楚江街道中心学校、夹山镇中心学校、蒙泉镇中心学校获南区小学组前三名；子良镇中心学校、三圣乡中心学校、雁池乡中心学校获北区小学组前三名。

【全县中学生篮球运动会】2017年12月20日至22日，全县中学生篮球运动会在石门三中举行，全县各乡镇（街道）中心学校、县直学校、民办学校的28支篮球队、448名运动员参加运动会。经过角逐，石门二中、石门一中、湘北职专分获高中男子组前三名，石门一中、石门二中、石门六中分获高中女子组前三名。石门三中、澧斓中学、石门四中分获南区初中男子组前三名，石门四中、白云镇中心学校、石门三中分获南区初中女子组前三名；子良镇中心学校、罗坪乡中心学校、壶瓶山镇中心学校分获北区初中男子组前三名，太平镇中心学校、子良镇中心学校、壶瓶山镇中心学校分获北区初中女子组前三名。

（唐志军）

【郑建邦到石门三中视察】2017年12月3日，民革中央副主席、全国政协常委郑建邦一行，在县委常委、统战部部长刘颖及副县长宋雨泓等陪同下视察石门三中。三中现址原为抗日名将、郑建邦祖父郑洞国将军所创办的九澧中学原址。校党支部书记、校长周国顺就办学目标、队伍建设、办学特色和办学成绩等方面作汇报。郑建邦对学校的硬件建设、校园环境和育人氛围等给予高度评价。他表示，将继续在帮教助学等方面多做努力，争取为家乡发展做出更大贡献，让更多的孩子有机会走出大山，走向世界。

（邓长清）

【省教科院“送教送研”到石门三中】2017年10月17日，湖南省教科院“送教送研”团队走进石门县三中。省教科院选派的岳阳市弘毅中学教师周佩、马梅上了两堂统编语文教材教研示范课，全县100多名语文教师现场观摩后受益匪浅。周佩老师带来的是教读课《最后一课》，通过阅读教学活动，结合师生互动、小组讨论等形式，让学生在阅读中体会作者的爱国情；马梅老师执教的是自读课《土地的誓言》，通过导读、品读、研读，引导学生通过批注阅读法理解课文。市教科院中学语文教研员梁开喜对两位教师扎实的教学基本功和亲切自然的教态给予肯定。认为，语文教学要注重课内外的阅读和培养核心素养，两位教师对自读课和教读课两种不同课型的教学策略和方法进行了探讨，对中学语文从教者有启发意义。

专家讲座环节，省教科院中学语文教研员易海华的专题讲座《读懂、用对、用好统编初中语文教材——让自己幸福地教，学生充实快乐地学》，解答了老师们在使用语文统编教材中存在的问题和困惑，阐述了读懂、用对、用好统编教材的必要性，同时针对中学语文教学存在的弊端，提出应对的方法。省教科院“送教送研”活动每年都会选派教师不定期前往全省的一些老少边区和贫困地区，带去优质示范课，帮助贫困地区教师提高学科教学能力。

（肖　焕）

【两名教师论文在国家学术年会交流并获奖】2017年11月26日，石门三中教师杨娟撰写的论文《初中物理课堂教学学生评价的优化策略》、向才梁撰写的论文《探究问题的能力与初中物理教学》,分别被湖南省教科院推荐到"中国教育学会物理专业委员会2017年学术年会"上进行交流,并获国家级二等奖。"中国教育学会物理专业委员会2017年学术年会"在深圳市罗湖区文锦中学举行。全国参会代表达1000多人,会议交流内容分为教学创新展评、论文交流、自制教具交流三个部分。

(杨　娟)

石门县第四中学

【概况】石门县第四中学(石门思源实验学校)位于县城永兴街道办新厂社区,前身为楚江镇永兴学校,2014年下学期更名为石门县思源实验学校,2016年下学期新建校区竣工并投入使用,2017年下学期同时命名为石门县第四中学。石门县第四中学(石门县思源实验学校)是由香港言爱基金捐赠1000万元、省政府配套1000万元、县政府投资1亿元,总计1.2亿元新建的一所高规格、高标准、高质量的九年一贯制公办学校,占地面积55256平方米,建筑总面积37288平方米,设计规模为60个教学班2880人。有教职员工148人,其中高级职称18人,中级职称71人,市、县级骨干教师5人;全校班级共49个,小学部33个,初中部16个;在校学生2320人,其中初中生755人,小学生1565人。2017年,学校先后获得"全国足球特色学校"、全国"互联网+"智慧教育示范校、"省一级档案室""常德市生态文明示范校""常德市最美校园""常德市未成年人法治教育基地""常德市关心下一代工作先进集体""石门县文明标兵校园""石门县平安校园""全县2017年度综治工作优秀单位""全县教育系统2017年度绩效考核良好单位"等荣誉。

【实施"翻转课堂式教学模式"改革】翻转课堂,即教师创建视频,学生在家中或课外观看视频中教师的讲解,回到课堂上师生面对面交流和完成作业的一种教学形态。2017年4月23日,香港言爱基金会与石门县政府签订将石门思源打造成"互联网+智慧教育"现代化样板校的协议,香港言爱基金会捐赠500万元,县政府配套770万元,北京四中网校支持70万元,共计1340万元资金,用于样板校项目建设和师资培训。在北京四中网校的指导下,7月至8月,初中部所有任课教师参与课改培训,9月实施"翻转课堂教学模式"改革。为顺利推进课改,制定了课改相关制度、课改推进计划和可行的课改奖励方案。开展了两轮教研活动:第一轮是人人参与教研课活动;第二轮是人人参与教学比武。每月由教科室组织编写出版一期课改简报,定期向老师、学生、家长及社会各界人士汇报课改工作情况。"翻转课堂式教学模式"改革实施后,有2位老师在全国信息技术研讨会上上展示课,2位老师获得省级教学比武特等奖,4位老师获得市级教学比武一等奖。

(石门四中)

师生互动的翻转课堂

【开展"选课走班"教学活动】"选课走班"是高中新课程的一大特点,为适应社会对多样化人才的需求,满足不同学生的发展需要,在保证每个学生达到共同基础的前提下,各学科分类别、分层次设计多样的、可供不同发展潜能学生选择的课程内容,以满足学生对课程的不同需求。借鉴北京市十一中学校改革经验,石门四中在一至八年级广泛开展活动课的"选课走班"教学。根据学段特征设置活动课程,初中部以趣味知识为主,小学部主要是以体艺活动为主,全校设32个活动课程,组建62个活动班级。学生根据自己的兴趣爱好申报活动课程,组建成新的活动班级。"选课走班"活动课的全面开展,在培养孩子们的动手、动脑能力、彰显学生个性方面发挥积极作用。在"选课走班"活动课中,初中部12班学生李悦一路过关斩将,代表湖南省到北京参加全国"阳光少年,我们是好伙伴"演讲比赛中获得一等奖,成为石门县第一个获该项荣誉的学生。

(肖明明)

石门县第五中学

【概况】石门县第五中学(简称石门五中)是一所全日制普通高级中学,位于石门县蒙泉镇夏家巷居委会建设路85号,前身是1911年创建的石门县南乡公立高等小学堂。1981年定名为石门五中,1991年改制为石门县第一职业中学,1995年成为湖南省重点中等职业中学,1996年恢复普高招生。有在职教工127人,省级优秀班主任1人,市级优秀班主任1人,常德市"十百千"人才2人,市级骨干教师1人,研究生11人,高级教师36人;教学班24个,学生1349人。2017年,石门五中贯彻党的教育方针,以提高教育教学质量为中心，扎实开展各项工作，获得“普通高中办学水平综合评估优秀单位”“两项督导评估迎检工作先进单位”“学业水平考试优秀单位”“学业水平考试优胜单位一等奖”等荣誉。

队伍建设。学校支委扎实开展“两学一做”学习教育，落实每月一次的党建日活动，认真组织学习贯彻各级会议精神，如县委十二届四次全体（扩大）会议精神，市委七届四次全会精神，县委经济工作会议精神，中国共产党第十九次全国人民代表大会精神，党员的党性意识和模范意识加强。坚持师德师风建设常态化，学校利用教师会，组织教师学习新的《教师职业道德规范》《严禁教师违规收受学生及家长礼品礼金等行为的规定》等；每月由班子成员分年级组织开展师德师风教育活动，强化工作作风，对教师出勤、上班纪律、违规办班等情况加强督查。

德育工作。学校加强学生的诚信教育和文明礼貌教育，利用三月文明礼貌月系列活动，要求学生着装整齐、谈吐文明、尊师敬长。开展“学习雷锋精神”“弘扬社会主义核心观”等黑板报及手抄报评比活动，营造良好的德育氛围。针对德育工作中的典型问题，坚持开好“四个会”：即每周一次主题班会，每月一次班主任例会，每学期一次德育经验交流会，每期一次家长会，进行个案分析和广泛交流，互相借鉴，集思广益，提高了育人实效。坚持实行流动红旗半月评比活动，开展社会主义核心价值观歌曲传唱大赛、宪法日宣誓活动、应急救护知识讲座、主题班会课等活动。成立学校社团联合会，新加入英语话剧社、竹笛社等，定期开展丰富多彩的社团活动。

教研教学。组织青年教师比武，刘建霞，梅樱脪获一等奖，计绍玉、杨青、杨颖、梅森获二等奖，宋宇童、匡杨、邱蓉、闫红、文颉、梁功果、钟小红获三等奖。下学期组织新上高三和新进教师的汇报课，刘静、徐梦获一等奖；李欢、李游、刘海丹获二等奖，廖阳、贺海洋、张五一、刘言获优胜奖。组织参加全市生物实验技能大赛，廖阳获市一等奖；在全县片段教学比武中，杨颖获二等奖；在全县班班通教学比武中，刘静获一等奖；组织参加澧水流域青年教师“同课异构”教学活动，刘海丹、梅樱脪、彭运等老师均获一等奖。2017年石门县“一师一优课、一课一名师”比赛中，梅樱脪获一等奖，陈邱荣、梅森、文颉、刘建霞获二等奖，侯俊、杨青获三等奖。计绍玉获得湖南省第二届微课大赛三等奖。

办学成绩。2017年高考，全校409人参考，本二录取率达56%，居全市25所市级示范性高中第三名。高二学业水平考试414人参考，合格率达99.52%，居全市25所市级示范性高中第一名，学校综合评估居25所市级示范性高中第四名。

【第八届校园文化艺术节】2017年12月22日，石门五中举行第八届校园文化艺术节。演出持续三个多小时，有28个节目，包括舞蹈、小品、独唱、器乐演奏、创新作品展等，节目形式多样、内容丰富、精彩纷呈。

（计绍玉）

石门县第六中学

【概况】石门县第六中学坐落于石门县皂市镇中心街，创建于1906年(清光绪32年)，学校占地面积24889平方米，建筑面积19412平方米，有教职工111人，专任教师98人，其中高级教师25人，中级教师31人，市级骨干教师3人，县级骨干教师4人，县级学科带头人3人；教学班21个，学生1200余人。学校坚持全面贯彻党的教育方针，坚持社会主义办学方向，以育人为本，结合学校实情，制定并全面实施《石门县第六中学“十三五”发展规划》。确定“为人的终身发展奠定基础”的办学理念，推进“德育兴校、质量立校、教研强校、社团活校”战略，实施发展学生核心素养的“一二三四”工程，打造“快乐六中、人文六中、雅致六中”，落实高中学历教育，为社会培养合格公民，为高校输送优秀毕业生，建成石门农村特色高中。

德育工作。坚持“为学先修德，成才先成人”的育人理念，坚持开展“励志三部曲”系列教育活动，通过分月主题教育、主题班会、专题讲座、知识竞赛等活动，提高学生的思想素质，增强学生的遵纪守法意识和文明礼仪观念。利用“家校通”短信平台，加强家校联系；坚持“校外辅导员”制度，办学行为接受校外监督；重视家校结合教育，成立家长委员会，密切家校联系，成功召开高一家长会。开展首届“励志青春•和谐自然”主题远足活动，成功举办首届师生卡拉OK比赛。全年，学校安全责任事故发生率、违法犯罪率为零。

教学教研。积极开展学科素养的探索。学校举办首届《学科核心素养论坛》活动。挖掘教育联盟的优势。与石门一中结成教育发展联盟，加大与一中的对口交流，外派生物老师跟班学习，外派70余人次交流学习，与一中共享教育信息，加大支教力度，促进全校教师业务能力提升。不断提升课题研究的水平，《农村高中小组合作学习的问题与对策研究》课题研究年底结题。开展师徒结对的传帮教活动，推进集体磨课，外派青年教师学习交流，积极参加各级各类教学比武，促进青年教师的成长。市生物教学比武，生物组获一等奖，市化学片段教学比武，化学组获二等奖，县片段教学比武，历史组、数学组分别获得一等奖，唐圆圆、王英分获第一名。学校被评为2017年度“常德市教研工作先进学校”。在数、理、化、生等学科竞赛活动中，有4人次获市级一等奖，有20多人次获省市县级奖。

社团活动。社团建设稳步提升。“第二届“社团之夏”暨“常怀感恩心•铭记母校情”联谊晚会成功举行，组建高一年级合唱团，更新设备，坚持专业化训练。举行第六届校园文化艺术节。校合唱团获常德市合唱比赛一等奖、省级三等奖。男乒获常德市七运会男子团体第一名。全县乒乓球运动会，石门六中包揽高中组男子团体、女子团体、男子单打、女子单打、男子双打五项冠军，女子篮球获县级第三名，市书法绘画比赛获一等奖，县“三独”比赛分获二等奖、三等奖。数、理、化、生等学科竞赛活动中，4 人次获市级一等奖，20 多人次获省市县级奖。

人文关怀。工会召开退休教职工春节团拜会、重阳节座谈会，三八节组织女教工进行踏青活动，组织全体教职工进行体验，派代表参加了柑橘节千人“橙”跑活动，慰问走访学校困难职工，引导教职工积极参与身体锻炼，积极为退休教职工征订刊物。春季资助学生 365 人，金额 365000 元；秋季资助学生 364 名，金额 366000 元。积极推进扶贫工作，投入资金 10 多万元，派出教师 100 多人次深入到扶贫村点落实扶贫工作。

宣传工作。宣传工作稳健发展。2017 年，在省级发稿 12 篇，市级 32 篇，县级 143 篇，学校网站全年发稿 215 篇。全年通过文化长廊发布办学动态、师生典型等多项内容。向上推荐省级百名优秀学生资助工作者李辉兰，市乡村红烛奖获得者杨爱民、朱清杰，县级优秀青年教师高健，县级师德标兵李辉兰。

校园建设。2017 年，学校扩建电脑室 2 间、录播室 1 间，投资 2 万余元新建音乐室、舞蹈室，投资 5 万余元进行校园网络、监控系统升级改造，按政策落实兑现教职工福利待遇。

（石门六中）

石门县澧斓中学

【概况】石门县澧斓中学是依据石门县委、政府调整县城区义务教育阶段学校布局而兴建，属于民办公助初中寄宿制学校。前身为石门县信息技术职业管理学校。2012 年 9 月 5 日，投资人田玉欣与县政府签订变更办学层次的协议，改制为义务教育，命名为“石门县澧斓中学”，学校位于宝峰开发区武陵北街 008 号。学校有教学班 36 个，学生 2070 人。有教职员工 139 人，专任教师 123 人，公办教师 69 人，自聘教师 71 人。有高级教师 10 人，市级优秀班主任 1 人、县优秀班主任 6 人，市优秀教师 4 人，市骨干教师 2 人，县骨干教师 10 人。2014 年后，24 名教师夺取 31 项教学比武大赛荣誉，21 人获市级以上奖励，其中省级奖 8 人、获市级第一名 8 人。董事长田玉欣评为石门县办学功臣。2017 年，第三期东扩工程征地拆迁启动。

德育工作。学校坚持德育先导，以德促学，以德助教。开发《礼行天下仪表世人》读本，开展社会实践活动，全面跟踪并评价学生在学校、家庭及社会的文明习惯和生活自理能力。经典诵读作品连续两年分别获省一等奖、市一等奖；选手连续三年获县演讲比赛冠军，并获市第一名、省三等奖；100 多名学生在各级报刊发表文章。

教学管理。学校倡导快乐学习、自主学习，传授学生快速高效的学习方法，培养学生的自主学习能力，减轻学生负担。加强课改力度，形成具有澧斓特色的高效课堂教学模式——导学究练，周清月结，提高课堂教学效率，教育教学成绩优异。2017 年 597 人参加中考，339 人上石门一中分数线，上线率达 57%，居全县第一。其中 6 名学生获 2017 年中考全县前十名，2 人并列全县第一名。

办学成果。学校获得全国英语作文教学先进单位、全国奥林匹克英语作文大赛全国优秀组织奖、湖南省社会组织优秀基层党组织、常德市安全文明学校、常德市教研工作先进单位、常德市安全示范性食堂、常德市中小学生乒乓球运动会女子组团体第二名、常德市青少年足球联赛团体第四名、石门县初中毕业学业考试优胜学校一等奖、石门县教研工作先进单位、石门县中小学田径运动会初中组南区第一名、石门大课间活动评比初中组南区一等奖等荣誉称号。

全县初中毕业班教学研讨会

【石门县初中毕业班教学研讨会】2017 年 3 月 17 日上午，石门县初中毕业班教学研讨会在石门县澧斓中学举行，县政府副县长宋雨泓在教育局局长廖琪宁陪同下，到会场看望全体与会人员，并巡视整个校园，对澧斓中学的发展给予肯定，希望再接再厉，为推进石门教育强县再立新功。该次教研活动由县教育局教研室主办，石门县澧斓中学承办。学校全体教研员、全县各初中学校的各学科教师代表 140 多人参加研讨会。澧斓中学准备七堂复习模式研讨课，随后与会教师到各班自行听课，最后各科教师分组进行交流，讨论如何提高初三复习课的效益，确保 2017 年中考大丰收。

（澧斓中学）

湖南省湘北职业中专学校

【概况】2017 年，湖南省湘北职业中专学校（简称湘北职专）有在职教职工 242 人，在校学生 3203 人，开设有机电设备安装与维修、旅游服务与管理、现代农艺技术等 9 个专业。学校以章程建设为统领，构建现代职业学校管理体系，取得成效。学校先后被评为国家中等职业教育改革发展示范学校、全国国防教育特色学校、省级文明单位、省黄炎培职业教育优秀学校。2017年，省平安卫生学校复检通过并发给奖牌。办学经验先后2次在全省交流，新华网、《湖南教育》、《常德日报》等多家媒体对学校办学成果进行专题报道。

德育工作。2017年，学校《实施阳光德育模式，提升学生综合素质》作为经典案例入选《常德市教育局中等职业教育质量年度报告》并向全市推广。学校被评为全国国防教育示范学校，新华网、《湖南教育》、《常德日报》进行专题推介。学生杨坤娇、刘治军分别获评"省级三好学生""省级优秀干部"。学校有国旗队、军乐团、礼仪队等13个学生社团和9个专业兴趣小组，每周进行2次专门活动。13名学生在市级以上竞赛中获奖，其中覃春燕获教育部关工委"阳光校园•我们是好伙伴"主题教育活动征文比赛国家级特等奖，曾斌获市中小学生"学宪法•讲宪法"主题演讲比赛一等奖、军乐团获县管乐大赛特等奖，多名学生获得省市级"文明风采大赛"奖项。

教育教学。2017年，学校本科上线153人，上线率46.2%，位居全省中职学校前列，宋元淳以681分的成绩夺得全省电子类专业第一名。25人被湖南师范大学、湘潭大学等一本院校录取。学校是市中职学校对口升学联组主持学校，邵阳市教育科学研究院、安化县职业中专学校等多家单位专程到校交流，浏阳市职业中专学校连续4年选派学生到校跟班学习。

学生技能竞赛。学生技能竞赛、黄炎培职业教育创业规划大赛、全国文明风采大赛成绩进入省市第一方阵。刘谢杰获全国中等职业学校学生技能大赛三等奖；9名学生获省中等职业学校学生技能竞赛奖项，其中熊子珺获省级一等奖，刘谢杰、刘海、唐岗城、梁盛凯、梅德胜获省级二等奖；陈智、孙阳学、胡豪、郑薇、覃佐鑫学生创业团队"智能减速带"项目获中华职业教育创新创业大赛国家级二等奖、湖南省黄炎培职业教育奖创业规划大赛一等奖；朱奎炎获全国"文明风采•职业生涯规划设计项目大赛"省级一等奖；王茂华、潘光耀、刘刚3名学生均获"传奇杯"全国中等职业学校物流竞技比赛二等奖。

名师团队建设。由邓浩然老师领衔的学校"创新工作室"被评为市职工(劳模)示范创新工作室，"欧阳盼技能大师工作室"被评为市级优秀技能大师工作室。刘祖高被评为市优秀教育工作者、县优秀校长；陈时刚、唐玲被评为市级优秀"双师型"教师；马勇、周波、黄志杰、陈世刚被评为县级学科带头人；陶华云被评为县"最美园丁"、覃军被评为县师德建设先进个人。青年教师快速成长。欧阳盼被评为省技能能手、被授予省"五一劳动奖章"称号；黄志杰被评为省技能竞赛优秀指导教师；11名青年教师在市级以上教学比武中获奖，其中徐静获省中职学校信息化教学比武二等奖，孙薇薇、邱沛获省级三等奖；伍怡心获市中职学校课件制作比赛一等奖、张艳华获市中职学校信息化教学比武一等奖。

科研创新成果。《贫困地区农村中等职业教育攻坚计划的对策研究》和《基于农村中职学生核心素养的研究与培养》被立项为省职业院校教育教学改革研究项目。《农村中职学校教学高效性的研究与实践》被市教育科学研究院推荐参与"省职业院校教育教学研究成果"评选。学校被评选为省职成学会中职教学管理分会、语文学科教学分会副主持学校。学校组织编著出版《农村中职学校创新发展实践探索》(国家中等职业教育改革发展示范学校建设成果集)。牵头编写《学海点津》，填补了省中职学生学习指导丛书空白。教师主(参)编教材、专著等13部，其中刘祖高主编的《历史》遴选为教育部部颁全国职业教育规划新教材、与人合著的《杜甫诗踪》公开发行。全校教师公开发表(含省级交流)论文89篇，欧阳盼、周波研发的"一种面板式自动换料的数控设备"获国家实用新型专利。

招生工作。学校实行"校级干部包片、二层行政到校、全体教工进村"的"全员招生"制度和招生"双任务"考核制度。2017年，学校高一招收新生1217人，较2016年增加381人，较2016年增加85人，实现招生人数和生源质量双飞跃。

新校区建设。2015年4月，石门县委、县政府决定将学校异地新建，新校区规划用地500亩。一期规划用地350亩，按照在校生5000人、建筑面积10万平方米规划设计，预算投资5.5亿元。湘北职专新校区于2016年11月全面动工，截至2017年底，已投入资金近3亿元，基本完成土建工程，开始全面装修装饰。

扶贫工作。①精准助学扶贫。学校共发放扶贫助学资金146万元，受惠学生3700余人次。与121名中小学生开展了"一对一"结对助学；与湖南中华职教社合作开办了"一家一"致公•文峰助学班和"一家一"洗心基金会•同心4班，对100名学生进行2年持续资助。②精准技能扶贫。与县人社局合作开办家庭饲养技术、养蜂技术等扶贫技能培训班16期，培训建档立卡贫困户人员1800人。③基础建设扶贫。协助花园台村筹措资金220万元新修道路7千米，投入资金40万元修建基站1座，结束该村苏家冲片区无公路、无信号的历史。协助彭家堰村筹措资金672万元硬化村级主干道12千米、整修道路7.5千米和农网改造。④精准产业扶贫。协助整合扶贫资金100万元入股湘佳牧业分红、投入50万元建设60KVA光伏发电项目1个、筹措25万元奖励发展种养业，扶持彭家堰村建成150亩油茶基地，免费栽种黄金蜜柚16000株。扶持花园台村每个贫困户栽种油茶100株，让群众获得持续致富能力。⑤"点对点"扶贫。扶贫工作队深入彭家堰村和花园台村开展扶贫1543人次，全力开展扶贫，如协助2个村完成危房改造82户、实施易地搬迁23户。2个村将按计划如期脱贫，驻村干部唐生红被评为县"百名帮扶成效突出干部"。

(马勇　高立)

【周德睿考察湘北职专新校区建设】 2017年5月10日，市委副书记、市长周

市委副书记、市长周德睿(前排右一)考察湘北职专新校区建设工地

德睿到湘北职专新校区建设工地，现场实地查看工程进展。市人大常委会副主任、县委书记谭本仲，县长郭碧勋陪同考察，县教育局局长廖琪宁、湘北职专校长刘祖高参加。考察过程中，谭本仲汇报了新校区建设工程进展：已完成校园道路基础施工，职教中心培训楼、教工宿舍楼、男女生寝室封顶；食堂、体育馆5月底封顶；教学楼、实训楼、综合楼5月完成承台梁浇注；所有房屋的主体工程7月全部完成。现场考察后召开座谈会，周德睿指出，市委、市政府对湘北职专新校区的建设寄予厚望，相关各级各部门要坚定目标、高度重视，按时间节点强力推进项目建设。新校区要特别重视环境建设，抓好绿化美化，将校园建成花园式校园。总投资5亿元易址新建的国家重点中职学校湘北职专，于2016年11月11日动工，学校规模100个教学班，可容纳学生5000人。2017年年底，完成土建主体工程。

(覃业彦)

【"智能减速带"项目获国家二等奖】 2017年12月20日至22日，由中华职业教育社主办、湖南中华职业教育社承办的2017年"中华职业教育创新创业大赛"在长沙举行。湖南省湘北职业中专学校学生创业团队的"智能减速带"项目获国家级二等奖。

智能减速带"项目团队从2016年3月开始准备，2017年5月从全省122个作品中经过网上初评，进入半决赛；在6月举行半决赛后，以第7名的成绩闯进省总决赛；11月，在省级决赛中斩获一等奖，并在随之举行的网评中，取得参加全国总决赛资格。在总决赛上，与另外31支队伍展开激烈角逐，通过现场展示、项目答辩等环节，最终获中职组国家级二等奖。湘北职专突出学生创新创业能力和积极进取的职业态度的培养，推行创新创业进课堂，定期开设创业讲座，每年举办"金点子"比赛等。该次中华职业教育创新创业大赛的项目得到学校的大力支持，由持有国家发明专利的专业骨干教师领头，相关学科优秀学生组成精干团队，打造了优秀竞赛项目。

(高　立)

石门县教师进修学校

【概况】 石门县教师进修学校是石门县域范围内专门从事中小学教师继续教育培训和成人高等学历教育的专门机构，是湖南省示范性县级培训机构和电大分校。学校地处石门县宝峰街道宝塔社区电厂路。有教职员工30人，其中高级教师12人，高级政工师1人，硕士生3名。2017年，石门县教师进修学校国培工作"送教下乡"案例《三结合四研磨培训模式》被评为全国优秀案例(全国含大专院校共31个)；被评为"湖南省2017年度'国培计划'送培到县工作优秀单位""湖南省2017年度中小学教师网络研修工作先进单位"；被定为湖南省2017—2019年教师发展中心转型发展试点单位。5月26日，陈志勇校长代表学校在重庆"湘渝教师教育论坛"作现场经验发言(湖南省4个发言代表之一)。7月30日，在中西部教师教育培训机构联盟年会交流经验，经验材料列入大会交流经验集。石门县理科教师普通话水平省级抽测工作居常德市第二名。为市文明办提供学校文明创建学习示范样板资料5本。在石门县2017年上半年(教育系统)民意调查数据得分排名第一。

【中小学教师继续教育培训】 2017年，学校圆满完成各项培训任务。完成省培、国培1881人，其中脱产研修251人，包括石门县小学校长华中师大省外高端研修，石门县教师培训团队吉首大学技能提升集中研修，石门县小学骨干教师长沙仰天湖小学访名校培训等。国培"送教下乡"980人，包括省教师发展中心承办、石门协办的"送教到县"班主任心育工程培训，"送教下乡"培训，石门承办，汉寿、桃源协办的初中地理、心理健康培训等。网络研修650人，采用网络学习和线下集中培训结合，包括网络研修与校本研修整合培训、初中英语网络研修与课堂教学整合培训、初中语文、初中数学工作坊研修。县级培训5089人，其中全员培训2571人，包括常德市"十三五"周期教师岗位素质全员远程培训，中小学教师信息技术提升工程全员培训，新教师上岗暨转正定级培训。普通话培训1318人，包括石门县理科教师普通话水平省级抽测培训，中小学教师普通话升级达标培训，为石门县迎接"国家三类城市语言文字工作评估"培训40余场次4000余人，测试1303人。专项培训1200人，组织承担安全法制、学籍管理、幼儿园保育员培训等14个专项1200人的各类培训班。完成2016年度15000余条学分信息修改和输入。

【电大学历教育】2017年,成人学历教育稳定发展。全年新招本专科开放教育新生358人(其中农民大学生111人),在籍学员达900人(18个班)。组织2次县外社会实践活动,近200名农民大学生参加活动。向109名农民大学生学员免费发放IPad,实现网络化、移动化和全天候学习。组织开放教育学员参加"我的学习故事"演讲比赛,获常德市团体第1名。社区教育继续深入。新培育示范性社区学习中心(天供山社区)1家,申报为市级优秀社区学习中心。社区学院下辖社区学习中心达5个(宝塔、中渡、观山、新厂、天供)。开展电商微商培训,100余社区居民参加培训。开展终身学习活动品牌和"百姓学习之星"创建活动,王渊渊被评为湖南省"百姓学习之星",并被评为全国"百姓学习之星"。社区学院老年大学学习中心选送的节目"喜迎十九大,颂歌献给党"获省级三等奖。组织近700名社区居民在国家终身学习网注册并学习。

(董辉群)

【石门千人参加国家普通话水平测试】2017年6月27日至28日,石门县党政机关干部、新闻媒体记者、学校教师、公共服务行业的工作人员共1303人分40批次,在县教师进修学校参加国家普通话水平测试。全县为迎接国家三类城市语言文字工作评估,精心组织该次"千人培训测试"活动。党政机关、新闻媒体、学校和公共服务四大领域未达到普通话相应规定水平的人员"一个不漏"地限期培训达标。县语委办制定培训测试方案,利用周末和节假日组织人员集中培训,并在全市统一调配省级以上测试员和设备操作员,采用计算机辅助普通话测试流程和国家普通话信息采集防作弊系统,严格按规范流程组织测试。该次测试后,由省级语言文字工作部门根据被测人员成绩颁发全国通用的等级证书,对未达到相应等级的人员组织再次培训和补测。

(黄媛媛)

石门县第一完全小学

【概况】2017年,石门县第一完全小学(简称石门县一完小)有教学班级36个,在校学生1973人,在职教工123人,其中专任教师117人,工勤人员6人。有中学高级教师7人,小学高级教师64人,市级骨干教师3人,特级教师1人,本科学历的有66人,专科学历51人。2017年,教师有67人次分别在教学、教研、论文等方面获国家、省、市、县级奖;学生中有142人次获国家、省、市、县级奖励。学校被列为"中国好老师"公益行动计划基地校。

办学条件。学校办学条件好,硬件设施一流。建有一流的的塑胶运动场;配备高标准的视频会议室、录播教室和电脑室,其他功能室设施设备一应俱全。教学仪器设备计320万元,藏书达49864册。

德育工作。大力推进书香校园建设,启动"学生读书银行",狠抓学生"读经典文化内容、点亮学生人生"的读书活动;德育教育序列化,努力使学生养成良好的生活习惯,达到"树德启智养习惯,以人为本育真人"目的;开展"纠四风治陋习""雁过拔毛式"腐败问题专项治理,开展"廉洁文化进校园"活动,深化党风廉政建设。

队伍建设。加强队伍建设,投入2.2万元经费为全体老师提供学习培训机遇;选拔优秀骨干教师充实行政队伍;考虑每一个教师的个人优势与特长,让各类人才各得其所,各尽其能,各献其功,让123人的"组合"实现管理效益最大化。

教学教研。学校积极开展教研课改活动,讲实效,求创新,"五步教学法"得到完善和推广,教学成绩稳步提高,在2017年全县毕业班调研考试中,学校语文平均分90.97分,高出县平均分9.17分,数学平均分89.74分,超县平均分9.66分。

特色教育。阳光体育:2017年,校田径代表队获楚江镇运动会团体总分第一名、并代表楚江镇参加县运会获第一名,其中女子4×400米打破县纪录,杨瑾闻打破800米县纪录。乒乓球代表队参加常德市第七届青少年运动会胡宇彤获女子单打第一名、高奕获女子单打第三名,获女子双打第二名。在湖南省青少年乒乓球锦标赛中,胡宇彤获女子丙组第五名,郭译潞获女子丁组第五名,刘书扬获男子丁组第七名。学生邓博夫和易先瑞参加"三独"比赛,分别取得镇、县两级独奏、独唱一等奖;涂志鸿发明的《自发热保健拖鞋》、皮明涛发明的《多功能四边尺》分获第十五届常德市少年科技创新大赛二等奖;在湖南省创新作文大赛活动,学生陈雅雯、龚绮煊、毛博远、黄枫耀等学生获省级奖励;在全县数学速算比赛中有几十位同学获一、二等奖。

(石门县一完小)

【全县中小学生乒乓球运动会】2017年11月30日,由县教育局主办、一完小承办的2017年全县中小学生乒乓球运动会在一完小开幕,比赛时间三天,全县31支代表队,共400多名运动员参加,分为普高组、职高组,初中北区组、初中南区组、小学北区组、小学南区组进行比赛。12月2日,历时3天的全县中小学生乒乓球球运动会落下帷幕。通过公平、公正、有序的紧张角逐,石门六中获得高中组男子团体、女子团体、男子双打、男子单打、女子单打第一名,石门一中获高中组女子双打第一名。磨市代表队获得北区初中组男子团体、女子团体、男子单打、女子单打、男子双打冠军,南区初中组石门三中获得男子团体、男子单打、女子单打和男子双打的第一名,女子团体和女子双打第一名由澧阑中学获得。北区小学组男、女团体冠军由磨市代表队夺得;三圣代表队获男子单打冠军;雁池代表队获女子单打冠军;维新代表队获男子双打第一名;子良代表队获女子双打第一名。南区小学组楚江代表队斩获男、女子团体、男、女子双打第一名;宝峰代表队获得男子单打、女子单打第一名。

(唐志军)

石门县第二完全小学

【概况】2017年度，石门县第二完全小学有教职工81名，教学班26个，学生1265人。2017年，学校获石门县2017年度小学教学质量评价优生学校二等奖；石门县迎接“国家三类城市语言文字工作评估”先进单位；石门县教育系统优秀党支部；石门县教育系统绩效考核优秀单位。

教师队伍建设。全面贯彻教育方针、教育规划纲要和教育文件精神，配备结构合理、团结向上、综合素质和专业能力强的领导班子。班子成员思想端正、作风正派、责任感事业心强、具有很强的开拓精神、敢抓敢管、身先士卒，团结一致，富有凝聚力和战斗力。学校形成团结、拼搏、求实、创新的工作作风。

师德师风建设。学校坚持在发展中弘扬高尚师德，力行师德规范，切实加强领导，建立工作机制，按“谁主管，谁负责”和“分级负责，条块结合”的原则，实施师德师风建设责任制。为提高师德水平，开展了师德师风专题培训活动。利用教师例会的机会，组织教师认真学习教育部出台的《严禁教师违规收受学生及家长礼品礼金等行为的规定》《严禁中小学校和在职中小学教师有偿补课的规定》、市纪发《关于进一步严明处理收送红包礼金通知》等文件，广大教师利用课余时间主动学习、认真做好读书笔记，撰写心得体会、制定整改措施，学习活动扎实有效。

赛课活动与课题研究。学校承担常德市立项课题《小学生课外阅读能力提升的策略研究》的研究获得阶段性成果。组织教师积极参与赛课活动，组织学校教师参加各级各个层次各种教学论文大赛，取得好成绩。池凤玉撰写的论文《用好用活读书笔记》获省教师教育学会二等奖；侯小青撰写的论文《用精读法敲开课外阅读的幸福之门》《小学生班级阅读氛围的培养》均获省教师教育学会三等奖；周芹老师执教的《天鹅、大虾和梭鱼》在石门县2017年中小学“班班通”应用教学比武中获特等奖；周芹老师在常德市2017年少先队活动课精品课程竞赛中获三等奖；侯小青老师在2017年度常德市小学《道德与法治》录像课竞赛中获一等奖；池凤玉老师执教的《让它们自由生息》在2017年常德市小学语文“三优”联评——录像课评选活动中获一等奖。

德育工作。学校把德育工作摆在重要位置，树立教书育人，管理育人，服务育人的思想，实现德育目标要求。加强德育队伍建设，利用教师政治学习等机会让教师明确人人都是德育工作者、个个有责任参与德育工作，树立“大德育观”，增强德育力量。加强校园文化建设，优化育人环境。李丹被评为2017年度石门县“美德少年”；柴睿在2017年常德市中小学生绘画、摄影作品比赛中获小学组摄影一等奖；胡杰宸在2017年常德市中小学生绘画、摄影作品比赛中荣获小学组摄影一等奖；陈菲儿在2017年常德市中小学生绘画、摄影作品比赛中获小学组绘画二等奖；梁宇辰在共青团石门县委喜迎十九大系列活动“书香石门·悦读青春”读书分享大赛中获三等奖；梁宇辰在2017年度常德市青少年读书大会活动中获三等奖。李姿霖在第二十届青少年五好小公民“阳光校园·我们是好伙伴”主题教育读书活动中，获教育部征文比赛小学组一等奖、常德市演讲比赛小学组二等奖；钟欣燕在第二十届青少年五好小公民“阳光校园·我们是好伙伴”主题教育读书活动中，获教育部征文比赛小学组三等奖；万美延获2017年度“湖南省雷锋金章”；刘一睿、李睿、鄢君宇、刘子瑜、闫立获2017年度“湖南省两型金章”。

【第二完小龙凤校区揭牌仪式】为合理调整城区教育布局，促进全县教育均衡发展，大力推进全县学校联盟化、集团化改革，组建“石门县二完小教育集团”，将楚江街道龙凤小学整体并入二完小。2017年8月21日，石门县第二完全小学龙凤校区揭牌仪式在原龙凤小学门前举行，参加揭牌仪式的有县教育局局长廖琪宁和局党组成员赵夏泉、楚江街道办主任杨年国、县教育局教育股股长李书协、龙凤社区书记向绪云、楚江街道中心学校正副校长所辖学校（幼儿园）负责人、二完小全体行政和部分家长。楚江街道中心学校校长辛建武主持揭牌仪式，二完小副校长、龙凤校区执行校长罗功

石门县第二完全小学龙凤校区揭牌仪式

乡镇留守儿童工作站授牌仪式

双致欢迎词。集团本部(二完小)与龙凤校区实行管理同步、课程同步、作息同步、相互促进。学校联盟化、集团化改革，探索出一条名优学校与薄弱学校携手发展的路径。

【关爱留守儿童系列活动】2017年6月1日，由石门县慈善总会、石门县教育局、石门县民政局、石门县妇女联合会等联合举办的以“精准扶贫·点燃希望，合力监护·相伴成长”为主题的关爱留守儿童系列活动在二完小举行。县委常委、政法委书记张树国，县委常委、统战部长刘颖、县关工委常务副主任詹腊珍等领导出席活动，并为各乡镇留守儿童工作站授牌。县委常委、统战部部长刘颖，县人大常委会副主任李芳，县政协副主席胡中华等为留守儿童赠送爱心包。授牌仪式和爱心包赠送活动结束后，举行“二完小艺术节”文艺节目演出。

(二完小)

石门县第三完全小学

【概况】石门县第三完全小学，位于石门县楚江街道澧阳社区育才路，有校园面积20076平方米，教职工58人，其中中共党员20人，本科学历31人，教学班级23个，在校学生1172人。学校恪守“为学生终身幸福护航”的办学思路，秉承“和谐敬业，务实创新”的办学策略，专心专意抓教改，积极打造精品课堂，取得成效。4月，学校被认定为省级防震减灾科普教育示范学校，学校档案室被认定为省二级档案室。

办学条件。2017年，完善各功能室的建设，完善党员活动室，充实学校藏书。重视环境育人，抓好绿化美化，不断改善学生就餐环境。新建育婴室，帮教师解除后顾之忧。学校信息化建设上台阶，新建录播室。

德育工作。2017年，学校开展文明礼貌教育、安全教育、感恩教育、法制教育、爱国主义教育和学雷锋、我爱我家等志愿者活动；举办学校安全、家长教育等专题讲座及各种主题班会、演讲比赛等活动，邀请讲演专家关洲到校进行感恩教育活动，增强了德育工作的针对性和实效性。县博物馆到校进行非物质文化遗产宣讲，让200多名孩子感受家乡的文化魅力；5月，学校组织以“传承优良家风，共建清风校园”为主题的艺术节，全校师生及家长参与，展现了学生良好的精神风貌。

教师队伍建设。坚持加强教师队伍建设，做精做强教师教育，走以提高质量为核心的内涵式发展道路。以问题为导向认真组织校本培训和校本教研，号召全体教师大练基本功，提升教师理论水平、专业素质和道德水平。采取内培外引促提升等措施，大力实施人才强校战略，不断提升人才队伍质量：鼓励教师终身学习、勤于学习、善于学习；鼓励教师不断更新教育观念，创新教育实践，大力进行教学改革。按要求积极选派教师外出学习培训。

教学教研。2017年，教师韩建参加市级美术课教学比武获得二等奖，路平、吴春花、袁慧雯的课例获得省级奖励，21名教师参加“三优联评”获奖，多名教师的教研论文获得各级奖励。六年级学生王嘉怡获得县读书分享活动一等奖并参加市级比赛。市级科研课题《在学科教学中进行心理健康教育的策略研究》研究工作继续推进，教师投身科研活动，教研氛围浓厚。

(三完小)

石门县第四完全小学

【概况】石门县第四完全小学位于楚江镇澧阳东路，校园占地面积29328平方米，建筑面积11162平方米，绿化面积4010平方米，体育活动场地7186平方米。学校成立于2013年8月，其前身是石门三中小学部，2011年9月开始招收小学一年级新生。学校有学生1777人，38个教学班，教师96人。学校以“快乐教育”为办学宗旨，以“让教师品味精彩人生　让孩子享有幸福童年”为办学理念，走内涵、特色发展之路，逐步把学校建设成为学生快乐、教师幸福、家长满意、社会认可的新型学校。学校获湖南省教师培训基地、湖南省文明交通示范学校、石门县“诗教进校园”先进单位、石门县教育站群优秀网站、湖南省教师培训基地、全国教育科学课题《直注音标在中小学英语教学中的应用研究》实验学校、乡村少年宫基地、全国青少年足球特色学校、语文主题学校实验学校、常德市合格学校、常德市语言文字规范化示范校等荣誉。

师德师风教育。2017年，学校以改进干部作风建设为契机，严格遵守教师职业道德建设的有关规定，全面加强全体教师教书育人的责任感和使命感。学校通过寒暑假师德师风培训、每月举行师德师风月活动，使教师逐步形成爱岗敬业、勤学乐教、无私奉献的师德风范。涌现出谢辉琼、夏煜等师德标兵和闫雪枫、张莉萍等优秀班主任。

教师队伍建设。2017年，重视教师素质提升工程，制定教师素质提升方案、教师读书方案和教师培训计划并贯彻实施。建立青年教师、骨干教师、新教师成长档案，以老带新，结对互助。组织校本培训和校本教研，提高教师理论水平、专业素质和道德水平。打造一支学校专家型教师队伍，加大名师培养力度。先后派80余人次参加国家省市县级培训提高教师业务素质。选派1名骨干教师参加“常德市小学骨干教师高级研修班”培训。承办湖南省小学数学“送培下乡”活动。肖恋参加常德市科学赛课获市级二等奖。4月7日，石门县2017年小学语文主题学习教育开放日活动在四完小举行，王春梅、郭英老师上展示课，北京华越研究院蒋钢主任、全国语文主题学习专家毕英春作讲座。

德育工作。2017年，以“做一个有道德的人”主题实践活动为主线，以学生行为养成教育为主要内容，以少队活动为载体，以重大节日、纪念日为契机，开展生动活泼的德育教育活动，加强对学生进行爱国主义、集体主义、社会主义思想教育和道德规范教育。开展“感谢师恩”教师节献礼活动、“我的梦，中国梦”书画作品展活动、“阳光下成长”少先队建队日活动及“中秋明月”手抄报作品展活动等，让学生在丰富多彩的德育活动中愉快地接受教育，形成良好品德。

安全工作。2017年，学校通过校会、班会等多种形式对学生进行安全教育，各级各层落实责任。开展学校安全稳定工作。建立行政值班带班制度，坚持做到每天三巡，每月一次全校性大检查，并做好检查记载，建立安全隐患台账。定期和不定期组织全面的安全检查，对存在的问题及时整改，确保无一处安全隐患。创建“平安校园”，为师生营造安全、和谐校园氛围。学校每月举行一次安全演练活动。5月4日，举行“防溺水　铁路交通安全教育”；5月10日，举行防震、防踩踏安全演练；10月19日，举行防暴反恐演习。

（杨　义）

石门县第五完全小学

【概况】石门县第五完全小学位于县城澧水南岸，前身为宝塔小学，1994年扩大规模重新创建为石门县新世纪实验学校，2017年5月，经县编委批复更名为石门县第五完全小学并挂牌。全校占地57亩，建筑面积12640平方米，绿化面积5200平方米。建有多媒体教室、计算机室、音乐室、舞蹈室、录播室、仪器室、实验室、档案室、图书阅览室、乒乓球专用训练室　、塑胶运动场、教学楼、师生食堂、广场、花园，并装有远程教育系统、班班通等，硬件设施一应俱全。有40个教学班，学生2109人，教职工110人。教职工中有中级职称59人，高级职称7人，市、县级青年骨干教师有2人，省级普通话测试员有1人。学校创建成湖南省首批义务教育合格学校，被评为“中国西部教育顾问单位”“湖南省教育科学‘十一五’规划课题研究学校”“湖南省教育学会小学语文教学研究专业委员会会员学校”、湖南省优秀少先队集体、“常德市廉洁文化示范校”“常德市优秀家长学校”“常德市汉语言文字示范学校”“常德市园林单位”“石门县教育教学研究基地”“石门县业余艺术学校”“石门县平安单位”“石门县道路交通安全示范学校”。2017年，学校被教育部授予“全国青少年足球特色学校”，并作为全县唯一的一所小学入选《湖南教育》“身边的好学校”专栏。

教师队伍管理。2017年2月，学校组织“‘学为人师•行为世范’永远在路上”为主题的师德培训；3月，开展学雷锋活动；4月30日，学校举行以创清风校园、阳光校园为主题的教师演讲及学生朗诵比赛。13名老师被评为优秀或立功。12名教师获评优秀班主任，8名教师获评师德标兵3名党员教师获评优秀党员，2名教师获评宣传先进个人。

教改教研活动。组织业务培训。2017年，先后组织举行移动微课、“班班通”应用、论文撰写及课题研究等培训。打造有效课堂。坚持狠抓教学常规管理，提倡“133”备课模式。在中心学校组织的一年级语文老师教学比武活动中，匡姝睿获一等奖，付群钗获二等奖。开展课题研究，学校聘请湖南省教师发展中心张正中博士到校进行专题讲座。学校市级课题《培养小学生自主学习习惯的研究》结题。省级课题《以“三智”办学理念形成学校特色的研究》在省科协立项。重点围绕英语等薄弱学科，每周派一名教师到花龙完小走教，推进五完小与花龙完小联盟化发展，实现优质教育资源共享互补。7月，学校被评为“常德市教研先进单位”，黄建辉老师被评为常德市骨干教师、县小学体育学科带头人。

文体教育。学校围绕九子鞭、韵律操、跑操、踢毽子、跳绳、踢足球、打乒乓球等方面大力开展“2+1”大课间活动模式，形成“一球一操一课”特色。2017年，在县、市三独比赛中，学校选手分获独唱、独奏、独舞一等奖；学生文志前在县中小学生乒乓球运动会小学组男子单打中夺得冠军；学校足球队代表石门县先后出征市七运会、市青少年校园足球联赛，分别夺得男子丙组亚军、小学男子组亚军、女子组季军，五年级覃虹皓同学被江苏足球俱乐部签约集训。3月，学校举行“全国青少年校园足球特色学校”揭牌仪式。先后有武陵区教育代表团、张家界市武陵源代表队到五完小参加校园足球交流与学习。

（岳　玲）

石门县第六完全小学

【概况】石门县第六完全小学是一所全日制完全小学，坐落于山城石门方顶山东麓，交通便利，地理位置优越。始建于1978年，原属市直企业办校，2001年企业改制后整体移交县政府，2008年更名为楚江镇中心学校，2017年3月2日更名为石门县第六完全小学。学校占地面积1586.9平方米，建筑面积2655平方米。有教学班7个，在籍学生356名，28名专任教师中，中小学高级教师职称8人，中小学一级教师职称16人，中小学二级教师职称4人。现有教职员工28名，其中中小学高级教师8名，小学一级教师16名。“常德市优秀教师”2名，“常德市十佳班主任”1名，“常德市十佳优秀辅导员”1名，县骨干教师1名。教学班7个，学生356名。

德育工作。2017年，学校深入进行社会主义核心价值观宣传教育，一月一个德育主题，并结合县文明办组织的“4.23读书”活动、“道德讲堂进校园”活动、“百童千诗颂中华”活动、“宪法日宣誓”活动、“我们的节日”活动，通过听、说、读、写、唱等形式，引导教育学生要读好书、长好心、办好事、做好人。利用“4.23”世界读书日，举办“美丽中国，我的中国梦”“少年向上，真善美伴我行”

“老师您好，我的好老师”“阳光校园我们是好伙伴”等主题教育读书活动，活动采取朗诵、演讲、征文、书画、等多种形式，丰富全体学生知识、提升能力、陶冶情操、净化心灵。开展以礼仪教育、安全教育、感恩教育、法制教育、责任心教育、好习惯的养成教育为月教育主题，落实主题班会、开展演讲比赛，收到预期效果。

教师队伍建设。秉承“夯实基础，强化德育，精细管理，提升品位”的办学理念，打造精巧、雅致的校园环境，倾心培育品德高尚、行为优美的学生情操作为全体教师的工作目标。围绕“端庄的仪表形象，完美的人格修养，高雅的生活情趣，丰厚的专业素养”教师培养目标，组织全体教师继续开展“四个一”活动，即：“一手漂亮的粉笔字、一口流利的普通话，一堂展现风采的优质课，一本启人心智的读物”。

教学教研。2017 年 2 月，刘平撰写的《小学语文教学中的美育之我见》被国家级《教育》杂志刊用，被评为科研成果一等奖；2017 年 4 月，伍贤明同学荣获“阳光校园·我们是好伙伴”主题教育活动演讲比赛县级三等奖；2017 年 7 月，吴炎同学在十九届全国青少年五好小公民“阳光校园·我们是好伙伴”主题教育活动中，荣誉国家级征文比赛小学组一等奖，张立蓉获国家级征文指导一等奖；2017 年 8 月，张立蓉指导的学生覃淑涵在市级中小学绘画、摄影作品比赛中，获小学组摄影三等奖。夏玲华的《浅谈现代信息技术与低年级语文识字教学的整合》获省级一等奖。

（赵银春）

科　　技

【概况】2017 年，全县科技工作在科研项目立项与申报、科技人才培训与选派、实施科技成果奖励、高新技术产业培育、知识产权、科持扶贫等工作取得良好实绩。2017 年，全县纳入高新技术产业统计的企业有 37 家，同比增加 17 家，占全部规模工业企业的 32.7%。全县高新技术企业完成高新技术产品主营业务收入 112.52 亿元，同比增长 19.89%；完成高新技术产品税金总额 1.65 亿元，同比增长 13.8%；实现高新技术产品利润总额 6.25 亿元，同比增长 20.22%；研发经费支出 4.54 亿元，同比增长 61%；全县 12 个项目获得专利发明奖。

【争资争项工作】2017 年，组织省级科技计划的申报工作，争取科技领域资金、项目。召开全县省级科技项目申报工作会议，筛选 15 家企业参加会议，提高企业对申报科技项目的认识，调动企业申报项目的积极性，湘佳牧业有限公司、湘绣红柑橘合作社、松岭峪薄壳核桃专业合作社，汉唐公司等 4 家企业成功立项，获项目扶持资金 135 万元。

【知识产权政策宣传】2017 年，全县大力开展知识产权政策宣传培训、专利申请增量提质和行政执法检查工作，结合 4 月全国知识产权宣传周和全县普法宣传活动，组织开展知识产权政策宣传 12 场次，组织开展政策宣传进企业、进社区、进校园活动 19 场次；邀请市科技局领导和专利事务所的专业人士到石门县举办企业人员知识产权培训 1 期，自行组织开展知识产权基础知识培训 7 期次，参训人员 320 多人次；结合落实干部联系服务企业制度，开展企业走访、专利挖掘活动，邀请专利事务所专业人士下企业现场服务 20 次，全年共申请专利 157 件，获专利授权 116 件；全年开展专利行政执法检查 30 多次，发现专利侵权产品 20 多种，对相关业主采取勒令侵权产品下架、限期整改等措施，保护了专利权人的合法权益；健全知识产权工作和执法领导机构，完善执法信息平台建设，全年录入案例 16 例。

【科技扶贫工作】2017 年，全县有省级选派的科技特派员和“三区”人才计划科技专家 24 人、县级选派农业科技特派员 37 人，发挥他们的技术先导作用，围绕柑橘、茶叶和特色种养业开展科技服务和农业实用技术培训，培养爱科技、善创新的专业大户、产业致富带头人等技术型人才，因地、因村、因户制宜，协助服务对象和受援单位申报相关科技推广与创新项目、积极帮助发展特色产业，为促进全县脱贫攻坚和农民增收致富作出贡献。1. 示范推广一批新技术。示范推广柑橘优质高产栽培、柑橘大实蝇防治、柑橘修剪与施肥等新技术 7 项；茶叶有机茶园病虫害绿色防控、茶叶施用有机肥、茶叶修剪、采摘以及生物质燃料取代煤在茶叶加工中的应用等新技术 7 项；肉鸡标准化养殖、肉牛健康生态养殖、肉牛人工授精新技术 3 项；烟叶烟蚜茧蜂防治、烟草田间培管及病虫害防治新技术 2 项；油茶丰产栽培新技术 2 项；水稻浸种、病虫害绿色防控新技术 2 项。2. 推广应用一批新品种。推广应用湘佳有机肥、茶叶专用肥等肥料新品种 2 个；闫氏春橙、大分四号等柑橘新品种 2 个；碧早春、黄金茶等茶叶新品种 2 个；三北 89 玉米新品种 1 个、荣优华占、隆两优华占、e 两优、建两优等水稻新品种 4 个；云烟 87 烟叶新品种 1 个；德油 5 号油茶新品种 1 个。3. 建立一批示范试验基地。新建“无患子”种质资源圃 100 亩、繁育种苗近 30 万株，建立种植示范园 3000 亩、新建种植基地 2 万多亩；新建核桃种质资源圃和采穗圃 20 亩，繁育种苗 1 万多株；新建茶叶新品种示范园 150 亩、无性系良种标准化种植示范茶园 300 亩；新建柑橘品种改良示范园 150 亩。4. 开展一系列培训工作。37 名县派农业科技特派员深入到各自派驻点村，根据农事季节和点村主导产业布局，开展多种形式的科技服务活动，累计到派驻点村帮扶服务 3905 天，服务农户 27000 多户，开展各类技术培训 800 多场次，发放各类技术资料 155000 多份，培训农民 135000 多人次，其中贫困人口 19000 多人次，解答各类技术咨询 20000 多人次，开展田间技术指导 3000 多次，通过电话、QQ、微信服务 14400 多次，通过产业辐射带动贫困户增收 7800 多万元，有效带动贫困户脱贫 5200 多户。大部分科技特派员工作扎实、效果明显，涌现出县农

石门县2017年科学技术奖励大会

业局科技特派员许爱国、董世平、龚仕斌，县林业局科技特派员贺忠善、盛孝前，县供销社科技特派员罗志荣等一批典型，为推进农业产业发展和农民增收致富做出贡献。

（县科技工信局）

【石门县2017年科学技术奖励大会】2017年8月21日，石门县2017年科学技术奖励大会在县老干部活动中心召开。会上宣读了《石门县人民政府关于石门县2016年度科学技术奖励的决定》，“JWL-III型乳化炸药静态敏化生产技术推广应用”等7个项目获得科技进步奖，“一种由单烯胶体母液提取单烯的处理方法”等12个项目获得专利发明奖，县农业技术推广中心副主任、农艺师龚光贵获得优秀人才奖，葛洲坝石门特种水泥有限公司和湖南天下康生物科技有限公司获得技术创新奖。大会对获奖单位和个人进行集中表彰奖励。奖励项目：科技进步奖一等奖1项、二等奖2项、三等奖4项，专利发明奖一等奖1项、二等奖2项、三等奖9项，优秀人才奖1名，技术创新奖（新获高新技术企业认定企业）2家，发放奖金47.6万元。会议宣读了《石门县人民政府关于石门县2016年度专利权人予以资助的决定》，对在2016年度获得国家知识产权局授权的“防滑水杯”等6件专利权人予以资助。

（龙力荣）

防震减灾

【概况】2017年，石门县认真贯彻落实防震减灾法律法规，加强地震监测预报、灾害预防、应急救援“三大工作体系”体系建设，防震减灾工作扎实有效推进。2017年，石门县被授予“全国县级防震减灾工作综合考核先进单位”和“全省县市区防震减灾工作综合考核先进单位”荣誉称号，县地震局局长潘健鹰被授予“全国市县防震减灾人员考核先进工作者”和“全省防震减灾工作考核先进工作者”荣誉称号。

工作机制。县、乡镇成立防震减灾领导机构，制定地震应急预案管理和地震应急检查等工作制度。修订印发《石门县地震应急预案》等规范性文件。2017年9月12日，县委机构编制委员会批复明确县地震局调整为县政府直属副科级事业单位。调整后，其机构性质、机构级别及领导职数维持不变。地震局加强内部管理，推行行政执法责任制，加大防震减灾工作的责任落实，推进全县防震减灾工作的法制化、规范化。

地震监测。2017年，石门县坚持“震情第一”的观念，依靠科技，加大投入，加强监测预报体系建设。3月，县测震地震台搬迁新建工程启动，县财政出资92万元，自筹18万多元在新关镇岩门口地块新建一个占地3000平方米的地震台，一期工程全部完工。9月经省地震局专家组评估验收通过，10月12日与省地震监测中心并网运行。9月，组织实施县地震台地倾斜观测项目，投资25.53万元。石门地震台由单一手段台站升格为形变、测震、强震、预警、北斗卫星基准等多手段台站。

地震灾害防御。不断拓宽防震减灾社会管理和公共服务，夯实防震减灾的工程基础、群众基础，努力提高地震安全保障，最大限度减轻地震发生时带来的人员伤亡和财产损失。一是加强建设工程抗震设防管理。将地震局纳入县规委会、县建设项目初步设计审查会的成员单位。县地震局与县住建局联合将建设工程抗震设防审批，纳入全县基本建设审批程序。所有新建、改建、扩建建设工程必须进行抗震设防，达到抗震设防要求。县地震局在县政务中心设置了行政审批窗口。二是加强农村民居地震安全示范工程建设。2017年，推广《常德市农村民居抗震示范图集》，全方位开展地震安全民居工程，全县集中安置的229户和分散安置的2184户贫困户房屋，均符合抗震设防要求。三是加强群测群防工作。初步组建覆盖全县所有乡镇的地震宏观观测网、地震科普宣传网、地震灾情速报网的群测群防队伍，其中乡镇防震减灾助理员27名。县地震局对设立的夹山寺、清河、三板桥三个宏观观测点实行严格责任制管理，落实每个点3000元的人员经费。强化宏观观测员职责，做到观测点、观测内容、观测人员、观测信息报送渠道四落实，切实加强对群测群防观测点的指导，强化观测点数据报送、通讯等方面的管理，使其发挥在短临预报中的作用。

地震应急体系建设。全县按照“抓预案、抓队伍、抓演练、抓保障”的工作思路，不断完善地震应急救援体系建设。一是完善地震应急预案。按照统一领导、分级负责、归口管理的原则，强化各级地震应急预案的制定和完善工作。2017年，各乡镇政府、街道办事处、县直各有关部门已开始重新修订各自的地震应急预案。二是推进地震应急救援队伍建设。本着“一队多用”的原则，推进县乡地震应急救援队伍建设。由县人武部牵头，分别依托县民兵、公安消防、矿山救护、医疗、水利和城管等部门，成立县级综合地震应急救援队伍500余人。三是加强地震应急演练。每年的5月12日全国防灾减灾日期间，县地震局、县教育局在学校组织地震应急疏散演练活动。

防震减灾宣传。广泛开展防震减灾知识进机关、进企业、进学校、进农村、进社区”的“五进”宣传活动。全国防灾减灾日、唐山地震纪念日、《中华人民共和国突发事件应对法》颁布实施日、12月4日普法宣传日，全县均通过悬挂宣传标语、展出宣传板面、印发宣传资料等形式，进行防震减灾知识集中宣传咨询活动。5月20日，县地震局参加了科技活动周启动仪式。7月28日，在新厂社区开展了唐山大地震40周年宣传纪念活动。10月13日，在中渡社区开展了“国际减灾日”宣传进社区活动。6月23日石门三中代表常德市参加了湖南省六市州中小学生防震减灾科普知识抢答赛，为常德市获得了组织奖和三等奖。开展地震科普示范学校和地震科普教育基地建设，要求全县中小学校开展防震减灾知识进课堂活动，努力提高广大师生的应急避险能力。石门县一完小、石门二中、石门三完小地震科普教育基地通过省地震局验收，成为全省防震减灾科普教育基地之一。发挥电视、电台、报纸、网络等传媒优势，宣传防震减灾知识，在《石门信息》开设《地震科普系列知识》专栏，石门电视台就社会公众关心的热点问题录播地震知识专题访谈节目，社会公众的防震减灾意识得到提高。

地震安全社区示范创建。2017年，成立由县政府副县长任组长的地震安全示范社区创建领导小组，制定创建方案。2017年，永兴街道新厂社区、石门碧桂园被市授予地震安全示范社区荣誉称号。石门碧桂园被省市授予地震安全示范社区荣誉称号，12月9日，中渡社区被中国地震局授予国家地震安全示范社区荣誉称号。

【二天门测震台】台站位置及发挥作用：测震台站位于湖南省常德市石门县二天门社区，该台主要工作任务是记录并测定石门及邻区地震发生的时间、地点和震级大小，所记录资料提供省局地震台网中心。交通情况：台站距距石门县城约10千米，区域中心城市长沙市260千米，交通便利。地形地质：台站位处武陵山区与向洞庭湖平原过渡的接合部，北西为低山—丘陵地段，以南为澧水河Ⅰ级阶地，位于澧水断裂带北侧，湘西北断块隆起区与江汉—洞庭裂陷区交接部位。设备配置：测震台网观测站技术系统构成包括数字地震计、GPS系统、供电设备、电源及通讯避雷、防护罩、光缆铺设、网络通讯设备、安装工具等。主要设备配置是TDV-33S短周期地震计1台、TDE-324CI/FI24位地震数据采集记录器1台、信号电缆、机柜、GPS天线线缆、工具等1套。供电、配电：台站附近有市电电源，就近引一路市电电源到观测室，备用电源系统采用山特不间断电源。台站建设情况：该台站是测震台网的新建台站，工程于2006年开工，至2007年6月竣工。并于2007年7月进入仪器开始使用。

【“5·12”防灾减灾日宣传活动】2017年5月12日，县政府组织县应急办、县民政局、县人防办、县地震局、县科技和工业信息化局、县国土局、县环保局、县林业局、县公安消防大队、县党史办等23家单位，在县政府大门外街道两侧开展“5·12”防灾减灾日系列宣传咨询服务活动。为确保“5·12”防灾减灾日系列宣传咨询服务活动有声有色，县政府组织相关单位召开专题工作会议，明确活动形式、方法和行动措施，县政府副县长、县公安局局长王汝国赴现场，带领有关部门负责人逐单位逐展位检查落实到位情况，并与每个咨询服务点的工人员交谈，了解掌握工作动态。据统计，活动期间出动宣传车16台次、张贴宣传标语横幅及电子显示120余条，展板100余块，印发各类宣传资料1800余份(册)，受教育群众达10000余人。

(潘健鹰)

防灾减灾宣传咨询服务活动

文化·新闻·卫生·体育

文　化

【概况】2017年，石门县文化体育广电新闻出版局（简称文体广新局）以建立和完善现代公共文化服务体系、现代文体产业体系、现代文体市场体系、优秀传统文化传承体系为目标，决战脱贫攻坚和项目建设，各项工作推进有力，成效显著，获“2017年度全省文化工作先进单位”称号。

文化基础设施建设。2017年，完成25个村级综合文化服务中心省级示范点建设，完成65个合格村级综合文化服务项目建设，指导11个脱贫攻坚村级文体项目的建设，并组织验收。

社会艺术培训。全县现有明天之星艺术学校、文联艺术学校、子歌艺术学校等7家社会艺术培训机构，家庭式私人个别办班28家，培训机构主要分布在县城区，培训对象以中小学生为主，培训内容主要包括音乐、舞蹈、美术、书法四大门类，全县社会艺术培训教师94名，每学期培训学生2100人。

群众文化活动。第十七届湖南石门柑橘节暨文化旅游周开幕式首次与湖南省演艺集团主办。开幕式上，湖南省演艺集团旗下歌舞剧院、杂技艺术剧院、话剧院的专业表演融合大量石门当地民俗特色，吴碧霞、阿宝、魏哲浩等明星加盟演出；“诗吟潇湘，歌咏新春”文艺晚会以不同的节目形式，展现了诗书画影的无限风光和土家儿女的淳朴善良，得到全省诗教创先“回头看”工作现场会与会代表好评；“石门县春节联欢晚会”以“美丽石门”为主题，精彩纷呈的文艺节目给橘乡人民送上一道浓浓“石门味儿”的文化盛宴；元宵夜第四届江家湾“牛灯”节，3万支牛灯同时点亮，吸引了省内外近万名游客。

志愿服务活动。第十七届柑橘节共有200名文化志愿者参与服务，从舞台搭建到连续多日的彩排，从后台演职人员一对一服务到观众区的文明引导，从环境卫生保洁到现场秩序维护，文化志愿者们良好的形象、优质的服务获得各方好评；围绕“我是雷锋家乡人湖湘文化送春风”的主题，局属各二层单位组织开展了送戏、送书、送法、送培训进学校进社区系列活动，效果良好；结合“三区”文化志愿者，在各乡镇开展基层文化活动志愿服务2000人次。石门县文化馆志愿分队被评为湖南省2017年“文化志愿服务先进团队”、石门县图书馆“传递书香，见证成长”志愿服务项目被评为湖南省2017年“基层文化志愿服务示范项目”。

免费开放服务。5月18日“国际博物馆日”系列宣传活动，将“隐藏在深闺”的博物馆文化送到群众身边，通过开展向市民提供现场讲解等形式，让普通百姓了解、熟悉石门的历史文物，提高了石门人民的文化自信和历史责任感；“非遗”大讲堂在县三完小开讲，近300名师生参加听讲，大讲堂为学生们讲述非遗基本知识、省级非遗项目石门桩巴龙传说、市级项目夹山李自成的传说等知识；“4·23”世界读书日开展全县中小学生五好小公民主题教育“阳光校园·我们是好伙伴”演讲竞赛，表彰奖励64名小学、初中、高中三个组别的优秀学生。2017年“三馆一站”免费开放接待总人数30万人次。

文化惠民工程。“三区”人才支持计划项目实施促进了基层文化活动的开展；完成196个村（每村2万元）文化器材配送；送戏下乡、演艺惠民演出完成114场，其中市级任务完成60场；放映农村数字电影8571场次，观众人数近40万人次；全县712家农家书屋按照每村600元进行资金配套，并对农家书屋管理员分别进行培训，农家书屋延伸服务经验逐步推广；加大投入，强化“村村响”维护管理，全县326个村级广播系统和25个乡镇区、农林场广播站运行正常，完成湖南省第二批贫困地区14个村综合文化服务中心示范点广播建设，完成26个村级广播系统更新改造；构建“户户通”售后服务的长效工作体系，选址建设售后服务网点4个；完成县防办建设的94个山洪灾害预警广播站点的检查验收工作；完成省广播电视高山无线发射台站基础设施项目建设和中央广播电视节目无线数字化覆盖二期补点工程建设任务。

文艺创作。2017年，组织参加市文体广新局主办的湖南省“新人新歌”大赛常德选拔赛，文化馆选送的申象泉作品《你别走》获创作奖、新人杨若丹、文鸽获铜奖，石门县文体广新局获单位组织奖。常德市第十一届鼓书擂台赛上，石门选手向思军以一曲大鼓《斗智》斩获金奖，获得“鼓书大王”称号。石门歌手郑玉姣参加“群文杯第六届全国声乐电视展演”比赛活动，获得通俗组银号奖。石门原创歌曲《你别走》《等在桑树边》获得湖南省第十三届精神文明建设“五个一工程”奖。

文体产业发展。2017年新增加5家规模以上文化企业，文化产业增加值占GDP的7%；争国投到位资金2865万元；对接重点文化项目，如石门夹山窑禅茶器系列产品开发项目；积极引导产业转型，采取政府引导、商家让利、市民受益的方式，整合文化资源，开展石门人唱石门歌、阳光娱乐节等系列活动，促进文化消费；引导网吧、娱乐场所、影城转型升级，2017年新建桔子影城、中影鸿鑫国际影城、夜宴国际娱乐会所等文化娱乐休闲企业5家，拉动投资3500万元。

文化市场监管。2017年，开展了系列专项行动，确保印刷企业、出版物市场、传统广电和新媒体、网吧、娱乐场所、演出市场的安全稳定；协助办结全国挂牌督办案件“湖南常德枚习宏等人假冒记者诈骗案”，办案人员王浩被评为2017年全国“扫黄打非”先进个人；石门县文化市场综合执法大队被“法制湖南领导小组”命名为“2016—2018全省依法办事示范窗口单位”；3月至11月开展了“扫黄打非”护苗、净网、固边、秋风、清源五大专项行动；《石门县结合“书香校园”创建活动推进“扫黄打非”进学校》《石门县联合湘鄂边界部分县（市）深化“扫黄打非”联防协作”》等工作经验在全国推广。

优秀文化传承。春节期间开展了系列“非遗”宣传、展示、传承活动，九子鞭进社区、夹山撞钟祈福民俗活动、元宵节江家湾赛牛灯会等传统民俗文化活动。开展非物质文化遗产“三进”活动，土家山歌、九子鞭、摆手舞等非遗项目进校园已常态化，“非遗”展览多次在社区及学校展出，土家山歌节目《二姐赶牛》参加湖南省“群星奖”优秀作品巡演暨“文化惠民基层行”惠民演出。5月，国家文物局《万里茶道（中国段）申报文本》中，石门有3处（泰和合茶号、古茶道水南渡段、夹山寺）列入名录。石门与五峰、鹤峰合作开展保护与申遗工作，9月联合举办万里茶道申遗学术研讨会，中央民族大学、国家博物馆、中国文化遗产研究院、三峡大学的专家学者及湘鄂两地三县嘉宾共计300多人参加会议，县委常委、宣传部部长江毅代表石门签订了《三县宜红古茶道遗址遗存保护、研究、开发、利用协作书》。

（金　涛）

【大型话剧《热血老兵》在石门首演】2017年5月23日，常德市第一部原创话剧《热血老兵》在石门广电中心演播大厅首次公开演出。市人大常委会副主任、县委书记谭本仲，县领导邓碧波、江毅、杨生明等观看演出。该剧再现了“扶贫楷模”王新法从河北石家庄到石门县南北镇薛家村精准扶贫的故事，一系列扶贫帮困的事迹感人至深：从进村之初乡亲们的不理解，到扶贫过程中遭遇“茶叶提质改造”的误会，到苦口婆心说服乡亲们“迁坟”并为当地烈士建“山河圆”的慷慨情怀，再到“修路架桥”的种种艰辛……整部话剧充满情感张力，成功塑造了王新法的生动艺术形象。演出现场座无虚席，掌声不断，不少观众泪流满面、深受感染和教育。

（龙力荣）

【常德市百团大赛群众文艺演出暨石门县星show才艺大赛】2017年7月9日，由县委宣传部、县文体广新局、县广播电视台、团县委联合主办，县文化馆承办的2017年“喜迎党的十九大•欢乐潇湘•常德市百团大赛”群众文艺演出、“我们都来跳”社会主义核心价值观湖南省原创广场舞大赛暨银顶•东城尚都石门县星show才艺大赛在东城尚都营销中心开赛。大赛共设城区、壶瓶山镇、维新镇、太平镇、皂市镇、夹山镇六个赛区，共22支队伍参赛，大赛将优秀节目、优秀团队选拔与送戏下乡丰富农村群众文化生活相结合，让老百姓在家门口欣赏到精彩的文艺节目，激发了全县各群众文艺团队的文化热情，丰富了人民群众的精神文化生活，壮大了群众文艺队伍，提高了群众文艺水平，将全县群众文化推向新高度。

（毛　莉）

【“泰淼”橘仙子选拔大赛】2017年第十七届石门柑橘节“泰淼”橘仙子选拔大赛，共分初赛、复赛、决赛三个阶段。大赛设冠、亚、季军各1名，设优秀奖7名，设入围奖10名。9月2日至8日，进行初赛，由各单位自行组织选拔；9月10日至14日进行复赛，先后在维新镇、龙王洞景区、夹山禅茶院、县城区4个赛区进行，其中县城区进行2场比赛；10月8日上午，复赛获胜选手集中在县电视台演播大厅经由才艺表演、才能展示等环节，根据评委打分和现场投票，最终胜出20名选手，晋级为第十七届湖南石门柑橘节“泰淼”橘仙子，并进入决赛。10月8日晚，县电视台演播大厅正式举行决赛。

常德市百团大赛群众文艺演出暨石门县星show才艺大赛

“泰森”橘仙子选拔大赛复赛首场比赛

决赛现场，20 名选手分别展示了自己的风采，有古筝弹奏、独唱、独舞、茶艺、诗朗诵等。她们用柔美的身段、灵巧的歌喉、自信的表演，秀舞姿、亮绝活、展特色，奉献了一场以柑橘节为主题的视听盛宴。决赛评委由国家二级导演、国家二级演员，大学教授，著名主持人，中国舞蹈家协会会员、中国音乐家协会会员等组成。选手们经过才艺竞演、即兴演讲、现场回答评委的提问、观众评审团投票等环节的火热比拼后，2 号选手石门县第一中学高二学生涂金慧瑞获冠军，20 号选手唐望枚获亚军，9 号选手寇晓林获季军，分别获得奖金 5 万元、2 万元、1 万元和“橘仙子”奖杯；7 名选手获得优秀奖，分别颁发 3000 元奖金和“橘仙子”奖杯；10 名选手获入围奖，均颁发荣誉证书。

（编辑部）

新闻出版

【概况】全县新闻出版管理工作归口县文化体育广电新闻出版局，具体由新闻出版与版权股负责。其主要工作职能：拟订全县新闻出版与版权事业的发展规划和管理办法并组织实施；负责全县新闻出版与版权的教育培训及行业职业技能培训、考核、鉴定工作；受理出版物的鉴定；负责驻本县记者站的监督管理工作；协调相关部门开展网络视听节目的监督管理工作；负责全县农家书屋工程建设和计算机软件正版化工作；组织实施全民阅读推广活动；负责出版物样书的收集、审读；负责版权纠纷调处，提供版权法律咨询；处理著作权登记工作，负责著作权重大案件和典型案件的督办；指导全县新闻出版、版权行业协会和学会工作。

印刷企业和出版物市场监管。2017 年，加强对印刷企业、出版物市场监管。检查出版物销售门店 53 家次，印刷行业 30 家次，出动执法人员 210 人次，收缴非法出版物 1000 余册，立案查处 4 家。继续开展平安无盗版出版物市场创建活动和春季中小学教材教辅读物专项检查。开展以“创新创造改变生活知识产权竞争未来”为主题的“4•26”知识产权宣传周活动。

传统广电和新媒体监管。2017 年，开展星级宾馆接收境外卫星电视节目专项清查；开展全县打击利用云盘传播淫秽色情信息的专项行动；开展非法电视广告清理整顿和广播电视宣传导向隐患排查专项整治百日行动；开展迎接党的十九大广播电视安全播出大检查，清查了楼宇电视、车载电视和 230 多个公共视听终端(电子显示屏)。

网吧娱乐场所及演出市场监管。落实网吧分片包保责任制和技术监管措施。开展文化场所消防安全大检查。开展娱乐场所“讲文明树新风”、禁毒、防艾宣传活动。开展演出市场“春雷”行动，杜绝了淫秽色情和低俗营业性演出行为。全年办理文化类行政处罚案件 26 件。县文化市场综合执法大队被“法制湖南领导小组”命名为“2016—2018 全省依法办事示范窗口单位”。

“扫黄打非”工作。2017 年 3 月至 11 月，在全县范围开展“扫黄打非”护苗、净网、固边、秋风、清源五大专项行动，发放绿书签海报 100 多张，绿书签 21000 张。全年出动执法人员 1070 人次，收缴违法出版物 853 件，盗版网络漫画小说书籍出版物 232 本，非法期刊报纸《健康每日》58 份，盗版光碟 213 张，其他非法宣传广告医疗资料 1200 张。推进“扫黄打非”工作进乡镇、村居、学校等基层，夹山管理处夹山寺村、夹山镇杨坪社区、皂市镇岩湾村、石门一完小被授予全省“扫黄打非”示范点称号。《石门县结合“书香校园”创建活动推进“扫黄打非”进学校》和《石门县联合湘鄂边界部分县(市)深化“扫黄打非”联防协作”》工作经验在全国推广。

行政审批服务。严格落实“放管服”政策，及时发布政策信息，优化审批流程，缩短审批时限。办理新闻出版广电工作行政许可 10 件，其中：电影放映经营许可证核发 2 个，权限内内部资料性出版物准印证核发 7 个，印刷经营许可证核发 1 个；行政备案 2 件。

安全播出工作。2017 年，在党的十九大期间，县委分管领导召开相关部门的协调会议，部署安排安全播出工作，按照“谁主管、谁负责”的原则，明确了各相关单位的责任，并层层签订责任状。严格值班制度和信息报告制度，相关部门领导亲自带班巡查，加强对播出节目的监听监看，播控机房确保 24 小时双人值班，确保完成党的十九大期间广播电视安全播出任务。

（县文体广新局）

【长篇报告文学《名誉村长王新法》出版发行】2017 年 11 月，由湖南日报社常德分社社长周勇军撰写的长篇报告文学《名誉村长王新法》公开出版发行。2013 年，河北老兵王新法赶赴石门县南北镇薛家村进行义务扶贫，2017 年 2 月 23 日因过度劳累倒在扶贫一线。王新法去世后，省委、省政府追授他为“扶贫楷模”；湖南省委组织部追授他为“湖南省优秀共产党员”。王新法获“第六届全国道德模范提名奖”。

2014年来，周勇军作为第一个发现并持续报道王新法事迹的新闻工作者，在王新法去世后，多次深入薛家村等地采访，同乡亲们唠家常，同广大干部座谈，同王新法家属反复交流，逐字逐句、反复斟酌、通宵达旦、几易其稿逐渐形成长达15.8万余字的报告文学《名誉村长王新法》，该报告文学由时任湖南日报社社长蒋祖烜作序，由常德市委书记周德睿撰写前言。《名誉村长王新法》定稿后，湖南日报社专门召开研讨会。《名誉村长王新法》经民主与建设出版社正式出版发行后，石门县委县政府第一时间订购5000本，迅速下发给全县各单位，供广大党员干部学习，掀起“学习扶贫楷模王新法　打赢脱贫攻坚战”热潮。

（蔡　政）

体育事业

【概况】2017年，全县体育事业呈现蓬勃发展态势，城区体育基础设施建设步伐加快，农村文体项目建设顺利推进，全县各项体育竞赛活动成功举办，积极组织参加上级赛事并取得好成绩。

体育基础设施建设。2017年，完成“市民之家”PPP项目签约，项目全面开工建设；总投资1.65亿元的全民健身中心项目，全民健身广场、田径场、篮球馆等一期建设任务基本完成，二期工程游泳馆和青少年校外活动中心综合楼项目前期工作完成；25个村级综合文化服务中心省级示范点建设有序推进，建设完成65个合格村级综合文化服务项目，指导11个脱贫攻坚村级文体项目的建设，并组织验收。为全县35个行政村配套建设室外健身工程，为澧阳社区、磨市社区和龙凤社区落实社区多功能运动场建设，为观山社区申报笼式足球场项目。在县城区，基本实现以1千米为半径都有健身场所。全民健身活动中心对外开放，全年接待健身运动爱好者达10万人次。

体育竞赛活动。2017年，组队参加常德市第七届运动会，取得总分第四、金牌数第五的好成绩；承办了柑橘节系列活动之一拳星时代世界极限格斗赛石门站的比赛，社会反响热烈；组织举办全县“乒协杯”乒乓球比赛；组织开展“登湖南屋脊，赏高山杜鹃”户外登山活动；县文体广新局和县教育局联合举办全县中小学生篮球、田径、乒乓球运动会；协办县卫生系统气排球比赛；组织200多人的跑团参加常德市柳叶湖国际马拉松赛事活动；组队参加中德龙舟友谊赛，比赛成绩在全市县区(市)中排名靠前。

体育彩票销售。全县各体彩销售点主动采取多种宣传形式与促销活动，全年实现体彩销售额1.9亿元。

（县文体广新局）

【“拳星时代”世界极限格斗赛在石门举行】2017年9月29日，“拳星时代”世界极限格斗赛系列赛在县体育中心举行，参加格斗赛的拳手分别来自中国、俄罗斯、泰国、日本、韩国、伊朗、巴西、塔吉克斯坦8个国家。中央电视台体育频道、湖南经视台对比赛实况进行现场直播。该次“拳星时代”世界极限格斗系列赛分别在全国10个站举行，石门县是第9站。比赛共分7场，经过激烈角逐，中国拳手王鹤松、陈琳玲、包舍日古冷、卢冬强、周涛，泰国拳手乔·纳塔吾特，巴西拳手库斯莫·亚历山大力克分别取得各场搏击胜利。

“拳星时代”世界极限格斗赛宣传图

【“橘色风暴”千人“橙”跑活动】2017年10月10日上午，来自全县各单位上千名干部群众汇集在县城澧滨路，参加第十七届湖南·石门柑橘节“橘色风暴”千人“橙”跑活动，县委副书记邓碧波主持开跑仪式，县委常委、组织部部长李绍南宣布开跑，随着一声令下，1100名身着橙色T恤衫的参跑队伍，沿着提质改造后的澧滨路，自西向东，一路飞跑。整个“橙”跑路线西起澧滨路西入口滨江豪庭门前，东至澧滨路东出口观潭花园，全程5千米。县食药工质监督管理局、大唐石门公司分获县直组团体、乡镇企事业组团体第1名；大唐石门公司汪练文、县人民医院邓海霞分获男子组、女子组个人冠军。

（编辑部）

广播电视

【概况】2017年，石门县广播电视台拥有在编人员150人，其中管理人员8人，编辑记者7人，播音主持5人，工程技术人员46人，工勤技能岗位79人，其他职称人员5人。台内设办公室、监察室、人力资源部、财务审计部、总编室、新闻部、专题部、广播电台、设备管理科技部、广告部、文艺与重大活动部、信息产业服务部、网络发展部和蜈蚣寨广播电视转播台(副科级机构)等14个内(下)设机构。2017年，电视开办了“石门新闻”“最美石门”等栏目，新闻专题部开辟了《学习“扶贫楷模”王新法，坚决打赢脱贫攻坚战》《喜迎十九大》《十九大时光》《优化经济发展环境　一把手承诺》《党风廉政》《石门橘子红了》《请喝一碗石门茶》等专栏。

2017年，县广播电视台充分发挥主流媒体职能，围绕中心，服务大局，新闻宣传、事业创收、项目建设、脱贫攻坚、内部管理等各项工作整体推进，扎实高效，获“优化经济发展环境和机关效能建设公开测评县直综合管理与公共服务类第二名”“年度发展服务业先进单位”“常德市电视通联工作先进单位”等荣誉。网络公司获“石门县档案管理先进单位”荣誉称号，经营班子被省有线集团授予“优秀经营班子”称号。

新闻宣传。一是时政报道。完成县委经济工作会议的会务保障和现场直播工作，开辟“一把手”访谈等专栏对会议精神进行深入解读，对全县学习贯彻落实县委经济工作会议精神进行全方位的宣传报道。完成县人大、政协两会的宣传报道工作。围绕县委、县政府的各项中心工作进行宣传报道，开辟的“优化经济发展环境‘一把手’亮承诺”专栏为凝心聚力促进石门社会经济快速发展提供强有力的舆论保障；开辟“学习‘扶贫楷模’王新法　打赢脱贫攻坚战”专栏，通过大力宣传最美扶贫人王新法的先进事迹，弘扬其千里扶贫、魂归大山的无私奉献精神，广泛凝聚打赢脱贫攻坚战的正能量，县广播电视台采编的学习宣传王新法的新闻稿多次在市台、省台和央视上稿播出；为喜迎党的十九大，开辟《砥砺奋进的五年》和《喜迎十九大、打赢脱贫攻坚战》大型专栏，详细报道石门县近年来在脱贫攻坚、项目建设、城镇建设、交通建设、旅游开发、园区攻坚、十件大事等经济社会发展方面取得的成果；十九大召开后，对全县干部群众集中收看十九大盛况和学习贯彻落实十九大精神，谋划今后五年发展目标进行了重点宣传报道，开办《十九大时光》专栏；为配合城市文明程度指数测评，开辟《文明创建在行动》专栏，及时宣传报道工作动态，曝光督促整改不文明现象，为顺利通过测评验收起到助推作用；开辟《石门橘子红了》专栏，积极为柑橘节宣传造势，促进全县主导产业稳步发展；开辟《这里是石门》专题，全方位、多角度反映石门经济社会的发展变化，发挥主流媒体的喉舌和阵地作用。

二是民生报道。始终把关注民生、服务民生摆在重要位置，针对人民群众非常关注的环境问题，开辟《石门县矽砂整治专题报道》专栏；为更好地推介石门旅游和民俗文化，专题部全新打造《最美石门》专题；图文频道重点打造“政务动态”“行风热线”“信息博览”等栏目，电台交通频道新开办的“税收课堂”栏目、全新改版的《咱们石门中医人》栏目，为老百姓了解政策、提供各种信息服务发挥了舆论导向作用；电台交通频道与县联动指挥中心合作，继续直播“县长热线”节目，每期邀请2～3个上线单位的领导通过热线电话在线互动，现场解答人民群众关心、关注的热点、难点、焦点问题，搭建政府与老百姓的沟通桥梁，深受群众喜欢。“县长热线”节目共播出七期。

三是活动报道。先后开展春节、元宵节、妇女节、植树节、清明节、劳动节、儿童节、建党节、建军节、教师节、国庆节及中秋节、重阳节等节庆活动宣传报道，愉悦了群众的精神文化生活；配合文明创建对“道德讲堂”“我们的节日”“志愿服务”等活动及时进行报道，营造良好的社会氛围；为搞好石门的茶文化宣传，对在白云山林场举办的全省首届手工制茶技能大赛，进行微信图文直播，点击率达一万多人，扩大了石门茶叶的知名度；受县委、政府委托，与湖南演艺集团合作，成功打造并现场直播的第十七届湖南石门柑橘节暨文化旅游周开幕式，吸引中央、省、市的几十家媒体到石进行宣传报道。

四是与新媒体融合。为寻求广播电视传统媒体与新媒体的融合，扩大广播电视的传播影响力，开办石门手机台。手机台“新石门”APP正在上线调试，开设有《今日快报》《石门新闻》《乡镇街道》《生活圈》等版块，实现广播电视在手机端的同步直播，方便受众通过手机随时收听、收看广播电视节目，扩大广播电视节目的收听、收视范围。

五是对外宣传。2017年，县广播电视台央视上稿10条，中央电视台《新闻联播》上稿实现零的突破，播发王新法先进事迹新闻1条(2分钟)，中央电视台现场直播罗坪土家山寨脱贫攻坚迎新年活动，全景式推介石门县的茶叶特色产业和旅游资源。2017年年初送审参评的2016年度创优作品，有12件作品分别获得常德广播电视奖的一、二、三等奖，名列全市县级台前列。

传媒产业。顶着“三网融合”的竞争和新兴媒体对传统媒体的冲击压力，不断开拓视野。阳光传媒中心利用多功能演播厅，组织策划承办各类活动。承办的“诗咏潇湘”朗诵会受到省、市、县有关领导的肯定；策划、承办并现场直播的“2017年石门春节联欢晚会”，为全县人民奉献了一场丰盛的文化盛宴；参与策划并录播的王新法事迹首场报告会，反响热烈；策划并录播的“中国梦·劳动美”“五一”文艺会演暨颁奖晚会，为工人朋友搭建了一座展示才华、放松自我的舞台，展示了石门劳模的风采；承办的争创全省平安县文艺晚会暨石门县政法系统首届“平安杯”篮球赛，展现了石门政法人的精神风貌；与县旅游侨务外事局、双佳农牧公司联合主办的“柑橘节”系列活动“橘仙子”评选，经海选、复赛、决赛评选出10名“橘仙子”，其中冠、亚、季军各1名，分别给予5万元、2万元、1万元、0.3万元的现金奖励，为石门柑橘代言。策划并录制的喜迎党的十九大·欢乐潇湘·常德市百团大赛文艺会演、“我们都来跳”社会主义核心价值观湖南省原创广场舞大赛暨首届石门星SHOW才艺大赛，海选参与人数达1500多人；克服市场疲软，医药广告限播等不利因素，不断拓宽服务渠道，延伸服务层面，增加广告等业务收入。2017年，全台非税收入680万元，完成年初预算计划。

网络建设。网络公司面对愈演愈烈的市场竞争，在夹缝中谋生存、求发展，采取千方百计保客户、想方设法谋增收，不遗余力抓管理、绞尽脑汁促营销等措施，通过交收视费送礼品回馈用户、开展优质服务等形式活动，网络阵地得到巩固，止住用户急剧流失的趋势。2017年，投资1000万元，升级改造有线电视线路设施，推进农村光纤入户，发展电视用户2180户，宽带用户4350户，无线用户270户，创收2476万元。

项目建设。县政府支持投资500万元的广电中心院落“白改黑”工程和办公大楼外墙改造工程全面竣工，广电整体形象提升。投资300万元的政府采购设备升级改造项目全部到位，安装调试完毕，添置的高清设备、播出系统改善了县广播电视的收听收看效果，增添了发展后劲。争取省广播电视局投资50万元的转播台基础设施改造项目完成。

(佘剑波)

【市体文广新局检查组到石门检查安全播出工作】2017年4月21日，以市文体广新局副局长罗东秋为组长的工作检查组对石门县广播电视安全播出工作进行检查。检查组现场查看电视转播台、网络公司和部分影城，对发现的问题和安全隐患提出整改措施和要求，随后在县广播电视台听取情况汇报。罗东秋肯定石门县在安全播出工作上的成绩，同时指出，要明确在十九大召开前期的管理责任、主体责任、监管责任，各单位要积极排查安全隐患、堵塞漏洞，把安全播出、网络安全、安全保卫等各个环节工作做严、做细，确保以最佳状态迎接党的十九大胜利召开。

(县广播电视台)

【湖南文理学院实习基地挂牌】2017年10月31日，“湖南文理学院产学研合作共建基地”“湖南文理学院文史学院实践教学基地”在石门县广播电视台挂牌。县广播电视台总编辑欧阳志慧主持揭牌仪式。湖南文理学院党委委员、副校长、博士生导师李红革教授，湖南文理学院文史学院院长夏子科教授，中共石门县委常委、宣传部部长江毅分别致辞。县广播电视台全体职工及湖南文理学院实习生参加揭牌仪式。揭牌仪式后，在县广播电视台党组书记、台长董琳等人的陪同下，湖南文理学院嘉宾一行对电视台播出机房、广播电台以及新闻专题节目制作室、虚拟演播室和演播大厅、新媒体中心进行参观。

(杨年贵)

图　书

【概况】石门县图书馆位于石门县第一中学校园内，设有13室：报刊阅览室、综合外借室、少儿阅览室、参考咨询室、地方文献室、古籍室、过报过刊室、特藏室、申悦庐后裔捐书展室、伍家宥捐书展室、采编室、全国文化信息资源共享工程支中心电子阅览室、综合服务办公室；1库：湖南省图书馆石门文库；1书吧：星梦园书吧；乡镇、学校、社区10个服务点：外国语学校、新科学校、经贸学校、实验小学、光荣院、楚江分馆、星梦园书吧、瑜远中学、罗坪寨垭图书室、石门三中；1个流动图书点：县政府广场。藏书总量17万册，开通了图书自动化管理系统及办公自动化系统。获得“湖南省一级图书馆”“湖南省文明图书馆”和“国家二级图书馆”等称号。

【石门县图书馆新馆建设】2017年5月26日上午，石门县市民之家片区项目奠基动工。石门县市民之家又称“五馆两中心”，包括展示馆、档案馆、文化馆、博物馆、图书馆和会议演艺中心、政务中心，简称“五馆两中心”。建设石门县图书馆新馆，是落实《石门县国民经济和社会发展第十三个五年规划纲要》，加快构建现代公共文化服务体系的重要举措。石门县图书馆新馆建设，充分考虑服务半径、服务人口、阅览空间和为读者服务能力等因素，功能总体布局遵循以读者服务为中心，与图书馆的管理方式和服务手段相适应，保障分区明确、布局合理、流线通畅、安全节能、朝向和通风良好。计划建筑面积在5000平方米以上，在“十三五”期间建设完成，投入使用。

【“阅读在路上——你读书·我买单”读书服务活动】2017年4月3至4日，县文体广新局牵头，县图书馆与县新华书店组织实施，于2017年“第21届世界读书日”来临之际，在县新华书店中心门店，共同举办“阅读在路上——你读书·我买单”读书服务活动。活动形式：新华书店组织书籍，读者到现场任意挑选自己喜欢的图书，然后在指定的服务台，由图书馆和新华书店工作人员办理相关手续，读者即可将自选的图书带回家阅读，阅读期限30天，书款项由县图书馆支付。同时，也可以买书回家阅读，无论买多少册图书，凭石门县图书馆借书证，一律按8折优惠。活动现场，图书馆还提供共享工程视频资源的观看，提供图书、期刊、报纸现场阅览。两天活动期间，到县新华书店现场阅读1500人次，购书328人次，到新华书店借书400人次，私人个性化订阅图书1000册次。

(编辑部)

文物考古

【概况】2017年，石门县文物工作围绕“两学一做”教育活动，做到有计划、有组织的开展工作，在文物保护、文物征集、展览服务活动、文物安全工作、万里茶道(石门段)申遗工作等方面，取得良好成效。

文物保护。积极配合基本建设工程中的考古与文物保护工作，在工程建设中发现文物及时到现场查看保护，对可能存在文物的建设工地在开工前就确保进行好调查勘探工作，上半年完成对6处可能存在文物的建设工地的调查勘探。特别是石门“五馆两中心”建设工地发现商周遗址，立即停工，报省文物考古研究所进行抢救发掘。县政府对文物保护工作非常重视，拿出资金300万元，配合省考古所的挖掘工作。做好泰和合茶号维修工程的监督工作，积极与建设方进行沟通，多次下达整改通知书，确保维修按照工程设计方案实行。石门文庙维修方案报省文物局通过，下拨400万元维修资金，已启动维修前的准备工作。6月10日，县文物局在国保单位皂市遗址处开展了文化遗产日宣传活动。围绕文化遗产与“一带一路”的主题，结合“万里茶路”申遗工作，制作30余块宣传展牌，充分展示全县在文化遗产保护单位考察、调研的积极行动和文物保护与利用的工作成果。奖励表彰12名文物保护工作先进个人。

文物征集。2017年，县文物局多方筹借征集经费20多万元，征集茶道申遗相关文物。在宜红古茶道普查工作中，在多地发现了泰和合宜红茶使用过的茶箱、茶袋、茶马鞭等大量文物，其中茶马鞭500多个。根据茶袋上的标记，涉及地区包括湖南、湖北、江西、河南、四川等省多个市县，县文物局迅速与茶箱、茶袋所有者联系，进行清点登记，就地利用原茶叶仓库进行收藏与陈列。

展览活动。2017年5月18日，在县博物馆内举办《湖南石门茶博馆》陈列展览，中国科学院院士袁隆平题写馆名，展出征集的石门古茶道遗物500多件，并配以大量图片与文字资料，展示了石门县悠久丰富的茶文化。为配合鹤峰县、五峰县、石门县万里茶路宜红古茶道学术研讨会议，9月中旬在壶瓶山镇泰和合茶号遗址举办“石门宜红古茶道文物陈列”展览，展品众多，内容丰富，效果良好。2017年5月18日，县博物馆以《石门红色史迹展》开展一系列国际博物馆日的宣传活动，紧扣“博物馆与有争议的历史”主题，讲述博物馆藏品的历史来源及社会功能、藏品背后的历史故事，有效传播历史文化知识，培养全县人民的文化自信心和历史责任感。

文物安全工作。加强文物安全巡查工作，建立巡查档案，确保各级文物保护单位安全。2017年，全县无一文物安全事故发生。开展文物安全状况大排查，完成《文物安全监管情况调查表》和《文物单位安全状况排查表》及相关资料的整理，对发现的问题及时整改。对文物古建筑进行消防安全大检查，制定保护措施，发现问题及时上报并进行整改。积极配合文物系统电气火灾综合治理工作，并制定实施方案，确保了文物安全。面对百年不遇的特大洪灾，全局人员全力以赴，由龙西斌局长带队冒着暴雨对泰和合茶号、覃氏祖祠、万世桥、天主教堂、白云屋桥等多处文保单位进行安全巡查，确保石门县文保单位安全度汛。

万里茶道(石门段)申遗工作。2017年，县文物局围绕万里茶道(石门段)申遗开展工作，取得阶段性成果。①万里茶道普查工作。通过调动全县力量，新发现大量古茶道、古建筑、石碑、石桥、古茶园等遗存。②编印《石门古茶道论文集》《石门古茶道遗存》《石门茶歌》等书籍。③4月26日，国家(中国建筑设计院建筑历史研究所副所长傅晶)、省、市专家领导在石门县召开石门万里茶道系列遗产保护与利用示范项目研讨会，会上探讨了万里茶道申遗的重要意义及茶道遗产的保护与利用问题，专家就石门县的申遗工作提出指导意见，现场考察了壶瓶山泰和合茶号、水南渡茶道、皂市古街等茶道遗存，全面推进石门万里茶道申遗工作。④6月6日至7日，由县委常委、宣传部部长江毅、县文体广新局局长郭峰、常务副局长董思浩率县文物局、博物馆及相关人员赴湖北鹤峰县参观学习考察、联系落实五峰、鹤峰、石门三县9月份联合举办的万里茶道申遗会议及相关事宜。⑤6月21日至23日，赴国家文物局、中国建筑设计院历史所向傅晶所长汇报石门万里茶道申遗工作进展情况。⑥6月24日至25日，三峡大学葛教授、鹤峰县申遗办的相关人员到县文物馆商洽9月鹤峰—五峰—石门古茶路学术研讨会的相关工作，参观了石门茶博馆、壶瓶山镇泰和合茶庄。⑦为推动“万里茶道”申遗工作，让外界进一步了解宜红古茶道的历史、线路、文化遗迹及其特殊价值，为五峰、鹤峰、石门等县古茶道申报世界文化遗产提供学理和资料支撑，扩大宜红古茶道在外界的影响，鹤峰县人民政府、五峰土家族自治县人民政府、石门县人民政府、湖北省古建筑保护中心、三峡大学民族学院等单位经过协商，9月联袂举办了“线路与遗产：五峰—鹤峰—石门古茶道学术研讨会”。省文物局副局长王志杰、副处长何春平参加研讨会。

(县文物局)

【宝塔区域发现商周汉宋古遗址】 2017年9月，石门“五馆两中心”建设工地施工过程中发现古遗址，随即上报湖南省文物局。2017年12　月11日，湖南省文物考古研究所正式开始在石门澧水河南岸宝塔社区进行抢救性考古挖掘。通过考古专家及专业队伍的挖掘，发现该区块属于商代、东周、汉晋、宋元四个时期的古遗址，整个遗址分布面积约7000平方米，已挖掘3000多平方米，清理出商代至宋元时期的灰坑、沟、房子、墓葬等各类遗物200多处，出土了大量的陶瓷、石器、种子等遗物，其中商代为最多，商代遗存遍布整个区域，主要为灰坑、沟、房子等遗迹，其中灰坑数量约有130多个；东周时期的遗存经后期扰动较大，地层分布不连续，遗迹数量也较少，主要有灰坑、沟、灶等，所获陶片相对比较丰富，器类主要为鬲、罐、盆、豆等，

古遗址抢救考古挖掘

为典型的楚文化遗物;汉晋和宋元时期的遗存主要是墓葬,为盆、罐组合的瓮罐葬,随葬有多角坛、瓶等陶器及铜勺、铜钱等。所挖掘出的陶片将在湖南省博物馆统一进行修复。该次发掘对认识整个环洞庭湖地区同时期遗存的年代,楚文化进入澧水流域的影响,汉晋及宋元时期本地墓葬的特点和文化面貌等提供了新的考古依据。

(编辑部)

【万里茶道(石门段)申遗入选国家申报名录】2017年4月25日至27日,中国建筑设计院建筑历史研究所副所长傅晶教授一行3人专程到石门考察后,认为石门县是万里茶道生产路段的节点县,是宜红古茶道的重要组成部分,对万里茶道文化线路遗产整体价值具有显著的支撑作用。泰和合茶号古建筑群、古茶道水南渡段、夹山寺3处遗产点列为万里茶道国家申遗名录的一般推荐名单,"石门县万里茶路系列遗产整体保护与利用示范项目座谈会"上,正式把石门县列入第二阶段"保护管理与利用阶段"的全国试点县。据多方考察,县境内大量保存较好的古茶道、古茶庄、古茶仓、古街道、古民居、古桥梁、古渡口、古教堂、古碑刻,为石门万里茶道申遗提供了相互印证的实物佐证。为更好地展示石门悠久的茶文化和宜红茶史,在县博物馆内建成由袁隆平院士题写馆名的"湖南石门茶博馆",展出大量反映石门茶文化的实物。编印《石门宜红古茶道遗存图集》《万里茶道(石门段)论文集》《石门茶歌集》三本书,展示了石门丰富多彩的茶文物和茶文化。

(县政府办)

卫　生

【概况】医疗机构。2017年,全县有各级各类医疗机构488家。其中卫生计生行政部门1家、县级综合医院1家、县级中医医院1家、县计划生育和妇幼保健院1家、县红十字会医院1家、县血吸虫病防治院1家、县精神康复医院1家、县疾病预防控制中心门诊部1家、乡镇卫生院17家、卫生院下设分院9家、独立卫生分院2家(蒙泉镇磐石卫生院、夹山镇官渡桥卫生分院)、卫生院下设诊所16家、社会资本举办的医院4家、社区服务中心2家(楚江社区卫生服务中心、秀坪社区卫生服务中心)、村卫生室361家、社区卫生服务站3家、门诊部4家、个体诊所　46所、医务室12家、卫生所4家。

人员编制。全县卫生系统核定人员编制3753人,其中县直医疗卫生单位2793人、乡镇卫生院960人。2017年年末有从业人员3684人,其中临聘人员723人。离退休1004人。有卫生技术人员3128人,其中副主任医师及以上职称220人、中级职称627人,每千人医技人员数5.22人;研究生以上学历48人,本科学历1293人。

门诊床位。编制病床3250张(县直医疗机构2000张、乡镇卫生院1250张);实际开放床位4394张(县直医疗机构2900张、乡镇卫生院1294张、其他社会医疗机构200张),每千人床位数达5.12　张。门诊122.59万人(县直医疗机构73.03万人、乡镇卫生院49.56万人),出院15.37万人(县直医疗机构8.65万人,乡镇卫生院6.71万人)。

资产设备。2017年,全系统固定资产总值7.59亿元。县直医院甲、乙类大型医用设备10台件(X线电子计算机断层扫描装置4台、医用磁共振成像设备3台、800毫安以上数字减影血管造影X线机2台、医用电子直线加速器1台),价值1.18亿元。基层医疗机构医用设备191台(包含37台救护车),价值3165.79万元。

医疗收支。收入总计12.64亿元,其中财政补助收入2.75亿元;医疗收入8.62亿元(含药品收入2.49亿元),事业收入0.53亿元。总支出12.65亿元,其中医疗业务支出8.78亿元,事业支出0.53亿元。免费完成25430名适龄妇女"两癌"、5580名孕产妇产前筛查项目,足额完成省级下达的的目标任务。

脱贫攻坚。县卫计局机关成立2个结对帮扶工作队,派驻4名专职扶贫队员常驻罗坪乡芭栋村和子良镇罗坪垭社区。共有结对帮扶责任人72人,帮扶对象145户433人。先后10余次组织帮扶责任人进村入户走访,送去"微心愿"300多份。5次组织干部职工开展志愿者服务活动,累计送去物资价值10万元。多次开展"一卡、二讲、三会、四活动"等系列活动。累计为两个村筹集脱贫攻坚帮扶资金120万元。

健康扶贫。2017年,全县农村贫困人口累计住院34183人次,发生总费用13455万元,城乡居民医保报销8989万元、大病保险报销617.87万元,"特惠保"理赔87.7万元、民政医疗救助1107.55万元、医院减免50万元、健康扶贫专项救助83.74万元,通过"六道"保障线和个别追补,平均实际报销比例达84.61%,九种大病政策范围内报销比例达90%。截至年底,全县纳入大病集中救治一批的有286人、重病兜底保障一批的有2408人、慢病签约服务一批的有11760人。

妇幼健康服务。获全市妇幼健康服务工作先进单位、全省妇幼健康优质服务示范县、国家级妇幼健康优质服务示范县。县计划生育和妇幼保健院被评为全国艾乙梅综合防治工作先进集体。

血吸虫病防治。全年调查9个乡镇(街道)40个疫区602.23平方米,未发现阳性钉螺。疫区居民免费查病47338人,无粪检阳性,感染率为0。家畜查病2242头,无粪检阳性,感染率为0。救治血吸虫病人830人次,救治晚期病人20例。12月5日通过血吸虫病消除达标省级考核验收。

无偿献血活动。2017年,全县有4688人次参与无偿献血,献血量达154.70万毫升。

爱国卫生运动。2017年,全县81个县级文明卫生村通过复审,5个村创建为市级卫生村,4个村创建成省级卫生村。全年共配发灭鼠毒饵3000千克、灭蟑药300千克，全面完成城区的灭鼠、灭蟑工作。全县完成改厕8410座。

平安医院创建。县人民医院被评为全省“平安医院”，县红十字会医院被评为市级“平安医院”，蒙泉镇中心卫生院、罗坪乡中心卫生院、三圣乡卫生院、新铺镇卫生院被评为县级“平安医院”。

医疗科技建设。完成科研申报65项，发表论文150余篇，引进开展新技术项目100余项，其中肝外胆管结石微创治疗技术推广应用、膝关节镜下半月板缝合技术修复半月板损伤分获县科技进步二、三等奖。县人民医院成为全省首批县域三级综合医院，与“北上广”、长沙等10多家国内知名大医院搭建远程医疗会诊平台。县中医医院开展了牙种植术、自体动静脉内瘘成技术、腹腔镜下巨输尿管症形成术等24项新技术。县妇幼保健院成功引进腹腔镜下宫颈癌根治术、巨脾切除术等5项新技术。县红十字会医院在湖南省第二届红十字会应急救护大赛中获第一名，并代表湖南省参加全国第四届红十字应急救护大赛。

卫技人员培训。开展各类卫生技术人员进修435人(含脱产参加规培生44人)，其中省级291人、市级65人、县级79人。招收农村订单定向医学生免费培养8人。获得高级职称20人、中级职称60人、其他职称133人。

基础设施建设。卫生计生系统建设项目共7个，其中重点项目2个，总投入约11.47亿元，年内投入达2.1亿元。其中投资7000万元的县人民医院康复住院大楼基本竣工；投资3.5亿元的县妇幼保健院整体搬迁项目完成主体工程；投资1200万元的子良、维新、夹山、三圣的改扩建项目投入使用；投资1200万元的雁池乡精神病医院建设项目完成主体工程。

医药卫生体制改革。石门县被评为全省公立医院综合改革先进县。积极探索医联体建设，县人民医院和12家乡镇卫生院组建了胸痛专科联盟。全面推进家庭医生签约服务，全年签订家庭医生签约服务协议43万份，其中建档立卡贫困人口和计生奖扶家庭签约服务率达100%。全面实施国家基本药物制度，乡镇卫生院和村卫生室采购药品金额2976万元，药品配送金额2727万元，综合药品配送率92%，综合药品入库率80%，非基药采购金额占8.5%，非基药采购品规占22%。深化药品采购供应制度改革，从2017年10月1日起，公立医疗机构全面实施“两票制”。

基本公共卫生服务。免费为城乡居民提供14大类基本公共卫生服务。累计建立居民健康档案60.11万份，建档率达100%；进行动态管理38.19万份，动态管理率达63.54%。累计发放健康教育资料40.11万份，播放音像资料累计5.29万小时，举办健康教育知识讲座859场次。65岁及以上老年人共计97330人，健康登记管理78647人，老年人健康管理率达到80.80%。高血压患者登记36720人，规范管理 32901人，规范管理率为89.60%；糖尿病患者登记11203人，规范管理8126人，规范管理率为73.72%。对老年人进行中医体质辨识、健康指导87862人，中医药健康指导率为90.27%；对0～3岁儿童进行中医调养26665人，中医药健康指导率为85.39%。累计登记严重精神障碍患者3057人，规范管理患者2608人，规范管理率85.31%。全年确诊肺结核患者441人，登记管理406人，管理率为92.1%；规范管理392人，规范管理率为96.55%；规范服药378人，规范服药率为96.43%。全年产妇6791人，活产6827人，产前检查6791人，产前检查率100%；健康管理人数6596人，健康管理率96.62%；早孕检查6637人，早孕检查率97.22%；产后访视6631人，产后访视率97.45%。全县有0～6岁儿童46258人，健康管理44126人，健康管理率为95.39%；3岁以下儿童20874人，3岁以下儿童系统管理19036人，3岁以下儿童系统管理率达91.19%；新生儿访视6663人，新生儿访视率97.60%。报告传染病3222例，无甲类传染病报告；报告乙类传染病9种1489例，死亡6例(艾滋病3例、肺结核1例、狂犬病2例)；报告丙类传染病5种1156例，无死亡病例报告。

(县卫计局)

【全县卫生与健康大会】2017年8月14日，在兰园会议中心召开。市人大常委会副主任、县委书记谭本仲出席会议并做重要讲话，县委副书记邓碧波主持会议，县人民政府副县长宋雨泓作《坚持健康优先发展战略　全面推进健康石门建设》的工作报告。县领导李金生、陈云谋、胡杰、张国珍、宋雨泓、胡中华出席会议。全县各乡镇区、街道、农林场的主要负责人，县直副科级以上主要负责人，各卫生计生单位主要负责人，县卫计局二层以上负责人共230余人参加大会。

报告指出，没有全民健康，就没有全面小康。近年来，石门县综合改革纵深推进、服务体系逐步完善、保障能力全面提升、计生工作转型发展、健康环境持续改

全县卫生与健康大会

善、健康扶贫强势推开,为健康石门建设奠定了坚实基础。到2020年,要建立覆盖城乡居民的基本医疗卫生制度,健康素养水平持续提高,健康服务体系完善高效,人人享有基本医疗卫生服务和基本体育健身服务,基本形成内涵丰富、结构合理的健康产业体系,要加快推进综合医改、全面实施健康促进、培育发展健康产业、优化绿色健康环境、落实计生基本国策、突出抓好健康扶贫、完善卫生服务体系,努力开创健康石门建设新局。会上,壶瓶山镇、二都街道办、县人民医院就健康扶贫、家庭医生签约服务、公立医院综合改革做了典型发言。

谭本仲指出,召开全县卫生与健康大会,主要是深入贯彻落实中央、省、市卫生与健康大会精神,总结前一阶段全县卫生与健康工作,研究部署当前和今后一段时期石门县卫生与健康工作,动员全县上下锁定目标、突出重点、坚定信心,共同推进健康石门建设。他强调,一是全县上下要真正树立起健康优先发展理念,切实要把人民的健康放在优先发展的战略位置上来,全面加快石门县健康事业快速发展;二是要紧紧抓住以健康事业为中心,用精准措施做好健康工作,下大力抓优化攻击,建强医疗阵地,建强医疗卫生机构,建强疾病控制体系,下大力实施医药卫生体制改革,下大力抓健康扶贫。三是要加快推进“三个一批”(大病集中救治一批、慢病签约服务管理一批、重病兜底保障一批)进程,确实解决好贫困人口因病致贫、因病返贫问题,下大力加快健康产业培育,让全县贫困人口共享健康红利。四是要加强计划生育工作,确保乡村计生工作有人管有人抓,实现计生工作“进位争先”。

【学校及托幼机构冬春季传染病防控工作会议】2017年12月1日,石门县“2017年学校及托幼机构冬春季传染病防控工作会议”在县卫计局举行。县计划生育协会秘书长朱振华主持会议,县疾控中心副主任詹代红对学校及托幼机构冬春季传染病防控工作进行培训。全县各医疗卫生单位相关负责人100余人参加会议。

会议指出,冬春季是传染病高发季节,各医疗卫生单位要提高冬春季呼吸道传染病监测的敏感性,主动开展冬春季呼吸道传染病防控工作。一是接诊有关病例要明确告知患者隔离时间,及时报告疫情,传染病报告卡应详细填写患者人群分类、现住址、联系电话,要注明所在学校或托幼机构。二是要配合学校进一步落实晨、午检制度,建立学生因病缺课登记簿,及时掌握学生生病和缺课动态,一旦发现有传染病早期症状、疑似传染病或症状相似的聚集性病例等,要在第一时间内向教育和卫计部门报告,以便及时采取相应措施,严防疫情蔓延。三是要抓好儿童预防接种证查验工作,对漏种儿童,要采取有效方法,及时进行补种,消除“免疫空白人群”,确保防疫不漏一人,为全县中小学和托幼机构提供良好的学习和生活环境。

(唐为兵)

【湖南卫视专题采访石门健康扶贫工作】继中央电视台《朝闻天下》栏目组和湖南电视台公共频道报道石门县健康扶贫工作之后,2017年12月26日,湖南卫视新闻中心摄制组一行4人到石门县,对健康扶贫工作开展情况进行摄制采访。县委常委、宣传部部长江毅陪同采访。

摄制组当日清早赶到新铺镇千斤塔村,抓住县中医医院在该村义诊的热闹场面,现场随机采访了部分建档立卡户和低保、“五保户”,了解了他们享受健康扶贫政策情况。并对该村村级卫生室建设情况进行了摄制采访。在县中医医院住院的建档立卡患者王某感动地对湖南卫视记者说道:“感谢国家的政策好,我现在住院不需要交押金,出院时自己也不用出多少钱,2017年我是第四次住院,第一次出院自己出2000元,因为当时不是建档立卡户,第二次、第三次出院自己一分钱也没花,现在的政策真滴好。”随后,摄制组一行先后到县卫计局、县中医医院、县红十字会医院等单位,对“先诊疗后付费”“一站式”结算及“三个一批”落实等情况进行了摄制采访,县卫计局健康扶贫办负责人伍和生、县中医医院院长易先全分别就全县健康扶贫开展情况、医院执行健康扶贫政策情况等接受了记者采访。

全县健康扶贫工作开展以来,通过强化组织领导,压实工作责任,细化工作措施,优化诊疗服务,夯实医疗网底,加强宣传引导,构筑五道防线,落实“三个一批”等,实现了三个提升:一是医疗保障体系得到提升。县乡村三级卫生服务体系不断完善,县人民医院迎接了县域三级综合医院终评审,实现了一村一室一医的目标,解决贫困边远山区贫困患者看病就医问题。二是预防为主措施得到提升。基本公共卫生和重大公共卫生服务项目全面落实,全年签订家庭医生服务协议达46万份,农村贫困人口家庭医生签约服务率、个性化管理率达到100%。三是医疗保障水平得到提升。截止11月底,农村贫困人口累计住院25118人次,住院报销达1333.73万元;救助九种大病310人次,支付救助资金256.607万元,9种大病政策范围内综合报销比例达90%;为所有建档立卡贫困人口购买了“扶贫特惠保”,截至11月底,已有658人获得家庭综合保险理赔,累计补偿资金78.4万元;对贫困人口住院实行兜底保障,住院医疗费用报销实际补偿率未达到70%以上的给予补充报销,或经各种报销自付费用超过5000元支付仍有困难的给予“一事一议”救助,全县农村贫困人口因病致贫因病返贫情况得到了有效遏制。

(唐为兵、彭春华)

【全县卫生应急技能竞赛】2017年7月14日,全县卫生应急技能竞赛活动分别在县卫计局、县疾控中心和县委党校进行。竞赛活动由县卫计局举办。为确保活动顺利进行,成立了石门县卫生应急技能竞赛活动领导小组,领导小组下设五个工作组,分综合组、竞赛组、宣传组、专家组、监督组。各医疗卫生单位分别选派3名(医生、防疫、护士各1名)从事突发性传染病防控和突发公共卫生事件处理的专业技术人员参加此次竞赛。应急技能竞赛活动分笔试环节、演练环节和知识竞赛环节，所有参赛队员均参加应急知识竞赛笔试闭卷考试，考试范围为相关法律法规、规范、专业基础知识等，通过笔试，前八名代表队进入下一轮的知识抢答赛。

现场应急演练观摩在县疾病预防控制中心六楼会议室进行，演练背景为模拟预检分诊处接诊一名“患者”，3天前开始出现发热、最高体温39℃，伴有头晕、头痛、咳嗽、呕吐症状，“患者”为活禽接触者。经发热门诊就诊、院内专家组会诊，考虑疑似人感染H7N9禽流感，逐级上报，并通知急诊科用救护车将病人转送到感染性疾病科单间隔离病房进一步诊治。医务人员通过病史询问、查体和流行病学调查、接诊、上报、会诊、患者转运、环境物表消毒、健康教育、现场展示穿戴与脱卸个人防护用品等环节，真实展现医院应对H7N9疫情的应急处置全过程。整个现场演练过程科学严谨，紧张有序。医院感染管理科继续对人感染H7N9禽流感的报告、处置流程、传播途径、个人防护等相关知识进行培训，进一步增强医务人员对人感染H7N9禽流感的防控意识，县卫计局分管领导陈源林对此次演练进行了点评。通过本次卫生应急演练活动，有效的检验了医务人员对个人防护用品的穿脱熟练程度，进一步明确处置人感染H7N9禽流感病例的工作流程及医院感染防控措施，提高对人感染H7N9禽流感的诊疗水平及防控意识。

当日下午，知识竞赛在石门县委党校进行，共有8个代表队参赛。知识竞赛分必答题、抢答题和风险题三个环节答题。知识竞赛活动现场气氛热烈，答题环节井然有序。通过一天的激烈角逐，本次竞赛活动按笔试成绩分别评出医生、防控、护士个人前三名，医疗组马海波、陈亚芸、丰金卫，护理组杨飞、谭丽、陈鎏，防控组吕润英、邹冰兰、张伟分获个人前三名。县计划生育和妇幼保健院获团体一等奖，县中医医院、夹山镇卫生院分获团体二等奖，县红十字会医院、县人民医院、南北镇卫生院分获团体三等奖。

（唐为兵）

卫生计生综合监督执法

【概况】2017年，石门县卫生计生综合监督执法局（简称县卫计监督局）突出卫计综合监督管理，切实维护医疗市场和公共场所卫生安全秩序，加强计生社会抚养费征缴力度，竭力服务于县域经济发展，工作推进有力，发展态势平稳。2017年，县卫计监督局在编在岗工作人员14人。全县有各类卫生计生被监督单位共约1472家，其中医疗机构488家、公共场所单位约550家、学校（含托幼机构）206家、生活饮用水（含二次供水和农村安饮工程）228家。2017年6月5日，原县卫生监督所更名为石门县卫生计生综合监督执法局，正式挂牌办公。2017年10月，石门卫计监督微信公众平台正式上线。

脱贫攻坚。2017年，县卫生计生综合监督执法局派驻2名专职扶贫队员常驻雁池乡矿岭村。共有结对帮扶责任人15人，帮扶对象101户338人。年度投入项目建设有：预算50万元的村级活动中心主体完工；投资60万元光伏发电并网受益；投资400万元的自来水项目完成了主体工程；2千米村级道路改造升级完成；全村32户危改房工程完成，14户易地搬迁达到入住条件。

卫生计生综合监督执法。严把监督执法工作，严格日常监督巡查频次和力度，针对巡查中发现的情况现场下达监督意见书要求限期整改并跟踪问效予以监督检查，监督覆盖率达到97%以上。严把案件查处关和力度，针对存在问题要求限期整改的和涉嫌违法情况依法依规予以查办，决不姑息。2017年度新办卫生许可证151个；监督巡查公共场所510家、集中式供水单位52家，医疗卫生单位450余家，100余所中小学校；完成对18家水厂监督抽样检测工作；完成省卫计委下达的三起打击“两非”刚性指标任务，立案查办社会抚养费征收案例139起，征收到位社会抚养220余万元；其他各类卫生行政执法案件38起。

基本公共卫生服务。2017年全县各乡镇协助开展饮用水卫生安全、食品卫生安全、职业病危害、学校卫生、非法行医和非法采供血实地巡查共计4240数（次）；共发现的卫生监督协管事件或线索360数（次）。

（县卫计监督局）

疾病预防控制

【概况】2017年，石门县疾病预防控制中心（简称县疾控中心）贯彻落实“预防为主”的工作方针，完善疾病预防控制体系，认真履行防病工作职能，落实重大疾病防控措施，切实加强党组织建设和队伍建设，各项工作取得成效。

传染病防控。2017年，全县共报告传染病3222例，无甲类传染病报告，报告乙类传染病9种1489例，死亡6例（艾滋病3例、肺结核1例、狂犬病2例），报告丙类传染病5种1156例，无死亡病例报告。按照传染病监测方案的要求，持续开展手足口病、霍乱、H7N9禽流感、钩体病等重点传染病监测防控工作。全年通过“传染病预警预测信息系统”共发出疑似暴发事件预警107次，通过调查和核实，确认疑似暴发事件22起，立即采取以隔离传染源、切断传播途径、保护易感人群为主的综合措施，有效控制了事件的扩散和蔓延。开展了手足口病、人感染H7N9禽流感、学校呼吸道传染病和流感疫情风险评估。与县人民医院联合参演了人感染H7N9禽流感防控应急演练。全年共报告3起突发公共卫生事件，疫情发生后迅速规范处置，未发生死亡病例和重症病例，未造成发病学校更大范围扩散，无因病例处理不当而引发的社会传播。顺利通过省级消除疟疾达标验收。全年共接诊结核病疑似患者1716例，确诊肺结核540例，医院有效网报数637例，转诊到位250例，追踪到位194例，密切接触者筛查442例；对符合农村合作医疗和城镇医保的结核病患者实行免费辅助治疗政策，“五保”、低保、参合低收入肺结核患者每人享受民政救助300元，切实减轻结核病患者医疗负担；配备专人负责病案的整理与归纳，并对疑似患者进行电话督导，提高筛查率。提高发现治疗覆盖面，有效遏制艾滋病、性病蔓延。落实艾滋病“四免一关怀”措施，继续推行扩大检测，实现HIV/AIDS病例早发现，推行全员抗病毒治疗，对全县暗娼、吸毒人群以及性病就诊者进行高危行为干预，干预覆盖率达100%；加强艾滋病宣传力度，将艾滋病、性病知识列入社区宣传栏内容，每季度更换一次，与教育部门联合，让艾滋病、性病教育走进高中学校；加强实验室能力建设，县疾控中心实验室在省疾控组织的HIV抗体和梅毒抗体盲样考核取得了优秀成绩。加强医疗机构性病疫情报告质量管理，县直医疗机构形成了每季度自查与督查性病疫情的制度，梅毒报告质量日趋规范，杜绝了胎传梅毒错误报告现象。

免疫规划。全县常规免疫监测运转良好，国家免疫规划疫苗接种率继续维持在95%以上，进一步规范疫苗、冷链与注射器管理工作，全县无疫苗质量和接种事故的发生。在全县范围内对所有8月龄～6岁儿童开展了麻疹类疫苗查漏补种活动，在常规接种地设置66个固定预防接种点、在村卫生室设置131个临时接种点，进行全程督导和快速评估，确保了工作质量；自2017年9月1日起，全省县级疾控中心均通过交易平台按照中标价格集中采购第二类疫苗，接种单位对二类疫苗每剂次仅收取20元预防接种服务费和9.5元疫苗储存运输费；全县24个预防接种单位对疫苗电子监管码扫码出入库步入常态，对系统使用情况实行月通报制度，推动信息管理系统建设。在全县范围内进行“互联网+”预防接种先行者“小豆苗”APP推广，实现了接种医生和儿童家长的信息互通。

尘肺病救治。按省卫计委疾控处关于无责任主体农民工尘肺病救治项目的部署，积极争取县中医医院为全市两家定点医院之一，全县救助名额为600人，可适量突破，按符合对象每人6000元标准进行补助，县疾控中心对全县940名疑似尘肺病患者进行临床诊断体检，并邀请常德市劳动卫生与职业病防治所五位尘肺病诊断专家免费为全县流散疑似尘肺病患者进行临床诊断，共临床诊断412人，确保所有符合对象享受救助政策。

预防性健康体检。实行健康证免费办理服务，对全县食品、生活饮用水、药品、化妆品、公共场所生产经营从业人员实行健康证办理免费服务。增添DR机一台，并对门诊体检中心和X光室进行升级改造。

多种监测。碘缺乏病监测工作。完成磨市镇、维新镇、太平镇、罗坪乡、夹山镇5个乡镇的碘缺乏病监测工作，碘盐合格率为为94%，完成对全县19乡镇共88份末梢水水样的采集和数据录入。土源性线虫病监测工作。石门县被定为2017年肝吸虫和土源性线虫病国家流动监测点，全年在新铺乡、蒙泉镇、白云乡、磨市镇和皂市镇抽取3岁以上居民共计1000人进行采样检查，查出钩虫感染者5人、蛔虫感染者2人、鞭虫感染者1人、蛲虫感染者8人。死因监测工作。全年通过“死因登记报告信息系统”报告死亡卡3291例，身份证填写比例达99.22%，多死因链完整性61.3%。农村环境卫生监测工作。按方案要求，对全县5个乡镇、20个行政村、100户农户、10所农村中小学校进行监测，经省CDC督导和审查评估，县疾控中心被评为“湖南省农村环境卫生监测工作先进单位”。

学校卫生。组织对蒙泉、夹山2个乡镇的22所学校开展学生营养健康监测；在楚江街道15所中小学校开展学生常见病和传染病防控工作督导；开展对全县在校学生进行结核病的筛查工作，完成筛查学生达5.5万人；开展了学校常见病及健康危险因素监测。

健康教育。积极开展健康讲座进校园、进社区等活动，在《石门信息导刊》、石门有线电视台、石门电台设置固定的疾病与控制的健康教育宣传专栏，建立健康教育移动短信服务平台，全年针对不同人群发放健康教育知识短信100万条，依托门户网站、微信公众号（石门疾控）等广泛宣传居民健康素养相关知识及各种健康教育保健知识。微信公众号关注人群由79人上升到793人。

脱贫攻坚。2017年，县疾控中心派遣6名工作队员常驻子良镇陈家湾村和骆村坪村，成立8个结对帮扶小分队，共有结对帮扶责任人35人；每月召开一次脱贫攻坚调度会，通过学政策、听汇报、集中讨论等掌握当前工作进度，认真分析问题，明确工作目标和任务。全年，先后17次组织扶贫小分队开展“空城行动”，以“小分散，大集中”方式进村入户走访，了解贫困户的实际困难，为贫困户点亮“微心愿”，开展送医送药、免费义诊、健康讲座、免费发放健康支持性工具等一系列健康扶贫活动，投入资金达60多万元。组织全体干部职工下载并注册“中国社会扶贫网”APP，为所帮扶的贫困户对接兑现1条信息需求。

【白沙渡水电站库底卫生清理灭鼠工作】2017年1月16日，根据《湖南省石门县白沙渡水电站工程建设征地移民安置规划设计报告》要求，石门县疾控中心主任龚奎带领卫生监测工作人员一行12人，到皂市镇白沙渡水电站开展库底卫生清理和灭鼠工作，整个清理灭鼠工作持续至3月底。该次白沙渡水电站库底清理工作严格按照《水利水电工程库底清理设计规范》（SL644-2014）要求开展，分为建筑物清理、园地林地清理、灭鼠、验收四个环节。按照清理设计规范，对库区内的污染源如厕所、粪坑、畜圈、垃圾等进行卫生防疫清理，确保水库蓄水后水质不受污染。灭鼠工作采用设置鼠夹、鼠笼诱捕，投放溴敌隆和杀鼠醚及敌鼠钠盐谷毒饵进行灭杀，通过实施综合灭鼠措施，灭鼠效果良好，有效控制水电站库区的鼠害。

（县疾控中心）

【全县健康扶贫工作培训暨疾病预防控制工作会】2017年8月30日，在县疾控中心召开。全县各医疗卫生单位共计150余人参加会议。会议由县卫计局党组成员、副局长黄升平主持，县卫计局基层卫生与疾病预防控制股股长覃珏、县卫计局医政医管股股长伍和生分别就落实“三个一批”、健康扶贫相关工作进行系统培训，县疾控中心副主任甘备芳点评全县半年来的疾病预防控制工作，对落实不力、工作懈怠的少数医疗卫生单位进行通报，县卫计局副局长陈源林就全县疾病预防控制工作进行具体部署，县红十字会常务副会长熊松明在会上阐述落实健康扶贫工作应该把握的四个关系，如何把握健康扶贫与脱贫攻坚之间的关系；如何把握卫计系统在健康扶贫工作履职履责的关系；如何把握在健康扶贫工作中解决难点、掌握标准的关系；如何把握让健康扶贫工作考核顺利过关、圆满交卷的关系。县卫计局局长张中合强调，全县健康扶贫工作进入决战阶段，卫计系统务必做到，一是要高度重视，认清当前形势和任务，集中精力做好健康扶贫和疾病预防控制各项工作。二是要抓住关键，抓好家庭医生签约服务，落实“三个一批”工作，建立建好健康扶贫各类台账，健全健康扶贫长效机制。三是要突出重点，积极整改，让健康扶贫各项工作在年底前全面落实。

（唐为兵）

全县健康扶贫工作培训暨疾病预防控制工作会会议

血吸虫病消除达标工作调度会

血吸虫病防治

【概况】2017年，全县开展血吸虫病疫区调查，全年调查9个乡镇（街道）40个疫区602.23平方米，未发现阳性钉螺。疫区居民免费查病47338人，无粪检阳性，感染率为0。家畜查病2242头，无粪检阳性，感染率为0。救治血吸虫病人830人次，救治晚期病人20例。12月5日，石门县通过血吸虫病消除达标省级考核验收。

【全县血吸虫病消除达标工作会议】2017年9月14日上午，全县血吸虫病消除达标工作调度会在县卫计局召开，县直有关单位和疫区乡镇、街道分管负责人共计20人参加会议，县红十字会会长胡中华主持会议。会上，县血防办主任、卫计局局长张中合从全县血吸虫病防治现状、需要落实的具体工作、各部门工作职责等三个方面作工作报告。县卫计局疾控股负责人对《石门县血吸虫消除达标工作职责与任务分解》进行详细解读。县政府副县长宋雨泓出席会议并强调，消除血吸虫病达标是民生工程中的民生、是民生中的生命工程。在全县脱贫攻坚的冲刺阶段，各单位要快马加鞭、迅速补齐短板。一是提高工作中的政治站位，要站在讲政治的高度，从民生的角度看待血防工作；二是突出工作重点、环节，要站在脱贫攻坚的视野上，认知时间节点，做到时间、任务、责任倒排；完善资料收集整理和现场准备、做好工作对接及人员培训问题，通过各种方式营造宣传氛围；三是确保工作验收达标，要建立健全保障机制，由政府主导、卫计主抓、乡镇主责、职能部门配合，加强部门体系联动，抓好工作调度指导。消除血吸虫病达标也是健康扶贫的重点工作，各部门要打好结合牌，提升老百姓的幸福指数。

（县卫计局）

【石门县通过血吸虫病消除达标省级考核验收】2017年12月5日，消除血吸虫病省级达标验收工作在石门县进行。湖南省卫计委血吸虫病预防控制处处长李兴彪一行12人对石门县血吸虫病消除达标工作进行实地考核，并对考核结果进行反馈。常德市卫计委副主任、血防办主任周德生，县政府副县长宋雨泓，县政协副主席、县红十字会会长胡中华陪同考核验收。

省级考核组分别到县血防院、夹山镇双龙村、永兴街道双溪社区、永兴街道双桥社区等地，对血吸虫病消除达标相关资料、实验室能力建设、血吸虫病知识现场问卷考试进行察看和考核，并抽取30名小学生和12名血防工作人员进行问卷考试，还对血吸虫病检验进行标本考核，县血防院检验人员对5个标本进行严格检验，最终得出有一个标本呈血吸虫病弱阳性的结论，检验结果完全符合省考核组的要求。

在血吸虫病消除达标汇报验收反馈总结会上，宋雨泓代表县人民政府向考核验收组汇报石门县血吸虫病防治工作情况，县卫计局负责人对消除血吸虫病达标自查情况进行详细汇报。李兴彪对石门县血吸虫病消除达标工作给予肯定，要求石门县再接再厉，继续把血吸虫病防治作为一项民生工程来抓，为健康石门保驾护航；要继续按照思想不松、机构不散、经费不减、工作不停的原则开展好血吸虫病防治工作；要继续提升血吸虫病监测能力；要继续巩固血吸虫病消除达标成果；要继续健全血吸虫病联防联控机制；建立一支血吸虫病应急队伍，通过应急演练，不断提升血吸虫病防治能力。

（唐为兵）

石门县人民医院

【概况】2017年，石门县人民医院（简称县人民医院）坚持稳中求进工作总基调，主动适应改革发展新形势，牢固树立新发展理念，强化危机应对和风险管控意识，以创建三级医院为目标，以提高发展质量和效益为中心，以务实创新为动力，以诚信奉献为基石，全力以赴稳增长、调结构、惠民生、防风险和强学科、重创新、优服务、转作风，医院发展总体平稳，服务能力不断增强，运行效率不断提高，发展势头稳中向好，社会认可更加广泛，获2015—2017全省改善医疗服务行动示范医院、省文明卫生单位、省“十大平安”系列创建示范单位等称号。

发展质量和效益。2017年，县人民医院完成门急诊539197人次、出院56878人次、手术12545人次，同比分别增长12.36%、3.59%、8.5%；收入结构进一步优化向好，实现业务收入5.56亿元，同比增长8.14%，其中门诊收入1.69亿元、住院收入3.54亿元，同比分别增长15.9%、4.98%；实现收支结余3584万元，同比增长14.8%。

三级医院创建。2017年，县人民医院坚持“以评促建、以评促学、以评促改、评建并举”，督导检查、学习观摩和资料准备，强化培训考核、实战演练和交叉检查，常态化高频次开展创建巡查点评约谈。突出创建重点，围绕落实医疗核心制度，规范医疗教学查房、三级医师查房、疑难病例讨论、死亡病例讨论。大力实施《患者安全目标》，严格落实查对、手术安全核查、临床用血管理、临床实验室管理和临床危急值管理制度，确保手术、输血、用药、检验等医疗服务环节安全。推行6S管理，落实主体责任，开展6S管理优胜护理单元评选，促使医护人员逐步形成整洁规范、安全有序的行为自觉。坚持“以评促建、以评促学、以评促改、评建并举”，严肃问题整改，把创建工作与日常工作有机融合，把质量安全服务管理PDCA循环改进贯穿创建工作始终。9月7日通过省卫计委组织的创建工作预评审，12月26日通过最终评审，成为全省首批通过评审的县域三级综合医院。

医疗费用管控。2017年，县人民医院实行控费刚性管理。划定各临床专科和门诊药品费用控制“红线”并纳入科主任目标管理，坚持在费用总量控制的基础上合理控制药占比和耗材占比，规范约束医疗行为，坚决落实超标处罚。加强药品采购和使用管理。实施药品带量采购，执行药品采购“两票制”规定，科学调整药品供应渠道，强化药品供应源头监管，提高药品供应保障能力。推进落实国家基本药物制度，优先使用基本药物，合理提高基本药物采购占比和用量占比。持续深入开展抗菌药物临床应用专项治理，各项指标始终符合国家控制标准。加强抗菌药物、质子泵抑制剂、营养类药物、辅助药物、专科药物使用点评，推进药师参与临床会诊，认真开展药品不良反应监测和患者用药咨询服务，提高临床用药安全性合理性。坚持药品使用排名通报和动态下浮结算，临床用药不断规范，药占比始终处于省内同级同类医院最低水平。加强医用耗材采购管理。根据临床需要，合理调整耗材配置，坚持货比三家，严格准入制度，严控采购成本，减轻患者负担。

服务能力和水平建设。2017年，县人民医院强化学科建设。重点推行以多学科协作为核心的“中心”建设模式，胸痛中心、儿保中心、卒中中心先后建成并投入使用，新生儿危重症救治中心、癌痛规范化病房建设相继启动。胸痛中心通过省级认证，加入省胸痛中心联盟，进入国家认证阶段。卒中中心加入省卒中中心联盟和中国卒中中心联盟。医院被确定为省胸痛中心建设试点医院和高危孕产妇救治中心。此外，优化整合专科资源。细分骨科、心血管内科、肿瘤科等学科亚专业病种，纵向发展亚专业特色，推动关节、脊柱、手足、创伤骨科，急性胸痛、冠心病、心血管介入治疗，肿瘤放疗、化疗、介入治疗更细更精更准，努力打造“院有特色、科有特点、人有专长”服务品牌。

医疗设备建设。2017年，县人民医院通盘考虑、系统规划，按需添置医疗设备，入库设备共计256台（件）套，价值3177.8846万元。其中千万级设备2套，分别为1.5T磁共振和64排128层螺旋CT。100万级以上设备共6套。彩色超声诊断系统、医用诊断X线透视摄影系统等高性价比医疗设备先后投入使用，进一步夯实了医疗技术创新发展的硬件支撑。

科研教学活动。2017年，县人民医院开展的肝外胆管结石微创治疗技术推广应用、膝关节镜下半月板缝合技术修复半月板损伤项目分获县科技进步二、三等奖；开展腹腔镜下Ⅲ型广泛性子宫切除＋盆腔淋巴结清扫术、根治性膀胱全切＋回肠代膀胱术、胃癌根治术（D2）

和胸腔镜下肺癌根治+肺部分切除术等新技术100项;发表科研论文130篇,其中《桔梗皂苷D对人肝癌细胞株放射敏感性的影响及其相关机制》在《中华肝脏病》杂志上发表;冠状动脉造影及腔内成形术(PCI)、腹腔镜直肠癌根治术申报县科技进步奖。承办省级继续医学教育项目,开展全省适宜卫计技术推广项目2项。圆满完成长沙医学院2013、2014级临床医学本科班年度理论授课和见习任务,第一、二届34名助理全科医生学员的教学与考核,41名乡村医生本土化人才培养工作。朱珊珊、毛炳焱、李赛媚、赵介、陈彬、程刚、唐纯金、梁传亮被评为长沙医学医院优秀教师,张波、赵立龙、王云臻被评为助理全科医生优秀导师,罗奎尧、王波、朱珊珊、万军、李念文被评为助理全科医生优秀带教老师,外科教研室被评为优秀教研室,朱珊珊获长沙医学院第四届基地教学医院讲课比赛三等奖。

医院护理服务。2017年,县人民医院大力推进人文关怀护理,落实责任制整体护理,推行护理五级质控,坚持护理质量两级分析、追踪检查、专科监测、现场管理、流动红旗竞赛和PDCA循环改进,创新专科护理措施,持续规范护理操作查房,探索实施护理操作床旁培训和考核,推进快乐护理文化建设,健全护士分级管理制度,完善护理岗位管理和绩效考核,优质护理服务品牌形象进一步提升,神经外科护士长闫海霞被评为2017年全国优质护理服务先进个人。

人才引进和培养。2017年,县人民医院开展人力资源需求调研,积极注重争取人才引进政策支持,努力缓解“人才引进难”问题。自主招聘76人,其中研究生2人、本科生23人。理性应对职称评聘新情况新问题,8人取得高级职称资格证书。常规开展“三基”培训考核6次,主办(或承办)全省糖尿病护理年会等学术会议11场次,外派进修学习140人次,医务人员专业技能和水平进一步提高。

制度建设。2017年,县人民医院胜利召开十届二次职代会,修订完善行政督查、医德医风、人力资源、职称考聘、岗位变更设置、财务成本、绩效考核、薪酬分配、质量安全、科研教学、三级医院创建奖惩等内部管理办法,更好适应经济发展新常态、医改深化新形势和医院发展新需求,医院服务和管理制度建设迈上新台阶。

脱贫攻坚。2017年,县人民医院按照县委县政府统一部署,结对帮扶务实创新,“五带”入户特色鲜明、效果明显,受到县脱贫攻坚指挥部通报表扬。规范实施健康扶贫工程,落实建档立卡贫困人口大病专项救治、先诊疗后付费、“一站式”结算等住院新政策新要求,为健康扶贫点村居民巡诊、体检、建立健康档案。先诊疗后付费累计2298人次、“一站式”结算报销2119人次,政策内报销1336.66万元。

北扩工程。2017年,县人民医院立足当前,着眼长远,加强在建项目推动和后续项目规划设计。医学教学楼、康复医院主体结构于9月28日顺利封顶,完成边坡支护二期工程、道路交通四期工程、健康文化公园绿化二期工程、后勤服务中心初步设计、康复医院装修设计和太阳能热水系统招标,北区污水处理站进场施工,通透式围墙完工80%。全力争取和跟进2017年度中央预算内投资计划,住院大楼(康复医院)中央预算内投资5000万元、省级配套资金150万元和能源中心中央预算内能源补贴480万元成功下达,极大缓解在建工程项目资金压力。

文化建设。2017年,县人民医院突出文化建设宣传重点,围绕“守诚信,讲奉献”的医院文化理念,大力推送学科建设、三级医院创建、脱贫攻坚、健康扶贫、党的建设等方面的努力和成就,讲述医院好故事,传播医院正能量,提升医院品牌形象。创新文化传播手段,开通医院微信公众号,增加文化传播速度和广度。微信公众号在全省医疗健康微信订阅号排行榜中名列前茅,作品“外科风云系列”获第一届医疗品牌建设大赛魅力团队奖,医院连续三年获“中国医院互联网影响力县域医院传播力二十强”。活跃职工文化生活,组织开展形式多样、丰富多彩的职工文体活动,如:“三八”妇女节拔河赛、“五四”青年节K歌赛、“5·12”护士节登山赛、“医改结硕果,喜迎十九大”手机摄影赛、“学习十九大精神,争当新时代先锋”有奖征文活动,积极参加县卫计系统气排球赛、柑橘节“橙跑”活动和橘仙子选拔赛、柳叶湖国家马拉松赛,增进了解,加深友谊,凝聚人心,弘扬文化建设主旋律。

【门诊和病区一体化建设】2017年,县人民医院着力推进门诊和病区一体化建设,完善门诊绩效考核和门诊属地管理,加强门诊工作协调和质量持续改进,努力规范门诊收治秩序、拓展门诊服务项目、促进病房优质医疗资源前移至门诊、改善门诊患者就医体验,门诊服务质量、服务效率和管理水平不断提高,业务增长颜值高、形势好、活力足,对医院整体业务增长的贡献率达58%,同比提高31.8个百分点。

【医联体和远程医疗协作网建设】2017年,县人民医院创新思维,外引内联,探索建立医联体和远程医疗协作网,努力破题分级诊疗,当好全县医改排头兵。以胸痛中心建设为切入点,推进县域专科医联体建设,与县内12家乡镇卫生院签约挂牌“石门县胸痛中心协作医院”,搭建技术指导和资源共享平台,基本形成覆盖全县的“胸痛急救服务圈”。充分利用上级医院优质医疗资源,分别加入省人民医院普外腹腔镜技术联盟和创伤急救联盟、省脑科医院精神卫生中心联盟、湘雅二医院眼科医联体和肾脏内科医联体、省肿瘤医院肿瘤专科防治联盟、省妇幼保健院妇幼健康服务联合体,促进优质医疗资源上下贯通,提高专科建设和服务水平。着手谋划与湘雅口腔医院、省人民医院医学美容中心建立跨区域专科医联体,打造特色专科,满足广大患者多样化、差异化、个性化健康需求。大力推动远程医疗协作网建设,与“北上广”、长沙等地10多家国内知名大医院搭建远程医疗会诊平台，有序开展远程会诊、远程教育等医学服务，提高疑难危重病例诊治能力，为本地患者提供高水平高质量的医疗健康服务。

【医院信息系统升级改造】2017年，县人民医院高起点规划、高标准实施、高效率推进，全面升级改造医院信息系统，打造数字化现代化医院。信息化建设一期工程总投资1200万元，包括HIS、LIS、PACS、EMR和中心机房，于5月14日正式上线使用。同时，主动适应“互联网+”发展新形势，推进“互联网+智慧医院”项目建设，启动投资400万元的自助服务、微信公众号服务平台建设，优化再造就医流程，提升服务和管理水平。

（县人民医院）

石门县中医医院

【概况】石门县中医医院系国家二级甲等中医医院，全国农村中医药工作先进单位，湖南省首批农村示范中医医院，全市学习型党组织示范点。医院占地34亩，建筑面积34000余平方米，资产总值3.5亿元，医院实际开放床位1000张，设有18个病区和28个临床、医技科室，日平均住院病人850余人。现有在职职工675人，卫生专业技术人员587人，其中高级职称86人（正高12人，副高74人），中级职称203人，医学硕士10人。2017年，医院明确提出“打造湘西北地区中西医结合、特色鲜明的三级医院”的战略目标。实施内部管理制度改革、人事制度改革、绩效制度改革等一系列改革措施，实现石门中医医院管理升级、学科升级、文化升级、品牌升级。全年出院病人2.9671万人次，门急诊人次20.0134万人次，同比分别增长34.11%、3.38%；业务收入2.44亿元，同比增长60.5%，实现新突破。2017年8月，医院被湖南省卫计委中医药管理局授予全省示范性中医药优秀基层中医医院。2017年10月，肺病科、骨伤科、内分泌科被湖南省中医药管理局列入“十三五”省级中医重点专科建设项目。

医院学科建设。①人才队伍建设。2017年县中医医院择优招录24名大学本科毕业生，50名优秀专业技术人员，新晋级中高级技术人员32人。②医疗设备建设。2017年，引进64排飞利浦高端CT、3.0T磁共振、牙CT、彩超、胃肠镜、椎间孔镜、全自动生化仪等先进医疗设备，总值6.03457千万元。③重点学科建设。在加强原有5个重点中医专科的基础上，2017年10月，肺病科、骨伤科、内分泌科被湖南省中医药管理局列入“十三五”省级中医重点专科建设项目。不断提升学科建设水平，形成了以“胸痛中心”“脑卒中中心”“肿瘤中心”“医学影像中心”建设为突破口的学科发展中长期规划。同时，积极与湘雅医院、省人民医院、常德市第一中医院等上级医疗机构及各乡镇卫生院、村卫生室联系沟通，不断探讨医共体建设模式，为医院学科发展提供有力支撑。④医疗技术创新。2017年，全年共开展24项新技术，成功开展经皮冠状动脉造影、心脏介入术、全脑血管数字减影造影术（DSA）、椎间孔镜下手术治疗椎间盘突出症、牙种植术、单泵血滤技术、腹腔镜下巨输尿管症形成术、腹腔镜下直肠癌根治术、乳腺肿块微创旋切手术。申报县科研成果2项，在省级以上杂志发表论文38篇。2017年4月8日，县中医医院介入中心成立挂牌。全年成功开展了冠状动脉造影术、冠状动脉支架植入术、心脏起搏器植入术和主动脉球囊反搏术。

健康扶贫。2017年县中医医院全面完成对口帮扶工作任务。派出3名班子成员分别到所街乡柳仕坡村、蒙泉镇白洋湖居委会、蒙泉镇保宁桥村担任第一书记，4名专职扶贫人员常驻以上对口帮扶单位。共组织中层以上干部59人开展500余人次走访慰问。投入近300余万元对扶贫村的交通、水利、产业、电力、村部等基础设施进行建设，全面落实各项对口帮扶任务。县中医医院健康扶贫的“亮点”举措被中央电视台《新闻联播》推介。对健康扶贫建档立卡户实施先诊疗后付费，贫困人员绿色通道，便捷的“一站式”结算，住院医疗费用部分减免，为所有住院治疗的建档立卡贫困户提供医疗保障。2017年，医院对1291人次建档立卡贫困人员住院医疗费用的个人自负部分实行全免，共减免98.4224元。开通健康义诊快车，派出580位医务人员共义诊44次，义诊群众约8250人次。2017年11月，石门县中医医院健康扶贫巡回义诊队“真扶贫、扶真贫”项目在常德市志愿服务项目大赛中获机关企事业单位组金奖。

文化建设。2017年，县中医医院确立了“用优秀先进的医院文化凝聚人心，不断提高医院社会影响力和员工归属感”的总体要求，投资80余万元更新医院文化理念——共筑中医梦、出彩中医人，更新医院整个形象识别体系；开展了医师节、护士节、气排球赛、职工运动会、春节晚会等丰富多彩的文化活动，凝聚了人心，士气不断高涨；医院投资780余万元，建成职工健身房、职工室内体育馆等。

优质服务。2017年，县中医医院不断深化优质护理内涵建设，不断提升护理服务品质，实施“有爱的、有效的管理”的管理理念；致力于帮助患者解决生活上的不便、流程上的不便、不适感的解除以及健康理念的更新四个方面的问题；成立临床支持中心，加强导诊力量，大量配备轮椅、助行器等辅助设施。组织了健康教育微视频创作大赛、病陪人集体健康教育授课比赛，并通过义诊、主题日活动等多种形式传递健康理念。患者得到了便捷、舒适、安全、专业的照护，护患关系更加融洽，护理服务满意度达99.24%。通过各种举措，激励护理人员带着“成长、价值、使命”开展工作。全年开设护理管理课堂17次，培养专科护士26名，外派参加各类培训班45人次。评选50名优秀护士。对护士长和全院护理人员实施层级化、个性化培训与考核计划，通过教学、查房、个案管理、项目改善等平台提高了护士素质，提升了职业价值感。持续改进服务，为群众提供满意的就医体验。把以病人为中心真正落到实处。投资150余万元完成全院热水系统改造，投资30余万元完成350平方米内镜中心建设，投资120余万元进行外墙清洗、院落亮化、标识系统、彩色显示屏等院内环境提质改造。倡议全院干部职工不开车上下班，将车位留给病人。

【县中医医院被定为农民工尘肺病定点医疗机构】2017年6月，常德市卫生计生委下发了《常德市2017年尘肺病农民工基本医疗救治救助实施方案》的通知，确定石门县中医医院为全市尘肺病农民工基本医疗救治救助市级定点医疗机构。县中医医院以“突出重点，先行先试”为指导思想，以“应治尽治、应保尽保、应助尽助”为基本原则，对符合救治救助条件的农民工尘肺病患者，通过系统规范诊治和精准扶贫，改善患者临床症状，提高生活质量，减少因病致贫、因病返贫，切实减轻尘肺病农民工患者的医疗负担。同时对所有农民工尘肺病人实行个人自负部分免费救治。截至年底，县中医医院对1117名农民工尘肺患者实行全方位的医疗救助服务，共减免医药费近30万余元。

（县中医医院）

【全县乡村医生规范化培训班】2017年8月21日至22日，全县乡村医生规范化培训班在石门县中医医院举行，参加培训的乡村医生共144名。培训时间2天，主要课程《居民健康档案管理》《急诊急救》《防控糖尿病“五驾马车”》《胸痛和高血压诊治》《颈肩腰腿痛的新进展》《老年人水电解质平衡调解》《泌尿系结石》等，分别由县中医医院专家授课。培训期间，医院还组织学员参观医院，向他们展示了先进的设备和技术以及取得的成果，并免费为他们进行健康体检。培训结束后，组织培训内容考试，通过培训和考试，增加了乡村医生的医疗理论知识，提高了乡村医生的医疗技术水平。

（李　白、伍云丽）

石门县红十字会医院

【概况】石门县红十字会医院属于国家二级综合医院，是“湖南省群众最信赖的医院”“全国群众满意的乡镇卫生院”，坐落在宝峰街道曹家棚社区，紧靠夹山大道，交通非常便利。医院占地20亩，分为新院和老院两部分，现有职工252人，其中专业技术人员210人（含高级职称3人、中级职称20人、初级职称172人、未定职称人员15人），行政管理人员17人，工勤人员25人。拥有住院病区7个，设置床位400张，有业务科室16个，行政职能科室8个。

2017年，全年累计门诊人次61794人次，出院病人数8806人。年收入5451.22万元，同比增长56%，其中业务收入4253.28万元，同比增长42%，医疗收入3229.33万元，同比增长48%；医院首次实行药品、耗材集中采购管理，降低采购成本121.13万元；固定资产总值1.05亿元，全年资产增值511万元，消赤减债499.52万元。

学科建设。积极寻求医院差异化发展道路，改造开设心理康复中心、三氧自血治疗中心、血液净化中心、腹膜透析中心，疼痛科，引进三氧大自血、射频消融仪、腹膜透析等新项目，为医院业务工作长远发展打下良好的基础。

技能培训。强化学习培训，建立学习培训考核激励机制，多渠道鼓励进修学习、定期培训、职称晋升、对业务学习和技能操作取得优异成绩的一律给予重奖，全年共计规培6人、进修3人、短训11人。研讨决定通过执医执助资格考试，分别奖励5000元、2000元，2017年医院医师从业资格考试23人参考11人通过，通过率达47.8%。

信息化建设。搭建“三基培训”信息化系统，加强三基训练、视频教学、三基考试考核，积极开展疑难危重病例讨论。先后与石门县中医医院、常德市康复医院、湘雅附二、附三医院建立业务协作关系，并与湘雅附三医院、石门县中医医院签约为医联体成员单位。

医疗业务。坚持“内强素质，外树形象，服务就是业务，公益就是效益”的理念，严格落实“十八项医疗核心制度”，加强医疗质量与安全管理，在“三基”理论考试与技能操作考核的基础上，强化学习培训与业务技术交流，夯实基础护理，提高护理质量，定期开展业务查房与业务交流学习，强化医疗质量考核与控制，不断提高医疗服务质量与业务技能水平。开展医疗行业“九不准”及医用耗材专项整治，加强医德医风建设。依托湘雅附二医院的技术支持，力争打造湘西北一流的血液净化中心；依托湘雅三医院医联体平台，加强业务合作与交流；依托常德康复医院，完成精神病个案化管理及未成年人心理健康辅导站。2017年8月22日医院代表常德市参加湖南省应急救护比赛获全省第一名，2017年9月6日代表湖南省参加全国应急救护大赛获第七名。

公共卫生服务。严格执行第三版《国家基本公共卫生服务规范》，按照县卫计局《2017年基本公共卫生服务绩效考核方案》的要求，全面落实12大类公共卫生服务项目。开展“65岁以上老年人健康体检”活动，共体检4301人次，全面落实慢性病人、重型精神病人、结核病人的免费健康体检，积极推进家庭医生签约服务，签约率达90%以上；全年代表石门县迎接市、省级、国家级检查6次，并代表石门县顺利通过国家卫计委健康扶贫验收工作。

脱贫攻坚。积极响应县委、县政府精准扶贫号召，制定脱贫攻坚工作实施方案，成立常驻扶贫点村工作队，全院二层骨干及全体党员共43人参与结对帮扶，并制定六项具体帮扶措施：一是将健康扶贫的范围扩大到除辖区外的38个重点扶贫村，对辖区及其他38个扩面点村自2014年以来所有的建档立卡户，实行住院费用自负部分政策范围内全免，其他所有参保居民住院自负费用限额减免

500元；二是为扶贫村的42名尿毒症患者免费提供住宿，并减免费用110895.81元；所有精神病患者免费提供生活用餐；全年共计救助扶贫病人3135人次，共计减免医疗费用167.73万元；三是协助扶贫点村产业发展，修建重庆峪村村部及新建茶场并给予点村资金支持：重庆峪村28.5万元、安溪社区20万元；四是落实湖南省健康扶贫工程“三个一批”行动计划，进村入户开展家庭医生签约服务义诊活动，免费为老百姓提供血化验、心电图、B超等检查，义诊60个扶贫村、26000余人，并派出两名医生到壶瓶山镇云麓村、要武村进行贫困村卫生室支医帮扶工作；五是开展应急救护知识进农村、进学校、进社区、进机关、进企业的“五进”大型公益活动，培训30000余人；六是开展医疗公益活动，为全县369名环卫工人免费体检。

职工文化活动。组织成立医院游泳队、舞蹈队、气排球队等工会活动队伍，开展庆“三八”妇女节开展拔河比赛、庆“五一”全院健美操比赛、卫生系统气排球比赛、“世界卫生日”卫计系统登山比赛、“5•12”护士节茶话会活动、庆“七一”演讲比赛、庆国庆迎中秋社会主义价值观歌曲传唱及技能操作比武、职工趣味运动会、石门柑橘节万人橙跑等活动，积极活跃在全县卫计系统的文化大舞台上，充分展现红会医院的集体形象和精神风貌；全年医院职工文化活动经费累计达347277元。

【首例腹腔镜下小儿腹股沟疝结扎术成功】2017年1月8日，县红十字会医院手术室，实施腹腔镜下小儿腹股沟疝结扎术手术成功。采用腹腔镜下手术可以最大限度地减少血管、神经的损伤，与常规手术相比，减少出血和手术并发症，缩短手术时间，伤口恢复快。全县只有三家医院可做该类手术，县红十字会医院是其中之一。县红十字会医院实施该项技术，不仅方便周边类似患者就近就医和解除患者的痛苦，填补了该领域的空白。

【心理康复中心开业】2017年6月20日，县红十字会医院筹资200多万元改造建设的“心理康复中心”开业。该项目是院领导班子通过因病致贫调查数据作出的重大决策，既符合国家卫计委联合颁发的关于加强心理健康服务的指导意见，又适合医院寻求差异化发展，建设医养结合型医院的需要。心理康复中心位于夹山大道，原红十字会医院老院址，离新院300米。县红十字会医院心理康复中心是集医务、护理、配餐、康复、心理咨询等为一体的综合性精神康复服务中心。占地面积980平方米，建筑面积2332平方米，开设康复床位150张，分二人间、三人间病房32间，均为单独卫生间，24小时热水供应，有彩电、有空调，活动室宽敞舒适，可以阅读报纸杂志，棋牌娱乐。共配备有专科医师4名，专科护士8名，后勤服务人员10名。自6月试运营后，入住精神病患者100余名。

【参加湖南省应急救护大赛获第一名】2017年8月22日，由县红十字会医院6名医护人员组成的代表队，参加湖南省红十字会在长沙举办的以“社区救护”为主题的第二届全省红十字应急救护大赛。全省各市州红十字会共14支代表队130余人参加大赛。大赛分预赛和决赛，通过理论知识、救护技术、救护演讲、场景演练等四个环节，产生一、二、三等奖，石门县红十字会医院代表队获得一等奖。

（县红十字会医院）

石门县计划生育和妇幼保健院

【概况】2017年，石门县计划生育和妇幼保健院医疗科技能力建设成绩突出，逐渐从传统的优势妇产科、儿科诊治，向外科微创之路迈进。妇(外)科微创手术占手术患者85%以上。先后引进开展腹腔镜下宫颈癌根治术、乳腺癌改良根治术、巨脾切除术、真空辅助乳腺微创旋切术等5项新技术项目，有1项《腹腔镜下全子宫切除新技术推广应用》被评为县级科技进步三等奖，副院长陈飞被评为县级优秀科技人才。成功创建国家级妇幼健康优质服务示范县。被国家卫计委中国妇幼保健中心授予全国“基层预防艾滋病、梅毒和乙肝母婴传播工作”优秀集体称号。9月，经省卫计委专家组评估验收，顺利创建湖南省妇幼健康优质服务示范县；12月，国家卫计委将石门县列入创建国家级妇幼健康优质服务示范县名单。

重大公共卫生服务。全县分娩产妇6091人均接受艾梅乙免费咨询与检测，28周前检测率达95%以上。“两癌”免费检查25430人，任务完成率102.54%；妇女增补叶酸服用6858人，服用率达96.86%以上；每月完成营养包食用儿童5620人；新生儿疾病筛查5842人，筛查率95.42%；新生儿听力筛查6509人，筛查率95.34%，转诊53人，转诊率86.89%；免费孕前优生健康检查5060对，任务完成率100%；免费婚前检查3786对，婚检率97.30%；产前筛查5580人，筛查率达100%；地中海贫血筛查全年血常规筛查22593人，初筛阳性642例，实行跟踪随访服务。

基本公共卫生服务。全年产妇6791人，产前检查率100%，系统管理率95.22%，住院分娩率100%，产后访视率97.13%。实行高危孕产妇管理责任包片制，定期到各乡镇进行高危孕产妇筛查与随访，高危孕妇筛查率53.58%。有7岁以下儿童46258人，健康管理44126人，健康管理率95.39%。0～6岁儿童健康管理为新生儿提供苯丙酮尿症、先天性甲状腺功能减低、肾上腺皮质增生症筛查和听力筛查。全年成功抢救危重孕产妇26例，孕产妇死亡1例，孕产妇死亡率控制在14.65/10万以下；5岁以下儿童死亡33例，死亡率控制在4.69‰以下。落实危重孕产妇季度评审、死亡孕产妇即时评审制度，加强危重孕产妇救治及转运转诊工作。将5岁以下儿童死亡控制工作纳入各医疗保健机构绩效考核，加大儿童死亡控制力度。全年组织开展新生儿死亡评审4次。

学科体系建设。启动妇幼保健机构新学科体系建设，将学科整合为"孕产保健部、妇女保健部、儿童保健部、计划生育技术服务部"四大部。通过"学科结合、功能结合、管理结合"，促使"群体保健、个体保健、医疗保障"三驾马车齐头并进，推动二级、三级学科建设稳步发展，覆盖婚前、孕前、产前、产时、产后、儿童成长全过程、非孕期妇女生命周期的妇幼保健服务体系，切实为广大妇女儿童提供高效、优质颇具妇幼专科特色的医疗健康服务。参加各类学术会议及短期培训58期112人次，组织业务培训35场次。全年有10篇学术论文在国家、省级类刊物上发表。

医疗质量管理。2017年，探索医疗管理新模式和新方法，加强医疗质量和医疗安全管理，建立和完善院、科二级医疗质量控制体系，狠抓18项核心制度落实。规范三级医师查房，医院感染控制、抗菌药物合理应用、新生儿窒息复苏、产后出血、肩难产等考试考核，合格率达96%以上。采用"请进来、走出去"方式，请专家到院进行业务指导及专题讲座，派业务骨干到省、市三级甲等医院脱产进修22人。自筹资金200多万元用于购置宫腔镜、乳腺旋切系统，数码电子阴道镜、骨密度检测等万元以上医疗设备。拓展医疗服务范围，自主完成腹腔镜下宫颈癌根治术、乳腺癌改良根治术、巨脾切除术等多项首例手术。妇(外)科微创手术占手术患者85%以上。

搬迁工程建设。院领导班子高度重视整体搬迁工程工作，每月召开调度会，讨论解决工程施工工程中遇到的问题。由于工作措施得力，医疗保健综合楼、行政后勤服务楼精装修按期进行，职工公租房项目年底施工到地面六层。整个建设项目工程推进顺利，没有发生安全责任事故。

脱贫攻坚。2017年，选派6名帮扶队员常驻点村帮扶指导，为3个贫困点村提供100余万元资金支持，用于产业扶贫，基础设施建设，扩大集体经济等。实施危房改造46户、易地扶贫搬迁30户，基本实现"四类对象"应改尽改。完成道路硬化4.1千米，修建蓄水池3个、蓄水塘2处。分二批安排4名医生到村卫生室从事村医工作，为180余名贫困对象减免医疗费用30余万元，组织市、县妇幼保健院专家到点村开展健康义诊活动。

【石门获"湖南省妇幼健康优质服务示范县"称号】2017年初，县委、县政府决定争创省级妇幼健康优质服务示范县，将创建工程列入政府工作报告，并成立创建工作领导小组，制定创建实施方案，召开创建启动会和工作推进会。作为牵头单位，县妇幼保健院多次组织业务骨干下乡镇开展业务培训和创建工作督导指导，并组织相关人员考察学习，借鉴创建经验。9月，经省卫计委专家组评估验收，顺利创建湖南省妇幼健康优质服务示范县。12月12月21日从国家卫计委获得消息，石门县被列入成功创建国家级妇幼健康优质服务示范县名单，被推荐代表湖南省迎接国家级妇幼健康优质服务示范县评审。

石门县委、县政府高度重视妇幼健康优质服务工作，将妇幼健康工作纳入县域经济和社会发展规划，孕产妇死亡率、5岁以下儿童死亡率、出生缺陷综合防治措施等妇幼健康核心指标纳入政府目标考核，住院分娩补助、农村妇女"两癌"检查、免费婚前孕前检查等一系列妇幼惠民项目作为民生工程重点部署推进，为做好全县妇幼健康工作提供强有力的服务保障。妇幼健康优质服务示范工程的创建旨在全面贯彻落实《中华人民共和国母婴保健法》《中华人民共和国人口计划生育法》《2011—2020年中国妇女儿童发展纲要》《2011—2020年湖南省妇女儿童发展纲要》，全力保障全面两孩政策实施和母婴安全，不断提高妇女儿童健康水平，打造优质服务新品牌，使人民群众更加满意，促进石门妇幼健康事业又好又快发展。

【新建医疗综合大楼封顶】2017年6月29日，石门县妇幼保健院整体搬迁工程建设医疗综合大楼举行封顶仪式，县政府副县长宋雨泓，县卫计局局长张中合，县直医疗卫生单位主要负责人，永兴街道、永固社区负责人，县妇幼保健院职工，工程参建单位代表共290人参加。

县妇幼保健院整体搬迁项目工程是县委、县政府关心提高妇女儿童健康水平的民生项目，也是石门县十大重点民生工程之一。该项目于2014年4月立项，占地100亩、规划设置床位500张，建筑总面积62362平方米，总投资3.5亿元。包括17层医疗综合大楼1栋、5层行政综合楼1栋、17层公租房2栋。项目主体医疗综合大楼从2016年4月5日开工，2017年6月底喜封金顶。7月开始进入内部装修、配套设施、设备安装阶段。

新建的医疗综合大楼，主要用于妇科、产科、儿科、新生儿科、内科、外科、儿童保健、妇女保健、出生缺陷防治、婚前医学检查、计划生育技术指导等医疗健

"两癌"免费检查

康服务。新院占地总面积将比原妇幼保健院占地总面积增加10倍,总建筑面积将比原来妇幼保健院总建筑面积增加17倍。新院建成后将全面推行现代医院管理,信息化服务管理,同时配套内科、外科等综合医疗学科,大幅提升妇幼健康服务能力。建成后的石门县妇幼保健院将有效改善石门县东城区医疗卫生服务条件,满足周边人民群众不断增加的医疗保健需求,进一步优化全县医疗卫生资源配置。

(县计生妇幼保健院)

【农村妇女“两癌”免费检查】根据省委、省政府重点民生实事项目安排,2017年,石门县有24800名农村妇女受惠于“两癌”(即宫颈癌、乳腺癌)免费检查。县妇幼保健院为全县唯一免费检查指定单位。医院成立专门领导小组,抽调20余名专业技术精湛的业务骨干,全面启动该项民生项目。检查形式:分为两个组,即院内检查组和下乡检查组。县直四个街道办事处及邻近乡镇由所在辖区卫计办逐一组织各村(居委会)到县妇幼保健院门诊部进行检查,白云以上乡镇由下乡检查组到各乡镇定时定点进行检查。目标人群:全县未参加国家“两癌”免费检查且具有石门县户籍或常住石门县的35~64岁农村妇女。检查项目:液基细胞超薄涂片检查(TCT)、乳腺彩超、妇查+白带+BV。检查时间:2017年3月1日至10月31日。检查地点:县直四个街道办事处及邻近乡镇到县妇幼保健院门诊部进行检查;白云以上乡镇由县妇幼保健院组织专业服务团队到各乡镇定时定点检查。

(编辑部)

人民生活和社会保障

【城乡居民收入】2017年，全县城乡居民年人均可支配收入为15091元，增长9.8%。城镇居民人均可支配收入22923元，增长8.1%，剔除价格因素，实际增长6.6%，其中工资性收入9852元；经营净收入6064元；财产性净收入1356元；转移性净收入5651元。农村居民人均可支配收入10561元，增长10.1%，剔除价格因素，实际增长8.6%，其中工资性收入4216元；家庭经营净收入2923元；转移净收入3469元；财产净收入负47元。

【城乡居民消费】2017年，全县城乡居民年人均家庭消费支出为12839元，增长9.3%。城镇居民年人均家庭消费支出16393元，增加9.6%，其中食品支出4316元；衣着支出1031元；居住支出3050元；生活用品及服务支出895元；医疗保健支出1408元；交通通信支出1979元；教育文化娱乐服务支出3217元；其他商品和服务支出495元。人均住房使用面积52.7平方米。农村居民年人均家庭消费支出10784元，增长6.7%，其中食品消费3061元；衣着消费321元；居住消费2889元；生活用品及服务消费495元；医疗保健消费1188元；交通和通信消费965元；文教娱乐用品及服务消费1661元；其他商品和服务支出205元。人均住房面积72.3平方米。

【城乡居民保险】全县城乡居民医疗保险参保人数585709人；参加城镇职工基本医疗保险人数44869人，其中退休人员19043人；参加城镇基本养老保险职工人数57263人，其中离退休人员18704人；参加失业保险职工人数23015人；参加生育保险职工人数22000人；参加工伤保险职工人数34055人；新型农村养老保险参保人数397260人。城镇低保对象月人均补助标准320元，城镇居民最低生活保障人数862人，全年发放保障经费1252.76万元。

【农村低保】2017年，全县农村低保对象月人均补助标准160元，全县农村居民最低生活保障人数13314人，全年发放保障资金3438.82万元。农村“五保户”分散供养标准为5000元/年。

（以上由编辑部整理）

社会消费品市场运行情况

2017年，石门县充分发挥商贸流通对经济发展的先导作用，努力挖掘消费潜力，不断拓宽消费渠道，实现了社会消费品市场的平稳运行，社会消费品零售总额稳步增长。

一、消费品市场运行情况

2017年全县实现社会消费品零售总额1208919万元，同比增长11.6%，较全市平均增速高0.7个百分点，总量和增速分别位居全市第五位和第三位。

（一）分区域看，城镇市场为消费主体。全县城镇市场实现零售额1112202万元，占社会消费品零售总额的92%，农村市场实现零售额96717万元，占社会消费品零售总额的8%。城镇消费者的消费意识、消费观念趋于理智成熟，消费档次不断提高，并向多元化方向发展，整个市场以城镇消费为主。

（二）分行业看，四大行业发展齐头并进。限上四大行业共实现零售额277816万元，同比增长23.22%。其中，限上批发业实现零售额7974万元，同比增长24.45%；限上零售业实现零售额260005万元，同比增长23.27%；限上住宿业实现零售额2838万元，同比增长27.49%；限上餐饮业实现零售额6999万元，同比增长18.48%。零售业行业覆盖范围广，提供产品多种多样，是全县社会消费品市场发展的主导力量，对全县社会消费品零售额的增幅上涨起到了关键作用。

（三）分商品类目看，大宗商品引领市场稳步发展。汽车、石油及制品是零售额规模最大的商品，占全县零售额总量的43%。2017年以来，随着小排量汽车购置税政策效应影响逐步减弱，消费者需求结构升级明显，中高档车型市场反映良好，实现汽车类零售额66208万元，同比增长27.5%；受汽车市场回暖、石油价格整体提升等因素的影响，石油及制品类实现零售额47039万元，同比增长22%。这两类大宗商品消费总体表现稳定，是全县消费市场稳定发展的重要支撑力量。

部分商品零售类完成情况表

单位:万元、%

指标名称	本年	上年同期	累计增速
汽车类	66208.5	51921.9	27.5
石油及制品类	47039.1	38549.1	22
家用电器和音像器材类	21286.6	17878.3	19.1
粮油、食品类	21612.3	16257.6	32.9
饮料类	18962.4	18432.8	2.9
机电产品及设备类	9281.4	6855.9	35.4
服装、鞋帽、针纺织品类	8550.6	7164.3	18.7
金银珠宝类	2264.1	1942.6	16.5

(四)分规模看,限额以上个体户发展较快。全县限额以上个体户总数达20家,累计实现社会消费品零售总额45927万元,同比增长18.73%。限上企业和个体户全年实现零售额总计323743万元,比2016年增长22.56%,占社会消费品零售总额的26.78%。

二、消费品市场增长的原因分析

(一)良好的宏观经济环境为消费品市场平稳增长奠定了基础。2017年以来,石门县工业与投资快速增长,脱贫攻坚工作深入推进,农村经济稳步发展,社会各项事业全面发展,良好的宏观经济形势增强了居民的消费信心,为消费品市场的良性发展奠定了坚实的基础。

(二)城乡居民收入持续增加,消费者购买力明显提高,消费拉动力增强。在城镇,随着离退休人员提高养老金和离退休金、职工增资以及公务员执行新的工资标准等,城镇居民收入快速增长,全年城镇居民人均可支配收入达22923元,同比增长8.1%;在农村,扶贫开发、美丽乡村建设扎实推进,农村水、电、路、通信等基础设施得到明显改善,加快了乡村的发展步伐,特别是各项支农惠民政策的深入实施,形成了促进农民增收的良好社会环境。2017年全县农村居民人均可支配收入达10561元,比2016年增长了10.1%,收入的提高提升了城乡居民购买能力。

三、消费品市场运行中存在的问题

(一)城乡市场协调发展基础不够稳固。目前,农村市场零售额仅占全县社会消费品零售总额的8%,比重较低。农村地区由于存在消费基础条件和商品流通网路建设相对滞后的客观因素,导致农村购买力源源不断地流向城镇,并且大部分青年人外出打工,留守在家的老年人群体消费观念仍然很传统,存钱置房、存钱防老的想法还很普遍,大大制约了农村消费品市场的快速增长。

(二)电子商务和网上购物的发展对传统商铺的影响较大。电子商务作为一种新兴产业,它带动了企业经营方式和人们消费方式的变化;网上购物快捷方便,正在逐渐部分替代传统购物方式,成为越来越多人的购物习惯。但这些变化所带来的便利和消费方式的逐渐转变,对本地传统销售模式的挤压效应相当大。

(三)价格上涨影响了消费需求。从表象看,消费价格的上涨能够促进零售额增长,使得名义消费增长较快,但城乡居民收入增长幅度不是太高,低收入群体比例仍较大,价格上涨给城乡低收入群体的生活造成一定程度的影响,低中收入群体消费支出更为谨慎,甚至仅维持最低生活水平。

(四)跨地域消费对消费市场有一定影响。随着家庭汽车拥有量增多,交通条件得到明显改善,跨地区消费进一步增多,比如购买汽车、高档消费品等,居民更多地选择到常德或长沙购买,分散了县域购买力,这部分消费量近几年均呈大幅上涨态势,从一定程度上对全县社会消费品零售总额增长造成影响。

(县统计局)

劳动就业服务

【概况】2017年,全县新增农村劳动力转移就业5360人,完成年计划任务的106%;新增贫困劳动力转移就业2861人,完成年计划任务的168%;发放创业贷款2648元,完成年计划任务的106%;失业保险参保单位345家,参保总人数23015人;征缴失业保险基金480.66万,完成年计划任务的116%;组织创业培训12期,培训创业者370人,完成年计划任务的123%;城镇登记失业率控制在3.16%以内;"省级充分就业星级社区"创建工作通过省、市评定2个;新建基层平台13个,基层平台提质升级达标90%以上;以"春风行动""就业扶贫"为主线,全年开展各类公共就业专项活动8场。

就业扶贫。2017年石门县就业扶贫工作被评为全市先进,工作经验在全省人社系统予以推介交流,并在《中国就业》杂志以《广辟门道精准发力,就业扶贫气象更新》为题刊载。主要做法:一是落实"五个一+五个大"的特色基础工作,即,健全一套人员基础信息台账,形成劳动力资源"大数据";制作一张人社扶贫政策明白卡,推进扶贫政策"大公开";完善一套政策性补助补贴操作规程,建立补助补贴"大流程";赠发一封联络公开信,促进感情的"大沟通"。推进一轮贫困劳动力技能培训,形成了培训"大联动"。二是构建起"五式并举"的转移就业格局。采取批量式安置转移就业、集中式定向、分散式自主、辐射式对接等转移就业的方式,全年共转移农村劳动力5360人,其中建档立卡贫困劳动力3849人。三是"三个立足"提升贫困劳动力转移就业。立足"信息+"引导跨省转移就业、立足"园区+"促进就近转移就业、立足"产业+"扩大就地转移就业。

就业培训。一是联合教育、农业、移民、工会等部门,充分利用各类培训资源，统筹开展有针对性的职业技能和实用性技术培训。二是大力开展劳动力转移培训。采取“企业下订单、培训机构出菜单、乡村出名单、政府来买单”的方式，开展定向、订单式免费技能培训，提升培训的针对性和实效性。三是对贫困家庭未继续升学的“两后生”开展月嫂、汽车维修、电子商务等专业3个月以上的订单式培训，实现毕业即就业。四是认真组织开展创业培训。针对有创业意愿的劳动力常年开展免费创业培训班，聘请专业创业培训讲师授课，并邀请创业成功人士分享创业经验和创业成果，降低创业风险，提高创业成功率。

创业贷款。加大政策宣传力度，简化工作流程，强化工作责任，将任务分解到乡镇、街道，确保完成全县创业担保贷款目标任务。全年贷款发放2648万元，超额完成目标任务。

平台建设。实施第三批基层平台标准化建设工作，投入39万元，指导和支持南峰社区、闫家溶社区等13个新纳入城市社区管理的基层平台完成平台建设任务。组织全县社保站长、社保专干业务培训活动，经过二轮培训，全县有56个平台工作人员基本实现持证上岗。完成社区劳动保障协理员岗位补员工作。通过基层推荐、现场考察、集中测试的方式，一批责任心强、文化水平高的专职人员充实到基层平台工作人员队伍。

基金管理。加大基金工作经办人员的警示教育力度。加强失业保险待遇支付的审批和调查，杜绝虚报冒领行为。全年发放失业保险金490.52万元，没有出现一例违规发放。强化基金征缴力度，加大对私营企业和事业单位的征缴力度，新增参保单位136家。全县纳入失业保险征缴的企业共345家，征缴失业保险金480.66万元，基本做到应缴尽缴。

（县劳动就业处）

社会养老保险

【概况】县社会劳动保险处承担全县城镇职工基本养老保险、城乡居民基本养老保险经办事务；办理全县各类企业、个体工商户和灵活就业人员基本养老保险登记年检年审，审定年度缴费基数；负责参保职工个人账户管理，办理职工参保、停保、续保转移手续；负责基本养老保险基金稽核和风险内控工作；负责养老保险待遇反欺诈工作；负责企业缴费能力的调查和审核认定工作；负责全县基本养老保险信息统计工作，进行养老保险业务软件系统使用、维护管理；负责管理全县基本养老保险基金，编制全县基本养老保险财务报表和基金预决算，对基金支付能力进行预警管理。负责全县企业基本养老保险社会化发放和离退休人员的管理服务工作；负责企业年金制度的监督管理和业务指导；负责全县新征地农民基本养老保险业务办理。2017年，县社保处完成各项工作任务，获2016年度全省城乡居民基本养老保险业务经办先进单位。

城镇职工基本养老保险。2017年，全县参保人数达35322人，实现城镇职工基本养老保险费总收入34588.2万元。其中征缴收入25882万元，完成年度征收任务的104.3%；中央财政补助3075万元，省级调剂金5074万元，县级财政补贴293万元，利息及其他收入202.9万元。确保全县18704名离退休人员基本养老保险待遇按时足额发放，基金总支出44606万元，其中基本养老金支出42635万元，养老金按时足额发放率为100%；丧葬抚恤费1460.2万元；其他支出233.5万元。

城乡居民社会养老保险。2017年，全县城乡居民基本养老保险参保397258人(缴费230576)，实现基金总收入15793.64万元，其中争取中央财政补贴10092.8万元，省级财政补贴2324万元，县级补贴691.63万元，利息及其他收入104.93万元，参保人员缴费2580.28万元，完成年计划的109%。为全县124516名60岁以上农民发放养老金12818.77万元。

基金征缴。2017年，全县城镇职工基本养老保险费征缴达2.59亿元。一是抓好“五统一”征缴。通过加大政策宣传力度、加大部门协调配合力度、加大扩面征缴力度等措施，促进企业参保缴费率的提升。二是对原企业改制下岗人员实施缴费补贴。按“置换身份人员离退休5年以内的补贴8%、原企业下岗职工享受补贴未达3年的补贴5%，低保户和涉军人员补贴12%”的标准实施缴费补贴。增强了群众续保积极性，全年个体续保缴费达27060人。三是严格实行续保扩面目标责任考核。按照上级业务主管部门下达的年度工作目标，将任务分解到乡镇、农林场、街道办，并下发《石门县城镇职工基本养老保险续保扩面考核办法》《石门县城乡居民基本养老保险工作考核办法》，对目标任务完成情况实行绩效考核，有力推动乡镇社保工作。

养老金调整。2017年，全县共有17678名企业离退休人员参与养老金调待，人均增发养老金135.72元/月，全县月增发养老金239.92万元。

个人账户管理。2017年，对历史遗留问题和近年来社保关系转进转出中出现的新问题进行彻底清理，重新建档建账。对部分原来未完成档案信息确认的企业参保人员，开展个人账户系统信息清理和关键信息认定，办理个人账户调整200余人。开展系统垃圾数据、“僵尸户”信息深度清理，清理垃圾数据6500人次。

退管服务。2017年，在巩固乡镇(街道办、农林场)工作机构、落实退管活动经费、完善管理制度和目标考核的基础上，重点抓网络技术在养老金领取资格认证工作中的运用。组织专门力量指导乡镇、社区服务窗口工作人员安装更新养老金身份认证系统，方便春节期间返乡的企业离退休人员进行养老金身份认证。指导乡镇推广退休人员"12333"社会保障公共服务网认证和"老来网"手机认证，减轻了社保经办机构集中认证的压力。退休人员年审认证率达99%以上。

【开展城乡居民基本养老保险宣传月活动】为进一步增强城乡居民基本养老保险适龄人员的参保缴费意识，保障城乡居民年老后的基本生活。石门县社保处自2017年3月30日"12333"全国统一咨询日暨"湖南省城乡居民基本养老保险宣传月"活动启动后，在全县范围内组织开展了声势浩大的宣传活动。从城区、街道、社区到乡镇、集镇、墟场，再到各村、各户、各院，通过电视广播、宣传专车、发放宣传手册等方式，挨乡、挨村走访宣传，为群众普及基本养老保险相关政策知识，动员群众关注城乡基本养老保险、关心城乡基本养老保险、参与城乡基本养老保险，同时鼓励已经参加了城乡基本养老保险的群众及时缴费。"湖南省城乡居民基本养老保险宣传月"活动启动后，石门县社保处结合2017年度精准扶贫工作，重点强化了全县贫困家庭的城乡基本养老保险政策宣讲，不仅加强对各乡镇扶贫工作队和村居委的政策宣传，还深入重点贫困村召开群众会、屋场会，现场接受群众咨询，就城乡基本养老保险参保范围、缴费档次、缴费方法、待遇领取等多项内容为群众答疑解惑。对于建档立卡的贫困户，石门县社保处的工作人员还深入到农户家中，一对一的开展宣传，并帮助贫困家庭解决缴费困难的问题。

(县社会劳动保险处)

机关事业单位养老保险

【概况】石门县机关事业单位社会保险处是具有行政职能的全额拨款事业单位，参照公务员法管理。主要职责是：负责全县机关事业单位工作人员基本养老保险和职业年金的参保登记、基金征缴、个人账户管理、待遇计发、稽核监督、基金管理及离退休人员服务管理工作。机构内设7个职能股室，即综合股、登记股、待遇计发股、稽核股、基金管理股、个人账户管理股、职业年金管理股。

2017年，全县机关事业单位工作人员养老保险制度改革工作紧跟省、市改革步伐，统筹规划、精心组织、稳步实施、强力推进，实现参保单位应保尽保、参保人员应收尽收、退休人员社会化发放的工作目标，达到基金征缴正常化、待遇发放社会化、基金管理制度化、财政补差常态化的预期效果。全县机关事业单位参保缴费单位352家，参保人员12665人，离退休人员6109人。全年基金总收入4.08亿元，基金总支出3.84亿元，年末基金滚动结余4067万元，确保了离退休人员养老金按时足额发放。2017年，被市人社局评为全市人社系统"优质服务窗口"先进单位；获得全市人社系统机关事业单位养老保险制度改革经办业务知识竞赛团体一等奖；被市机关事保处评为全市机关事业单位养老保险目标管理红旗单位、全市机关事业单位养老保险综合信息评比先进单位、全市机关事业单位养老保险社保卡应用工作优秀单位。

(文绍梓)

城乡居民医保

【概况】2016年底，县新型农村合作医疗和城镇居民医保整合成立石门县城乡居民医疗保险管理服务中心，为县人力资源和社会保障局管理的副科级事业单位，参照公务员法管理，内设综合股、稽查股、审核股、基金管理股、信息管理股和门诊管理股，核定全额拨款事业编制19名。主要职责：负责城乡居民医保的业务管理，执行城乡居民医保实施办法和相关政策。管理城乡居民医保基金，落实基金财务管理办法和基金会计核算办法，审核城乡居民医保报销经费，承办城乡居民医保信息管理。确定协议医疗机构，承担协议医疗机构医疗行为的协议服务。负责对乡镇(街道)城乡居民医保管理服务站的业务指导。

参保缴费。2017年，全县参保人数为58.57万人，基金总量达到3.5475亿元，其中：个人缴费8816万元、各级财政补贴2.6327亿元、利息收入332万元。

基金支付。2017年，全县共有15.2万人次享受医疗保险待遇，基金实际支付3.5469亿元，其中：门诊基金支出4914万元，住院补偿支出3.4684亿元，提取风险金475万元。大病保险补偿4034人次，支付基金1618.93万元。意外伤害住院补偿5021人次，支付基金1175.71万元。"扶贫特惠保"补偿1450人次，支付基金161万元。

医保管理。①强化服务协议管理。对全县31家县内医疗机构医疗机构实施协议管理，建立健全考核评价机制和动态准入退出机制。严格按照协议指标进行费用结算，有效控制了协议医疗机构服务行为。②推进医保支付制度改革。出台《关于城乡居民基本医疗保险按单病种定额付费结算的通知》。对"慢性血吸虫病"等九种疾病住院医疗费用实行单病种定额付费管理，减轻患者负担，节约医保基金。③推进城乡居民基本医疗保险跨省异地就医住院医疗费用直接结算工作。开通跨省异地就医住院医疗费用直接结算，登记备案的参保病人在省内异地就医持身份证、跨省异地就医持社保卡即可直接结算。④加强监管力度，严肃违规处理。出台《石门县城乡居民基本医疗保险实施办法》等文件。加大审核稽查力度。对协议医疗机构开展经常性稽查，每周对协议医疗机构进行审核稽查，加强网络监管力度，对参保病人进行跟踪管理，对查处的问题严格按文件及协议相关规定处理，有效减少违规情况的发生。2017年，对广福桥煤矿医院违规套取基金等问题作出收回基金、违规金双倍罚款、停止协议四个月等处罚，并进行全县通报。

健康扶贫。出台医保健康扶贫政策，医疗保险扶贫政策规定：参保全覆盖，确保建档立卡贫困人员100%参保；对农村贫困人口实施个人缴费补贴。落实医疗保险优惠政策：①建档立卡贫困人员住院报销比例提高10%，住院起付线降低50%。②2017年特困人员、低保对象和建档立卡贫困人员住院大病保险起付线降低70%，政策范围内报销比例提高到90%。全面实施基本医疗保险、大病保险、扶贫特惠保和医疗救助的“一站式”结算。2017年，全县有建档立卡贫困人员73334人，全部参加城乡居民医疗保险。对100814名贫困人员落实保费补贴资金849万元。基本医疗保险补偿34184人次，支付补偿基金9378.3万元。享受住院报销比例提高10%共计1124万元，享受住院起付线降低50%共计585万元。大病保险补偿2862人次，支付补偿基金917万元，享受起付线降低70%共计448.54万元，享受政策范围内报销比例提高到90%共计257.34万元。全县建档立卡贫困人员享受“扶贫特惠保”基金补贴396万元。

（县城乡居民医保中心）

【城乡居民基本医疗保险筹资大会】2017年10月20日，石门县2018年度城乡居民基本医疗保险筹资大会在兰园会议中心召开。县委常委、常务副县长周功表出席并讲话。县领导张国珍、宋雨泓、马业平出席会议。会议下发《县人民政府办公室关于做好2018年度城乡居民基本医疗保险参保缴费工作的通知》，要求城乡居民按180元／人的标准，在2017年8月1日至12月31日期间，一次性缴纳2018年度基本医疗保险费，做到应保尽保、全面覆盖，参保率达到100%。会议要求：要统一思想，提高认识，进一步增强做好城乡居民医保筹资工作的责任感；明确目标，强化宣传，确保顺利完成城乡居民医保参保筹资任务；加强领导，落实责任，确保城乡居民医保参保筹资工作落到实处。永兴街道、维新镇、所街乡分别在会上进行了表态发言。就如何搞好城乡居民医保筹资工作，周功表强调，一是筹资工作的认识要高。二是筹资工作的底子要清，要确保“村不漏组、组不漏户、户不漏人”。三是筹资工作的政策要明，界定清楚“谁买单、谁出钱、出多少钱”。四是筹资工作的效果要好，要按时按质按量完成目标任务。各县直单位、乡镇区（街道）、村（社区）的有关负责人参会。

（龙力荣）

【开展劳务协作医保救助扶贫工作】2017年4月13日上午，石门县劳务协作、医疗保险及救助扶贫工作推进会在县人社局六楼会议室召开。县委常委、常务副县长周功表主持会议，副县长宋雨泓对劳务协作医保救助扶贫工作进行强调。会上通报了前期工作进展情况及下步工作安排，解读了劳务协作、医疗保险及救助扶贫实施方案和相关扶贫政策操作规程。劳务协作、医疗保险及救助扶贫分指挥部12个成员单位的负责人参加了推进会。宋雨泓进行强调：澄清人员底子、落实责任分解、出台相关政策、抓好宣传引导、严格督导考核。周功表提出了“八个一”总要求：建好一本贫困劳动力基础台账、完善一个劳务协作实施方案、制作一张政策明白卡、编制一本就业岗位信息册、发出一封感情联络公开信、完善一套政策性补助补贴操作规程、贫困劳动力人均轮训一次、掀起一个携手推进转移就业大高潮。

（唐生炎、王　勇）

城镇职工医保

【概况】石门县城镇职工医保中心主要负责全县城镇职工医疗生育保险和离退休人员、荣残军人医疗费管理工作。主要职责：推进参保扩面，及时足额征缴医保费；推进医疗保险管理改革，不断提高医疗保险管理水平；开通跨省异地就医直接结算，方便参保患者异地就医；加强特殊门诊药店管理，严格“专病、专药、专治”，减少医保基金流失；扩大个人账户使用范围；开展大病保障行动，提高医疗保障水平；加强医疗保险制度建设，确保医疗保险基金安全运行；创新医保政策宣传，及时贯彻落实新政策。

2017年，全县城镇职工参保人数44869人，征收基本医疗保险费10664万元，住院医疗11535人次，统筹基金支付4928万元，个人账户支付4247万元。生育保险参保24998人，征收生育保险费542万元，落实生育待遇1126人次，发放生育津贴447人，共支付生育保险基金784万元。

（县城镇职工医保中心）

工伤保险

【概况】石门县工伤保险处成立于2004年3月，是石门县人力资源和社会保障局下属的具有行政管理职能、参照公务员法管理的副科级全额拨款事业单位，现有在职在岗工作人员10名。主要职责：依法征收规定范围内用人单位工伤保险费，定期公布全县工伤保险基金收支情况；核查规定范围用人单位工资总额和职工人数，办理工伤保险登记，负责保存用人单位缴费和职工个人基本情况及工伤保险待遇情况记录；进行工伤保险调查、统计和信息系统管理；按规定管理工伤保险基金支出，负责工伤保险基金预决算工作；按规定核定规定范围用人单位参保职工工伤保险待遇；为工伤职工或者其直系亲属免费提供咨询服务；根据工伤保险基金收支情况，向县人力资源和社会保障行政部门提出调整单位缴费费率的建议；负责老工伤人员待遇核发、医疗管理；完成县委、县人民政府和县人力资源社会保障局交办的其他事项。

2017年，按照服务提质、管理规范的要求，积极扩大工伤保险覆盖面，增强基金运行安全管理，切实提高保障服务水平，促进工作有序开展，超额完成年度目标任务。

（县工伤保险处）

楚江街道

李世辉　党工委书记
杨年国　党工委副书记、
　　　　街道办事处主任
彭　勇　党工委委员、
　　　　人大联工委主任
舒　芳　党工委委员、
　　　　政协联络处主任
但汉忠　党工委副书记
付已娜　党工委委员、
　　　　纪工委书记
邓富强　党工委委员
胡春云　街道办事处副主任
张　晨　党工委委员、武装部部长
伍千琪　人大联工委副主任

【概况】2017年，楚江街道实现规模以上工业产值31.5亿元，完成社会消费品零售总额11亿元，固定资产投资完成35.6亿元，居民人均可支配收入15931元，各项主要指标排名列全县第一方阵，全面完成工作目标。被市委、市政府授予2017年度“全市平安创建优秀单位”“全市安全生产工作优秀单位”称号；被县委、县政府授予2017年度“绩效评估优秀单位”“社会治安综合治理工作优秀单位”“脱贫攻坚先进单位”“安全生产先进单位”“人口与计划生育工作先进单位”等多项荣誉称号。

脱贫攻坚。楚江街道166名政协委员、机关干部、社区党员干部与166名贫困户结成帮扶对子，实行结对帮扶；建立街道党员、干部结对帮扶台账，制定结对帮扶年度考核细则和奖惩办法，对帮扶措施落实不到位的进行通报批评。为89个农村居民落实临时救助；对34个农村危房户实施危房改造；对62名贫困学生实施助学帮扶，确保无人因贫辍学。

项目建设。街道机关工作人员、社区干部全员参与，围绕白云路、三江路、红土路、石青路楚江段、三江磁材、红土公墓区、田园片区棚改、兰园片区棚改、地保厂棚改9大征拆项目，连续作战，完成征地721亩，拆迁256户，拆除临时建筑物336处；及时化解老城区沿河大道升级改造、湘佳牧业6万吨冷链物流项目建设、三江磁村、尧业城市广场、老城区四条道路改扩建等项目施工过程中的矛盾纠纷273件次，为各项建设提供优质服务，优化施工环境，确保各项工程有序推进。优化经济发展环境工作在全县排名第一。为湘佳农牧6万吨冷链物流项目、尧业城市广场、石门小商品批发市场、三江磁材二期建成使用做出贡献。为老城区4条道路提质改造提供良好施工环境。

产业发展。辖区工业企业58家，其中规模以上工业企业13家，占全县规模企业总数的11%；新增微小企业47家，微小企业总量达620家。新增限上批发零售企业3家，限上批发零售企业总数达22家，占全县限上批发零售企业总数的19%；新增个体工商户87家，个体工商户总量达到1712家。农业产业质效齐升。柑橘种植17260亩，产量4.5万吨，实现产值过亿；推荐11名优秀青年参加全省新型职业农民培训，11名合作社骨干获得新型职业农民证书，其中2名获新型职业农民中级证书；新注册柑橘合作社2家；建设柑橘有机肥代替化肥示范片5000亩。

城建城管。澧滨路打通“肠梗阻”通车并实现亮化美化，白云路、三江路、红土坡路、石青路等老城区四条出入城道路提质改造推进，实现城乡垃圾处理一体化。全力服从主城区带动战略，推进果蔬批发市场、尧业城市广场、小百货批发市场、白云山生态公园、龙凤水上乐园的建设。组织人大代表、政协委员开展县城市容市貌、环境卫生、交通秩序调研，广泛听取群众对城市管理的意见和建议，探索城市管理方法。兑现落实控违拆违奖惩措施，继续保持控违拆违高压态势，对乱搭乱建等做到发现一起，拆除一起。有效遏制私搭乱建现象，未发生一处新占耕地的违章建筑。各社区完善居规民约，对大街小巷实行常年保洁，做到生活垃圾日产日出；落实门店业主“门前六包”责任；加强保洁员管理，实现全天候保洁。

民生保障。城乡居民社会养老保险参保5520人，灵活就业人员养老保险参保1392人；参加城乡居民医疗保险36614人；严格执行城乡低保政策，完善城乡低保动态管理机制，落实城镇低保户238户331人；落实农村低保户147户195人；落实城乡特困人员救助41人；落实115名高龄老人补贴；落实696

名残疾人“两项”补贴；落实259人临时救助；受理办结医疗救助、门诊救助、重特大病救助26例，实现社会救助无缝覆盖。支持观山、二天门社区开展社会化养老示范建设，社会化养老服务体系逐步完善。对34个农村危房户实施危房改造。帮助379名失地少地农民、复退军人、返乡农民工、大中专毕业生找到就业岗位。

社会事业。为县人民医院北扩系列工程提供良好施工环境；开展社区卫生服务站（室）达标建设，实现每个社区有一所以上医疗诊所的工作目标；全面贯彻落实计划生育基本国策，落实独生子女父母奖励对象509人、农村部分计划生育家庭奖励扶助对象114人、计划生育家庭特别扶助对象26人。

美丽乡村建设。突出环境整治，重点抓好农村垃圾、养殖污染、面源污染和水生态环境治理，龙凤社区100家农户参与改水、改厕、改橱、改栏和美丽家园建设行动，其创建成果得到省移民局认可，为全省移民美丽乡村建设现场会提供了观摩现场；双红、荷花、观山、龙凤、红土等社区，建立保洁长效机制，结合省、市级卫生村创建开展环境卫生整治，消灭卫生死角；观山、荷花、龙凤等社区开展文明家庭、道德模范、孝亲敬老之星评选活动，提高居民参与文明创建的积极性。各社区扎实推进水环境保护和水生态建设，全面禁止在河流、水库、骨干塘等公共水域投肥养殖；深化垃圾分类、回收体系建设，遏制“白色垃圾”污染和焚烧秸秆、垃圾等大气污染行为。

安全稳定。坚守维护平安稳定底线，开展平安街道、无上访街道创建活动，实现社会大局和谐稳定的工作目标。具体措施：①突出重点抓维稳。把全街道划分59个网格，配齐网格管理员，启用365社会治理信息平台和网络办公。围绕“宣传、走访、服务、办事、防控”5个重点，入户走访居民18000余户，化解各类矛盾纠纷267起；为群众办实事113件，取缔临街面小茶馆、棋牌室18家；查处涉黄案件8起；指导观山等3个社区开展科学示范社区创建。本着“各个击破、亲情化解、友情帮扶、重点包保、风险评估”五原则，先后瓦解八大信访群体近20名重点涉访涉稳对象的信访行动，实现到市、赴省、进京上访“零登记”目标。②落实维稳工作责任，兑现社会管理综合治理“一票否决”制度。完善人防、物防、技防体系，制定维护和提升全街道44个“平安小区”质量的工作措施和年度考核机制，对80个平安单位、4000余个平安家庭进行复审验收。健全矛盾纠纷排查机制，及时掌握社会动态和不稳定因素，把问题解决在基层、化解在萌芽状态。平安创建工作受到市委、市政府表彰。③强化管理抓安全。严格落实安全生产责任制，实行党政同责、一岗双责、齐抓共管，重点加强消防、道路交通、危险化学品、烟花爆竹、特种设备等领域的安全隐患排查整治；对省政府挂牌的消防安全隐患点三岔路市场实施强制关闭；对51家企业落实安全生产责任制，强化责任追究，对7起安全隐患进行挂牌整治，组织烟花爆竹、摩托车、“九打九治”等专项整治活动，收缴非法经营烟花近30件；停产整顿工贸企业4家。齐心协力抓黄标车治理，在规定时间内全面完成66台黄标车处置任务。常态化做好校园食品药品、校车、建设工地等重点部位、重点领域的安全隐患排查与整治，杜绝较大安全生产事故、有影响的刑事案件发生。安全生产工作受到市委、市政府和县委、县政府的表彰，侯天华被评为“全市最美安全卫士”。④长效常态抓民调。开展入户走访征求意见活动，收集意见934件，各社区解决处理880件，街道办处理54件；《平安家庭创建公约》入户率达100%，居民平安创建知晓率、参与率提升；各社区投入资金596万元，办理利民实事34件，提高群众满意度，该项工作在全县半年和年终测评中，排乡镇街道第一名。

基层党建。推进“两学一做”学习教育常态化、制度化，每季度组织一次党员干部集中培训学习；聘请县委“十九大精神讲师团”讲师到楚江街道宣讲党的十九大精神；参加全市“好声音讲坛－讲话精神进基层”活动。深入开展党风、党纪教育和警示教育，组织党员干部集中学习县委关于改进干部作风的“六项严禁”。开展“廉政故事进讲堂”和“荷花品格、梅花精神”主题演讲活动；着力整顿软弱涣散党组织，使渫阳社区党支部的战斗力、凝聚力和号召力增强。完成社区“两委”换届，实现换届选举工作“无一人上访，无一人落选，无一人问责”目标；发展高学历党员9名；强化阵地建设，新建“两新”党组织54个；完善《社区干部目标管理考核办法》《社区人财物管理办法》；落实基层党建“四议两公开”“三会一课”制度；全面落实居民议事制度、民主理财制度，实行党务、居务公开。

创先争优。楚江街道坚持典型引路的工作方法，开展先进典型评选表彰活动，用身边先进典型教育感染身边人，形成比、学、赶、超的争先氛围。侯天华被评为“全市最美安全卫士”；杨辉明等10人被评为十大“楚江功臣”；叶才茂等10人被评为十大“楚江标兵”；辛建武等10人被评为十大“楚江先锋”；唐熙铁等10人被评为十大“楚江好人”。

（楚江街道）

【举办社区微型消防站建设培训】 2017年4月29日，楚江街道召集街道相关部门、各社区主任、安全专干在荷花社区举行社区微型消防站建设培训会。为进一步规范楚江街道社区消防安全管理工作，提升社区火灾防控应急反应能力，有效预防和处置居民住宅区火灾事故的发生，楚江街道联合县消防大队在荷花社区率先建立了社区微型消防站，配置了消防器材，规范了阵地建设，制订了规章制度。参训人员在会前集体观摩荷花社区消防站建设成果，学习各项规章制度，熟悉组织机构台账资料，现场观摩荷花社区消防队员的原地着装、防毒面具、消防栓、5千克灭火器使用等科目的演练。检验了社区微型消防站队员快速反应、精准处置火情的能力。演练结束后，县消防大队教官就如何使用灭火器材既应对处置突发火灾，进行详细指导和培训。

（章伍军）

【荷花社区被评为省“诗教先进单位”】2017年1月8日,楚江街道荷花社区被湖南省诗词协会评为“诗教先进单位”,并作为全省诗词之乡和诗教先进单位创建工作(石门)现场会的参观学习地点之一。楚江街道荷花社区自创立荷花诗书画影协会后,先后投入20多万元,为协会在活动场地、人员、资金上提供有力保证。在社区大力支持下,诗社会员在活动室每周定期进行书画诗词方面的交流,并在每季集中选取会员作品100多幅作品展出,会员作品展出在社区的走廊、办公室、活动室、会议室等各个角落。荷花诗书画影协会吸纳荷花会员80名,其中中华诗词协会会员8名,省、市、县诗词协会会员38名,出版《荷花诗社》《王昌永书法作品集》《湘北纪事》等20多本书籍。

(覃小兵)

【观山社区工会获“湖南省模范职工小家”称号】2017年1月5日,楚江街道观山社区工会被湖南省总工会评为2016年“湖南省模范职工小家”。观山社区工会成立于2010年6月,有2个工会小组,有工会会员28名,职工入会率100%。成立后,观山社区工会以创建“模范职工之家”为契机,坚持把“促进社区和谐发展、维护职工合法利益”作为工会工作重点,深化“职工之家”建设。积极服务中心工作,争创绩效之家。组织职工开展业务培训、技能竞赛、工会活动,职工对工会组织的满意率达100%。推进居务公开,争创民主之家。畅通会员进言渠道,加强职工考核和管理,积极为职工谋福利。切实维护职工权益,争创温暖之家。努力改善办公环境,不断完善职工活动场所,开展各种慰问活动。坚持正面宣传引导,争创文明之家。加强职工思想政治教育,鼓励职工自学成才,积极开展文体活动。注重安全教育防范,争创安全之家。加强安全警示教育,认真落实安全管理措施。观山社区先后获“湖南省科普示范社区”“常德市完美社区”“常德市模范职工之家”“全国科普示范社区”“湖南省创业就业星级示范社区”等称号。

(肖四清)

永兴街道

万　军	党工委书记
苏　斌	党工委副书记、街道办事处主任
刘　俊	党工委副书记
黄宏亮	党工委委员、人大联工委主任
赵　军	党工委委员、武装装部长、政协联络处主任(6月任)
方　菲	党工委委员、纪工委书记
朱　静	党工委委员(6月任)
金　迪	党工委委员、副主任(挂职)
王紫仪	党工委委员、副主任
毛　云	街道办事处副主任
杨建新	人大联工委副主任(6月任)

【概况】永兴街道办事处成立于2016年1月29日。街道定位商贸科教区,行政区域面积35平方千米,东抵易家渡镇,西至狮子脑,南依澧水河,北靠长青山,S308绕城线穿境而过,整个辖区呈山南山北分布。街道辖6个社区,分别是新厂社区、永固社区、刘家坪社区、杨二汊社区、双溪社区、双桥社区。总人口43120人,其中农业人口19207人,耕地面积12558亩,森林面积13850亩。街道办事处党工委有34个基层党组织,其中:党工委1个,党总支5个,党支部28个,有党员742名。内设机构有党政综合办公室、党群办公室、综治办公室、安监办公室、城建办公室、城管办公室、财政所、民政办公室、劳动保障办公室、经贸办公室、经管办公室、农村办公室、卫生和计划生育办公室等。街道行政、事业编制核定总数67名。有行政、事业干部职工59人,其中行政干部30人,事业职工29人。2017年,全年实现地区生产总值17.6亿元,财政总收入5225万元,城、乡居民人均可支配收入分别达15300元、11305元。各项经济指标在乡镇街道中排名均处前列。

经济发展。始终坚持“发展才是硬道理”,聚焦产业发展。①工业。完成工业产值15.1亿元,同比增长126%。其中规模工业产值完成9.5亿元,完成年度计划的108%;规下工业产值完成5.1亿元,完成年度计划的111%;社会固定资产投资完成23亿元,完成年度计划的115%。工业固定资产投资完成6.8亿元,完成年度计划的133%。②商贸。全年新增服务经营主体362家,“社零工作”月增速达33.7%。限额以上商贸社会零售总额达2.6亿元,同比增长119%;房地产和建筑业完成产值2.15亿元。③农业。农林牧渔业完成总产值 2.2亿元。金湘源5000吨黑茶生产基地建设项目、楚韵茶业中茶生产线建设项目建设动工。支持“龙头企业+基地+农户”的精品农业发展壮大,创建省级农业产业化龙头企业1家,农民专业合作社、家庭农场等新型经营主体17家。

项目建设。①招商引资。立足城区提质建设,招商项目总投资7亿元的时代华府楼盘·锦江酒店、投资4亿元的石门腾越电子产业园开工建设。②项目建设。博雅公馆一期、妇幼保健院项目等主体工程如期完工,石门新合作物流园二期、石门澧水四桥等5个新项目开工,公安局技术业务大楼、检察院办公大楼、碧桂园一项目二期、博雅公馆二期、天瑞·幸福里、东城尚都等18个在建项目有序推进。③征地拆迁。累计征地852.4亩,倒房146栋,安置拆迁户150户。

脱贫攻坚。①道路建设。投资966.42万元,新修道路38.5千米,硬化道路27.3千米。②安饮工程。投资370.6万元解决辖区居民安全饮水问题。③健康扶贫。刘家坪社区投入10万元完善卫生室基础设施建设并建成投入使用;贫困人口医保参加率达100%,住院享受“一站式”结算和“先诊疗后付费”政策、住院报销比例提高10%、大病保险起付线降低50%。④危房改造。发放28万元用于8户建档立卡贫困户农村危房改造。⑤产业扶贫和金融扶贫。发放产业扶持资金60万元，发放金融扶贫贷款203万元，89户贫困户享受贴息贷款。⑥教育扶贫。为130名贫困学龄前儿童申请每人500元的入园补助，为92名贫困学生申请每天4元的入园补助，教育扶贫资金计10万元。

城乡建设。坚持城乡统筹，协调发展，生态环境得到改善、文明指数明显提升、城市建设提质稳步推进。坚持绿水青山就是金山银山的发展理念，秸秆焚烧、垃圾污染、禁鞭禁燃等工作落到实处，生态环境得以有效保护。注重村落环境、交通干道河流沿线，村部院落环境、养殖区环境等方面的整治，街道卫生状况大改观。开展市容市貌和交通秩序整治大行动，城乡面貌焕然一新。依托“道德讲堂”“我们的节日”“最美家风”、志愿者服务进机关、进学校、进企业、进小区等活动，继续巩固“全国文明村镇”创建成果，通过全国文明指数测评复检复查。重视控违拆违工作，街道出动控违拆违工作人员150余人次，下达停工文书88份，拆除违法违章建筑40处，面积达3542平方米，其中新建违章面积2552平方米，存量违章建筑面积990平方米。

民生事业。启航幼儿园投入使用并招生，杨二汊社区养老院建成，全年联合东城工商所开展食品安全执法行动17次，切实保障居民 “舌尖上的安全”。完成319户945人城乡低保、特困和社会保障认定清理整顿工作。为400户特殊群体发放27万元春节慰问和临时救助金，发放医疗救助金67969元。参加城乡居民养老保险6216人。城乡医保缴费21222人，实现100%参保，为497人办理特殊门诊，切实保障和改善民生。成功申创湖南省创业带动就业示范性街道，新增城镇就业人员1648人，失业人员再就业就业798人，城镇就业困难人员实现再就业394人。完成贫困劳动力信息采集373人，完成街道劳动力转移就业信息采集登记录入131人，完成1906人全民参保登记录入工作。

（永兴街道）

【石门锦江国际酒店项目开工】2017年6月16日，石门锦江国际酒店项目开工仪式在永兴街道新厂社区举行，市人大常委会副主任、县委书记谭本仲宣布项目开工。石门锦江国际酒店选址永兴街道澧水风光带尔琢路段（石门一中西侧），委托上海锦江国际酒店管理有限公司管理。

石门锦江国际酒店及配套项目由石门时代实业发展有限公司投资建设，酒店按照五星级标准设计建造，是集餐饮、客房、会议、商务、娱乐为一体的综合性酒店。酒店及配套项目总投资约6亿元，占地85076平方米。其中锦江国际酒店子项目投资约3亿元，占地30亩，主要建设35000平方米星级酒店；其他商业配套项目开发占地97.5亩，主要建设17000平方米商业及高品质住宅，项目建设周期为36个月。项目建成后，将提升县城城市品位，促进东城新区商贸繁荣，提高旅游接待能力，拉动县域经济发展。

（编辑部）

【新合作石门物流园二期项目开工】2017年1月16日，新合作石门物流园二期项目开工仪式在永兴街道办举行。县委常委、常务副县长周功表主持开工仪式，县委副书记、县长郭碧勋致辞。新合作石门物流园二期项目是县政府重大招商引资项目，于2011年11月签订正式投资协议，由常德新合作商贸连锁有限公司投资，项目选址永兴街道办刘家坪社区，分二期建设，一期投资3.5亿元，已建成营业。项目二期物流综合版块总用地面积53894.6平方米，净用地面积39700平方米，总建筑面积52461.42平方米，建设周期为2年，投资1.5亿元左右。参加石门物流园二期项目开工仪式的有县领导胡杰、刘颖、李世权、车立平、龚云林、杨书凡、陈景华等，市、县相关部门负责人，社区群众代表及新合作石门物流置业有限公司员工400余人参加开工仪式。

（徐联盟）

宝峰街道

高　启	党工委书记
黄申锐	党工委副书记、 街道办事处主任
田启培	党工委副书记
陈　日	党工委委员、 人大联工委主任
薛文军	党工委委员、 政协联络处主任 （6月任）
周常文	党工委委员、 副主任（6月任）
贺良蒿	党工委委员、 纪工委书记
刘天娇	党工委委员
朱　晖	党工委委员（6月任）、 街道办事处副主任
唐华艳	街道办事处副主任
申咏梅	人大联工委副主任 （6月任）

【概况】宝峰街道辖原二都乡曹家棚社区、月亮山社区、天供山社区、新坪社区、花山社区、竹园塔社区，新关镇七松社区、原楚江镇中渡社区、宝塔社区、双新社区、黄泥岗社区，共11个社区。行政区域总面积60.58平方千米，耕地总面积54534.2亩，总人口43655人。2017年，完成地区生产总值49.8亿元，增长15%；完成规模工业增加值38.2亿元，增长10.1%；完成固定资产投资31.1亿元，增长37%。综治稳定工作进入市级先进行列，成功创成“无上访社区”先进单位；民调、优化环境、民政、党建等工作成为全县先进典型。中渡社区、宝塔社区创建为“全国无邪教示范社区”；曹家棚社区被列为“省级服务业综合标准化示范平台”； 天供山、曹家棚、双新等社区创

成市级文明社区；月亮山、新坪等社区创成县级文明社区；街道在创成县级文明单位的同时获市级文明窗口单位称号。

基础建设。投资350万元完成15千米村组、小区道路硬化工程；投资196.5万元完成6.5千米小区道路扩宽提质改造工程。投资162.8万元对七松、新坪、竹园塔、曹家棚等社区的河道、溪沟、沟渠等治理，确保河塘沟渠水流畅通，达到水清、岸绿、景美的治理目标。完成竹园塔、七松等6个社区电网改造以及月亮社区变压器的升级改造，解决了部分群众用电难的问题。投资40万元，完成花山、双新等社区的办公楼改造、扩建工程；投资170万元，新建花园小区、梯云小区网络办公室；街道便民服务场所、功能不断完善。投资50万元，启动花山、七松千亩脐橙品改项目，支持花山、七松、新坪、竹园等脐橙品种改良，现代农业得到发展。

城建城管。控违拆违方面，全年共计拆除违法建筑近1604平方米，实现年初制定的违章建筑零增长、违章建筑存量负增长的目标。城市卫生方面，严格环卫管理，落实部门、企业包路段、居民“门前六包”等措施，居民生活环境得到改善。市场管理方面，严查出店经营，取缔奉天路马路市场，对五完小、宝峰中心学校、石门二中等学校周边占道经营摊点进行整治，实现城市管理的法制化、规范化。宝峰欣城、红星美凯龙、生活家农贸市场竣工运营，投资千万元的中影鸿鑫国际影城开业，街道城市功能逐步完善，居民幸福指数节节攀升。

征地拆迁。全年完成市民之家二期，澧水南岸风光带，夹山大道景观节点，曹家棚农贸市场，标准化厂房三、四期，汽贸城，奉天路、妇联路、双佰路升级改造，城市污水管网，园区路网，园区储备地块等项目建设的征地拆迁工作；启动市民之家二期扩建、安慈高速等项目前期调查工作；全年征地1000余亩，拆迁300余户。

脱贫攻坚。把脱贫攻坚作为最大的政治任务和民生工程，坚持“一切工作围绕脱贫攻坚、一切工作服从脱贫攻坚、一切工作服务脱贫攻坚”，围绕“三率一度”开展脱贫攻坚工作。为61户贫困户争取122万元分贷统还贷款帮扶，贫困户获利9.76万元；全面落实扶贫特惠保，参保率达100%；通过产业技术培训和资金帮扶，促成29个产业扶贫项目；通过产业帮扶和劳务输出帮助87户284人实现增收；完成64户贫困户危房改造。2017年脱贫320人，贫困发生率降至0.56%。

综治维稳。成立专业巡逻队、社区义务巡逻队，配合公安机关深入开展“扫黑除恶”“扫黄打非”等专项行动，全年出警500人次，维护企业与群众的切身利益，净化社会风气。建成高标准的街道、社区综治中心、信访接待中心和人民调解庭，畅通群众上访渠道，部分积案得到化解。

生态环保。按照“综合利用、粉碎还田、集中堆放、杜绝点火、责任追究”的原则，上下联动，齐抓共管，全面禁烧秸秆。完成淘汰29台黄标车的任务。开展“禁鞭”工作，各社区、各部门高效配合、精心推进，通过强巡查、重宣传、严处罚，实现烟花鞭炮零燃放。

社会事业。投资12万元，完成七松、新坪、黄泥岗等社区广播“村村响”工程建设。投入100万元改善教学设备，就学条件得到改善。投入10万元组织开展气排球、百团大赛等全民健身活动，丰富了群众生活。完善低收入家庭专项救助、城乡困难居民临时救助和城乡低保救济制度，按时足额发放各种惠农补贴，全面完成居民养老保险、医疗保险费用收缴。全年技能培训196人、转移贫困劳动力26人、发放助业贷款320万元。开展“暖冬行动”，发放慰问金23.8万元，慰问困难对象520户。开展救灾、救助工作，全年发放救灾资金12万元、临时救助15.69万元，惠及754户2306人。

（宝峰街道）

【**捷源玻纤项目竣工投产**】2017年6月14日，由县政协引进的工业项目“石门县捷源玻纤有限公司”在宝峰街道竹园塔社区竣工投产。捷源玻纤建设项目经湖南省人民政府（2017）政国土字194号文件批准，同意征收宝峰街道竹园塔社区居委会部分集体土地0.4185公顷，2月开始征收土地并动工建厂，由温州籍商人投资，计划总投资7700万元，实际完成投资5000万元，项目工程建设速度快，短期内竣工投产。

石门捷源玻纤公司拥有13项高端玻璃纤维生产专利，是湖南省唯一的一家生产经营特种高端玻璃纤维的企业，产品为无砷无碱、符合欧盟标准的玻璃纤维，主要应用于电子、电力及环保材料，技术标准达国内顶尖水平，年产值达5000万元，创造就业岗位260个，可实现税收300万元。

（编辑部）

二都街道

沈珍文	党工委书记
刘　强	党工委副书记、街道办事处主任
杨耀志	党工委副书记
蒋保华	党工委委员、人大联工委主任、武装部部长
张　霞	党工委委员、政协联络处主任
向延明	党工委委员、纪工委书记
潘兴元	党工委委员、街道办事处副主任
覃　静	党工委委员
饶天喜	党工委委员、街道办事处副主任
周　霞	街道办事处副主任
杨文忠	人大联工委副主任

【**概况**】二都街道南倚夹山国家森林公园，北临澧水河，与永兴街道、易家渡镇隔澧水河相望，西与宝峰街道毗邻，东与临澧县新安镇接壤。下辖南峰、陈氏祠、千烽、卫星、土山、牌楼、双龙、高桥8

个社区，全区总面积 35 平方千米，总人口 3.7 万人，办事处驻陈氏祠社区。2017 年，二都街道完成地区生产总值 8.2 亿元，规模工业总产值 22.4 亿元，固定资产投资 14.51 亿元，施工项目 16 个，其中 5 千万以上项目 6 个，农林牧渔业完成总产值 2.88 亿元，居民人均收入 12367 元。街道计生工作被评为市级先进，南峰社区被授予全省无邪教创建示范社区、市级“无上访”社区、市级文明社区称号，双龙社区和高桥社区被授予“湖南省卫生社区”称号。

脱贫攻坚。二都街道有建档立卡贫困户 198 户 610 人。2017 年，街道提高政治站位，一切围绕脱贫攻坚，全力落实“三率一度”“三个责任”，开展“一卡两讲三会四活动四必访”，巩固 111 户 362 人稳定脱贫，49 户 160 人如期脱贫。其中教育脱贫 9 户，转移就业脱贫 2 户，发展生产脱贫 23 户；对 60 名有产业发展意向的贫困户争取扶贫小额贷款资金 128 万元；12 名在读职校贫困生“雨露计划”通过申报审批；完成 51 户危房改造任务，其中建档立卡贫困户 25 户，完工率、入住率达 100%；完成贫困劳动力未就业人员转移就业 19 人；全面推进家庭医生签约服务，建档立卡贫困户签约率达 100%。

项目建设。2017 年，石门大道提质改造工程、县工业污水处理厂、禾田居项目、湘北职专补征地块、沿江南路、夹山大道东延等项目 495 亩土地压青腾地，76 栋房屋(门面)拆除，104 座坟墓迁移，金玉观路、汪家坪路 30 余亩土地丈量、青苗登记和压青腾地，兰香路、九峰路近 200 亩土地 85 栋房屋的调查以及三榜公示，污水管网所涉范围内的压青腾地工作均如期完成。投资近 4 亿元的在建项目禾田居森林康养度假村进展顺利。推进移民后扶项目 10 个，资金 158.62 万元，硬化道路 8 条 3200 米；整修堰塘 3 处 16537 平方米，整修沟渠 500 米，拓宽路面及清理下水道 600 米。

城镇建设。全面部署落实街长制，城市管理力量得到加强。以夹山大道东延、沿江南路风光带为代表的路网建设，初步形成二都街道一纵三横的路网体系，城市骨架拉开。全面推进洞庭湖区沟渠疏浚项目，疏浚 7 个社区 20 余千米排灌两用的大排渍沟，整修新建居组公路 42 千米。对土山至南峰等五个社区全面开展“禁鞭”，完成 700 户的三格化粪池改建，投资 20 万元添置环卫设施 3000 套。

社会保障。全年发放各类救助资金 191 万元，落实农村低保 211 户 246 人，城市低保 4 户 6 人，特困对象 39 户 43 人。新增城镇就业人员 750 人，完成新农保持卡缴费 6939 人，参保率 99%，城乡居民医疗保险实现 17409 人全覆盖，274 人领取失地农民养老保险。完成妇女“两癌”筛查 1429 人次，扶助计生特困对象 21 人，发放奖励扶助金 8.6 万元。投资 400 万元的南峰幼儿园于 9 月开园，新增幼儿学位 100 余个。南峰社区建成 2000 平方米文体中心。加强对留守人员的关爱服务工作，牌楼社区建成全县唯一的留守人员中心并投入使用。

党建工作。严格按照“两推一选”“五必到”“五必看”“五必谈”的原则，全面贯彻组织意图，完成居支两委换届，7 名社区干部离任，15 名社区干部新任。其中，新任党总支书记达 50%。注重培养后备力量，培训入党积极分子 25 名，发展党员 6 名，转正党员 11 名。扎实开展“两学一做”学习教育，在全体党员中掀起“红星云”学用热潮，强化流动党员管理，畅通信息交流平台。评选优秀共产党员、优秀片组长和“五星”人物 98 名，树立了全县“百名帮扶成效突出干部”和全县“百名自力更生脱贫群众”等一批典型。出台《二都街道社区财务管理办法》《二都街道社区财经纪律“九个严禁”》，规范社区资金使用和项目管理。

【县工业污水处理厂建设工程动工】 2017 年 3 月 29 日，在二都街道南峰社区，石门县工业污水处理厂正式破土动工。该项目占地总面积 55 亩，总设计规模为日处理污水能力 2 万吨，项目总投资 1.93 亿元，其中工程费用 1.41 亿元，主要由污水处理厂区及配套管网两部分组成。县委、县政府要求业主单位和施工单位严格按照年底投产运营的目标，实行挂图作战，工期倒排，加强项目管理。二都街道办事处、南峰村为项目提供优质服务，创造优良环境。项目建成后可改善、保护澧水流域的生态环境，提升城市形象，完善工业园区功能，促进县域经济、社会与环境的和谐发展。

【表彰孝亲敬老典型】 2017 年 10 月 28 日，二都街道举办“2017 三星典型、最美家庭表彰大会暨南峰社区老年节活动”，对牌楼社区赵卉姿等 8 位孝亲敬老之星、南峰社区殷远枝等 8 位老有所为之星、千烽社区易么秀等 4 位健康长寿之星、卫星社区的孙元银等 8 个最美家庭给予表彰。

【洞庭湖区沟渠疏浚项目通过验收】 2017 年 12 月 20 日，县水利局项目验收组完成对二都街道洞庭湖沟渠疏浚项目的现场验收工作。大排渍沟贯穿该街道南峰、陈氏祠、双龙等 7 个社区，全长 13 千米，宽 10 米，总投资 150 余万元，属灌排两用项目。项目实施后，辖区雨季内积水及旱季农田灌溉问题将得到进一步解决，受益总面积 12081 亩，其中水田 4779 亩，旱地 7302 亩，受益人口 16916 人。自实施洞庭湖区沟渠疏浚项目以来，二都街道完成辖区近 20 千米的沟渠清淤工作，辖区水利建设得到完善，为农业增收提供了保障。

（二都街道）

易家渡镇

胡侠义	党委书记(2 月任)
易小平	党委副书记、镇长(2 月任)
周正宏	党委副书记(9 月任)
皮宏洲	党委委员、人大主席团主席
刘黎明	党委委员、政协联络处主任
向春林	党委委员、纪委书记

黄显亚　党委委员、副镇长、武装部部长
陈新星　党委委员、组织委员
唐耿彪　党委委员、副镇长（6月任）
孙　燕　副镇长
陈毅民　人大主席团副主席（6月任）

【概况】2017年，易家渡镇以“稳中求进、脱帽争先”工作基调，围绕“建设实力、活力、魅力、给力易家渡”为目标，突出抓好“脱贫攻坚、项目建设、民生改善、安全稳定、基层党建”等重点工作，各项工作平稳发展，全面完成年度目标任务。2017年，全镇实现工业总产值119274万元，其中规模工业完成100110万元，增长27.8%。工业固定资产投资61000万元，增长8.3%；工业技改投资42000万元，增长17%；实现三产业总产值50051万元，增长5.1%。

脱贫攻坚。按照“一超过，两不愁，三保障”的工作要求，精准发力，扶真贫、真扶贫。安排镇村干部百余人对全镇278户建档立卡贫困户结对帮扶；为贫困户点亮“微心愿”300余个，解决实际困难700余个；各村建立20万元的专项扶贫资金，从产业发展、特困救助、助学帮扶等方面对贫困户进行奖励扶持；全镇278户贫困户全部完成“家庭医生”签约；111户危房改造工程竣工；为84名贫困家庭学生提供教育帮扶；总投资160万元的12个扶贫基础设施建设项目全部完工。2017年，全镇207户599人脱贫。

项目建设。全镇规模工业企业4家，骨干企业20家。投资800万元的四水治理河堤整治项目进展顺利；投资200万元的冉家坪白改黑工程全部竣工；2个污水处理站9月投入使用；投资50万元的丁山安置点雨污分流，场内硬化及进场道路扩宽全部完工；投资150万元的移民后扶项目和投资60万元的高效节水项目全面竣工。

平安建设。处理各类矛盾纠纷92起，调解成功率达98%，民调工作市抽查位居全县第一，全镇无人赴省进京上访。2017年，全镇安全生产严格落实“一单四制”和煤矿驻矿盯守，组织安全知识培训19次，开展安全生产大检查10次，查处隐患85起，整改到位82起。打击非法经营烟花鞭炮户3家，处罚3家。对易市农贸市场消防安全隐患，部门联动组织排查，成立消防队伍，完善消防器材，疏通消防通道，并邀请专家进行消防知识培训。镇政府对辖区内芦垭煤矿落实责任包保，安排专人值守，并对员工进行安全生产培训，实行特殊岗位持证上岗，严控每班下井人数，加装2个监控，全天候实时监控矿井情况。全年全镇无安全事故。

社会保障。①社会救助。全镇大病医疗救助23人，发放救助金13.8万元。临时救助117人，发放救助金10.64万元。为435户受灾群众打卡发放救灾资金16万元。②养老服务。为48名失能、半失能老人落实基本养老服务，服务费8.16万元，为441名老人办理免费乘坐公交车卡。③残联工作。全镇持有二代残疾证共700人，其中一、二级残疾人316人，全年发放残疾人护理补贴17.65万元，发放残疾人生活补贴11.32万元。残疾人机动轮椅车燃油补贴135人，发放资金3.51万元，发放辅助器具121件。④养老、医疗保障。城乡居民养老保险持卡缴费人数达10088人；城乡居民医保缴费人数达21839人，完成88.14%；⑤就业服务。农村劳动力转移就业11013人，其中跨省就业5484人，城镇新增就业人数182人。全镇贫困劳动力人数156人，转移就业48人。

基层党建。2017年，利用支村“两委”换届的契机，对全镇村（社区）班子成员的年龄结构、知识结构、人员结构进行大面积调整，着重从退伍军人、外出务工人员、致富能人中选拔村后备干部。31名入党积极分子参加培训。发展新党员8名。开展了庆“七一”系列活动，慰问困难党员33名，表彰优秀党员21名，并在军档桥村文化广场举办“践行两学一做，舞动幸福生活”广场舞比赛。3月，县委组织部、县民政局在易家渡社区开始“3+X”村民小区自治管理创新试点，形成“党委领导、政府负责、社会协同、公众参与、依法自治”的基层社会治理格局。“3+X”村民小区自治管理试点在全县推介。

（胡　飞）

【试行油菜机械化播种】9月26日，易家渡镇在军档桥村举行油菜机械化播种现场演示会，15分钟内完成1.24亩田的一次性开沟、整地、施肥、播种。油菜是易家渡镇主要农作物之一，全镇油菜种植1.3万亩。镇党委、政府将油菜生产作为农业增效、农民增收、脱贫致富的重要举措来抓，引进最新机械设备，实施机械化播种，推进油菜全程机械化生产，全镇油菜机械化播种面积3000亩以上。

（编辑部）

新关镇

王亚平　党委书记
廖加富　党委副书记、镇长
吴新桃　党委副书记
唐凤军　党委委员、人大主席团主席
康绍国　党委委员、政协联络处主任、武装部部长
邓宏平　党委委员、纪委书记
朱　静　党委委员（6月止）
郭晓羽　党委委员（6月任）
陈　前　副镇长
李帛霖　人大主席团副主席（8月止）
徐　孟　人大主席团副主席（8月任）

【概况】2017年，新关镇全力打造富

有经济实力、独具乡镇魅力、充满创新活力的新形象，全镇工业经济、特色农业、重点项目、基础建设、集镇建设、生态建设、脱贫攻坚、综治维稳、社会保障等方面呈现良好势头，各方面工作取得进展。

工业经济。全镇实现地区生产总值6.6亿元，实现工业生产总值5.2亿元，其中葛洲坝特水公司实现产值2.6亿元、新关水泥建材1.3亿元、玉叶公司5247万元、裕丰公司2785万元、磷和公司4899万元。水泥行业完成产值约3.9亿元，化工行业完成产值约1.3亿元，较同期相比水泥行业工业产值上升2.14%。完成固定资产投资8.2亿元。强力建材新型板材项目进入洽谈阶段，计划投资5000万元；鑫砾建材项目预计总投资1亿元以上，前期工作有序推进。

特色农业。加强农业基础建设，发展新兴产业，农业产业提质增效。全年全镇粮食总产量3438吨，同比增长10%，蔬菜产量3590吨，油菜产量674吨，特色产业松林核桃产量35吨，产值150万元；畜禽养殖规模稳定，发挥大户引领示范效应，出栏生猪0.6万头、牛90余头、羊1400只、家禽500000羽。养殖业年产值1660万元；在国家能繁母牛扩群项目引导下，发展能繁母牛223头，发放能繁母牛专项资金9.8万元。柑橘种植技术不断提升，全镇柑橘种植总面积15674亩，其中，早熟温州蜜柑10000亩，脐橙（包括纽荷尔脐橙）近5674亩，产量达3.5万吨，实现产值9000万元。橘农人均收入同比增加25%。全年举办各类培训班20期，培训橘农2000人次；编印《生产指导》技术资料2.5万余份；强化大实蝇控防工作，与各村居签订防控工作责任状，推动柑橘销售深加工，兴建柑橘储藏通风库3000平方米，可储柑橘5000吨，极大延长柑橘的销售期，支持柑橘打蜡加工基地建设，全镇新增生产线5条，打蜡加工能力达5万吨以上。

重点项目。强力建材有限公司的1000万片琉璃瓦生产线项目投产，年产值达到1亿元；葛洲坝60万吨白水泥建设项目总投资6.6亿元，11月点火，生产正常，预计年产值超过5.5亿元。其中葛洲坝60万吨白水泥项目是县领导挂牌督办的重点项目，镇、村干部多次深入项目建设一线，现场协调，解决廊道4个隧道出口建设、电力专用线4处铁塔征地、河边公路1200米绿化、房屋拆迁安置21栋21户以及原特水与“铁脑壳”餐馆房屋纠纷等“老大难”问题，将矛盾化解在萌芽阶段，保障项目建设进度。计划投资8000万元的农贸市场改造项目与长沙银联置业达成初步意向。

脱贫攻坚。镇党委举全镇之力，把脱贫攻坚作为压到一切的政治任务。一是压实责任。发挥驻村工作队、镇村干部在脱贫攻坚工作中主力军的作用，形成党委统筹谋划、班子成员包村负责、各部门协调配合的运行机制。围绕脱贫攻坚组织各种动员会、调度会、推进会70多次。二是落实结对帮扶。镇、村党员干部、县驻村工作队以及人大代表、政协委员共224人作为帮扶责任人，与407户1365人建档立卡户实行结对帮扶，通过开展大走访大调查，深入调查贫困户家庭情况，强化帮扶措施，精准施策。三是推进精准扶贫。综合考虑全镇资源优势和市场需求，因地制宜的开展特色种养殖扶贫工作，突出柑橘支柱产业的培训和可持续发展，进行品种改良和扩大规模种植，主要采取以奖代补的形式，完成柑橘品种改良和规模种植590亩，发展生猪养殖200余头，土鸡散养17900余只，核桃种植150余亩，兑现产业扶贫奖补资金49万元。积极落实扶贫小额贷款政策，为100余户办理小额信贷分贷统还，发放贷款223万元，农户每贷万元将获利800元；严格落实城乡居民保险有关规定，建档立卡贫困户参保率达100%；有针对性的上门入户开展教育扶贫政策宣传，全年申报“雨露计划”助学18名，对30名贫困初中寄宿生进行核实登记，每月发放生活补助150元；加大健康扶贫宣传力度，联合卫生院组建4个健康扶贫服务团队，为362名贫困人员进行体检并建立健康档案；开展职业技能培训，完成转移就业77人次，月嫂培训6人，B2驾照学习1人。稳步改善贫困户住宿条件，全镇全年实施易地搬迁32户98人，农村危房改造59户167人。四是发展特色产业。鼓励各村居发展符合各自禀赋的特色优势产业，如新关社区与恒通物流公司合作成立新关社区运输队，承接葛洲坝矿山运输业务，初具规模；新桥社区建设高山藤梨产业园，总面积85亩，完善配套；长岭村投资20万元在长岭山种植各种花卉、经济林木打造长岭山观光园、长岭观光带；松林村新建50亩核桃基地；五桂村入股明元柑橘合作社，每年按比例分红。2017年，全镇252户881人达到脱贫验收标准。

基础建设。①道路建设。硬化村级道路5千米，完成新界公路长7千米拓宽、新茅公路长5.8千米拓宽、X201公路加宽提质改造项目，其中X201公路加宽提质改造项目是县交通大会战督办的重点项目，投资960万元；②安饮工程。对长岭村、新桥社区、五桂桥村、松林村饮水工程进行提质改造，更换加压设备一处，水泵两个，闸阀30个，铺设管道26.5千米，投入资金109万元；完善集中供水、分散式供水和蓄水池建设，完成新关自来水厂收购，6月15日，县自来水公司新关供水站成立，解决了集镇居民的安全饮水问题。③农田水利。新建机耕道3000米，新修灌溉渠2000米，整修堰塘10余处。

集镇建设。①美化工程。投资300多万打造全县第一条乡镇级商业步行街，全街统一广告牌制式，安装9盏仿古路灯、休闲凳、花盆、铺设沥青路面及1000多米的彩色灯管，惠及商户80家。②白改黑工程。完成集镇主干道新堰街至安乐道路沥青混凝土铺设及道路两旁人行道路沿石铺设。③绿化工程。在集镇街道、河边道路、省道S303两旁，新栽成型桂花树300棵、新建两处小型公园，建设沿河风光带，为集镇居民增添休闲去处，提升集镇品味。④净化工程。注重集镇卫生保洁，积极开展环境卫生整治行动，在石门县首创集镇卫生劳务外包举措，将集镇保洁外包给专业公司进行专门管理,实行每天清扫、洒水、垃圾日产日清的常态化保洁,集镇卫生状况有改观,成功经验得到市里推广。2017年,全县四个季度环境卫生评比中,新关镇均被评为一类。⑤亮化工程。对集镇主干道实施增亮计划,安装单臂高杆路灯108盏,优化人居环境,确保群众出行便捷与安全。

生态建设。2017年,围绕安乐美丽乡村建设,打造新关乡村旅游名片,安乐游客接待中心、亲水广场、亲水栈道相继完工,沿河树木栽种、荷花池整修、环山自行车游道相继修建完成。注重生态建设,全年植树90000株,其中经济林80000株,花卉苗木10000株。加强生态保护,对乱砍滥伐,毁林开荒、乱采石头、乱捕滥猎等行为进行严厉打击,联合森林公安,林业执法大队开展专项行动,查处各类违法人员13人。

环保整治。2017年,开展针对化工、养殖、饮用水源等多个方面的环保专项整治,动员全镇上下向"脏、乱、差"宣战,全镇累计投入资金25万元用于集镇垃圾清运、市场卫生管理、硬件设施设备升级及洒水车维护。严格落实"河长制",实行"一河一策",对河流实行网格化管理。开展养殖污染治理,对辖区内排污不达标的养殖场下发整改通知书,改进排污方法。加大秸秆禁烧工作力度,严控期内镇、村、组三级干部不分昼夜严阵以待,制止违法行为12起。

控违拆违。强化巡查机制,实行错时管理,安排执法人员早、中、晚三次对重点路段区域巡查,防止违章搭建的发生。在S308等严控区域设置了禁止违章建设的宣传牌。对集镇的乱搭乱建,乱堆乱放,占道经营、流动摊点等乱象进行集中整治,查处马路摊点420人次,治理超载洒落516次,拆除户外广告牌、横幅等100余条。全镇无新增违章搭建。

文化教育。镇村文艺繁荣发展,成立文化志愿小分队,发展民间广场舞队20支,舞狮队1支,腰鼓队2支;建成文化广场2个,拥有农家书屋13个,藏书8000册。五桂桥村村级综合文化服务中心被评为省级示范点。加强校园安全监管,开展校园及周边环境治理专项行动,规范校车行车路线,师生安全意识不断提高。2017年,新关镇九年级120人参加中考,20人被石门一中录取。

卫计工作。依法实施全面二孩政策,计生工作由管理向服务转型,认真贯彻落实计生奖扶政策,上报农村"奖扶"163人、"特扶"对象5人、城镇"两扶"对象5人,准确率达100%。加大计生政策宣传力度,在集镇设立两块大型户外宣传栏,发放宣传手册1100份,建立流动人口QQ群,做好流动人口政策宣传。开展生育关怀行动,争取生育关怀资金1.1万元,对全镇13名独生子女特困家庭和"失独"家庭进行走访慰问。全镇出生人口186人,符合政策生育率96.77%。

社会保障。2017年,做好企业退休人员和下岗失业人员的摸底工作,建立企业退休人员和下岗失业人员花名册、信息表,及时掌握动态信息。4至5月,对新关镇范围内的企业退休职工进行资质年检,计391人次,做好失业人员再就业工作,全年新增城镇就业人数54人,农村贫困劳动力转移就业77人,农村劳动力转移就业350人,完成城乡居民医保征缴任务,为8名自主创业人员提供小额贴息贷款。规范落实低保、救灾救济等政策,全年落实各类保障对象362人,其中落实农村低保对象227人、城镇低保对象26人、"五保"对象62人,社会保障兜底对象47人,发放最低生活保障金128.2万元、特困金15万元、临时救助金13万元、救灾救济25万元和重度残疾人护理补助金、特困人员生活补助金45万元。

综治维稳。全年接访群众62批88人次,排查矛盾纠纷97起,接待法律咨询103人次。查处刑事案件11起,行政案件27起,办结治安案件14件;实现治安巡逻常态化,镇义务巡逻队每周辖区内巡逻次数不少于3次;完善365平台大数据建设和网格化建设,建立健全网格化系统,强化微治理,镇、村、组三级均建立相应的平安网格微信群,群成员达5000余名;探索总结出信访"一三七"工作法,有效化解矛盾纠纷,2017年全镇未发生赴省进京重点信访事件。县委将新关镇列入"无上访乡镇"创建试点,各项创建工作有序开展。

安全生产。全面开展安全生产大检查和安全知识宣传培训,3月29日,组织防汛抢险、防灾减灾应急演练。政府保障安全、应对和处置突发事件的能力进一步提高。积极开展道路和水上交通、摩托车、货车超限超载、烟花鞭炮打非治违方面的专项整治,先后取缔烟花爆竹下店上宅5家、前店后宅4家,查获证照不齐的车辆百余台,开展"安全生产百日行动",对高危行业进行隐患排查,食品安全每季度进行专项督查,不定期开展常态巡查,全年共收集并整改安全隐患124起,处罚矿山企业违法生产行为罚金18万元,下达整改清单53份,审批销号清单48份,2017年未发生一起安全生产事故。

"两委"换届。坚持加强党的领导,充分发扬民主,严格依法办事,严肃换届纪律,依法依规有序推进村(居)"两委"换届选举工作。5个村级党组织换届选举,选出21名总支委员,其中书记5人,副书记2人,委员14人,女性委员8人。村(居)委会换届选举,选举21名村委会委员,其中主任5人,委员16人,女性委员8人。换届选举产生27名村(居)"两委"干部,交叉任职15人。

党建工作。2017年,党委班子及各党支部先后开展4次以习近平总书记"红船精神""学家训,立家规,正家风"为主题的专题学习讨论;坚持落实每月"主题党日"学习,开展结对帮扶"结穷亲、解民难"活动18场次,300余名党员为全镇380户贫困户点亮"微心愿"300余个,解决实际困难700余个;党的报告员开展宣讲50场次,为群众送去惠民政策与农技技术;结合"党员戴党徽,强党性,亮身份"活动,组织机关、站所支部党员、村(居)干部及纳新转正党员前往南北镇薛家村学习王新法精神,锤炼党性。建立新关社区、五桂桥村、松林村3个党建示范点,以点带面推动"五化"建设;为

沥青混凝土公路施工现场

新关、新桥2个社区申报党员群众服务中心规范化建设项目。

（新关镇）

【新关镇首条沥青混凝土公路通车】为响应县委、县政府交通建设大会战号召，新关镇党委、政府自2017年3月中旬起对X201公路进行提质改造扩宽。X201公路全长6.05千米，宽6.5米，并有连接新关镇和龙凤园艺场公铁两用桥。3月动工，完成全线公路加宽部位的水管、电杆迁移，住户屋前的地面破除，挡土墙、护肩墙、路基土石方的开挖及回填夯实碾压，软弱地段处理后回填夯实碾压，已坏路面板的破除，全线过路涵管的埋设，水稳层基础和拓宽道路路面硬化等工作。8月底完成公路的路面硬化，9月20日，竣工通车，成为新关镇辖区内首条沥青混凝土公路。

【全县第一条乡镇商业步行街建成】新关镇老农贸街升级改造工程（商业步行街）于2016年8月动工。该项目投入资金300多万元，涉及商户、门面80多个。整条步行街统一广告牌制式，铺设沥青混凝土路面，安装了9盏路灯、30余个花盆，实现电线全部入地。老农贸街升级改造工程竣工后，成为一条集娱乐、餐饮、休闲于一体的商业步行街，是全县第一条乡镇商业步行街。

【全面推进脱贫攻坚网格化管理】2月，在全镇范围推行脱贫攻坚工作的网格化管理。新关镇有5个村（社区），88个村民小组。全镇脱贫攻坚工作的网格化管理采用“一组二级三员”模式，每个村民小组为一个基础网格，政府干部职工、村（社区）干部、村级小组长以及优秀党员为驻村帮扶责任人，通过“一帮三”的方式，以广覆盖、全沟通、精对接为目标，最终实现镇村联动、有效脱贫。

“一组”即一个脱贫攻坚工作领导小组：镇党委书记王亚平为组长，镇党委副书记、镇长廖加富为副组长，下设一个脱贫攻坚工作站，镇党委委员、人大主席唐凤军为站长，副站长一名，专干两名。“二级”即镇、村两级联合行动：5名村（社区）支书为各村（社区）脱贫工作的第一责任人，各小组长为网格主要责任人，配合镇脱贫攻坚工作领导小组的工作，实现脱贫攻坚工作的上下联动、科学治贫。“三员”即惠农政策宣传员、结对扶贫联络员和致富门路信息员：一是广覆盖，做好上传下达的宣传员，及时给村（居）送去各项惠农政策；二是全沟通，实现信息交流从“一帮三”到网格内的跨越；三是精对接，结合贫困户的实际情况和发展需求，给农户送去各类致富信息，有针对性地提供多种教育培训和技术指导。

（郑　萌）

夹　山　镇

田　辉　　党委书记
周　鹏　　党委副书记、镇长
李春卉　　党委副书记
白金安　　党委委员、人大主席团主席
吴　涛　　党委委员、政协联络处主任
覃爱明　　党委委员、副镇长
康新军　　党委委员、武装部部长、副镇长
易先庆　　党委委员、纪委书记
杨　艳　　党委委员
徐　雷　　副镇长
饶　捷　　人大主席团副主席

【概况】2017年，夹山镇按照“一个目标、三场硬仗、五件大事”要求，凝心聚力，务实进取，统筹推进经济工作，全镇经济社会平稳健康发展。全年完成生产总值21.58亿元，完成固定资产投资11亿元，完成工业产值9亿元、财政总收入4432.5万元。2017年，夹山镇获“省安全生产示范乡镇（街道）”“人大工作先进单位”等称号；杨坪社区被评为“全省无邪教创建示范社区”；两合村被评为“全市建设‘无上访村（社区）’先进单位”；西周村被评为“常德市文明村”；浮坪村、汉丰村被评为“石门县文明村”；双龙社区被评为“石门县文明社区”。

产业发展。①农业产业。推进农业产业结构调整，巩固发展万亩中稻高产核心示范片、种三产四项目示范片、油菜高产示范片、柑橘低产园改造等示范片建设，水稻、粮食、柑橘、生猪、家禽等传统农业增产增值。全镇种植水稻7万亩，产量35000吨，均价2.4元/千克，产值达8400万元；种植玉米1万亩，产量4000吨，均价1.6元/千克，产值达640万元；种植柑橘3.8万亩，产量4万吨，均价2.6元/千克，产值达1.04亿元以上；全年出栏生猪6.82万头、牛1500头、羊1300只，出笼禽650万羽，产禽蛋5900吨、水产品1500吨。②工业经济。配合市政府对青峰煤矿实施转型升级，对职工进行转移安置；责令天美石膏矿、宏业石膏矿、寅发石膏矿及三板石膏矿进行粉尘治理。各石膏矿完成对石膏生产、加工区搭建钢架棚的封闭处理，同时对井下采矿区及加工区安装喷淋设备，进行淋水降尘处理。③旅游产业。开展美丽乡村建设，发展休闲观光农业、乡村旅游。三板美丽乡村示范组、青玄董家湾、汉丰江家湾“五紫”花隧道、浮坪和欢果基地等，以特色农业产业为基础，突出民俗与农耕文化，增加乡村旅游综合收入。投资50万元、长200米的农耕文化园神农语录文化长廊完工。

项目建设。夹山镇采煤沉陷区综合

基础设施建设项目拟投资45000万元，截至2017年年底，完成矿区577户居民安饮提质改造工程、道水河防洪堤维修、尼姑档1.5千米南干渠修复、矿区11处水利泵站重建、部分矿区堰塘治理工程建设、青峰煤矿7处抽水巷道井口及小煤窑65处废弃井口封闭、矿区32千米毁损道路的修复硬化工作及避险安置项目工程建设，累计完成投资5000万元；居尚福田生态产业园二期工程项目建设扩建园区50亩，累计投资1200万元。

镇村建设。完成32.5千米的水泥路面硬化，完成农村公路提质改造7.8千米；完成杨坪、青玄、孙家、总堆、中坪等12个小村的电力网改；投资1500万元对杨坪农贸市场、三板桥农贸市场和官渡桥农贸市场进行规范化改造，彻底杜绝马路市场，鼓励农民入市经营，年商品成交额达5000万元。杨坪集镇改造项目建设总投资达2500万元，完成征地及补偿16亩约60万元，完成道路全线“白改黑”2.4千米，破除老路面及结构物26000平方米，移除高压电杆、交通信号灯设施，拆除建筑物、水井各2处。恢复建设化粪池100余座等，完成弱电、路灯、污水管、燃气管网建设，新增300万元完成自来水管网铺设。

社会保障。对全镇2634名建档立卡贫困户进行医保补贴；“新农保”持卡缴费20557人，参保率达100%；全镇3050人建档立卡贫困户均由县级统一购买“扶贫特惠保”，实行住院“一站式”结算。全镇728户1021人纳入低保；616人享受重度残疾人护理补贴；发放残疾人辅助器具195件；86名老人享受高龄补贴；解决失能、半失能老人基本养老服务25人，每人每季度发放12300元补贴资金。通过打卡发放各类救助资金约85万元。

社会事业。全年落实计划生育手术298例，“两癌”筛查2340人，产前筛查262人，孕前优生健康检查512人。投资近70万元新建格言治家文化墙；投资300余万元在杨坪一组、南门六组、喻家冲八组、江家湾、匡家坪、董家湾、崇秀寺打造了7个文化示范小区；投资50万元，建成长200米的农耕文化园神农语录文化长廊；投资115万元对夹山镇中学、夹山镇完小、官渡中学、官渡完小进行校园绿化、校舍提质改造，办学条件大幅改善。

脱贫攻坚。全镇建档立卡系统内有贫困户950户3050人，组建17支驻村帮扶工作队，实现结对帮扶全覆盖；全镇建档立卡贫困户参加技能培训16人，其中“两后生”6人；金融扶贫贷款“分贷统还”项目全面铺开，享受金融统贷64人；着力提升贫困户经济收入，发放精准扶贫帮扶资金90万元；住房保障全面完成，易地搬迁52户、危改268户，均竣工；学前教育和义务教育阶段有271人享受教育扶贫资助，全镇受助总金额为255645元；产业扶贫有成效，打造鸿盈蛋鸡场、湘佳蛋鸡场、天鹅山柑橘核心基地等产业扶贫示范基地。鸿盈蛋鸡场是全县金融产业扶贫基地，带动56户建档立卡贫困户和12个村级集体入社分红30.78万元。

综治安全。持续开展格言治家活动，打造全县首个家风家训示范点，引导村民自治；规范文明赈酒，将规范赈酒活动列入“星级文明户”“最美家风家庭”“平安建设好家庭”的评选中，激发群众讲文明、树新风、当模范的热情。开展安全生产隐患大排查大整治，完善全镇安全生产监测监控网络建设。夹山镇通过省级安全生产示范乡镇创建验收。以创建“无邪教创建示范乡镇”为契机，完成反邪教警示教育室、反邪教工作站、反邪教协会的阵地建设；完成镇综治中心阵地建设，各类规章制度、工作流程均上墙；在全镇范围内开展“百名干部进万户”大走访活动，通过与群众面对面沟通，心与心交流，切实提高人民群众的满意度。综合民调在全县排第二。

基层党建。选优配强村级队伍，完成村（社区）“两委”换届选举工作；开展“两学一做”学习教育，通过“党的报告员”“三会一课”“主题党日”等形式及“红星云”“学习微平台”等新媒体平台，加强干部队伍管理。镇各级党组织召开党员学习会议600余次，参加党员1700余人，专题讨论180余次，专题党课180余次。发展党员18人，86人被列为入党积极分子，16人按期转正。抓好党代表工作室建设，精心打造党代表联系群众的“连心桥”和“直通车”，突出智慧党建服务特色。开展“雁过拔毛”式腐败问题专项整治及“纠四风、治陋习”专项整治活动。聚焦实效问责，党风廉政建设得到加强，干部作风好转。

【夹山镇获省安全生产示范乡镇称号】2017年，夹山镇获“2017年度省安全生产示范乡镇（街道）”称号。根据《湖南省安全生产示范创建工作管理办法》，经过自愿申请、逐项申报，省安委办书面审查和现场考核，夹山镇通过省安全生产示范镇创建验收。常德市仅3个乡镇获该项荣誉。

【陈向群参加南门党支部主题党日活动】2017年7月20日，湖南省委常委、常务副省长陈向群以普通党员身份参加夹山镇三板桥社区南门党支部“立家规、正家风”主题党日活动，与支部党员一道就如何弘扬良好家风、引领社会风尚、促党风带民风等主题进行谈心交流，推动“两学一做”学习教育常态化制度化。常德市委书记、市长周德睿参加活动。活动现场，夹山镇党委负责人以“践行格言治家、传承优良作风”为题，就“立家规、正家风”工作情况进行汇报。3名党员群众代表结合自身生活经历，分别以“和为贵”“饮水要思源，做人不忘本”“耕读传家”等家规，向大家分享格言治家的心得感悟，以及良好家风对引领村风民风的重要作用。陈向群还慰问了夹山镇部分困难党员和群众。

（夹山镇）

【杨氏果业万亩生态水果产业园项目】2017年12月8日，杨氏果业万亩生态优质水果特色产业园项目一期土地流转签约仪式在夹山镇政府举行。4月21日，县人民政府与杨氏果业签订“万亩生态优质水果特色产业园及冷链物流加工”项目，项目总投资3.2亿元，其中产

夹山镇20兆瓦农光互补发电项目开工仪式

村民比赛插牛灯

业园项目总投资达2.5亿元。夹山镇三板桥社区、官渡桥社区、浮坪村的600多农户流转4100亩土地,年租金每亩500元,每3年增长8%,土地流转期限30年。完成投资1.2亿元,建成国家级无病毒苗圃600亩,现代种植产业园3500亩,直接带动农民增收致富,撬动周边1000余户农民发展现代农业观光旅游、农村休闲旅游业。杨氏果业是全国最大的鲜果种植、加工、销售一体化的出口企业,拥有20多家子公司,自建种植基地3万亩,专业合作社果园基地11万亩,拥有世界上先进的生产加工和包装线20多条,日加工鲜果1000多吨。

(龙力荣)

【20兆瓦农光互补发电项目开工】 2017年1月16日,20兆瓦农光互补发电项目开工仪式在夹山镇浮坪村举行。县领导张树国、康文化出席开工仪式。该项目由湖南石门仙阳湖新能源开发股份有限公司投资新建,总投资2.3亿元,选址石门县夹山镇浮坪村,项目分两期实施:一期建设20兆瓦规模光伏发电站,建设期限6个月;二期建设相关农业种植项目,建设期限12个月。项目建成运营后,预计年产值5000万元,上缴税收500万元,可提供100余个就业岗位。

(龚　瑜、郑凯洲)

【江家湾第四届牛灯节】 2017年2月11日,夹山镇汉丰村江家湾村民小组举办第四届"牛灯节"活动。江家湾赛牛灯的传统可追溯到400多年前,当地农民因为耕牛生病束手无策,遂在正月十五夜将牛牵至溪边饮水而重现活力,他们认为是神灵在佑护。每年正月十五,江家湾都要举行祭祀活动,并在牛栏里点燃特制的"油灯"沿着田野一直插到有水的地方,祈祷来年六畜兴旺、五谷丰登。因为点灯渊源和牛密切相关,"油灯"也逐步演变成"牛灯"。活动中,村民自搭班子,自拿规划,自筹资金,自建戏台,62个家庭各派代表上台表演各种"接地气"的节目:猜灯谜、吃元宵、跳篝火舞、玩互动游戏等。在插牛灯比赛环节,由180位村民组成的12支队伍参加比赛,2万支牛灯迅速插在江家湾的乡间田野上。

(欧阳冰)

蒙泉镇

王贤平	党委书记
覃　波	党委副书记、镇长
周　廷	党委副书记
冉程溢	党委委员、人大主席团主席
詹海燕	党委委员、政协联络处主任
刘　琪	党委委员、纪委书记
刘明琛	党委委员
黄　昱	党委委员、副镇长
陈慧宪	党委委员、副镇长
杜　娟	副镇长
喻爱军	人大主席团副主席

【概况】 2017年,蒙泉镇以建设"工业强镇、农业大镇、国家重点镇"为目标,突出"项目建设、集镇建管、脱贫攻坚"三大重点,全镇呈现出经济发展、政治安定、社会稳定、生态文明的良好局面。全年完成工业总产值15.98亿元,实现工业增加值1.81亿元。完成农业总产值5.5亿元。全镇人均纯收入达9800元。

脱贫攻坚。2017年,蒙泉镇有568户1870人脱贫。实施危房改造778栋,其中建档立卡贫困户等四类重点户645栋。开展教育扶贫有效控辍保学,完成627个贫困户在读生情况摸底,并由干部和教师等帮扶人实施"一对一"结对帮扶。基本医疗保障到位,所有建档立卡贫困人员均参加农村合作医疗和"特惠保",并享受贫困户50%的国家缴费补贴,镇中心卫生院启动"先诊疗后付费"绿色通道,并实施"一站式"付费结算,住院报销比例达80%以上。劳动协作助力脱贫,转移117名贫困劳动力到省外务工,蒙泉辖区内企业吸纳贫困劳动力37人。组织柑橘种植技术培训2430人,其中建档立卡残疾人81名。产业扶贫。为激励贫困户发展产业的内生动力,对实施种养殖业的1046个贫困户发放115万元产业帮扶基金,全镇形成柑橘、水稻、果蔬等农业支柱产业。全镇范围内培植"全国巾帼现代农业示范基地"丰瑞乐农场、市级农业产业化龙头企业湖南稼和农业科技有限公司、全国农民合作社袁哥柑橘专业合作社、金堂梨园等一批农业产业化先进单位。53个贫困户贷款253万元用于家庭种养殖产业发展,540个贫困户申请小额信贷1317万元用于投资入股农业龙头企业,参与发展分红。

城镇建设。2017年,城镇建设提质增效。投资3200万元,聘请湖南大学设计研究院对集镇主干道路进行专项设计,完成集镇范围内4千米道路摊铺、雨污分流、弱电入地、人行道板的铺设等工程。配套新建燃气管道3300米、自来水管网5000多米,路灯和交通信号灯调试安装完毕,项目路段实现"白改黑"和亮化。完成万标鞋业约30亩土地征收和房屋拆迁工作。启动集镇强力整治,开展交通秩序和镇容环境卫生集中整治行动,重点整治车辆乱停乱靠、商户门面出店经营、流动商贩随路设摊、单位和商户住户私自设置户外广告、招牌、横幅、气球、拱门等行为,规范了集镇秩序。加大城管对规划区范围内的违建巡察力度,对所有建设活动要求及时按程序办理相关手续方可施工,杜绝违建行为,集镇管理水平提高。

项目建设。2017年,全镇基础设施投资总计1.35亿元,其中扶贫项目共94个,投资2352.2万元,全部竣工验收。投资257万元,完成移民后扶项目39个;投资1120万元,完成村组级道路硬化40千米;投资78万元完成节水灌溉项目2处;投资1000万完成潘家铺高标准农田建设项目;投资3100万元实施高标准农田示范项目,在凤凰峪、望仙树、孙家嘴、黄旗峪完成沟渠硬化37千米、机耕道修建35千米和堰塘整修47口;投资166万元进行安全饮水提质改造;投入2800万元完成5个村(居)高标准农田建设项目。建设贫困村村部2栋,总建筑面积900平方米,投资170万元。蒙泉镇磐石片国网35千伏红树变电站建设项目投入运营,近3万人40多年的"用电难"问题得到解决。

产业发展。以产业促发展,以产业惠民生。引进立行生态、旺满仓、万标鞋业、永通清泉、沁潇湘矿泉水、中泰农业等投资过亿的工农业项目近10家,大部投产。通过2.65万亩土地流转,培育种粮大户176个、家庭农场47家。在白洋湖居委会、礼阳山、花薮坪、望仙树、孙家嘴等村开展早稻集中育秧1500亩;黄旗峪村、孙家嘴村开展"种三产四"及"三一工程"500亩;白洋湖、梅家河、黄旗峪、望仙树、花薮坪等村(居)开展粮油高产创建工程1.5万亩;在全镇20个村居实施有机肥替代化肥项目工程,面积达1.3万亩,农业大镇的发展后劲增强。组织开展梨花节、登观国山、七四林场旅游活动,让全民了解旅游,宣传旅游。认真谋划蒙泉湖的乡村旅游开发,着力建设以蒙泉湖水利风景区、四十八寨风景区和观国山辟谷养生文化园为主体的"蒙泉湖乡村公园"。在乡村旅游点兴建家庭旅馆6家,新增餐位300个,床位40张,总投资420万元。

社会保障。2017年,新增就业岗位127个,就业培训300人次,安置失业人员10人,举办招聘会11次,现场签订就业意向性协议30多人,组织职业农民培训、失业人员培训共2场90人次。城乡居民养老保险参保4.5万人,城乡居民医疗保险参保6.9万人。全镇城乡低保723户1023人,特困人员292户312人,做到应保尽保。申请大病救助45例,发放大病救助资金24万余元,发放高龄补贴12万元,发放自然灾害生活补助资金24万元,救济困难群众616户。解决临时救助212户21.68万元。

(蒙泉镇)

【首届石门蒙泉梨花节】2017年3月25日,在蒙泉镇望仙树村七四林场梨花谷举行。举办梨花节旨在更好地挖掘蒙泉镇旅游资源,搭建乡村旅游平台,发展乡村旅游项目,打造乡村旅游品牌,为石门全域旅游发展作出贡献。梨花节由海燕歌舞团承办,接待游客600多名。梨花节主要活动有引导游客游览梨园、观赏梨花盛景、体验梨园风情、森林康养、民间地花鼓表演、南路吹打乐竞演等。

(詹海燕)

【实行"矛盾纠纷化解村为主"工作机制】2017年,蒙泉镇全面落实"矛盾纠纷化解村为主"的工作机制,做到六个到村,即:阵地建设到村、制度规范到村、法律宣传到村、责任落实到村、业务知识培训到村、矛盾纠纷化解到村。同时,建立健全信访工作长效机制和重大矛盾纠纷"包保化解"责任制,对于一切农村矛盾纠纷,村支两委做到早介入、早调处、早化解,把矛盾化解在萌芽状态和本村,确保矛盾不上交。对于各类信访积案,镇村两级都高度重视,采取行之有效的措施积极主动化解。对于确实不能化解的积案和重点对象,强化包保责任,及时掌握动态,并有完整的工作预案。加强应急处突工作,对各类稳定、安全突发事件,支部书记、联村干部第一时间赶到现场,组织处置。全年成功化解各类矛盾纠纷143起,实现到市赴省进京上访零登记。

(杨华红)

【湖南立行生态循环农业开发项目开工】2017年1月16日,开工仪式在蒙泉镇举行。县领导薛杰、张国珍、彭泽人出席开工仪式。该项目由广东省惠州市新丰农场投资,2016年8月签约,项目总投资1.2亿元,其中固定资产投资9000万元。项目一次性规划,三年完成。建设内容包括1座年生产3万头猪的养猪场,建筑面积30000平方米;日处理污水50立方米的污水处理站,容积10000立方米,年产肥水2万立方米,沼气20万立方米;年加工12000吨有机肥料厂,建筑面积3000平方米;年产有机蔬菜47.75万千克蔬菜基地;办公、宿舍建筑面积1500平方米。项目建成后,可实现年收入6220万元。

(王章建)

新铺镇

杨　阳	党委书记
曾　袁	党委副书记、镇长
文书波	党委副书记
封　妮	党委委员、人大主席团主席

覃世亚　党委委员、政协联络处主任
陈集民　党委委员、纪委书记
欧阳唐睫　党委委员
李星叡　党委委员、副镇长
覃事全　党委委员、武装部部长、副镇长
吴　涛　副镇长
严惕虎　人大主席团副主席

【概况】新铺镇位于石门县东北部，距县城13千米。东与澧县马头铺镇、临澧县新安镇接壤，南与易家渡镇相邻，西与新关镇相接，北与皂市镇和三圣乡毗邻。全镇总面积161.5平方千米，2007年经合村并组，行政村由39个合为23个，有451个村民小组9020户，约3.2万人。有1个党总支，36个基层党支部，党员1101名。

脱贫攻坚。全镇有建档立卡贫困户913户2848人。镇党委政府成立脱贫攻坚指挥部，下设9个分指，将责任细化，分解到人。经过精准识别，2017年易地扶贫搬迁由63户171人，调整为59户171人；危房改造全面完工，403户“四类”人员乔迁新居；发放扶贫信贷资金近600万元，惠及贫困户200多户，金融扶贫帮扶面达62.5%；开化寺村吊瓜项目年产吊瓜子约1.2万千克，产生经济效益约40.8万元；涉及4个扶贫点村即千斤塌村10.5千米、开化寺村10千米、岳家棚村4.6千米及7千米组级道路硬化、永兴桥村4千米的通畅工程基本完成；由国家财政资金扶持的岳家棚村、永兴桥村60千瓦光伏发电项目投产，岳家棚村并网发电，每年可创收6万元。

工业项目建设。2017年，全镇规模工业企业2家，由于煤炭市场经济不景气，完成规模工业产值0.37亿元，同比下降39%，规模工业增加值572万元，同比下降37%，规模工业上缴税金278万元。固定资产投资14个项目，同比下降12.5%；计划三期进行的集镇改造工程，新铺卫生院—新铺镇政府—新铺幼儿园路段的道路“白改黑”、人行道和路灯改造基本完成。耗资约400万元的新铺文化广场建成。由国家电力投资集团公司五凌电力有限公司首期投资4亿元、占地600亩的两个20兆瓦分布式地面光伏电站一期工程全面竣工，于2017年7月1日投入使用，发电2万千瓦时／天。

农业产业建设。推进产业基地建设，在燕子山片建立5000亩粮食产能基地，重点推广优良品种、集中育秧、合理密植、安全齐穗四项关键增产技术。平均亩产633.4千克，超过目标单产33.4千克。以河曲峪、新堰口、真武殿、中河铺、黄家峪等村沿公路线连片万亩玉米高产示范片创建，经专家组测产验收，平均单产631.2千克，超目标单产31.2千克，亩增129千克。在河曲峪村建立油菜菌核病飞防示范区，通过多旋翼植保无人机施药，节约人力与财力，更好地防治油菜菌核病，提高产量。在新堰口村建立15亩枳壳嫁接纽荷尔脐橙苗基地。在开化寺村建立100亩世纪红柑橘种植示范基地。2月从丹棱县引进爱媛38号一批优质接穗及苗木，在黄溪峪村建立200亩爱媛38号示范基地。

社会救助工作。全镇农村低保户为822户，保障人口978人，全年发放保障金198.757万元。有城镇低保户6户，保障人口7人，发放保障金1.599万元；大病救助15人次，救助金额8.39万元；为245人名矽肺病人发放矽肺病救助资金20余万元；发放临时救助资金17万余元；帮助灾后恢复重建4户，发放救灾资金27万元。

环境卫生整治。天池堰村、开化寺村、中河铺村相继完成改厕任务，其中天池堰61户、开化寺村23户、中河铺村50户；新铺集镇投资80万元新建集中污水处理池，受益人口近千人；燕子山片处理量25吨位垂直压缩中转站投入运行，并定期中转外运进行无害化处理，解决了周边7个村近4000人的生活垃圾处理问题；全镇免费发放4000套户用垃圾分类桶。绿化乡村公路29.4千米，行道树植苗4277株。

便民服务与平安创建。下发便民服务百事通，明确服务项目和代办员，实行周四驻村服务，方便群众办事，提高群众满意度，镇村干部为群众代办事项近百起。深化“3+X”网格化管理，建立完善工作网络、工作程序、工作制度，突出打击违法犯罪、完善防控体系、深化法治建设、开展专项治理，强化排查调处矛盾纠纷的工作机制，确保“小事不村(居)，大事不出乡镇”。打造“三大平台”，即综治中心平台、社会治理网格化综合信息平台、平安建设微信群平台；完善“三项机制”，即公众参与机制、系统创建机制、督查奖惩机制。

（新铺镇）

皂市镇

黄安凯　党委书记
杨　博　党委副书记、镇长
舒业华　党委副书记
余　娟　党委委员、人大主席团主席
胡国清　党委委员、政协联络处主任
刘庆华　党委委员、副镇长
李金梅　党委委员、副镇长
刘雷雷　党委委员
杨　睿　党委委员、纪委书记
杨　萍　副镇长
杨　捷　人大主席团副主席

【概况】2017年，皂市镇经济运行良好，完成地区生产总值6亿元，其中工业总产值4.72亿元。完成固定资产投资3亿元，社会消费品零售额1.75亿元。农民人均可支配收入达8730元，实现财政一般预算收入3469万元。

脱贫攻坚。①精准识别和退出。4月，按照“应清尽清、应进尽进”要求，开展贫困人口识别和脱贫把关不严问题整改，新增建档立卡户108户244人，清退27户85人，返贫6户16人。全镇有建档立卡贫困户882户2840人，2014

年至2016年，脱贫318户1117人，2017年年底2个贫困村脱贫退出，脱贫444户1464人。②危房改造和易地扶贫搬迁工程。严格按照易地搬迁相关政策，评议核定145户449人为易地搬迁对象，严控房型、面积、装修及自筹资金额度。12月15日前搬迁入住。危房改造按照“应报尽报、应建必建”的原则，重点保障建档立卡户、贫困残疾户、低保户、特困人员四类人员，全镇271户危改对象全部完成危房改造和入住。③产业扶贫。建立5个产业基地：2.5万亩柑橘产业基地；500亩烟叶产业基地；1500亩油茶产业基地；500亩核桃产业基地；万羽(头)家畜养殖基地。各村居落实产业帮扶资金共220万元。④教育扶贫和健康扶贫。全镇建档立卡贫困人口城乡医保参保率100%，对建档立卡贫困人口提供基本医疗保障、大病保险、医疗救助“三重医疗保障”。34名建档立卡贫困家庭学生申请雨露计划，享受3000元/年的生活费补助。教育助学540余人，全镇无一人因贫失学。技能培训2000多人次。⑤项目建设。投入1256万元，实施扶贫项目64个。硬化公路22千米；维修林道7千米；新建蓄水池9个，铺设水网管道30.2千米；改水改厕50户；整修塘坝2座；接通11个村光缆宽带，完成广播“村村响”和电视“户户通”工程；完成6个村农村电网改造。扶贫项目实行一天一调度，一天一通报，项目竣工率80%，天鹅山村百果园基地、白沙渡园艺场等项目全速推进。⑥组织筹集扶贫资金。10月17日，开展扶贫日活动，为贫困人口募捐资金180万元，设立皂市镇扶贫资金，制定扶贫资金使用办法，对上学困难、看不起病、建房困难的建档立卡贫困户进行重点资助，对缺乏产业发展资金的贫困户进行重点帮助，助力贫困户脱贫奔小康。

项目建设。2017年，镇政府推动项目信息公开化、交易公平化、管理规范化，取得效果。①重点项目。引进综合农贸市场项目，该项目投资3000万元，征地30亩，完成土地报批手续，进入征地拆迁阶段；投资5000万元的管道天然气项目于10月底动工建设；引进斯锐雅户外基地建设项目，选址在三望坡村，已启动建设；白沙水电站总投资1.5亿元，7月21日下闸蓄水，年发电量4000万千瓦时；皂市中心卫生院综合大楼建设完工；完成皂市居委会2千米示范带建设，投资300万元。②安全饮水和水利建设项目。完成渫水河道治理和南溪河护堤建设，投资600万元；争取国家投资650万元，对皂市老河街河堤进行护砌。完成集镇安全饮水提质改造等项目。投资162万元，实施10个村安全饮水提质项目，修建大小蓄水池14个，解决安全饮水2000户7500多人。投资70多万元，整修十坪、万仞洞、岩湾等村10多座堰塘。③村级服务平台建设。皂市居委会、岳家铺村、万仞洞村等4个村级服务平台主体工程动工。建筑面积1500平方米，投入220万元。

农业产业。全镇柑橘种植面积达2.5万亩，密改稀和高接换头3000多亩，柑橘综合产值达9000万元。全镇有规模养殖大户34家，全镇存栏畜禽重大动物疫病防治100%。农业专业合作社达16家，家庭农场3家。开展高品质化及统防统治示范、高品质化栽培示范、柑橘品质改良示范等科技活动，大果实蝇控防率达100%。

城乡建设。①集镇建设。投入60万元完成皂市镇总体规划修编；取缔马路市场，加强公共设施管理，实行划行规市。完善集镇基础设施，投入50万元安装路灯100盏，更换路灯50盏；投入200万元新建下水道4000米；投入50万元配套集镇环卫设施，采购垃圾箱20个、垃圾桶1000个；铺设人行道板3000平方米。严格执行集镇总体规划，严格规划区内建房审批，审批建房手续200余户，做到所有审批对象情况清楚、准确。皂阳路大宗地块主体建设完工。②生态环境保护。全镇完成义务植树7.5万株，公路绿化8千米，植大苗1370株，石漠化造林1730亩，栽植无患子1200亩，栾树530亩。实行秸秆禁烧，污水处理项目建设启动，投入资金80万元。推行“村民自治”农村保洁新模式，村容村貌焕然一新，农村环境卫生整治在全县排名前列。

民生保障。①低保认定清理。全镇城乡低保由669户866人减少为479户647人，特困人员由180户180人增加为187户187人，重度残疾人纳入低保、特困人员273人。申请大病救助9例，发放大病救助资金2.5万元，发放临时救助23.86万元，发放高龄补贴 4.99万元，打卡发放自然灾害生活补助资金13万元。②社会保障。全年完成城乡居民持卡缴费9112人，灵活就业职工养老保险续保缴费211人，征缴金额136万元。完成594名企业退休人员养老金领取资格认证。完成2017年建档立卡贫困户住院人员医保缴费返还50%的工作，完成2016年12月至2017年6月31日建档立卡贫困户住院人员报销比例提高10%的追补工作。24人参加“两后生”技能培训。③计生奖励扶助。全镇有计生奖励扶助对象196人，独生子女保健费惠及67多个计划生育家庭。

平安建设。完善社会治安防控体系，成立2支治安联防队伍和11个村级义务巡逻队，安排了工作经费，治安联防队在“白板肉”检查、打击赌博犯罪、非法捕鱼巡查、摩托车专项整治、中考执勤等工作中发挥了应有作用。加大无上访村(居)建设力度，推广“一三七”工作法，将矛盾纠纷化解在萌芽状态，全年排查、调处各类矛盾纠纷109起。一批信访积案得到化解，信访秩序稳步好转，全镇未发生一起恶性群访事件。严格落实安全生产责任制，开展打非治违和隐患排查专项行动，安全生产形势稳定。

基层党建。①村干部队伍建设。完成村(居)“两委”换届工作。全镇选举产生村(居)“两委”委员51人，其中高中以上文化程度39人，50岁以下27人。②干部队伍建设。1至3月，组织开展党员冬春训，参训党员790多人，党员参训率达78%。各村(居)积极开展“三会一课”、主题党日、党的报告员、党员先锋队等活动。围绕“执行纪律合格、品德合格”完成

“两学一做”第二、三次专题集中学习讨论。对村(居)干部进行3天专题培训，开展为期7天的电脑技术培训班。全年发展党员9名。③典型培育。对表现好的党员干部，进行宣传表彰，树立学习榜样。举办庆“七一”活动，表彰优秀共产党员、优秀党务工作者36人。

【白沙水电站关闸蓄水】2017年7月21日，皂市镇白沙水电站大坝成功下闸，水电站大坝开始蓄水。白沙水电站由湖南兆恒水电有限公司投资兴建，位于澧水一级支流渫水下游，为渫水干流最末的一个梯级电站，坝址控制流域面积3116平方千米，正常蓄水位74.50米，电站装机三台，单机5兆瓦，总装机容量15兆瓦，年平均发电量4104万千瓦时，是一座以发电为主，兼顾航运、防汛、旅游的水利工程，总投资1.5亿元。

【编发《家风家训千字文》】2017年9月11日，由皂市镇家风家训建设领导小组组织编印的《皂市镇家风家训千字文》一书，发到11个村(居)群众手中。《家风家训千字文》从大处着眼，小处着手，把社会公德、职业道德、家庭美德等道德规范行为，通过通俗和群众熟悉的韵文表达出来。为高质量编印此书，皂市镇组织专门班子，调查民俗，引经据典，融合俗语，筛选编写，3个月完成编辑印刷。

【渫水皂市河堤护砌项目工程】2017年10月，“四水治理”渫水皂市段河堤护砌项目施工。该工程分两部分：石家坪护岸、皂市镇护岸。主要涉及皂市居委会、朱坪居委会、十坪村三个村居，河堤全长2千米，对皂市镇城镇河段(生活区)护岸采用浆砌石护坡(挡墙)型式，对农村河段(生产区)护岸采用浆砌石护坡(挡墙)型式。总投资1300万元，年底完成主体工程。

【皂市财政所获“省星级财政所”称号】2017年，皂市镇财政所加强乡镇财政财务管理，强化乡镇财政资金监督管理，完善财政惠农补贴“一卡通”管理，健全“村账乡代理”制度和提升服务效能，为保持运转、促进民生等发挥积极作用。10月，皂市镇财政所通过省财政厅的考核验收，获“省星级财政所”荣誉称号。

(黄妙珍)

白云镇

龚道国	党委书记
吴雅倩	党委副书记、镇长
杨飞鹏	党委副书记
万峥嵘	党委委员、 人大主席团主席
岳　钧	党委委员、 政协联络处主任、 武装部部长
伍　建	党委委员、纪委书记
唐　捷	党委委员
王　婷	党委委员、副镇长
黄小飞	党委委员、副镇长
杨柏勇	副镇长
卜　一	人大主席团副主席

【概况】白云镇位于石门县中部，距县城23千米。东与皂市镇接壤，西与磨市镇、慈利国太桥交界，南与慈利东岳观、杨柳铺为邻，北与白云山林场毗连。总面积165.2平方千米，耕地28731亩。辖13个行政村和2个居委会，常住人口10254户30429人，居民以汉族和土家族为主，是典型的丘陵山区镇。2017年，白云镇获评“绩效评估优秀单位”“无上访村(社区)先进乡镇”，脱贫攻坚工作、综治工作、安全生产被评为全县先进。

脱贫攻坚。白云镇有4个贫困村和11个非贫困村。2017年，建档立卡贫困人口总数为839户2720人。其中2014年脱贫84户294人，2015年脱贫110户420人，2016脱贫175户607人，2017年脱贫372户1194人，未脱贫98户205人。市级贫困村青龙桥村退出贫困序列。全镇农村危房改造任务528户，其中“四类”重点对象474户，补助新建402户，补助维修加固126户；易地扶贫搬迁83户274人，总建房面积6779.4平方米，预拨付建房补助1127.9万元。贫困户小额贴息贷款143户，发放贷款300余万元。村均设立20万元精准帮扶基金，以奖代投鼓励贫困户发展产业，激发农户勤劳脱贫。全镇15个村(居)通过入股湘佳牧业、柑橘合作社，实现投资分红，各村集体经济收入均达4万元以上。

项目建设。龙王洞旅游项目升级改造工程投资1600万元，实施贯通工程、电梯安装、停车场、上山游道等建设，年底投入运营。黄厂土壤污染综合防治先行区国家投入资金13185万元，占地总面积59100平方米，封闭雄黄矿废弃矿洞9个，安全处置填埋砷渣及污染渣土14.4万立方米(27万吨)；建设一座日处理能力120吨的污水处理站、一座库容为11万立方米的填埋场；硬化河道1400米，修建河道护堤1600米；安全填埋砷渣、砷泥12.6万立方米；磺厂科普示范园、蜈蚣草焚烧炉等工程开工建设。全镇2016—2017年项目财政资金2886万元，涉及的道路建设、安饮提质、农田水利、卫生整治、改水改厕等工程全面竣工，2座光伏发电站并网发电。

水利建设。水利项目建设国投资金1500万元。完成总投资850万元的南溪河生态清洁小流域治理工程、投资55万元的望羊桥社区堰塘整修项目，基本完成投资26万元的双峪村堰塘整修工程、投资71万元的白羊山村高效节水项目。完成总投资375万元的6处安全饮水项目。启动石漠化水土保持项目、邓家湾骨干塘整修工程、檀木水厂改造项目。完成投资300万元的鸡鸣桥村高效节水规划设计。

村镇建设。对集镇进行提质扩容。石门县湘西北商贸物流中心建设项目，总投资约8000万元，年底到位投入资金700多万元，完成土地报批前期所有工作程序，进入土地征拆阶段。完成投资800多万元的白云南区集镇830米长街道提质改造升级，街道两边人行道路铺设4米宽的彩色环保砖，9米宽的街道全部实施“白改黑”，开挖重建直径0.8米的下水道，实现弱电入地、雨污分流，实现白云集镇美化、亮化、绿化。投资60

万元在鸡鸣桥村新建一个垃圾压缩中转站。分别投资30万元、20万元、30万元在白云桥社区、美圣桥村、鹤山村新建文化活动广场。投资130万元对竹巷口村小集镇进行改造升级。白云镇被确定为全县美丽乡村建设主战场,境内美圣桥、望羊桥等9个村(居)连片打造美丽乡村建设走廊。

社会保障。经过低保清理"回头看",全镇281名"五保"人员全部落实供养政策。享受农村最低生活保障待遇1764人,领取低保资金227余万元。享受社会养老保险待遇6612人,发放养老金674.5万元。12607人参加城乡居民养老保险,参保率达92.6%。28833人参加农村合作医疗,参合率达94%。开展农村劳动力转移培训,新增城镇就业48人;贫困劳动力转移就业100人;联合县人社局举办2场厨艺技能培训,建档立卡人员参加培训32人,非建档立卡人员培训68人。白云镇敬老院累计投资300多万元,新建宿舍楼、食堂等设施,对原住宿楼进行整修,完善了内部设施。

教育卫生工作。全镇学校改、扩建项目投资210万元,其中白云镇中学围墙改造90万元,望羊小学校舍改造40万元,书房小学改造升级40万元,白云完小校门建设40万元。白云镇有建档立卡贫困学生340人,其中县内就读学生280人,县外就读学生60人,全部落实建档立卡贫困户一对一结对帮扶与资助。秋季"雨露计划"职业教育补助通过审核名单39人,落实补助资金5.85万元。白云卫生院院落改造投资60万元。

产业经济。全镇有柑橘面积3.3万亩,年产橘100万担,年产值1亿多元。全镇有6家果品打蜡厂,形成以竹坝桥、美圣桥为中心的柑橘保鲜加工小区,以鸡鸣桥村为中心的橘筐制造小区,逐步成为邻近乡镇的销售中心。完成500亩老橘园改造,发展核桃500亩、油茶600亩,引进推广新型橘橙品种伦晚脐橙1000亩。畜禽养殖业发展迅速,培育养殖大户100余名。白云的望羊麻花、白糖和粉丝闻名遐迩,产品畅销省内外,望羊麻花年产30万多千克,创产值200多万元。白糖加工厂有20多家,年产量可达250吨。

基层党建。完成村居"两委"换届,一支政治坚定、能力过硬、作风优良的村(居)干部队伍初步建立。镇党委发挥统领全局、协调各方的领导核心作用,推进党建和经济社会发展的同频共振、互促互进,以"党建定力"促脱贫攻坚,以"党建实力"促社会治理,以"党建魅力"促项目建设。强化思想建党,全年开设"师傅讲坛"35期,牢固树立"人人争当师傅,人人争做一把手"的意识,开展"创先争优"活动,让优秀成为白云习惯。投资近500万元的6个村级服务平台投入使用。

(陈　洋)

【开展"廉洁家风"教育活动】2017年,白云镇把家风建设与文化礼堂、乡风评议、农村移风易俗等活动载体有机结合起来,开展好家规、好家风、好家训教育。年初,白云镇因势利导,在全镇范围内组织开展家风家训征集活动,近百名老干部、老教师、老党员走村入户,走访全镇13个村上千户,将白云镇范围内的52个姓氏祖辈相传的家风家训收集起来,汇集3853条家风家训。通过审核、整理,最终形成85条"白云家训",镇里统一印制"白云家训"宣传单5000多份,赠送到各社区、村组和上万个家庭。全镇中小学校,幼儿园及企业、医院,根据各自实际办起家风家训宣传窗,3500多个农户家家在客厅中央悬挂家训牌匾。11月,白云镇廉政文化教育基地暨家风家训基地在白云桥社区亮相,以"廉墙、廉亭、廉廊"为主题,把勤廉典型和优秀传统文化融入廉洁文化建设之中,做足"廉"文章。美盛桥村打造传统家规家训示范点,制作家训文化宣传册,开设家风讲堂讲述家风故事,传播廉洁文化理念。镇文化站组织全镇23名艺人把"白云家训"编成歌,排成戏,搬上舞台,举办"清风白云"党风廉政建设文艺晚会,让广大干部群众接受生动的廉政教育。

(周尧阶)

文敬德

【文敬德入选"湖南好人榜"】2017年,石门县白云镇拾荒助学11年的91岁老人文敬德入选"湖南好人榜"。文敬德,91岁,白云镇磺厂社区居民,中共党员,日复一日,年复一年,坚持为社区环卫工作献余热,义务捡拾公路的垃圾、清理下水沟道的污泥,却将捡拾废品售卖所得钱款共计2万元,捐献给石门县白云扶贫助学基金会,用以资助贫困学子上学。经广大群众推荐、评议和投票,在中央文明办组织的"我推荐、我评议身边好人"活动中,入选"湖南好人榜"。

(白云镇)

维新镇

唐汇驰	党委书记
朱召圣	党委副书记、镇长
龙　霞	党委副书记
谭斌斌	党委委员、人大主席团主席
陈志军	党委委员、政协联络处主任
张　勇	党委委员、纪委书记
赵　骏	党委委员
晏燕妮	党委委员、副镇长
龚佑龙	党委委员、副镇长
田　华	副镇长
覃共荣	人大主席团副主席

【概况】维新镇位于石门的地理中心,是石门县"一线三片"的旅游规划核心区,面积239平方千米,辖16个村(居)、20000余人。2017年,维新镇围绕脱贫攻坚、项目建设、特色农业、旅游开发等重点工作,团结一心,携手共进,获评"全国文明乡镇",被评为全县绩效考

核红旗单位等。

基础建设。全镇实施脱贫攻坚基础配套项目34个，项目资金2000万元，涵盖安饮提质、道路建设、路基工程、农田水利等工程。全年完成道路整修、硬化46.85千米，安全饮水提质改造10处，安饮水池建设13个，铺埋饮水管网约45千米，兴建水池、整修堰塘23口，机耕道整修5.5千米。重阳树社区、观峰山村、大兴场村综合服务平台、文化广场投入使用。建设高标准农田2个。

旅游产业。旅游资源开发保护取得突破，重阳树孝文化广场建设进展顺利，热水溪温泉谷招商稳步推进，集镇旅游配套设施逐步完善。围绕“仙阳湖—热水溪温泉”为主线，打造农家乐、农家旅馆、垂钓、游湖、单人皮划艇等体验项目，全年吸引游客近3万人。通过新造、补植、封育等措施，对集镇和主干公路沿湖沿河两侧的绿化景观进行改造，将沿湖风光带建设成极具本地特色的标志性景点。环仙阳湖旅游服务业稳步发展，正华俊农业公司的高山绿色乡村休闲项目开建。一批精品农家乐建成营业，旅游接待能力提升。

产业建设。出台《关于支持农业产业发展的意见》《关于加快电子商务发展的实施意见》，着力打造岩蛙、无患子、茶叶、魔芋、脐橙、沃柑、蔬菜、葛根、油茶、烤烟、核桃、电商12个产业示范基地。通过“产业示范基地+贫困户”模式，推广“订单农业”，全镇签订产品订购协议734份，带动发展生产贫困户734户2245人。全年新发展脐橙2000亩，产量1万吨，种植烤烟389亩，产量4.3万千克，新增油茶250亩，新增无患子1200亩。领仙生态科技示范园建设加速推进，总投资1.182亿元，规划面积1200亩，完成700米入园道路建设，80亩大清鱼精养池建设，百亩樱花、400亩沃柑栽种。兴泉公司完成一期棘胸蛙繁育基地1.5万平方米钢构车间建设，4000多平方米生态养殖示范区建设，5.76万尾蝌蚪引进等工作，繁育基地有种苗2000对、幼蛙2000尾、蝌蚪30万尾。魔芋仓储项目落户金岭坡村，动工建设，总投资1200万元，规划面积10亩。大理石开发项目落户观峰山村，动工建设，总投资1亿元，规划面积20亩。

综治维稳。落实财力、物力、人力等方面的硬性保障，完善绩效考核管理制度，实现“上下同责、党政一体”的“村为主”的工作机制。各村均建成综治室，设立社会治理网格管理站，统一接入电子政务外网，统一配备常德市社会治理网格化综合信息平台、综治视联网。整合充实网格力量，以行政村划分网格，以村民小组划分子网格，网格命名以单位、行政村名称为主。每个网格明确1名政法干警联系指导网格化工作。全年通过“四个一”的工作方式，狠抓责任落实，社会大局维持稳定。

基层党建。落实党委主体责任，全年上党课7次，开展党的报告员工作4次。参加“两学一做”专题学习和“四讲四有”专题讨论8次。完成村(居)“两委”换届选举工作，推动村(居)干部年轻化，选配35岁以下干部14人。强化基层党员管理，落实智慧党建工作，信息完善率达100%。全镇6个贫困村综合服务平台建成运行5个，在建1个。组织全镇理论学习2次，精选培育党员后备力量，教育引导党员干部为维新镇发展出谋献策。按照落实党风廉政建设“两个责任”的总体要求，以“三治九禁”、村(居)改进作风“十不准”、维新镇改进干部作风“六项严禁”为重点，继续巩固和深化“四风”专项整治工作成果。每季度对党员干部进行党规党纪教育，有针对性地解决思想作风方面存在的问题。开展道德讲堂进村(居)、班子成员下村上党课活动，加强党员教育管理。

文明创建。2017年，精神文明建设有成效，在全镇贫困户中开展诚信等级评定，树立贫困户脱贫典型，调动贫困户脱贫积极性，主动申请脱贫贫困户221户676人。“十佳婆媳”“十佳孝子”评选活动丰富了全镇精神文明内涵。王昌巨等3人见义勇为先进事迹获市级表彰。维新镇成功创建全国文明乡镇。

文化宣传。“我们都来跳”广场舞参赛获县级三等奖。中央美术学院在维新镇开展大型文艺表演，中国写意油画学派石门站写生创作落地仙阳。澧阳社区、仙阳湖社区大型篝火联谊晚会高潮迭起，欢乐端午节、激情仙阳湖文体活动趣味十足。全年新建高标准农家书屋3所，观峰山村农家书屋获评省级优秀农家书屋，奖励、配送书册下乡1200余册。推进现有文化遗产的保护利用工作，深度挖掘出古城文化、崇孝文化等文化资源，建设重阳孝文化广场、维新城门等文化景点，为维新旅游注入文化内涵。承办中国写意油画学派石门站写生创作、西北乡镇广场舞大赛维新赛区、石门橘仙子选拔大赛维新赛区等活动，吸引省市县媒体宣传报道，提升了维新知名度。加大对

2017年7月27日，维新镇观峰山大理石开发项目开工

外宣传报道力度,全年完成宣传稿件报送200余篇,调研材料20余份。完成移动客户端宣传平台维新官方公众号“今日维新”建设,公众号关注人数923人,推送新闻稿件182篇,实现维新时事、惠民政策、旅游宣传等内容全覆盖。

(维新镇)

【观峰山大理石项目开工】2017年7月27日,维新镇观峰山大理石项目开工仪式举行。县人大常委会副主任张国珍、县政协副主席彭泽人出席开工仪式并分别讲话和致辞,县直有关部门负责人、镇政府干部、观峰村群众、投资方代表近200人参加仪式。观峰山村大理石开发项目由石门石印矿业有限公司投资,总投资1亿元,规划用地20亩。项目分两期建设:一期投资约4000万元,新建4条年产1万平方米建筑饰面板材生产线,二期追投6000万元,新建4条年产1.5平方米建筑饰面板材生产线。两期全部投产后,年产值可达9500万元,上缴税款约1000万元,可解决劳动就业110人。该项目建设可有效弥补维新镇村居集体经济短板,对石门县产业扶贫发展起到推动作用。

(编辑部)

三　圣　乡

唐　辉	党委书记
陈　军	党委副书记、乡长
陈圯谟	党委副书记
李　龙	党委委员、人大主席团主席
范凯峰	党委委员、政协联络处主任
覃　勇	党委委员、纪委书记
沈　静	党委委员
易开颜	党委委员、副乡长
邓世文	党委委员、副乡长
邓　杰	副乡长
葛兴华	人大主席团副主席

【概况】三圣乡位于石门县东北部53千米处,是国家级“环境优美乡镇”,与太平镇、维新镇、新铺镇、子良镇接壤,和澧县洞市乡、太清乡毗邻。全乡辖15个行政村、3个社区、1个园艺场,736个村民小组,总人口4.2万人,总面积278平方千米,耕地面积54200亩。2017年,全乡完成规模工业总产值1.55亿元,规模工业增加值6976万元,工业技改投资2.45亿元,固定资产投资6.8亿元。

脱贫攻坚。落实结对帮扶。全乡12个贫困村、7个非贫困村后盾单位落实结对帮扶,建立帮扶档案,结合基础设施、产业发展、民政救助、医疗保障、教育助学等帮扶政策措施,量身定制脱贫计划。开展入户走访。多次召开专题会议,研究讨论入户走访工作,除办公室值班人员外,全体乡村干部下村入户走访帮扶,为贫困户打扫庭院卫生、搞好农业生产、落实惠民政策,完成贫困户的微心愿,加深了解,增进感情。落实各项政策。认真落实金融扶贫、易地搬迁、危房改造、教育助学等多种政策。全年落实金融扶贫贷款2687.4万元;易地扶贫搬迁安置302户,危房改造1122户;健康检查10000余人,无学龄儿童失学。硬化村组道路122千米,实现村村通水泥路、通宽带、通广播,安全饮水、生产生活用电全覆盖,文化设备村村有,电视户户通。设有村卫生室,群众就医方便。社会保障基本实现应保尽保,通过劳动力转移、技能培训、就近安排,帮助贫困户适龄劳动力实现就业。

产业建设。太清、北岔、庚子山、南岔4村建起9000亩高标准连片茶园,打造“次伦红”“石门怡红”“泰仙野毫”等茶叶品牌,加快提质升级,增收增效明显。株木岗、杜家岗、刘家峪种植柑橘1400亩,并成立柑橘专业合作社,对柑橘进行统一销售,确保“卖得出、卖得好”。象牙坪村发展烤烟种植328亩,为烟农创收132万元。巴马香猪养殖厂利用“公司+银行+贫困户”模式,利用国家金融扶贫政策,贫困户采取小额贷款定额入股或者托管回收的方式发展香猪产业。百红村麦芽糖厂利用“互联网+”开启销售新平台。三圣庙社区樱桃生态园采取“旅游+村集体+农户”模式,由村集体成立合作社进行运营,选出3名贫困户代表组成监事会对合作社进行监管,贫困人口通过务工以及土地入股获得收入。红心猕猴桃基地、蜂蜜养殖合作社等扶贫产业利用农村地理特色快速发展。产业发展带动900户贫困户脱贫增收。制定全乡旅游产业规划,初步形成以山羊冲土家民族风情为特色的土家风情园、以北流溪山水田园风光、太清四十八景、以曾庆萱烈士墓和黄鳌烈士墓为依托的旅游景区。

基础设施建设。全乡基础建设实施项目115个,争取资金7493万元投入到贫困村。提前推进省道305彭家堰至岗市公路开工,5个工作面铺开,移动、电信、广播、农电、有线、自来水的杆线、网线、管线迁移完成70%的工程量。第一批拆迁房屋50栋,完成全部拆迁量的28%。太平周家冲至三圣乡象牙坪公路全线一个项目,二个工区,分三段实施。庚子山段、三圣庙段、象牙坪段水稳层铺设完工。全乡新增安全饮水蓄水池工程60多处,完成南岔、北岔、天门垭、两河4村的工程。完成黄沙溪、岩门口、南岔3座水库的除险加固,新修防汛公路护坡60米,整修堰塘30余口、河坝4处、沟渠22千米,确保汛期安全。

党建工作。完成村“两委”换届。新一届村支部委员会班子的文化程度、年龄结构、女性委员职数均有改善,新任支部书记平均年龄47岁,支部班子平均年龄49岁。县领导和乡党委书记专门给新任村干部上党课,乡党委出台《村级目标管理考核制度》《村级财务管理制度》等一系列规章制度,规范村干部队伍的管理和村级财务的阳光运行。全乡12个贫困村启动综合服务平台建设,其中彭家堰村、北岔村、庚子山村平台投入使用,7个村主体工程完成。智慧党建平台党组织和党员信息采集完成率达100%。并对全乡19个村的党建联络员进行摸底。

民生事业。社会保障。农村低保557

户743人，农村“五保”391户417人，社会兜底79户160人，城镇低保8户11人，落实城乡居民医疗保险、城乡居民养老保险、老年人意外伤害保险等政策，实现应保尽保。发放伤残补贴、优抚、大病救助、临时救助等资金，切实救助到位。文明新风。倡议广大居民除陋习，树新风，自觉抵制盲从攀比、跟风赈酒，各村(居、场)成立红白喜事理事会，全面加强监督管理，坚决抵制滥办酒席，同时，要求广大党员干部要带头遵守相关规定，做移风易俗、勤俭节约、文明赈酒的表率。环境卫生。严格执行《三圣乡2017年农村环境卫生考核奖惩办法》，一月一考核、一月一通报、一月一兑现，在县农村环境卫生整治检查中，排名上升。综合治理。严格落实“分片领导、联村干部、村组干部”信访维稳“三级”责任，全年进行拉网式集中排查36次，排查调处各类矛盾纠纷87起，受理办结各类信访案件180起，化解重点信访老案积案3起，调处成功率100%。开展道路交通安全“百日大会战”，加大路面交通执法力度。开展摩托车进村便民服务，办理年检200余个，强制保险300余个。组建三支巡逻队，结合派出所民警，每天在主要路段巡逻，提高见警率、见巡率，加大治安防控力度，增强群众安全感，每月19日开展平安志愿者活动，组织中小学生观看禁毒警示教育片，做遵纪守法的好公民、好学生。安全监管。采取定期与突击相结合的方式对矿山、道路、消防、校车、食品等领域和行业进行检查。开展安全生产月活动，由乡政府牵头，公安、交警、学校、医院各部门联动，通过发放宣传资料、召开座谈会等形式加强宣传，提高群众安全意识。

(三圣乡)

【万头香猪种繁场二期工程开工】2017年2月13日，石门县万头香猪种繁场二期工程项目开工仪式在三圣乡山羊冲村举行。县领导李绍南、张树国、孙云波等出席开工仪式。三圣乡全体干部职工参加开工仪式。

石门县万头香猪种繁场二期工程项目开工仪式

石门县万头香猪种繁场二期工程项目由汉唐生态农业公司投资，是石门县脱贫攻坚战略的民生项目之一，项目总投资4000万元，用地面积50亩，规划建筑面积30000平方米，按照标准化生产、建立规模化基地、做好精深加工、实现品牌化销售的发展思路，项目建成后预计存栏种猪3000头，年出栏仔猪50000头，可带动贫困农户1000多户养殖致富，年产值将达1.5亿元。石门香猪具有抗病能力强、营养丰富、收益高等特点，一头刚满月的香猪半年左右可出栏。公司为贫困户免费提供猪仔、食料和技术，并负责回收，每头香猪每月可获纯利80～120元，半年后出栏可获利500元左右。该项目对加快全县脱贫致富步伐，带动周边群众尽早脱贫致富、全面建成小康社会具有推动作用。

(吴晓勇)

【周家冲至象牙坪公路开工】2016年12月27日，太平镇周家冲至三圣乡象牙坪重要县乡道开工仪式在三圣乡天门垭村举行，县委书记谭本仲宣布项目开工。周家冲至象牙坪公路属石门县“东北纵线”公路中亟待提质改造路段，全长26.98千米，按三级公路标准设计，设计路基宽度7.5米，行车路面宽6.5米，行车时速30千米/小时，总投资1亿元。提质改造后，可将沿线的皂市、阳泉、燕子山、三圣、河口、太平、子良、水田等地全部联通，同时解决沿线庚子山、黄茅岗、接龙桥、月亮垭、九层台等村不通公路的问题，解决了县域东北部山区的交通落后面貌，惠及沿线10余万名群众。

开工仪式由县政府副县长韩翼飞主持。县委副书记、县长郭碧勋致辞，要求各级各有关部门，尤其是沿途的乡镇、村，自觉服从工程建设大局，全力支持配合，在维护施工安全、施工秩序等方面积极主动服务，为工程建设营造和谐稳定的施工环境。希望工程建设单位常德市公路工程总公司确保安全第一、质量为本、精心组织、精心管理、精心施工、全速推进，力争项目早日建成，把公路建成“良心路”“精品路”“致富路”。县领导李金生、陈云谋、张树国、胡杰出席开工仪式，县直相关单位、三圣乡政府、太平镇政府主要负责人，项目沿线村支两委代表和当地群众300余人参加开工仪式。

(徐联盟)

太　平　镇

丁国先	党委书记
陈　溢	党委副书记、镇长
李宏纲	党委副书记
方　杰	党委委员、 人大主席团主席
郭清华	党委委员 政协联络处主任 (6月任)
黄志国	党委委员、纪委书记

李重阳　党委委员
许菊凤　党委委员、副镇长
唐娴贤　党委委员(6月任)、
　　　　副镇长(7月任)
唐植朝　副镇长(7月任)
杨　杰　副镇长(6月止)
陈合教　人大主席团副主席

【概况】太平镇位于石门西北山区，东与子良乡接壤，南与三圣乡相邻，西与壶瓶山镇毗邻，北与湖北省五峰土家族自治县渔洋关镇交界，属典型的边界口子镇，面积360平方千米，人口3.2万人。2017年，太平镇克难奋进，同心协力，在脱贫攻坚、项目建设、特色产业、安全稳定、基层党建等方面取得成效。

脱贫攻坚。经过数据比对，核准全镇建档立卡人数，落实“一户一档”“一户一袋”等基础性资料。整合扶贫资金360万元，在各村成立产业帮扶基金，鼓励贫困户通过自身努力脱贫致富。推行小额信贷，2016年至2017年投放贷款1500多万元，近800户贫困户享受到政策红利。成立石门县太平镇教育基金会，向社会筹措资金150万元，资助65名贫困学子，表彰19名大学新生和54名优秀老师。易地搬迁安置291户898人，其中2017年分散安置220户690人、集中安置71户208人。在石水田、犀牛坪、二房坪和仙台新建4个易地搬迁集中安置点，其中：石水田安置建档立卡贫困户19户60人；犀牛坪安置建档立卡贫困户10户25人、同步搬迁9户22人；仙台安置建档立卡贫困户23户64人、同步搬迁9户31人；二房坪安置建档立卡贫困户19户59人、同步搬迁13户32人。严格落实“三个一批”大病救助政策，开通“先诊疗后付费”的绿色通道，提高城乡居民医保报销比例，降低大病救助个人自负费用标准，落实家庭医生签约和扶贫“特惠保”保障政策。增加村级集体经济收入，曾家垭、梅子垭、犀牛坪的光伏发电项目并网发电，犀牛坪村土鸡育雏场投入使用，12个非贫困村入股湘佳公司享受分成。

项目建设。太柳公路太平段建成通车，九杨公路竣工通车，周象公路顺利推进，完成农村通畅工程36条52.9千米。投资3300万元的高标准国土项目基本完成，投资1000余万元的旱改水项目有序推进，完善投资800余万元的烟田烟路工程。投资300余万元在周家冲等8个村居实施安全饮水提质改造工程。自主筹资1000余万元完成集镇改造工程，集镇形象和品质得到提升。第一批启动的6个村级服务平台建设工程基本竣工，第二批启动的5个村部完成项目前期工作。

特色产业。实现茶叶产值400多万元。产烟3700担。出售土鸡40余万羽，实现产值2000多万元，肉牛、生猪、山羊等生态养殖产值达1.3亿元。黑猪、奈李等产业形成新的经济增长点。可视农业在竹儿岭、曾家垭推广应用。全年劳务输出1.2万人。

安全维稳。全镇开展防汛抗旱、食品卫生、矿山安全、森林防火、道路交通等安全生产领域的大排查大整治，未发生安全生产事故。开展矛盾纠纷大排查大化解，开展“无上访村(社区)”创建活动，无赴省进京非访人员。开展脱贫致富标兵、党员先锋模范评选活动。优化经济发展环境，对强行参工参运、无理阻工等行为坚持露头就打。对打牌赌博、寻事滋事等行为不留情面，全年治安拘留9人，净化了社会风气。

社会事业。投资700多万元的镇完小教学楼投入使用。全面加强民政、计生、医疗卫生、新农保新农合征缴，社会事业有序推进，民生福祉得到提高。成功举办喜迎十九大原创诗词大赛，获得“省级诗词之乡”荣誉称号。

【集镇提质改造工程竣工】太平镇集镇始建于1992年，盛世路建于2006年，集镇在基础设施、容量、规模等方面滞后，影响了集镇的整体形象和远期发展规划。2017年，为适应集镇发展需求，配合太柳公路、宜张高速建设规划，太平镇党委、镇政府顺势而为，启动新一轮集镇建设。集镇提质改造项目总造价为838万元，加上基础建设配套，总规模近1000万元。实施点为盛世路、老街东方红宾馆至国土所，中标单位为石门星宇建筑有限公司。建设项目为雨污管网铺设，弱电入地、美化亮化和路面白改黑。工程建设周期7个月，4月初完成地下隐蔽工程，4—7月完成地上工程建设，年底项目全面完工。在整个工程项目建设过程中，镇居两级成立专门工作队，太平街社区成立项目协会，沿街居民以实际行动高姿态、高风格服从集镇建设，保障项目的施工环境和推进进度。

【太平镇教育基金会成立】2017年4月5日，举行太平镇教育基金会成立暨现场募捐仪式，中国人民解放军上将唐天标，常德市人大常委会副主任、县委书记谭本仲，县委副书记、县长郭碧勋出席仪式。活动现场，爱心人士纷纷慷慨捐献，常德凯申实业有限公司董事长王中炯现场捐款10万元，太平镇爱心人士湖南中宇安装工程有限公司董事长陈文教现场捐款5万元，共筹集资金150万元。太平镇教育基金会成立后，每年产生的收益将用于扶持贫困学子，奖励考上一本的学生，表彰优秀教师。

【高标准基本农田建设项目竣工】太平镇高标准基本农田建设项目涉及13个村，总投资3300万元，包括机耕道(桥)、土地平整、灌溉与排水、田间道路、农田防护与生态环境保持等多项建设工程，该建设项目于2016年3月15日启动建设，历时近两年，2017年11月底，该项目竣工投入使用。

【楚天钡业项目投产】重晶石(萤石)共生矿综合回收及深加工项目是县政府2013年重大招商引资项目，该项目于2013年5月在“港洽周”上与广东东莞德广隆制有限公司签约，签约投资1.2亿元，投资方在石门县注册成立“湖南楚天钡业有限公司”，该项目落户太平镇境内，涉及茶园和穿山河2个村居，占地57.11亩。公司成立即开展项目前期工作，通过2年时间，完成项目科研、立项、环评、矿产资源整合、征地、矿区建设、厂区硬化、设备安装与调试、试生产等工

太柳公路穿山河大桥远景

作。2015年11月，香港英皇集团注资该项目，项目总投资扩大为6亿元，一期投资2亿元，建设一条年处理30万吨重晶石（萤石）分选深加工生产线；二期新增一条年处理20万～30万吨重晶石分选加工生产线及产品精深加工生产，投资4亿元。2017年12月，精深加工厂一期建设完工投产。

（太平镇）

【太柳公路全线贯通】太柳公路是新S301、S304的重要组成部分，是湖南省干线公路规划调整后的一条重要交通干线公路。公路东起太平镇万世桥，经拖木垭、档湾、穿山河，鸭儿池、骏马溪、张家渡、鱼儿岩、下茶峪、三门峪、陈家台、菜头峪，六房峪、周家峪、青草湾、栋树湾，西至罗坪乡芭栋村柳家垭，涉及所街乡的15个村（居），全长61.13千米，剔除完全利用S308段4.24千米，实际需建设里程56.89千米，其中新建约26千米，利用原线路拓宽改建约31千米，总投资4.3亿元。全线采用二级公路标准建设，设计时速40千米／小时，为沥青混凝土路面，路基宽度8.5米，路面宽度7米，其中6座大桥全长1188米，3座中桥全长294米，涵洞263道，设计工期30个月，缺陷责任期2年，保修期5年。计划建设工期两年。太柳公路太平段21.22千米，经过太平街、茶园、穿山河、五里坪、梅子垭五个村居。镇党委、镇政府自太柳公路开工伊始，成立太柳公路建设指挥部，按村（居）辖区，分成5个工作组，每个工作组选派1～2名农村工作经验丰富的干部，专门从事太柳公路建设中的矛盾纠纷处理和施工环境协调。2017年年底，太柳公路全线贯通。

（太平镇）

【构树循环经济产业项目】2017年1月16日，在太平镇梅子垭村开工。县领导杨生明、韩翼飞、马业平出席开工仪式。构树循环经济产业项目由浙江金桑农业科技有限公司投资，总投资5.5亿元，将分期建设种植、养殖和加工三大基地。其中，种植基地投资约1.3亿元，建设内容有：100亩构树种质资源圃（构树无病毒母本园）、300亩种子种苗繁育基地、3000亩饲用构树GAP规范化种植示范园、7万亩饲用构树种植基地。养殖基地投资约3亿元，建设内容有：年出栏10万头构树猪的养殖基地、年出栏1万头马头羊构树种羊养殖基地、5万头构树马头羊肉羊养殖中心。加工基地投资约1.2亿元，建设内容有：年处理30万吨饲用构树原料粉碎干燥初加工基地、年产30万吨构树全株发酵饲料加工基地。一期项目以太平镇梅子垭村为中心，高标准建设种植、构树饲料加工、畜禽养殖一体化的构树产业全产业链示范园区，规划租赁土地2000亩，建设苗圃100亩、新建3万吨构树饲料加工生产线，分散布局新建年出栏1万头生猪养殖场、新建500头牛养殖场，总投资3000万元。整个项目建成后，按10000亩的种植规模，可生产构树全株发酵饲料5万吨，将实现构树种植年产值5400万元，构树全株发酵饲料年产值1.3亿元，10万头构树猪年产值2.4亿元，5万头构树羊年产值8000万元，整个产业年生产总值超过5亿元。

（龙力荣）

子 良 镇

胡俠义	党委书记（2月止）
陈宏平	党委书记（3月任）
侯令喜	党委副书记、镇长
唐剑峰	党委副书记
丰光强	党委委员、 人大主席团主席
唐首军	党委委员、政协主任
晏春明	党委委员、纪委书记
颜宇萌	党委委员 （6月止）
刘　欣	党委委员 （6月任）
文　安	副镇长
雷百平	人大主席团副主席

【概况】子良镇位于县境北部，地处湘鄂边界，东与澧县太青乡、甘溪镇接壤，北邻湖北松滋市、五峰两县市，西连太平镇，南抵三圣乡，素有“一脚踏两省、鸡鸣听四县”之说。镇人民政府设子良坪社区，距县人民政府驻地82千米。全镇总面积199平方千米，辖2个社区13个行政村，人口2.9万人，土家族人口占95%以上。全镇建档立卡贫困户1654户5036人。耕地面积3万亩（其中水田面积1.4万亩），森林覆盖率达77%。2017年，实现固定资产投资6亿元，社会商品零售总额3.4亿元，财政总收入3766万元，农民人均纯收入8045元，分别同比增长3.4%，3.4%，16.2%，6.3%。

脱贫攻坚。2017年，全镇全面推进产业扶贫、金融扶贫、就业扶贫、危房改造、易地搬迁、交通水利电力扶贫、健康和教育扶贫等工作。所有村(居)都安排帮扶工作队、贫困户结对帮扶全覆盖。全年整合扶贫资金3884万元投向脱贫攻坚工作,实施项目108个;发放金融扶贫贷款848万元,惠及贫困群众314户;易地搬迁173户520人,危房改造378户910人;完成全部建档立卡贫困户合作医疗缴纳和缴费补贴;所有贫困学生一对一结对帮扶,落实各项教育扶贫政策。严格按照贫困村"一个确保、两个完善"、贫困户"一超过、两不愁、三保障"的刚性指标,退出贫困村4个,脱贫2207人。成功通过省级第三方评估考核验收和市级脱贫攻坚绩效考核。

项目建设。2017年,全镇扎实推进扶贫项目及民生项目建设,助力脱贫攻坚。投资近3000万元的高标准农田整治项目建设全面竣工。骆村坪村、新道湾村和铜锁岗村3个村的光伏发电站并网发电。投资1568万元的子良35千伏输变电工程运营。投资400多万元的"五保户"农村危房改造集中安置点建设项目基本完工。投资300万元完成罗坪垭、子良坪2个集镇的提质改造。对全镇32千米道路进行拓宽升级。涉及全镇8个村(居)总投资1011万元的农村电网改造项目顺利推进。完成廖家冲村、节日坪村等13个村的安饮工程提质改造,部分偏远地区群众饮水得到保障。启动村级综合服务平台建设,第一批7个村完成主体工程。

产业建设。2017年,全镇产业建设发展规模扩大,效益可观。全镇收购茶叶鲜叶550余吨,创收约700万元。廖家冲村、茶园湾村、谭村村、新道湾村等村茶园面积逐步扩大,全镇茶叶面积达8000亩,有天下康、太青山、庐峰等茶叶合作社4家。成功实施以铜锁岗村为基地的"万亩高产玉米示范片"项目,获得亩产650千克的好收成。投入近20万余元打造水田岗村"千亩油菜高产生产示范片"。新型农业经营主体蓬勃发展,全镇新注册农民专业合作社11个,家庭农场3家。新道湾村、茶园湾村、罗坪垭社区、水田岗村、廖家冲村等村养殖业壮大,新发展土鸡散养3万羽、山羊8千只、生猪1万头,带动贫困户通过种植和养殖业脱贫致富。涂家洞村、铜锁岗村、茶园湾村和骆村坪村栽种油茶1500亩;投资60万元,占地10多亩的谭村村太青山石蛙养殖专业合作社经营状况良好;茶园湾村稻鳅蛙养殖基地、好味红油香椿专业合作社、铜锁岗村养蛇基地、谭村铁皮石斛种植、新道湾村贝母种植等发展势头好。

生态创建。持续巩固国家级环境优美乡镇创建成果,加强生态文明建设。坚持"以村为主"的集镇管理模式,发挥城管中队职能,针对马路市场、集镇乱搭乱建、乱堆乱放、乱停乱靠、占道经营等问题进行专项整治,对集镇的水、电、路等基础设施进行改造和维修。垃圾中转站投入使用,配备垃圾转运车,聘请环保协管员等,环境卫生基础配套设施逐步完善,力量配强。落实中央环保督办案件要求,对1个药材、野味烘干点和垃圾填埋场实施拆除,对7家养殖污染场责令整改。强力推进秸秆禁烧、严厉打击非法捕捞行为,保护生态环境。实施林业保护,完成全镇9.8万亩"天保"工程规划。严格封山禁伐不动摇,保护山林资源,巩固退耕成果,绿化主线公路。加强对水源污染、养殖污染等治理力度,与各养殖户签订责任状。全面推行河长制,保护母亲河,控制水环境污染。

安全维稳。完善维护社会稳定工作机制,坚持"属地管理、分级负责、以村(居)为主"的原则,加强社会治安管控,确保社会大局稳定。签订平安建设承诺书7000余份,召开党员会、代表会、屋场会、广播会1000余场,全镇评选出平安家庭6891户。公安、交警、平安志愿者上路执勤巡逻常态化,提高职能部门的见警率。加大创建"无上访村(居)"力度,全年排查矛盾纠纷137起,村级调处矛盾纠纷130起。以"降事故、保平安、促和谐"为目标,持续开展道路交通安全社会化管理各项工作。开展摩托车专项整治、治超治限、校车安全检查等行动。实行森林防火村干部责任制,加大宣传力度,全镇森林防火管控得力,遏制了森林火警火灾发生。定期对辖区范围内工矿企业重晶矿、碎石场及烟花爆竹销售点进行安全生产大排查,整改安全隐患15处。严格落实道路交通安全、食品药品监督管理安全、畜禽水产品质量安全等各项安全工作责任,全镇安全生产形势稳定。

社会保障。完成农村低保、兜底保障、特困人员清理认定工作,全镇享受农村低保683户831人。申报建设5个留守儿童之家,完成老年人意外伤害保险参保1200余人。组织建档立卡人员参加技能培训50人次,为122人提供务工信息,组织参加就业招聘260余人次,全年外出务工达8800余人。对所有建档立卡贫困户和低保、特困人员全部纳入基本医疗保险,全镇参加基本医疗保险人数达98%。

社会事业。全镇征收社会抚养费8.1万元,完成流动人口清理数据近万条,录入流动人口号码9000余条。石门一中录取17人,廖家冲村、陈家湾村教学点完成重建。为每个村配备文化设备,丰富了群众业余文化生活。廖家冲村、护城峪村创建为县级文明村镇。举办湘鄂边孝亲敬祖土家民俗文化活动暨"传承优良家风、共建清风家园"系列活动,传播正能量。

【子良乡"乡改镇"揭牌仪式】子良乡经省民政厅、市、县人民政府批准撤销子良乡设立子良镇,以原子良乡的行政区域新设子良镇的行政区域。2017年4月16日子良乡举办撤乡建镇揭牌仪式。

【湘鄂边孝亲敬祖土家民俗文化活动】2017年4月1日,湘鄂边孝亲敬祖民俗文化活动暨"传承优良家风、共建清风家园"系列活动在子良镇大河洲文化广场开幕。县政协主席陈云谋宣布开幕,县委副书记邓碧波讲话。县人大常委会副主任李芳、县政协副主席马业平、常德市食品药品监督局副局长谭永贵,以及其他相关县直单位、乡镇和湖北省松滋市卸甲坪土家族自治乡负责人及子良镇全体干部职工参加活动。活动中,对全镇

湘鄂边孝亲敬祖土家民俗文化活动

推荐评选出的脱贫攻坚标兵、最美家风家庭、最美卫生家庭、最美平安家庭、最美孝德少年给予表彰和奖励，开展千人签名万人敬祖启动仪式，并进行歌舞、小品等节目表演，参加表演的有县荆河戏剧团演员、湖北省松滋市卸甲坪土家族自治乡舞蹈队、子良镇演员和中小学校学生。通过活动开展，加强了湘鄂边界人民融合、推进了边界口子镇建设，挖掘传播了土家民俗文化。

（子良镇）

雁 池 乡

晏学文	党委书记
彭　帅	党委副书记、乡长
周　鹏	党委副书记
陈建平	党委委员、 人大主席团主席
覃晓明	党委委员、 政协联络处主任
刘　鹏	党委委员、 武装部部长、 副乡长
田　伟	党委委员、副乡长
钟　巍	党委委员 （挂职，3月任）
曾光耀	党委委员、纪委书记 （6月任）
邱　丽	党委委员 （6月任）
卢　玲	副乡长
彭　刚	人大主席团副主席 （6月任）

【概况】雁池乡地处石门县境西北部，东与太平镇接壤，西与罗坪乡毗邻，南与磨市镇交界，北与所街乡相连。乡人民政府驻雁池坪居委会，距县人民政府驻地72千米。全乡辖20个行政村，总人口为32822人，总面积238.4平方千米，其中耕地35829亩、山林239735亩。全年实现财政总收入4629.84万元，同比增长7%；固定资产投资6.5亿元，同比增长18.18%；新增城镇就业人员40人，新增农村劳动力转移就业人员913人。完成工业总产值3.71亿元，同比增长8.2%，规模工业产值1.6亿元。

脱贫攻坚。全面推进产业扶贫、金融扶贫、危房改造、易地搬迁等工作，确保全乡7个贫困村，700户贫困户如期脱贫。完成易地搬迁196户633人；危房改造567户，其中涉及“四类对象”467户，其他一般危改户100户。“雨露计划”惠及贫困学生91人，“泛海助学行动”惠及贫困学生10人，每人5000元；申报芙蓉学子1人5000元。发放教育扶贫资金60万元。对全乡979名贫困学生安排干部一对一帮扶，确保不让一个学生因贫辍学。通过华融湘江银行、石门沪农商村镇银行为267户贫困户办理“分贷统还”小额贴息贷款，每户年增收1600元，鼓励贫困户自主贷款发展产业，通过农村商业银行发放贴息贷款428.5万元，扶持99户缺少资金的贫困户发展种养殖业。落实小额贴息贷款366户962.5万元。建成竹儿垭、皮家河、五通庙、长湾、矿岭、珠宝街6个60千瓦光伏电站，增加村集体收入。完成道路、水池、电网等基础设施建设，实现广播“村村响”、电视“户户通”、公路“组组平”、饮水“家家接”、危房“栋栋改”的目标。

社会保障。全乡缴纳医保全覆盖。城镇低保7户7人，发放救助金3.4万元，农村低保624户922人，发放救助资金199.386万元，“五保”对象314人，发放救助资金16万元，伤残军人等各类弱势群体救助3334人，发放救助金148万元。宣传就业信息，拓展就业渠道，农村贫困劳动力转移就业113人。

社会事业。全面落实国家计划生育政策，入村入户宣讲免费孕前优生健康检查、全面二孩等政策，生育二孩157人，新生儿人数达318人，人口自然增长率为9.87‰。村卫生室全覆盖，改善了群众就医条件。以大路口村为中心，逐步完善全乡各村（居）文化活动广场，配备各村村级文化活动设施；组织近20支民间艺术队伍，开展40余场送戏下村演出活动；重阳节在珠宝街敬老院、大路口村、琵琶洲村举办大型文艺会演活动，弘扬敬老爱老传统。2017年，雁池乡保留“市级文明乡镇”称号。

特色产业。全乡“公司+合作社+农户”的农业产业化经营模式逐步完善。茶叶产业形成“渫峰”“湖南湘茗”等有机茶品牌，加强韦家湾村标准茶园示范片建设，推进以西山垭为中心的茶叶产业区域辐射，新增茶园1600亩。在西山垭茶厂组织5次茶叶种植技术培训，1500余人受益。加强中军渡、矿岭柑橘标准化生产示范村建设，落实柑橘大实蝇控防工作。引导、扶持发展合作社、家庭农场，逐步形成“一村一品”“一户一门路”的产业发展格局，有重复桥村马铃薯合作社1家、家庭农场3家。发展红心猕猴桃750亩、油茶1508亩、无患子580亩，岩蛙、七彩山鸡等特色种养殖业初具规模。

基础设施建设。完成公路建设项目60个，拓宽、硬化公路97千米。完成西北环线雁池段工程路基桥涵工程的

80%，总投入4200万元，20千米红军路路基工程基本完成。完成矿岭等12个村的安全饮水工程、溪河治理3300米、沟渠建设1200米，整治塘坝3口，完成杨柳园社区、易家山村等7个村的提灌整修工程。农村电网改造实现村居全覆盖，新增变压器32台、改造高压线25千米，改造低压线78千米。

党的建设。以制度建设为总抓手，确保基础工作、基层保障、台账资料的规范化，促进支部的标准化建设，规范开展党员教育、党员组织关系集中排查、党员档案完善、党费收缴专项检查、非公企业和社会组织的党建工作指导等重点工作。全年，结合党员冬春训和"两学一做"学习教育，各级党组织开展专题学习培训党员5次以上，乡党委班子成员、党组织书记上专题党课130余次，党委书记对党员干部上党课20余次；发展党员17名，其中35岁以下的年轻党员13名，作为村级后备干部培养的对象12名，培训入党积极分子68名。完成村"两委"换届，村级班子平均年龄下降至49岁，党组织书记的平均年龄下降至51岁。落实党风廉政建设责任制，全面开展"两同时"谈心谈话活动，查处违法违纪案件5件。强化"三资"管理，规范村级财务管理，加强专项资金监督，全力构筑基层干部的防火墙。修订完善机关管理制度，开展"为民服务"活动，干部作风改进，发展环境优化。

"无上访乡"创建。雁池乡党委、政府把信访维稳工作作为头等大事来抓，按照"诉求合理的问题坚决解决到位，诉求无理的坚决批评教育到位，生活困难的坚决帮扶救助到位，行为违法的坚决依法处理"的工作思路，创建"矛盾纠纷排查长效机制、联动化解机制、常态责任机制、关心关爱机制"四大机制，做到"明规矩""强包保"，落实"五包一"工作，层层压实责任，将矛盾化解在基层。全年实现到市赴省进京零信访。

【治理赈酒"雷霆行动"】2017年6月23日，雁池乡召开乡村干部会，部署治理乱赈酒专项行动，以县委"三治九禁、十不准"为依据，以乡党委"十条铁规"为基础，以村规民约为抓手，开展"雷霆行动"，坚决治理乱赈酒现象。乡党委、政府听民声、顺民意，把治理乱赈酒纳入重要议事日程，出台《雁池乡关于规范赈酒行为的公告》，要求各村(居)支部书记向乡党委签订责任状，结合各村实际制定村规民约，从根子上治理乱赈酒问题。通过党委部署，部门协调，村居联动，党员带头，形成强大合力，以雷霆之势，狠刹乱赈酒歪风，取得成效。

(雁池乡)

磨市镇

周明贵	党委书记
杜谋仕	党委副书记、镇长
张志强	党委副书记
刘　敏	党委委员、人大主席团主席、武装部部长
覃道超	党委委员、政协联络处主任
刘镇东	党委委员、纪委书记
赵　丹	党委委员
马先林	党委委员、副镇长
龚新志	党委委员、副镇长
陈毅民	副镇长(5月止)
沈　超	副镇长(7月任)
龙文见	人大主席团副主席

【概况】磨市镇位于石门县西北部，距县城69千米，与桑植、慈利县接壤，由原九伙坪乡、商溪乡、磨市镇合并而成。辖15个行政村、3个社区，总人口3.18万人。

脱贫攻坚。2017年，脱贫642户1876人，5个贫困村退出。以"一卡二讲三会四活动"为契机，全镇围绕扶贫政策开展有奖竞赛、党员会、户主会和屋场会。"全国扶贫日"活动中，评选并表彰5名自立更生脱贫群众和4名帮扶成效突出干部。对符合条件的贫困学生落实教育扶贫的各项政策，组织磨市籍在外成功人士对贫困学生进行捐资助学，24名学生受到资助，捐赠现金和物资总额近50万元。享受健康扶贫优惠政策的贫困户有1030人，大病救助19人，"特惠保"成功理赔4例。易地扶贫搬迁168户491人。金融扶贫贷款惠及393户，发放贷款786万元。危房改造评议"四类人员"659户，一般户131户。磨市镇2016—2017年实施安全饮水工程25个，涵盖18个村(居)。

产业发展。全镇种植粮食4.1万亩，产粮2万多吨，同比增长3%。种植柑橘1.3万亩，产鲜果8000吨，增长2%。发展有机茶3200亩，产值500万元。种植烤烟1200亩，产烟叶3000担。发展养殖大户44户，出栏生猪4.5万头，牛存栏1.2万头，山羊存栏23万头，家禽存笼26万羽。形成茶叶、烟叶、桔橙、中药材产业带及生猪、家禽养殖基地的"四带一基地"产业发展格局，涌现出一批蜂蜜、茶叶和肉鸡等种养专业村。全镇农民专业合作组织达15家，惠及贫困人口3847人。

项目建设。聘请省规划设计院团队到镇实体考察，对全镇整体地形进行测量，完成地形测量图和集镇详细发展规划编制。总投资5000万元的磨市镇边贸大市场项目开建。高标准编制集镇总规修编及红色旅游发展规划，王尔琢故居复建工程启动实施，红色教育基地、西北山区革命历史博物馆、旅游接待中心启动前期工作。推进贫困地区水、电、路等基础设施建设，累计硬化公路67千米，新修公路4千米。加快推进县交通部门下达的2016—2017年37.4千米的农村道路通畅计划、9.9千米的道路拓宽计划。疏通、硬化沟渠9.5千米，完成新修和清淤扩容堰塘9口；完成18个村农网改造。稳步推进商溪河治理、西北环线(磨市段)、湘佳牧业鲍家渡鸡场、葛洲坝白水泥白岩石采石厂、长峪大理石加工厂等项目建设。

教育和医疗卫生。2017年中考全镇138人参考，上石门一中录取线28人，

磨市镇农贸市场开工仪式

上线率 20.29%。全镇有卫生院 1 家，村级卫生室 22 家，为 3 万多人就医提供了方便。完成适龄妇女“两癌”免费筛查和孕产妇产前免费筛查。

基层党建。以制度落实促进支部建设规范化，强化检查督导，坚持逐月调度、季度督查、通报，以打造便捷服务、便利活动、便于议事的综合阵地为着力点，推进 9 个村级综合服务平台建设。推进“一网一云”平台建设，构建“互联网 + 党建工作”新平台。完成村(居)“两委”换届选举。加强对村干部的教育培训，全年开展培训 20 余次。严格执行村干部报酬新标准，做好村干部日常考核。创新探索“党员量化积分制”管理，开展党员先锋队活动，全镇成立 18 支党员先锋队，300 余名党员投身脱贫攻坚主战场，全年开展活动 70 余次。

【磨市镇农贸市场开工】2017 年 5 月 26 日，磨市镇农贸市场奠基开工。项目总建筑面积 16130 平方米，建成后将成为西北山区最大的农贸市场，极大方便新集镇周边群众日常生活、赶集日镇域及周边相邻乡镇百姓购物需求，能够有效解决当地群众就业问题、增加农民收入。同时，将集镇上的小作坊、流动商贩等全部集中到农贸市场内，集中经营，规范管理，解决流动摊位占道经营等不文明行为，有效治理赶集时“脏乱差”等问题。

(磨市镇)

【“醉美商溪”文艺联欢会】2017 年 12 月 28 日，以“宣传贯彻十九大　文化惠民助脱贫”为主题的“醉美商溪”文艺联欢会在磨市镇南岳寺村洞国学校举行。县委常委、政法委书记张树国和磨市镇党委书记周明贵出席联欢会并分别致辞。该次文艺联欢会邀请县广播电视台、县老年大学、县荆河剧团等多家单位策划并表演，分为“醉美商溪水、醉美商溪人、醉美商溪情、醉美商溪梦”四个篇章，演出持续近 2 个小时，对唱《商溪等你》、歌伴舞《你在哪里幸福就在哪里》、小品《懒汉脱贫》等 30 个节目各具特色，精彩纷呈，展示了商溪的新面貌、新变化。

(杨梦艳)

所 街 乡

向绪政	党委书记
张小春	党委副书记、乡长
邓　磊	党委副书记
唐会军	党委委员、 人大主席团主席
池先来	党委委员、 政协联络处主任
李　峰	党委委员、纪委书记
孙雅丽	党委委员
刘　杰	党委委员、副乡长、 武装部部长
吴纯勇	副乡长
肖　云	副乡长
贾贤辉	人大主席团副主席

【概况】所街乡地处石门县西北山区，东与雁池乡相邻，南与罗坪乡接壤，西与壶瓶山镇交界，北与太平镇毗连，距石门县城 88 千米，人口 3.2 万人。全乡总面积 215 平方千米，林地总面积 23.23 万亩，耕地总面积 32714 亩，辖 17 个行政村。2017 年，全乡完成地区生产总值 3.8 亿元，完成农村经济总收入 1.7 亿元，比上年增加 1000 万元，增长 5.8%；年人均纯收入 8210 元，同比增加 15.2%；完成固定资产投资 6.01 亿元。

产业建设。2017 年，对茶叶、柑橘、烟叶和养殖业明确专门的产业班子“一对一”推进，分别制定发展规划，促进柑橘、茶叶、畜牧产业转型升级。全乡柑橘种植面积 1.2 万亩，产量 1.8 万吨，产值 4000 万余元。茶叶种植面积 1200 亩，干茶产量 7.2 万担，实现产值 5040 万元，发展电商 3 家，冰糖橙、茶叶、红薯粉丝等农产品网络销售额突破 200 万元。加强示范园建设，在茶叶主产村黄虎港村和焦山村新增茶叶专业合作社 2 家，在三洋塔、柳仕坡村各建立 200 亩有机茶园示范基地，通过“密改稀”、品种改良等方式对麻纳峪、水南渡、关上 400 余亩茶园进行改造。柑橘产业，以磨香坪、窑坡山、迎驾垭为突破，加大冰糖橙品种改良，引进景红冰糖橙新品种，大力培植示范园区建设，逐步壮大所街冰糖橙特色支柱产业。培植养猪大户 7 户、养牛大户 7 户、养羊户 20 多户，出栏生猪 3 万头，羊存栏 6000 多只，牛存栏 4000 多头，存笼家禽 7 万羽。分别在焦山、三洋塔、柳仕坡、水南渡、关上、文家、柳家台、窑坡山、黄福峪 9 个茶叶、柑橘种植主产村举办农民培训班，培训 7500 余人，科技培训入户率达 90%以上，提高了农民农业知识和技术水平。

项目建设。所街乡有 136 个项目，完成 132 个项目，完成率 98%。在焦山、柳仕坡、关上、骏马等村新修道路 53.2 千米，扩建道路 5.7 千米。13 个村实施安全饮水提质工程，投资 400 多万元，全乡自来水入户率达 85%以上。完成太柳公路所街乡境内近 30 千米沥青摊铺。设立工程项目论证立项和招标专家库，落实村级财务年度预决算、村级公益事业建设项目预决算制度、村级重大财务事项公开交易制度、集体资产管理制度，参照财政扶贫资金管理办法，对所有扶贫项目的实施实行阳光操作。

脱贫攻坚。所街乡落实建档立卡贫困户动态调整，全乡共9个贫困村，2017年6个村实现脱贫，脱贫832户2486人。17个村每村落实一支驻村帮扶工作队，实现结对帮扶全覆盖。围绕“一超过、两不愁、三保障”因户施策，精准帮扶。易地搬迁分散安置150户464人、农村危房改造354户。全乡1667名义务教育阶段学生享受“两免一补”（即免教科书费、免学杂费、补助贫困寄宿生生活费）优惠政策，无人辍学。教育扶贫帮扶学生500人，发放帮扶资金48万元。

安全维稳。全乡有各类生产经营单位17家，所街乡安监站多次召集辖区企业负责人，开展安全生产“谈心对话”活动，对企业负责人进行宣传教育，提高企业负责人安全意识，全乡没有发生安全事故。开展道路交通、烟花爆竹、森林防火等专项执法检查行动70余次，检查车辆800多辆，查处交通违法300余人次，并对70余台超员车辆、40余台无证车辆依法处罚。加强社会治理，通过一级抓一级，层层抓落实，形成维稳工作人人抓的工作机制。全年化解矛盾60余起，调解纠纷80余起，确保全乡和谐稳定。

武装工作。成立以党委书记为组长、武装部部长为副组长和各支部书记、民兵连长为成员的征兵工作领导小组，及时召开兵役登记专题会议，对全乡适龄青年进行逐户走访登记造册，兵役登记完成率100%。全乡征兵任务超额完成。完成基干民兵整组140余人，其中40余人为应急分队民兵。

社会保障。3077人参加城乡居民基本医疗保险，完成任务数的98%；全乡建档立卡贫困户均享受城乡居民医保缴费补贴，免费享受家庭医生签约服务，县域内住院报销比例提高10%；完成白内障筛查700余人，脑瘫儿筛查8人；完成特殊门诊年审630余本，新增特殊门诊117本。建立健全农村劳动力资源数据库，完成贫困劳动力信息核对6700余条；新增城镇就业人数50人。11230人参加城乡居民养老保险，完成任务的90%；灵活就业养老保险参保210余人，缴纳保费135万余元。发放残疾人重度护理补贴、残疾人困难生活补贴、高龄补贴119450元。全乡有“五保户”242户254人，农村低保397户646人，城乡低保11户14人，全部完成补贴发放工作。

计生工作。利用各类宣传形式，宣传计划生育国情国策、政策法规，提高群众计生意识。严格按规定标准要求，不折不扣地落实好独生子女家庭奖励、农村家庭奖励扶助的优惠政策，健全完善计划生育利益导向体系。全乡已婚育龄妇女5919人，农村奖扶130人，城镇奖扶12人，特别扶助6人，期内新生儿出生311例（其中政策外生育4例），流出人口6704人，流入人口22人，征收社会抚养费171180元，女性“两癌”筛查1116人，孕产筛查234例。

党建工作。新发展11名党员，13名党员按期转正，组建石门县所街乡农民用水户协会、石门县所街乡天星寨幼儿园、祖斌茶叶专业合作社、大面山茶叶专业合作社、水南渡茶叶专业合作社5个“两新”组织。完成19名党建联络员的摸底，开展“红星云”推广工作，每个支部均开通“红星云”网上学习，完成智慧党建系统录入910名，完成率100%，全乡910名党员全部录入全国党员信息管理系统，开展11期“主题党日”活动，组织学习党的十九大会议精神等。加强督促检查，强化制度执行力，通报上班迟到、违反工作制度的典型案例，形成乡村干部敢于担当、干群关系更加融洽的良好局面和风清气正的干事创业氛围。

【“最美所街人”评选活动】2017年7月20日，所街乡全面启动“最美所街人”征集评选活动。活动旨在倡导社会主义核心价值观，弘扬新风正气，切实发挥先进模范在弘扬文明新风中的示范引导作用。“最美所街人”评选活动分动员、村居评选、乡级评选、宣传表彰、整章建制五个阶段。活动设“最美脱贫致富人”“最美自立自强人”“最美诚实守信人”“最美孝老爱亲人”“最美文明风尚人”五个奖项。评选活动于9月30日前完成，乡党委、政府组织专门会议对评选出的“最美所街人”进行公开表彰，并通过网络、广播、专栏等载体进行广泛宣传，并择选1～2名事迹突出的人选向上级组织重点推荐。

【赈酒厨师暨食品安全工作培训会议】2017年2月16日，所街乡召开赈酒厨师暨食品安全工作培训会议。各村赈酒厨师和餐饮单位负责人近50人参加。会上，县食药工质监管局有关负责人授课，主要内容为食品卫生安全知识、农村集体聚餐安全注意事项、食品安全事故处罚措施、申办食品经营许可证流程等。所街乡党委政府高度重视食品安全工作，利用各种形式宣传食品安全工作；强化厨师队伍健康管理，严格要求农村厨师队伍办理个人健康证明；严格执行农村赈酒申报备案制度，健全食品安全网格化管理制度。

（所街乡）

罗坪乡

文　炜	党委书记
刘志辉	党委副书记、乡长
唐敏茗	党委副书记
文　勇	党委委员、人大主席团主席
匡勇军	党委委员、政协联络处主任、武装部部长
伍千苗	党委委员
肖　辉	党委委员、纪委书记
张平华	副乡长
王　玺	人大主席团副主席

【概况】罗坪乡位于石门县西北边陲，距县城117千米，东临所街、雁池乡，

西接湖北鹤峰县，南抵磨市镇、桑植西莲乡，北望南北镇、壶瓶山镇，总面积 209 平方千米，总人口 1.5 万人，辖 13 个行政村，耕地面积 17697 亩。境内拥有汉、土家、白、苗等 7 个民族，少数民族人口占全乡总人口的 98%，其中以土家族人口为最多，是典型的土家族聚居区。

2017 年，罗坪乡实现农村经济总收入 10283 万元，同比增长 12%；完成固定资产投资总额 1.38 亿元，同比增长 15%；财政总收入 3636 万元，同比增长 10%，建设性投资首次突破 1 亿元。

脱贫攻坚。一是精准识别，锁定“帮扶谁”。严格按照识别标准逐项对比、评议程序层层筛查，最终确定建档立卡户 991 户 3242 人，其中 2014—2016 年已脱贫 492 户 1707 人，2017 年计划脱贫 447 户 1419 人，剩余贫困对象 52 户 116 人。对符合建档立卡的贫困户做到“应纳尽纳”“应进尽进”，完成数据系统调整。二是精准对接，明确“谁帮扶”。全乡 7 个贫困村和 3 个贫困人口 300 人以上的非贫困村由县农业局、县水利局等县直单位结对帮扶，机关干部每人结对帮扶 1～5 户。其他非贫困村由乡党委政府指派一名班子成员任队长，站所负责人为副队长负责驻村工作，整合政府干部、部门站所工作人员、人大代表、政协委员、茶叶合作社负责人及企业人士参与结对帮扶，工作队驻村率 100%，结对帮扶率 100%。三是精准施策，着力“怎么扶”。①加强政策宣传。通过“一卡两讲三会四活动”等方式，向贫困户及一般群众宣传各项扶贫政策，并下发“政策口袋书”“健康扶贫明白卡”“教育扶贫明白卡”等宣传资料。②推进项目建设。2016—2017 年，全乡扶贫项目 114 个，总投资 4200 万元。年底完成项目 96 个，其余项目完工进度均达 90%以上。13 个村均落实集体经济项目（6 个村光伏发电、3 个村有村级茶厂、5 个村入股分红），确保 5 万元村级稳定集体经济收入。③强化住房保障。完成易地搬迁和危房改造，其中实施易地搬迁 174 户，搬迁人数 588 人。危房改造 389 户，其中，建档立卡贫困户 194 户，低保 11 户，“五保”26 户，贫困残疾 61 户，一般贫困 97 户。④壮大农业产业。全年发放黄色粘板 34.2 万张，太阳能灯 238 盏，茶叶有机肥 171.8 吨，累计投入资金 157.09 万元，并开展农业科技特派员下村活动，委派农业专干作为技术指导员对全乡 7 个贫困村进行技术指导，为贫困户提供技术支撑。⑤实施教育资助。建档立卡贫困户就读学生中县内有 386 人，通过与学生所就读学校对接，全部落实教育资助政策，资金达 70 万元。⑥提高健康保障。建立全乡建档立卡贫困户“三个一批”台账，其中大病集中救治 10 人、重病兜底保障 167 人、慢病签约服务管理 373 人。⑦落实金融扶贫。全乡涉及 377 户，发放各项扶贫贴息贷款 987.75 万元。

基础设施建设。完成太柳公路延长线（芭安线）、红军路、枞木山至红鱼溪道路（枞红线）3 条道路建设，完成村组道路硬化 16.8 千米，拓宽道路 20.8 千米，整修路基达 35 千米。寨垭、蓝公田、何家峪、芭栋、栗子坪等贫困村扶贫领域安全饮水提质工程投入使用。非贫困村大房峪、罗家坪、大龙坪、六房峪、长梯隘安饮提质主体工程全部完成。

产业发展。2017 年，罗坪乡围绕建设“生态罗坪”“富裕罗坪”的战略思路，倡导“政府主导、企业带动”的模式，把“两叶”发展作为农民调整产业结构的主攻方向和发展农村经济的首选战略。13 个村有茶园面积 21000 亩，人均 1.3 亩茶，无性系繁殖茶苗发展到 8000 亩，其中栗子坪、大龙坪、寨垭 3 个茶叶专业村继续开展标准茶园基地建设。天画罗坪茶业有限责任公司成立，重庆峪茶厂、蓝公田茶厂、何家峪茶厂于 8 月全面开工，已完成主体建设。发展烟叶 232 亩，交烟 510 担。全面完成长梯隘村 13 个小班 1000 亩林地中的幼林抚育、砍渣割灌、间伐除萌、抚育间伐工作，发放林农抚育资金 9.5 万元。完成 2017 延长期退耕还林 4531.8 亩，完成 1175 个农户信息的录入上报，纠正错误信息 58 条，农户上卡资金合计 566475 元。全面推动 2016 年度生态公益林 58611.8 亩 1485 户信息录入数据库工作，农户上卡资金合计 849871 元，完成 308 名农户（第二次）补助的上报发放，上卡资金合计 30 万元。土地确权进展顺利。外业：13 个村全部调查完毕；内业：5 个村进行第一轮公示，8 个村将进行第二轮公示。

社会保障。完成低保阳光行动，坚持应保尽保、应退尽退原则，确定低保、兜底对象 416 名，特困对象 251 名。全年发放救灾资金 14 万元，各项临时救助 7 万余元。优抚年审、老龄工作有序开展。

美丽乡村建设。全面启动天然林保护工程。基本完成天保林界定面积 88920.1 亩，界定宗块 14151 小班，涉及全乡寨垭、安溪等 12 个村 3064 个农户，上卡资金 969973.4 元，制作完成 14151 宗天然商品林农户管护责任区示意图的 50%。全年发放垃圾桶 800 个，配置 5 个垃圾收集箱，并通过开展垃圾整治活动和宣传工作，全乡环境面貌得到改观。

文化活动。开展民俗文化进校园活动。从 5 月开始，由山歌传承人熊渊玖、省级文化志愿者陈淑元每月进校传承山歌 4 小时，选出优秀学生代表参加常德百团大赛，获得三等奖。参加 2017 年“我们都来跳”社会主义核心价值观湖南省原创广场舞大赛，宣扬土家文化的罗坪乡广场舞初赛直接晋级，得到观众和评审认可。开展“扫黄打非护苗”活动，走进全乡各所学校发放绿书签 450 张，使学生从小就读正规书，接受正能量教育，坚决抵制黄色、暴力书籍进入校园。成立寨垭村民间艺术团，排练演出新节目，丰富了村民业余生活。参加中国湖南省旅游产业博览会，选送的两个大型节目（薅草锣鼓、山歌连串）连续表演三天，深受好评。

社会管理。深化“12345”网格化管理，发挥村、组在宣传教育、信息收集、矛盾调处等方面作用。加强村级转移支付资金在社会治安综合治理方面的考核权重，对治调主任、小组长予以经费保障，兑现奖惩措施，提高其工作积极性。各村相继制定村规民约，将平安建设内容纳入其中，遵纪守法成为村民享受各类国家优惠政策的前提条件，村风民风好转。针对社会治安问题，制定相关工作方案，设立宣传栏13块，悬挂横幅标语100余条，召开户主大会50多次、广播会议60次，并对重点农户、重点场所进行清查。多次对全乡范围内的道路交通、采石厂、烟花鞭炮经营户、学校、医院、茶企、危房农户、扶贫项目施工安全、防汛、农村赈酒食品安全等开展安全检查，进行问题交办，做到宣传到位、排查到位、整治到位。将民调创满工作分时列为重点，开展民调宣传进机关、进村(居)、进屋场、进农户、进学校、进集市活动，并开通一部专门的民意沟通电话，由专人负责收集意见，针对走访提出的意见，督促责任单位、个人整改，广大群众对民调创满工作认识提高。

【石门县西北环线公路罗坪段开工】 2017年2月22日，西北环线公路(罗坪段)开工典礼在罗坪乡安溪村举行，罗坪乡相关负责人和当地村民近80人参加。西北环线公路是全县重点民生工程，经过磨市镇、雁池乡和罗坪乡，全长30.85千米，公路等级为二级，路基宽8.5米，路面宽7米，其中罗坪段全长约5.8千米。项目由湖南华罡规划设计研究院设计，由武汉东交路桥工程有限公司施工，由湖南省长湘工程监理有限责任公司负责工程监理。该路段全线贯通后，将缩短石门县城到罗坪乡长梯隘景区的路程近20千米，可促进区域内旅游产业协调发展和群众脱贫致富，降低运输成本，减少安全隐患，方便罗坪乡群众出行。

(罗坪乡)

壶瓶山镇

匡　斌	党委书记(2月止)
张国安	党委书记(2月任)
周申武	党委副书记、镇长(2月任)
张雄风	党委副书记(6月任)
何继荣	党委委员、人大主席团主席
张飞来	党委委员、政协联络处主任(6月止)
向曹宏	党委委员、政协联络处主任(6月任)
肖楚译	党委委员、纪委书记
陈　波	党委委员
杨祖辉	党委委员、副镇长
段荆州	党委委员(4月任，挂职)
易青华	党委委员、武装部部长、副镇长(8月任)
杨　晓	副镇长(6月任)
付昭君	人大主席团副主席(6月任)

【概况】壶瓶山镇位于石门县西北边陲，澧水源头，东西长47.6千米，南北宽32.5千米，距石门县城108千米，总面积665.8平方千米，是全省面积最大的乡镇，与湖北鹤峰、五峰两县交界，东、南、西三面分别和太平镇、所街乡、罗坪乡及东山峰管理区、南北镇接壤，壶瓶山主峰海拔2098.7米。全镇辖33个村、4个社区、1个林场，总人口3.2万人，其中土家族占90%。2017年，全镇完成固定资产投资7.21亿元，其中工业固定资产投资4.53亿元，同比增长9.8%。实现第三产业产值3.71亿元，同比增长13.5%。实现劳动者报酬5941万元，同比增长5%。

脱贫攻坚。扎实推进产业扶贫、金融扶贫、危房改造、易地搬迁等工作。全年脱贫12个村942户2950人。完成易地搬迁安置437户1446人，改造危房447户。推进教育扶贫，解决926名贫困生上学难问题，确保全镇无一人因贫失学。在“爱心助学”活动中筹集善款15万多元。武陵区委统战部对4个扶贫点村开展同心助学活动，为82名贫困学生提供助学金5万元。推进健康扶贫，全镇38个村级卫生室全覆盖，兑现特殊困难家庭补助18户，补助6000元，发放“两癌”补助5万元，补发大病救助资金8.5万元，建档立卡贫困户在镇卫生院住院减免费用25万元。推进就业扶贫，新增劳动力转移就业231人，其中贫困劳动力就业180人。推进金融扶贫，给391户全年发放贷款725.5万元。整合资金5539万元，启动扶贫项目174个，其中道路建设133千米。壶瓶山镇多次迎接省、市、县考核验收和省第三方评估检查，均获肯定。在全县“双百”人物评选活动中，张继俊、覃风逸等6人获最美扶贫人物称号，唐植学、张文国等5人获最美脱贫示范户称号。

项目建设。全面完成2017年全镇经济工作会上确定的十件实事。泰和合、红茶坊、垃圾压缩中转站、污水处理厂二期、集镇饮水提质改造、澧水生态文化广场、壶大公路A1标段、江坪河大桥等项目如期完工。森林公安办公用房、集镇小街小巷等项目煞尾。壶大公路A2标、剩头林场8千米道路、尾沙坝小区等项目顺利推进。欣运车站进入评审征地阶段。完成11个村(居)农村电网升级改造工程。建设移动基站9处。新建村级服务平台24个、修缮4个，11个村的光伏发电站竣工并网。

产业发展。积极配合全域旅游示范县创建和国家生态旅游示范区创建。壶瓶山大峡谷通过国家AAA景区评定验收，景区核心景观、生态游道、游客中心、旅游厕所、标识牌和停车场得到全面提质。完成江坪大桥至象鼻子沟景区道路8千米提质改造。启动鱼洞探险观光游。泰和合·红茶坊修缮完工，可同时满足150余人餐宿需求。全镇有雅泉、望月湖、国土、壶瓶山等大小宾馆20余家，餐饮78家，接待能力大幅提高。《中国青年报》组织的“大学生生态文明旅游背包行”走进壶瓶山，20余家省内外媒体记者宣传壶瓶山生态美景。2017年，壶瓶山接待游客2.2万人次，其中，仅壶瓶山屋脊漂流就接待游客6000余人，景区收入141万元。稳步推进茶叶、烟叶、养殖等农业产业提质升级，增收增效。全乡茶叶种植总面积达3万亩，人均拥有1亩茶园，获得“三湘茶叶第一镇”的美称。烟叶方面，加强对“两场”设备的维护，保障烟农的合法权益，烟叶种植稳定在5000亩左右，产烟9816担，产值1494万元。养殖产业总量稳步增长，培育裕峰娃娃鱼养殖场、壶农养鸡场、长岭村湘青原等家庭农场达30家，基本形成“一村一品”。

社会民生。统筹推进教育、卫生、文化、计生等各项社会事业均衡发展。①计生服务。2017年全镇出生人口285人，政策内出生280人，其中二孩165人，符合政策生育率为98.2%，征收社会抚养费5万多元。开展国家免费孕前优生健康检查62对，免费落实节育21例。②民政救助。全年下发低保资金129万元，“五保”资金137.3万元，高龄补贴79人，发放资金23700元；生活困难救助416人，发放资金62400元。关爱残疾对象，重度残疾救助331人，发放资金49650元，为残疾对象发放轮椅20辆、拐杖80根、助听器20台、盲杖20根、夜杖40根等，其他辅助器具16套。上报多批次临时救助，救助资金共20万元。③教育事业。石门一中上线23人，投资500万元新建中心学校教学楼，投资500多万元修建鼓锣坪小学，全镇832名贫困学生享受贫困生生活补助，资助资金超过75万元。④环境卫生。农村环境卫生四个季度均被评为县级优秀，垃圾压缩中转站投入使用，向全镇38个村(居)发放1000个小型垃圾桶，60个中型垃圾桶，35台垃圾拖车，集镇及周边村居的垃圾统一入站集中处理，迎接了中央、省、市环保督查，对不符合环保要求的小型企业下达限期整改通知书，关停砂石场9家，完成退耕还林240亩。

基层党建。①领导班子建设。坚持每月1次的集中理论学习，班子成员综合能力普遍提升。认真执行党委议事规则，“三重一大”事项严格由党委集体讨论决策。每半年召开一次民主生活会，坚持问题导向，促进了班子团结。②党员教育管理。扎实推进“两学一做”学习教育常态化制度化，严格执行“三会一课”“主题党日”、组织生活会、党的报告员等基本制度。党委书记带头到村宣讲脱贫攻坚政策18场次，宣讲党的十九大精神4场次。发展党员19名，改善了党员队伍结构。组织各村党员先锋队开展帮助贫困户、整治环境卫生等活动86次。狠抓宣传教育，组织广大党员干部学习王新法、廖俊波等的先进事迹，邀请覃道周、杜登文等优秀党员走进道德讲堂，讲述先进事迹，激发了广大党员干部干事创业的热情。③党风廉政建设。立案8人，7人受党纪处分，诫勉谈话11人，提醒谈话18人，通报批评85人次，确保了风清气正。积极配合县委巡察组完成对全镇的首轮巡察，整改问题14个，并启动追责问责。扎实开展谈心谈话，把谈心谈话作为落实主体责任和保护干部健康成长的关键一环，全体班子成员开展谈话近600次，其中“两同时”谈话近550次。

【壶瓶山境内发现猛禽迁徙通道】 2017年，壶瓶山自然保护区工作人员及观鸟爱好者在南坪村发现猛禽迁徙通道，通过观测记录，1小时内有数十种、100多只迁徙猛禽飞过。确认的猛禽有凤头鹰、日本松雀鹰、凤头蜂鹰、阿穆尔隼、燕隼、黑冠鹃隼、赤腹鹰、蛇雕等，均为国家二级重点保护野生动物。还发现有少量白喉针尾雨燕和黑卷尾过境。自保护区成立后，壶瓶山境内第一次发现稳定的猛禽迁徙路线。

(壶瓶山镇)

【北溪河村第三届“年猪文化节”】 壶瓶山镇北溪河村第三届“年猪文化节”于2016年12月31日举行。常德、长沙等地客人以及县内人员约1500人参加。活动内容有集中宰杀年猪、孝山冬祭、文艺表演、动物放生、土特产品展销、孝山文化讲座、大锅烹饪年猪肉、集体吃年猪饭等。

北溪河位于壶瓶山镇西北部，与湖北省五峰县后河自然保护区接壤，全村101户430人，面积近3万亩，为湘西北保存完整的原始村落之一，全村101户民居中96户全部为土家吊脚木楼结构，世居于该村的村民以传统农耕的生产生活方式维系生存，其淳厚的民风，原汁原味的土家民俗风情，成为人人向往的“世外桃源”。

(编辑部)

集中屠宰年猪

南北镇

段少帅	党委书记
覃　浩	党委副书记、镇长
刘　亚	党委副书记
吴先勇	党委委员、人大主席团主席
陈景智	党委委员、政协联络处主任
谌　鹏	党委委员、纪委书记
杨　滟	党委委员
覃杨洋	副镇长
田　波	人大主席团副主席

【概况】2017年，南北镇紧扣县委“开放强县、产业立县”发展战略，立足镇情，以省级边贸口子镇和常德市美丽城镇建设试点为契机，推进精准扶贫、旅游、城镇化、交通、农业等各项工作，镇域经济、社会、文化等方面稳步发展。2017年，南北镇获“全市道路交通安全红旗单位”称号，薛家村被评为“第五届全国文明村”，彭新华家庭被评为“全国最美家庭”。

脱贫攻坚。通过精准识别，清退贫困户56户298人，新增贫困户54户329人。2017年，易地搬迁建档立卡贫困户103户375人，其中集中安置10户39人，分散安置93户336人，建有易地扶贫搬迁安置点1个，分散安置户与集中安置点建设全面完成。全镇危房改造180户，已完工入住。危改过程中严格执行个人申请、村委评议、乡镇审查、县级核准等程序，确保对象评定公开、公平、公正。全镇有4个村(居)实施光伏发电项目，村集体经济收入增加。教育助学235人，扶助资金40.42万元；发放小额金融贷款和分贷统还计133户349万元。全镇脱贫188户569人。

基础设施建设。全年投资54万元启动金河村林道建设12千米；投资95.11万元完善全镇安饮提质工程；投资700余万元进行道路硬化和拓宽工程；兴建4个高标准农田、2座桥梁；投资22万元对全镇106户无害化厕所进行改造。

城镇建设。依托常德市美丽城镇建设试点，投资600万元启动湘鄂二大道建设；启动投资500万元的文化休闲广场建设。镇敬老院新扩工程竣工投入使用。污水处理厂纳入全县建设计划，新建800平方米的镇级综合服务平台。

产业发展。扶持茶叶、烟叶传统产业发展，免费发放茶树苗131.4万株，茶叶种植面积达1.3万亩，名优茶比例提升。全镇烟叶种植面积达5490亩，产烟1.4万担，创产值2315万元。高山反季节蔬菜种植达3000亩，产值达1000万元。推进特色产业发展。发放金钱柳苗8.7万株，新发展金钱柳种植1000亩，葛仙米养殖20亩。薛家村岩蛙养殖基地开建，建成后可年产岩蛙5万千克。突出薛家村“全市党性教育基地”的地位，加大石门县苏维埃政府旧址—贺家台的开发与保护力度，完善碑垭露营基地相关配套设施，促进文化旅游融合发展，打造集生态、历史、文化为一体的红色旅游品牌。

社会管理。全年有61户107人享受农村低保，1人享受城镇低保，92户93人享受农村五保，新农合参合率达100%，优抚补助、高龄补贴等社会福利政策落实。全面落实矛盾纠纷排查调处机制，认真开展领导大接访活动，发生矛盾纠纷70起，化解67起，调解成功率达96%，全年未发生刑事案件。通过开展“无上访村(居)”创建活动，实现非访零登记。全年安全生产零事故。

(南北镇)

【“名誉村长”王新法倒在扶贫第一线】王新法，男，汉族，1953年7月出生，中共党员，河北省灵寿县人。1969年12月入伍，1981年6月转业到石家庄市公安局工作。2013年7月退休后，到湖南省石门县南北镇薛家村义务扶贫。2017年2月23日下午3时许，在村里商议扶贫工作时，因劳累过度突发心肌梗塞不幸去世，享年64岁。

2013年，河北省石家庄市老兵王新法不远千里到薛家村，帮乡亲们“拔穷根”，带领大家转变观念、移风易俗、开发产业，立志打一场脱贫攻坚战。在短短的4年时间里，王新法和他的团队带领村民拓宽村道10多千米，架设桥梁6座，劈山炸石修建山道5千米，还把村通组道路修到30多户村民的家门口。带领乡亲们开发生态茶园，使全村人均收入突破6000元。王新法拿出64万元积蓄，为村里架桥、修路、建烈士陵园“山河圆”、发展生态茶园、修建村民饮水工程等，以实际行动真扶贫，成效显著。

(编辑部)

【唐白玉调研薛家村兜底扶贫工作】2017年6月14日，湖南省民政厅厅长唐白玉到石门县南北镇薛家村，调研兜底扶贫、村居“两委”换届、低保对象与社会保障兜底脱贫对象认定清理整顿和“两线合一”、基层社会服务事业发展等工作，省民政厅办公室、社会救助局负责人及常德市政府、石门县政府、石门县民政局等有关领导陪同调研。唐白玉一行看望慰问王新法扶贫攻坚军人团队和王新法亲属，参观了王新法生前居住的木屋，并到烈士墓园“山河圆”敬献花圈。唐白玉还实地查看村服务中心、生态茶园、村组道路等建设情况，走访村民，了解困难群众生活保障情况，并与县、乡、村负责人和军人团队代表、村民代表进行座谈。

唐白玉对薛家村各项工作取得的成效给予肯定。强调全省各级民政部门要深入学习王新法先进事迹，牢固树立“四个意识”，按照省委省政府的决策部署，全力推进民政各项重点工作落实，深入

王新法生前出资带领村民修建的“山河圆”

湖南省军区司令员黄跃进（右一）参观薛家村“与民共富”军人团队指挥部

推进全省“五化”民政事业纵深发展。要重点做好社会兜底扶贫保障、低保对象和社会保障兜底脱贫对象认定清理整顿和“两线合一”工作，提高困难群众生活保障水平；要加大工作力度，依法依规全面完成村居换届工作，努力实现合村、合心、合力；要加强村级组织阵地建设，统筹各类经费项目资源，完善和充实服务内容，开展好村民学习教育、“三留守”人员关爱、便民利民等各项基层社会服务，不断增强村民的获得感、幸福感。

（陈本文）

【黄跃进参观薛家村“与民共富”军人团队指挥部】2017年9月22日，湖南省军区司令员黄跃进到石门县调研。调研期间，黄跃进一行到南北镇薛家村，参观薛家村“与民共富”军人团队指挥部。常德军分区司令员李辉忠，县委副书记、县长郭碧勋，县人武部政委陈景华陪同。黄跃进对王新法生前扶贫事迹给予高度肯定，对军人团队“与民共富”的理念，关心山区儿童、倡导正能量、倡导新风正气、规范乡规民约等做法给予赞赏。希望该村每位共产党员和复退军人，都要用王新法的精神对照自己，稳心定神，为建设自己的家乡多做贡献，实现与民共富；要响应省委、省政府、省军区决策部署，积极投入到脱贫攻坚中，努力在“双带双促”活动中发挥作用；要认真学习习近平总书记系列重要讲话精神，干好本职工作。

（王章建）

【石门首家村级微型消防站成立】2017年10月19日，石门县首家村级微型消防站在南北镇薛家村挂牌成立。县委常委、县委宣传部部长江毅，县消防大队大队长邓扬虎共同揭牌。它是全省海拔最高的微型消防站，也是省消防总队在贫困村成立的第一家微型消防站，还是离县城消防大队最远的村级微型消防站。

为确保人民群众生命财产安全，省市县消防部门在该村成立县内首家微型消防站，投入3万多元添置消防水泵、灭火器、消防服等设施设备。消防员由村级民兵兼任，他们在镇村两级的管理和县消防部门的指导下，负责该村及周边村的消防抢险。

（孙开国）

东山峰管理区

谭本军	党委书记（8月止）
匡　斌	党委副书记、管委会主任
郑辉耀	党委副书记、管委会副主任
张　涌	党委委员、管委会副主任
陈　炎	党委委员、纪委书记
杨　杰	管委会副主任（6月任）

【概况】东山峰管理区位于石门县西北端边陲，距石门县城125千米，区域面积51.8平方千米，总人口5380人，与壶瓶山镇、南北镇相邻。2017年，完成地区生产总值16800万元。其中：工业总产值6500万元，农业总产值7500万元，第三产业总产值2800万元。农民人均纯收入约9000元。

农业产业。2017年3月，180名建档立卡贫困户参加“一户一产业工人”培训班，学习掌握茶叶种植知识和养蜂技术。实施170亩良种茶园改造和800亩有机茶园建设。各农业片先后开展山药、猕猴桃栽培技术培训，提高了农民农业生产技术水平。

项目建设。2017年，管理区投资180万元建成知青文化广场和南山四片文化活动广场。管理区6个农村综合服务平台建设项目全面启动，南山二片、北山二片2个修缮项目完工，南山一片的扩建、南山三片、北山一片的新建等工程全部完成。

农垦民生。为解除阴坡地灾点对20余户居民生命财产及村部资产的威胁，区党委争取资金60万元，对地质灾害点开展专项治理，消除安全隐患。争取市、县总工会帮扶资金5万元，救助下岗困难职工，解决其生活困难。争取县自来水公司对集镇自来水网管改造及防冻措施进行规划设计，解决了集镇居民冬天用水难的问题。

脱贫攻坚。2017年，管理区共结对232户建档立卡贫困户。机关干部多次开展“空室”行动，包户责任人进村入户开展结对帮扶。先后实施120亩茶园品改，50亩良种茶改造，800亩有机茶品种改良；投入210万元，完成45千米林道新建或整修；投入198万元，实施7.5千米通畅公路建设；投入25万元，完成农田水利基础设施建设；投入15万元，完成枫香坡石桥改造；争取投入165万元，在6个贫困村开展安饮提质工程，彻底解决农村居民饮水安全和生产用水困难的问题；扶持贫困户养殖蜜蜂120桶，种植山药、猕猴桃100亩；2017年，脱贫村北山一片投资100万元入股振洋茶叶专业合作社和鑫锋电子有限公司，年分红8万元。南山一片投资80万元入股杨柳山茶叶专业合作社，年分红6.4万元。全区完成易地扶贫搬迁28户，危房改造16户。年内脱贫60户147人。

安全生产。2017年，管理区开展“除火患、保平安”行动，推进新一轮百日安全生产集中整治专项行动，加强烟花爆竹和道路交通安全管理，严格按照省市县防指相关工作要求，组建机构，加强领导，细化分工，落实措施，强化值班值守，依照属地分级和“谁主管谁负责”的原则，在全区各行业、各领域开展各项安全生产整治，确保全区安全生产、防汛抗灾形势平稳。

基层党建。一是以支部为单位在每月月末采取观看教育片、读原著、开展帮扶活动等多种形式开展“主题党日”活动。“七一”期间，组织全区机关党员干部职工、农业片干部、其他类型支部负责人，到南北镇薛家村学习全省扶贫楷模王新法先进事迹，重温入党誓词，党委书记为全体人员上了一堂主题为“干部应加强家风建设”的党课。二是组织机关党员、入党积极分子义务美化环境的志愿服务活动，要求党员佩戴党徽，党内活动与机关文件签批中一律互称同志。三是由县纪委、县委组织部、县农业局、县经管站、县扶贫办等部门派出的师资队伍，开展廉政党课、基层党建业务、茶叶技术、财经纪律与村级财务管理、脱贫攻坚政策解读等业务知识的培训。

【“东山峰知青广场”竣工】2017年，管理区投入资金120万元，建设“东山峰知青广场”，广场建在原东山峰农场办公大楼旧址上，总面积约1500平方米，2016年6月动工，由湖南三力绿色生态产业发展有限公司承建，2017年9月竣工。广场内修建设置了休闲凉亭、梁架走廊、健身器材、石桌石凳、观赏艺术石、知青广场标志碑等，广场周边种植花草树木10余种。在广场北侧，还建有知青文化墙，文化墙长16米，高2米，1208名常德、长沙知青名字雕刻于墙上。

【纪念知青上山下乡45周年庆典活动】2017年8月7日至9日，长沙、常德300余名知青重返东山峰，参加“纪念知青上山下乡45周年庆典”活动。庆典活动由常德东山峰知青联谊会和东山峰管理区联合主办，管委会主任匡斌致辞，原省农垦局党组书记、副局长郭城讲话。庆典活动内容：知青文化墙揭幕、文艺节目演出、老连队走访、篝火晚会等。

(陈旦明)

东山峰知青广场标志碑

湖南省石门夹山国家森林公园管理处

李良军	党委书记、主任
文　彬	党委副书记、副主任
陈泽云	党委委员、副主任
吴建华	党委委员、副主任
田彬彬	党委委员、纪委书记

【概况】2017年，湖南省石门夹山国家森林管理处以旅游发展为中心，以打造幸福夹山为目标，完成景区AAAAA提升规划初审、夹山森林总规修编(2017—2026)省级评审，夹山禅茶被认定为省级非物质文化遗产，夹山景区被常德市人民政府授予“平安景区”称号。

旅游产业发展。2017年，管理处旅游产业发展成绩喜人。成功举办第三届全国大学生禅茶素食夏令营、两期禅修班、三期茶修班、“大学生文明旅游背包客探访茶禅祖庭夹山寺”“2017夹山寺千人登山大赛”“新年撞钟祈福法会”“广场舞协会夹山跨年舞会及篝火晚会”等活动；开展了“三八”节妇女免费游、三月份优惠游、“5·19”国际旅游日免费游等系列旅游促销活动，夹山景区共接待游客30多万人次，实现旅游综合收入5000多万元。

旅游基础建设。2017年，投入3500多万元，完成兰堤堰环境美化工程、河堤安全护栏工程、新游客中心建设、生态停车场、寺庙厕所建设。闯王陵维修改造项目一、二期工程动工。

森林防火。定期清理断梢、倒伏木荷，防控重点地段森林病虫害1000余亩，有效控制了山白蚁、松毛虫、樟叶蜂等森林病虫害的发生。举办2017夹山第三届全国大学生禅茶素食夏令营暨野生动物保护宣传周活动。与二都街道、夹山镇签订森林防火联防联治联席协议。

脱贫攻坚。2017年，夹山管理处全体干部职工到夹山寺社区、蒙泉镇望仙树村、子良镇茶园湾村共入户走访600多人次，发放慰问金及各类慰问物资合计30多万元。管理处召开专题会议，分析所有建档立卡贫困户致贫原因，研究帮扶措施，落实帮扶责任。在夹山寺社区，利用26万元产业开发资金为社区贫困户新建橘园30亩，每个贫困户每年可增收2000元以上。夹山寺社区30户建档立卡贫困户，其中27户89人实现稳定脱贫，贫困发生率0.9%，无一起漏评错退现象，电话抽查和入户核查的群众满意度都在97%以上。

社会民生事业。2017年，夹山管理处始终把提升夹山景区群众的幸福感、满意度作为工作目标，大力发展民生事

千人登山大赛起点

业，确保社会和谐稳定。夹山寺社区完成安全饮水工程、电网改造工程，新增变压器2台，夹山古街杆线全部入地，社区容貌更加美观，群众生产生活更加方便。建立平安夹山寺社区微信群，落实网格化治理，深入开展平安创建红马甲活动，组建了专职巡逻队，制定工作预案，及时化解矛盾。面对林场下岗职工和玉带湖失地农民两大群体，主动作为，积极向县委、县政府汇报，开展对话协调，谋划两大群体发展思路，全年没有出现一起到市、赴省、进京非访群访事件，确保了社会稳定。严格贯彻落实领导干部安全生产"一岗双责"制度，加强对夹山寺景区、水库坝塘、道路交通、游乐设施、易燃易爆物品等各领域、各行业的安全监管，全年没有出现一起安全责任事故。开展禁鞭禁燃，春节期间没有发生一起违法燃放烟花鞭炮事件。

【夹山寺千人登山大赛】2017年12月31日上午，由夹山国家森林公园主办，元坐标户外及石门华天旅游承办的"祈福华夏，与爱相随"2017夹山寺千人登山大赛举行。县委县政府对登山大赛给予支持，县全域旅游发展中心、县文体广新局等部门对大赛予以协助。大赛吸引来自湖北省、广东省及长沙、岳阳、益阳、张家界、湘西、怀化及常德的近千人参与。更有诸如曾文波、魏郭超、杨二镔、田峰、杨勇、吴新花、陶培林等国字号及准国字号选手同场竞技，增加了比赛精彩度。比赛起点设在夹山寺广场，终点在紫和寺山顶，全长5千米。参赛运动员按照大赛组委会指定的线路登山，中途（3千米处）设有补给点。经过艰苦比赛，选手曾文波以23分18秒的成绩获得男子组第一名；吴新花以29分58秒的成绩获得女子组第一名；夹山跑团男子组总成绩列第一；津市跑团女子组总成绩列第一，康美健身房跑团女子组总成绩列第二。

（夹山镇）

湖南壶瓶山国家级自然保护区

张延祥	党委书记、局长
康祖杰	党委委员、 副局长（9月止） 党委副书记、 副局长（9月任）
张飞来	党委委员、 副局长（6月任）
田书荣	副局长
李进忠	资源保护科科长（兼）、 党委委员、 纪委书记（9月任）
马　杰	综合科科长（9月任）
贾贤辉	中岭分局副局长 （9月止）
王承红	江坪分局副局长 （9月任）
周长华	南坪分局副局长 （9月任）

【概况】湖南壶瓶山国家级自然保护区总面积66568公顷，其中核心区23291公顷，缓冲区18408公顷，实验区24869公顷，是湖南省面积最大的森林生态系统类型自然保护区，主要保护豹、林麝等濒危野生动物及其栖息地和珙桐、红豆杉等珍稀植物及其群落，2006年被国家林业局批准列入全国51个"国家级示范保护区"建设单位之一。

保护区有维管束植物3080种，其中国家一级保护植物有珙桐、银杏、红豆杉、伯乐树等7种，国家二级保护植物有香果树、凹叶厚朴等26种，是湖南维管束植物最丰富的地区；陆生脊椎动物434种，其中国家一级保护动物有豹、林麝、金雕、中华秋沙鸭等8种，国家二级保护动物有黑熊、中华鬣羚、斑羚等52种，湖南省重点保护野生动物179种；水生脊椎动物45种，其中包括淡水鱼类新种"壶瓶山鮡"；记录昆虫4770余种，其中国家二级保护动物2种；记录大型真菌320种。被国内外专家誉为"华中地区不可多得的生物物种基因库"，被中外专家学者称为"欧亚大陆同纬度带中物种谱系最完整的一块宝地"，具有极高的科学研究价值和全球性意义。

资源保护。①生物多样性管护。林政管理：全年共办理林业案件41件，2人获刑，收缴杉材54.3立方米，收缴活立木17株、药材等副产品768千克等。渔政资源管理：共开展渔政稽查137人次，收缴渔网35张、电鱼机5部、充气橡皮船（艇）3艘、大鲵1条等。野生动植物保护：加大对乱捕滥猎等违法行为的查处力度，共收缴电网捕兽工具1套、铁夹39个、绳套钢索279根，救护小鹿1只，查获中华大蟾蜍363千克、蛇蛙类41只（条）等，全部放生野外。②"绿盾"行动。认真落实中央"绿盾2017"国家级自然保护区监督检查专项行动精神，制订了《壶瓶山保护区生态环境问题整改工作方案》，全面摸底排查，对辖区水电站、采砂点、道路建设、易地搬迁等依法下发停工通知书或要求提供相关合法手续的

学生观看鸟类图片

函，配合县人大常委会，县环保、水利和林业等部门对生态环境问题进行调查，完成2处采砂点的取缔与关停，并加大巡护和管控力度，防止死灰复燃。规范档案资料整理，建立问题清单和专项台账，各类档案资料做到专人专责、专档管理、专柜存放。加强遥感监测核查，完成卫星遥感监测150处人类活动变化点的现场核查，对违法违规行为及时进行查处。③森林防火。加大宣传力度，张贴各类宣传标语595条，出动流动宣传车17次，深入村居宣传。开展专职、兼职巡护员的森林防火知识培训，层层签订责任状，加强对重点区域、特殊人群的的监管与监护，落实管理局、哨所、检查站值班制度。2017年，缓冲区和实验区仅发生一般性火灾1起，核心区实现零火灾。

科研监测。①常规科研监测。完成2017—2021年科研监测计划编写，制定植物固定样方、鱼类、两爬、鸟类、兽类等10项科研监测计划。完成蝴蝶、两爬、鸟类等资源调查样线50条次和20条次环保部样线调查。完成120个红外相机监测调查位点的野外数据采集和10个黑熊种群监测样地的监测，完成3个植物样方样点的数据采集。完成25条野外固定巡护线路监测、11个哨所及检查站的气象监测及57株树木的植物物候监测等工作。制作植物标本2350份、鱼类标本200多份，发现湖南鸟类新纪录种5种，编印了2016年度科研监测年度报告集。②科研交流合作。与中科院动物研究所、中科院水生生物研究所、中国林业科学院、中南林业科技大学、省植物园、市林科所及法国鸟类专家等专家在保护区开展小型哺乳动物调查、寄生瘿蜂调查、植物调查及鸟类调查等科学考察活动。

科普宣教。①宣教设施建设。在保护区主公路沿线设立大型自然保护和森林防火宣传牌10块，制作大型宣传标语50条；制作和安装保护区生物多样性监测牌、巡护线路牌500个；设立保护区边界牌12个；建立保护区网站和微信公众号并开始运行；完成保护区珍稀野生动植物挂图和“三有”保护野生动物挂图的设计制作工作，并发放到各哨所、检查站和壶瓶山镇各餐厅和社区居民。②科普宣教活动。组织开展义务植树、爱鸟周等活动，在学校开展鸟类知识讲座和观鸟比赛、中小学生绘画、诗歌比赛；编辑《嫩姜报》环保板块10期；完成内刊《湖南屋脊·壶瓶山》编辑及分发、寄送工作。

项目建设。主动与上级主管部门对接，先后获得国家林业局关于壶瓶山保护区《总体规划》（2017—2026）和《国家林业局关于湖南壶瓶山国家级自然保护区基础设施建设项目可行性研究报告的批复》（四期）建设项目的批复；与北京巧女基金会签订战略合作协议，就壶瓶山自然保护区的保护管理和可持续发展开展合作，开创性地建立社会资金参与自然保护区治理新模式。

脱贫攻坚。结合神景洞村和大京竹村的实际，实施挂图作战，进行“一对一”帮扶；每月入户调查走访1～2次以上，加强扶贫政策宣传，开展点亮“微心愿”活动，加强与贫困户的感情交流；完善各类精准扶贫资料，做到一户一册，根据不同扶贫对象制定和实施帮扶措施。加强基础设施和产业建设，先后筹资30万元，修建了苗圃，实施道路硬化和产业建设，村容村貌明显改善。

【壶瓶山成为中国生物圈保护区网络成员】2017年11月2日至4日，第十八届中国生物圈保护区网络（CBRN）成员大会召开，壶瓶山自然保护区获准成为中国生物圈保护区网络新成员。“人与生物圈计划”是联合国教科文组织针对全球面临的人口、资源、环境问题，于1971年发起的一项政府间跨学科的大型综合性研究计划，已实施40年。生物圈保护区的设立把保护区及周边地区人民的生活改善、经济发展、社会进步与生态环境保护结合起来，进而找出一条既可以保护自然资源、文化资源，又可以促进社会经济可持续发展的模式。

【开展“爱鸟周”活动】2017年4月1日，石门县壶瓶山镇“爱鸟周”活动启动仪式在壶瓶山镇中心学校举行。仪式以“观鸟儿之美，护生态家园”为主题，由石门县林业局、壶瓶山国家级自然保护区管理局、壶瓶山镇中心学校三个单位共同组织发起。该校相关负责人向学生们阐述了自然保护区内爱护环境、保护自然的意义和使命，并由学生代表提出爱鸟倡议。此次爱鸟周活动包括校园观鸟大赛、观鸟入门讲座、自然绘画和自然诗歌有奖征集、鸟类图片展板展示、自然纪录片和保护区宣传片观影等内容。

（王承红）

【湖南都市频道拍摄黑熊专题报道】2017年10月28日至29日，湖南都市频道新闻记者到壶瓶山自然保护区进行黑熊专题采访、拍摄。黑熊被列入国家二级保护动物，其视觉差，故有“黑瞎子”之称。黑熊栖息于山地森林，身体粗壮，一般体长150～170厘米，体重150千克左右，食性较杂，有冬眠习性，可以直立行走，行动谨慎、缓慢，很少攻击人类，一般在夜晚活动，白天在树洞或岩洞中睡觉，善于攀爬、游泳。29日，保护区工作人员陪同记者进入保护区核心区，经过两个小时的爬山涉水，找到了黑熊吃牛的现场。在现场经过仔细查看和辨认，发现大量黑熊痕迹，包括黑熊脚印、粪便以及攀爬树上吃种子后留下的痕迹，树干上熊爪抓痕清晰可辨。拍摄制作的壶瓶山自然保护区黑熊专题新闻，11月底在栏目《都市晚间》中播出。

【法国和西班牙鸟类专家到保护区进行鸟类调查】2017年5月25日，法国Jonathan Martinez和西班牙Philippe Doré 两位鸟类专家抵达壶瓶山国家级自然保护区进行鸟类调查。M. Jonathan是第四次到壶瓶山进行鸟类调查。他们以壶瓶山保护区顶平哨所为中心进行鸟类资源调查和监测，包括拍摄鸟类照片和录制鸟声。在为期十天的调查过程中，专家们共计观测到140种鸟类，M. Jonathan认为“壶瓶山的鸟类多样性较高，特别是对于雀鹛鸟类，是一个非常重要和有意思的研究地”。调查所收集到的信息，加快了鸟类分类研究工作进展，对保护区鸟类监测工作有很大的帮助。2010年以后，壶瓶山国家级自然保护区自主开展鸟类监测工作，逐步摸清境内鸟类栖息状况，为湖南省增加15个鸟类新纪录种。

（编辑部）

石门经济开发区

韩翼飞　党工委书记
邱令华　党工委副书记、管委会主任
胡定平　党工委委员、管委会副主任
占云梅　党工委委员、管委会副主任
陈泽林　党工委委员、工会主席（9月止）
刘　军　党工委委员、纪工委书记（9月止）
汤连辉　党工委委员、管委会副主任（9月任）
陈志军　党工委委员、纪工委书记、工会主席（9月任）

【概况】湖南石门经济开发区成立于1994年3月，系湖南省人民政府批准设立的省级开发区，属全省50家重点产业园区之一。该区辖宝峰创业园、兆恒科技工业园、海螺建材工业园3个工业园，规划控制面积9.362平方千米，已开发面积4.47平方千米，基本建设成一个以健康食品和建材化工为主要优势特色产业、以电子信息和有色金属及新材料为辅助产业的综合型开发区。2017年，园区共有规模工业企业62家，实现规模工业总产值215.1亿元，增长21.25%；规模工业增加值52.7亿元，增长9.6%；规模工业入库税金2.83亿元；投入9.1亿元，其中财政投入3.3亿元。石门经济开发区紧跟市委市政府“开放强市、产业立市”战略和县委县政府“开放强县、产业立县”三年行动计划，继续按照“工业新区、产业新城、双创基地”的发展目标，大力实施“1155”工程，完成宝峰片区控制性详规编制，修订完善产城融合示范区建设实施方案，持续推进了示范区建设。开发区成功入选全国农村创业创新园区（基地）目录，启动省级创新创业带动就业示范基地申报创建工作。深化园区“一权两制一司”体制机制改革，县委办、县政府办下发《关于进一步促进湖南石门经济开发区改革和创新发展的实施意见》（石办发〔2017〕10号），进一步下放行政管理和审批权限，明确了园区行政体制和财政管理体制。宝峰投实现融资5亿元，并开展PPP合作，为园区建设发展提供强有力的资金后盾。

项目建设。新引进投资2000万元以上的工业项目14个，包括三江磁材、福建太阳能发电、成功高分子二期、鑫峰电子、泉顺纺织二期、湘洋车饰、北京住友门窗、恩盛纸品、合毅鑫模具、光伏电池组件、博雅景园工业模具、安德丰锂电池二期、中山凯旋鞋业、智能钢琴项目。新开工亿元以上项目5个，主要包括三江磁材、泉顺纺织二期等。建成投产项目8个，包括易红堂红木家具、捷源玻纤、成功高分子二期、泉顺纺织二期、鑫峰电子、湘洋车饰、北京住友门窗、智能钢琴。签约和在谈项目14个。“僵尸企业”处置有序推进。1—10月，园区新增规模工业10家，62家规模工业实现规模工业总产值165.2亿元，增长20.86%；实现规模工业增加值38.5亿元，增长9.5%；规模工业入库税金1.99亿元。

基础建设。投入11.72亿元，其中财政投入11.33亿元，实施基础设施建设项目10个，新建标准化厂房10.78万平方米，标准化厂房使用率达70%。幸福渠、新月路提质改造工程全面完工；曹家棚路、幸福路、捷源玻纤进场道路、九峰路（石门大道至幸福路段）年底通车；万吨工业污水处理厂年底基本竣工；兴石厂房、三期厂房达到竣工标准；曹市农贸市场完成基础工程；投资10亿元的石门县水环境综合治理PPP项目历经6个月时间，完成招标采购工作，进入实施阶段。其中路网子项，夹山路东延线工程完成拆迁和前期工作；兰香路东延线完成征地报批、征拆调查、道路设计；九峰路东延线完成征地报批、征拆调查，土地款发放到户，房屋拆迁款准备到位；金玉观、汪家坪路征地待报批，农户部分兑现到位。四期厂房完成拆迁和前期工作，具备开工条件。水环境治理项目完成方案设计。

环境优化工作。坚持把优化环境作为园区发展的生命线，严格落实招商引资优惠政策和领导干部联系企业及企业特派员制度，全面推行企业办事“最多跑一次”、“三乱三强”零容忍、“五位一体”和“两支队伍”等优化环境工作机制，通过跟踪服务、现场办公等形式，为园区企业解决融资、用工、用地、生产经营、周边环境等方面实际问题50多个，累计为企业招聘员工2300余人。在园区，“政府用心抓环境、企业安心抓生产”成为新常态，“政策最实惠、服务最快捷、环境最优越”已成为吸引投资的良好口碑。

非公有制经济企业党建。深入推进“两学一做”学习教育常态化、制度化,集中推进园区规模工业党的组织和工作覆盖。新组建6家企业支部,并分别给予8000元工作经费;对园区47家非公有制经济规模工业,选派20名机关党员为企业党建工作指导员,并任命已建组织的企业指导员为第一书记;莱士支部党员周先朋当选党的十九大代表。按照“六有”(有场所、有设施、有党旗、有标志、有书报、有制度)标准,加强18个基层党组织规范化建设;按照“三区一校七室”的标准,投入20万元完善园区党群活动服务中心;成立园区党校,并举行开班仪式。

脱贫攻坚。始终将脱贫攻坚作为最大的政治任务和民生工程,坚持“一切工作围绕脱贫攻坚、一切工作服从脱贫攻坚、一切工作服务脱贫攻坚”。派出5名干部长期驻扎所街乡文家村和非贫困村七松社区,先后开展6次“空城行动”,全面走访建档立卡贫困户和非贫困户,召开屋场会6场次,为贫困村组织社会募捐活动1次,为贫困户组织募捐活动1次。投入170多万元,为文家村硬化村道5.2千米,实施安饮工程1处;落实产业扶贫,扶持发展魔芋基地60亩;为七松社区筹集扶贫资金8万元;帮助贫困户解决具体问题200多个。

(石门经济开发区)

【福建旌逸鑫泰光电企业入驻石门经开区】2017年12月6日,由福建省旌逸鑫泰光电有限公司投资,石门县华宇新能源科技有限公司从事建设、生产、经营的光伏电站建设项目开工。县委常委、宣传部部长江毅及石门经开区、县委宣传部、县商务粮食局、县发改局、电力公司负责人参加开工仪式。福建省旌逸鑫泰光电有限公司是一家研究开发利用太阳能源的高新特技术企业,公司于2016年与石门县政府签订150兆瓦的光伏电站建设项目,项目总投资约11.25亿元,建设周期为两年。项目建设前期将充分利用经济开发区园区房屋顶建设30兆瓦太阳能光伏发电项目,估算投资2.6亿元。截至2017年年底,项目完成发改备案、电力接入批复等,进入安装阶段。

(王章建)

白云山国有林场

秦国杰	党总支书记、场长
吴华清	党总支委员(6月任)
田玉勇	副场长(5月止)
王金玉	党总支委员(6月任)

【概况】2017年,白云山国有林场贯彻创新、协调、绿色、开放、共享的发展理念,充分利用绿水青山与森林资源优势,在努力提高林场经济效益的同时,保护生态环境,绿化、美化、亮化环境,社会、经济、生态效益彰显。

脱贫攻坚。一是强化领导,加强责任。场长是脱贫攻坚作战领导小组总指挥,人防办驻村扶贫工作队队长、林场总支委员分别是北山和金环村第一支部书记。落实联村干部职责,强化队长、队员的责任,明确“统一号令、紧急行动、责任上肩、严明纪律”的工作要求,所有驻村工作队员和结对帮扶责任人用90%以上精力和时间抓脱贫,促脱贫,加强对脱贫攻坚工作的组织落实。二是加强部署,做好宣传。林场召开专题会议研究部署,日总结、周调度、月汇报,多措并举,立足精准,确保打赢脱贫攻坚战。林场所辖两个贫困村289户803人做到精准识别,共有建档立卡贫困户82户196人。开展“一卡两讲三会四活动”,大力宣传教育扶贫、健康扶贫、特惠保、金融小额贷款、易地搬迁、危房改造等政策。一户一袋放好政策宣传口袋书,让群众知晓扶贫措施。三是开展培训,完善资料。林场开展业务培训,进行普查验收。实行结对帮扶入户走访,建立村贫困户一户一档和一户一袋,落实帮扶单位和帮扶责任人,研究帮扶措施。开展“三率一度”和非贫困户入户走访工作,开展贫困户基础信息录入,制定清单和作战图上墙,通过多次督导检查查漏补缺,完善基础资料。四是加大建设力度,确保两保障两完善。2017年完成易地搬迁31户,危房改造26户,全部入住并拆旧复垦;医疗救助36户、教育助学14户、社会兜底3户、金融扶贫30户、生态补偿65户。对有劳动能力的贫困户,落实务工、养殖、种植等技能培训,制定奖励办法发展养殖业,两村共养鸡2000余只,牛100余头,猪100余只,羊400余只,免费给每个贫困户赠送鸡苗20只,非贫困户10只;鼓励承包林场茶园抚育管理,确保年收入增加。20个基础设施建设项目全面推进,已完成17个,其余4处在建。两村各投资入股白云有机茶业有限公司50万元,可年分红6万元用于村级基础设施建设和贫困群众临时救助;发展茶园320亩,三年后可受益,受益农户达289户803人;农村综合服务平台建设主体已完工;投入500万元进行安全饮水提质改造;投入470万元硬化道路17.8千米;建设和改造村级卫生室2个;整顿场居村貌,新购垃圾箱7个,投入使用垃圾车1台开展垃圾集中转运,改水改厕60余户,集体经济收入达4万元。

有机茶产业发展。一是培育品牌。“冠云”和“白云山”先后获国内外名优茶评比金奖,第二届“中茶杯”一等奖,并获得湖南省名牌产品、湖南省著名商标等荣誉称号,获国家发明专利10项,县科技进步奖多项,产品连续17年获得OFDC、CERES、NOP、JAS标准有机认证,并通过ISO9001国际质量管理体系认证和ISO22000食品安全管理体系认证。茶园生产经营管理规范,生产工艺先进,检测手段完备。在肥培管理过程中,杜绝使用化学肥料、化学农药,只施用枯饼,严格茶叶质量管理。新建红茶生产线,打造茶叶大家族,产品畅销国内外市场。二是5月4日举办了常德市首届手工制茶大赛,5月26日举办了湖南“湘字号”传统技艺工匠竞赛暨手工制茶决赛,推广市场品牌,提升有机茶加工水平。产、销茶叶1万多千克,订单茶100余吨,年产值达1000万元以上,年利润100余万元。

三是开展森林游憩、度假、疗养、保健、养老等活动，发展茶旅结合的生态休闲旅游。并充分利用环境优势，推动有机茶产业，打造名优茶，丰富内涵。白云银毫有机茶园获“2017年全国最美茶园”称号和“湖南‘十佳’茶旅景区”称号。林场调整产业结构，大力发展有机茶，新增茶园280亩。茶园可采摘面积1000亩，方圆10千米内无任何工业污染，被中国茶叶学会，德、日茶叶专家称为“世界上最好的生态，最美的茶园。”

生态旅游发展。一是加强自然生态环境保护，因地适宜改造。确立“生态立场”战略，大力开展森林资源保护及森林抚育，森林覆盖率达92%，森林负氧离子含量68000个／立方厘米，使环境更加美丽。二是立足生态，突出特色。林场发挥中国乡村旅游金牌农家乐、湖南乡村旅游区（点）的优势，统筹布局、点线结合，深入推进旅游标准化建设，提高服务水平，发展和状大生态休闲旅游产业，挖掘文化底蕴，做大做靓景点。以优美有机茶园为核心，开展旅游宣传营销，精心制作旅游宣传片《白云美景茶飘香》，推出茶文化节、湘茶大赛、茶艺表演等旅游项目，体验手工采茶的乐趣，俯瞰皂市水库、仙阳湖十里长滩雄姿，游览油茶基地、千亩药材园，领略高山云海、云蒸霞蔚的壮丽景观。三是全力推进茶旅融合建设。将茶文化与旅游相结合，围绕生态、旅游、茶产业做好文章，以茶为媒，赏茶，采茶，谈茶，开展古观品茗、茶艺欣赏、高山观湖，农园拾趣、茶园观光、手工制茶等活动，拉长旅游链条，充分利用白云银毫有机茶品牌，稳步推进森林旅游产业。年接待游客2万人以上。四是夯实基础设施。完善游客接待中心、观景台、游步道、旅游公厕等建设，建立旅游管理及服务制度，完善有机茶加工厂参观通道，完成餐厅操作间及配套设施改造。加快茶旅融合二期和森林康养示范基地建设。多年来，多方筹资6000多万元，实施了林场8.2千米主干道路防护工程，完成有机茶加工厂参观通道建设和有机茶园提质改造，新建茶园游步道2000米，硬化道路2000米，修建了公厕、沿仙阳湖观光和观景台，完成文化广场、聚云楼、茶叶加工厂及清洁化自动生产线、抗旱应急、茶园喷灌、农村安全饮水、茶叶诗词墙、茶叶产业升级改造茶园标准化及特色产业园建设等工程建设收尾工作，提升了旅游人气。

安全生产工作。一是严格落实“一岗双责”和“一单四制”制度，加强森林防火、防汛、交通、食品安全等生产管理，不断完善安全保障制度，落实安全防范措施，加强安全管理。定期开展安全检查，狠抓旅游安全和应急管理，健全领导带班、干部值班的24小时值班值守制度，做到值班电话有记录，来访有接待，遇到突发性事件及时处理并报告，按程序启动应急响应。落实重大活动和节假日期间安全保卫措施，确保不发生严重安全事故。二是梳理完善森林火灾应急处置预案，组织应急队伍演练，强化生态护林员考核，加强对预案处置流程的学习，通过开展桌面推演等方式，提高护林人员的应急处置能力。三是加强隐患排查。发现火灾隐患，及时消除，发现可疑人员，及时阻拦，并第一时间向林场报告。2017年，开展护林防火专项检查16次和野生动物保护现状调查3次。四是加强交通安全管理。杜绝交通工具“带病”运行，严禁超速、超载，对酒后驾车的司机进行诫勉谈话，杜绝酒驾。五是加强安全生产宣传教育，不断提高防范意识，做到“警钟长鸣”。组织干部职工学习安全生产法律法规，不断提高干部职工安全生产意识，确保林区安全。

（白云山林场）

大同山国有林场

程申志　　党总支书记、场长（9月任）
刘　斌　　党总支书记（9月止）
晏菊先　　副场长
毛治刚　　副场长
梅　佳　　副场长

【概况】大同山国有林场始建于1958年2月，地处石门县中部山区，东抵三圣乡山羊冲村，西至维新镇凤凰尘村，北达太平镇曾家埡村，南接维新镇崔家井村，距离石门县城70千米，总面积31620亩，森林蓄积55167立方米，森林覆盖率78.1%。林场共427户1538人，耕地面积1872亩，人均1.2亩，境内珍稀野生动物有20余种，植被丰富，乔木、灌木、藤类、竹类达750余种，生态公益林面积22853.5亩。2015年国有林场改革被确定为一类公益性事业单位。全场总人口1532人，其中代管两个行政村424户1357人。其中：农业人口1357人，干部职工172人，其中在职11人（财政全额拨款编制6人，自收自支5人：其中职工4人、自聘工作人员1人），下岗42人，离退休119人。

脱贫攻坚。①项目建设。林场扶贫项目建设共25个，总投资926万元，其中：基础设施建设已完成林道建设10条11千米、道路拓宽9.58千米、道路硬化7.6千米、安饮提质工程全部竣工验收。5个产业开发项目：胜利村820亩茶园建设有机转换、安乐村茶园提质、低改培育油茶600亩、胜利村和安乐村入股林场茶厂分红。②民生工程。易地扶贫搬迁共3户8人；危房改造24户；组织贫困家庭劳动力参加各项扶贫培训班82人次。③金融扶贫。由县工商联和林场牵头，制定扶贫奖励方案，建立大同山林场扶贫基金专户账号，落实奖励资金40万元，通过以奖代投的方式帮助两个贫困村的贫困户发展种养业。摸底有小额贷款意向的贫困户并帮助申请小额金融贷款共28户66万元，部分贫困户通过入股的模式投入到石门县汉唐生态农业发展有限公司参与分红增收，其他以自主发展种养业增加经济收入。④教育扶贫。组织贫困家庭学生参与“雨露计划”。2017年林场3户建档立卡贫困户家庭的在读职校学生申请了“雨露计划”，救助3万余元；两个村继续派人参加相关部门组织的扶贫技能培训，参训20余人;扎实开展贫困学生"一对一"结对帮扶，确保每名贫困学生不因家庭贫困而辍学。

党建工作。①思想建设。抓好"学习型"机关建设,重点加强干部职工的政治理论、业务知识、法制知识等教育培训,提高干部职工的整体素质,增强党员队伍的政治意识、大局意识、廉洁自律意识和遵纪守法观念。坚持落实好"三会一课"制度,围绕中心主题,有计划地组织学习,让党员干部在学习中更新观念,不断提升政治理论水平和政策法规水平。开展"两学一做"学习教育,依托党员主题日活动每月组织集中学习《中国共产党章程》《中国共产党廉洁自律准则》《中国共产党纪律处分条例》《习近平谈治国理政》等。②作风建设。按照"十个严禁、六个一律"的规定,抓工作作风,杜绝办事不公、服务意识不强、办事效率不高以及"吃、拿、卡、要"等不正之风,确保各项工作落到实处。③日常工作。抓"两个责任"落实,开展"两学一做"学习教育、"党建日"活动;培训入党积极分子2人,预审和联审入党积极分子1人;党费收缴、补缴全部到位。村部建设初具雏形。

产业建设。投资80多万元完成1120亩茶叶基地培抚。产干茶3000千克,销售收入110万元。茶叶严格按生态有机茶生产流程,6月中旬通过南京国环OFDC有机转换二次认证;依托项目建设投资30多万元对蔡家坡茶叶基地进行绿化、美化,打造集旅游、休闲、观光于一体的现代生态茶园，提升了茶园的附加值。林场投资20万元,在石门三中对面设立"大同春"有机茶营销部。发展烤烟110亩,产烟270担,产值50万元。

森林管护。加大宣传力度,确保森林资源及环境安全,确保零火警、零火灾,群众烧渣现象得到全面禁止。签定责任状424份,防火宣传30次,巡查300人次。与各村、护林员签定责任状共8份,全年利用"村村通"广播宣传防火知识、条例20次,出动林场巡逻队员在林区主干道、重点地区巡查300余人次,全年林场境内无一例火情火警发生。落实封山育林,停止商品材采伐,严格审查民用材申报。打击涉林违法犯罪,规范林政管理。

省政协主席李微微(前排左三)在大同山林场调研

安全维稳。林场始终坚持稳定是一切发展的前提,针对"两节"期间外出务工返乡人员增多,村支"两委"换届期社会形势复杂的特点，场综治办组织巡逻队员在场集镇等人员密集点进行摸排走访、义务巡防,及时将矛盾化早、化小、化了,实现村支"两委"顺利换届,确保了林场和谐稳定。配合维新交警中队做好道路安全工作，执行24小时值班制度,与过境客车签定春运交通安全责任状11份。全年内无一起交通事故发生。针对农村农户赈酒随意性强、监管形势复杂的特点，场食安办及时组织人员进行安全知识宣传,与各村、赈酒农户、厨师、食品原材料供应商等直接责任人层层签定责任状，并协助维新工商部门对辖区内各超市、餐饮店等涉及食品行业的商户定期摸排检查。全年辖区无一例食品安全事故发生。

卫生计生。采用张贴横幅、宣传橱窗、宣传画册、网络平台、走村入户形式宣传计生政策，做到家喻户晓，人人皆知。利益导向落实到位,计生奖励对象申报无差错,奖励资金发放到人。全面开展妇女"两癌"筛查、孕前优生健康检查、出生缺陷干预等多项免费服务。全年无计划外出生,流动人口底子清。

【李微微到大同山调研】2017年10月24日,省政协主席李微微一行到大同山国有林场调研,大同山国有林场胜利村是省政协提案委的驻村帮扶点。李微微在调研该村茶叶生产基地和杂粮生产基地时指出,产业扶贫是重点,要帮助当地发展村级集体经济,总结推广成功的帮扶模式。调研中,李微微通过听汇报、看资料、走访贫困户等详细了解省政协提案委及县政协在林场开展"三个一"帮扶情况及各村贫困户的脱贫进展情况。她强调,各级政府部门要进一步推动扶贫政策措施落细、落准、落实,真正把好事办好、实事办实，使贫困群众有更多获得感。其间还查看了林场有机茶基地和湖南开源•浏阳河集团杂粮收购工作。

(大同山林场)

洛浦国有林场

蔡云庭　　党总支书记、场长
王尚科　　党总支委员
田玉勇　　党总支委员

【概况】洛浦国有林场位于石门县东部,离县城16千米,东抵石门县新铺乡黄溪峪，南接新铺镇青狮岭和易家渡镇太子坡,西邻易家渡镇塘上铺,北与新铺镇东湾御驾交界。由南向北依次有南阳山、平风寨、牛角寨、朝阳观、万家垴、杨家垴等主要山峰绵延。境内最高海拔433.3米，最低海拔93米。属中亚热带向北亚热带过渡的季风湿润气候区，年平均气温16.8℃，年降水量1359.2立方米，无霜期281天。主要植被有天然林为主的马尾松、常绿落叶樟、栎天然次生林及人工杉木林、柑橘经济林等四种共57科170余种。并有麂子、野兔、獾狸、蛇等野生动物出没其间。林场总面积801.8公顷，其中林业用地650.5公顷，经营国有总面积332.2公顷，其中林业用地318.4公顷，森林蓄积量20331立方米，划定生态公益林面积8743亩。2002年挂牌省级森林公园。2017年总人口893人，干部职工176人，其中退休职工104人。下辖一个代管村，农业人口683人。境内矿产资源丰富，有年产石煤1万吨以上的非煤矿山2个。2017年固定资产达到4000万元，实现工农业总产值600万元，农民人均纯收入超过5000元。

产业建设。2家矿山企业在确保安全的情况下，共实现产值200万元。林场800亩柑橘产销两旺，创收200余万元。低改、扩园200亩，新植纽荷尔脐橙2万株。其中洛浦村投入24万元新建纽荷尔脐橙园40亩。投入2万元进行桔橙种植技术培训及发虫果袋、药球进行大果实蝇控防。实施以奖代投，土鸡养殖5000余羽。120名农村富余劳动力外出务工。

森林管护。①森林资源管护。一是加强林木林地管理，不断健全和完善科学、合理的管理体制，聘请8名护林员并配备扩音器，签订责任状，确保责任落实到人、到山头、到田间、到地块。续聘生态护林员2名。二是注重学习和宣传教育，组织全民学习《中华人民共和国森林法》，并对管护人员进行专业技能培训，组织林区群众学习森林资源保护和防火知识，与重点人群签订责任状。三是组织职工学习和宣传《森林病虫害防治条例》，森林病虫害防治效果显著。②森林防火。全年无火警、火灾。加强对春耕生产的管理和监管工作，坚决杜绝野外用火。加大宣传力度，管护人员坚持入村入户、深入田间地头宣传新颁布的《森林防火条例》，书写宣传标语50条，竖立固定宣传牌10处，利用“村村响”广播及宣传车开展宣传，增强了全民防火意识。砍伐防火线2万米，林道清渣割抚5千米。查处危险用火行为2起。③生态林建设。新建腊梅园40亩，植腊梅2000株。完成200亩珍稀树种基地割抚，完成2000亩中幼林抚育。

基础建设。筹措资金40万元，硬化洛浦村组道1.3千米；投入5万元绿化主公路；投入20万元建成洛浦综合文化服务中心；实施电网改造升级；在县城区新建职工住房142套，年底竣工，部分职工入住；安装广播16个，实现“村村响”；新建村卫生室1个。

社会事务。林场有完全小学1所，师生200人，投入300万元的校安工程竣工，投入100万元，学校环境绿化及学校附属工程全面竣工，成为湖南省合格小学。林场176名职工全部参加社会养老保险、医疗保险、失业保险；751名农民参加城乡居民医保；243名农民参加新农保；45名老人参加人身意外保险；农村低保增加14人；220名老人领取养老金；危房改造10户。

安全工作。加大安全检查力度，增强各矿山企业安全生产责任，全年排查安全隐患20处，整改销号20处，杜绝了重大责任事故发生。完善道路交通社会化管理机构，安排独立办公场所，上墙各项制度，建立各类台账，开辟专题宣传橱窗。

脱贫攻坚。精准识别贫困人口27户86人。通过结对帮扶，累计脱贫25户84人。2户2人兜底。

（王尚科）

秀坪园艺场

龙贤民	党委书记、场长
陈章金	党委委员、副场长
陈元军	党委委员、副场长
汪洋云	党委委员、副场长
邓岳军	党委委员、纪委书记

【概况】2017年，秀坪园艺场以党建为引领，以农业增效、农民增收为目标，在基础设施建设、产业发展、平安建设、脱贫攻坚等方面取得良好成效。

党建工作。认真履行场党委的主体责任，以建设服务型党组织为目标，坚持“两学一做”学习教育常态化制度化，按期开展主题党日活动，压实“三会一课”、远程教育等工作，定期查、随机督，提高了干部的宗旨意识和服务意识。通过开展“荷花品格，梅花精神”系列廉洁文化活动，以活动带行动，在活动中彰显党员形象。全面做好村“两委”换届工作，成立秀坪园艺场换届选举工作领导小组，并对所属5个村，每村派出1个换届工作指导督导及纪律监督组，加强业务指导和风气监督。全面加强党风廉政建设，开展例行谈心谈话、任前廉政谈话、提醒谈话、约谈、“两同时”谈话。加大村级阵地运转经费投入，整合各类资金，按标准化要求改造5个村级综合服务平台，把综合服务平台建设成党建示范点。加强远程教育站点标准化建设，推进党员干部现代远程教育创新发展。

产业发展。2017年，大力推广柑橘密改稀、品种改良、应用物化技术等，努力提高柑橘品质，促进农业增效、橘农增收。在扶贫产业项目建设的助推下，全年共完成柑橘老果园改造420亩，亩产可达3吨以上，优质果率达90%以上，相比改造前增产30%、优质果率提高20%。为降低大果实蝇对柑橘品质的影响，秀坪园艺场一次性购买实蝇球5万个，另外每个村由村集体出资再配5000个，对重点区域进行重点补充防治。投入3万元用于购买虫果袋等物资进行残次果清理。年初,在全场5个村建立了三叶草示范推广片,8300亩柑橘园全部种上三叶草,减少化肥施用量10%以上,土壤理化性状明显改善,耕地质量显著提升。11月,全场免费发放红花草子1500千克,芍子2300千克,茶肥1号300千克,油肥1号1000千克。通过农业局补贴,全场共计购买有机肥2000余吨,进行土壤改良。在全县柑橘产业减产减收的环境下,园艺场与杨氏果业等公司紧密合作实行集团销售,柑橘销售均价2.8元/千克,优质果均价3.2元/千克,最高价4.2元/千克,全场8300亩柑橘,总产1.55万吨,实现了减产不减收。全年举办技术培训班12期,培训橘农5000人次,培养科技示范户18户,下发技术指导资料8000多份。2017年,秀坪园艺场继续对接仙阳湖旅游发展有限公司,积极运作,作为柑橘节分会场,邀请了数十家新媒体运营大V在园艺场木山村黄牯山开展活动,积极宣传秀坪蜜橘,对接了省内30多家旅游公司,全年共接待游客5万多人次,共销售礼品柑橘10万余箱,为秀坪橘农创收300多万元。

基础设施。积极争取项目资金15万元,其中投资10万元整修洲浒溪村堰塘1座、沟渠400米。投资5万元整修鳝鱼村堰塘1座。预计增加灌溉面积800亩,受益群众200余人。争取项目资金35万元,投资5万元对肖家岗村村部出口道路200米进行加宽硬化,投资30万元硬化木山村道路1000米,解决了10余户村民的出行问题。秀坪集镇及主干道清洁发包专门的保洁公司进行清扫收集,确保垃圾清除到位,保持洁净常态。

平安建设。联系夹山派出所,在秀坪园艺场设立警务室,每周二安排派出所民警接警。在场部及五个村设立综治中心,成立志愿者巡逻队,每月19日开展志愿者活动,对辖区进行治安巡逻,政策宣传,做到群防群治,共同解决综治问题。全年调处矛盾纠纷18起,开展禁毒教育活动2次,发放宣传资料1000余份。推行网格化管理措施,积极排查不稳定因素,保证全场和谐稳定。积极开展对常德市综治中心大数据平台的录入工作,全年共录入基本信息数据5000余条。各村建立平安网格微信群,做到信息全覆盖,严格实行月接访制度,全年无进京到省上访、无越级上访、无群体上访。

脱贫攻坚。针对全场83户建档立卡贫困户,年初安排场村干部37人对贫困户进行结对帮扶,针对贫困户实际情况制定脱贫方案。针对2017年不能脱贫的建档立卡贫困户,通过民政对其进行兜底保障。对没有住房保障的建档立卡对象进行危房改造,合计30户,解决了住房困难的问题。对贫困户中存在学龄儿童的开展教育扶贫,享受相关政策。对全场贫困户发放肥料补贴。

常规工作。一是计生工作。全年全场新生儿62人,其中计划内61人,符合政策生育率98.4%,征收社会抚养费9032元;落实"两扶"政策37人,兑现独生子女保健费25人;为加强计生队伍建设,组织培训2次,全面启动信息"村直报"系统;联系妇幼保健院,组织对辖区内妇女进行免费"两癌"筛查,参加检查妇女283人。二是民政社保。5月,对全场原有的城乡低保、特困和社会兜底保障人员重新认定清理,全面规范城乡低保和特困供养制度运行,同时配合脱贫攻坚对不能脱贫的户进行保障兜底。6月,完成村委换届选举,共选出5名村民委员会主任、其中有两名是村支部书记一肩挑;对全场残疾人需求服务进行摸底并录入系统,累计发放器具38套,配合县残联完成石门县第五届残疾人换届选举工作并产生新一届的代表及主席团委员。对全场留守儿童和困难儿童进行摸底并录入系统;对全场142户受灾群众安排了8万元的救助资金并于9月底全部打卡发放。全额完成农村合作医疗参保任务,收缴费用900540元。三是文化建设。积极推进农村文体设施建设,给各村配套体育健身器材4套64件,发放音响、话筒等娱乐影音设备4套48件,丰富群众的文化艺术生活。

【举办第一期妇联产业技术培训班】 2017年11月13日,秀坪园艺场为提高妇女柑橘种植技术,积极发展妇女事业,维护妇女权益,促进男女平等,举办了第一期妇联产业技术培训班。培训班上,专家就清沟沥水、中耕除草、追施肥料、整形修剪、病虫防治等方面做了详细讲解,并与秀坪园艺场妇联执委们进行交流探讨。在培训课后,在肖家岗村橘园开展田间实训,对使用柑橘种植所需机器进行现场示范和指导,并解答学员们在种植柑橘过程中遇到的疑难问题。

(秀坪园艺场)

2017年11月13日,秀坪园艺场举办首期妇联产业技术培训班

新任县委、县政府领导简介

赵书军，男，汉族，1970年4月出生，河南省唐河县人。在职研究生学历。1996年7月参加工作，1999年6月加入中国共产党。1992年9月至1996年7月，在四川联合大学工业电气自动化专业学习；1996年7月至1998年11月，任第二十九实验训练基地第五研究动力站技术13级助理工程师；1998年11月至1999年12月，任第二十九实验训练基地教导大队训练处专业教研室助理工程师；1999年12月至2002年12月，任第二十九实验训练基地教导大队训练处专业教研室技术12级助理工程师，2002年12月至2003年7月，任技术11级助理工程师；2003年7月至2004年12月，任第二十九实验训练基地教导大队训练处专业教研室副主任、讲师；2004年12月至2005年12月，任第二十九实验训练基地教导大队训练处专业教研室主任、讲师；2005年12月至2006年12月，任第二十九实验训练基地教导大队训练处专业教研室主任、技术10级讲师；2006年12月至2010年8月，任中共湖南省委统战部主任科员；2010年8月至2011年1月，任湖南和平统一促进会办公室副主任；2011年1月至2015年4月，任湖南欧美同学会办公室副主任，其中：2012年9—10月参加省直机关党校科干部学习；2015年4月，任九三学社湖南省委办公室（人事处）主任（处长）；2017年8月，任石门县委常委、副县长（挂职）。

陈风华，男，1969年8月出生，汉族，湖南省新化县人。本科学历。1987年11月参加工作，1990年7月加入中国共产党。1987年11月至1991年3月，任陆军第六十五集团军坦克旅榴炮营一连战士、班长、排长；1991年3—7月，陆军第六十五集团军预提军官集训队服役；1991年8—12月，任兰州军区守备十三团炮营三连代排长；1991年12月至1992年11月，任兰州军区驻伊犁守备十三团炮兵营一二二连二排排长；1992年11月至1993年5月，任新疆军区边防第八团机炮连排长；1993年5月至1995年1月，任新疆军区边防第八团七连副连长、副政治指导员；1995年1月至9月，任新疆军区边防第八团二连政治指导员；1995年9月至1997年7月，为中国人民解放军西安政治学院组织工作专业大专学生；1997年7月至1998年4月，任新疆军区边防第八团二连政治指导员；1998年4月至1999年1月，任新疆军区边防第八团政治处组织股正连职干事；1999年1月至2001年6月，任新疆军区边防第八团政治处组织股股长（副营职）；2001年6月至2004年3月，任新疆伊犁军分区政治部组织群联科副科长（正营职）；2004年3月至2008年1月，任新疆伊犁军分区政治部组群科科长（副团职）；2008年1月至2011年3月，任新疆伊犁军分区政治部副主任（正团职），其中：2005年9月至2008年6月，为西安陆军学院函授本科经济管理专业学员；2011年3月至2012年1月，军转干部待安置；2012年1月至2017年8月，任湖南省人民检察院政治部干教处调研员，其中：2015年3月起，任省检察院驻常德市石门县磨市镇铜鼓峪村扶贫工作队队长；2017年8月，任石门县委常委（挂职）、省人民检察院政治部干教处调研员。

谭本军,男,土家族,1969年7月出生,湖南省石门县人。大学本科学历。1994年8月参加工作,1996年4月加入中国共产党。1991年9月至1994年7月,常德师范专科学校中文专业就读;1994年8月至2001年1月,石门县公安局工作;2001年2月至2003年2月,石门县委组织部工作;2003年2月至2005年7月,任石门县委党员电化教育中心主任,其中:2001年8月至2003年12月,中央党校法律专业函授本科毕业;2005年7月至2007年2月,任石门县委农村党员干部现代远程教育管理中心主任;2007年2月至2010年1月,任石门县皂市镇党委副书记,2007年3月任镇长;2010年1月至2011年12月,任石门县蒙泉镇党委副书记、镇长;2011年12月至2015年12月,任石门县新铺乡党委书记;2015年12月至2016年12月,任石门东山峰管理区管委会主任;2016年12月至2017年9月,任石门东山峰管理区党委书记;2017年10月,当选石门县人民政府副县长。

(县委组织部)

先进人物

王新法生前在薛家村留影

【"全国脱贫攻坚模范"——王新法】王新法,男,汉族,1953年7月出生,中共党员,河北省灵寿县人。1969年12月入伍,1981年6月转业到石家庄市公安局工作。2013年7月退休后,到石门县南北镇薛家村义务扶贫。2017年2月23日,在村里商议扶贫工作时,他因劳累过度突发心肌梗塞不幸去世,时年64岁。

王新法对党忠诚、信念坚定,退伍不褪色、退休不退岗,无论身处哪个岗位都能奋发有为、建功立业。2013年退休后,他带动一批志同道合的退役、现役军人、军属和社会志愿者到石门县薛家村义务扶贫,成立"与民共富军人团队",千方百计引领村民走上脱贫致富道路。为迅速提振村民的精气神,他出资64万元,修建"山河圆"烈士陵园,集中安葬在当地牺牲的68具红军烈士遗骨,教育后人弘扬英烈精神;为改变山村落后面貌,他和团队带领村民攻坚克难,拓宽村道10多千米,架设桥梁6座,开山炸石修建山道5千米,把道路修到30多户村民家门口;为打造持续增收新平台,他出谋划策发展产业经济,建成1200亩生态茶园,成立农业科技公司,让村民茶叶收入两年翻了两番;为引领文明风尚,他自筹15万元为村里购置50台DV和投影仪,鼓励村民拍摄家乡美景、身边好事,曝光不文明现象,并积极引导村民喜事新办、厚养薄葬。四年中,他军人本色不改,干事雷厉风行,面对劈山炸石修路可能遇到的不测,带头在生死状签名承诺"如出现不测,由我自己承担,绝不给他人添责"。他为扶贫倾尽所有,生活朴素简单,与村民同吃同劳动,3个春节都在村里陪伴孤寡老人、特困户,和村民建立了深厚的感情,被村民联名推举为"名誉村长"。在王新法的带动下,薛家村村民逐步树立起自主脱贫的信心,义务投工投劳参与公共基础设施建设蔚然成风,人均年收入从2013年的不足2000元增加到6000元以上。2016年,薛家村顺利脱贫,并被评为省级文明村。

王新法用生命践行了"扶贫路上,绝不让一个贫困群众掉队"的铮铮誓言,诠释了共产党员崇高的价值追求和使命担当,彰显了退役军人、退休干部对党忠诚、为民服务的真挚情怀。他义务扶贫,事迹感人,受到各级党委、政府肯定和褒奖。他被评为2015年度中国"助人为乐好人""常德市助人为乐道德模范""常德市十大新闻人物";是常德市第七次党代会代表、2016年度"常德市优秀共产党员""湖南省百名最美扶贫人物""感动常德十大人物"。2017年,他先后被省委省政府追授为湖南省"扶贫楷模",被省委追授为湖南省"优秀共产党员",并获得第六届全国道德模范提名奖、"全国脱贫攻坚模范"荣誉称号。新华社、《人民日报》、中央电视台新闻联播及《解放军报》、《中国国防报》等各级各类主流媒体多次报道其先进事迹,引起强烈反响。

王新法(中)做桥梁的前期勘测工作

周先朋

【中共第十九次全国代表大会代表——周先朋】周先朋，1976 年出生，石门县人，中共党员，任职常德市石门县莱士单采血浆站有限公司。

2004 年，作为库区移民，周先朋举家搬迁，后来赴深圳务工。2008 年，周先朋回到石门，作为免费献浆车的司机进入石门县莱士单采血浆站有限公司工作。2010 年，他通过上岗考试，成为石门县莱士单采血浆站血源科的员工——专门负责招募和服务献血浆者。

从事招募工作后，他开始了解单采血浆：血浆主要用于制造白蛋白等创伤急救药、血友病病人离不开的凝血因子、罕见病病人离不开的丙种球蛋白，还能用于疫苗的保护剂……是不可或缺的救命药。因捐献血浆的人很少，血浆严重短缺。于是，他志愿申请献血浆。自 2010 年第一次捐献血浆后，周先朋 8 年捐献血浆约 110 次，累计达 6 万毫升，成为“献血达人”。

当自己成为一名献血浆者后，周先朋对招募工作有了更深的认识：人们担心什么，顾虑什么，捐献血浆过程中会遇到哪些困难等等。他对症下药，逐步形成了一套独特的工作方法。

他利用农村广泛覆盖的高音喇叭，搞起“O2O”的招募尝试；利用农村赶场的时机，下乡宣传单采血浆利国利民；利用互联网和新媒体，解说单采血浆的科学知识；利用合作社开会的空当，动员人们献血浆……在他的广泛动员下，乡亲们对血浆捐献的接受程度越来越高，经他直接发展的献浆员就有 2896 名。

在深圳打工时，周先朋注意到，一些库区种植的纽荷尔脐橙，因原生态、色靓味美广受消费者欢迎，一等果子在市场上可卖每千克 10 元，而他老家——维新镇库区的果农们种的脐橙只能卖每千克 2 元，他寻思着小脐橙里蕴藏大商机。

2011 年，周先朋在工作之余联合 137 名果农，发起成立石门县绿野纽荷尔脐橙专业合作社，种植面积达 4300 亩。通过标准化、规范化培育管理，集约化、品牌化统一销售，是年年底，合作社售出果品 157.1 万千克，售价达每千克 3 元。

为了找到更好的销售渠道，周先朋多次赴长沙及北京、上海、深圳、重庆等地，参加营销培训。只有初中文化的周先朋，还专门请人拍摄一系列企业文化宣传片。功夫不负有心人，石门县的脐橙逐渐受到市场追捧。2013 年秋天，每盒 5 千克装精品纽荷尔脐橙卖到 128 元，其余脐橙卖价也达到每千克 6 元。

此后，周先朋带领家乡农民致富的热情一发不可收。他把电子商务模式引入农业领域，淘宝商城、微商城、3G 微官网、微信……都是他宣传自家产品的好窗口。在他的“广告”效应之下，山里的土蜂蜜、山茶油、土鸡蛋、酸藠果、野花椒等“土货”借助互联网的快车，身价翻好几番，销往全国各地，为家乡农民增收致富做出积极贡献。利用互联网搭建农产品交易平台，带领家乡父老脱贫致富，2016 年，被授予“全国优秀农民工”荣誉称号。2017 年，当选中国共产党第十九次全国代表大会代表。

【全国最美家庭——罗来彬家庭】罗来彬，男，44 岁，湖南省石门县薛家村人，供职湖南省石门县金满叶化工厂，任车间主任，主管厂内日常生产事务。他工作认真负责，在领导与同事中间有良好的信誉与口碑。其妻彭新华，44 岁，湖南省石门县薛家村人，是湖南省石门县金满叶化工厂一名普通包装工人。彭新华 24 岁加入中国共产党，曾在薛家村村委任职，工作期间服务群众，克己奉公，广受赞誉，后虽因身体原因离职，但一直用党员的身份要求与勉励自己。其女罗鑫，20 岁，就读于湖北省武汉大学财务管理专业。

罗来彬与彭新华对老人尽孝尽心、与乡邻和睦友爱，积极支持家乡建设，受到广泛赞誉。2017 年 5 月 24 日，罗来彬家庭当选全国“最美家庭”。

支援家乡建设，不图回报。2014 年，河北省石家庄市退伍老兵王新法到南北镇薛家村组建“与民共富军人团队”开展义务扶贫，罗来彬夫妇主动加入，团队的指挥中心就设在两人家中。女儿罗鑫也加入了“我看是非我看美”小组。后来由于工作和学习的原因罗来彬常年租住在石门县城，因而他们一家又主动成为军人团队在石门县城的联系中心。2015 年夏，祖母罗梅香老人因病去世，罗来彬一家又一次用行动支持军人团队倡导的“移风易俗”生态殡葬理念，决定把罗梅香老人遗体送上六塔山的“山河圆”中安葬，并且开了办白喜事不收礼、不放鞭炮的

罗来彬、彭新华夫妇

先河，为薛家村破陈规陋习、树丧葬新风、创建文明村开了一个好头。

团结邻里，不遗余力扶贫济困。罗来彬一家能处理好与乡邻的关系，积极主动照顾需要帮助的乡亲，受到乡里邻居的一致好评。村里的“五保户”彭玉后无人照料，罗来彬一家就主动邀请他到家中，当作家人一般照料，让彭老在“新家”找到温暖。彭新华在村里任职之时，一年只有500元工资，村里要收取费用，困难家庭周转不过来，她就用自己的工资先垫着。她每年都被评为先进个人。妻孝夫也慈，在彭新华身体抱恙期间，她在村里的工作无人接替，为不耽误村里乡亲的事，罗来彬就主动接替她的工作，继续为村里服务，直到适合的人接棒。罗来彬一家生活虽然不富裕，但是当乡亲们有难处时，他们总是解囊相助，不图回报。

尊老爱老，弘扬传统美德。罗梅香老人是罗来彬的奶奶，患有糖尿病，需要长期服用药物和注射胰岛素。罗来彬一家条件并不宽裕，但对老人尽心尽力。由于担心老人独居在薛家村老屋的安全问题，他们把老人接到石门县城租住的小屋照料。工作之余，夫妇俩一心照料老人。老人在家因腿脚不便摔倒，胯骨骨折，卧病在床，生活无法自理，排泄物经常弄得满身满床，夫妇俩不厌其烦地帮老人换衣擦洗，不嫌脏累，毫无怨言。老人病情加重之后，彭新华直接请假专门照顾老人，每天定时抱老人晒太阳，帮老人按摩洗澡，关爱无微不至。孙女罗鑫远在武汉求学，也经常打电话询问老人的情况，陪老人说话聊天。他们用行动诠释了孝道。

传承家风，教女有方。罗来彬夫妇教育子女注重方法，不仅要求学习上进，而且注重交给教育孩子做人的道理。他们在学习上给孩子以支持，给孩子经济上的保障和良好的学习环境，让孩子养成自主学习的习惯。他们既注重言教，更注重身教，用自己的行动来影响孩子，发挥潜移默化的作用。发扬家庭民主，尊重孩子，培养孩子独立思考与决定能力，帮助孩子健康成长成才。女儿罗鑫懂事、聪颖、爱学、明礼，以优异成绩考入武汉大学经济与管理学院，成为一名成绩优秀、活泼开朗、能力突出的大学生。

【全国社会治安综合治理先进工作者——唐汇驰】唐汇驰，男，汉族，1973年6月出生，中共党员，任石门县维新镇党委书记。

工作20余年间，唐汇驰怀着对政法综治工作不变的情怀，先后在公安、政法等部门不同的岗位上为全县政法综治工作作出突出贡献。其出色的工作成绩得到组织肯定，多次受到省、市、县表彰嘉奖，先后荣立个人二等功1次、三等功3次。在石门县公安局工作期间，他始终保持公安民警正义担当的赤胆情怀，甘当无名英雄。面对歹徒，临危不惧，挺身而出，孤身抓捕歹徒、扒手近20人，面对群众，他扶弱济困，义无反顾，主动救助因车祸受伤、死亡及其他遇险受困人员10多人。在石门县委政法委工作期间，他主抓综治工作，贴近一线实际，勇于开拓创新，打造平安创建“四零社区”桥头堡、构建社会治理“互联网+”新机制、建立综治考核“1234”新体系等工作经验先后得到省、市推介，为石门县综治平安建设作出较大贡献。2017年调任维新镇党委书记后，他结合本地实际，把综治工作作为乡镇党委、政府的重点工作，强力推进，着力打造入户走访矛盾摸排制度化、矛盾纠纷化解工作合力化、综治应急救援队伍专职化的“三化”工作模式，形成群众、部门回应联动的综治工作格局，社会治安秩序明显好转，刑事治安案件发案率明显下降，人民群众安全感明显增强。

唐汇驰

2017年9月19日，在北京市召开的全国社会治安综合治理表彰大会上，唐汇驰被人力资源和社会保障部、中央社会治安综合治理委员会授予“全国社会治安综合治理先进工作者”荣誉称号。

(编辑部)

覃道进

【中共中央纪委嘉奖获得者——覃道进】覃道进，男，1971年4月出生，大学本科文化，1994年9月参加工作，土家族，石门县维新镇人，任石门县纪委常委、监察局副局长。覃道进从事纪检监察工作近20年，他参与、主办或牵头查办各类违纪案件160余件，查处了多起重大典型案件，为国家挽回经济损失上千万元。他一直在基层纪检监察岗位默默耕耘，不忘初心，善终如始。2017年9月，获得中共中央纪委嘉奖。

覃道进从进入县纪委工作起，他先后在执法监察室、纪检监察室、信访室、办公室工作。2017年9月，分管党风政风室。无论在哪里，不管工作内容如何千变万化，覃道进在每一个岗位上都能创造性地开展工作。在信访室工作期间，他创新推出“阳光信访”，让群众参与信访办理全过程，其经验得到中纪委和省、市纪委认可，反响很好。

2013年，分管作风建设的覃道进以整治违规办酒等群众反映强烈的六大问题为突破点，牵头起草了《石门县改进干部作风“六项严禁”规定》。规定出台后，县自来水公司一职工按当地土家族风俗，以过36岁生日的名义办酒席，覃道进要求重点查办该案，对相关人员进行严肃处理。最终，立案审查1人，追责6人，除当事人外，自来水厂分管领导和当地乡镇负责人均受到纪律处分，相关违纪人员被要求在县电视台公开作检查。案子影响很大。是年，全县查出作风建设案件20余件，通报了一大批典型案件，久治不愈的违规赈酒之风得到遏制。

覃道进在查办案件中，同样发挥了不同于常人的敏锐和洞察力。2017年3月，县纪委查办二都街道卫星社区原党总支委员、组织委员孙某一案。该案最初是围绕扰乱换届纪律的举报进行，查办过程中，由于时间过去一个月，相关监控视频已无法调取，案子陷入僵局。覃道进顶住压力，独辟蹊径，带领同事查起与案子看似毫无关联的一个劳务队的账目，最终发现同一张票据的存根联和入账联数字、名目均不一样的"鸳鸯票"。他以此为突破口，顺藤摸瓜，查出一个涉案金额35万多元、包括孙某在内涉案人员达20多人的窝案。孙某因此受到党纪处理。

办案10多年，对覃道进而言，内心最受煎熬的还是查办自己的熟人。要狠下心来确实不容易，但想到肩负的责任，他渐渐学会如何做一个孤独的纪检人。

覃道进从一开始就立下规矩，所以无论是在家人还是亲戚朋友，为案子的事说情的几乎没有，他在家也从来不谈案子，家里人有时候都不知道他在外面干什么，亲戚朋友也不问。

2013年，覃道进带队查办县烟基办腐败案，两名涉案对象都是曾经的同学和朋友。两人除自己出面求情外，还找很多老领导、老朋友出面说情。涉案人之一盛某，就曾委托自己和覃道进的共同老友出面，一次掏出10条高档香烟向覃道进求情，被覃道进坚决拒绝。最终，涉案的两人都被移送司法机关。

2017年年初，县直某单位一主要负责人被群众实名举报，被举报者是覃道进在乡镇工作时的老领导。在县纪委调查过程中，老领导多次找覃道进说情都被他拒绝。对方不甘心，在覃道进带母亲去医院看病时，在覃道进打开车门的瞬间，迅速将一个鼓囊囊的信封丢进车里，然后一溜烟跑了。第二天，覃道进将红包通过办案室工作人员退还回去，该负责人最终被立案查处。

坚定不接受案发单位、被查对象的吃请；坚持在大是大非面前，不该说的不说，不该拿的不拿，不该做的不做。执纪18年，覃道进始终如一。

参加工作后，覃道进坚守在办案一线，在办案点经常一待就是好几个月，通宵达旦、夜以继日是常事，从来没有怨言。他几乎每天都是最早到单位的人。工作上遇到困难，他主动帮同事承担压力、分担任务。尤其办案期间，他经常牺牲自己的休息时间替同事顶班，要他们回去休息，陪伴孩子和家人。

对本职工作，覃道进总是有着一股"痴劲"。他笃信，干好纪检工作，除了责任，关键要热爱。从事纪检工作以来，覃道进几乎记得办过的每一起案件。纪检工作很辛苦，待遇也不高，时间长了，还会招致家人埋怨、亲朋疏远，但只要想起每处理完一起信访件、每查办完一个案件后，老百姓的利益得到维护，他心里就会充满成就感。

（县纪委）

2017年石门县劳动模范和先进工作者名单

一、劳动模范名单

朱晓平	女	湖南湘佳牧业股份有限公司质检主任
傅铁梅	女	中国移动常德市石门县分公司工会主席
杜登文	男	中国邮政集团公司石门县分公司投递员
蔡代国	男	石门通达联运有限责任公司董事长兼总经理
黄建林	男	葛洲坝石门特种水泥有限公司烧成车间主任
马　杰	男	湖南楚韵茶业有限公司总经理
胡伍林	男	石门县东泉水库管理所所长
朱元龙	男	航天磁电三江磁材有限责任公司工会主席
田知华	男	国网石门供电分公司乡镇供电所管理部主任
刘生云	男	海螺水泥公司生产安全处安全主管
池祖军	男	电信公司石门分公司接入维护分部副主任
何国华	男	湖南石门国家粮食储备库职工
黄云华	女	石门县丰瑞乐家庭农场主
周可兰	男	石门县久丰柑橘专业合作社理事长
冷建国	男	石门澧峰名茶有限公司加工厂厂长
马国亚	男	湖南亚辉柑橘专业合作社理事长

二、先进工作者名单

罗成宇	男	石门县人大常委会办公室干部
杨玉华	女	石门二中教师
刘　波	男	石门县委组织部副部长、老干部局局长
袁　杰	男	石门县交警大队交通秩序管理中队指导员
吕长生	男	石门县中医医院心血管内科主任

石门县人民政府
关于印发《石门县 65 周岁及以上老年人免费乘坐县城区公交车的实施办法》的通知

石政发〔2017〕6 号

各乡镇人民政府，街道办事处，东山峰管理区，国有农林场，县直各单位：

经研究，现将《石门县 65 周岁及以上老年人免费乘坐县城区公交车的实施办法》印发给你们，请认真遵照执行。

石门县人民政府
2017 年 2 月 21 日

关于石门县 65 周岁及以上老年人免费乘坐县城区公交车的实施办法

第一章　总　则

第一条　为弘扬中华民族敬老爱老美德，发扬石门孝道文化传统，体现全社会特别是县城区公共交通运输企业（以下简称公交运输企业）对老年人的尊敬关爱，根据《湖南省实施〈中华人民共和国老年人权益保障法〉办法》和省委、省政府有关规定，落实县委、县政府《关于进一步加强老年人优待工作的意见》（石办发〔2010〕2 号）文件精神，特制定本办法。

第二条　县城区公交车对 65 周岁及以上老年人免费乘坐区域为：票价 1.5 元 / 人的区域（即东至石门汽车站、新合作物流园；东南至陈市社区；南至公园世家；西南至矽砂矿；西至楚江汽车站；西北至三江口、双红铁路桥；东北至红土坡）。在此区域内目前由公共交通运输企业经营的城区公交车各条线路、所有车辆对 65 周岁及以上老年人乘坐予以免费。免费正班运营时段：夏季 7:00—18:00　冬季 7:30—17:30。

第三条　县交通运输管理部门负责牵头 65 周岁及以上老年人免费乘坐县城区公交车工作的实施，并负责督导公交运输企业落实，县老龄办、民政、残联、财政、发改（物价）、老干、公安、交警、城管、统计、审计、监察等部门以及有关乡镇（街道）、村居（社区）和新闻媒体按各自职责督导、协调、配合、支持。

第四条　公交运输企业与县老龄工作委员会办公室、县交通运输管理部门签订对 65 周岁及以上老年人免费乘坐县城区公交车的管理协议，明确各自应该承担的责任及违约的责任追究办法。

第二章　乘车规定

第五条　凡 65 周岁及以上老年人持湖南省人民政府制作并由湖南省老龄工作委员会签章颁发的红色封面含 IC 芯片的“湖南省老年人优待证”（以下简称“IC 红色老年人优待证”），均可免费乘坐县城区公交车。“IC 红色老年人优待证”只限本人使用，不得转借、冒用、涂改。

第六条　免费乘坐县城区公交车的老年人应主动出示本人的“IC 红色老年人优待证”并读卡，接受驾驶员验证。持他人的“IC 红色老年人优待证”不予免费，一经发现，由当班驾驶员收缴其所持他人的“IC 红色老年人优待证”，并由相关部门依法依规处理。老年人随行儿童按城区公交客运规定购票或免票；老年人随身携带物品重量、体积超过县城区公交客运规定上限，应按规定付费。

第七条 驾驶员应当尊重老年人，为老年人提供热情优质服务，严禁收取或变相收取持有本人"IC 红色老年人优待证"的老年人的乘车费；不准拒载或变相拒载老年人，不准歧视、怠慢、刁难、谩骂乘车老年人。

第八条 城区公交车内应设立老幼病残孕专座，非老幼病残孕乘客礼让老年人就坐，驾驶员应劝导非老幼病残孕乘客礼让老年人。

第九条 老年人应注意乘车安全，遵守交通规则及交通运输管理部门、公交运输企业相关乘车规定。患有严重心脑血管疾病、腿脚不便、视力不佳、神智不清的老年人乘车应有人陪护；老年人尽量避免早晚上下班时间以及节日等客流高峰期乘坐城区公交车。

第三章 资金承担

第十条 我县对65周岁及以上老年人免费乘坐县城区公交车实行按季限次刷卡优惠，每人每季上限享受60次优惠，所需资金由公交运输企业让利(含公交车承包业主善举)和县财政补贴构成，每季度据实结算。

第十一条 县财政对公交运输企业承担65周岁及以上老年人免费乘坐城区公交车实行专项资金补贴，每年预算安排补助资金 144 万元。县财政管理部门根据老年人乘车交易次数和县交通运输管理部门审核及县老龄委办公室复核情况，按协议及时拨付公交运输企业老年人免费乘车补贴资金。县交通运输管理部门应依法制定对公交运输企业服务质量考核机制，考核结果作为确定补贴资金拨付发放的重要依据。

第十二条 老年人免费乘车专项补贴资金必须保证专款专用，公交运输企业应根据各车辆所乘载老年人数量将补贴资金全额补贴到车，不得截留挪用；补贴资金由县交通运输管理部门负责监督发放，财政、审计等部门负责稽核、审计。

第十三条 公交运输企业应建立65周岁及以上老年人免费乘车统计制度，统计数据不得虚报、瞒报，应及时提交交通运输管理部门、财政部门、老龄委办公室，便于次年度决策。

第十四条 65周岁及以上老年人免费乘坐县城区公交车方式自实施之日起5年内(2017年4月1日至2022年3月31日)，公交运输企业按与政府相关部门签订的协议执行。

第四章 监管与处罚

第十五条 县交通运输管理部门应加强对公交运输企业以及司乘人员的管理与教育，依照《城市公共汽电车客运管理办法》等规定依法处理拒载、刁难老人等违法违规行为，并向投诉人告知处理结果。

第十六条 驾驶员歧视、怠慢、刁难、谩骂乘车老年人的，收取或变相收取持有本人"IC 红色老年人优待证"老年人乘车费的，拒载或变相拒载老年人的，经查证属实，由公交运输企业照章批评教育和处理，处理结果除向投诉人告知外，处理相关资料作为政府补助资金依据，老人不满意的，按管理协议约定扣减补助资金；情节严重的，由交通运输管理等部门依法依规处罚；造成恶劣影响的，由本县新闻媒体予以曝光批评。

第十七条 公交运输企业和司乘人员通过非法手段，涉嫌恶意刷卡套取国家财政补助资金的，经查证属实，严肃依规依法处理。是司乘人员的，由公交运输企业按企业制度落实当事人公开检查措施，并由本县新闻媒体予以曝光批评；是公交运输企业的，由交通运输管理部门召集企业负责人约谈警示，并纳入企业诚信考核内容。

第十八条 县人社局、县公安局、县民政局应及时将老年人自然减员信息核对、交换，确保持有"IC 红色老年人优待证"老年人的信息准确。

第五章 附 则

十九条 公交运输企业应当在公交车、公交站点张贴"65周岁及以上老年人免费乘车"标识和投诉电话。

第二十条 本县65周岁及以上老年人持户口薄或"居民身份证"和近期1寸免冠照片2张，到县政务中心民政局窗口办理"IC 红色老年人优待证"(其中优待证免费、IC 芯片收费)，办新证收老证，不得代办，埠外65周岁及以上老年人还需其居住六个月以上居(村)委会出具证明，方可办理。鼓励老年人购买乘车意外伤害保险。

第二十一条 老年人免费乘坐县城区公交车相关规定由县交通运输管理部门和县老龄委办公室负责解释。老年人免费乘坐县城区公交车咨询和服务质量投诉由公交运输企业、县交通运输局运管处、县价格监督检查局、县老龄委办公室、县长热线办公室单独或协同受理。

第二十二条 本办法自2017年4月1日起施行。

石门县人民政府关于印发《石门县大力发展林业产业的实施意见》的通知

石政发〔2017〕15号

各乡镇人民政府，街道办事处，东山峰管理区，国有农林场，县直各单位：

经研究，现将《石门县大力发展林业产业的实施意见》印发给你们，请认真遵照执行。

石门县人民政府

2017年4月14日

为进一步优化我县林业产业结构，提升现代林业产业发展水平，加快我县全面建成小康社会目标，助力脱贫攻坚，促进生态林业与民生林业协调发展，把我县建设成为生态优美、产业发达的林业产业强县，结合我县实际，特制定本实施意见。

一、发展目标

按照县委县政府大力实施“一一五五”工程的决策部署，为促进全县林业生态链、产业链、技术链、资金链的全面融合，让石门绿色生态“孔雀”靓丽开屏，建设成为全省现代林业产业示范区、国家林下经济示范基地。

——林业经济总量大幅提高。在确保2016年实现林业产业(含柑橘茶叶)总产值49.5亿元目标基础上，到2020年，林业总产值达到80亿元。

——林业产业结构不断优化。二、三产业产值比重明显增长，产业集中度进一步提高，形成一批整体规模大、技术含量高、拉动县域经济发展的林业产业。

——林业经济社会效益显著提高。林业经济对全县经济增长贡献率明显提高。

二、产业布局

根据石门县的资源禀赋、林业产业基础与农民种养习惯，结合供给侧结构性改革下市场最新要求，确定“南橘北茶中皂果，林下种养全域游”为全县林业产业发展思路，重点选择柑橘、茶叶、林下经济、森林康养、特色经济林五大产业作为全县林业产业发展的重点产业。柑橘茶叶是石门的传统优势产业，有专门发展规划和意见，本意见不再重述。

三、发展重点

以基地培育为抓手，夯实现代林业产业基础。充分利用四旁空地、火烧迹地、低质低效经济林地、宜林地、抛荒地发展特色经济林产业；利用林下空间大力发展林下种植、林下养殖、林下产品采集加工等林下经济产业；利用森林景观发展森林旅游产业。

(一)特色经济林产业

无患子产业。以维新镇为中心，辐射周边磨市、雁池、三圣、新铺等乡镇连片开发无患子种植基地10万亩，打造湖南最大的无患子产业基地。石门中部山区由于缺乏农业支柱产业项目，是农村经济“塌陷区”，选择无患子产业刚好能够填补石门县中部产业空白，有利于提高不适宜发展农业的边际土地资源和宜林荒山、坡耕地的利用率，改善农村生态面貌和人居环境。

油茶产业。油茶产业是国家提出的维护国家粮油安全产业及湖南省特色优势产业，也是石门县传统经济林产业，目前具有收益的油茶面积5万亩左右。石门油茶产业要紧紧围绕“巩固提高、绿色发展”目标，鼓励各类市场主体通过承包、租赁、转让、股份合作经营等形式参与油茶基地建设，推进适度规模经营，在我县低海拔山区和丘陵地区，大力建设原料基地，到2020年新造标准化油茶产业园1万亩，采取抚育垦复等措施改造荒芜油茶4万亩，使石门县油茶林基地面积达10万亩。培植3家左右经营机制完善、市场化程度高的油茶龙头加工企业通过“企业＋专业合作组织＋基地＋农户”等经营模式打造石门品牌，做优做强油茶产业。

中药材产业。石门县是湖南省知名的药材之乡，一批传统地道的中药材在国内具有较高的知名度和影响力，中药材种植初具规模，具有发展中药材种植的良好基础。在大同山林场、白云山林场及周边地区发展杜仲、厚朴等木本中药材10000亩基地，在壶瓶山、东山峰、南北镇发展5000亩青钱柳基地，在罗坪等乡镇发展5000亩黄柏、白芨中药材规范化种植基地。到2020年，建成中药材规范化种植基地2万亩，打造一批药材品牌产品，重点扶持1个中药加工企业成为区域中药材发展重要支撑企业，建成我省重要的中药材产业基地之一。

苗木花卉产业。充分发挥我县林地、野生苗木花卉种质资源和栽培技术等优势，大力发展绿化苗木、园林苗木、用材林、经济林等苗木，积极培育地方特色花卉品种，选育引进高品质花卉苗木品种，重点扶持居上福田生态农业有限公司、山羊冲苗木专业合作社等苗木龙头企业和专业合作社，推进苗木及花卉规模化、基地化、品牌化发展。

（二）林下经济产业

通过在林区发展林下种植业和林下养殖业，提高森林资源综合利用率。到2020年，发展林下经济林地面积达到50万亩以上，林下经济综合产值达到20亿元以上。

特色养殖产业。以湘佳牧业股份有限公司等龙头企业为带动，通过基地建设、技术改良、精深加工、品牌营销，进一步提升林下石门土鸡、山水湾香猪、石门马头山羊等林下养殖产业化水平，培育壮大林蜂、林蛙等特色养殖规模，形成以林下养殖香猪、土鸡为主，其他养殖加工为补充的多元化林下养殖产业。山野菜产业。2020年完成野生葛、野菜、香椿芽、香菇等规模生态种植基地2000亩，带动周边2500个农户人工种植4000亩，发展蕨菜、山芹菜、香椿芽、黄花菜等林下天然无污染的山野菜资源保护性采集加工，开发生产葛根粉系列产品、脱水野菜等符合消费者和市场需求的环保、营养、健康、绿色系列产品，构建石门特色的山野菜产业。到2020年，全县山野菜采集达到4万吨以上。

（三）森林旅游产业

以“国家全域旅游示范县”创建为契机，深度挖掘我县森林资源潜力，以森林公园、湿地公园、自然保护区、国有林场、村镇绿化为载体，着力打造湖南屋脊壶瓶山北纬30°神秘生态游、夹山国家森林公园“世界茶禅之源中国禅茶之都”禅修体验游、白云山“中国茶文化公园”茶旅康养游等森林旅游品牌。依托丰富的野生动植物资源和森林生态景观，开展赏花、观叶、看鸟、寻蝶、采橘、垂钓、品茶、漂流、避暑、科考等绿色生态项目。不断推进森林康养林营建、森林康养基地建设、森林康养市场培育、森林生态文化体系建设、森林旅游产品与品牌建设。到2020年，全县年森林旅游人数达到500万人次。

四、推进产业化经营

（一）培育壮大龙头企业。鼓励各类资本和其他社会资本投资兴办经济林企业。引导龙头企业向优势产区集中，创建经济林产业化示范基地，培育壮大区域优势主导产业。对国家级林业龙头企业或者国家级林业专合组织以奖代补，给予扶持。

（二）积极创建知名品牌。引导龙头企业、专业合作经济组织积极争创知名品牌，提高竞争实力。支持龙头企业申报驰名商标、名牌产品、名特优经济林地理标志，提高社会知名度。整合同类产品的不同品牌，集中打造优势品牌，增强品牌效力。对获得中国驰名商标、新获得地理标志商标、地理标志保护产品、湖南省名牌、湖南省著名商标以及新获得食品安全管理体系认证、良好农业规范认证、美国或欧盟有机产品认证、国家森林食品认证的企业经营者给予奖励。

（三）发展多种流通业态。加大市场基础设施投入，规划建设区域性的产地、集散地特色经济林产品批发市场，推进现有市场的升级改造。大力发展冷链贮运、连锁经营、电子商务等现代物流业和新型营销方式。

（四）创新生产经营体制。深化集体林权改革，完善配套措施，规范林地流转，促进经济林规模化、专业化、标准化经营。大力发展林农专业合作社、家庭合作林场、股份制林场等林业合作组织。积极推广“公司+基地+农户”“公司+合作经济组织+农户”等发展模式，提高生产组织化程度。支持组建经济林行业协会、企业联合会和专业协会。

（五）发展完善订单林业。龙头企业要在平等互利的基础上，与林农、专业合作社签订购销合同，形成稳定的购销关系。鼓励龙头企业和专业合作社采取股份分红、利润返还等形式，将加工、销售环节的部分收益让利给农户，共享产业化发展成果。

五、构建支撑体系

（一）良种繁育体系。在充分发挥现有良种繁育基地生产能力的基础上，新建和改扩建一批以绿化苗木、无患子、油茶、板栗、核桃、青钱柳、金银花等特色经济林木良种壮苗生产基地，保障林业建设的优质种苗供应。坚持科学引种，加大乡土优良品种选育力度，做到引种栽培和选育推广乡土优良树种相结合，在乡土经济林木资源相对集中的区域，建立种质基因库和收集圃。

（二）科技支撑体系。整合科技资源，组建专家技术服务团队，建设产业技术联盟，形成产学研用紧密结合的发展机制。积极构建各级林业科技推广机构、合作组织、龙头企业和社会力量广泛参与的新型林业科技推广体系。创新培训模式，加强林业科技队伍建设和实用人才培养。

（三）有害生物防控体系。加强基层病虫害防治组织建设，提高预测预报的准确性、时效性。引导和鼓励农民林业专业合作社、专业技术协会、农村科技带头人等组建病虫害防治专业队伍，加强无公害防治，降低农药污染和残留。严格检疫监管，严防危险性病虫害传入和蔓延。

（四）新型社会化服务体系。完善信息服务平台建设，及时准确地向林农提供市场动态、新品种、新技术、病虫害预测预报、气象预报、灾害预警及生产资料供求等信息。充分发挥龙头企业在构建新型农业社会化服务体系中的重要作用，支持龙头企业围绕产前、产中、产后各环节，为农户积极提供农资供应、技术指导、疫病防治、市场信息、产品营销等服务。

六、强化保障措施

（一）加强组织领导。成立石门县林业产业发展领导小组，分管林业副县长任组长，县政府办、县发改局、县财政局、县林业局、县农业局、县扶贫办、县农开办、县国土资源局、县环保局、县移民局、县水保局为成员单位。领导小组下设办公室，县林业局局长兼任办公室主任，办公地点设县林业局，具体负责全县林业产业发展的规划、协调、指导、考核和办公室日常工作等。各乡镇（街道、区场）要将发展林业产业列入本地经济社会发展重要内容,并结合实际,制定切实可行的实施方案。各乡镇(街道、区场)要明确专职机构,保障工作经费,加强专业队伍建设,因地制宜,突出重点,分类指导,切实推动林业产业发展。

(二)完善政策措施。县政府将加大政策扶持力度,完善激励机制,县财政设立林业产业发展专项资金,支持产业园建设、种苗繁育、科技创新、产品研发、品牌打造等,对作出突出贡献的企业、合作社和种植大户予以奖补。积极争取国家补贴政策。加大各级财政造林补贴、抚育补贴、种苗补贴,以及林业有害生物防治、科研开发和技术推广等专项资金发展林业产业的争取力度。将发展林业产业统筹纳入退耕还林及其成果巩固项目、石漠化治理、扶贫、农业综合开发、土地治理、农业产业化、以工代赈、移民专项、水土保持等项目和生态工程建设规划任务。扩大林权抵押贷款规模,创新金融产品和服务,优先满足农户信贷需求。加大对林业龙头企业,以及家庭林场、林业专合组织的信贷扶持。鼓励融资性担保机构积极为发展经济林提供担保服务。

(三)积极宣传引导。大力宣传发展林业产业对强林富民、保民生、维护生态和粮油安全方面的重大作用,广泛宣传国家扶持林业产业发展的政策措施,深入宣传产业发展的先进理念、科学方法,树立经济林产业发展的先进典型,营造全社会关心支持经济林产业发展的良好氛围。营造公平有序的生产经营环境,维护林农、企业和专业合作组织的合法权益,促进经济林产业又好又快发展。

石门县人民政府关于印发《石门县城乡居民基本医疗保险实施办法》的通知

石政发〔2017〕27号

各乡镇人民政府，街道办事处，东山峰管理区，国有农林场，县直有关单位，协议医疗机构，中国人民财产保险股份有限公司石门支公司，中国人寿保险股份有限公司石门支公司：

经研究，现将《石门县城乡居民基本医疗保险实施办法》印发给你们，请认真遵照执行。

石门县人民政府

2017年6月28日

第一章 总 则

第一条 根据《国务院关于整合城乡居民基本医疗保险制度的意见》（国发〔2016〕3号）、《湖南省人民政府关于印发〈湖南省城乡居民基本医疗保险实施办法〉的通知》（湘政发〔2016〕29号）和《常德市人民政府关于印发〈常德市城乡居民基本医疗保险实施办法〉的通知》（常政发〔2016〕17号）等文件精神，为建立全县统一的城乡居民基本医疗保险（简称城乡居民医保）制度，结合我县实际，制定本实施办法。

第二条 建立城乡居民基本医疗保险制度遵循以下基本原则：

（一）坚持全覆盖、保基本、多层次、可持续的原则；

（二）坚持筹资水平、保障标准与经济社会发展水平相适应的原则；

（三）坚持权利和义务相统一，城乡居民公平享有基本医疗保险待遇的原则；

（四）坚持互助共济，城乡居民个人缴费和政府补助相结合的原则；

（五）坚持以收定支、收支平衡、略有结余的原则。

第三条 本县辖区内的城乡居民参加城乡居民医保适用本办法。

第四条 城乡居民医保制度实行"七统一"：即统一覆盖范围、统一筹资政策、统一保障待遇、统一医保目录、统一协议管理、统一基金管理、统一信息系统。

第二章 组织机构与职责

第五条 石门县人民政府为城乡居民医保工作的责任主体，负责城乡居民医保的组织参保和基金筹集工作。乡镇（街道、区场）具体负责组织城乡居民医保的参保登记、缴费续保、政策宣传等工作。县人社局是城乡居民医保工作的行政主管部门，负责指导石门县城乡居民医疗保险管理服务中心（简称县城乡医保中心）做好业务经办工作。

第六条 成立石门县城乡居民医疗保险工作管理委员会（简称居民医管委），由县委常委、县政府常务副县长任主任，县人大常委会分管副主任、县政府分管副县长、县政协分管副主席任副主任，县委宣传部、县政府办、县人社局、县财政局、县卫计局、县民政局、县审计局、县发改局、县教育局、县公安局、县食药工质监管局等相关单位主要负责人为成员。

县居民医管委下设办公室，办公室设在县人社局，负责拟定城乡居民医保政策、规章制度、工作程序。

成立石门县城乡居民医疗保险工作监督委员会（简称居民医监委），由县人大常委会分管副主任任主任，县政协法制群团委、县监察局、县审计局、县财政局、县卫计局、县发改局等单位相关负责人及城乡居民代表为成员。负责监督城乡医保基金运行情况和服务行为，定期调研基金运行情况，向居民医管委提出合理意见。

第七条 县城乡医保中心为县人社局管理的副科级参照公务员管理事业单位，为城乡居民医保常年办事机构。负责本县城乡居民医保的业务管理；执行城乡居民医保相关政策；管理城乡居民医保基金；审核城乡居民医保补偿费用；承办城乡居民医保信息管理；确定协议医疗机构；承担协议医疗机构的协议服务，负责对乡镇（街道、区场）城乡居民医保管理服务站的业务指导。

第八条 乡镇（街道、区场）成立以乡镇长、主任、场长任组长，社保、财政、卫计、经管、民政等站所负责人为成员的城乡居民医保工作管理领导小组，并在居民医管委领导、县城乡医保中心指导下开展工作。负责宣传、发动、组织本辖区内居民参加城乡居民医保；负责本辖区内居民缴纳基本医疗保险费和城乡居民医保基金管理工作；监督辖区内城乡居民医保工作规范健康运行；协调处理辖区内城乡居民医保工作的其他事项。在民政和劳动保障站加挂城乡居民医疗保险管理服务站的牌子，明确专人负责辖区内城乡居民医保具体工作。

第三章 参保缴费

第九条 城乡居民医保制度覆盖除职工基本医疗保险应参保人员以外的其他所有具有本县户籍的城乡居民。具体包括农村居民、城镇非从业居民、在校中小学生,以及国家和省、市规定的其他人员。

第十条 城乡居民以家庭为单位按属地原则参加城乡居民医保。在校中小学生随家庭在户籍地参保。

第十一条 在本县范围内不得同时参加城乡居民医保和职工基本医疗保险,不得跨统筹地区重复参加城乡居民医保,不得重复享受基本医疗保险待遇。

第十二条 城乡居民医保实行年度缴费制,每年的 8 月 1 日至 12 月 31 日为下一年度的参保缴费期,未在规定时间内办理参保或续保手续的,一律不予补办。保费按年征收,一经缴费,待遇期内不予退费。

第十三条 城乡居民医保按以下缴费标准和方式缴纳个人缴费部分:

(一)城乡居民每年按国家规定标准缴纳当年个人缴费部分;

(二)本县户籍城乡居民参保缴费以家庭为单位凭身份证或户口簿到户籍所在地村(居)委会办理缴费手续;非本县户籍常住人口(在校大中专学生除外)也可凭身份证或户口簿到常居地的居(村)委会办理缴费手续;

(三)特困供养人员(原农村"五保户"、城市"三无人员")参保个人缴费部分由县民政局予以全额资助;最低生活保障对象参保个人缴费部分由县民政局给予个人参保费用 50%资助;城乡最低生活保障户中丧失劳动能力的重残人员(Ⅰ、Ⅱ级)参保个人缴费部分由县财政局予以全额资助;除上述人员之外的建档立卡贫困人口个人缴费部分由县财政局按个人参保费用 10%的标准进行补贴;

(四)鼓励城乡居民家庭为即将出生的婴儿提前参保缴费。新生儿在取得本县户籍后,凭户口簿到户籍所在地城乡居民医保管理服务站办理参保缴费手续,并按当年度城乡居民医保个人缴费标准一次性缴纳参保费用;

(五)因户籍变动等客观因素未能在规定时间内办理参保手续的,可在办理户籍变更手续后 60 天内到户籍所在地城乡居民医保管理服务站参保,按当年度筹资标准一次性足额缴纳参保费用,60 天内未办理的不再办理参保缴费手续;

(六)当年退役军人凭退役证及时到户籍所在地城乡居民医保管理服务站办理参保缴费手续。

第四章 基金管理

第十四条 城乡居民医保基金由以下组成:

(一)城乡居民个人缴纳的基本医疗保险费;

(二)政府补助资金;

(三)基金利息收入;

(四)其他渠道筹集资金。

第十五条 城乡居民医保基金实行专户管理、专款专用,收支两条线的原则进行封闭管理,任何部门、单位和个人不得以任何理由挤占、截留、挪用、骗取、套取城乡居民医保基金。在县财政局和县人社局共同认定的商业银行开设一个账户。城乡居民医保基金财政专户由县财政局管理,主要核算从收入户转来的缴费收入和各级财政补助资金以及利息收入等各种收入,根据县城乡医保中心提出的用款申请,审核后拨付资金。

第十六条 城乡居民医保基金用于支付医保待遇、提取风险调剂金、筹集大病保险基金。本县按当年度筹资总额的 5%提取市级风险调剂金,按当年度筹资总额的 5%左右提取大病保险基金。

第十七条 城乡居民医保基金出现收不抵支时,可申请风险调剂金的使用,由县人民政府进行兜底。

第五章 医疗保险待遇

第十八条 城乡居民参保缴费后,从次年 1 月 1 日起享受城乡居民医保待遇。提前参保和出生 28 天以内参保的新生儿,自出生之日起享受基本医疗保险待遇;出生 28 天以后参保的新生儿,自参保缴费的下月起享受基本医疗保险待遇。因户籍变动等客观因素导致未能及时参保的,从缴费的下月起享受医保待遇。当年退役军人从参保之日起享受当年度的医保待遇。

第十九条 城乡居民医保基金为参保人员支付下列医疗费用:

(一)政策范围内住院医疗费用;

(二)政策范围内门诊医疗费用;

(三)购买城乡居民大病保险、意外伤害等商业保险的费用;

(四)生育医疗费用补助;

(五)符合国家政策和省、市、县人民政府规定的其他情形。

第二十条 参保人员在基本医疗保险协议医疗机构发生的政策范围内住院医疗费用,按以下规定支付:

(一)住院起付线标准:一级医疗机构为 200 元,二级医疗机构为 500 元,县红十字会医院为 300 元。对建档立卡贫困人员(含特困人员)住院起付线降低 50%。

参保人员在一个结算年度内每次住院均需支付起付线。建立住院起付线标准动态调整机制,根据市人社局的调整方案结合我县社会经济发展水平、医保基金运行状况进行确定。

(二)住院医疗费用报销比例和最高支付限额标准:一级医疗机构为 90%,二级医疗机构报销为 70%,县红十字会医院报销 85%,三级医疗机构报销为 60%,对建档立卡贫困人员(含特困人员)报销比例提高 10%。市外其他医院(不含省级定点医院)起付线和报销比例参照市内同级医院标准执行,不能确定医院级别的按本市三级医院标准执行,省级医院按省定标准执行。一个结算年度内,城乡居民基本医疗保险最高支付限额标准为 15 万元。

（三）因突发疾病急诊抢救转为住院治疗的，急诊抢救医疗费与住院医疗费用合并计算；急诊抢救死亡的，对政策范围内的医疗费用，视同住院医疗费用按规定报销。

（四）参保居民跨年度住院的，以入院时间为准，享受当年医疗保险待遇。

第二十一条　完善城乡居民医保门诊医疗保障政策，兼顾普通门诊和特殊门诊医疗需求，按照城乡居民医保基金总额的15%，建立门诊医疗统筹基金。具体实施办法由县人社局另行制定。

第二十二条　完善城乡居民大病保险制度，提高参保患者重大疾病保障水平，具体按照《常德市城乡居民大病保险实施方案》（常政办发〔2016〕8 号）执行。对建档立卡贫困人员（含特困人员）大病保险起付线降低 70%，由 10000 元降到 3000 元。

第二十三条　建立大病救助基金，对全县建档立卡贫困人员（含特困人员）实施大病救助。由县卫计局牵头制定实施方案。

第二十四条　除急诊抢救情形外，在非协议医疗机构发生的医疗费用不予支付。因危急重症抢救未及时办理转诊手续或在非协议医疗机构入院治疗的，应当在入院治疗 3 个工作日内报县城乡医保中心同意备案，其发生的政策范围内住院医疗费用，比照同级别协议医疗机构的相关标准予以报销。

第二十五条　将无责任方的意外伤害纳入基本医疗和大病保险保障范围，具体政策按上级相关政策执行。

第二十六条　城乡居民医保基金对参保人员符合计划生育政策规定的生育医疗费用给予补助，平产最高补助标准为1300 元，剖宫产最高补助标准为 1600 元，按单病种包干管理，与协议医疗机构即时结算。孕产妇因高危重症救治发生的政策范围内住院医疗费用参照疾病住院相关标准执行。

第二十七条　县外参保务工人员参加了其他医疗保险，在县外其他医疗保险报销之后的剩余部分可以按我县城乡居民医疗保相关规定报销（必须提供原始发票和其他医疗保险结算单等资料）。

第二十八条　城乡居民医保执行全省统一的基本医疗保险药品目录、诊疗项目、医疗服务设施范围及支付标准。

第二十九条　参保人员发生的下列医疗费不属于城乡居民医保基金支付范围：

（一）应当从工伤保险基金中支付的；

（二）依照有关法律规定应当由第三人负担的；

（三）应当由公共卫生负担的；

（四）在境外（含港、澳、台地区）就医的；

（五）国家和我省规定不予支付的其他情形。

第三十条　强化城乡居民医保与城乡医疗救助政策联动。对于经城乡居民基本医保、大病保险和其他补充医疗保险补偿后自负费用仍有困难且符合医疗救助条件的患者和罕见重大疾病的患者，由相关部门及时落实救助政策。

第六章　医疗服务管理

第三十一条　按照“先纳入、后规范”的原则，将原城镇居民医保和新农合定点医疗机构，整体纳入城乡居民医保协议医疗机构管理范围。

第三十二条　县城乡医保中心对本县辖区内的医疗机构实施协议管理，建立健全考核评价机制和动态准入退出机制。

第三十三条　城乡居民协议医疗机构应当符合下列基本条件：

（一）取得《医疗机构执业许可证》及相关专业诊疗技术服务准入许可、专业技术人员具备相应的执业资格证件；

（二）实行统一经营、统一收费、统一核算、统一管理；

（三）具备与相应级别定点医疗机构相适应的规模、功能、技术人员、医疗设备和技术水平，医疗服务规章制度健全，管理规范；

（四）严格执行国家基本医疗服务价格政策和收费标准；

（五）承诺严格执行城乡居民医疗保险的相关政策、制度和规定；

（六）具备承担定点医疗服务要求的信息化设施。

第三十四条　县城乡医保中心对管辖的协议医疗机构的医疗服务行为、质量和医疗费用控制等进行定期考核评估，并将考核评估结果作为重新认定其协议资格的依据。确定为协议医疗机构的有效期限为 3 年。

第三十五条　执行分级诊疗制度，形成基层首诊、双向转诊、急慢分治、上下联动的分级诊疗模式。引导参保居民逐步养成“小病不出乡（社区）、大病不出县（二级）、疑难杂症在三级医疗机构”的就医习惯。

第三十六条　协议医疗机构应当实行医疗保险信息化管理，并与城乡医保信息平台互联互通。参保居民在协议医疗机构就医所发生的医疗费用，实行即时结报。参保居民结清个人自付部分的医疗费用后，属城乡居民医保基金支付的，由县城乡医保中心与协议医疗机构结算。

第三十七条　协议医疗机构要严格按照协议提供医疗服务，严格把握出入院标准，做到因病施治、合理诊疗、合理用药、合理收费、优质服务。

第七章　医疗保险补偿程序

第三十八条　特殊病种门诊补偿程序。

参保患者凭《石门县基本医疗保险特殊病种门诊和家庭病床审批表》、二级及以上医疗机构住院病历资料复印件、诊断证明书（盖章）、医疗证及身份证、近期一寸免冠照片 2 张到各乡镇（街道、区场）社保站进行初审，由社保站将初审合格人员的申请资料交县人社局医保股办理“石门县城乡居民医疗保险特殊病种门诊就医证”（简称“就医证”）。“就医证”每年年审一次，凭医疗证及身份证、“就医证” 到县人社局医保股办理年审手续。

特殊病种门诊患者凭医疗证及身份证、有效期内的“就医证”、处方（或药品清单）、门诊医药费发票报销费用。在县内协议医疗机构购药报销执行“即生即付”，在县外定点医疗机构购药报销到县城乡医保中心窗口办理。截止时间为当年度12月31日。享受特殊病种门诊待遇可同时享受住院补偿。

第三十九条　住院补偿程序。

在县内、市级、省级协议医疗机构住院，凭医疗证及身份证由协议医疗机构按政策规定“即生即付”。县内、市级协议医疗机构每月25日断账，于月底前将上月补偿资料报送县城乡医保中心审核，拨付代支的补偿金。省级定点医疗机构报送省结算中心拨付。

在县外未开通异地即时结算的医疗机构住院费用凭医疗证及身份证、诊断证明书、住院发票、费用汇总清单及银行卡到县城乡医保中心窗口办理补偿。县外住院补偿在次年2月底前办理完毕，逾期视为自动放弃，不予补办。

第八章　监督管理

第四十条　县人社局加强对城乡居民医保制度实施、经办机构职责履行情况的监督管理，加强对基金收支、管理工作的监督检查。督促县城乡医保中心定期向社会公布基金筹集、使用和结余情况，保证参保人员的参与权、知情权和监督权。

第四十一条　建立城乡居民医保定期公示制度。定点医疗机构和村（居）委员会要在醒目位置设公示栏，定期公示城乡居民医保主要政策、就诊（转诊）流程、医疗费用报销情况和监督举报电话等内容。

第四十二条　切实加强城乡居民医保基金监督管理，对违反《中华人民共和国社会保险法》和基本医疗保险制度政策有关规定骗取、套取城乡居民医保基金的行为，依法依规严厉查处。

第九章　附　则

第四十三条　县人民政府综合协调处理因重大疫情、灾情及重大事故所发生的城乡居民医疗费用。

第四十四条　本办法由县人社局负责解释。

第四十五条　本办法自2017年1月1日起施行，《石门县新型农村合作医疗实施办法》（石政发〔2009〕1号）同时废止。原城镇居民基本医疗保险制度和新型农村合作医疗制度执行至2016年12月31日止。

石门县人民政府关于印发《石门县国有土地上房屋征收与补偿实施办法》的通知

石政发〔2017〕39号

各乡镇人民政府，街道办事处，东山峰管理区，国有农林场，县直各单位：

经研究，现将《石门县国有土地上房屋征收与补偿实施办法》印发给你们，请认真遵照执行。

石门县人民政府

2017年9月12日

石门县国有土地上房屋征收与补偿实施办法

为规范国有土地上房屋征收与补偿活动，保障被征收房屋所有权人（以下简称被征收人）的合法权益，促进经济社会发展，根据国务院《国有土地上房屋征收与补偿条例》《湖南省实施〈国有土地上房屋征收与补偿条例〉办法》和《常德市国有土地上房屋征收与补偿实施办法》，结合本县实际，制定本办法。

第一条　县房地产管理局是县人民政府的房屋征收主管部门。县国有土地上房屋征收与补偿工作办公室（以下简称县征收办）是房屋征收部门，代表县人民政府组织实施国有土地上房屋征收与补偿工作。

第二条　除本办法另有规定外，全县行政区域内国有土地上房屋征收与补偿工作应严格按照国务院、湖南省、常德市相关规定执行。

第三条　因公共利益需要征收房屋的，项目建设筹备单位或项目建设业主应向县征收办提出房屋征收申请。申请时提交以下资料：

1. 房屋征收申请书；

2. 发展改革部门出具的项目立项批文或项目符合国民经济和社会发展规划的证明材料；

3. 规划部门出具的项目符合城乡规划与专项规划的证明材料和划定的项目规划红线图（或蓝线图）；

4. 国土资源部门出具的项目符合土地利用总体规划的证明材料；

5. 需要提交的其他相关资料。

保障性安居工程建设和旧城区改建项目除提交前款规定的材料外，还需提交纳入国民经济和社会发展年度计划或调整计划的材料。

第四条　县人民政府依法作出房屋征收决定的，县国土资源部门应及时报请县人民政府相应作出收回国有土地使用权的决定，并送达给被征收人。

第五条　房屋征收决定公告发布前，县征收办应组织国土、城管、住建、不动产登记等部门对未经登记建筑物的合法性等内容进行认定并公示。公示无异议的，参照《常德市国有土地上房屋征收与补偿实施办法》第三十四条相关规定处理。

第六条　国有土地上被征收房屋的价值由受委托的房地产价格评估机构根据被征收房屋的区位、用途、结构、成新、建筑面积等因素，以房地产市场评估价格确定。被征收房屋价值评估时点为征收决定的公告之日。

第七条　房地产价格评估机构由被征收人协商选定；协商不成的，由县征收办组织不少于三分之二的被征收人按照少数服从多数的原则投票决定，或者通过摇号、抽签等随机方式确定，并由公证机构依法公证。

第八条　对国有土地上房屋的征收补偿，被征收房屋为住宅且被征收人选择房屋产权调换的，应根据被征收房屋的市场评估价格和所调换房屋的市场评估价格与被征收人计算、结清产权调换的差价。用于产权调换房屋的价值，除法律有特别规定外，应当由房地产价格评估机构确定。用于产权调换房屋的价值评估时点，应当与被征收房屋价值评估时点一致。

被征收住宅房屋建筑面积在40平方米（含40平方米）以下的：被征收人选择产权调换的，产权调换时建筑面积补足40平方米；被征收人选择货币补偿的，按建筑面积40平方米计算补偿金额。

被征收人及其配偶、未成年子女在县城范围内另有住房的，建筑面积合并计算超过40平方米的或被征收人已享受住房保障待遇以及在项目征收决定公告发布后分户致使户型建筑面积在40平方米以下的，不适用本条第二款规定。

第九条　被征收房屋为非住宅房屋的，原则上采取货币补偿。被征收人选择产权调换的，应与被征收人计算、结清被征收房屋价值与用于产权调换房屋价值的差价。

第十条　县人民政府可根据征收项目需要团购部分商品房用作产权调换房源,被征收人可在产权调换房源中选择产权调换房屋,并根据被征收房屋的市场评估价格和所调换房屋的市场评估价格结清产权调换的差价。

第十一条　对国有土地上住宅的征收补偿,被征收人选择产权调换且自行解决周转用房的,应当向被征收人支付临时安置费,临时安置费标准为:

(一)被征收房屋建筑面积在 40 平方米(含 40 平方米)以下的,临时安置费每月 400 元;

(二)被征收房屋建筑面积在 40 平方米以上 70 平方米(含 70 平方米)以下的,临时安置费每月 500 元;

(三)被征收房屋建筑面积在 70 平方米以上 100 平方米(含 100 平方米)以下的,临时安置费每月 600 元;

(四)被征收房屋建筑面积在 100 平方米以上的,临时安置费每月 700 元。

支付临时安置费的期限为实际过渡期限再加上 3 个月的装修期,实际过渡期限自被征收人腾空交付房屋之日起至产权调换房屋交付之日止。

由房屋征收部门或房屋征收实施单位提供周转用房的,不再向被征收人支付临时安置费。

选择货币补偿的,按照本条第一款第(一)、(二)、(三)、(四)项确定的临时安置费标准,给予 3 个月临时安置费。

第十二条　对国有土地上非住宅的征收补偿,不支付临时安置费。

第十三条　采取货币补偿或者现房产权调换方式的,给予被征收人一次搬迁费;采取临时安置产权调换方式的,给予被征收人两次搬迁费。搬迁费标准为 2000 元/次/套。

第十四条　被征收人将住宅改作商业用房,且在房屋征收决定公告发布前已取得营业执照、税务登记证等经营手续,并实际经营、纳税记录在 5 年以上的(有免税政策规定的除外),按实际经营面积予以一次性补贴,补贴标准为同地段商业用房评估价值与被征收房屋评估价值之差的 20%;纳税记录在 5 年(含 5 年)以下、2 年以上的,按实际经营面积予以一次性补贴,补贴标准为同地段商业用房评估价值与被征收房屋评估价值之差的 10%;纳税记录在 2 年(含 2 年)以下的或未取得营业执照、税务登记证的,不予补贴。

第十五条　被征收人将办公用房、车间、仓库等改作商业用房,在房屋征收决定公告发布前取得营业执照、税务登记证等经营手续,并实际经营,营业执照所载明的营业场所与被征收房屋所有权证一致,且选择货币补偿的,纳税记录在 5 年以上的(有免税政策规定的除外),按同地段商业用房评估价值与被征收房屋评估价值之差的 30%予以补贴(含停产停业损失);纳税记录在 5 年(含 5 年)以下、2 年以上的,按同地段商业用房评估价值与被征收房屋评估价值之差的 20%予以补贴(含停产停业损失);纳税记录在 2 年(含 2 年)以下的或未取得营业执照、税务登记证的,不予补贴。

被征收人将办公用房改作生产用房或仓储用房的,按被征收房屋证载用途补偿。

第十六条　征收公有房屋,征收人只对公有房屋所有权人或房屋管理单位给予补偿。被征收的公有房屋对外出租的,搬迁时,给予承租人适当的搬迁费、装饰装修和设施补偿。

被征收的公有房屋为住宅的,住宅承租人本人及其配偶和未成年子女在本县城区范围内没有其他居住房屋的,产权调换后的房屋应优先给予其承租权;住宅承租人不再租赁公有房屋的,按照本办法第十一条第一款第(一)、(二)、(三)、(四)项确定的临时安置费标准,结合承租人原租赁公有房屋的建筑面积给予 3 个月的临时补助。

第十七条　对在房屋征收补偿方案确定的签约期限内签订房屋征收补偿协议,并完成搬迁的,按如下项目和标准给予奖励:

1. 选择货币补偿方式奖。征收住宅,被征收人选择货币补偿的,按建筑主体评估价值的 20%给予奖励;征收非住宅一楼,被征收人选择货币补偿的,按建筑主体评估价值(房地分离评估的,含建筑垂直投影土地价值)的 20%给予奖励,其他非住宅按建筑主体评估价值的 10%给予奖励。

2. 提前搬迁奖。

被征收房屋建筑面积在 40 平方米(含 40 平方米)以下的,提前搬迁奖为 15000 元/户;

被征收房屋建筑面积在 40 平方米以上 70 平方米(含 70 平方米)以下的,提前搬迁奖为 20000 元/户;

被征收房屋建筑面积在 70 平方米以上 100 平方米(含 100 平方米)以下的,提前搬迁奖为 25000 元/户;

被征收房屋建筑面积在 100 平方米以上的,提前搬迁奖为 30000 元/户。

3. 整体配合奖。房屋征收部门或房屋征收实施单位根据实际可将房屋征收范围划分若干片区单位,每个片区单位所有被征收人在规定期限内签订房屋征收补偿协议,并在规定的时限内腾房搬迁的,给予每户 10000 元的奖励。片区单位划分情况应随房屋征收补偿方案一并公布。

第十八条　在房屋征收补偿方案确定的签约期限内签订征收补偿协议,并完成搬迁的,按如下项目和标准给予补助:

1. 住房困难补助。选择货币补偿的,被征收房屋建筑面积在 40 平方米以下(含 40 平方米),且被征收人及其配偶和未成年子女在征收范围以外本县城区内另无住房的,每户给予 25000 元住房困难补助。

2. 公摊面积补助。征收住宅房屋,被征收房屋权属证书载明无公摊面积,选择多层房屋实行产权调换的,给予被征收房屋产权面积的 10%的公摊面积补助;选择高层房屋实行产权调换的,给予被征收房屋产权面积的 20%的公摊面积补助。征收住宅房屋,被征收房屋权属证书载明有公摊面积,选择多层房屋实行产权调换的，不给予公摊面积补助；选择高层房屋实行产权调换的，给予被征收房屋产权面积的 10%的公摊面积补助。给予的公摊面积补助一律按产权调换房建安成本价实行货币补偿，建安成本价由住建部门核定。

征收住宅房屋，被征收房屋在 40 平方米以下的，按 40 平方米计算公摊面积补助。

征收商业用房，被征收房屋权属证书载明无公摊面积，选择多层房屋实行产权调换的，赠送被征收房屋产权面积的 3%的公摊面积；选择高层房屋实行产权调换的，赠送被征收房屋产权面积的 6%的公摊面积。被征收房屋权属证书载明有公摊面积，选择多层房屋实行产权调换的，不赠送公摊面积；选择高层房屋实行产权调换的，赠送被征收房屋产权面积的 3%的公摊面积。

第十九条　本办法自发布之日起施行。2014 年 12 月 2 日石门县人民政府办公室发布的《关于贯彻执行〈常德市国有土地上房屋征收与补偿实施办法〉的通知》（石政办发〔2014〕9 号）同时废止。县人民政府及房屋征收部门发布的有关国有土地上房屋征收补偿文件与本办法不一致的，以本办法为准。

本办法所涉及的房屋征收程序，权属的认定，住改非、非改非面积和证照的认定等，由县征收办制定相应操作细则并组织实施。

本办法施行前已经作出征收决定、尚未完成的国有土地上房屋征收项目，继续按原征收决定确定的标准执行。

石门县人民政府关于印发《石门县加快推进电子商务产业发展的实施意见》的通知

石政发(2017)57 号

各乡镇人民政府,街道办事处,东山峰管理区,国有农林场,县直各单位:

经研究,现将《石门县加快推进电子商务产业发展的实施意见》印发给你们,请认真遵照执行。

石门县人民政府

2017 年 10 月 9 日

石门县加快推进电子商务产业发展的实施意见

为加快推进我县电子商务产业发展,特制定如下实施意见:

一、总体思路

紧紧围绕全面实现小康社会总目标,牢牢把握创建全国电子商务进农村综合示范县新机遇,稳步推进"电商进山,山品出境"两大专项行动,深入实施"电商兴县,产业富县,脱贫活县"三项发展战略,着力构建农村电商公共服务、物流配送、运营支撑、主体培育四大支撑体系,突出推进农产品网销,用电子商务新手段"打开山门,展示山品,做大山业,普惠山民",为脱贫摘帽,将石门县打造成为武陵山片区经济强县注入新的活力。

二、工作目标

三年内(2017—2019 年),全县电子商务交易额及网络销售额同比增长率均在 52%以上,到 2019 年达到 22 亿元以上;建成县级电子商务公共服务中心 1 个,乡镇级公共服务中心 22 个,村级电子商务公共服务站点 331 个,实现行政村电子商务服务站点全覆盖、宽带(含移动宽带)网络全覆盖; 培育年交易额 5000 万元以上的电子商务企业 10 家以上,过亿元的电子商务企业 3 家以上,培育省级电子商务示范企业 3 家以上; 大力培育各类电子商务领军人才,培训电子商务人才 1 万人次以上,创造农村地区居民创业、就业机会 5 万人以上,带动建档立卡贫困户脱贫 5000 户。

三、工作重点

(一)搭建电商公共服务中心平台。把县级电商公共服务中心打造成为连接"工业品下乡、农产品进城"的重要枢纽,发挥政务服务、宣传推广、物流集散、质量品控、产品展销、人才培训、创业孵化、运营支撑八大功能,面向全县为企业和电商从业者提供策划、设计、运营、推广等"一站式"电商运营支撑体系。通过两年的努力,引进入住企业 50 家以上。加快湖南屋脊"石门生活馆 020"项目建设,推广"线下展示交易、线上网络订购"的互动营销模式,实现"买石门、卖全国,买全国、卖石门"的目标。

(二)推进农村电商服务站点建设。坚持"合理规划、一村一点、以人为本、重点扶持"的原则,以村(居)便民服务中心为基础,加快 331 个村(居)石门生活馆平台建设,打造以网络代购、快递分发、农产品收购、城乡配送、政务服务、小额取现于一体的新型农村便利服务店,让农民逐步实现"购物不出村、销售不出村、创业不出村、投递送上门"的目标。通过两年的努力,电商公共服务站点对行政村覆盖率达 80%以上。推进以网络、通讯为主的基础设施建设,建立起覆盖乡镇(街道、区场)、村(居)的现代农村信息网络。

(三) 构建农村电商物流配送体系。加快推进石门至周边区,县的交通建设,形成联通武陵山片区的快速物流通道。建设以"石门电商仓储物流配送中心"为配送基地,周边县城及重要集镇 30 个二级分拨中心和 4 个配送片区为骨架的城乡一体化物流配送网络,畅通"农产品进城、工业品下乡"的物流通道。扶持快递业发展,对小型城市配送车辆免收占道停车费。小区物业对快递配送提供方便。整合物流与快递资源,发展乡村快递业,从仓储、包装、运输等环节为农产品电商发展提供支撑。

(四)实施农村电商主题培育工程。引入专业的第三方电子商务培训机构及师资力量,组织开展农村电商理念普及和应用推广培训;统筹规划人社、商务、教育、团委、妇联、残联等部门,对全县从事电商行业的社会人员开展短期培训;县委党校定期开办专题培训班,加强干部队伍电商素质培训。通过举办电商创业大赛,组织电商企业赴专业院校和人才集聚地进行推介、招募等活动,发现一批电商从业人才,吸引一批外出打工农民和大学生返乡创业、就业,大力孵化网商创业者。依托本地柑橘、茶叶、石门土鸡等特色产业,培育年销售额过亿元的电子商务龙头企业。加快培育市场经营主体,形成"百家企业、千家网店、万家微商”的电商产业特色。

（五）做强石门农特产品营销品牌。把培育特色品牌作为发展农村电商产业的龙头工程来抓，全面开展“电商进山、山品出境”两大专项行动，形成“山品变商品、商品变网货、网货树品牌”电商发展新格局。加大“中国驰名商标”“国家地理标志保护产品”等商标品牌培育力度，新增“三品一标”认证 30 个以上；坚持“一村一品”“一镇一品”思路，做大做强“石门柑橘”“石门银峰”“石门土鸡”传统品牌；以“湖南屋脊。石门味道”为品牌形象，建立石门特色产品网销公共资源库；突出人文资源，打造“荣誉村长”等线上公共品牌；通过举办“柑橘节”“茶文化节”等活动，不断提升石门农特产品线上品牌影响力，加快农产品质量体系认证，实行农产品质量政府背书保证，建设农产品加工配送中心及农产品检测中心。挖掘民族元素和传统手工艺，开发民族风情时尚商品，建设民族网商产品研发中心，推进传统民族工艺现代化。

四、保障措施

（一）建立组织机构。成立石门县国家电子商务进农村综合示范工作领导小组，由县长任组长，常务副县长、分管商务粮食工作的副县长任副组长，县政府办、县商务粮食局、石门经济开发区、县人社局、县发改局、县财政局、县国土资源局、县住建局、县教育局、县公安局、县农业局、县林业局、县科技工信局、县旅游外事侨务局、县交通运输局、县民政局、县移民局、县扶贫办、县供销社、县广播电视台、县食药工质监管局、人民银行石门支行、团县委、县妇联、石门邮政分公司及各乡镇（街道、区场）主要负责人为成员。领导小组下设办公室，办公室设县商务粮食局，县商务粮食局局长兼任办公室主任。

（二）加大政策扶持。县政府每年安排不少于 500 万元电商产业专项扶持资金，用于扶持电子商务产业发展。

1. 支持电子商务平台建设。企业建设独立电子商务平台、上线后正常运营满一年、年销售额达到 500 万元的，按不超过项目实际投资额的 30%给予补贴，最高奖励不超过 10 万元。引进国家、省级电子商务示范平台（企业）（不含金融及快递）入驻本县满一年的，分别给予该平台（企业）20 万元、10 万元一次性奖励；本县电子商务平台（企业）（不含金融及快递）获得国际、省级示范命名表彰的，分别给予该平台（企业）20 万元、10 万元一次性奖励。

2. 支持电商企业做大做强。首次通过电子商务实现网上年销售额 500 万元、1000 万元、5000 万元的，分别给予 10 万元、20 万元、50 万元奖励，后续年度按超上年部分每 1000 万元奖励 10 万元的标准扶持。电商企业销售本县农产品，首次实现网上年实纳税销售额的按每 100 万元给予 5 万元奖励的标准进行扶持，后续年度按网上年纳税销售额超上年部分每 200 万元奖励 2 万元，最高奖励不超过 30 万元。

3. 完善和强化电子商务培训支撑。对于我县相关培训｜机构经上级主管部门批准，县主管部门备案开展电子商务培训并设立相应专业与课程，且当年新招收专业学员在 500 人以上的，按每人 100 元给予补助，最高不超过 10 万元。

4. 加快电子商务园区建设。

(1) 面积在 2000 平方米以上，且入驻电商企业 10 家以上的园区，经领导小组审核认定，给予该园区当年租赁费用 60%的补助，最高不超过 50 万元，并按 100 元 / 平方米标准给予一次性建设装修费用补助，最高不超过 30 万元。

(2) 鼓励电子商务企业入驻园区，并享受场地租金和水电费 3 年补贴。

5. 支持电商仓储物流快递发展。

(1) 支持我县物流、快递企业通过战略合作、资源整合加快发展，提升物流专业化管理、整体配送和冷链运输能力，对经县电子商务发展工作领导小组审定的相关冷链物流项目，按实际投资额的 20%进行一次性补助，单个项目补助额度最高不超过 20 万元。

(2) 鼓励电子商务营运中心和公共仓储配送中心建设，建设面积在 2000 平方米以上且为本县 5 家以上电商企业开展仓储配送服务的，按实际投入资金（不含土地款）的 20%给予一次性补助，最高不超过 50 万元。

6. 从事“湖南屋脊石门生活馆”经营的企业优先享受小微企业扶持资金等扶持政策。

7. 对由县电子商务发展工作领导小组办公室认定的重点企业和重点项目，按照“一企一策、一事一议”给予支持。

8. 支持电商商务社团建设。

(1) 由县电商协会牵头举办的公益类电子商务活动，经考核认定，按实际支付费用的 80%给予补助，年度总额最高不超过 20 万元。

(2) 每年安排一定资金用于举办石门县电子商务网创大赛等系列活动，

（三）营造电商氛围。宣传部门要发挥媒体宣传和舆论导向，作用，利用报纸、电视、广播、网络等传播媒体，开辟专版和专栏，及时报道全县电子商务产业发展动态，宣传推介电商发展成就，扩大舆论宣传影响。各乡镇（街道、区场）要设立大型公益广告宣传牌，通过微信、建立乡镇微信群进行宣传，营造全县电子商务产业大发展的浓厚氛围。

（四）强化督促检查。把电子商务工作纳入县委、县政府对各相关部门、乡镇（街道、区场）领导班子绩效考核的重要内容。各相关部门、乡镇（街道、区场）要结合自身实际制定切实可行的电子商务发展实施方案，确保各项工作落到实处。

石门县人民政府办公室关于印发《石门县落实被征地农民社会保障工作实施办法》的通知

石政办发〔2017〕17号

各乡镇人民政府,街道办事处,东山峰管理区,国有农林场,县直各单位:

经研究,现将《石门县落实被征地农民社会保障工作实施办法》印发给你们,请认真遵照执行。

石门县人民政府办公室
2017年6月19日

石门县落实被征地农民社会保障工作实施办法

第一条 为完善我县被征地农民社会保障政策,促进规范管理,维护被征地农民合法权益,根据《湖南省人民政府办公厅关于做好被征地农民社会保障工作的意见》(湘政办发〔2014〕31号)精神,结合我县实际,特制定本实施办法。

第二条 县城市规划区内因政府统一征收农村集体土地,而导致失去全部或大部分土地,且在征地时享有农村集体土地承包权的16周岁以上在册居民人口(户籍改革前为在册农业人口),适用本办法。

前款所称失去大部分土地,是指被征地后农村集体经济组织(以户为单位)人均承包耕地不高于0.3亩(或以户为单位每新征用耕地1亩或1亩以上由该户推荐1人参保)。

被征地农民社会保障对象年龄基准日为土地补偿安置方案公告日。

第三条 被征地农民参加社会保障有关事宜由被征地土地所在乡镇(街道、区场)、县国土资源局、县农经站、县公安局、县财政局、县人社局负责办理。

被征地土地所在乡镇(街道、区场)负责组织国土所、派出所、劳保站、经管站等站所对被征地农民的参保资格进行初审。

县农经站负责对被征地农民土地承包经营资格进行审核。

县公安局负责审核被征地农民的户籍、年龄资格。

县财政局负责被征地项目社会保障资金财政专户资金到账的确认和管理;对人社部门计算的纳入社保人数财政补贴情况进行审核;负责相关工作经费安排。

县国土资源局负责被征地项目社会保障资金的征收。

县人社局负责被征地农民社会保障费用征收、开票,并审核被征农民享受社会养老保险补贴的标准。其所属的社会保险经办机构对被征地农民参加社会养老保险进行登记,建立被征地农民个人参保档案,缴费补贴台账,负责被征地农民个人缴费的征收、财政补贴到位的核算,以及养老金待遇的核算和发放。

第四条 被征地农民的认定。先由组或村(居)为单位进行摸底填报,并按要求进行公示,再报乡镇(街道、区场)所辖相关部门初审,经县国土、公安、农经、财政等部门审核后,再返回村(居)进行公示,公示后的名册经县人民政府审定后,由县财政和人社部门存档。

县人社部门严格区分其年龄段,核定其补贴标准后,即可办理企业职工基本养老保险(以下简称职保)和城乡居民基本养老保险(以下简称居保)的参保手续。

第五条 被征地农民社会保障资金来源:

(一)用地单位缴纳。征收农村集体所有的土地,用地单位应当将被征地农民社会保障费用列入工程概算,计入用地成本,本着"谁用地、谁负责"的原则,足额安排社会保障费用,不得减、免、缓。原用地单位欠缴的被征地农民社会保障费,应按新标准重新计算并限期缴纳。被征地农民社会保障费按每平方米40元的标准一次性提取。被征地农民社会保障费标准,随着征地补偿标准和全省在岗职工平均工资标准调整而适当调整。

(二)政府划拨。根据土地出让收入情况和被征地农民社会保障资金的实际需要,提取一定比例的土地出让收入用于被征地农民社会保障。

(三)集体补助。一次性提取10%被征土地的征地补偿费用于被征地农民社会保障。

(四)被征地农民社会保障资金的利息及其增值收入。

以上资金来源不足以支付缴费补贴的,由县财政予以解决。

第六条 征地单位拟征地需报省政府批准的,须携发改部门对该项目的批复、国土资源部门拟征地公告、被征地农民社会保障资金承诺函、缴纳"被征地农民社会保障费"收据、被征地农民参加养老保险登记表、被征地农民社会保障落实情况审核表，到县人社部门对项目所涉及的对象、保障项目、标准以及保障费用筹集办法等情况进行初审，经其审批同意后，由县人社部门向省国土资源部门出具该项目被征地农民社会保障落实情况的说明，并在被征地农民社会保障落实情况审核表上盖章，作为其用地报批的必备条件向上报批征地。

第七条　鼓励被征地农民参加社会养老保险。被征地农民参加社会养老保险，给予缴费补贴。缴费补贴额=征地当年被征地农民参加城镇职工基本养老保险时上一年度全省在岗职工年平均工资的60%×12%×补贴年限。具体补贴年限根据被征地农民土地补偿安置方案公告日时的年龄确定：16周岁以上（含16周岁）至45周岁的补贴6年；45周岁以上（含45周岁）至60周岁的补贴8年；60周岁以上（含60周岁）至70周岁的补贴10年；70周岁以上（含70周岁）补贴12年。

同一被征地农民选择参加职保或居保，其享受的补贴标准一致。

第八条　对确定为保障对象的被征地农民，由所在地村（居）民委员会，组织村（居）民小组，在征地公告发布后7天内对被征地农民选择参加职保或居保的情况进行摸底，并填写被征地农民参加养老保险登记表，经公示、资格认定后报县人社部门进行参保登记。

不参加社会养老保险、不符合参保条件，以及参加居保但个人应缴费而不缴费的，均不得作为享受参保缴费补贴的对象。

第九条　被征地农民选择参加职保的，采取一次性缴纳或逐年缴纳养老保险费的方式。补缴时均按本办法第七条的标准享受缴费补贴额。一次性缴纳的起始时间，不得早于被征地农民本人年满16周岁的时间，也不得早于参保所在地城镇职工养老保险统账制度结合起始时间。

对于尚未达到待遇领取年龄且选择参加职保的被征地农民，其缴费补贴原则上分年缴纳，也可以一次性往前补缴。在达到待遇领取年龄时，缴费年限不足15年的，要通过补缴达到缴费满15年的要求；对于已达到待遇领取年龄且选择参加职保的被征地农民，其缴费补贴用于一次性往前补缴，缴费年限不得少于15年，缴费补贴不足以缴满15年的差额部分，由个人一次性补齐。

选择参加职保的被征地农民，其基本养老金、丧葬补助金、抚恤金和个人账户余额继承等养老保险待遇按上级有关规定执行。

第十条　被征地农民选择参加居保的，在其个人账户增加被征地农民养老保险费补贴项目，将补贴额采取逐年或一次性记入个人账户的方式，记录缴费补贴情况。个人不缴费的年份，不享受缴费补贴。

对于尚未达到待遇领取年龄且选择参加居保的被征地农民，缴费补贴按相应的补贴年限分年计入。在达到待遇领取年龄时，应享受的缴费补贴尚未全部划转的，在领取待遇前的一个月内缴费补贴余额一次性划入其个人账户；对于已达到待遇领取年龄且选择参加居保的被征地农民（含没有个人账户人员，这类人员先补建个人账户），将缴费补贴一次性划入其居保个人账户，并从次月起增发个人账户养老金。增发的个人账户养老金标准=缴费补贴÷居保个人账户养老金计发月数（参照现行职保个人账户养老金计发月数，不同的年龄对应不同的计发月数）。

选择参加居保的被征地农民，其基本养老金、个人账户余额继承等养老保险待遇按上级有关规定执行。

第十一条　原已参加居保的农民被征地后，可参加职保，按上述被征地农民参加职保的规定缴费并享受缴费补贴，其居保与职保的衔接按上级有关规定办理。

第十二条　已参加职保的农民被征地后，按规定享受缴费补贴。已领取职保待遇的，凭之前的缴费凭证，按程序审批结算。未达到待遇领取年龄的，其补贴用于缴费。

第十三条　被征地农民社会保障以养老保险为主。根据社会经济发展状况，适时增加其他社会保险与社会救助。

家庭特别困难的被征地农民，按照属地管理原则，可比照相关助保政策申请助保。

第十四条　从土地安置补偿方案公告之日起，符合条件的参保人员须在6个月内办理职保或居保参保登记缴费手续，逾期未参保的，不再享受被征地农民参保缴费补贴。

第十五条　县国土资源局征收被征地农民社会保障费的情况，县财政局对被征地农民社会保障资金的入库、拨付及财政补贴情况，县人社局对被征地农民参保缴费、补贴到位情况，每半年对账一次，确保专项资金征收到位、收支平衡。

第十六条　本办法发布前已发布土地补偿安置方案公告的征地项目仍按原文件执行。

第十七条　县城市规划区外被征地农民，所在农村集体经济组织无法调整土地，且当地人民政府无法进行异地安置的，参照本办法参加社会保障。

第十八条　本办法由县人民政府授权县人社局负责解释，自发布之日起施行，石政办发〔2010〕13号文件同时废止。

石门县人民政府办公室
关于印发《石门县突发事件总体应急预案》的通知

石政办发〔2017〕18号

各乡镇人民政府,街道办事处,东山峰管理区,国有农林场,县直各单位:

经研究,现将《石门县突发事件总体应急预案》印发给你们,请认真遵照执行。

石门县人民政府办公室
2017年7月10日

石门县突发事件总体应急预案

1.总则

1.1　编制目的

加强和规范突发事件应对工作,最大程度地预防和减少突发事件及其造成的损害,保障公众生命财产安全,维护公共安全和社会稳定。

1.2　编制依据

《中华人民共和国突发事件应对法》《湖南省实施〈中华人民共和国突发事件应对法〉办法》《湖南省突发事件总体应急预案》等法律法规和有关规定。

1.3　分类分级

突发事件是指突然发生,造成或者可能造成严重社会危害,需要采取应急处置措施予以应对的自然灾害、事故灾难、公共卫生事件和社会安全事件。

突发事件根据其发生机理、过程和性质,分为以下四类:

(一)自然灾害。主要包括水旱灾害、气象灾害、地震灾害、地质灾害、生物灾害和森林火灾等。

(二)事故灾难。主要包括工矿商贸等企业的各类安全事故、交通运输事故、公共设施和设备事故、核与辐射事故、环境污染和生态破坏事件等。

(三)公共卫生事件。主要包括传染病疫情、群体性不明原因疾病、食品安全和职业危害、动物疫情及其他严重影响公众健康和生命安全的事件等。

(四)社会安全事件。主要包括恐怖袭击事件、民族宗教事件、经济安全事件、涉外突发事件、群体性事件、重大刑事案件等。

按照社会危害程度、影响范围等因素,自然灾害、事故灾难、公共卫生事件分为一般(Ⅳ级)、较大(Ⅲ级)、重大(Ⅱ级)和特别重大(Ⅰ级)四级。

1.4　适用范围

本预案适用于本县行政区域内各类突发事件的应对工作。

1.5　工作原则

突发事件应对工作坚持预防为主,以保障公众生命财产安全为首要任务,最大程度地减少突发事件造成的人员伤亡和财产损失;坚持在县委、县人民政府的统一领导下,建立健全分类管理、分级负责、条块结合、属地管理为主的应急管理体制;建立健全应急协同联动制度,形成统一指挥、反应灵敏、功能齐全、协调有序、运转高效的应急管理机制;加强公共安全科技研发,依法实施应急管理,使突发事件应对工作规范化、制度化、法制化、科技化。

2.应急指挥体系及职责

2.1　应急指挥机构及职责

县人民政府设立由县长任主任,常务副县长任副主任,各有关部门(单位)主要负责人为成员的突发事件应急委员会(以下简称县应急委),负责统一领导、协调和指挥全县突发事件的应对工作。

县应急委办公室设在县应急管理办公室,办公室主任由县应急办主任兼任。

2.2　办事机构及职责

县应急管理办公室承担县应急委办公室的工作,负责县应急委的日常工作,履行值守应急、信息汇总和综合协调职责,发挥运转枢纽作用;承办县人民政府应急管理专题会议,督促落实县人民政府有关决定事项和县人民政府领导批示、指示精神;指导全县突发事件应急体系、应急平台建设;组织编制、修订县总体应急预案,组织审核县专项应急预案和县部门应急预案,指导应急预案体系建设;协调指导突发事件预防预警、应急处置、总结评估、信息发布、应急保障、应急演练和宣教培训等工作

2.3　专项应急指挥机构及职责

县人民政府根据需要设立突发事件专项应急指挥机构(以下简称县专项应急指挥机构),负责组织、协调和指挥相关类别突发事件应对工作。

2.4　乡镇(街道、区场)应急组织机构及职责

各乡镇(街道、区场)设立本行政区域突发事件应急委员会,统一领导、协调和指挥本行政区域突发事件应对工作。办事机构、专项应急指挥机构及职责可参照本预案,结合实际确定。

2.5　专家组

专项应急指挥机构根据实际需要建立各类专业人才库,聘请有关专家组成专家组,为突发事件应对工作提供决策咨询和建议,必要时参与现场处置。

3.运行机制

3.1　监测预警

3.1.1　监测预警系统

各级各部门(单位)要加强对各类突发事件的日常监测和风险隐患排查,综合分析各种可能引发突发事件的信息,并根据预测分析结果,对可能发生和可以预警的突发事件预警,做到早发现、早报告、早处置。县应急管理办公室要会同乡镇(街道、区场)、县有关部门(单位),整合现有资源,建立健全全县突发事件监测预警系统,并于每年1月底前对本年度突发事件发生发展趋势进行综合分析,报县人民政府。

3.1.2　预警级别和发布

根据突发事件可能造成的危害性、紧急程度和发展势态,预警级别分为Ⅳ级(一般)、Ⅲ级(较重)、Ⅱ级(严重)和Ⅰ级(特别严重)四级,依次用蓝色、黄色、橙色和红色标示。

各级各部门(单位)要根据管理权限、突发事件的危害性和紧急程度,通过广播、电视、报刊、通信、网络、警报器、宣传车或组织人员逐户通知等方式,及时发布、调整和解除预警。对老、幼、病、残、孕等特殊人群及学校等特殊场所和警报盲区应采取有针对性的方式进行预警。涉及跨区域的预警信息发布、调整和解除,须报上级政府或有关部门(单位)批准。预警信息要通俗易懂,内容主要包括突发事件类别、预警级别、起始时间、可能影响范围、警示事项、应采取的措施和发布单位等。

3.1.3　预防预警行动

进入预警期后,乡镇(街道、区场)及有关部门(单位)应依法依规采取严格的防控措施,防止事态扩大,并根据预警级别的实际需要采取以下措施:

(一)实行24小时值班制度,加强信息监控、收集;

(二)及时向社会发布可能受到突发事件危害的警告或者劝告,宣传防灾减灾知识和应急常识;

(三)转移、撤离或者疏散容易受到突发事件危害的人员和重要财产,并妥善安置;

(四)要求各类应急救援队伍和人员进入待命状态;

(五)调集所需应急物资和设备;

(六)确保交通、通信、供水、供电、供气等公用设施的安全运行;

(七)法律、法规、规章规定的其他措施。

3.2　应急处置

3.2.1　先期处置

突发事件发生后,事发地乡镇(街道、区场)和有关部门(单位)要根据职权和预案规定,立即启动相应级别的应急响应,采取措施控制事态发展,组织开展应急救援工作。突发事件发生单位和所在乡镇(街道、区场)、社区、村(居)负有先期处置的第一责任,要组织群众开展自救互救。其他相关单位必须在第一时间进行应急处置。驻石部队、武警等根据应急需要,按规定协助开展先期处置。

3.2.2　信息报告和通报

县有关部门(单位)和事发地乡镇(街道、区场)要按规定及时汇总突发事件信息并迅速报告事发时间、地点、信息来源、事件性质、影响范围、事件发展趋势和已经采取的措施等情况,并及时续报,不得迟报、漏报、谎报和瞒报。较大以上突发事件必须在事发后30分钟内电话报告县应急管理办公室、1小时内书面报告。

县应急管理办公室要及时汇总上报突发事件信息,对县人民政府领导作出的重要批示或指示要及时传达给有关地区和相关部门(单位),并跟踪反馈落实情况。

各相关部门(单位)要加强与毗邻区域间的协作,建立突发事件信息通报机制,一旦出现突发事件影响范围超出本行政区域的态势,要根据应对工作的需要,及时联系、通报和协调。

突发事件涉及港澳台侨、外籍人员,或者影响到境外的,由县人民政府及县旅游外侨局、县委台办等部门(单位)按规定报上级人民政府及其有关部门(单位)。突发事件涉及或者影响到本县行政区域外的,县人民政府及时与所涉及或者所影响的区县市人民政府取得联系,通报有关情况。

3.2.3　应急响应

对于较大、重大、特别重大突发事件,以及先期处置未能有效控制事态或者超出乡镇(街道、区场)处置能力,需县人民政府应对处置的突发事件,县专项应急指挥机构应根据有关预案的规定,及时启动应急响应。必要时,提请县应急委统一指挥处置。

3.2.4　指挥与协调

需县人民政府应对处置的,由县专项应急指挥机构负责指挥、协调和处置,主要包括:

(一)组织协调相关乡镇(街道、区场)和部门(单位)负责人、专家和应急队伍参与应急救援;

(二)制定并组织实施应急救援方案,防止引发次生、衍生、耦合事件;

(三)协调有关乡镇(街道、区场)、部门(单位)提供应急保障,调度各方应急资源;

（四）部署做好维护现场治安秩序和当地社会稳定工作；

（五）及时向县应急委报告应急处置工作进展情况；

（六）研究处理其他重大事项。

突发事件跨区县市的，由县专项应急指挥机构与有关联的区县市人民政府联合采取相应的应急措施。突发事件涉及港澳台侨、外籍人员，或者影响到境外的，县专项应急指挥机构、有关部门（单位）要按规定采取相应措施，控制事态发展，并按程序将有关情况及时报告县应急委和市有关部门（单位）。

3.2.5　现场处置

根据应急救援需要，设立现场指挥部，负责现场的应急处置工作。现场指挥部根据实际情况采取下列措施：

（一）组织营救和救治受害人员，疏散、撤离、安置受到威胁的人员；

（二）迅速消除突发事件的危害和危险源，划定危害区域，加强巡逻，维持社会治安；

（三）针对突发事件可能造成的损害，封闭、隔离或者限制使用有关场所，中止可能导致损害扩大的活动；

（四）加强现场监测，防止疫病、环境污染等次生、衍生、耦合事件的发生；

（五）抢修被损坏的公共交通、通信、供水、供电、供气等基础设施，提供生活必需品、临时避难场所；

（六）决定启用储备的应急救援物资和设备，必要时征收、征用其他急需的物资、设备，或者组织有关企业生产应急物资，组织运输企业运输应急救援人员和物资；

（七）法律、法规、规章规定的其他措施。

3.2.6　应急结束

应急处置工作结束，或者相关危险因素消除后，启动应急响应的应急指挥机构决定并宣布应急结束。

3.3　恢复重建

3.3.1　善后处置

各级各部门（单位）按规定及时调拨救助资金和物资，迅速做好疫病防治和环境污染消除工作；对应急处置中的伤亡人员、工作人员，以及紧急调集、征用有关单位和个人的物资，依法依规给予抚恤、补助或者补偿，并提供心理咨询及司法援助。保险机构要及时做好有关单位和个人损失的理赔工作。

3.3.2　总结评估

事发地乡镇（街道、区场）要对突发事件的起因、性质、影响、责任、经验教训等问题进行调查分析和总结评估，并报县人民政府。县应急管理办公室要组织县有关部门（单位）于每年1月底前对上年度突发事件发生情况进行总结评估，并报县人民政府。

3.3.3　恢复重建

事发地乡镇（街道、区场）负责做好恢复重建工作。

乡镇（街道、区场）和县有关部门（单位）要对受灾情况、重建能力及可利用资源全面评估，有针对性地制订灾后重建和恢复生产、生活计划，并组织实施。需要县里援助的，由事发地乡镇（街道、区场）提出请求，县有关部门（单位）根据调查评估报告和受灾地区恢复重建计划，提出相关建议或意见，按规定报批后组织实施。

3.4　信息发布

应急指挥机构会同县人民政府办公室，按照有关规定，客观、准确、及时地发布突发事件信息。

4. 应急保障

4.1　人员保障

各级各部门（单位）要按照专业化与社会化相结合的原则，着力构建统一领导、管理规范、协调有序、专兼并存、优势互补、保障有力的应急队伍体系。

县人民政府、乡镇（街道、区场）要按照“一专多能、一队多用”的原则，进一步加强政府综合应急救援队伍和防汛抗旱、医疗卫生、森林消防等专业应急救援队伍建设；积极推进专兼职应急救援队伍建设，大力发展应急管理志愿者队伍；加强应急救援队伍的业务培训和演练，提高其装备水平和业务能力。

4.2　财力保障

乡镇（街道、区场）财政要保障突发事件应对工作所需资金。企业应当设立本单位突发事件应急工作专项资金。

全县性较大、重大、特别重大突发事件应急处置所需经费，按现行事权、财权划分原则，分级负担。对受突发事件影响较大和财政困难的乡镇（街道、区场），县人民政府根据事发地实际情况向市人民政府请求给予支持。

县财政和审计部门要对突发事件财政应急资金的使用和效果进行监管和评估。

鼓励自然人、法人或者其他组织依法开展捐赠和援助。

支持各保险机构推广针对应急工作的险种；有关生产经营单位应当依法向保险机构办理法定保险；鼓励公民、组织购买财产保险和人身意外伤害保险等商业保险；企事业单位应当依法为从业人员办理有关社会保险。

4.3　物资保障

乡镇（街道、区场）要建立健全应急物资监测网络、预警体系和应急物资生产、调拨及紧急配送体系，完善相关程序，确保应急物资和生活用品的及时供应。

4.4　基本生活保障

县民政局等有关部门（单位）要会同事发地乡镇（街道、区场）做好受灾群众的基本生活保障工作，确保灾区群众有饭吃、有水喝、有衣穿、有地方住、有病能得到及时医治。

4.5　医疗卫生保障

县卫计局要会同有关部门（单位）建立健全卫生应急专业队伍和保障系统，根据需要及时赴现场开展紧急医学救治、疾病预防控制等卫生应急工作，为受灾地区提供必要的药品、器械等卫生和医疗设备援助。红十字会等社会卫生力量要积极参与医疗卫生救助工作。乡镇（街道、区场）要加强公共卫生体系建设，健全疾病预防控制体系、紧急医学救援体系、卫生监督体系，提升卫生应急能力。

4.6 交通运输保障

乡镇(街道、区场)要依法制定紧急情况社会交通运输工具的征用办法，确保抢险救灾物资和人员能够及时、安全送达。交通运输、民航、铁路等有关部门(单位)要开设应急救援“绿色通道”，保证紧急情况下应急交通工具的优先安排、优先调度、优先放行；交通设施受损时，要迅速组织专业队伍进行抢修，尽快恢复，确保运输安全畅通。有关部门(单位)要根据应急处置需要，对事发现场及相关通道实行交通管制，保证应急救援工作顺利开展。

4.7 治安维护

公安、武警部队要按规定加强对重点地区、重点场所、重点人群、重要物资和设备的安全保护，预防和制止违法犯罪活动。必要时，依法采取有效管制措施，控制事态，维护社会秩序。突发事件发生地的基层政府和社区组织要积极发动和组织群众，开展群防联防，协助搞好治安保卫工作。

4.8 安全防护

乡镇(街道、区场)要按照平战结合的原则，根据本地实际情况，建立与人口密度、城市规模相适应的应急避难场所，或者结合人防工程、公园、广场、文化体育场馆等公共设施的建设与改造进行建设。必要时，可以依法征用机关、团体、企事业单位的各类场所等作为临时避难场所。

乡镇(街道、区场)要制定人员紧急疏散预案，完善紧急疏散管理办法和程序，明确责任人，确保在紧急情况下公众安全、有序的转移或疏散。

乡镇(街道、区场)及其有关部门(单位)要为涉险人员和应急救援人员提供符合要求的安全防护装备，采取必要的防护措施，严格按程序开展应急救援工作，确保其人身安全。

4.9 通信保障

县科技工信局、县文体广新局、县广播电视台等有关部门(单位)建立健全应急通信、应急广播电视保障体系，完善公用通信网，建立有线和无线相结合、基础电信网络与机动通信系统相配套的应急通信系统，确保通信畅通。已建或拟建专用通信网的单位，应当与通信主管部门及时沟通、协商，明确应急通信保障工作中各自职责，确保紧急情况下协同运作。

各应急指挥机构、参与突发事件应急处置工作的有关部门(单位)以及各应急队伍应当至少保证1部专用固定电话24小时有人值守，确保应急期间通讯联络畅通。

4.10 公共设施

交通、通信、水利、人防、电力、市政等基础设施建设，应当充分考虑各类突发事件应对工作的需要并与之相适应。已有的建筑物、构筑物和其他设施、设备不符合突发事件应对工作需要的，当地政府、相关所有权人或者管理使用单位应当采取必要的防范措施，制定改造方案并组织实施。

有关部门(单位)要按职责分工，负责煤、电、油、气、水的供给，及废水、废气、固体废弃物等有害物的监测处理。

4.11 科技支撑

乡镇(街道、区场)要依靠科技创新，充分利用信息产业发展和社会信息化成果，积极推进应急平台体系建设，搭建上下贯通、左右衔接、互联互通、信息共享、互为支撑、安全畅通的应急平台体系；要通过整合现有资源，建设应急平台的基础支撑系统和综合应用系统，实现突发事件的监测预警、信息报告、综合研判、辅助决策、指挥调度等主要功能，保障突发事件应对工作需要；要注重发挥企业在公共安全领域的研发作用，鼓励企业研究、开发、生产用于突发事件监测预警、防范处置工作的新技术、新工具、新设备。

有关部门和科研教学单位要积极开展公共安全领域的科学研究，加大突发事件监测预警、防范处置技术研发的投入，不断改进技术装备，提高公共安全科技水平。

5. 监督管理

5.1 预案演练

县应急管理办公室会同有关部门(单位)制订应急演练计划，定期不定期地组织开展应急预案演练和综合性应急演练，并加强对应急演练工作的督查指导。

各级各部门(单位)每年要开展一次应急预案演练。

乡镇(街道、区场)要结合实际情况，组织开展各种形式的应急演练。

突发事件易发、多发地区的村(居)和企事业单位要开展有针对性的应急演练。采(选)矿、冶炼企业、建筑施工单位，危险物品的生产、经营、储运、使用单位，公共设施、交通工具和场所的经营、管理单位，大型群众性活动的主办单位，大中型企业等每年至少开展一次应急演练。

5.2 应急宣传、教育和培训

县应急管理办公室要会同有关县有关部门(单位)组织编写应急管理教育培训教材，编印应急知识通俗读本，设立应急管理网页，加强应急宣传。

县文体广新局、县广播电视台、石门晚报社等部门(单位)要通过图书、报刊、音像制品和电子出版物、广播、电视、网络等媒介，广泛宣传应急法律、法规、规章和应急常识，增强公众应急意识和自救互救能力。县司法局要把应急法律、法规、规章作为全民普法的重要内容。县人社局要会同县应急管理办公室建立健全应急法律、法规、规章和应急管理知识公务员培训制度。县教育局要会同有关部门(单位)拟订学校应急知识教育规划，并对学校、幼儿园开展应急知识教育进行指导和监督。

乡镇(街道、区场)及其有关部门(单位)、村(居)、学校和企事业单位要结合实际情况，开展应急知识宣传普及活动。

各级各有关部门(单位)要有计划地对应急救援和管理人员进行业务培训，提高其专业技能。

5.3 奖励与责任

依法依规对在应急处置工作中作出突出贡献的单位和个人给予表彰奖励。对迟报、漏报、谎报和瞒报突发事件信息,或者在应急处置工作中有其他失职、渎职行为并造成严重后果的,依法追究相关责任人的责任;构成犯罪的,依法追究刑事责任。

6.附则

6.1 预案管理与更新

县人民政府办公室根据情况变化,及时修订完善本预案。

6.2 预案制定与实施

本预案由县人民政府办公室制定并印发,自公布之日起施行。

7.附件

7.1 县有关部门(单位)在应急管理工作中的主要职责

县政府办 负责全县应急管理日常工作,领导县应急管理办公室工作;牵头组织应急指挥、预警平台建设和管理工作;负责组织、督促各保险公司开展应急保险理赔工作。

县政府新闻办 负责应急工作中的宣传报道、信息发布工作;会同有关部门(单位)向社会公众宣传普及应急知识。

县发改局 会同有关部门(单位)安排突发事件应对重大建设项目;会同有关部门(单位)做好应急物资储备、调拨和供应的组织、协调工作;负责经济安全中物价稳定应急工作;负责灾区物价稳定工作。

县教育局 负责学生应急常识的教育工作;负责恢复灾后教学秩序。

县科技工信局 负责负责电力、石油、天然气安全事故等应急工作;组织协调全县信息安全应急保障体系的建立,负责各类应急工作中的通信保障工作。

县农业局 负责动植物疫情、农业生物灾害应急工作,做好灾区农业生产自救的指导工作。

县公安局 负责火灾事故、道路交通事故、恐怖袭击事件、公共场所安全事故、群体性事件等应急工作;负责其他应急工作中的治安保障、交通管制和抢险救援等工作。

县监察局 负责应急工作中监察对象违纪违法案件的查处。

县民政局 负责协调自然灾害救灾工作;核定、报告、发布自然灾害灾情;储备、管理、分配救灾款物,组织指导救灾捐赠。

县财政局 负责应急工作中的经费保障工作;会同相关部门(单位)安排应对突发事件重大建设项目。

县人社局 负责公务员应急管理知识的教育培训工作,将应急管理知识列入公务员初任培训内容。

县国土资源局 负责地质灾害应急工作。

县环保局 负责突发环境事件应急管理工作;负责其他应急工作中的环境保护工作。

县住建局 负责建设工程安全事故、供水供气事故、城市桥梁运行事故、城市内涝应急工作;负责其他应急工作中的城市供水、供气保障工作。

县交通运输局 负责水上交通事故、铁路安全事故、运输保障事件应急工作;负责其他应急工作中的公共交通、公路、水路交通保障工作。

县水利局 负责防汛抗旱,堤防、水库大坝安全事故应急工作;负责储备防汛物资。

县林业局 负责重大野生动物疫情、林业生物灾害和森林火灾的应急处置工作。

县商务粮食局 负责重要生活必需品如肉、糖的储备管理和成品油保障应急工作;负责其他应急工作中的生活必需品等物资协调供应工作;负责粮食应急工作;负责其他应急工作中的粮食保障工作。

县卫计局 负责公共卫生事件应急工作;负责其他应急工作中的疾病预防控制、饮用水卫生监督、受伤群众及抢险救援人员的医疗救治和医疗卫生保障工作。

县旅游外侨局 负责涉外涉侨涉台事故应急工作和其他应急工作中的涉外涉侨涉台工作。

县食药工质监管局 负责食品药品安全应急处置相关工作;负责维护灾区市场经营秩序;负责特种设备安全事故应急工作;监督管理灾区产品质量。

县安监局 负责工矿企业、危险化学品、烟花爆竹企业生产安全事故应急工作;参与火灾、交通、军用火工产品、民用爆炸物品等安全生产事故应急工作。

县政府法制办 负责应急工作中的法制建设工作。

县人防办 负责人民防空应急工作。

县信访局 负责群体性上访事件应急工作。

县地震局 负责地震灾害应急工作。

县气象局 负责发布天气预报、灾害性天气预报预警,为防灾、抗灾、救灾提供气象服务。

县武警中队 负责抢险救灾,协助维护应急工作中的社会秩序。

县消防大队 负责火灾事故应急工作;参与抢险救援工作。

其他部门(单位)按照职责做好有关应急工作。

7.2 应急管理工作流程示意图(略)

7.3 应急预案体系

应急预案即突发事件应急预案,是指各级人民政府及其部门、基层组织、企事业单位、社会团体等为依法、科学、迅速、有序应对突发事件,最大程度地减少突发事件损害而预先制定的工作方案。

全县突发事件应急预案体系包括:

(一)县突发事件总体应急预案。《石门县突发事件总体应急预案》(以下简称县总体应急预案)是全县应急预案体系的总纲,是县人民政府应对本县突发事件的规范性文件和行动指南,由县人民政府办公室制定并公布施行,报市人民政府备案。

（二）县突发事件专项应急预案（以下简称县专项应急预案）。县专项应急预案是县人民政府及其有关部门（单位）为应对某类或某几类突发事件制定的涉及数个部门（单位）职责的计划、方案和措施，由县有关部门（单位）牵头，相关部门（单位）协助制定，报县人民政府批准后实施。

（三）县突发事件部门应急预案（以下简称县部门应急预案）。县部门应急预案是县有关部门（单位）根据县总体应急预案和部门（单位）职责为应对某类突发事件制定的，以本部门（单位）处置为主、相关单位配合应对的计划、方案和措施，由县有关部门（单位）制定发布，报县人民政府备案。

（四）乡镇（街道、区场）突发事件应急预案。乡镇（街道、区场）应急预案是乡镇（街道、区场）为应对本行政区域内发生的各类突发事件，最大程度地减少突发事件损害而预先制定的工作方案。主要包括总体应急预案、专项应急预案、部门应急预案。乡镇（街道、区场）应急预案由乡镇（街道、区场）及其部门（单位）制定发布，报县人民政府及主管部门备案。

（五）企事业单位突发事件应急预案。企事业单位应急预案是企事业单位、高危行业重点单位等为应对本单位突发事件制订的工作计划、保障方案和操作规程。企事业单位应急预案由各单位制订，报主管部门和有关应急管理办事机构备案。

（六）重大活动突发事件应急预案。举办大型庆典、会展和文化体育等重大活动，主办单位事先制订应急预案，报批准举办活动的有关部门审定和同级政府应急管理办事机构备案。

各类应急预案应当根据实际情况变化，由制定单位及时修订并报上级审定、备案。各类应急预案构成种类应不断补充、完善。

石门："浅绿"迈向"深绿"的发展

——湖南石门县"生态立县"的实践

常德市人大常委会副主任、中共石门县委书记　谭本仲

石门县位于湖南省西北部，地处湘鄂边陲，属武陵山余脉，境内群山荟萃、溪河纵横，青山绿水把这里妆点得格外秀丽。

如何保住绿水青山，实现绿色发展 石门县坚持"绿色"发展理念，切实把环保意识放在心上，把环保责任扛在肩上，把环保工作抓在手上，先后获得了"全国文明县城""国家卫生县城""省级生态县""国家重点生态功能区""国家级生态示范区""全国造林绿化先进县"等荣誉，19 个乡镇、3 个农林场获得国家级、省级生态乡镇命名，努力实现经济发展和环境保护相互促进、相互协调、相得益彰。

把"生态立县"放在五大战略之首

2015 年石门县正式作出"生态立县"战略部署，把"保护生态环境，建设美丽石门"作为"十件大事"之首来推进，制定了《石门县生态保护红线划定方案》，二类以上管控区占全县面积的 65%，把环境保护视为"生命线"来看待，全县上下一体遵行，决不逾越，确保环境质量不下滑、保护面积不减少、生态功能不降低、生态系统不改变。

为实现"生态立县"，石门县首先是力促环境保护意识"进位"。各级领导带头学法普法，县委中心学习组多次组织以环境保护为主题的学习，承办第二届湖南生态文明论坛石门年会和高峰论坛，向全国各地近 600 名专家交流生态文明创建的成功经验。全县人民环保意识入脑入心，众多环保公益人士积极参加"传承五四精神、倡导低碳生活""关爱仙阳湖""绿色十进"等活动，自发参与"绿色骑行"，自觉厉行"光盘行动"，自愿倡导"绿色消费"，活跃在环境保护"第一线"，从而带动全社会共同参与、共同践行绿色生活方式。

其次是构建"大环保"格局地位，形成环境保护"联合阵线"。致力于建立和完善环保部门统一监督管理、有关部门分工负责的"大环保"工作机制。成立县环境保护委员会，为环境保护工作提供坚强领导；组建环保纠察队，开展"全天候、不间断、无死角"巡查，既督政督企，又督事督人；相关部门按照职责要求，分工协作，依法做好各自领域的环境保护和资源管理工作，从而融聚强大合力，形成环境保护的"联合阵线"，实现联防联控联动。

环境监管从"软松宽"转为"硬严全"

彻底改变环境保护让步经济发展的错误观点，杜绝环境监管的"软松宽"，坚决推行"硬严全"，认真履行环境保护职责。

强化举措，建立"硬环保"运行机制。硬化制度约束，出台了《石门县环境保护工作责任规定（试行）》《石门县环境问题（事件）责任追究办法（试行）》《石门县党政领导干部生态环境损害责任追究实施细则（试行）》等重要文件，着力抓住"关键少数"；健全"县、乡、村"三级监管体系，建立环保工作考核机制，重大环境问题纳入一票否决范畴，确保生态文明建设有章可循、有责尽担、失责必问。硬化目标考核，制定涉气企业整治、能源结构调整、改善大气环境质量、推进水环境治理和土壤污染治理修复等指标，并严格进行考核。硬化环保督查，做实环境保护委员会，两办督查室、人大代表、政协委员参加督查，作为各单位年底绩效评估的重要依据。

重拳出击，形成"严环保"高压态势。严格项目审批，落实"三线一清单"约束机制，从源头防范环境污染和生态破坏。近两年来，石门县环保局审批建设项目 242 个，清理环保违法违规项目75个，否决7个不符合审批要求的项目。严格监察执法，对147家工业企业实施“双随机”环境监管，完成“涉危”“涉重”企业的环境安全风险源信息调查和企业的环境安全清单一企一档汇编工作，办理了常德市首例因环境违法行为移送公安部门行政拘留和刑事拘留案件。2016年，石门县作为全省县级先进集体推荐参加环保部组织的“环保执法大练兵”评比。今年以来，环境违法行为行政处罚罚款达279万元，在全省区县排名靠前。严格环境监测，掌握第一手县域生态环境状况资料，为“绿色发展”提供精准的数据依据，仅2016年取得有效监测数据14万多个。严厉问责追责，纪检、组织、检察等部门加强对各单位环保工作履职情况的监督检查，对失职渎职的部门和责任人严厉追究。

强化支撑，提升“全环保”保障水平。以建立健全“全域环保、全员环保、全产业环保和全过程环保”为目标，加强组织保障，配齐、配强领导班子，配合搞好环保垂改工作；加强人才保障，出台措施，逐步解决专业人员较少、业务能力水平与形势不相适应的问题；加强设备保障，配备车辆和装备，更换、升级部分现有设备，提高监测和执法能力；加强经费保障，提高环境保护支出占财政支出比重，确保环境保护投入增速不低于经济发展速度。

把环境保护融入经济建设之中

不只是限于一时一地、局部发展的“浅绿”模式，而是致力于向全时全域、全局发展的“深绿”跨越，为人民群众创造良好生产生活环境。为此，从石门县实际出发，采取了一些措施，可供兄弟县市参考：

一是争创国家级生态文明建设示范县，打造区域生态文明建设升级版。进一步贯彻落实党中央国务院关于加快推进生态文明建设的决策部署，全面推进生态文明建设“升级”，从生态空间、生态经济、生态环境、生态生活、生态制度、生态文化等多个方面进行规划设计，明确提出“到2020年，把石门创建成为国家级生态文明建设示范县”的目标。

二是加大综合施策力度，打好三大污染防治保卫战。以解决大气、水、土壤污染防治为重点，全面加强环境污染防治。持续实施大气污染防治行动计划，制定重污染天气应急预案，重点推进大气重点污染物总量控制和污染减排工作；全面开展水污染防治，抓好洞庭湖生态经济区水环境综合治理，制订水污染防治行动计划，完成集中式饮用水源保护区基础设施规范化建设；组织雄黄矿土壤污染治理修复，编制重金属污染防治规划。

三是加快转型升级节奏，做好产业调整加减法。依法关闭57家不符合国家产业政策的“五小”企业，对18家重点工业企业进行污染源达标治理，完成60多个污染源治理项目，关停24家粘土砖厂、11家煤炭企业和34家非煤矿山企业。在做好生态“减法”的同时，全力做好生态“加法”。大唐、华电石门公司对综合利用排放的粉煤灰、利用电厂尾水资源发电、废气二氧化硫变成脱硫石膏；石门海螺水泥公司利用窑尾余热配建1.8万千瓦低温余热发电系统；石门海创利用水泥窑协同处理生活垃圾；以绿色节能和大数据、云计算、云存储、云应用、云服务运营为特色的广电互联网数据中心同一个个节能降耗、发展循环经济、延长产业链的项目，支撑起了全县生态工业经济的大梁。

四是立足生态资源优势，打开绿色农业致富门。充分利用丰富的绿色资源，推行农业标准化生产，大力发展柑橘、茶叶、高山蔬菜、烤烟、家禽、生猪六大生态特色产业，并不断提升产业品质，推介产业品牌，全县拥有“石门银峰”“湘佳”“节节高”3个中国驰名商标，“石门马头山羊”“石门土鸡”2个国家地理标志保护产品，无公害、绿色、有机认证土地面积140.4万亩，占农作物种植面积的61.6%，成为“全国十大生态产茶县”“全国柑橘标准化示范区”和“国家级出口食品（农产品）质量安全管理示范区”。2016年完成农林牧渔业总产值67亿元，同比增长3.9%，农民人均可支配收入9592元，同比增长9.3%，带动一大批农民脱贫致富奔小康。

（原载于2017年7月29日《中国经济导报》）

“三个聚焦”推进全面深化改革

常德市人大常委会副主任、石门县委书记 谭本仲

近年来，石门县将全面深化改革作为跨越发展的“助推器”,以改革增强动力、汇聚力量,推动全县脱贫摘帽,实现了县域经济快速发展。

一、聚焦目标压责任,奏响改革“主旋律”

紧紧围绕“省市改革任务全面落实,自主改革任务出特色、出经验、出成果”的目标,不断压实推进改革的工作责任,在全县上下凝聚全面深化改革的共识。一是建立调度机制。县委定期调度,县委深改组一月一调度,配套建立工作备案、信息报送、任务清单、整改销号等制度,促进改革工作体系高效运转,今年县委深改组已进行3次专题研究,交办改革任务4件。二是建立督导机制。将全面深化改革各项工作任务逐项明确到各改革专项小组,细化到具体部门单位及工作人员,并每月对任务落实情况进行一次督导,每季度进行一次通报,形成一级抓一级、层层抓落实的工作格局。三是建立考核机制。将全面深化改革各项工作纳入全县绩效考核,考核结果作为干部选拔任用的重要依据,对单项考核未获市先进的取消评先资格,对改革工作推进不力的实行追责问责。

二、聚焦重点求突破,唱好改革“重头戏”

结合本县实际,确定改革的重点领域和重点板块,坚持问题导向,积极回应群众期盼,做到应改必改、能改快改、改就改好,唱好改革“重头戏”。一是以改革推动发展提速。深入推进投融资体制改革,在组建城建、交通、农业、文旅等投融资平台的基础上,组建发展集团公司,并深入实施“三个一百”工程(注入100亿资本、组建100人队伍、开发100个项目),已累计融资53亿元,进一步破解了经济发展资金不足的难题。深入推进农村综合改革,推进农村产业制度改革,完成农村土地承包经营权确认登记办证,促进土地适度流转,建设农民合作社和家庭农场。深入推进财税体制改革,完善转移支付制度,积极探索BOO、PPP等模式,构建符合发展需要的现代财政管理制度。深入推进石门经开区“一权两制一司”改革,实行政企分离、园区公司改制、完善内部机构设施等,增强了园区“造血”功能。二是以改革保障民生改善。深入推进教育综合改革,积极探索中小学校联盟化发展，将优势和经验移植辐射到其他成员学校,实行师资人员双向交流,开展校际间挂职交流和师资双向交流活动,实行学校管理同步推进,不断促进了优质教育资源共享。今年全县已建成课改基地校8所,交流校长、教师340名,各联盟学校之间开展教学质量分析会8次。深入推进医药卫生体制改革,不断深化人事薪酬分配制度改革,特别是结合脱贫攻坚,大力推进健康扶贫,为贫困户开通医疗绿色通道,落实“一站式结算”和“先诊疗后付费”的政策,方便群众就医,让群众看得起病。深入推进金融体制改革,大力开展全省金融产业扶贫试点,创新小额信用贷款和“分贷统还”的方式,帮助贫困群众发展产业,实现稳定脱贫,共发放小额信用贷款1.74亿元,覆盖全县289个村、7452户、2.1万人。三是以改革加强社会治理。继续推广“3+X”农村社区治理模式,“3”即村党支部、村委会、村民理事会,“X”即按300-500人口规模划分若干个村民自治小区,村民自治小区理事会定期召开会议、听取意见,确保村民广泛参与社会治理、经济建设、公共服务等各类村级事务。创新“一委五队”工作法,即小区居民自治委员会、居民治安巡逻队、居民纠纷调解队、居民环卫纠察队、居民志愿服务队、居民文体活动队,实现管理服务全覆盖。

三、聚焦实效抓服务,打造改革“新优势”

坚持围绕改革重点任务,强化服务意识,转变政府职能,打造改革的“新优势”,服务和保障县域经济平稳健康运行。一是实施简政放权。将分散在各个行政机关的审批项目集中在一起,建设“政务超市”,使行政审批由“分散、封闭、串联”向“集中、开放、并联”转变,直接面向企业和群众。全县已经累计清理、取消、调整审批事项30项,行政审批事项实际办结时限比法定总时限缩短40%。二是全面改进作风。重申“三治九禁十不准”,继续严格执行县委已出台的各项作风规定,深入推进“纠四风、治陋习”专项整治,促进干部作风持续好转。开展公开承诺,各单位“一把手”通过县内主要媒体,面向社会就如何带班子、管队伍、转作风、优服务作出公开承诺。深化“五联”活动,全体县级领导、乡局级领导都联项目、联企业、联美丽乡村示范村(居)、联贫困村、联贫困户。组织开展“十个十佳”评选活动,通过典型引路,培育了一批各行业各系统的先进典型。三是优化发展环境。建立“五位一体”服务机制,即一个项目一名县级领导、一名科局长、一名所在乡镇班子成员、一名村支部书记、一名派出所长、一名公安干警,积极为企业搞好协调、搞好服务、排忧解难。组建“两套班子”,即组建公安政法打击班子,对阻碍项目建设,强揽工程、强买强卖的人和事,重拳出击、露头就打;组建纪检监察查处班子,严肃查处违反优化经济发展环境“六条禁令”和干部作风“三治九禁十不准”的党员干部,形成了高压氛围。大力开展“引老乡、回故乡、建家乡”活动,建立“亲清”政企关系,营造了浓厚的“尊商、亲商、重商、扶商”环境。

(原载于2017年10月《决策参考》、2017年6月22日《常德日报》、2017年第8期《常德通讯》)

坚持“四个突出” 坚决打赢脱贫攻坚战

常德市人大常委会副主任、中共石门县委书记 谭本仲

石门县是常德市唯一的省定扶贫开发工作重点县、国家武陵山片区区域发展与扶贫攻坚县。目前全县共有贫困村108个、贫困人口45621人。近年来，石门县委、县政府始终把脱贫攻坚作为最大的政治任务来抓，确保2017年贫困县摘帽，2018年贫困村全部退出，现行标准下所有贫困人口全部脱贫。我们的主要做法是：坚持“四个突出”，坚决打赢脱贫攻坚战，努力建设成武陵山片区经济强县。

一是突出项目建设。坚持以项目建设为抓手，靠项目建设带动脱贫攻坚。抓好项目争引。高质量谋划储备了一批重大交通、产业、城建和民生类项目，争取更多项目挤进国家、省计划笼子切实加大招商引资力度。充分利用能源、矿产、农产品、旅游等优势资源，下大力引进了一批战略投资者。抓好项目落地。优化前置服务，对重点项目做到一事一议、特事特办，坚决兑现协议，兑现优惠政策，切实打通项目建设的“绿色通道”。强化一个项目一名县级领导，一个联系服务单位，一名乡镇科局主要负责人，一名派出所所长，一名项目所在地村居党支部书记“五位一体”的项目联系责任机制，及时协调解决项目推进过程中的矛盾问题，形成大抓项目、抓大项目的浓厚氛围，促进项目快速落地。抓好要素保障。先后出台了《石门县关于招商引资优惠政策的若干规定(试行)》《石门县帮扶工业企业发展暂行规定》等，提出“十个加大力度”的工作措施，即在财政资金支持、落实减负政策、金融扶持、用地用电保障等方面加大力度，切实破解企业项目用地难、融资难、用工难等问题。建立企业特派员制度，选派了13名优秀干部到重点企业担任企业特派员，帮助企业做大做强。随着大批重点项目快速推进，大批知名企业落户石门，石门脱贫奔小康后劲越发强劲。

二是突出产业升级。脱贫靠增收，增收靠产业。坚持把产业转型升级与脱贫攻坚有机结合，增强了县域经济实力。在推进工业转型上，加大关停力度，淘汰一批产能落后、破坏生态的企业，关闭煤矿11家，关闭整合非煤矿山35家；加大技改力度，每年工业技改投入资金在10亿元以上；加大引进力度，新上一批低耗高效企业，形成了能源、新型建材、电子信息、食品加工等主导产业。在推进农业转型上，大力推进农业产业规模化、生产标准化、产品品牌化、组织专业化，促进农业提质增效，形成了以柑橘、茶叶、养殖为支柱的农业产业。充分发挥特色产业优势，重点支持贫困村、贫困户因地制宜发展种养业，引导贫困户人平新增1亩茶、养殖100只鸡，积极探索“公司+集体经济+贫困农户”的产业扶贫模式，与国家级农业产业化龙头企业湘佳牧业合作实施“5000万羽石门土鸡精准扶贫项目”，村级以集体土地、贫困户利用金融扶贫贷款入股，年底参与分红，促进农民增收脱贫。目前，已在太平镇、壶瓶山镇、新铺乡等乡镇开展散养和集中养殖试点，其中新铺乡岳家棚村高标准土鸡养殖厂主体工程已完工。在推进服务业转型上，充分利用石门丰富的旅游资源，以创建“中国旅游强县”和“国家全域旅游示范县”为目标，大力发展以禅修度假、滨水度假、高山度假、乡村度假等为一体的生态休闲度假产业，为贫困山区群众开辟了增收渠道。

三是突出城乡统筹。坚持一手抓城镇发展，一手抓农村建设，着力改变贫困落后面貌。在城镇，围绕“城在山水间，宜居新山城”的县城定位，着力把石门打造成为澧水流域的次中心城市。大力实施“三改四化”“城市提质”工程，政府直接投资10亿元，实施20多条城区主次干道和小街小巷改造，投资20多亿元的澧水风光带、石门市民之家项目即将开工。撬动社会资本近30亿元，新上碧桂园、书香门邸、红星美凯龙家居广场、尧业城市广场、宝峰欣城等一批重大城建项目，县城面貌明显改观。在乡村，大力实施美丽乡村百村创建示范、打造百里示范走廊的“双百工程”，大力推进新农村建设、美丽乡村建设，大力加强水、电、路、沼气、农田水利等基础设施建设和环境卫生整治，农民生产生活条件进一步改善。蒙泉镇、皂市镇、壶瓶山镇入选全国重点镇，南北镇、壶瓶山镇列入全市美丽城镇建设试点，农村环境卫生村民自治模式得到环保部推介，美丽乡村建设工作进入省、市先进行列，秀坪园艺场纳入“国家美丽乡村示范片”。

四是突出工作保障。坚持多途径、多方式保障，推动脱贫攻坚工作高效开展、快速推进。强化力量保障。实行驻村帮扶“三个全覆盖”，着力构建大扶贫工作格局。即，县级领导包联全覆盖，全县52名县处级领导都联系有贫困村，89个贫困村(除省市帮联的19个贫困村)全部都有县处级领导结对帮联，一定两年，包干负责。驻村帮扶工作队全覆盖，所有县直副科级以上单位和部分线管单位向贫困村派驻帮扶工作队，由单位“一把手”担任队长，党员副职担任副队长并兼任贫困村第一书记，同时安排一名干部任队员，副队长和队员脱产驻村开展工作，各驻村帮扶工作队都有固定的办公场所并实行挂牌办公。今年来，后盾单位已安排资金1598万元，对全县17260个贫困户都安排了一名结对帮扶责任人，共送慰问金328万元。强化资金保

障。按照2年整合8亿元的思路，整合财政、部门、社会三大扶贫资金，有序推进电力建设、交通设施、农田水利等“六件实事”，确保每个贫困村投入达到800万元以上。强化责任保障。加强脱贫工作的考核，层层签订“军令状”，传导压力，落实责任，严格兑现奖惩，对没有在规定期限内实现整村脱贫的，将追究相关领导和驻村工作队的责任，做到不换面貌就换人，不摘“穷帽”就摘“官帽”。

（原载于2017年4月6日第01期《新湘评论》）

发展全域旅游　打造开放石门

中共石门县委副书记、县人民政府县长　郭碧勋

近年来，一场以全域旅游为核心的旅游革命悄然兴起。石门县委县政府抢抓机遇、顺势而为，以创建国家全域旅游示范县为抓手，把全域旅游作为经济发展的战略性支柱产业来培育，积极构建“产业围绕旅游转、产品围绕旅游造、结构围绕旅游调、功能围绕旅游配、民生围绕旅游兴”发展格局，推动全域旅游向深度和广度空间拓展，县域经济焕发生机活力。今年上半年，全县接待旅客298万人次，同比增长10.17%；旅游综合收入33.7亿元，同比增长15.2%。

一、坚持规划引领，以大视野绘就全域旅游大蓝图。着眼发展，2016年石门县举全县之力，全县域、全产业链编制完成了《石门县全域旅游发展规划》，将全县3970平方千米作为功能完整的旅游目的地来建设、运作，确立了“一心引领、一轴引擎、一环串联、三团突破、多点跟进”的全域旅游发展蓝图。遵循这一规划，石门县按照“全景、全时、全民”的思路，以县域主干道为纽带、以精品景区、旅游小镇为节点，倾力打造纵贯县域南北、一线串珠的旅游景观走廊，实现全域是景区、处处是景观、村村是景点，努力为广大游客提供“一朝入石门，犹如进画中”的体验。

二、坚持项目驱动，以大投入构建旅游发展大格局。在投资层面上，石门县坚持构建以政府投入为引导、社会资金为主体的多元投融资机制，积极引进战略投资者开发旅游资源、兴建旅游项目、参股旅游企业，县财政每年预算安排1000万元、整合2亿元资金用于旅游产业发展，引导和撬动社会资本积极参与全域旅游开发和运营。2014年以来，旅游建设投入突破50亿元。夹山AAAA景区、仙阳湖国家湿地公园、泰和合中国红茶博物馆、壶瓶山大峡谷景区、龙王洞景区、石门文庙AAA景区等一大批旅游景区景点建成；大湘西文化旅游精品线路石门段建设已见成效，东山峰东方瑞士小镇规划、维新温泉小镇规划、夹山禅茶小镇规划已经编制完成，并正在实施，处处皆景的全域旅游框架已经成型。

三、坚持综合配套，以大服务促进旅游体验大提升。瞄准游客来石门、住石门、游石门，全面强化交通、餐饮、住宿等旅游基础设施和公共服务体系建设。2017年9月正式开行石长动车，两高铁、两高速、两国道、一机场、一环线等系列重大交通项目正在陆续实施，呼南高铁、石门-张吉怀连接线正在规划建设，石门通用机场纳入规划并初步选址，交通可进入性即将得到全面提升。不断强化吃、住、行、购、娱等旅游服务功能，全县各类宾馆、酒店达515家，旅游购物示范店5家，特色餐饮名店30家，旅游从业人员2.3万人，新建、改建旅游厕所28座，新增景区停车场11000平方米，正在按照五星级标准建设锦江国际酒店、禾田居度假酒店，旅游接待能力明显增强。

四、坚持产业联动，以大融合带动旅游业态大拓展。石门县坚持跳出旅游抓旅游，大力实施“旅游+”战略，逐步构建形成了“一业带动、多业融合、联动发展”的产业格局。大力发展“旅游+农业”，依托秀坪园艺场、白云山林场等优质橘、茶农产品生产基地，开发了采橘游、采茶游等旅游线路和产品。大力发展“旅游+文化”，充分挖掘茶禅文化、红色文化、土家民俗文化等优质文化资源，开发了夹山禅修养生、长梯隘土家民俗体验等一批文化旅游产品。大力发展“旅游+养老”，石门县被国家林业局授予“全国森林康养基地试点建设示范区”。禾田居十九峰康养度假村等一批具备游憩、度假、疗养、保健等多功能的养老基地正在加快建设。大力发展“旅游+商贸”，大力推进城市综合体、大型超市和特色旅游商品店建设，引进了尧业城市广场、宝峰欣城等一批重点项目，进一步拓展了旅游消费的层次和水平。大力发展“旅游+扶贫”，积极发展“生态+文化”“景区+农家”“农庄+购物”等乡村旅游业态，2016年以来，新增省级五星级乡村旅游区(点)1家，四星级乡村旅游点3家，望洋桥村、大岭村、两河口村、北溪河村等7个旅游产业扶贫村发展农家乐32家，老百姓通过参与旅游分工、分享旅游产业红利，实现脱贫致富。

五、坚持创意为王，以大营销叫响旅游形象大品牌。紧紧围绕“神奇壶瓶山、唯美石门县”的形象定位，强力开展旅游宣传促销。一方面搭载媒体“走出去”，通过与发达地区、成熟景区、知名门户网站战略合作，全方位展示生态资源、旅游产品、特色文化、民风民俗，让海内外的游客能够通过广告牌、网络和电视等媒介窗口了解石门、走进石门。一方面，借助活动“请进来”，邀请专家学者、大学生、媒体大V体验石门的旅游产品，并通过他们的所见所闻所感来推介石门，在社会形成跨业界、跨地域的宣传攻势。今年8月份，通过邀请北京、辽宁、长沙等地高校大学生来石门开展“全国大学生文明旅游背包行”公益活动，《中青报》专版进行了宣传报道，在社会上反响强烈，极大地提升了石门的知名度和美誉度。

不忘初心，继续前进。石门县将以更加饱满的热情，更加务实的作风，更加有力的举措，推进全域旅游纵深发展，让全域旅游成为引领“开放强县、产业立县”战略的龙头产业，源头活水。

（原载于2017年1月18日湖南红网）

石门县精准扶贫研究报告

中共石门县委副书记、县人民政府县长　郭碧勋

石门县地处湘鄂边界,武陵山脉东北端。国土面积3970平方千米,辖18个乡镇(区)、4个街道办事处、4个农林场、713个村(居),总人口67万,其中农村人口57万,是常德市唯一的省定扶贫开发工作重点县、武陵山片区区域发展与扶贫攻坚县和全省24个少数民族高寒山区扶贫县之一,同时也是全省6个少数民族过半县之一。2014年,全县精准识别贫困对象88886人,2015年,通过"四类对象"清理最终审定贫困对象80582人。其中2014年脱贫13961人,2015年脱贫21000人。2014年底精准识别贫困村122个,2015年脱贫14个。因此截至2015年年底,全县有贫困村108个,贫困对象20737户、45621人。

一、"十二五"我县扶贫开发主要做法及成效

"十二五"时期,我县认真贯彻落实中央、省、市扶贫开发工作和文件,特别是习近平总书记关于扶贫开发工作的系列重要讲话精神,以精准扶贫为核心,不断加强领导,创新工作机制,脚踏实地,稳扎稳打,取得了较好成效。全县五年累计在贫困地区投入扶贫资金5.2亿元,其中财政扶贫资金1.26亿元,整合行业部门资金2.94亿元,金融扶贫资金5200万元,社会扶贫资金4800万元。共在111个贫困村实施整村推进,其中脱贫66个,全县脱贫人口10.7万人。贫困发生率由2011年的25.6%下降为2015年底的8%。人均GDP由2011年的24409元增加到2014年的32286元。人均地方财政收入由2011年的845.6元增加到2014年的1020.3元。农村居民可支配收入由2011年的5564元增加到2014年的8066元。主要做到了"六个围绕,六个狠抓":

1.围绕落实工作责任,狠抓组织保障。县委、县政府始终把扶贫开发作为民生攻坚的一号工程来抓,作为建成全面小康社会的重点、难点工作来推进,建立健全了"三大保障体系":一是建立健全了组织领导体系。成立了由县长任组长,分管副书记、副县长为副组长,县直相关单位"一把手"为成员的扶贫开发工作领导小组。同时大力推行领导办点责任机制,所有县级领导分别联系一个扶贫点村,帮助点村解决资金、项目等发展难题。二是建立健全了规划发展体系。在《石门县农村扶贫开发实施纲要(2011—2020年)》和《石门县武陵山片区区域发展与扶贫攻坚规划(2011—2020年)》的基础上。先后制定印发了《关于创新机制扎实推进农村扶贫开发工作的实施意见》《扶贫开发六件实事三年行动计划》《从县直和省市驻石单位选派干部及有关企业开展驻村帮扶工作实施方案》《中共石门县委关于实施精准扶贫加快推进扶贫攻坚的决议》《关于贯彻落实〈中共石门县委关于实施精准扶贫加快推进扶贫攻坚的决议〉分工方案》《石门县精准扶贫"六到农家""六个落实"责任分解实施方案》《石门县重点产业发展规划》《石门县金融产业扶贫实施方案》等一系列推进扶贫开发工作的文件和规划,促进了扶贫开发工作规范化和高效化。三是建立健全了调度督导体系。县政府经常召开会议对扶贫开发工作进行研究部署,协调解决重点难点问题,布置阶段性任务。县扶贫开发工作领导小组坚持组织成员单位实行一月一调度,一季度一小结,督导各项工作实施进度,通报存在的问题,及时研究解决问题的方案措施,确保了扶贫开发各项工作有序、稳步推进。

2.围绕改善发展条件,狠抓基础建设。按照"政府统筹、资金捆绑、综合开发、整村推进"的思路,统筹推进水、电、路、房等基础设施建设,极大地改善了贫困群众的生产生活条件。五年来,累计投入资金2.52亿元,重点实现了"四个逐步改善":一是交通条件逐步改善。五年来共硬化公路396.5千米,新修、整修公路329.5千米,实现了100%的乡镇和90%的行政村通水泥路的目标,构筑了从乡镇到村,从村到组循环畅通的农村公路网络。二是饮水安全逐步改善。重点加强了贫困地区安全饮水工程建设,五年累计在贫困村新建安饮工程422处,解决了169472名贫困群众的安全饮水问题。三是住房条件逐步改善。五年累计完成贫困户危房改造2650栋,有效改善了贫困群众住房条件。四是电力条件逐步改善。近五年来,完成了54个贫困村的农村电网改造工程,极大地改善了贫困地区群众的用电质量。

3.围绕拓展致富渠道,狠抓产业培植。我县按照"资金跟着扶贫对象走、扶贫对象跟着能人走、能人和扶贫对象跟着产业项目走、产业项目跟着市场走"的思路,进一步加大了产业扶贫力度。将财政扶贫资金的60%用于产业发展,逐步实现了"输血型"扶贫向"造血型"扶贫转变。一是产业基础不断夯实。积极培育发展柑橘、茶叶、烤烟、养殖、旅游等扶贫产业。五年来,累计在贫困地区发展改造柑橘0.3万亩,茶叶1.2万亩,烟0.8万亩,油茶9700亩,核桃1950亩;发展生猪3.3万头,发展肉牛1.8万头,山羊1.3万只,家禽7.8万羽。生态旅游逐步成为贫困地区主导产业之一,罗坪乡长梯隘村、壶瓶山镇壶瓶山村、江坪河村、大岭村等在扶贫政策的支持下,旅游开发和接待能力

不断提升。二是经营体系不断健全。目前，全县累计利用财政扶贫资金支持了19家省市级农业龙头企业、190个农民专业合作社和31个家庭农场，逐步形成了规模化、集约化、专业化的新型农业经营主体，极大地促进了贫困地区农产品的生产、加工和销售，延伸了产业链，增加了农户收益。三是扶持模式不断创新。为了解决财政扶贫产业资金不足问题，同时激发贫困群众的内生动力，我县大力实施金融产业扶贫。到目前为止，已完成32312户建档立卡贫困户的评级授信，授信率达100%，发放贷款3000万元。同时我县与中国扶贫基金会合作，成立了中和农信石门农户自立服务社，为贫困农户提供免抵押担保的小额贷款，已发放贷款1500万元。

4. 围绕强化公共服务，狠抓五大工程。五年来，我们严格按照广覆盖、保基本、多层次、可持续的工作方针，通过实施“五大工程”，有效提升了贫困地区的公共服务能力和水平。一是教育扶贫工程。累计新建农村村小及教学点15所，维修改造村小及教学点19所；落实了山区教师武陵山片区人才津贴和农村义务教育阶段学生营养餐补助政策。二是卫生医疗扶贫工程。完成了88个贫困村卫生室的达标建设。其中新建村卫生室37所，维修改造村卫生室51所；完成各类卫技人员培训、进修800人次，引进医卫专业人员180名；落实了武陵山片区农村卫生专业人才津贴政策。三是社会保障扶贫工程。建立健全了“扶贫开发+农村低保+临时救助”的社会保障体系，全县共有3.6万贫困对象享受了最低生活保障政策，做到了应保尽保。四是文化扶贫工程。为贫困地区架设有线电视线路211千米，配置无线广播设备526套，基本实现了贫困地区广播电视村村通。五是信息化扶贫工程。所有贫困乡镇均开通了远程教育站点，每个贫困村均配备了1名远程教育信息员；互联网覆盖95%的行政村。

5. 围绕提升致富能力，狠抓教育培训。坚持把“治贫先治愚，扶贫先扶教”作为扶贫工作的治本之策，积极整合“雨露计划”“同心工程”“阳光工程”等教育培训资源，培养了一大批懂技术、会经营的新型农民。 是加强学生学历培训。对贫困家庭的初、高中毕业生进行大中专职校学历培训，每人每年补助1500，扶持两年不变，培训结束后定向推荐就业。五年来，累计完成学生学历培训3000人以上。二是加强农民实用技术培训。通过采取组建讲师团下村培训、选派种养大户到长沙生物机电学校、湖南农大、县党校免费培训等方式，培养了一批种养技术骨干，催生了一批种养大户，带动了一方产业。五年来，累计完成农民实用技术培训2.5万人。

6. 围绕提高资金使用效益，强化扶贫资金监管。制定出台了《石门县财政专项扶贫项目管理实施方案》和《石门县财政专项扶贫资金县级报账制实施办法》，进一步规范财政扶贫项目的申报、建设、管理、验收及财政扶贫资金的管理。做到了严把“三关”。一是严把资金预算关。乡村申报扶贫项目时，必须拿出详细的项目资金预算方案，由县扶贫办联合相关职能部门进行现场踏勘后审核预算方案，严格杜绝虚报、套取扶贫资金等行为。二是严把资金公示关。在项目实施前，乡村必须及时将建设内容、资金概算等基本情况在村务公开栏进行公示，在项目实施中要公布资金管理使用情况，在项目建成通过验收后，对建设内容，资金使用情况进行事后公示，使资金用途公开透明。三是严把资金报账关。对于完工项目申请资金报账的，县扶贫办联合相关部门进行现场验收，严格按报账程序进行报账，防止弄虚作假或移花接木。

二、当前存在的困难与问题

1. 贫困面比较大。近几年来，在县委县政府的坚强领导下，我县的扶贫开发工作取得了很大的成绩，但到2015年底，我县贫困村还有108个，占全县总行政村的三分之一。贫困人口还有4.5621万，贫困发生率达8%。一些重点贫困村行路难、饮水难、住房难、上学难、看病难、增收难等问题还十分突出，部分农民生产生活条件还很艰苦。

2. 基础建设滞后。由于投入不足，加之山区地形地貌复杂，农村基础设施严重滞后。全县163座水库有65座属病险水库；农田旱涝保收面积仅30万亩，不足农田总面积的二分之一；农村饮水不安全问题仍然存在。境内公路等级低，路况差，且既无国道，又无高速公路，全县拥有公路通车里程4103千米，其中二级公路仅96.6千米，三级公路58.6千米，四级公路3695.2千米，四级公路占全县公路总里程的90%，还有107个村缺路少桥。农村学校、卫生院（室）、灌溉渠道等普遍年久失修，皂市水库库区恢复重建任务相当繁重。此外，由于农村青壮年大都外出务工，导致水、电、路等基础设施建设缺乏劳力资源。

3. 农民素质不高。据调查，石门县农村人口中，小学及以下文化程度的比例达80%，“高中、中专、中技”的比例仅为1.9%。特别是农村低收入家庭中还有10%左右的文盲，平均受教育的年限仅为4.7年，比一般农村人口的8.3年少了3.6年。人口素质低下直接反映出贫困家庭成员人力资本投入上的不足，造成家庭成员创收能力不强，大多数人都只掌握一些比较原始的、简单的农业和畜牧业生产技能，劳动生产率低，挣的只是极其辛苦的“体力钱”。素质不高还表现在不少人观念落后，思想保守，目光短浅，依赖心理严重，给实现脱贫致富目标带来了难度。

4. 扶贫资金缺口较大。20世纪80年代投入1万元扶贫款，可帮助15人脱贫，到90年代只能帮助8人脱贫，如今则只能帮助1个人脱贫，巨大的资金缺口已成为扶贫攻坚的“拦路虎”。如：危房改造项目，国家补助最高标准不超过1万元，而现在建一栋很简单的平房也要5万～6万元；产业扶贫到户资金主要是“两项制度”有效衔接的项目，但这部分资金每人每年不到500元，而现在买一只羊，要花1000元左右，买一头牛，要花5000元左右；农村公路线长面广，坡陡弯急，公路硬化国省补助资金远难满足实际建设的需要，加之县级财力有限，存在巨大的资金缺口。

5.片区政策不够细化。国家武陵山片区区域发展与扶贫攻坚规划明确了财政、税收、投资、金融等一揽子优惠政策，对片区经济社会发展具有主导作用。但这些优惠政策不够细化，缺乏具体指标或目标要求，实施和操作过程中有一定难度。目前虽有财政支付转移、交通、教育、卫生等政策措施出台，但其他行业的具体扶持政策尚不明晰，国家规划中配套政策也未完全落实，政府投资项目资金来源没有明确，严重制约了片区项目申报实施进程。如邮政网点建设项目，其他地区 2013 年度计划早已下达，而我县申报的项目因国家邮政总局未确定集中连片特困县的建设规模和补助标准，迟迟没有下达计划。

三、对策建议

1.创新工作机制，在提高扶贫开发效率上实现突破

一是精准扶贫工作机制。依据国家制定的扶贫对象识别办法，在已有工作基础上，坚持扶贫开发和农村最低生活保障制度有效衔接，按照乡为单位、规模控制、分级负责、精准识别、分批帮扶、动态管理的原则，对每个贫困村、贫困户建档立卡，实行信息化管理。帮助贫困村、贫困户深入分析致贫原因，编制脱贫计划和产业发展规划，通过直接帮扶、委托帮扶和股份合作等帮扶方式，集中力量予以扶持，做到“一家一本台账、一家一个脱贫计划、一家一套帮扶措施。”

二是社会参与工作机制。在政府主导扶贫开发的前提下，充分发挥定点扶贫、对口扶贫、驻村扶贫在社会扶贫中的引领作用，动员社会各界，包括民主党派、工商联、人民团体、高校、科研院所以及社会组织、海外华人华侨到贫困地区投资创业、建设公益事业、开展各种扶贫济困活动，每年表彰评选一批扶贫济困“爱心企业”“爱心家庭”“爱心人士”，积极营造营造踊跃参与、奉献爱心的社会氛围。

三是区域协作机制。加强与同为片区县的湖北鹤峰、五峰的区域合作在交通建设、旅游发展、贸易市场建设等方面的协作，打破行政分割，发挥比较优势，实现资源共享，加快我县扶贫开发进程。

四是考核督导机制。依照国家和省里关于改进贫困县考核机制的意见，改革考核办法，把贫困乡镇干部的主要精力引导到扶贫开发上来，并把提高贫困人口生活水平、减少贫困人口指标、扶贫资金管理使用情况、帮扶任务落实情况等内容，作为乡镇和帮扶部门年度考核、干部提拔任用的主要依据。同时，建立乡镇和县级帮扶部门定期向县扶贫开发领导小组专题报告制度、联席会议制度，定期研究解决扶贫开发工作中存在的突出问题，推动全县扶贫工作稳步推进。

2.加大扶贫投入，在增强项目资金效用上实现突破

一是加大专项政策争取力度。紧紧抓住进入国家武陵山片区区域发展与扶贫攻坚试点县的有利机遇，对照《石门县武陵山片区区域发展与扶贫攻坚实施规划（2011—2020 年）》，加强与省发改委、省扶贫办、省民宗局等部门进行衔接汇报，确保重大专项政策政策及时落户我县。

二是加大财政支持力度。县财政在收入逐年增长的情况下，逐步加大对扶贫项目的配套资金投入；继续对我县扶贫开发重点区域——西北山区实行财税政策扶持，如：对新办企业、招商引资企业的县级税收向西北乡镇倾斜；政府在使用矿产资源补偿费和水资源费时，每年按县级留用的 20%加大对西北山区的投入；西北山区新增建设用地有偿使用费的县级留存部分，全部通过土地开发整理项目予以返还。

三是加大资源整合力度。以扶贫攻坚规划和重大扶贫项目为平台，按照“既积极、又稳妥，既整合、又管理”的原则，整合财政扶贫资金、以工代赈资金、少数民族发展资金、老区建设资金、财政扶贫贴息贷款等扶贫资金以及农业、交通、水利、教育、劳动等方面的项目资金，用足用活各项扶持政策，构建大扶贫格局，促进贫困地区又好又快发展。

四是加大资金监管力度。利用扶贫项目审批权限原则上下放到县的机遇，进行财政专项扶贫资金管理机制改革，引入竞争机制，以扶贫成效作为资金分配导向，增强资金使用的针对性；加大人大、审计、纪检、监察、社会力量对扶贫资金的监管力度，增强资金使用的实效性。

3.加强基础设施建设，在改善生产生活条件上实现突破

一是交通基础设施建设。交通基础设施建设滞后仍然是制约我县贫困地区发展的一个突出因素。交通运输部门要大力争取国家和省市农村道路通畅指标并向贫困村进行倾斜，按照“村内公路网络趋于完善、主干道基本硬化”的要求，加强贫困村村组公路建设，采取政府出一点、村民凑一点、乡贤和成功人士帮一点的办法，力争 2018 年全县所有贫困村村内主干道全面硬化。同时，公路部门和乡村两级要完善农村公路管护机制，做到建好以后要管好，真正成为希望路、致富路、小康路。

二是农田水利建设。灌溉难、用水难是我县西北偏远贫困村的共同难题，与贫困群众生产生活息息相关。水利部门一定要抓住国家实施的小型农田水利、“五小水利”等工程项目，加快推进贫困地区山塘清淤、渠道疏浚、机埠改造、提灌设施配套等水利设施建设。到 2020 年，贫困村小型农田水利设施要基本配套，实现旱能灌、涝能排，为贫困群众脱贫提供水利支撑和保障。

三是电力建设。当前，我县贫困地区供电设施落后、电压不稳等问题仍然十分突出。电力部门要加大国家电网升级改造项目的争取力度，加快推进贫困地区农网改造升级，到 2017 年全县所有贫困村要全面完成网改任务。

四是信息网络建设。贫困地区由于自然和经济条件制约，信息化建设还远远跟不上社会发展的节奏，这也是导致贫困的一个不可忽视的因素。相关部门和乡镇要积极争取投入，加强信息基础设施建设，力争 2017 年宽带网络贫困村全覆盖，构建信息高速公路。要积极实施电商扶贫工程，支持电商企业和实体店在贫困地区拓展业务，支持电商企业在开发区建立电商扶贫产业园，让能带动贫困户产业发展的电商企业优先入园，政

府给予一定补贴。要支持贫困家庭开设网店、对接电商平台，让贫困群众通过信息网络脱贫致富

五是扶贫搬迁工程。坚持把扶贫搬迁与整村推进、生态移民和农村危房改造有机结合，对于磺厂污染区、壶瓶山国家级自然保护区核心区、地质灾害隐患点等特殊困难群体，积极探索梯级搬迁、插花安置、基地安置、集镇安置和投亲靠友外迁安置等系列搬迁扶贫模式，通过扶贫搬迁工程来改善特殊群体的生产生活环境。

4.实施产业扶持，在增加贫困群众收入上实现突破

一是大力发展村级特色产业。按照“一村一品、多村一品”的思路，坚持把培育贫困村产业项目与当地主导产业发展相结合的原则，充分发挥我县柑橘、茶叶、蔬菜、家禽养殖、粮食、烤烟“六大产业带”的辐射引领作用，带动贫困村产业发展；按照“核心景区带动乡村旅游、乡村旅游促进核心景区发展”的思路，推进旅游综合开发与扶贫攻坚深度融合，通过壶瓶山、东山峰、夹山寺、仙阳湖等核心景区的建设，来带动周边乡村的休闲农业与乡村旅游业发展。

二是大力发展农户特色经济。充分激活留守劳动力致富的主动性和创造性，加强农村金融服务，完善农村金融网点，探索资产抵押、林权抵押、地方担保机构担保和农户联保等模式，解决农户小额信贷问题；积极扶持农民兴办家庭养殖，发展壮大生猪、肉羊、肉牛、肉兔、家禽等养殖业，稳步提高畜禽养殖收入在家庭收入中的比重；优先支持贫困农民新办小果园、小茶园等特色种植和拥有一定规模的家庭养殖场。力争到2020年，所有农户有1～2个较为稳定的增收项目。

三是大力培育新型农业经营主体。在贫困地区按照“逐步规范、强化扶持、提升素质”的要求，遵循“专业化、合作化、市场化”思路，大力发展和培育专业大户、农村专业合作社、家庭农场等新型农业经营主体，推进当地农业产业向规模化、集约化发展，同时引导贫困地区农民通过土地及资金入股、务工等形式参与其中，达到增加经济收入的目的。

四是积极扶持龙头企业。通过财政贴息、落实贴息贷款、帮助争取产业专项扶贫项目、减免税费等措施，重点扶持湘佳农牧、金湘源、壶瓶山茶叶公司等一批农产品加工企业做大做强，引导他们在单项产业集中连片发展到500亩以上的区域或附近建立生产基地或深加工企业，通过“公司＋农户”“公司＋合作组织＋农户”的方式，来解决农产品“卖难”和“贱卖”的的问题，从而达到延伸产业链条，提高农产品附加值的目的。

5.健全公共服务体系，在增强抵御风险能力上实现突破

一是健全教育体系。切实抓好基础教育，通过优化农村义务教育学校布局、农村义务教育学校提质改造、推进农村公办幼儿园建设、提高贫困地区师资队伍素质、农村义务教育阶段学生营养改善计划等措施，逐步改善农村基础教育办学条件。大力发展职业教育，积极支持湘北职专创建为国家中等职业教育改革发展示范学校，对在册特困家庭子女就读中高等职业院校给予一定的助学补贴。广泛开展技能培训，加大“雨露计划”“阳光工程”等培训项目实施力度，通过免费让贫困地区劳动力接受就业及实用技术培训或者获得培训结业证后予以补贴的方式，督促农村劳动力掌握一技之长；同时加强与农业高校和农科所的“联姻”，为他们提供科研基地，争取他们对农副产业进行长期指导。

二是健全医疗卫生体系。重点支持贫困乡镇卫生院和卫生室规范化建设，定向免费培训贫困地区医疗卫生人才，选派城镇医生到贫困乡镇卫生院轮换工作，每年选拔一批优秀的乡村医生到县级以上医院进修学习，帮助提高医疗水平；完善农村贫困家庭医疗优惠政策，加大医疗救助力度，逐年提高报销范围、比例和补助水平。确保贫困村卫生计生服务网基本健全，基本实现每个乡镇有1所标准化卫生院，每个乡镇卫生院至少有1名专科医生，每个行政村有1所卫生室；新型农村合作医疗参合率稳定在95%以上；逐步提高儿童医疗卫生保障水平，重大传染病和地方病得到有效控制。力争到2020年，贫困村群众获得公共卫生和基本医疗服务更加均等。

三是健全社会保障体系。巩固和完善农村低保、新农保、五保供养、临时救助、社会福利和慈善事业等为支持的农村社会保障体系，并随经济发展稳步扩面提质，对符合条件的农村贫困人口纳入农村最低生活保障范畴，对特困家庭给予生活补贴；加大危房改造力度，优先将贫困村无房户、危房户纳入农村“安居工程”范围，制定和实施差异化扶持政策，提高造册登记的扶贫对象户农村危房改造政府补助标准。到2020年，全面完成现有农村危房改造任务，解决贫困地区群众住房困难问题。

（原载于《湖南县域绿皮书·县域典型报告》(2017版)）

发展特色产业　实现稳定脱贫

中共石门县委副书记　邓碧波

石门县作为国家武陵山片区区域发展与扶贫攻坚县、常德市唯一的省级贫困县，坚持把发展产业作为拓宽贫困群众收入渠道、增加贫困群众收入的根本之策，全力推进农牧业特色产业发展，持续增加贫困群众收入。

一、因地制宜谋划产业。立足石门资源实际，积极谋划一批集聚度高、带动性强、适合当地发展的特色产业项目，增强“造血”功能。一是大力发展种植业。按照“适销对路、品种改良”的原则，大力发展柑橘、茶叶、蔬菜、烟叶等特色种植业，培育壮大一批产业专业村，并支持种植大户、家庭农场发展适度连片规模种植，推进农业产业标准化基地建设。2016年，柑橘产业户均增产746千克、增收1600元，帮助27个贫困村160户贫困户实现了脱贫。通过2014年以来加强壶瓶山镇等6个乡镇、24个村、1488户农户茶园建设，对壶瓶山茶业公司基地进行提质、改造，形成了规模效应，带动贫困人口2613人实现了脱贫。从2015年起，扩大无患子种植基地规模，3年内将达到10万亩，目前已发展2万亩。二是大力发展养殖业。大力发展石门土鸡、石门香猪、石门岩蛙等特色产业，确保“村有主导产业、户有增收门路”。重点在蒙泉镇、夹山镇等丘陵区发展土鸡规模化养殖，在太平镇、壶瓶山镇等西北山区发展土鸡散养，在三圣乡、太平镇、子良乡、维新镇等地建设香猪种繁基地，在中部乡镇发展香猪散养。目前，通过湘佳牧业公司带动农户散养土鸡约16万羽，汉唐公司种繁场现存栏500头香猪，今年上半年农户代养4276头。三是大力发展新型产业。在贫困村设立村级电子商务服务站，利用电商平台，搭建农产品“线上线下”交易平台，目前，电子商务农村综合服务站点（村级）覆盖率达到85%以上。今年来，石门柑橘、石门茶叶、石门土鸡、大蒜油和山茶油等30多种石门本地特色品牌产品在网上销售额达3亿多元。在特色贫困村扶持发展以红色旅游、美丽乡村游和休闲农业等为主的乡村旅游业，增加群众收入。

二、创新模式做强产业。在充分发挥资源优势的基础上，创新产业扶贫模式，实现贫困户稳定脱贫、农村经济可持续发展。一是政府主导。在政策上支持贫困农户以土地承包经营权入股形式与其他农户组建合作社，每个村都建立起产业发展扶持奖励基金，鼓励群众发展生产。对带动贫困户较多的农业合作社、家庭农场、种养大户、龙头企业，在用地、用电、用水、贷款等方面给予相关优惠政策。正确引导贫困户熟悉新事物，转变观念，摆脱“以粮为纲”的旧思想的束缚，积极鼓励他们以各种生产要素参与各种经营主体发展产业。二是市场运作。在贫困农户自愿的基础上，鼓励流入方优先流转贫困农户的土地，2016年共流转贫困农户土地3329亩，受益贫困人口达14791名，今年力争流转贫困户土地1万亩以上。依托湘佳牧业、稼禾农业、澧峰茗茶、汉唐公司等一批优质企业，建立“公司＋集体经济＋基地＋贫困农户”的模式，引导扶持农业龙头企业、专业合作社、大户与贫困户形成利益链接机制，带动了一批贫困户脱贫致富。特别是与湘佳牧业公司开展的“石门土鸡”精准扶贫项目正在加速推进，目前已在太平镇、子良镇、三圣乡、壶瓶山镇、新铺镇等地试点推广。三是金融撬动。从全县109个家庭农场、255个专业合作社、44个农业产业化龙头企业中筛选100个新型农业经营主体进行帮扶，单列专项信贷计划3000万元，带动3000户贫困农户增收受益。支持村居或贫困户以土地、金融小额贷款入股分红，特别是为每个贫困户申请5万元金融小额贷款，年底可分红5000元。2015年以来，全县共发放小额金融贷款2.6亿元，扶持1.1万贫困户发展种养业，今年上半年已为3912户投放小额信贷8755万元。

三、强化保障抓实产业。进一步强化保障措施，确保各项产业扶贫措施落到实处。一是强化力量保障。成立石门县产业扶贫分指挥部，统筹协调产业扶贫工作，层层传导压力，逐级落实责任，真正做到责任到人、任务上肩，构建“党委政府主导，行业部门协作、基层主抓主管”的工作格局。并成立督查巡查组，从项目规划、资金投入、实际布点、项目实施、项目进展和项目成效上进行动态监测，一周一调度，一月一督查，每月一通报，出了问题的，一律严厉追责问责。二是强化资金整合。积极整合部门资金用于产业发展，在全县所有村建立产业发展扶持资金，采取“以奖代投”的方式，提高贫困户发展产业的积极性。目前，通过统筹整合用于产业扶贫的资金达到1.4亿元。三是强化技能培训。以生产型、经营型、技能服务型人才和农村实用人才带头人为重点，分类别开展“联合”“订单”“定向”培训。加强扶贫技术服务队伍建设，建立畜禽、果业、经作、观光农业、电子商务等产业技术人员库。创新技术服务方式，采取“差异化”管理“分区分类”“结对帮扶”等形式推广农业新技术、新品种、新机具。四是强化宣传引导。采取召开村民代表大会、党员会等方式，加大对产业扶贫先进典型、先进事迹和先进经验的宣传；设置扶贫专题宣传栏，将产业扶贫政策等信息统一上墙公示并及时更新；在人口密集区域统一印刷标语，拉横幅、竖宣传牌，进一步营造氛围，调动积极性，增强内生动力。

（原载于2017年第8期《常德通讯》、2017年10月《研究与决策》、2018年1月号《县域经济参考》）

弘扬“四种精神” 加强县级人大工作

石门县人大常委会主任 李金生

2017年2月，我受县第十七届人民代表大会常务委员会的委托，向县第十七届人民代表大会第二次会议报告工作时明确提出：加强县人大常委会自身建设，大力弘扬“人民至上、法律至尊、规矩至恒、担当至诚”的精神，增强履职权威。这对于加强县级人大工作，巩固党的执政基础，充分发挥县级国家权力机关作用，健全国家政权体制，夯实推进国家治理体系和治理能力现代化建设的基础具有重要意义。

弘扬“人民至上”的精神

积极回应社会关切。每年年底，县人大常委会围绕事关全局发展、民生改善、社会和谐等方面的突出问题和人民群众普遍关注的热点、难点问题，开展调查研究，广泛征求县人大代表和“一府两院”的意见和建议，力求选准监督的议题。在反复酝酿讨论的基础上，制定切合实际的年度重点监督计划，以文件的形式，印发“一府两院”和各乡镇人大。“一府两院”严格按照年度重点监督计划，有针对性的开展工作，推动人民群众普遍关注的热点、难点问题的解决。坚持走访联系选民、代表接待日等制度，加强人大代表联系群众工作平台建设，畅通社情民意表达和反映渠道。

认真办理议案建议。健全代表建议交办机制，对代表所提议案和建议，依法、及时向“一府两院”进行交办。确定重点议案建议，由主任会议成员重点督办。规范代表建议办理程序，加大经常性的跟踪监督力度。对代表表示不满意的建议，交县人民政府及相关部门二次办理。年终，听取承办任务较多单位关于办理代表建议工作情况报告，并进行投票表决。完善建议办理考核机制，强化办理单位的责任意识，切实解决人民群众关心的热点、难点问题，逐步提高问题的解决率。

充分发挥信访职能。积极探索新时期人大信访工作新思路、新方法，坚持把信访工作作为知民情、察民意、解民忧的重要渠道和强化监督的重要内容，列入重要工作日程，每月工作例会听取信访动态综合分析和当月信访办理情况，对信访工作做出部署安排。热情接待群众来访，采取跟踪督办、重点联系督办、回访督办的方式，认真办理每一件信访案件，维护群众利益，促进社会稳定，充分发挥信访为常委会履行职权服务、为保障人民群众的合法权益服务、为促进改革开放经济发展服务的职能。

弘扬“法律至尊”的精神

做学法榜样。坚持县人大常委会会议、主任会会前学法制度，坚持每月集中学习制度，营造浓厚的学习氛围，促使常委会组成人员和人大干部自觉学习、主动学习，提高县人大常委会机关干部的法律素养，为依法、精准地做出决议决定奠定坚实的基础。

行法定职权。坚持把“有位、有度、有效”作为履职的基本原则，做到履职议大事、审议抓重点、监督重实效、全力促发展。加强对“一府两院”的法律监督和工作监督，深化专题询问，实现全口径预决算审查监督，做到监督有法，监督有序，监督为民。围绕中心，服务大局，紧紧围绕项目建设、产业建设、城镇建设、法治建设、保障和改善民生等重点工作，深入开展调查研究，审慎作出决议决定，注重解决实际问题，保证议决质量，推动县域经济科学发展、跨越式发展。制定完善人事任免办法，形成任前调查、任前考法、任前发言、任前表决，统一颁发任命书、统一宣誓就职、统一公开公示等一套完整的程序，组织由常委会任命、决定任命的国家工作人员向宪法宣誓，着力推动人事任免工作的制度化、规范化建设，增强任命人员的法律意识、人大意识和公仆意识。

守法律底线。县人大常委会肩负着监督宪法和法律法规贯彻实施、监督“一府两院”依法行政公正司法的重要职责，法律性是人大工作的重要特性。工作中，必须带头学法、守法、用法，弘扬法治精神，强化法治思维，自觉当好依法治国方略的推动者、实施者和守护者。加强对法律法规贯彻实施情况的监督检查，着力维护宪法和法律法规的权威和尊严，推动治理体系和治理能力现代化。制定常委会组成人员依法履职规定，就人大常委会组成人员参会、开展活动、联系代表和群众等提出硬性要求，促使他们认真履职。

弘扬“规矩至恒”的精神

规范议事程序。人大工作必须做到程序严谨，操作规范。在广泛调查研究的基础的上，出台党组会议议事规则、常委会会议事规则和主任会议事规则，对会议的召开、议案的提出和审议、讨论决定重大事项、听取审议专项工作报告、计划和财政预算监督、执法检查、询问和质询、特定问题调查、人事任免等在程序上作出明确的规定，明确“一府两院”对相关审议意见研究处理和决议执行的具体要求，在实践操作中有章可循。

规范决议决定执行和审议意见研究处理。对人大常委会依法作出的决议决定，可采取听取有关部门关于执行人大常委会决议决定情况的报告、跟踪督办、定期调度等措施，确保按时办结办好。对有关部门不报告或拖延不办的，可责令限期报告，必要时依法提出询问或质询，促进有关部门及时采取有效措施，加大工作力度，增强监督刚性。建立健全审议意见交办、跟踪督办、落实情况反馈、办理结果审查、办理结果公开和责任追究制度，确保审议意见的有效办理和落实。

规范审计指出问题整改。建立关于完善审计查出问题整改情况向县人大常委会报告的工作机制，对落实审计整改责任、完善报告内容、履行监督责任、推进审计公开等内容进行明确。提高审计整改的针对性，坚持在听取审议县审计局审计工作报告的同时，听取被审计部门关于审计指出问题整改落实情况的报告，建立整改销号台账，跟踪整改落实情况，做到问题不解决不放手。

弘扬“担当至诚”的精神

坚持听命于党。坚定不移贯彻落实县委决策部署，坚持自觉向县委请示报告主要工作、重大事项，及时主动通过法定程序，把县委主张转变为国家意志和人民意愿，确保人大工作始终保持正确的政治方向。不断强化政治意识、大局意识、核心意识、看齐意识，始终坚持道路自信、理论自信、制度自信、文化自信，统筹推进政治、经济、文化、社会、生态文明建设，自觉服从、服务县委发展战略，凝心聚力，主动担当，忠诚履职。

坚持问题导向。实践证明，只有以历史勇气直面问题，以责任担当研究问题，以实干精神解决问题，人大工作对时代声音的回应才会更加精彩，对发展问题的破解才会更加精准。工作中，要始终坚持以解决问题为目的，真正做到问题不解决不撒手，问题不解决不罢休。在工作评议、执法检查、审计指出问题监督整改等履职过程中，要紧盯问题，着眼化解，积极探索问题清单、整改销号、主任会议牵头督办等方式方法，切实防止“雨过地皮湿，风过草抬头”。

坚持务实求真。始终保持奋发有为的精神状态，满腔热情地工作，尽心尽力地干事，对部署的工作一项一项地检查督导，一环一环地跟踪问效，一点一滴地抓好落实。加强机关文化建设，深入开展文明创建活动，广泛激发常委会组成人员和人大干部在其位、谋其政、尽其责，提升县人大常委会勇于作为、敢于担当、清正廉明的良好形象。

(原载于《人民之友》2017年第八期、2017年6月12日湖南人大网和常德人大网、《常德人大》2017年第三期)

扶贫谨防"福利化"

中共石门县委常委、常务副县长　周功表

扶贫开发贵在精准,重在精准,成败也在于精准。由于扶贫政策红利较大,在实际操作过程中,部分地区为了减少矛盾、提升满意度,逐渐出现了一种"搞平衡""搞平均"的倾向,将贫困人口、扶贫政策、扶贫措施视作一种"福利"来平衡分配,既违背了精准扶贫的本义,也弱化了扶贫效果,需要警醒和预防。

精准识贫不能平分"指标",搞均衡式扶贫。在扶贫政策红利的诱导下,不少地方为了减少矛盾,过度照顾满意度,出现了一味搞平衡的倾向,把贫困人口当作享受扶贫政策的福利"指标"来分配,不经过层层评议、层层公示,搞村与村之间、组与组之间、户与户之间的平衡。比如:村与村之间按固定比例分配贫困人口,1000 人的王家村分配 100 人,2000 人的李家村分配 200 人;户与户之间按家庭人数分配贫困人口,5 口之家分 3 人,4 口之家分 2 人,2 口之家分 1 人等。这不仅违背了精准扶贫的初衷和原则,也在实际工作中造成了大量的"拆分户",降低了扶贫攻坚的精准度。

政策落地不能共享"大灶",搞普惠式扶贫。推进脱贫解困,离不开政策、资金、项目的支持,如何把大量的政策、资金整合好,因地制宜用到最需要的村、最需要的户,并以此提升贫困户的造血能力,是做好扶贫工作的一篇大文章。但在实际操作过程中,乡与乡之间、贫困村与贫困村之间、贫困村与非贫困村之间,在项目和资金的分配上都有一种强烈的比较意识,希望争取更多的支持。贫困村希望加大投入改善基础条件,非贫困村也期望加大投入建设美丽乡村,在"你有我也要有"的比较之中,逐渐形成了一种"排排坐、吃果果"的现象,扶贫投入也因此偏离了"集中攻坚、雪中送炭"的轨道,降低了针对性和实效性。

对口帮扶不能普发"福利",搞共享式扶贫。干部根据贫困户的贫困程度、致贫因素、劳动力多少等实际情况制定有针对性的帮扶措施,推进"私人定制"式的扶贫,本是做好扶贫工作的最佳手段。但在满意度考核的大前提下,贫困户之间的相互攀比,却使"私人定制"变成了"大众福利"。比如忽视贫困户的贫困程度等实际情况,搞平均主义,帮扶措施统一都是送 2 桶油、送 5 只鸡、送 3 袋肥料等,这样"你好我好大家好"。这种"福利化""平均化"的帮扶方式将"精准滴灌"变为了"大水漫灌",极大地弱化了扶贫效果,也浪费了大量的扶贫资金。

(原载于 2017 年 9 月 28 日《中国改革报》、2017 年第 9 期《常德通讯》)

常怀感恩之心　践行“两学一做”

中共石门县委常委、组织部部长、县直机关工委书记　李绍南

干部在为官从政的道路上成长进步，逐步拥有一方更大施展自身才华、投身于党的事业、服务于广大群众的舞台，值得鼓励与肯定。但干部对于政治上的成长进步应该感恩谁应有清醒的认识，这是事关“从哪里来，到哪里去”的原则问题，切不可含糊。

要提高感恩的意识。提拔使用干部要求干部德才兼备，以德为先，感恩就是干部的德。当前，随着价值观多元化的冲击，少数干部的思想观念出现了偏差：部分干部心浮气躁，不愿意脚踏实地，不愿意吃苦奉献，攀比心理严重；一些干部信仰缺失，以自我为中心，服务群众意识不强；少数干部将自己的成长进步归功于个别“贵人扶持”，一门心思编织“人情网”“关系网”，把所谓的“政治资源”当作升迁的倚靠。此种情况，不仅严重破坏了党内正常政治生态，更降低了党和政府的公信力。实践证明，没有正确感恩观的干部，必然是忘乎所以，不知姓甚名谁，不能行之久远的，更有甚者，会一身骂名、遗臭历史。培植正确的感恩观既是党的发展形势对干部提出的必然要求，也是干部自身成长进步的必然选择。要在对比中培植感恩之心。干部走上从政舞台的那一刻，就是区别于一般群众的开始。组织和人民赋予了干部社会资源配置权，干部身在其位，必然能掌握比一般群众更多的信息、政策，对于这些“别于群众”的“优待”，干部要常怀感恩，清醒认识：要认识到权从何来。党和国家的一切权力都源于人民群众，权力姓“公”不姓“私”。干部手握权力，就要牢牢把控行使方向，只能为民谋利，不可为己谋私；要认识到权责对等。有权必有责，有责要担当。干部既然肩负着群众期盼重托，就不能“想当官不想干事、想揽权不想担责”，而是要以“为官一任，造福一方”的情怀奋发干事创业，为人民谋福祉。在协作中强化感恩之心。单丝不成线，独木不成林，凝聚集体智慧，才能集中力量干大事。干部与同事协作共事的过程，既是积聚经验的过程，又是强化自我认知的过程：要认识到一个人的能力有边界，个人的进步与成功，离不开他人支援和协助，因而要更加珍惜现有的工作岗位、珍惜与同事之间的友情，在工作中多一份无私付出、少一份斤斤计较，自觉维护集体团结，营造积极友好的人文氛围。在自省中固化感恩之心。古语有云：“吾日三省吾身”。干部的感恩之心并非一成不变，而是会随着内外因的影响不断发生变化，有可能会减弱、会偏移、会消失。因此，要时刻牢记、不断固化。干部要时刻扪心自问“作为一名党员，我是不是做到了对党忠诚？”“身为一名干部，我是不是做到了贴心为民？”“对照先进典型，我还有什么不足？”唯有自我反省，对镜自查，才能进一步明晰存在问题、明确进步方向，在工作中成就“为人民服务”的崇高价值。

要提高感恩的能力。感恩不是一句空口白话，而是要付诸实践的具体行动，因此，必须具备一定的能力水平，没有相应的能力水平，谈感恩就毫无价值。干部身为国家政策的执行者，人民利益的代言人，要做到以感恩之心为官从政，就要具备足够的理论功底和实践经验，就要一刻不停地加强学习，提高能力。一是要稳固安身立命的政治灵魂。坚定不移的理想信念就是干部的政治灵魂，也是干部从事一切工作的思想根基和根本前提，必须扎稳扎牢，不能发生丝毫动摇滑坡。广大干部要结合“两学一做”学习教育，持续深入学习马列主义、毛泽东思想，学习中国特色社会主义理论体系，学习习近平总书记重要讲话精神和治国理政新理念、新思想、新战略，不断改造主观世界，强化精神信仰，成为共产主义远大理想和中国特色社会主义共同理想的信仰者和践行者。二是要练就服务本职的精湛功夫。干一行、精一行是干部必须具备的素质，业务不过硬，工作必然效率低、成效弱。干部要通过自觉学习、集中学习和实际调研等方式，深入钻研业务、发现问题、总结经验，不断提高专业思维、专业能力、专业素养。要注重把学习内容与贯彻落实各级会议精神及各地战略定位有机结合、与重点工作有机结合，推动各级重大战略布局和中心任务落实。三是要磨砺应对困境的实战技能。实践出真知，实践长才干，干部唯有通过参与各行各业的实践锻炼，才能逐渐成长为“全能型”人才。组织部门要通过上挂下派、轮岗交流等方式，将干部选派到发达地区、一线岗位等培养锻炼，全面提升干部的能力水平；干部在完成各项工作任务的同时应有效将理论和实践结合起来，不断积累应对、处理复杂问题的知识和经验，在工作中做到游刃有余、事半功倍，更好地为党的事业服务，为人民群众办事。

要强化感恩的实践。感恩不能“坐而论道”，必须“起而行之”，对于干部而言，以实际行动感恩组织、感恩人民、感恩家庭，就是要在为官从政的过程中自觉做到忠诚、干净、担当。忠诚，就是要忠诚于党，忠诚于民。忠诚是干部最基本的政治品格，是第一位的组织要求。忠诚于党，就是要旗帜鲜明地拥护党的领导、维护中央权威，在多元化的舆论场中敢于弘扬正气，敢于以正压邪；就是要坚决服从党的决策部署、执行党的方针政策，自觉做到“有令必行，有禁必止”。忠诚于民，就是要认清“我

是谁、为了谁”的问题，摆正位置关系，真心诚意亲民、敬民、爱民；就是要通过投身实践活动、开展志愿服务，与群众零距离接触、面对面交流，倾听心声、回应诉求，赢得群众的信任和满意；就是要树立正确的价值观和政绩观，在实施重大工程、重点项目过程中优先考虑群众利益，多做打基础、利长远的民心工程，创造经得起历史和人民检验的实绩。干净，就是要清白为人，干净做事。对于干部而言，遵守党纪国法，清白做人做事，既是一种责任，更是一种义务。坚守清正，就是要严于律己，严管他人。干部要自觉将党的政治纪律和政治规矩挺在前面，恪守为官从政的原则底线，正确处理“公与私”“是与非”“亲与清”的问题，不搞人情往来，不搞团团伙伙，不搞利益输送；要传承好家教、弘扬好作风，严管家人、严管下属，将作风防线扩散到身边人、身边事，做到知敬畏、明底线、守规矩，保证朋友圈清清爽爽、生活圈简单纯净。担当，就是要事不避难，无畏无惧。当前，我国正处于全面深化改革、全面从严治党、全面建成小康社会的关键时期，前进的道路上困难重重，亟需敢于担当、敢于挑担的干部。干部要敢啃“硬骨头”，主动适应国家发展需要，深入到条件艰苦的边远地区、脱贫攻坚的一线战场、改革破冰的“深水区”干事创业，要发扬大无畏精神，大刀阔斧大胆干、真刀实枪加油干，为区域发展贡献才干、贡献力量，不负组织重托、不负群众期盼。

（原载于《常德组织工作专报》第 21 期）

易家渡镇创新“3+X”农村社会治理模式的实践探索

中共石门县委常委、组织部部长、县直机关工委书记　李绍南

今年，石门县委将易家渡镇易家渡社区作为全县试点，率先探索“3+X”村民小区自治模式，将党组织的领导核心作用贯穿于社区事务决策、推进、监督全过程，引导群众发挥集体智慧，参与社会管理，取得了一定成效。

一、背景——合村并组后农村社会治理的现实要求

易家渡社区位于石门县南部，下辖14个村民小组，1570户5014人，“两委”干部7　人。随着社会不断发展，群众的个人素质和民主意识不断增强，希望对本社区的事务有更大的知情权、监督权、决策权。但传统管理模式难以适应群众的需求变化。

1.社会管理难到位。2007年，易家渡社区由原有的34个村民小组合并为14个村民小组，每组的辐射范围更广、管理的人口更多。但是，受生活习惯的影响，同一村民小组的群众居住地并不集中，有些甚至相隔非常遥远，群众的日常活动区域与村民小组覆盖区域出现错位，不便于统一管理，要求打破原有的村组设置，重新划分自治小区。

2.服务群众难精准。近年来，随着国家的政策向基层偏移，村级组织承担的行政任务越来越多，但基层干部人数普遍偏少，如易家渡社区共有5000多名群众，只有7名村干部，每名村干部除了要承担上级部门安排的工作任务以外，还要管理700多个老百姓，精力较为分散，在处理社会事务时难免会出现不及时、不到位、不彻底的行为，日积月累，群众对村干部的不满情绪随之滋生，矛盾日益显现，这就要求建立起更贴近群众的基层治理机构和治理队伍，将群众诉求一一落实到位。

3.村民自治难融入。近年来，石门通过开展乡村两级便民服务、组建党员先锋队开展志愿服务、全力推进脱贫攻坚等活动，将全县党员干部资源下沉到基层一线，切实提高了村级治理水平。但是，由于村级自治的主体依然是农村基层群众，外部力量只能在一定程度上帮助解决问题，却不能真正激发群众参与社会治理的热情，要求赋予群众更多自主权，从根源上激发群众参与自治的内生动力。

二、做法——在充分尊重民意的基础上构建以党组织为领导核心的“3+X”村民小区自治体系

1.建立一核多轴的自治网络。按照“地域相近、产业趋同，利益相近、规模适度、群众自愿”的原则划分自治小区，以社区党组织为核心，开展自治工作。一是合理划分小区。易家渡镇成立了由党委书记任组长的“3+X”村民小区自治工作领导小组，并组织6支志愿服务队，集中3天到社区开展服务活动，宣讲自治政策，在深入调研、听取民意的基础上，将易家渡社区划分为5个自治区。二是优选管理成员。镇、社区干部分片包干，到所负责的小区召开员群众代表会，明确自治小区党支部成员和理事会成员选任标准，由党员群众代表推荐或符合条件的村民自愿报名，支村两委会进行资格审查，并按公开、公平、公正的原则组织村民代表大会进行选举。5个自治小区共产生了15名支部委员会成员和15名理事会成员。三是制定村规民约。自治小区党支部和理事会第一时间组织召开村民代表大会，制定《居民小区自治理事会章程》《居规民约》等文件，明确小区理事会在社区两委和小区党支部指导下开展协商议事、调解矛盾纠纷、监督村级事务、倡导文明新风等工作，对涉及自治小区的微小型建设项目，积极探索建立并推行自建自营的民主管理机制。

2.实施双轨并行的自治模式。实行“社区党总支一小区党支部一党员”和“居委会一小区理事会一农户”双线运行的治理模式。党总支和居委会坚持牵头引导而不发号施令、主动提供服务而不随意干涉，充分保障小区的自主决策，推动了工作的有效运转。一是重大决策尊重小区意见。社区的工作规划、工程建设、重大财务支出时，坚持听取自治小区的意见建议，将之作为村级决策的重要依据。二是职能行使予以小区最大授权。自治小区的职责由社区两委授权，明文写进村规民约，保证权力正常行使。小区解决不了的重点难点问题，由社区两委直接出面，在限定时间内解决。三是工作经费予以小区足额保障。对于小区自治中产生的工作费用，由社区按规定通过“四议两公开”程序，在村级经费中予以适当补贴，保障工作顺利推进。

3.打造人人参与的自治平台。自治小区注重搭建平台，保障群众履行自治权利。一是事前征求意见。重大事项由理事会在充分调研的基础上形成初步议案，小区党支部将议案提请群众代表大会讨论，及时对内容进行调整完善。议案修改后，再次提交村民代表会进行表决，通过后交理事会具体实施。二是事中严管严督。表决后的议案和重大工程进展情况在公示栏进行公示，村民理事会对重大工程进展情况进行监督和督促，推动决策落实到位。三是事后跟踪反馈。小区党支部对议案实施结果进行回访调查，及时听取群众反馈，总结经验、改进不足，确保议事制度更加完善合理。

三、成效——自治小区成为党组织引领社会治理的重要

抓手

通过推行“3+X”村民小区自治，实现了强化基层组织领导和实现群众民主权利的双赢，社区各项工作推进有力，群众满意度得到极大提升。

1.自育、自管、自治意识进一步增强。试点后，社区两委的施政理念渐渐从“大包大揽”转变“群众参与”；党员群众通过踊跃参与村级事务管理，心态由过去“事不关己”转变为“当家作主”。如老党员易和平以前参与村级管理热情不高，小区自治之后，他积极号召带领20余名村民集资5000余元，整修了2条道路，并积极帮助小区转租鱼塘，带动每户居民平均增收150元。

2.党务、政务、村务管理效果进一步提升。自治小区正常运转以来，各项事务决策更加科学、工作运行更为顺畅、村风民风明显好转，村干部压力越来越小，工作效率越来越高。例如过去最令镇村干部头疼的控违拆违工作，现在由理事会引导村民共同治理，群众成为了控违拆违的监督员、管理员，整个社区再也没有出现违规建房的现象。

3.党群、干群、群群关系进一步融洽。小区章程中明确了镇、社区两级干部的工作职责，倒逼干部真正转变作风，下沉到群众中去，为群众办实事、解难题，群众对干部和政府的信任度大为提升；群众通过投身小区环境卫生治理和精神文明建设活动，改变了积弊已久的陈规陋习，村容村貌更加整洁，村风民风大为好转，小区真正成为了和谐宜居的幸福家园。

（原载于2017年12月20日《常德组织工作》第五期）

不忘初心再出发　勇担重任立潮头
建设风清气正新石门

中共石门县委常委、县纪委书记　张凯

党的十八大以来，石门县纪委认真贯彻落实中央和省、市纪委全会精神，聚焦主业主责，忠诚履行职责，党风廉政建设和反腐败工作取得明显成效。

“两个责任”落地生根。全县共开展谈心谈话70261人(次)，查处“两个责任”落实不力问题76件，给予党纪政纪处分48人，组织处理28人。干部作风持续好转。紧盯重要时间节点和突出领域，共查办“四风”典型问题194件，给予党纪政纪处分133人，组织处理193人次。执纪审查务实有力。共受理信访举报1567件(次)；立案657人，其中科级干部98人；给予党纪政纪处分589人；移送司法机关15人。强化扶贫领域监督执纪问责，共立案查处扶贫领域违纪案件198件，给予党纪政纪处分158人，移送司法机关4人，追缴清退资金670万元。铁军建设不断完善。实现乡镇纪委书记、副书记专职化；开展首轮集中巡察，发现问题线索81个；设置12个县纪委派驻纪检组，初步实现对58家党和国家机关监督全覆盖。

习总书记在党的十九大报告中明确提出：以永远在路上的坚韧和执着推动党风廉政建设和反腐败工作。作为一名基层纪委书记，在今后的工作中，我将带领全县纪检监察干部按照习总书记关于“坚定不移全面从严治党”的要求，聚焦主责主业，强化监督执纪问责，持之以恒纠正“四风”，毫不手软惩治腐败，做到不忘初心、勇担重任、砥砺前行。主要从三个方面着力：

增强定力，传导压力。把深入学习党的十九大精神作为当前和今后一个时期首要政治任务抓紧抓好，迅速把思想、认识和行动统一到党的十九大精神上来，提高政治站位，牢固树立“四个意识”，坚定“四个自信”，扎实履行党章赋予的神圣职责，以自我革命的巨大决心和勇气，在全面从严治党上持之以恒、善作善成，持续释放从严管理干部、从严监督执纪问责的高压信号。

凝心聚力，较真发力。始终保持清醒头脑，坚持问题导向，保持战略定力，着力强化不敢腐的震慑、扎牢不能腐的笼子、增强不想腐的自觉，继续推动全面从严治党向纵深发展、向基层延伸，切实当好党内政治生态的“护林员”。重点围绕办信办访、派驻监督、谈心谈话、述责述廉、纪律审查、专项治理、巡察监督等工作较真发力，特别要着力解决发生在群众身边的不正之风和腐败问题，扎实推进扶贫领域监督执纪问责，不断提升群众获得感和幸福感。

提升能力，激发活力。不断加强全县纪检监察干部纪律建设和能力建设，以每月一次“业务讲堂”为载体，以大力开展“四比四看”活动为抓手，以严格执行纪检监察干部“十不准”规定为准绳，切实把内部监督工作抓实做细，努力打造一支忠诚、干净、担当的纪检干部队伍，为建设风清气正新石门提供坚强的政治保障和纪律保障，以党风廉政建设和反腐败工作的新成效向党的十九大献礼。

(廉洁常德微信公众号2017年10月27日刊载)

2017年度绩效评估及考核奖励结果

一、绩效评估

1.绩效评估优秀乡镇(街道)

楚江街道、白云镇、维新镇、太平镇

2.绩效评估良好乡镇(街道)

二都街道、易家渡镇、皂市镇、磨市镇、壶瓶山镇

3.县直绩效评估优秀单位

县国土资源局、县财政局、县政府办、县商务粮食局、县发改局、县审计局、县人社局、县教育局、县卫计局、县统计局、县扶贫办、县安监局、县公安局、县法院、县委办、县委宣传部、县委组织部、县委政法委、县委统战部、县国税局、县地税局、国网石门供电公司、国调队、县纪委办公室、县纪委第二纪检监察室、县人大常委会办公室、县人大常委会农业农村工作委员会、县政协提案委员会、石门一中、县中医医院、白云山林场、县城投公司

4.县直绩效评估良好单位

县交通运输局、县水利局、县林业局、县住建局、县食品药品工商质量监管局、县信访局、县畜牧兽医水产局、县公安局交警大队、县检察院、县委编委办、县总工会、县老干局、县广播电视台、常德移动石门分公司、人民银行石门支行、县农商行、县纪委案件审理室、县委巡察办、石门二中、石门五中、石门疾控中心、石门计划生育和妇幼保健院、秀坪园艺场

二、系列“十佳”

1.“十佳领导班子”

楚江街道、白云镇、磨市镇、县人社局、县公安局、县教育局、县商务粮食局、县中医医院、县国土资源局、县扶贫办

2.“十佳领导干部”

胡侠义　易家渡镇党委书记
唐汇驰　维新镇党委书记
张国安　壶瓶山镇党委书记
董仁忠　县发改局局长、党组书记
毛春晖　县环保局局长、党组书记
高敬民　县林业局局长、党组书记
匡照国　县食品药品工商质量监管局党组书记
李　健　县安监局局长、党组书记
康新云　县委统战部副部长，县工商联党组书记
康祖杰　壶瓶山管理局副局长、党委副书记

3.“十佳村(居)党支部书记”

李经林　三圣乡天门垭村党总支书记
刘玉周　维新镇维新场社区党支部书记
屈方明　永兴街道新厂社区党总支书记
覃玉南　秀坪园艺场肖家岗村党支部书记
张如辉　太平镇周家冲村党支部书记
卿安选　壶瓶山镇神景洞村党支部书记
覃遵彪　南北镇薛家村党支部书记
王辉龙　罗坪乡何家峪村党支部书记
曹祚海　白云山国有林场北山村党支部书记
朱德国　白云镇北峪湾村党总支书记

4.“十佳项目建设功臣”

陈　材　县商务粮食局局长、党组书记
钟清林　县科技工信局局长、党组书记
黄孝严　县发改局重点办常务副主任
彭　勇　楚江街道党工委委员、人大联工委主任
潘兴元　二都街道党工委委员、办事处副主任
黄宏亮　永兴街道党工委委员、人大联工委主任
朱宇光　县宝峰投公司董事长
丁国师　县征拆办主任
高　启　宝峰街道党工委书记
林　波　县城投公司董事长

5.“十佳执纪执法标兵”

袁　杰　县公安局交警大队秩序管理中队指导员

龙顺强　县公安局楚江派出所教导员

吴睦娇　县检察院侦查监督室干警

熊建刚　县森林公安局壶瓶山派出所所长

贺良平　县法院刑事审判庭庭长

覃　云　县保密局副局长

郭　键　县交通运输局法制办、行政许可办主任

胡明强　县纪委第四纪检监察室主任

刘　琪　蒙泉镇党委委员、纪委书记

傅己娜　楚江街道党工委委员、纪工委书记

6.“十佳为民服务标兵”

覃事斌　县人民医院心理卫生科主任

易柏林　县农业局柑橘办办事员

王爱萍　县司法局新铺司法所所长

高兵香　县城乡居民医疗保险管理服务中心大厅负责人

杨爱琼　皂市镇民政所所长

陈集澧　县政务中心建设项目一体化收费窗口负责人、政务中心信息技术股副股长

肖文泽　县公路管理局养护中心副主任

钟克宏　夹山镇综合文化站站长

马铁平　县自来水公司维修中心主任

舒　适　县畜牧兽医水产局农产品质量安全检验检测站副站长

7.“十佳明星企业家”

喻自文　湖南湘佳牧业股份有限公司董事长

李昌清　葛洲坝石门特种水泥有限公司总经理

朱松林　石门海螺水泥有限责任公司总经理助理

陈太广　大唐石门发电有限责任公司党委书记

赵石良　长安石门发电有限公司总经理

夏　汉　葛洲坝易普力湖南二化民爆有限公司执行董事、总经理

陈辉明　湖南三江电力有限责任公司、湖南兆恒水电有限公司站长

尹宁桃　石门成功高分子材料制造有限公司总经理

郑　科　湖南安德丰新能源科技有限公司总经理

谭　伦　石门县金麟鞋业有限公司总经理

8.“十佳优秀教育工作者”

唐纯党　石门县教育局计财股副股长

唐汇元　石门县第一中学党委委员、纪委书记

陈辉云　石门县第四中学教科室主任

程德春　石门县夹山镇中心学校副校长

朱柏林　石门县三圣乡杨坪小学校长

金道华　石门县新铺镇中心学校教导主任

张　静　石门县新关镇完全小学教师

吴家龙　石门县太平镇中心学校教师

向延妮　石门县罗坪乡完全小学教师

覃业密　石门县壶瓶山镇江坪完全小学教师

三、推进新型工业化工作

1.推进新型工业化工作先进单位

石门经济开发区、宝峰街道、楚江街道、永兴街道、蒙泉镇、太平镇、新关镇、县统计局、县国税局、县地税局、县安监局、县环保局、县国土资源局、县发改局、县商务粮食局

2.明星企业

湖南湘佳牧业股份有限公司、葛洲坝石门特种水泥有限公司、石门海螺水泥有限责任公司、葛洲坝易普力湖南二化民爆有限公司、湖南三江电力有限责任公司、石门成功高分子材料制造有限公司、湖南安德丰新能源科技有限公司、石门金麟鞋业有限公司、石门县泉顺纺织有限责任公司、石门县达韵电子有限公司

四、招商引资工作先进单位

一等奖：县发改局、县安监局、县商务粮食局

二等奖：县委办、县政府办、县环保局、石门经济开发区

三等奖：县人大办、县政协办、县委组织部、县委统战部、县财政局、县民政局、县科技工信局、县国土资源局、县住建局

五、经济发展奖励

1.招商引资企业税收分成奖

湖南广电网络云数据有限公司，奖励县商务粮食局5万元

湖南安德丰新能源科技有限公司，奖励县科技工信局9万元

2.招商引资固定资产投入奖

汪家冲光伏发电项目（奖金100万元，其中县安监局40万元，县发改局22万元，新铺镇23万元，县国土资源局10万元，县商务粮食局5万元）

年产60万吨白水泥生产线项目（奖金100万元，其中县科技工信局20万元，县委办20万元，县政府办20万元，县财政局20万元，新关镇20万元）

捷源玻纤项目（奖金27万元，其中县政协办22万元，石门经济开发区5万元）

醉月潇湘项目（奖金26万元，其中县人大办16万元，县农村经营服务管理站5万元，县商务粮食局5万元）

易红堂红木家具项目（奖金29万元，其中蒙泉镇14万元，县商务粮食局10万元，石门经济开发区5万元）

3.工业企业技术改造奖

石门安溪茶业有限责任公司（年产2800吨精制茶加工生产线项目，奖金16.6万元）

湖南杨氏鲜果有限公司（冷链、物流、仓储建设及包装设备项目，奖金12.4万元）

湖南盛节节高食品股份有限公司（2万吨柑橘深加工技术升级改造项目，奖金20.1万元）

湖南省永通太浮山水业有限公司（包装饮用水新工艺生产线项目，奖金28.4万元）

湖南楚韵茶叶有限公司（年产1200吨茶叶加工生产线项目，奖金24.4万元）

湖南壶瓶山茶业有限公司（年产350吨茶叶自动化加工生产线项目，奖金17.8万元）

长安石门发电有限公司（2×300兆瓦机组废水系统综合改造项目，奖金6.9万元）

大唐石门发电有限公司（2×300兆瓦机组超低排放改造项目，奖金33.4万元）

4. 企业纳税大户奖

石门海螺水泥有限责任公司（奖金1万元）

澧水流域水电开发公司（奖金1万元）

湖南三江电力有限责任公司（奖金1万元）

湖南兆恒水电有限公司（奖金1万元）

葛洲坝易普力湖南二化民爆有限公司（奖金1万元）

湖南湘佳牧业股份有限公司（奖金1万元）

石门张家渡水电有限公司（奖金1万元）

六、农业农村工作

1. 农业产业化建设工作先进单位

夹山镇、白云镇、维新镇、子良镇、罗坪乡、二都街道、蒙泉镇、皂市镇、新关镇、易家渡镇、壶瓶山镇、南北镇

2. 美丽乡村建设工作先进单位

白云镇、皂市镇、维新镇、三圣乡、子良镇、二都街道、县委办、县人大办、县政府办、县政协办、县纪委、县委组织部、县委政法委、县委统战部、县财政局、县发改局、县农业局、县水利局、县审计局、县交通运输局、县国土资源局、县中医医院、县卫计局、县民政局、县移民局、县检察院、县公安局交警大队、县林业局、县教育局

3. 脱贫攻坚先进单位

县委办、县人大办、县政府办、县政协办、县纪委、县委政法委、县委组织部、县委宣传部、县委统战部、县发改局、县林业局、县交通运输局、县财政局、县国土资源局、县审计局、县人社局、县卫计局、县教育局、县扶贫办、县民政局、县房管局、县科技工信局、县统计局、县检察院、县公安局、县水利局、县广播电视台、县地税局、人民银行石门支行、国网石门供电公司、县国税局、县农商行、县住建局、楚江街道、白云镇、皂市镇、壶瓶山镇、三圣乡、维新镇

4. 县派驻村帮扶先进工作队

县人大办派驻白云镇北峪湾村工作队、县政协办派驻三圣乡庚子山村工作队、县纪委派驻南北镇南镇社区工作队、县纪委派驻太平镇易家湾村工作队、县委办派驻壶瓶山镇桐木山村工作队、县政府办派驻雁池乡重福桥村工作队、县委组织部派驻太平镇石水田村工作队、县委组织部派驻维新镇重阳树社区工作队、县委宣传部派驻壶瓶山镇大岭村工作队、县委政法委派驻磨市镇王官桥村工作队、县委统战部派驻壶瓶山镇李坪村工作队、县检察院派驻磨市镇四方台村工作队、县广播电视台派驻所街乡骏马溪村工作队、县农业局派驻夹山镇汉丰村工作队、县畜牧兽医水产局派驻太平镇犀牛坪村工作队、县农村经营服务站派驻壶瓶山镇云麓村工作队、县人社局派驻壶瓶山镇上延河村工作队、县水利局派驻罗坪乡栗子坪村工作队、县供销社派驻新铺镇永兴桥村工作队、县信访局派驻壶瓶山镇泉坪村工作队、县人防办派驻白云山林场北山村工作队、县发改局派驻壶瓶山镇平洞村工作队、县科技工信局派驻南北镇薛家村工作队、县商务粮食局派驻三圣乡三圣庙社区工作队、县房管局派驻三圣乡天门垭村工作队、县国资经营管理中心派驻所街乡水南渡社区工作队、县自来水公司派驻雁池乡皮家河村工作队、县审计局派驻壶瓶山镇姬塘峪村工作队、县审计局派驻磨市镇车坊村工作队、县国土资源局派驻子良镇水田岗村工作队、县统计局派驻罗坪乡长梯隘村工作队、县安监局派驻壶瓶山镇炉岩村工作队、县档案局派驻新铺镇开化寺村工作队、县教育局派驻子良镇董家山村工作队、石门一中派驻夹山镇邵福寺社区工作队、湘北职专派驻三圣乡花园台村工作队、县中医医院派驻蒙泉镇白洋湖社区工作队、县疾控中心派驻子良镇骆村坪村工作队、县红十字医院派驻罗坪乡重庆峪村工作队、东山峰管理区派驻东山峰管理区南山一片工作队

5. 农村环境综合整治先进乡镇、村（社区）及先进理事会

白云镇、新关镇、夹山镇、东山峰管理区、二都街道双龙社区、所街乡水南渡社区、磨市镇磨市社区、太平镇仙台村、白云镇美胜桥村、壶瓶山镇上延河村、皂市镇白沙渡村、蒙泉镇两河口村、易家渡镇冉家坪村、东山峰管理区南山二片、新关镇新关社区卫生协会、罗坪乡寨垭村理事会、子良镇廖家冲村理事会、新铺镇羊子垭村理事会、夹山镇两合村理事会

6. 农民负担监督管理工作先进单位

太平镇、蒙泉镇、维新镇、白云镇、磨市镇、宝峰街道、县委办、县委组织部、县委宣传部、县政府办、县财政局、县审计局、县人社局、县农村经营服务管理站、县教育局、县林业局

七、人口和计划生育工作

1. 人口和计划生育工作优秀单位

白云镇、易家渡镇、楚江街道、二都街道、维新镇、罗坪乡、雁池乡

2. 人口和计划生育工作良好单位

永兴街道、宝峰街道、南北镇、蒙泉镇、新铺镇、子良镇、夹山镇、壶瓶山镇、皂市镇、新关镇、太平镇、所街乡

3. 人口和计划生育工作部门综合治理优秀单位

县委统战部、县食品药品工商质量监管局、县移民局、县民政局、县公安局

4. 人口和计划生育工作部门综合治理良好单位

县委组织部、县委宣传部、县教育局、县委农办、县工商联、县人社局、县住建局、县财政局、县法院

5.人口和计划生育工作合格单位

三圣乡、磨市镇

6.人口和计划生育工作被“一票否决”村（社区）

宝峰街道花山社区、楚江街道澧阳社区、夹山镇三板桥社区、夹山镇杨坪社区、蒙泉镇上午通村、蒙泉镇孙家嘴村、蒙泉镇望仙树村、磨市镇黄龙岗村、磨市镇磨市社区、磨市镇四方台村、太平镇穿山河社区、新关镇新关社区、新关镇新桥社区、雁池乡杨柳园社区、雁池乡竹儿垭村、子良镇罗坪垭村、子良镇水田岗村

八、安全生产工作先进单位

蒙泉镇、皂市镇、太平镇、雁池乡、壶瓶山镇、白云镇、维新镇、易家渡镇、县公安消防大队、县商务粮食局、县发改局、县交通运输局、县财政局、县国土资源局、县人社局、县食品药品工商质量监管局、县公安局、县公安局交警大队、县教育局

九、综治工作

1.综治工作先进单位

易家渡镇、永兴街道、白云镇、磨市镇、夹山镇、雁池乡、楚江街道、白云山林场、县纪委、县委办、县人大办、县政协办、县委组织部、县委政法委、县委宣传部、县委统战部、县财政局、县国土资源局、县商务粮食局、县交通运输局、县安监局、县房管局、县林业局、县人社局、县教育局、县审计局、县统计局、县移民局、县公安局、县公安局交警大队、县国税局、石门二中、石门三中、石门四中、湘北职专、县一完小、县四完小、县红十字会医院、县疾控中心、县公安消防大队、住房公积金石门管理部、县卫计综合执法局、国家统计局石门调查队、移动石门分公司、县卫计局、县地税局

2.综治工作“一票否决”单位

壶瓶山镇簸箕山村、壶瓶山镇大京竹村、所街乡麻纳口村

十、推进新型城镇化工作先进单位

蒙泉镇、夹山镇、壶瓶山镇、太平镇、白云镇、楚江街道、宝峰街道、县委办、县政府办、县财政局、县住建局、县国土资源局、县审计局、县城管执法局、县公安局交警大队、石门发展集团、县城投公司

十一、项目建设工作

1.项目建设工作先进单位

县委办、县政府办、楚江街道、二都街道、宝峰街道、蒙泉镇、夹山镇、新铺镇、易家渡镇、三圣乡、石门经济开发区、县发改局、县统计局、县科技工信局、县住建局、县交通运输局、县国土资源局、县商务粮食局、县环保局、县林业局

2.争资争项工作先进单位

县人民医院、县商务粮食局、县交通运输局、县发改局、县财政局、县教育局、县水利局、县民政局、县房管局、县人社局

十二、发展第三产业先进单位

永兴街道、蒙泉镇、白云镇、夹山镇、皂市镇、太平镇、三圣乡、壶瓶山镇、县商务粮食局、县文体广新局、县发改局、县统计局、县教育局、县房管局、县交通运输局、县广播电视台

十三、党管武装工作先进单位

永兴街道、夹山镇、皂市镇、维新镇、南北镇、子良镇、所街乡

十四、记二等功奖励人员名单

徐兆辉	朱益龙	张 洪	李世辉	蔡雍松
杨年国	沈珍文	龚道国	吴雅倩	胡侠义
黄安凯	唐汇驰	朱召圣	丁国先	陈 溢
周明贵	张国安	李 平	毛春晖	侯密群
黄政华	付绍清	黄满平	周常元	文 化
阎振华	侯 鹏	罗功革	向李双	覃道日
董宏英	汪文章	蔡其铭		

十五、记三等功奖励人员名单

万改观	苏 静	马 军	傅祖国	刘德云
李 娇	陈 林	唐明辉	吴 彧	文振国
夏永新	涂自柱	马景平	佘宏建	王文斋
陈维军	龙选周	文 琼	涂石萍	陈 材
周智慧	易 勇	欧阳浚洲	陈 跃	张宏枝
王 浩	陈支勇	丁国师	董仁忠	覃事合
高 涛	蔡复清	王炯晨	陈圣权	欧阳飞
张 鹏	覃星星	熊 健	张建邦	田建平
丁为俊	马 锋	周晓波	覃业银	李子儒
张碧文	龚德华	陈 文	刘 波（人社）	
董立智	邱志军	唐志伟	苏安定	程建平
杨 波	阎 浩	邓德文	杨龙志	马卫东
陈志军（交通）		王化维	任小平	杨继辉
杨丽军	李小勇	向 波	许玲丽	秦国杰
刘义华	龚红伟	向延琰	文建立	汤永红
吴贵金	万志刚	盛卫卫	杨继满	杨贤辰
龚德馥	丁 林	汪文军	邓小波	陈忠明
文晓辉	张栋杰	李学文	童自云	李 健
蔡朝淼	张方军	刘德平	晏耀如	田小阳
陈 亮	黄 贤	吴睦娇	张云华	陈婧静
刘湘平	马铁平	吴贵喜	覃勇飞	黄 政
王圣初	陈 日	刘 强	杨耀志	钟 巍
唐剑峰	易小平	潘利梅	杨 博	胡国清
周申武	段荆州	杜谋仕	覃事斌	邓慧萍
王云臻	康 健	舒 涯	刘 倩	胡建国
龚考玲	唐纯金	唐诗颖	赵 介	徐 平
汪 勇	黄亚辉	覃志伟	陈奕雯	易先全
皮楚波	蔡志高	郭克军	岳 俊	闫 伟
李 淼	黄 凯	田 虹	向秋兰	李超群
黄 伟	唐一清	贾珍教	吴军华	杨文娟
潘兴亮	丁敦勋	卞兴盛	汪梅玉	魏 涛
刘 林	黄务金	邓群玲	刘 辉	伍和生

张中合　唐祖君　罗治柏　陈建新　张岱帆
伍习支　王盛决　覃　勇　贺　杰　丁元从
刘桂英　侯　琼　侯宏娟　杜建军　印玉芳
黄勇华　毛文权　陈　浩　龚道崇　屈军军
张建民　郑敦年　敖仁娥　覃银霞　王平平
柳清玮　谢辉琼　辛建武　马冬辉　祝春霞
张辉军　单长英　徐丽芳　马　玲　杨珍喜
朱盛明　李　黎　康兵初　孙秀英　贺硕英
蔡圣忠　杨万庆　梁　艳　杨万次　杨云辉
蔡京华　郑艳华　贾　华　沈少凯　汪圣斌
王尚淑　伍洁琼　侯志刚　李国新　程　胜
蔡忠华　魏章玺　覃　皋　覃玉艳　王冬萍
王军朕　陈艳教　向言振　廖琪宁　刘国志
匡照国　龚　涛　徐　豪

十六、嘉奖奖励人员名单

刘东华　彭新忠　邓小龙　马攸胜　刘　勇
郑　明　董立泉　胡明强　覃道进　李　旭
盛　侠　龚振兴　朱海文　高　峰　彭鸿雁
梁　芳　龚勇军　覃业林　覃　云　谭辉平
陈飞君　文　科　赵雪清　陈卫军　文　林
庞圣波　陈　刚　王一旭　黄　斌　盛青平
易鹏飞　陈君芳　孙开国　唐　海　李　飞
彭建军　胡　军　陈淞源　易　红　易继炳
伍凌飞　覃凤逸　梁琼华　康新云　覃业辉
覃平方　田时杰　刘楚耀　覃事泉　邓岳军
王琳云　杜洪波　杨生平　肖　红　邓博文
吴　斌　胡红霞　向清华　刘玉林　吴鹏飞
孟伟才　黄翠兰　张兆霖　王耀国　龚光华
廖先毅　蔡书文　赵建波　盛忠辉　陈　瑜
陈　辉　张继新　谭庆海　刘　波(老干)
唐植远　陈先银　张勇军　熊继尧　唐小琴
梁　娟　董明村　中林琪　蒋　军　岁成宇
尹尚武　覃业翼　朱贵生　张　涌　唐西林
郑辉耀　李菊萍　熊澧林　戴　赞　杨万军
唐坤波　陈华国　文　浩　熊建刚　黄　剑
陈金海　尹昌俊　覃业次　陈　成　潘高平
熊宇飞　伍　钦　肖正军　陈集澧　孙玲玲
刘　钰　伍婵云　曾凡周　侯继红　莫莉晔
贺琼波　何凤至　易丽君　杨莎莎　周　乐
唐　哲　喻自平　吕　路　龚道彬　聂亚军
刘　涛　盛　炯　黄孝严　文志平　陈　奇
马春玲　谌光华　易继淼　刘云飞　胡　阳
王　翔　伍秋生　张世杰　李小琼　王颖群
丁艳丽　曾庆虎　谢永忠　肖　华　文　武
朱宇光　汪　伟　龙银珠　钟清林　张清平
覃开播　杨志华　曾　轲　李　湘　肖忠英
涂志颜　吴贤军　杜登庆　刘　屹　张金强
宁曼羽　龚　理　王　燕　林　华　向延波
刘志毅　黄友辉　邱泓智　张建国　易长春
张　引　王章科　陈　瑜　吴凌巍　蔡　威
肖国全　钟　兵　唐智辉　饶远明　李　祥
黄卫东(公安)　蔡明清　李小虎　周　云
易银香　彭　茜　陈　高　覃道跻　王　磊
刘　辉　向　军　黄　勋　覃湘君　唐　涛
盛　程　吕武松　饶南军　龙志辉　徐进林
向太阳　许立新　龙顺强　覃兴平　骆　鹏
覃业伟　方爱荣　杨建波　邵新华　冉计云
周安华　向延妮　覃事强　陈华贤　胡小平
刘　宏　陈化军　刘　清　袁　杰　向利兵
伍先林　李　震　刘祖忠　李蓉蓉　陈锦平
邢修淼　姚金山　易法新　郑建新　王爱萍
郑　勇　刘妮丽　邓发云　唐植比　李国欣
刘朝晖　刘　亚(财政局)　苏　明　张核花
谭　华　康丽平　杨　静　覃爱萍　向多福
贾贤炎　李　辉　黄　辉　贺平平　覃佐萍
张建华　盛　云　杨全军　陈文建　陈子龙
易　林　覃昔重　王平平(人社)　欧仁波
杨志辉　罗成喜　向多辉　张立波　高兵香
佘高孟　项　然　杜文静　杨　霞　雷志辉
文绍梓　易新建　杨生军　曹诗云　蔡盛玉
叶群华　向召龙　伍　媛　杜汶钊　王　芳
王英豪　谭文娇　占元兵　姜永正　覃雁翔
陈庆华　夏万兵　丁　民　杨云松　龙文新
申岐华　陈贵祥　夏召明　龚兆宝　覃佐郡
覃文平　潘道见　伍法迎　成　鹏　陈建军
孟　军　汤连华　王大伟　胡劲松　周小红
李　俊　张　鑫　马辉军　覃　庆　孟　辉
单长彬　陈玉芳　刘颜芳　黄建国　胡祥业
覃正辉　程家兵　张建华　任　朝　马先超
樊世平　周　文　陈锦学　官　巍　张国华
谭小军　陈家富　游　芳　丁少军　覃事贵
覃建国　冉文华　覃渫雄　袁海博　吴洪波
尹绍甫　黄剑安　贾　旋　郭　键　蔡九林
廖志超　肖文泽　熊钱华　肖梓松　覃伏珍
覃事远　王新春　杨清平　邓善贵　肖长云
张仁理　蒋安平　覃道双　周远东　覃云龙
覃佐勇　王拥华　陈　涛　向五洲　文　斌
向东初　唐凡妮　黄修平　闫光武　王　戈
黄顶明　佘　刚　张　林　陈爱华　魏中华
姚新华　贺立新　唐晓明　周亚群　陈爱军

罗代生 廖清华 蔡建新 廖克兵 郑金玲
廖复初 杨金锋 董新武 杨昌勇 龚光贵
朱 群 韩先月 谭 立 伍千志 李东波
王 淼 易柏林 向 抚 龚德武 柳赛圭
易先志 胡 泓 黄旖婷 谢宗宝 叶正华
舒 适 符小军 岳文清 向友平 刘 燕
夏代云 宋清华 邓小军 伍玉祥 苏运新
王 晖 高敬民 易红霞 杨 培 李星明
贺忠善 刘广怀 文计力 王尚科 梅 佳
吴华清 王金玉 董思浩 贺敏霞 刘红军
张忠富 王 洋 梁 庆 谭柯亮 项慧敏
余娟(文化馆) 袁宏伟 田志敏 易 强
黄 洪 占代红 龚 奎 刘凡兵 高雪英
丁波勇 周露萍 张秀梅 谭晓玲 陈冬梅
覃爱玲 王文红 陈 飞 蔡亚平 张迎春
周 程 张 莉 熊 芳 陈玉贵 易 琼
曹碧兰 王国峰 刘凡刚 何林君 伍玲琳
郑玉华 陈 纯 李 玲 杨银辉 易国庆
覃新星 谢海英 李自德 何琼芳 王光登
杜 娟 黄先龙 孙昌绵 刘学平 陈俊儒
伍成琳 唐 宵 张 军 贺雨林 熊 永
袁云红 沈华云 龚鹏飞 彭进武 林 波
伍 鹏 伍辉平 谢建新 曾 强 刘光伟
申 莹 黄辉平 杨新华 李运运 杨雅婷
刘 辉 覃 伟 周常波 王嗣震 覃治国
李朝晖 李国华 成朝蓉 谢 辉 雷思年
詹明军 余 勇 王章满 胡军军 郑家波
陈景洪 苏永红 汪永华 潘 文 杨明灯
易进波 唐金枝 徐超健 李艺全 王小宇
杨先军 岳成云 杨 力 蔡海军 齐辉平
邓 勇 沈绍杰 向雪晴 覃业昂 苏云清
覃海华 杨业军 叶海泉 周 勇 周声华
夏德志 占云梅 滕昭卿 董 琳 邱志辉
程保征 王明玉 黄良民 杨年贵 覃 瑜
祝丽绚 唐拥军 郑 鹏 梁 华 祝忠义
柴国际 周晓勇 肖柏银 陈祖家 刘珊珊
杨击越 杨少云 张 妮 田建武 肖良辉
魏仁忠 李树军 李雪华 胡崇楠 刘光耀
李海堂 文 彬 于桂清 贺春容 康祖杰
周长华 王 俊 陆根法 覃 勇 彭 勇
陈建民 邱正楚 蒋湘兵 郑敏敦 刘儒洪
杜 平 曾繁星 胡 晓 覃业楚 秦应军
喻自力 杜文化 闫志辉 李爱军 杨年彩
郭祚辉 贺良平 王 佳 黄 捷 覃 彬
刘美云 黄卫东(工商) 陈丹丹 朱庆华

李申安 龚智光 朱文双 罗 敏 陈圯谟
李 龙 郭倩蓉 杨 勇(三圣) 向多爱
池先来 唐会军 杨 阳(所街) 廖克蓉
龚爱民 毛 云 刘德祥 覃 涛 熊院平
黄宏亮 黄太梅 刘柏林 蔡 岳 汪 倩
田启培 唐华艳 肖爱红 潘 峰 文志强
熊先福 熊 俊 高 启 李亚芙 潘兴元
刘小平 欧阳辉 梁红菊 舒 辉 向延明
卢 玲 侯绍慧 丁良炽 覃正鑫 覃健萍
覃雪凤 罗加元 万传政 丰光强 向 霞
文书波 封 妮 唐咏菊 刘楚政 孙 杨
熊永健 涂洋鸣 伍 都 岳 钧 唐 捷
万峥嵘 杨锦程 朱益林 赵智辉 陈 熙
马万明 覃事钊 张 浩 唐敏茗 姚梦华
许菊凤 陈 凯 汤潇彬 张贤猛 张 俊
唐生康 胡世贵 张金辉 彭献平 饶 俊
孙宏杰 许尽武 陈志军(维新) 谭斌斌
唐耿彪 皮宏洲 谭 鉴 唐生刚 谭红娟
陈门华 冉洪波 占远志 向春林 康绍国
樊 瑶 肖雯宇 夏西洋 杨家新 王茂双
杨生欣 杨爱琼 黄妙珍 赵腊春 覃佐新
余 娟 杨 萍 黄务杰 侯异端 邓富强
但汉忠 彭勇(楚江) 傅己娜 文 军
汪金安 刘 伟 胡昌福 廖菊红 覃伍军
庞召勇 何继荣 彭明军 杜 敏 覃基刚
李子瑜 文书宝 易青华 程和炬 李春卉
康新军 曾 年 董秋红 刘 蜜 康雪银
伍杨铖 唐 红 李 婷 钟克宏 詹海燕
易宗华 喻爱军 彭仁强 蒋馥冰 周训林
张斌欣 宋光辉 游文建 涂湘君 杜依静
刘 琪(蒙泉) 张志强 覃琳惠 伍 超
方世权 邓 琴 刘 亚(南北) 龙 涛
胡 欣 覃业刚 吴德明 向 晖 覃正雄
刘珍洲 林 娟 覃 鹏 夏 庆 吉 林
周云霞 王凤玲 徐超元 于伟平 赵仁英
明高平 曹诗芳 冉海波 陈艳艳 刘 磊
高海英 佘立新 陈益芬 杜登兵 盛云辉
吴 敏 唐丽君 吴芳芳 袁健保 金 艳
李际才 谷 庆 李赛媚 魏华平 王从英
潘丽萍 陶彩霞 刘 洁 刘翠莲 周美浓
谭 杰 胡兴懿 向国云 李 阳 王 淋
何本林 龚红娟 张云波 刘召君 杨涵琳
谌国荣 王延鹤 刘 璐 王照红 彭 娟
喻教群 毛新志 蓝 文 雷晓燕 黄登元
苏安荣 赵立龙 李 静 胡振军 陈向阳

覃 羽	郑 燕	莫 兰	梁传亮	李兰云
王文聪	程晓霞	李端周	何美华	朱姗姗
唐植纲	张光明	池宁林	钟一鹏	覃 昊
谭 丽	谭 敏	王丽霞	龙红东	唐雅琴
孟丁南	李 锋	严梅凤	皮庆军	刘 霞
周 勇	高 芬	杜登锋	李超荣	沈 益
覃 毅	王 芳	王 波	盛黎明	朱建平
杨小玲	文元芳	侯黎明	梅福珍	李 君
叶国红	陈聪宪	全 铁	孙 飞	易先满
柴 凌	陈辉兰	罗清平	康繁华	盛绍媛
吴菊香	孙水珍	陈巧谋	江 华	郑霞敦
印 超	高 凯	朱红霞	孟明霞	田志勇
彭 珊	吴群英	向恩懋	于坤安	邓真平
王 山	覃正春	毛 鑫	魏承霞	龚松芝
夏 雨	雷 斌	屈贵平	曾永红	黄显耀
刘元英	邓智军	韩宏庆	王 霞	蒯 莉
杨益民	聂亚丽	张 星	张建兵	许文忠
唐海波	杨洁琼	闫金玉	龚文魁	龙文群
陈玲英	王 瑶	覃贵慧	田丽君	覃 用
覃新元	袁千红	侯金松	唐 棠	龙文安
胡锋英	董立群	罗 章	甘 霖	王纪群
吴 静	郭 娟	曾 师	陈 阳	郭 武
田 飞	袁 媛	龚振军	刘丽丽	杨晶晶
涂生根	谢远霞	周申爱	向玲英	齐 鹏
李春芳	易先忠	向娟娟	沈碧霞	雷 伟
刘凤姣	项雪英	杨新平	高华妮	吴辉建
程 伟	胡 慧	刘湘俭	刘智明	詹选波
覃满仙	盛克俭	王忠富	蔡湘玉	傅琼华
王玉娥	陈庆莲	高 云	邓玉霞	李红军
伍云丽	郑家阜	潘金平	唐胜平	向清红
林四清	谢昌云	杜雪梅	陈 旭	杨飞云
易太平	王贤明	虞德胜	田世新	皮华明
徐 驰	伍普支	程 凯	寇周辉	覃丽杏
吴 震	袁丽华	覃事东	易文龙	符杏红
杜金锋	温晓勇	朱元平	盛孝军	王万平
田益平	王 芳	孟红权	廖建国	佘炜彪
闫满堂	王中满	钟 涛	李辉荣	陈锦清
汪 佳	刘楚军	朱辉萍	汤学志	刘庆庆
胡春兰	欧 辉	杨 欢	金 华	邓助磊
王亚辉	覃道能	印道金	唐 锰	郑家凤
徐超瑜	梁 娟	覃新春	宋泽军	向家丽
杨万志	雷周武	王明明	漆海英	金华平
田富明	唐晓红	李忠莲	王华武	覃事惠
郭华忠	龚元枝	唐生辉	覃业彩	覃 茜
刘铁林	李 霞	石光兰	杨为波	龚军辉

杨梅南	刘 喻	文 菲	龙腾腾	周 艳
尹 洁	张小忠	唐洪涛	侯清武	贺易平
蔡燕燕	孙 洁	张照洲	杜 琦	龙显寿
唐为兵	王爱民	陈 军	覃 珏	王媛媛
刘小英	王贤志	叶法建	贺忠靠	魏 勇
王 军	姚 远	刘祖高	陈国平	唐碧春
刘伟伟	杨 伟	陈红平	王 朝	张 军
龚丕强	潘忠平	杨 刚	田启群	欧文博
邵启平	周耕华	冉超平	陈 简	袁文兵
何国平	杜方兵(大)		陈欣华	李拥军
王 征	陈 刚	袁兰征	黄从云	宋化炳
匡 钊	覃四化	陈栋儒	贾仕亮	杨红征
柳丙先	卓尚文	李树雄	陈银平	曹妮娜
杨益文	刘明胜	刘凡勇	董井林	陈振华
韩先佳	吴万云	侯清华	张道全	李子章
李景军	马欣欣	邓 静	陈 洁	刘进良
田梦磊	董成兰	杨玉华	胡红梅	晏湘琼
凌南斌	刘红梅	李碧辉	龚梦丽	符星丽
卓德毅	罗利平	舒山红	马慧知	曾祥爱
戴燕舞	熊晓敏	傅建华	张 翠	张 娥
罗慧君	刘兰云	杨 勇	盛银星	吴菊荣
陈 华	覃洁杰	阳 绒	郑雅芳	滕家辉
舒卫珍	张宏辉	李辉勇	李爱民	陈彩虹
张大军	王 芬	高小波	杨太元	赵 兰
王碧玲	宋 辉	易念节	万宇兰	王云龙
梅 杰	涂义安	马海燕	肖明明	占玲茹
邓 艳	马世芳	周字萍	刘成香	吴贤召
管 慧	肖 瑶	万 琼	杨智慧	涂秋平
杨 红	陈邱荣	陈国庆	梅 森	文 颉
陈 莺	李育喜	梅樱膑	伍远富	闫 红
汪泽海	罗 慧	朱一俊	贺 玉	唐生梅
杜海清	廖基国	骆 亮	马青云	毛克宇
沙珍霞	唐海涛	王志刚	王治国	张 杰
周宏亮	周仕明	向 义	陈巧玲	李 云
欧阳盼	马 勇	覃 军	覃佐知	伍本高
吴 雪	徐联盛	易辉军	易 堃	周 波
周晓华	陈 琴	邓浩然	易 波	邹化书
陶化云	张志勋	伍千华	覃事瑞	黄志杰
宋 佳	覃华荣	杨万云	覃志明	易清华
董清华	何玉霞	江 敏	李梦云	李淑群
刘伊娜	欧辉琼	覃晓春	王 琳	王先平
肖元香	熊承辉	陈新荣	陈吴华	孔 英
马雪红	肖建华	伍碧燕	叶国珍	张菊英
朱清华	宋彩华	陈泉珍	陈二妹	覃琰慧
雷明伟	杨 雄	陈昌文	陈巧清	李淑琼

漆少春 盛云华 唐丽 王春梅 覃贵辉

盛绍群 覃明洋 唐清明 高彩云 覃金玲

唐舒扬 王雅雯 唐阿玲 刘德志 周小平

刘灿荣 王文霞 黄云辉 侯希贤 马金兰

陈飞 周姣 夏永辉 向左双 马序

易凌平 皮明菊 伍洁琼 李敏 丁晶

田珍秀 侯淑芬 易金春 王旭 朱建云

覃事静 马文华 唐慧琼 朱一霞 孙建华

赵先桃 叶玉香 许海庆 申祖田 杨拥军

涂义武 涂冬云 高晶 王雪岚 李芳芳

闫华 蒋青安 李淼 成长青 于坤文

邓德坤 汪爱军 梅婷 张静 杨勇军

肖业军 严日林 徐桂芳 李佳 侯巨波

蔡立新 陈兵 陈红云 戴美华 董国喜

杜志平 付超元 贺道红 侯春红 侯红云

侯耀忠 侯忠 黄亮 贾丹华 李虹云

李晶 龙松青 梅耀明 屈建萍 宋如清

覃仕栋 唐植艳 田丽 汪国清 伍华丽

徐春年 闫金文 喻前 袁红英 袁帅

张超 张立珍 张年华 张新汉 邹黎

白雯 李碧霞 周娟 覃爱妮 宋萍

杨丽 肖忠诚 王先力 朱辉霞 易先平

周元玲 余厚军 张金玉 贺永红 覃幼

唐元初 杜雪梅 屈菊英 许俊 周云华

吴伟钢 胡廷波 董卫民 谢星 贺中秋

张雪华 吴华兰 文相永 杨敏 邢元华

向海燕 周华 向左平 苏毅 覃和平

龙欣雨 黄华平 申宝凤 金友群 唐辉群

覃佐尚 孙科干 向帅 黄继科 文书国

范绪龙 李超华 袁红 袁华 袁庆玲

袁云英 王银香 杨枝英 周翔 覃景平

龚玉福 罗海霞 覃正者 金道华 李彦慧

罗伟华 温超文 张娇 胡炎秀 李凤年

覃素芬 冉继军 严钦桃 郑琼 姜卫平

严日平 孙纯伍 曾庆玲 宋玲 马秋香

曾兰惠 陈家强 向思瑾 谭袁 刘琪

陈婉 周洁 黄敏 廖云林 胡小娟

胡亚君 朱家银 李绍红 杜悦 陈爱群

罗世永 彭侠 徐瑶 唐汇玉 杨春香

叶明芳 夏明舫 张珊珊 杨腊娥 曾海凡

宋玉玲 覃契 刘湘桃 伍涵 张忠恒

陈勇 唐植述 李泽栋 唐汇珍 唐金龙

陈艳华 刘军 邵君宝 覃世才 刘子浩

唐山 周冬芳 陈艳平 陈奕含 刘凡玲

覃道华 陈萍萍 向伟成 陈操儒 向绪泽

沈岳峰 张如云 向强国 赵思甜 李绍军

覃辉琼 唐敏 雷碧林 向华平 翁姣

向多平 王威 杨六华 杨琼 胡涛

覃玲玲 杜明 熊鑫 王金海 陈炀炀

覃高洁 姚瑶 朱佳 孙运欣 谢代化

唐美琼 陈叶倩 龚蓝 杨妮 黄国栋

覃事玲 郑涛帮 覃业顺 黄先弟 覃佐艳

马攸祥 陈艳丽 陈艳平 黄慧辉 康宏

寇君 骆海燕 王德庞 陈华英 陈思艳

刘际林 任建平 陕北平 覃兴玉 向英杰

魏丽 王君泽 赵芳 官婷婷 余智谋

覃佐晶 王云仙 田珍玲 覃事红 钟雅丽

覃美玲 罗巧琳 张炜娅 白方来 白丽

易辉知 刘霞 沈秋元 康祖章 唐汇宽

向道翠 唐生凡 戈君政 田亚军 覃业密

舒兆恩 伍岳支 王伏元 覃晔平 于心玉

余敏 龚德和 潘丽 杨小红 王伯建

唐纯党 唐汇元 陈辉云 程德春 朱柏林

吴家龙 李自林

石门县2017年90岁以上老人名录

一、百岁以上老人名录(17人)

姓　名	性别	年龄	身份证号码	家庭住址
郑小姑	女	105	432427191204111828	夹山镇三板桥村9组
刘金秀	女	105	432427191212211925	夹山镇邵福寺村12组
张宗元	男	100	432427191707070810	楚江镇双红社区037号
谢兰英	女	108	432427190910100523	易家渡镇军档桥村8组
韦育珍	女	100	43242719170118282X	白云镇悬钟峪村2组
王光朗	男	101	43242719160706371X	太平镇穿山河社区2组
屈远长	男	105	432427191203274510	磨市镇木瓜峪村7组
郑春年	女	100	432427191610104623	磨市镇南岳寺村26组
张玉枚	女	103	432427191409054820	所街乡添平所村
唐桃红	女	103	432427191411184827	所街乡黄福峪村
覃官念	男	101	432427191604055511	所街乡柳家台村12组
吴二秀	女	104	432427191311145927	南北镇雅吉村2组
覃正谷	男	104	432427191407115116	雁池乡琵琶洲2组
覃扇秀	女	103	432427191406185526	所街乡骏马溪村19组
丁庆英	女	100	43242719170425362X	三圣乡彭家堰村
欧雪珍	女	100	43242719161226302X	白云镇鹤山村2组
蔡仲春	女	103	432427191402093624	三圣乡两河村

二、90周岁以上老人名录(1243人)

姓名	性别	年龄	家庭住址	姓名	性别	年龄	家庭住址
王年珍	女	96	蒙泉镇白洋湖8组	董金秀	女	94	蒙泉镇凤凰峪村13组
易明成	男	92	蒙泉镇白洋湖居委会	田和秀	女	93	蒙泉镇凤凰峪村1组
田见堂	男	92	蒙泉镇白洋湖居委会	董月秋	男	92	蒙泉镇凤凰峪村1组
黄大海	男	91	蒙泉镇白洋湖居委会	侯尾英	女	91	蒙泉镇凤凰峪村4组
李冬英	女	92	蒙泉镇保宁桥村	潘明春	女	92	蒙泉镇凤凰峪村5组
梅世治	男	93	蒙泉镇保宁桥村1组	陈连姑	女	91	蒙泉镇凤凰峪村8组
彭小姑	女	92	蒙泉镇保宁桥村2组	田桂香	女	96	蒙泉镇花薮坪村3组
吴何秀	女	93	蒙泉镇保宁桥村4组	龙占雪	男	92	蒙泉镇花薮坪村3组

姓名	性别	年龄	家庭住址	姓名	性别	年龄	家庭住址
王冬枚	女	93	蒙泉镇花薮坪村 5 组	袁云富	男	96	蒙泉镇天子岗村 12 组
董双姑	女	95	蒙泉镇黄旗峪村 1 组	陈么姑	女	93	蒙泉镇天子岗村 2 组
侯珍先	女	94	蒙泉镇黄旗峪村 5 组	李志清	男	93	蒙泉镇天子岗村 3 组
侯香姑	女	92	蒙泉镇黄旗峪村 6 组	谢大姑	女	92	蒙泉镇天子岗村 3 组
侯耀成	男	97	蒙泉镇黄旗峪村二组	陈凤秀	女	91	蒙泉镇天子岗村 4 组
田年姑	女	92	蒙泉镇黄旗峪村七组	龚玉珍	女	93	蒙泉镇望仙树村 2 组
舒业枚	男	92	蒙泉镇将军山 7 组	陈林英	女	90	蒙泉镇望仙树村 4 组
谢家来	男	92	蒙泉镇将军山村 8 组	田桃姑	女	90	蒙泉镇下七里村 2 组
刘说姑	女	94	蒙泉镇礼阳村 1 组	陈五秀	女	90	蒙泉镇下七里村 5 组
刘妹姑	女	95	蒙泉镇礼阳村 2 组	杨金姑	女	90	蒙泉镇下七里村 5 组
王兰香	女	92	蒙泉镇两河口村 1 组	潘四姑	女	90	蒙泉镇下七里村 5 组
胡凡该	男	93	蒙泉镇两河口村 5 组	杜青支	女	90	蒙泉镇下七里村 6 组
申二秀	女	92	蒙泉镇梅家河村 4 组	潘保玉	女	90	蒙泉镇夏家巷居委会
邓瑞姑	女	94	蒙泉镇梅家河村 5 组	舒德春	男	90	蒙泉镇夏家巷居委会
杨么姑	女	94	蒙泉镇梅家河村一组	舒玲香	女	90	蒙泉镇夏家巷居委会 2 组
董玉美	女	92	蒙泉镇潘家铺村 8 组	汪秋香	女	90	蒙泉镇羊毛滩 4 组
熊福珍	女	94	蒙泉镇潘家铺村三组	覃兰英	女	90	蒙泉镇羊毛滩 8 组
杨保初	女	91	蒙泉镇潘家铺社区 4 组	董金绒	女	90	蒙泉镇羊毛滩村
袁年姑	女	91	蒙泉镇上七里村	杨大姐	女	95	蒙泉镇羊毛滩村 3 组
舒三姑	女	93	蒙泉镇上七里村 3 组	陈佑陔	男	90	蒙泉镇羊毛滩村 8 组
刘柳英	女	96	蒙泉镇上五通 7 组	陈纯溪	男	90	蒙泉镇羊毛滩村六组
陈松枝	女	92	蒙泉镇上五通村	郭庭云	女	90	蒙泉镇羊毛滩村四组
饶奎香	女	93	蒙泉镇上五通村 2 组	王么妹	女	90	蒙泉镇中午通 1 组
汪菊香	女	91	蒙泉镇上五通村 3 组	宋玉兰	女	90	蒙泉镇中午通村 5 组
黄德球	男	91	蒙泉镇上五通村 4 组	侯延建	男	93	蒙泉镇黄旗峪村二组
赵元香	女	92	蒙泉镇上五通村 4 组	舒元姑	女	90	蒙泉镇夏家巷居委会 4 组
杨大姐	女	91	蒙泉镇上五通村 6 组	蔡照堂	男	90	蒙泉镇上七里 4 组
文振大	女	92	蒙泉镇孙家嘴村 4 组	梅世右	男	95	蒙泉镇上七里 5 组
汪梅柒	男	95	蒙泉镇孙家嘴村一组	田井堂	男	90	蒙泉镇黄旗峪村 3 组
王秀兰	女	91	蒙泉镇梭金山村	康文德	男	90	蒙泉镇白洋湖社区 8 组
高奎秀	女	94	蒙泉镇梭金山村 3 组	董贵枝	女	90	蒙泉镇凤凰峪村 3 组
舒么姑	女	92	蒙泉镇梭金山村 3 组	余松秀	女	90	蒙泉镇上五通村 4 组
冯艮香	女	92	蒙泉镇梭金山村 4 组	余玉翠	女	90	蒙泉镇上五通村 4 组
覃黄英	女	93	蒙泉镇天子岗村	廖谷香	女	90	蒙泉镇羊毛滩村 7 组
佘桃英	女	91	蒙泉镇天子岗村	陈偶英	女	90	蒙泉镇羊毛滩村 4 组

姓名	性别	年龄	家庭住址	姓名	性别	年龄	家庭住址
舒二秀	女	90	蒙泉镇上七里村7组	陈庆英	女	92	夹山镇姊妹1组
才兆堂	男	90	蒙泉镇上七里村4组	骆葱姑	男	92	夹山镇青玄4组
龙大妹	女	90	蒙泉镇羊毛滩村6组	孟炎支	女	94	夹山镇青玄山社区16组
杜久安	男	91	蒙泉镇白洋湖墟场	龚翠姑	女	93	夹山镇 姊妹村3组
酉世岸	男	90	蒙泉镇下七里村4组	游冬梅	女	94	夹山镇桂花村
唐春兰	女	90	蒙泉镇梅家河村1组	杨春妹	女	91	夹山镇中坪村9组
龚桂香	女	90	蒙泉镇望仙树村5组	韩思耀	男	92	夹山镇桂花3组
龙兰英	女	91	蒙泉镇上五通村7组	覃梅香	女	94	夹山镇汉丰村
刘松枝	女	90	蒙泉镇望仙树村6组	胡光伯	男	92	夹山镇汉阳1组
侯令训	男	90	蒙泉镇望仙树村2组	贺妹姑	女	92	夹山镇汉阳5组
徐恒芝	女	90	蒙泉镇望仙树村1组	吴大姑	女	92	夹山镇联合4组
覃明	男	90	蒙泉镇望仙树村3组	张凡姑	女	91	夹山镇孙家村东周4组
肖么姑	女	91	夹山镇双龙村长龙16组	贺云申	男	92	夹山镇联合6组
杨大姑	女	94	夹山镇双龙村9组	廖金秀	女	92	夹山镇三板6组
唐炎姑	女	92	夹山镇东泉5组	陈家吾	男	91	夹山镇三板桥南门9组
王梅姑	女	93	夹山镇东泉8组	刘么姑	女	96	夹山镇邵福寺村何岗8组
杜云吾	男	91	夹山镇浮坪村1组	杜春姑	女	92	夹山镇何岗7组
汪冬枝	女	91	夹山镇浮坪嘴村4组	王奎香	女	91	夹山镇邵福寺村12组
蔡月桂	女	92	夹山镇官渡1组	蒋元莲	女	92	夹山镇停队9组
王广云	男	91	夹山镇夹山镇栗山村晓星2组	龚玉林	女	92	夹山镇邵福寺村停队16组
匡支姑	女	93	夹山镇灌坪11组	王翠姑	女	92	夹山镇下官10组
向珍姑	女	95	夹山镇栗山坡村灌坪6组	刘奎香	女	92	夹山镇下官7组
宋小姑	女	99	夹山镇栗山坡村灌坪19组	贺四姑	女	92	夹山镇杨坪1组
董妹姑	女	92	夹山镇栗山村灌坪18组	刘松庭	男	91	夹山镇杨坪村9组
宋水姑	男	91	夹山镇栗山村灌坪5组	唐秀英	女	91	夹山镇杨坪村昂头2组
宋光和	男	92	夹山镇灌坪4组	邓玉人	男	99	夹山镇杨坪村下官6组
晏桂姑	女	95	夹山镇青玄山社区14组	梁定秀	女	91	夹山镇孙家村东周2组
舒美英	女	97	夹山镇青玄山社区居委会1组	肖武益	男	90	夹山镇桂花村桂花2组
汪桂英	女	96	夹山镇新花村花南堰5组	刘天次	男	90	夹山镇枣峰村7组
卓仁贵	女	96	夹山镇汉丰村汉丰12组	杨二姑	女	90	夹山镇青玄村
陈瑞姑	女	95	夹山镇新花村新泉7组	刘家秋	女	90	夹山镇邵福寺村
吴元秀	女	91	夹山镇新花村新泉6组	胡月香	女	90	夹山镇新花村5组
肖娥姑	女	94	夹山镇东泉村	谷姣枝	女	90	夹山镇两合村7组
李梅真	女	91	夹山镇西周村15组	郑华堂	男	90	夹山镇浮坪村7组
张金年	女	94	夹山镇东泉村1组	陈任年	女	90	夹山镇两合村10组

姓名	性别	年龄	家庭住址	姓名	性别	年龄	家庭住址
吴粉姑	女	90	夹山镇桂花村3组	马少凡	男	91	宝峰街道竹园塔7组
龚么秀	女	90	夹山镇杨坪村昂头3组	易凡林	女	96	宝峰街道宝塔2组
杜福斋	男	90	夹山镇三板桥社区居委会	单云庭	男	95	宝峰街道宝塔9组
曹金枝	女	90	夹山镇夹山镇邵福11组	高月姑	女	92	宝峰街道宝塔12组
覃年喜	女	91	夹山镇夹山镇三板四都13组	董云林	男	91	宝峰街道宝塔血防院
马妹姑	女	90	夹山镇栗山9组	才代荣	男	93	宝峰街道地税局宿舍
汪景秀	女	90	夹山镇孙孙家村	杨枚姑	女	94	宝峰街道黄泥岗社区11组
陈胜年	女	90	夹山镇桂花村	贾二秀	女	91	宝峰街道黄泥岗社区6组
张青友	女	90	夹山镇栗山村晓星5组	梁典守	男	96	宝峰街道七松社区七松10组
贺忠明	男	90	夹山镇栗山村栗山11组	贺容秀	女	96	宝峰街道七松社区七松15组
易先志	男	90	夹山镇邵福寺村13组	喻二秀	女	94	宝峰街道七松社区向家坪7组
陈敬川	男	90	夹山镇两合村新岗11组	胡家振	男	93	宝峰街道七松社区向家坪6组
刘金枝	女	90	夹山镇三板桥社区四都14组	李腊英	女	91	宝峰街道七松社区清河4组
杨松林	男	90	夹山镇两合村新岗11组	夏友珍	女	96	宝峰街道双新一片七组
晏友生	男	90	夹山镇青玄社区8组	邢金枝	女	93	宝峰街道双新二片五组
宋善初	男	91	夹山镇栗山村灌坪10组	谢二秀	女	97	宝峰街道曹家棚社区11组
张雪姑	女	90	夹山镇两合村新岗10组	李根凤	女	97	宝峰街道曹家棚社区7组
张桃姑	女	90	夹山镇杨坪社区下官4组	江功辉	女	95	宝峰街道曹家棚社区12组
王苏元	女	90	夹山镇官渡社区青峰6组	康卯秀	女	94	宝峰街道曹家棚社区6组
郭宗槐	男	90	夹山镇栗山晓星11组	王妹秀	女	95	宝峰街道曹家棚社区10组
杨昌清	女	90	夹山镇双龙16组	孙清香	女	90	宝峰街道曹家棚社区12组
杨栋成	男	90	夹山镇东泉4组	饶金枝	女	90	宝峰街道天供山2组
唐幺姑	女	99	宝峰街道花山村1组	江正秀	女	90	宝峰街道月亮山社区3组
刘秀南	女	96	宝峰街道花山村3组	王伏秀	女	90	宝峰街道中渡社区8组
胡双凤	女	94	宝峰街道花山村2组	许凤英	女	90	宝峰街道宝塔社区2组
徐梅英	女	92	宝峰街道花山村6组	朱植树	男	90	宝峰街道宝塔社区8组
喻么姑	女	94	宝峰街道新坪社区13组	邢协银	男	90	宝峰街道月亮山
王承双	男	92	宝峰街道新坪社区8组	刘运来	男	90	宝峰街道中渡
向荣泽	男	92	宝峰街道中渡碧岩新村	鲁秋英	女	90	宝峰街道宝塔
罗淑霞	女	91	宝峰街道中渡社区	丁翠兰	女	90	二都街道牌楼社区5组
陈国良	男	95	宝峰街道中渡社区	贺求珍	女	90	二都街道牌楼社区2组
黄先秘	男	91	宝峰街道碧岩新村	周孝林	女	90	二都街道牌楼社区4组
项圣明	男	98	宝峰街道竹园塔3组	覃遵谷	男	90	二都街道牌楼社区2组
胡文萍	女	92	宝峰街道竹园塔8组	黄常金	男	90	二都街道牌楼社区3组
欧阳令炳	男	92	宝峰街道竹园塔6组	周松珍	女	90	二都街道牌楼社区2组

姓名	性别	年龄	家庭住址	姓名	性别	年龄	家庭住址
马腊秀	女	97	二都街道双龙社区 2 组	文玉枚	女	90	楚江街道观山社区
宋甲秀	女	92	二都街道双龙社区 5 组	杨顺琼	女	90	楚江街道观山社区
郑丹秀	女	92	二都街道双龙社区 7 组	邓元德	男	90	楚江街道观山社区
覃正秀	女	90	二都街道双龙社区 5 组	王炳南	男	94	楚江街道观山社区(溧阳申报)
周小姑	女	96	二都街道土山社区 16 组	邓美华	女	94	楚江街道观山社区站区路 110 号
易么秀	女	96	二都街道千烽社区 10 组	覃星秀	女	93	楚江街道荷花白云路小区
易继云	男	90	二都街道千烽社区 4 组	秦次元	女	97	楚江街道荷花社区
马么秀	女	95	二都街道南峰社区 5 组	刘连香	女	96	楚江街道荷花社区
覃道环	男	93	二都街道南峰社区 1 组	徐育松	男	96	楚江街道荷花社区
喻金枝	女	93	二都街道南峰社区 8 组	徐自作	男	93	楚江街道荷花社区
杨耀云	男	90	二都街道金云观 9 组	伍本学	男	94	楚江街道荷花社区
朱祁国	男	90	二都街道南峰社区 5 组	李淑华	女	92	楚江街道荷花社区
马雪珍	女	90	二都街道南峰社区 1 组	王庆佐	男	90	楚江街道荷花社区
王六姑	女	93	二都街道卫星社区 2 组	郭光新	男	90	楚江街道荷花社区
赵安都	男	91	二都街道卫星 4 组	丁良田	男	94	楚江街道荷花寺峪湾小区
杨申秀	女	90	二都街道卫星 2 组	杨锡明	男	92	楚江街道红土社区
马么姑	女	90	二都街道卫星 2 组	李元冬	男	91	楚江街道红土社区
肖菊香	女	90	二都街道高桥 3 组	叶冬梅	女	92	楚江街道红土社区 6 组
陈宏海	男	94	二都街道陈氏祠 2 组	周六英	女	93	楚江街道老西门航运公司
杨纯长	男	90	二都街道陈氏祠 11 组	邓兆淑	女	99	楚江街道老西门九澧小区
李金书	男	90	二都街道陈氏祠 12 组	覃业绪	男	94	楚江街道老西门老物资局
苏桃英	女	94	楚江街道二天门居委会	李六葱	女	95	楚江街道老西门马家巷 002 号
常福元	男	96	楚江街道观山社区	文志昂	男	96	楚江街道老西门明珠庭院 13 号
杨昌大	男	94	楚江街道观山曹家垱小区	杨静芝	女	93	楚江街道老西门清泉路二轻局宿舍
吴秀英	女	94	楚江街道观山曹家垱小区	郑先玉	女	95	楚江街道老西门社区
王炳娥	女	93	楚江街道观山曹家垱小区	赵楚云	女	95	楚江街道老西门社区
李原宏	男	95	楚江街道观山社区	邓香珍	女	93	楚江街道老西门社区
刘长秀	女	91	楚江街道观山社区	曲福堂	男	93	楚江街道老西门社区
徐述建	女	90	楚江街道观山社区	王一鸣	男	92	楚江街道老西门社区
王喜孟	男	90	楚江街道观山社区	胡友章	女	92	楚江街道老西门社区
陈崇银	男	90	楚江街道观山社区	朱寿华	男	92	楚江街道老西门社区
陈世柳	男	90	楚江街道观山社区	董柏林	男	92	楚江街道老西门社区
汤永谷	男	90	楚江街道观山社区	鲁乐乎	男	92	楚江街道老西门社区
聂克恒	男	91	楚江街道观山社区	聂齐菊	女	91	楚江街道老西门社区
刘楚云	女	90	楚江街道观山社区	李明忠	男	91	楚江街道老西门社区

姓名	性别	年龄	家庭住址	姓名	性别	年龄	家庭住址
黄年珍	女	91	楚江街道老西门社区	李经元	男	92	楚江街道闫家溶村 17 组
范云翠	女	91	楚江街道老西门社区	闫再姑	女	97	楚江街道闫家溶村 23 组
高家林	男	91	楚江街道老西门社区	闫先仲	男	92	楚江街道闫家溶村 2 组
伍百载	男	91	楚江街道老西门社区	付冬英	女	91	楚江街道闫家溶社区
苏太淑	男	90	楚江街道老西门社区	闫先春	男	91	楚江街道闫家溶社区
覃银娥	女	92	楚江街道老西门社区电影庭院	李开林	女	91	楚江街道闫家溶社区
陈桂林	女	93	楚江街道老西门社区九澧怡园小区	杨腊英	女	90	楚江街道龙凤社区 9 组
袁学堂	男	92	楚江街道老西门社区澧阳西路 023 号	姜仁梅	女	90	楚江街道荷花社区
陈宋保	男	93	楚江街道老西门印刷厂庭院	岳雪梅	女	90	楚江街道龙凤社区 5 组
占云清	男	91	楚江街道龙凤社区	杨荣诗	男	90	楚江街道荷花社区
冯依清	男	91	楚江街道龙凤社区	何安珍	女	90	楚江街道双红社区
梁福珍	女	90	楚江街道龙凤社区	张必振	男	90	楚江街道荷花社区
付冠全	男	90	楚江街道龙凤社区	黄菊仙	女	90	楚江街道老西门社区
刘桂姑	女	90	楚江街道龙凤社区	冉德位	男	90	楚江街道老西门社区
杨大姑	女	94	楚江街道龙凤社区四分场	才代宣	男	90	楚江街道红土社区一组
周钰成	男	94	楚江街道渫阳夹板峪路 030 号	吴二秀	女	93	永兴街道新厂 7 组
龚阳春	男	96	楚江街道渫阳社区	向秋年	女	90	永兴街道新厂 1 组
孔鲁翘	男	95	楚江街道渫阳社区	陈绍湘	男	90	永兴街道新厂 8 组
张略化	男	100	楚江街道渫阳社区	王四姑	女	90	永兴街道新厂
梁定才	男	92	楚江街道渫阳社区	邓永秋	男	90	永兴街道新厂社区
陈长玉	女	92	楚江街道渫阳社区	王金秀	女	90	永兴街道新厂三组
王桂珍	女	92	楚江街道渫阳社区	龚孝姑	女	90	永兴街道新厂 8 组
唐枚英	女	92	楚江街道渫阳社区	屈二秀	女	90	永兴街道新厂 4 组
陈香英	女	91	楚江街道渫阳社区	涂福圣	男	90	永兴街道永固社区 3 组
周延先	男	91	楚江街道渫阳社区	涂付凤	男	90	永兴街道永固 16 组
吴传贤	男	93	楚江街道渫阳社区	朱文玉	男	90	永兴街道刘家坪居委会
邓奎香	女	90	楚江街道渫阳社区	申祖武	男	90	永兴街道刘家坪社区
熊金兰	女	90	楚江街道渫阳社区	龚玉秀	女	90	永兴街道刘家坪居委会
陈祖银	男	90	楚江街道渫阳社区	王二秀	女	90	永兴街道刘家坪 1 组
张树锡	男	90	楚江街道渫阳社区	涂么秀	女	90	永兴街道刘家坪 26 组
张友耀	男	94	楚江街道渫阳小区商业小区	杨三秀	女	90	永兴街道刘家坪 20 组
邢全珍	女	92	楚江街道闫家溶社区	涂生玉	男	90	永兴街道杨二汊居委会
杨梅英	女	96	楚江街道闫家溶村 15 组	申金年	女	90	永兴街道杨二汊 8 组
石翠珍	女	93	楚江街道闫家溶村 17 组	余冬秀	女	91	永兴街道杨二汊 5 组
肖腊凤	女	92	楚江街道闫家溶村 17 组	陈任秀	女	91	永兴街道杨二汊 10 组

姓名	性别	年龄	家庭住址	姓名	性别	年龄	家庭住址
周祖娥	男	90	永兴街道杨二汊 12 组	刘叔英	女	91	易家渡镇塘上铺村 4 组
胡相姐	女	90	永兴街道杨二汊 5 组	陈么秀	女	90	易家渡镇塘上铺村 8 组
李翠香	女	90	永兴街道杨二汊社区 8 组	杨夕鄂	男	90	易家渡镇塘上铺村 9 组
曾召丙	男	90	永兴街道双桥村	孙家奇	男	91	易家渡镇塘上铺村 9 组
刘腊珍	女	92	永兴街道双桥 4 组	许道忠	男	90	易家渡镇叶家坪村 10 组
刘世元	男	90	永兴街道双桥 1 组	许道春	男	90	易家渡镇叶家坪村 10 组
杨景兰	女	90	永兴街道双桥 4 组	叶大秀	女	90	易家渡镇叶家坪村 11 组
杨计洲	男	90	永兴街道双桥 3 组	鲁玉芬	女	90	易家渡镇叶家坪村 11 组
黄淑姐	女	93	永兴街道双桥 9 组	叶文波	男	90	易家渡镇叶家坪村 3 组
闫金香	女	90	永兴街道双桥 7 组	叶银春	女	90	易家渡镇叶家坪村 6 组
闫先仲	男	90	永兴街道双溪社区	池大姐	女	90	易家渡镇叶家坪村 9 组
王玉林	女	90	永兴街道双溪 3 组	叶济川	男	91	易家渡镇易家渡居委会
陈宗海	男	90	永兴街道双溪 10 组	桑梅珍	女	90	易家渡镇易家渡居委会 10 组
邢伏秀	女	90	永兴街道刘家坪 28 组	申玉香	女	90	易家渡镇易家渡居委会 11 组
陈传清	男	90	永兴街道双桥 3 组	叶远纪	女	90	易家渡镇易家渡居委会 1 组
屈桃秀	女	90	永兴街道永固社区 1 组	刘春珍	女	90	易家渡镇易家渡居委会 3 组
涂自爱	男	90	永兴街道双溪社区 4 组	赵开凡	女	90	易家渡镇易家渡居委会 6 组
刘七姑	女	90	永兴街道新厂社区 5 组	许翠英	女	91	易家渡镇易家渡居委会 7 组
林全秀	女	90	永兴街道新厂社区 7 组	向伏秀	女	90	易家渡镇易家渡居委会
肖玉秀	女	90	易家渡镇丁家山村 1 组	邢香桂	女	90	易家渡镇易家渡居委会
丁定泉	男	90	易家渡镇丁家山村 2 组	徐玉林	女	93	新关镇松林村 10 组
叶甲英	女	90	易家渡镇丁家山村 4 组	项么姑	女	93	新关镇新桥社区
邢协万	男	90	易家渡镇军档桥村	梁从珍	女	92	新关镇新关社区 1 组
杨大秀	女	90	易家渡镇军档桥村 12 组	杨其玉	女	92	新关镇五柱村 13 组
阳元成	男	90	易家渡镇军档桥村 8 组	邓冬英	女	92	新关镇新桥社区 34 组
黎秋姐	女	93	易家渡镇军挡桥村	王玉翠	女	92	新关镇松林村 21 组
裴金珍	女	90	易家渡镇盘山庙村	刘光仪	女	91	新关镇新桥社区 5 组
岳国海	男	90	易家渡镇盘山庙村	杨曾德	男	91	新关镇新关社区 14 组
李得菊	女	91	易家渡镇盘山庙村 6 组	谭申玉	女	91	新关镇新桥社区 7 组
钟克清	男	90	易家渡镇盘山庙村 9 组	闫腊英	女	91	新关镇新桥社区 1 组
叶文年	男	90	易家渡镇冉家坪村 1 组	涂金珍	女	90	新关镇长岭村 6 组
何传秀	女	90	易家渡镇冉家坪村 2 组	唐桂芝	女	90	新关镇五桂村 5 组
冉良成	男	90	易家渡镇冉家坪村 2 组	胡妹珍	女	90	新关镇五桂村 5 组
于玉珍	女	90	易家渡镇冉家坪村 4 组	吴丕年	女	90	新关镇五桂村 16 组
马秀英	女	90	易家渡镇塘上铺村	王传东	男	90	新关镇松林村 6 组

姓名	性别	年龄	家庭住址	姓名	性别	年龄	家庭住址
邓天畔	男	90	新关镇长岭村 6 组	冉福林	女	90	新铺镇青狮岭村
王克槐	男	90	新关镇新关社区 8 组	刘志爱	女	90	新铺镇真武殿村
涂和珍	女	90	新关镇松林村 10 组	胡秋娥	女	90	新铺镇羊子垭社区
曾协珍	女	90	新关镇长岭村 6 组	龙雪姑	女	90	新铺镇圈门铺村 7 组
张金元	男	91	新铺镇大柳树村	唐长义	男	90	新铺镇土桥铺村 11 组
金雪英	女	93	新铺镇河曲峪村	朱茂翠	女	90	新铺镇岳家棚村泉水洞 7 组
涂小姑	女	91	新铺镇河曲峪村	刘志爱	女	91	新铺镇真武殿村凉亭垭片 9 组
黄作生	男	90	新铺镇黄家峪村	张大纯	男	91	新铺镇真武殿村 6 组
赵约初	男	91	新铺镇黄木岗村	柴玉兰	女	90	新铺镇黄木岗村 9 组
冉永太	男	91	新铺镇黄溪峪村	肖友英	女	90	新铺镇西溪峪村 3 组
熊竹英	女	96	新铺镇黄溪峪村	喻定再	女	91	新铺镇西溪峪村 2 组
刘绒珍	女	93	新铺镇开化寺村	刘玉珍	女	90	新铺镇天池堰村 2 组
陈么银	女	91	新铺镇龙家坪村	丁冬枚	女	90	新铺镇新铺社区东湾片 1 组
温克贵	女	94	新铺镇龙家坪村	朱秋英	女	90	新铺镇新铺社区东湾片 10 组
崔昌桂	男	90	新铺镇千斤塔村	黄金南	女	90	新铺镇大柳树村 9 组
陆绍气	男	92	新铺镇千斤塔村	杜清珍	女	90	新铺镇岳家棚村 9 组
黎孝宇	男	93	新铺镇青狮岭村	怀宝庆	男	90	新铺镇开化寺村 12 组
陈国秀	女	91	新铺镇双堰堤村	丁敏传	男	98	皂市镇桅岗村 2 组
孙兆否	男	91	新铺镇双堰堤村	熊成元	女	95	皂市镇朱坪居委会 4 组
汪良珍	女	94	新铺镇双堰堤村	卢金珍	女	95	皂市镇朱坪居委会 4 组
张琼英	女	93	新铺镇双堰堤村	陈桂羲	女	95	皂市镇白沙渡村 3 组
祝四秀	男	92	新铺镇天池堰村	文金娥	女	96	皂市镇桅岗村 2 组
卜功盛	男	90	新铺镇西溪峪村	李宜管	男	95	皂市镇十坪村 5 组
岳奎珍	女	92	新铺镇西溪峪村	杨兰珍	女	95	皂市镇十坪村 1 组
杨竹青	女	92	新铺镇新铺社区	汤叔珍	女	95	皂市镇桅岗村 4 组
龚桃姑	女	94	新铺镇新堰口村	陈贤忠	男	95	皂市镇白合观村 3 组
程云林	女	91	新铺镇羊子垭村	张任秀	女	94	皂市镇廖家坪村 3 组
刘青林	女	94	新铺镇营盘岗村	覃伏存	男	94	皂市镇廖家坪村 4 组
孙明楚	男	90	新铺镇岳家棚村	刘贵珍	女	94	皂市镇岩湾村 2 组
刘建云	男	91	新铺镇中河铺村	杨成姑	女	94	皂市镇万仞洞村 5 组
张先玉	女	90	新铺镇土桥铺村	冷丛春	女	93	皂市镇白沙渡村 3 组
岳银珍	女	90	新铺镇土桥铺村	揭名岸	男	93	皂市镇朱坪社区 4 组
李才玉	女	90	新铺镇黄溪峪村	赵玉英	女	93	皂市镇皂市居委会 1 组
张先富	男	90	新铺镇营盘岗村	单绪秀	女	93	皂市镇岩湾村 5 组
黎金香	女	90	新铺镇青狮岭村	岳友翠	女	93	皂市镇白沙渡村 1 组

姓名	性别	年龄	家庭住址	姓名	性别	年龄	家庭住址
刘梅娥	女	92	皂市镇桅岗村5组	黄玉珍	女	90	皂市镇皂市居委会4组
龚超英	女	92	皂市镇白沙渡村3组	李育畔	男	90	皂市镇十坪村6组
曹子科	男	92	皂市镇岳家铺村4组	邱大姐	女	90	皂市镇十坪村6组
梁功淑	女	92	皂市镇桅岗村1组	刘万地	女	90	皂市镇桅岗村2组
汤全玉	男	92	皂市镇岩湾村5组	张月珍	女	90	皂市镇天鹅山村3组
肖必春	男	92	皂市镇岩湾村5组	单伏珍	女	90	皂市镇岩湾村4组
刘湘翠	女	92	皂市镇皂市居委会1组	郭常文	女	94	皂市镇皂市居委会1组
周泽春	男	92	皂市镇桅岗村7组	项圣南	女	93	皂市镇朱坪居委会4组
张光玉	女	91	皂市镇岳家铺村4组	谯吉兰	女	92	皂市镇皂市镇中心街092号
朱安青	女	91	皂市镇廖家坪村	谭庆英	女	90	皂市镇岩湾村2组
黄登计	男	93	皂市镇皂市居委会1组	谭申远	男	91	皂市镇白沙渡村3组
王保姐	女	91	皂市镇白沙渡村1组	杨宗秀	女	90	皂市镇皂市居委会2组
江桂珍	女	92	皂市镇朱坪居委会1组	程望珍	女	90	皂市镇皂市居委会4组
杨多文	男	91	皂市镇十坪村4组	周枚珍	女	90	皂市镇十坪村4组
刘么姐	女	91	皂市镇白沙渡村6组	覃协兰	女	90	皂市镇十坪村3组
刘金兰	女	91	皂市镇十坪村3组	周淑珍	女	90	皂市镇白沙渡村3组
邓汉珍	女	91	皂市镇岩湾村3组	马月珍	女	90	皂市镇万仞洞村1组
金菊珍	女	91	皂市镇桅岗村5组	易法金	男	90	皂市镇万仞洞村4组
杨宗元	男	91	皂市镇朱坪居委会6组	彭任香	女	92	白云镇白羊山村4组
李云曾	男	90	皂市镇岩湾村6组	未贵兰	女	94	白云镇白羊山村6组
汪艮秀	女	90	皂市镇桅岗村3组	刘坤元	男	91	白云镇白羊山村9组
汪玉珍	女	90	皂市镇十坪村1组	文敬德	男	93	白云镇鹤山村
岳桂珍	女	90	皂市镇岩湾村2组	叶远凤	女	94	白云镇
黄善化	女	90	皂市镇皂市居委会6组	桑武秀	女	91	白云镇鹤山村8组
单绪吉	男	91	皂市镇岩湾村6组	肖良玉	女	91	白云镇望羊桥社区4组
李元清	女	90	皂市镇桅岗村6组	苏奎香	女	92	白云镇望羊桥社区5组
田家荣	男	91	皂市镇朱坪居委会4组	戴玉兰	女	96	白云镇望羊桥社区10组
尹秋贵	女	90	皂市镇万仞洞村1组	唐西奎	男	90	白云镇望羊桥社区6组
余兴汉	男	90	皂市镇岩湾村6组	唐会英	女	90	白云镇望羊桥社区
李宜珍	男	90	皂市镇白沙渡村2组	李清梅	女	98	白云镇青龙桥村1组
汤明兰	女	90	皂市镇十坪村1组	刘湘桃	男	92	白云镇青龙桥村4组
刘宗英	女	90	皂市镇岳家铺村4组	陈安贤	男	99	白云镇青龙桥村8组
文书欣	男	90	皂市镇天鹅山村3组	高国元	男	91	白云镇青龙桥村3组
杨玉珍	女	90	皂市镇十坪村2组	陈章万	男	93	白云镇青龙桥村4组
孙继淑	女	90	皂市镇朱坪居委会7组	贾玉珍	女	95	白云镇竹巷口村11组

姓名	性别	年龄	家庭住址	姓名	性别	年龄	家庭住址
蒋世瑞	男	92	白云镇竹巷口村10组	苏世英	女	93	白云镇苏家湾村1组
周先珍	女	91	白云镇竹巷口村4组	苏世核	男	94	白云镇苏家湾村4组
卓志平	女	91	白云镇竹巷口村6组	邓善生	男	96	白云镇苏家湾村5组
李运娥	女	91	白云镇竹巷口村4组	梁香珍	女	91	白云镇苏家湾村7组
李官柏	男	91	白云镇竹巷口村8组	李秀英	女	91	白云镇苏家湾村4组
欧菊珍	女	90	白云镇竹巷口村8组	苏金兰	女	95	白云镇北峪湾村1组
覃仕玉	女	95	白云镇竹巷口村7组	文丛珍	女	96	白云镇北峪湾村3组
张玉年	女	91	白云镇王家堰村3组	张三姐	女	93	白云镇北峪湾村4组
占云耀	男	98	白云镇王家堰村11组	苏太顺	男	93	白云镇北峪湾村6组
贾香珍	女	99	白云镇鸡鸣桥村3组	吴誉英	女	95	白云镇北峪湾村7组
田长香	女	92	白云镇鸡鸣桥村4组	才代英	女	97	白云镇北峪湾村10组
洪腊英	女	92	白云镇鸡鸣桥村7组	张万桃	男	91	白云镇北峪湾村11组
刘香枚	女	91	白云镇鸡鸣桥村7组	才代领	男	91	白云镇北峪湾村1组
彭桂珍	女	91	白云镇鸡鸣桥村6组	盛联陛	男	90	维新镇重阳树村
张万文	男	90	白云镇鸡鸣桥村5组	郑雪文	女	90	维新镇重阳树村
陈玉双	女	91	白云镇悬钟峪村2组	李元汉	男	90	维新镇崔家井村
刘序春	男	93	白云镇悬钟峪村7组	伍本科	男	91	维新镇古城堤村
梁典金	男	94	白云镇三合山村3组	盛阳春	女	90	维新镇峡峪河村
周二秀	女	93	白云镇三合山村5组	钟发礼	男	90	维新镇严家山村
刘康慨	男	93	白云镇三合山村4组	宋运祥	男	91	维新镇范银湾村
贾国祥	女	91	白云镇白云桥社区3组	潘贵支	男	90	维新镇古城堤村18组
李子年	女	95	白云镇白云桥社区5组	覃道善	男	90	维新镇大堰场村下坪1组
李子英	女	93	白云镇白云桥社区5组	牟烟秀	女	90	维新镇观峰山村冷风垭8组
孟泽兰	女	96	白云镇白云桥社区8组	李育玉	女	90	维新镇上坪村7组
贾枚珍	女	91	白云镇白云桥社区8组	周玉翠	女	90	维新镇崔家井村杨木坪片
彭济伏	女	91	白云镇白云桥社区7组	胡玉兰	女	90	维新镇崔家井村5组
涂福年	女	91	白云镇筑坝桥村2组	邱贵英	女	90	维新镇大堰场村7组
李育述	男	91	白云镇筑坝桥村7组	刘凡章	男	90	维新镇崔家井村
龚道秋	女	92	白云镇筑坝桥村8组	胡谷香	女	90	维新镇维新场村
陈集香	男	92	白云镇筑坝桥村8组	余秋香	女	90	维新镇严家山村
刘从珍	女	92	白云镇筑坝桥村11组	丁敦林	男	90	维新镇金岭坡村
廖衍浓	女	94	白云镇筑坝桥村12组	江维纪	男	90	维新镇阳虎峪村
张申普	男	93	白云镇美圣桥村2组	伍梅娥	女	90	维新镇峡峪河村
肖必系	男	94	白云镇美圣桥村4组	盛任娥	女	90	维新镇中渡水村12组
苏世校	男	90	白云镇美圣桥村1组	覃道云	女	90	维新镇中渡水村3组

姓名	性别	年龄	家庭住址	姓名	性别	年龄	家庭住址
盛新娥	女	90	维新镇观峰山村张家山 4 组	朱本治	女	93	三圣乡河口村
郑桂珍	女	90	维新镇中渡水村 7 组	张建翠	女	92	三圣乡北岔村
李珍英	女	90	维新镇崔家井村	胡忠烟	男	92	三圣乡百红村
候秀珍	女	90	维新镇观峰山村	黎桂英	女	93	三圣乡山羊冲村
朱彐娥	女	90	维新镇汤溪峪村	钟凤翠	女	92	三圣乡杜家岗村
蔡先珍	女	90	维新镇严家山村 4 组	丁甲传	女	92	三圣乡杜家岗村
周尔珍	女	90	维新镇中渡水村 11 组	丁先知	男	92	三圣乡三圣庙村
伍金玉	女	90	维新镇中渡水村 5 组	杜方祖	男	92	三圣乡杜家岗村
邹敬德	男	90	维新镇严家山村 1 组	严近珍	女	92	三圣乡天门垭村
黄月娥	女	90	维新镇万家桥村 7 组	云正标	男	91	三圣乡北流溪村
伍玉绒	女	90	维新镇常家峪村 2 组	王东山	男	92	三圣乡彭家堰村
朱化娥	女	90	维新镇冷风垭村 1 组	李仁芳	女	91	三圣乡河口村
覃银娥	女	90	维新镇中渡水村 15 组	刘翠英	女	91	三圣乡象牙坪村
周春娥	女	90	维新镇严家山村 4 组	郑玲香	女	91	三圣乡两河村
江世勋	男	90	维新镇冷风垭村 7 组	张建知	男	91	三圣乡北岔村
于贤成	男	90	维新镇汤溪峪村 7 组	袁先佐	男	91	三圣乡白临桥村
宋卯秀	女	90	维新镇团坝峪 3 组	华克庆	男	91	三圣乡河口村
陈学容	男	90	维新镇下坪 7 组	杨一秀	女	91	三圣乡杜家岗村
龙三姑	女	95	三圣乡彭家堰村	刘湘建	男	91	三圣乡三圣庙社区
黄明悦	男	95	三圣乡彭家堰村	丁兰次	男	91	三圣乡三圣庙社区
丁南英	女	93	三圣乡彭家堰村	江正大	男	92	三圣乡两河村
肖良成	男	94	三圣乡百红村	袁先玉	男	90	三圣乡白临桥村
李玉阶	男	94	三圣乡天门垭村	周先政	男	90	三圣乡北流溪村
张雪姑	女	93	三圣乡天门垭村	丁银年	女	90	三圣乡三圣庙村
邵国银	男	95	三圣乡象牙坪村	邵汉英	女	90	三圣乡刘家峪村
张先汉	男	94	三圣乡杜家岗村	张翠兰	女	90	三圣乡杜家岗村
肖冰贵	男	93	三圣乡山羊冲村	李绍云	男	90	三圣乡杜家岗村
彭满秀	女	95	三圣乡南岔村	周忠	男	90	三圣乡百临桥村
卢兴见	男	99	三圣乡花园台村	刘清林	女	90	三圣乡象牙坪村
罗兵文	男	98	三圣乡花园台村	伍春翠	女	90	三圣乡杜家岗村
刘长秀	女	96	三圣乡花园台村	伍赛金	女	90	三圣乡两河村
胡忠菊	女	93	三圣乡花园台村	魏炳英	女	90	三圣乡两河村
李熙安	男	95	三圣乡樱桃岗村	李仁术	男	90	三圣乡三圣乡两河村
范克理	男	92	三圣乡樱桃岗村	马菊珍	女	90	三圣乡三圣乡两河村
田达香	女	93	三圣乡河口村	丁位传	男	90	三圣乡三圣乡山羊冲村

姓名	性别	年龄	家庭住址	姓名	性别	年龄	家庭住址
刘申秀	女	90	三圣乡三圣乡象牙坪村	王焕珍	女	90	三圣乡太青山村
朱朝元	男	90	三圣乡三圣乡北岔村	李冬娥	女	97	太平镇梅子垭村梅子垭 06 组
朱朝春	女	90	三圣乡三圣乡北岔村	江九英	女	96	太平镇二房坪社区百丈圻 11 组
姚庆凤	女	90	三圣乡三圣乡太清山村	蹇春昌	女	95	太平镇苦竹坪社区苦竹坪 07 组
姚克国	男	90	三圣乡三圣乡北岔村	向运双	男	95	太平镇东流溪村东流溪 06 组
陈大金	男	90	三圣乡三圣乡白临桥村	文举善	男	95	太平镇太平街社区万世桥 07 组
丁良彩	男	90	三圣乡三圣乡彭家堰村	张化民	男	95	太平镇芦竹坪村芦竹坪 01 组
廖大亮	男	90	三圣乡三圣乡彭家堰村	王梅香	女	94	太平镇五里坪村湖竹湾 07 组
熊绍基	男	90	三圣乡三圣乡彭家堰村	李育凡	男	94	太平镇曾家垭村曾家垭 02 组
邹开基	男	90	三圣乡三圣乡北岔村	陈哲年	女	94	太平镇白果树村苏家台 03 组
王凤英	女	90	三圣乡三圣乡象牙坪村	刘坤九	男	93	太平镇曾家垭村曾家垭 04 组
袁银年	女	90	三圣乡三圣乡杜家岗社区	李育金	男	93	太平镇石水田村邓家湾 09 组
江凤英	女	90	三圣乡三圣乡山羊冲村	印运凤	女	93	太平镇二房坪社区张家溪 03 组
覃正已	女	90	三圣乡三圣乡两河村	唐次英	女	93	太平镇梅子垭村梅子垭 13 组
夏桃英	女	90	三圣乡三圣乡两河村	阮甲年	女	93	太平镇二房坪居委会百丈丘片 2 组
刘玉春	女	90	三圣乡三圣乡三圣庙社区	何甲秀	女	93	太平镇竹儿岭居委会覃家峪片 5 组
朱天瑞	男	90	三圣乡三圣乡天门垭村	唐益秀	女	93	太平镇五里坪村五里坪 01 组
雷志泉	男	90	三圣乡三圣乡天门垭村	张金秀	女	93	太平镇仙台村仙台 15 组
丁桃香	女	90	三圣乡三圣乡三圣庙社区	覃端秀	女	93	太平镇易家湾村易家湾 10 组
叶春香	女	90	三圣乡三圣乡山羊冲村	高子秀	女	93	太平镇茶园村天鹅池片 07 组
张光振	男	90	三圣乡三圣乡杜家岗社区	柳菊香	女	93	太平镇五里坪村 02 组
田端英	女	90	三圣乡三圣乡两河村	文佑教	男	93	太平镇石水田村邓家湾 11 组
陈开英	女	90	三圣乡三圣乡两河村	唐天合	男	92	太平镇穿山河社区自生桥 01 组
吕端秀	女	90	三圣乡花园台村	任振凤	女	92	太平镇苦竹坪社区马鞍山 02 组
杜方岳	男	90	三圣乡三圣乡杜家岗社区	覃道中	女	92	太平镇仙台村八方冲片 9 组
汪明山	男	90	三圣乡三圣乡樱桃岗村	江从振	男	92	太平镇竹儿岭社区覃家峪 6 组
陈学振	女	90	三圣乡河口社区	陈加才	男	92	太平镇太平街社区芙麻峪片 2 组
刘益秀	女	90	三圣乡刘家峪村	唐生平	男	92	太平镇石水田村邓家湾片 10 组
易仕英	女	90	三圣乡刘家峪村	覃四春	女	92	太平镇石水田村白竹垭片 12 组
丁叔珍	女	90	三圣乡彭家堰村	姚德梅	女	92	太平镇白果树村苏家台 05 组
马菊兰	女	90	三圣乡天门垭村	王里秀	女	92	太平镇穿山河社区自生桥片 03 组
伍松山	男	90	三圣乡象牙坪村	王德贵	女	92	太平镇二房坪居委会张家溪 11 组
孙奎英	女	90	三圣乡彭家堰村	张国英	女	91	太平镇白果树村 2 组
吕定业	男	90	三圣乡南岔村	唐珍年	女	91	太平镇五里坪村 10 组
曾宝年	女	90	三圣乡三圣庙社区	孙圣模	男	91	太平镇犀牛坪村 3 组

姓名	性别	年龄	家庭住址	姓名	性别	年龄	家庭住址
罗传娥	女	91	太平镇曾家垭村 7 组	唐自发	男	91	子良镇陈家湾村唐家组
向茂英	女	91	太平镇苦竹坪居委会 17 组	李泽云	女	94	子良镇廖家冲村 3 组
张九成	男	91	太平镇周家冲村月亮垭片 4 组	唐柏权	男	93	子良镇廖家冲村 5 且
覃仕坤	男	91	太平镇茶园村 04 组	张运英	女	92	子良镇廖家冲村云湾组
王从秀	女	91	太平镇石水田村白竹垭 06 组	向显玲	女	91	子良镇廖家冲
文举凤	女	91	太平镇太平街社区居委会 01 组	唐付英	女	99	子良镇谭村 3 组
陈加金	男	90	太平镇梅子垭村 3 组	杨集瑞	男	96	子良镇谭村 4 组
柳尤玉	女	90	太平镇太平街社区居委会芙麻峪 10 组	向荣仟	男	95	子良镇潭村
徐冬英	女	90	太平镇茶园村升子坪片 08 组	向云秀	女	94	子良镇潭村 2 组
易胜秀	女	90	太平镇竹儿岭社区居委会袁家峪 06 组	李明英	女	93	子良镇谭村 6 组
杨功勋	男	90	太平镇竹儿岭社区居委会覃家峪 06 组	雷志秀	女	92	子良镇潭村
唐金娥	女	90	太平镇梅子垭村 03 组	向其中	男	97	子良镇节日坪村 11 组
高克秀	女	90	太平镇芦竹坪村 02 组	肖德菊	女	96	子良镇节日坪 19 组
唐生凤	女	90	太平镇穿山河社区自生桥 02 组	向多喻	男	95	子良镇节日坪村 1 组
陈遐云	女	90	太平镇五里坪村湖竹湾 05 组	陈从英	女	92	子良镇节日坪 11 组
王木秀	女	90	太平镇穿山河社区南山坡 05 组	赵伯珍	女	90	子良镇节日坪村
孙宏陆	男	90	太平镇茶园村 02 组	康乐秀	女	90	子良镇节日坪村肖家组
赵廷乾	男	90	太平镇五里坪村 09 组	肖德全	男	90	子良镇节日坪 24 组
田自才	女	90	太平镇易家湾村 10 组	曾庆珍	女	91	子良镇水田岗村曾家组
覃桂玉	女	90	太平镇五里坪村 04 组	皮业秀	女	91	子良镇水田岗村花龙组
唐天相	男	90	太平镇穿山河社区自生桥 02 组	李开诗	男	91	子良镇水田岗村书家组
陈大谋	男	90	太平镇二房坪社区松山峪 01 组	刘远松	男	91	子良镇水田岗村
历菊香	女	90	太平镇二房坪社区百丈坵 09 组	尹序珍	女	90	子良镇水田岗村 11 组
唐天助	男	90	太平镇五里坪村 13 组	向显淑	女	94	子良镇铜锁岗村 9 组
唐生权	男	90	太平镇五里坪村 07 组	熊开秀	女	91	子良镇铜锁岗村水田组
唐雪娥	女	90	太平镇梅子垭村 01 组	凌修元	男	91	子良镇铜 2 组
杨功举	男	90	太平镇竹儿岭社区覃家峪	万孝珍	女	90	子良镇铜锁岗 1 组
项昌权	女	91	子良镇新道湾	陈明梅	男	90	子良镇铜锁岗村 6 组
向云林	男	97	子良镇董家山村 1 组	向云英	女	93	子良镇铜锁岗 26 组
皮远香	女	93	子良镇董家山村 5 组	向多秀	女	95	子良镇罗坪垭村 38 组
毛世友	女	94	子良镇护城峪村 8 组	皮世法	男	93	子良镇罗坪垭村 40 组
向支刚	男	94	子良镇护城峪村 11 组	邓孝纯	男	93	子良镇罗坪垭
向多英	女	92	子良镇护城峪村和平组	朱成德	男	92	子良镇罗坪垭村友谊组
向兰华	女	90	子良镇护城峪村 7 组	游从秀	女	92	子良镇罗坪垭村卫星组
陈凤教	女	92	子良镇陈家湾	李庆兰	女	91	子良镇罗坪垭村覃家组

姓名	性别	年龄	家庭住址	姓名	性别	年龄	家庭住址
覃兴凤	女	91	子良镇罗坪垭村月亮组	汤作枋	男	92	磨市镇清泥溪村7组
陈太万	男	94	子良镇罗坪垭	侯庆协	男	96	磨市镇清泥溪村9组
李元祁	男	94	子良镇茶元湾村28组	陈再谟	男	90	磨市镇清泥溪村17组
皮修富	男	91	子良镇茶元湾村6组	张传太	男	90	磨市镇清泥溪村24组
魏永香	女	90	子良镇骆村坪	汤永善	男	93	磨市镇横铺村2组
向多权	男	90	子良镇北界	田任娥	女	93	磨市镇横铺村6组
万先爱	女	90	子良镇节日坪	张长娥	女	96	磨市镇横铺村7组
向云双	男	90	子良镇子良坪村	向伏秋	男	90	磨市镇横铺村10组
田玉林	男	90	子良镇陈家湾村阳泗岭	覃兴秀	女	95	磨市镇横铺村12组
向云先	男	90	子良镇陈家湾村9组	杨珍年	女	90	磨市镇铜鼓峪村7组
郑银娥	女	93	磨市镇坪塔村8组	覃道纯	男	90	磨市镇鲍家渡村1组
郑奎英	女	94	磨市镇坪塔村15组	沈应珍	女	93	磨市镇鲍家渡村2组
杨彐娥	女	90	磨市镇坪塔村15组	覃事仁	男	92	磨市镇鲍家渡村2组
郑成校	男	90	磨市镇坪塔村15组	杨腊秀	女	90	磨市镇鲍家渡村2组
覃长秀	女	95	磨市镇长峪村7组	丁春娥	女	94	磨市镇鲍家渡村3组
李昌硕	男	90	磨市镇长峪村7组	余前珍	女	91	磨市镇磨市社区1组
覃秀春	女	90	磨市镇长峪村16组	唐敦绍	男	93	磨市镇磨市社区1组
盛满英	男	90	磨市镇九伙坪社区4组	卢卯娥	女	90	磨市镇磨市社区2组
李次兰	女	93	磨市镇九伙坪社区13组	陈从道	男	93	磨市镇磨市社区3组
程远辉	女	94	磨市镇白岩壁村2组	覃道上	男	92	磨市镇磨市社区3组
王菊娥	女	93	磨市镇白岩壁村3组	覃桃娥	女	90	磨市镇磨市社区3组
谭九枚	男	90	磨市镇白岩壁村3组	黄艮枚	女	92	磨市镇磨市社区4组
吴春枚	女	92	磨市镇白岩壁村12组	覃雪玉	女	90	磨市镇磨市社区4组
陈元珍	女	92	磨市镇白岩壁村18组	唐年珍	女	93	磨市镇磨市墟场
伍修珍	女	95	磨市镇车坊村2组	向菊秀	女	90	磨市镇官庄村3组
王景月	男	90	磨市镇车坊村3组	陈育谟	男	91	磨市镇官庄村10组
雷光文	男	95	磨市镇车坊村8组	覃三元	女	90	磨市镇官庄村15组
李菊秀	女	92	磨市镇车坊村8组	陈中谟	男	90	磨市镇黄龙岗村3组
唐转娥	女	90	磨市镇车坊村9组	郑奎娥	女	99	磨市镇黄龙岗村5组
尹银枚	女	97	磨市镇车坊村10组	张科次	男	92	磨市镇黄龙岗村6组
陈枚凤	女	93	磨市镇木瓜峪村5组	覃申枚	女	92	磨市镇黄龙岗村7组
高绍柏	男	92	磨市镇木瓜峪村7组	陈典漠	男	98	磨市镇黄龙岗村7组
唐植云	男	93	磨市镇木瓜峪村8组	覃冬南	女	93	磨市镇黄龙岗村10组
朱菊娥	女	90	磨市镇木瓜峪村11组	王菊枚	女	92	磨市镇黄龙岗村10组
李育胜	女	93	磨市镇清泥溪村7组	陈奎香	女	92	磨市镇王官桥村12组

姓名	性别	年龄	家庭住址	姓名	性别	年龄	家庭住址
覃月枚	女	90	磨市镇王官桥村 12 组	李国喜	男	96	雁池乡珠宝街村 3 组
覃正宣	男	90	磨市镇王官桥村 14 组	覃玉娥	女	94	雁池乡雁池坪村黄家台 3 组
陈盛如	男	90	磨市镇岩板滩社区 15 组	王甲秀	女	94	雁池乡中军渡村 2 组
王银娥	女	92	磨市镇南岳寺村 8 组	郑伍秀	女	98	雁池乡易家山村 2 组
郑明敦	男	92	磨市镇南岳寺村 15 组	骆元吉	男	93	雁池乡大路口村 4 组
李委秀	男	91	磨市镇南岳寺村 19 组	覃瑕玉	女	93	雁池乡杨柳园村 1 组
李相中	男	92	磨市镇南岳寺村 26 组	黄腊英	女	93	雁池乡矿岭村樟枫 15 组
李冬娥	女	90	磨市镇南岳寺村 26 组	郑学政	男	93	雁池乡水晶庙村 9 组
郑家桃	女	90	磨市镇岩榻村 2 组	覃道奎	男	94	雁池乡珠宝街村 4 组
周升梅	女	92	磨市镇岩塌村 3 组	覃甫娥	女	93	雁池乡重复桥村 13 组
郑相邦	男	91	磨市镇岩塌村 3 组	许先明	男	93	雁池乡易家山村 6 组
李四娥	女	90	磨市镇岩塌村 3 组	覃道千	男	93	雁池乡大路口村 3 组
覃冬娥	女	90	磨市镇岩塌村 3 组	郑元兰	女	93	雁池乡雁池坪村 3 组
郑家义	男	90	磨市镇岩塌村 4 组	覃正俗	男	93	雁池乡长湾村 10 组
胡任娥	女	92	磨市镇四方台村 3 组	唐生富	男	93	雁池乡矿岭村 4 组
覃凤春	女	91	磨市镇四方台村 3 组	伍家村	男	93	雁池乡琵琶洲村 3 组
刘夫娥	女	90	磨市镇四方台村 4 组	许晚秋	女	93	雁池乡琵琶洲村 2 组
郑金邦	男	92	磨市镇四方台村 5 组	吴友年	女	93	雁池乡杨柳园村 4 组
张远群	男	96	雁池乡白泥村 1 组	朱雪梅	女	92	雁池乡珠宝街村 3 组
覃正武	男	95	雁池乡白泥村 3 组	唐道德	男	92	雁池乡杨柳园村 2 组
刘秋香	女	95	雁池乡长湾村 2 组	易冬秀	女	92	雁池乡杨柳园村 2 组
张戌娥	女	94	雁池乡长湾村 2 组	陈先枚	女	92	雁池乡中军渡村 2 组
胡伏娥	女	97	雁池乡大路口村 5 组	王宏年	男	90	雁池乡白泥村 1 组
覃凤去	女	94	雁池乡矿岭村 2 组	张卯秀	女	90	雁池乡矿岭村 2 组
覃志秀	女	95	雁池乡矿岭村 6 组	陈刚谟	男	90	雁池乡水晶庙村 4 组
甘其宜	男	94	雁池乡琵琶洲村 2 组	陈静娥	女	90	雁池乡五通庙村 10 组
伍再元	女	94	雁池乡水晶庙村 7 组	覃遵关	男	90	雁池乡杨柳园村 1 组
徐四秀	女	95	雁池乡五通庙村 12 组	田四秀	女	90	雁池乡杨柳园村 1 组
覃道奎	男	95	雁池乡雁池坪村 1 组	田次兰	女	90	雁池乡竹儿垭村 2 组
覃银保	女	94	雁池乡杨柳园村 3 组	田正申	男	90	雁池乡矿岭村 5 组
盛忠福	男	97	雁池乡杨柳园村 4 组	孟友枚	女	90	雁池乡矿岭村樟峰 11 组
覃章沐	男	95	雁池乡杨柳园村千工档 8 组	朱如良	男	90	雁池乡重福桥村长冲 4 组
陈冬娥	女	94	雁池乡中军渡村 1 组	黄喜娥	女	90	雁池乡李家峪村 3 组
罗绍伍	男	98	雁池乡重复桥村 13 组	覃阳春	女	90	雁池乡珠宝街村杨家山 5 组
江虎云	男	95	雁池乡珠宝街村 1 组	陈双娥	女	90	雁池乡横断山村 2 组

姓名	性别	年龄	家庭住址	姓名	性别	年龄	家庭住址
徐达寿	男	90	雁池乡五通庙村10组09011号	覃菊香	女	96	所街乡水南渡村8组
熊纪树	男	90	雁池乡重福桥村10组	覃道银	男	95	所街乡黄虎村4组
张银春	女	90	雁池乡重福桥村3组	盛联科	男	94	所街乡磨香坪村13组
马伯进	男	90	雁池乡韦家湾村2组	覃事友	男	94	所街乡添坪所村8组
覃事右	男	90	雁池乡竹儿垭村3组	圣方枚	女	94	所街乡焦山村7组
姚应富	男	90	雁池乡竹儿垭村2组	覃道年	男	94	所街乡麻纳峪村10组
唐纯良	男	90	雁池乡雁池坪居1组	刘民枚	女	93	所街乡焦山村3组
张计全	男	90	雁池乡长湾村6组	覃再兰	女	93	所街乡迎驾垭村6组
盛义芳	女	90	雁池乡矿岭村5组	吴保南	女	93	所街乡水南渡村1组
盛长秀	女	90	雁池乡矿岭村5组	孟子娥	女	93	所街乡麻纳口村20组
覃事职	男	90	雁池乡大路口村7组	刘国政	男	94	所街乡麻纳峪村17祖
覃秋香	女	90	雁池乡大路口村2组	袁元香	女	92	所街乡麻纳峪村28组
苏述英	女	90	雁池乡大路口村2组	姜银谷	女	92	所街乡磨香坪村11组
黄孝道	男	90	雁池乡皮家河村2组	周麦娥	女	92	所街乡柳家台村6组
覃道盛	男	90	雁池乡唐家坪村7组	刘未英	女	92	所街乡迎驾垭村墟场
覃事瑞	男	90	雁池乡中军渡村2组	覃伏秀	女	93	所街乡柳仕坡村4组
覃道礼	男	90	雁池乡中军渡村2组	覃遵本	男	92	所街乡水南渡村3组
陈桂娥	女	90	雁池乡长湾村6组	覃正登	男	92	所街乡窑坡山村13组
向绪珍	女	90	雁池乡白泥村3组	覃玉秀	女	92	所街乡黄福峪9组
温兴哲	男	90	雁池乡里山河村3组	覃明娥	女	91	所街乡骏马溪6组
王凤秀	女	90	雁池乡珠宝街村3组	唐春南	女	92	所街乡李马坪2组
王德珍	女	90	雁池乡重福桥村4组	熊继刚	男	92	所街乡三洋塔12组
郑家汉	男	90	雁池乡琵琶洲村1组	陈胜晚	女	91	所街乡磨香坪5组
罗绍永	男	90	雁池乡重福桥村3组	朱新枚	女	91	所街乡焦山11组
孟凡玉	男	90	雁池乡矿岭村5组	王志清	男	91	所街乡柳仕坡8组
覃正明	男	90	雁池乡重福桥村6组	唐登娥	女	91	所街乡窑坡山5组
覃事英	女	90	雁池乡白泥村2组	喻德明	男	91	所街乡迎驾垭
宋昌泮	男	90	雁池乡皮家河村4组	王冬娥	女	91	所街乡窑坡山7组
温梅香	女	90	雁池乡杨柳园居3组	覃方念	男	91	所街乡柳家台6组
徐香南	女	97	所街乡麻纳口村14组	覃昔中	男	91	所街乡柳仕坡5组
郑安堂	男	98	所街乡麻纳口村24组	王珍娥	女	91	所街乡文家11组
李永秀	女	97	所街乡磨香坪村17组	向祚地	女	91	所街乡麻纳峪30组
罗冬梅	女	97	所街乡麻纳口村11组	覃莲娥	女	91	所街乡汆坪村7组
周莆娥	女	99	所街乡柳仕坡村9组	覃双娥	女	90	所街乡窑坡山29组
王先娥	女	96	所街乡麻纳口村15组	曾义庆	男	90	所街乡焦山村7组

姓名	性别	年龄	家庭住址	姓名	性别	年龄	家庭住址
陈质娥	女	90	所街乡麻纳口12组	杜玉生	男	93	罗坪乡罗坪乡栗子坪村
覃开学	男	94	所街乡寨坪村15组	唐银桂	女	97	罗坪乡兰公田村5组
姜世珍	女	90	所街乡窑坡山村18组	唐汇英	女	93	罗坪乡兰公田村1组
廖金桃	女	90	所街乡三洋塔村23组	黄菊桂	女	93	罗坪乡罗家坪村3组
李三娥	女	90	所街乡磨香坪村15组	丁冬娥	女	94	罗坪乡罗家坪村4组
覃坤元	女	90	所街乡黄福峪村8组	刘枚香	女	97	罗坪乡 重庆峪村1组
唐道德	男	90	所街乡骏马溪村3组	骆元珍	女	93	罗坪乡乡六房峪村6组
覃道能	男	91	所街乡迎驾垭村8组	卓年香	女	92	罗坪乡长梯隘村6组
覃正柏	男	90	所街乡迎驾垭村2组	李习春	女	91	罗坪乡栗子坪村7组
何德仲	男	90	所街乡迎驾垭村6组	张圣彩	男	95	罗坪乡罗家坪村4组
夏秋梅	女	92	所街乡添坪所村6组	陈端香	女	91	罗坪乡重庆峪村4组
唐葵香	女	90	所街乡磨香坪2组	陈真球	男	91	罗坪乡董家峪村4组
张六英	女	90	所街乡麻纳口10组	彭善友	男	91	罗坪乡红鱼溪村6组
覃道敏	男	90	所街乡麻纳口26组	唐僧枚	女	91	罗坪乡红鱼溪村5组
唐伍梅	女	90	所街乡麻纳口15组	胡春梅	女	91	罗坪乡栗子坪村3组
覃秋梅	女	90	所街乡窑坡山15组	覃蒲香	女	90	罗坪乡大龙坪村
覃翠珍	女	90	所街乡黄福峪6组	马泽栋	男	90	罗坪乡寨垭村
陈良儒	男	90	所街乡麻纳口39组	唐植尧	男	90	罗坪乡寨垭村
王君仕	男	90	所街乡迎驾垭村14组	汤枚娥	女	90	罗坪乡安溪村7组
王宗学	男	90	所街乡黄福峪村26组	陈丙香	女	90	罗坪乡栗子坪村4组
唐纯贵	女	90	所街乡黄福峪村26组	王贤益	男	90	罗坪乡大龙坪村
杨万新	男	90	所街乡麻纳口村2组	陈春香	女	90	罗坪乡大龙坪村
李华元	男	90	所街乡麻纳口村42组	周彩珍	女	90	罗坪乡栗子坪村5组
郑叔仙	女	90	所街乡麻纳口村27组	陈纯术	男	90	罗坪乡六房峪村
覃道队	男	90	所街乡麻纳口村12组	覃淑元	女	90	罗坪乡寨垭村2组
熊先美	男	90	所街乡三洋塔村3组	陈海年	女	90	罗坪乡栗子坪村
覃遵祥	男	90	所街乡水南渡村4组	万友秀	女	90	罗坪乡重庆峪村
王长英	女	90	所街乡文家村3组	罗法西	男	90	罗坪乡重庆峪村
唐菊娥	女	90	所街乡关上村17组	吴仕香	女	90	罗坪乡栗子坪村
何丙秀	女	91	所街乡关上村5组	陈丁香	女	90	罗坪乡大龙坪村
罗世统	男	91	所街乡关上村10组	唐荣武	女	90	罗坪乡芭栋村
唐雪梅	女	90	所街乡骏马溪村8组	刘才英	女	98	壶瓶山镇壶瓶山村3组
唐纯枚	女	94	罗坪乡寨垭村3组	曾长秀	女	98	壶瓶山镇金钣山村5组
陕纯海	男	96	罗坪乡寨垭村马嘶坪村5组	杜腊姑	女	98	壶瓶山镇水田村3组
唐腊双	女	94	罗坪乡寨垭村3组	翁锦华	男	96	壶瓶山镇中岭村8组

姓名	性别	年龄	家庭住址	姓名	性别	年龄	家庭住址
沈桃姑	女	95	壶瓶山镇九岭村	谭灰鲜	女	91	壶瓶山镇黄莲河村
唐成元	女	95	壶瓶山镇平洞河村	王圣祖	男	91	壶瓶山镇大胜村
黄登定	男	95	壶瓶山镇北溪河村	董红明	男	91	壶瓶山镇江坪河村
王梅囚	女	95	壶瓶山镇平洞河村	金腊梅	女	91	壶瓶山镇姬塘峪村3组
李松桥	男	94	壶瓶山镇后山村	陈友次	女	91	壶瓶山镇壶瓶山村
鄢尽娥	女	94	壶瓶山镇杨家坪村	杨小么	女	91	壶瓶山镇泥沙社区
任惠振	男	94	壶瓶山镇九岭村	易开秀	女	91	壶瓶山镇桐木山村
田祥德	男	94	壶瓶山镇后山村	关月姑	女	92	壶瓶山镇九岭村
刘子秀	女	93	壶瓶山镇水田村3组	朱菊英	女	91	壶瓶山镇泉坪村2组
刘祖华	男	93	壶瓶山镇云麓村	卢长银	男	91	壶瓶山镇江坪河村
权成元	女	94	壶瓶山镇上延河村	葛均传	男	90	壶瓶山镇姬塘峪村3组
黄远新	男	93	壶瓶山镇上延河村	唐冬枚	女	91	壶瓶山镇平洞村5组
李道亮	男	93	壶瓶山镇咸泥村	覃正秀	女	91	壶瓶山镇杨家坪村
周最久	男	91	壶瓶山镇泥沙居委会	关明举	男	91	壶瓶山镇杨家坪村
覃业珍	女	92	壶瓶山镇青山溪村	张启银	男	90	壶瓶山镇天坪村
郭兴美	男	93	壶瓶山镇龙池河村2组	张玉坤	女	90	壶瓶山镇南坪河村
陈再儒	男	93	壶瓶山镇杨家坪村	王银春	女	90	壶瓶山镇青山溪村
王三秀	女	93	壶瓶山镇李坪村5组	覃章宇	男	90	壶瓶山镇后路坪村
汪珍英	女	92	壶瓶山镇咸泥村	王胜娥	女	90	壶瓶山镇后路坪村
伍发洪	男	92	壶瓶山镇后山村	蔡桃娥	女	90	壶瓶山镇耍武村
向家孝	男	92	壶瓶山镇泉坪村2组	吴国锋	男	90	壶瓶山镇壶瓶山村
程家仕	男	92	壶瓶山镇黄莲棚村9组	袁化英	女	90	壶瓶山镇神景洞村
王葵香	女	92	壶瓶山镇杨家坪村	王庆贵	男	90	壶瓶山镇姬塘峪村3组
张桃元	女	92	壶瓶山镇黄莲河村2组	张天祥	女	90	壶瓶山镇黄莲河村
唐方理	男	92	壶瓶山镇文峰村	田秀英	女	90	壶瓶山镇大京竹村
罗贤业	男	92	壶瓶山镇大京竹村	符定均	男	90	壶瓶山镇大京竹村
杨昌文	男	92	壶瓶山镇大京竹村	李雪梅	女	90	壶瓶山镇黄莲河村
廖先业	男	92	壶瓶山镇中岭村	汪功秀	女	90	壶瓶山镇壶瓶山村
周凤秀	女	92	壶瓶山镇杨家坪村	刘冬娥	女	90	壶瓶山镇杨家坪村
叶文清	男	91	壶瓶山镇大胜村	许启春	女	90	壶瓶山镇桐木山村
梁银秀	女	91	壶瓶山镇泥沙社区	康存华	男	91	南北镇南镇居委会6组
王昌定	男	91	壶瓶山镇南坪河村	邓从秀	女	91	南北镇南镇居委会茶场组
万桃娥	女	91	壶瓶山镇后路坪村	赵德梅	女	97	南北镇薛家村安家片10组
王农方	女	92	壶瓶山镇云麓村	彭香姑	女	91	南北镇薛家村7组
王玉珍	女	92	壶瓶山镇龙池河村	漆文志	男	93	南北镇清官渡村白垭片6组

姓名	性别	年龄	家庭住址	姓名	性别	年龄	家庭住址
刘幺秀	女	92	南北镇清官渡村 9 组	白方南	女	90	东山峰南山三片
林昌杰	男	90	南北镇清官渡白垭 1 组	郭玉枚	女	90	东山峰南山二片
周世生	男	98	南北镇雅吉村 1 组	陈昌玉	男	90	东山峰南山四片
唐二生	女	90	南北镇大城村 14 组	蒋菊香	女	90	东山峰南山一片
向佐元	男	95	南北镇 金河村红耀片 3 组	谭上保	男	96	秀坪园艺场鳝鱼村 2 组
马珍琴	女	93	南北镇金河南岔片 4 组	贺南支	女	93	秀坪园艺场木山村 6 组
毛枚秀	女	94	南北镇金河村红耀片 6 组	晏水姑	女	90	秀坪园艺场木山村 8 组
余厚林	男	93	南北镇金河村三台片 2 组	田子明	男	90	秀坪园艺场木山村 4 组
田申知	男	93	南北镇金河村南岔片 2 组	舒益生	男	90	秀坪园艺场秀山村 4 组
覃事巨	男	90	南北镇清官渡村 2 组	杜从秀	女	98	夹山管理处夹山寺居委会 13 组
谢戌秀	女	90	南北镇金河村白竹山村 1 组	马翠林	女	91	夹山管理处夹山寺居委会 11 组
尚立家	男	90	南北镇金河村 3 组	丁依传	男	91	夹山管理处夹山寺居委会 12 组
赵本岩	女	90	南北镇雅吉村 2 组	龚光源	男	90	夹山管理处夹山寺居委会 9 组
胡春兰	女	97	东山峰南山四片	罗春娥	女	91	大同山林场胜利村 4 组
李月娥	女	98	东山峰北山一片	伍千圣	男	90	大同山林场胜利村 4 组
邓才英	女	94	东山峰北山一片	黎二姐	女	92	洛浦寺林场洛浦村 2 组
潘成美	男	92	东山峰南山二片	高秋玉	女	96	白云山林场金环村二组
蒋正明	男	92	东山峰南山一片	李清远	男	94	白云山林场金环村二组
付金玉	女	91	东山峰南山四片				